Publikationen der Reiss-Engelhorn-Museen Band 4
Beiträge zur Ur- und Frühgeschichte Mitteleuropas Band 34

Publikationen der Reiss-Engelhorn-Museen Band 4
Beiträge zur Ur- und Frühgeschichte Mitteleuropas Band 34

Dino, Zeus und Asterix

*Zeitzeuge Archäologie
in Werbung, Kunst und Alltag heute*

bearbeitet von

Inken Jensen

herausgegeben von

Inken Jensen und Alfried Wieczorek

Mannheim/Weißbach 2002

Impressum

© 2002 Reiss-Engelhorn-Museen Mannheim, C 5 Zeughaus, D-68159 Mannheim
— Verlag Beier & Beran, Archäologische Fachliteratur, Thomas-Müntzer-Str. 103, D-08134 Langenweißbach.

Bildrechte: Autoren, Fotografen, Künstler, Zeichner.

Sollte es vorgekommen sein, daß Rechteinhaber nicht genannt sind oder nicht ausfindig gemacht werden konnten, bitten wir um entsprechende Nachweise die beteiligten Urheberrechte betreffend, um diese in künftigen Auflagen berücksichtigen oder/und im Rahmen der üblichen Vereinbarungen für den Bereich wissenschaftlicher Publikationen abgelten zu können.

Für den Inhalt ihrer Beiträge sind die Autoren selbst verantwortlich.

Redaktion: Karl W. Beinhauer, Inken Jensen, Luisa Reiblich

Layout: Karl W. Beinhauer, Volker Grünewald, Inken Jensen, Luisa Reiblich

Gestaltung des Einbandes: Hans Peter Niers

Die Deutsche Bibliothek – CIP Einheitsaufnahme

Dino, Zeus und Asterix – Zeitzeuge Archäologie in Werbung, Kunst und Alltag heute

Bearb.: JENSEN, Inken

Hrsg.: JENSEN, Inken & WIECZOREK, Alfried

Mannheim, Reiss-Engelhorn-Museen – Weißbach, Verlag Beier & Beran, 2002

Publikationen der Reiss-Engelhorn-Museen Band 4
Beiträge zur Ur- und Frühgeschichte Mitteleuropas Band 34

ISBN 3-927774-16-2
ISBN 3-930036-72-X

Satz: Volker Grünewald, D-55126 Mainz

Druck: Druckservice Schirmer, D-09350 Lichtenstein

Buchbinderische Verarbeitung: Buchbinderei Reinhardt, D-06114 Halle/Saale

Mannheim/Weißbach 2002

ISBN 3-927774-16-2
ISBN 3-930036-72-X

Publikationen der Reiss-Engelhorn-Museen Band 4
Beiträge zur Ur- und Frühgeschichte Mitteleuropas Band 34

Inhalt

Impressum	4
Inhaltsverzeichnis	5
Vorwort Alfried Wieczorek & Karl W. Beinhauer	9
Einführung Inken Jensen	11

I Beiträge zum zeitgenössischen Stellenwert der Archäologie und ihrer Vermarktung — 15

Die Modernität der Vergangenheitszuwendung Hermann Lübbe	17
Historische Motive in der Werbung Mike Seidensticker	21
Die Wirksamkeit historischer Bildmotive in der Werbung – dargestellt am Beispiel eines Kulturradios Ralf Terlutter	27
Ötzi als Marktstratege Konrad Spindler	33
Archäologie im zeitgenössischen Brettspiel Björn Gesemann	39
Der helle Glanz des falschen Olympia Ulrich Sinn	47
Und welche Maske wirbt für Kalkriese? Die Maske eines Gesichtshelms zwischen Wissenschaft und Öffentlichkeit Georgia Franzius	53
Ladenburg und das römische LOPODVNVM – Eine Stadt lebt mit ihrer Vergangenheit Egon Lackner	65
Das Phänomen der zeitgenössischen „Römergruppen" Marcus Junkelmann	73
„Römerboom" Ulrich Sauerborn	91

II Beiträge zur zeitgenössischen Rezeption archäologischer Motivgruppen in der Kunst — 95

A Archäologie und zeitgenössische Architektur — 96

Ägyptische Motive und griechisch-römische Motive — 97

Antikenrezeption in der postmodernen Architektur Volker Fischer	97

B Archäologie und zeitgenössische Bildende Kunst — 104

Ägyptische Motive — 105

Ägyptische Motive in der zeitgenössischen Kunst am Beispiel einiger Projekte des Künstlers Hannsjörg Voth Thomas Köllhofer	105

Griechisch-römische Motive — 113

Antikenrezeption im zeitgenössischen Design — 113
   Volker Fischer

Von Arkadien nach Griechenland – Archäologische Motive in der neueren Malerei seit 1976 — 117
   Reto Krüger

Die Kunst der Archäologie – Zum Werk von Anne und Patrick Poirier — 123
   Reto Krüger

Der Gipsabguß in der italienischen Kunst – Einige Beobachtungen zur Rezeption der Antike in der Postmoderne — 129
   Michaela Unterdörfer

„Die mythischen Sieben" – Zur Antikenrezeption im plastischen Werk von Markus Lüpertz — 137
   Inge Herold

Zu Themen antiker Mythen in der Karikatur der Gegenwart — 143
   Udo Reinhardt

Germanische Motive — 155

Vom germanischen Ursprungsmythos bis zum Nationalsozialismus – — 155
Anselm Kiefers malerische Auseinandersetzung mit der deutschen Identität
   Angeli C. F. Sachs

C Archäologie und zeitgenössischer Film — 160

Weltwunder und Wunderwelten – Schliemanns Erbschaft an Indiana Jones — 161
   Tom Stern

Antikenrezeption in der Filmarchitektur — 167
   Anna Meseure

Rezension: „Ein Traum von Rom" – Ridley Scotts Film „Gladiator" und die Wiedergeburt des Sandalengenres — 173
   Marcus Junkelmann

D Archäologie und zeitgenössische Literatur — 190

Archäologische Motive im Kriminalroman — 191
   Hans Günther Rein

Griechisch-römische Motive — 201

„Denn da ist keine Stelle, die dich nicht sieht" – Archäologische Motive in der modernen Lyrik — 201
   Bernd Seidensticker

Antikenrezeption im Comic: Das Bild Cäsars — 213
   Martina Müller

Antikenreminiszenz in Politik und politischer Berichterstattung — 221
   Jörg-Dieter Gauger

E Archäologie und zeitgenössisches Theater / zeitgenössische Musik — 234

Ägyptische Motive — 235

Oper „Akhnaten" von Philip Glass, Stuttgart 1984 — 235
   Mechthild Schade-Busch

Griechisch-römische Motive — 243

Der Bühnenbildner Dionysis Fotopoulos — 243
   C. Bernd Sucher

Jan Novák: Moderner Komponist antiker Texte — 249
   Wilfried Stroh

III Beiträge zur zeitgenössischen Rezeption der archäologischen Motivgruppen in Werbung und Alltag mit Beispielen aus europäischen Nachbarstaaten — 265

Dinosaurier-Motive — 267

Die Dinos sind unter uns: Paläontologie für alle — 267
  Martin Sander

Prähistorisch-vorgeschichtliche Motive — 275

Ich bin ein Neandertaler und die Steinzeit hat Zukunft — 275
  Wilfried Rosendahl & Gaëlle Rosendahl

Das Bild der Vorgeschichte in der heutigen Gesellschaft — 281
  Michel Toussaint

Die Rezeption vorgeschichtlicher Objekte im zeitgenössischen Alltag: Zum Beispiel Stonehenge — 289
  Cornelius Holtorf

Griechisch-römische Motive — 295

Von der Stütze zum Hohlkörper: Die facettenreiche Rezeptionsgeschichte der griechischen Säule — 295
  Tomas Lochman

Werbung mit Antiken in der Bekleidungsbranche — 301
  Markus Vock

Antiken in der Pharmawerbung — 305
  Markus Vock

Die Antike in der Brieftasche: Archäologische Motive auf Geldscheinen — 309
  Heinz-Joachim Schulzki

Politik und Archäologie auf europäischen Briefmarken im späten 20. Jahrhundert — 313
  Reinhard Stupperich

Kitsch in Griechenland — 323
  Heinz A. Richter

Alte und neue Mythen – Einige Beispiele aus der Werbung Italiens — 329
  Letizia Vuono

Keltisch-Gallische Motive — 337

Asterix und Obelix – typisch keltische Motive in einem modernen Comic — 337
  René van Royen & Sunnyva van der Vegt

Vercingétorix und die Kelten in der französischen Werbung — 341
  Bernadette Schnitzler

Germanische Motive — 347

Der Wikingermythos in Schweden — 347
  Gustaf Trotzig

Karikaturen, Kopien oder ??? Die Wikinger im heutigen Dänemark — 353
  Anne Pedersen

Das Wikingerschiff in der Rezeption — 359
  Ute Drews

Farbtafeln 1 – 8 — 365

Abkürzungen — 375

Die Autoren und deren Publikationen (Auswahl) — 379

Indices: Namensindex 397, Ortsindex 416, Sachwörterindex 424 — 395

Vorwort

„Zeitzeuge Archäologie" – die Altertumskunde als Mittel zur Erforschung der gegenwärtigen Verhältnisse und Tendenzen im öffentlichen Umgang mit der Vergangenheit im weiteren Sinne, dies ist das Thema des vorliegenden Buches. Denn wenn in Werbung, Kunst und Alltagsleben auf die Bildwerke und Geschichten aus einer weit zurückliegenden Zeit zugegriffen wird, geht es kaum jemals darum, Kenntnisse über die Vergangenheit zu vermitteln, sondern es spiegeln sich darin vielmehr die Bedürfnisse, Träume und vielleicht auch Ängste der Gegenwart.

Es ist das Verdienst von Frau Dr. Inken Jensen, Konservatorin der Archäologischen Sammlungen der Reiss-Engelhorn-Museen, zu diesem Thema hier Beiträge zusammengetragen zu haben, die es für die letzten fünfundzwanzig Jahre weitgehend repräsentativ beleuchten. Sie hat sich seit 1980 der Thematik gewidmet und später die Veröffentlichung der Forschungsergebnisse beharrlich betrieben. Es ist ein Buch entstanden, das die zeitgenössische Antiken- und Vorzeitrezeption nicht nur unter den bei diesen Stichwörtern zu erwartenden historischen und archäologischen, sondern auch unter marktstrategischen, designtechnischen, musikhistorischen, literaturwissenschaftlichen, architektonischen, filmhistorischen, kunsthistorischen und vielen anderen Gesichtspunkten im besten Sinne interdisziplinär untersucht.

Dieser weitgefasste Ansatz und der genaue Blick auf unsere Gegenwart, der unseres Erachtens das Neue und Besondere dieser Publikation ausmacht, dürften den Reiz der Lektüre bei Fachwissenschaftlern und interessierten Laien ebenso erhöhen wie die zuweilen unterschiedlichen bis gegensätzlichen Meinungen der Autorinnen und Autoren zu ein und demselben Sachverhalt. Denn ein geschlossenes Bild dieser Thematik ist weder angestrebt noch zu erwarten, und auch eine Enzyklopädie der aktuellen Archäologie- und Antikenrezeption soll hier nicht vorgelegt werden. Dem individuellen Umgang der Schreibenden mit ihren jeweiligen Themen soll ein ebenso individueller Zugang der Leser entsprechen.

Zur leichteren Orientierung ist allen Beiträgen eine Zusammenfassung vorangestellt, dem gleichen Zweck dienen Zwischenüberschriften, ausführliche Bildlegenden und drei Stichwort-Indices.

Großer Dank gebührt allen Autorinnen und Autoren, die mit ihren qualifizierten Fachkenntnissen zum Gelingen unseres Vorhabens beigetragen haben. Sie hatten nicht nur viel Geduld mit uns, sondern fanden auch so manch aufmunterndes Wort im finanziell oft sehr schwierigen Vorfeld dieser Publikation. Allen Autorinnen und Autoren wurde im Jahre 2001 nochmals die Gelegenheit gegeben, ihre Beiträge dem neuesten Stand der Forschung anzupassen.

Den treuen Helferinnen der Archäologischen Sammlungen, Frau Käte Franke und Frau Ilse Mattick, sei für die Vorarbeiten bei der Erstellung der Verzeichnisse gedankt. Für die tatkräftige Hilfe bei Übersetzungsarbeiten im Schriftverkehr für die oft mühsame und aufwendige Einholung der Druckgenehmigungen für Abbildungen danken wir Herrn Dr. Hans Günther Rein, Frau Gaëlle Rosendahl M. A. und Herrn Dr. Federico Utili. Ebenso danken wir für ihre Arbeit Herrn Jean Christen, dem Fotografen, und Herrn Dieter Dümas, dem Bibliothekar der Reiss-Engelhorn-Museen. Frau Dr. Inken Jensen und Frau Luisa Reiblich sei für die Redaktionsarbeiten, Herrn Hans Peter Niers für die Gestaltung des Einbandes und Herrn Dr. Volker Grünewald für seine Ausdauer und Geduld bei der Gestaltung des Layouts herzlich gedankt. Dem Verlag Beier & Beran danken wir für seine Bereitschaft, dieses Buch in sein Verlagsprogramm als Band 34 der Reihe „Beiträge zur Ur- und Frühgeschichte Mitteleuropas" aufzunehmen.

Wir wünschen dem Buch einen guten Erfolg und den Leserinnen und Lesern viel Anregung und Freude beim Lesen.

Mannheim, im Dezember 2002

Prof. Dr. Alfried Wieczorek
Ltd. Direktor der Reiss-Engelhorn-Museen Mannheim
Leiter Fachbereich Museen und Archiv der Stadt Mannheim

Dr. Karl W. Beinhauer
Leiter der Archäologischen Sammlungen
der Reiss-Engelhorn-Museen Mannheim

Einführung

Inken Jensen

Archäologie ist „in"! – Unter dem Begriff „Archäologie" ist Altertumskunde ganz allgemein zu verstehen, nämlich die Beschäftigung mit den materiellen und geistigen, also kulturellen Hinterlassenschaften des Menschen in der Vergangenheit ohne Festlegung auf eine zeitliche Epoche oder einen geographischen Raum. Das Interesse des Menschen an Geschichte und Archäologie erklärt zugleich sein tiefes Bedürfnis, seine Wurzeln zu kennen.

In den beiden letzten Jahrzehnten des 20. Jahrhunderts ist in der Öffentlichkeit ein wachsendes Interesse an Archäologie zu beobachten gewesen, das noch immer anhält. Kulturhistorische Museen tragen mit vielerlei Aktivitäten dem Trend zur Freizeit- und Erlebnisgesellschaft Rechnung und zeigen durch große Sonderausstellungen und Großveranstaltungen, insbesondere auch mit archäologischer Thematik, dass sie sich der „Eventkultur" nicht verschließen. Museumspädagogische Aktivitäten sind aus der Museumslandschaft nicht mehr wegzudenken und tragen maßgeblich dazu bei, die „Schwellenangst" abzubauen.

Archäologische Denkmäler und Sehenswürdigkeiten werden für Touristenwerbung genutzt, und Führungen bei Ausgrabungen finden großen Anklang beim Publikum. Berichte über Ausgrabungen und Funde werden in Presse, Funk und Fernsehen – oft mit dem Hinweis auf „Sensationen" – gerne aufgenommen. Serien, Reportagen und Dokumentarfilme mit archäologischem Inhalt haben einen festen Platz im Fernsehprogramm, und populärwissenschaftliche Sachbücher und Zeitschriften mit archäologischer Thematik erfreuen sich großer Beliebtheit. Archäologische Motive sind in der Computerwelt und im Sciencefiction-Genre bei der Schaffung futuristisch-archaischer Welten unübersehbar. Die Beispiele ließen sich vermehren.

Archäologische Motive werden in vielen Lebensbereichen aufgenommen, sie sind ein Bestandteil unserer Alltagskultur. Sie werden jedoch häufig nicht als solche wahrgenommen, da z. B. eine entsprechende Vorbildung fehlt, die Motive verfremdet sind, in einem unüblichen Zusammenhang erscheinen, ihre ursprüngliche Bedeutung nicht erkennbar ist usw. Unter dem Begriff „archäologisches Motiv" wird in den vorliegenden Beiträgen vieles subsumiert wie die Rezeption von Kunstwerken, von Architektur, von Denkmälern, Funden und Befunden, von historischen Personen und historischen Ereignissen, von mythologischen Figuren, von alten Sprachen und antikem Gedankengut. Rezeption und Verarbeitung der verschiedenen archäologischen Motive sind immer auch Ausdruck des Zeitgeistes.

Die Bandbreite der rezipierten Motive reicht zeitlich von prähistorisch-vorgeschichtlichen über ägyptische, griechisch-römische und keltische bis zu germanischen Motiven. Die Dinosaurier sind zwar kein Forschungsgegenstand der Archäologie, sondern der Paläontologie; „Dinos" und ihre Erforschung werden jedoch von Laien oft der Archäologie zugerechnet und sollen daher und auch wegen ihrer Beliebtheit – nicht nur bei Kindern und Jugendlichen – bei dieser Betrachtung nicht ausgespart werden.

Am Anfang dieses Buchprojektes stand die Suche nach Autoren, die sich mit einer entsprechenden Thematik befassten. In 45 Beiträgen haben sich 43 Autoren, bei denen die Konzeption des Buches auf große Zustimmung stieß, mit der zeitgenössischen Rezeption archäologischer Motive auseinander gesetzt. Die Autoren, darunter eine Reihe von ausländischen Wissenschaftlern, bieten die Gewähr dafür, dass auch der Blick auf die europäischen Nachbarstaaten gelenkt wird. Die umfangreiche Thematik und die Fülle des Materials machten eine Begrenzung der Beiträge in Bezug auf Anzahl der Seiten und Abbildungen notwendig. Die Vielzahl der behandelten Aspekte, meist mit exemplarischem Charakter, bedingt, dass mancher Gesichtspunkt verkürzt dargestellt werden musste. Dem Wunsch des Lesers nach ausführlicherer Information zu den behandelten Themen tragen die Autoren durch Angabe von weiterführender Literatur Rechnung. Durch drei ausführliche Indices – Namens-, Orts- und Sachwörterindex – wird dem Leser die Erschließung des Buches erleichtert.

Es ist Anliegen der Herausgeber zu zeigen, in welch vielfältiger Weise sich archäologische Motive in unserer täglichen Umgebung wieder finden. Auf die inhaltliche Vielfalt der Beiträge dieses Buches wird mit dem eingängigen Titel „Dino, Zeus und Asterix" hingewiesen, der aus dem Spektrum der behandelten Motive drei zugkräftige „archäologische" Figuren herausgreift und durch seine knappe Form Aufmerksamkeit erregt: *Dino*(saurier) finden eine breite Rezeption in der zeitgenössischen populären Kultur; die Dinosaurier-Welle der 1990er Jahre, die aus Nordamerika nach Europa überschwappte, fand ihren vorläufigen Höhepunkt in Massenereignissen wie der Kinovorführung des Filmes „Jurassic-Park" und großen Wanderausstellungen. Der griechische Göttervater *Zeus* steht im Titel stellvertretend für die griechisch-römische Antike, deren Rezeption von der Mehrheit der Autoren behandelt wird. Dies ist kein Zufall. Die Antike ist eines der „Standbeine" unserer christlich-abendländischen Kultur; ihr Erbe ist in vielerlei Hinsicht erhalten geblieben und auch heute noch gegenwärtig, wie die entsprechenden Beiträge zeigen. Der unbeugsame und listige Comicheld *Asterix* aus dem unbesiegten gallischen Dorf in der Bretagne steht im Titel für sich selbst, aber auch für die wirklichen und fiktiven Helden und Personen der Vergangenheit, die bis in die heutige Zeit nachwirken.

Die Begriffe „Werbung, Kunst und Alltag" des Untertitels nennen die Bereiche, aus denen die Themen der Beiträge für die zeitgenössische Rezeption der archäologischen Motive entnommen sind. Während in diesem Buch die Rezeption archäologischer Motive in der Kunst, angefangen von der Architektur über Bildende Kunst, Film, Literatur bis hin zu Theater und Musik, sowie in Werbung und Alltag aus der Sicht der Autoren dargestellt wird – theoretischer Aspekt –, werden in der für einen späteren Zeitpunkt geplanten Ausstellung die Exponate im Mittelpunkt der Rezeption stehen – dinglicher Aspekt – und durch einen Ausstellungskatalog repräsentiert sein. Diese unterschiedlichen Sichtweisen sollen sich ergänzen und zu einer Gesamtsicht des Themas führen.

Die Rezeption von archäologischen Motiven hat eine lange Tradition. Dem tragen die Autoren durch vielfache Rückblicke auf Vorläufer und ältere Erscheinungen Rechnung. So spielt in vielen Beiträgen der Rückblick auf das 19. und das beginnende 20. Jahrhundert eine Rolle, in denen die Entdeckung und Dokumentation wichtiger archäologischer Funde und Befunde und die Entwicklung der archäologischen Wissenschaft die Vorstellung von einer idealisierten Vergangenheit durch Gegenüberstellung von Originalen revidierte. Viele Beispiele in Architektur und Bildender Kunst der Postmoderne beziehen sich auf Vorbilder des 18. und 19. Jahrhunderts, vor allem auf den Klassizismus.

Der Untertitel des Buches macht mit dem Hinweis „Zeitzeuge Archäologie ... heute" deutlich, dass es in dieser Publikation um aktuelle Betrachtung und zeitgenössische Rezeption geht – berücksichtigt sind schwerpunktmäßig die letzten 20–25 Jahre, der Zeitraum einer Generation. Die Betrachtung dieses Zeitabschnittes ist insofern sinnvoll, als sich bei aller Vielfalt der Beiträge einige Aussagen der Autoren zur zeitgenössischen Rezeption der archäologischen Motive herausgreifen lassen, die bei der Abhandlung der Themen auf ähnliche Sachverhalte und Tendenzen hinweisen und hier in aller Kürze und verallgemeinernd wiedergegeben werden sollen.

Der Rückgriff auf traditionelle Elemente in der zeitgenössischen Kunst zeigt zwar historische Kenntnisse; das Aufgreifen historischer oder archäologischer Vorbilder führt aber nicht zu einem besseren Verständnis der Vergangenheit, sondern beschränkt sich – ohne ein bestimmtes Lebensgefühl vermitteln zu wollen – auf ausgewählte Formzitate und deren Veränderung durch Gegenwartserfahrung und durch die Mixtur mit kulturellen Konzepten der Gegenwart. Es geht nicht um die Geschichtlichkeit der zitierten Werke, sondern um eine Neubelebung der Vorbilder, die von ihrem ursprünglichen Inhalt gelöst und für neue formale und inhaltliche Lösungen verfügbar gemacht werden.

Die Möglichkeiten, historische Stilzitate zu verarbeiten, sind vielfältig. Zwischen den Extremen „antiker Kitsch" und „musikalische Wiederbelebung antiker Verskunst" mit Hilfe der modernen Musik erfolgt der Rückgriff auf die Vergangenheit auf unterschiedliche Weise: Strenge Zitate stehen neben poetischen oder auch ironischen Verfremdungen, naturalistische und illusionistische neben abstrahierenden Verfahren. Der Rekurs auf archäologische Motive umfasst den spielerischen Umgang mit traditionellen Formen (Abbildung), deren Verwandlung, Paraphrasierung und Isolierung bis hin zu Kompositionen mit surrealem Charakter, deren Verwendung als beliebig einsetzbares Versatzmotiv, deren Reduzierung auf Zitat, Symbol und Funktion, manchmal mit einer gewissen Verarmung des Sinngehalts. Die Begegnung mit der Geschichte stellt sich vielfach dar als Suche nach Modellen des Wirklichkeitsverständnisses und als Form des Erinnerns.

Was bei der Rezeption archäologischer Motive in der zeitgenössischen Kunst von den Autoren herausgearbeitet wird, lässt sich ähnlich auch in den Bereichen Werbung und Alltag beobachten. Seit dem Ende der 1970er/Anfang der 1980er Jahre zeichnet sich ein verstärkter Trend zur Freizeit- und Erlebnisgesellschaft ab. Auch die historischen Wissenschaften und deren Institutionen, denen noch Ende der 1960er Jahre in der Studentenbewegung eine Existenz im „Elfenbeinturm" vorgeworfen worden war, blieben von dieser Erscheinung nicht unberührt. Die Betrachtung der Alltagsgeschichte rückte in den 1980er Jahren verstärkt in das Blickfeld der wissenschaftlichen Beschäftigung. Gefragt waren nicht so sehr Zahlen und Fakten, sondern „Geschichte zum Anfassen" in verständlicher und unterhaltsamer Form und mit der Illusion wiederbelebter Vergangenheit. Die bislang von Museen und anderen Kulturanbietern vorwiegend theoriebelastete und trockene Darbietung von Bildungsgut passte sich dem durch die Konkurrenz von Film, Fernsehen und Computer geförderten Bedürfnis der Öffentlichkeit nach optischem, akustischem und aktivistischem Erleben an.

Eine wichtige Rolle spielten dabei die verbesserte didaktische Darbietung wissenschaftlicher Erkenntnisse (Museumspädagogik) sowie die Beschäftigung mit der Funktion materieller Relikte vergangener Zeiten, der Rekonstruktion von Modellen und alten Techniken, insbesondere mit Hilfe möglichst authentischer Materialien und Methoden (experimentelle Archäologie). Diese Form der Vermittlung stieß auf positives Echo beim breiten Publikum und in den Medien und führte zu wachsenden Besucherzahlen in den Museen und bei den Veranstaltungen anderer Kulturanbieter. Naturwissenschaftliche Methoden und Hightech-Einsatz lösten die Wissenschaft aus dem Klischee der verstaubten Antiquiertheit. Von dem Reklameeffekt profitierten die Altertumswissenschaften insgesamt. Mit dem Aufkommen von Groß- und Massenveranstaltungen etablierte sich dann in den 1990er Jahren die „Fun- und Eventkultur" (Reenactment und Living History-Bewegung, „Römerboom", Mittelalter- und Wikingermärkte).

Trotz Fortentwicklung der archäologischen Wissenschaft und publikumswirksamer Vermittlung ihrer Ergebnisse – als

Abb. 1: Ein aktueller Bezug zur zeitgenössischen Pyramidenrezeption in der Architektur: Der „Scherbenbrunnen" von 1988, realisiert als „Spolienpyramide" vor dem im selben Jahr eröffneten Erweiterungsbau des Reiss-Museums Mannheim (seit 2001 Reiss-Engelhorn-Museen Mannheim), dem Museum für Archäologie, Völkerkunde und Naturkunde. (Foto: REM Mannheim, Jean Christen).

derzeitiger Höhepunkt ist zweifellos die Veranschaulichung durch den Einsatz von Computertechnik zu betrachten – mit dem durchaus positiv zu wertenden Effekt der Darbietung von spannender Unterhaltung, amüsanter Belehrung und kurzweiliger Information lassen sich die Schattenseiten des öffentlichen Interesses an der Archäologie nicht übersehen.

In unserer Kommunikations- und Mediengesellschaft lässt sich – zumindest in „Werbung und Alltag" – eher weniger von einer Rezeption sprechen, die eine Kenntnis der Materie und eine geistige Bereitschaft zur Verarbeitung voraussetzt, als vielmehr von einer Popularisierung, die mit Sensationshascherei und Vermarktung, häufig mit kuriosen, naiven, ironisierenden und komischen Erscheinungen und der Beibehaltung überkommener Klischees einhergeht. Dem Publikum wird der Geschmack von Exotischem und Mystisch-Geheimnisvollem, von Phantasie und Faszination, von Abenteuer und Ferne, nicht von archäologisch-historischem Alltag und Erkenntnisprozess vermittelt.

Die Darbietung von Archäologie in Kunst, Werbung und Alltag wird vorwiegend an ihrem Unterhaltungs- und Gebrauchswert gemessen, nicht an der Vermittlung eines größeren Geschichtsverständnisses. So stellt sich manch einer der Autoren die kritische Frage, ob der Archäologie – Objekten und Wissenschaft – bei den heute bestehenden Tendenzen zur Kommerzialisierung der Kultur und einer neuen Politisierung von Geschichte nicht Schaden zugefügt werden könnte. Statt der Verbreitung des modernen oberflächlichen Blickes auf die Vergangenheit sollte in der Öffentlichkeit die Kenntnis wissenschaftlich fundierter Tatsachen gefördert werden. Letzteres betrifft ebenso die Paläontologie.

Dazu steht nicht im Widerspruch, dass sich in der modernen Industriegesellschaft trotz allgemein schwindendem historischem Bewusstsein in Politik und Gesellschaft, Medien und Wissenschaft, verknüpft mit einer Popularisierung und Kommerzialisierung von Geschichte und Archäologie, eine zunehmende Tendenz beobachten lässt, die Gegenwart selbst zu historisieren. Mit der Dynamik des technischen Wandels seit den 1980er Jahren, mit der immer schneller voranschreitenden Zunahme von technischen Neuerungen und den sich dadurch verkürzenden Innovationszyklen verringert sich die Zeit, innerhalb derer etwas veraltet, d. h. die *Veraltensrate* wächst ständig, die Gegenwart wird immer schneller zur Vergangenheit. Diesem Prozess der *Gegenwartsschrumpfung* versuchen wir entgegenzuwirken durch verstärkte Bemühungen, die Zivilisationsrelikte in den Museen – *Schauhäuser von Zivilisationsrelikten* – zu bewahren. In der modernen Industriegesellschaft lässt sich eine *historische Beispiellosigkeit moderner Vergangenheitszugewandtheit* und eine *progressiv verlaufende Museali-*

sierung unserer kulturellen Umwelt bis hin zum aufwendigen Denkmalschutz feststellen. In diesen Kontext gehört auch die Erscheinung, dass in moderner Zeit bei der Suche nach Symbolen diese einer vergangenen, jedoch in unseren Gedanken und Vorstellungen präsent erscheinenden Welt entlehnt werden. Auch im Zeitalter der Globalisierung bietet sich der Rückgriff auf die kulturelle Vergangenheit zur Schaffung einer Identität an.

Interpretationen der menschlichen Vergangenheit, wie sie sich in den Rezeptionen archäologischer Objekte und Motive manifestieren, sind – neben der etablierten Vermittlung von Geschichte in Schulen und Museen – nicht nur wesentlicher Bestandteil der Geschichtskultur in unserer Gesellschaft, sondern sie sind auch ein wichtiger Aspekt des alltäglichen Geschichtsbewusstseins und mitunter Teil unserer Identität und Weltanschauung. Das macht die Rezeptionen in ihrer Vielfalt mindestens ebenso erhaltens- und erforschenswert wie die rezipierten Objekte und Motive selbst. Rezeptionen und Rezeptionsgeschichte sind nie systematisch aufgearbeitet und lediglich hier und dort als Kuriosa kurz beschrieben worden. Ansätze zu einer institutionalisierten Erforschung sind jedoch vorhanden (Niederländisches Zentrum für Asterix-Studien an der Universität Amsterdam, vgl. S. 388 und 394; Archiv für Antikenrezeption der Gegenwart, vor allem in der deutschsprachigen Literatur nach 1945, mit geplanter Einbindung der Bereiche Musik und Bildende Kunst, am Institut für Griechische und Lateinische Philologie der Universität Berlin, vgl. S. 390).

Das breite Spektrum der behandelten Themen zur Rezeption archäologischer Motive und der zeitgenössische Aspekt machen die Besonderheit und die Bedeutung dieses Buches aus: Das Thema des Buches wird aktuell gesehen und aus dieser Sicht heraus von den Autoren interpretiert.

Dank

Herrn Dr. Karl W. Beinhauer danke ich für die dauerhafte Unterstützung und die stete Ermutigung, mit denen er dieses Buchprojekt auch in schwierigen Zeiten begleitet hat. Herrn Prof. Dr. Alfried Wieczorek danke ich dafür, dass er den Druck dieses Buches trotz finanziell kritischer Umstände ermöglicht hat.

I Beiträge zum zeitgenössischen Stellenwert der Archäologie und ihrer Vermarktung

Die Modernität der Vergangenheitszuwendung

Hermann Lübbe

Zusammenfassung

Mit dem Grad der Modernität der modernen Zivilisation wächst die Intensität unserer Vergangenheitszuwendung. Das reicht von den Leistungen der professionellen Geschichtswissenschaft über die immer noch fortschreitende Musealisierung unserer kulturellen Umwelt bis hin zum aufwendigen Denkmalschutz. Der Aufsatz beantwortet zwei Fragen. Erstens: Welches sind die zivilisationsevolutionären Voraussetzungen dieser Vergangenheitszuwendung? Zweitens: Welchen modernitätsspezifischen Interessen gehorcht sie?

Die Intensität unserer kulturellen Bemühungen, Vergangenes gegenwärtig und verstehbar zu halten, ist historisch beispiellos. Nie zuvor hat eine Zivilisation größere Anstrengungen unternommen als die unsrige, sich selbst zu historisieren, d. h. sich als Resultat ihrer Herkunftsgeschichte verständlich zu machen ebenso wie das Anderssein anderer, zu denen man sich in eine vergleichende Beziehung setzt.

Die historische Beispiellosigkeit moderner Vergangenheitszugewandtheit existiert nicht bloß als Schein im Zerrspiegel des Bewusstseins einer verblüfften Zeitgenossenschaft, die an Gehalten zustimmungsfähiger, ja zustimmungspflichtiger zivilisatorischer Evolution, am Fortschritt also, orientiert ist und entsprechend z. B. von der progressiv verlaufenden Musealisierung unserer kulturellen Umwelt überrascht wird. Die Bestände des modernitätsspezifischen Historismus sind in ihrer historischen Singularität kultursoziologisch längst vermessen und quantifiziert und verlaufsstatistisch ausgewiesen.

Es erübrigt sich hier, das einschlägige Zahlenmaterial auszubreiten. Die Wucht dieses Materials schlägt jeden Gedanken nieder, man könnte es mit residualen und überdies ephemer oder regional begrenzten kulturellen Interessen zu tun haben. Die Kultur moderner Vergangenheitsvergegenwärtigung entfaltet sich großräumig in allen modernen Industriegesellschaften, und sie ist überall Teil der Kulturgeschichte dieser Gesellschaften. Das schließt regionale, insbesondere nationalkulturgeschichtliche Differenzen nicht aus, vielmehr ein. Aber man sollte über der Zuwendung zu diesen Differenzen nicht den Blick für die Universalität der modernen historischen Kultur verlieren, die in ihren signifikanten Hervorbringungen inzwischen alle Industriegesellschaften mitprägt, sofern sie hoch entwickelt und einem diktatorialen kulturpolitischen Anti-Modernismus nicht unterworfen sind.

Zur Vergegenwärtigung der Phänomene, in denen der modernitätsspezifische kulturelle Historismus sich ausprägt, mögen hier ein paar Hinweise auf uns allen Bekanntes genügen.

Erstens erfreut uns die Dauerblüte der professionellen Geschichtswissenschaft. Noch im Rückblick ist man erstaunt, dass man vor einem Vierteljahrhundert die Beantwortung der Frage „Wozu noch Geschichte?" für dringlich hielt[1]. Die damals geführten lebhaften Auseinandersetzungen um die „Relevanz" der Geschichtswissenschaft[2] dienten allerdings, wie man inzwischen erkennen kann, weniger tatsächlich nötigen Nachweisen unserer kulturellen Angewiesenheit auf die Leistungen der Geschichtswissenschaften als der wissenschafts- und bildungspolitischen Abwehr seinerzeit vorübergehend aktueller bildungspolitischer Versuche, den Sinn der Zuwendung zur Geschichte emanzipationspädagogisch einzuengen[3].

Ob von emanzipatorischer oder von anderer Absicht geleitet: So oder so fand und findet sich die Geschichtswissenschaft von der Gunst des Publikumsinteresses getragen. Jenseits der Fachpublikationen, mit denen sich Fachhistoriker an ihre Fachkommunität wenden, blüht die Historiographie als Literatur für das gemeine Leserinteresse. Große Historiographie ist bestsellerträchtig, und wir kennen die Verlage, die auf die Promotion historiographischer Bestseller spezialisiert sind.

Das alles vollzieht sich zugleich in internationaler Kooperation. Die Breite des modernen geschichtsinteressierten Publikums macht Übersetzungen nötig und erfolgreich. Erfahrene Publizisten betätigen sich als Trivialisatoren geschichtswissenschaftlichen Wissens, und auf großen Bahnhöfen liegt Geschichtskunde als Kioskware aus.

Zweitens expandiert in allen modernen Gesellschaften das Museumswesen[4]. Die Zahl der Museen wächst immer noch und die Zahl ihrer Besucher gleichfalls. In den herausragenden Fällen ist der Museumsbau zu einem zentralen Faktor in der aktuellen Städtebaugeschichte geworden – in Deutschland zum Beispiel von Köln bis Stuttgart und von Bonn bis hin zu kleineren Plätzen wie Emden. Zugleich weiten sich die Lebensbereiche aus, deren Evolutionsrelikte heute als museumswert gelten. Das reicht von der Landmaschinentechnik bis zur Gartenzwergkultur und von der Befestigungs- und Schließtechnik mittels Knöpfen bis hin zu den Kostbarkeiten in musealisierten Depots der Mobilien königlicher und kaiserlicher Höfe – in Wien zum Beispiel.

Zugleich haben sich die Museumsträgerschaften diversifiziert. Über Staaten und Länder hinaus sind selbstverständlich auch die Kommunen Betreiber von Musealisierungsprozessen. Selbst Kleinstädte präsentieren heute ihre Stadtgeschichte museal, und die über die Gebietskörperschaftsreformen vergrößerten Dörfer haben die Attraktivität der Schausammlungen von Relikten aus vormoderner Urproduktion für den Tourismus entdeckt.

Auch große und kleine Unternehmen bieten heute Schausammlungen ihrer historischen Produktion an. Schließlich ist sogar – um es im Jargon der Systemtheorie zu sagen – der Musealisierungsprozess selbstreferentiell geworden, d. h. viele Museen bieten heute in Spezialräumen Schausammlungen ihrer eigenen Geschichte an, also Exempel der Expositionstechnik von gestern oder auch Kuriositäten aus der Historiographie museumsinterner historischer Irrtümer.

Zugleich steigt der Grad der Professionalität moderner Museumspraxis. Fachhochschulen bieten Ausbildungsgänge für modernes Museumsmanagement an, und für Museumspädagogik gibt es Spezialinstitute zur Fortbildung von Lehrern aller Schultypen.

Drittens sind die Selbsthistorisierungstendenzen unserer Gegenwartszivilisation für jedermann in den Hervorbringungen modernen Denkmalschutzes gegenwärtig. International organisierte Denkmalschutzjahre sind der Weckung des Bürgersinns für die entsprechenden Fälligkeiten gewidmet[5]. Bis auf die Ebene der Europäischen Union hinauf sind Förderungsprogramme für die Zwecke der Denkmalpflege ausgelegt, und die UNESCO führt ein Verzeichnis von Baudenkmälern, die nach dem Wortlaut von Plaketten, mit denen man sie ausgezeichnet findet, zum Kulturerbe der Menschheit zu zählen sind.

Selbstverständlich ist die Geschichte des Denkmalschutzes ihrerseits längst historisiert[6]. In der Praxis des Denkmalschutzes bedeutet das, dass auch dieser selbstreferentiell geworden ist. Die Hervorbringungen des Denkmalschutzes von gestern haben selber bereits Denkmalsrang gewonnen und werden in denkmalpflegerischer Absicht konserviert. Der Streit, ob man ruinierte oder unvollendet überkommene Bauwerke früherer Epochen restaurieren, nämlich wiederherstellen oder in Respekt vor ihrem „Ruinenwert"[7] als Ruine konservieren solle, erhob sich bekanntlich schon vor fast einem Jahrhundert. Heute konservieren wir Restauriertes, und wir konservieren Restaurationsruinen desgleichen. „Das kann doch nicht immer so weitergehen" fällt dem Laien dazu ein, und in der Tat: Inzwischen sieht jedermann, dass das Gesamtresultat unserer expandierenden denkmalpflegerischen Bemühungen schlechterdings nicht mehr nach dem Muster gelungener Versuche beschrieben werden kann, komplementär zur Moderne Altes der Zeitgenossenschaft dieser Moderne alt zu erhalten. Man muss vielmehr sagen: Der Anblick, den unsere denkmalpflegerisch herausgeputzten Städte und Dörfer bieten, ist ein Anblick, wie er sich keiner Generation je zuvor bot. Was wir hier zu sehen bekommen, ist schlechterdings neu. Wir haben es nicht einfach mit den Objekten des Denkmalschutzes zu tun, vielmehr mit aktuellen Hervorbringungen seiner historisierenden architektonischen Praxis und näherhin mit einer höchst disparaten Fülle von Kompromissen in der Bemühung, die aktuelle Gebrauchsfunktion eines älteren Bauwerks mit seiner vom historischen Bewusstsein definierten Denkmalsfunktion kompatibel zu machen.

Viertens expandiert die kulturhistorische Forschung auch institutionell. Ihr De-facto-Monopol für Zwecke geisteswissenschaftlicher Forschung haben die Philosophischen Fakultäten oder ihre universitären Nachfolgeeinrichtungen längst verloren. Zahlreiche kulturelle, auch administrative Einrichtungen nehmen sich heute der kulturhistorischen Forschung außerhalb der Universitäten an, und die Resultate dieser Forschung gewinnen in der Gesamtbilanz kulturwissenschaftlicher Forschung ständig an Gewicht. Das gilt für die kunstwissenschaftliche Forschung im institutionellen Rahmen unserer Museen, für die orts- und regionsbezogene historische Forschung im Rahmen städtischer und sonstiger Archive, für die landeskundliche Forschung in den Forschungseinrichtungen von Landschaftsverbänden und sonstigen höheren Kommunalverbänden, für die projektbezogenen kulturhistorischen Forschungen im neu geschaffenen institutionellen Umkreis bedeutender außeruniversitärer Bibliotheken wie in Wolfenbüttel, und diese kleine Reihe von Exempeln ließe sich lange fortschreiben – von den editorischen und lexikographischen Langzeitprojekten in der Trägerschaft unserer Wissenschaftsakademien bis hin, so in Deutschland, zu den renommierten kulturhistorischen Forschungsinstituten der Max-Planck-Gesellschaft.

In der Aufzählung von aktuellen Beständen, an denen die Tendenz progressiver Selbsthistorisierung unserer Zivilisation ablesbar ist, könnte man lange fortfahren – von unseren historisierten Friedhöfen[8] bis hin zum politischen Historismus, als den sich Teile des europäischen Regionalismus kennzeichnen ließen[9]. Das erübrigt sich hier. Zu beschäftigen hat uns die theoretische Frage, wie sich die manifesten Selbsthistorisierungstendenzen in der modernen Zivilisation erklären lassen. Selbstverständlich sind sie einer historischen Ableitung fähig. Aber einer historischen Erklärung[10] bedürfen sie nicht einmal, nachdem sich die aktuellen, modernitätsspezifischen Funktionen der reflexiven Vergangenheitszugewandtheit unserer Zivilisation unschwer zur Evidenz bringen lassen. Dabei stößt man freilich gelegentlich auf das Argument, der aktuelle Historismus sei gewiss gegenwartsspezifisch, verhalte sich aber im Übrigen zu den dominanten Gehalten der modernen Zivilisation kontingent, nämlich als ein pures Phänomen des Wohlstands, der es der modernen Kulturgenossenschaft eben erlaube, häufiger als in früheren Epochen zu aufwendigen Museumsreisen aufzubrechen, Mittel für Zwecke schmückender Gebäuderestauration zur Verfügung zu stellen und sich auf den Antiquitätenmärkten zu bedienen.

Gewiss: Die Wohlfahrt ist eine notwendige Bedingung der singulären Aufwendungen, die wir heute für die Zwecke der

Vergangenheitsvergegenwärtigung aufbieten. Aber um eine hinreichende Bedingung handelt es sich nicht. Es will ja erklärt sein, wieso wir uns nun gerade diese Vergangenheitsvergegenwärtigung so viel kosten lassen, anstatt die entsprechenden Mittel zukunftsbezogenen Zwecken zuzuwenden.

Man muss zunächst auf eine objektive, nämlich temporale Eigenschaft der modernen Zivilisation rekurrieren, um zu verstehen, wieso Vergangenes in moderner Gegenwart fortschreitend an Auffälligkeit gewinnt. Ich möchte, zusammenfassend, diese temporale Besonderheit der modernen Zivilisation als „Gegenwartsschrumpfung" kennzeichnen.

„Gegenwartsschrumpfung" – das ist eine durchaus ungewohnte und daher erläuterungsbedürftige Kennzeichnung des fraglichen Bestandes, den ich hier zunächst analysieren möchte. Was ist gemeint? Gemeint ist, dass in einer dynamischen Zivilisation in Abhängigkeit von der zunehmenden Menge von Innovationen pro Zeiteinheit die Zahl der Jahre abnimmt, über die zurückzublicken bedeutet, in eine in wichtigen Lebenshinsichten veraltete Welt zu blicken, in der wir die Strukturen unserer uns gegenwärtig vertrauten Lebenswelt nicht mehr wieder zu erkennen vermögen, die insoweit eine uns bereits fremd, ja unverständlich gewordene Vergangenheit darstellt.

Innovationsabhängige Gegenwartsschrumpfung bedeutet überdies, komplementär zur Verkürzung des chronologischen Abstands zu fremdgewordener Vergangenheit, zugleich fortschreitende Abnahme der Zahl der Jahre, über die vorauszublicken bedeutet, in eine Zukunft zu blicken, für die wir mit Lebensverhältnissen rechnen müssen, die in wesentlichen Hinsichten unseren gegenwärtigen Lebensverhältnissen nicht mehr gleichen werden.

Kurz: Gegenwartsschrumpfung – das ist der Vorgang der Verkürzung der Extension der Zeiträume, für die wir mit einiger Konstanz unserer Lebensverhältnisse rechnen können. Die Konsequenz, die sich daraus für die Wahrnehmung der Geschichtszeit ergibt, hat Reinhart Koselleck folgendermaßen beschrieben: Erfahrungsraum und Zukunftshorizont werden inkongruent[11]. Die Erfahrungen, die wir oder unsere Väter im Umgang mit unseren bisherigen Lebensverhältnissen machen konnten, eignen sich in Abhängigkeit von der Veränderung unserer Lebensverhältnisse fortschreitend weniger als Basis unseres Urteils über das, womit wir oder unsere Kinder und Kindeskinder für die Zukunft zu rechnen haben werden.

Gewiss lässt sich sagen, dass die menschliche Zivilisation bis in ihre Ursprünge hinein, soweit wir sie kennen, evolutionären Charakter hat. Ob Machiavelli bei seinem vorherrschenden Interesse, aus der römischen Geschichte zu lernen, die kulturellen Evolutionen zwischen dem Beginn der Zeitrechnung und seiner eigenen Gegenwart als Evolutionen gar nicht wahrgenommen hat, oder ob er sich für sie lediglich nicht interessierte, mag hier unentschieden bleiben. Gewiss ist, dass es kulturgeschichtliche Evolutionen gegeben hat, deren Dynamik so gering war, dass die Vorstellung absurd ist, sie hätten als Evolutionen bemerkt werden können. Auch die ausgedehnten Zeiträume der Ur- und Frühgeschichte waren ja nicht innovationsfreie Zeiträume. Aber die Zeitmaße in diesen Geschichtsepochen hatten, wie Karl J. Narr in seiner einschlägigen Abhandlung[12] eindrucksvoll gezeigt hat, sozusagen subgeologische Dimensionen, was trivialerweise bedeutet, dass z. B. die außerordentlichen Fortschritte in der Schleiftechnik zur Herstellung feiner Steinklingen zwischen Jungpaläolithikum und Neolithikum für die Subjekte dieses Prozesses schlechterdings kein Gegenstand reflexiver Aufmerksamkeit sein konnten.

Es wäre durchaus spekulativ, etwas darüber vermuten zu wollen, wie groß innerhalb der kulturellen Evolution der Grad der Innovationsverdichtung geworden sein muss, damit diese als solche aufdringlich werden kann und ihre Thematisierung erzwingt. Lebenspraktisch wird sie jedenfalls einen Grad erreicht haben müssen, der ausreicht, innerhalb jener drei Generationen, die gleichzeitig existieren und in ihrer kulturellen Einheit durch unmittelbaren Erfahrungsaustausch zusammengebunden sind, Erfahrungen des Veraltetseins und der Gestrigkeit aufdringlich zu machen. Wie auch immer: Erfahrungen der Gegenwartsschrumpfung hängen an einem nur scheinbar paradoxen Effekt der temporalen Innovationsverdichtung. Der hier gemeinte Effekt ist, dass komplementär zur Neuerungsrate zugleich die Veraltensrate wächst.

Die kulturellen Folgen dieser fortschrittsabhängig zunehmenden kulturellen Veraltensgeschwindigkeit sind erheblich. In einer dynamischen Zivilisation nimmt die Menge der Zivilisationselemente zu, die noch gegenwärtig sind, aber über die sich schon die Anmutungsqualität der Gestrigkeit oder Vorgestrigkeit gelegt hat. Anders ausgedrückt: In einer dynamischen Zivilisation nimmt die Ungleichzeitigkeit des Gleichzeitigen zu. Diese Ungleichzeitigkeit des Gleichzeitigen war vor einhundert Jahren ein Thema der kulturtheoretischen Analysen Friedrich Nietzsches. Aber schon Friedrich Schlegel hat sie bemerkt und beschrieben.

In Begriffen der Evolutionstheorie ausgedrückt heißt das: Mit der evolutionären Dynamik wächst die Reliktmenge an. Genau das ist die gewiss nicht hinreichende, aber notwendige Bedingung für den oben erwähnten Musealisierungsprozess.

Was sind denn Museen? Museen sind, unter diesem Aspekt betrachtet, nichts anderes als Schauhäuser von Zivilisationsrelikten, und jeder Museumsfachmann weiß, dass z. B. in unseren blühenden Technik-Museen mit der temporalen technologischen Innovationsverdichtung sich auch die Zeitspannen verkürzen, innerhalb derer die Eröffnung der jeweils neuesten Museumsabteilung fällig wird.

Freilich gilt, dass auch die skizzierte Gegenwartsschrumpfung, zu der sich der Prozess der kulturellen Musealisierung komplementär verhält, lediglich eine notwendige und nicht eine hinreichende Bedingung des Musealisierungsprozesses darstellt. Die Frage liegt ja nahe, warum wir, nach Analogie naturaler Evolutionen, die anfallenden Kulturevolutionsrelikte nicht einfach naturwüchsigen Recycling-Prozessen überlassen. Wieso verwahren wir, zumindest in repräsentativen Exemplaren, was doch gerade durch sein Veraltetsein, durch sein Ausgeschiedensein aus aktuellen funktionalen Zusammenhängen charakterisiert ist?

Genau diese Frage ist, am kulturell repräsentativen Exempel der Musealisierung aufgeworfen, die Frage nach der Funktion des historischen Bewusstseins in dynamischen Zivilisationen. Die Antwort auf die Frage nach der Funktion des historischen Bewusstseins und damit der Leistungen der historischen Wissenschaften in modernen Zivilisationen soll uns hier nur beiläufig beschäftigen. Ich beschränke mich insoweit auf einige wenige Bemerkungen. „Die Geschichte steht für den Mann" – auf diese knappe Formel hat der Geschichtsphänomenologe Wilhelm Schapp die Einsicht gebracht, dass unsere so genannte Identität, individuell wie kollektiv, das Resultat unserer jeweiligen Herkunftsgeschichte ist[13]. Mit der Vergegenwärtigung dessen, wer wir sind, durch Erzählen unserer individuellen und kollektiven Herkunftsgeschichten hat es vergleichsweise geringe Schwierigkeiten, wenn diese erzählten Geschichten Vergegenwärtigungen von Vergangenheiten sind, über die wir nach den Mustern der Gegenwart und den auf sie sich beziehenden Lebenserfahrungen urteilen können. Die Schwierigkeiten mit der Vergegenwärtigung eigener individueller und vor allem kollektiver Vergangenheiten wachsen aber, wenn in Abhängigkeit von der skizzierten Innovationsdynamik eigene Vergangenheit einem immer rascher zur fremden Vergangenheit wird. Alsdann bedarf es expliziter Leistungen eines schließlich sogar wissenschaftlich disziplinierten historischen Bewusstseins, um eigene Vergangenheit in ihren fremd gewordenen Elementen verstehen und damit aneignungsfähig halten zu können bzw. die Vergangenheit anderer diesen zurechnungsfähig.

Kurz: Die Leistungen des historischen Bewusstseins sind Leistungen zur Kompensation eines änderungstempobedingten kulturellen Vertrautheitsschwundes.

Anmerkungen / Literatur:

[1] Vgl. exemplarisch: Oelmüller, Willi (Hrsg.) (1977): Wozu noch Geschichte? München.

[2] Nipperdey, Thomas (1972): Über Relevanz. In: Kurze, Dietrich (Hrsg.), Aus Theorie und Praxis der Geschichtswissenschaft. Festschrift für Hans Herzfeld zum 80. Geburtstag. Im Auftrag des Friedrich-Meinecke-Instituts: 1–26. Berlin, New York.

[3] So Der Hessische Kultusminister (1972): Rahmenrichtlinien. Sekundarstufe I. Gesellschaftslehre. Wiesbaden.
Zur Kritik dieser Rahmenrichtlinien vgl.: Nipperdey, Thomas (1974): Konflikt – einzige Wahrheit der Gesellschaft? Zur Kritik der Hessischen Rahmenrichtlinien. Osnabrück.

[4] Vgl. dazu die Belege aus der Museumsstatistik in meinem Aufsatz: Der Fortschritt und das Museum. In: Lübbe, Hermann (1989): Die Aufdringlichkeit der Geschichte. Herausforderungen der Moderne vom Historismus bis zum Nationalsozialismus: 13–29. Graz, Wien, Köln.

[5] Maier, Hans (Hrsg.) (1976): Denkmalschutz. Internationale Probleme – Nationale Projekte. Zürich.

[6] Huse, Norbert (Hrsg.) (1984): Denkmalpflege. Deutsche Texte aus drei Jahrhunderten. München.

[7] Nach: Riegl, Alois (1988): Neue Strömungen in der Denkmalpflege. In: Dehio, Georg & Riegl, Alois: Konservieren, nicht restaurieren. Streitschriften zur Denkmalpflege um 1900. Mit einem Kommentar von Marion Wohlleben und einem Nachwort von Georg Mörsch: 104–119. Braunschweig, Wiesbaden.

[8] Vgl. dazu das Kapitel „Die Gegenwart der Toten. Historisierter Friedhof und anonyme Bestattung" in meinem Buch (2. Aufl. 1994): Im Zug der Zeit. Verkürzter Aufenthalt in der Gegenwart: 37–54. Berlin, Heidelberg etc.

[9] Vgl. dazu: Gerdes, Dirk (Hrsg.) (1980): Aufstand der Provinz. Regionalismus in Westeuropa. Frankfurt, New York. – Ferner: Blaschke, Jochen (Hrsg.) (1980): Handbuch der westeuropäischen Regionalbewegungen. Frankfurt am Main. – Zur Rolle des Regionalismus in der Politik der europäischen Einigung vgl. mein Buch (1994): Abschied vom Superstaat. Vereinigte Staaten von Europa wird es *nicht* geben. Bes. 57 ff. Berlin.

[10] Die methodische Operation der historischen Erklärung war der Hauptgegenstand der Bemühungen der analytischen Geschichtswissenschaftstheorie vor drei, vier Jahrzehnten. – Vgl. dazu exemplarisch die einschlägigen Beiträge zu dem von Patrick Gardiner herausgegebenen und eingeleiteten Sammelband (1959): Theories of History. New York, London; – ferner, zusammenfassend, das Kapitel „Was heißt 'Das kann man nur historisch erklären'?" in meinem Buch (1977): Geschichtsbegriff und Geschichtsinteresse. Analytik und Pragmatik der Historie: 35-47. Basel, Stuttgart.

[11] Koselleck, Reinhart (1977): 'Erfahrungsraum' und 'Erwartungshorizont' – zwei historische Kategorien. In: Patzig, Günter, Scheibe, Erhard & Wieland, Wolfgang (Hrsg.), Logik, Ethik, Theorie der Geisteswissenschaften. XI. Deutscher Kongreß für Philosophie Göttingen 1975: 191-208. Hamburg.

[12] Narr, Karl J. (1978): Zeitmaße in der Urgeschichte. Rheinisch-Westfälische Akademie der Wissenschaften. G 224: 16 ff. Opladen.

[13] Schapp, Wilhelm (1976): In Geschichten verstrickt. Zum Sein von Mensch und Ding. Mit einem Vorwort zur Neuauflage von Hermann Lübbe: 103. Wiesbaden.

Historische Motive in der Werbung

Mike Seidensticker

Zusammenfassung

Werbung mit Geschichte – das schien für lange Zeit ausschließlich das „goldene Kalb" einer modernen Medien- und Bewusstseinsindustrie zu sein, das nur dem Ziel diente, als geheimer Verführer nahezu dämonisch und scheinbar nach Belieben auf den Konsumenten einzuwirken. Erst durch das verstärkte Interesse an der Alltagskultur wird inzwischen die Werbung mit historischen Motiven auch als Quelle der alltäglichen Geschichtskultur angesehen. Ziel ist es, durch den langfristigen Vergleich der jeweils von der Werbung propagierten Leit- und Geschichtsbilder Einblicke in den Wandel von Geschichtsbewusstsein und gesellschaftlichen Zeitströmungen zu gewinnen.

Historien-Spiel ohne Grenzen?

Der Bart musste ab. Entschlossen griff Karl Marx zum Elektrorasierer und fertig war der moderne Klassiker der politischen Ökonomie – diesmal oben ohne. Ehefrau Jenny von Westphalen hätte sicherlich ihre Freude daran gehabt. Auch Johann Sebastian Bach hatte die Signale der Zeit erkannt. Die alte Orgel in der Leipziger Thomaskirche musste weg, eine neue, elektronische her. Der Kantor entschied sich für ein volldigitalisiertes Instrument, natürlich aus Japan.

Werbung macht es möglich. Langeweile verkauft sich schlecht. Erlaubt ist offenbar, was gefällt, wenn nur die amüsierte Aufmerksamkeit des Konsumenten garantiert ist. Da kauft Michelangelos David eine Jeans, die zu ihm passt, genießt Sokrates statt des Schierlingsbechers lieber ein frisch gezapftes Bier und hat Hannibal bei seinem neuerlichen Ritt über die Alpen vorsorglich Reiseschecks im Gepäck. Auch Achill gibt sich in der Werbung nicht gleich geschlagen und lässt sich mit einem Wundpflaster verarzten.

Was auf den ersten Blick wie ein Attentat des postmodernen Zeitgeistes auf die Geschichte aussieht – und als solches auch lange Zeit von der Zunft der Historiker behandelt und gegeißelt wurde – ist indes kein Novum, das sich, wie verschiedentlich gemutmaßt, erst seit den 1970er Jahren boomartig ausgebreitet hat[1]. Denn schon seit dem 19. Jahrhundert zählt das Werben mit historischen Motiven zum festen Bestandteil der Werbewelt, auf die spätestens seit 1950 in den Publikumszeitschriften durchschnittlich bis zu zwei Prozent der Insertionen entfallen. In absoluten Zahlen heißt das: Mit einem jährlichen Aufwand von zuletzt rund 100 Millionen DM zählen historisierende Werbungen zu den zentralen Medien der außerschulischen, alltäglichen Geschichtsdarstellung.

Den Anleihen aus dem Inventar der abendländischen Geschichte scheinen dabei offenbar keine Grenzen gesetzt zu sein, wie ein erster Blick in den Fundus der historischen Kleiderkammer der Werbung aus vier Jahrzehnten zeigt[2], in der sich Reminiszenzen aus nahezu allen Epochen und in nahezu allen Erscheinungsweisen wieder finden, Reminiszenzen an:
- die so genannten Großen der Geschichte, ob antike Philosophen wie Sokrates oder Aristoteles, Geistesgrößen wie Schopenhauer oder Fichte, Komponisten, Musiker, Schriftsteller, bildende Künstler oder Naturwissenschaftler, Politiker oder Herrscher,
- Arsenale von Artefakten, etwa Dampfradios, alte Limousinen und Eisenbahnen,
- Erinnerungen an technikgeschichtliche Erfindungen und handwerkliche Traditionen,
- kulturelle Leistungen der Menschheit von der Höhlenmalerei über die Pyramidenarchitektur (Abb. 1), antike Tempel und Skulpturen, von der höfischen Kultur bis zum bürgerlichen Lebensstil des 19. Jahrhunderts,
- politische Ereignisse wie Revolutionen und Kriege (wenn auch nur vereinzelt),
- die Alltagsgeschichte mit der Darstellung vergangener Lebensformen,
- die Wirtschaftsgeschichte.

Abb. 1: Pyramide: Junkert & Huber, Baumanagement. (Aus: Mannheimer Morgen 8.11.1989. Slg. Inken Jensen).

Abb. 2: *Johann Wolfgang von Goethe: Mineralwasser Staatl. Fachingen. (Aus:* Der Spiegel *12, 1982).*

auf die neuzeitliche Technikgeschichte, auf Erfinder und Innovationen, deren Leistungen durch das neue Produkt überboten werden. Geschichte stellt sich hier – speziell in den 1950er und 1960er Jahren – als Prozess eines einheitlichen Fortschritts dar („Was früher Heere von Sklaven bauten, errichten heute Maschinen, von wenigen Menschen bedient" – Klöckner & Co., *Der Spiegel* 48, 1955). Aus dem Munde eines IG-Farben-Nachfahren kann das 1958 auch schon einmal so klingen: „In der Zukunft werden große Aufgaben zum Wohle aller Menschen in der Welt gelöst werden.", beispielsweise durch Pflanzenschutzmittel, wie sie „in unseren Laboratorien seit Jahrzehnten entwickelt und erprobt wurden." Empört hat sich über diesen Zynismus niemand. Vergangenheitsbewältigung war ein Luxusgut im Wirtschaftswunderland der 1950er Jahre.

Werbung – geheime Verführerin oder Reflex von Zeitströmungen?

Schon diese erste, noch sehr allgemeine Bestandsaufnahme legt den Verdacht nahe, dass Werbebotschaften je nach Entstehungszeit variieren und offenbar einen Bezug zur „real existierenden Welt" aufweisen. „Die Historiker", prophezeite der kanadische Medienwissenschaftler Marshall McLuhan bereits in den 1960er Jahren, „werden eines Tages entdecken, daß die Werbung unserer Zeit eine tiefe alltägliche Betrachtung der Gesellschaft über ihr ganzes Tun und Lassen darstellt"[3]. Die Prophetie verhallte lange Zeit ungehört. Durch die Ende der 1960er Jahre einsetzende Auseinandersetzung mit der „Bewußtseinsindustrie", die mit Wolfgang Fritz Haugs „Kritik der Warenästhetik" unter dem Vorzeichen der politischen Ökonomie einen ersten Höhepunkt erreichte[4], standen die Ideologiekritik an der Macht der Medien und speziell der Missbrauch von Geschichte im Mittelpunkt der Forschung[5]. Zielsetzung war es, die Fälschung der historischen Wirklichkeit durch deren Verwendung in der Werbung exemplarisch nachzuweisen.

Erst mit der Neuorientierung der Geschichtsdidaktik zu einer Wissenschaft vom Geschichtsbewusstsein rückte auch die Betrachtung der Alltagskultur verstärkt

Bei näherer Betrachtung zeigt sich jedoch, dass Motivwahl, Darstellung und Deutung in enger Verwandtschaft zur jeweiligen Produktgruppe – unterschieden in Konsumgüter, vor allem Genussmittel, und Investitionsgüter sowie Dienstleistungen – stehen: So lässt sich grundsätzlich feststellen, dass Konsumgüter vorzugsweise mit den Größen der Geschichte, der Kulturgeschichte (Abb. 2) oder – sehr beliebt – mit Verweisen auf die noch immer handwerkliche Herstellung werben, die, so die Deutung, entweder eine Konsumgewohnheit begründeten, für sie exemplarisch stehen oder aber auf die Tradierung ursprünglicher Qualitätsproduktion abzielen.

Die Präsentation von Vorbildern („Der beste Trunk, den einer kennt, werde Einbecker Bier genennt" – Luther, Einbecker Bier, *Der Spiegel* 44, 1975) oder Traditionen („Pflege der alten altüberlieferten Rezepte" – Maisel Bier, *Der Spiegel* 20, 1982) steht dabei im Vordergrund. Dem gegenüber dominieren bei den Investitionsgütern und Dienstleistungen die Rekurse

ins Blickfeld der wissenschaftlichen Beschäftigung. Das Verdikt von Rolf Schörken, der sich zunächst des Phänomens von „Geschichte in der Alltagswelt" annahm und danach fragte, „wie sie uns begegnet und was wir daraus machen"[6], markierte insofern eine Wendemarke, als dass er damit die alltägliche Produktion und Funktion von Geschichtsbildern zum Mittelpunkt seiner Darstellung machte. Dazu zählte er – außer den etablierten Erscheinungsweisen von Geschichte im Museum – auch die anfangs noch als trivial empfundenen Formen der Verwendung historischer Kulissen in Medien wie dem Film, der Belletristik und dem Comic ebenso – wenn auch am Rande – wie in der Werbung.

Unter der Prämisse, dass ein wertgeladenes Medium wie die Werbung – entsprechend kommunikationswissenschaftlicher Theorien und Erkenntnisse – nur wirken könne, wenn sie an das bereits bestehende Selbstverständnis einer Gesellschaft mit ihren Einstellungen, Erwartungen, Veränderungen, Brüchen und Kontinuitäten anknüpft und diese instrumentalisiert, rückten die Analyse und Rekonstruktion zeitspezifischer Geschichtsbilder auf Grundlage von Werbematerialien erstmals an die Stelle einer reinen Ideologiekritik[7]. Werbewandel, so die Schlussfolgerung, ist insofern Ausdruck von Wertewandel, greift diesen immanent auf, ist – so zuletzt der Titel einer Tagung Ende 1995 in Leipzig – „Kulturgeschichte light", die im Unterschied zur so genannten Hochkultur ein Reagenzglas dessen ist, was jeweils als „trendy" gilt und dem Zeitgeist folgt[8].

Schon die Namensgebung von Produkten, etwa der Automobilindustrie, erfolgt nach erkennbaren, zeitspezifisch geprägten Mustern, wie Jürgen Bolten feststellt[9]. Hätten die 1950er Jahre noch unter dem Vorzeichen von „Märchen, Mythen und Idylle" gestanden und Namen wie „Prinz", „Taunus", „Goliath" und „Janus" hervorgebracht – parallel zu Wirtschaftswunder-Bezeichnungen wie „Rekord", „Tempo" oder „Blitz" –, so seien in den 1960er Jahren Autonamen wie der „Kapitän", „Kadett", „Admiral" und „Consul" gefolgt, durch die „Sozialprestige" signalisiert werden sollte. Die 1970er und frühen 1980er Jahre werden geprägt von den Vorboten einer Freizeitgesellschaft: „Ascona", „Capri", „Monza", „Fiesta", „Sierra", „Scirocco", „Golf" und „Polo". Inzwischen, so Bolten, dominiere die „postmoderne Techno-Klassik" mit Namen wie „Orion", „Astra", „Omega" und „Scorpio", parallel zur „Erlebnisgesellschaft", für die Bezeichnungen wie „Monterey", „Explorer", „Tigra" und „Sharan" stünden.

Zeitläufte in der Werbung

Auch Zigaretten schmeckten in Deutschland nicht immer nach Abenteuer und Freiheit. Der blaue Dunst wurde sittsam im Kreise der Familie und Freunde genossen – von den Herren, versteht sich, daheim zwischen Gummibaum, Nierentisch und Schleiflackmöbeln. Die Anzeigen der 1950er Jahre geben sich diesbezüglich so bieder wie die Adenauer-Ära es war. Man jubilierte über den ersten atomaren Versuchsreaktor, der noch ein wenig genialer sei als das Ei des Kolumbus: „Wir sind in die geheimnisvolle Welt des Atoms eingedrungen" (Adler, *Neue Revue* 47, 1958). Verweise auf die Umweltverträglichkeit, auf die heute keine Insertion dieser Art mehr verzichten könnte, erübrigten sich. Ökologie war kein Thema, Trizonesien überwunden, die leidige Vorgeschichte wahlweise verdrängt. Der Fortschritt schien die Tür in ein neues, nahezu goldenes Zeitalter aufzustoßen und war die Triebfeder eines Modernisierungsprozesses, der darauf ausgerichtet war, „durch neue Erzeugnisse und Verfahren zum Nutzen aller Menschen in der Welt" beizutragen (Bayer Werke, *Der Spiegel* 53, 1961). Auch die Wirtschaftskrise 1966/67 und das nachfolgend einsetzende Aufbegehren der so genannten 68er-Generation konnten diesem Selbstverständnis wenig anhaben. Protestierten die einen öffentlich gegen den Muff von 1000 Jahren unter den Talaren, so legten die anderen – offenkundig in der Werbung – Hand an und schnitten alte Bärte von Karl Marx ab (Remington, *Der Spiegel* 45, 1967). Der Schock sollte noch auf sich warten lassen – die Ölkrise 1973. Sie traf den Nerv einer bis dahin – trotz allem – fortschrittsgläubigen Wachstumsgeneration im Kern. Die Werbung reagierte darauf sensibel und ungewohnt selbstkritisch. Erstmals rückten die Grenzen eines Fortschritts ins Bewusstsein, dessen ungebrochene Dynamik zur „Gefahr" werden und in den „Ruin" führen könne (Fiat, *Der Spiegel* 28, 1972). Vor weiteren „Ölkrisen" wurde gewarnt (Die Bahn, *Der Spiegel* 8, 1974). „Schlechte Zeiten" seien angebrochen (Citroën, *Neue Revue* 7, 1974). Einer Abkehr von der bisherigen Energie- und Verkehrspolitik käme daher zur „Meisterung der Energiekrise" größte Bedeutung zu (Busse & Bahnen, *Der Spiegel* 8, 1974).

Die Legitimationskrise des Fortschritts

Der Fortschritt hatte seine Unschuld verloren. Die Vorstellung, er eröffne in jedem Fall weitere humanitäre Handlungsperspektiven, wich der Einschätzung, zur möglichen Bedrohung zu werden. Fortan häuften sich Werbungen, deren Intention es war, die Kategorie des Fortschritts in seinen politischen, sozialen und kulturellen Auswirkungen darzustellen und grundlegend zu legitimieren. Verweise darauf, dass erst durch den Fortschritt ein Prozess der Demokratisierung eingeleitet worden sei, aus dem „freie Bürger mit persönlichen und politischen Freiheiten hervorgegangen sind", die nicht mehr der „Entscheidung der Obrigkeit unterworfen" seien (BAT, *Der Spiegel* 32, 1979), häuften sich ebenso wie die Argumente, dass erst im Zuge einer fortschreitenden Entwicklung eine zielgerichtete, soziale Egalisierung erreicht worden sei, ohne die beispielsweise die Emanzipierung der Frauen undenkbar gewesen wäre, deren Kosmos heutzutage nicht mehr aus „Kinder, Küche, Kirche" bestehe, sondern aus den gleichberechtigten Zielsetzungen „Kompetenz, Karriere, Konto" (BfG-Bank, *Der Spiegel* 32, 1979). Gleiches gelte für die industrielle Arbeitswelt und einer nur durch weitere Innovationen möglichen „Lösung der Umweltprobleme" (Bayer Leverkusen, *Der Spiegel* 49, 1975). So sei der Mensch erst durch den Fortschritt „freier als früher" geworden und habe sich einen größeren Handlungsspielraum eröffnet, der nicht mehr auf einem fraglichen Zufall basiere (Altmann, *Der Spiegel* 45, 1976).

Die „gute alte Zeit"

In dem Maße, wie das Argument des Fortschritts an Plausibilität und Überzeugungskraft verlor, hatte sich diese Kategorie des (historischen) Denkens gegen die Tendenz zu behaupten, die Vergangenheit zu verklären. Seit Mitte der 1970er Jahre waren das Bild und die rückwärts gewandte Utopie einer vermeintlich „guten alten Zeit" ein besonders attraktives, oft wiederholtes Klischee in der Werbung mit Geschichte. Vorwärts, zurück in eine Vergangenheit, in der das Leben noch von „Gemütlichkeit" geprägt war, in der „Zeit noch nicht Geld" (Herrenhäuser Pils, *Der Spiegel* 24, 1977) war und man sich einen Sinn für die wahren Genüsse des Lebens bewahrt hatte (Hansen Präsident Rum, *Der Spiegel* 44, 1977) – so ließe sich dieses mythennahe Syndrom einer nostalgischen Flucht in die Vergangenheit am besten zusammenfassen. Wie die „gute alte Zeit" war, bleibt letztlich unklar: Bisweilen ist sie altdeutscher Abstammung und wird ins 19. Jahrhundert datiert, gelegentlich ist sie Teil der Pionier- und Western-Romantik am Lagerfeuer. Offenbar ist gerade diese Unbestimmtheit eines vermeintlich goldenen Zeitalters der Ausdruck romantischer Sehnsüchte nach etwas, das wie ein verlorenes Paradies erscheint.

Die Moderne überholt sich

Schon Ende der 1970er Jahre deutete sich an, dass diese Nostalgiewelle sich auch in der Werbung selbst überholt hatte. Was folgte, war ein Dementi, das leugnete, „die immer wieder als ‚gute alte Zeit' bezeichnete Vergangenheit" sei de facto gut gewesen: Tatsächlich hätten wohl „unsere Vorfahren gerne ihren Lebensstandard gegen unseren heutigen eingetauscht" (Rank Xerox, *Der Spiegel* 9, 1982). In Wirklichkeit sei die Vergangenheit düster und beschwerlich gewesen. Um zu gewährleisten, dass „die Kinder unserer Kinder uns nicht um unseren Lebensstandard beneiden" (BBC, *Der Spiegel* 40, 1982), sei es notwendig, moderne Technologien zu nutzen, da es ansonsten „vorwärts, zurück in die Steinzeit" ginge (BP, *Der Spiegel* 14, 1980).

Die Alternative, den technologischen Fortschritt zu nutzen oder die Renaissance überkommener, gewissermaßen archaischer Lebensverhältnisse zu billigen, wie sie von den Werbungen der frühen 1980er Jahre plakativ gestellt wurde, verkehrte die nostalgische Utopie einer „guten alten Zeit" im Kern in ihr Gegenteil. Durch die Dynamik des technologischen Wandels, so das Selbstverständnis, das Ende der 1980er Jahre in der Werbung zum Ausdruck kommt, habe sich „die Welt verändert" und „das 21. Jahrhundert begonnen" (Apple, *Der Spiegel* 36, 1986). Hier artikuliert sich das Bewusstsein, am Anfang einer Zeitenwende zu stehen. Mit Beginn dieser neuen Ära „schaut so manches alt aus", was bisher als modern erschien.

Durch den beschleunigten technologischen Wandel, der es notwendig erscheinen ließ, „bereits heute den Draht zur Zukunft zu haben, damit wir morgen nicht schon wieder von gestern sind" (Rank Xerox, *Der Spiegel* 9, 1982), steigerte sich mit der Innovationsdichte auch die Geschwindigkeit des Veraltens. Das Selbstverständnis, zu Beginn des 21. Jahrhunderts am Anfang einer neuen Epoche zu stehen, machte sich, speziell durch Neuerungsschübe in der Datenverarbeitung und Computertechnologie, breit: „Das modernste PC-System", so ein Hersteller, werde „durch einen exotischen Prozessor zum Fossil" (Tandon, *Der Spiegel* 39, 1987) (Abb. 3).

Das Kennzeichen, Fossil der Moderne zu sein, ist mehr als nur eine pfiffige Werbefloskel. Es dokumentiert die Schwierigkeit, Altes und Neues in der Einheit eines kontinuierlichen Wandels zu sehen. Mit der Virulenz zunehmend verkürzter Innovationszyklen verringerte sich offenbar auch die Zeit, innerhalb deren etwas veraltet und aus Werbesicht quasi archaisch wirkt. Durch die Aufhebung der Gegenwart in atomisierte Augenblicke, der „Jetzt-Zeit", wie sie postmoderne Theoretiker nennen, die durch ihre Innovationsdichte das Neue sozusagen schon im Moment seiner Hervorbringung veralten lässt, wird auch Geschichte zur Summe des bedeutungslos gewordenen Alten. An die Stelle der Vorstellung von Geschichte als einheitlichem, sich dynamisch entwickelndem Prozess tritt hier das Bewusstsein, am Beginn einer fundamental neuen Zeit zu stehen.

In dem Maße, in dem im historischen Wandel offenbar kein kontinuierlicher und sinnhafter Prozess mehr zu erkennen war, nahm auch die Tendenz zu, die Ge-

Abb. 3: Dinosaurier: PC Target der Firma Tandon. (Aus: Der Spiegel *39, 1987).*

genwart selbst zu historisieren und als Vergangenheit der Zukunft zu betrachten. Dafür steht der Versuch, aus der Perspektive des 21. Jahrhunderts zu beurteilen, was der Fortschritt im 20. Jahrhundert an richtungsweisenden Neuerungen gebracht habe: „Anno 1984, als man per Telefon nur sprechen und hören konnte", so beispielsweise Siemens, sei mit dem „Breitband-ISDN die Basis für die schrittweise Netzentwicklung der kommenden Jahrzehnte gelegt" worden (Siemens, *Der Spiegel* 29, 1984). Indem offenbar durch immer kürzer werdende Innovationszyklen die Geschwindigkeit des Veraltens der Gegenwart zunimmt und Letztere damit zunehmend schneller Vergangenheit wird, verliert sich auch die Bedeutung des Vergangenen als maßgebliche Bezugsgröße der Gegenwart.

Die „Sprache" historischer Werbung
Die Sprache, derer sich Werbung bedient, ist ausgeprägt. Sie soll möglichst einfach, griffig und allgemein verständlich werthaltige Begriffe ästhetisieren. Wenn es Strategie der Werbung ist, durch rhetorische Verschiebungen und auratische Anleihen aus der Geschichte das umworbene Produkt aufzuwerten und ihm ein möglichst unverwechselbares Image zu verleihen, so fragt sich, welche Klischees dabei bemüht werden. Gerhard Schneider kategorisiert im Wesentlichen vier allgemeine Konnotationsfelder, für die Geschichte in der Werbung stehe: Exklusivität und Luxus, Gemütlichkeit, Fröhlichkeit und Optimismus sowie Urwüchsigkeit[10]. Doch lassen sich diese rhetorischen Muster weiter eingrenzen. Epochen und Themen versinnbildlichen dabei feste, wiederkehrende Klischees.

Von besonderer Wertigkeit sind die Antike und das Mittelalter. Die häufigste Verwendung antiker Motive dient dabei der Auszeichnung einer Ware mit dem Prädikat „klassisch". Die Tempelruinen von Sunion (Metaxa, *Der Spiegel* 11, 1977) und der Akropolis von Athen (*Der Spiegel* 50, 1983) (Farbtaf. 1,a) machen einen Weinbrand zum „klassischen" Griechen, eine Textilie über dem Arm einer Feldherrnstatue verleiht jener die Qualität, ein klassisches Produkt für zeitlos aktuelle Eleganz zu sein (Harris Tweed, *Der Spiegel* 48, 1978), und die Abbildung eines antiken Tempels macht aus einer Zigarette eine Tabakware „im klassischen Stil" (Reemtsma, *Der Spiegel* 6, 1954).

Die Antike ist das Unnachahmliche, das Einzigartige, das in höchster Vollendung ihresgleichen sucht. Die Werbung steht mit diesem Antikenbild in der Tradition des Klassizismus und verkörpert ein Ideal von „zeitloser Schönheit", von Funktion und Ästhetik mit einer „Harmonie von Geist und Körper, von Form und Leistung" (Arabella, *Der Spiegel* 42, 1959). Die Vermittlung der Botschaft „klassisch" beschränkt sich dabei auf nur wenige Bildsymbole – auf Säulen, Kapitelle und Statuen (Abb. 4), bei denen davon auszugehen ist, dass „von seiten der Werbenden mit der Assoziation Antike – Klassik – kulturelle Werte gerechnet werden kann", wie Ursula Schneider-Abel betont[11].

Ebenso klischeehaft ist die Verwendung mittelalterlicher Motive in der Werbung, die im Wesentlichen fünf Assoziationsfelder repräsentieren:

Abb. 4: Diskuswerfer: Eau de Toilette Men's Classic von 4711. (Aus: Brigitte 25, 1988. Slg. Inken Jensen).

- Die höfische Kultur, die mit Luxus, Eleganz, Üppigkeit und Genuss verbunden wird,
- das Rittertum, das für Ehrlichkeit, Abenteuer, Errettung, Wagemut und Männlichkeit steht,
- die Volkstümlichkeit mit Mentalitäten wie Urwüchsigkeit, Ehrlichkeit und Gastlichkeit,
- die Mönche in der Rolle heimlicher Bonvivants oder (Natur-)Heilkundiger,
- die Kaufleute und Handwerker als Ausdruck ehrenhafter Rechtschaffenheit, solider Arbeit und Sorgfalt.

Die hier aktivierten Geschichtsbilder, insbesondere die dominante Verknüpfung des Mittelalters mit dem Rittertum, gehören offenbar zum festen Inventar des Geschichtsbewusstseins. Ambivalent ist das Bild, das vom Alltag in der Geschichte gezeichnet wird. Hier überlagern sich offenbar zwei völlig konträre Images, die jederzeit abrufbar sind: Das emotional geprägte Bild einer „guten alten Zeit" sowie das Wissen um die Beschwerlichkeit und die weitaus geringeren sozialen und politischen Chancen einer solchen Lebenswelt.

Ausblick

Weite Teile der historisierenden Werbung sind bis heute noch immer ein Forschungsgebiet, in das bisher weder die Geschichtsdidaktik noch die Kunstgeschichte nennenswert vorgedrungen sind. Das gilt speziell für die Fernseh- und Hörfunkwerbung, die bis dato ebenso ausgespart blieb wie ein interkultureller Vergleich. Dabei könnte speziell die Analyse der rhetorischen Formung des Historischen in den Medien einen Beitrag zur Gestalt des alltäglichen Geschichtsbewusstseins leisten.

Anmerkungen:

[1] Schneider-Abel, Ursula (1979): Von der Klassik zum „klassischen Herrenhemd". Antike in der Werbung. In: Journal für Geschichte H. 3: 41–46.
[2] Seidensticker, Mike (1995): Werbung mit Geschichte. Ästhetik und Rhetorik des Historischen. Köln.
[3] McLuhan, Marshall (1967): Die magischen Kanäle: 12. Stuttgart.
[4] Haug, Wolfgang Fritz (1971): Kritik der Warenästhetik. Frankfurt.
[5] Schneider, Gerhard (1982): Geschichte in der Werbung. Überlegungen und Materialien. In: Bergmann, Klaus & Schörken, Rolf (Hrsg.), Geschichte im Alltag. Alltag in der Geschichte: 144–171. Düsseldorf.
[6] Schörken, Rolf (1981): Geschichte in der Alltagswelt. Wie sie uns begegnet und was wir daraus machen. Stuttgart.
[7] Gries, Rainer, Ilgen, Volker & Schindelbeck, Dirk (1989): Gestylte Geschichte. Vom alltäglichen Umgang mit Geschichtsbildern. Münster.
[8] Dokumentiert in: Universitas. Zeitschrift für interdisziplinäre Wissenschaft (1996): 51 (= Nr. 596). Stuttgart.
[9] Bolten, Jürgen (1996): Werbewandel – Wertewandel. Werbegeschichte als Kommunikationsgeschichte. Ebd.: 127-142.
[10] Schneider a.a.O. (Anm. 5).
[11] Schneider-Abel a.a.O. (Anm. 1).

Weitere Literatur (Auswahlbibliographie):

Förster, Uwe (1982): Moderne Werbung und antike Rhetorik. In: Sprache im technischen Zeitalter 81: 59–73.

Gries, Rainer, Ilgen, Volker & Schindelbeck, Dirk (1989): Die Ära Adenauer. Zeitgeschichte im Werbeslogan. In: Journal für Geschichte H. 3: 9–15.

Kimpel, Harald (1982): Von der Ware zum Kunstwerk. Das imaginäre Museum der Werbung. In: Ders. & Geese, Uwe (Hrsg.), Kunst im Rahmen der Werbung: 43–75. Marburg.

Kriegeskorte, Michael (1992): Werbung in Deutschland. Die Nachkriegszeit im Spiegel ihrer Anzeigen. Köln.

Mittig, Hans-Ernst (1975): Historisierende Reklame. In: Kritische Beiträge des Ulmer Vereins für Kunstwissenschaft H. 2/3: 68–83.

Schirner, Michael (1994): Geschichte und Werbung. In: Füßmann, Klaus, Grütter, Heinrich Theodor & Rüsen, Jörn (Hrsg.), Historische Faszination. Geschichtskultur heute: 267–281. Köln.

Die Wirksamkeit historischer Bildmotive in der Werbung – dargestellt am Beispiel eines Kulturradios

Ralf Terlutter

Zusammenfassung

Beachtet man die Informationsflut, mit der sich jeder Mensch täglich auseinander setzt, muss eine Werbung schnell und prägnant informieren. Deshalb ist es insbesondere für Kulturinstitutionen vorteilhaft, historische Bildmotive für ihre Kommunikationspolitik zu verwenden, da sie das Verständnis der Werbebotschaft unterstützen. Die Wirksamkeit historischer Bildmotive lässt sich dabei mithilfe der Lerntheorien erklären. Am Beispiel eines Radiosenders wird anschaulich gezeigt, wie Kulturinstitutionen ihren Werbeauftritt durch die Verwendung historischer Bildmotive erfolgreich gestalten könnten.

1 Einleitung

Historische Bildmotive – darunter werden im Folgenden Abbildungen von Kulturobjekten, denen eine historische Bedeutung beigemessen wird, verstanden – findet man in der Werbung vergleichsweise selten. Werden historische Bildmotive eingesetzt, lassen sich zwei Einsatzgebiete unterscheiden:

- Beworben wird ein Kulturangebot z. B. ein Schauspielhaus, ein Museum (Abb. 1, links);
- beworben wird kein Kulturangebot, sondern in der Regel ein Konsumprodukt (Abb. 1, rechts).

Werbeträger sind im Falle von Kulturangeboten meist Printanzeigen und Plakate, für Konsumprodukte werden häufig

Abb. 1. Links: Plakat für eine Ausstellung im erzbischöflichen Diözesanmuseum in Köln. – Rechts: Anzeige für ein Konsumprodukt: Griechischer Wein. (Aus: Der Spiegel *12, 1998).*

zusätzlich TV-Spots geschaltet. Es stellt sich nun die Frage, wie solche historischen Bildmotive vom Betrachter verarbeitet werden und welche Wirkungen sie erzielen, wenn sie in der Werbung eingesetzt werden.

2 Rahmenbedingungen der Werbung in Deutschland beachten

Um die Wirkung historischer Bildmotive in der Werbung analysieren zu können, ist es notwendig, zunächst generell auf die wichtigsten Rahmenbedingungen der Werbung in Deutschland einzugehen. Dies sind die Kommunikationsbedingungen, die Marktbedingungen sowie gesellschaftliche Bedingungen[1].

2.1 Kommunikationsbedingungen: Bilddominanz und Informationsüberlastung

Bilder dominieren unseren heutigen Kommunikationsstil. Durch die starke Verbreitung des Fernsehens, das zum wichtigsten Medium der Massenkommunikation geworden ist, präferiert der Rezipient Kommunikation durch Bilder[2]. Auch die sprachbetonten Lesemedien passen sich dieser Entwicklung an, indem z. B. redaktionelle Inhalte vielfach stärker bildlich präsentiert werden (beispielsweise das Nachrichtenmagazin *Focus*).

Kroeber-Riel und Esch[3] schätzen, dass die Informationsüberlastung in unserer Gesellschaft etwa 98 % beträgt, dass also nur etwa 2 % der täglich angebotenen Informationen – auch in der Werbung – aufgenommen und verarbeitet werden. Um sich in dieser Konkurrenz an Informationen durchsetzen zu können, muss eine (Werbe-)Botschaft auffallen, um die Aufmerksamkeit der potenziellen Rezipienten zu erhalten, und der Kontakt mit dem Werbemittel muss effizient genutzt werden.

2.2 Marktbedingungen: Marktsättigung und Marktdifferenzierung

Viele der heutigen Märkte befinden sich in einer Sättigungsphase. Es kommt zu starker Konkurrenz und Verdrängungswettbewerb. Des Weiteren liegt eine starke Marktdifferenzierung vor, d. h. es wird zunehmend schwieriger, Zielgruppen zu erreichen und ihnen ein maßgeschneidertes Angebot zu offerieren.

2.3 Gesellschaftliche Bedingungen: Trend zur Erlebnisgesellschaft

Die Werte unserer Gesellschaft bewegen sich in Richtung Selbstentfaltung, Hedonismus und Lebensgenuss. Diese Werteentwicklungen bewirken, dass solche Produkte und Dienstleistungen bevorzugt werden, die einen Beitrag zu einem individuellen und anspruchsvollen Lebensstil ermöglichen[4]. Das muss auch in der Werbung kommuniziert werden. Vor dem Hintergrund der herrschenden Rahmenbedingungen, insbesondere der starken Informationsüberlastung und einem generell sinkenden Interesse der Konsumenten an Werbung, müssen Werbebotschaften immer schneller, einprägsamer und unterhaltsamer vermittelt werden[5]. Ein Schlüsselfaktor für eine erfolgreiche Werbegestaltung ist die Auswahl des Bildmotivs. Dabei ist es notwendig, mit dem Bildmotiv nicht nur einen Blickfang zu erzielen, sondern zusätzlich Inhalte durch das ausgewählte Bild zu transportieren.

3 Wirksame Bildmotive verwenden

Ein Bildmotiv ist dann besonders wirksam, wenn es
- aufmerksamkeitsstark,
- erinnerungsstark und lebendig ist[6].

Die Aufmerksamkeitswirkung eines Bildes hängt von seinen emotionalen, kognitiv-überraschenden oder physisch-intensiven Reizwirkungen ab[7]. Emotionale Reize sind ein häufig eingesetztes Instrument der Werbung. Als besonders wirksam gelten emotionale Schlüsselreize, die biologisch vorprogrammierte Reaktionen beim Betrachter hervorrufen. Beispiele sind kleine Kinder oder Tiere, erotische Abbildungen oder schöne Landschaften. Kognitiv-überraschende Reize sind solche, die gegen die Erwartungen des Betrachters verstoßen und gedankliche Widersprüche auslösen. Ein Beispiel ist ein Mann mit Löwenkopf. Die wichtigsten physisch-intensiven Reize sind Größe und Farbe. Sie gelten als relativ sichere Auslöser von Aufmerksamkeit, z. B. ist ein kräftiges Rot sehr auffallend.

Historische Bildmotive können alle drei Kategorien von Reizwirkungen auslösen. Der goldene, geschmückte Stierkopf z. B. (Abb. 2, links) löst vor allem aufgrund kognitiv-überraschender Reize Aufmerksamkeit aus. Das Bild „Frühstück im Grünen" von E. Manet erzielt Aufmerksamkeit durch die Verwendung der emotionalen Reize Landschaft und Erotik (Abb. 2, rechts).

Die Erinnerungsstärke eines Bildes hängt von der Fähigkeit zur Erzeugung lebendiger innerer Bilder ab[8]. Innere Bilder sind konkrete visuelle Vorstellungen[9]. Man sieht das Bild eines Sachverhaltes vor seinem „inneren Auge". Beispielsweise hat man ein inneres Bild seines eigenen Hauses oder seiner eigenen Wohnung, weiß, wo sich die Türen befinden und wie viele Fenster vorhanden sind. Je lebendiger, d. h. je klarer und deutlicher das innere Bild ist, desto stärker ist sein Einfluss auf das Verhalten[10]. Diese Erkenntnisse kann sich die Werbung zunutze machen, indem sie versucht, für die umworbenen Produkte oder Dienstleistungen ein lebendiges inneres Bild zu erzeugen. Ein gutes Beispiel der aktuellen Werbung ist die Erlebniswelt von Marlboro: Man sieht vor seinem inneren Auge Cowboys, Pferde und Abenteuer, wenn man sich Marlboro ins Gedächtnis ruft.

4 Schemavorstellungen beachten

Aus der Lernpsychologie ist bekannt, dass jedes Individuum eine Vielzahl von Schemata besitzt. Ein Schema sind stark verfestigte bzw. standardisierte Vorstellungen über einen Sachverhalt, die im Gedächtnis verankert sind[11]. Schemata können allgemeiner (z. B. Kunst- und Kulturschema) oder spezieller (z. B. griechische Mythologie, expressionistische Maler) sein. Dabei umfasst ein allgemeineres Schema eine Vielzahl spezieller Schemata.

Zum allgemeinen Kunst- und Kulturschema gehören z. B. die unterschiedlichen Kulturinstitutionen wie Theater, Museum, Oper oder Kabarett und Attribute wie „bildet", „imagefördernd" oder „finanziell angeschlagen". Sieht ein Betrachter ein Bildmotiv, wird bei ihm das dazu passende Schema mit seinem Inhalt aktiviert und ins Gedächtnis gerufen.

Abb. 2. Links: Kognitiv-überraschende Reizwirkungen: Goldener Stierkopf als Verzierung einer Harfe, gefunden in den Königsgräbern von Ur, 3. Jahrtausend v. Chr. (Aus: Dollinger, Hans [1988]: Weltgeschichte auf einen Blick: 13. Freiburg u. a.). – Rechts: Emotionale Reizwirkungen: E. Manets „Frühstück im Grünen" 1863. (Aus: Dollinger a.a.O. [Abb. 2, links]: 332).

Ein Bildmotiv kann im Rezipienten Schemata aufrufen, die[12]
- biologisch vorprogrammiert und kulturübergreifend wirken (Beispiel: Gesichtsschema, Babyschema),
- kulturell geprägt sind (Beispiel: Mittelmeerschema, Griechenlandschema),
- zielgruppenspezifisch geprägt sind (Beispiel: Studentenschema, Golfschema).

So gehören beispielsweise zum kulturell geprägten Griechenlandschema Eigenschaften wie Wärme, Meer, Urlaub, Götter, Antike oder Akropolis.

Eine pauschale Aussage, welche Schemakategorie durch historische Bildmotive angesprochen wird, kann nicht getroffen werden. Es ist zu vermuten, dass viele historische Bildmotive ein kulturell geprägtes Schema ansprechen. Man kann aber davon ausgehen, dass viele Kulturobjekte vom Betrachter zwar als kulturell relevant erkannt werden, dass der Betrachter jedoch das Motiv keiner bestimmten Kultur zuordnen kann. Aktiviert wird dann ein übergeordnetes Schema, das eine Einordnung ermöglicht, wie z. B. ein sehr allgemeines „Kunst- und Kulturschema".

Vor dem Hintergrund der starken Informationsüberlastung und -konkurrenz und dem fehlenden Interesse der Konsumenten an der Werbung ist es für den Erfolg einer Werbung von größter Bedeutung, dass ein Bildmotiv ein Schema aktiviert, das förderlich für die intendierte Werbebotschaft ist. Es ist deshalb besonders darauf zu achten, dass die Auswahl und Gestaltung von Bildmotiven genau auf das schematische Aufnehmen, Erkennen und Verarbeiten der Menschen abgestimmt ist[13].

Ein gelungenes Beispiel für die Verwendung eines Schemas aus dem Konsumbereich stellt die Anzeige für Metaxa dar. Durch die Verwendung der Motive Meer mit Küste und blauer Himmel sowie der historischen Bildmotive Ruinen-Tempel und Säule wird das Mittelmeerschema angesprochen (Abb. 3). Verbal unterstützt wird das angesprochene Schema noch durch das Wort „Göttlich". Durch die Betrachtung der verwendeten Bildmotive wird dem Rezipienten bereits mitgeteilt, dass es sich um ein Getränk mit dem Flair des Mittelmeerraumes handelt.

Der schnell ablaufende schematische Verständnisvorgang unterliegt nur einer sehr geringen kognitiven Kontrolle, so-

Abb. 3: Anzeige für Metaxa, die das Mittelmeerschema anspricht. (Aus: Kroeber-Riel, Werner & Esch, Franz Rudolf [5. Aufl. 2000]: Strategie und Technik der Werbung: 215. Stuttgart u. a.).

dass Bildmotive, die eine falsche gedankliche Einordnung auslösen, zu Fehlinterpretationen der Werbung oder bei Abbruch des Werbekontaktes dazu führen, dass der Rezipient nicht erkennen kann, was Gegenstand der Werbung ist.

Ein Beispiel für eine hohe Wahrscheinlichkeit der Fehlinterpretation stellt das Werbeplakat des Saarländischen Rundfunksenders SR 2 dar (Abb. 4). Mit diesem – zweifelsohne sehr aufmerksamkeitsstarken Bildmotiv – wird ein Schema angesprochen, das dem Verständnis der Werbebotschaft abträglich ist: Es wird ein Kulturradio beworben, angesprochen wird jedoch ein Frauen- oder Körperschema. Bei einer flüchtigen Betrachtung, wie das bei Printanzeigen oder Plakaten üblich ist, ist eine Aufnahme der Werbebotschaft nicht möglich.

Vorteilhafter wäre ein Bildmotiv gewesen, das ein Schema im Bereich Kunst und Kultur anspricht, was durch die Verwendung historischer Bildmotive möglich gewesen wäre. Wie dieses im Einzelnen aussehen könnte, wird im Folgenden gezeigt.

5 Eindeutig positionieren und Schlüsselbilder verwenden

Vor der Gestaltung der Werbung muss die Positionierung stehen, die den langfristigen Auftritt eines Anbieters festlegt[14]. Der Sender SR 2 beispielsweise möchte sich als ein Kulturradio positionieren, das ein breites Angebot an Sendungen mit unterschiedlichen kulturellen Inhalten aufweist (Informationen, Musik usw.). Ziel der Kommunikationspolitik des SR 2 mit Printanzeigen und Plakaten sollte es deshalb sein sicherzustellen, dass die Rezipienten – auch bei nur flüchtiger Betrachtung – erkennen, dass es sich um die Vermittlung von Kultur handelt. Dazu kann ein Schlüsselbild verwendet werden, das den Kern der Werbebotschaft „SR 2 vermittelt Kultur" kommuniziert.

Unter einem Schlüsselbild wird allgemein ein visuelles Grundmotiv verstanden, das den visuellen Kern einer Werbebotschaft enthält[15]. Ein Schlüsselbild muss
- klar erkennbar,
- einprägsam,
- langfristig einsetzbar,
- anpassungsfähig (d. h. im Zeitverlauf muss das Grundmotiv den kommunikativen Bedingungen angepasst werden können) und
- variationsfähig (d. h. das verwendete Bild muss in verschiedenen Medien wie Print, TV, Radio einsetzbar sein)

sein.

Für den SR 2 wäre eine Umsetzung des Schlüsselbildes in konkrete Werbemaßnahmen durch historische Bildmotive möglich, die folgende Gemeinsamkeiten aufweisen:
- Sie sind aufmerksamkeitsstark, damit sie sich in der Informationskonkurrenz durchsetzen können.
- Es sind Kulturobjekte abgebildet, die eindeutig als solche zu identifizieren sind.
- Es sind immer zwei Personen zu sehen, da für viele Menschen bei kulturel-

Abb. 4: Plakat des Kulturradios SR 2 (Saarländischer Rundfunk, plakatiert Mitte 1998).

Abb. 5. Links: Geeignetes Motiv für ein Kulturradio: Kaiser Otto I. und seine Gemahlin Editha im Chor des Magdeburger Domes. (Grundmotiv aus: Dollinger a.a.O. [Abb. 2, links]: 108). – Mitten: Variation des Bildmotivs bei gleichem visuellem Grundmuster: Schiefer-Doppelstatue des Mykerinos und seiner Frau Chamerernebti aus Ägypten, um 2480 v. Chr. (Grundmotiv aus: Dollinger a.a.O. [Abb. 2, links]: 8). – Rechts: Variation des Bildmotivs bei gleichem visuellem Grundmuster: Terrakottastatuen eines vornehmen etruskischen Paares, um 550 v. Chr. (Grundmotiv aus: Dollinger a.a.O. [Abb. 2, links]: 32).

len Aktivitäten zwischenmenschliche Kommunikation und gemeinsame Unternehmungen wichtig sind[16].
- Die Bildmotive sprechen ein allgemeines Kunst- und Kulturschema an.

Ein geeignetes Motiv ist die Abbildung Kaiser Ottos I. und seiner Gemahlin Editha im Chor des Magdeburger Domes (Abb. 5, links).

Das Bild erreicht Aufmerksamkeit durch kognitiv-überraschende Reize sowie durch die physischen Reize Größe und Farbe. Die abgebildeten Personen sehen ungewöhnlich aus, der Betrachter erkennt, dass es sich um Persönlichkeiten aus einer vergangenen Zeit handelt. Da der durchschnittliche Betrachter das Bildmotiv nicht eindeutig einer Kulturepoche oder einer Region zuordnen kann, wird das Bild ein allgemeines Kunst- und Kulturschema aktivieren. Je nach Kenntnisstand des Betrachters werden auch spezielle Schemata des allgemeinen Kulturschemas aufgerufen. Damit sichergestellt wird, dass ein Bildmotiv auch mit dem jeweiligen Anbieter verknüpft wird, sollte der Name des Anbieters in das Bildmotiv integriert werden. In Abb. 5 werden der Name des Anbieters „Kulturradio SR 2" und die Hauptfrequenz „91,3" in das Bild integriert.

Untersuchungen haben gezeigt, dass die Interaktion von Bildelementen (in diesem Fall also Bildmotiv und Name des Kulturradios sowie Frequenz) die Erinnerung an ein Bild unterstützt, da eine räumliche Nähe eine wichtige Gedächtnisstütze darstellt[17]. Wichtig ist auch, sich aufgrund der Kürze der Betrachtungszeit auf die wichtigsten Informationen zu beschränken. Um das Bildmotiv variieren zu können, ohne das visuelle Grundmuster zu verändern, lassen sich zahlreiche andere Bildmotive finden, die die oben aufgestellten Kriterien erfüllen. So können unterschiedliche Bilder mit einem identischen visuellen Grundmuster in verschiedenen Plakatierungswellen verwendet werden (Abb. 5, mitten und rechts).

Generell erscheinen für verschiedene Kulturanbieter historische Bildmotive, die ein Kunst- und Kulturschema ansprechen, zur Kommunikation geeignet. Das birgt die Gefahr, dass die kommunikativen Auftritte austauschbar werden: Verwenden beispielsweise zwei Museen einer Stadt ähnliche Bildmotive, kann ein Betrachter bei nur flüchtigem Hinsehen nicht unterscheiden, um welches Museum es sich handelt. Wichtig ist deshalb, dass ein Kulturanbieter ein eigenständiges visuelles Grundmuster verwendet, das ihn vor Austauschbarkeit schützt. Am Beispiel des SR 2 wird das erreicht, indem immer Bildmotive mit ähnlichen Bildelementen verwendet wurden: Zwei historische Personen in ähnlichen Posen. Falls der SR 2 das Stilmittel der Erotik verwenden möchte, lassen sich viele erotisch wirkende Bildmotive finden, die dennoch ein allgemeines Kunst- und Kulturschema ansprechen. Ein Beispiel zeigt die Abb. 6. Wichtig für den Erfolg der Kommunikation ist dann wiederum die langfristige, konsequente Verwendung solcher Bildmotive mit gleicher formaler Gestaltung.

6 Schlussbemerkung

Im vorliegenden Artikel wurde gezeigt, wie historische Bildmotive in der Werbung eingesetzt werden können und welche Wirkungen dadurch erzielt werden.

Besonders geeignet erscheinen historische Bildmotive für die Kommunikation von Kulturanbietern. Sie lösen einen schematischen Informationsverarbeitungsprozess aus, der förderlich für die Werbeziele des Kulturanbieters ist. Am Beispiel des Kulturradios SR 2 wurde gezeigt, wie ein eigenständiger werblicher Auftritt durch die Verwendung historischer Bildmotive erreicht werden kann.

Für viele Kulturinstitutionen ist es insbesondere vor dem Hintergrund wirtschaftlicher und politischer Probleme notwendig, dass die Kommunikation mit den potenziellen Kunden oder Besuchern effizient verläuft. Dazu ist es notwendig, die Erkenntnisse der Marketing-Wissenschaft bei der Konzipierung der Werbung zu nutzen.

Viele Kulturanbieter versäumen es, den potenziellen Kunden die eigenen Stärken klarzumachen: Kulturelle Aktivitäten werden von der Bevölkerung wahrgenommen, um sich freizeitgerecht zu bilden, den eigenen Bildungshorizont zu erweitern und häufig auch, um das Image zu verbessern[18]. Dieses sind die Stärken und Schlüsselgrößen, die das Freizeitangebot Kultur von anderen Freizeitaktivitäten unterscheidbar machen. Ein Kulturanbieter muss diese Bedürfnisse der Bevölkerung durch sein Angebot befriedigen und seine Kompetenz dazu auch nach außen mitteilen.

Abb. 6: Beispiel für ein erotisch wirkendes Bildmotiv, das ein allgemeines Kunst- u. Kulturschema anspricht: H. Baldung, genannt Grien: „Adam und Eva" um 1538. (© Museo Thyssen-Bornemisza, Madrid; cat. no. 27).

Anmerkungen / Literatur:

[1] Kroeber-Riel, Werner & Esch, Franz Rudolf (5. Aufl. 2000): Strategie und Technik der Werbung: 9 ff. Stuttgart u. a.
[2] Kroeber-Riel, Werner (2. Aufl.1996): Bildkommunikation: 5. München.
[3] Kroeber-Riel & Esch a.a.O. (Anm. 1): 12.
[4] Weinberg, Peter (1992): Erlebnismarketing: 18. München.
[5] Maas, Jutta (1996): Visuelle Schemata in der Werbung: 1. Aachen.
[6] Dieterle, Gabriele S. (1992): Verhaltenswirksame Bildmotive in der Werbung: 5. Heidelberg.
[7] Kroeber-Riel & Esch a.a.O. (Anm. 1): 165.
[8] Dieterle a.a.O. (Anm. 6): 6.
[9] Kroeber-Riel a.a.O. (Anm. 2): 40.
[10] Kroeber-Riel, Werner & Weinberg, Peter (7. Aufl. 1999): Konsumentenverhalten: 344. München.
[11] Kroeber-Riel a.a.O. (Anm. 2): 146.
[12] Ebd: 168.
[13] Ebd: 147.
[14] Terlutter, Ralf (2000): Lebensstilorientiertes Kulturmarketing: 265 ff. Wiesbaden.
[15] Kroeber-Riel a.a.O. (Anm. 2): 306.
[16] Vgl.: Terlutter, Ralf (1998): Besucherforschung und Angebotsgestaltung in Kulturinstitutionen. Arbeitspapier Nr. 21 der Forschungsgruppe Konsum und Verhalten. Saarbrücken.
[17] Kroeber-Riel a.a.O. (Anm. 2): 79 ff.
[18] Vgl. ausführlich: Terlutter a.a.O. (Anm. 14): 62 ff.

Ötzi als Marktstratege

Konrad Spindler

Zusammenfassung

Was heute vornehm als Antiken-, Archäologie- oder Vorgeschichtsrezeption bezeichnet wird, also die wie auch immer geartete Aufnahme archäologischer Motive in den Alltag, wird hier am Beispiel des Gletschermannes aufgezeigt. Ich habe sie in diesen Zeilen eher spöttisch bis bissig kommentiert, weil ich Distanz zu schaffen versuchte. Denn die Wahrheit ist, dass es sich zumindest im Fall des Gletschermannes am wenigsten um eine Rezeption handelt. Ein archäologischer Fund spektakulärer Art hat sich im Zeitalter der Massenmedien verselbstständigt. Er ist in aller Munde, sogar wortgetreu, wenn man das Gletschermann-Bonbon einbezieht. Mit dem Kosenamen „Ötzi" verbreitete sich seine Popularität in einem Maße, wie es einstweilen mit keinem anderen archäologischen Ereignis geschehen ist. Was Wunder, dass man sich seiner annahm, um Verkaufsstrategien zu entwickeln bis hin zu einem Punkt, der den Gletschermann selbst gleichsam als Marktstrategen erscheinen lässt. Die Aggressivität moderner Werbefeldzüge hat vor dem Gletschermann nicht Halt gemacht. Das Produkt wird dem Konsumenten aufoktroyiert; von einer aus sich heraus entstandenen Annahmebereitschaft kann kaum die Rede sein. Damit hat sich die Vermarktung antiker Motive weit von dem entfernt, was man als Rezeption verstehen sollte. Rezeption bedingt primär eine innere geistige Bereitschaft, das Flair der Altertümer in sich aufzunehmen. Mittels bildlicher Umsetzung mag dies erleichtert werden. Ephemere Produkte wie Schlüsselanhänger, T-Shirts oder Postkarten symbolisieren nur unseren schnelllebigen Alltag, dem ständig neue Erzeugnisse aufgedrängt werden. Dass sich auch der Gletschermann in die Hast unserer Konsumgesellschaft hat integrieren müssen, ist eine ungute Entwicklung.

Die Verwendung archäologischer Befunde außerhalb wissenschaftlicher Betrachtungsweise geschieht im täglichen Leben auf sehr differenzierten Ebenen. Geradezu monumental wirkte sich beispielsweise die Wiederentdeckung der Antike im Zeitalter des Klassizismus aus, wenn auch deren rezeptive Umsetzung damals auf kleine Zirkel innerhalb der „gebildeten" Schichten beschränkt blieb. Mangels geeigneter Reise- und Kommunikationsmöglichkeiten sowie aufgrund der vor zweihundert Jahren noch stark reduzierten Alphabetisierung der breiten Bevölkerungsgruppen dürften antike Motive der Allgemeinheit weitgehend verborgen geblieben sein.

Anders hingegen heute: Das Analphabetentum in den Staaten Europas ist auf geschätzte – genaue, offiziell bestätigte Untersuchungen liegen begreiflicherweise nicht vor – sechs bis drei Prozent gesunken. Der Massentourismus hat sämtliche „Sehenswürdigkeiten" flächendeckend absorbiert, wobei nicht zuletzt auch archäologische Fundplätze als erlebniswerte Reiseziele angepriesen werden. Dies führt nicht selten in beunruhigender Perversion dazu, dass selbst wenig oder gar nicht erforschte Ruinenstätten durch brachiale Ausgrabungen, zu deren Teilnahme man die Urlauber mitunter sogar einlädt, sowie durch fragwürdige restaurative Maßnahmen erst zu Touristenattraktionen emporstilisiert werden. Als negatives Beispiel einer solchen Tourismusarchäologie sei etwa das antike Ephesos am kleinasiatischen Küstensaum genannt, wo das Bestreben, Tickets, T-Shirts und Tintenfisch zu verkaufen, die Effizienz der wissenschaftlichen Forschung erstickt hat.

In die gleiche Kerbe schlagen die modernen Massenmedien, wenn sie eine sich anbahnende Sensation auch nur wittern. Bestes Beispiel dafür bildet der Gletschermann aus den Ötztaler Alpen[1], bei dem die Kette Sensationshascherei, Popularisierung und Vermarktung abseits jedes seriösen Umgangs mit der Materie besonders eindringlich nachzuvollziehen ist. Um dies gleich am Anfang drastisch zu untermalen, sei hier eine erste Entgleisung vorweggenommen. Neulich kam mir ein Heft des amerikanischen Cartoonisten Scott Adams in die Hände, in dem der Büroalltag persifliert wird[2]. Man empfiehlt etwa: „Keine falsche Knausrigkeit ... vor allem bei Geschäftsessen! Genehmigt die Firma Spesen für den Restaurantbesuch, dann wird erwartet, dass Sie das teuerste Menü auf der Karte bestellen". Der Ober nimmt die Essenswünsche entgegen. Dogbert bestellt: „Für mich ‚Geschnetzeltes der meistbedrohten Tierarten' ". Dilbert bestellt: „Und die Ötzi-Schwarte bitte, auf heißem Meteorgestein gegrillt!"

Insofern steht diese Erscheinung in völligem Gegensatz zu den Feststellungen von Nikolaus Himmelmann-Wildschütz. Sich auf Goethe berufend meint er: „Wenn die moderne Werbung antike Motive verwendet, so verkündet sie eine ganz schlichte Botschaft; die nämlich, dass die betreffende Ware „klassisch" ist. „Klassisch" bedeutet hier etwas absolut Gesundes, Starkes, Grundsolides und Zeitloses, es ist ein trivialer Kommentar zu Goethes Formulierung, daß das Klassische das Gesunde sei"[3].

Als klassischer Archäologe tut sich Himmelmann-Wildschütz leichter, die Integration antiker Motive, symbolisiert in der Regel durch Säule, Kapitell und Torso[4], zu erklären, kann er sich doch auf eine gut zweihundertjährige geistesgeschichtliche Auseinandersetzung mit seinem Fach berufen. Verstanden Goethe und Winckelmann die klassische Antike durchaus als einen Teilaspekt historischer Betrachtung, der zunächst und zuallererst unter dem Dach der Mutterdisziplin Philosophie anzusiedeln wäre, so blieb denn auch eine wie auch immer geartete Antikenrezeption zu ihrer Zeit bestenfalls auf den kleinen Kreis des Bildungsbürgertums eingeengt. Andererseits zeichnete schon damals die Schaffung griffiger Sentenzen wie das unselige Schlagwort von der „hehren Einfalt und stillen Größe" Wege vor, die gewollt oder ungewollt das vorab elitäre Antikenbild zunehmend zu popularisieren begannen.

Selbst dem einfachsten Menschen wurde damals unmissverständlich nahe gebracht, was unter klassischer Antike zu verstehen sei, als mangels eigenem schöpferischem Darstellungsvermögen im „Klassizismus" der gesamte künstlerische Ausdruck einer Zeitepoche, erhaben vor Augen geführt nicht zuletzt in der zeitgenössischen Monumentalarchitektur, sich im bloßen Abklatsch antikischer Motivik „erschöpfte". Plötzlich wurden überall in Europa Repräsentationsbauten aller Art in der äußeren Gestalt griechischer und der ihrerseits ja bereits kopierten römischen Tempel errichtet: Athen an der Spree.

Die Freiheitskriege in der Mitte des 19. Jahrhunderts dämpfen diese Tendenz zwar ein wenig, weil die Leute andere Sorgen hatten, doch lebte die „Antikenrezeption" nach dem preußisch-französischen Krieg von 1870/71 sogleich wieder auf. Der Geldsegen der Gründerjahre erkor „Säule, Kapitell und Torso" zum neuerlichen Kunstideal, als nun herkulische Karyatiden reihenweise begannen, die quälende Last der Balkonbrüstungen in den aus dem Boden gestampften Nobelvorstädten auf sich zu nehmen, eine Umsetzung antiker Vorbilder also, die heute bereits (Bau-)Geschichte ist und deren Elaborate mittlerweile vielfach unter Denkmalschutz stehen.

Voraussetzung für jede Art der Antiken- oder Vorgeschichtsrezeption ist freilich immer auch eine gewisse Empfänglichkeit in der Bevölkerung, d. h. die Leute müssen auf das vorbereitet sein, was auf sie zukommt. Die Entdeckung des Gletschermannes indes geschah ohne jede Ankündigung. Normalerweise ist nämlich auch der Archäologe dem Zeitgeist verhaftet. Er kann nicht frei und unabhängig forschen. Er unterliegt dem Wechselspiel zwischen Finanzierung und Erfolg genauso wie jeder andere Berufstätige. Er muss zunächst Investoren finden, dann produzieren, was in seinem Falle bedeutet ausgraben, auswerten und publizieren. Schließlich muss er sein Produkt verkaufen, also mit seinen Erzeugnissen Akzeptanz erreichen. Es wird in der Öffentlichkeit oft verkannt, dass der Archäologe in aller Regel sehr gezielt arbeitet. Carter hat das Grab Tutanchamuns nicht zufällig entdeckt. Es war der Erfolg harter Bemühungen, ohne je den gesetzten Blickwinkel zu verlassen. Zufällige Entdeckungen wie die des Gletschermannes bleiben stets die Ausnahme.

Insofern hat es Joachim Rehork den Archäologen durchaus überzeugend unterstellt, sie fänden stets das, was sie suchten, weshalb sein Buchtitel „Sie fanden, was sie kannten" eigentlich eine Binsenweisheit darstellt[5]. Pointiert hätte er gleichermaßen die Überschrift wählen können: „Sie fanden, was sich verkaufen ließ", also Schliemann sein homerisches Troja, Woolley seine Sintflut und Evans seine Badewannen und Spülklosetts[6]. Dabei impliziert er fernerhin, meines Erachtens sehr zu Recht, dass auch die Gelehrten bei der Ausdeutung der von ihnen ergrabenen Befunde jener Prägung unterlägen, die ihnen die Bündelung der jeweiligen eigenen Lebenserfahrungen aufgedrückt habe: „Ihre Prägung aber hängt von ihrer sozialen Stellung, ihren Lebensumständen, von ihrer Allgemeinbildung, ihrer fachlichen Ausbildung sowie von einer ganzen Reihe weiterer Faktoren ab, etwa persönlichen Neigungen, politischen Überzeugungen, religiösen Einstellungen und dergleichen mehr. All dies ist dem Forscher während seiner Lebenszeit vermittelt worden. Es sind also Zeiterfahrungen, Gegenwarts-

erfahrungen, auch wenn seine Ausbildung sich auf den Umgang mit der Vergangenheit bezieht"[7]. Wird nun noch das richtige Thema zur richtigen Zeit präsentiert, so ist der durchschlagende Erfolg in der Öffentlichkeit garantiert.

Schliemanns Entdeckungen fielen in eine Zeit allgemeiner, obrigkeitlich verordneter Antikenbeflissenheit, als er die Goldschätze seiner griechischen Helden Wilhelm II. vorführte. Evans kam das spätviktorianisch lancierte Hygienebewusstsein zugute, als er in Knossos badewannenhafte minoische Sarkophage ausgrub. Und Woolley demonstrierte die von ihm unter Ur beobachteten offensichtlich fluvialen Sedimentationen zu einer Zeit, als Weltwirtschaftskrise, Massenarbeitslosigkeit und Schwarzer Freitag vergleichbare Weltuntergangsstimmung aufkommen ließen.

Damit will gesagt sein, dass zuallererst der Archäologe selbst sich als Marktstratege geriert, und dass er das Objekt benutzt, um Marktstrategien zu entwickeln. Dass sich aber das Objekt verselbstständigt und seinerseits als Marktstratege auftritt, wie es nach der Entdeckung des Gletschermannes geschah, das darf als einzigartiger Fall in der Antiken- und Vorgeschichtsrezeption betrachtet werden, weshalb der Titel meines Beitrags den Gletschermann auch als aktiv handelnde Persönlichkeit bestimmen und nicht als passives Objekt archäologischer Vermarktungsbemühungen artikulieren soll.

Eine wesentliche Grundlage für jede Popularisierung – und erst eine solche gewährleistet heute den Markterfolg – bildet die Namensgebung, also gleichsam die Taufe, die das Anonymon zur Person wie Persönlichkeit erhebt. Wieder ist ein Superlativ angesagt. Der Gletschermann erhielt als einziger vorgeschichtlicher Menschenfund einen Namen, der sich zudem international durchgesetzt hat: „Ötzi"[8]. Als Erfinder des Namens „Ötzi" und damit sozusagen als Taufpate gilt der Wiener Journalist Karl Wendl, indem er den Begriff „Ötztaler Yeti" zur Kurzform kontaminierte. Er wollte von grausigen Bezeichnungen wie Toter, Leichnam oder Mumie wegführen und einen gefälligeren Namen einführen: „Diese ausgetrocknete, grässlich anzusehende Leiche muss positiver, lieblicher werden, um daraus eine gute Story zu machen", erinnerte er sich. Wendl gab seine Namensprägung an die Wiener *Arbeiter-Zeitung* durch und in der Donnerstagsausgabe vom 26. September 1991, exakt eine Woche nach der Entdeckung des Gletschermannes, erschien erstmals die Wortschöpfung „Ötzi" in gedruckter Form[9]. Von dort aus trat sie ihren Siegeszug um die Welt an.

Der Zeitabstand von der Entdeckung bis heute ist noch zu kurz, um das Phänomen „Ötzi" geistes- und zeitgeschichtlich einzuordnen. Vorläufige Versuche bleiben notgedrungen unbeholfen und unbefriedigend[10]. Es wird späteren Interpreten vorbehalten bleiben, Deutungen zu entwerfen, warum ausgerechnet dieses „armselige Bündel Mensch"[11] international Furore machte.

Umso wichtiger erscheint es mir, diesbezügliche Ereignisse festzuhalten und Quellenbestände auszubreiten. Tatsache ist jedenfalls, dass sich der Gletschermann relativ rasch zum Marktstrategen entwickelte. Da sich sein Name, weil mittlerweile Allgemeingut, als Marke gesetzlich nicht schützen ließ, wird er in vollem Umfang marktwirtschaftlich ausgenutzt, wahrlich eine Archäologierezeption der besonderen Art.

Ein treffendes Beispiel dafür, dass der Gletschermann als selbstständige Persönlichkeit herangezogen wird, zeigt die Verbrüderungsszene anlässlich der Bürgermeisterwahl 1992 in Hall/Tirol[12]. Auslöser für das makabre Konterfei dürfte der hohe Bekanntheitsgrad des Gletschermannes sein, auf dessen Trittbrett der Bürgermeisterkandidat zu springen suchte: Er ist bekannt, beliebt und geachtet, also partizipiere ich von ihm. Die Rechnung des Herrn Wilfried Tilg ging freilich nicht auf; man wählte ihn nicht zum Bürgermeister.

Umso erfolgreicher betätigte sich der Gletschermann in der Produktwerbung, wobei er sich nicht nur selbst, sondern auch bei der Bewerbung von Fremdprodukten vermarktete. Dabei müssen selbstredend Assoziationsabläufe geboten werden, die auf den ersten Blick befremdlich wirken, von denen aber bei genauerer Betrachtung durchaus eine innere Logik abzulesen ist: Mann – Berg – Freiheit der Berge – Unabhängigkeit. Das Produkt des japanischen Automobilkonzerns Suzuki, der „VITARA-Ötzi", wurde mit dem Slogan „ein Sondermodell für alle, die Unabhängigkeit schätzen" wirksam beworben. Ich selbst habe das Auto mit dem „einmaligen ‚Ötzi'-Dekor auf beiden Seiten" und der „Edelstahl-Reserveradabdeckung im ‚Ötzi'-Design" mehrfach auf den Straßen Österreichs und der Schweiz fahren gesehen (Abb. 1).

Andere Werbemaßnahmen gehen eine gedankliche Verbindung mit den Fundumständen in der Eiseskälte der Gletscherzone ein, wenn etwa für einen Kraftstoff Reklame gemacht wird: „Diesel mit Ötzigarantie. Jet-Dieselkraftstoffe sind frostsicher bis -22°Celsius"[12]. Auch der Fundplatz selbst wird in die Werbung einbezogen, wenn nun die örtlichen Flugdienste nicht mehr wie üblich „herrliche Alpenrundflüge", sondern „Neu! Neu! Neu!" einen „Flug zur Fundstelle von Ötzi" anbieten[12]. Rührige Bergsteigervereine haben überdies die Gletscherrinne am Hauslabjoch mit einem schlanken Pfeilermal, einem ägyptischen Obelisken nicht unähnlich, markiert, sodass sie nun weder aus der Luft noch vom Boden her zu verfehlen ist und als wallfahrerisches Pflichtprogramm das Ziel zahlloser Bergwanderungen bildet.

Des Weiteren liefert der Gletschermann das Hintergrundmaterial für allerlei künstlerische Ergüsse, unter denen nicht nur Literatur[13] und Poesie[14], sondern auch die Schallplattenindustrie reüssieren. Mit dem lustigen Song „I bin der Ötzi" befleißigte sich der Barde Niki Ganahl, die Charts zu erklimmen[12].

Da mit dem Fund des Gletschermannes zum ersten Mal Kleidungsstücke und Ausrüstungsteile vorliegen, die mehr als 5000 Jahre überdauert hatten, blieb es nicht aus, dass mit Assoziationen wie dauerhaft und strapazierfähig vor allem Bekleidungs- und Sportartikelfirmen das Emblem auf ihr Panier zeichneten. Die Schuhfabrik „ICEMAN Ges.m.b.H., Wien" verspricht: „Deshalb bekommen ICEMAN-Träger ... durch Schnee und Eis

Abb. 1: Kopie einer Annonce des japanischen Automobilkonzerns Suzuki in der Basler Zeitung *vom 8. November 1992. Vertretung für die Schweiz: Suzuki Automobile AG, Dietikon. Reklame für den „VITARA ‚ÖTZI', ein Sondermodell für alle, die Unabhängigkeit schätzen". Geworben wir u. a. mit „einmaligem ‚Ötzi'-Dekor auf beiden Seiten" und „Edelstahl-Reserveradabdeckung im ‚Ötzi'-Design". – Skizze des Gletschermannes hinter der Fotografie eines Automobils; 20,0 × 28,0 cm. (Foto: Walter Leitner, © Institut für Ur- und Frühgeschichte der Universität Innsbruck).*

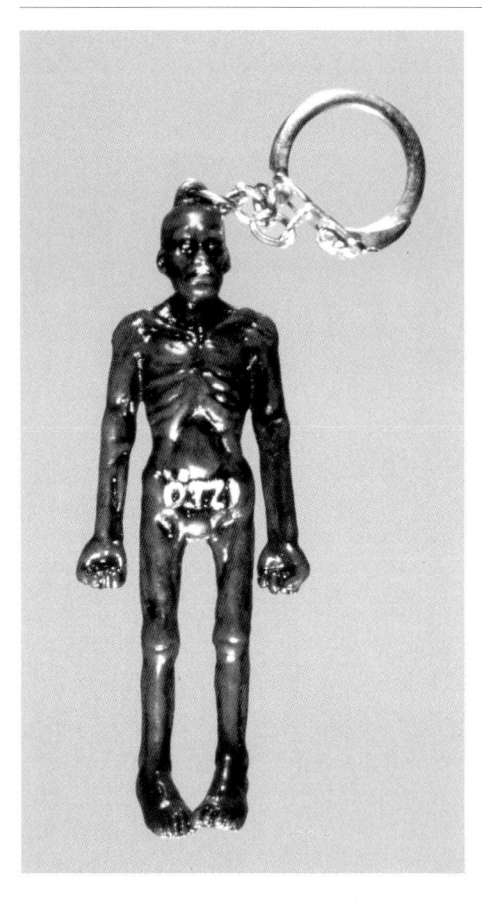

Abb. 2: Schlüsselanhänger der Fa. Neu-Design, Inzing. Unbekleideter männlicher Körper mit Kopföse, darin eingehängte Schlüsselkette; Gebiss und Schriftzug weiß, Vertiefungen teilweise schwarz ausgemalt; ventrale Reliefaufschrift: „ÖTZI"; glutealer schwarzer Aufdruck: „CHINA". Zugang 1992. – Dunkelbraun gefärbter Kunststoff, verchromtes Metallkettchen mit verschließbarer Ringöse; Höhe (ohne Kette) 8,8 cm. (Foto: Walter Leitner, © Institut für Ur- und Frühgeschichte der Universität Innsbruck).

keine nassen Füße"[12]. Die Kaufhauskette Migros wirbt ebenfalls für Schuhe sowie für Textilien, Rucksäcke und Zelte[12], wobei mit leicht ins Spaßige gleitenden Sprüchen für Aufheiterung gesorgt wird: „Barfüssertheorie widerlegt. – Und das soll schon vor 4000 Jahren Mode gewesen sein? – Ötzi trug bunte Beinkleider. – Kein einsamer Hirte. – Ötzi hatte einen Rucksack für eine ganze Sippe. – War Ötzi gerade in den Ferien?" Und schließlich heißt es, den Besitz- und Grenzstreit um den Fund des Gletschermannes ironisch aufgreifend: „Zelt auf italienischem Territorium gefunden".

Überhaupt bilden Ironie, Satire und Karikatur weite Felder der Gletschermann-Rezeption, worüber ich aber schon an anderer Stelle reflektiert habe[15] und was hier auch nicht eigentlich zum Thema gehören soll. Umso mehr besticht die Papier-Serviette des renommierten Viersterne-Hotels „Eden" in Seefeld/Tirol, mit der der Gastronomiebetrieb auf seine hauseigene „Ötzi-Hütte mit Ötzi-Museum" hinweist[12]. In die gleiche Richtung zielt die Benennung einer „Ötzi-Bar" in Sölden mitten im Wintersportzentrum des Ötztales.

Ist mit den genannten Beispielen, denen sich zahlreiche weitere hinzufügen ließen, der Gletschermann lediglich das Objekt der Werbung, so präsentiert er sich mit den folgenden als Subjekt, d. h. seine Person zeigt sich selbst als Marktstratege. Um die Marktbreite anschaulich auszuloten, sei hier nur auf Darstellungen des Gletschermannes als Schlüsselanhänger (Abb. 2), Faschingsmaske (Farbtaf. 1,b), auf T-Shirts[12] und auf Postkarten[12] aufmerksam gemacht.

In allen Fällen dient die grässliche Darbietung der Mumie selbst, sei es in ihrer Körperlichkeit, sei es als Abbild, als verkaufsförderndes Element. Im Marktgeschehen ist dies, auch weltweit gesehen, einzigartig.

Himmelmann-Wildschütz hat die Rezeption der klassischen Antike in der modernen Werbung zu Recht mit Implikationen wie gesund, stark, solide oder zeitlos in Verbindung gebracht. Vorbilder wären also Schönheit, Ebenmaß und künstlerischer Ausdruck gewesen. In den genannten Beispielen bedient sich die Gletschermann-Rezeption des krassen Gegenteils. Die Mumie in ihrer grausigen Verstümmelung des menschlichen Körpers wird zum Träger der Botschaft, mit der die jeweiligen Produkterzeuger sich ohne Schaudern auf das Niveau des Gruselkabinetts begeben: Was verkäuflich ist, ist legitim; die Rezeption wird zum Missbrauch niedriger Instinkte.

Da sieht es mit der von Walter Junerkobler („Junko") entworfenen Comicfigur des Gletschermannes schon ganz anders aus. In gleicher Weise, wie die Walt Disney-Productions die tragische Figur von Victor Hugos Glöckner von Notre-Dame zum fröhlichen Clown verniedlicht haben[16], stellt Junko den Gletschermann als pummeligen Schneehold dar. Flugs werden auch die Tätowierungen des Gletschermannes seinem Comicpendant auf die Nase transponiert, wenn er einem alten Ägypter, ebenfalls mit hieroglyphentätowierter Nase, den Weg ins Ötztal zeigt[12]. Außer auf Postkarten findet sich der Gletschermann als Comicheld unversehens auf der gesamten Souvenirpalette der Ötztaler Skiregionen wieder: Ötzi auf Buttons, Ötzi auf Aufklebern, Ötzi auf Ansteckern, Ötzi auf Feuerzeugen, Ötzi auf Wappenanhängern und Ötzi auf Stockbeschlägen[12].

In etwas gediegenerer Form geschieht das Gleiche auf einer Andenkenserie des gehobenen Niveaus. Das weltbekannte Bild des Gletschermannes in Fundlage[17] erscheint vor einer Bergkulisse auf Hutansteckern, aber auch auf Fingerhüten und Mokkalöffeln[12].

Von solchen Erzeugnissen der Souvenirindustrie ist der Weg zum noblen Modeaccessoire nicht weit. Bekannte Tiroler Schmuckgeschäfte bieten den Gletschermann en miniature an, so der Juwelier Heinz Knabl in Meran und der Goldschmied Reinhard Moosmayr in Innsbruck, jeweils in reinem Silber gegossen, als Kettchenanhänger bzw. als Brosche für Abendkleid oder Sakko[12].

Spielt in solchen Fällen der vielen Menschen im Unterbewusstsein verhaftete Drang zur Absurdität in die Vermarktungsstrategien mit hinein, so ist damit das Verkaufspotential noch keineswegs erschöpft: Man kann sich den Gletschermann auch als lebensechtes Modell mit vollständig rekonstruierter Tracht und Ausrüstung auf den Schreibtisch oder in die Vitrine stellen. Eine italienische Firma, die sich auf Kunstharzabgüsse bekannter antiker Größen spezialisiert hat, bietet eine „handbemalte" Replik des Gletschermannes an: „Uomo del Similaun/Similaun Man. Reconstruction of a Copper Age man. Living in the end of the 4th millenium B. C., found in a good state in a glacier in the Senales Valley. It is based upon the findings of the equipment belonging to this ancient inhabitant of the Alpine valleys", mit Übersetzung ins Italienische. (Abb. 3).

Damit wird letztlich eine Tradition der Antikenrezeption weitergeführt, die über Renaissance, Klassizismus, Gründerjahre und NS-Zeit bis in unsere Tage führt, nämlich aus breit gefächerter Motivation heraus sich die Vergangenheit ins eigene Heim zu holen. Schon Goethe hatte Gipsabgüsse antiker Originale bei sich zu Hause stehen. Und somit reiht sich auch unser Gletschermann in jenes Selbstdarstellungsstreben der „gebildeten" Bevölkerungskreise ein, die mit dem Aufstellen von Nippesfigurinen à la Augustus ante portas, Venus von Milo oder Nofretete bei ihren Besuchern um achtungsvolle Ehrfurcht heischen. Der Markt war und ist immer bereit, sich diese Geschäfte nicht entgehen zu lassen.

Bekanntlich lässt sich über Geschmack streiten. Oder doch nicht? Jedenfalls dürfte mit jenen Gletscherleuten aus Gummibärchenmasse, wie solche von einem anonymen Lebensmittelkonzern in Holland produziert und in dem Süßwarengeschäft Oberrauch in der Sterngalerie in Bozen angeboten werden, der Gipfel der Geschmacklosigkeit erreicht sein (Farbtaf. 1,c).

Voll böser Ahnungen, andere könnten ihr diese grandiose Idee abschauen, hat sich die Firma ihr Produkt sogar schützen lassen: Es ist „registered" ®.

Abb. 3: Prospekt der Fa. Arché Archeologia e Ricerca srl, Reggio Emilia; darin u. a. in der Edition „Serie personaggi del mondo antico/Ancient world figurines" im Angebot der Gletschermann als gegossenes Kunstharz-Modell, handbemalt (mit Abb.). Zugang 1996. (Foto: Walter Leitner, © Institut für Ur- und Frühgeschichte der Universität Innsbruck).

Anmerkungen / Literatur:

[1] Spindler, Konrad (1993): Der Mann im Eis. Die Ötztaler Mumie verrät die Geheimnisse der Steinzeit. München. – Spindler, Konrad (1995): Der Mann im Eis. Neue sensationelle Erkenntnisse über die Mumie aus den Ötztaler Alpen. München.

[2] Adams, Scott (1997): Besser leben durch Bürodiebstähle. Bürogeschichten mit Dilbert und Dogbert. Cartoons. Aus dem Amerikanischen von Nikolaus Gatter. München.

[3] Himmelmann, Nikolaus (1976): Utopische Vergangenheit. Archäologie und moderne Kultur: 111. Berlin.

[4] Ebd.: 112.

[5] Rehork, Joachim (1987): Sie fanden, was sie kannten. Archäologie als Spiegel der Neuzeit. Ismaning bei München.

[6] Ebd.: 48 ff.

[7] Ebd.: 114.

[8] Ortner, Lorelies (1995): Von der Gletscherleiche zu unserem Urahnl Ötzi. Zur Benennungspraxis in der Presse. In: Spindler, Konrad, Rastbichler-Zissernig, Elisabeth, Wilfing, Harald, Nedden, Dieter zur & Nothdurfter, Hans (Hrsg.), Der Mann im Eis. Neue Funde und Ergebnisse. The Man in the Ice 2: 299–320, hier: 301. Wien, New York.

[9] Spindler a.a.O. (Anm. 1) (1993): 90.

[10] Spindler, Konrad (1996): Kuriosa um den Mann im Eis. In: Habiger-Tuczay, Christa, Hirhager, Ulrike & Lichtblau, Karin (Hrsg.), Vater Ötzi und das Krokodil im Donau-Kanal. Moderne österreichische Sagen: 50–62. Wien. – Spindler, Konrad (1997): Realität – Mythos – Klischee. In: Förderkreis am Ferdinandeum (Hrsg.), Der Mann im Eis. Wettbewerb – Ausstellung – Symposion: 70–72. Innsbruck.

[11] Heim, Michael & Nosko, Werner (1993): Die Ötztal-Fälschung. Anatomie einer archäologischen Groteske. Reinbek bei Hamburg.

[12] Gegenstand wird in den Katalog der geplanten Ausstellung „Dino, Zeus und Asterix ...", Reiss-Engelhorn-Museen Mannheim, aufgenommen.

[13] Beispiele zitiert bei Spindler a.a.O. (Anm. 1) (1993): 295–301.

[14] Beispiel: Spindler a.a.O. (Anm. 10) (1996): 60 f.

[15] Spindler a.a.O. (Anm. 1) (1993): 302 ff.

[16] Richter, Martina (1996): Disneys Der Glöckner von Notre Dame. Filderstadt-Bonlanden, Wien, Illnau.

[17] Spindler a.a.O. (Anm. 1) (1993): Gegenüber S. 65.

Archäologie im zeitgenössischen Brettspiel

Björn Gesemann

Zusammenfassung

Anhand des Fundus des Deutschen Spiele-Archivs wird untersucht, welche antiken Themen und archäologischen Motive in zeitgenössischen Spielen verwendet werden und welche Bedeutung ihnen dabei zukommt. Dabei wird auch die Bedeutung der Archäologie für die Rezeption antiker Motive und als Motiv im Spiel erläutert. Es zeigt sich, dass sich das zunehmende Interesse an archäologischen Motiven der letzten zwei Jahrzehnte auch bei den Board- und Tablegames beobachten lässt. Neben den ägyptischen Motiven sind römische Motive besonders beliebt. Für die Übernahme antiker Motive lassen sich vor allem drei Beweggründe erkennen: Das Geheimnisvoll-Exotische, das antiken Kulturen anhaftet; das Nachwirken des humanistischen Bildungsideals und die besondere Funktion der „Klassik" als wertsteigerndes Attribut.

I. Einleitung

Das wachsende Interesse der 1980er und 1990er Jahre an historischen Themen im Allgemeinen und an archäologischen Motiven im Besonderen findet seinen Niederschlag auch im Bereich der Brett- und Tischspiele bzw. Board- und Tablegames. Spiele mit antiken Themen werden von Spielenden, Spielemachern und Spielekritikern gleichermaßen geschätzt. Wiederholt wurden Spiele mit archäologischen Motiven, etwa SETI, FORUM ROMANUM, DAS GEHEIMNIS DER PYRAMIDE und QUO VADIS?, in die Auswahlliste des Preises „Spiel des Jahres" aufgenommen und ausgezeichnet.

Der Trend hat die ganze Spielszene erfasst. Dies zeigt nicht zuletzt auch der Erfolg der Spiele bei den Spielenden, der etwa bei JANUS und FORUM ROMANUM zu einer Neuauflage führte. Inzwischen haben einzelne Spieleerfinder wie Jean du Poël, Reiner Knizia und Wolfgang Kramer ihre Spiele wiederholt mit archäologischen Motiven ausgestattet. Die Verwendung archäologischer Motive für die Gestaltung von Brett- und Tischspielen beginnt – sieht man einmal von vereinzelten Vorläufern wie RÖMER GEGEN KARTHAGER ab – Mitte der 1970er Jahre. Vorher war die Antike in der Welt zeitgenössischer Spiele quasi nicht präsent.

Waren es zu Beginn der 1980er Jahre fast ausschließlich abstrakte Spiele, bei deren Gestaltung man auf antike Motive zurückgriff, so werden archäologische Motive heute meist dazu verwendet, die Spiele mit einem antiken Szenario zu versehen. Dabei ist bemerkenswert, welche Vielfalt von Motiven zum Einsatz kommt und mit welcher Sachkenntnis die Motive häufig verwendet und in den Szenarien umgesetzt werden.

Im Fundus des Deutschen Spiele-Archivs, der über 10 000 Spiele umfasst und der dieser Studie zugrunde liegt, befindet sich eine beachtliche Zahl von Spielen mit antiken Themen und archäologischen Motiven. Diese Spiele bilden innerhalb der Systematik des Deutschen Spiele-Archivs keine eigene Gruppe, sie finden sich vielmehr in all ihren Gattungen, bei Würfelspielen ebenso wie etwa bei Lege- und Denkspielen.

Neben der Art und Weise, wie die Motive in den Spielen rezipiert werden, und der Präsentation der einzelnen Motive verdient die Frage nach den Gründen für die Wahl antiker Motive unser besonderes Interesse.

II. Wege der Aneignung der antiken Motive – Rezeptionsweisen

Die Art und Weise, wie antike Themen und archäologische Motive in zeitgenössischen Brett- und Tischspielen übernommen und im Einzelfall verwendet werden, ist vielfältig. Dass die Übernahme auf andere Weise geschieht als etwa in der Architektur oder im Kriminalroman, ist klar, handelt es sich doch bei dem Spiel um ein anderes Medium.

Die direkteste Form der Übernahme ist die Wiederveröffentlichung der antiken Spiele selbst. Spiele wie das UR-SPIEL oder SENETI (Abb. 1), das ägyptische SENET oder das HNEFATAFL der Wikinger, die bei Ausgrabungen zu Tage kamen, und schriftlich überlieferte Spiele wie die römischen Spiele LUDUS LATRUNCULORUM oder DUODECIM SCRIPTA werden mit spielbaren Regeln ausgestattet[1] und in mehr oder weniger aufwendiger Weise nach den antiken Vorlagen reproduziert.

Bei den Spielen, die nicht auf antiken Vorlagen basieren, lassen sich zwei Arten der Übernahme antiker Motive unterscheiden.

Bei der einfacheren Art, der dekorativen Rezeption, werden antike Themen und archäologische Motive rein gestalterisch verwendet, ohne dass ein Bezug zum Inhalt des Spiels besteht. Diese Rezeptionsweise, die bei den Spielen der 1970er und frühen 1980er Jahre vorherrscht, findet sich vorwiegend bei Spielen mit abstraktem Charakter, vor allem bei Strategie- und Taktikspielen wie etwa HYLE oder EPAMINONDAS: Der abstrakte Spielmechanismus wird durch Titel und Design inhaltlich und thematisch aufge-

Abb. 1: SENETI von H. A. Renz (1991), Pharao-Brettspiele, ist die modifizierte Neuauflage eines antiken in Ur gefundenen Spiels. (Foto: Pharao-Brettspiele).

peppt. Nicht selten wird das Spiel so nachträglich mit einem Inhalt versehen. Gelegentlich kommt es jedoch vor, dass auch hier ein antikes Motiv wie die Hoplitenphalanx bei EPAMINONDAS – und ähnlich bei XERXES – die Grundlage bildet.

Ein prägnantes und schönes Beispiel hierfür ist das englische Lexikon-Spiel INSPIRATION: Für die aufwendige Gestaltung von Verpackung und Spielmaterial wurden Ornament- und Bildmotive einer attisch-rotfigurigen Vase aus dem Fitzwilliam Museum[2] verwendet. Eine Notwendigkeit, antike Motive zu verwenden, lässt sich weder aus dem Spielmechanismus noch aus dem Inhalt der Fragen ableiten.

Häufiger und variantenreicher ist die thematische Rezeption. Diese verbindet die antiken Motive mit dem Regelwerk, so dass ein Szenario entsteht, in dem die Spielenden Rollen übernehmen und Aufgaben erfüllen müssen[3]. Die Motive haben hier neben der dekorativen stets auch eine inhaltliche Funktion.

Die Bandbreite ist hierbei sehr groß. Spiele wie MINOS, bei denen das Szenario eher im Allgemeinen bleibt, finden sich hier ebenso wie Spiele, bei denen bereits dem Spielmechanismus eine Idee zugrunde liegt, die auf einem antiken Motiv basiert wie etwa QUO VADIS? und Spiele, bei denen ein antikes Thema wie bei POMPEII als Grundlage für Szenario, Spielmechanismus und Gestaltung dient. Je besser die Motive mit dem Spielmechanismus verbunden und in das Szenario eingepasst sind, umso leichter können sich die Spielenden in das Szenario des Spiels hineinversetzen.

Ganz unabhängig von der Art der Rezeption lässt sich feststellen, dass die verwendeten antiken Motive stets eine Art Maskierung des Spiels bilden. Diese Maskierung erweitert das Spiel um eine zusätzliche Ebene. Nicht selten ist es gerade diese Ebene, die durch ihr Szenario den besonderen Reiz eines Spiels ausmacht. Dies gilt auch, wenn auch in abgeschwächter Form, für Spiele, die über kein Szenario im eigentlichen Sinn verfügen und bei denen die antiken Motive nur dekorativ verwendet wurden. So hängt die Qualität eines Spiels weniger davon ab, mit welcher Genauigkeit antike Themen und archäologische Motive für diese Szenarien verwendet werden. Wichtiger ist, dass die Verbindungen von Szenario und Spielmechanismus einander gerecht werden und auf diese Weise den Spielenden etwas vom historischen Hintergrund vermitteln.

III. Die unerschöpfliche Vielfalt der Themen

Bemerkenswert ist nicht nur die große Zahl von Spielen, die auf archäologische Motive zurückgreifen, bemerkenswert ist auch die Vielfalt der verwendeten archäologischen Motive. Bereits eine flüchtige Betrachtung lässt erkennen, dass sich die einzelnen Gruppen nicht nur hinsichtlich ihrer Größe, sondern auch hinsichtlich Vielfalt und Nutzung der Motive stark voneinander unterscheiden.

Ägyptische Motive

Die Spiele mit ägyptischen Szenarien stellen eine beachtliche Gruppe dar. Die Szenarien dieser Gruppe beschränken sich in der Regel auf wenige, immer wiederkehrende Motive: Pyramidenbau und Schatzsuche dominieren deutlich. Das alles überragende „Bild"motiv sind die Pyramiden. Ob es sich um Puzzles oder Geduldsspiele wie TUT'S TOMB, PYRAMO und PYRAMIDO oder um taktische Spiele wie TAL DER KÖNIGE (Farbtaf. 1,d), SETI, OSIRIS und PYRAMIDIS handelt oder ob es um ein Rollenspiel wie DAS GEHEIMNIS DER PYRAMIDE geht, in dem man die Schätze aus der Grabkammer des Pharao bergen muss, ohne Pyramide kommt kaum eines dieser Spiele aus. Das Motiv der Pyramide ist so dominant, dass es auch in Spielen wie TUTANCHAMUN auftaucht, wo es, genau genommen, nichts zu suchen hat, da dessen Grabkammer unterirdisch angelegt wurde[4]. Ähnlich übermächtig wie das Motiv der Pyramide sind Name und Totenmaske von Tutanchamun (PHAROMINO, TUTANCHAMUN, DAS GEHEIMNIS DER PYRAMIDE). Sollten diese fehlen, sind sicher andere Fundstücke aus seinem Grab vorhanden.

Innerhalb dieses Rahmens jedoch präsentiert sich eine Vielfalt unterschiedlicher Motive. Vergleicht man etwa die Spiele PYRAMIDE und TAL DER KÖNIGE miteinander, bei denen es jeweils um den Bau von Pyramiden geht, so findet man außer dem Thema quasi keine weiteren Gemeinsamkeiten. Auch das Thema Schatzsuche wird auf verschiedenste Weise variiert: Muss man in DAS VERFLIXTE PYRAMIDENSPIEL ein Labyrinth durchqueren und Schlüssel suchen, so geht es in DAS GEHEIMNIS DER PYRAMIDE darum, Schätze auszugraben und zu sammeln.

Häufig liegen den verschiedenen Schätzen, die es zu bergen gilt, wie in DAS GEHEIMNIS DER PYRAMIDE und TUTANCHAMUN originale Einzelstücke zugrunde, die sich von Spiel zu Spiel

Abb. 2: CAESAR & CLEOPATRA von W. Lüdtke (1997), Kosmos, ist eines der jüngsten Beispiele der Verwendung antiker Motive. (Foto: Kosmos).

unterscheiden; das Regelheft vermerkt, um welche Stücke es sich handelt. Hierin zeigt sich nicht zuletzt, dass die Autoren und/oder die Grafiker sich intensiv mit den Vorlagen auseinandergesetzt haben.

Eine ähnliche Vielfalt bieten die Motive, die für die Gestaltung verwendet wurden: Herrscher- und Götternamen wie ANUBIS, ISIS, RAMSES, NOFRETETE und KLEOPATRA (Abb. 2) tauchen in Titel und Spiel auf. Der Plan von DAS GEHEIMNIS DER PYRAMIDE zeigt unter anderem Abu Simbel, die Memnonskolosse sowie verschiedene Tierstatuetten, in EXPEDITION taucht der Sphinx von Gizeh auf, in OSIRIS werden verschiedene Orte wie Saqqara, Luxor oder Beni Hassan durch charakteristische Bauwerke vertreten.

Als ornamentales Leitmotiv tritt neben die Pyramiden (und Tutanchamun) der Hieroglyphenfries. Anders als die Pyramiden, denen meist eine inhaltliche Funktion zukommt, fungiert der Hieroglyphenfries rein dekorativ und wird, wie etwa bei DAS GEHEIMNIS DER PYRAMIDE, als Zierrahmen des Deckels, der Schachtel oder des Spielplans verwendet oder er taucht, wie bei GNOSIS, als Schmuckelement im Regelheft oder auf der Rückseite von Spielkarten auf. In einigen Beispielen, etwa bei DER ZERSTREUTE PHARAO, werden stattdessen hieroglyphenartige Friese verwendet, die ihre Vorbilder frei variieren und zum Teil auch zumeist mit comicartigem Charakter parodieren.

Vereinzelt tauchen Hieroglyphen auch in anderem Zusammenhang auf. Des Öfteren sind sie, wie etwa in DER SCHATZ DES PHARAO, wo sie Wände und Säulen zieren, in das auf dem Spielplan dargestellte Ambiente integriert. In OSIRIS kennzeichnen sie die „Heimfelder" der Priester. In GNOSIS werden sie als inhaltliche Symbole auf Karten und Plan verwendet. Im Regelheft wird die Bedeutung der einzelnen Hieroglyphen kurz erläutert.

Eine besondere Beachtung verdienen schließlich jene Spiele, die auf antiken Vorbildern beruhen und deren Regeln mehr oder weniger getreu rekonstruiert wurden. Aus altägyptischer Zeit wurden die Figuren und Bretter von sechs verschiedenen Spielen überliefert. Es handelt sich um vier Spiele, die man in Gräbern von Pharaonen, u. a. in dem von Tutanchamun[5], fand. Die Spiele sind mit ergänzten bzw. erneuerten Regeln wie SENETI unter dem überlieferten Namen oder, wenn dieser nicht bekannt ist, als ISIS, RAMSES und PHARAO unter modernen Spielbezeichnungen im Handel erhältlich.

Griechisch-Römische Motive

Die Spiele mit griechisch-römischen Szenarien bilden die größte der hier untersuchten Gruppen. Wie bereits erwähnt, präsentieren die Spiele dieser Gruppe, stärker als die übrigen Gruppen, eine verblüffende Vielfalt unterschiedlicher Motive. Anders als bei den ägyptischen Szenarien kommt es hier nur selten vor, dass sich zwei Szenarien in ihren Motiven ähneln.

Das beliebteste Motiv liefern die Wagenrennen im Circus. Das ist nicht weiter verblüffend, da das Motiv durch seine Verbindung zum Thema Spiele und durch die Beliebtheit von Sport- und Rennspielen im Bereich der Brett- und Tischspiele (in der Klassifikation des Deutschen Spiele-Archivs bilden sie eine eigene Kategorie) zur Übernahme besonders geeignet erscheint. Betrachtet man die betreffenden Spiele etwas näher, so zeigen sich auch hier, wie bereits bei den ägyptischen Schatzsuche-Szenarien, klare Unterschiede: In RÖMER geht es um den Kauf des wertvollsten Gespanns und nicht um das Rennen selbst, BEN HUR thematisiert das Rennen des Romans. Lediglich drei Spiele – DAS GROSSE WAGENRENNEN, AVE CAESAR und CIRCUS MAXIMUS – lassen sich „nur" als Rennspiele bezeichnen.

Politik, Kultur und Privatleben sind die großen Themen, aus denen einzelne Aspekte für die Gestaltung der Szenarien ausgewählt werden. So geht es in FORUM ROMANUM (Abb. 3) um die Konsulwahlen und um den Wahlkampf, wohingegen QUO VADIS? sich mit dem Kollegialsystem der Römer beschäftigt. CARACALLA thematisiert das Badewesen und geht dabei auch auf die „gens", die römische Großfamilie, ein. ALEA IACTA EST dagegen präsentiert das tägliche Leben römischer Soldaten. Wirtschaftsthemen (MEGIDDO) und Schlachtszenarien spielen kaum eine Rolle.

Die für die Gestaltung verwendeten archäologischen Motive – Realia, Gebäude, Vasenbilder, Statuen – sind nicht weniger vielfältig als die der Szenarien. Doch lässt sich hier eine gewisse Dominanz architektonischer Elemente erkennen. Besondere Bedeutung kommt dabei den Säulenordnungen zu, die, wie kaum ein anderes Element, auf signifikante Weise die griechisch-römische Kultur charakterisieren.

Dem Hieroglyphenfries der ägyptischen Spiele entspricht hier der Mäander. Nur wenige Spiele dieser Gruppe verzichten in ihrer Gestaltung auf dieses Ornament. Ebenfalls recht häufig werden Mosaiken als Vorlage für die ornamentale Gestaltung des Spielplans – hier (z. B. bei QUO VADIS? und CARACALLA) wurde aus der Not des flachen Brettes eine Tugend gemacht – verwendet.

Vorgeschichtliche, keltische und germanische Motive

Die Gruppe der Spiele mit vorgeschichtlichen, keltischen und germanischen Szenarien ist die kleinste der behandelten Gruppen. Auch die Zahl der verwendeten Motive ist eher gering. Wikingerszenarien dominieren hier. Die Bandbreite der Spiele reicht dabei vom historischen, neu aufgelegten HNEFATAFL über das Designerspiel WIKINGERSCHACH bis hin zu HAITHABU. Doch stets sind es dieselben Motive, die wiederkehren: Drachenschiff und bärtige Krieger. Die Verwendung der Wikingerstadt Haithabu als „Spielfeld" ist

Abb. 3: FORUM ROMANUM von W. Kramer (1988; 1994), Kosmos, ist ein Beispiel für die intensive Auseinandersetzung mit den Vorlagen für die grafische Gestaltung eines Spiels. (Foto: Kosmos).

Abb. 4: STONEHENGE von R. Knizia (1995), Blatz, ist eines der wenigen Beipiele für die Verwendung vorgeschichtlicher Motive. (Foto: Blatz).

hierbei eher ungewöhnlich[6]. Spiele wie NEANDERZOFF und NEOLITHIBUM, STONEHENGE (Abb. 4) und KAMPF UM ROM, in denen andere Bereiche der Vorgeschichte thematisiert werden, bleiben Einzelbeispiele.

IV. Welche Rolle spielt die Archäologie?

So häufig archäologische Motive in Spielen zu finden sind, so selten wurde „Archäologie" selbst thematisiert. Lediglich eine Hand voll Spiele hat sich dieses Themas angenommen. Umso bemerkenswerter ist daher sowohl die große Bandbreite von unterschiedlichen Teilaspekten der Archäologie, die in diesen Spielen angesprochen wird, als auch die originelle Weise bei deren Umsetzung in funktionierende Spielmechanismen.

In EXPEDITION von W. Kramer müssen die Spielenden auf drei Expeditionen verschiedene Forschungsaufträge erfüllen. Auch wenn nur wenige Aufträge archäologischen Inhalts sind und das Spiel sich mehr am Charakter populärwissenschaftlicher Fernsehserien wie Terra X orientiert, werden hier doch wesentliche Aspekte der Archäologie wie Forschungskampagne, Suche und öffentliche Finanzierung thematisiert. Auch in den knappen Skizzen zur Bedeutung der einzelnen Objekte auf den Auftragskarten zeigt sich, dass Suche und Forschung das zentrale Thema von EXPEDITION sind.

DAS GEHEIMNIS DER PYRAMIDE von C. Wolf und S. Rohner (vgl. Ludographie) thematisiert die Suche nach antiken Schätzen. Inhaltlich liegt der Schwerpunkt dabei nicht, wie in den meisten ähnlichen Spielen, auf dem „Abenteuer Schatzsuche" wie wir es aus Hollywood etwa von Indiana Jones kennen, sondern auf der archäologischen Ausgrabung. Auf anschauliche Weise haben die Autoren wesentliche Grundzüge der Ausgrabungstechnik in ihren Spielmechanismus umgesetzt. Die Schatzkarten werden auf verschiedene Erdschichten verteilt. Eine unberührte Erdschicht verdeckt, was in den Schichten darunter zu finden ist. Bemerkenswert ist, dass einzelne Fundstücke zerbrochen sind und aus mehreren Einzelteilen bestehen. Auf ähnliche aber einfachere Weise werden Ausgrabungstechnik und Fundschichten auch in DER SCHATZ VON MRS. JONES von C. Wele thematisiert.

Ziel von AMPHORAE von J. du Poël ist es, antike Vasenformen aus je vier Kärtchen zusammenzusetzen, d. h. zu rekonstruieren.

DIE KETTE VON SABA von M. Edel widmet sich einem anderen Teil archäologischer Arbeit, der Rekonstruktion der Funde. Die Spielenden müssen hier die Kette, die Salomo der Königin von Saba geschenkt hat, neu zusammensetzen. Dabei müssen sie sich an gewisse Vorschriften halten, die sich ihnen erst während der Arbeit erschließen. Der Spielplan präsentiert die fertige Kette wie in einer Ausstellungsvitrine. Die Hintergrundstory, die berichtet, dass die Kette von Grabräubern gefunden, in ihre Einzelteile zerlegt und in den Kunsthandel verkauft wurde und damit ein heikles Thema archäologischen Alltags anspricht, ist auf intelligente Weise mit dem Spielmechanismus verwoben: Bei den überzähligen Elementen der Kette, die zum Schluss auf der Hand der Spielenden bleiben, handelt es sich um Fälschungen.

V. Die Ursachen für die Motivwahl

Welche Rolle spielt nun die Archäologie im Bereich der Brett- und Tischspiele? Warum entscheidet man sich bei der Gestaltung von Spielen für antike Motive?

Beschränkt man sich zunächst auf den materiellen Aspekt, so lassen sich drei verschiedene Punkte fassen. Zunächst einmal dient Archäologie der Vermittlung antiker Themen. In zahlreichen Spielen wird bei der Gestaltung von Spielmaterial und Szenario auf Motive zurückgegriffen, die durch die Archäologie erschlossen wurden: Antike Gebäude, Orte, Statuen und andere Funde werden in die Szenarien integriert und tragen dazu bei, die „Spielwelten" zum Leben zu erwecken. Ebenso dient sie der Erarbeitung von Themen. Immer wieder greifen die Autoren auch Szenarien auf, deren Kenntnis wir weitgehend oder vollständig der Archäologie verdanken. Schließlich wird auch die Archäologie selbst zum Szenario einzelner Spiele.

Interessanter ist die Frage nach der inhaltlichen Bedeutung. Warum verwendet man archäologische Motive und antike Themen für die Gestaltung von Spielen und deren Szenarien?

Archäologische Motive dienen, vor allem bei abstrakten Spielen, häufig als eine Art Wertsteigerung. Die antiken Motive versehen das abstrakte Spiel, dem oft ein Szenario fehlt, nicht nur mit einem konkreten Thema oder Kontext, sie verleihen ihm zugleich auch eine Aura des Klassischen. Auf diese Weise wird das Spiel selbst zu einem Teil jener Klassik und erhält so das Prädikat „besonders wertvoll". Besonders deutlich wird dies bei PENTE, einer neuen Go-Variante. Dort heißt es in der Regel: „Der historische Rahmen des Spiels wird zudem ... durch die herausragende Aufmachung des Spielbretts – ein griechischer Marmorfußboden mit Skulpturen – ... abgerundet." Unabhängig davon, dass es sich bei den Skulpturen um Vasenbilder handelt und von einem Marmorfußboden nicht die Rede sein kann, stammt Go aus Japan und hat mit Griechenland nichts zu tun.

Wissensvermittlung spielt bei der Verwendung von archäologischen Motiven und antiken Themen kaum eine Rolle. Auch bei Spielen wie POMPEII, in deren Szenario und Gestaltung eine gewaltige Menge an Informationen verarbeitet ist, handelt es sich vor allem um eine Verkleidung des Spiels, die das Interesse der Spielenden wecken soll. Die Erklärungen zum historischen Hintergrund der Szenarien, die sich gelegentlich, etwa bei FORUM ROMANUM oder EXPEDITION, in den Spielen finden, sind weniger als Belehrung gedacht (dazu sind sie auch zu kurz), sondern sollen dem Szenario zusätzlich Tiefe geben und so den Spielenden helfen, sich in das jeweilige Szenario besser hineinzuversetzen. Welche Rolle den historischen Fakten bei der Schaffung eines Szenario zukommt, veranschaulicht die Spielstory von TAL DER KÖNIGE, die auf amüsante Weise Fakten und Fantasie miteinander vermengt[7]. Dass ein Spiel wie ALEA IACTA EST in erster Linie Wissen vermitteln soll, bleibt die Ausnahme.

In den Szenarien der Spiele und den darin verarbeiteten Motiven und Fakten spiegelt sich das Wissen der Autoren und in weiterem Sinne die allgemeine Kenntnis von den einzelnen Kulturen wider und die Szenarien geben somit darüber Auskunft, welche inhaltlichen Bilder mit den einzelnen Kulturen verbunden werden.

Bei der Mehrzahl der zeitgenössischen Spiele gilt die einfache Gleichung: „Archäologie/Antike" gleich „Abenteuer". Besonders deutlich zeigt dies das Cover von TUTANCHAMUN: Zwei Männer, deren Darstellung eher an Großwildjäger oder Indiana Jones erinnert, befinden sich in einer Grabkammer zwischen den Schätzen und bewundern eine Minimumie. Die archäologischen Motive und antiken Themen dienen hier vor allem dazu, den Spielen zu interessanten Szenarien zu verhelfen.

Dies gilt in stärkerem Maße für ägyptische und vorgeschichtliche Szenarien, die in Epochen spielen, die uns heute fremd und geheimnisvoll erscheinen. Das Gleiche gilt für die Archäologie selbst: Sie ist aufregend und geheimnisvoll. Erwähnt seien hier lediglich DAS GEHEIMNIS DER PYRAMIDE und TUTANCHAMUN.

Entsprechend gleichen die Szenarien, in denen es um die Entdeckung einer Grabkammer und die Sicherung von Schätzen geht, in der Regel eher einem Hollywoodfilm als der archäologischen Wirklichkeit. Dass dies nicht so sein muss, zeigt POMPEII auf eindringliche Weise, das sich dabei stark an den historischen Vorlagen orientiert.

Weniger deutlich ausgeprägt ist der Abenteueraspekt dagegen in Spielen mit griechischen und vor allem römischen Szenarien. Diese greifen wie in FORUM ROMANUM oder QUO VADIS? in deutlich stärkerem Maße auf Elemente und Prozesse der jeweiligen Kultur zurück. Dies liegt nicht zuletzt daran, dass sowohl die Autoren als auch das Publikum über umfassendere Detailkenntnisse verfügen.

Dass es zumeist hauptsächlich um Unterhaltung, Spannung und Spaß geht, verdeutlicht schließlich auch die eklektizistische Art, in der unterschiedliche Motive miteinander – zum Teil hemmungslos – kombiniert werden. So hat der Parcours der Rennbahn des Circus Maximus in AVE CAESAR nichts mehr mit römischen Circusanlagen zu tun, sondern ähnelt vielmehr modernen Autorennstrecken. (Im Gegensatz dazu steht die Mühe, die man sich bei der Gestaltung der Spielsteine gab, indem man dabei auf antike Caesarmünzen zurückgriff.) So ist es nicht weiter überraschend, dass AVE CAESAR später nur leicht verändert unter dem Titel AUSGEBREMST als Autorennspiel erschien.

RES PUBLICA spielt trotz des römisch klingenden Titels zur Zeit der Völkerwanderung und verbindet antike Motive wie Amphoren und Schriftrollen mit modernen Elementen wie Zahnrad, Bibel und Tafelwaage. DAS PFERD VON TROJA greift bei der Gestaltung des Holzpferdes zwar auf den als Touristenattraktion dienenden modernen Nachbau zurück, der bei den Ausgrabungen steht, das Troja des Spielplans hat dagegen mit dem antiken Troja nichts zu tun, sondern nutzt Vorbilder aus hellenistisch-römischer Zeit. Auf besonders originelle Weise bringt TAL DER KÖNIGE eine Pyramide dort ins Spiel, wo es nachweislich keine gegeben hat. Diese Liste ließe sich fast beliebig fortsetzen.

In welchem Maß es um die Erschaffung eines besonderen Ambientes geht, verdeutlicht DER SCHATZ DES PHARAO. Hier sind Pyramide und Pharaonengrab mit kannelierten griechischen Säulen verknüpft. Die Ursache solch waghalsiger Kombinationen ist weniger Unkenntnis als vielmehr die Absicht, das Spiel mit einem atmosphärisch dichten antiken Szenario auszustatten. So wie die Pyramide das Ägypten der Pharaonenzeit charakterisiert, so ist die Säule das Symbol für Antike schlechthin. Da es dabei nicht um wissenschaftliche Genauigkeit geht, sondern um die Schaffung von Assoziationen, ist ihre Verwendung außerhalb ihres eigentlichen Kontextes legitim.

Anmerkungen / Literatur:

[1] Exemplarisch: Schädler, U. (1994): In: Homo Ludens IV: 47–68. München, Salzburg.

[2] In diesem Fall handelt es sich um ein konkretes Vorbild, das der Gestaltung zugrundeliegt, eine Vase aus dem Fitzwilliam Museum in Cambridge. Siehe dazu Lamb, W. (1930): CVA Great Britain, Fasc. 6: Cambridge Fasc. 1: 30 f. Taf. 25.27. Oxford. In der Regel ist das direkte Zitat kaum von Bedeutung.

[3] Die Klassifikation des Deutschen Spiele-Archivs versteht unter Rollenspielen all jene Spiele, bei denen die Spielenden für die Dauer eines Spiels in eine andere Rolle schlüpfen. Vgl.: Thole, B. & Wehnert, M. (1994): Fachdienst Spiel. Marburg.

[4] In TUTANCHAMUN wird zwar das Tal der Könige als Ort genannt, an dem sich das Grab des Pharao Tutanchamun befindet, dennoch taucht im Spiel als Dekoration eine Pyramide auf. – Die Regel von TAL DER KÖNIGE erklärt kurz die besondere Bedeutung des Tals der Könige als Begräbnisort zahlreicher Pharaonen und erwähnt auch die dort gefundenen Grabkammern. Dennoch geht es im Spiel um den Bau einer fiktiven Pyramide im Tal der Könige. Vgl.: Ceram, C. W. (1949; erg. Aufl. 1972): Götter, Gräber und Gelehrte: 188 ff. Reinbek bei Hamburg; – Wagner, R. (1980): Das Wunder der Entdeckung. In: Tutanchamun. Katalog Berlin 1980: 9-24.

[5] Tutanchamun. Katalog Berlin 1980 (1980): 148 f. Kat. Nr. 44. – Vgl. auch: Glonnegger, E. (1988) und Lhote, J.-M. (1994) (s. jeweils in „Weitere Literaturhinweise").

[6] Vgl.: Elsner, H. (1989): Wikinger Museum Haithabu: Schaufenster einer frühen Stadt: 29–34. Neumünster.

[7] Vgl. Anm. 4.

Weitere Literaturhinweise:

Zum Thema selbst existiert meines Wissens bisher keine Literatur.

Einen Überblick über Brett- und Tischspiele und deren Geschichte liefern:
Glonnegger, Erwin (1988): Das Spiele-Buch: Brett- und Legespiele aus aller Welt; Herkunft, Regeln und Geschichte. München/Ravensburg.
Lhote, Jean-Marie (1994): Histoire des jeux de Société. Paris.
Lhote, Jean-Marie (1996): Dictionnaire des jeux de Société. Paris.

Einen Überblick über die aktuelle Spieleszene sowie Rezensionen einzelner Spiele bieten die entsprechenden Periodika:
Spielbox, Fairplay und Pöppel Revue.

Arbeiten zur Spieleforschung finden sich in:
Homo Ludens (1991 ff.): Der Spielende Mensch; Internationale Beiträge zur Spieleforschung und Spielpädagogik an der Hochschule ‚Mozarteum' Salzburg. München/Salzburg; demnächst auch in Board Games Studies.

Zur Spiele-Klassifikation vgl.:
Thole, Bernward & Wehnert, Martin (1994): Die Klassifikation des Deutschen Spiele-Archivs. In: Fachdienst Spiel (Sonderdruck, 25 Seiten). Marburg.

Über Brettspiele, die als Spiel des Jahres nominiert waren oder ausgezeichnet wurden, informiert ein Führer:
Ausgezeichnete Spiele (1997). Ratgeber der Jury „Spiel des Jahres". München.

Anhang

Ludographie

Antike Spiele
ROYAL GAME OF UR (1976), Merit
UR-SPIEL ohne Autor (1979), Ravensburger
POMPEII XV ohne Autor (1977), Whittlecraft
DUODECIM SCRIPTA von U. Harsch & G. Eger (1984), Homo Ludens
HNEFATAFL ohne Autor (1987), Ass
LUDUS LATRUNCULORUM von U. Harsch & G. Eger (1984; 1988), Eigenverlag
PHARAO von H. A. Renz (1988), Pharao-Brettspiele
SENET ohne Autor (1988), Habermaaß
RAMSES von H. A. Renz (1989), Pharao-Brettspiele
ISIS von H. A. Renz (1991), Pharao-Brettspiele
SENETI von H. A. Renz (1991), Pharao-Brettspiele
SENET ohne Autor (1992), GuG Design Werkstatt
URÄUS von H. A. Renz (1992), Pharao-Brettspiele
DAS UR-SPIEL von H. A. Renz (1994), Pharao-

Brettspiele
PATI von A. Lenz (1995), Stein Reich und Gamin Spiele
ANTIKE SPIELE ohne Autor (1996), Museumspädagogisches Zentrum München
THEBEN von H. A. Renz (1997), Pharao-Brettspiele

Spiele zur Antike allgemein
CONQUEST von D. Benge (1974 USA; 1975), Hexagames
GAME OF ANCIENT KINGDOMS von F. G. Tresham (1975), Hartland
CIVILIZATION von F. G. Tresham (1980; dt. 1988), Edition Spielkunst
CIVILIZATION II von F. G. Tresham (1993), Welt der Spiele
ADVANCED CIVILIZATION von F. G. Tresham (1991), Avalon Hill

Spiele zu Orient-Randkulturen
BABYLON von W. W. Windisch (1982; 2. Aufl. 1984) Bütehorn; 2. Aufl. Fagus
EUPHRAT UND TIGRIS von R. Knizia (1997), Hans im Glück

Spiele mit Ägyptischen Motiven
DAS GEHEIMNIS DER PYRAMIDE. WER FINDET ZUERST DIE GOLDMASKE? von T. Schuster (o. J.), Espenlaub-Verlag
PYRAMIDE ohne Autor (o. J.), Spika
NIL. DAS SPIEL DER PHARAONEN ohne Autor (1973; 1977), Spear
CHEOPS von D. Hartmann (1978), Edition Perlhuhn
PYRAMIDE von P. Pallat (1978; 1985), Edition Perlhuhn; Abra
SETI. ZWEI ALTE SPIELE AUS DER VERGANGENHEIT ohne Autor (1979), Bütehorn
PHAROMINO von R. Barbié (1981), Bütehorn
SPHINX ohne Autor (1982), Arxon
MEGIDDO ohne Autor (1985), Spear
PHARAOH'S QUEST ohne Autor (1985), Protel Games
PYRAMIDIS von R. Siegers (1988; 2. Aufl. 1991), Flying Turtle Games; 2. Aufl. Ravensburger
PHARAO von H. A. Renz (1988), Pharao
RAMSES von H. A. Renz (1989), Pharao
DAS GEHEIMNIS DER PYRAMIDE von C. Wolf & S. Rohner (1990), Jumbo
GNOSIS von U. Flittner (1990), Hermes-Spiele
GEWEIHTE STEINE von V. Hermann (1991), Fanfor Verlag
ISIS von H. A. Renz (1991), Pharao
TAL DER KÖNIGE von C. Beierer (1991), Frankh Kosmos
PHARAMIS. LE JEU DES PHARAONS ohne Autor (1991), Pharamis
TUTANCHAMUN. DER SCHATZ DES PHARAO von R. Knizia (1993), Amigo
AN DEN UFERN DES NILS von H. & W. Kuhn (1994), Abacus Spiele
ÄGYPTEN MEMO GAME von Anonymus (1995), Piatnik
DAS VERFLIXTE PYRAMIDENSPIEL von W. Kramer (1995), Heye
OSIRIS von H. Witt & M. Steiner (1995), Hexagames
DER SCHATZ DES PHARAO von W. Kramer (1997), Queen Games
DER ZERSTREUTE PHARAO von G. Baars (1997), Ravensburger
OBALISTIG von B. Ada Mer (1997), Rosengarten Verlag
RA. DAS SPANNENDE SPIEL UM GÖTTER, MENSCHEN, MONUMENTE von R. Knizia (1999), alea/Ravensburger
LUXOR von G. Baars (2001), Ravensburger

Spiele mit Griechisch-römischen Motiven
CANNAE von J. du Poël (o. J.), Historien Spiele
RÖMER GEGEN KARTHAGER. SCHLACHT AM METAURO ohne Autor (um 1965), Hausser Spiele
PHALANX von F. Ullmann & T. Werneck (1972), Bütehorn
XERXES von K. Heuse (1973; 2. Aufl. 1987), F. X. Schmid
IANUS von R. Hoffmann (1975; 2. Aufl. 1988), Frankh Kosmos
EPAMINONDAS von R. Abbott (1976, Great Britain; 1979, Deutschland; 2. Aufl. 1983), Bütehorn; 2. Aufl. Hexagames
ERGO ohne Autor (1977), Invicta Spiele
CIRCUS MAXIMUS ohne Autor (1979), Heritage Models USA
PROFESSIONAL ARCHIMEDES. UMZINGELN UND ENTKOMMEN von Jensen (1981), Arxon
VULKAN-AUSBRUCH SPIEL ohne Autor (1980), Arxon
PENTE von G. Gabrel (1984), Parker
BEN HUR von J. du Poël (1985; 2. Aufl. 1992), Historien Spiele; 2. Aufl. Fagus
ODYSSEUS von Andreas Franke (1985), Piatnik
ROMA von M. Donadoni (1987), International Team
AKROPOLIS von W. W. Windisch (1988), Bütehorn
FORUM ROMANUM von W. Kramer (1988; 1994), Frankh Kosmos
AVE CAESAR von W. Riederer (1989), Ravensburger
MARE MEDITERRANEUM von J. du Poël (1989), Historien Spiele
POMPEII. DIE LETZTEN TAGE von M. Morgantini & S. Simonini (1989), Challenge Games
AMPHORAE von J. du Poël (1990), Historien Spiele
HYLE. DAS SPIEL DES ARISTOTELES von E. Solomon (1990), Franjos
RÖMER von R. Ross (1990), Hexagames
CARACALLA von H. Schützdeller (1991), Ass
RES PUBLICA von R. Knizia (1991), Hexagames
MINOS von J. Vanaise (1992), Ravensburger
QUO VADIS? von R. Knizia (1992), Hans im Glück
ALEA IACTA EST. DER WÜRFEL IST GEFALLEN von M. Gögel (1993), Landschaftsverband Lippe-Westfalen
DAS PFERD VON TROJA von A. Randolph (1993), Jumbo
GREECE & ROME MEMO GAME ohne Autor (1993), Piatnik
AKROPOLIS. DAS GÖTTERSPIEL AM TEMPELBERG von Catty & Führer (1993), Piatnik
INSPIRATION von Anonymus (1994), Oxford Games
NEUE SPIELE IM ALTEN ROM von R. Knizia (1994), Piatnik
OLYMPIA 2000 (V. CHR.) von S. Dorra (1994), Hans im Glück
ARCHIMEDES von N. Neuwahl (1995), editrice Giochi/Brainstorm
ODYSSEE von H. Witt (1995), Hexagames
DAS GROSSE WAGENRENNEN ohne Autor, in: RÖMERBOX (1996), ars edition
PALMYRA von R. Knizia (1996), editrice Giochi/Brainstorm
CAESAR & CLEOPATRA von W. Lüdtke (1997), Kosmos
PITAGORAS von N. Neuwahl (1997), editrice Giochi/Brainstorm
BEIM ZEUS! von K. Paletsch (1997), Kosmos
TAMARAS MÄANDERTAL von G. Vincenz (1997), Da Vinci
VINCI von P. Keyaerb (1999), Eurogames Descartes Deutschland
TROIA von T. Fackler (2000), Mercedes-Benz

Spiele mit vorgeschichtlichen, keltischen und germanischen Motiven
NEANDERZOFF von CBD (1987), Mattel
NEOLITHIBUM von H. Bilz & P. Gutbrod (1991; 2. Aufl. 1992), Heidelberger Spieleverlag
OLD VIKING GAME ohne Autor (o. J.), ohne Verlag
WIKINGERSCHACH von R. Wittig (1989), Hornauer-Schlender-Steidl
HAITHABU von R. Ross (1990), Hexagames
DIE WIKINGER KOMMEN! von A. Randolph (1994), Ass
KAMPF UM ROM von H. Witt & G.-H. Kuhlmann (1995), Kuhlmann Geschichtsspiele
STONEHENGE von R. Knizia (1995), Blatz

Archäologie als Spiele-Thema
DAS GEHEIMNIS DER PYRAMIDE. WER FINDET ZUERST DIE GOLDMASKE? von T. Schuster (o. J.), unser Lieblingsspiel [Aldi]
DAS KOLLIER DER KÖNIGIN VON SABA von M. Edel (1984), Edition Perlhuhn
DAS GEHEIMNIS DER PYRAMIDE von C. Wolf & S. Rohner (1990), Jumbo
AMPHORAE von J. du Poël (1990), Historien Spiele
ALEA IACTA EST. DER WÜRFEL IST GEFALLEN von M. Gögel (1993), Landschaftsverband Lippe-Westfalen
DER SCHATZ VON MRS. JONES von C. Wele (1996), Ravensburger
EXPEDITION von W. Kramer (1996), Queen Games
DIE KETTE VON SABA von M. Edel (1997), Queen Games
TIKAL von M. Kiesling & W. Kramer (1999), Ravensburger
TROIA von T. Fackler (2000), Mercedes-Benz

Der helle Glanz des falschen Olympia

Ulrich Sinn

Zusammenfassung

In dem Reigen der sportlichen Großveranstaltungen nehmen die Olympischen Spiele der Neuzeit unverändert eine Sonderstellung ein. Wenn im Heiligen Hain des antiken Olympia das „Olympische Feuer" entzündet wird, kann sich kaum jemand der Illusion erwehren, hier wirke die als vorbildlich erachtete Antike unmittelbar in unsere Gegenwart hinein. Das Prestige antiker Wurzeln hat sich für die Olympischen Spiele der Neuzeit fraglos als segensreich erwiesen. Doch die Aura der antiken Tradition ist lediglich ein betörendes Kostüm. Das Trugbild der „wieder belebten Antike" untergräbt die Glaubwürdigkeit jeder historischen Rückbesinnung in der Sportpädagogik. Aber auch das Ansehen der Altertumsforschung nimmt Schaden, wenn ihr Metier im Bewusstsein einer so breiten Öffentlichkeit in derartiger Entstellung verankert bleibt (Abb. 1).

Lillehammer – Sarajewo: Olympische Spiele in Not

1994 wütete der Krieg unter den Volksgruppen im vormaligen Jugoslawien im vierten Jahr. Während die Bewohner der einstigen Olympia-Stadt Sarajewo von Granaten, Hunger und Kälte gequält wurden, erlebte das norwegische Lillehammer die glanzvolle Eröffnung der 19. Olympischen Winterspiele. Angesichts des Grauens in Sarajewo erschien vielen die Heiterkeit von Lillehammer als eine Pervertierung der Olympischen Friedensidee. Aus dieser Beklommenheit heraus entschloss sich das Internationale Olympische Komitee (IOC) zu seiner ostentativen Reise mitten hinein in das kriegswunde Sarajewo. Wo sich die neuzeitlichen Mittel der Befriedung als unfähig erwiesen, trat nun eine Institution auf den Plan, die sich in ihrer Friedensmission dezidiert auf antike Tradition berief: Der Besuch des IOC verstand sich als ein Appell an die Kriegsparteien, im Sinne der Olympischen Friedensidee zur Eintracht zurückzufinden.

Das antike Olympia I: Durch Krieg zum Ruhm

428 v. Chr. wütete der Krieg unter den Volksgruppen des antiken Griechenlands im vierten Jahr. Der Zeitgenosse Thukydides beschreibt das Grauen dieses so genannten „Peloponnesischen Krieges": „Der Tod zeigte sich in jederlei Gestalt,

Abb. 1: Wenn im heiligen Hain von Olympia das „Olympische Feuer" entzündet wird, kann sich kaum jemand der Illusion erwehren, hier wirke die Antike unmittelbar in unsere Gegenwart hinein. Doch das scheinbar authentische Ritual verdankt seine Enstehung dem unguten Kontext der nationalsozialistischen Spiele von 1936. Der feierliche Einzug der „Priesterinnen" in das Stadion steht im krassen Widerspruch zur antiken Wirklichkeit: Weder am Wettkampf noch an dessen Organisation hatten die Frauen irgendeinen Anteil. (Foto: Archäologisches Seminar der Universität Würzburg).

nichts was es nicht gegeben hätte; erschlugen doch selbst Väter ihre eigenen Söhne"[1]. Ungeachtet des Kriegsleids umher folgte das Zeusheiligtum von Olympia seinem Festkalender und lud die Bewohner der griechischen Städte zur gemeinsamen Feier des Kultfestes, in dessen Rahmen die athletischen Wettkämpfe stattfanden.

Der Krieg tat den Wettkämpfen keinen Abbruch – im Gegenteil: Das Fest war sogar unmittelbar in das Kriegsgeschehen eingebunden. Wieder ist Thukydides[2] unser Gewährsmann: Als Wortführer der peloponnesischen Partei luden die Spartaner einen abtrünnigen Bündnispartner der gegnerischen Athener nach Olympia. Die

Abb. 2: Das Zeusheiligtum von Olympia im Modell. Das Heiligtum wird zumeist als Stätte missverstanden, die eigens zur Durchführung sakraler Wettkämpfe angelegt wurde. In Wirklichkeit spielte der Sport nur sporadisch eine Rolle. Die große Masse der Bauten und Weihgeschenke geht auf Zeus als Kriegsgott sowie auf mehrere weibliche Vegetationsgottheiten zurück. (Foto: Archäologisches Seminar der Universität Würzburg).

Anwesenheit so vieler Festgesandtschaften bot das Forum für die Diskussion um die mögliche Aufnahme der Stadt Mytilene in das eigene Lager.

Das olympische Fest als Rahmen eines Kriegsrats scheint mit dem Charakter der Stätte unvereinbar. Eine solche Funktion steht jedoch in vollem Einklang mit der bis an die Anfänge des Kultplatzes zurückreichenden lokalen Tradition. Nach antiken Zeugnissen[3] fungierte das Zeusheiligtum in seiner Anfangsphase (ca. 11.–8. Jahrhundert v. Chr.) vornehmlich als ein Orakel. Seine Seher waren spezialisiert auf strategischen Rat in Kriegsangelegenheiten. Dass Olympia in der griechischen Staatenwelt zu überregionalem Ansehen gelangte, verdankte es dem erfolgreichen Wirken seiner militärisch versierten Priester[4].

Zu den historisch bezeugten Leistungen der olympischen Seher gehört zum Beispiel die Unterstützung der griechischen Kolonisten bei der Landnahme in Unteritalien und Sizilien. Mit diesem Erfolg trat Olympia etwa um 700 v. Chr. in das Blickfeld aller Griechen. Insbesondere die in den Kolonien lebenden „Auslandsgriechen" fühlten sich Olympia auch weiterhin verbunden. Ihnen bot das olympische Kultfest einen willkommenen Rahmen, den Kontakt zur alten Heimat zu pflegen. Von dieser einzigartigen Kulisse fühlten sich nun auch die Athleten angezogen: Wer hier siegte, dessen Name wurde rasch in der gesamten griechischen Welt bekannt. Bei Lichte besehen verdanken die Olympischen Spiele des Altertums ihre Entstehung also dem Ansehen des Kriegsgottes Zeus und dessen in Olympia agierenden Priestern. Krieg und Wettkampf waren bis in das 5. Jahrhundert v. Chr. hinein zwei nahezu gleichwertige Aspekte im Kult des Zeus von Olympia[5].

Im antiken Griechenland gab es – abgesehen vom Apollonheiligtum in Delphi – keine Stätte, die so nachhaltig von den kriegerischen Auseinandersetzungen zwischen den autonomen griechischen Stadtstaaten geprägt war wie das Zeusheiligtum von Olympia (Abb. 2).

Nach dem Prinzip, dass Zeus für einen gewährten Sieg Anrecht auf ein Dankesgeschenk aus dem Zehnten der Kriegsbeute hatte, war Olympia übersät von Kriegstrophäen und Siegesmonumenten. Athleten und Zuschauer bewegten sich zwischen Denkmälern, in denen die Stifter ihren Kriegsruhm verherrlichten. Auch der große Tempel zu Ehren des Zeus gehört in die Kategorie der Kriegsdenkmäler: „Der Tempel und die Götterstatue in seinem Innern wurden finanziert aus der Beute des Krieges, den die Eleer gegen Pisa und deren Verbündete geführt hatten"[6]. Wie verträgt sich ein solches Ambiente mit der gleichfalls aus der Antike bezeugten Ausrufung des „Gottesfriedens" (Ekecheiria) anlässlich der Wettkämpfe an gleicher Stätte?

Das antike Olympia II: Die vergebliche Sehnsucht nach Frieden

Die athletischen Wettkämpfe des griechischen Altertums waren keine eigenständigen Sportveranstaltungen. Sie waren stets eingebunden in die sakralen Feste der Städte. Deshalb haben alle Wettkampfstätten ihren Platz in den Heiligtümern. Zum weiteren Rahmenprogramm dieser Feste („Panegyris" = festliche Zusammenkunft des ganzen Volkes) gehörten in aller Regel Warenmärkte und oftmals auch politische Versammlungen und Wahlen. Gerade im Hinblick auf den Handelsaustausch lud man zu diesen Festen auch Fremde ein. Angesichts der politischen Zersplitterung und inneren Zerstrittenheit des antiken Griechenlands war solch überregionaler Austausch latenten Gefahren ausgesetzt. Um insbesondere den auswärtigen Besuchern – Händlern, Gästen und Athleten – eine ungefährdete Teilnahme zu ermöglichen, galt jeweils für die Dauer der Feste der so genannte „Gottesfriede", ein Appell an alle autonomen griechischen Stadtstaaten, den Festbesuchern bei der An- und Abreise freies Geleit zu gewähren. In dieser konventionellen Weise war das Kultfest von Olympia geschützt. Aber auch Olympia konnte nur hoffen, dass das Gebot des „Gottesfriedens" wirklich beachtet wurde.

Einmal in der langen Geschichte des olympischen Festes, in den siebziger Jahren des 5. Jahrhunderts v. Chr., hat man in der Tat versucht, den lokalen „Gottesfrieden" zu einer gesamtgriechischen Friedensverpflichtung auszuweiten. Olympia erhielt den Rang einer Schlichtungsstelle im innergriechischen Streit[7]. Diese Rolle

Olympias wird von einigen Intellektuellen des griechischen Altertums (Gorgias, Lysias, Isokrates) gelegentlich erwähnt, freilich nicht als eine Einrichtung in Funktion, sondern als ein leider allzu rasch gescheiterter Versuch. Frieden galt im Alltag der Antike als eine für Menschen ferne Utopie. So nahmen die Wettkämpfe bei dem Kultfest von Olympia in einer friedlosen Welt unbeschadet ihren glanzvollen Verlauf.

„Dabei sein ist alles"

Mit Stolz verweist das IOC darauf, dass seine Organisation mehr Mitglieder zähle als die Vereinten Nationen. Man investiert viel Geld, um auch jenen Staaten eine Teilnahme an den Wettkämpfen zu ermöglichen, deren Athleten nicht die geringste Chance im internationalen Kräftemessen haben. Auch wenn natürlich die Ermittlung der Besten im Zentrum der ganzen Veranstaltung steht, wahrt das IOC mit solcher Förderung seinen Anspruch, in den Olympischen Spielen alle Völker unabhängig ihrer Religion und Rasse, ihrer Wirtschaftskraft und ihres sportlichen Standards zusammenzuführen. Und wenn dann ein Athlet hoffnungslos abgeschlagen, weit hinter den Matadoren einsam seine Runden läuft, einfach nur, um im olympischen Wettkampf die Ziellinie zu erreichen, schlagen die Wellen der Emotion im Stadion stets besonders hoch. „Wahrhaft olympischer Geist" erfüllt die Arena: Das Ideal vom Amateur, dessen ganzes Glück darin besteht, dabei gewesen zu sein, es existiert trotz aller sonstigen Entartungen eben doch. Wieder scheint die Brücke zur „heilen Welt" der Antike geschlagen.

Das antike Olympia III:
Lieber sterben als unterliegen

Die Geschichte des antiken Sports kennt viele Ausnahmeathleten: Milon aus Kroton, Diagoras aus Rhodos, Theagenes aus Thasos, Pulydamas aus Skotoussa – um nur einige der Stars des 6. und 5. Jahrhunderts v. Chr. zu nennen. Auf dem Höhepunkt ihrer Karriere fiel ihnen mancher Sieg kampflos zu, weil niemand es wagte, gegen sie anzutreten. Die in der Antike verbreitete Einstellung zum athletischen Wettkampf kannte Achtung nur vor dem Sieger. Im Zweifelsfall war es besser fernzubleiben, als das Risiko einzugehen, den Sieg zu verfehlen. Härte und Unerbittlichkeit prägten das Geschehen in den Wettkampfstätten:

Auf dem Marktplatz der antiken Stadt Phigalia in Arkadien stand das Denkmal des Schwerathleten Arrachion. Er hatte bereits in den Jahren 572 und 568 v. Chr. in der härtesten aller Disziplinen, dem „Allkampf" (Pankration) in Olympia den Sieg davongetragen. Beim Fest des Jahres 564 ging es darum, die Krone des Erfolgs zu erringen: Den dritten Olympiasieg in Folge. Arrachion erreichte sein Ziel. Besiegt hat er freilich nicht seinen Gegner, sondern sich selbst: Der entscheidende Kampf war in eine Situation geraten, in der Arrachion zur Aufgabe gezwungen war, wollte er nicht im Würgegriff seines Gegners ersticken. Ungeachtet der Todesgefahr verweigerte er das Signal der Aufgabe – so hauchte Arrachion sein Leben aus – nicht ohne seinem Bezwinger im letzten Augenblick noch einen Zeh zu brechen. Beeindruckt von diesem unbeirrbaren Siegeswillen, erkannten die Schiedsrichter Arrachion den Sieg zu[8].

Zu Beginn des 5. Jahrhunderts v. Chr. reiste der Faustkämpfer Kleomedes von der Ägäisinsel Astypalaia nach Olympia. Er konnte sich nach seinen Erfolgen andernorts gute Chancen auf den Sieg ausrechnen. Tatsächlich erreichte er den Endkampf und bezwang seinen Gegner, indem er ihn tötete. Nach dem Urteil der Schiedsrichter hatte Kleomedes dabei unlautere Mittel eingesetzt, sodass ihm der Siegeskranz verweigert wurde. Kleomedes verwand diese Schmach nicht, er verfiel dem Wahnsinn. Um das weitere Schicksal des Kleomedes rankt sich eine rätselhafte Legende: Es heißt, Kleomedes habe im Wahnzustand alle Kinder seines Heimatortes getötet. Als die aufgebrachten Eltern ihn steinigen wollten, sei Kleomedes von den Göttern entrückt worden. Auf ihre Anfrage beim Orakel von Delphi erhielten die Bürger von Astypalaia die Auskunft, sie sollten Kleomedes als Heros (Halbgott) verehren[9].

Unübersehbar tritt uns in solcher Legendenbildung die antike Welt mit Wertvorstellungen vor Augen, die uns völlig fremdartig sind. So finden bekanntlich auch andere Kernelemente der modernen „Olympischen Idee" wie zum Beispiel der mehr schlecht als recht gepflegte Amateurstatus oder das Gebot der Fairness keine Entsprechung im athletischen Ideal des Altertums (siehe oben). Wie konnte es angesichts solcher Diskrepanzen überhaupt dazu kommen, dass sich der neuzeitliche Sport seine Leitbilder im antiken Athletentum suchte?

Baron de Coubertin:
Ein patriotischer Pädagoge

Pierre Baron de Coubertin (1863–1937) gilt als der Begründer der Olympischen Spiele der Neuzeit. Ist er folglich der Urheber des Zerrbildes der Antike? Richtig ist, dass Coubertin an das Athletentum der Antike anknüpfte. Niemals ging es ihm dabei freilich um eine Neuauflage der Wettkämpfe des Altertums. Coubertin hatte sich vielmehr zum Ziel gesetzt, das Erziehungswesen seiner französischen Heimat aus dem überholten napoleonischen System zu lösen, das Frankreich seiner Überzeugung nach gegenüber Deutschland und den angelsächsischen Staaten ins Hintertreffen gebracht hatte. Natürlich ist es kein Zufall, dass diese Idee zu einer Zeit aufkeimte, in der Frankreich nach Jahrzehnten innerer Instabilität und nach dem verlorenen Krieg gegen Preußen (1871) in eine schwere Krise geraten war[10].

Vorbilder seines neuen Wertesystems hatte Coubertin während entsprechender Reisen aus eigener Anschauung in Großbritannien, Kanada und in den Vereinigten Staaten studieren können. Dort hatte er erlebt, wie der Sport als ein wesentliches Element der Erziehung eingesetzt wurde: Formung des Charakters durch Beherrschung des Körpers; Förderung der Persönlichkeit innerhalb einer Gemeinschaft und damit zugleich Stärkung dieser Gemeinschaft – in der patriotischen Grundstimmung des ausgehenden 19. Jahrhunderts war damit natürlich jeweils die eigene Nation gemeint.

Warum verband Coubertin sein für das damalige Frankreich ersonnenes pädagogisches Konzept mit der Antike? Als Spross des französischen Adels hatte er auf dem Gymnasium eine solide huma-

Abb. 3: Die 1612 begründeten ‚Olympick Games upon Cotswold Hills' des Robert Dover in Gloucestershire bildeten den Anfang des Reigens zahlloser regionaler Volksfeste, die Wettbewerbe im Bereich des Sports und Spiels, des Handwerks und der Kunst zum Inhalt hatten. Zu Dovers jährlichem Fest in der Pfingstwoche hatten alle Bevölkerungsschichten Zugang. Sie beteiligten sich mit standesgemäßen Aktivitäten, die von der Jagd und Pferderennen beim Adel bis zu Schienbeinkampf und Stockfechten bei der Landbevölkerung reichten. Mit Unterbrechungen und stets dem Zeitgeschmack angepassten Formen dauern diese ältesten ‚Olympien' bis heute an. (Foto: Archäologisches Seminar der Universität Würzburg).

nistische Bildung erhalten. Die Forderung, bei der Erziehung Geist und Körper in gleichem Maße Beachtung zu schenken, war ihm aus den Schriften der antiken Philosophen im Umkreis des Platon bekannt. Doch hatte der Rückgriff auf die Antike bei Coubertin einen auch sehr pragmatischen Hintergrund. Solange Coubertin seine „Reformpädagogik" als ein aus zeitgenössischem Geist erwachsenes Konzept propagierte, fand er damit keinen Widerhall. Indem er seiner Idee aber ein antikisierendes Gewand anlegte, erhöhte sich deren Prestige. Zudem ersparte der Bezug auf die Antike das im damaligen Frankreich unakzeptable Eingeständnis, dass man Ideen aufgriff, die bereits in Großbritannien oder gar Deutschland Wurzeln gefasst hatten. Das Altertum stand gewissermaßen für eine neutrale Autorität. Mit Platon als Kronzeugen fand Coubertin endlich tatkräftige Mitstreiter.

Dass die Umsetzung seines Konzepts nominell an die Wettkämpfe im antiken Olympia anknüpfte, sollte nicht überbewertet werden. Große Sportveranstaltungen als „Olympien" oder „Olympische Spiele" zu bezeichnen, hatte zu Coubertins Zeiten bereits eine bis in das 17. Jahrhundert zurückreichende Tradition (Abb. 3)[11].

Keiner der Veranstalter solcher „Olympien" erhob dabei den Anspruch, die Antike in die Gegenwart zu übertragen. Alle diese Einrichtungen spiegelten in ihrer Intention und in ihrem Programm die eigene Zeit. Besonders deutlich tritt das bei jener Institution zutage, die Coubertin für sein Vorhaben regelrecht usurpierte: Die „Olympien" des Griechen Evangelis Zappas.

Die „Olympien" des Evangelis Zappas
Zappas war von der Idee geleitet, dem jungen griechischen Staat ein Forum zu schaffen, auf dem in regelmäßigen Abständen die Fortschritte im Bereich der Landwirtschaft und Technik, der Kunst und der Bildung dargeboten werden sollten[12]. Dieses formal einer Messe vergleichbare Ereignis griff nur in einem Punkt antikes Gedankengut auf: Zappas verstand seine Olympien als eine „festliche Zusammenkunft des ganzen Volkes", also eine

„Panegyris", wie zum Beispiel das Kultfest von Olympia (siehe oben). Die sportlichen Wettkämpfe nahmen im Festablauf gegenüber den wirtschaftlichen und künstlerischen Programmpunkten nur eine untergeordnete Rolle ein.

Viermal hatte diese neugriechische „Nationalmesse", die den klangvollen Namen „Olympien" trug, in Athen stattgefunden – 1859, 1870, 1875 und 1889 –, als dieses bereits zur Tradition gewordene, mit eigenen Bauten ausgestattete Fest 1896 in modifizierter Form nach den Ideen Coubertins veranstaltet wurde. Das vormals facettenreiche griechische Nationalfest verwandelte sich in eine rein athletische Veranstaltung und war von nun an international. Die Übernahme der „Olympien" gelang, weil Coubertin den in Paris lebenden Organisator des griechischen Festes, Dimitrios Vikelas, in einem geschickten Schachzug zum ersten Präsidenten des IOC hatte wählen lassen[13].

Coubertins „Jeux Olympiques Internationaux" erlebten nicht zuletzt deshalb eine so überzeugende Premiere, weil sie in Athen stattfanden. Da die Griechen für ihre nationalen „Olympien" bereits 1869 die Ausgrabung und anschließende Wiederherstellung des antiken Stadions in die Wege geleitet hatten, konnten Coubertins Spiele sogar auf diese authentische Kulisse zurückgreifen.

Coubertin selbst hat die Spiele bis zur 9. Olympiade in seiner Heimatstadt Paris (1924) über das IOC mitorganisiert. Der gedankliche Überbau, die – niemals eindeutig definierte – „Olympische Idee", wurde im Laufe dieser Jahre kontinuierlich modifiziert und erweitert[14]. Besonders markant trat dabei die Tendenz einer religiösen Verbrämung der Spiele zutage[15]. Durch die Einführung immer ausgefeilterer Rituale und Zeremonien (Eid, Hymnen, Flaggen, Feuer) wurde der sakrale Charakter des antiken Festes heraufbeschworen.

Juan Antonio Samaranch: Eine heilsame Provokation

Der ehemalige Präsident des IOC, Juan Antonio Samaranch, hat den Olympischen Spielen einen Charakter verliehen, der mit den idealistischen Vorstellungen Coubertins kaum noch etwas gemeinsam hat. Bis in die letzte Faser hinein ist die heutige Institution ein Produkt unserer Epoche. In ihr spiegeln sich die Entartungen unserer Zeit so unverhohlen, dass der unvermindert erhobene Anspruch, antike Werte zu tradieren, ins Wanken gerät. Kann sich die Altertumsforschung angesichts dieser Entwicklung beruhigt zurücklehnen und darauf verweisen, dass man den dilettantischen und vordergründigen Umgang mit der Antike schon immer mit Skepsis betrachtet habe? Kaum!

Alle alten Hochkulturen, die den Nährboden der abendländischen Wertvorstellungen bilden, haben im Sport – jeweils auf ihre Weise – ein erzieherisches Element erblickt. In Kleinasien, in Mesopotamien, in Ägypten, auf Kreta und eben auch in Griechenland wurde die von der sportlichen Leistung ausgehende Faszination programmatisch zu politischen und pädagogischen Zwecken genutzt[17]. Als der organisierte Sport der Neuzeit diese Tradition ohne fachliche Anleitung für seine Zwecke vereinnahmte, musste dies geradezu zwangsläufig in die Irre führen. Dieser aus Unkenntnis und Missverständnissen erwachsene Zustand wird nur überwunden werden können, wenn die Altertumsforschung ihre bisher an den Tag gelegte, „vornehme Zurückhaltung" aufgibt und aktive Aufklärungsarbeit leistet.

Anmerkungen / Literatur:

[1] Thukydides, Historien III 81, 5.

[2] Ebd.: III 8–14.

[3] Pindar, 6. Olympische Ode; Strabon, Geographie VIII 3, 30: 353.

[4] Sinn, Ulrich (1991): Die Stellung der Wettkämpfe im Kult des Zeus Olympios. In: Nikephoros. Zeitschrift für Sport und Kultur im Altertum 4: 31–54, hier: 38–42.

[5] Ebd.: 46–51.

[6] Nach Pausanias V 10, 2.

[7] Sinn, Ulrich (1994): Apollon und die Kentauromachie im Westgiebel des Zeustempels in Olympia. Die Wettkampfstätte als Forum der griechischen Diplomatie nach den Perserkriegen. In: Archäologischer Anzeiger: 585–602, hier: 598–602.

[8] Pausanias VIII 40, 1–2.

[9] Ders. VI 9, 6–7.

[10] Boulongne, Yves-Pierre (1996): Coubertins multikultureller Olympismus. In: Müller, Norbert & Messing, Manfred (Hrsg.), Auf der Suche nach der Olympischen Idee. Facetten der Forschung von Athen bis Atlanta (= Olympische Studien 2): 39–47, hier: 39–40. Kassel. – Herms, Eilert (1997): Die olympische Bewegung der Neuzeit. Sozialpolitisches Programm und reale Entwicklung. In: Grupe, Ommo (Hrsg.), Olympischer Sport. Rückblicke und Perspektiven: 53–69, hier: 54. Schorndorf. – Grupe, Ommo (1997): Olympismus und olympische Erziehung. Abschied von einer großen Idee? In: Grupe ebd.: 223–243.

[11] Lennartz, Karl (1974): Kenntnisse und Vorstellungen von Olympia und den Olympischen Spielen in der Zeit von 393–1896. – Rühl, Joachim, Schantz, Otto, Borgers, Walter & Quanz, Dietrich (1996): Olympische Spiele außerhalb Griechenlands. In: Decker, Wolfgang, Dolianitis, Georgios & Lennartz, Karl (Hrsg), 100 Jahre Olympische Spiele. Der neugriechische Ursprung. Katalog zur Ausstellung in der Deutschen Sporthochschule Köln: 60–79. Würzburg.

[12] Decker, Wolfgang (1996): Die Olympien des Evangelis Zappas. In: Decker, Dolianitis & Lennartz a.a.O. (Anm. 11): 41–59. – Young, David (1992): Modern Greece and the Origins of the Modern Olympic Games. In: Coulson, William & Kyrieleis, Helmut (Hrsg.), Proceedings of an International Symposium on the Olympic Games, 5.–9. September 1988: 175–184, hier: 175–179. Athen.

[13] Young a.a.O. (Anm. 12): 179–182.

[14] Peiffer, Lorenz (1996): Eine eklektizistische Mixtur – Coubertins Reaktivierung der Olympischen Spiele. In: Sportpädagogik. Zeitschrift für Sport, Spiel und Bewegungserziehung, Heft 3: 12–15. – Herms a.a.O. (Anm. 10).

[15] Weis, Kurt (1996): Die Priester der Muskelkraft. Über die Olympischen Spiele als Religionsersatz. In: *Die Zeit* 30, 19. Juli 1996: 49.

[16] Weiler, Ingomar (1988): Der Sport bei den Völkern der Alten Welt: 53–102. Darmstadt.

Und wessen Maske wirbt für Kalkriese?
Die Maske eines Gesichtshelms zwischen Wissenschaft und Öffentlichkeit

Georgia Franzius

Zusammenfassung

Die Gesichtsmaske aus Kalkriese ist ein gutes Beispiel für die Verwendung eines kulturhistorisch interessanten Gegenstandes als Aufmacher, Gütezeichen und Sympathieträger, der in einer Region ein wissenschaftliches Projekt, das Selbstverständnis der Bevölkerung und die touristische Werbung fördern soll. 1989 am vermuteten Ort der volkstümlich „Schlacht im Teutoburger Walde" genannten Varuskatastrophe gefunden, hat sie innerhalb von zehn Jahren eine Bedeutung von Rang und einen europaweiten Bekanntheitsgrad erreicht. Die Entwicklung der Rezeption dieser Maske und die Darstellung ihres Einsatzes als Sympathie- und Werbeträger für die Region bilden den Gegenstand des folgenden Beitrages.

Vorbemerkung

Die Rezeptionsgeschichte eines noch nicht einmal zehn Jahre „alten" Objektes[1] ist eigentlich ein Wagnis und in ihrer Ergiebigkeit fraglich. Dennoch gibt es genügend Gründe, einen solchen Abriss zu versuchen. Von den antiken Gegenständen der militärischen „Ausrüstung" aus Ausgrabungen des zurückliegenden Jahrzehnts rief die Gesichtsmaske aus Kalkriese vielleicht die stärkste überregionale Resonanz nicht nur in der Fachwelt, sondern auch in der breiten Öffentlichkeit hervor. Unerwartet avancierte sie zum bekanntesten Fundobjekt militärischen Charakters aus dem Bereich der provinzialrömischen Archäologie und erreichte damit eine Popularität, die normalerweise allenfalls Gegenständen der klassischen Archäologie oder Ägyptologie – abgesehen von interessanten interdisziplinären „Fällen" wie z. B. dem so genannten Ötzi – vorbehalten ist. Doch damit wurde die Maske auch in jeder denkbaren und undenkbaren Weise für Werbezwecke eingesetzt. Sie bietet infolgedessen ein hervorragendes Beispiel – auch in diesem Feld also ein Spitzenobjekt – für die Art, wie moderne Wissenschaft im Umfeld von öffentlicher und privater Finanzierung, Fundraising und Einwerbung von Mitteln zur Wissenschaftsförderung heute stattfindet.

1 Zur historischen Maskeninterpretation – Mutmaßungen, Meinungen, Forschungsergebnisse

Die archäologisch fassbare Vergangenheit der Osnabrücker Region zeigt eine wechselnde Besiedlung, deren Relikte von der Steinzeit bis heute nachweisbar sind. Seit Mitte der 1970er Jahre wurde die Region von der neu eingerichteten Stadt- und Kreisarchäologie in Osnabrück systematisch untersucht. Zwar sind die Ergebnisse der Archäologie der Osnabrücker Region[2] von beachtlichem wissenschaftlichem Wert, es fehlten aber „modische" publikumswirksame „highlights", um über die Fachwelt hinaus weitere Kreise damit zu befassen. Das Interesse der hiesigen Bevölkerung und ihr Umgang mit der Vergangenheit ist „normal". Das verdeutlicht sich z. B. daran, dass die Region vor dem Beginn der Ausgrabungen in Kalkriese von Raubgräbern und Schatzsuchern verschont blieb[3].

Weder die früher in der Osnabrücker Umgebung[4] sporadisch gefundenen römischen Objekte und Münzen noch ihre populärwissenschaftlichen Publikationen oder die didaktisch gut gemachten Ausstellungen über die regionale Archäologie konnten in der breiten Öffentlichkeit außergewöhnliches Interesse an den Hinterlassenschaften der germanischen Bevölkerung und der römischen Kultur im Boden des Osnabrücker Landes über Fachkreise hinaus erwecken. Das entspricht den üblichen Verhältnissen in Norddeutschland, wo weithin Streufunde römischer Gegenstände aus Importen auftreten, die offensichtlich keinen Bezug zur Region haben.

Erst der Fund der „Maske eines Gesichtshelms" in Verbindung mit weiteren Gegenständen militärischen Charakters sowie Münzen in Kalkriese löste über die Medien gleich nach seiner Entdeckung überregional ein starkes Echo aus und entfachte in Öffentlichkeit und Fachwelt umgehend Diskussionen über vielerlei Aspekte: Herstellungsprozess, Verwendungszweck, kultureller Hintergrund und geographische Fixierung der Herkunft. Ein aufwendig gemachter Gegenstand aus der Werkstatt der römischen Armee – um nicht von Kunstgegenstand zu sprechen – schien also zunächst für sich allein zu genügen, die breite Öffentlichkeit zu interessieren.

Erst seit der numismatischen Datierung des Fundortes in das Jahr 9 n. Chr. und somit der Interpretation von Kalkriese als die „Örtlichkeit der Varusschlacht"[5] steht der Zusammenhang der Gesichtsmaske mit der *clades Variana* fest.

Die „Varusschlacht", die Germanen, Arminius und das Hermannsdenkmal: Ein klassisches Beispiel aus Deutschland für das Verhältnis der Ideologie zu Mythos und Geschichte. Über die Bedeutung der Varusniederlage für das Nationalgefühl der Deutschen ist endlos geschrieben worden. Kleist hat mit seinem Drama „Die Hermannsschlacht" den Begriff der „clades variana" in kritischer Zeit zum Bezugspunkt deutscher Identität umgedeutet[6], Historiker wie Ranke haben bedenkenlos oder bedacht unkritisch nationale Kontinuität über 2000 Jahre vom cheruskischen Stammeskrieger Arminius bis hin zum zweiten Deutschen Kaiserreich konstruiert[7]. Mag die Schöpfung des Arminiusmythos im Kontext der historisch verspäteten Gründung des Deutschen Reiches als Nationalstaat politisch verständlich sein, so könnten die Aufzüge der Nationalsozialisten am Hermannsdenkmal im Dritten Reich aus heutiger Sicht eher lächerlich wirken, wäre nicht der bittere Ernst gefolgt.

Der Plan und die Sammlung für die Errichtung des Hermannsdenkmals werden schon von Heinrich Heine in „Deutschland – Ein Wintermärchen" gemeldet: „... hab selber subscribieret"[8]. Aber erst der Sieg von Sedan (1870) im deutsch-französischen Krieg bildete dann den eigentlichen Anlass für die Errichtung und Einweihung (1875) des Hermannsdenkmals als Symbol der Erneuerung des Mythos von der Überlegenheit der Deutschen/Germanen über die Römer/Romanen. Der Bildhauer Ernst von Bandel wollte „dem französischen Erbfeind eine Warnung über die deutschen Wälder senden"[9]. Im Dritten Reich richtete sich der Nationalismus dann vor allem gegen alles „Fremde" im rassischen Sinn, vornehmlich und vor allem gegen die Juden[10].

Im Gegensatz zur ideologischen Zweckbestimmung der vor- und frühgeschichtlichen Archäologie in Deutschland im Sinne der möglichst großräumigen Festlegung germanischen Siedlungsgebietes als Argumentationshilfe für alte und neue Expansionen des Deutschen Reiches blieb die römische Frühgeschichte auf deutschem Boden immer erkennbar im Zwiespalt zwischen Quellenwahrheit und Mythenbildung, literarischer Freizügigkeit und wissenschaftlichem Wahrheitsanspruch und damit immer interessant, weil polarisierend. Zugleich hatte sie in der klassischen und vorderasiatischen Archäologie ein auf Wissenschaftlichkeit verpflichtendes Vorbild.

Spätestens seit der Stabilisierung der politischen Lage in den westeuropäischen Demokratien in den 1980er Jahren ist eine ideologisch verordnete Beschäftigung mit der Archäologie der europäischen Nationen obsolet, wenn nicht gar im Kontext der europäischen Verständigung und Einigung kontraproduktiv. Diese Tatsache ist von Vorteil für die Objektivität in der Wissenschaft, behindert aber auch ihre Finanzierung. Dieser Nachteil wurde in ganz Europa Mitte der 1970er Jahre kompensiert durch großzügige Arbeitsbeschaffungsmaßnahmen, die vielfach in lokale Kulturprojekte zur Aufarbeitung der historischen Vergangenheit flossen. Auch das Projekt Kalkriese verdankt seine Anfänge diesen Arbeitsbeschaffungsmaßnahmen.

Die Zeit der Entdeckung der Kalkrieser Maske und die damit einhergehende Lokalisierung der Varusschlacht und des „Tatorts" des einstigen Nationalhelden Arminius, die Zeit seit der Auffindung der Maske, die 1990er Jahre, sind also politisch und soziokulturell nicht im Entferntesten der Zeit der Arminiusrezeption vergleichbar.

Infolgedessen ist das heutige Interesse an der Maske eines römischen Gesichtshelms, die zum Symbol der Ausgrabungen in Kalkriese, also der „Varusschlacht" (anstelle der Hermannsschlacht), gemacht wurde, im Prinzip nicht vergleichbar mit der Begeisterung für Arminius, den Helden Deutschlands, – Verkörperung des schon von den Humanisten erarbeiteten deutschen nationalen Bewusstseins – und für sein Denkmal, das Symbol des Mythos der deutschen Identität im 19. Jahrhundert[11].

Wenden wir uns zunächst den wissenschaftlichen Fakten zu. Wie wird eine solche Maske aus einem Kampfgeschehen zwischen Römern und Germanen interpretiert? Welche Auswirkungen hat die Interpretation der historischen Ereignisse in Kalkriese auf die Interpretation der Maske?

Zuerst stellt sich hier die Frage: Warum ist die Maske nach Ansicht der Wissenschaftler wichtig?

Die Maske von Kalkriese ist die älteste, sicher datierbare Fundmaske der römischen Kaiserzeit. Sie stammt von einem der seltenen archäologischen Plätze, die unversehrt und unüberbaut aufgefunden wurden und auf denen ein historisches Ereignis stattgefunden hat, dessen Datum bekannt ist. Im Unterschied etwa zu Pompeji gehen keine Raubgrabungen, Plünderungen oder Verfälschungen voraus: Der Platz gehört also von der ersten Stunde an den Fachwissenschaftlern. Anhand dieser präzisen Datierbarkeit markiert die Kalkrieser Maske den Beginn der Herstellung der Maskenhelme und legt ihn – bis dahin nicht unumstritten – in die augusteische Zeit. Sie bestätigt zusammen mit den zuvor bekannten Funden der kaum jüngeren unfertigen Maske aus dem augusteischen Legionslager von Haltern[12] und der ein wenig jüngeren Maske aus einem Königsfamiliengrab in Homs (dem antiken Emesa, Syrien)[13] die augusteische Zeit als die Zeit des plötzlichen Aufkommens der Maskenhelme.

Wir können weder die spezifische Funktion der Gesichtsmaske als Rüstungsteil noch die Aufgabe ihres Besitzers im Rahmen der römischen Militärorganisation zuverlässig bestimmen. Beifunde zu den Gesichtshelmen des 1. Jahrhunderts n. Chr. haben bestätigt, dass die Gesichtshelme von Reitern getragen wurden und Teile der Prunkrüstungen sind. Aber die historischen Quellen über die frühe Kaiserzeit und inzwischen vereinzelt gefundene[14] so genannte Paraderüstungsteile für Pferd und Reiter wie z. B. Beinschienen haben die Frage der konkreten Anlässe zum Tragen der Maskenhelme und der eigentlichen Träger offen gelassen.

Für die Prunkrüstungen des 2. Jahrhunderts n. Chr. dagegen besteht kein Zweifel, sowohl nach dem Reitertraktat des Arrian, 136 n. Chr. geschrieben, wie auch nach den Funden, dass sie bei Reiterspielen verwendet wurden[15].

Erst Kalkriese verursachte neue, lebhafte Überlegungen zu der Funktion und zu den Trägern der Maskenhelme. Es begann mit nahe liegenden Spekulationen, etwa der Zuordnung der Maske zu einem Signifer[16], also einem Unteroffizier der römischen Armee, oder der Diskussion, die

Maske könne einem bedeutenden Germanen – Arminius ? – gehört haben. Auch Varus wurde als Träger in Erwägung gezogen (siehe auch unten: 3.1 Printmedien). Die Verbindung der Maske mit seinem Namen ist jedenfalls etabliert. Vor allem in letzter Zeit geht es aber hauptsächlich um die Frage der Verwendung der Maske und aller frühkaiserzeitlichen Maskenhelme als Kampf- oder als Repräsentationgegenstände[17].

Es ist hier nicht der Rahmen, meine Überlegungen zu dieser Frage zu erörtern[18]. Es ist jedenfalls von Anfang an folgender Eindruck entstanden: Man versucht, diesem Objekt – und danach einer ganzen Reihe gleichartiger Gegenstände aus anderen Fundorten abseits der „Varusschlacht" – Interpretationen aufzuzwingen, die den „Verlust" in der Varuskatastrophe rechtfertigen sollen. Zugegebenermaßen sind auch solche Gedanken „naturgemäß" nahe liegend und wohl auch legitim. Aber Kalkriese wird dadurch zum Ausgangspunkt einer sehr gewagten Interpretation der frühen Maskenhelme gemacht, ohne dass ein fester, objektbezogener Hintergrund sichtbar ist. Ist das wirklich nötig?

Und andererseits ist der Versuch, die Lokalisierung der Varuskatastophe mit dem Fund der Maske eines römischen Gesichtshelms beweisen zu wollen, gelinde gesagt überflüssig.

2 Die Maske – mehr als das Markenzeichen von Kalkriese – in der Literatur

Im Folgenden gebe ich eine kurze Aufstellung der Publikationen, die sich, in welcher Form auch immer, der Kalkrieser Maske bedienen. Bei der Sichtung der Abbildungen, insbesondere derer im Titel, fallen das Gewicht und die Ernsthaftigkeit der Maske ins Auge: Sie verleiht den jeweiligen Schriften eine Würde, die durch sprachliche Bemühungen allein nicht erreichbar wäre (Abb. 1).

2.1 Regionale, überregional-nationale und internationale Literatur – eine Auswahl

- 1991: Erste Publikation der Gesichtsmaske[19]. Die Maske erscheint zum ersten Mal und als einziges Fundobjekt der Grabungen in Kalkriese auf dem Titelblatt des Buches „Römer im Osnabrücker Land. Die Ausgrabungen in Kalkriese".
- 1991: Die Maske auf dem Titelblatt der Fachzeitschrift „Antike Welt"[20].
- 1992: Etablierung der Maske als Markenzeichen von Kalkriese in der wissenschaftlichen Literatur. Das Titelblatt des Sonderdruckes der Sammelbeiträge zur Varusschlacht aus der „Germania"[21] schmückt das Motiv der Maske im Profil[22].
- 1992: Die Maske auf dem Titelblatt der Buchveröffentlichung der Sendereihe des Zweiten Deutschen Fernsehens (ZDF) „C14 – Vorstoß in die Vergangenheit"[23].

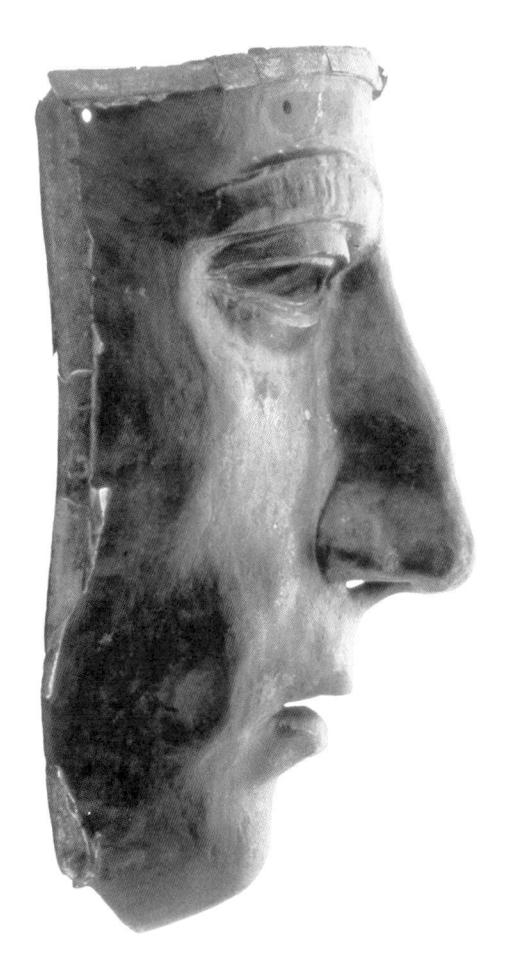

Abb. 1: Kalkriese. Eiserne, ursprünglich mit Silberblech überzogene Maske eines Gesichtshelms mit Randeinfassung aus Bronze zur Befestigung des Überzugs. H. 16,9 cm. Seiten- und Vorderansicht. (Foto: Chr. Grovermann – Foto Strenger, Osnabrück).

- 1993: Gestaltung des Titelblattes des Katalogs zu der Sonder- und Wanderausstellung „Kalkriese – Römer im Osnabrücker Land. Archäologische Forschungen zur Varusschlacht"[24] mit der Maske im Profil; entspricht schwerpunktmäßig dem Ausstellungsplakat etc.
- 1994: Die Maske unter den berühmtesten Denkmälern des Römischen Reiches auf dem Frontispiz des Time-Life Buches „Rome: Echoes of Imperial Glory"[25].
- 1995: Die Maske auf dem Titelblatt des Ausstellungskatalogs „Rom an der Niederelbe"[26].
- 1995: Die Maske auf dem Titelblatt der Publikation „Aspekte römisch-germanischer Beziehungen in der frühen Kaiserzeit. Vortragsreihe zur Sonderausstellung ‚Kalkriese – Römer im Osnabrücker Land' 1993 in Osnabrück"[27].
- 1997: Die Maske auf dem Frontispiz des Ausstellungskatalogs „Transit. Brügge – Novgorod. Eine Strasse durch die europäische Geschichte"[28].
- 1997: Die Maske in Großformat begleitet die Meldung „Römische Legionäre zur Röntgenreihenuntersuchung. Untersuchungen an Knochenfunden aus Kalkriese bei Osnabrück" in der Fachzeitschrift „Antike Welt"[29].
- 1998: Die Maske, abgebildet nicht als das Markenzeichen, sondern als einer der bedeutendsten Fundgegenstände von Kalkriese in dem Artikel „Teutoburgo – Ricerca di una Battaglia" der italienischen Fachzeitschrift "Archeologia Viva"[30].

2.2 Schülerliteratur – Beispiele

Die Schulliteratur ist naturgemäß am stärksten an der Varusschlacht, der Vermittlung der daran festzumachenden germanischen und mitteleuropäischen Frühgeschichte, interessiert.

- 1993: Die Maske auf dem Titelblatt der „Lehrer-Schüler-Informationen zur Varusschlacht"[31].
- 1996: Die Maske auf dem Titelblatt „Das Rätsel der Varusschlacht im Licht der neuen Ausgrabungen"[32].
- 1997: Die Maske in: „Ansichten 1 – Arbeitsbuch für Geschichte–Politik an Hauptschulen in Nordrhein-Westfalen"[33]. Im Kapitel „Römer und Germanen treffen aufeinander – Anpassung oder Widerstand?" als einziges Fundobjekt im Zusammenhang mit der Varusschlacht abgebildet. Bildüberschrift: „Silbermaske aus Kalkriese: Die Maske wurde 1994 in der Nähe von Kalkriese bei Osnabrück ausgegraben. Sie gehörte zur Ausstattung der Soldaten, die die römischen Feldzeichen trugen".

3 Die Maske in den Medien und der Öffentlichkeit

3.1 Printmedien[34] – einige Beispiele

3.1.1 Lokale Printmedien
- Erster Bericht zu der Maske und zu anderen Funden aus Kalkriese. In: *Neue Osnabrücker Zeitung* 27.1.1990.
- „Die Maske – Markenzeichen von Kalkriese". In: *Osnabrücker Sonntagsblatt* 17.5.1992.

3.1.2 Überregionale Printmedien aus Deutschland
- „Prunkstück der Fundsammlung: eine eiserne Parademaske ... , die vor 2000 Jahren vielleicht für einen Standartenträger oder gar einen Feldherrn angefertigt wurde." In: *Neue Westfälische* 17.9.1990.
- „... aber der Fund in der Kampfzone von Kalkriese könnte indizieren, daß man ihre einschüchternde Wirkung auch im Ernstfall schätzte." In: *Frankfurter Allgemeine Zeitung* 29.8.1991 (Georg von Gehren).
- „Viele römische Ausrüstungsgegenstände, wie etwa die Prunkmaske, waren mit Silberfolie überzogen, die die germanischen Sieger in ihrer Gier einfach abrissen." In: *Die Welt* 30.1.1992.
- Die Maske auf dem Titelblatt des Magazins „Spektrum der Wissenschaft", Februar 2/1992. Die Varusschlacht als Titel: Neue Funde bei Kalkriese am Nordrand des Wiehengebirges stammen von Kämpfen zwischen Germanen und Römern im Jahre 9 – ist endlich der Ort der Varus-Schlacht identifiziert?[35].
- „Wie eine Vision stieg ein Antlitz aus dem Sand am Kalkrieser Berg: Versilberte Parademaske eines Römers aus der Varusschlacht, lebensecht dem Gesicht angepasst: Varus?" In: *Handelsblatt Magazin* 10.3.1992.
- „... versilberte Eisenmaske eines römischen Zenturios". Aus: *Deister- und Weserzeitung* 8.1.1993.
- „Varusmaske". Bildunterschrift zu der Maske. In: ZDF Monatsjournal März 1993. Programmhinweis der Sendereihe „C14 – Vorstoß in die Vergangenheit" (25. März 1993).
- „Mit diesem – ursprünglich mit Silber beschlagenen – eindrucksvollen Gesichtsschutz zog ein römischer Soldat in die Schlacht." In: *Aichacher Zeitung* 13.3.1994.
- „Vom Fundort Kalkriese stammt diese eiserne, ursprünglich mit Silberblech überzogene Maske eines Gesichtshelms, die zu den ‚Beweisstücken' der wohl endgültigen Lokalisierung der Varusschlacht gehört." In: *Bayernkurier* 30.4. 1994.
- „Wem gehört die Maske?" „... Wessen Gesichtszüge soll die Maske wohl zeigen? Vielleicht die des Varus selbst?" In: *Kölner Stadt-Anzeiger* 18.7.1994.
- „Die Maske eines römischen Legionärs". In: *Neue Ruhr-Zeitung* 2.9.1995.
- „Der schönste Fund aus der Hermannschlacht: Diese Gesichtsmaske einer römischen Rüstung gehörte vermutlich einem Reiter. Sie sollte den Gegner beeindrucken." In: *Hamburger Abendblatt* 21./22.9.1996.
- Die Maske zum Bericht über die Ausstellung „Transit" im Ruhrlandmuseum Essen. In: *Westfälische Nachrichten* 14.5.1997. – „Kalkrieser Fund im Mittelpunkt der Essener Ausstellung: eiserne Gesichtsmaske aus der Varusschlacht". In: *Neue Osnabrücker Zeitung* 30.5. 1997.
- „Sensation: Diesen eisernen Gesichtshelm fand Archäologe Wolfgang Schlüter als Hinweis auf den Ort der Varusschlacht". In: *Hannoversche Allgemeine Zeitung* 26.2.1998.

3.1.3 Internationale Printmedien
- Deutschland: „Battlemask confirms site of settlement!" In: *Forces Weekly Echo* 5.4.1990.

- England: „... the Roman battle Mask recently found near Osnabrück". In: *Observer* 15.4.1990.
- Tschechische Republik: „Železná, původně stříbrem potažená jezdecká maska. Patřila Varovi?" („Eiserne, ursprünglich mit Silber überzogene römische Maske. Gehört sie Varus?"). In: *Moravskolezský* 7.9.1993.
- Frankreich: Die Maske als einziger Fundgegenstand von Kalkriese zu dem Artikel „La vérité sur un combat historique". In: Science Illustrée Nr. 8, August 1994.
- Italien: Neben dem großformatigen Bild der Maske der Haupttitel des Artikels zu Kalkriese auf der ersten Seite „Abbiamo ritrovato le legioni di Varo". In: *L'Unitá* 31.12.1997.

Die Maske ist in fast jedem Printmedien-Bericht von 1990 bis 1997 zu Themen mit Bezug auf Kalkriese – mindestens 285 mal, davon 16 mal international – als das Markenzeichen von Kalkriese groß abgebildet. Sie wurde in den meisten Berichten als Teil eines Gesichtshelms eines Reiters oder wie in den hier vorgestellten Presseausschnitten kommentiert: „Der spektakulärste Fund" oder „Der schönste Fund". Im Herbst 1996, im Zusammenhang mit dem Kongress „Rom, Germanien und Kalkriese" in der Universität Osnabrück, wurden die silbernen Schwertscheidenbeschläge aus Kalkriese aktuell und drängten für kurze Zeit die Maske in den Hintergrund.

3.2 Fernsehen

Archäologie hat in der Programmstruktur der internationalen Fernsehanstalten einen Platz im Angebot Kultur, dessen Stellenwert weit über dem der Literatur oder gar anderer geisteswissenschaftlicher Disziplinen liegt. Vermutlich liegt das an der Komponente „Abenteuer und Schatzsuche", die neben „Sex and crime" das Schwergewicht der Unterhaltungsindustrie ausmacht (Indiana Jones in Kalkriese? Warum nicht im „Neuen deutschen Film?"). Auch die großen internationalen Ausstellungen zur Archäologie verschiedener Kulturen waren in den beiden letzten Jahrzehnten Anziehungspunkte für das interessierte Publikum. Ein eindrucksvolles Signet, ein neuer, überraschend eindrucksvoller Fund machten hier den Unterschied zwischen Erfolg und Nichterfolg. Die Maske spricht den Besucher in einer Weise an, die sonstige Sachfunde nicht erreichen.

1990–1994 und 1997 wurden im deutschen Fernsehen insgesamt 21[36] Beiträge zu Kalkriese gesendet.

Die populärste archäologische Sendereihe – fast 2 000 000 Zuschauer – war „C14 – Vorstoß in die Vergangenheit", 1992 und 1993 im ZDF zu sehen. Unter den Magazinbeiträgen, die zum Thema „Deutsche Ur- und Frühgeschichte" ausgestrahlt wurden, befanden sich auch zwei zu Kalkriese. In diesen, wie auch in allen anderen Beiträgen des deutschen Fernsehens zur Varusschlacht, spielte die Maske eine zentrale Rolle.

Im Ausland wurden meines Wissens nur zwei Fernsehbeiträge zu Kalkriese gezeigt: „The Battle of the Teutoburg Forest" – eine von 13 Folgen einer historischen Sendereihe des kanadischen Fernsehens – und ein Beitrag einer Serie des US-Fernsehens zu römischen Militärplätzen in Europa. Infos zu diesen beiden Fernsehsendungen stehen mir leider nicht zur Verfügung.

3.3 Internet

- 1997 England: Die Maske und die Brustplatte eines Schienenpanzers aus Kalkriese werben für die Publikation der Kalkrieser Funde in: Journal of Roman Military Equipment Studies 6, 1995[37].
- 1997: Die Maske erscheint in den Touristik-Werbungs-Homepages des Infozentrums Kalkriese und des Landkreises Osnabrück als kleines Signet.
- 1997–1998: Die Maske in der Mitglieder-Werbungs-Homepage der Gesellschaft zur Förderung der vor- und frühgeschichtlichen Ausgrabungen im Osnabrücker Land e. V.
- 1997–1998: Die Maske in der Frontpage des studentischen Projektes „Kalkriese – Die Örtlichkeit der Varusschlacht" der Alten Geschichte an der Universität Osnabrück.

Abb. 2: „Wo ist der Hermann? – oder der Varus, von mir aus". Jubiläumssekt zur 900-Jahrfeier der Stadt Bramsche. (Foto und ©: Georgia Franzius).

3.4 Ausstellungen

3.4.1 Ausstellungen der Stadt und des Landkreises Osnabrück

- 1990: Dauerausstellung „Archäologie in Osnabrück", ab 30.3.1990. Kulturgeschichtliches Museum Osnabrück.
  Zum ersten Mal wird die Maske in Großformat auf einem Plakat zu einer Ausstellung, in der die römischen Funde aus Kalkriese eine „Minderheit" bildeten, gezeigt.
- 1993: Wanderausstellung „Kalkriese – Römer im Osnabrücker Land. Archäologische Forschungen zur Varusschlacht", 26.3.–31.5.1993. Kulturgeschichtliches Museum Osnabrück[38].
  Etablierung des Motivs der Maske als Logo[39].
- 1997: Ausstellung zum 900-Jahrjubiläum der Stadt Bramsche „Vor 900 Jahren"[40], 3.8.–14.9.1997. Tuchmacher-Museum Bramsche. Hier geht es um die Ur- und Frühgeschichte der Gemeinde. Zwischen den Petalen des Wappens von Bramsche, der Rose, von der ein Ausschnitt abstrakt das Titelblatt des Begleitbuchs zur Ausstellung[41] sowie das Ausstellungsplakat einnimmt, befindet

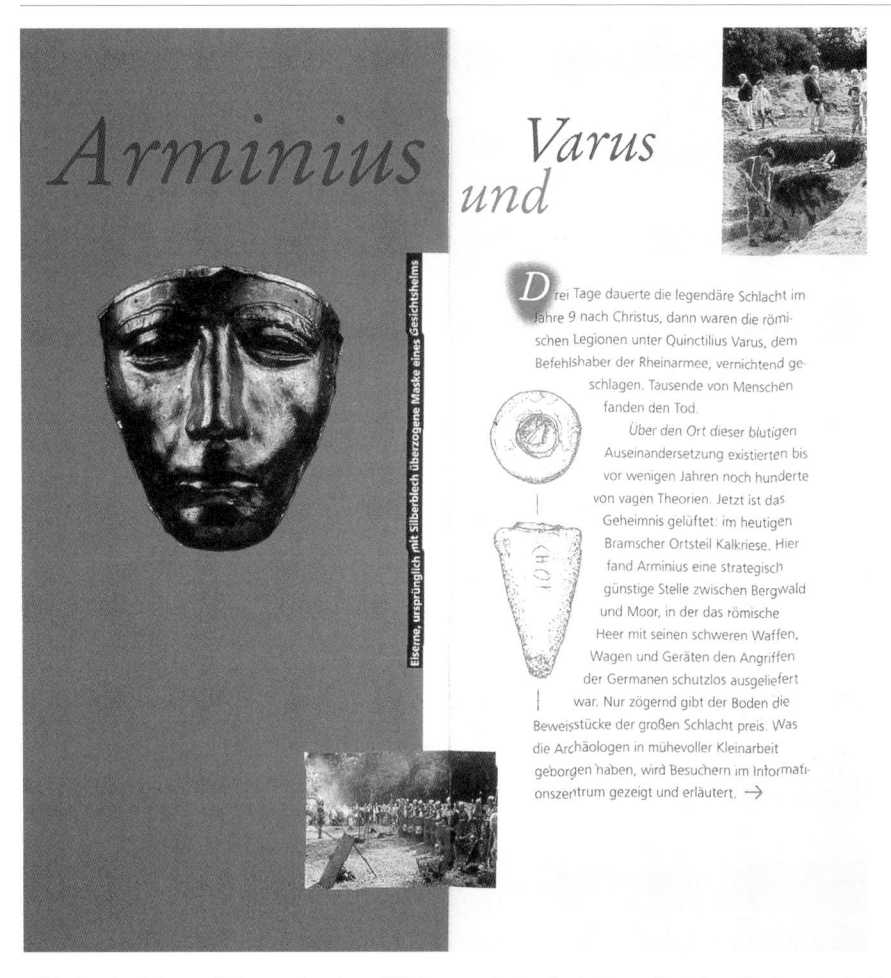

Abb. 3: Arminius und Varus. Aus einem Werbeprospekt der Stadt Bramsche. (Foto: Stadtmarketing Bramsche GmbH).

sich unter symbolhaft wiedergegebenen Figuren, Gegenständen etc. auch das Motiv der Maske von Kalkriese. In diesem Fall gibt es eine Diskrepanz bei ein- und demselben Anlass, dem 900-Jahrjubiläum der Stadt, zwischen dem Katalog und dem Plakat zur Ausstellung und den Sektflaschen zur Jubiläumsfeier (siehe Abb. 2), die nicht die Rose, sondern das Motiv der Maske auf dem Etikett tragen.

3.4.2 Auswärtige Ausstellungen zu Themen mit Bezug auf Kalkriese

- 1995: Ausstellung „Rom an der Niederelbe". Hamburger Museum für Archäologie und die Geschichte Harburgs (Helms-Museum).

  Das Foto der Maske befindet sich auf dem Plakat, dem Briefkopf und den Einladungen zur Ausstellung.

- 1997: Ausstellung „Exposition des Fouilles Archéologiques de Kalkriese", 8.–17. 5.1997. Angers, Salle du Haras[42]. Die Maske ist auf dem Plakat der Ausstellung abgebildet; außerdem der Spruch: „VARUS, RENDS-MOI MES LÉGIONS!".

- 1997: Ausstellung „Transit. Brügge – Novgorod. Eine Strasse durch die europäische Geschichte," 15.5.–21.9.1997. Ruhrlandmuseum Essen.

  Die Kalkrieser Maske ist auf dem Frontispiz des Ausstellungskatalogs abgebildet (s. unter Literatur).

3.5 Veranstaltungen

- 1993; 1993–1994; 1994: Die Maske in Großformat im Logo auf den Plakaten der Ankündigung von drei Vortragsreihen mit auf die Varusschlacht bezogenen Themen[43] in der Stadt und Region Osnabrück.

- 1994: Die Maske im Profil auf dem Titel des Museumspädagogischen Programms zur Sonderausstellung „Kalkriese – Ort der Varusschlacht?" 12.6–11.9.1994 im Westfälischen Museum für Archäologie in Münster. Eins der Programmthemen: Das Geheimnis der Maske.

- 1996: Die Maske ist im Hintergrund des Plakats und des Titelblattes der Einladung zur internationalen wissenschaftlich-öffentlichen Tagung „Rom, Germanien und Kalkriese" in der Universität Osnabrück, 2.–5.9.1996, abgebildet. Auf dem Briefkopf ist sowohl das Motiv der Maske als auch das eines anderen Gegenstandes zu sehen (siehe auch Anm. 53).

- 1997: Öffentlicher Vortrag von Marcus Junkelmann „Die Legionen des Augustus. Das römische Heer im Experiment"[44] in Osnabrück.

Inhaltlicher Ausgangs- und Mittelpunkt war die Kalkrieser Maske, die als Kampfmaske interpretiert wurde.

4 Die Maske in der Werbung

4.1 Werbung in der Osnabrücker Region
4.1.1 Die Werbungsakteure
- Fremdenverkehrsverband Osnabrücker Land e. V.
- Gesellschaft zur Förderung der vor- und frühgeschichtlichen Ausgrabungen im Osnabrücker Land e. V.
- Archäologischer Museumspark Osnabrücker Land GmbH.
- Stadt Bramsche; Stadtmarketing Bramsche GmbH (Abb. 3).
- Gemeinde Ostercappeln.

4.1.2 Das Informations- und Werbematerial mit dem Motiv der Maske
- Straßenhinweisschilder der Bramgau-Route – Germanen, Römer und Sachsen.
- Straßenhinweisschilder zu den Ausgrabungen in Kalkriese (Abb. 4).
- Standard-Info-Prospekte des Info-Zentrums Kalkriese und der Stadt Bramsche.
- Anlassbedingte Prospekte, Einladungen, etc. der oben genannten Vermarktungsverantwortlichen.
- Die üblichen Museumswerbematerialien: T-Shirts, Einkaufstaschen.
- Post-Stempel der Stadt Bramsche.

- Etikett der Sektflaschen zur 900-Jahrfeier der Stadt Bramsche (s. Abb. 2).

4.1.3 Maske statt Rose im Stadtwappen?

Die Maske von Kalkriese – eine Berühmtheit als Identitätsstifter der Stadt Bramsche: Der Ortsteil Kalkriese ist seit 1972 in die Stadt Bramsche eingemeindet. Im nördlichen Osnabrücker Land wurde Bramsche von den Franken um 800 n. Chr. als Ort eines geistlichen und eines weltlichen Gerichts gegründet. Die Stadt ist vor allem für ihre über 400 Jahre florierende Tuchmacher-Industrie – bis 1972[45] – bekannt. Auf die Rose im Siegel der Tuchmacher-Gilde geht auch die Rose des Stadtwappens zurück[46].

Touristischen Aufwind hat Bramsche erst durch die „Römer in Kalkriese" bekommen. So ist die Maske von Kalkriese auf den Werbeprospekten für die Sehenswürdigkeiten wie das Tuchmacher-Museum – und gegenüber der Grafik für das tourismusabhängige Dienstleistungsgewerbe der Stadt, wie z. B. Hotels (Abb. 5) – sehr auffällig gedruckt.

Das Stadtwappen, die Rose, erscheint dort eher unscheinbar[47]. Schließlich ziert die Kalkrieser Maske auch das Etikett der Sektflaschen zum 900-Jahrjubiläum von Bramsche (Abb. 2). Die Maske scheint mir in diesem Fall nicht bloß ein Imageträger zu sein, sondern entwickelt sich zusehends zu einem Identitätsstifter der Stadt mit hohem Bekanntheitsgrad auch außerhalb der Region[48]. Etwas überspitzt ausgedrückt, zieht Bramsche damit gleich mit Bremen, Bamberg und Brüssel.

4.1.4 Und außerdem: Vom „Silbertaler" zum Marzipan – die Maske als „Nachbildung"

Nachbildungen in Metall des aus Eisen geschmiedeten Originals werden im Info-Zentrum in Kalkriese nicht angeboten. Der Preis wäre zu hoch[49]. Vorhanden, aber nicht verkäuflich sind dem Original nachempfundene „versilberte" Kopien in Kunststoff. Im Info-Zentrum in Kalkriese werden einige von jedermann erwerbbare, „gut ? zu gebrauchende" Souvenirs mit der Maske als Schmuck angeboten.

- Die Maske als Brosche. Preis 170 DM. Ausgelaufen.

Abb. 4: Straßenhinweisschild. (Foto und ©: Georgia Franzius).

- Die Maske als Kopf einer Krawattennadel. Preis 15 DM. Auslaufartikel.
- Die Maske als Kopf einer Anstecknadel. Preis 4 DM. Auslaufartikel.
- Die Maske als Sticker. Preis ? DM. Ausgelaufen.
- Die Maske, geprägt auf einer Gedenkmünze zum Weltspartag 1995, ausgegeben von der Stadtsparkasse Osnabrück. Unterhalb der Maske: VARUSSCHLACHT 9 n. CHR. – Preis 5 DM (Abb. 6).
- Und was Nettes für die Kids: Die Maske aus Pappe für den Karneval. Im Rahmen des „give away" der Werbebranche kann man die Pappmaske umsonst bekommen.
- Schließlich wurde die Maske auch als süßes essbares Souvenir aus Marzipan (Abb. 7) am Messestand des Fremdenverkehrsverbands Osnabrücker Land e. V. auf der Internationalen Tourismus-Börse (ITB) in Berlin 1994 (Abb. 8)[50] angeboten, als Geschenk an die Besucher. Sie wurde gern verspeist.

Die ersten vier der hier aufgelisteten Artikel werden wegen der geringen Nachfrage nicht mehr aufgelegt. Nur die Gedenkmünze verkauft sich gut. Sie wird überwiegend von Schülern erworben.

Abb. 5: Zum angenehmen Träumen und erfolgreichen „Wettschwimmen". Aus dem Werbeprospekt eines Hotels in Bramsche. (Foto: Hotel – Haus Surendorff, Bramsche).

Abb. 6: Gedenkmünze zum Weltspartag 1995. Stadtsparkasse Osnabrück. (Foto: Stadtmarketing Bramsche GmbH).

Abb. 7: Gaumenfreude: „Eine" Maske aus echtem Leysieffer-Marzipan. Fremdenverkehrsverband Osnabrücker Land e. V. (Foto: REM Mannheim, Jean Christen).

Nach Auskunft der Verantwortlichen richtet sich die Herstellung von Verkaufsobjekten generell nach der Auflage und dem Preis, der sich wiederum nach der Höhe der Auflage richtet. Die vorwiegend in Kalkriese anreisenden Besuchergruppen bestehen aus Rentnern und Schülern.

4.1.5 Regionale Projektsponsoring-Werbung
- 1993: Logo mit der Maske, darunter der Satz: „Es ist noch eine Schlacht zu schlagen ... jetzt, da gesichert ist, dass die ‚Schlacht im Teutoburger Wald' im Osnabrücker Land stattgefunden hat ... sponsern Sie unser Projekt". Werbung des Vereins zur Förderung der vor- und frühgeschichtlichen Ausgrabungen im Osnabrücker Land e. V.

4.2 Überregionale und regionale Industriewerbung
- 1997: Imagepflege: Auf den Prospekttiteln der Firmen Erdgas Münster Verkaufs-Gesellschaft mbH und Stadtwerke Bramsche GmbH ist die Maske abgebildet, darunter der Spruch: „Mit Energie für Kalkriese". Durch einen kurzen, reich bebilderten Text auf den Innenseiten mit dem Motiv der Maske im Hintergrund, erfährt man Wesentliches zu Kalkriese – ein schönes Beispiel Industriewerbung und eine elegante Pointe. Die beiden Firmen sind Sponsoren des Projekts seit 1997.

5 Heikle Fragen
Der „spektakulärste Fund", der „schönste Fund" von Kalkriese: In Verbindung mit solchen Aussagen wirbt die Maske eines römischen Gesichtshelms als Symbol der Ausgrabungen und Forschungen zur Varusschlacht, für das Projekt Kalkriese, für die mit der Ortschaft Kalkriese verbundene Region und ein bisschen für sich selbst. Ob durch die Maske die Umsetzung archäologischer Sachverhalte in mediengerechte Informationen ermöglicht wurde, also diese für die Öffentlichkeit nutzbar gemacht wurden, und ob dadurch die Archäologie der Aufmerksamkeit der Öffentlichkeit näher gebracht worden ist, sind bekannte grundsätzliche Fragen[51].

Neben guter Werbung scheint manches ein wenig kurios, ein wenig naiv und komisch; mitunter scheint es auch an der Ausführung einer an sich guten Idee gehapert zu haben. Bei einigen Werbungskategorien (Souvenirs, Hotelwerbung) stellt sich die Frage, ob dem historisch wertvollen, antiken Objekt, indem man es ins Unernste verkehrt, nicht auch Schaden zugefügt wird, und damit auch der Sache der Wissenschaft.

Es handelt sich also – eingeschränkt und in Einzelfällen – um den „freien Gebrauch" eines antiken Objektes zu Werbezwecken, sei es für das Projekt Kalkriese selbst wie z. B. bei den Werbeutensilien für die Ausgrabung oder für die in lockerem Zusammenhang mit der Varusschlacht stehende Werbung für Tourismus in der Region. Offensichtlich liegt nur eine Form von unprofessioneller Verknüpfung von Sympathieträgern in Form archäologischer Gegenstände mit Produkten vor, wie sie für die deutsche Werbewirtschaft in der Vergangenheit typisch war und noch ist.

Auch wenn in manchem Fall die Grenze zu einem regional und „patriotisch" gebundenen werbungsmäßigen Gebrauch der Maske fast erreicht wird, ist dies eher heiterkeitserregend. Immerhin sind „Varusmaske-Schuhe", „Varusmaske-Schuhcreme" und „Varusmaske-Torte" (noch) nicht auf dem Markt.

Schlussbemerkung

Warum wurde die Maske eines römischen Gesichtshelms zum Werbeobjekt für Kalkriese?

Die Wahl der Maske eines römischen Gesichtshelms als Signet der Werbung für Kalkriese ist von einem Verantwortlichen einmal etwa mit folgenden Worten begründet worden: „Die Maske ist einzigartig; im Vergleich zu manchen anderen bemerkenswerten Funden aus Kalkriese etwas Besonderes. Auch wenn z. B. die Kalkrieser Gladiusscheidenbeschläge[52] eine Rarität zu sein scheinen, ist es möglich, dass es gleichartige Beschläge aus anderen Fundorten[53] gibt. Die Maske aber ist ein Unikat." Dies ist ein unschlagbares Argument für ein Logo. Jeder Werbefachmann wünscht sich ein unverwechselbares Signet für sein Produkt.

Die hier vorgelegten Analysen zu der Rezeption dieses seit ca. zehn Jahren bekannten Objektes lassen erkennen, dass, auch wenn dies nicht bewusst geäußert wurde, der Hauptgrund für die Wahl der Maske als Werbeobjekt in der porträthaften Wirkung der Maske liegt.

Was wäre Kalkriese – die „Örtlichkeit der Varusschlacht" – für die Öffentlichkeit ohne diese Maske eines Gesichtshelms? Hätten Lanzen, Gürtelschnallen und Sandalen, sogar einzigartige Schwerter ohne das „Signet" berühmter Eigentümer genügt, über längere Zeit insbesondere die Aufmerksamkeit der breiten Öffentlichkeit zu fesseln? Es scheint also hier ein Bild von mythischem Wert die Menschen anzuziehen und zu faszinieren: Die Maske schaut den Beobachter sehr stilvoll und mit ihren leeren Augen etwas traurig an. Damit ist sie für den heutigen Betrachter auch so etwas wie ein Mal für die Toten

Abb. 8: Wo „Hermann der Cherusker" wirklich siegte. Messestand vom Fremdenverkehrsverband Osnabrücker Land e. V. bei der Internationalen Tourismus-Börse 1994. (Foto und ©: Georgia Franzius).

der Varusschlacht und ein Suggestiv. Auf diese Weise erregt die Wissenschaft das Interesse und gewinnt die Unterstützung der Öffentlichkeit, die sie allein mit der Lösung wissenschaftlicher Fragestellungen und der Darstellung von geschichtlichen objektbezogenen Problemzusammenhängen wohl schwerer erreichen würde.

Dieses Manuskript lag Ende 1998 vor.

Dank

Für ihre Bemühungen, mir möglichst vollständig das Werbematerial zur Verfügung zu stellen, danke ich meiner Kollegin Christiane Wagner M. A., Stadtmarketing Bramsche GmbH. Frau Wagner war 1992–1993 zuständig für die Öffentlichkeitsarbeit für Kalkriese mit Schwerpunkt auf der Wanderausstellung 1993. – Für ein interessantes Gespräch zu dem hier behandelten Thema danke ich herzlich Herrn Prof. Dr. Dr. Günter Wegner, Niedersächsisches Landesmuseum Hannover. – Für ein erstes Korrekturlesen des Typoscripts danke ich Herrn Axel Friederichs M.A., Kulturgeschichtliches Museum Osnabrück, Archäologische Abteilung. – Der Museum und Park Kalkriese gGmbH und der Stadtmarketing Bramsche GmbH sowie den Reiss-Engelhorn-Museen Mannheim danke ich für die Abdruckgenehmigungen der Abbildungen 1 bzw. 3 und 6 bzw. 7.

Anmerkungen / Literatur:

[1] Die Maske wurde im Herbst 1989 im ersten planmäßigen Grabungsschnitt auf dem Flurstück Oberesch der Bramscher Gemarkung Kalkriese, ca. 16 km nordöstlich von Osnabrück, geborgen. Sie lag stark verrostet unter der vorderen Flanke eines wallartigen Befundes. In diesem Schnitt und in den anschließenden Grabungsschnitten lagen Gegenstände breiten Spektrums, sowohl Militaria (Angriffs- und Schutzwaffenteile, Phalerae) als auch Kleidungszubehör (Fibeln vom Typus Aucissa, Almgren 19 und 22, Langton-Down u. a., Sandalenreste), Pionier- und landwirtschaftliches Gerät, Pferdegeschirrteile sowie Schlüssel, Siegelkapseln und Gefäßteile.
Die wissenschaftliche Leitung der Grabung hatte der Stadt- und Kreisarchäologe von Osnabrück und Leiter des Projektes Kalkriese, Prof. Dr. Wolfgang Schlüter.
Die Maske besteht aus Eisen. Sie war ursprünglich mit Silberblech überzogen, wovon Reste in der bronzenen Randeinfassung erhalten sind. Als Teil eines zweiteiligen Gesichtshelms war sie in Kinnhöhe durch Lederriemen, an der Stirn wohl durch das übliche Scharnier mit dem Helm verbunden.
Die Maske wurde von Günter Becker, Kulturgeschichtliches Museum Osnabrück, restauriert. Gleich nach seiner Restaurierung wurde dieser Fund von der Verf. über die Regionalpresse – *Neue Osnabrücker Zeitung* 27.1.1990 – als Teil der so genannten Paraderüstung der Öffentlichkeit vorgestellt.

[2] Dazu: Schlüter, Wolfgang (1979): Die Vor- und Frühgeschichte der Stadt und des Landkreises Osnabrück. In: Führer zu vor- und frühgeschichtlichen Denkmälern, Bd. 42. Das Osnabrücker Land I: Einführende Aufsätze: 43–162. Mainz; – ders. (1979): Die Großsteingräber des Osnabrücker Landes; „Kultsteine" im Osnabrücker Land; Kreisgrabenfriedhöfe der jüngeren Bronzezeit und der frühen Eisenzeit im Osnabrücker Land; Frühgeschichtliche Befestigungen im Osnabrücker Land; Das frühmittelalterliche Gräberfeld vom Schölerberg in Osnabrück; Der endpaläolithische Fundplatz von Hollage-Pye. In: Führer zu vor- und frühgeschichtlichen Denkmälern, Bd. 44. Das Osnabrücker Land. III: Exkursionen: 1–64; 97–107; 165–170. Mainz.

[3] Zu den Raubgräbern z. B.: Schlüter, Wolfgang in: *Bramscher Nachrichten* 1.3.1994.

[4] Dazu gehört der „älteste" römische Gegenstand von Kalkriese: Ein bronzener dreiarmiger Haken einer Waage, der 1899 auf dem heutigen Ausgrabungsgelände von Oberesch gefunden wurde; außerdem mehrere, in der älteren Literatur überlieferte Aurei des Augustus unbekannten Verbleibs aus Kalkriese und seiner Umgebung. Davon ist erwähnenswert eine extrem seltene Goldmünze des C. ANTISTIVS VETVS. Die 1908 in Kalkriese gefundene Münze galt als verschollen, wurde aber im Jahr 1994 wieder entdeckt. Bei den übrigen römischen Objekten handelt es sich um römischen Import. Einige Beispiele sind ein Terra sigillata-Becher mit Barbotineverzierung aus einer Bestattung um 200 n. Chr. in Erpen, Stadt Dissen, Ldkr. Osnabrück, und eine bronzene Statuette des Merkur sowie ein goldener Fingerring aus einer Nachbestattung des 4. Jahrhunderts n. Chr. in einem Grabhügel in Holzhausen, Stadt Georgsmarienhütte. Zu den Funden: Schlüter, Wolfgang a.a.O (Anm. 2): Bd. 42: 118 f. Abb. 42, 4; Abb. 45,1.2; 126 Abb. 50. Zu der Verbreitung der Funde: Schlüter, Wolfgang (ebd.): Karte 8. – Zu dem dreiarmigen Haken aus Kalkriese siehe auch Franzius, Georgia (1992): Germania 70: 378, Abb. 9,1. – Zu dem Aureus: Berger, Frank (1996): Kalkriese 1. Die römischen Fundmünzen. Römisch-Germanische Forschungen, Bd. 55: 11; 87; Taf.1,5.1. Mainz. Unter den vorhandenen Münzfunden aus dem Landkreis Osnabrück ist noch ein Depotfund aus 25 Solidi in einer Bronzebüchse, gefunden in Ellerbeck, Gemeinde Bissendorf, zu nennen. Davon entfallen die frühesten sieben Münzen auf Constantius II., die späteste Prägung auf Valens; dazu: Schlüter, Wolfgang (1982): Das Osnabrücker Land während der jüngeren römischen Kaiserzeit und der Völkerwanderungszeit. In: Osnabrücker Mitt., Bd. 88: 33.

[5] Mommsen, Theodor (1885): Die Örtlichkeit der Varusschlacht. In: Sitzungsberichte der Preußischen Akademie der Wissenschaften: 63–92; als Separatdruck: Berlin 1885, und in: Mommsen, Theodor (1906): Gesammelte Schriften, Bd. 4: 200–246. Berlin.

[6] Dazu: Seeba, C. Hinrich (1994): Schwerterhebung. Zur Topographie des heroischen Subjekts (Grabbe, Kleist und Bandel). In: Fansa, Mamoun (Hrsg.), Varusschlacht und Germanenmythos. Eine Vortragsreihe anlässlich der Sonderausstellung „Kalkriese – Römer im Osnabrücker Land" in Oldenburg 1993: 71–68, bes. 74. Oldenburg.

[7] Siehe z. B.: Roloff, Gustav (Hrsg.) (1924): Leopold von Ranke, Aus zwei Jahrtausenden Deutscher Geschichte, Große Entscheidungen Deutscher Geschichte von Cäsar bis Bismarck. Leipzig.

[8] Caput XI.

[9] Zitat nach: Seeba, C. Hinrich (1995): Hermanns Kampf für Deutschlands Not. In: Wiegels, Rainer & Woesler, Winfried (Hrsg.), Arminius und die Varusschlacht. Geschichte – Mythos – Literatur: 356. Paderborn, München, Wien, Zürich.

[10] Siehe die Reaktion Alfred Rosenbergs zu der Festaufführung der „Hermannschlacht" zu Kleists 150. Geburtstag; dazu: Seeba, C. Hinrich a.a.O. (Anm. 9): 362 f.

[11] Es mögen aber noch heute z. T. unbewusste ideologische Gründe für die Beschäftigung mit der Archäologie in Deutschland, erst recht für das Interesse an den römischen Überbleibseln nach dem germanischen Sieg bei der Varusschlacht, eine Rolle spielen. Der Germanensieg über die Römer auf germanischem Boden kann unschwer unreflektierte „patriotische" Beweggründe und Reaktionen hervorrufen, die ihre Wurzeln in dem alten deutschen Trauma aus der Geschichte des Heiligen Römischen Reichs Deutscher Nation im 15. und 16. Jahrhundert haben: Lutz, H. (1982): Die Deutsche Nation zu Beginn der Neuzeit. In: Historische Zeitschrift 234: 529–559. – Eine der Facetten des Interesses an der Varusschlacht ist z. B. die verbale Äußerung zu ihrer Klassifizierung als „Ereignis von nationaler Bedeutung". – Während der Sonderausstellung zu Kalkriese im Kulturgeschichtlichen Museum in Osnabrück 1993 hat eine Gruppe Rechtsradikaler „verlangt", dass auf den Ausstellungsprospekten „Deutschland" statt „Osnabrücker Land" stehen sollte. Ähnliche Vorfälle haben sich nicht wiederholt.

[12] 1906 an einem Amboss festgerostet gefunden, Kriegsverlust 1945. – Mitteilungen der Altertumskommission Westfalen (1909): Bd. 5: 351 Nr. 12, Abb. 10; Taf. 39, 2. – Garbsch, Jochen (1978): Römische Paraderüstungen. Katalog der Ausstellung im Germanischen Nationalmuseum Nürnberg und der Prähistorischen Staatssammlung München 1978/1979: 62, O1. München.

[13] Garbsch, Jochen a.a.O. (Anm.12): O 4, Taf. 17, 3.4.

[14] Z. B. eine bronzene Rossstirn mit Inschrift der Legio XV Primigenia aus der Verfüllung des augusteischen Wehrgrabens auf dem Hunerberg in Nijmegen: Haalebos, Jan Kees u. a. (1995): Castra und Canabae. Ausgrabungen auf dem Hunerberg in Nijmegen 1987–1994: 89–93, Abb. 61,1. Nijmegen.

[15] Dazu Garbsch, Jochen a.a.O. (Anm. 12): 33 f; zu den Reiterspielen und Vorführungen (ebd.): 35 ff.; zu dem Reitertraktat des Arrian siehe die Übersetzung von Kiechle, Franz (ebd.): 38 ff.

[16] Zu den *signiferi* mit „merkwürdigen Maskenhelmen" hatte sich M. Junkelmann vor der Auffindung der Maske in Kalkriese geäußert: Junkelmann, Marcus (1986): Die Legionen des Augustus. Der römische Soldat im archäologischen Experiment: 109 f.; 173 f. Mainz; ders. (1991): Die Reiter Roms II: 165. Mainz.

[17] Junkelmann, Marcus (1991) a.a.O. (Anm. 16): 164–174; – ders. (1992): Die Reiter Roms III: 53; 195. Mainz; – ders. (1996): Reiter wie Statuen aus Erz: 100 ff. Mainz.
Die These für die *signiferi* als Träger von Paradehelmen wird von der Wissenschaft allgemein abgelehnt; dazu: ders. (ebd.): 20 ff.

[18] Dazu: Franzius, Georgia (1999): Maskenhelme. In: Schlüter, W. & Wiegels, R. (Hrsg.), Rom, Germanien und die Ausgrabungen von Kalkriese. Akten des Internationalen Kongresses vom 2. bis 5. September 1996 an der Universität Osnabrück. Osnabrücker Forschungen zu Altertum und Antike-Rezeption, Bd. 1: 117–148. Osnabrück.

[19] Franzius, Georgia (1991): Die Maske eines Gesichtshelms. In: Schlüter, Wolfgang, Römer im Osnabrücker Land. Die archäologischen Untersuchungen in der Kalkrieser-Niewedder Senke. Schriftenreihe Kulturregion Osnabrück des Landschaftsverbandes Osnabrück e. V., Bd. 4: 53–59. Bramsche.

[20] Beiträge von: Berger, Frank; Franzius, Georgia; Schlüter, Wolfgang; Wilbers-Rost, Susanne (1991): Antike Welt 22: 221–234.

[21] Schlüter, Wolfgang (1992): Archäologische Zeugnisse zur Varusschlacht? Die Untersuchungen in der Kalkrieser-Niewedder Senke bei Osnabrück. Mit Beiträgen von Berger, Frank; Franzius, Georgia; Lienemann, Jörg; Rost, Achim; Tolksdorf-Lienemann, Eva; Wiegels, Rainer und Wilbers-Rost, Susanne. In: Germania 70: 307–402.

[22] In der oben (Anm. 21): 349–383 genannten Publikation der Kalkrieser Funde gehe ich auf die Maske nicht ein.

[23] Graichen, Gisela & Hillrichs, Hans Helmut (Hrsg.) (1992): C14 – Vorstoß in die Vergangenheit. Archäologische Entdeckungen in Deutschland. Gütersloh.

[24] Schlüter, Wolfgang (Hrsg.) (1993): Kalkriese – Römer im Osnabrücker Land. Archäologische Forschungen zur Varusschlacht. Mit Beiträgen von Berger, Frank; Buck, Henning; Dieckmann Ursula; Franzius, Georgia; Lienemann, Jörg; Pape, Jürgen; Rost, Achim; Schlüter, Wolfgang; Stupperich, Reinhard; Wiegels, Rainer und Wilbers-Rost, Susanne. Bramsche.

[25] Rome (1994): Echoes of Imperial Glory. In: Lost civilizations. I. Time-Life Books. II. Series. Alexandria, Virginia.

[26] Busch, Ralf (1995): „Rom an der Niederelbe". Veröffentlichungen des Hamburger Museums für Archäologie und die Geschichte Harburgs (Helms-Museum) Nr. 74. Neumünster; darin u. a. Beiträge zu Kalkriese von: Schlüter, Wolfgang, Neue archäologische Forschungen zur Örtlichkeit der *clades Variana*. Die spätaugusteischen Ausgrabungen in Kalkriese, Ldkr. Osnabrück: 35–45; Franzius, Georgia, Katalogbeitrag: 140, 1.1–154, 1.8.

[27] Franzius, Georgia & Menking, Edward (Hrsg.) (1995): Aspekte römisch-germanischer Beziehungen in der frühen Kaiserzeit. Vortragsreihe zur Sonderausstellung „Kalkriese – Römer im Osnabrücker Land" vom 26.3.–31.5.1993 in Osnabrück. Quellen und Schrifttum zur Kulturgeschichte des Wiehengebirgsraumes, Reihe B, Bd. 1. Espelkamp.

[28] Seibt, Ferdinand, Borsdorf, Ulrich & Grütter, Heinrich Theodor (Hrsg.) (1997): Transit. Brügge – Novgorod. Eine Strasse durch die europäische Geschichte. Katalog zur Ausstellung des Ruhrlandmuseums Essen 15. Mai – 21. September 1997; u. a. mit Beiträgen zu Kalkriese: Schlüter, Wolfgang, Archäologische Forschungen zur Varusschlacht in der Kalkrieser-Niewedder Senke im Osnabrücker Land: 88–94; Franzius, Georgia, Funde aus Kalkriese: 110, I/28–113, I/45.

[29] Antike Welt 28, 1997: 432.

[30] Jahrgang XVII – Nr. 67 – Januar/Februar 1998: 24–37.

[31] Sass, Ralf-Rainer, unter Mitarbeit von Wagner, Christiane & Zehm, Bodo (1993): Lehrer-Schüler-Informationen zur Varusschlacht. Kulturgeschichtliches Museum Osnabrück, Abt. Archäologie, Referat Öffentlichkeitsarbeit (Hrsg., v. i. S. d. P.). Osnabrück.

[32] Sass, Ralf-Rainer, unter Mitarbeit von Wagner, Christiane & Zehm, Bodo (1996): Das Rätsel der Varus-Schlacht im Licht der neuen Ausgrabungen. Stuttgart.

[33] Brokemper, Peter, Müller, Karl-Heinz, Potente, Dieter D. & Rehenhardt, Hans-Otto (Hrsg.) (1997): Bd. I. Berlin.

[34] Die mir zugängliche allgemeine Presse zu Kalkriese aus dem Archiv der archäologischen Abteilung des Kulturgeschichtlichen Museums Osnabrück ist nicht vollständig.

[35] Schlüter, Wolfgang (1992): Die Varus-Schlacht: neue Erkenntnisse zur Örtlichkeit. In: Spektrum der Wissenschaft Heft 2: 40–49.

[36] Die Zahl ist evtl. nicht vollständig.

[37] Franzius, Georgia (1995): Die römischen Funde aus Kalkriese 1987–1995 und ihre Bedeutung für die Interpretation und Datierung militärischer Fundplätze der augusteischen Zeit im nordwesteuropäischen Raum. In: Journal of Roman Military Equipment Studies 6: 69–91.

[38] Weitere Stationen: Hannover, Oldenburg, Berlin, Augsburg, Münster, Wiesbaden, Konstanz, Duisburg, Frankfurt am Main, Detmold.

[39] Das Logo mit der Maske erschien auf dem wichtigsten Begleitmaterial der Ausstellung in Osnabrück: Plakat, Kalender, Pressemappe, Aufkleber, außerdem auf ausstellungsbezogenen Vortragsprogrammen in Osnabrück, Oldenburg, Münster, darüber hinaus auf dem Programm der ausstellungsbezogenen Veranstaltung „Tag der offenen Tür" 21.–22.8.1993 in Kalkriese.

[40] Zum 900-Jahr-Jubiläum der Stadt Bramsche.

[41] Zehm, Bodo (1997): Von Schätzen und Scherben: Archäologische Fundstellen in Bramsche. Bramscher Schriften, Bd. 1. Bramsche.

[42] Diese Ausstellung war eine Aktion der Rotarier-Clubs von Osnabrück und Angers.

[43] Die erste dieser Vortragsreihen gehörte zu dem Rahmenprogramm zur Ausstellung „Kalkriese – Römer im Osnabrücker Land. Archäologische Forschungen zur Varusschlacht". Idee und Organisation der beiden ersten Vortragsreihen: Wolfgang Schlüter und Christiane Wagner. Veranstalter der ersten Vortragsreihe: Landschaftsverband Osnabrück e. V.; Universität Osnabrück; Die Volkshochschulen der Region Osnabrück. Veranstalter der zweiten und letzten Vortragsreihe: Stadt Osnabrück; Universität Osnabrück; VHS Bramsche.

[44] Veranstalter war die Gesellschaft zur Förderung der vor- und frühgeschichtlichen Ausgrabungen im Osnabrücker Land e. V.

[45] Meyer, Susanne (1997): Die Tuchmacher von Bramsche: sieben Leben aus dem Handwerk zwischen 1780 und 1970. Bramscher Schriften, Bd. 3. Bramsche.

[46] Zu der „Rose": Meyer, Susanne (1995): Im Namen der Rose. Stadtwappen oder Qualitätssiegel? In: Jahrbuch Heimatverein 1995: 96–99; weitere Literatur ebd. 99. Wallenhorst.

[47] Nach Auskunft von Frau Wagner erscheint die Rose nur noch auf den offiziellen Papieren und dem Briefpapier der Stadt Bramsche.

[48] In dem Reise-Ratgeber '97 „Osnabrücker Land – Neues entdecken" liest man auf S. 54: „BRAMSCHE. Wo ‚Hermann der Cherusker' siegte". Erst unterhalb des Fotos von der Fußgängerzone und neben dem Foto der Maske! steht: „Die Tuchmacherstadt mit spannender Geschichte".

[49] Eine Metallreplik der Maske kostet 2000 DM.

[50] Die Stadt Bramsche war bei der Internationalen Tourismus-Börse in Berlin erstmalig unter dem Motto „Wo Hermann der Cherusker siegte" vertreten; vgl.: *Bramscher Nachrichten* 22.3.1994.

[51] Zu den Fragen der Vermarktung von Kalkriese: Kuhl, Hermann (1995): Chancen und Gefahren der touristischen Vermarktung der archäologischen Ausgrabungen in Kalkriese. Unveröffentlichte Magisterarbeit. Fachbereich Geographie, Westfälische Wilhelms-Universität Münster.

[52] Bei diesem Prospektionsfund handelt es sich neben silbernen Gürtelteilen im Wesentlichen um Gladiusscheidenbeschläge aus Silber mit Gemme, einem Halbedelstein, sowie einer Fassung für einen weiteren, nicht vorhandenen Schmuckstein. Zu diesen Beschlägen gibt es keine Parallele. Vgl.: Franzius, G. (1999): Beschläge einer Gladiusscheide und Teile eines *cingulum* aus Kalkriese, Landkreis Osnabrück. Mit Beiträgen von R. Wiegels und J. Riederer. In: Germania 77: 567–608.

[53] Ergänzend der Kommentar von Christiane Wagner, Referentin der Stadtmarketing GmbH Bramsche: „Die Maske wird nicht als Kriegsattribut aufgefasst; wir betonen heute den friedlichen Charakter der Region und die Völkerverständigung".

Es gab jedoch seit 1996 eine Veranstaltung und eine Ausstellung, auf deren Begleitmaterialien das Markenzeichen von Kalkriese nicht oder nicht allein als Signet erschien: Den Briefkopf der Info-Materialien des internationalen Kongresses „Rom, Germanien und Kalkriese" schmückte außer dem Motiv der Maske das Bild eines kleinen hübschen bronzenen Aufsatzes in Form eines plastischen Delphins. Begründung dafür: Die Maske taucht überall auf. Der Delphin wurde ausgesucht aus ästhetischen Gründen. Das gegenständliche Bild des Plakates zur Kalkriese-Dauerausstellung (Eröffnung am 19. April 1997) im Info-Zentrum Kalkriese zeigte nicht die Maske, sondern eine Lanze. Die Begründung hier: Die Lanze als Zeichen der römisch-germanischen Auseinandersetzungen (Ausstellungskonzeption: Katharina von Kurzinsky, Archäologischer Museumspark Osnabrücker Land GmbH).

Ladenburg und das römische LOPODVNVM – Eine Stadt lebt mit ihrer Vergangenheit

Egon Lackner

Zusammenfassung

Die 1599 von Marquard Freher festgestellte Identität des römischen LVPODVNVM (Lopodunum) mit Ladenburg setzte eine archäologische Bewegung in Gang, die in unseren Tagen einen Höhepunkt erreicht. Der auf archäologischen Grabungen aufbauende und 1998 vorgestellte Plan über das römische Ladenburg zeigt eine Stadt mit Wirtschafts- und Verwaltungszentren, kultischen Einrichtungen, Gewerbe- und Industriebetrieben, mit Versorgungseinrichtungen und Verteidigungsanlagen. Soweit erhalten, werden diese Elemente der römischen Stadt von der heutigen Stadt respektiert und nach Möglichkeit integriert. Erinnerungen und Hinweise an die Römerzeit finden sich in Ladenburg in vielfältiger Weise.

Dass Ladenburg ein geschichtsträchtiges „Pflaster" ist, muss heute nicht mehr besonders hervorgehoben werden. Das war nicht immer so. Obwohl mehr als tausend Jahre Kapitale der Region – bei den Kelten, den Römern, den Alamannen, den Franken und den Wormser Bischöfen –, wurde sie, beginnend mit dem Erstarken der Pfalzgrafen, von Heidelberg und Mannheim überrundet. Doch im Verlauf des späten 19., besonders aber des 20. Jahrhunderts gewann die Stadt in wirtschaftlicher und in kultureller Hinsicht wieder an Zentralität. Davon zeugen Beinamen wie „Stadt der Baumschulen", „Industriestandort", „Benz-Stadt" und „Römerstadt".

Die Wiederentdeckung als Römerstadt

Wer das Wort „Römerstadt" zuerst geprägt hat, von wem und wo es zum ersten Mal in Gebrauch genommen wurde, lässt sich heute kaum mehr feststellen. Jedenfalls kann dies erst geschehen sein, nachdem die Bedeutung Ladenburgs zu römischer Zeit offensichtlich geworden und in das allgemeine Bewusstsein der Bevölkerung und der Wissenschaft vorgedrungen war.

Der Identifikationsprozess um die römische Stadt hat einige Väter. Den Anstoß, „römisch" zu denken, lehrt uns Marquard Freher[1]. Er ist es, der als Erster das LVPODVNVM (Lopodunum) des Ausonius[2] mit Ladenburg in Verbindung gebracht hat und den deshalb Theodor Rhodius[3] preist. Nach Freher streifen viele das „römische Thema"[4], sie ahnen, ja wissen etwas, können es aber noch nicht ausreichend belegen. Überspringen wir deshalb alle, die in Folge über Römisches in Ladenburg berichten, auch das Jahr 1862, als man bei der westlichen Erweiterung der St. Galluskirche auf eine breite Mauer stieß, die 20 Fuß tief in den Boden hinab reicht und die Karl Schumacher[5] als römisch identifiziert hat.

Die Ausgrabungen des Ladenburger Feldwebels Köhler, um 1860, der viele wichtige Funde machte, lenkten zwar die Aufmerksamkeit besonders von Karl Christ[6] auf Ladenburg, doch zum entscheidenden Durchbruch kam es noch nicht. Erst Albert Sievert[7] blieb es vorbehalten, anlässlich des 1800-jährigen Stadtjubiläums die Ladenburger Geschichte zusammenzufassen.

In seiner Chronik „Lopodunum – Ladenburg, 98–1898. Eine achtzehnhundertjährige Stadtgeschichte zur Erinnerung an das Gedächtnisfest vom 16. Oktober 1898" erzählt er aus lokaler Sicht über „Das Lopodunum der Römer" und formuliert wohl ganz unbeabsichtigt, dass an der Stelle des alten (keltischen) Loupodunon die „RÖMERSTADT Lopodunum" entstanden sei. Das war immerhin sehr gewagt, denn im Vergleich zu heute war 1898 zur 1800-Jahrfeier nicht allzu viel vom römischen Ladenburg bekannt. So hat man selbst wenige Jahrzehnte zuvor mit den noch „hochaufragenden Ruinen" des Bühnenhauses des römischen Schauspieltheaters wenig anzufangen gewusst, sie für die Reste einer Burg gehalten, mit dem Steinmaterial lebhaften Handel getrieben und das umgebende Feld „Burgäcker" genannt.

Aber Sievert hatte mit seiner Hypothese „Römerstadt" Glück. Denn schon im Jahre 1911 wurden von Hermann Gropengießer[8] die Basilika bei St. Gallus und 1912 die Porta praetoria bei St. Sebastian entdeckt. Besonders nach dem Zweiten Weltkrieg entfachte die große Bautätigkeit innerhalb der Altstadt und vor allem in den Stadterweiterungen „Südstadt", „Weihergärten" und „Sportzentrum" einen wahren „Römerboom". Diesen konnte auch das negative Ergebnis – weil als fundleer beurteilt – der in der Südstadt vorab durchgeführten Baatz'schen Grabung von 1960[9] nicht mehr aufhalten, allerdings mit den unersprießlichen Konsequenzen, dass nach dieser Schlussfolgerung das Landesdenkmalamt das Interesse an der Südstadt weitestgehend verlor und Ladenburg mehr oder weniger auf sich allein gestellt war. Jedoch trotz des unermüdlichen und aufopferungsvollen Einsatzes von Berndmark Heukemes[10] und des Heimatbundes Ladenburg[11] in der mehr als turbulenten

Abb. 1: Stadtplan von LOPODUNUM in der Fassung von 1998. (Beilage aus: Probst, Hansjörg [Hrsg.] [1998]: Ladenburg – Aus 1900 Jahren Stadtgeschichte. Mit freundlicher Genehmigung des Landesdenkmalamtes Baden-Württemberg).

Zeit der heißen Bauphase der Nachkriegszeit, und hier besonders in der Südstadt, gelang es oftmals nur noch das zu sichern, was der Bagger übrig ließ.

LOPODVNVM – das römische Ladenburg

Die römische Präsenz in Ladenburg begann mit dem Bau von Kastellen. Mit deren Auflassung, etwa um 98 n. Chr., endete die Militärzeit. In der sich anschließenden zivilen Periode gewann die Siedlung rasch an Bedeutung und wurde Vorort der CIVITAS VLPIA SVEBORVM NICRENSIVM[12]. Wie bedeutend dieses LOPODVNVM gewesen sein muss, dokumentieren nicht nur die Forumsanlage mit Basilika (125 m x 84 m) mitten in der heutigen Altstadt, sondern auch eine zweite Forumsanlage (ca. 100 m x 80 m) an der südlichen[13] sowie ein weiterer Marktplatz (ca. 180 m x 36 m) an der nördlichen[14] via principalis. Ein sich immer deutlicher herauskristallisierendes Straßennetz zeigt die Erschließungsstruktur. Tempelanlagen, Mithräen, Jupitergigantensäulen, Weihesteine und ein 5000 Menschen Platz bietendes Schauspieltheater mit einem ca. 90 m langen Bühnenhaus erschließen kultische Bereiche. Töpfereien, Ziegeleien, Kalkbrennereien, Steinmetzhütten, Eisen verarbeitendes Gewerbe, Handelsgeschäfte und ein Flusshafen mit Speicherbauten zeugen von lebhafter wirtschaftlicher Tätigkeit und Amphorenaufschriften von weit reichenden Handelsbeziehungen. Im Vorfeld der um 233 n. Chr. beginnenden Alamanneneinfälle entstand eine mehr als 2500 m lange Stadtmauer, ob zum Schutze oder zur Repräsentation, bleibt offen. Ein Kranz von villae rusticae, bis an die Ausläufer des Odenwaldes reichend, legt sich um die Stadt; Flurbezeichnungen wie „Ziegelscheuer" und „Alter Hof" erinnern noch heute daran. Leugensäulen geben die Entfernungen „A LOP"[15] bei gleichzeitiger Verherrlichung regierender Kaiser an. Die geschätzte Einwohnerzahl der römischen Stadt liegt zwischen 5000 und 6000 Personen.

So sei die provokante Frage erlaubt: War LOPODVNVM nur der Vorort einer Civitas? Der bauliche Aufwand ließe auch Rückschlüsse auf eine größere Verwaltungseinheit zu, etwa als Repräsentationsort für alle rechtsrheinischen römischen Gebiete, wie derzeit angedacht? Wir wissen es nicht. Noch nicht!

Wie präsentiert das heutige Ladenburg seine römische Vergangenheit?

Hinweisschilder: Schon an den Ortseingängen erscheinen die Hinweisschilder „Ladenburg, die 2000-jährige Römerstadt", und die von Ladenburg abgehende Post trägt den Stempel: „LADENBURG 2000 jährige Römerstadt". Dass damit ein kleiner Vorgriff auf die Zukunft gemacht ist, musste man spätestens 1998 anlässlich des 1900-jährigen Stadtjubiläums zugeben. Aber Aufmerksamkeit erwecken kann man damit allemal.

Ein Stadtplan von LOPODVNVM: Der Heimatbund Ladenburg mit Konrad Seel III[16] und Berndmark Heukemes, das Landesdenkmalamt Baden-Württemberg mit Egon Schallmayer, Hartmut Kaiser, C. Sebastian Sommer und neuerdings Britta Rabold ergruben die Vergangenheit und fügten, einem Puzzle gleich, die römische Stadt zu einem allgemein verständlichen Bild. Einen umfassenden Überblick gibt der von Berndmark Heukemes bis 1986 erarbeitete, von C. Sebastian Sommer fortgeführte und 1998 vom Landesdenkmalamt Baden-Württemberg herausgegebene „Plan des römischen Ladenburg"[17] (Abb. 1). In diesen sind alle bisherigen Erkenntnisse über LOPODVNVM eingearbeitet.

Reminiszenz an LOPODVNVM: Wer nun die Straßen und Gassen des Städtchens durchstreift, wird sehr schnell feststellen, dass ein gewichtiger Teil seiner Geschichte von den Römern geprägt ist, und so liegt es nahe, dies u. a. durch entsprechende Benennung von Straßen und Plätzen kenntlich zu machen. So geschehen im Neubaugebiet Südstadt, einst Teil der römischen Stadt. Kaiser stehen hier Pate: Domitianstraße, Hadrianstraße, Trajanstraße, Valentinianstraße, Vespasianstraße. Ebenso Schriftsteller wie Ausonius (Ausoniusstraße). Der römische Götterhimmel ist mit dem Jupiterplatz, dem Merkurplatz, der Eponastraße und dem Mithrasweg vertreten. Das Militär gibt dem Kastellweg und ein magister pagi dem Januariusweg den Namen. Quer durch die Gemarkung von Nordwesten nach Südosten zieht die Römerstraße, die ehemalige römische Heerstraße, im Norden als Hohe Straße, in der Altstadt ehedem als via principalis, heute als Wormser Straße, Kellereigasse, Neugasse und schließlich im Süden als Heidelberger Straße benannt. Und LOPODVNVM verewigt sich mit der Lopodunumstraße. Sowohl die Kelten, deren Ortsname „Lopodunon"[18] die Römer zu LOPODVNVM romanisierten, finden sich im Keltenweg wieder, so auch die mit den Römern liierten Svebi Nicrenses mit dem Suebenplatz. Ja selbst die alamannischen Kontrahenten, denen der Niedergang des römischen LOPODVNVM zuzuschreiben ist, geraten mit dem Alemannenweg nicht in Vergessenheit.

Das Kastell: Zeugnis früher römischer Anwesenheit geben die Kastelle[19], zunächst in mehreren Bauphasen Holz-Erde-Kastelle, um 74 n. Chr. beginnend, heute nicht mehr sichtbar, da sich darüber deckungsgleich das Steinkastell aus dem Jahre 90 n. Chr. lagert. Dieses ist an vielen Stellen in der Stadt sichtbar, sei es durch Freilegung originaler Teile oder mittels Sandsteinpflastereinlagen im Straßenbelag gekennzeichnet oder auf originalen Fundamenten teilrekonstruiert.

Das Lobdengau-Museum: Die rege Bautätigkeit der Nachkriegszeit im Bereich der römischen Stadt erbrachte neben reichen Befunden auch unzählige Funde. Das städtische Lobdengau-Museum[20] im Bischofshof, ehrenamtlich von Berndmark Heukemes geleitet und ehrenamtlich vom Heimatbund Ladenburg betreut, zeigt in seiner archäologischen Abteilung alles, was der Ladenburger Boden bis 1972 an Römischem barg und in der Frühphase der Auffindung nicht in den Besitz der Museen in Mannheim, Heidelberg und Karlsruhe ging. Heute übernimmt das Landesdenkmalamt Baden-Württemberg, das nun ausschließlich die Grabungen durchführt, das gesamte Fundmaterial. Leider bedarf es oftmals ziemlicher Mühe, einiges als Leihgaben zurückzuerhalten, um die Ausstellung vor Ort zu ergänzen. Trotzdem ist das Lobdengau-Museum heute ein reich bestücktes Kleinod. Auf ca. 400 m² präsentiert es römische Ladenburger Militär-, Zivil-, Kult- und allgemeine Kulturgeschichte und kann sich in dieser Hinsicht ohne weiteres mit den großen Museen der Region messen. Insbesondere seien genannt: Der Ladenburger Bronzeschatz (leider nur als Replik)[21], das Sol-Mithras-Relief, die beschrifteten Sitzstufen des römischen Schauspieltheaters (mit der ältesten inschriftlichen Nennung des römischen Stadtnamens), die Jupitergigantensäulen, die Leugensäulen, das größte Lackprofil im süddeutschen Raum u. v. a. m. Vor dem Museum befindet sich ein Freilichtmuseum mit Resten der Porta praetoria und einer Tempelsäule(?), beide *in situ*, sowie mit Nachbildungen einer Jupitergigantensäule und einer Theatersitzstufe (Originale im Lobdengau-Museum).

Lobdengau-Museum, Außenstelle Römisches Forum: Eine Ergänzung hierzu findet sich in der unter schwierigsten Umständen verwirklichten Außenstelle „Römisches Forum" vor und unter Metzgergasse 11, mitten in der Altstadt (Abb. 2).

Hier ist nicht nur ein Einblick in einen Teil des Forums gegeben, sondern man kann Römisches hautnah erleben[22]. Beeindruckend sind die riesigen Fundament-

Abb. 2: Außenstelle „Römisches Forum" in der Metzgergasse. (Foto: Andreas Bohnert).

mauern der Forumsanlage. Einmalig ist die ca. 5 m x 5 m große Wandmalerei aus dem Prätorium der Holz-Erde-Kastellphase und gleichermaßen beeindruckend das Erlebnis, in die römische Zeit hinabsteigen zu können. Wenige Schritte weiter steht man vor der mächtigen Bischofskirche St. Gallus, noch nicht ahnend, dass diese zweitürmige Kirche nur ein Drittel eines unter ihr liegenden römischen Großbauwerkes einnimmt, das 1911 entdeckt und von Hermann Gropengießer als fünfschiffige Basilika mit großer Halbrundapsis erkannt wurde. Beim Blick auf deren freiliegende Fundamente und Markierungen nördlich, östlich und südlich von St. Gallus oder beim Anblick des Chores dieser altehrwürdigen Kirche, der deckungsgleich auf der Apsis der Basilika steht, lässt sich die Größe dieses Bauwerkes erahnen. Teile des Forums in der Metzgergasse, Markierungen im Straßenbelag der Kirchenstraße und der Metzgergasse sowie die Basilikafundamente und aufgehendes Mauerwerk neben und unter St. Gallus zeigen die ganzen Ausmaße dieser grandiosen Anlage, ehemals, wie schon oben erwähnt, 125 m x 84 m messend. Wann genau und ob diese Basilika, die zweitgrößte nördlich der Alpen, fertig gestellt wurde, ist nach wie vor offen. Dass sie im 7./8. Jahrhundert n. Chr. noch respektabel in Erscheinung getreten sein muss und in jener Zeit sicher als Ruine eines wichtigen heidnischen Bauwerkes galt, ist der Tatsache zuzuschreiben, dass eine der ersten christlichen Kirchen in Ladenburg von dieser Besitz ergriff, um symbolhaft Heidnisches mit Christlichem zu überdecken[23].

Der römische Burgus: Um 370 n. Chr. versuchte Kaiser Valentinian I. nochmals, die rechtsrheinisch verloren gegangenen römischen Gebiete zurückzuerobern. Er schlug zwar die Alamannen bei LVPODVNVM[24], wie Ausonius schreibt, und drängte sie „bis an die Quellen der Donau" zurück. Zur Sicherung des Neckarübergangs errichtete er am Rande der zerstörten Stadt nochmals ein kleines Steinkastell (Burgus), das erst 1976 während des Rathausneubaues entdeckt und in diesen einbezogen wurde. Aber das Ende der rechtsrheinischen römischen Herrschaft ließ sich nicht mehr aufhalten. Die römische Stadt ging unter, versank unter einer neuen Stadt und wurde dadurch weitestgehend aus dem Bewusstsein ihrer Bewohner verdrängt.

Wie geht das heutige Ladenburg mit seiner römischen Vergangenheit um?
Durch die jahrzehntelange Arbeit von Berndmark Heukemes und des Heimatbundes kehrte die Bedeutung von LOPODVNVM wieder in das allgemeine Bewusstsein zurück. Auch das Landesdenkmalamt Baden-Württemberg fand wieder Anschluss und ist seit mehr als 20 Jahren mit einem Grabungsteam präsent. Stadtverwaltung und Stadtrat erkennen die Bedeutung und die hieraus resultierende Werbewirksamkeit, und der Heimatbund Ladenburg unterstützt nach seinen Möglichkeiten Forschung, Sicherung und Präsentation von archäologischen Funden und Befunden. Das gemeinsame Bemühen um die Erforschung des römischen Ladenburg führte 1979 zu einer Bündelung aller Kräfte in der Ladenburgkommission[25].

Diese Kommission begleitet in jährlichem Turnus kritisch die Grabungen, analysiert deren Befunde, stimmt Grabungen mit geplanten Bauvorhaben im Vorhinein ab, regt an, vergibt und betreut Publikationen, Magister- und Doktorarbeiten und sichert den finanziellen Rahmen; dies erweist sich als eine äußerst konstruktive und fruchtbare Zusammenarbeit. Herausragende Ergebnisse sind der oben schon genannte „Plan des römischen Ladenburg" und die Publikationen „LOPODVNVM I", „LOPODVNVM II", LOPODVNVM III, (LOPODVNVM IV in Arbeit), „Das römische Prunkportal von Ladenburg", ferner die Grabungsberichte in den jährlich erscheinenden „Archäologischen Ausgrabungen in Baden-Württemberg", die Realisierung der Außenstelle des Lobdengau-Museums „Römisches Forum" in der Metzgergasse, sodann die „Gesamtanlagenverordnung von 1983"[26], die Verordnung über das „Grabungsschutzgebiet Ladenburg-Ortskern von 1993"[27] und bei Erteilung von Baugenehmigungen Zusatzvermerke über besondere Sorgfaltspflicht bei Erdarbeiten[28].

Was ist wo zu sehen?
In der Altstadt sind *in situ* folgende römische Anlagen zu besichtigen:
1 Nördlich von St. Sebastian: Porta praetoria des Steinkastells (1. Jahrhundert n. Chr.) und Mauerwerk von Gebäuden der zivilen Phase (2. Jahrhundert n. Chr.).
2 Südlich des Bischofshofes: Mauerwerk von Gebäuden des 2. Jahrhunderts n. Chr.
3 Im Untergeschoss des Lobdengau-Museums: Ein Brunnen sowie großformatige Sandsteinquader in Zweitverwendung beim mittelalterlichen Stadtmauerbau.
4 Nördlich und südlich von St. Gallus (im Kirchgarten): Basilikafundamentierung und Reste des aufgehenden Mauerwerkes aus dem 2. Jahrhundert n. Chr.
5 Krypta unter St. Gallus: Aufgehendes Mauerwerk der Basilika-Apsis.
6 Metzgergasse 11: mächtige Fundamentierung von Gebäuden der Forumsanlage aus dem 2. Jahrhundert n. Chr. sowie römische Wandmalerei des 1. Jahrhunderts n. Chr.
7 Rathaus Westseite: 5 m hohes aufgehendes Mauerwerk des Zentralturmes eines Kleinkastells (Burgus) aus dem 4. Jahrhundert n.Chr.
8 In der Rathaustiefgarage: Aufgehendes Mauerwerk des Steinkastells (1. Jahrhundert n. Chr.).
9 In der Rathaustiefgarage: Zwei Brunnen aus der Zivilphase.
10 Rathaus Ostseite: Aufgehendes Mauerwerk des Steinkastells (1. Jahrhundert n. Chr.).
11 An der Heidelberger Straße vor der Rombachbrücke: Originaler Altarstein (ohne Inschrift).
12 An der Hauptstraße und Färbergasse: Einfassung des bis 1975 durch die Altstadt fließenden Kanzelbaches mit großen Sandsteinquadern, vermutlich von der Basilika stammend.

Zur optischen Erfassung von Lage, Verlauf und Ausdehnung römischer Anlagen finden sich im heutigen Straßenbereich Sandsteinmarkierungen an folgenden Orten:

Abb. 3: Jupitergigantensäule, Ende 2./Anfang 3. Jahrhundert n. Chr. Original im Lobdengau-Museum, Nachbildung im Freilichtmuseum. (Foto: Werner Molitor).

Steinkastell (2. Jahrhundert n. Chr.):
13 Südlich von St. Sebastian: Kastellmauer mit südlichem Torturm der Porta praetoria.
14 Hauptstraße vor den Häusern 7–8: Kastellmauer.
15 Hauptstraße in Höhe des Domhofplatzes: Kastellmauer mit Kastellturm.
16 Vor Neugasse 3: Porta principalis dextra des Steinkastells.
17 Heidelberger Straße 7 bzw. 8: Porta principalis sinistra des Steinkastells.
18 Östlich St. Gallus: Kastellmauer.

Forum mit Basilika (2. Jahrhundert n. Chr.):
19 Kirchenstraße 19–27: Südliche Forumsbebauung.
20 Kirchenstraße 43–49: Nördliche Forumsbebauung und Basilika.
21 Metzgergasse (Süd): Südliche und westliche Forumsbebauung.
22 Metzgergasse (Nord): Nördliche Forumsbebauung.
23 Östlich St. Gallus: Basilika.

Burgus (4. Jahrhundert n.Chr.):
24 Rathaustiefgarage: Burgusanlage.
25 Vor Hauptstraße 3/5: Südlicher Ostturm der Burgusanlagen.

Rekonstruktionen:
26 Merkurplatz: Nachbildung einer in der Südstadt gefundenen Säule mit 1,08 m Durchmesser (Duplikat mit Originalfund im Lobdengau-Museum).
27 An der Heidelberger Straße bei der Filiale der Volksbank Neckar-Bergstraße e. G. Nachbildung einer Leugensäule (Original im Lobdengau-Museum).
28 An der Heidelberger Straße hinter Neubotzheim (2200 m südöstlich 27): Nachbildung einer Leugensäule (Original im Lobdengau-Museum).
29 Sportzentrum/Römerstadion: Wiederherstellung eines Abschnittes der Umfassungsmauer der hier gelegenen villa rustica.
30 Hauptstraße/Domhofplatz: Teilweiser Wiederaufbau der Steinkastellmauer mit Kastellturm.
31 Freilichtmuseum Bischofshof: Jupitergigantensäule (Abb. 3).
32 Theatersitzstufe mit Inschrift (Originale im Lobdengau-Museum).

Fast alle genannten Besichtigungspunkte sind mit Hinweis- und Erläuterungstafeln versehen. Ein „Archäologischer Rundgang" ist in Vorbereitung.

Überreste von Steinbauten des römischen LOPODVNVM fanden schon immer als willkommenes und preisgünstiges Baumaterial ihre Wiederverwendung. Auch wussten unsere Vorfahren den Vorteil der Mitverwendung zu nutzen, den ganze Bauteile römischer Anlagen bieten, so verwendeten die fränkischen Könige die Grundmauern der Porta praetoria zur Fundamentierung ihres Königshofes, und Teile der Basilika wurden bei der Erbauung von St. Gallus genutzt. Heute scheidet eine Mitbenutzung aus statischen Gründen wie auch aufgrund denkmalpflegerischer Überlegungen aus. Dies heißt aber nicht Beseitigung römischer Befunde, sondern Berücksichtigung durch *in situ*-Einbindung in Baumaßnahmen. Beispiele hierfür sind der Rathausneubau, die Erweiterung des Lobdengau-Museums sowie der Neubau der Wohnanlage Metzgergasse 11.

Kunst am Bau

Rückgriffe auf die römische Zeit nimmt auch die künstlerische Ausgestaltung der Stadt. Als 1984 der Rathausneubau abgeschlossen war und der davor liegende Domhofplatz neu gestaltet werden sollte, wurde der Wunsch nach einem Brunnen durch einen Wettbewerb mit dem Thema „Darstellung der Geschichte von Ladenburg" realisiert. Der Gewinner, Karl Ulrich Nuß, kleidete die Ladenburger Geschichte in vier Bronzeplastiken, von denen eine die wichtige römische Periode verkörpert. Ein in großartiger Weise karikierter römischer Legionär verkündet mittels eines entrollten „Pergamentes" LOPODVNVM als Vorort der CIVITAS VLPIA SVEBORVM NICRETVM[29] (Abb. 4).

Bei einem Besuch der St. Galluskirche erheben die modern gestalteten und 1967 eingebauten Kirchenfenster[30] den Anspruch auf besondere Aufmerksamkeit.

Abb. 4: Domhofbrunnen von 1984, Römischer Legionär mit Schriftrolle: LOPODUNUM – CIVITAS VLPIA SVEBORUM NICRETUM. (Foto: Richard Banschbach).

Abb. 5: Anzeige des „Bundes der Selbständigen" (BdS) Ladenburg mit römischer Amazone. (Aus: Mannheimer Morgen 7.6.1991. Slg. Inken Jensen. Entwurf: Atelier Werner Menrad, Ladenburg, für den BdS Ladenburg).

Abb. 6: Aufkleber mit Logo zum 1900-jährigen Jubiläum von Ladenburg, herausgegeben von der Stadt Ladenburg, mit Münze des Trajan und Aufschrift „1900 Jahre Stadt Ladenburg 98–1998".

Außergewöhnlich ist das südliche Fenster in der Westfassade, das die Ladenburger Kirchenbaugeschichte veranschaulicht. Die beiden unteren Felder sind der römischen Zeit gewidmet. Eine Münze mit dem Porträt des Stadtgründers Trajan symbolisiert die Stadtgründung, Forum mit Basilika sprechen für die Blütezeit, weisen aber gleichzeitig auch auf den Standort von St. Gallus hin. Einknickende Säulen erinnern an die Zerstörung von LOPODVNVM durch die Alamannen im 3. Jahrhundert n. Chr. Und ganz außergewöhnlich und wohl einmalig in einer christlichen Kirche ist die Darstellung eines Reliefs, das Sol und Mithras vor ihrer gemeinsamen Himmelfahrt zeigt, brüderlich vereint beim letzten Opfermahl zum Abschied von Mithras' Erdenwandel[31].

Die aktuelle „Verwertung" der Römer

Die im rechtsrheinischen Deutschland unzweifelhaft herausragende Stellung von LOPODVNVM und die heutige Darstellung der römischen Periode von Ladenburg rechtfertigen sowohl die von Allgemeinheit und Presse verwendete Bezeichnung „Römerstadt" als auch die Benutzung des Begriffes „Römer" und römischer Namen und Wörter, beispielsweise Geschäftsbezeichnungen wie „Römerdrogerie" und „Gallienus-Apotheke"[32] oder bei Gasthäusern wie „Zum Römer", „Zum Römerstadion", „Café Forum"; sogar Speisen wie Römertopf und Römersteak oder, wie es verfeinert die Speisekarte der historischen Weinstuben „Zur Sackpfeife" anbietet, Ochsensteak „Kaiser Trajan" oder „Entrecôte double LOPODVNVM" werden offeriert. Auch der Sport wird von den Römern dominiert: Mit dem städtischen Römerstadion[33] hat dieser sein Zentrum; dort angesiedelt sind u. a. die Romans, ein junger Baseballclub, und der Reiterverein mit seiner Epona-Halle[34].

Sportliche Veranstaltungen nehmen mit ihren Wettbewerben ebenfalls Bezug auf die Römer, so der Römer-Cup[35] oder der Römerwo-Man[36]. Übergeordnet richtet der OAL[37] jährlich das OAL-Römerstadionfest aus, an dem alle Sport treibenden Ladenburger Vereine teilnehmen können. Mithilfe von ansprechenden, von einer flotten römischen Amazone gezierten Plakaten und Anzeigen, wirbt der BdS[38] um Aufmerksamkeit (Abb. 5).

Auch die Lopodunia, eine Vereinigung ehemaliger Realschüler und Schüler des Carl-Benz-Gymnasiums Ladenburg, orientiert sich an LOPODVNVM. Hier sei auch nochmals der Heimatbund Ladenburg erwähnt, dessen Name allerdings nicht dem Römischen entlehnt ist, der aber wegen seiner Zielsetzungen und seines Wirkens zusammen mit Berndmark Heukemes neben dem Landesdenkmalamt Baden-Württemberg die wichtigste Institution römischer Ladenburg-Forschung verkörpert. Eine Trajan-Medaille anlässlich des 50-jährigen Bestehens des Heimatbundes sollte dies unterstreichen.

Im Jahre 1998 hatte die Stadt Ladenburg im Rahmen ihres 1900-jährigen Stadtjubiläums in ausreichendem Maße Gelegenheit, die römische Gründung in Wort, Bild und Ton sowohl in den Medien als auch in Veranstaltungen vor Ort zu belegen. Kaiser Trajan warb stellvertretend für alle Epochen der jubilierenden Stadt auf Fahnen, Postern, Aufklebern (Abb. 6) und Werbeartikeln für seine Stadt. Eine in Gold und Silber aufgelegte Trajan-Medaille[39] und zwei Filme[40] vervollständigten das Jubiläumsangebot.

Im Jahr 2005 wird Ladenburg die kleine Gartenschau des Landes Baden-Württemberg ausrichten. Mit einem Untertitel „Ladenburg – Die Römerstadt im Grünen" könnte Ladenburg in einmaliger Weise seine große Vergangenheit mit der Gegenwart verknüpfen.

Weitere Informationen zum römischen Ladenburg

Lobdengau-Museum im Bischofshof: Öffnungszeiten Samstag und Sonntag 11.00–17.00 Uhr, Weihnachten und Silvester geschlossen. Telefon während der Öffnungszeiten 06203/70-270, Führungen nur nach Voranmeldung bei der Stadtinformation.

Römisches Forum in der Metzgergasse, Außenstelle des Lobdengau-Museums: Außenbereich von Sonnenaufgang bis Sonnenuntergang begehbar, Innenraum nur mit Führung.

Ausgrabungen der römischen Basilika im Garten von St. Gallus: In der Regel nur mit Führung zu besichtigen.

Römische Basilika-Apsis in der Krypta unter St. Gallus: Derzeit nur bedingt und nur geführt zu besichtigen.

Römisches Steinkastell um 90 n. Chr. und römischer Burgus unter dem Rathaus: Ohne Einschränkung zu besichtigen.

Stadtführungen und Museumsführungen jederzeit nach vorheriger Anmeldung bei der Stadtinformation.

Weitere Auskünfte und Anmeldungen zu Führungen: Stadtinformation Ladenburg, Dr. Carl-Benz-Platz, Telefon 06203/922603, Fax 06203/924709, Öffnungszeiten Dienstag bis Freitag 10.00–12.00 und 14.00–15.00 Uhr, Samstag und Sonntag 11.00–15.00 Uhr, Montag sowie Weihnachten und Silvester geschlossen.

Anmerkungen / Literatur:

[1] Marquard Freher, DE LVPODVNO ANTIQVISSIMO ALEMANIAE OPPIDO, COMMENTARIOLVS. Die erste Beschreibung des alten Ladenburg von 1618.

[2] Decimus Magnus Ausonius Mosella V 423 f.

[3] THEODOR RHODIUS, Theodor Roth, ca. 1575–1625
An Ladenburg, die Heimat
„Wenn meine Leier Anmut hätte oder Ehre fände,
Ladenburg, du süße Heimat und Herzstück deines
Landstriches, ließe ich nicht zu, dass deine Lage
unbekannt und im Dunkeln bliebe, sondern ...
Denn Freher, jener kluge Beurteiler der alten Zeit
wird dich auf dem geflügelten Wagen ewigen Ruhmes
zu den Sternen tragen.
Ihm ist es zu wenig nur deinen Namen, der von einer schmutzstarrenden Staubwolke verdeckt
war, aus den Archiven der Alten sorgfältig aufzudecken ...".

[4] Schannat (1624), Andreas Lamey (1766), Johann Daniel Schöpflin (1766), Friedrich Peter Wundt (1783 u.1794), Johann Goswin Widder (1786/88), J. J. Kämmerer (1789), F. Creuzer (1830), Chr. Theophil Schuch (1843), C. B. A. Fickler (1865), Karl Christ (1866 und fortlaufend), B. Stark (1868), Karl Baumann (1890) und weitere.

[5] Schumacher, Karl (1900): Neue Ausgrabungen in Ladenburg. In: Mannheimer Geschichtsblätter 1: 88–94. – Ders. (1923): Siedelungs- und Kulturgeschichte der Rheinlande von der Urzeit bis ins Mittelalter 2: 57 f. Mainz.

[6] Karl Christ, Privatstudien, Geschichtsforscher, Ehrendoktor der phil. Fakultät der Universität Heidelberg, Ehrenmitglied des Mannheimer Altertumsvereins.

[7] Sievert, Albert (1900): Lopodunum – Ladenburg, 98–1898. Eine achtzehnhundertjährige Stadtgeschichte zur Erinnerung an das Gedächtnisfest vom 16. Oktober 1898. Karlsruhe.

[8] Gropengießer, Hermann (1914): Die römische Basilika in Ladenburg. Mannheim.

[9] Baatz, Dietwulf (1962): Lopodunum–Ladenburg. Die Grabungen im Frühjahr 1960. Badische Fundberichte Sonderheft 1. Freiburg i.Br.

[10] Berndmark Heukemes, Archäologe, Ehrenbürger der Stadt Ladenburg, Leiter des Lobdengau-Museums, Stadtpfleger in Ladenburg, Mitglied im Technischen Ausschuss und der Sanierungskommission der Stadt Ladenburg als sachkundiger Bürger, Mitglied der Ladenburgkommission.

[11] Heimatbund Ladenburg e. V., Heimat- und Geschichtsverein, seit 1926. Der Heimatbund Ladenburg, der am 16. März 2001 mit einem Festakt die 75. Wiederkehr seiner Gründung feierte, ist ein aktiver Verein, getragen durch das bürgerschaftliche Engagement seiner Mitglieder. Diese haben maßgeblichen Anteil daran, wie sich Ladenburg heute und in der Zukunft darstellt.

[12] Verwaltungsbezirk der ulpischen Gaugemeinde der Neckarsueben, weiter siehe Anmerkung 31.

[13] Südliche via principalis: Heidelberger Straße im Bereich der heutigen Merian-Realschule, siehe Anmerkung 17.

[14] Nördliche via principalis: Bereich Kellereigasse, Wormser Straße, siehe LOPODUNUM I (siehe Literaturliste) und Anmerkung 17.

[15] Von LOPODVNVM aus gemessen, Leugensäule aus Heidelberg, Badisches Landesmuseum Karlsruhe, (1 keltische Leuga ca. 2200 m), in LOPODUNUM I und LOPODUNUM II (siehe jeweils Literaturliste).

[16] Konrad Seel III, 1885–1959, Maurermeister und Stadtbaumeister in Ladenburg, Hobbyarchäologe und Heimatforscher.

[17] Landesdenkmalamt Baden-Württemberg, LOPODVNVM, CIVITAS VLPIA SVEBORVM NICRENSIVM. Plan des römischen Ladenburg, Stuttgart 1986 und 1998. Innerhalb des Stadtgebietes an folgenden Stellen für jedermann einsehbar: Stadtinformation Dr. Carl-Benz-Platz 1, Stadtplan an der Neckarstraße gegenüber dem Wasserturm, Vorhalle der Volkshochschule Hauptstraße 39 (Altes Rathaus), und im frei zugänglichen Teil des römischen Forums in der Metzgergasse.

[18] Nach Rasch, G. (1969): In: Zeitschrift für die Geschichte des Oberrheins: 117: 35, Anm. 49: Wenn von einer Grundform *lupodunum* auszugehen ist, hat der Name den keltischen Lautwandel u > o mitgemacht. – Nach Schmoll, Ulrich (1956): Lopodunum–Ladenburg. In: Ruperto Carola 19: 157–161: lokvodunon und die keltische Weiterentwicklung zu lopodunon.

[19] Kastell I: Um 74 n. Chr. Holz-Erde-Kastell, dreimal abgebrannt, um 90 n. Chr. Steinkastell, alle unter dem Zentrum der Altstadt liegend und ca. 4 ha groß. Kastell II: Holz-Erde-Kastell, im Bereich Cronberger Mühle/Kellereiplatz, zeitlich noch nicht eingeordnet, Größe noch nicht bekannt, siehe auch Anmerkung 17.

[20] Lobdengau-Museum, Museum der Stadt Ladenburg, Abteilung Ur- und Frühgeschichte.

[21] Originale der Bedeutung wegen vom Archäologischen Landesmuseum Stuttgart, Zweigstelle Konstanz, übernommen.

²² Siehe auch: Informationen über das römische Ladenburg.

²³ Ähnliche Beispiele: Jerusalem, Tempel der Aphrodite (erbaut von Kaiser Hadrian) / Grabeskirche; Trier, Porta Nigra / St. Simeon.

²⁴ Mosella 423 f. „Hostibus exactis Nicrum super et Lupodunum / Et fontem Latiis ignotum annalibus Histri."

²⁵ Ladenburgkommission seit 1970, Mitglieder im Jahre 2000: Dr. J. Biel, Dr. F. Damminger, Dr. H. Diruf, Prof. Dr. G. Fingerlin, Frau Dr. A. Gaubatz-Sattler, H. Kaiser M.A., Prof. Dr. D. Planck, Frau Dr. B. Rabold, Dr. H. Schäfer, Dr. C. S. Sommer, alle Landesdenkmalamt Baden-Württemberg; Prof. Dr. M. Schaab †, Kommission für geschichtliche Landeskunde in Baden-Württemberg; Dir. Prof. Dr. S. von Schnurbein, Römisch-Germanische Kommission; Dir. Dr. E. Schallmayer, Saalburg-Museum; Bürgermeister R. Reble und Stadtbaumeister M. Wahl, Stadt Ladenburg; Bürgermeister a.D. R. Schulz, Ladenburg; Dr. B. Heukemes, Lobdengau-Museum Ladenburg; Dipl.-Ing. E. Lackner, Heimatbund Ladenburg.

²⁶ „Verordnung des Regierungspräsidiums Karlsruhe zum Schutze der Gesamtanlage Ladenburg" vom 01.12.1983. (Gesamtanlageverordnung: Schutz der historischen Altstadt, in der römische Befunde inbegriffen sind).

²⁷ „Verordnung des Landratsamtes Rhein-Neckar-Kreis – untere Denkmalbehörde – über das Grabungsschutzgebiet Ladenburg Ortskern", 1993 (Begründung: Vermutete verborgene Kulturdenkmale von besonderer Bedeutung).

²⁸ Hinweis des Landratsamtes des Rhein-Neckar-Kreises bei allen Baugenehmigungen in Ladenburg: „Erdarbeiten dürfen nur in konkreter Absprache mit dem Landesdenkmalamt, Archäologische Denkmalpflege, Amalienstraße 36, 76133 Karlsruhe, bezogen auf Zeitpunkt und Umfang ausgeführt werden. Eventuell erforderliche Notbergungs- und Dokumentationsmaßnahmen sowie daraus entstehende zeitliche Verzögerungen sind zu dulden. Zuwiderhandlung gegen diese Auflage stellt eine Ordnungswidrigkeit dar, die nach § 27 DSchG mit Bußgeld geahndet werden kann."

²⁹ Die aktuelle Auslegung der Abkürzung C. V. S. N., die von K. Zangemeister über einen in Aubigny (Chalon-sur-Saône) gefundenen Grabstein der Tertinia mit CIVITAS VLPIA SVEBORVM NICRETVM erschlossen wurde, ist von M. P. Speidel und B. Scardigli zu CIVITAS VLPIA SVEBORVM NICRENSIVM korrigiert worden.

³⁰ Konzipiert von Kaplan Ernst Leistler und Karl Hoffmann, Ladenburg, gestaltet von Valentin Feuerstein, Neckarsteinach.

³¹ Original im Lobdengau-Museum Ladenburg, gefunden im Oktober 1965 in der Südstadt, zeitliche Einordnung um 130 n. Chr.

³² Gallienus, Publius Licinius Egnatius, römischer Kaiser 260–268 n. Chr.

³³ Angelegt über einer römischen villa rustica und diese wiederum über einer neckarsuebischen Siedlung.

³⁴ Reiterverein Ladenburg e. V., Epona (keltisch-römische Pferdegöttin), Sandsteinrelief 1958 im Bereich der heutigen Eponastraße gefunden. Lobdengau-Museum Ladenburg.

³⁵ Athletik-Sport-Verein Ladenburg e. V. 1901, Wanderpokal seit 1994 für Schülermannschaften im Ringen, jährliche Austragung.

³⁶ Ladenburger Sport-Vereinigung 1864 e. V., Triathlon-Wettbewerb über die olympischen Distanzen 1,8 km Schwimmen, 40 km Radfahren, 10 km Laufen, jährliche Austragung. Römerwo-Man: „Römer" steht für Ladenburg, „wo" steht für woman (Frau), „Man" steht für Mann. Der Wettbewerb ist für Männer und Frauen ausgeschrieben.

³⁷ Ortsausschuss für Leibesübungen Ladenburg.

³⁸ Bund der Selbstständigen, Ortsverband Ladenburg e. V.

³⁹ Trajan-Medaille der ehemaligen Volksbank Ladenburg e. G., 1998, Ausgabe in Gold und Silber.

⁴⁰ Herausgegeben von der Stadt Ladenburg und dem Verein Denk mal Ladenburg e. V.

Weitere Literatur:

Stark, B. (1868): Ladenburg am Neckar und seine römischen Funde. In: Jahrbücher für Altertumsfreunde im Rheinland: 44–45.

Filtzinger, Philipp, Planck, Dieter & Cämmerer, Bernhard (Hrsg.) (1976): Die Römer in Baden-Württemberg. Stuttgart.

Kaiser, Hartmut & Sommer, C. Sebastian (1988): Lopodunum – Ladenburg am Neckar 1981–1987. Stuttgart.

Dies. (1994): Lopodunum I: Die römischen Befunde der Ausgrabungen an der Kellerei in Ladenburg 1981–1985, 1990. Stuttgart.

Behrends, Rolf-Heiner (Hrsg.) (1996): Faustkeil – Urne – Schwert: Archäologie in der Region Karlsruhe. Karlsruhe.

Rabold, Britta & Sommer, C. Sebastian (1998): Lopodunum 98: Vom Kastell zur Stadt. Stuttgart.

Probst, Hansjörg (Hrsg.) (1998): Ladenburg – Aus 1900 Jahren Stadtgeschichte. Ubstadt-Weiher.

Künzel, Ernst (1998): Das römische Prunkportal von Ladenburg. Hertingen.

Sommer, C. Sebastian (1999): Römischer Wandverputz und Forumsmauern in Ladenburg, Rhein-Neckar-Kreis. In: Denkmalpflege in Baden-Württemberg 28: 85–86.

Ders. (2000): Eine 5,5 m hohe, bemalte römische Wand aus dem Kastell I in LOPODVNVM – Ladenburg am Neckar – Bergung, Restaurierung und Rekonstruktion. Sonderdruck aus: Fundberichte aus Baden-Württemberg 23, 1999: 157–193.

Wiegels, Rainer (2000): Lopodunum II: Inschriften und Kulturdenkmäler aus dem römischen Ladenburg am Neckar. Stuttgart.

Das Phänomen der zeitgenössischen „Römergruppen"

Marcus Junkelmann

Zusammenfassung

In den letzten Jahren sind in mehreren west- und mitteleuropäischen Ländern eine ganze Reihe von Römergruppen entstanden, die vor allem in Museen und archäologischen Parks auftreten. In erster Linie widmen sie sich dem römischen Militär der frühen Kaiserzeit, doch befasst man sich in wachsendem Maße auch mit Zivilbekleidung, Sport, Musik und vor allem der Kochkunst.

Diese Römergruppen sind als Teil der modernen, von den angelsächsischen Ländern ausgehenden „Reenactment"- und „Living History"-Bewegung anzusehen. Die Aktivitäten mancher Gruppen schließen aber auch die praktische Feldforschung („experimentelle Archäologie") ein, deren Ansätze ins 19. Jahrhundert zurückreichen.

Kastellfest in der Saalburg

Im Oktober 1997 feierte man in der Saalburg bei Bad Homburg v. d. H. hundertjähriges Jubiläum. Das auf Geheiß Kaiser Wilhelms II. auf dem damaligen Kenntnisstand der Wissenschaft in Teilen wieder errichtete Kastell[1] wurde zwei Tage lang von deutschen, niederländischen und amerikanischen Römergruppen bevölkert, die Zelte und Katapulte aufstellten, Lagerleben zeigten, exerzierten, Kämpfe zu Pferd und zu Fuß vorführten und Handwerkstechniken demonstrierten.

Ein Teil des Kastellareals war in einen Asterix-Park für die kleinen Besucher umgewandelt, Uderzo, der Zeichner der Asterix-Comics, trat sogar persönlich auf. An anderer Stelle wieder bot man den Gästen „antike Küche", wobei man in puncto Authentizität allerdings keine sehr strengen Maßstäbe ansetzte und auch Beiträge der amerikanischen Pflanzenwelt wie Kartoffeln und Paprikaschoten unter das Römeressen mischte. Genauer ging es da im Bereich der kuppelförmigen Backöfen zu, die nach allen Regeln experimenteller Archäologie rekonstruiert worden waren und in denen nach Angaben römischer Schriftsteller Brot aus Dinkelvollkornmehl gebacken wurde, das wegging wie die sprichwörtlichen warmen Semmeln[2].

Aus potenten Lautsprechern, welche eine Rundfunkgesellschaft installiert hatte, übertönte und untermalte das vielfältige Treiben die effektvolle Filmmusik, die Miklos Rozsa 1959 für das Hollywoodepos „Ben Hur" geschrieben hat und die seitdem als die Ultima Ratio römischer Musik angesehen wird.

Obwohl sich an den beiden herbstlich frischen Tagen der Nebel erst gegen Mittag verzog, erlebte die Veranstaltung einen alle Erwartungen übertreffenden Massenansturm (etwa 40 000 Besucher), der am Sonntagnachmittag geradezu chaotische Verhältnisse heraufbeschwor. Wie die Erfahrungen in Aalen, Xanten, Pfünz und anderen Orten schon seit Jahren gezeigt hatten, erwies sich aktiv vorgeführtes „Römerleben" an historischer Stätte als gewaltiger Publikumsmagnet (siehe den im Anschluss abgedruckten Bericht von Ulrich Sauerborn) (Abb. 1 und 2).

Asterix, Ben Hur & Co.

Die einzelnen Elemente der Saalburgveranstaltung, die ich gerade aufgezählt habe, sind nun höchst charakteristisch für die geistigen Wurzeln und Vorbilder, die der römischen Rekonstruktions- und „Reenactment"-Bewegung der 1980er und 1990er Jahre zugrunde liegen und gleichzeitig den Erwartungshorizont der Besucher prägen.

So vergeht kaum ein Auftritt, ohne dass den „Legionären" ein „Die spinnen, die Römer!" irgendwo aus dem Publikum entgegentönt. In der Tat hat nichts in den letzten drei Jahrzehnten in solchem Maße dazu beigetragen, die römische Antike populär zu halten und ein Minimum an „klassischer" Bildung unter das Volk zu bringen, wie die französische Comicserie über Asterix, seine gallischen Freunde und römischen Feinde. Dementsprechend prägen die in den Asterix-Heften recht detailliert wiedergegebenen Bauten, Kostüme und Requisiten in hohem Maße das Bild, das man von der antiken Welt hat.

Die Wiedergabe dieser antiquarischen Details in den Asterix-Comics basiert nicht zuletzt auf der Ausstattung der Monumentalfilme („Sandalenfilme") der 1950er und 1960er Jahre, die hierbei zugleich als Informationsquelle und als Gegenstand der Persiflage dienen. „Ben Hur", „Quo vadis", „Spartakus", „Kleopatra" und die anderen Filme dieses Genres strotzen zwar von Fehlern, aber mit ihrer optischen und – wie oben erwähnt – auch akustischen Suggestivkraft haben sie die Vorstellungen von der römischen Antike sehr nachhaltig beeinflusst[3]. Kulisse und „Outfit" dieser Filme lassen sich ihrerseits zu einem Gutteil auf die Bildkreationen historischer Maler wie Alma-Tadema, Gérôme, Poyntner und Netti zurückführen. Sie sind oft akribisch recherchiert, doch werden – dem damaligen Forschungsstand entsprechend – vielfach chronologisch nicht zusammenpassende Stücke durcheinander geworfen, und zu-

Abb. 1: Die Show beginnt: Einritt der Ala II Flavia (Gruppe Junkelmann) auf dem Kampfplatz hinter dem Stabsgebäude der Saalburg, Oktober 1997. Bei den Pferden handelt es sich um Camarguepferde aus Südfrankreich, die sehr genau der Größe und den Proportionen der durch Skelettfunde bekannten römischen Kavalleriepferde entsprechen. Es werden weder Steigbügel noch Hufeisen verwendet. (Foto: Zuzana Pelgen, Mainz).

Abb. 2: „Milites - pergite!" („Soldaten – Marsch!"): Angeführt von ihrem Centurio, dem Zahnarzt Klaus Schwab, marschiert die 1. Römerkohorte Opladen (Legio VI Victrix) den Wehrgang der Saalburg entlang. Wie die meisten Gruppen trägt diese größte deutsche Römereinheit nach dem Vorbild der Ermine Street Guard Legionärsrüstung der neronisch-flavischen Epoche mit Weisenau-Helmen, Schienenpanzern und Rechteckschilden. (Foto: Zuzana Pelgen, Mainz).

dem sind diese Bilder in ihrer Mischung aus dokumentationswütiger Detailfreude, süßlicher Sentimentalität, morbid-dekadenter Sensationslüsternheit und schwülstigem Pathos vom Zeitgeist des späten 19. Jahrhunderts geprägt. Es ist der Zeitgeist, dem auch die Saalburg ihre Entstehung zu verdanken hat.

Geschützrekonstruktionen und die Anfänge der experimentellen Archäologie
Die idyllische Atmosphäre der Saalburg, die nicht zuletzt den Reiz der inzwischen selbst zum Denkmal gewordenen Anlage ausmacht, entspricht dieser romantisierenden Tendenz des 19. Jahrhunderts. Authentisch ist sie natürlich nicht, denn die Innenfläche eines Kastells war gewiss kein Park mit Wiesen und altem Baumbestand, sondern sie war dicht besetzt mit Mannschaftsbaracken, Speichern, Ställen und Werkstätten, auf deren Wiedererrichtung man bei der Rekonstruktion der Saalburg überwiegend verzichtet hat.

Keinesfalls darf man aber in der Saalburg nur eine romantische Kulisse sehen. Ihre Rekonstruktion wurde als seriöse wissenschaftliche Aufgabe betrachtet und durchgeführt. Wenn auch manche Fehler im Detail unterlaufen sind, so darf die Architektur der Bauten heute noch als im Wesentlichen zutreffend gelten, und der Gesamteindruck vermittelt ein realistisches Bild von den Dimensionen einer solchen Anlage, wie es sonst nirgends zu gewinnen ist. Darüber hinaus war die Saalburg von Anfang an auch als Stätte archäologischer Forschung und Dokumentation geplant, wobei sich ein Schwerpunkt in Richtung Rekonstruktion und Experiment durch den Charakter des Bauwerks fast von selbst ergab. Spektakulärste Zeugnisse dieser Forschungsrichtung sind die Nachbauten römischer Torsionsgeschütze, die unter der Leitung des Artillerieoffiziers Erwin Schramm in den ersten Jahrzehnten des 20. Jahrhunderts entstanden und zum größten Teil noch vorhanden sind[4].

Die komplexe Technik dieser Geschütze, die aus mehreren recht ausführlichen Beschreibungen antiker Autoren bekannt ist, beschäftigte die Altertumsforscher schon seit Jahrhunderten, doch ging man erst in der zweiten Hälfte des 19. Jahrhunderts zu praktischen Experimenten über. Unter Heranziehung der schriftlichen Quellen gelangen Schramm so exakte Rekonstruktionen, dass sie sogar zur Identifizierung der ersten originalen Bestandteile derartiger Geschütze in Ampurias (Spanien) dienten. Mittlerweile sind zahlreiche Originalfragmente dazugekommen, durch die sich unser theoretischer Kenntnisstand ganz erheblich erweitert hat[5].

Auch erwiesen sich die Schrammschen Geschütze als gut funktionsfähig und ließen aufschlussreiche Schießversuche zu. Wie auch bei den zahlreichen neueren Rekonstruktionen (Farbtaf. 1,e und Abb. 3), die übrigens meist in ihrer Leistungsfähigkeit hinter denen Schramms zurückbleiben, wird davon auszugehen sein, dass die antiken Artilleristen, die über ein lebendig tradiertes „Know-how" und die Praxis des Ernstfalls verfügten, diese Ergebnisse noch um einiges übertroffen haben werden. Das Hauptproblem stellen Material und Spannweise der verdrehten Seilbündel dar, die den Wurfarmen die Energie verleihen. Meist werden Hanfstricke verwendet, die zu unbefriedigenden Resultaten führen. Erst vor kurzem scheint Alan Wilkins eine Methode, Rindersehnen zu konservieren und zu verarbeiten, gefunden zu haben, die eine wesentliche und realistische Steigerung der Leistungen erhoffen lässt[6].

„Sachkritik"

Schramm war nicht der Erste, der mit antiken und mittelalterlichen Geschützrekonstruktionen experimentierte. Bahnbrechend waren hier die von Kaiser Napoleon III. veranlassten Versuche, wenn ihnen auch geringerer Erfolg beschieden war als denen Schramms. Der französische Kaiser ließ 1860/61 auch eine römische Galeere nachbauen, die sich freilich als Fehlkonstruktion erwies. Wesentlich ertragreicher, da gründlich recherchiert und vorbereitet, gestalteten sich die Versuche, die ab 1987 die griechische Marine mit einer unter Anleitung britischer Spezialisten rekonstruierten Triere durchführte, und die nach ersten Misserfolgen wichtige Erfahrungen mit der lange und ergebnislos umstrittenen Rudertechnik antiker Galeeren vermittelten[7].

Abb. 3: Schwere Artillerie: Angehörige der 1. Römerkohorte Opladen setzen neben dem Limesmuseum Aalen eine 1,5 Tonnen schwere ballista *zusammen. (Foto: Karlheinz Eckardt, Benningen am Neckar).*

Schiffe sind überhaupt neben Geschützen der Gegenstand, an dem sich die „technical curiosity"[8] mit Vorliebe austobt, die diesen Experimenten von Anfang an zugrunde lag. Schon 1893 schaffte ein rekonstruiertes Wikingerschiff die Überfahrt nach Amerika[9], viele spektakuläre Unternehmungen dieser Art folgten und werden gewiss noch folgen. Zweifellos haften nicht wenigen von ihnen unreflektierte Abenteuerlust, persönliche Profilierungssucht oder geschäftliches Kalkül an, doch kann es sich auch um durchaus seriöse Projekte handeln, von deren Ergebnissen und von deren bewusst oder unbewusst erzieltem Reklameeffekt die Altertumswissenschaften insgesamt profitieren.

Die das technische Interesse weniger ansprechenden Experimente mit individueller Ausrüstung und ihrer Verwendung im kollektiven Einsatz wurden demgegenüber lange vernachlässigt. Natürlich traten bei entsprechenden Gelegenheiten in der Saalburg und an anderen Orten „Legionäre" in voller Rüstung auf, und Festzüge in historischen Kostümen waren im späten 19. und frühen 20. Jahrhundert große Mode, doch waren diese Auftritte ganz dekorativ-repräsentativer Natur[10]. Dabei hätte die Forschung, die sich gerade damals sehr stark mit antiquarischen und taktischen Problemen herumschlug, durchaus Bedarf an gezielten Experimenten gehabt. Der große Kriegshistoriker Hans Delbrück ließ seine Berliner Studenten mit langen Stangen exerzieren, um den Platzbedarf antiker Nahkämpfer zu überprüfen. Als ein Kollege trotzdem von der Unlösbarkeit des Problems sprach, äußerte sich Delbrück: „Warum hat er nicht einmal 100 Studenten zusammengebracht, sie mit Hopfenstangen bewaffnet und eine Phalanx bilden lassen? Wer aber einmal eine solche Phalanx gesehen und gemessen hat, ist zur selbigen Stunde über alle Zweifelsqualen bezüglich des Rottenabstandes hinaus. Gelehrte sind wunderliche Leute. Hier haben wir einmal die Gelegenheit, ein historisches Problem durch ein ganz einfaches Experiment zu lösen, weshalb macht man es nicht?"[11].

Delbrück war es, der in die Kriegsgeschichtsschreibung den Begriff der „Sachkritik" eingeführt und von der reinen „Quellenkritik" unterschieden hat. Im Gegensatz zu letzterer handelt es sich um die von praktischen Überlegungen, insbesondere der Berücksichtigung der technischen, taktischen und logistischen Möglichkeiten und Sachzwängen ausgehende Interpretation und Ergänzung des Quellenmaterials, wobei epochenübergreifende Analogieschlüsse und Versuche zu den wesentlichsten Hilfsmitteln gehören.

Das Experiment hängt in doppelter Hinsicht mit der sachkritischen Methode zusammen: Seine Konzeption und Durchführung basiert auf sachkritischen Spekulationen, seine Ergebnisse beeinflussen die weitere Argumentation. Natürlich ist die Gefahr von „self-fulfilling prophecies" in der Gestalt von Zirkelschlüssen groß, wie überhaupt „Sachkritik" mit Vorsicht und Disziplin geübt werden muss, soll sie nicht in Willkür ausarten. Auch wird sie in ganz besonderem Maße durch „finanzielle Sachzwänge, Gegebenheiten des Forschungsstandes, Wirkungen des Zeitgeistes"[12] beeinflusst.

In einer ausgewogenen Verbindung von Theorie und Praxis kann sachkritisches Denken und Handeln jedoch zweifellos zu Erkenntnissen führen, die auf anderem Wege nicht zu erreichen gewesen wären. Ich würde so weit gehen, dezidierte Behauptungen zu praktischen Sachverhalten, die uns nicht mehr vertraut sind, die aber rekonstruierbar wären, für unseriös und unwissenschaftlich zu halten, wenn der Autor es versäumt hat, die erforderlichen Versuche durchzuführen oder durchführen zu lassen. Eine Legende wie die von der so genannten Steigbügelrevolution, die am Anfang des mittelalterlichen „Feudalismus" gestanden haben soll, wäre nie aufgebracht oder wenigstens so weithin geglaubt und verbreitet worden, hätten ihr Schöpfer Lynn White jun. und seine Gefolgschaft auch nur die leiseste Erfahrung mit historischen Reitstilen besessen[13].

Wie sehr sich die sachkritische Methode gerade auf archäologischem Gebiet mittlerweile durchgesetzt hat, zeigen Äußerungen wie: „Keine noch so guten Zeichnungen, kein noch so gutes Modell kann die empirischen Erfahrungen ersetzen, die sich bei einem Rekonstruktionsvorhaben ergeben"[14] oder: „Bei dieser Art archäologischer Tätigkeit [der ‚praktischen Archäologie'] konnten theoretische Vorstellungen modifiziert und bisweilen sogar verworfen werden"[15].

Forschung, Didaktik und Show

Wenn auch der Anspruch, praktische oder experimentelle Archäologie zu betreiben, von den meisten zeitgenössischen Römergruppen erhoben wird, so trifft das tatsächlich auf die Mehrzahl von ihnen entweder gar nicht oder nur mit starken Einschränkungen zu.

Zunächst ist zwischen handwerklicher und funktionaler Experimentalarchäologie zu unterscheiden. Nehmen wir als Beispiel einen Helm, so muss dieser im ersten Fall aus originalgetreuen Materialien und mit originalgetreuen Techniken hergestellt werden, während es im zweiten um den Gebrauch des fertigen Produkts geht, etwa Trageeigenschaften oder Schutzwirkung des Helms. Für das funktionale Experiment genügt es, wenn ein mit den Originalen in Form, Gewicht, Stabilität und Funktion übereinstimmender Helm verwendet wird, der durchaus unter Einschaltung moderner Techniken hergestellt worden sein kann. Er muss jedoch unter authentischen Bedingungen erprobt werden.

Handwerklich-experimentelle Archäologie ist im römischen Kontext bisher nur in ganz wenigen, auf einzelne Objekte begrenzten Fällen konsequent betrieben worden, aber auch die funktionale Alternative wird nicht sehr häufig praktiziert, da man davor zurückscheut, die mühevoll und mit großem Kostenaufwand beschaffte Ausrüstung unter wirklich realistischen Bedingungen dem Verschleiß auszusetzen, wie korrekt gehandhabte experimentelle Archäologie das eigentlich erfordern würde[16]. Soweit ich sehen kann, ist unter den Römergruppen meine eigene (Ala II Flavia/Legio XXI Rapax/Familia Gladiatoria Pulli Cornicinis) (Abb. 4) die einzige, die primär zum Zweck der funktional-experimentellen Archäologie gegründet worden ist und seit Jahren systematisch Teile ihrer Ausrüstung der Einwirkung von Waffen und „natürlicher" Abnutzung unter realitätsnahen Umständen unterwirft[17].

Nun besteht nicht die einzige wissenschaftliche „Daseinsberechtigung" einer Gruppe darin, experimentelle Archäologie in allen ihren Konsequenzen zu betreiben. Nach Karlheinz Eckardt ist den meisten Vereinigungen das Empfinden gemeinsam, „Teil eines allgemein verständlichen Museums zum Anfassen" zu sein[18]. Dies ist eine legitime didaktische Zielsetzung, die dem Erwartungshorizont eines breiten Publikums entspricht und auch dem mehr theoretisch ausgerichteten Fachmann ein anschaulicheres Bild vom Gegenstand seiner Forschungen vermitteln kann.

„Living history" setzt auf die Überzeugungskraft des Realen, Berührbaren, Nachvollziehbaren. Und sie wirkt stark auf die Sinne, was sie geeignet macht, die Aufmerksamkeit eines mit visuellen und akustischen Reizen überfütterten Publikums zu erregen. Die aktivistisch-fiktive Vorführung von Vergangenem lässt aber oft geradezu unwiderstehlich den Wunsch aufkommen, über die konkret-praktische Detailarbeit hinauszugehen und mit einer Art Zeitmaschine Geschichte suggestiv zu inszenieren – „reenactment", wie der englische Terminus technicus recht treffend heißt.

Experimentelle Archäologie als solche und auch ihre didaktische Vermittlung sind nicht notwendigerweise mit illusionistischen Absichten und Wirkungen verbunden, können sogar ausgesprochen verfremdend praktiziert werden[19]. Auch ein

Abb. 4: Schweiß, Regen und Schnaps: Die spontan angebotene Stärkung wird von den Männern der Legio XXI Rapax (Gruppe Junkelmann) trotz ihres unauthentischen Charakters dankbar angenommen. Die Aufnahme entstand gegen Ende des 24 Tage dauernden Marsches von Verona nach Augsburg im Mai 1985, des sowohl konsequentesten als auch am meisten Aufsehen erregenden Feldversuchs, der bisher in römischer Ausrüstung unternommen worden ist. (Foto: Roland Pamler, Nordendorf).

Reenactment braucht nicht der gewissermaßen filmischen Komponente des Mediums zu erliegen, wofür schon die Anwesenheit modern gekleideter Zuschauer und die fast nie von Anachronismen freie Kulisse sorgen. Aber die Gefahr einer sehr leicht komisch oder geschmacklos wirkenden Übersteigerung des inszenierten Realismus besteht ohne Zweifel.

Jeder Rekonstruktionsversuch kann nun einmal unter wissenschaftlichem und didaktischem Blickwinkel nur den Charakter des bruchstückhaften Experiments, unter ästhetischem den einer allenfalls symbolischen, nur in Augenblicken und Teilaspekten eine perfekte Illusion schaffenden Inszenierung haben, die gerade durch die unvermeidliche Kollision mit einer anachronistischen Umwelt das Pathos der Vergänglichkeit umso eindrucksvoller betont. Und natürlich ist das Ganze immer auch ein Spiel, das den Aktiven wie den Zuschauern Spaß machen soll, worin nur einen Mangel sehen kann, wer Seriosität mit Langweiligkeit gleichsetzt. Verliert man aber die Grenzen des Mediums aus den Augen, dann droht ein Reenactment wirklich auf das Niveau pseudo-historischer Maskerade abzusinken. Auch hiergegen ist nichts einzuwenden, wenn es pfiffig gemacht und nicht mit falschen Ansprüchen garniert wird.

Damit soll nun nicht einer beliebigen Vermischung authentischer und anachronistischer Elemente unter dem Deckmantel eines willkürlich gehandhabten „Verfremdungseffekts" das Wort geredet werden, ganz im Gegenteil. Ausschlaggebend sind stets die spezifische Aufgabe, die einer Rekonstruktion zugedacht ist, und der hieraus resultierende Anspruch. Möchte man antike Schmiedetechnik vorführen, muss der Schmied sich nicht unbedingt verkleiden. Geht es dagegen um die Präsentation einer komplett eingerichteten Werkstatt, würde es den optischen Gesamteindruck sehr beeinträchtigen, träte der Handwerker in Jeans und Pullover auf. Was gezeigt wird, sollte in sich so authentisch und perfekt wie möglich sein, das wird vom Publikum, das auf die versehentlich nicht abgelegte Armbanduhr mit Hohn und Spott zu reagieren pflegt, zu Recht erwartet. Wo die Grenzen meiner Meinung nach zu ziehen sind, möchte ich im folgenden Abschnitt an einem konkreten Beispiel kurz erläutern.

Die Rückkehr der Gladiatoren und die Problematik inszenierter Kämpfe

Amphitheater und Gladiatorenkämpfe gehören – gleich den Wagenrennen – zur fest gefügten Vorstellungswelt, die man mit der römischen Antike verbindet. Abstoßend und faszinierend zugleich fesseln sie die Phantasie des Publikums, sodass es nahe liegt, derartige Vorführungen ins Programm von Museen und Archäologischen Parks zu übernehmen, vor allem wenn sich in ihrem Bereich ein Amphitheater befindet. Es ist daher verwunderlich, dass Gladiatorenkämpfe unter den Aktivitäten fast aller Römergruppen bis vor kurzem gefehlt haben. Lediglich eine ungarische und eine niederländische Gruppe boten schon seit Jahren zum symbolistischen Melodram bzw. zum Kabarett verfremdete Gefechte dieser Art, wobei aber ein Versuch, konkrete Gladiatorengattungen in authentischer Bewaffnung zu rekonstruieren, nicht einmal ansatzweise gemacht wurde. Dies spiegelte recht gut den Forschungsstand wider. Während das Studium der römischen Militärausrüstung in den letzten Jahrzehnten enorme Fortschritte erzielt hat, blieb das Gladiatorenwesen weitgehend unbeachtet. Erst im Zusammenhang mit einem seit 1997 laufenden Forschungsprojekt des Landesmuseums Trier sowie mit den Vorbereitungen zu der 2000/2001 in Hamburg, Speyer und London gezeigten Ausstellung „Gladiatoren und Caesaren" wurde das Thema einer gründlichen Bearbeitung unterzogen[20]. In merkwürdigem Zusammentreffen kam im Jahre 2000 Ridley Scotts Monumentalfilm „Gladiator" heraus, der erste Streifen dieser Art seit 36 Jahren[21].

Das große Interesse, das der Welt des Amphitheaters nun plötzlich entgegengebracht wurde, ließ natürlich weitere Gruppen aus dem Boden sprießen. Vor den Toren von Rom etablierte sich an der Via Appia sogar eine „Gladiatorenschule", in der man sich nach Feierabend zum Fechter ausbilden lassen kann. Die hierbei verwendete Ausrüstung und der vermittelte Fechtstil haben freilich mit Forschung und experimenteller Archäologie herzlich wenig zu tun.

Die Idee, antiken Kampfsport wieder zum Leben zu erwecken und als Alternative zu ostasiatischen Nahkampfarten einem breiten Publikum anzubieten, wird schon seit Jahren von Dario Battaglia (Ars Dimicandi, Bergamo) mit beachtlichem Erfolg realisiert. Im Gegensatz zur „Gladiatorenschule" in Rom hat er die griechisch-römischen schwerathletischen Disziplinen Faustkampf, Ringen und Pankration gründlich erforscht und praktiziert sie mit seinen Schülern auf hohem sportlichem und wissenschaftlichem Niveau[22]. In jüngster Zeit hat er auch Gladiatorenkämpfe ins Programm genommen, allerdings mit stark vereinfachter Ausrüstung.

Wie soll man nun bei der öffentlichen Vorführung eines Gladiatorenkampfes verfahren? Ein derartiges Spektakel, das ja zu den finstersten „Errungenschaften" der römischen Kultur zählte, packend und zugleich distanziert zu inszenieren, ohne in schlimmsten Geisterbahnrealismus zu verfallen, stellt eine überaus heikle Herausforderung dar (Abb. 5).

Damit berühren wir den Problemkreis der öffentlichen Darstellung von Gewalt, die ja vom modernen Römertum gar nicht wegzudenken ist. Fast alle Gruppen nennen sich nach militärischen Einheiten, die Soldaten sind stets die Protagonisten. Das ist bei den Reenactors, die sich mit anderen Epochen beschäftigen, kaum anders. Militär, Krieg und Kampf stehen fast immer im Mittelpunkt des Interesses. „War makes rattling good history; but Peace is poor reading" – „Krieg macht rasselnd gute Geschichte; aber Friede ist ein armseliger Lesestoff", lässt Thomas Hardy den sinistren Geist sprechen[23], und die „Reenactor-Szene" scheint diesem Recht zu geben. Auf einige der Gründe dieser einseitigen Schwerpunktsetzung wird unten einzugehen sein, doch wird man gerade im Zusammenhang mit der römischen Geschichte in den Grenzprovinzen zugeben müssen, dass das Militär tatsächlich in ziemlich jeder Hinsicht von wahrhaft fundamentaler Bedeutung war. Auch entspricht die Betonung dieses Aspekts der allgemeinen Publikumserwartung – wem stünde beim Wort „Römer" nicht als Erstes ein Legionär in voller Rüstung vor Augen[24]?

Militärgeschichte ist nun keineswegs deckungsgleich mit Krieg und Gewalt. Sie ist immer auch ein zwar thematisch geschlossener und somit als Einheit zu inszenierender, doch ungemein facettenreicher Mikrokosmos der allgemeinen Geschichte, nicht zuletzt der durch Rekonstruktionen so gut zu demonstrierenden Alltagsgeschichte[25]. Und im Falle der römischen Armee ist sie zugleich der archäologisch am besten dokumentierte und daher am zuverlässigsten darstellbare Bereich. Aber all das ändert nichts daran,

Abb. 5: Gladiatur im Experiment: Kampf zwischen murmillo *(links) und* hoplomachus, *im Hintergrund der Schiedsrichter (*summa rudis*). Die Ausrüstung, die für das Rheinische Landesmuseum Trier rekonstruiert wurde, entspricht der des mittleren 1. Jahrhunderts n. Chr. (Gruppe Junkelmann). (Foto: Marcus Junkelmann).*

dass zum Militär zuallererst einmal Waffen gehören. Und natürlich wird erwartet, dass der Einsatz dieser Waffen auch vorgeführt wird.

Bei den in den angelsächsischen Ländern höchst beliebten Reenactments historischer Schlachten an Originalschauplätzen lassen sich zur Freude des Publikums die „Toten" und „Verwundeten" zu Boden fallen, vielfach gibt es sogar Reglements, in denen festgelegt wird, wie lange man liegen bleiben muss, um den „realistischen" Eindruck nicht zu stören. Ich glaube, man braucht kein Pazifist zu sein, um solche Darbietungen etwas peinlich zu finden. So überzeugend, dass es „unter die Haut" ginge, wirkt so etwas nie, und so wird das „Blutvergießen" zum Kasperletheater degradiert.

Die Inszenierung von Gladiatorenkämpfen hat zwar vom allgemeinen Rahmen her einen zivilen Charakter und erlaubt es, in der einleitenden *pompa* (Festzug) auch u. a. politische, religiöse und theatralisch-musikalische Elemente einzubringen, doch sind die Kämpfe – dem Vorbild entsprechend – noch sehr viel ungeschminkter auf einen blutrünstigen Voyeurismus zugeschnitten als das Reenactment von militärischer Gewaltanwendung. Pseudorealistisches „Töten" und „Verwunden", womöglich unter Einsatz von Theaterblut, sollten in der Arena noch weniger in Erwägung gezogen werden als auf dem „Schlachtfeld". Den Ausweg haben die Römer selbst schon vorgezeichnet: Den Übungs- und Aufwärmkampf mit hölzernen Waffen.

Das Fechten mit der *rudis*, dem Holzschwert, wurde nicht nur in den Gladiatorenschulen geübt, sondern auch als Auftakt bei den öffentlichen Darbietungen gezeigt. Sich auf diese unblutige Variante zu beschränken, bietet mehrere Vorteile. Man kann mit vollem Einsatz und ohne vorher abgesprochenen Verlauf die Fechtstile der verschiedenen Gladiatorengattungen erproben und vorführen, ohne die Antagonisten nicht zu verantwortenden Gefahren auszusetzen (harmlos ist die Sache allerdings auch mit Holzwaffen nicht). Beim Gebrauch selbst abgestumpfter Eisenklingen wäre das nicht möglich, man müsste den Kampf vorher genau einstudieren. Dieser Verlust an Spontaneität und Dynamik, der dem Publikum unweigerlich auffällt, würde der Vorführung nicht nur viel von ihrer Spannung nehmen, sondern auch ihren Wert als Experiment zerstören, da ein abgekartetes Fechtballett keinen Erkenntniswert hat. Und schließlich entfällt das dramaturgische Problem des „Tötens" und „Verwundens". In ähnlicher Weise sollten meines Erachtens Reenactments auf Schlachtfeldern nie den Charakter eines Manövers, also der unblutigen Demonstration von Waffengebrauch und Taktik, verlieren.

Man mag nun einwenden, dies würde die Brutalität der historischen Wirklichkeit beschönigen, ein abstoßendes Gemetzel zu einem normalen Kampfsport ästhetisieren. Laientheater ist aber die ungeeignetste Methode, dem Publikum die Schattenseiten vergangener Epochen nahe zu bringen, ob es sich nun um Zweikämpfe, Schlachten oder die Praxis des Strafvollzugs (Prangerstehen fürs Familienalbum etc.) handelt. Stilisierte, symbolische Einlagen wären dagegen denkbar, um solche Aspekte anzudeuten.

Wie aus Nord- und Südstaatlern Römer wurden

Wie schon öfters angedeutet, stellen die Römergruppen keineswegs eine isolierte Erscheinung dar. Im Gegenteil handelt es sich bei ihnen innerhalb der Reenactment-Bewegung eher um einen Spätkömmling. Diese Bewegung knüpft zwar an mancherlei Vorläufer an, worauf im nächsten Kapitel nochmals zurückzukommen sein wird, doch darf sie in vieler Hinsicht als eine Neuentwicklung der zweiten Hälfte des 20. Jahrhunderts gelten. Den „Urknall" bildeten die Feiern zum hundertjährigen Jubiläum des Amerikanischen Bürgerkrieges (1861–1865). Nord- und Südstaateneinheiten schossen aus dem Boden, die sich in zunehmender Perfektion originalgetreu uniformierten und bewaffneten, nach den erhaltenen Reglements exerzierten und auf den Schlachtfeldern, die in den USA vielfach Nationalparks sind, ihre Vorstellungen gaben. Und diese Vereine verschwanden keineswegs mit dem Ende der Centennarveranstaltungen, sondern nahmen und nehmen an Zahl kräftig zu, da die Faszination der Amerikaner an diesem geliebtesten Kapitel ihrer Geschichte ständig wächst. Nach Zehntausenden zählt inzwischen die Armee der „einsatzbereiten" Bürgerkriegsreenactors, und auch außerhalb der USA gibt es viele Tausende von ihnen. Eine Dachorganisation wacht darüber, dass nur hundertprozentig korrekt ausgerüstete Mitglieder offiziell auftreten[26]. In den USA, in Italien, Japan und Indien gingen Waffenfabriken dazu über, den Bedarf der neuen Bürgerkriegsarmeen an Vorderladerrepliken zu befriedigen, das Schwarzpulverschießen wurde so wieder zu einem verbreiteten und anerkannten Zweig des Schießsports.

Neu am Auftreten der Bürgerkriegsgruppen waren die Breitenwirkung und die Permanenz des Phänomens sowie der Grad an puristischer Perfektion, der im Laufe der Jahre erzielt wurde. Mit experimenteller Geschichtsforschung hat dies freilich wenig zu tun, denn die Quellenlage für das mittlere 19. Jahrhundert ist so gut, dass die Feldforschung als ergänzende Disziplin nichts Wesentliches beizusteuern vermag. Der didaktische und emotionale Erlebniswert für aktiv Beteiligte und Zuschauer ist allerdings erheblich. „Mehr als einmal während der Märsche, Scharmützel und Gefechte wurde das wirkliche Ziel des Reenactments erreicht: Ein kurzer Moment, in dem der Teilnehmer förmlich in die Vergangenheit reist. In einem solchen Moment, wenn auch nur für ein paar Sekunden, begegnet man direkt der Geschichte: Wie es einige meiner Freunde aus Virginia ausdrückten, öffnet sich plötzlich die Tür und man tritt in eine andere Zeit hinüber"[27].

Amerikanische Nationalparks und Museen, die ohnehin in ihren Methoden origineller und den Bedürfnissen der Besucher aufgeschlossener waren und sind als die meisten europäischen Institutionen, nahmen das Angebot der Reenactor-Gruppen bereitwillig an und integrierten sie als willkommene didaktische Bundesgenossen in ihre Programme. Schon vor der Bürgerkriegswelle gab es hier ortsgebundene Inszenierungen, die dem Besucher historischer Stätten wie Forts oder Plantagen die Vergangenheit ausschnittsweise verlebendigen sollten, am bekanntesten ist die mit Mitteln der Rockefeller-Stiftung durchgeführte „Rückführung" der virginischen Kolonialstadt Williamsburg auf den Stand der Zeit um 1770.

Der Erfolg der Bürgerkriegsgruppen legte es nahe, auch andere Epochen in vergleichbarer Weise zu erschließen. Passenderweise nahten auch schon die nächsten Jubiläen, nämlich die des Unabhängigkeitskrieges (1775–1783). Müßig zu konstatieren, dass nun allenthalben patriotische, britische, hessische Einheiten „reaktiviert" wurden, wenn auch die Beliebtheit des Bürgerkrieges und die Dimensionen der einschlägigen Reenactments bis heute unerreicht geblieben sind.

In den 1970er Jahren griff das Reenactment-Fieber aber auch kräftig nach Europa, vor allem nach Großbritannien, über. Neben den von den Amerikanern vorgegebenen Themen ging man bald auch zur Wiederbelebung der eigenen Geschichtsepochen über, insbesondere der englischen Bürgerkriege in den 1640er Jahren, deren Reenactors mittlerweile auch schon nach Tausenden zählen[28] und eine vielseitige Zulieferungsindustrie ins Leben gerufen haben. In den letzten Jahren gewinnen im Rahmen der anstehenden 200-Jahrfeiern vor allem Gruppen, die sich mit der Ära der Französischen Revolution und Napoleons befassen, an Beliebtheit. Doch auch älteren Zeiten, Kelten, Römern, Wikingern, dem Hohen und Späten Mittelalter widmet der „kreative Anachronismus", wie eine schöne angelsächsische Wortschöpfung lautet, in wachsendem Maße seine Aufmerksamkeit. „English Heritage", der einen großen Teil der britischen historischen Stätten betreut, arbeitet intensiv mit den verschiedenen Gruppen zusammen, um dem Publikum ein attraktives Programm anbieten zu können. So finden in Großbritannien Woche für Woche von Reenactors gestaltete Veranstaltungen statt, deren Thematik von der Vorgeschichte bis zum Zweiten Weltkrieg reicht[29].

Die Auswahl der Epochen, denen sich die Reenactment-Bewegung mit Vorliebe widmet, bestätigt wieder die Tatsache, dass der Krieg wirklich der Vater aller Dinge, zumindest der meisten Reenactments, zu sein scheint. In den angelsächsischen Ländern mit ihrem weniger belasteten und daher recht unbefangenen Zugang zur Militärgeschichte („Sports and Military") mag dies nicht weiter überraschen, doch findet sich das gleiche Phänomen auch bei den sich seit den 1980er Jahren in wachsender Zahl auf dem europäischen Kontinent etablierenden Gruppen, wofür teilweise das amerikanisch-britische Vorbild, teilweise die oben schon erläuterten objektiven und subjektiven „Sachzwänge" verantwortlich sein mögen.

Geradezu die Personifikation der in diesem Kapitel geschilderten Zusammenhänge stellt der Gründer der ältesten in Deutschland wirkenden ernsthaften römischen Reenactor-Gruppe dar, der Amerikaner Daniel Peterson. Als er 1982 seine Legio XIIII Gemina Martia Victrix ins Leben rief[30], war Peterson, der im „Zivilberuf" das Museum der damals in Frankfurt am Main stationierten Panzerdivision leitete, bereits längst aktiver Bürgerkriegssoldat (Nordstaaten), hessischer Jäger (Unabhängigkeitskrieg) und schwarzer Braunschweiger (Waterloo). Alsbald standen in seinem Museum neben GI-Uniformen römische Rüstungen, davor die Begründung in Gestalt einer Landkarte, in der neben dem damals aktuellen innerdeutschen Grenzverlauf der römische Limes eingezeichnet war: Wo damals die Römer standen und die Barbaren in Schach hielten, da stehen wir jetzt!

Neohistorismus?
Das plötzliche Auftreten einer Zehntausende von Aktiven und Millionen von Zuschauern ansprechenden, an geographischer Verbreitung und thematischer Zielsetzung rasch expandierenden Bewegung, die es sich zum Ziel gesetzt hat, Geschichte im Rahmen permanenter Organisationen mit minutiöser Genauigkeit nachzustellen, wobei gelegentlich die Grenze zum Mystischen bzw. Mystifizierenden überschritten wird, legt es nahe, hierin eine Neuauflage des Historismus des 19. Jahrhunderts zu sehen mit allen Motiven und Begleiterscheinungen, welche man diesem zuzuschreiben pflegt: Flucht aus der Gegenwart in Geschichtsepochen, die als aufregender, ästhetischer, bedeutender, „heiler" empfunden werden als der banale moderne Alltag; Beschwörung angeblicher Kontinuitäten mit nicht selten bedenklicher aktuell-ideologischer Nutzanwendung[31]; oberflächliches Zitieren unwiderruflich abgestorbener Formen, das im Kontext völlig veränderter Verhältnisse und Mentalitäten sowohl die Vergangenheit als auch die Gegenwart verfälscht und hinter dem sich ein steriler Mangel an Phantasie, origineller Kreativität und Selbstvertrauen verbirgt. Zu diesen traditionell dem Historismus vorgeworfenen Eigenschaften treten dann als neue Elemente die sich in den verschiedensten Bereichen austobende Sucht, utopische Alternativkulturen aufzubauen, die spezifischen Bedürfnisse einer reizüberfütterten, unterhaltungssüchtigen Freizeitgesellschaft und die neuen technischen Möglichkeiten, die paradoxerweise gerade auch der Erforschung und Neuschöpfung der Vergangenheit zugute kommen.

So mag es nicht zufällig erscheinen, dass gleichzeitig mit dem Siegeszug der Reenactment-Bewegung eine noch nie da gewesene Sensibilität gegenüber der Bedrohtheit unserer Umwelt zu konstatieren ist, nicht nur der natürlichen, sondern auch der menschengeschaffenen, historischen, die sich in einer Vielzahl von denkmalschützerischen Aktivitäten niederschlägt, und dass – noch signifikanter – ab den späten 1970er Jahren die bewusst ahistorische, rein funktionale Stilrichtung des 20. Jahrhunderts der so genannten Postmoderne Platz macht, die wieder mit traditionellen Elementen arbeitet. In der Geschichtswissenschaft zeigt sich ein zunehmendes Interesse an Alltagsgeschichte, die fast vergessene Musik des Mittelalters und der Renaissance wird wieder populär, man spielt Bach und Mozart in originalgetreuer Instrumentation und versucht unter regem Publikumsinteresse, die Küchengeheimnisse historischer und sogar prähistorischer Kulturen zu lüften. Unverkennbar manifestiert sich überall der Wille, den Tod der Vergangenheit nicht einfach zu akzeptieren, diese vielmehr in noch nie da gewesener Perfektion mit allen Sinnen nachzuvollziehen, ja nachzuerleben. Den Kulminationspunkt und zugleich die Negierung dieses Strebens nach sinnlich-illusionistischer Geschichtserfahrung stellt die Computersimulation dar, der Antipode und doch auch der Bruder des Reenactment[32].

Den Widerspruch, der aus der eklektischen Adaption historischer Formen unter den Bedingungen einer technisch-industriell geprägten Welt entsteht, teilt die Postmoderne mit dem Historismus, der ja gerade zur Zeit der industriellen Revolution hochkam. Trotzdem ist die immer wieder gezogene Parallele von Historismus und Reenactment-Bewegung nur teilweise überzeugend. Es stellt nämlich einen verbreiteten Trugschluss dar, die „unkreative" Übernahme historischer Stile, die Fixierung auf die Vergangenheit seien besondere Kennzeichen des späten 19. Jahrhunderts, singuläre Verirrungen, die dann durch den „Normalfall" der eigenständigen, den Ballast der Geschichte abschüttelnden Moderne überwunden worden seien. Das gerade Gegenteil ist richtig.

Die von den 1920er bis in die 1970er Jahre herrschende Richtung, die sich in konsequenter Loslösung von historischen Vorbildern zu verwirklichen suchte, war eine völlig neue, geradezu einzigartige Erscheinung und ganz und gar nicht der Normalfall. Die Kulturgeschichte Europas stellt seit der Römerzeit eine stete Auseinandersetzung mit der griechischen Antike dar und zwar nicht nur im Sinne einer lebendigen Kontinuität, sondern auch in Gestalt ganz bewusster Rückgriffe und Wiederbelebungsversuche. Ob man nun von Hellenismus, Klassizismus oder Renaissance spricht, das Grundphänomen ist immer wieder das gleiche. Selbst ein so originell und vital wirkender Stil wie der Barock bediente sich fast ausschließlich einer von der Antike entwickelten Formensprache.

Dass wir es hier mit keinem rein kunstgeschichtlichen Sachverhalt zu tun haben, möchte ich im folgenden Kapitel am Beispiel der römischen Rüstung und ihrer Rezeption durch die Jahrhunderte kurz darlegen. Dabei werden wir auch auf einige Zusammenhänge stoßen, die geeignet sind, Licht auf die Frage zu werfen, warum es gerade der römische Soldat und sein Erscheinungsbild waren, die in so herausragendem Maße das Interesse der Nachwelt erregt haben.

Ideal und Realität:
Das Bild des römischen Soldaten im Wandel der Jahrhunderte

Bis weit in unser Jahrhundert hinein wurde die Vorstellung, die man sich vom Aussehen eines römischen Soldaten machte (und nicht selten noch immer macht), ganz einseitig von den Steinskulpturen der berühmten stadtrömischen Denkmäler des fortgeschrittenen 1. und des 2. Jahrhunderts n. Chr. geprägt. Hierdurch ergab sich ein sehr einheitliches und statisches Bild, das auf die gesamte Dauer der römischen Militärgeschichte übertragen wurde. Erst als man in der zweiten Hälfte des 19. Jahrhunderts dazu überging, die Darstellungen auf den provinzialrömischen Soldatengrabsteinen und die Überreste originaler Ausrüstungsstücke auszuwerten, kam es zu gewissen Modifikationen. Je mehr Bodenfunde der Forschung zur Kenntnis kamen, desto klarer wurde, dass die Einseitigkeit des traditionellen Bildes nicht nur in der relativ kurzen Dauer der Epoche, aus der die allgemein bekannten Monumente stammten, begründet war, sondern auch in dem Umstand, dass die Römer selbst ein statisches, an klassischen und hellenistischen Vorbildern ausgerichtetes Bild davon hatten, wie ein Soldat aussehen *sollte*, und dementsprechend den Darstellungen, die sie uns auf den offiziellen Denkmälern hinterließen, eine idealisierende Note gaben.

Diese klassizistische Tendenz kam auf zwei Ebenen zum Ausdruck, auf der künstlerischen und auf der realen. Auf ersterer gab es auch wieder zwei Möglichkeiten, nämlich entweder ersetzte der Bildhauer die tatsächlich getragenen Ausrüstungsstücke durch solche, die den Konventionen klassischer oder hellenistischer Kunst entsprachen, oder er veränderte das Aussehen zeitgenössischer Stücke, indem er etwa ihre Proportionen denen der historischen Leitbilder anglich.

So tragen die auf der Traianssäule dargestellten Legionäre zwar ganz eindeutig den damals üblichen Helm Typus Weisenau, doch würde eine nur auf diesen Reliefs basierende Rekonstruktion ein sehr verzerrtes Abbild eines solchen Helms ergeben. Wie die zahlreich erhaltenen Originalstücke zeigen, besaß dieser von keltischen, also unklassischen Vorbildern abgeleitete Helmtyp sehr breite Wangenklappen und einen weit abstehenden Nackenschirm. Beide Merkmale wurden von den Künstlern nur stark reduziert wiedergegeben, um den Kopfschutz dem als klassisch erachteten attischen Helm ähnlicher zu machen. So kam es, dass der auch heute noch allgemein als typisch römisch geltende Helm mehr dem attischen als irgendeinem wirklich von römischen Legionären getragenen Typus gleicht. Dies trifft auf die Legionäre der meisten „Sandalenfilme" ebenso zu wie auf die „Asterix"-Römer.

Aber die klassizistischen Elemente in der Darstellung römischer Soldaten müssen nicht immer unrealistisch sein. Das griechisch geprägte Ideal blieb seinerseits nicht ohne Auswirkungen auf die real verwendete Ausrüstung, vor allem wenn es sich um Stücke handelte, bei denen der Repräsentationscharakter den funktionalen überwog, also solche, die zu Paradezwecken dienten, von hohen Dienstgraden und von Gardetruppen getragen wurden. Letztere – die Prätorianer und andere stadtrömische Garden – liefern bereits gute Beispiele für die bei vergleichbaren Truppenkörpern noch heute zu beobachtende Tendenz, aus dem Felddienst längst verschwundene Ausrüstungsstücke in bewusst archaisierender und durch die heroische Tradition prestigehebender Weise weiterzuverwenden – man denke nur an Beispiele wie die Schweizergarde in ihren Renaissanceuniformen oder die britischen Gardegrenadiere mit ihren roten Röcken und Bärenfellmützen. So trugen die Prätorianer noch im 2. Jahrhundert n. Chr. den von den Fronttruppen schon am Ende des 1. Jahrhunderts v. Chr. abgelegten großen gewölbten Ovalschild, der offensichtlich als ein Abzeichen der „altrömischen" Armee eines Scipio, Marius oder Caesar galt und entsprechend in Ehren gehalten wurde[33].

Die griechisch-römische Rüstungstradition ist mit dem Ende der Antike keineswegs aus der bildenden Kunst verschwunden, und es erscheint sogar sehr wahrscheinlich, dass zumindest im oströmischen Bereich derartige Rüstungen bis weit ins Mittelalter hinein von hohen Offizieren und Gardesoldaten realiter getragen wurden. Dies hängt in erster Linie damit zusammen, dass die Kaiser im Osten wie im Westen ihre Legitimation aus der Fortführung der römischen Reichsidee bezogen und auch viele andere Herrscher sich als Nachfolger der Caesaren fühlten, eine Tradition, die bis weit in die Neuzeit, bis Napoleon und Mussolini, reicht[34]. Es waren aber nicht nur die imperiale Kontinuität und das nach wie vor auf den antiken Autoren basierende Geschichtsbild, die für die fortwährende Präsenz der römischen Armee in der europäischen Vorstellungswelt sorgten, sondern in höherem Maße noch der Umstand, dass das Christentum im Rahmen des Römischen Reiches und in ständiger Auseinandersetzung mit ihm entstanden und groß geworden war, bis es mit der „Wende" unter Constantin dem Großen gleichfalls in das Erbe des Imperiums eintreten konnte. So sahen sich die Künstler ständig veranlasst, römische Soldaten darzustellen. Ob es sich nun um die Gerichtsverhandlung vor Pontius Pilatus, um die Kreuzigung, die Auferstehung oder um die Hinrichtung eines Märtyrers handelte – stets war römisches Militär anwesend.

Es ist nun richtig, dass man bis ins 16. Jahrhundert diese Römer oft genug ins zeitgenössische mittelalterliche Kostüm gesteckt hat, doch trifft das durchaus nicht immer zu. Besonders in der italienischen Kunst des 13. und 14. Jahrhunderts gab es eine wohl auf byzantinische Vorbilder zurückgehende antikisierende ikonographische Tradition.

Wie nicht anders zu erwarten, begann man in der italienischen Renaissance, die antiken Denkmäler auch in dieser Hinsicht systematisch zu studieren. Mit den Fresken Raffaels und Giulio Romanos in den Stanzen des Vatikans erreichte im frühen 16. Jahrhundert die künstlerische Nachempfindung antiker Rüstungen ein Stadium, das bis zum Beginn der Rekonstruktion auf provinzialarchäologischer Basis in der Mitte des 19. Jahrhunderts verbindlich sein sollte.

Es blieb in Renaissance und Barock aber durchaus nicht bei der rein bildnerischen Präsentation des römischen Soldaten, man versuchte sich vielmehr auch im Nachbau tragbarer Rüstungen. Im 16. Jahrhundert wurden in Italien Harnische und Helme „alla Romana" geschlagen, von denen die meisten mehr für repräsentative Zwecke als für den Krieg gedacht waren. Unter Ludwig XIV. und anderen Herrschern des Hochbarocks veranstaltete man so genannte „Carousels" oder „certamina equestria", Spätformen des Turniers in der Art von Pferdeballetten, die bis ins 18. Jahrhundert betrieben wurden und für die ganze Garnituren höchst aufwendig gestalteter römischer Reiterrüstungen einschließlich Feldzeichen und Musikinstrumente gefertigt wurden[35]. Diese Rüstungen weisen enge Verwandtschaft auf mit jenen, die vom 16. bis zum 18. Jahrhundert bei der Inszenierung von Römerdramen und Römeropern getragen wurden. Wie die Rekonstruktion römischer Parade- und Turnierrüstungen gezeigt hat, waren diese prachtvollen Garnituren mit ihrem blitzenden Gold und Silber und der üppigen Bekrönung bunter Straußenfedern weniger unrealistisch als man bis vor kurzem geglaubt hat.

Nicht vergessen sollte man auch die volkstümlicheren Versionen, in denen die „römischen Soldaten" bei der Aufführung von Passionsspielen und anderen religiösen Schauspielen steckten. Streng genommen dürfen die Römer der Oberammergauer Passionsspiele als die älteste noch aktive „Reenactor"-Gruppe Deutschlands gelten, wenn sie auch nicht mehr üppig barock, sondern karg nazarenisch gerüstet sind.

Das Römerbild des Klassizismus wird, namentlich in der Ära der Französischen Revolution, meist allzu ausschließlich ideologisch-didaktisch interpretiert, als hätten Jacques Louis David und seine Jünger kein echtes Interesse am authentischen Detail besessen. Ohne die in der Tat primär politische Ausrichtung der Kunst jener Zeit leugnen zu wollen, wäre es doch ganz falsch, ihr in diesen Dingen Schlamperei zu unterstellen. Vielmehr sah die Wende vom 18. zum 19. Jahrhundert die Anfänge archäologischer Feldforschung, wenn sie auch in ihrem künstlerischen Niederschlag noch stark von den seit der Renaissance etablierten ästhetischen Konventionen beeinflusst war.

Als sich dann in der zweiten Hälfte des 19. Jahrhunderts die provinzialrömische Archäologie zu etablieren begann, hatte dies die bereits erwähnten Rückwirkungen auf das nunmehr für gültig erachtete Bild des Legionärs. Erstmals entstanden Rekonstruktionen, die nicht nur freie Interpretationen der Steindenkmäler darstellten, sondern, so weit wie möglich, auf der Grundlage von Bodenfunden nachgebaute Originalwaffen integrierten. Gewiss, die Stücke wurden nicht immer chronologisch richtig kombiniert, auch die Zuweisung zu bestimmten Waffengattungen war bisweilen verfehlt und die Annahme, ein großer Teil der Schutzbewaffnung sei aus Leder gewesen, wurde erst 100 Jahre später von H. R. Robinson ad acta gelegt[36], doch der methodische Fortschritt war dennoch enorm.

Der optische Gesamteindruck der von Spezialisten wie Ludwig Lindenschmit für das Römisch-Germanische Zentralmuseum Mainz oder August Gansser-Burckhardt für das Vindonissa-Museum in Brugg geschaffenen Rekonstruktionen tendierte nun zum Schmucklos-Funktionalen – im Vergleich zu Gansser-Burckhardts Legionär in seinem Leder-Overall sieht ein GI des Vietnamkrieges geradezu wie ein bunter Vogel aus. Dies wirkte noch in vielen Sandalenfilmen nach, in denen man den barock prächtigen Offizieren nüchtern bis zur Hässlichkeit ausstaffierte Legionäre zu unterstellen pflegt.

Auf dem Stand der Pionierarbeit, die von den frühen Provinzialarchäologen geleistet wurde, stagnierte die Erforschung der römischen Militärrüstung bis in die 1970er Jahre. Dann erfolgte, von Großbritannien ausgehend, eine regelrechte Explosion der „Roman Military Equipment Studies", und damit stehen wir gleichzeitig am Anfang der römischen Reenactment-Bewegung.

Ermine Street Guard und Alpenmarsch
Die Rekonstruktion des auf der Traianssäule und einigen anderen Monumenten dargestellten Segmentpanzers, eines Kürass' aus geschobenen Eisenschienen, bereitete der Forschung seit langem Kopfzerbrechen. Den Durchbruch schaffte Anfang der 1970er Jahre der an den *Tower*

Armouries tätige Spezialist für orientalische Rüstungen Henry Russell Robinson aufgrund eines kompletten Exemplars, das, in Einzelteile zerfallen, 1964 in einer Kiste bei Corbridge gefunden worden war. Robinson baute alle Bestandteile des Panzers nach und kam schließlich zu einer funktionsfähigen Lösung. Er konzentrierte nun seine Forschertätigkeit auf die systematische Erfassung und Interpretation aller ihm zugänglichen originalen römischen Schutzwaffen. 1975 legte er das Ergebnis dieser Studien in Gestalt seines nach wie vor grundlegenden Werks „The Armour of Imperial Rome" vor[37].

Zur raschen Popularisierung des von Robinson entwickelten neuen Bildes vom römischen Soldaten trug entscheidend die rege Publikationstätigkeit des mit ihm eng zusammenarbeitenden Illustrators Peter Connolly bei, durch dessen didaktisch hervorragend gemachte grafische Umsetzungen Robinsons Erkenntnisse eine hohe plastische Anschaulichkeit gewannen[38]. Connolly beschäftigte sich auch mit handwerklicher Rekonstruktionsarbeit und erwarb sich hierbei vor allem Verdienste um die Erforschung des römischen Sattels.

Es war nun gewiss kein Zufall, dass das Studium der römischen Militärausrüstung von zwei Außenseitern, einem praktisch ausgerichteten Rüstungsfachmann und einem ähnlich orientierten Illustrator, so entscheidende Impulse erhielt. Ihr die vollständige und funktionale Rekonstruktion anstrebender Ansatz war es, der der Beschäftigung mit der dinglichen Hinterlassenschaft der römischen Armee innerhalb weniger Jahre zu einem ganz ungeahnten Aufschwung verhalf. Und ihr Ansatz war es auch, auf den die Reenactor-Szene gewartet hatte. Endlich gab es eine breite, fachlich abgesicherte, anschaulich aufbereitete Grundlage, um überzeugende Rekonstruktionen zu erarbeiten.

Die älteste der römischen Reenactor-Gruppen, die von Chris Haines geleitete Ermine Street Guard, war zwar schon 1972, also drei Jahre vor Erscheinen der Bücher von Robinson und Connolly, entstanden, doch hatte es sich damals um einen zur Abhaltung eines Festzuges improvisierten Verein gehandelt. Auch erwiesen sich die ersten Rekonstruktionsversuche

Abb. 6: Die Ermine Street Guard in Aktion: Bei genügender Teilnehmerzahl können sogar Formationen wie hier die „Schildkröte" (testudo) exerziermäßig vorgeführt werden. (Foto: Ermine Street Guard).

mangels brauchbarer Informationen als Fehlschläge. Die Guard hatte Glück und kam in Kontakt mit Robinson, der es sich angelegen sein ließ, die enthusiastischen Hobbyrömer mit dem nötigen Know-how zu versorgen. Nun machte die Authentizität und Brauchbarkeit der Ausrüstung rasche Fortschritte (Abb. 6).

Die Ermine Street Guard hat sich auf die Rekonstruktion der Legionsinfanterie der Mitte und zweiten Hälfte des 1. Jahrhunderts n. Chr. spezialisiert, ergänzt durch einige Auxiliarsoldaten und Geschütze. Dies lag nahe, denn für diese Zeit verfügen wir über ein relativ reiches Quellenmaterial in Gestalt von Bodenfunden, Grabsteinskulpturen und schriftlichen Zeugnissen, vor allem aber ist es die Epoche, in der die Römer Britannien erobert haben und die daher für einen Engländer, Waliser oder Schotten das größte Interesse besitzt. Die meisten der britischen und kontinentalen Gruppen, die sich im Laufe der nächsten zwei Jahrzehnte etablierten, folgten dem Vorbild der Ermine Street Guard. Es entstand so ein regelrechter Standardlegionär mit roter Tunica, Sandalen, Weisenau-Helm, Segmentpanzer, gewölbtem Rechteckschild, Kurzschwert vom Typus Pompeii, Dolch und *pilum*.

Die meisten Gruppen, und mögen sie noch so klein sein, verfügen außer einigen solcher Legionäre dann noch über einen *centurio* mit quergestelltem Helmbusch, einen *signifer* mit Feldzeichen und einen *cornicen* mit großem Metallhorn, dem dieser freilich fast nie überzeugend klingende Töne zu entlocken vermag.

Dieses auf die Ermine Street Guard zurückgehende etwas stereotype Erscheinungsbild hat seine Vor- und Nachteile. Zum einen passen die Gruppen chronologisch zusammen, sodass es bei größeren Veranstaltungen keine Stilbrüche gibt, zum anderen entsteht für das Publikum ein viel zu einheitliches Bild, das der Entwicklungsgeschichte der römischen Armee in den vielen Jahrhunderten ihrer Existenz nicht gerecht wird. Auch finden viele Römerfeste auf dem Gelände von Limeskastellen statt, deren Besatzung nicht aus Legionären, sondern aus Auxiliarsoldaten zu Pferd oder zu Fuß bestand, und die zudem oft erst Gründungen des mittleren 2. Jahrhunderts n. Chr. sind, sodass die Stilbrüche gewissermaßen durch die Hintertür doch wieder hereinkommen.

Unabhängig von der Ermine Street Guard kamen in Deutschland die Aktivitäten meiner Legio XXI Rapax und, wenig später, die der ebenfalls von mir geleiteten Ala II Flavia zustande. Erstere fällt aus dem Rahmen, da es sich zwar um Legionsinfanterie handelt, die jedoch des Gründungsanlasses wegen (2000-Jahrfeier der Stadt Augsburg oder, zutreffender, des römischen Alpenfeldzuges 1985) in die frühaugusteische Zeit datiert. Die Ala II Flavia dagegen bildete jahrelang die einzige, wenn auch naturgemäß kleine geschlossene Reitereinheit, die es unter den Römergruppen gab. Dies ist auf eine Initiative des Württembergischen Landesmuseums, Außenstelle Limesmuseum Aalen, zurückzuführen, auf dessen Gelände das gleichnamige Kavallerieregiment stationiert war. Auch die weiteren Aktivitäten meiner Gruppen hingen mit gezielten Buchprojekten und/oder Museumsaufträgen zusammen[39].

Ist die Wechselwirkung von Forschung, Feldexperiment, Dokumentation und Öffentlichkeitsarbeit im Falle meiner Gruppen dadurch gesichert, dass sie auf all diesen Gebieten gewissermaßen autark sind (eine Konsequenz meiner Doppelfunktion als Wissenschaftler und „Reenactor"), erfolgt sie etwa im Falle der Ermine Street Guard durch das enge Zusammenwirken mit Forschern wie Robinson, Connolly, M. C. Bishop, J. C. N. Coulston und Carol van Driel-Murray, die alle die Ergänzung ihrer theoretischen Arbeit durch die praktische Umsetzung als sehr wichtig empfinden. Die Guard gibt selbst eine kleine Zeitschrift heraus[40], vor allem aber wurde mit den regelmäßig stattfindenden „Roman Military Equipment Conferences" (ROMEC) eine hochkarätige internationale wissenschaftliche Plattform geschaffen, die von Anfang an auch die Aktivitäten seriöser Reenactor-Gruppen einbezogen hat. Die Ergebnisse der an wechselnden Orten stattfindenden Konferenzen werden in einer eigenen Publikationsreihe Forschung und Öffentlichkeit zugänglich gemacht[41].

In einem Ausmaß, wie es sonst in der Reenactor-Bewegung kaum zu finden ist, hat sich hier eine gegenseitige Befruchtung von Theorie und Praxis, Wissenschaft und Publikumsarbeit ergeben. Innerhalb der provinzialrömischen Archäologie darf aufgrund der besonderen Entwicklungen der letzten beiden Jahrzehnte der militärgeschichtliche Bereich als der besterschlossene gelten. „Auf keinem anderen Gebiet römischer Provinzialforschung ist die Verbindung von praktischer und theoretischer Archäologie so weit vorangeschritten wie auf dem der römischen Militärrüstung"[42].

Im Schatten des Militärs

Römergruppen gibt es mittlerweile außer in Großbritannien und Deutschland – den beiden Ländern mit nach wie vor der weitaus höchsten Mitgliederzahl – in den Niederlanden, Belgien, Frankreich, der Schweiz, Österreich, Ungarn, den USA und sogar in Australien, in Russland soll eine Gruppe im Aufbau befindlich sein, für Rumänien plant der in den USA und Österreich lebende Corneliu Stan ein großes Programm zu den 1900-Jahrfeiern der Feldzüge Traians. Das aktive Interesse an der römischen Vergangenheit beschränkt sich also keineswegs auf die einst zum Imperium gehörenden Länder. Andererseits hat die Bewegung das mediterrane Kerngebiet des Reiches einschließlich Italien fast überhaupt noch nicht erreicht. Was dort gelegentlich als „Römerkulisse" für touristische Zwecke geboten wird, bewegt sich auf unterem Festzugs- und Karnevalsniveau und hat mit modernem Reenactment nichts zu tun. Es würde zu weit führen, an dieser Stelle über die Gründe zu spekulieren, die dem in den einzelnen Ländern so unterschiedlich ausgeprägten Interesse zugrunde liegen mögen. In Italien wird man gewiss auch politisch bedingte Berührungsängste einkalkulieren müssen, da man in den Tagen Mussolinis eine allzu große Vorliebe für Statisten in römischen Rüstungen und Kostümen gehegt hatte. Als wir vor unserem Alpenmarsch 1985 zu einem Empfang der Stadt Rom in voller Montur aufs Kapitol marschierten, raunte es im erstaunten Publikum: „Ah, sono fascisti!"

Auf politische Ressentiments gegenüber dem „römischen Militär" kann man gelegentlich auch nördlich der Alpen stoßen, wobei die Kritik von rechts wie von links kommt („Undeutsche", „Römlinge",

Abb. 7: Hollywood lässt grüßen: „Römisches" Ballett auf den Aalener Römertagen. Der Tanz wird von der Gruppo Archeologico di Villadose (Piemont) im Zusammenhang einer „römischen Hochzeitsfeier" vorgeführt. Die Darbietung entspricht ebenso wie die Kleidung einem eher karnevalistischen Standard. Unter dem dominierenden Einfluss des 19. Jahrhunderts – nicht zuletzt von Opern à la Aida – wurden balletthafte Einlagen zu einem festen Bestandteil der Antikenfilme. Sie können – wie hier – klassizistischer oder aber afroasiatischer Provenienz sein, in keinem Fall aber haben sie etwas mit antiker Tanzkunst zu tun. Die Gruppe aus Villadose hat gleich beide Alternativen im Programm: Nach den römischen Damen treten auch noch Bauchtänzerinnen auf, die sich besonders organisch in eine römische Hochzeitszeremonie fügen. (Foto: Peter Hageneder).

„Imperialisten", „Militaristen" oder gar „Mörder", wie bei der Saalburgfeier im Herbst 1997 aus dem Munde eines Festgastes zu hören war). Insgesamt werden derartige Einwände jedoch erstaunlich selten vorgebracht, bedenkt man den „friedensbewegten" Zeitgeist sowie die bekannte Tatsache, dass fast alle Römergruppen sich nach militärischen Einheiten benennen und in ihrem Erscheinungsbild und in ihren Aktivitäten dementsprechend einen primär martialischen Charakter haben. Auf zivilem Sektor besteht also ein großer Nachholbedarf, dem nun in wachsendem Maße auch nachgekommen wird.

Schon der Umstand, dass die meisten Reenactors verheiratet sind oder feste Freundinnen haben, bringt zwangsläufig eine gewisse zivile Komponente ins Lager. Ein Freizeitlegionär, der sein Hobby über Jahre hinweg betreiben will, wird nur selten seine Familie ausklammern können und/oder wollen. Ungeachtet des auch von den Römern recht oft ignorierten Heiratsverbots, das bis ins späte 2. Jahrhundert n. Chr. für die Soldaten galt, gibt es daher in den Lagern fast aller Gruppen römisch gewandete Frauen, Mädchen und Kinder. Da sich ihr Tätigkeitsfeld vor allem auf „Haushalt" und Handarbeiten erstreckt, treten sie freilich nicht so spektakulär in Erscheinung wie ihre schwer bewaffneten Männer, Freunde, Väter und Söhne.

Eine weitere zivile Komponente besteht in den Handwerkern und Händlern, die oft genug ihre Produkte nicht nur zeigen und anbieten, sondern auch Herstellungstechniken demonstrieren. Teilweise gehören sie den Gruppen an, teilweise treten sie selbstständig auf. Im Falle der kleinen, aber sehr vielseitigen Gruppe um Alexander Zimmermann (Legio VIII Augusta) wird die militärisch-handwerkliche Symbiose durch die Tatsache begünstigt, dass der Chef der Truppe gelernter Schmied ist.

Optisch am auffallendsten ist an den Zivilisten natürlich die Kleidung. Ihre Rekonstruktion geht vor allem auf die Interpretation der Bildquellen zurück, wobei die auf praktischen Versuchen beruhenden Arbeiten der Amerikanerin Lillian M. Wilson nach wie vor grundlegend sind[43].

Abb. 8: Abseits vom Klischee: Rekonstruktion einer stark von keltischen Traditionen geprägten provinzialrömischen Frauentracht des 1. Jahrhunderts n. Chr. Vorbild sind der Grabstein des Reeders Blassus und seiner Frau Menimane aus Mainz-Weisenau und Bodenfunde. Charakteristisch ist der reiche Schmuck mit Fibeln, Armreifen und einer um den Hals getragenen Schmuckscheibe, letztere nach einem in Bonn gefundenen Original (Gruppe Zimmermann). (Foto: Ilse Wagner).

Im Gegensatz zu den meisten anderen historischen Moden ist die der Römer recht unkompliziert im Schnitt, schwierig ist, wie im Falle der Toga, allenfalls die Drapierung. Man darf es sich allerdings auch nicht *zu* einfach machen und muss besonders bei der Auswahl der Textilien und ihrer Farben aufpassen, soll nicht der sattsam bekannte Anblick von „Betttuchrömern" geboten werden (Abb. 7 und 8).

Der relativ geringe Aufwand an handwerklichem Können, der mit der etwas vereinfachten Herstellung antiker Kostüme verbunden ist, legte es nahe, Verkleidungsspiele ins didaktische Programm von Museen und Archäologischen Parks aufzunehmen, wie das verschiedenenorts schon seit Jahren geschieht. Es ist dies gerade bei Schülern ein gutes Mittel, die Hemmschwelle beim Museumsbesuch zu überwinden. Kommentierte Modenschauen mit diversen Arten antiker Kleidung sind auf Römerfesten eine beliebte Attraktion. So hat sich die Kostümbildnerin Ursula Denfeld in Bad Homburg v. d. H. darauf spezialisiert, die oft recht komplizierten Haartrachten der Römerinnen am lebenden Objekt zu rekonstruieren. Die Kandidatinnen stehen meist Schlange, um sich mit Kamm und Haarnadeln eine authentische Frisur verpassen zu lassen.

Die Mehrzahl der Römerfeste findet an Örtlichkeiten statt, wo einst römische Militäranlagen wie Kastelle und Legions-

Abb. 9: Lebendiges Latein: Der Altphilologe Wilfried Stroh als Faunus, über den er gerade eine ausführliche wissenschaftliche Untersuchung verfasst hat (Sodalitas LUDIS LATINIS faciundis). (Foto: Rainer Heilmann, Oberschleißheim).

Musica et culina Romana

Unter diesem Titel fanden in der Prähistorischen Staatssammlung München im Herbst 1997 mehrere gut besuchte Veranstaltungen statt, bei denen versucht wurde, „lebendige Geschichte" nicht auf den rein technisch-handwerklich-antiquarischen Bereich zu reduzieren, sondern lateinische Sprache und Literatur sowie römische Musik einzubeziehen, wobei die römische Kochkunst das verbindende Element abgab. Wilfried Stroh übernahm den sprachlich-literarischen, die Musikgruppe „Synaulia" unter Walter Maioli den musikalischen, ich selber den antiquarischen und kulinarischen Teil.

Die Bestrebungen, das Latein wieder aus dem Ghetto einer „toten Sprache" herauszuführen, stellen gewiss in mancher Hinsicht eine Parallele zum Phänomen der „belebten Archäologie" dar. Neben der Freude am lebendigen Latein spielen hier auch die leider nur zu begründeten Befürchtungen, die Sprache könne ihren traditionellen Platz in der höheren Schulbildung einbüßen, eine stark motivierende Rolle (Abb. 9)[45]. Latein kann natürlich auch ohne römischen Kontext geboten werden, war es doch bis weit in die Neuzeit hinein eine nicht nur gelesene, sondern auch gesprochene und geschriebene Sprache, doch überwiegt heutzutage das Interesse an authentischer römischer Sprachpraxis bis hin zur korrekten Gestik[46].

Die Wiederentdeckung historischer Kochkunst ist noch deutlicher in Parallele zur Reenactment-Bewegung zu sehen. Kochbücher mit Rezepten aus der Römerzeit – wie auch solche mit mittelalterlichen und frühneuzeitlichen Rezepten – erlebten gerade in den letzten Jahren einen ausgesprochenen Boom. Eine Auswahl von Rezepten aus dem so genannten Kochbuch des Apicius, einer schon im Mittelalter mit großem Interesse immer wieder kopierten spätrömischen Kompilation mit Hunderten von Rezepten der kaiserzeitlichen Küche, die Elisabeth Alföldi-Rosenbaum 1958 in Englisch herausgebracht hatte, ging in deutscher Übersetzung zwischen 1970 und 1993 durch zehn Auflagen[47]. Mittlerweile sind eine ganze Reihe ähnlicher Werke erschienen, fast immer

lager gestanden haben (Saalburg, Aalen, Haltern, Pfünz, Windisch, „The Lunt", Vindolanda usw.). Dort ist der vorherrschend militärische Charakter ziemlich aller Reenactment-Gruppen durchaus am Platze. Einige der größeren Rekonstruktionsprojekte gerade der letzten Jahre und Jahrzehnte galten jedoch Villen und Zivilstädten, etwa dem schon länger bestehenden Römerhaus in Augst, dem auf dem Gelände der Colonia Ulpia Traiana errichteten Archäologischen Park Xanten, Heerlen, Fishbourne Villa, der Villa in Möckenlohe bei Eichstätt, der Villa Borg im Saarland, dem Tempelbezirk im Archäologischen Park Kempten, den Anlagen im Archeon bei Leiden in Holland[44]. Villen, Thermen, Gasthöfe, Tempel sollten natürlich weniger von gepanzerten Soldaten als von den verschiedensten Arten von Zivilisten „bevölkert" werden, womit die existierenden Römergruppen überfordert sind. An einigen dieser Plätze ist man nun dabei, ortsgebundene Gruppen zur kontinuierlichen Belebung des Geländes an Wochentagen und Aktionswochenenden zu organisieren. Sogar kleine Tierparks mit Rindern, Schweinen, Hühnern, die den Rassen der Römerzeit ähneln, existieren schon.

gekürzte und kommentierte Apicius-Ausgaben. Doch hat man in jüngster Zeit auch anderen, älteren Quellen wie den Agrarschriftstellern oder dem *Moretum*-Gedicht größere Aufmerksamkeit geschenkt, zumal diese geeignet sind, ein Licht auf die ursprüngliche, noch nicht hellenisierte Küche der Römer zu werfen[48]. Vergleichsweise schon früh, seit 1981, wurde von Frau Dr. Inken Jensen im Reiss-Museum Mannheim (heute Reiss-Engelhorn-Museen Mannheim) mit großem Erfolg über viele Jahre hin nach Voranmeldung Besuchergruppen ein unter Anleitung selbst zubereitetes Essen auf der Grundlage des *Moretum*-Gedichtes angeboten; das Angebot wurde später dort in das Programm der Museumspädagogik übernommen (Jensen, Inken [1984]: Die Reibschale von Mannheim-Wallstadt. Einführung in die „Römische Küche" für Besucher des Reiß-Museums in Mannheim. In: Archäologische Nachrichten aus Baden H. 32: 27–36; Übersetzung des Moretum-Gedichtes von Dietwulf Baatz ebd.: 34–35).

Kein Römerfest, bei dem nicht der Versuch gemacht wird, das eine oder andere überlieferte Rezept nachzuempfinden (Abb. 10).

Natürlich können immer nur Annäherungswerte erzielt werden, da recht selten Mengenangaben und detaillierte kochtechnische Anweisungen aufgezeichnet worden sind – freie Bahn also dem Experiment. Dabei können die Methoden der neurömischen Köche von vorsichtiger Kompromissbereitschaft bis zu eiserner, vor keiner noch so ausgefallenen Zutat, keiner noch so kühnen Geschmackskombination zurückschreckender Konsequenz reichen. „Nach antiken Rezepten zu kochen, hat einen Hauch von Abenteuer an sich; es liegt nicht nur auf der Linie des heutigen Interesses für fremdes, ja exotisches Essen, sondern entspricht darüber hinaus dem aktuellen Trend zum Nachvollziehen des Alltags früherer Zeiten ... So wird die Antike nicht nur optisch und taktil, sondern auch in Bereichen sinnlich erfahrbar, die jenseits der Grenzen des üblichen Rekonstruierens liegen: Nämlich im Bereich des Geschmacks und des Geruchs."[49].

Der sinnliche Bereich, der bisher auf allen Römerveranstaltungen am wenigsten berücksichtigt wurde, ist der akustische. Sieht man von der üblichen „Ben Hur"-Beschallung[50] ab, dann gab es allenfalls die misstönenden Blasversuche des ein oder anderen ungeübten Hornisten auf seinem mehr optisch als akustisch eindrucksvollen Instrument und das meist dem Exerzierdrill der britischen Armee nachempfundene Kommandogebrüll diverser Centurionen. Das war und ist umso bedauerlicher, als die Musik in allen Bereichen des römischen Lebens eine gar nicht zu überschätzende Rolle gespielt hat[51].

Die Gründe für die Zurückhaltung in diesem Bereich sind leicht zu erkennen. Antike Autoren haben uns zwar viele Informationen zur römischen Musik hinterlassen, die verwendeten Instrumente kennen wir aufgrund von Abbildungen und Bodenfunden sogar sehr genau. Was aber fast völlig fehlt, das sind die Noten, die Melodien[52]. Trotzdem ist es durchaus möglich, den Klangkörper und die Rhythmik römischer Musik recht zuverlässig zu rekonstruieren. Der erstere ergibt sich aus der Analyse der erhaltenen Originalinstrumente, die letztere aus dem Sprachrhythmus überlieferter römischer Gedichte und Lieder. Dies erfordert freilich hervorragende Fachkenntnisse und großes Einfühlungsvermögen. Das Ergebnis ist, wie beim Kochen, unweigerlich immer etwas hypothetisch, der Gesamteindruck, der sich unter Ausschöpfen aller Möglichkeiten erzielen lässt, könnte aber im Wesentlichen zutreffend sein.

Diesem Ziel sind Walter Maioli und seine Gruppe „Synaulia" (Volterra) nun entscheidend näher gekommen (Farbtaf. 1,f). Eine den Blasinstrumenten und eine den Saiteninstrumenten gewidmete CD sind 1996 und 2002 erschienen, weitere sollen folgen[53]. Die Gruppe tritt auch öffentlich auf, wobei der optische Eindruck wegen der nach dem Vorbild antiker Darstellungen einstudierten Bewegungen gleichfalls überzeugend ist. Die Einschaltung der Musik lässt bei künftigen Veranstaltungen eine Art „Gesamtkunstwerk" anstreben, das auf alle Sinne einwirkt und unser Bild von der römischen Antike um bisher ver-

Abb. 10: Alltag im Zeltlager. Die Ausrüstung entspricht der der augusteischen Ära, wie sie bei der Alpenüberquerung der Legio XXI Rapax 1985 getragen wurde (Gruppe Junkelmann). Im Hintergrund das aus über 60 Ziegenhäuten zusammengenähte Zelt für ein contubernium *(Gruppe von acht Mann), in der Mitte die steinerne Handmühle (*mola manuaria*). (Foto: Beate Merz, München).*

nachlässigte oder entstellt dargebotene Nuancen bereichern kann.

Einige Spekulationen zu den Motiven
Das Rekonstruieren historischer Rüstungen, Kostüme, Instrumente ist schwierig, zeitaufwendig und teuer, und die Römerzeit gehört zudem noch zu den besonders anspruchsvollen Epochen. Die komplette Ausrüstung eines Legionärs kostet, gut gemacht, mindestens das Vierfache von der eines Infanteristen aus dem Amerikanischen Bürgerkrieg. Experimente und Reenactment-Aktivitäten bringen dann auch noch mehr oder weniger intensiven Verschleiß der kostspieligen Requisiten mit sich. Die Honorare, die von den Organisatoren von Museumsfesten, von Fernsehanstalten und anderen Institutionen, welche die Dienste der Reenactors in Anspruch nehmen, gezahlt werden, können im Allgemeinen nur einen Teil dieser Kosten abdecken. Weshalb findet dann ein so teures Hobby so weiten Anklang?

Wir müssen hier unterscheiden zwischen den Motiven 1. der Akteure selbst, 2. der Auftraggeber und Veranstalter (Museen etc.) und 3. des Publikums, das die Veranstaltungen frequentiert, die einschlägigen Veröffentlichungen kauft usw.

Mitwirkende an meinen Experimenten haben sich im Rahmen zweier meiner Publikationen in Form kurzer Statements zu ihren Motiven und Erlebnissen geäußert[54]. Diese zeigen, was auch durch anderweitige Erfahrungen bestätigt wird, dass es einen einheitlichen Typus des Neorömers nicht gibt. Ein gewisses, in seiner Intensität sehr unterschiedlich ausgeprägtes Interesse an Geschichte ist vorauszusetzen, sonst würden sich die übrigen Antriebskräfte andere Ventile suchen. Hinzu treten handwerklicher Ehrgeiz – soweit sich die Leute Teile ihrer Ausrüstung selbst machen –, die Freude an nicht alltäglichen Formen „sportlicher" Betätigung wie Gewaltmärschen, Fechtübungen und Ritten mit historischem Zubehör bis hin zum Bedürfnis nach körperlicher Selbstbestätigung und dem Wunsch, bei etwas Außergewöhnlichem, vielleicht auch Aufsehenerregendem mitzumachen, der die eher introvertierte Befriedigung gegenübersteht, die vom Ausüben anspruchsvoller, aber doch nicht von moderner Technik geprägter Praktiken ausgeht. Schon gar nicht lässt sich eine einheitliche politische oder ideologische Linie ausmachen. An meinen Aktionen haben Berufsoffiziere ebenso mitgemacht wie Wehrdienstverweigerer, bei den Demonstrationen in Wackersdorf standen sich „Römer" beiderseits des Zauns gegenüber.

Nicht zu unterschätzen ist die Eigendynamik, die von einer „Initialzündung" ausgeht. Ist erst einmal mit Erfolg ein Kern gebildet, kristallisieren sich immer wieder neue Teilnehmer an. Der Freund von jemandem, der, aus welchen Motiven auch immer, zu den Römern gestoßen ist, findet es interessant, was da gemacht wird, und schließt sich an, obwohl er/sie vielleicht Geschichte bisher eher langweilig gefunden hat. Was die Zahl der Aktiven anbetrifft, die ja ohnehin nur einen winzigen Promillesatz der Gesellschaft ausmacht, so sollte man, glaube ich, das Wirken des „Zeitgeistes" nicht überbewerten. Eine entsprechende Zahl wäre vor 50 oder 100 Jahren ebenso gut zusammenzubringen gewesen. Wo sich der Zeitgeist oder, anders ausgedrückt, die Mode viel stärker auswirkt, das ist das breite Publikum, einschließlich der Medien, ohne deren Interesse die Gruppen nur ein unbeachtetes Schattendasein fristen würden, und das sind die Museen und anderen Institutionen, die – nicht zuletzt auf das erwartete Echo in der Öffentlichkeit reflektierend – die Zusammenarbeit mit den Gruppen suchen und diesen so die benötigte Plattform vermitteln.

Natürlich gab es und gibt es unter den Museumsleuten und Universitätsgelehrten nicht unverständliche Hemmungen, die Reenactors in die heiligen Hallen ihrer Institute eindringen zu lassen. Man möchte die Atmosphäre des Originalen, Authentischen auf Ausgrabungsstätten und in Museen nicht von allzu bunten und penetrant lebendigen Kostümgruppen totschlagen lassen, möchte in edler Zurückhaltung nicht um die Gunst der Masse buhlen oder möchte ganz einfach nicht gestört werden. Die nicht zu bestreitenden Erfolge der experimentellen Archäologie und der harte Wettbewerb, dem mittlerweile auch wissenschaftliche Institutionen ausgesetzt sind, wenn es um die Zuteilung öffentlicher Mittel und um Sponsorengelder geht, haben schließlich aber auch die meisten Skeptiker gezwungen, sich zumindest mit einer handverlesenen Auswahl der Experimental- und Reenactment-Gruppen einzulassen[55]. Von den Besucherzahlen, die mit aktionsbestimmten Römertagen in die Museen und Parks „gelockt" werden konnten, geht eben ein statistisch zu messender Zugzwang aus[56].

Das soll nun nicht heißen, ein Großteil der Verantwortlichen in den Museen und anderen Forschungsinstitutionen habe sich von den Reenactors nur widerstrebend gewissermaßen ins Schlepptau nehmen lassen. In der großen Mehrzahl der Fälle war meinen Erfahrungen nach von Anfang an ausgesprochene Kooperationsbereitschaft vorhanden, man rannte gewissermaßen offene Türen ein. Eine ganze Reihe von aufwendigen Rekonstruktionsprojekten kam auf Initiative von Museen zustande – des Limesmuseums Aalen, des Rheinischen Landesmuseums Trier und des Archäologischen Parks Carnuntum beispielsweise. Viele Schausammlungen zeigen mittlerweile nicht nur rekonstruierte Rüstungen und Einzelobjekte, sondern nutzen auch Bildmaterial und Videofilme von Reenactor-Aktivitäten als didaktische Hilfsmittel. So dienen im Westfälischen Römermuseum Haltern leicht verfremdete Großreproduktionen vom Alpenmarsch meiner Legionärsgruppe geradezu als optisches Leitmotiv, Bilder von Reitern der Ala II Flavia zieren schon eine ganze Reihe von Museums- und Ausstellungsplakaten, und der Leithengst Pegasus dürfte es auf diese Weise schon zum meistabgebildeten Pferd Deutschlands gebracht haben.

Wiederbelebte Geschichte entspricht einem seit Jahrtausenden zu belegenden Bedürfnis des Menschen. Das 19. Jahrhundert entwickelte sie zu einem Mittel der Forschung („experimentelle Archäologie") und der Didaktik weiter. Insofern sind Rekonstruktion und Reenactment traditionellere Methoden, als man das gemeinhin wahrhaben will. Die vor allem auf naturwissenschaftlichen Fortschritten basierende zunehmende Genauigkeit, mit der sich die alltägliche Wirklichkeit vergangener Zeiten rekonstruieren lässt, das durch die Konkurrenz von Film, Fernsehen und Computer geförderte Bedürfnis nach optischem, akustischem und aktivistischem Erleben von bisher vorwiegend theoriebelastetem, sprödem, „langweilig" gebotenem Bildungsgut und der ein kostspieliges Hobby erlaubende materielle Wohlstand haben diese Ansätze nun zu einem Phänomen werden lassen, das innerhalb kurzer Zeit eine verblüffende Breitenwirkung erzielen konnte. Natürlich ist es bis zu einem gewissen Maße eine auf Ansteckung und Kopiersucht zurückzuführende Mode, die, wie jede Mode, auch wieder abflauen und sich auf die soliden Kernbestandteile reduzieren wird.

Anmerkungen / Literatur:

1 Baatz, Dietwulf (1985): Die Saalburg – ein Limeskastell 80 Jahre nach der Rekonstruktion. In: Ulbert, Günter & Weber, Gerhard (Hrsg.), Konservierte Geschichte? Antike Bauwerke und ihre Erhaltung: 117–129. Stuttgart. – Schallmayer, Egon (Hrsg.) (1997): Hundert Jahre Saalburg. Vom römischen Grenzposten zum europäischen Museum. Mainz. – Zur Rekonstruktion römischer und anderer Denkmäler in Deutschland generell siehe auch: Schmidt, Hartwig (2000): Archäologische Denkmäler in Deutschland. Rekonstruiert und wieder aufgebaut (= Sonderheft Archäologie in Deutschland). Stuttgart.

2 Knieriem, Peter & Löhnig, Elke (1997): Panificium im Experiment. In: Junkelmann, Marcus, Panis militaris. Die Ernährung des römischen Soldaten oder der Grundstoff der Macht: 134–136. Mainz.

3 Zum „Sandalenfilm" siehe auch den Beitrag von Marcus Junkelmann „Rezension: Ein Traum von Rom" in diesem Buch; zu „Asterix" siehe Westfälisches Römermuseum Haltern (Hrsg.) (1999): „Die spinnen die ...". Mit Asterix durch die Welt der Römer. Haltern.

4 Schramm, Erwin (1918/1980): Die antiken Geschütze der Saalburg. Nachdruck der Ausgabe von 1918 mit einer Einführung von Dietwulf Baatz. Bad Homburg vor der Höhe.

5 Junkelmann, Marcus (1997): Besprechung von Dietwulf Baatz: Bauten und Katapulte des römischen Heeres. In: Göttingische Gelehrte Anzeigen 249: 96–119.

6 Wilkins, Alan (1995/1996): Reconstructing the *cheiroballistra*. In: Driel-Murray, Carol van (Hrsg.), Roman Military Equipment: Experiment and Reality (= Journal of Roman Military Equipment Studies 6): 5–60. – Ders. (2000/2002): *Scorpio* and *cheiroballistra*. In: Croom, Alexandra & Griffiths, W. B. (Hrsg.), Re-enactment as Research (= Journal of Roman Military Equipment Studies 91): 77–101. – Aitor, Iriarte (2000/2002): Pseudo Heron's *cheiroballistra* a(nother) Reconstruction: I. Theories. In: ebd.: 47–75.

7 Morrison, John S. & Coates, John F. (1990): Die athenische Triere. Geschichte und Rekonstruktion eines Kriegsschiffs der griechischen Antike. Mainz. – Zur Galeere von Napoleon III. ebd.: 34–36.

8 Coles, John (1979): Experimental Archaeology, u. a.: 3. London.

9 Ebd.: 26.

10 Zum historischen Festzug siehe Hartmann, Wolfgang (1976): Der historische Festzug. Seine Entstehung und Entwicklung im 19. und 20. Jahrhundert. München.

11 Delbrück, Hans (1908): Geschichte der Kriegskunst im Rahmen der politischen Geschichte. Band I. Das Altertum, 3. Aufl. 1920 (1900): 441. Berlin. (Zitat-Zufügung aus der 2. Auflage von 1908).

12 Baatz a.a.O. (Anm. 1): 119.

13 White, Lynn jun. (1962): Medieval Technology and Social Change. Oxford (deutsche Übersetzung 1968: Die mittelalterliche Technik und der Wandel der Gesellschaft. München). – Junkelmann, Marcus (1992): Die Reiter Roms. Teil III: 100–119. Mainz.

14 Ulbert, Günter & Weber, Gerhard (1985): Konservierte Geschichte? Versuch einer Bilanz. In: Dies. (Hrsg.) a.a.O. (Anm. 1): 295–316; hier: 307.

15 Oldenstein, Jürgen (1997): Mit hasta und lorica Wache schieben. Rekonstruktion der Ausrüstung eines Auxiliarsoldaten aus severischer Zeit. In: Schallmayer (Hrsg.) a.a.O. (Anm. 1): 134–146; hier: 134. – Zu den Kooperationsschwierigkeiten und -möglichkeiten, die zwischen Wissenschaftlern und Reenactors bestehen, siehe die grundsätzlichen Bemerkungen von Griffiths, W. B. (2000/2002): Re-enactment as Research: Towards a Set of Guidelives for Re-enactors and Academics. In: Croom, Alexandra & Griffiths, W. B. (Hrsg.) a.a.O. (Anm. 6): 135–139.

16 „However this is not reconstruction archaeology in its strictest sense, for ironically enough much of the equipment is too well-made, and understandably enough, not field-tested to destruction under observation." (Bishop, M. C. & Coulston, J. C. N. [1993]: Roman Military Equipment from the Punic Wars to the Fall of Rome: 40. London. Ganz ähnlich Coles a.a.O. [Anm. 8]: 180). Die Kostbarkeit der Ausrüstung ist auch die Ursache, „that Roman groups do not participate in physical combat ... though there are some excellent Iron Age Celtic groups who would be happy to cross swords ..." (Elliot-Wright, Philip J. C. [2000]: Living History: 19. London). Die Gruppe cohors V Gallorum in South Shields (Nordengland) hat immerhin die bei Gebrauch unter Kasernenbedingungen und bei einfacher Lagerung eintretenden Schäden dokumentiert: Croom, Alexandra (2000/2002): The Wear and Tear of Third Century Military Equipment. In: Dies. & Griffiths (Hrsg.) a.a.O. (Anm. 6): 129–134.

17 Zu diesen Experimenten siehe vor allem: Junkelmann, Marcus (1986): Die Legionen des Augustus. Der römische Soldat im archäologischen Experiment. Mainz. – Ders. (1990; 1991; 1992): Die Reiter Roms Teile I; II; III; Mainz. – Ders. (1996): Reiter wie Statuen aus Erz. Mainz. – Ders. a.a.O. (Anm. 2). – Ders. (2000e): Das Spiel mit dem Tod. So kämpften Roms Gladiatoren. Mainz.

18 Eckardt, Karlheinz (1996): Am Limes. Römische Experimentalgruppen in Europa: 6. Benningen am Neckar.

19 So verzichten die Ruderer auf der rekonstruierten athenischen Triere (s. Anm. 7) auf authentische Kleidung, was in diesem Falle ja auch mehr eine Entkleidung wäre. Es fragt sich allerdings, ob man bei öffentlichen Vorführungen und bei der bildlichen Dokumentation nicht Zugeständnisse machen sollte. Der Durchschnittsbetrachter dürfte die viele Bilder regelrecht dominierenden T-Shirts, Turnschuhe, Plastikflaschen und Fotoapparate doch als unnötig störend empfinden.

20 Das Landesmuseum Trier beauftragte mich mit der Rekonstruktion und experimentellen Erprobung der in der Kaiserzeit gängigsten Gladiatorentypen. Die erwähnte Ausstellung wurde im Museum für Kunst und Gewerbe Hamburg, im Historischen Museum der Pfalz Speyer und im British Museum London gezeigt.
Die Ergebnisse meiner Arbeiten flossen ein in die Publikationen Junkelmann, Marcus (2000b): Familia Gladiatoria. Die Helden des Amphitheaters. In: Köhne, Eckart & Ewigleben, Cornelia (Hrsg.) (2000), Gladiatoren und Caesaren. Die Macht der Unterhaltung im antiken Rom: 39–80. Mainz. – Ders. a.a.O. (Anm. 17, 2000e): 39–80. – Siehe ferner: Kuhnen, Hans-Peter (2000): Rekonstruierte Gladiatoren. Das Trierer Gladiatorenprojekt des Rheinischen Landesmuseums Trier mit Dr. Marcus Junkelmann. In: Funde und Ausgrabungen im Bezirk Trier 32: 59–70.

21 Siehe auch den Beitrag von Marcus Junkelmann „Rezension: Ein Traum von Rom" in diesem Buch.

22 Die Gruppe gibt die italienisch-englisch erscheinende Zeitschrift „Machia" heraus. Zur Schwerathletik bei den Römern siehe Junkelmann, Marcus (2000c): Griechische Athleten in Rom. Boxen, Ringen und Pankration. In: Köhne & Ewigleben (Hrsg.) a.a.O. (Anm. 19): 81–90.

23 Thomas Hardy (1840–1928): The Dynasts. Part I, Act II, Scene 5.

24 „The legionary continues to be an incredibly glamorous figure and despite the passing of two millenia, it is still a spine tingling experience to see the Imperial Roman Army march by. I wonder how proud the Caesars would be to know that their legions are still marching and their walls are still manned." (Bell, Neil [2000]: Pax Romana. In: Revival, April/May 2000: 16–19; hier: 19).

25 Dies wird am Beispiel der Militärverpflegung ausführlich dargelegt in: Junkelmann a.a.O. (Anm. 2).

26 Zu den Bürgerkriegsreenactors siehe Schiller, David Th. (1990): The American Civil War Recreated in Colour Photographs. (= Europa Militaria, Special 1).

27 Ebd.: 3 (über das Reenactment der Schlacht von Gettysburg im Jahre 1988 mit 12 000 Aktiven).

28 „Sealed Knot", die größte dieser Gruppen zählte im Jahr 2000 allein 6500 Mitglieder (Elliot-Wright a.a.O. [Anm. 16]).

29 Der „Events"-Kalender von „English Heritage" zählt für das Jahr 1999 unter den Rubriken „Living History" und „Battles and military displays" 152 verschiedene Veranstaltungen an historischen Plätzen auf. Den Höhepunkt bildet alljährlich die Großveranstaltung „History in Action" in Kirby Hall, deren Programm einen „Durchzieher" von der Eisenzeit bis zum Zweiten Weltkrieg bietet (mit gemeinsamer Schlussparade der über 2000[!] Teilnehmer, wobei sich konsequente Authentizität im Detail oft genug mit britischem Humor und Selbstironie mischen).

30 Peterson, Daniel (1992): The Roman Legions Recreated in Colour Photographs. (= Europa Militaria, Special 2).

31 Der Nationalismus des 19. Jahrhunderts gefiel sich in der Erfindung von romantischen und

identitätsstiftenden Traditionen, die heutzutage allgemein für echt gehalten werden. Siehe hierzu White, Hayden (1973): Metahistory. The Historical Imagination in Nineteenth Century Europe. Baltimore. – Hobsbawm, Eric u. a. (Hrsg.) (1. Aufl. 1983, Repr. 1993): The Invention of Tradition. London.

32 Computersimulationen gehören mittlerweile zum Programm vieler Museen. Mit hoher Suggestivkraft bedient sich digitaler Rekonstruktionen Ridley Scotts Monumentalfilm „Gladiator" (siehe auch den Beitrag von Marcus Junkelmann „Rezension: Ein Traum von Rom" in diesem Buch).

33 Zu Realismus und Stilisierung in der antiken Darstellung römischer Soldaten siehe Waurick, Götz (1983): Untersuchungen zur historisierenden Rüstung in der römischen Kunst. In: Jahrbuch des Römisch-Germanischen Zentralmuseums Mainz 30: 265–301. – Junkelmann, Marcus (2000f): Römische Helme = Sammlung Axel Guttmann 8: 9–23. Mainz, Berlin.

34 Es ist sehr bezeichnend, dass gerade in der Zeit des Absolutismus sich viele Fürsten, dem Vorbild Ludwigs XIV. folgend, als römische Imperatoren darstellen ließen, vornehmlich auf Reiterstandbildern. Nur die Allongeperücke erinnerte an den barocken Zeitstil. Zu den römisch-barocken Reiterdenkmälern siehe Martin, Michel (1986): Les monuments équestres de Louis XIV. Une grande entreprise de propagande monarchique. Paris. – Junkelmann, Marcus (2001): Theatrum Belli. Die Schlacht von Höchstädt 1704 und die Schlösser von Schleißheim und Blenheim (= Arte et Marte. Gedenkschrift des Schülerkreises für Hans Schmidt Bd. 1), hier: 31–40. Herzfeld.

35 Zu den antikisierenden barocken Reiterspielen und den dabei verwendeten Rüstungen siehe vor allem: Reverseau, Jean-Pierre (1992): Karusellen i Paris 1662. In: Rangström, Lena (Hrsg.), Riddarlek och Tornerspel. Sverige Europa. Katalog Livrustkammaren: 190–196. Stockholm. – Rangström, Lena (1992): Certamen equestre – Karl XI: s karusell 1672. In: Ebd.: 197–209. Dort auch Abbildungen der in den Livrustkammaren erhaltenen römischen Garnituren des schwedischen Königs Karls XI. von 1672.

36 Robinson, Henry Russel (1975): The Armour of Imperial Rome. London. Die Legende vom römischen Lederhelm war nicht unwesentlich daran beteiligt, dass klassizistisch gestaltete Lederhelme (Kaskette) im späten 18. Jahrhundert in vielen Armeen zur Einführung gelangten. Der bayerische „Raupenhelm" (Weiterentwicklung eines von den Franzosen übernommenen britischen Modells) verriet seine „römische" Herkunft selbst noch in seinen Spätformen. Die preußische Pickelhaube gehört gleichfalls in diese Reihe, wenn sie auch ein Nachzügler war und im Ausland eher als „hunnisch" empfunden wurde.

37 a.a.O. (Anm. 36).

38 Connolly, Peter (1975): The Roman Army. London (deutsche Übersetzung 1976: Die römische Armee. Hamburg). Es folgten zahlreiche weitere reich illustrierte Werke, die sich nicht nur mit römischer Heeresgeschichte befassten.

39 a.a.O. (Anm. 17).

40 Exercitus. The Bulletin of the Ermine Street Guard Bd. 1, 1989 ff. – Zur Ermine Street Guard: Haines, Tim & Sumner, Graham (2000/2002): Recreating the World of the Roman Soldier: The Work of the Ermine Street Guard. In: Croom, Alexandra & Griffiths, W. B. (Hrsg.) a.a.O. (Anm. 6): 119–127. – Zienkiewicz, David (1994): Roman Legion. National Museum of Wales.

41 Journal of Roman Military Equipment Studies Bd. 1, 1990 ff.

42 Oldenstein a.a.O. (Anm. 15): 136. – Den Zusammenklang von Forschung und Reenactment-Bewegung illustriert anschaulich auch der Bildband von Sumner, Graham (1997): Roman Army. Wars of the Empire. London.

43 Wilson, Lillian M. (1924): The Roman Toga. Baltimore. – Dies. (1938): The Clothing of the Ancient Romans. Baltimore. – Auf Wilson fußt die kurze praktische Anleitung von: Müller-Vogel, Verena (1986): Römische Kleider zum Selbernähen. (= Augster Blätter zur Römerzeit 5). – Schmuck und provinzialrömische Trachten miteinbezogen werden in: Böhme-Schönberger, Astrid (1998): Kleidung und Schmuck in Rom und den Provinzen (= Schriften des Limesmuseums Aalen 50). – Zu einer von Wilson etwas abweichenden Drapierung der Toga gelangt – gleichfalls nach praktischen Versuchen: Goette, Hans Rupprecht (1990): Studien zu römischen Togadarstellungen (= Deutsches Archäologisches Institut: Beiträge zur Erschließung hellenistischer und kaiserzeitlicher Skulptur und Architektur 10), Beilage 2. Mainz. – Bonfante, Larissa & Sebesta, Judith Lynn (Hrsg.) (1994): The World of Roman Costume. University of Wisconsin Press. – Schneider, Beate & Wickum-Höver (1997): Kleider machen Römer. Materialien zur römischen Kleidung für Schule und Freizeit. Köln.

44 a.a.O. (Anm. 1).

45 In der Zeitschrift „Antike Welt" gibt es eine von verschiedenen Autoren getragene Artikelserie „Renovatio linguae Latinae". Siehe auch den Beitrag von Wilfried Stroh in diesem Buch.

46 Siehe etwa die Videokassette von Jon Hall und Robin Bond (2002): Performing. Cicero's Speeches. An Experimental Workshop. (Wild Sweet Productions) Otago, Neuseeland.

47 Alföldi-Rosenbaum, Elisabeth (10. Aufl. 1993): Das Kochbuch der Römer. Rezepte aus Apicius. München-Zürich (1. Aufl. 1970, englische Originalausgabe 1958). Mittlerweile im Verlagsprogramm ersetzt durch: Peschke, Hans-Peter von & Feldmann, Werner (1995): Kochen wie die alten Römer: 200 Rezepte nach Apicius für die heutige Küche umgesetzt. Zürich.

48 Einige Beispiele: Grainiger, Sally & Dalby, Andrew (1996): Küchengeheimnisse der Antike. Würzburg (englische Originalausgabe 1996). – Holliger, Christian (1996): Culinaria Romana. So aßen und tranken die Römer. Brugg. – Junkelmann a.a.O. (Anm. 2); aus diesem Buch liegt der Rezeptteil auch als Sonderdruck vor: Junkelmann, Marcus (2000a): Aus dem Füllhorn Roms. 34 Originalrezepte aus der römischen Küche. Mainz. – Thüry, Günther E. & Walter, Johannes (1997): Condimenta. Gewürzpflanzen in Koch- und Backrezepten aus der römischen Antike. Wien. – Gerlach, Gudrun (2001): Zu Tisch bei den alten Römern. Eine Kulturgeschichte des Essens und Trinkens. Stuttgart.

49 Thüry & Walter ebd.: 14.

50 Miklos Rosza, der die Musik von „Ben Hur" (1959) schrieb, hatte schon für „Quo Vadis?" (1951) intensive musikhistorische Studien betrieben. In die Musik des älteren Films baute er überlieferte griechische Melodien ein, worauf er in „Ben Hur" verzichtete, doch bot er auch hier eine Synthese antiker und neuzeitlicher Elemente. „Rosza's solution to the quest for musical authenticity might well be labelled the Rosza synthesis, for he synthesized ancient musical fragments, theory, and instrumentation with melodic lines, harmonies, and orchestrations suitable to modern ears and able to evoke familiar emotional responses from modern audiences. Such a synthesis became for some composers the sine qua non for the scoring of ‚ancient' films in the fifties." (Solomon, Jon [1991]: The Sounds of Cinematic Antiquity. In: Winkler, Martin M. (Hrsg.), Classical Myth and Culture in the Cinema: 319–337, hier: 329. Oxford).

51 Wille, Günther (1967): Musica Romana. Die Bedeutung der Musik im Leben der Römer. Amsterdam.

52 Griechische Melodien haben sich in einer primitiven Notenschrift erhalten. Einige von ihnen stammen aus der römischen Kaiserzeit und dürfen daher bedenkenlos zur Rekonstruktion römischer Musik herangezogen werden (etwa die in hadrianischer Zeit entstandenen Hymnen des Mesomedes). Siehe Pohlmann, Egert (1970): Denkmäler altgriechischer Musik. Sammlung, Übertragung und Erläuterung aller Fragmente und Fälschungen. Nürnberg. Er macht freilich die Einschränkung: „Doch alles, was man mit dem Begriff der ‚Ausführungspraxis' umreißen könnte, bleibt offen, etwa die Frage nach der Intonation, dem Tempo, der Besetzung, der Einstimmung der Instrumente, der Gestalt der Begleitung." (Ebd.: 5). Siehe auch Anm. 50.

53 Synaulia (1996 und 2002): Die Musik des alten Rom. Band 1: Blasinstrumente. Band 2: Saiteninstrumente (Amiata Records). Florenz.

54 Junkelmann (1986) a.a.O. (Anm. 17): 43–58. – Ders. (2000e) a.a.O. (Anm. 17): 156–160.

55 Freilich sind Museen nicht immer ein Garant für Seriosität bei derartigen Vorführungen. Bisweilen wird auch hier dem ignorant eingestuften Publikum ein kostengünstig zu erhaltendes Spektakel aufgetischt, das selbst ein Spielfilmregisseur kaum seinem Publikum zu bieten wagte. Die leeren öffentlichen Kassen scheinen gerade in Deutschland zurzeit wieder einen Trend zur Billigshow einzuleiten. So mag es symptomatisch sein, dass man in Trier das kleine, aber feine Convivium Gallicum des Landesmuseums durch eine von politischer Seite initiierte, „professionell" arrangierte Monstrosität nach son-et-lumière-Manier ersetzt.

56 Siehe den Beitrag von Ulrich Sauerborn in diesem Buch.

„Römerboom"

Ulrich Sauerborn

Zusammenfassung

Am Beispiel der Römergruppen („römische Experimentalgruppen" oder englisch „reenactment groups") wird der in den vergangenen Jahren stark steigende Trend nach „lebendiger Archäologie" nachgewiesen: Dazu folgen drei Tabellen und zwei Übersichten *

* Dieser Beitrag versteht sich als Ergänzung zum Beitrag „Das Phänomen der zeitgenössischen ‚Römergruppen'" von Marcus Junkelmann.

„Römerboom" am Beispiel der Gruppe LEG VIII AUG

Am Beispiel der „Römergruppe" LEG VIII AUG aus Pliezhausen bei Tübingen zeigt sich, wie stark das Interesse an lebendiger Archäologie zum Thema „Römer" in den vergangenen Jahren gestiegen ist. Nach Vorbereitungen im Jahr 1990 wurde die Gruppe 1991 von Alexander Zimmermann gegründet. In diesem Jahr trat die LEG VIII AUG bei sechs verschiedenen Veranstaltungen auf. Kontinuierlich stiegen die Buchungen in den folgenden Jahren. Mit 36 zum Teil mehrtägigen Einsätzen 1996 und 31 im Jahr 1997 erlebte die Truppe einen wahren Auftrittsboom und kam an die Grenze ihrer Möglichkeiten. Zahlreiche Anfragen mussten abgesagt werden. Neben Vorführungen bei Römerfesten und in Römermuseen im In- und Ausland wie z. B. in Aalen, in Haltern, auf der Saalburg, in Trier, in Utrecht/Niederlande oder in Carnuntum/Österreich standen mehrere Schulauftritte auf dem Programm. Großes Interesse zeigten auch die Medien. So wurde die Römergruppe 1996 u. a. für Filmaufnahmen in Kempten, für den Römertage-Film in Aalen und für die ARD-Kinderserie „Tigerentenclub" gebucht. Einen Höhepunkt bildeten die Aufnahmen für die vom SWF-Fernsehen produzierte Geschichtsserie „Alamannen und Römer" in den Jahren 1996/97.

Das Interesse an „römischer Geschichtsdarstellung" nahm auch in den vergangenen Jahren (1997–2001) stetig zu, sodass die Gruppe wegen Terminüberschneidungen viele Veranstaltungen gar nicht mehr besuchen konnte. Mehr als 20 Film- und Fernsehproduktionen wurden zwischenzeitlich mit der LEG VIII produziert und die Zahl der Mitglieder der Gruppe stieg von anfangs sechs auf über 30 im Jahr 2000.

Anfang der 1980er Jahre gründeten sich in Deutschland die ersten zwei „Römergruppen" mit authentisch nach wissenschaftlichen Erkenntnissen rekonstruierten Ausrüstungen. Die LEGIO XIIII GEMINA MARTIA baute der bei der amerikanischen Armee in Deutschland stationierte Museumsdirektor Daniel S. Peterson ab dem Jahr 1982 auf. Die zweite Gruppe LEGIO XXI RAPAX entstand 1983 unter dem Historiker Dr. Marcus Junkelmann. Die größte derzeit bestehende „Römergruppe", die „1. Römercohorte Opladen", bildete sich Mitte der 1980er Jahre um den Zahnarzt und „Römerenthusiasten" Klaus Schwab aus Leverkusen.

Durch Neugründungen und Splittung bestehender Vereinigungen hat sich die Zahl „ernst zu nehmender" Römergruppen und -vereine im Jahr 2000 auf mehr als 20 in Deutschland erhöht; dazu kommen zahlreiche Vereinigungen und so genannte „reenactors" in allen benachbarten Staaten und sogar in den USA, in Kanada sowie in Australien. Eine aktuelle Übersicht im Internet bietet die hervorragend gemachte Homepage der LEG VIII: www.legio8augusta.de.

Auftritte der LEG VIII AUG

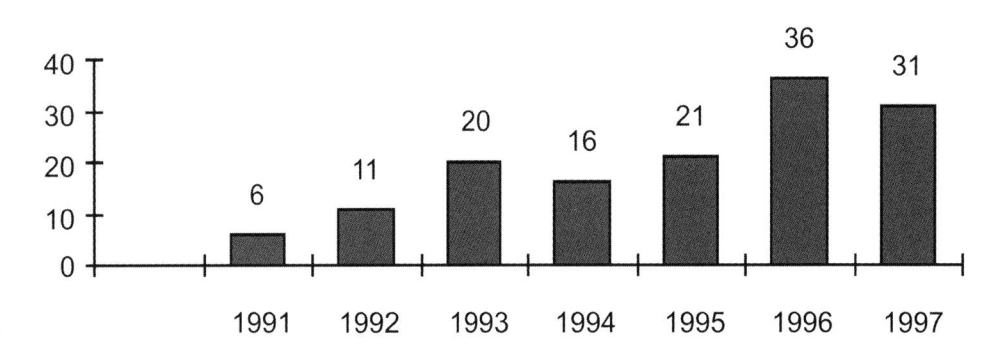

Jahr	1991	1992	1993	1994	1995	1996	1997
Auftritte	6	11	20	16	21	36	31

Name der Gruppe	Art der Gruppe	Leiter/Kontaktadresse	Mitglieder-zahl (ca.)	Gründungs-jahr
LEGIO XIIII GEMINA MARTIA VICTRIX Baumholder	Legionäre	Daniel S. Peterson Freiherr-von-Stein-Str. 22 55774 Baumholder	4	1982
LEGIO XXI RAPAX Elsendorf	Legionäre/Fuß-soldaten	Dr. Marcus Junkelmann Schloß Ratzenhofen 84094 Elsendorf	10	1983
ALA II FLAVIA Aalen/Elsendorf	Römische Reiter	Dr. Marcus Junkelmann	4	1987
1. RÖMERKOHORTE OPLADEN E.V. mit LEGIO VI VICTRIX und COHORS VI ASTURUM Opladen	Legionäre/ Auxiliarsoldaten	Klaus Schwab Paulstraße 3 51379 Leverkusen	40	1984
COHORS IIII VINDELICORUM Großkrotzenburg	Fußsoldaten/ Handwerker	Ralf Eltner Lange Hecke 7 63796 Kahl	20	1988 (1981)
COHORS I BREUCORUM Pfünz	Legionäre/ Römische Bürger, Handwerker	Josef Neubauer Schwemmfeld 15 85137 Walting	30	1989
VEX LEG VIII AUG Pliezhausen	Legionäre/ Zivilbevölkerung, Handwerker	Alexander Zimmermann Rosenstraße 10 72124 Pliezhausen	30	1991
ARS REPLIKA Mainz	Römische und germanische Handwerker und Zivilgruppe	Astrid Schmitt An den Sandkauten 4 55129 Mainz	20	1993
COHORS I GERMANORUM CIVIUM ROMANORUM Remlingen	Auxiliarsoldaten, Handwerker	Dirk Steinhorst Insel 7 38319 Remlingen	20	1993
PEDITES SINGULARES Augsburg	Auxiliarsoldaten, Handwerker	Jürgen Weber Talstraße 1 86316 Friedberg	15	1993
MILITES BEDENSES LEGIO XXII PRIMIGENIA Bitburg	Legionäre/ Frauengruppe/ Handwerker	Hans Binsfeld Prälat-Benz-Str. 15 54634 Bitburg	30	1995

Römergruppen in Deutschland (Auswahl).

Römergruppen in Deutschland

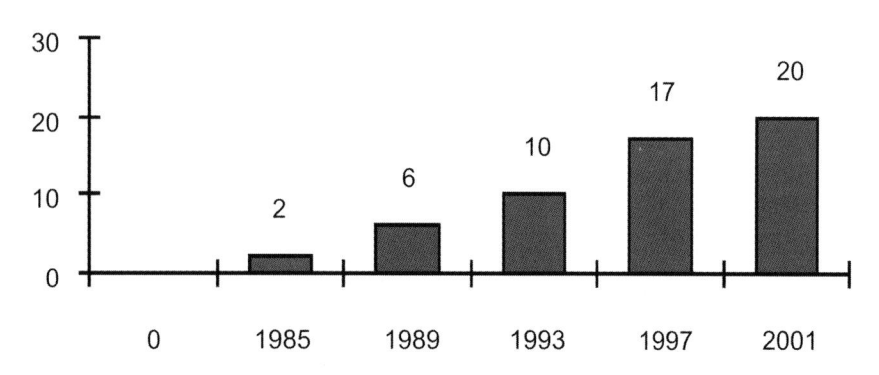

Jahr	Anzahl
1985	2
1989	6
1993	10
1997	17
2001	20

Römergruppen in Deutschland 1985–2001 (Gruppen mit mindestens vier Mitgliedern).

Römertage im Limesmuseum Aalen – Besucherstatistik

Zum 25-jährigen Bestehen organisierte das Limesmuseum Aalen im September 1989 als erstes Museum in Deutschland eine größere Veranstaltung unter dem Motto „Lebendige Archäologie" mit „Live-Auftritten" mehrerer Römergruppen. Über 1900 Besucher waren besonders von den Aufführungen der nach der Aalener Einheit benannten und von Dr. Marcus Junkelmann gegründeten römischen Reitertruppe ALA II FLAVIA begeistert. Mit mehr als 14 000 Besuchern 1994, 1996 und 2000 entwickelten sich die „Römertage" zu einer der wichtigsten Veranstaltungen der Region. Dass dieses Fest auch weit über die städtischen Grenzen hinaus großes Interesse erregte, zeigte eine Umfrage bei den örtlichen Hotelbetrieben, die im Jahr 1996 etwa 400 und im Jahr 2000 über 500 Übernachtungen aus dem In- und Ausland speziell auf die „Römertage" hin verbuchen konnten.

Der Erfolg dieser neuen „Museumspräsentation" und Veranstaltungsart spiegelt sich auch in der hervorragenden Medienpräsenz wider: So berichteten neben der dpa, der *Welt* oder *Sonntag Aktuell* zahlreiche weitere Presseorgane, verschiedene Rundfunkanstalten und mehr als 15 (!) TV-Sendungen (ARD, SWR, BR, HR, NDR, MDR, SAT1, 3 SAT, RAI-Italien, NBC-Europa und USA, Ungarisches TV, ...) über die „Römertage" der vergangenen vier Jahre.

Römertage, Museumsfeste und andere Veranstaltungen in Deutschland in Verbindung mit römischen Experimentalgruppen:

Mitte und Ende der 1980er Jahre fanden nur vereinzelt Veranstaltungen mit Römergruppen an Museen statt. Die ersten „Römertage" organisierten 1989 das Limesmuseum Aalen und die Gemeinde Pfünz bei Eichstätt. Als Initialzündung wirkten zahlreiche Presse- und Fernsehberichte über die Junkelmanngruppe und deren Marsch über die Alpen 1985 und zu den Limesritten zwischen 1988 und 1993. Mehrere neue „Römergruppen" gründeten sich und viele Museen nahmen größere und kleinere Veranstaltungen in Verbindung mit den verschiedensten „modernen Römern" in ihr Programm auf. So erhöhte sich die Zahl der Römertage und ähnlicher Veranstaltungen in Deutschland kontinuierlich auf mehr als 20 Termine jährlich seit Mitte der 1990er Jahre.

Römertage Aalen/Besucherstatistik

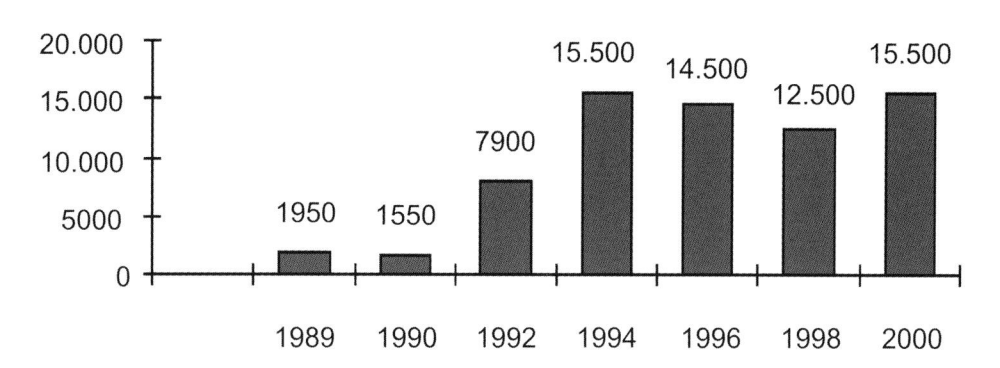

Jahr	Besucher
1989	1950
1990	1550
1992	7900
1994	15.500
1996	14.500
1998	12.500
2000	15.500

Besucherstatistik der Römertage im Limesmuseum Aalen (1990, 1992: eintägige Veranstaltung; 1989 und ab 1994 zweitägige Veranstaltung)

Aalen, Limesmuseum: Ausstellungseröffnung und Familientage	München, Prähistorische Staatssammlung: Ausstellungseröffnung (mehrfache Wiederholung)
Bad Homburg, Saalburg Museum: 100-Jahr-Feier	Nürnberg, Germanisches Nationalmuseum: Tag der offenen Tür
Bonn, Stadtwerke und Rheinisches Amt für Denkmalpflege: Präsentation des römischen Backofens	Pfünz, Kastellgelände: Kastellfest
Bramsche-Kalkriese, Infozentrum: Aktionstage	Ratzenhofen bei Mainburg: Römerfest
Hüfingen, Römische Badeanlage: Aktionstag	Rottenburg, Römermuseum: Römertage
Kempten, Archäologischer Park Cambodunum: Römertage	Trier, Amphitheater, Rheinisches Landesmuseum: Brot und Spiele, Museumstag

Veranstaltungsbeispiele 1997.

II Beiträge zur zeitgenössischen Rezeption archäologischer Motivgruppen in der Kunst

A Archäologie und zeitgenössische Architektur

Ägyptische Motive und griechisch-römische Motive

Antikenrezeption in der postmodernen Architektur

Volker Fischer

Zusammenfassung

In der postmodernen Architektur der 1980er Jahre mit ihren Rückbezügen auf historisch vergangene Vokabulare ist die Re-Aktualisierung römischer und griechischer sowie ägyptischer Motive eine von mehreren Möglichkeiten. Das postmoderne Aufgreifen historischer Formen besteht allerdings niemals nur in nostalgischer Erinnerung, sondern es verändert das historische Vokabular durch Gegenwartserfahrung und durch die Mixtur mit kulturellen Konzepten der Gegenwart.

Die Voraussetzung für die Entstehung der postmodernen Architektur war und ist ein großes Unbehagen an den Folgen der Moderne. Denn im 20. Jahrhundert wurde mit der modernen Bewegung auch in der Architektur der Reichtum historischer Bezüge und Erfahrungen zugunsten einer eindeutigen und eindimensional technik- und fortschrittsgläubigen Argumentation aufgegeben. Die Moderne, so wurde es einmal ausgedrückt, verharrte in dem Zirkelschluss ihrer eigenen Selbstbegründung. Was allerdings im ersten Drittel des 20. Jahrhunderts vor allem im russischen Konstruktivismus, in der holländischen De Stijl-Bewegung und im Bauhaus als befreiende Tat wirkte – das Sich-Absetzen von den überkrusteten und überbordenden Historismusvokabularen – entpuppte sich dann in der Nachkriegszeit, in der die komplexen Konzepte der Moderne oft zum schnellen Rezept verwässert wurden, allzu oft als Ausdrucksarmut.

Schon Ende der 1930er Jahre hatte ja der New Yorker Architekt und Ausstellungskurator Philip Johnson die widersprüchliche Komplexität der Moderne wirksam zum „International Style" vereinheitlicht. Vor allem unter dem Gesichtspunkt einer politischen Wiedergutmachung wurde die klassische Moderne der 1920er Jahre wieder aufgenommen und verflachte sich im Laufe der 1960er und vor allem der 1970er Jahre zu einem platten Bauwirtschafts-Funktionalismus, der die Vorstädte nicht nur alle gleich aussehen ließ, sondern sie auch im Sinne einer ökonomischen Minimax-Strategie aller Gestaltungsansprüche nahezu entkleidete. Mit der eindeutigen Bevorzugung funktionaler und rein technologischer Bauweisen gingen allerdings die emotionalen und symbolischen Werte, mithin ein konstitutiver Teil kultureller Ausdrucksfähigkeit von Architektur verloren. Dies führte dazu, dass bereits um 1960 einige Architekten begannen, sowohl theoretisch als auch praktisch im Bauen diesen Zustand zu bekämpfen. In Amerika waren dies Robert Venturi und Charles Moore, in Europa die unter dem Begriff Rationalismus bekannt gewordenen Architekten Aldo Rossi und Oswald Mathias Ungers. Trotz aller Unterschiedlichkeit ihrer Auffassungen kann man diese vier Architekten als „Väter der Postmoderne" bezeichnen.

Am Beginn des postmodernen Diskurses innerhalb der Architektenschaft Deutschlands stand um 1980 zunächst einmal ironisches Unbehagen, welches sich in ebenso ironischen Zeichnungen und Skulpturen ausdrückte. Bernard Schneider zeichnete destruktive Säulenparaphrasen im Namen der Verteidigung eines durchaus als obsolet angesehenen Internationalen Stils und bemerkte doppeldeutig: „Hinter einen Bruch kann man nicht zurück". Stefan Wewerka stellte die Säule in die von ihm hinlänglich bekannte Schieflage und Gerd Neumann skulpierte ein verwelktes korinthisches Kapitell als doppelte Negation: Als Parodie auf die von ihm selbst als Parodie empfundene Wiederbelebung des Säulenmotivs durch die Postmoderne.

Postmoderne Bauten allerdings, und dies bleibt zunächst festzuhalten, sind Reaktionen auf einen Mangel, Reaktionen auf die schlechten Fortschreibungen der Moderne. Frühe Schlagworte waren: „Zurück zur Fassade!", „Anpassendes Bauen", „Bauen im Kontext", „Orte der Erinnerung" (Charles Moore), „Akzeptanz des Genius Loci" (O. M. Ungers) und vor allem „Komplexität und Widerspruch" (Robert Venturi). Diese vielfältigen „Revisionen der Moderne" und ihrer Vereinheitlichungsansprüche förderten das Sich-Einlassen auf vorhandene bauliche und städtebauliche Kontexte sowie die Herausbildung von definierten stilistischen Richtungen und Vokabularen. So entstand ein bis heute charakteristisches pluralistisches Kontinuum von sich oft auch widersprechenden Konzepten für zeitgenössisches Bauen. Davon ist die Postmoderne nur eines (andere sind die Konzepte des Rationalismus, der Spätmoderne, des Minimalismus, des High-Tech, des Dekonstruktivismus, des ökologischen Bauens, der Neuen Prächtigkeit oder auch einer „Zweiten Moderne"). Und innerhalb der Postmoderne mit ihren Rückbezügen auf historisch vergangene Vokabulare und Ausdrucksmöglichkeiten ist wiederum die Re-Aktualisierung römischer und griechischer sowie ägyptischer Motive ebenfalls nur eine von mehreren Möglichkeiten,

Abb. 1: James Stirling, Neue Staatsgalerie Stuttgart, 1977–1984. Außenansicht der Rotunde im Stirlingbau. (Foto: Staatsgalerie Stuttgart).

denn ebenso beziehen sich viele Beispiele der postmodernen Architektur auf Vorbilder des 18. oder 19. Jahrhunderts, vor allem auf den Klassizismus.

Prinzipiell besteht das postmoderne Aufgreifen historischer Formen – nicht nur in der Architektur, sondern etwa auch im Design oder der Malerei – allerdings niemals in bloß nostalgischer Erinnerung, sondern verändert das historische Vokabular, vergegenwärtigt es, bricht es durch Gegenwartserfahrung und durch die Mixtur mit kulturellen Konzepten der Gegenwart. Eines dieser Konzepte ist die Pop-Art mit der Nobilitierung des Trivialen und Banalen, der Warenwelt und des Konsums; ein anderes ist das Konzept der Gleichzeitigkeit von Ungleichzeitigem, also die Vorstellung von Collage, Fragment, kubistischer Splitterung und holistischer Erfahrung, die im Teil das Ganze jeweils aufzuspüren vermag. Dabei muss der Vorgang des Zitierens keineswegs geschichtlich exakt sein um zu wirken. Gerade die Unterschiedlichkeit, die Nichtidentität von Vorbild und Nachbild, erzeugt neue Bilder und neue Identitäten.

Der halb versunkene Tempel in der Rotunde von James Stirlings Stuttgarter Staatsgalerie – sowohl das Eingesunkensein als auch die Form der Rotunde (Abb. 1) selbst sind Allusionen auf historische Bauformen bzw. auf die vergangene und vergehende Zeit selbst – ist relativ unentschieden zwischen den Formensprachen der Maya oder Inka und derjenigen ägyptischer Hochkulturen angesiedelt.

Charles Jencks bezeichnet ihn als „tief liegenden dorischen Portikus, basierend auf Weinbrenners Entwurf aus dem 18. Jahrhundert", – wie auch immer: Das Ensemble wirkt neo-klassizistisch, irgendwie[1]. Gerade dies aber ist einem heutigen, eher nebulösen Bedürfnis nach Ausdruck von Geschichte angemessen und entfaltet durchaus formale Kraft. Ebenso vergegenwärtigen zum Beispiel die Neonkapitelle an den Halbsäulen-Arkaden der „Piazza d'Italia" in New Orleans von Charles Moore ein Stück Italien in Amerika für die dort ansässigen italienischen Einwanderer, vermitteln dieses historische Zitat aber durch Pop-Art-mäßige Verfremdung, also durch amerikanische Gegenwartserfahrung.

Und Stirling hat ebenso Nachbildungen römischer Statuen in seiner Rotunde postiert, wie wir dies etwa am Eingang von „Caesars Palace" am Strip von Las Vegas finden[2]. Dieser „Caesarenpalast", bereits 1946 gebaut, nimmt in seiner Werbung unter dem Titel „The Grandeur that was Rome ..." den römischen Imperator als Gewährsmann selbst in Anspruch. Dort heißt es: „I, CAESAR ... command your attention to beauty and wonders beyond even the wildest dreams of any Roman Emperor! Truly a Palace of Pleasure! In the vital heart of pulsating Las Vegas this exiting and lush oasis is breathtaking to behold ... lavish with gleaming statuary, gorgeous gardens and fabulous fountains! A mighty retinue of toga-clad palace attendants eagerly await your every summons! Come, indulge yourself!"

Und so ist die „Piazza d'Italia" von Charles Moore[3] überhaupt nur auf einer solchen Erfahrungsfolie erklärbar. Umberto Eco hat in seinen Essays „Über Gott und die Welt" das Erstaunen eines Europäers beim Besuch selbst jener US-amerikanischen Museen beschrieben, „die mit den Mitteln raffiniertester Simulationstechnik bemüht sind, der vermeintlichen Geschichtslosigkeit der ‚Neuen Welt' abzuhelfen. Da gibt es die Venus von Milo gleich mehrfach, und jede scheint echter als das Urbild im Louvre; da wird Raffaels Sixtinische Madonna gar aus der zweiten in die dritte Dimension transportiert, und die Schilde trojanischer Krieger dokumentieren stolz die Scharten und Beulen, die sie von den scharfen Schwertern eines Achill oder Odysseus empfangen haben wollen."[4].

Dass es nicht um historisch exakte Erinnerung, sondern um Vergegenwärtigungen geht, belegen etwa auch die Skizzen von Robert Venturi für Varianten von Gebäudeeingängen, die er 1977 zeichnete[5].

Hier finden wir ägyptische ebenso wie römische Allusionen, Verweise auf den Shingle-Style der amerikanischen Ostküste, aber auch islamisierende oder sumerische Hinweise, ganz zu schweigen von Bossenquaderungen römischer Couleur. Bereits ein Jahr vorher hatte Venturi unter die freihängende Ecke der Ausstellungshalle seines Museums in Oberlin, Ohio, eine seltsam schwerfällige, hölzerne Säule gestellt[6], aus Latten säuberlich gezimmert, deren Fugen zu Kanneluren werden. Ein ebenso banales wie klassisches Element: Gewissermaßen von allen Proportionen verlassen. „Das Spiel zwischen Wiedererkennen und banalisierender Verfremdung, monumentalisierender Pseudogröße, erlaubt der erledigten Form den Wiedereintritt in die Gesellschaft. Später dann – 1978 – hat Venturi eine ganze Kolonade als Stützenfolge der Veranda des nichtrealisierten Hauses Flint kulissenhaft aufgezogen. Entlastet von ihrem bedeutungsvollen Materialgewicht tritt sie auch am Hause Brant in ein unbeschwertes Kulissendasein."[7]. 1980 dann zeigte auch der Aufbau der Ausstellungskoje von Venturi in der berühmten „Strada novissima" der venezianischen Architektur-Biennale in der Eingangswand ein seltsam verfremdetes Image einer Tempelfront mit aufgequollen wirkenden Säulen und amöbenhaft zerlaufenden Tympanonfiguren[8].

Ebenfalls am Ende der 1970er Jahre baute der kalifornische Architekt Thomas Gordon Smith in Livermore, einer kalifornischen Kleinstadt aus Holzhütten und viktorianischen Villen, ein Ensemble aus zwei Einfamilienhäusern, die er das „laurentianische" und das „tuskische" Haus nannte[9]. Beide sind zwar in Proportion und Maß an die Nachbarhäuser angepasst, aber allein schon ihre grelle Farbigkeit, die hier mit antikisierender Bedeutung aufgeladen scheint sowie die überall auftauchenden Säulenschäfte und Kapitele, Akrotere und Balluster zeigen das gesamte Decorum der Hausanlage als durchaus auch von der Pop-Art bzw. spezieller von Robert Venturi beeinflusst. Smith, der lange Jahre vor allem in Rom italienische Studien betrieben hatte, lässt seine genau kopierten klassischen Details sich immer an der Gegenwart zugehörigen Formen brechen. Überhaupt sind diese Häuser, durchaus preisgünstig errichtet und mit ihren nichts sagenden Aluminiumfenstern gewissermaßen architektonische Dutzendware, wahrscheinlich nur im Klima Kaliforniens (verstanden im doppelten Sinne dieses Begriffs) denkbar. „Doch ein Garagengiebel als Tympanon und ein Hof als säulenumstandene Kulissenarchitektur geben dem Ganzen einen höheren Sinn und machen aus der gesamten Anlage eine ironisierende Fiktion der Vereinigung von Klassik und moderner Zweckbeschränkung."[10].

Im Richmond-Hill-House, welches Smith 1981/82 für sich selbst errichtete, erhält ein sehr einfacher Rechteck-Bau im Inneren ein komplexes, am Vorbild des Barock orientiertes Raumgefüge aus zwei einander angeglichenen Ovalen. Smith hat diesen Raum mit pseudo-pompejanischen Wandgemälden ausgestattet: Eine Semantisierung der Architektur, die vielen Europäern parvenuehaft vorkommen mag, aber in Kalifornien und in den USA überhaupt weitaus unvorbelasteter rezipiert wird als bei uns[11]. Ebenso wie mit den anderen historischen Anspielungen geht Thomas Gordon Smith auch mit palladianischen Motiven um, etwa im Wohnraum seines tuskischen Hauses.

Die beiden bekanntesten palladianisch inspirierten Einfamilienhäuser in Europa dürften die Casa Tonini von Bruno Reichlin und Fabio Reinhart in der Schweiz[12] sowie das „Haus Paulick" der Architektengemeinschaft Berghof/Landes/Rang in der Nähe von Frankfurt am Main sein[13]. Beide beziehen sich ausdrücklich auf die Villa Rotonda, haben einen ebenso kreuzförmig organisierten allansichtigen Grundriss und entsprechende Fassaden, wobei aber im zweiten Beispiel, der vielleicht ausdrücklichsten postmodernen Villa auf deutschem Boden, der palladianische Grundriss mit einem an der Moderne geschulten freien „Grundrissgedanken" überblendet ist.

Aber nicht nur, dass moderne Errungenschaften sowohl in technologischer als auch ideologischer Hinsicht oft den postmodernen Erfindungen in der Architektur zu größerer Komplexität verhelfen, sondern auch, dass in der Wahrnehmung dieser Vorgang des mehrdimensionalen und komplizierten Zitierens historischer Formgeschichte nur mit einer gewissen Bildung, also einem Vorwissen, geleistet werden kann, ist für postmoderne Kunstäußerungen generell charakteristisch. Hier spricht die Theorie von einer so genannten Doppelkodierung. Denn neben dem Vorwissen steht eben gerade aufgrund der narrativen Ausdrücklichkeit der postmodernen Architektur gewissermaßen auch eine Art neuer Volkstümlichkeit einer sprechenden Architektur mit eben konkreten und nicht abstrakten Motiven, an deren Geschichte sich viele Menschen durchaus fast unbewusst erinnern fühlen. Postmoderne Ästhetik also argumentiert immer gleichzeitig auf verschiedenen Verstehenshorizonten. Dies macht zum Beispiel auch das Portland Building von Michael Graves in Portland, Oregon, deutlich (1980–1982)[14].

Zunächst erscheint es ungewöhnlich, dass ein größerer Verwaltungsbau als überdimensionierter Würfel konzipiert wird und eben nicht – wie in den USA fast durchgängig üblich – als Hochhaus. Vor allem aber zeichnet diesen ansonsten mit seriellen, sehr einfachen Rasterfenstern gegliederten Baukörper die Applikation von Kolossalordnungen aus, die vor den Fassaden situiert sind und zwischen ägyptisierenden und römischen Anklängen changieren. Dabei hat Michael Graves jene auf dem Kopf stehenden Pyramidalformen ebenso auch in Einfamilienhäusern verwendet (z. B. beim Haus Plocek in New Jersey, 1979–1982)[15] wie in manchen seiner Design-Produkte, etwa der Lampe „Ingrid" für den Möbelhersteller Sawaya und Moroni.

Was sich beim Portland-Building als Maßstabssprung großer Kolossalordnungen ankündigt, hat der spanische Architekt Ricardo Bofill in großen Sozialbausiedlungen in der Peripherie von Paris auf die Spitze getrieben. Die Wohnanlage „Les Arcades du Lac" in St. Quentin-en-Yvelines in der Nähe von Versailles, zwischen 1972 und 1982 realisiert[16], zeigt, dass Bofill durch Übertreiben und die Verschiebung von Elementen, die ebenso an die Surrealisten wie an bestimmte Pop-Art-Künstler erinnert, den Ehrgeiz hatte, in einen neuen Raum der Gestaltung vorzustoßen, nämlich insgesamt in den Raum der städtischen Dimension. Dadurch, dass er die entworfenen Einheiten um das Zehnfache vergrößerte, entsteht ein geradezu surrealer Anmutungscharakter des Ensembles.

Im Teil der Anlage „Le Théâtre" fungieren große gläserne Säulen mit korinthischem Charakter aus schwarzem Spiegelglas als übereinander getürmte Ausblicke der einzelnen Wohnungen, die die Wohnzimmer vor Einblicken und grellem Licht abschirmen. Dies, so Charles Jencks, sei insgesamt kennzeichnend „für die ganz leicht verrückte Methode Bofills: Man nehme ein normales Element – ein Kapitell oder einen Triumphbogen – und vergrößere es wie ein Pop-Künstler um das Zehnfache, verwandele Säulen in Fahrstuhlschächte und Metopen und Triglyphen in ein komplettes Wohngeschoss. ... Das Übertreiben und die Verschiebung von Elementen sind Methoden, die Surrealisten und Le Corbusier, aber auch Pop-Künstler gemeinsam haben, und deren Vorhandensein zeigt, daß Postmoderne ebenso aus der Moderne schöpfen wie aus der klassischen Tradition."[17]. Und er sagt an einer anderen Stelle, bei Bofill werde das Mechanische mit dem Ausschweifenden vermischt und ergebe so „einen für die Postmoderne typischen paradoxen Beigeschmack"[18] (Farbtaf. 2,a.b).

Alle diese steinernen Elemente der Bofill'schen Architektur sind aus Beton passgenau vorgefertigte, industriell hergestellte Ornamente. Der soziale integrative Nutzen dieser Großanlagen, die von Architekturtheoretikern unmittelbar nach ihrer Entstehung euphorisch als „Versailles für das Volk" gefeiert wurden, ist allerdings eher zweifelhaft. Die hier lebenden Bevölkerungsschichten mit einem hohen Anteil an Arbeitslosigkeit lassen sich von der Gigantomanie dieser Anlagen keineswegs sozial befrieden: Der Anteil der Kriminalität ist hier außergewöhnlich hoch.

Nicht anders verhält es sich bei Ricardo Bofills gigantischem Projekt „Les Espaces d'Abraxas" in Marne-la-Vallée bei Paris (1978–1982)[19], sechshundert gestapelten Sozialbauwohnungen in Form eines überdimensionierten Rundbaus, an deren Außenseite eine dorische Ordnung zehn Stockwerke in die Höhe schießt, die unterbrochen wird von dreistöckigen toskanischen Doppelsäulen im Stil Michelangelos.

Im Inneren werden die dorischen Kolossalsäulen wie ein Negativbild als gläserne Risalite wieder aufgenommen, die korinthische Versionen herbeispielen. Charles Jencks hat diese Architektur wie folgt gewertet: „Wieder ist die Gesamterscheinung ... eindimensional wenn nicht totalitär, während das Aufbrechen der Massen in Säulen ... menschenfreundlich ist. Das soll nicht heißen, daß jeder Fehler sich durch einen Vorteil aufhebt, sondern eher, daß man die Arbeit trotz der Fehler bewundert. Sie schafft ein ausdrucksstarkes, bisweilen grandioses öffentliches Reich auf einem Gebiet – dem Wohnungsbau –, auf dem es in diesem Jahrhundert aufgehört hatte zu existieren. Sie eröffnet ein neues Kapitel der Vorfertigung, in dem sie zeigt, wie die Postmoderne die Äquivalente von Marmor, Kalkstein und Stuccolustro (selbst schon Marmorimitation) herstellen kann, in dem sie bestimmte und oxidierte Betonarten in maschinell hergestellten Formen verwendet."[20].

Gehören die städtebaulichen Projekte Bofills zweifelsohne einer hoch technisierten und automatisierten Gegenwart an, so propagiert Leon Krier mit seinen Rückbezügen auf griechische und römische Architekturen das genaue Gegenteil. Krier hält die heutige Identifikation guter Architektur mit technologisch fortschrittlichen Konstruktionen für irreführend, wenn nicht verheerend. Den Fortschritt in der Architektur sieht er durch die Rückgewinnung dorfähnlichen Volumens im Hausbau wie in dem städtebaulichen Maßstab gewährleistet. Seine 1978 entworfene, nicht realisierte Schule für 500 Kinder in St. Quentin-en-Yvelines in Frankreich war sein erstes komplexes Projekt mit dieser Auffassung, orientiert an einer römischen Kolonialstadt, mit angenehmem Maßstab und öffentlichen und privaten Flächen, die, vermittelt über dichte Fußwege und Plätze, synkopisch ineinander greifen.

Zwischen 1980 und 1983 entwarf Krier das Projekt „Insula Tegeliensis" für Berlin-Tegel. Dieses Projekt ist seine ausformulierteste Kritik an den innerstädtischen Häuserblocks der Moderne. Hier zeigt sich, dass Krier den römischen Prototyp des Hausbaus für prinzipiell nicht verbesserungsfähig hält. Er geht so weit, dass er am liebsten alle öffentlichen Bauten, ob Rathaus oder Schule, ob Museum oder Kirche, ob landwirtschaftliches Nutzgebäude oder ein Wohnhaus in der prinzipiell gleichen Form eines dörflich inspirierten römischen Klassizismus gestaltet sehen möchte.

Die amerikanischen Architekten Andres Duany und Elizabeth Plater-Zyberk haben Leon Kriers Vorstellungen nach Florida exportiert und dort mehrere neue Stadtabschnitte und kleinere Villen im klassischen Stil errichtet. Das „Villanova"-Haus, entsprechend den Konstruktionsprinzipien des Erechtheions auf der Akropolis entwickelt, veranschaulicht deutlich diesen Ansatz[21]. Es handelt sich um eine malerisch gruppierte Baumasse. Ein

Abb. 2: Ieoh Ming Pei : Die Glaspyramide als neuer Eingang des Musée du Louvre, Paris, 1989. (Foto: Hans Günther Rein).

viersäuliger Portikus, hinter dem sich das Schlafzimmer befindet, bildet den Mittelpunkt, ganz ähnlich dem Nike-Tempel, den man an der Vorderseite der Akropolis wahrnimmt. Ein weiteres kleineres viersäuliges „Megaron" akzentuiert den Seiteneingang. Der kleine Maßstab, der sich hier äußert, ist ebenso von Leon Kriers kleinen Blocks abgeleitet wie die Berücksichtigung landeseigener Bauweisen unter Beibehaltung klassischer Proportionen. Hier also sind die historischen Bezüge durchaus deutlich zu fixieren, auch wenn sie in ihrer heutigen Ausformulierung weitgehend abstrahiert erscheinen.

Ägyptisierende Anspielungen und Zitate sind demgegenüber allgemeinerer Natur. Natürlich ist das Pyramidenmotiv das beliebteste Accessoire ägyptisierender Rückbezüge. Neben dem Kasino „Luxor", einem pyramidalen Gebäude mit 30 Stockwerken in Las Vegas, welches auf ganz und gar amerikanische Weise ein ebenso sublimes wie masochistisches Vergnügen am Ewigkeitsmythos jener Totentempel mit dem Parvenue-Gout übersättigter Gourmets überblendet, stehen nicht nur die zahllosen eingeschossigen Miniaturpyramiden etwa auf Friedhöfen von Los Angeles, sondern zum Beispiel auch die Hauptgeschäftsstelle der „Life Insurance Company of America" in Indianapolis, 1967 von Kevin Roche, John Dinkeloo und Partnern in Form von drei gestutzten Glaspyramiden errichtet, zur Seite. Diese aber sind glatte Slich-Tech-Häute, ebenso formale wie formalistische städtische Monumente.

Wesentlich komplexer ist da I. M. Peis gläserne Pyramide als neuer Haupteingang des Louvre in Paris, eine reine High-Tech-Konstruktion mit eigens neu entwickelten, vollständig farbneutralen Gläsern und einer grazilen Stahlkonstruktion[22] (Abb. 2). Die Wasserbecken, die die Pyramide umgeben und sie spiegeln, zeigen aber auch Peis Referenzen an chinesische Gärten. Im Inneren dann führt eine kühn geschwungene, freitragende Treppe – eine Mischung aus Art déco und 1950er Jahre Hollywood-Musicalfilmen – in die drei Geschosse der unter dem Straßenniveau liegenden neuen, äußerst großzügigen und großräumigen Bereiche: Empfangstresen, Infostände, Boutiquen und Museumsshops. Die Pyramide Peis, ein „Grand Projet" so sehr wie die neue Nationalbibliothek oder der „Grand Arche", ist der vorläufig letzte Höhepunkt einer Indienstnahme antiker Motive und Formen für gegenwärtige und auf die Zukunft gerichtete Zwecke, ein luzides geometrisches Superzeichen, welches die Kategorien des „anpassenden Bauens" ebenso souverän wie störrisch hinter sich gelassen hat.

Ob ägyptische oder griechisch-römische Motive – die Architektur der Postmoderne hat die Kraft und die Korrektivmöglichkeiten der Baugeschichte (und -geschichten), die weitgehend bis in die 1970er Jahre verschüttet oder tabuisiert waren, wieder entdeckt. Es bleibt abzuwarten, ob die heute bereits wieder im Namen von Ökologie und Neuer Bescheidenheit einerseits, im Namen einer neuerdings beschworenen reaktivierten Handwerklichkeit andererseits sehr zurückgenommene Erzählfreude der Architektur jene Identität erzeugen kann, die die erwähnten Beispiele allesamt für sich reklamieren können.

Trotzdem bleibt allgemein festzuhalten, dass die 1980er Jahre, die insgesamt von der Postmoderne gekennzeichnet waren, überhaupt erst eine neue Freiheit der Entwurfsgedanken, eine Vielfältigkeit der Ansätze ermöglicht haben, die heute neuere stilistische Überzeugungshaltungen wie zum Beispiel auch den Minimalismus oder die „Neue Einfachheit" erst möglich gemacht haben. Diese lehnen den postmodernen Formenreichtum zwar ab, sind aber eben nicht nur eine Fortschreibung der Moderne und des Funktionalismus, sondern propagieren einen veränderten Funktionalismus, eine veränderte Moderne, die durch die Erfahrung der Postmoderne hindurchgegangen ist.

Anmerkungen / Literatur:

[1] Jencks, Charles (1987): Die Postmoderne. Der Neue Klassizismus in Kunst und Architektur: 36 Abb. 1.20; 268–274, Abb. 9.29–9.35. Stuttgart.

[2] Venturi, Robert, Scott Brown, Denise & Izenour, Steven (1979): Lernen von Las Vegas. Zur Iconographie und Architektursymbolik der Geschäftsstadt: 72 Abb. 57. Braunschweig, Wiesbaden.

[3] Jencks a.a.O. (Anm. 1): 284 Abb. 10.5. – Marder, Tod A. (Ed.) (1985): The Critical Edge. Controversy in Recent American Architecture: 41, Abb. Cambridge (Massachusetts), London.

[4] Hoffmann, Hilmar (1990): Das Frankfurter Museumsufer. Zur historischen Topographie einer Museumslandschaft. In: Kultur als Lebensform: 231–246. Frankfurt am Main.

[5] Robert Venturi: Eingänge, 1977. In: Klotz, Heinrich (1984, 3. Aufl. 1987): Moderne und Postmoderne. Architektur der Gegenwart 1960–1980: 172 Abb. 241. Braunschweig, Wiesbaden.

[6] Robert Venturi: Museum in Oberlin, Ohio, 1976, Holzsäule. In: Deutsches Architekturmuseum, Frankfurt am Main. – Klotz, Heinrich (Hrsg.) (1981): Jahrbuch für Architektur 1981/1982: 186, Abb. Braunschweig, Wiesbaden.

[7] Ebd.: 184 f.

[8] Robert Venturi: Koje in der „Strada Novissima" der venezianischen Architektur-Biennale, 1980. Ebd.: 186.

[9] Das „Laurentianische" und das „Tuskische" Haus. Die eigentümlichen Wege des Thomas Gordon Smith. In: Klotz a.a.O. (Anm. 6): 188–199, mit Abb.; – Thomas Gordon Smith: Das „Tuskische" und das „Laurentianische" Haus, Livermore, Kalifornien, 1979. In: Klotz, Heinrich (Hrsg.) (1984): Revision der Moderne. Postmoderne Architektur 1960–1980: 270–271, Abb. 420–423. München. – Thomas Gordon Smith und die historische Architektur. In: Klotz a.a.O. (Anm. 5): 202–208, Abb. 302–306.

[10] Thomas Gordon Smith und die historische Architektur. In: Klotz a.a.O. (Anm. 5): 204.

[11] Thomas Gordon Smith: Haus auf einem Hügel in Richmond, Kalifornien, 1981–1983. In: Jencks a.a.O. (Anm. 1): 302 Abb. 10.23; 303 Abb. 10.24. – Thomas Gordon Smith: „Richmond Hill House", San Francisco, 1981–83. In: Klotz (1984) a.a.O (Anm. 9): 274–278, Abb. 427–438. – Thomas Gordon Smith und die historische Architektur. In: Klotz a.a.O. (Anm. 5): 206–208, Abb. 307; 308.

[12] Bruno Reichlin, Fabio Reinhart: Casa Tonini, Toricella bei Lugano, Schweiz, 1972–1974, achsensymmetrisch geklappte Isometrien der Haushälften. In: Klotz (1984) a.a.O. (Anm. 9): 221 Abb. 331.

[13] Norbert Berghof, Michael Landes, Wolfgang Rang: Haus Paulick, Schwalbach bei Frankfurt, 1982–1983. In: Deutsches Architekturmuseum Frankfurt am Main. – Klotz, Heinrich (Hrsg.) (1985): Bauen heute. Architektur der Gegenwart in der Bundesrepublik Deutschland: 31 Abb. 70. Stuttgart.

[14] Michael Graves: Portland Public Services Building, Portland, Oregon, 1980–1982. In: Jencks a.a.O. (Anm. 1): 31 Abb. 15; 327 Abb. 11.10. – Michael Graves: Das „Portland Building", Portland, Oregon, 1980. In: Klotz (1984) a.a.O. (Anm. 9): 65–75, Abb. 70–88. – Marder a.a.O (Anm. 3): 42, Abb.

[15] Michael Graves: Haus Plocek, Warren, New Jersey, 1979–1982. In: Jencks a.a.O. (Anm. 1): 307 Abb. 10.30.

[16] Ricardo Bofill. Taller de Arquitectura: Les Arcades du lac, Viadukt, St. Quentin-en-Yvelines bei Paris, 1972–1983. In: Jencks a.a.O. (Anm. 1): 262 Abb. 9.21.

[17] Jencks a.a.O. (Anm. 1): 264.

[18] Ebd. (Anm. 1): 261.

[19] Ricardo Bofill. Taller de Arquitectura: Les Espaces d'Abraxas, Marne-la-Vallée bei Paris, 1978–1982. In: Jencks a.a.O. (Anm. 1): 263 Abb. 9.22 und 9.23.

[20] Ebd. (Anm. 1): 266.

[21] Andres Duany und Elizabeth Plater-Zyberk: Villanova-Haus, Florida, 1984. In: Jencks a.a.O. (Anm. 1): 199 Abb. 7.28.

[22] Pei, I. M. (1990): A Profile in American Architecture: 241, Abb.; 242, Abb.; 246, Abb.; 247, Abb. New York.

Weitere Literatur:

Heeb, Christian (1990): USA. München, Luzern.
James, Warren A. (1988): Ricardo Bofill. Taller De Arquitectura. Buildings and Projects 1960–1985. New York.
Steele, James (Consultant editor) (1993): Moore Ruble Yudell. London.
Stirling, James, Wilford, Michael & Associates (1994): Buildings and Projects 1975–1992. Stuttgart.

B Archäologie und zeitgenössische Bildende Kunst

Ägyptische Motive

Ägyptische Motive in der zeitgenössischen Kunst am Beispiel einiger Projekte des Künstlers Hannsjörg Voth

Thomas Köllhofer

Zusammenfassung

Nach einem knappen historischen Abriss über die Verwendung ägyptischer Motive in der Kunst setzt sich der Text mit einigen Projekten des Künstlers Hannsjörg Voth auseinander, der hier eine auffallende Dichte ägyptisch konnotierter Elemente verwendet. Die besprochenen Projekte und Arbeiten sind: „Reise ins Meer" (1976–1978), „Boot aus Stein" (1978–1982), „Steinhaus mit Seelenloch" (1980–1984) und „Himmelstreppe" (1980–1987). Der Künstler verwendet dabei durch die altägyptische Kultur angeregte Motive wie z. B. eine mumienartige Figur oder eine Pyramide. In einer Mischung aus Landart und Konzeptart erfahren diese durch die mit oder in ihnen stattfindenden Aktionen einen vielfältigen Bedeutungswechsel zwischen Inhalten wie Tod, Zeit, Verlebendigung, Erneuerung oder Lebensreise. Derart ergeben sich nicht allein motivische, sondern auch zahlreiche inhaltliche Bezüge zu den ägyptischen Vorbildern.

Einleitung

Die Kultur des alten Ägyptens mit ihren Pyramiden, den Sarkophagen, den Kunstgegenständen und mit Hieroglyphen hat seit ihrer Entstehung Menschen fasziniert und ihre Phantasien beflügelt. Es gibt wenige Kunstobjekte oder Monumente, die sich einer derart eindeutigen Wiedererkennung und auch eines so großen, allgemeinen Bekanntheitsgrades erfreuen wie die Pyramiden – insbesondere die Pyramiden von Gizeh einschließlich der Sphinx vor der Chephren-Pyramide –, die Mumien mit den sie umgebenden Katafalken und die Hieroglyphen. Herodot fügte sich schon vor etwa 2500 Jahren in eine Tradition der begeisterten Betrachter und Beschreiber der Pyramiden der Pharaonen ein. In der Folge lassen sich von den Römern bis in die Neuzeit Wellen der Begeisterung für die Kultur der Pharaonen ausmachen, und insbesondere das Motiv der Pyramiden hat als Sepulkralarchitektur immer wieder zu kleinformatigen Nachahmungen inspiriert. Man denke nur an Canovas Tizian-Grabmal (1791–1795) für die Frari-Kirche in Venedig und das davon abgeleitete Grabmal der Erzherzogin Maria Christina, das Canova zwischen 1798 und 1805 für die Augustinerkirche in Wien schuf. Durch das Begleiten der Toten in Form der Urne in das Innere der Pyramide werden hier zwar Erinnerungen an den Totenkult der Pharaonen wachgerufen, letztlich aber ist die Szenerie mit den Lebensaltern links und dem Genius des Todes mit dem schlafenden Löwen rechts vom Eingang in die Gruft ganz in die christliche Glaubenslehre eingebunden. Dennoch ist auffallend, dass die Pyramide zwei symbolische Funktionen übernimmt. Zum einen ist sie eine Metapher für das Grab selbst, ein Bild des Todes und die durch den christlichen Glauben damit verbundene Vorstellung vom Übergang der Seele zu einem weiteren Leben nach dem Tod. In dieser Überzeugung stimmen der Todeskult der Pharaonen und der christliche Glaube durchaus überein. Zum anderen aber wird die Pyramide durch die lichte Gestaltung ihres Äußeren gerade gegenüber dem Dunkel der Grabesöffnung zu einem Bild des Lebens, sowohl des diesseitigen wie auch des jenseitigen.

Wenn Goethe in seiner Geschichte der Farbenlehre Aristoteles mit einer Pyramide und Platon mit einem Obelisken vergleicht, so ist damit nicht die Pyramide als kulturhistorisches Bauwerk gemeint, sondern als eine abstrakte Form, die ein formales und ästhetisches Ideal erfüllt, das mit einer Form geistiger Größe gleichgesetzt wird. Vergleichbares ist sicherlich auch gemeint, wenn Paul Klee in seinem Bild „Ad Parnassum" den erstrebten Gipfel der Künste in Form einer Pyramide verbildlicht.

Vereinzelt tauchen ägyptische Motive auch in der Kunst nach 1945 auf. Allerdings soll es hier nicht darum gehen, allgemeine formale Vergleiche zwischen der zeitgenössischen Kunst eines Richard Serra, Hermann Kleinknecht oder Ulrich Rückriem und der Ägyptischen Plastik zu ziehen, wie dies 1986 von Rolf Wedewer und Dietrich Wildung getan wurde[1].

Hannsjörg Voth

Ich möchte mich vielmehr auf den Künstler Hannsjörg Voth konzentrieren, der sich in zahlreichen Arbeiten bzw. Aktionen mit Elementen altägyptischer Kultur auseinandersetzt. Insbesondere vier seiner Projekte sind in diesem Zusammenhang von Interesse: „Reise ins Meer" (1976–1978), „Boot aus Stein" (1978–1982), „Steinhaus mit Seelenloch" (1980–1984) und „Himmelstreppe" („Hassi Romi") (1980–1987).

Reise ins Meer

Für „Reise ins Meer" (1976–1978)[2] baute der Künstler eine 20 Meter lange, mit Tüchern mumienartig umwickelte Figur, die auf ein etwa 30 Meter langes Floß gebunden war. Die Figur trug eine Bleimaske. Von Speyer/Ludwigshafen ausgehend wurde die Figur auf dem Floß den Rhein hinuntergefahren. Am Ende der Reise wurde sie bei Rotterdam auf dem offenen Meer verbrannt (Abb. 1). Übrig blieb allein die Bleimaske, die vor der Verbrennung von der Figur entfernt worden war.

Die Bezüge und Anspielungen zu Totenkulten im alten Ägypten sind offensichtlich und vielfältig. Zum einen arbeitet Hannsjörg Voth mit dem Bild der Reise, also der Metapher für die Transzendenz von einem zum nächsten Leben. Diese Reise vollführt er, vergleichbar mit der Reise der Mumien der Pharaonen über den Nil, mit einer eindeutig ägyptischen Mumien nachempfundenen Figur. Sicherlich kann man auch Thomsen[3] folgen, der den Rhein als den Schicksalsstrom der Deutschen bezeichnet. Damit wird die Reise über diesen Strom auch zu einer Reise durch die Geschichte des Landes, die sowohl an zahlreichen Orten von höchster historischer Bedeutung als auch an verunstalteten Orten zeitgenössischer Industriearchitektur vorbeiführt. So wie bei den Ägyptern die Reise von Osten nach Westen über den Nil und damit über den Fluss führte, der der an seinen Ufern lebenden Bevölkerung zu Reichtum und Blüte verholfen hat und somit eine Lebensader des Landes darstellt, so führt auch die Reise der Figur Voths über eine der wichtigsten Lebensadern des westlichen Europas und insbesondere Deutschlands. Indem der Künstler den Fluss und damit neben den Pfaden auf dem Land den ältesten Verkehrsweg befährt, verdeutlicht er auch die ursprüngliche und im Verlauf der Geschichte beibehaltene Bedeutung des Flusses als Lebensader. Mit dieser Bewertung des Flusses fügt Voth sich zwar auch in die ägyptische Tradition ein, allerdings ist sowohl die reale wie auch

Abb. 1: Hannsjörg Voth, Projekt: Reise ins Meer. Oben: 30.05.1978, Ludwigshafen, mit Tüchern mumienartig umwickelte Figur auf einem Floß; mitten: 05.06.1978, die Figur in Flammen; unten: 05.06.1978, die Figur verbrennt auf dem offenen Meer. (Fotos: Guido Mangold).

die mythische Bedeutung der Flüsse weltweit anzutreffen und entspricht keiner genuin ägyptischen Vorstellung. Man denke nur an die in der griechischen Mythologie auftauchende Figur des Charon, der die Verstorbenen über den Styx fährt. Indem Voth die Bedeutung der Flüsse hervorhebt, verweist er auch auf die verlorene Kraft der Flüsse, auf ihren Missbrauch als Kloaken der modernen Gesellschaft. Durch die in der „Mumiengestalt" und vor allem auch in deren Verbrennung sich ausdrückende Vorstellung von der Erneuerung oder Wiederbelebung zeigt sich der Versuch des Künstlers, die Hoffnung und den Glauben an die mögliche Wiederbelebung des Flusses darzustellen.

Bis hier sind also die direkten Verbindungen und Anknüpfungen an den Totenkult der Ägypter unverkennbar. Allerdings gibt es auch eine ganze Reihe von Motiven bei „Reise ins Meer", die den ägyptischen Bräuchen widersprechen oder die unabhängig von diesen ihre eigene Bildsprache und Ikonographie entwickeln.

So hat die ithyphallische Darstellung der Figur Voths bei den Mumien der Pharaonen keine Entsprechung. Bei altägyptischen Skulpturen und Standbildern ist die Darstellung männlicher Fruchtbarkeit oder Zeugungskraft in Form eines erigierten Penis fast nur bei Götterbildern belegt, die als Votive in Tempeln gestiftet wurden, um Kindersegen zu erbitten[4]. In Verbindung mit der mumienartigen Figur aber entfaltet diese ithyphallische Darstellungsweise eine völlig andere Symbolik, die der ganz in die Bestattung und Überführung in ein jenseitiges Leben eingebundenen Mumie im alten Ägypten geradezu konträr entgegenzustehen scheint. Die Erektion des männlichen Gliedes ist ein vitales und rein diesseitiges Symbol. Sie ist Zeugnis einer lebendigen Hoffnung an die Erneuerbarkeit, an das Weiterdrehen des historischen Rades. Indem die große Figur nahezu den gesamten Lebensstrom dieses Kulturraumes, der durch die unübersehbar von der Ausbeutung einer modernen Industriegesellschaft gezeichneten Landschaft geprägt ist, durchfährt, gibt sie der Hoffnung Ausdruck, diese Landschaft wieder zu beleben. Dies ist nicht die Projektion von Fruchtbarkeit in einem jenseitigen Leben, sondern der Ausdruck einer Handlung, die zwar auf die Zukunft, aber auf eine ganz diesseitige ausgerichtet ist.

Ein weiterer Aspekt der Aktion „Reise ins Meer" steht den altägyptischen Vorstellungen und Bräuchen geradezu diametral entgegen: Das Verbrennen der großen, mumienartigen Figur auf dem Meer. Wir wissen, dass die Ägypter die kompliziertesten Methoden und Techniken entwickelten, um die Körper der Pharaonen über große Zeiträume so gut wie möglich zu erhalten und ihnen so ein Überwechseln in ein späteres Leben zu ermöglichen.

Mit dem Akt der Verbrennung bei Voth lassen sich eine ganze Reihe unterschiedlicher Assoziationen verbinden, die auch aufzeigen, dass der Künstler durchaus Vorstellungen anderer Kulturkreise in seine Überlegungen und Aktionen mit einbezieht als nur die ägyptischer Herkunft. Die rituelle Verbrennung eines Gegenstandes, eines Tieres oder Teile desselben bis hin zur Verbrennung eines Menschen hat fast rund um den Globus etwas mit einer Opferhandlung zu tun. Ein Opfer, das heißt der bewusste Verzicht auf etwas und die gleichzeitige Darbringung an eine höhere Macht, ist in nahezu allen Kulturen bekannt und meist mit dem Wunsch oder Versuch verbunden, das natürliche, wirtschaftliche oder soziale Gleichgewicht zu erhalten oder wiederherzustellen. Wie bei den Opfern in altgriechischer Zeit oder auch bei der im Christentum zentralen Selbstopferung Christi wird erst durch die Auslöschung des Opfergegenstandes das erstrebte Heil für eine bestimmte Glaubensgruppe möglich gemacht. Die Opferung ist abgesehen vom christlichen Opfer in der Regel auf das Diesseits bezogen. Durch die Auflösung des Opfergegenstandes wird dieser für das als mächtig erachtete höhere Wesen erst zugänglich, konsumierbar gemacht. Dieser diesseitige Bezug ist dem mit den Mumien verbundenen ägyptischen Gedankengut völlig fremd. Indem Hannsjörg Voth die gewaltige „Mumie" verbrennt, sieht er ihre Aufgabe als erfüllt an, also ihre letzte Erfüllung in ihrer Verbrennung. In der Zerstörung der Figur erinnert das Projekt auch an den melanesischen Brauch, kunstvoll geschnitzte Figuren nach der Erfüllung einer bestimmten rituellen Aufgabe zu zerstören oder achtlos wegzuwerfen[5].

Die Aufgabe dieser riesigen Figur bestand ganz wesentlich darin, ein „Bild zu transportieren", und dies in der ganzen Vielfalt seiner Bedeutungen. Hier ist die Verbrennung auch als optischer Akt bedeutsam. Eine einfache Demontage wäre vielleicht zeitgemäßer gewesen, aber sie hätte nie auch nur annähernd dieses eindrucksvolle Bild hinterlassen. Kunstwerke werden in der Regel für große Zeiträume geschaffen, sollen das Andenken wenn auch nicht unbedingt an den Künstler, so doch an die Formfindung eines Gedankens für die Nachwelt erhalten. Erst indem Voth seine „tote", durch die Reise und den Phallus gewissermaßen verlebendigte Figur verbrennt und damit endgültig vernichtet, hat er sie dem Gedächtnis als rein virtuellen Eindruck erhalten. Hierin äußert sich eine zyklische Vorstellung von der möglichen Erneuerung einer Kultur, von Leben. In einer weitgehend materialistisch orientierten Welt scheint die vorprogrammierte Zerstörung eines Kunstgegenstandes fast wie ein Sakrileg. Ein riesiger Aufwand, eine kraftraubende Handlung nur um ihrer letztlich geplanten Zunichtemachung wegen scheint sinnlos. Der sinnlose Akt aber wird ein geistiger, an dessen Kraft geglaubt wird. Ein schöner Vergleich ist in der Szene aus Andrej Tarkowskis Film „Das Opfer" zu sehen. Hier gießt eine Person jeden Tag ein Glas Wasser an einen abgestorbenen Baum im festen Glauben, diesen irgendwann durch die geistige Kraft dieser Tat wieder zum Leben zu erwecken. Der Bau der ägyptischen Pyramiden stellt vergleichbar etwas wie ein Opfer eines ganzen Volkes dar, das darin seinen Glauben an die Wiederverlebendigung zum Ausdruck bringt. Voths „Reise ins Meer" ist ein Manifest für den Glauben an die verändernde Kraft der Kunst.

Wie die Verbrennung der Figur ist auch die Verwendung eines Floßes als ein nicht ägyptisches Motiv zu betrachten. Die Ägypter hatten kunstvoll gebaute Schiffe für das Übersetzen ihrer Pharaonen. Den Pharaonen wurden vollständige Bausätze für große Boote als Grabbeigabe außerhalb der Pyramiden mitgegeben

Abb. 2: Hannsjörg Voth, Projekt: Boot aus Stein, realisiert 1981/82, Ijsselmeer, Niederlande. (Foto: Ingrid Voth-Amslinger).

und vergraben. Auch unabhängig von der Beisetzung der Pharaonen verfügten die Ägypter für den Transport unterschiedlicher Güter über sehr unterschiedliche Bootstypen, die den jeweiligen Anforderungen gerecht wurden und verfügten somit über hoch entwickelte Fortbewegungsmittel auf dem Fluss. Voth dagegen wählt die archaischste und einfachste Form der mit künstlichen Mitteln ermöglichten Fortbewegung auf dem Fluss, das Floß. Dies liegt zum einen sicherlich an der Finanzierbarkeit dieser Umsetzung, zum anderen stellt das Floß aber auch die ursprünglichste, bis in dieses Jahrhundert selbst in den technisch weit entwickelten Gebieten Europas tradierte Form der Fortbewegung auf den Wasserstraßen dar. Er verwendet ein Transportmittel für sein „Bild", das keiner künstlichen Energien außer der der natürlichen Bewegung des Wassers bedarf, und bedient sich so eines Mittels, das seinem Bedürfnis nach Respekt gegenüber der Natur am nächsten kommt. Christian W. Thomsen beschreibt Voth schlüssig als einen Künstler, „der naturmythische Zeichen in der Ambivalenz von lebensstiftender, lebensbejahender Naturverehrung und rituellem Todes- sowie Totenkult in den Mittelpunkt einer ganzen Reihe von Projekten stellt"[6].

Boot aus Stein

In seinem späteren Projekt „Boot aus Stein" (1978–1982) (Abb. 2), das in vieler Hinsicht als eine Weiterführung oder konsequente Folge von „Reise ins Meer" zu verstehen ist, wird das Bild des Bootes direkt mit der Pyramide in Verbindung gebracht. Allerdings ist das aus einem 70 x 400 x 100 cm großen Steinblock gehauene Boot eher das archetypische Urbild des Bootes per se als eine archäologisch zu verstehende Erinnerung an altägyptische Boote. Dabei ist das zum Schwimmen auf dem Wasser völlig ungeeignete „Boot aus Stein" ebenso eine Anspielung auf die Bedeutung ägyptischer wie auch griechischer und anderer mythologischer Leitbilder in der Form des Mediums für den Wechsel von einem in ein anderes Leben, von der Transzendenz von einem in einen anderen Zustand.

Wie eingangs schon erwähnt, gibt es kaum ein architektonisches Motiv, das so eindeutig historisch und kultisch belegt ist wie die Pyramide. Die Pyramide ist einerseits Grabesarchitektur, gleichzeitig aber auch Ausdruck eines kulturell hoch entwickelten, mächtigen Reiches und somit einer diesseitigen Macht; und was nicht unerwähnt bleiben soll: Die Pyramide ist dank ihrer Schlichtheit der Inbegriff einer schönen, harmonisch ruhenden Form. Diese Form in einem Kunstwerk oder auch als Bauwerk im 20. Jahrhundert zu verwenden, ist mutig und bedarf einer sinnvollen Einbettung, um nicht ins Kitschige abzudriften.

Für „Boot aus Stein" baute Hannsjörg Voth eine auf neun Holzpfeilern in einer Höhe von 3,5 Metern über der Wasseroberfläche des Ijselmeeres ruhende Pyramide (Abb. 3). Die 12,5 Meter hohe und im Grundriss 14 x 14 Meter messende Pyramide hatte eine schlichte Holzkonstruktion, die von einer transluziden dunklen Plastikfolie verkleidet war. Im Inneren der Pyramide befand sich ein zentraler, 8 x 8 Meter messender Raum, in dem der Granitblock gelagert wurde, aus dem der Künstler dann während mehrerer Monate die Form eines Bootes herausarbeitete. Dieser zentrale Raum wurde von einer Reihe von kleineren Wohnräumen umgeben, die dem Künstler und zeitweise weiteren Gästen als Wohnstätte dienten. Die Pyramide selbst war nur mit dem Boot zu erreichen. Vom Wasser aus führte dann eine Stahltreppe auf die Ebene des Pyramidenbodens.

Auch diese beiden Formvokabeln, die der Pyramide und die des Bootes, sind in ihrer Verbindung unweigerlich als ägyptisch konnotierte Leitmotive zu erkennen, verweisen in der Vielfalt ihrer möglichen Bedeutungen aber weit über diese hinaus. Insbesondere in der Form und Platzierung hat sich Voth einerseits recht deutlich an den ägyptischen Vorbildern orientiert, andererseits weicht er völlig von diesen ab.

Vergleichbar sind die Maße und die Grundformen der Pyramide mit den ägyptischen Vorbildern. Voths Pyramide ist quadratisch, sie weist einen Neigungswinkel von 60° auf, der zwar nicht den großen, bekanntesten Pyramiden von Gizeh etc. mit einem Neigungswinkel von 51° entspricht, der aber durchaus einen in Ägypten verwendeten Neigungswinkel aufgreift. Dieser beträgt bei einigen Pyramiden bis zu 68°[7]. Die ganzen Maßverhältnisse, insbesondere auch die des großen Innenraumes, erinnern stark an die mathematisch ausgeklügelten Verhältnisse der antiken Vorbilder. Wenngleich Voth sich nicht explizit darüber äußert, so ist von einer seiner Zeichnungen zur genaueren Ortsbestimmung des Aufstellungsortes doch abzulesen, dass die Pyramide Voths wie ihre ägyptischen Vorläufer mit ihren vier Seiten nach den Himmelsrichtungen ausgerichtet war[8].

Auch die Platzierung der Pyramide in einer weiten, ebenen Landschaft, in der das Bauwerk aus großen Entfernungen als markanter Punkt wahrgenommen werden kann, lässt sie den ägyptischen Vorbildern

Abb. 3: Hannsjörg Voth, Projekt: Boot aus Stein, realisiert 1981/82. Ijsselmeer, Niederlande. (Foto: Ingrid Voth-Amslinger).

verwandt erscheinen. Die ausgezeichneten Fotografien von Ingrid Amslinger verdeutlichen diesen Aspekt der Weite, den monolithischen Charakter, der die Pyramide wie ein Wahrzeichen erscheinen lässt, auf eindrucksvolle Weise.

Doch bei einer etwas genaueren Betrachtung wird deutlich, wie sehr Voth doch von dem Formen- und Erscheinungsvokabular der Vorbilder am Nilufer abweicht. Die Pyramide ist nicht aus schweren Steinquadern, sondern aus einer Holzkonstruktion gebaut, die von einer durchscheinenden Folie überzogen ist, aus Materialien also, die zum einen ganz offensichtlich nicht für die Ewigkeit bestimmt sind, die zum anderen den Grabescharakter der Pyramide aufheben, indem sie Tageslicht eintreten und den Innenraum mit dem lebendigen Äußeren kommunizieren lassen. Weiter ist die Platzierung der Pyramide auf Pfählen über dem Meer geradezu gegenteilig zu der mit altägyptischen Monumenten verbunde-

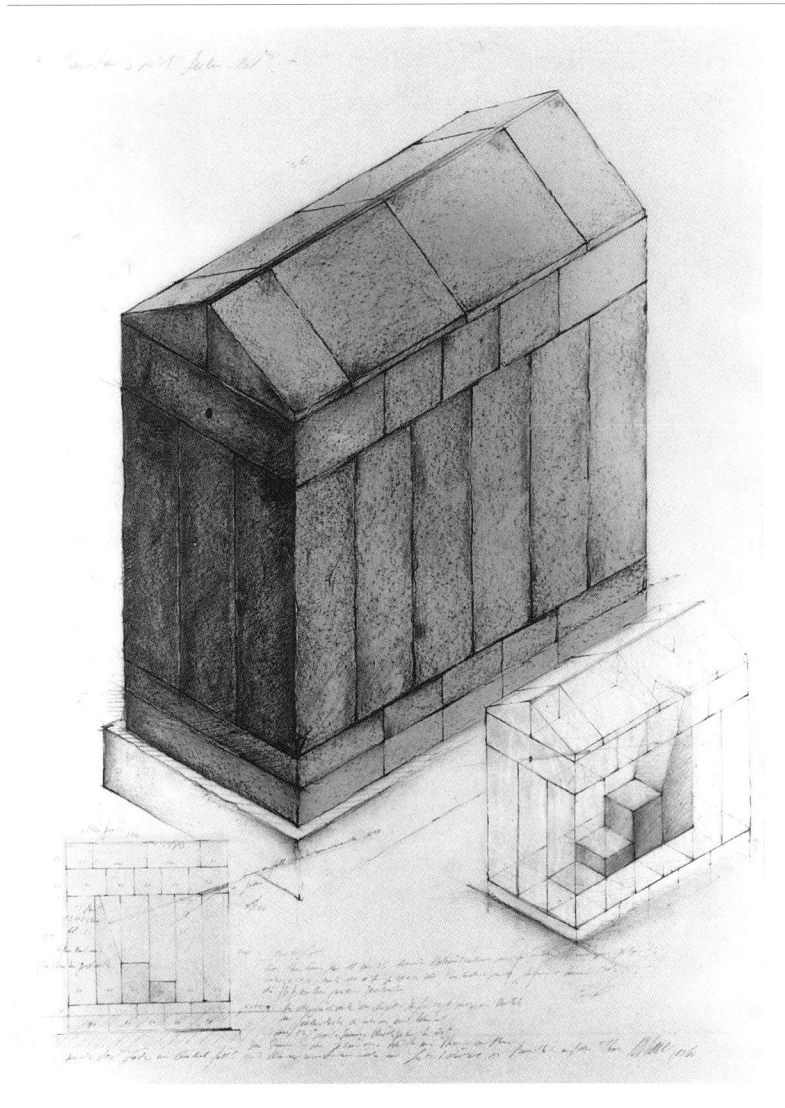

Abb. 4: Hannsjörg Voth, Zeichnung zu: Steinhaus mit Seelenloch, 1983, 100 x 70 cm. (Foto: Ingrid Voth-Amslinger).

nen Vorstellung, wie Helmut Schneider völlig zu Recht bemerkt: „Der aus Quadern aufgeschichtete Baukörper gilt als ein Symbol der Dauer, und dies nicht zuletzt, weil er so augenfällig sicher und unerschütterlich auf der Erde ruht, ..."[9].

Voths Pyramide erhält zwar durch die Gravität der pyramidalen Form auch eine optische Statik, aber gleichzeitig entsteht der Eindruck, das Bauwerk schwebe über dem Wasser in der Luft. Zahlreiche Fotografien von Ingrid Amslinger belegen dies. Dadurch wird das Monument noch zu Zeiten seiner realen Existenz zu einer Art „Erscheinung" über dem Meer. Es findet also schon zu Zeiten der physischen Präsenz eine Art Auflösung des Bildes statt, das somit zu einem Erinnerungsbild, zu einem geistigen Bild wird.

Im Gegensatz zur Pyramide haut Voth das monumentale Boot aus einem gewaltigen Steinblock, scheinbar ganz auf den Erhalt des Bildwerkes hin angelegt. Die Schaffung eines Bootes aus Stein, eines zum Schwimmen untauglichen Bootes, muss als reines Bild, als Monument des Bootes, angesehen werden. Dieses Boot ist der Archetypus des Bootes und ist als solcher mit der ganzen Vielfalt seiner Bedeutungen belegt. Durch die über dem Boot befindliche Pyramide drängt sich zwangsläufig auch die altägyptische Bedeutung des Bootes auf, das als Transportmittel von einem zum nächsten Leben fungiert. Die in vielen Kulturen anzutreffende Verwendung dieses Bildes vom „Boot zum Hades" ist allgemein bekannt. Bedenkt man die Bedeutung des Flusses Ganges in Indien, so zeigt sich die Notwendigkeit, das Boot auch als eine Entsprechung zum Fluss selbst und zum Wasser als Lebensquell zu sehen.

Das Forttreiben der Pyramide im Packeis und der Untergang des Bootes am Standort war so zwar nicht direkt geplant gewesen, muss aber immer einkalkuliert gewesen sein. Eine hölzerne Pyramide über dem Meer ist nicht als eine dauerhafte Konstruktion vorstellbar. So haben die Naturgewalten das „Boot aus Stein", also das Monument, das scheinbar für die Ewigkeit geschaffen wurde, im Meer versenkt. Das Bild wurde dadurch unserem optischen Zugriff entzogen, obwohl es weiter physisch existent ist. Eines aber wurde erst durch den Untergang dieses Bildes möglich: Die Verlebendigung der Vorstellung.

Betrachtet man die Pyramiden und den immensen Aufwand, den die Ägypter für die Weiterexistenz im Jenseits erbrachten, so ist deutlich, dass sie einen Großteil ihrer gesamten Lebenszeit, ihrer Energie und Phantasie für dieses Projekt aufwendeten, das so zum kulturellen Zentrum des Lebens dieser Menschen wurde. Vergleichbar dazu geht es Voth nicht allein um die Herstellung eines Kunstwerkes in Form eines Produktes, sondern die gelebte Zeit, das Erleben selbst und die Zeit als kreativer Prozess sind ebenso Bestandteile des Kunstwerkes wie die dabei entstehenden Produkte. Die Feste, die Hannsjörg Voth mit Freunden sowohl auf dem Floß der „Reise ins Meer", in der Pyramide und um die „Himmelstreppe", die noch beschrieben werden soll, gefeiert hat, sind zum einen Zeichen für die direkte Einbindung der Projekte in ein ganz diesseitiges Leben; die kunstvolle Inszenierung des Festes um das Boot aus Stein und die an archaische Opferhandlungen erinnernden Schlachtungen beim „Hassi Romi" sind zum anderen Zeichen für nahezu selbstverständlich gelebte und vollführte rituelle Handlungen.

Eine Zeichnung von 1981 zeigt einen Aufriss der Pyramide mit einer eingelagerten mumienartigen Figur, die in einem anderen Format der der „Reise ins Meer" entsprach. Durch diese Zeichnungen ist nicht nur die direkte Verbindung der beiden Projekte belegt, sondern gleichzeitig das Motiv der Pyramide als Grab aufgenommen. Das zum Untergehen verdammte Boot aus Stein ist ebenso ein Grabessymbol wie die Pyramide, die aber durch die Betonung und Einbeziehung des Entstehungsprozesses zu verlebendigten Symbolen werden, die über ihre physische Existenz hinaus verweisen.

Steinhaus mit Seelenloch

In Berlin baute Hannsjörg Voth 1984 aus Granitblöcken ein Haus (Abb. 4), das in seinem Inneren einen Thron beherbergt. Das Haus selbst ist nicht begehbar. Da es keine Türen besitzt, wissen wir nur durch Zeichnungen und Fotografien während der Entstehung vom Aussehen und der Existenz des Thrones. Allerdings ist an der Giebelseite des Gebäudes deutlich ein Loch zu erkennen, das darauf hinweist, dass das Haus kein massiver Steinblock ist, sondern ein hohles Inneres hat, in das durch dieses Loch Licht dringen kann.

Es ist ein Haus, „das zugleich Thronsaal und Grabkammer für einen Herrscher bildet, dessen Abwesenheit es gestattet, diesen Ort der Verehrung imaginativ mit unterschiedlichsten Persönlichkeiten zu besetzen. Durch das Loch im Giebel fällt zur Wintersonnenwende ein Lichtstrahl auf den Thron. Wie Kaiser Barbarossa im Kyffhäuser sitzt hier ein imaginärer Herrscher und wartet auf die Stunde seiner Wiedergeburt und wird von der Sonne im Herzen erleuchtet. Voth kombiniert hier nordisches und ägyptisches Gedankengut. Aus einer kleinen, dunklen Kammer des Tempels des Ptah, des Gottes der Unterwelt, in Karnak kennen wir das Umwandlungsphänomen von Dunkelheit in blendendes Licht."[10]. Indem Voth hier sowohl das Motiv der Grabkammer als auch das der Verlebendigung eines Wesens durch das Licht einbringt, drückt er eine gegenseitige Durchdringung von Leben und Tod aus, die den Untergang immer als Möglichkeit für einen Neubeginn versteht.

Himmelstreppe („Hassi Romi")

Das Projekt „Himmelstreppe" (1980–1987)[11] spielt nur noch sehr entfernt mit ägyptischen Motiven, erinnert nur in allgemeinen Aspekten an die Bauwerke der

Abb. 5: Hannsjörg Voth, Projekt: Hassi Romi (Himmelstreppe), realisiert 1986, Marokko. (Foto: Ingrid Voth-Amslinger).

Pyramiden (Abb. 5). Voth hat sich im Laufe seiner Projekte immer weiter von direkt erkennbaren Vorbildmotiven gelöst, verwendet inzwischen eine „Bild-" oder „Objektsprache", die zwar mit archaischen kultischen Bauwerken in Verbindung gebracht werden kann, die aber weder in ihrer Form noch in ihrer Deutbarkeit eine offensichtliche und zwangsläufige Rückführung auf ein historisch existentes Motiv nahe legen.

„Hassi Romi" erinnert letztlich nur noch in den folgenden Aspekten an die Bauten der ägyptischen Pyramiden. Das Bauwerk ist geostet und damit wie diese nach den Himmelsrichtungen ausgerichtet und somit in einen kosmischen Bezug gesetzt. Die „Himmelstreppe" ist ein landschaftliches Markierungszeichen, das aus großen Entfernungen wie ein Orientierungsmerkmal in einer weiten, wüstenähnlichen Landschaft Marokkos liegt. Diese Einsamkeit des Bauwerkes unterstreicht seine Monumentalität und seine schlichte Schönheit, die sich – auf die Entfernung gesehen – aus der völlig schlichten und reduzierten Form ergibt. Sie ist ein oben spitz zulaufendes Monument, das durch seine Spitze einen genauen Ort kennzeichnet.

Aber die „Himmelstreppe" ist kein ruhendes, mit der Breitseite der Pyramide auf der Erde stehendes Gebäude, das somit auch ein Zeichen für die Ewigkeit, für ewigen Bestand und Ruhe verkörperte. Schon das Material der gestampften und sonnengetrockneten Lehmsteine verweist auf eine zeitlich absehbare Erosion, auf eine Rückführung des Denkmals in die Tektonik der Landschaft. Die „Himmelstreppe" erinnert in keiner Weise an ein Grab, sondern ganz im Gegenteil. Durch den aufstrebenden Charakter hat die Form eine große Dynamik der Aufwärtsbewegung, die durch die Stufen der Treppe verstärkt wird. Die „Himmelstreppe" lädt ein, zwingt förmlich dazu, erklommen zu werden, und der Spalt hinter der obersten Stufe lässt den Blick weitergleiten, die steigende Bahn weiterverfolgen. In diesem transzendenten Moment weist die „Himmelstreppe" auch weniger auf das Leben nach dem Tod als vielmehr auf die Überschreitung der Grenzen hin. Sie stellt eine Verbindung zwischen Himmel und Erde dar, zwischen Geistigem und Irdischem und ist damit ein Manifest Voth'schen Gedankengutes, das sich in dem gesamten Projekt „Hassi Romi" ausdrückt, ein Manifest für eine ganz diesseitige aber ganz deutlich voller Hoffnungen in die Zukunft weisende Kunst. Deutlicher als bei all den bislang beschriebenen Projekten sind die Umwelt, die Tradition des Landes, seine Bräuche und Sitten in die Gestalt und vor allem auch in die Entstehung dieses Bauwerkes eingeflossen, beginnend mit der traditionellen handgestampften Lehmbauweise über die Opferrituale beim Bau des Brunnens, über das angewandte traditionelle Schmiedehandwerk bei der Erstellung der Flügel bis hin zu den ständigen nordafrikanischen Verhandlungen über Preise, Leistungen etc.

Die Zahl der 52 Treppenstufen, die den Weg zur Spitze hinaufführen, ist einerseits mit der Wochenzahl unseres Kalenders übereinstimmend, andererseits aber auch mit der in Zentralamerika ehemals herrschenden Vorstellung einer zyklischen Veränderung und Erneuerung der Welt, die alle 52 Jahre stattfinden sollte[12]. Die Pyramiden in Mexiko waren zwar auch als Himmel und Erde verbindende Monumente gedacht, wurden in erster Linie aber als Opferstätten gebaut, die für den Erhalt einer bestehenden Ordnung notwendig waren. Das Erinnern an einen derartigen Erhaltungsgedanken einer kosmischen Ordnung ist den Voth'schen Bauten und Aktionen fast immer innewohnend. Allerdings greift Voth an dieser Stelle einen schon lange gehegten Gedanken wieder auf und rückt diesen in den Vordergrund: Das Motiv des Ikarus, das vor allem auf die Möglichkeit des Überschreitens von Grenzen hinweist und das für die mögliche Kraft und eine rein geistige Qualität der Kunst steht. Diese geistige Qualität ist aber letztlich ganz und gar in eine Lebensform eingebunden, die die Gegebenheiten und Gesetze der Umwelt einbeziehend sich als Teil eines Ganzen erfahrbar macht.

Noch deutlicher als bei den anderen Projekten Voths zeigt sich bei „Hassi Romi" die Einbindung der Anlage in das Alltagsgeschehen eines bestimmten Kulturkreises. Diese Einbindung ergab sich vor allem durch die Bräuche und Umgangsformen des Kulturkreises jener Region, in der die Himmelstreppe gebaut wurde. Sie nötigten den Künstler zu einer Anpassung an die alltäglichen Lebensweisen der Bevölkerung Marokkos. Gleichzeitig aber wurde der „Hassi Romi", der „Brunnen des Deutschen", zu einem in das Alltagsleben der dort heimischen nomadischen Bevölkerung einbezogenen Element. Dies gelang Voth vor allem dadurch, dass er das Bauwerk der Himmelstreppe ganz den tradierten Bauweisen der Region, in der es errichtet wurde, anpasste.

Sowohl die Fotografien von Ingrid Amslinger als auch die Projektbeschreibungen Voths machen den gewaltigen Aufwand deutlich, der zu ihrer Erstellung nötig war. Hierin stimmen die Grabanlagen der Ägypter mit den Projekten Voths überein. Sie beide sind Zeichen gelebten Lebens, das in dem Glauben an die Kraft des Bildes gelebt wurde.

Anmerkungen / Literatur:

[1] Vgl. Ausstellungskatalog Museum Morsbroich, Städtisches Museum Leverkusen (1986): Ägyptische und Moderne Skulptur, Aufbruch und Dauer. München.
[2] Die ausführlichste Beschreibung und ausgezeichnete fotografische Dokumentation dieses Projektes findet sich in: Ausstellungskatalog Bonn, Rotterdam, Arnheim u. a. (1978/79): voth. REISE INS MEER. Köln.
[3] Thomsen, Christian W. (1994): Hannsjörg Voth: Projektkünstler. In: Thomsen, Christian W. (Hrsg.), Hannsjörg Voth. Zeitzeichen, Lebenszeichen: 13. München.
[4] Vgl. Ausstellungskatalog München, Berlin u. a. (1984): Nofret – Die Schöne, Die Frau im Alten Ägypten: 36 Nr. 13. Mainz.
[5] Vgl. Trowell, Margaret & Nevermann, Hans (1967): Afrika und Ozeanien. In: Kunst im Bild: 223–225. Baden-Baden.
[6] Thomsen a.a.O. (Anm. 3): 17.
[7] Vgl. Schüssler, Karlheinz (1992, 1. Aufl. 1983): Die ägyptischen Pyramiden. Erforschung, Baugeschichte und Bedeutung: 64. Köln.
[8] Siehe: Institut für moderne Kunst Nürnberg (Hrsg.) (1983): Voth / Boot aus Stein. Fotos von Ingrid Amslinger. Ausstellungskatalog Nürnberg, Leverkusen, Kassel: 74. Zirndorf.
[9] Schneider, Helmut (1983): In: Institut ... a.a.O. (Anm. 8): 9.
[10] Thomsen a.a.O. (Anm. 3): 18.
[11] Vgl. Mendelsohn, Kurt (1976, 1. Aufl. Bergisch Gladbach 1974): Das Rätsel der Pyramiden: 155. Frankfurt am Main.
[12] Eine ausführliche Beschreibung und fotografische Dokumentation dieses Projektes findet sich in: Institut für moderne Kunst (Hrsg.) (1989): Voth, Hannsjörg: Hassi Romi. Fotos Ingrid Amslinger. Nürnberg.

Griechisch-römische Motive

Antikenrezeption im zeitgenössischen Design

Volker Fischer

Zusammenfassung

Motive der griechisch-römischen Antike wurden nach dem Zweiten Weltkrieg nur zögernd im Design aufgenommen. Die Verwendung antiker Motive in der Produktgestaltung von Designern der 1980er und 1990er Jahre verrät zwar historische Kenntnisse, beschränkt sich aber auf ausgewählte Formzitate, ohne ein bestimmtes Lebensgefühl vermitteln zu wollen. Der Rückgriff auf die Antike erfolgt auf unterschiedliche Weise: Strenge Zitate stehen neben poetischen oder auch ironischen Verfremdungen, naturalistische und illusionistische neben abstrahierenden Verfahren.

Alle ästhetischen Gattungen der Gegenwart sind im letzten Drittel des 20. Jahrhunderts zunehmend selbstreflexiv geworden und verarbeiten ihre eigenen Entwicklungen immer wieder kreativ weiter. Auch bei den industriell gefertigten Objekten des Produkt- und Interior-Designs, den „Table-tops" (den Gegenständen auf dem gedeckten Tisch) und überhaupt den Gebrauchsgegenständen im Allgemeinen nimmt der Anteil der Wiederaufnahmen vorhandener Form- und Gestaltungskonzepte kontinuierlich zu. Neben den antiquarisch motivierten Re-Editionen stehen die nostalgischen Neuauflagen vergangener Industriestile und -objekte aus der Frühzeit der Industrialisierung, der Arts and Crafts-, Wiener Werkstätten- und Bauhausbewegungen ebenso wie Funktionalismus-, Fünfziger- und Sechziger-Jahre-Melangen. Immer wird dabei der entsprechende Zeitgeist als Erinnerungssubstrat mitkonnotiert und goutiert. Auch die Pop-Art, die 1970er und selbst schon die 1980er Jahre des 20. Jahrhunderts unterliegen inzwischen dieser Revival-Mentalität.

Die Rezeption weiter zurückliegender Epochen, die weder biographisch noch pseudo-biographisch (wie etwa die Gründerzeit) psychologisiert werden können, ist dagegen eher auf die Vereinzelung motivgeschichtlicher Elemente und ihrer Überlieferung angewiesen. Weder das Lebensgefühl des Klassizismus und der Romantik etwa noch jenes der Renaissance oder nun gar der antiken Kulturen kann heute im Sinne umfassender Lifestyle-Konzepte reaktiviert werden, sieht man einmal von den so genannten „Mittelalter-Märkten" auf deutschen Plätzen und Einkaufsstraßen ab, die sich zunehmender Beliebtheit erfreuen. Temporäre Ereignisse wie jüngst der auf der hessischen Saalburg gefeierte „Römertag" anlässlich ihres hundertjährigen Museumsjubiläums (siehe auch den Beitrag „Römergruppen" von Marcus Junkelmann in diesem Buch) brauchen dann doch, um massenwirksam attraktiv zu sein, mediale Gallionsfiguren, in diesem Falle den französischen Zeichner Albert Uderzo, einen der Erfinder der Asterix- und Obelix-Comics.

Produktdesign dagegen im engeren Sinne, da industriell produziert, kann nur den Formen-, Ornament- und Dekorkanon antiker Motive als Applikat wieder aufgreifen, wohl kaum aber Produktionsformen und -verhältnisse. Man mag noch heute ein Brot backen können wie in römischen Zeiten, aber zum Beispiel ein Glas entsprechend antiker Produktion herzustellen erschiene einigermaßen grotesk. Wohl aber mag ein industriell produziertes Mäander- oder Akanthusmuster ein Pressglas zieren oder Badezimmerkacheln, wohl mag ein Unternehmen wie „Magazin" matt satinierte Glasamphoren zu volkstümlichen Preisen anbieten. In solchen Fällen bleibt die Adaption antiker Elemente anonym und bedient eine eher nebulöse Erinnerung an weit entfernte Zeiten. Die Derivatekultur der Museumsshops archäologischer Museen weiß ebenfalls ein Lied davon zu singen.

Anders stellt sich das Phänomen dar, wenn identifizierbare Entwerfer und Designer ins Blickfeld geraten. Ihre Strategien in der Adaption sind in der Regel bewusster, genauer und oft von größerer historischer Kenntnis geprägt.

Bei einiger Überlegung scheint nachvollziehbar, dass die Rezeption antiker Formen und Dekore nach dem Zweiten Weltkrieg erst wieder mit der Pop-Art, genauer mit jener Haltung einsetzt, die die amerikanische Essayistin Susan Sonntag als „campy" bezeichnet hat. Denn der Nachkriegszeit in Europa mussten alle Spielarten von Klassizismen, die der Nationalsozialismus und der Faschismus, wenn auch in verwässerten Formen, ausgebeutet hatten, verdächtig, ja tabuisiert erscheinen. Erst als über die ironische Brechung alltagskultureller Erfahrungen in der Pop-Art auch bis dahin obsolete Stillagen, etwa der Jugendstil, wieder und erneut salon- und das meint: avantgardefähig wurden, konnte auch ein antiker Kanon, zumindest als Substrat, erneut reüssieren.

Bezeichnenderweise sind jene beiden Produkte, die für die Antikenrezeption im Design der 1960er Jahre paradigmatischen Charakter erhalten sollten und bis heute in Re-Editionen auf dem Markt sind, die Sessel „Capitello"[1] und „Attica", aus Kunststoff, also ebenso verfremdet wie

Abb. 1: Alessandro Mendini: Tapete „Colonna", 1992. (Aus: Tapetenfabrik Gebr. Rasch GmbH & Co. [Hrsg.] [1992]: Zeitwände: eine Tapetenkollektion von international renommierten Designern und Architekten: 59, Abb. Bramsche).

die berühmten zeitgleichen „Softenings" des amerikanischen Pop-Art-Künstlers Claes Oldenburg (z. B. Schreibmaschinen aus Stoff). Dabei wird durch die Bequemlichkeit suggerierende Schrägstellung des Kapitells zum Sitzen dieses – neben der Materialdiskrepanz – ein weiteres Mal ironisiert und partizipiert darüber hinaus am Bedeutungsfeld des Ruinösen. Ganz im Bereich einer zeitgenössischen Technologie transferierten 1972 die beiden Brüder Achille und Pier Giacomo Castiglioni bei ihrer „Taccia"-Lampe einen kannelierten Säulenschaft zum Lampenfuß um[2].

Auf ähnlich ironische Weise wie die Säulensessel griffen dann Mitte der 1970er Jahre die Schweizer Architekten und Designer Trix und Robert Haussmann antike Architekturmotive auf und kreierten eine Möbelserie aus Holz, die auf den ersten Blick eher wie aus Stein gefertigt erscheint[3]. Die Schreibtische, Schränke und Kommoden zieren wahlweise römische Bossenquader oder griechische Kanneluren. So werden diese Architekturmotive verfremdeten Funktionszusammenhängen zugeführt. Gemäß dem Haussmann'schen Motto „Störung der Form durch die Funktion" und ihrer Theorie eines „Kritischen Manierismus" konterkarieren sie historische, oft antike Stilelemente.

Und jenen Illusionismus räumlicher Tiefe und gemauerter Ewigkeit, der die Möbel charakterisiert, haben sie auch in den Gattungen der Tapeten und Stoffe exemplifiziert[4]. Die ornamentale Struktur etwa der Kassettendecke des Pantheons wird ebenso in einen Stoffrapport umgesetzt wie die Kannelierungen antiker Säulen. Ettore Sottsass hat in der Folge von Memphis für die Kollektion „Meta-Memphis" ebenfalls mit den Profilen antiker Säulenköpfe gespielt. Eher plakativ als illusionistisch thematisierte dann Anfang der 1990er Jahre der Italiener Alessandro Mendini in der Tapetenkollektion „Zeitwände" des deutschen Unternehmens Rasch die Säule scherenschnitthaft als Motiv. Das kippende Figur-Grund-Verhältnis, das seine Tapete „Colonna" (Abb. 1) auszeichnet, ist ebenso bestimmend bei dem schwarz-rot figürlichen Vorlageteller[5] des amerikanischen Entwerfers Stanley Tigerman für das New Yorker Unternehmen Swid Powell. Mäandrierend wird hier ironisch auf ornamentale Strukturen pompejanischer Wandmalereien Bezug genommen.

Überhaupt hat Tigerman, wie viele amerikanische postmoderne Architekten der 1980er Jahre, außer bei seinen Bauten auch bei den von ihm entworfenen Produkten häufig auf die griechische und römische Antike Bezug genommen. Für die italienische Schmuckkollektion von Cleto Munari entstanden Ringe, Doppelringe, Armbänder und Colliers, die auf die antiken Säulenordnungen ebenso wie auf die profane Bossenquaderung römischer Paläste anspielen[6]. Während aber Tigerman früh-hellenistische, auch durchaus ägyptische oder assyrische Motive bevorzugt und diese entsprechend seinem in der Architektur entwickelten, an der Pop-Art geschulten Verfremdungscredo gestaltet, bevorzugen der Amerikaner Robert Venturi und der Italiener Paolo Portoghesi in derselben Kollektion die Entwurfsstrategie einer so genannten Mikroarchitektur und gestalten Tempel, Tempelfassaden, Säulen oder Säulengebälk als Ohrringe, Colliers, Ringe oder Armbänder[7]. Michael Graves

Abb. 2: Michael Graves: Keramik-Etagère, 1991. (Aus: Waechtersbacher Keramik. Otto Friedrich Fürst zu Ysenburg und Büdingen GmbH & Co. Kg., Brachttal [Hrsg.] [1992]: Colour Comedies. Internationaler Architekten- und Designer-Workshop der Waechtersbacher Keramik: 23, Abb. Kiel).

wiederum aktualisiert antike Schmuckformen gewissermaßen im Maßstab 1:1: Hier kann man fast von antiken Re-Editionen sprechen. Der österreichische Architekt Hans Hollein entwarf für die nämliche Kollektion Ohrringe und eine Armbanduhr, die ebenfalls das Motiv antiker Säulen aufgreifen, auch wenn sie mit der Entwurfssprache des Art déco überblendet scheinen[8].

Neben Schmuck sind vor allem auch die Gegenstände des gedeckten Tisches, seien es Gefäße oder Vasen, Tafelaufsätze oder Besteck des Öfteren antikisierend inspiriert. Die Silbertafelaufsätze von Hans Hollein oder Carlo Scarpa 1980 bzw. 1976 für Cleto Munari[9], ebenso die Keramikobstschale von Michael Graves für das deutsche Unternehmen Waechtersbach (Abb. 2) oder seine Vasen und Kerzenständer für Alessi gehören ebenso in diesen Zusammenhang wie die von Ettore Sottsass selbst als „sonderbares Objekt" bezeichnete grellfarbene Keramikvase, die nur noch wie ein Scherenschnitt antike Architekturelemente aufnimmt. Auch der New Yorker Architekt Robert A. Stern zeigt in seinen silbernen Salz- und Pfefferstreuern, Kerzenständern und weiteren Tischobjekten für Swid Powell seine Empfänglichkeit für Säulenmotive.

Die vielleicht narrativste Erzählstruktur innerhalb von Gebrauchsobjekten mit antikischer Inspirierung vertritt der englische Architekturtheoretiker Charles Jencks, der mit seinem Buch „The language of postmodern architecture" weltweit bekannt wurde, aber ebenso als Entwerfer tätig ist. Dafür steht sein bereits 1979 entstandenes berühmtes „Tea and Coffee"-Service für Alessi ebenso wie der so genannte „Kolosseum-Sessel", in den ein ebensolcher „Kolosseum-Hocker" eingestellt werden kann[10]. Was hier bereits als Architekturzitat – wenn auch in verändertem Maßstab – erscheint, hat dann der Amerikaner Rick Wrigley mit seinem „Classical Cabinet"-Schrank[11] gewissermaßen im Originalmaßstab zelebriert, auch wenn das Material der Oberfläche aus Kunststofflaminaten besteht; der Schrank entstand im Rahmen eines Wettbewerbes des Kunststoffunternehmens „Formica Colorcore".

Abb. 3: Heide Warlamis: Vasen, Dose, Kerzenhalter und Kannen aus der Serie „New Classic", Porzellan, 1996. (Foto: Vienna Collection, Porzellanmanufaktur, Schrems, Österreich).

Auf eine mehr spielerische, fast kindlich-naive Weise dagegen argumentieren die Porzellanentwürfe der in Niederösterreich beheimateten Entwerfer Heide und Efthymios Warlamis, die mit narrativer Phantasie eine Kontinuität zwischen Antike und Gegenwart behaupten.

Die Amphoren und Kopfvasen, oft mit Kapitellsockel, wirken so wie die zum Objekt gewordenen Erinnerungen kindlicher Phantasien und Träume. Für Warlamis, einen äußerst geschichtsbewussten Griechen, ist die Zeit Alexanders des Großen im Walter Benjamin'schen Sinne eine „Jetztzeit". So nennt er seine entsprechende Produktlinie auch „Die neue Klassik" (Abb. 3 und Farbtaf. 2,c) und formuliert: „Der neue klassische Zyklus ist voller Überraschungen und kleiner Geheimnisse. Säulen, Vasen, Krüge, Schalen, zeichenhaft reduziert bilden sie eine Welt voller Vertrautheit und Sanftheit".

Dabei sind die Proportionsverschiebungen, auch die Neukombinationen verschiedener Elemente – so bilden etwa manchmal Kapitelle die Basen von Vasen oder Kerzenständern –, bewusst eingesetzte Inversionen, die dann doch den

Epochenabstand thematisieren. Heide und Efthymios Warlamis entwerfen insofern eher Sehnsuchtsbilder einer griechischen Klassizität, die auf imaginierten Annäherungen basieren. Im Gegensatz aber zu den Haussmann-Objekten wird hier keinerlei Ironie spürbar, sondern eine innere Seelenverwandtschaft.

Doch noch einmal müssen wir auf Stanley Tigerman zurückkommen. Anfang der 1980er Jahre zeichnete er Varianten eines so genannten „Barcalounger"[12], die, dem Namen entsprechend, den „Barcelona Chair" von Ludwig Mies van der Rohe mit dem „Lounge Chair" von Charles Eames überblenden, nun aber mit dem Vokabular ironisch gebrochener klassischer Formzitate wie Kapitellen, Voluten und Säulenschäften. Indem der Sesselrücken variantenreich an die Architekturgeschichte angepasst wird, werden die klassischen Säulenordungen zu postmodernen Versatzstücken. Das Säulenmotiv erscheint bei Tigerman dann ebenso im Funktionszusammenhang eines Paravent, bei dem die als dorisch gekennzeichneten Kapitelle als Lichtspender eingesetzt werden.

Schon diese wenigen Beispiele zeigen, dass auch in der Produktgestaltung der Rückgriff auf die klassischen Epochen Griechenlands und Roms mit sehr unterschiedlichen Strategien erfolgen kann. Strenge Zitate stehen neben poetischen oder auch ironischen Verfremdungen, naturalistische und illusionistische neben abstrahierenden Verfahren. Doch bleiben die meisten dieser Objekte und Produkte Accessoires, Lifestyle-Indizien, die eklektizistisch mit der Tradition umgehen. Es sind eher bildliche Substrate, Wunsch- und Abziehbilder antiker Zeiten, die nur in Ausnahmefällen den emblematischen Mythos des Winckelmann'schen Diktums von „... mit der Seele suchen" tatsächlich realisieren können. Aber gerade in ihren Brechungen und im Aufzeigen einer nicht mehr überbrückbaren Differenz sind solche Produkte einem heutigen zeitgenössischen Bewusstsein überhaupt nur kommensurabel. Denn die Verfremdung erzeugt keineswegs Entfremdung, sondern vielmehr emotionale Nähe. Verständlich wird dies nur auf der Folie einer immer rechtwinkliger werdenden Umwelt und eben auch Produktumwelt, die die Berechenbarkeit und Ergonomie, die politische und ökologische Korrektheit zu dominanten Kriterien erhoben hat. Gegenüber dem, wie eine Kritik in den 1970er Jahren formulierte, „feurigem Mausgrau der Ulmer Schule" wirken solche Produkte fast wie ein therapeutisches Korrektiv.

Anmerkungen / Literatur:

[1] Studio 65: Sessel „Capitello", 1971. In: Ulmer, Renate & Straßer, Josef (1997/98): Plastics + Design: 117 Abb. Darmstadt, München.

[2] Achille und Pier Giacomo Castiglioni: Tischleuchte „Taccia", 1972. In: Ferrari, Paolo (1984): Achille Castiglioni (Electa, deutsche Ausgabe): 107, Abb. Mailand.

[3] Trix und Robert Haussmann, Säulenkommode, 1977/78; Rustica-Kommode, 1977/78; Säulenkommoden 1979. In: Haussmann, Trix & Robert (1981): Manierismo critico – Progetti, Oggetti, Superfici. Studio Marconi. Mailand/Milano. – Diess., Säulenkommode, 1979. In: Klotz, Heinrich (Hrsg.) (1983): Jahrbuch für Architektur 1983: 202 Abb. 28. Braunschweig, Wiesbaden.

[4] Trix und Robert Haussmann, Stoffdekore für die Kollektion Mira X, 1982 ff. In: Hablützel, Alfred (1985): H-design for Mira-X, Interieur-Textilien, Trix und Robert Haussmann. Suhr.

[5] Stanley Tigerman: Vorlageteller „Pompeji", 1984–1986. In: Collins, Michael & Papadakis, Andreas (1989): Post-Modern Design: 172, Abb. London.

[6] Stanley Tigerman: Schmuckentwürfe für Cleto Munari, 1986/87. In: Radice, Barbara (1987): Jewelry by architects. From the Collection of Cleto Munari: 95–100, Abb. New York.

[7] Paolo Portoghesi: Ringe, 1985; Robert Venturi: Ohrring, 1986. In: Österreichische Galerie, Unteres Belvedere, Wien (Hrsg.) (1986): Juwelen und Silberobjekte von Gae Aulenti u. a. aus der Collezione Cleto Munari: 20, Abb. Wien. Und in: Radice a.a.O. (Anm. 6): 67, Abb.; 105, Abb.

[8] Hans Hollein: Ohrringe. In: Radice a.a.O. (Anm. 6): 34–44, Abb.

[9] Hans Hollein: Centro tavola, 1985; Centro tavola, 1980; Carlo Scarpa, Centro tavola, 1976. In: Österreichische Galerie a.a.O. (Anm. 7): 6, Abb.; 16, Abb.; 17, Abb.

[10] Charles Jencks: Teekanne aus Silber, 1979; Sessel und Stuhl „Colosseum", 1984. In: Collins & Papadakis a.a.O. (Anm. 5): 10, Abb.; 141, Abb. rechts unten; 142, Abb. rechts oben. London.

[11] Rick Wrigley: Schrank „Classical Cabinet", 1983. In: Collins & Papadakis a.a.O. (Anm. 5): 1, Abb. London.

[12] Stanley Tigerman: Skizzen zum Sessel „Barcalounger", 1982 ff. In: Collins & Papadakis a.a.O. (Anm. 5): 168, Abb. London.

Weitere Literatur:

Fischer, Volker (1980): Nostalgie. Geschichte und Kultur als Trödelmarkt. Bucher Report 8. Luzern, Frankfurt am Main.

Fischer, Volker (Hrsg.) (1988): Stanley Tigerman. Architoons. Die autobiographischen Popveduten eines amerikanischen Architekten. Berlin.

Fischer, Volker (1996): Patina im Design der Gegenwart. In: Architektenkammer Hessen. – Toyka, Rolf (Hrsg.), Patina: 52 ff. Hamburg.

Officina Alessi (Hrsg.) (1983): The Tea and Coffee Piazza. Crusinallo.

Tapert, Annette (1990): Swid Powell. Objects by architects. New York.

Tapetenfabrik Gebr. Rasch GmbH & Co. (Hrsg.) (1992): Zeitwände: eine Tapetenkollektion von international renommierten Designern und Architekten. Bramsche.

Waechtersbacher Keramik. Otto Friedrich Fürst zu Ysenburg und Büdingen GmbH & Co KG Brachttal (Hrsg.) (1992): Colour Comedies. Internationaler Architekten- und Designer-Workshop der Waechtersbacher Keramik. Kiel.

Von Arkadien nach Griechenland
Archäologische Motive in der neueren Malerei seit 1976

Reto Krüger

Zusammenfassung

Zwischen einer traumhaften Verlorenheit an die Vergangenheit und einer distanzierten Hinwendung zur Geschichte stehen die folgenden fünf malerischen Positionen, an denen die Bedeutung des Historischen im kreativen Feld der neueren Kunst vorgestellt wird.

1 Das mediale Problem der archäologischen Motivik

Einige Jahre nach der Entdeckung der Vergangenheit durch die „Spurensicherer" (siehe dazu auch den Beitrag von R. Krüger „Die Kunst der Archäologie. ..." in diesem Buch) Ende der 1960er Jahre fand gegen Ende der 1970er Jahre eine neue Zuwendung zur Malerei statt, die als altneues Medium Aufmerksamkeit forderte. Im Gegensatz zur Installation, die sich oft genug musealer, wissenschaftlicher oder ritueller Mittel bediente und so eine gewisse Objektivität der historischen Elemente vermittelte, wurde die Malerei als Anachronismus gewertet. Bei der Verwendung archäologischer Motive war der Zugriff auf den historischen Fond als Verlust des historischen Bewusstseins verdächtig. Dass sich der Rückgriff auf historische Objekte tatsächlich komplexer darstellt, soll im Folgenden gezeigt werden.

2 Salvos klassische Ruinen

In schmalem Hochformat reckt sich eine gelbe Säule vor einem klassischen Ausblick auf eine weitgeschwungene Küste in den hellen Himmel (Abb. 1). Einige geknäuelte Wolken bevölkern den reinen Himmel, eine ähnlich verschlungene Vegetation gedeiht auf dem blanken Rasen, Fragmente liegen fast unpassend in diesem Idealbild südländischer Poesie auf dem Boden. Mit solchen Bildern nach sizilianischen Tempelruinen war der italienische Künstler Salvo einer der ersten, der die konzeptu-

Abb. 1: Salvo: Ohne Titel, 1985. Öl/Lwd., 202 x 115 cm. (Foto: Bernhard Schaub).

ellen und installativen Positionen zugunsten der Malerei aufgab[1].

Seit 1976 bilden die mächtigen Ruinen einen festen Bestandteil seiner Malerei, die er in unzähligen Variationen immer wieder aufs Neue arrangiert. Mit den Jahren verlor sich der skizzenhafte Charakter der ersten Bilder und wich einer kühlen und glatten Oberfläche, die Farben tendieren zur Leuchtkraft von Neonröhren, die eine Aura der Unberührtheit und Geschlossenheit über die zerstörten Tempel legt. Der Aufbau der Bilder bleibt jedoch gleich, auch wenn sich seit den 1980er Jahren eine mittelmeerische Vegetation in ähnlich klaren und harten Formen wie die Architektur dazugesellt.

In paradoxer Umkehrung verleiht Salvo der Ruine als Bild der Krise, als Rückkehr der Architektur in die Natur, als Zeichen der Vergänglichkeit des Menschen und seiner Werke[2] aus dem verfallenen und verfallenden Bauwerk eine Aura der Perfektion. Jeder Baumstamm zeigt die gleiche Einfachheit und Geschlossenheit wie eine Säule, jedes Blatt die gleiche Fülle und jeder Rasen die gleiche Brillanz wie die lapidaren architektonischen Formen. Die archäologische Landschaft als paradigmatischer Ort von Traum und Erinnerung ist durch die stereometrische Reinheit von Vegetation und Architektur von jeder Spur des Historischen gereinigt. Sowohl die Dialektik von Natur und Kultur wie die Ruine als Teil des kollektiven Gedächtnisses gehen unter in einer leuchtenden, strahlenden Welt vollkommener, in sich ruhender Formen. In diesem Arkadien ist Natur wie Geschichte zum stereotypen Signum einer vollkommenen Gestalt geworden, zur „klassischen Ruine".

Der Künstler selbst erklärt die Wiederholung und Variation der Säulenstümpfe und Gebälkreste mit der Absicht, in der Wiederholung und Typisierung des Motivs dessen Inhaltlichkeit auszuhöhlen, um sich ganz auf die künstlerische Gestaltung konzentrieren zu können. Seine sizilianische Herkunft diene ihm dabei als Ausgangspunkt eines Vokabulars einer persönlichen Bildsprache[3]. Dennoch nähert sich Salvo einem klassizistischen Denken, das aus den Resten eines verlorenen Paradieses, der Antike, eine vollkommene und in sich ruhende ästhetische Norm konstruiert. Denn die Tempelruinen sind in eine zeitlose Starre aus Farbzylindern überhöht und aus dem Kreislauf von Aufbau, Zerstörung und Wiederentdeckung ausgeklinkt.

Mit ihren opaken Oberflächen schließen diese Landschaften alle Anfragen, jeden Blick zwischen den Säulen hindurch auf darunter liegende Schichten einer anderen Erfahrung aus. Renato Barillis Bezeichnung der Malerei Salvos als „Archäologie der Zukunft"[4] müßte so umformuliert werden zu einem „Abschied von der Archäologie". Archäologie und Ruine als Methodik und Metapher von Modernität sind aufgegangen in einem zuckersüßen Klischee arkadischer Gestimmtheit.

3 Stefan Szczesnys Traum vom irdischen Paradies

Nach Salvos polemischer Umkehrung des archäologischen Motivs in eine gleichermaßen vollkommene wie leere Hülse einer malerischen Tendenz suchte Stefan Szczesny, einer der Vertreter der neuen Malerei in Deutschland, nach einem Florenz- und einem Romaufenthalt, seine Kunst aus der Antike zu erneuern. Motive wie Skulpturen, Porträtbüsten und Architekturfragmente bis hin zur erdigen Farbigkeit antiker Vasenmalerei prägten für einige Jahre seine Leinwände.

1984 entstanden für die Glyptothek in München einige Bilder nach Motiven dortiger Skulpturen[5]. Im Gegensatz zu anderen Arbeiten sind die Glyptothek-Bilder durch einen völlig weißen Hintergrund charakterisiert, auf dem die Antikenzitate isoliert schwimmen (Abb. 2).

Das große Tondo für die Rotunde des Museums zeigt den riesigen, fein gezeichneten Kopf der Medusa Rondanini, über die eine zweite Schicht kräftiger, expressiver Malerei gelegt ist. Motivisch nimmt diese zweite Ebene ebenfalls Bezug auf das Museum, indem in expressiver Abbreviatur die Umrisse des davor befindlichen, so genannten Barberinischen Fauns gezeigt werden, die von einem Auge, einem Weinstock und einer Traube, den Insignien des Weingottes Bacchus, begleitet sind.

Szczesnys Tondo kann als Allegorie auf die Funktion des archäologischen Motivs verstanden werden, das mit der Medusa sowohl als formaler Antrieb wie in seiner gezeichneten Form nur noch als Untergrund einer freien und spontanen Malerei erscheint. Mit dem weißen Hintergrund, der, zusammen mit der Rundform des

Abb. 2: Stefan Szczesny: Medusentondo in der Glyptothek, München 1984. (© VG Bild-Kunst, Bonn 1998).

Abb. 3: Stephen McKenna: O Ilium. 1982, Öl/Lwd., 180 x 250 cm. (Courtesy Galerie des Beaux Arts, Brüssel).

Tondos, die formalen Aspekte der Rotunde der Glyptothek aufgreift, entsteht so ein Bild der ästhetischen Ziele des Künstlers, der sich auf bzw. im Museum bewegt und in Anspielungen einzelne Aspekte der Antike wieder aufgreift, paraphrasiert und weiter entwickelt.

Es düfte dabei kein Zufall sein, dass hier gerade Medusa und Faun in ein nicht nur formales Spannungsverhältnis zueinander treten. Die Bannung der Gegenstände in die klassisch beruhigte und geduldig gezeichnete Form ist überlagert von einem Gestus, der aus den Quellen des Dionysischen schöpfen will. Nicht von ungefähr nähert sich die laszive Pose des schlafenden Fauns in der expressionistischen Umsetzung einer tanzenden Frauengestalt, wie man sie z. B. in der klassischen Moderne, so in „la Danse" von Henri Matisse, findet. Auch in anderen Werken sind Anklänge an eine „dionysische" Ästhetik zu finden, so wenn in einem der „Immàgini romane", der „Siesta antica" (1983), vor buntscheckigem Hintergrund eine Linie vom so genannten Dionysos aus dem Ostgiebel des Parthenon zum Schoß eines liegenden Frauenaktes gezogen ist, der die Haltung der antiken Skulptur paraphrasiert[6]. Es scheint, als ob hier der deutlich als beschädigte Antike gegebene Dionysos eine Verlängerung und Reparatur in die Gegenwart durch die Frau und ihre zur Schau gebrachte Geschlechtlichkeit erfährt.

Erotik also und expressive, gestische Malerei sind die beiden Pole, um die das Werk Szczesnys kreist. „Die Mythen des Primitiven und Mediterranen werden mit regressiven Phantasien von sexueller Befreiung und im weiteren Sinne archaischer Freiheit sowie ursprünglicher Erfahrung und instinktivem Wissen in Verbindung gebracht."[7]. Dabei funktioniert das archäologische Motiv als Grundlage, auf der Szczesny zu einer neoexpressiven Malerei gelangt, die deutlich von den Aufbrüchen zu Beginn unseres Jahrhunderts zehrt. „Meine Liebe zur Kunst verbindet sich auch mit der Liebe zur Kunstgeschichte, die als ‚Musée imaginaire' ständig parat ist."[8]. Die Berufung auf das Menschenbild als Ausdruck einer Tradition des Humanen seit der Antike[9] belastet das Museum jedoch bald so sehr, dass Szczesny in jüngeren Bildern die Antike hinter sich lässt und in die Karibik ausweicht: Ein spätes Beispiel eines Exotismus, wie er schon um die Jahrhundertwende praktiziert wurde.

4 Stephen McKenna im Museum

Eine ähnliche Füllung der Bildfläche zeigt sich in einigen Werken des englischen Malers Stephen McKenna (Abb. 3), der verwandte Sammelsurien nach Museumsstücken auf seinen Bildern inszeniert.

Das Programmbild „O Ilium", eine Hommage an den trojanischen Krieg mit zahlreichen Einzelfiguren und Gruppen nach antiken Vorbildern, versammelt in einem imaginären Museum verschiedene Epochen der antiken Kunst. Vom archaischen Bronzezeus bis zum spätantiken Zeigefinger Konstantins im Konservatorenpalast in Rom sind eine ganze Reihe bedeutender „Denkmäler" der Antike im Bild zitiert. Zusammen betrachtet lassen die Fragmente einen narrativen Zusammenhang von Flucht und Zerstörung ahnen, der mit dem leicht abstrahierten Pferd zu einem kleinen Hinweis auf die List des Odysseus verdichtet ist.

Ein Historienbild hätte man demnach vor sich. Dennoch gibt es Unstimmigkeiten, die in erster Linie aus der Präsentation der antiken Objekte als Fragmente resultieren, die wie im Museum auf einer neutralen Fläche dem Betrachter gezeigt werden. Dazu stehen immer wieder offensichtlich gemalte Reliefs neben, im Sinne einer Historie, lebenden bzw. den antiken Formeln gehorchenden Figuren. Die Grenzen zwischen imaginierten archäologischen Schausammlungen, wie sie installativ von den „Spurensicherern" schon einige Jahre vorher zusammengetragen worden waren, und einer freien Verbildlichung historischer Ereignisse mittels historischer Formen sind durchlässig. McKenna gestaltet ein ästhetisches Verwirrspiel, das eine Durchdringung verschiedener Realitätsebenen zum Ziel hat. Besonders deutlich wird dies, wenn am oberen Bildrand die archäologischen Objekte wie in einer Ausstellung präsentiert sind, im Mittelfeld ein veritables Historienbild zu sehen ist und unten zwischen zwei Sarkophagreliefs ein Leichnam liegt, der durch die dunkle Fläche, auf die er gebettet ist, eine vergleichsweise reale Präsenz erhält.

Die zeitliche Zuordnung, die Einbindung einer Handlung in ein Raum-Zeit-Kontinuum, bzw. die museale Darbietung in stilgeschichtlicher Abfolge ist für diese Fragmente durchbrochen zugunsten einer allgegenwärtigen aber nicht systematisierten Anwesenheit von isolierten Einzelphänomenen: „Lebendig wirkt allein die Absurdität ihres desolaten Nebeneinander. (...) In Wirklichkeit demonstriert er (McKenna) die innere Bindungslosigkeit, die die historischen Fundstücke für uns haben."[10]. Wie Szczesny setzt McKenna auf die Schichtung und Überlagerung von isolierten und wahllos zusammengewürfelten Objekten. Und wie dieser legt er Spuren einer Erzählung, hier durch den Titel und einzelne Figuren, die das Bild zu einer Darstellung der eigenen malerischen Position werden lässt. „O Ilium" ist dadurch eine Klage, nicht nur über den Untergang Trojas, sondern zugleich über den Niedergang der klassischen Tradition, die durch das trojanische Pferd der Abstraktion – es wäre zu ergänzen: Der Moderne mit all ihren Ismen – zu Fall gebracht worden ist. McKenna stellt sich deutlich gegen alle Modernität, auch wenn er nicht umhin kann, deren Folgen, in erster Linie das historische Bewusstsein und damit die Distanz zur klassischen Tradition, zu akzeptieren: „(...) there is a whole panoply of devices to distract the painter from the unavoidable paradox of having to choose what can only be inherited."[11]. Während McKenna mit Szczesny das Chaos der gestörten Erinnerung teilt, trennt ihn doch von diesem die pessimistische Nostalgie des verlorenen Klassizismus, die Szczesny durch einen neoexpressiven Optimismus ersetzt.

5 Sandro Chia und die Ironie der Tradition

Sandro Chia, einer der wichtigsten Vertreter der so genannten Trans-Avantgarde, weist in seinen Bildern häufiger Bezüge zu archäologischen Motiven auf. Neben direkten Zitaten so z. B. zu den römischen Dioskuren in „Blitz und Pferd" oder einem Philosophenkopf in „Der Maler"[12] sind es oft allgemeine Rekurse auf einen klassischen Typus. Dazu gehört auch „Cocktail" (Farbtaf. 2,d), ein buntes Bild von 1981/82, auf dem sich mit kokettem Hüftschwung und lässig übereinander geschlagenen Beinen ein Satyr zeigt, der natürlich kein direktes antikes Vorbild besitzt. Nichtsdestoweniger rekurriert er auf den klassischen Typus des männlichen Aktes mit Stützsäule. Chia verbindet dabei die Eleganz eines hellenistischen Hermes mit der Muskulatur des Herkules Farnese und setzt dem massigen Körper ein listiges Köpfchen mit doppeltem Augenpaar auf. Nicht zu vergessen ist das Satyrschwänzchen, das er als Requisit in seiner Hand zu halten scheint.

Die warmen Farben lassen mit den gelben Glanzlichtern und den grünen Schatten den Satyr gleichsam vibrieren, eine Bewegung, die sich auch im Farbchaos des umgebenden Raumes fortsetzt. Noch explosiver zeigt sich im Vergleich Chias „Dionysos' Küche" aus dem gleichen Jahr[13], wo eine Landschaft in wogende Farbsplitter aufgelöst ist. Chias Rückgriff auf Dionysos bzw. auf sein Begleitpersonal, den Satyr, lässt sich in diesem Zusammenhang unschwer als Referenz an das Stereotyp des Dionysischen, des rauschhaften Schaffens erkennen. Dass auch hinter dem jungen Satyr ein leicht ironischer Kommentar zur Malerei steht, wird nicht zuletzt vom bemaltem Rahmen bestätigt, der farblich die Stütze des Satyrs wiederholt und den „Cocktail" zu einer beschwingten Reflexion über Kunst macht. Wie oft bei Chia[14] kann die Einzelfigur auch hier als Bild des Künstlers verstanden werden, der mit den doppelten Augen nicht nur den leicht berauschten Begleiter des Bacchus spielt, sondern auch gesteigerte Aufmerksamkeit an den Tag legt.

Die beiläufige Anspielung auf historische Vorbilder dient demnach der Konstruktion der eigenen Identität des Künstlers, die jedoch in der gegenläufigen Konstellation von Hermes und Herkules, von Satyr und Selbstporträt, ein widersprüchliches Feld von Interpretationen eröffnet. Chias Äußerung „le mie figure vengono dalla pittura e vanno alla pittura"[15] kann demnach doppelt gelesen werden als Malerei der Tradition, die vom heutigen, „nomadischen" Bewusstsein[16] gestreift und als Bildformeln integriert werden können. Malerei ist aber auch der Malvorgang selbst, den Chia selbst einmal als „Trance" bezeichnete und damit wieder in die Nähe des Dionysischen rückte: „Ich habe keine Emotionen, überhaupt denke ich mir den Künstler während der Arbeit eher als jemanden beinahe Empfindungslosen. Malen ist eher ein Zustand von Trance."[17].

Gegen die Ursprungsmythologie bei Szczesny, der in seiner „Siesta antica" das Hervorbringen eines Bildes mit der Geburt oder Zeugung eines Kindes assoziiert, setzt Chia auf einen beruhigten Bac-

Abb. 4: Andreas Schön: Tholoi 1994-2/1,2. 1994, Öl/Lwd., je 60 x 100 cm.(Courtesy Felix Ringel, Düsseldorf).

chus, einen zwar leicht angetrunkenen, dafür gesellschaftlich arrivierten Satyr, dem die dämonische Macht des Mythos abhanden gekommen ist. Dass dennoch die meisten seiner Rekurse auf die Kunstgeschichte den klassischen Vorbildern bzw. der neueren italienischen Kunst, dem Futurismus, Carlo Carrà und vielen anderen verpflichtet sind, gehört zum typischen Regionalismus der 1980er Jahre, den schon Salvo mit seinen Huldigungen an das Mediterrane propagiert hat. Im Gegensatz zu diesem spielt Chia seine Rolle mit ironischer Distanz und Nonchalance.

6 Andreas Schön in Griechenland

Bald zwanzig Jahre nach Salvos Adaption sizilianischer Tempel markieren die kühlen Blicke des Düsseldorfers Andreas Schön auf griechische Ausgrabungsfelder das andere Ende der Skala einer Rezeption archäologischer Motive (Abb. 4). Der „Tholos"-Zyklus von 1994, einer unter mehreren, ist ein rares Beispiel einer malerischen Begleitung der Archäologie als Wissenschaft. Die Bilder Schöns, und dazu gehört auch der „Tholos-Zyklus", bewegen sich zwischen Parkbild, idealer Landschaft und wissenschaftlicher Dokumentation.

Aus den Teilen einer einem Buch entnommen Luftbildfotografie setzt Schön in vierfacher Variation die Serie zu einem abstrakten Spiel von Kreis- und Rechteckformen zusammen. Fundamente werden in der Aufsicht zu kleinen geschlitzten Rundformen und nähern sich dem Bild der Büsche, die die Grabungsfläche umgeben. Den Kontrast dazu bilden die fast suprematistischen Formen der Gebäude, Grabungsdächer oder Industriegebäude und die ornamentale Straße. Aus einer quasi dokumentarischen Beschreibung des Grabungsfeldes entsteht hier ein geometrisches, fast ornamentales Spiel mit formalen Werten, die objektive Annäherung an die landschaftliche Formation wird zum Ausgangspunkt eines ästhetischen Spiels.

Eine andere Arbeit wie „Olynth"[18] zeigt mit dem neutral in Aufsicht gezeigten Straßenraster der Stadt und der formalen Verfremdung durch das Abrollen der Landschaft im panoramatischen Blick nicht nur einen vergleichbaren Umgang mit dem archäologischen Vorbild, sie verweist auch auf die Bedeutung, die die menschliche Bearbeitung der Landschaft für Andreas Schön besitzt. Das antike Olynth ist durch die frühe Zerstörung im 4. Jahrhundert v. Chr. ein wichtiges Beispiel der Hippodamischen Stadtplanung. Die Landschaft, die vom Künstler dargestellt wird, ist zugleich auch historisches Objekt mit anthropologischem Anspruch. Die Landschaft als „unvollkommenes Gedächtnis"[19] zeigt nicht nur die Schönheit des Natürlichen, sondern noch mehr die Spuren der menschlichen Bearbeitung.

Im Gegensatz zur Typisierung der Ruinen Salvos und dessen Mediterraneismus zeigen Schöns Darstellungen von archäologischen Feldern ein offenes Interesse am Historischen, sie zeigen in ihrer dokumentarischen Erscheinung, mit der Nutzung der Vogelperspektive und dem Blick auf die Zeichensetzung des Menschen im Raum eine Angleichung an wissenschaftliche Arbeitsweisen. So dokumentieren andere Landschaften wie z. B. die Ansichten der Landschaft bei Dover nicht nur die einfache Schönheit der leicht gewellten Hochfläche entlang des Kanals, sondern halten auch den „mittelalterlichen" Blick vom normannischen Kastell über die eroberten Länder fest[20]. Indem Malerei als autonomes Medium benutzt wird, entsteht bei Schön innerhalb der dokumentarischen Vorgehensweise jedoch ein Spielraum des Ästhetischen, der die Manipulation der bloßen Fakten erlaubt, und, wie im Falle der „Tholoi", eine Kette von Variationen über das Motiv des Rundtempels möglich macht.

7 Das archäologische Motiv in der Malerei

Wie gezeigt wurde, kann der Rekurs auf archäologische Motive, seien sie ein Grabungsfeld, eine Ruine oder Skulpturenfragmente, sehr unterschiedlich ausfallen. Grundlegend bleibt trotzdem für alle Künstler, dass der Blick zurück immer auf Fragmente fällt, seien es die Ruinen Salvos, die Grabungsstätten Schöns, die Skulpturen Szczesnys oder die Reliefs von McKenna. Allein Chia macht hierbei eine Ausnahme, wenn er mit traditionell überkommen Bildformeln in einer Art ironischer „aemulatio" den Wettstreit mit der Antike aufnimmt. Chia kann dies unter der Voraussetzung, dass diese allenfalls noch als Teil seines Lebensraumes, der Toskana, Italiens, eine gewisse persönliche Gültigkeit besitzt, ansonsten aber irrelevant ist.

Dagegen ist der normative Zwang klassischer Kunst deutlich bei Stephen McKenna zu sehen, der leicht melancholisch die Überreste der vergangenen Größe verwaltet, während Szczesny aus den antiken Fragmenten erotische Chiffren destilliert und dadurch zu neuem Leben zu erwecken versucht. Wie eine Klammer scheinen die großen Leinwände von Andreas Schön mit den gelassenen Blicken auf die antiken Überreste die 1970er Jahre mit den 1990ern zu verbinden.

Die „Spurensicherer" hatten ähnliche Intentionen, auch wenn Malerei in dieser Form undenkbar war. Was sich aus der Begegnung von fiktivem Dokumentarismus und ästhetischer Freiheit entwickelt hat, ist die Darstellung der Fiktionalität historischer Erkenntnis wie der ästhetischen Qualitäten wissenschaftlicher Arbeit. Grundlage bleibt das Fragment, die Ruine, als Metapher der Modernität, des Bewusstseins von Endlichkeit und Verlorenheit wie des Willens zu deren Überwindung[21], die sich durch alle Bilder hindurchzieht.

Anmerkungen / Literatur:

[1] Grundlegend zum Künstler: Barilli, Renato (Hrsg.) (1992): Salvo. Verona.

[2] Vgl. Bolz, Norbert & Reijen, Willem van (Hrsg.) (1996): Ruinen des Denkens. Denken in Ruinen. Frankfurt am Main. Siehe vor allem den Beitrag von Gérard Raulet, Die Ruinen im ästhetischen Diskurs der Moderne. Ebd. 179–214.

[3] Salvo (1994): Über die Malerei im Stile Wittgensteins. In: Salvo. Ausstellungskatalog Galerie der Stadt Stuttgart: 137–169. Ostfildern.

[4] Barilli, Renato (1994): Salvo, Archäologie der Zukunft. In: Salvo ebd.: 23–38.

[5] Szczesny, Stefan (1984): Metamorphosen. Fünf Bilder. Ausstellungskatalog Glyptothek. München.

[6] Abbildung in: Honnef, Klaus (1983): Zwischenbilanz. In: Kunstforum International 68: 196.

[7] Kuspit, Donald (1995): Eros redivivus. In: Ders., Stefan Szczesny: 36–38. Stuttgart.

[8] Szczesny, Stefan (Hrsg.) (1989): Stefan Szczesny im Gespräch mit Andreas Rost. In: Maler über Malerei: 316–322, hier 318. Köln.

[9] Ebd.: 320.

[10] Spring, Marie Luise (1986): Über die Sichtbarkeit und: einige Bemerkungen über die Postmoderne zum Schluß. In: Stephen McKenna 1980–1985. Ausstellungskatalog Kunsthalle Düsseldorf: 7–9, hier 7–8.

[11] McKenna, Stephen (1988): Reflections on a dilemma. In: Apollo 128, July: 31–33, hier 32.

[12] „Blitz und Pferd" (1982), Abbildung in: Chia, Sandro (1983): Bilder 1976–1983. In: Haenlein, Carl (Hrsg.), Ausstellungskatalog Kestner-Gesellschaft: 107. Hannover. – Ein Selbstporträt mit klassischem Kopf: „Der Maler" (1983), Abbildung: Ebd. 129.

[13] „Dionysos' Küche" (1981/82), Abbildung in: Chia ebd: 75.

[14] Herzogenrath, Wulf (1992): Sandro Chia, Bilder als Selbstbildnisse. In: Sandro Chia. Ausstellungskatalog Nationalgalerie Berlin: 239–246. Mailand.

[15] Chia, Sandro (1989): Mönchengladbacher Journal. In: Szczesny a.a.O. (Anm. 8): 60–83, hier 63.

[16] Oliva, Achille Bonito (1982): Die italienische Trans-Avantgarde. In: Ders., Im Labyrinth der Kunst: 54–100, hier 62–63. Berlin.

[17] Chia, Sandro (1989): Gespräch mit Heiner Bastian. In: Szczesny a.a.O. (Anm. 8): 84–87, hier 85.

[18] Abbildung in: Engelking, Gerhard & Reinert, Jost (Hrsg.) (1994): Junge deutsche Kunst der 90er Jahre aus NRW: 111. Ostfildern.

[19] Jocks, Heinz-Norbert (1995): Jenseits der Stadt oder Versuch über die Landschaftsmalerei. In: Kunstforum International 130: 224–271 hier 265.

[20] Abbildungen von „Dover I–III" finden sich in: Schön, Andreas (1989): Ausstellungskatalog Galerie Jablonka, Köln. Nördlingen. Der Hinweis auf den speziellen Blick stammt vom Künstler im Gespräch mit dem Autor.

[21] Nochlin, Linda (1994): The body in pieces. The fragment as a metaphor of modernity: 53. London.

Die Kunst der Archäologie
Zum Werk von Anne und Patrick Poirier

Reto Krüger

Zusammenfassung

Anne und Patrick Poirier entwarfen mit den Mitteln der Archäologie Objekte, die einer Suche nach Modellen des Wirklichkeitsverständnisses und der Form des Erinnerns dienten. Von ersten Schritten auf Grabungsfeldern zur Konstruktion gewaltiger Stadt- und Geistesutopien soll die Arbeit der Künstler nachgezeichnet werden.

1 Vier gute Gründe sich in der Kunst um 1970 mit Archäologie zu beschäftigen

In einer ideologischen Geschichte der Moderne und der Avantgarde[1] hatten für lange Zeit aufgrund der dezidiert fortschrittlichen Geschichtsphilosophie weder Vergangenheit noch angelagerte Begriffe wie Erinnerung oder Verfall Platz. Archäologie taucht wie das Museum dementsprechend nur als Gegenbild dessen auf, was die Kunst zu leisten hat: Die vorbehaltlose Erforschung und Erprobung des Neuen. Mit dem Ende der 1960er Jahre, mit dem Aufkommen von Land Art, von Arte Povera, vor allem aber mit den so genannten Spurensicherern tritt neben die Arbeit mit neuen Medien, neben die Integration neuer Inhalte und Politiken in die Kunst auch die Entdeckung der Geschichte und damit verbundener Strategien.

Seit dem Gewinn des Rompreises 1967, der angesehensten Auszeichnung, die der französische Staat für angehende Künstler hat, lebten Anne und Patrick Poirier in Rom, der Stadt, die für Europa die vielleicht dichteste und vielschichtigste Präsenz von Vergangenheit überhaupt aufweist. Nach einer Reise zu den gewaltigen Tempelruinen von Angkor Vat gewannen auch die antiken Reste Roms – gerade vor dem Hintergrund von Vietnamkrieg und politischem Aufbegehren in Europa – ein kritisches Potenzial. Nicht nur die allgemeine Krisenstimmung, sondern auch der reflexive Charakter der Ruine, der mit ihr modellhaft Realitäten schafft, die zwischen Zerstörung und Konstruktion liegen[2], machten die Ruine zum Ausgangspunkt einer künstlerischen Spurensuche[3], die bis heute andauert.

Neben der gesteigerten Wahrnehmung der persönlichen Umgebung gehörte eine Lust zur wissenschaftlichen Theoriebildung und musealen Präsentation ebenfalls zum künstlerischen Arbeiten der Zeit. Gerade in Paris, wo die Poiriers studiert hatten und wohin durch Annette Messager Beziehungen bestanden, legte Boltanski seine Objekte gerne in Vitrinen ab, versuchten sich Jean LeGac und Paul-Armand Gette in fiktiven Biographien und Taxonomien. Andere wie Marcel Broodthaers oder Lucio Costa konstruierten fiktive Museen. In der Land Art gab es Versuche, archaische Kunstformen wieder zu aktualisieren, so die Bezüge zur altamerikanischen Architektur bei Michael Heizer und Robert Smithson oder die Bestattungen Jürgen Brodwolfs.

Der Schritt zur Adaption der Archäologie als künstlerischer Methode war also nicht weit. Dies umso mehr, als zwei Kultautoren der Zeit, Sigmund Freud und Michel Foucault, die Archäologie zur paradigmatischen Metapher eines anderen Denkens gemacht hatten[4]. Neben der Präsenz der Vergangenheit, ihrer metaphorischen Qualität und dem wissenschaftlichen Interesse bot sich die archäologische Reproduktion als Medium an, die ungebrochene Debatte über die Authentizität des künstlerischen Schaffens, die Rolle des Künstlers in der Gesellschaft und die Funktion des Handwerks um einen subtilen Beitrag zu bereichern.

2 Eine private Archäologie der Sinne

Anne und Patrick Poirier begannen ihre Karriere mit Abformungen nach antiken Skulpturen. Nach ersten Versuchen Ende der 1960er Jahre entstand 1971 die erste große Arbeit der „Hermen der Villa Medici" (Abb. 1), gefolgt von „Ostia antica" (1971/72) (Abb. 2).

Mit den Hermen begann die Suche nach den Möglichkeiten einer subjektiven Dokumentation, die dazu führte, dass die im Garten der Villa Medici aufgestellten Skulpturen in Papier abgeformt, in Holzkästen eingesargt und mit begleitenden Fotografien und Notizen zu einer Installation zusammengefasst wurden. Das Abformen der Skulpturen, die Moulage, eine archäologische Dokumentationsmethode, bei der feuchtes Papier über das Objekt gepresst wird, um einen Abdruck zu erhalten, die Moulage, wird bei dem französischen Künstlerpaar zu einem Medium, in dem der direkteste Umgang mit dem Original, der physische Kontakt, zur Darstellung führt. Sie benutzen damit die archaische Geste der Berührung als „Ursprung" der Kunst zur Verwandlung eines Objektes in eine „Reproduktion", die als Vervielfältigung eines Originals dessen Authentizität gefährdet[5]. In paradoxer Konstellation werden die Moulagen der antiken

Abb. 1: Anne und Patrick Poirier: Die Hermen der Villa Medici. Installationsdetail. 1971. 15 Moulagen, Papier, Holz, Glas, je ca. 180 x 40 x 30 cm, 15 Fotografien auf Porzellan, 15 Herbarienbücher. (Sammlung CNAC, Paris. © VG Bild-Kunst, Bonn 1998).

Abb. 2: Anne und Patrick Poirier: Ostia antica. Installationsdetail. 1971/72. Terrakotta, 12 x 6 m. (Museum Moderner Kunst, Stiftung Ludwig, Wien. © VG Bild-Kunst, Bonn 1998).

Hermen zugleich zu Werken, die an die manuelle Arbeit des Künstlersubjekts gebunden sind, wie zu Reproduktionen eines schon existierenden Objektes. Sowohl die zeitliche Zuordnung der dünnen Papierhäute – Reproduktion eines historischen Objektes oder zeitgenössisches Werk – wie der ästhetische Status der Hermen – Reproduktion oder Original – sind damit prekär geworden.

Als „subjektive Archäologie" stellt sich noch umfassender die folgende Installation von „Ostia antica" dar, die nicht nur aus Moulagen von Skulpturen, Inschriften und Mauern, aus Notizen, Fotografien und vor Ort gesammelten Kräutern und Gräsern besteht, sondern als Zentrum und Hauptstück ein Terracotta-Modell der antiken Stadt an der Mündung des Tibers nahe Rom besitzt. Auf der Grundfläche von über 70 m² bauten die Künstler in monatelanger Arbeit aus kleinsten Backsteinen, Säulchen und Plättchen die Ruinenstadt nach. Die Grundlage dazu war ein Plan Ostias, der von den Poiriers nicht mit dem Metermaß, sondern mit Armen und Beinen, mit dem Blick und dem Gefühl vor Ort abgemessen und übertragen worden war.

Eine solche „subjektive Archäologie", die im Begehen und aufmerksamen Beobachten des Geländes ihre Daten sammelt, benutzt die Kategorien des Messens, der Dokumentation. Sie durchbricht aber den strengen Horizont der zeitlichen und räumlichen Stratigraphie und öffnet die wissenschaftliche Analyse auf einen poetischen Raum hin, der den Blick vom historischen Objekt auf das forschende Subjekt, die Künstler, lenkt.

Das entstandene Modell und das Archiv, die das Interesse der Künstler an den antiken Relikten, aber auch an der Natur, an Materialien, Gerüchen und Stimmungen dokumentieren, gleichen sich dem wissenschaftlichen Vorgehen der Archäologie an, kehren deren Interesse am Gegenstand aber im Ergebnis um. Das Resultat ist kein Archiv eines historischen Gegenstandes, sondern Archiv eines gelebten Erinnerns. Die Begegnung mit der Geschichte führt nicht zu einem besseren Verständnis dessen „wie es einmal war", sondern zeigt sich als Aneignung des Vergangenen, um sich selbst nahe zu kommen – in der Berührung, in der Dokumentation der eigenen Erfahrung.

Gleichzeitige Ruinenmodelle wie die kleinen Pueblo-Siedlungen von George Simmonds unterliegen dagegen anderen Zielen. Gerade bei Simmonds, der vielleicht am ähnlichsten Steinchen auf Steinchen setzt, um Modelle zu schaffen, an denen sich Erinnerung entzünden kann, fehlt die gesamte Dimension der Erfahrung ebenso wie des Archivs. Seine Pueblos sind Zeichen einer vergangenen, sicher auch verschütteten Erfahrung, die aktualisiert wird, ohne in den Bereich eines fiktiven Archivs einzutreten[6].

3 Domus Aurea

Wenige Jahre nach „Ostia antica" entstand ein weiteres Großprojekt: Die „Domus Aurea". Ausgangspunkt war auch hier eine archäologische Stätte, der gleichnamige Palast Neros in Rom, der z. T. bis heute verschüttet unter der Erde erhalten ist. In sechs großen Installationen errichteten die Poiriers das Bild einer fiktiven Stadt, bestehend u. a. aus einem Holzkohle-Modell, „Ausée" genannt, der „Bibliotheque Noir" und dem „Jardin Noir", beides Relikte der untergegangenen Stadt.

Mit der Verwendung des neuen Materials, der matt schimmernden Holzkohle, aus der mittels Punktlichtern einzelne architektonische Elemente dramatisch hervorgehoben sind, ist vielleicht die wichtigste Bedeutungsverschiebung verknüpft. Die Stadt ist nicht wie Ostia von ihrer Bevölkerung verlassen worden und über Jahrhunderte im Schutt versunken, sondern durch einen immensen Brand blitzartig zerstört worden. Im gleichnamigen Buch, das zur Ausstellung erschien und aus fiktiven Notizen eines Archäologen

Abb. 3: Anne und Patrick Poirier: Jupiter et les géants. Paysage foudroyé. Installationsdetail. 1982/83. Holz, Holzkohle, Kohle, Bronze, 10 x 5 m. (Slg. Ludwig, Aachen. © VG Bild-Kunst, Bonn 1998).

und eines Architekten, Planschemata und Inschriften der Stadt besteht, wird, wenn auch mehrdeutig, von der plötzlichen und ungeheuren Vernichtungskraft gesprochen, der Ausée zum Opfer fiel[7].

Ausée ist nun im Gegensatz zu Ostia keine römische Stadt, sie ist eine fiktive Siedlung, die an einem imaginären Ort der Architekturgeschichte angesiedelt ist, der wie ein Brennspiegel verschiedene Epochen ineinander abbildet. Einzelne Elemente wie das Amphitheater, die Treppenanlagen oder die kolonnadengesäumten Straßen lassen an hellenistische oder römische Städte denken, sich aber nicht

darauf festlegen. In einem hybriden Akt der Erfindung werden verschiedene historische Modelle übereinander projiziert, um einen großartigen, umfassenden und überwältigenden Bau zu erhalten. Am deutlichsten wird dieses Verfahren im folgenden Projekt, der „Paysage foudroyé" (1982/83) (Abb. 3). In der Konstruktion einer terrassierten Treppenanlage stecken gleichzeitig die antike Anlage des Fortuna-Heiligtums von Praeneste, die Gartenterrassen des Vatikans von Bramante und die Turmphantasien Victor Hugos[8].

Erinnerung ist also wie in „Ostia antica" Gegenstand der „Domus Aurea", eine

Erinnerung, die von historischen Objekten ausgeht, die sich jedoch nicht mehr in der Erfahrung des Geschichtlichen selbst definiert, sondern sich vielmehr in einem imaginären Raum der Erinnerung wie des Traumes bewegt. Die Installation wird als Traumlandschaft, der historische Ort wird als Raum der Phantasie vom Begleitbuch zu „Domus aurea" bestätigt. In Analogie zu Traumreiseberichten wie der „Hypnerotomachia Poliphili" von Francesco Colonna, aber auch zum manieristischen Garten von Bomarzo[9], beginnt der Text mit einem Abstieg in die Tiefe, ins Dunkle, in eine phantastische Welt. Erinnerung ist demnach gebunden an das Vergessen, das dieser vorausgeht, das als Zerstörung auftritt und mit der Projektionstechnik der Installationen als Bedrohung von anthropologischen Dimensionen erscheint.

4 Die Ruine als Metapher

Das literarische Reich von „Ausée" ist wie das Kohlemodell aus fiktiven wie realen Fragmenten zusammengesetzt. Vieles davon stammt aus dem Geschichtswerk Herodots, aus dem gerade die exzentrischste Anthropologie wie die Erzählung von den Lotophagen oder den Namasonen übernommen wurde. Mit einer solchen Kombination wird nicht nur die Struktur des Modells wiederholt, es wird auch versucht, in der – literarischen – Begegnung mit fremden, oft genug absurden Realitäten das eigene Bewusstsein zu überschreiten und im Blick auf fremde Völker Bilder der eigenen Abgründe aufscheinen zu lassen. Als Grenzüberschreitung intendiert, findet die Konstruktion einer imaginären Welt ihre theoretische Begründung nicht nur in der Anthropologie als Wissenschaft vom Fremden, die gerade in diesen Jahren einen Popularitätsschub erhalten hatte. Auch die schon erwähnte psychoanalytische Metapher der menschlichen Psyche als Ruine einerseits sowie des Gedächtnisses als Architektur andererseits lieferte die bildhaften Grundlagen für die großen Installationen der Poiriers.

Seit der Antike, verstärkt aber in der Renaissance, diente Architektur als Medium der Mnemotechnik, der Kunst des Erinnerns innerhalb der Rhetorik. Gedächtnis wurde demnach als Gebäude oder als Stadt visualisiert, deren Räume man beim Erinnern virtuell abschreiten konnte, um die dort abgelegten Gedächtnisinhalte abzurufen[10]. Erstmals mit den Plänen zur „Domus aurea" und erweitert auch in der „Paysage foudroyé" und späteren Installationen entwarfen Anne und Patrick Poirier auf dieser Grundlage gigantische und in ihrer Symmetrie und Axialität ideale Pläne der menschlichen Seele. Sind diese Schemata in der „Domus aurea" auf die Teilung der Bibliothek in ein Bewusstsein und ein Unterbewusstes sowie die Abteilungen Passion, Intuition, Expérience und Spéculation beschränkt, so entstehen mit den späteren Mnemosyne-Projekten ausgefeilte Seelenpläne[11].

Um die Rolle zu definieren, die die Künstler in dieser Inszenierung einer fiktiven Vergangenheit einnehmen, muss man noch einmal einen Blick zurückwerfen. In der Begegnung mit den Relikten einer antiken Stadt in „Ostia antica" spielten die Poiriers einen ähnlichen Part wie Norbert Hanold, der Held des Romans „Gradiva" von Wilhelm Jensen, dem Sigmund Freud eine Analyse widmete. Dieser Hanold findet Befreiung von einer neurotischen Liebe zu Gradiva, einer Frauenfigur eines antiken Reliefs in der Ruinenlandschaft Pompejis, in der ihm das Bild der von ihm geliebten antiken Dame in Form der – als Kind geliebten und jetzt verdrängten – Nachbarin Zoe entgegentritt. „(Dadurch wird) der eigentliche unbewußte Inhalt des Traumes, die verliebte Sehnsucht nach der einst gekannten Zoe, in den manifesten Inhalt vom Untergang Pompejis und vom Verlust der Gradiva umgestaltet."[12].

Durch die Reise in die Vergangenheit unternehmen die Poiriers eine ähnliche Reise wie Hanold; sie tauchen ein in eine verlorene Welt, in der ihre geliebten und unerreichbaren Lustobjekte wohnen, von denen sie nicht wie Hanold befreit werden, sondern die sie mittels ihrer Moulagen als Simulakren in ihre Wirklichkeit hereinholen. Die Inszenierung der Vergangenheit ändert sich dagegen in der „Domus Aurea". Nicht mehr der Abstieg in die Erinnerung, in das zerstörte, traumatisierte und nur noch fragmentarisch erhaltene Gedächtnis zur Heilung von einer Neurose, sondern Reflexion auf die Form des Gedächtnisses selbst steht nun im Vordergrund.

Mit der Konstruktion der großen Modelle verarbeiten die Künstler nicht mehr eine persönliche Erfahrung, sie analysieren die historischen Modelle, führen sie auf allgemeine Typen zurück, auf Archetypen, wie sie es unter Verweis auf C. G. Jung nennen[13]. In der Rolle des Analytikers – „Cet archéologue est un psychiatre obstiné"[14] – wird eine Art Psychoanalyse der Kultur avisiert, eine Analyse der Kultur unter anthropologischen Gesichtspunkten, die zu einer – freilich poetischen – „Theoriebildung" über formale Konstanten, z. B. architektonische Formen, führt. Konsequenterweise gestalteten die Poiriers 1993 die Ausstellungsarchitektur für eine Präsentation des Mnemosyne-Projektes von Aby Warburg in Wien, wo in einzelnen Kammern Denkräume mit den Tafeln des großen Sammelwerkes von Bildformeln gefüllt und vom Betrachter „erinnert" werden konnten[15].

5 Von der „subjektiven Archäologie" zur „Archäologie der Zukunft"

Mit der „Domus aurea" waren die Grundlagen für die folgenden Werke der Poiriers gelegt. In einer Vielzahl weiterer Installationen und Einzelobjekte erarbeiteten die Künstler Bilder einer vergangenen Welt, die um Erinnern und Vergessen, um Bewahrung und Verlust des Gedächtnisses kreisen. Mythologische Erzählungen wie die Gigantomachie – der Kampf der Giganten gegen die olympischen Götter – oder die Begegnung von Perseus mit Medusa machten aus den antiken Geschichten Allegorien eines ästhetischen Denkens, das den Blick der antiken Statuen zum Zentrum einer Reflexion über das Sehen und Erinnern machte.

In den zwei Projekten „Mnémosyne. Campagne des fouilles" von 1990/91 und 1992/93 fassten die Künstler ihre vorherigen Projekte noch einmal zusammen (Abb. 4 und 5).

Eine große Modellkonstruktion einer fiktiven Stadt wurde begleitet von schreinartigen Objektkästen, von den Journalen und Archiven eines Archäologen und eines Architekten, von Moulagen und Relikten sowie von Aquarellen. Im Gegensatz zu den älteren Arbeiten verzichteten die Künstler auf Holzkohle als Material und erstellten das Modell der Stadt als Rekonstruktion in Holz. Aus der Reflexion auf den drohenden Verlust von Bewusstsein und Geschichte wurde hier das Konzept einer idealen Stadt, die sich formal an die Geschichte der Stadtutopien von Platons Atlantis über Campanellas Sonnenstadt bis zu Ledoux' Saline anschließt. Was vorher nur als struktureller Bezug zur Rhetorik bzw. als metaphorischer Ausgriff auf psychoanalytische Theorien in den Modellen aufschien, wird nun explizit: Pläne der Stadt liegen transparent auf Fotografien des menschlichen Gehirns, ein kleines, ruiniertes Tempelmodell steht in einem Schädel.

Mit den neuesten Arbeiten, wie dem Projekt „Mundus subterraneus" 1997 im Gasometer von Oberhausen, verlassen Anne und Patrick Poirier die Welt der Antike und wenden sich der Gegenwart zu. Keine Archäologie einer fiktiven Vergangenheit mehr, keine Selbsterfahrung in historischen Feldern, keine metaphorische Anthropologie mehr, sondern die Arbeit an einer gegenwärtigen Bedrohung, einer Gefährdung der aktuellen Existenz, rückt an erste Stelle. Als „Mundus subterraneus", als unterirdische Welt, haben die Künstler in Oberhausen ein Modell einer rußgeschwärzten und teilweise zerstörten Industrielandschaft geschaffen, die im Untergeschoss des zum Ausstellungsraum umfunktionierten Gasometers von Oberhausen eine kongeniale Aufstellung gefunden hat[16]. Ein kleiner Kontinent schwimmt in der Mitte eines mit schwarzem Wasser gefüllten Beckens, nur schemenhaft sind durch Kunstnebelschwaden mittels Fernrohren die Industrieanlagen zu sehen. Von den Blicken der Beobachter durch die Fernrohre ausgelöste Industriegeräusche begleiten die Szenerie mit düsteren Klängen.

Mit der Konstruktion dieses kleinen Lehrstücks über Sciencefiction des Industriezeitalters ist die klassische Archäologie von der Industriearchäologie, dem vielleicht jüngsten Zweig der Archäologie, abgelöst worden. Indem der „Mundus subterraneus" im Gasometer installiert

Abb. 4: Anne und Patrick Poirier: Mnémosyne. 1991. Holz, Tempera, 700 x 550 x 30 cm. (Besitz der Künstler. © VG Bild-Kunst, Bonn 1998).

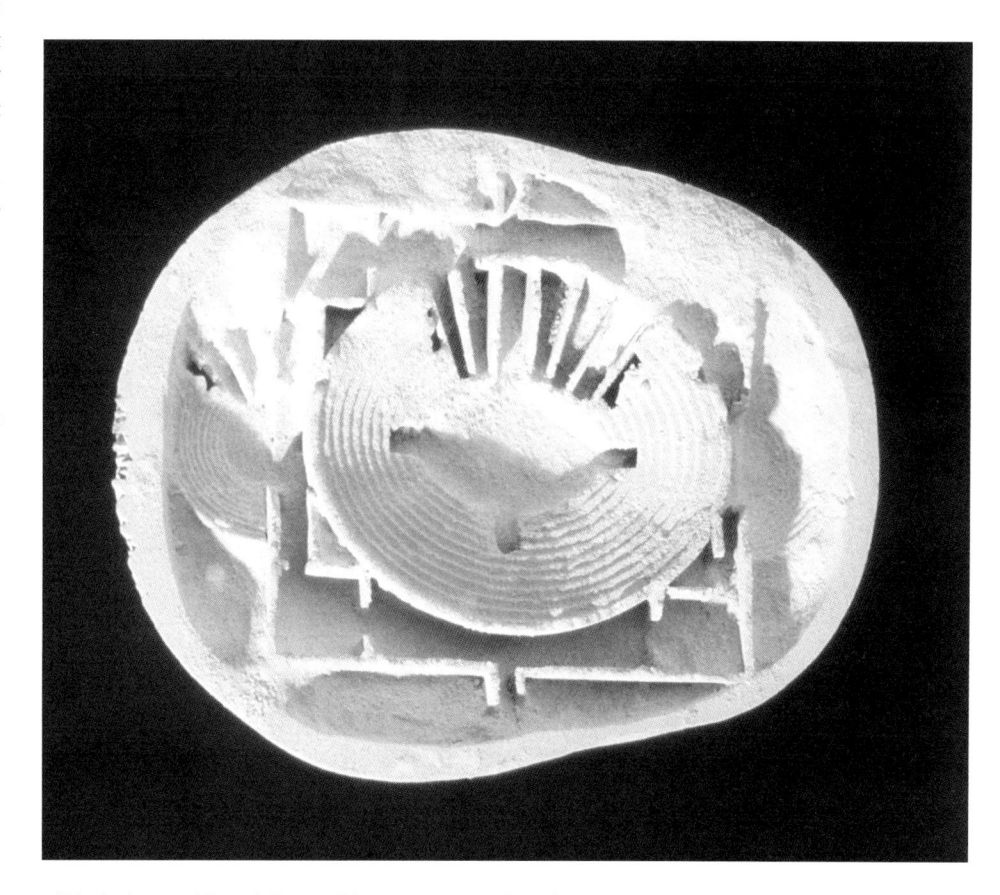

Abb. 5: Anne und Patrick Poirier: Mnémosyne. Les archives de l'archéologue, Paysage d'une crâne. 1992. (Besitz der Künstler. © VG Bild-Kunst, Bonn 1998).

worden ist, der mit seinen über einhundert Metern Höhe eines der großen Industriedenkmale des Ruhrgebietes ist, haben die Künstler den „lieu de mémoire" von einem bloßen Gedächtnisort zu einem Modell umgewandelt, das in seiner katastrophischen Erscheinung den Niedergang der Industriekultur den großen Untergängen der Vergangenheit an die Seite stellt. Mit dem Ausgriff auf das nächste Jahrtausend ist ebenso wie mit der Konstruktion eines utopischen Modells aus der „subjektiven Archäologie" der 1970er Jahre eine „Archäologie der Zukunft" geworden.

6 Die Kunst der Archäologie

Anne und Patrick Poirier gehören mit ihren archäologischen Recherchen zu den Hauptprotagonisten der schon erwähnten „Spurensicherer", die um 1970 Vergangenheit und Geschichte als Felder künstlerischer Arbeit neu definierten. Wie niemand anderer benutzten sie die Archäologie nicht nur als allgemeine Metapher des künstlerischen Arbeitens, sondern verwendeten konkret die verschiedenen Dimensionen der archäologischen Arbeit. Von der Dokumentation mittels Moulagen über die Fotografie, die Beschreibung und das Sammeln von Funden bis hin zur Rekonstruktion in Modellen reicht die Anlehnung an wissenschaftliche Methodik. Die umfassende Funktionalisierung der Archäologie als Methode und Denkrahmen einer Reflexion auf kunsttheoretische Probleme, auf psychologische Metaphern wie anthropologische Dimensionen der künstlerischen Arbeit und, nicht zuletzt, als Werkzeug einer poetischen Obsession und ausschweifenden Imagination ist in dieser Form einzigartig.

Wenn die Archäologie das methodologische Vorbild dieser künstlerischen Spurensicherung ist, so stellt die Ruine das formale Paradigma der Poiriers dar. Gerade weil v. a. die letzten Arbeiten stärker der Konstruktion utopischer Idealmodelle der menschlichen Psyche gewidmet und deren Schemata delirierende Ordnungen im Geiste eines Jorge Luis Borges sind, ist die Ruine, als zerstörte Innenarchitektur des Schädelgehäuses, als zerbröckelndes Labyrinth einer erschütterten Welt, die Grundlage ihres ästhetischen Selbstverständnisses. Die Ruine, das ist die Welt, in der die Archäologen erst tätig werden, und die künstliche Ruine bedeutet jene Region, die in der „ungelöste(n) Spannung zwischen Konstruktion und Dekonstruktion, Dekonstruktion und Konstruktion als der eigentliche Schlüssel der Ästhetik der Ruine" steht[17].

Anmerkungen / Literatur:

[1] Zur Avantgarde vgl.: Poirier, Anne & Patrick (1986): Lost Archetypes. Ausstellungskatalog Bath: XIV. Zur Spurensicherung: Metken, Günter (1977): Spurensicherung. Kunst als Anthropologie und Selbsterforschung; fiktive Wissenschaften in der heutigen Kunst. Köln.

[2] Raulet, Gérard (1996): Die Ruinen im ästhetischen Diskurs der Moderne. In: Bolz, Norbert & Reijen, Willem van (Hrsg.), Ruinen des Denkens. Denken in Ruinen: 179–214, hier 180 u. 182. Frankfurt am Main.

[3] Allgemein zur Spurensicherung: Metken a.a.O. (Anm. 1). Zur Pariser Situation: Poinsot, Jean-Marc & Guzmán, Antonio (Hrsg.) (1991): Une scène parisienne 1968–1972. Ausstellungskatalog Centre d'histoire de l'art contemporaine, Rennes. Rennes.

[4] Zur Metapher bei Freud siehe: Kuspit, Donald (1989): Mighty metaphor: The analogy of archaeology and psychoanalysis. In: Gamwell, Lynn & Wells, Richard (Hrsg.), Sigmund Freud and Art. His personal collection of antiquities: 132–151. London. – Michel Foucaults „Archäologie des Wissens" erschien erstmals 1969.

[5] Zu dem Problemfeld von Ursprung, Originalität und Reproduktion vgl.: Didi-Huberman, Georges (1997): La Ressemblance par contact. Archèologie, Anachronisme et modernité de l'empreinte. In: Ders. (Hrsg.), L'empreinte. Ausstellungskatalog Centre Georges-Pompidou: 15–190. Paris.

[6] Zu Simmonds: Metken a.a.O. (Anm. 1): 77–80.

[7] Bei Poirier, Anne & Patrick (1977): Domus Aurea: 126. Paris, werden verschiedene Theorien der Zerstörung von Ethnologen, Historikern, Psychologen und eines „Phantasten" aufgelistet; ebd.: 117 wird auf die Zerstörungskraft der ersten Wasserstoffbomben angespielt.

[8] Aquarelle mit vergleichbaren Motiven im Katalog „Victor Hugo, pittore." (1993): Ausstellungskatalog Galleria d'Arte Moderna, Ca' Pesaro, Venedig. Mailand.

[9] Bredekamp, Horst (1985): Vicino Orsini und der heilige Wald von Bomarzo. 2 Bde. Worms.

[10] Zu Freud vgl. Anm. 4; zur Mnemotechnik grundlegend: Yates, Frances E. (3. Aufl. 1994): Gedächtnis und Erinnern. Mnemonik von Aristoteles bis Shakespeare.
Ein neuerer Sammelband zum Thema: Assman, Aleida & Harth, Dietrich (Hrsg.) (1991): Mnemosyne. Formen der kulturellen Erinnerung. Frankfurt am Main.

[11] Das Schema der „Domus aurea" in: Poirier a.a.O. (Anm. 7): 28–29.
Die großen Pläne von Mnemosyne in: Poirier, Anne & Patrick (1994): Ausstellungskatalog Museum Moderner Kunst, Wien: 168–169; 220 und öfter. Mailand.

[12] Urban, Bernd (Hrsg.) (1995): Sigmund Freud. Der Wahn und die Träume in W. Jensens „Gradiva". Mit dem Text der Erzählung von Wilhelm Jensen und Sigmund Freuds Randbemerkungen: 96. Frankfurt am Main. – Vgl. auch: Marcadé, Bernard (1987): Von der Liebe zu den Statuen. In: Poirier, Anne & Patrick (1987): Ausstellungskatalog Villa Merkel: 27–31. Esslingen.

[13] Poirier a.a.O. (Anm. 1): XIV.

[14] Poirier (1994) a.a.O. (Anm. 11): 127.

[15] Fleckner, Uwe u.a. (Hrsg.) (1993): Aby M. Warburg. Bildersammlung zur Geschichte von Sternglaube und Sternkunde im Hamburger Planetarium. Wien. Der Katalog geht jedoch nicht auf die Ausstellungsarchitektur ein.

[16] Ich Phoenix. Ein Kunstereignis (1996): 62–71. Essen.

[17] Raulet a.a.O. (Anm. 2): 182. – Vgl. auch: Nochlin, Linda (1994): The body in pieces. The fragment as a metaphor of modernity: 53. London.

Der Gipsabguss in der italienischen Kunst
Einige Beobachtungen zur Rezeption der Antike in der Postmoderne

Michaela Unterdörfer

Zusammenfassung

Seit den späten 1960er Jahren verarbeiten vorwiegend italienische Künstler Gipskopien zumeist klassisch-antiker Skulpturen in Montagen und Installationen. Exemplarisch wird anhand einiger Werke von Giulio Paolini und Claudio Parmiggiani nach Herkunft, Funktion und Rolle der zitierten Vorlagen, aber auch nach der grundsätzlichen Relevanz antiker Formen im Werkgedanken der Künstler gefragt.

Unregelmäßig im Raum verteilt stehen auf hohen Podesten mehrere weiße Gipsköpfe. Sie sind voneinander abgewandt oder blicken aneinander vorbei. Neben ihnen sind Gipsscherben aufgeschichtet, einzelne Fragmente liegen auf dem Boden (Abb. 1).

Verbindendes Element der Installation sind farbige Tücher, die von den Podesten herabhängen und einzelne Scherben umfangen. Gipsabgüsse, Scherben und Fragmente sind ein seit den späten 1960er Jahren beliebtes bildnerisches Material. Besonders einige junge italienische Künstler, Giulio Paolini, Claudio Parmiggiani, Michelangelo Pistoletto, Vettor Pisani oder der in Rom lebende Jannis Kounellis integrieren Gipskopien zumeist klassisch-antiker Skulpturen in ihre Werke. Aus dem Ohr eines fragmentierten weiblichen Abgusses tritt eine Flamme, die durch eine Propangasflasche genährt wird (Jannis Kounellis); fremde Objekte werden auf Gipsbüsten appliziert, mit diesen zu poetischen Bildern arrangiert und mit Pigmenten bestreut (Claudio Parmiggiani); auf Konsolen werden mit Ruß verfärbte und angesengte Gipsfragmente präsentiert (Jannis Kounellis); ganzfigurige Skulpturen stehen vor Spiegelwänden oder in einem Lumpenberg (Michelangelo Pistoletto).

Der Einsatz von Gipsabgüssen in Assemblagen, Montagen und Installationen erweitert das Spektrum an Zitierverfahren, das sich in der Kunst des 20. Jahrhunderts ausgebildet hat, auf das dreidimensionale Medium. Schon in den 1920er Jahren wurden Kunstwerke früherer Epochen nicht mehr nur eigenhändig kopiert, sondern durch gedruckte Reproduktionen und die Technik der Collage auf völlig neue Weise zitiert, überarbeitet oder auch völlig verfremdet. Fast ausschließlich wurde dabei auf zweidimensionale Medien wie gedruckte Bildmaterialien oder Fotografien zurückgegriffen. Bildreproduktionen vergleichbar sind Gipskopien plastischer Kunstwerke, die seit den späten 1960er Jahren als eigenständiges Material Eingang in die Kunst gefunden haben, das Ergebnis rein mechanischer Kopierprozesse. Die schöpferisch-produktive Auseinandersetzung der Künstler mit dem übernommenen Kunstwerk vollzieht sich in einem späteren Schritt.

Die Lumpenvenus Michelangelo Pistolettos

In Besprechungen der Werke wird kaum die Frage nach der Vorlage des verwendeten Abgusses gestellt. Viele Interpreten

Abb. 1: Giulio Paolini, Casa di Lucrezio, 1981–1984. Museo d'Arte Contemporanea, Castello di Rivoli. (Foto: Michaela Unterdörfer, St. Gallen).

Abb. 2: Michelangelo Pistoletto, Lumpenvenus, 1975. (Courtesy Galerie Tanit München. Foto: C. Kunigk, München).

beschränken sich auf die Nennung allgemeiner Typen, die sie subjektiv mit der rezipierten Form assoziieren, oder verzichten gänzlich auf die genaue Identifizierung der Vorlage. Paradoxerweise zeigt sich gerade in einer Zeit, in der immer häufiger „das Klassische" an künstlerischen Werken beobachtet und zum Thema vielfältiger Diskussionen in Ausstellungen und Kongressen wird[1], eine bloß oberflächliche Beschäftigung mit der Antike. Eine der zentralen Fragestellungen im Umgang mit älterer Kunst, eine gründliche quellenkundliche Motiv- und Formsuche, wird gegenüber der zitierfreudigen postmodernen Kunst offenbar für obsolet gehalten. Exemplarisch für diese Praxis stehen Versuche verschiedener Kunstkritiker, den weiblichen Akt der Installation „Lumpenvenus" (1975) von Michelangelo Pistoletto einer antiken Skulptur zuzuordnen (Abb. 2).

Die Replik wird vage als „verfremdete Antikenreplik", ein anderes Mal als „mediceische Venus" bezeichnet oder auch für eine „Nachbildung der Venus von Milo" gehalten[2]. Eine solche Unwissenheit erstaunt umso mehr, wenn sich ein wissenschaftlicher Katalogbeitrag explizit mit dem Thema Antike auseinanderzusetzen verspricht[3]. Gerade im Kontext der Diskussion um das Klassische und den Mythos in der italienischen Gegenwartskunst ist es bemerkenswert, dass es sich bei dem Abguss nämlich nicht um eine Reproduktion der klassischen Venus Kallipygos oder einer anderen antiken Venusgestalt handelt, sondern um ein verkleinertes Exemplar einer klassizistisch interpretierten Venusfigur, der Venus mit dem Apfel, des Bildhauers Bertel Thorvaldsen.

Mit ihrem Desinteresse gegenüber dem zitierten Kunstwerk offenbaren die Kritiker ihren eigenen oberflächlich nivellierenden und klassizistischen Blick auf die Antike und setzen etwas voraus, was letztlich zu überprüfen wäre. Sie unterstellen dem zitierenden Künstler nicht nur eine ausschließliche Orientierung am Altertum, sondern gleichzeitig auch eine weitgehend indifferente Haltung gegenüber dem antiken Bildwerk und dessen Inhaltlichkeit. Der weiße Gipsabguss erweist sich dabei als vage Projektionsfolie eines klassizistisch gestimmten, zeitlos entfernten Antikenbildes der heutigen Zeit, dessen Universalität jegliche Differenzierung fruchtlos erscheinen lässt[4]. Es stellt sich die Frage, ob ein solches Urteil tatsächlich auf das Rezeptionsverhalten der einzelnen Künstler übertragen werden kann oder ob sich die Bedeutung des zugrunde liegenden Bildwerks nicht erst über die genaue Identifizierung der plastischen Vorlage erschließen lässt.

Einige exemplarisch ausgewählte Werke sollen Aufschluss über Funktion und Rolle des Referenzwerks innerhalb des neuen künstlerischen Kontextes, aber auch über die Relevanz antiker Bildfindungen im Schaffen der Italiener geben. Dabei entzieht sich jedoch ein Künstler wie Jannis Kounellis mit seinen stark fragmentierten und mit Ruß überzogenen Abgüssen, die er bis in die frühen 1980er Jahre in seinen Aktionen, Montagen und Installationen einsetzt, weitgehend dem Versuch, das Referenzwerk ausfindig zu machen. Nur in wenigen Werken kann eindeutig die Vorlage seiner Abgüsse, wie etwa der Apoll vom Belvedere und der Stephanos-Jüngling, bestimmt werden. Die Anonymität der verarbeiteten Bildwerke und ihr fragmentarischer Charakter sind symptomatisch für den Umgang des Künstlers mit dem antiken Erbe: Die antike Formfindung wird mit den Elementen, mit Eisen, Kohle oder Steinen gleichgesetzt und dient als Vergangenheit speichernde Urmaterie.

Giulio Paolini

Im Vergleich zu Kounellis' starkem Eingriff in die Form tastet Giulio Paolini den Gipsabguss kaum an und verändert weder dessen Farbigkeit noch Form. Ein großer Teil seines Œuvres ist durch Serien bestimmt, in denen dasselbe künstlerische Prinzip anhand verschiedener Abgüsse erprobt wird. So werden in den „Mimesis"-Arbeiten (1975) jeweils zwei unveränderte Kopien einer Skulptur, wie etwa die Medici-Venus, auf Podesten einander gegenüber aufgestellt (Abb. 3).

Das Verfahren der Doppelung ist vordergründig als bloße Auseinandersetzung mit dem Phänomen der Reproduzierbarkeit künstlerischer Form deutbar. Doch ist die Gegenüberstellung zweier identischer Bildwerke ein vielschichtiger konzeptueller Schritt. Das tautologische Moment der Verdoppelung und das Aufeinanderbezogensein der Abgüsse irritiert den Betrachter und schließt ihn als Gegenüber des Kunstwerks aus. Das Werk blickt sich selber an und schafft seinen eigenen Bildraum, es macht sich zum eigenen Betrachter und ist sich selber Inhalt. Der eigentliche Betrachter wird außerhalb des durch die Bildwerke geschlossenen Sichtkreises platziert, sein Sehen umkreist nur das Sich-Ansehen der Figuren.

Durch die Präsentation identischer Kopien setzt sich Paolini mit der Vorstellung Plotins auseinander, dessen Begriff der künstlerischen Mimesis nicht bloß das sinnlich Wahrnehmbare, sondern gerade das Intelligible des Kunstwerks erfasst und damit einen der Grundbegriffe antiker Kunsttheorie prägt. Der Titel „Mimesis" verweist auf Fragen schöpferischer Nachahmung und Darstellung und potenziert damit um ein Weiteres die Ambiguität der Verdoppelung durch die Übersetzung des idealen klassischen Bildwerks in billige Gipsrepliken. Das Motiv der Gegenüberstellung eines narzisstisch auf sich bezogenen Bildwerks lässt sich als kunstphilosophische Reflexion verstehen und suggeriert Fragen nach dem eigentlichen Verhältnis von Urbild und Abbild. Auch das bildkünstlerische Konzept anderer Serien Paolinis lässt sich auf ein einfaches formales Prinzip zurückführen. So wird in „Intervallo" (1985) der Abguss eines Bildwerks, hier die berühmte Ringergruppe der Uffizien, in zwei Hälften geteilt und an den gegenüberliegenden Wänden des Ausstellungsraumes aufgestellt (Abb. 4).

Die Erkennbarkeit der Abgüsse ist – trotz der Teilung – durch keinen verfremdenden Eingriff vonseiten des Künstlers beeinträchtigt. Die Abgüsse stammen wie die der anderen Serien von verschiedenen griechischen, hellenistischen und klassizistischen Skulpturen. Der Bekanntheitsgrad

Abb. 3: Giulio Paolini, Mimesis, 1975, Installation 1996. Ausstellung: Giulio Paolini. Correspondances, Villa Medici, Rom 1996. (Foto: Accademia di Francia, Rom).

Abb. 4: Giulio Paolini, Intervallo, 1985. Ausstellung: Giulio Paolini. Correspondances, Villa Medici, Rom 1996. (Foto: Michaela Unterdörfer, St. Gallen).

jeder einzelnen Vorlage ist unterschiedlich und variiert je nach Umstand und Zeitpunkt der Auffindung und dem heutigen Aufbewahrungsort. So werden eine sehr geschätzte, vielfach rezipierte und kopierte schamhafte Venus, die seit dem frühen 17. Jahrhundert bekannte Medici-Venus, oder ein mehrfach kopierter Kopf des praxitelischen Hermes, aber auch weit weniger populäre Werke wie etwa der Kopf des Knaben mit Siegerbinde aus der Münchener Glyptothek oder der Ephebe aus Marathon eingesetzt. Grundsätzlich handelt es sich in allen von Paolini ausgewählten Skulpturen um Kunstwerke von hoher Qualität.

Neben klassischen und hellenistischen Werken wird in einer der Installationen auch eine klassizistische Statue, die Hebe des dänischen Bildhauers Bertel Thorvaldsen, aufgegriffen. Offenbar kann im Werk Paolinis eine klassizistische Skulptur dieselbe Aufgabe wie eine antike Plastik übernehmen. Das Phänomen der Serie, in der das formale Prinzip gleich bleibt und nur das Material variiert, unterstreicht die Vermutung, dass die einzelnen Abgüsse im Werkgedanken als Wesenheiten letztlich austauschbar sind. Der Künstler interpretiert das von ihm verwendete Werk nämlich nicht in einer Weise, die dessen ursprünglichen Gehalt und Bedeutsamkeit aufgreift oder aktualisiert, d. h. die spezifische Inhaltlichkeit und Bedeutsamkeit der originalen Skulptur ausnützt. So sollen weder Ursprung und Herkunft des Kunstwerks noch seine ihm durch Zeit und Geschichte zugewachsenen Bedeutungsschichten evoziert werden[5]. Der einzelne Abguss dient als Baustein innerhalb der Materialisierung des künstlerischen Konzeptes und vertritt als frei einsetzbares Modul die Kunst schlechthin. Die rezipierte Form ist völlig der künstlerischen Idee, der Gegenüberstellung und Reflexion des Kunstwerks oder dem Gedanken der Teilung einer Totalität untergeordnet. Die Verwendung des jeweiligen Bildwerks ist allein an dieses Konzept geknüpft und fungiert als formales Material, das zur Exemplifizierung und Visualisierung einer Idee benutzt, gegenübergestellt, geteilt oder zertrümmert wird.

Der künstlerische Akt Paolinis, der durch seinen nur minimalen Eingriff in die Form die Position eines distanzierten, außenstehenden Beobachters einnimmt, reicht weit über die bloße faktische Präsentation des Bildwerks hinaus. Der Künstler fordert von dem Betrachter ein bewusstes, reflektierendes Sehen, das sich nicht in der Wahrnehmung des bloß Anschaulichen erschöpft. Die Form ist gleichsam von ihrem konkreten Inhalt befreit, während in der neuen Präsentation ein geistiger Prozess ausgelöst wird. Die Nähe des Künstlers zur Konzept-Kunst wird hier offensichtlich, wenngleich Paolini nie als reiner Konzept-Künstler agiert, sondern sein Werk von einer starken Polarität zwischen dem Anschaulichen und dem Gedanklichen bestimmt ist. Seit den 1960er Jahren konzentriert sich Paolini auf Fragen zur Kunst, auf ihre Rahmenbedingungen und Präsentation und nimmt durch die Annäherung seines bildnerischen und plastischen Werks an Kunsttheorie und Kunstgeschichte in der Kunst der Postmoderne eine herausragende Stelle ein.

Zur Umsetzung seiner Überlegungen bedient sich der Italiener ausschließlich eines spezifisch klassisch-klassizistischen Formenschatzes, innerhalb dessen sein künstlerisches Verfahren weitgehend auf der Austauschbarkeit von Modulen basiert. Neben Skulpturenabgüssen verarbeitet der Künstler auch Bildreproduktionen aus dem Klassizismus und grafische Perspektivstudien und Zeichnungen aus der Encyclopédie Diderots oder aus Giovanni Pietro Belloris Viten und zeigt damit ein konkretes Interesse an den Grundelementen und -regeln der klassizistischen Akademiesprache. Die naheliegende Vermutung einer bloß ästhetisch begründeten Auswahl der Referenzwerke trifft das Konzept des Künstlers allerdings nicht. Zwar bleibt Paolini durch die formale Repetition des Klassisch-Schönen an den Kanon klassizistischer Kunst gebunden, doch verfolgt er andere Ziele, als nur dem darin verkörperten Ideal Gestalt zu geben. Alle seine theoretischen Äußerungen beziehen sich auf die Kunst als Gesamtheit: „Ich nehme mir nicht vor, die Vergangenheit zu analysieren oder Exegese zu betreiben (...). Ich versuche, die antiken Bilder in neue Werke zu transponieren, die den Betrachter und den Autor als gegenwärtige Polaritäten in Bewegung setzen. Es handelt sich nicht um eine erneute archäologische Betrachtung, sondern eher um eine undifferenzierte Aufnahme, um ein Gedächtnis, das danach strebt, mit dem Werk eins zu werden. Ich habe keine Vorliebe für einen Stil, mich zieht vielmehr der Mythos an, warum überhaupt Kunst gemacht wird."[6].

Klassik und Klassizismus dienen dem Künstler daher nicht im Sinne historischer Stile, sondern als Zusammenfassung vergangener künstlerischer Schöpfungen. Gerade im Klassischen, in Gestalt klassizistischer Skulpturen zeigt sich dem Künstler die Abwesenheit eines neuen Stils. Der kreative Akt Paolinis bezieht sich auf die Analyse der Kunst. Das einzelne verarbeitete Kunstwerk gilt ihm lediglich als Werkzeug, um das wirkliche Wesen der Kunst ins Gegenständliche übersetzen zu können. Auf der Suche nach einer materiellen Entsprechung seiner Vorstellung vom Abstraktum Kunst stößt der Künstler auf antike und klassizistische Formfindungen, die zu Emblemen des Künstlerischen werden.

Der erkenntnistheoretische Versuch, das Eigentliche der Kunst sichtbar zu machen, kann sich nur möglichst unbelasteter, d. h. historisch und inhaltlich ungebundener Formen bedienen. Durch die Verarbeitung klassischer Formen erreicht der Künstler den für die Veranschaulichung seines Konzeptes notwendigen Grad an Anonymität und Aussagelosigkeit der künstlerischen Form. Nicht zufällig also bedient sich Paolini klassisch-klassizistischer Formen oder greift auf Illustrationen aus Werken der klassizistischen Kunsttheorie zurück. Der Künstler unterwirft seine Setzungen den Maßstäben einer rationalistischen Ästhetik und Reflexion, deren Ziel in der Auflösung des materiellen Kunstwerks, in der Abstraktheit einer reinen Ideenwelt liegt. Gerade das dem Klassischen inhärente Moment des Allgemeinen entspricht einem solchen Bedürfnis, während jedes historisch gebundene, erzählerische und konkret auf seine einmalige Existenz rückführbare Bildwerk dafür unbrauchbar wäre. Während die Kunst im nominalistischen Sinn nur durch das einzelne Kunstwerk erfahrbar ist, nähert sich Paolinis Position durch die größtmögliche Abstraktion vom Einzelwerk dem geistigen Bild von der Universalie Kunst an. Zu diesem Abstraktum Kunst gelangt der Künstler durch den Rückgriff auf inhaltlich weitgehend anonyme, klassische Formen, in denen alles Sekundäre und Akzidentielle ausgesondert wurde. Gerade der strukturlose nivellierende, weil weiß belassene und auf den reinen Formwert reduzierte Gipsabguss verspricht ein Maximum an Anonymität und Abstraktion.

Claudio Parmiggiani
Im Vergleich zu Paolinis Rückgriff auf klassische Kunst orientiert sich Parmig-

Abb. 5: Claudio Parmiggiani, Phoebus, 1979/80. (Arturo Schwarz Collection, Mailand. Foto: S.A.D.E. archives).

gianis Auswahl und Verarbeitung weitaus stärker am Charakter des einzelnen rezipierten Kunstwerks. Und dennoch stellt sich die Frage, inwieweit die Form als Zitat im Sinne eines Verweises auf ein bestimmtes Bild zu lesen ist. In „Phoebus", 1979/80 (Abb. 5), wird der Kopf einer hellenistischen Statue verarbeitet, die im Zusammenhang mit der Niobidengruppe 1583 in Rom aufgefunden wurde und sich heute in den Uffizien befindet.

Seit ihrer Auffindung ist die Identifizierung der Statue und ihre Zugehörigkeit zur Niobidengruppe umstritten, da sie nicht mit der literarisch überlieferten Zahl der Niobiden in Einklang zu bringen ist. So wird die heute als „Trophós" bezeichnete Statue in einem Inventar des 16. Jahrhunderts als „Muse" beschrieben und im Katalog der Florentiner Gipsformerei unter der Bezeichnung „Psyche" geführt.

In der Adaption von Claudio Parmiggiani liegt der Abguss auf einer weißen Leinwand und scheint auf eine bunte Malerpalette mit präparierten Schmetterlingen zu blicken. Auf den Haaren der Büste und auf der darunter liegenden Leinwand ist gelbes Pigment aufgetragen. Palette, Schmetterlinge und Muschel sind vom Künstler häufig eingesetzte Montagerequisiten. Die nicht eindeutig geklärte Herkunft und Bedeutung des Bildwerks lässt es nicht zu, die Adaption der Trophós im Werk Parmiggianis als Aufnahme bestimmter, historischer Aussage- und Kultwerte zu lesen. Statt nach der Herkunft der Trophós zu fragen, nimmt der Künstler im Titel mit dem Namen Phoebus auf den Beinamen des Musenführers Apoll Bezug. Durch die Verwendung reiner, leuchtend gelber Pigmente werden das Leuchtende und das Strahlende, Wesensmerkmale des Sonnengottes, anschaulich ins Bild gesetzt.

Eine literarisch-mythologische Verbindung zwischen der Göttergestalt Phoebus-Apoll und dem Trophós-Muse-Psyche-Kopf wird in der Montage nicht hergestellt. Die antike Form erfährt durch Muschel, Malpalette und assoziative Farbenwahl eine neue Interpretation, die an überlieferte mythologische Erzählungen erinnert und vage Assoziationen an den mediterranen Mythenkreis auslöst. So lässt etwa das Motiv der Schmetterlinge an den Mythos der Psyche denken, während die Muschel auf den Symbolkreis des Weiblichen, aber auch an das Rauschen des Meeres anspielt, dem die Gestalt zu lauschen scheint. Der Mythos, der sich um die Göttergestalt des Apoll/Phoebus rankt, wird nicht illustrativ erzählt, sondern durch die Kombination verschiedener Bildgegenstände evoziert und gleichzeitig mit der Gestalt der Psyche verschränkt[7]. Das Mythologische wird als archetypischer Wert weitergetragen und auf ein stilles Meditationsbild konzentriert, das sich gegen Beschreibung und Festlegung auf den literarischen Mythos sträubt.

Der melancholisch zeitlose Charakter der Büsten, der zwischen idealem Porträt und individuellem Antlitz vermittelt, ist dem Künstler äußerlicher Anlass und Reiz der Verwendung. Die Auswahl der skulpturalen Form folgt der Stimmung, die die Betrachtung beim Künstler auslöst, sein intuitives Vorgehen folgt den Prinzipien der Poesie, die auch die Verarbeitung symbolträchtiger Gegenstände, Farben und Pigmente prägen. Klassische Häupter und assoziationsreiche Montageelemente formen sich zu stilllebenhaften, ausgewogenen und harmonischen Bildern, deren Blick in die Ferne, ins Nichts gerichtet ist. Die leichte Neigung des Hauptes und horizontale Lagerung evozieren den Eindruck des Ruhens und Träumens, jegliche Bewegung, Handlung oder heftige Emotionalität sind vermieden. Durch geringe Veränderungen formaler oder kontextueller Art gibt Parmiggiani dem aufgegriffenen Bildwerk einen neuen, mehrdeutigen Gehalt. Das Altertum gilt dem Künstler als Wurzel des Heute, es gehört zum künstlerischen Fundus aller europäischen Künstler: „Die Reste der Antike und die Fragmente des antiken Denkens leben mit uns in einer einzigen Zeitebene, ohne Grenzen; ich beziehe mich also auf meine Gegenwart und nicht auf eine ‚verlorene Welt', die nostalgisch heraufbeschworen werden muss."[8].

Wie auch Jannis Kounellis betrachtet Parmiggiani das Aufgreifen vorgeprägter Formen als besondere, zutiefst europäische Art der Akkumulation und Verarbeitung kultureller Erinnerungsstücke. Keiner der Italiener rekurriert jedoch auf die Antike im Sinne einer historischen oder literarischen Bezugsgröße. Parmiggiani fasziniert der „utopische Gehalt" des Antiken: „In Wahrheit ist das Antike eher ein Wunsch als eine Erinnerung. Die Erinnerung vermittelt etwas, das an die Vergangenheit gebunden ist; der Wunsch dagegen ist etwas, das der Zukunft des Geistes gehört. Diese Bilder sind also gewünschte Bilder und keine Bilder, die ihrer Epoche und Geschichte angehören. Ich will damit sagen, dass es unwichtig ist, ob eine Statue griechisch, römisch, renaissancistisch, barock oder neoklassizistisch ist."[9].

Verlebendigung der Antike
Die ahistorische Aneignung des originalen Kunstwerks, das von seinem ursprünglichen Gehalt gelöst und für neue formale und inhaltliche Lösungen verfügbar wird, ist nicht willkürlich oder gar beliebig. Sie besitzt eine überraschende historische Parallele in der frühen Neuzeit und mag als moderne Art der Antikenergänzung gelesen werden. Seit dem späten Mittelalter stellt der verstümmelte Zustand einer aufgefundenen antiken Skulptur – bis auf wenige außergewöhnliche Kunstwerke – immer Anreiz für ein bewusstes künstlerisches Weitergestalten und Weiterdenken dar: Das fragmentierte Werk wird in ein modernes Kunstwerk intergriert, das dadurch der „Aura" des antiken Werks teilhaftig wird. Nach dem ursprünglichen Kontext oder der Bedeutung des Kunstwerks wird bei der Ergänzung kaum gefragt, stattdessen wird dem Fragment oftmals ein erfundenes ikonographisches Motiv unterlegt. Das antike Kunstwerk wird als kulturelle Trophäe innerhalb einer völlig neuen Werkidee wieder verwendet und zum Ausgangspunkt neuer Gestaltung.

Zahlreiche Beispiele aus der Restaurierungspraxis früherer Epochen stehen für eine Form der Antikenrezeption, die mit einer der Adaption von Gipsabgüssen in der zeitgenössischen Kunst vergleichbaren Aufgabe der Verarbeitung vorgefundener antiker Formen konfrontiert ist. Gemeinsam ist beiden Rezeptionsformen, der Antikenergänzung bis ins 18. Jahrhundert und der modernen Verarbeitung von Antikenabgüssen, die ahistorische Aneignung eines originalen Kunstwerks, das von seinem ursprünglichen Gehalt gelöst und für neue formale und inhaltliche Lösungen verfügbar wird. In früherer Zeit geschah die Komplettierung des überkommenen Fragments im Stil des für die Ergänzung herangezogenen Künstlers oder im Geschmack der Zeit: So stellen etwa Antikenergänzungen manieristischer Bildhauer oftmals geradezu eklektizistische Virtuosenstücke dar.

Das sich seit dem frühen 19. Jahrhundert auch in der Restaurierungspraxis spiegelnde Bedürfnis nach Geschichtlichkeit und Objektivierung selbst künstlerischer Phänomene setzt dem freien Umgang mit alter Kunst ein vorläufiges Ende. Eine der Folgen des allgemeinen Verwissenschaftlichungsprozesses ist die museale Präsentation des antiken Kunstwerks. Dem Verlangen nach einem methodisch-objektiven Umgang mit dem „authentischen" Werk entsprechend wird der ursprüngliche Kontext, dem ein Werk entspringt, weitgehend ausgegrenzt. Auf die Veranschaulichung eines nicht absolut verifizierbaren originalen Aussehens oder Funktionszusammenhangs wird verzichtet. Die Entrestaurierungen der letzten Jahrzehnte, die die „Wahrheit" des Originals wiederherstellen sollten, führten vielfach zu anschaulich kaum mehr verständlichen Werken.

Demgegenüber bedeutet der postmoderne Rückgriff auf antike Kunstwerke und Ausdrucksformen in den Werken der Italiener für das übernommene skulpturale Werk einen Gewinn an ideeller und ästhetischer Wirkung. Die Künstler befreien die Plastik von ihrer kunstgeschichtlichen Präparierung, mit der sie die Wissenschaft ihrer beweisabhängigen Rationalität wegen umgeben hat und füllen sie mit neuem Gehalt. Sie gehen gleichsam hinter die Wissenschaftlichkeit des 19. Jahrhunderts zurück und verarbeiten auf eine völlig ahistorische Weise das überkommene Material. Die Künstler stellen nicht die Frage nach den Bedingungen und der Geschichtlichkeit der zitierten Werke, sondern beleben die steril gewordenen Formen neu. Angesichts einer linear-fortschrittlichen, rationalen und kopflastigen Kultur, aber auch gegenüber einer nach Innovation und Entmaterialisierung strebenden modernen Kunst wird offenbar das Bedürfnis nach neuer Sinnlichkeit und Schönheit empfunden. Das Poetische der Formen, das durch den früheren, rational-wissenschaftlichen Umgang Verlorene und die „Aura" des Kunst- und Kultwerks werden wiederhergestellt. Das im ursprünglichen Werk Abwesende oder durch dessen Gebrauch Zerstörte wird neu artikuliert. Durch seine künstlerische Verarbeitung wird das auf ein archäologisches Anschauungsobjekt reduzierte, plastische Werk wieder in ein poetisches, mehrdimensionales Kunstwerk zurückverwandelt und lädt erneut zur betrachtenden Versenkung ein.

Antikenrezeption in der Postmoderne
Die direkte Aneignung von Bildreproduktionen und die Verarbeitung älterer Bildwerke durch ihre plastische Kopie sind Verfahren des 20. Jahrhunderts. Künst-

lern, die überwiegend bildnerische Vorlagen verarbeiten und die sich des Zitates als Medium bedienen, wird jedoch sehr schnell das wahllose Ausschöpfen älterer Quellen und ein bloß oberflächliches Ausprobieren aller möglichen Stile und Formmöglichkeiten unterstellt. Die größte Bedrohung der autonomen Kunst wird im Zitieren „nach Laune und Bedarf aus allen gegenwärtigen und vergangenen Schubladen"[10] gesehen. In dem postmodernen Zitat manifestiere sich Gleichgültigkeit gegenüber dem ausgewählten Gegenstand, gleichzeitig spiegele der Verlust bindender künstlerischer Normen und Leitideen nicht zuletzt die Krise der Kunst, die allenthalben als das „Ende der Kunst" beklagt, diskutiert, aber auch revidiert wird.

Der in der Debatte um die Postmoderne auftretende Vorwurf der Beliebigkeit und Belanglosigkeit erweist sich jedoch als oberflächliche Vereinfachung und ist völlig unangemessen, um dem breiten Spektrum postmoderner Kunst gerecht zu werden, die eine besondere Mehrsprachigkeit und Offenheit gegenüber Geschichte und Gegenwart auszeichnet. Innerhalb des Panoramas postmoderner Zitierweisen konstituiert sich mit der Rezeption klassischer Bildwerke durch die Italiener eine Form der Adaption, die das verarbeitete Kunstwerk als Anlass und Ausgangspunkt einer neuen gestalterischen, konzeptuellen und kunstphilosophischen Auseinandersetzung begreift. So dient das modern interpretierte antike Antlitz dem melancholischen Sinnen über die Entfremdung des Menschen, in der Präsentation einer klassischen Figur findet die Suche nach einem zeitlosen arkadischen Menschentum bildhafte Gestalt. Wenn in den Adaptionen zugleich ältere und jüngere künstlerische Quellen ausgeschöpft werden, geschieht dies nicht im Sinne eines wahllosen Erprobens beliebig gewordener Vorbilder, sondern zeugt von der andauernden Suche nach dem Wesen der Kunst, nach dem eigentlich „Klassischen" und dessen Fähigkeit, fern jedes Eklektizismus noch heute eine künstlerische Auseinandersetzung anregen zu können.

Auch wenn sie nicht mehr im gleichen Maße wie Künstler früherer Epochen an der Antike geschult wurden, sind sich die Künstler der Quellen und Wurzeln ihres Schaffens durchaus bewusst und betrachten das von ihnen verarbeitete Formengut als selbstverständlichen und prägenden Teil ihrer Bildkultur, die sie in ihren Adaptionen erneut überprüfen, verlebendigen und dem zeitgenössischen Blick aussetzen. Die Frage nach dem Respekt vor der Vergangenheit und vor der Antike stellt sich nicht, denn die Erkenntnis, dass Kunst aus Kunst entsteht, dass sich Kunst nur im Dialog mit der Tradition entwickeln kann, ist längst Voraussetzung ihres künstlerischen Tuns. Den Künstlern kommt dabei ihre besondere Affinität zum eigenen antiken Erbe zugute, die in Italien oftmals beobachtet und mit der unmittelbaren und alltäglichen Begegnung mit dem Altertum erklärt wird. In einem Zeitalter, das in einem postmodernen Pluralismus zu münden scheint, in dem offenbar alles möglich und nichts mehr bindend ist, beziehen die Italiener eine neue Position: Ihre Kunst definiert sich nicht länger durch ein stetiges Vorwärtsschreiten, sondern entlarvt das Programm der Moderne als Illusion. Der absoluten Entmaterialisierung und Vergeistigung des Kunstwerks setzen die Italiener die aus dem Altertum entlehnte Schönheit antiker Plastik als Muster wahrhafter Klassizität entgegen, in deren sinnlicher Unmittelbarkeit das Unanschauliche wieder anschauliche Gestalt erhält.

Anmerkungen / Literatur:

[1] Beispielsweise fand 1987 ein Kolloquium über das Klassische in Musik, Kunst, Literatur und Philosophie statt: Bockholdt, R. (Hrsg.) (1987): Über das Klassische. Frankfurt. – Auch eine Reihe von Ausstellungen beschäftigt sich in den 1990er Jahren mit dem Thema: „On classical ground" (London 1990), „L'idea del classico 1916–1932. Temi classici nell'arte italiana degli anni venti" (Mailand 1992) und „Il mito e il classico nell'arte italiana" (Sarzana 1995).

[2] Die verschiedenen Zuordnungen und ihre Quellen werden ausführlich in meiner Dissertation zitiert: Unterdörfer, M. (1997): Die Rezeption der Antike in der Postmoderne. Weimar.

[3] Fochessati, M. & Sborgi, F. (1995): Il mito e il classico nella cultura figurativa italiana del dopoguerra (1960–1990). Proposte di lettura. In: Ausstellungskatalog „Il mito e il classico nell'arte contemporanea italiana 1960–1990", Fortezza Firmafede: 23–37. Sarzana. Die Autoren identifizieren die billige Zementreproduktion aus Pistolettos Installation irrtümlicherweise mit der klassischen Venus Kallipygos.

[4] Auch in zahlreichen anderen Werken der Italiener wird die Übernahme eines neuzeitlichen Bildwerks nicht erkannt oder aber überhaupt nicht die Frage nach dem zugrunde liegenden Referenzwerk gestellt. Weitere Beispiele vgl.: Unterdörfer a.a.O. (Anm. 2).

[5] Diese Beobachtungen beziehen sich auf die für die Studie relevanten Werke mit Gipsabgüssen, dagegen sind sie nicht grundsätzlich auf Paolinis Umgang mit dem Zitat zu übertragen. M. Scholz-Hänsel nennt beispielsweise einige Werke, in denen nur über die zugrunde liegenden Vorlagen die vielschichtigen Bezugsebenen aufzuschlüsseln sind. Scholz-Hänsel liefert mit seinem Aufsatz den ersten Beitrag, der sich explizit mit dem Kunstzitat im Werk Paolinis beschäftigt: Scholz-Hänsel, M. (1986): Das imaginäre Museum Giulio Paolinis. In: Ausstellungs-Katalog Giulio Paolini. Il museo/Das Museum: 9 ff., bes. 9–21. Stuttgart.

6 Giulio Paolini (1988) in einem Interview mit F. Poli. In: Contemporanea 2, zitiert nach: F. Poli (1990): Giulio Paolini: 33. Turin. (Übersetzung der Autorin).

[7] In einem späteren Werk, in „Psyche", greift der Künstler den mit dem Schmetterling assoziierten Mythos direkt auf, indem er einen Zitronenfalter auf die Lippen eines gelb gefärbten Gipsabgusses der Hygieia von Tegea appliziert.

[8] Claudio Parmiggiani (1985): In: Ausstellungs-Katalog Claudio Parmiggiani, Comune di Reggio Emilia: 22. Bologna. (Übersetzung der Autorin). – Zu der Symbiose verschiedener Zeitebenen im Werk Parmiggianis, vgl.: Ronte, D. (1987): In: Ausstellungs-Katalog Claudio Parmiggiani: 11 ff. Turin.

[9] Claudio Parmiggiani in einem Gespräch mit der Autorin (1995).

[10] So kritisierte A. Pohlen die in der 41. Biennale in Venedig unter dem Thema „Arte allo specchio" zusammengestellten Werke: Pohlen, A. (1984): Fällt die Gegenwart der Tradition oder dem Salon zum Opfer? In: Kunstforum International 73/74: 144-149, bes. 148.

„Die mythischen Sieben"
Zur Antikenrezeption im plastischen Werk von Markus Lüpertz

Inge Herold

Zusammenfassung

Markus Lüpertz´ Werk ist gekennzeichnet durch die Rezeption und Paraphrase von bedeutenden Werken der Kunstgeschichte. Sein betonter Anspruch des l´art pour l´art widerspricht dabei der inhaltlichen Bedeutung der gewählten Motive. Doch gerade die traditionsträchtigen Vorbilder bieten dem Künstler die Gelegenheit, seine gestalterische Freiheit zu demonstrieren. Die künstlerische Arbeit wird so zur Vergewisserung der eigenen Identität, zum Selbstbestätigungsprozess, der letztendlich in der Selbststilisierung des Künstlers als Genie gipfelt.

Immer wieder sind es Meisterwerke der Antike, die Lüpertz´ Phantasie und Gestaltungswillen inspirieren und stimulieren. Am Beispiel der in den Jahren 1985 bis 1989/90 entstandenen Gruppe von sieben großformatigen Bronzeplastiken, die Lüpertz die „Mythischen Sieben" nannte, lassen sich seine ironische Selbstinszenierung, seine im 19. Jahrhundert wurzelnde Genievorstellung, sein Selbstverständnis als „gottgleicher Schöpfer" wie auch seine künstlerische Strategie der Gegenästhetik darstellen.

Das Œuvre von Markus Lüpertz ist charakterisiert durch die Verarbeitung tradierter Bildthemen, durch die Rezeption und Paraphrase von Werken bedeutender Künstler. „Ich aase in der Kunst"[1], sagt er selbst. Gleichzeitig ist hinreichend bekannt, dass der Künstler es ablehnt, die Interpretation eines literarischen oder politischen Themas als Ziel der Kunst gelten zu lassen. Es geht ihm erklärtermaßen nicht darum, Stellung zu den von ihm gewählten Themen zu nehmen, sondern um Fragen der Form, der Farbe und der Komposition. Dass er sich als Vorbilder jedoch bevorzugt ikonographisch besetzte Themen wählt, führt zu Irritationen und Spannungen. Der Anspruch des l´art pour l´art widerspricht der inhaltlichen Bedeutung der Motive. Doch gerade die traditionsträchtigen Vorbilder bieten Lüpertz die Gelegenheit, seine gestalterische Freiheit zu demonstrieren. „Indem er die Vorbilder paraphrasiert, befreit er sich von ihrem historischen Ballast und sucht die Emanzipation seiner eigenen Kunst. Zugleich impliziert der Anspruch auf den eigenen Platz in der Geschichte der Plastik, daß Lüpertz in der Nachfolge der großen Vorbilder gesehen und mit ihnen in einem kunsthistorischen Atemzug genannt werden möchte."[2]. Lüpertz will also, wie Armin Zweite treffend feststellt, indirekt den Erschöpfungszustand der Moderne kenntlich machen, zugleich aber die Möglichkeit erproben, das in ihr Angefangene zu Ende zu führen, indem er Vorgefundenes in etwas Neues verwandelt[3]. So wird die künstlerische Arbeit zur Vergewisserung der eigenen Identität, zum Selbstbestätigungsprozess, der letztendlich in der Selbststilisierung des Künstlers als Genie gipfelt.

Immer wieder sind es Meisterwerke der Antike, die Lüpertz' Phantasie und Gestaltungswillen inspirieren und stimulieren: „Ich habe nie besondere Forschungen über die Antike angestellt. Ich nehme sie als etwas illustratives und auf dieser Basis habe ich mir eine eigene antike Welt zusammengesponnen. Für mich ist die Antike die Welt der Vollendung von Kunst, ohne einen Künstler zu nennen ... Eine Welt, in der alle an einer einzigen, einmal gefundenen Idee gearbeitet haben. Ein Olymp der Künste, wobei das Individuum des Künstlers völlig überflüssig werden konnte. Ob ich in einer solchen Welt leben möchte, ist natürlich eine andere Frage. Doch würde ich es bezweifeln. Wahrscheinlich wäre mein Ehrgeiz dafür zu groß. Ich könnte mir den Olymp nur vorstellen, wenn alle nur meine Idee realisieren wollten. Deshalb habe ich mich der Antike in meinen Bildern über diese versponnene Idee genähert, von der ich nicht weiß, inwieweit sie geschichtlich zutrifft. Ich habe mich ihr wie einem Ideal genähert und mich ihrer Unverletzlichkeit bedient, in die ich mein Chaos und meine Destruktion einbaue."[4].

In den Jahren 1985 bis 1989/90 schuf Lüpertz mit einer Gruppe von sieben großformatigen Bronzeplastiken, die er als die „Mythischen Sieben" bezeichnete, seinen eigenen Olymp, eine Art Gegengötterwelt, bevölkert von „Ganymed" (1985), „Titan" (1986), dem „Hirten" (1986), „St. Sebastian" (1987), „Apoll" (1989), „Prometheus" (1989) und „Clitunno" (1989/90)[5].

Ganymed
Nach der griechischen Sage gilt Ganymed, der Sohn des dardanischen Königs Tros, als schönster der Sterblichen. Er wurde von Zeus in den Olymp entführt, wo er, ausgestattet mit ewiger Jugend, den Göttern als Mundschenk diente. Der Mythos erfreute sich in der bildenden Kunst von der Antike bis zum 19. Jahrhundert gro-

ßer Beliebtheit, im 20. Jahrhundert nahm das Interesse dagegen ab[6]. Unter den Darstellungen lassen sich verschiedene Szenen unterscheiden: Die Entführung des Ganymed sowohl durch Zeus als auch durch einen Adler, der zunächst als Bote des Zeus fungierte, später mit dem höchsten Gott selbst gleichgesetzt wurde. Weitere Szenen widmen sich der Darstellung Ganymeds in friedlichem Beisammensein mit dem Adler oder denselben tränkend sowie als Einzelfigur mit Attributen wie Trinkschale oder einem Hahn als Liebesgeschenk des Zeus.

Die Deutung des Mythos wurde zunächst auf das Phänomen der Knabenliebe bei den Griechen bezogen, während das späte Mittelalter die Gestalt des Ganymed mit dem Evangelisten Johannes identifizierte, der zur Schau göttlicher Geheimnisse emporgehoben wurde. Gleichzeitig konnte der zu den Göttern entrückte Ganymed als Personifikation der menschlichen Seele schlechthin gelten, die dem Jenseits entgegenstrebt. Eine neuplatonische Interpretation des Mythos schließlich sah in ihm eine moralische Allegorie der Überlegenheit des Geistes über den Körper.

Unabhängig von jeder inhaltlichen Auslegung bot das Ganymed-Thema seit der Hochrenaissance den Anlass für die Darstellung eines schönen Jünglingsaktes, während die Barockmalerei besonderes Interesse am dramatischen Moment des Emporschwebens zeigte. Waren es im Bereich der Malerei die Werke Correggios, Rubens´ und Rembrandts, die die bildliche Darstellung des Mythos zu einem Höhepunkt führten, so sind im Bereich der Plastik neben der im 4. Jahrhundert v. Chr. entstandenen, als römische Marmorkopie im Vatikan erhaltenen Gruppe des Leochares vor allem die Werke Benvenuto Cellinis und Berthel Thorvaldsens zu nennen. Die Malerei bevorzugte eindeutig den dramatischen Moment der Entführung des Ganymed durch den Adler. Auch Leochares behandelte die Entführungsszene, die im Bereich der Bildhauerei jedoch eine Ausnahme darstellt[7]. Cellini zeigt in einer 1546/47 entstandenen Gruppe den stehenden Ganymed, der dem hinter ihm sitzenden Adler liebevoll den Kopf streichelt[8]. Thorvaldsen widmete dem Thema mehrere Darstellungen. In einer 1804 entstandenen Skulptur gibt er Ganymed als stehenden Akt in klassischer Ponderation, in den Händen Kanne und Trinkschale, zu seinen Füßen den Adler sitzend[9]. Eine andere Gruppe des Künstlers aus dem Jahr 1817 zeigt den knienden Ganymed beim Tränken des Adlers.

Die genannten Darstellungen thematisieren jeweils nach dem Vorbild antiker klassischer Statuen die zeitlose Schönheit und Jugendlichkeit Ganymeds sowie das friedliche Zusammensein mit dem Adler. In kaum größer zu denkendem Kontrast dazu steht der „Ganymed" (Farbtaf. 3,a) von Markus Lüpertz.

Die über zwei Meter hohe Figur ruht mit beiden Füßen fest auf dem Boden, das linke Bein ist etwas nach vorne gesetzt, es findet jedoch keine Verlagerung von Körpergewichten im Sinne des klassischen Kontrapostes statt, vielmehr entspricht das Standmotiv der Haltung archaischer Kouroi. Die Figur ist frontal auf den Betrachter ausgerichtet und scheint in einem zögernden, unsicheren Schritt zu verharren. Beide Arme sind leicht angewinkelt, in der linken Hand packt die Gestalt einen Hahn am Hals, dessen Füße krampfartig verrenkt abstehen. Der Kopf, im Profil von länglicher Form, in der Frontalansicht eher rund, wird beherrscht von einer breiten abgeflachten Nase, unregelmäßig abstehenden Ohren und runden Augen. Wie der Aufbau der Figur entspricht auch die Behandlung der Oberfläche nicht der Vorstellung des schönen Jünglings, den Ganymed seit der Antike verkörpert. Die Modellierung ist unruhig, aufgewühlt, schrundig und zum Teil mit tiefen Kerben und Furchen durchsetzt. Zusätzliche expressive Akzente werden durch die farbige Fassung gesetzt, die die plastischen Formen überspielt und konterkariert.

Die eigenwillige formale Ausführung entspricht somit der ungewöhnlichen Interpretation des Motivs. Lüpertz wählt ein fast ausschließlich in der antiken Kunst geläufiges Ganymed-Attribut, den Hahn, der als Geschenk des Gottes an seinen Geliebten auf den Aspekt der Homosexualität anspielt. Doch weiß der Jüngling mit dem Geschenk nichts weiter anzufangen, als es zu erwürgen. Seine Haltung drückt damit einerseits Aggressivität und Gewalttätigkeit, andererseits aber auch Unbeholfenheit und Unsicherheit aus.

Durch die Wahl der formalen Mittel führt Lüpertz den seit der Antike gültigen Typus des Ganymed ad absurdum. In spöttisch-respektloser, spielerischer Art paraphrasiert er hier einerseits das antike traditionsreiche Thema und andererseits den traditionellen Skulpturentypus der stehenden menschlichen Figur mit Attribut. Er verkehrt das klassische Vorbild in eine anti-klassizistische Form, die nicht nur die Ganymed-Ikonographie ironisierend erweitert, sondern auch sein oben bereits angesprochenes künstlerisches Selbstverständnis widerspiegelt. So verbindet sich in der Skulptur der Anspruch einer nur auf sich selbst verweisenden, über Motiv und Form frei verfügenden Kunst mit der Tendenz einer konkreten inhaltlichen Aussage im Sinne der Deformation und Entheroisierung eines klassischen Darstellungstypus. Indem Lüpertz, den „Terror der Thematik" ablehnend, den anekdotischen und narrativen Zweck der Skulptur zu tilgen bzw. infrage zu stellen versucht, öffnet er gleichzeitig der Interpretation Tür und Tor.

Titan

Der grotesken, komischen Gestalt des „Ganymed" folgt im Jahr 1986 der heroische, brutal anmutende „Titan" (Farbtaf. 3,b). Lüpertz paraphrasiert hier die berühmte klassisch antike Statue des Poseidon vom Kap Artemision (um 460 v. Chr.) im Nationalmuseum Athen, eine athletische Götterfigur, die im Begriff ist, einen Dreizack zu schleudern.

Das antike Körperideal, die elegante Heroik des Vorbildes sind beim „Titan" überführt in eine ungelenke, massige Körperhaftigkeit voll elementarer, furchterregender Wucht. Die dem klassischen Körper innewohnende Elastizität, seine angespannte, federnde Bewegtheit sind verwandelt in eine eingefroren wirkende Geste. Der Körper haftet fest auf dem Boden und ist summarisch in kantigen, durch tiefe Kerben geteilte Flächen wiedergegeben. Eingepasst in ein abstraktes

Schema aus Vertikalen, Diagonalen und Horizontalen ist die Gestalt fokussiert und konzentriert auf ihr Tun, auf ihr imaginäres Gegenüber.

Nicht von ungefähr nennt Lüpertz die von ihm geschaffene Gottheit „Titan". Als Titanen bezeichnet man die zwölf Kinder des Uranos und der Gaia, der Urahnen aller Götter. Der griechischen Mythologie zufolge wurden sie von Zeus und seinem Göttergeschlecht in der Titanomachie besiegt. Wie die Giganten gelten die Titanen als Gegenkräfte gegen die durch die olympischen Götter verkörperte Weltordnung.

Das Vorbild der ästhetischen, olympischen Gottheit der klassischen Antike verwandelt Lüpertz also in eine Figur voll urtümlicher Gewalt. Für den „Titan" gilt somit, was Thomas Elsen auch für den im selben Jahr entstandenen „Hirten" konstatierte, eine Figur, in der Lüpertz nicht nur das Vorbild des archaischen Kalbträgers aus Athen aufgriff, sondern sich auch Picassos „Mann mit Lamm" (1944) bediente: „Zukunft und Erinnerung bündeln sich schließlich in seiner Gestaltung als ein Konglomerat von Zitat und originärer Schöpfung, um letztlich selbst ein neues drittes als plastische Urform entstehen zu lassen."[10].

St. Sebastian

Die Figur des 1987 entstandenen „St. Sebastian" fällt wie der „Hirte" aus dem Reigen der „Mythischen Sieben" insofern heraus, als es sich bei beiden um christliche Gestalten, nicht um heidnische Götterfiguren handelt. Jochen Kronjäger hat in seinem Aufsatz „Gespannte Abwehr eines Attackierten" das Wesentliche dieser ausgemergelten, versehrten Figur herausgearbeitet[11]. Lüpertz weicht vom traditionellen Sebastian-Typus vollständig ab und konzentriert sich auf dessen Opfertum, den wehrlosen Moment des Sich-Schützens, während er in der Körperhaltung einen seit der Antike überlieferten Körpergestus zitiert, der angefangen bei der „Verwundeten Amazone" aus dem 5. vorchristlichen Jahrhundert über Michelangelos „Sterbenden Sklaven" von 1513 bis hin zu Georg Kolbes „Sklavin" von 1916 mit dem an den Kopf gelegten Arm das Motiv des Leidens symbolisiert.

Apoll

Bei all den genannten Figuren, besonders aber bei „Ganymed" und „Titan", verfolgt Lüpertz eine künstlerische Strategie, die Wolfgang Kersten mit dem Begriff „Gegenästhetik" bezeichnet hat. Er führt dies vor an der Figur des 1989 entstandenen „Apoll" (Farbtaf. 3,c), einer offiziellen Auftragsarbeit des Künstlers für die Alte Oper in Frankfurt[12].

Auch hier knüpft Lüpertz deutlich an die antike Tradition an, ironisiert aber gleichzeitig wieder das klassische Schönheitsideal. Während er sich formal an der um 1525–1532 geschaffenen Gestalt des „David-Apoll" von Michelangelo orientiert, nutzt er gleichzeitig, wie Kersten gezeigt hat, das vorgegebene apollinische Thema zu der dionysischen Darstellung seiner selbst. „Seinen Apoll, den Gott der Musik und des Todes, gestaltet der sich zu Nietzsche bekennende ‚Philosophenspross' als ein apollinisches Selbstporträt mit dionysischem Gesicht."[13].

Prometheus

Lüpertz' ironische Selbstinszenierung, seine im 19. Jahrhundert wurzelnde Genievorstellung, sein Selbstverständnis als „gottgleicher Schöpfer" wie auch seine künstlerische Strategie der Gegenästhetik finden in der 1989 entstandenen Bronzefigur des „Prometheus" (Farbtaf. 3,d) ihre vielleicht komplexeste Ausbildung.

Noch häufiger als Ganymed wurde seit der Antike in Literatur und bildender Kunst die Gestalt des Titanen Prometheus dargestellt, da sie die unterschiedlichsten Deutungsansätze bot[14]. Nach der griechischen Überlieferung schuf Prometheus, der „Voraussinnende", aus Wasser und Lehm nach dem Vorbild der Götter die Menschen und lehrte sie alle handwerklichen und wissenschaftlichen Fähigkeiten. Nachdem Prometheus versucht hatte, den Göttervater Zeus bei einem Opfer zu betrügen, enthielt dieser den Menschen das lebensnotwendige Feuer vor. Prometheus stahl es daraufhin und schenkte es seinen Geschöpfen. Als Strafe für diesen Frevel schickte Zeus die Unheil bringende Pandora auf die Erde, während der Titan von Hephaistos an einen Felsen des Kaukasos geschmiedet wurde, wo ihm ein Adler täglich die nachts wieder nachwachsende Leber wegfraß. Schließlich befreite Herakles den Gefangenen, indem er den Adler tötete.

Verschiedene Hauptaspekte bestimmen seit der Antike die Auslegung des Mythos. Zunächst sah man in Prometheus den Schöpfer, Wohltäter und Lehrer der Menschheit. Er galt als Sinnbild für kulturellen Fortschritt, als Vater aller Künste und seit dem Mittelalter speziell als Erfinder der „Skulptur". Daneben entwickelte sich der Typus des mutigen, kämpferischen Rebellen, der sich gegen den obersten der Götter auflehnt und damit Unabhängigkeit und Selbstbewusstsein verkörpert. Verbreitung fand außerdem das Bild des gefesselten Prometheus. Dabei stand weniger der Gedanke der berechtigten Sühne für die Vermessenheit des Titanen im Vordergrund als vielmehr der Aspekt des heroisch-pathetischen Leidens und der körperlichen wie seelischen Pein des Bestraften, der zum Wohle der Menschheit gehandelt hatte. Besonders im 19. Jahrhundert sah man in der Bestrafung des Titanen eine Vorwegnahme des Leidens Christi. Vielfach dargestellt wurde schließlich der nach langer Qual endlich befreite Prometheus.

Im Gegensatz zum Ganymed-Thema ist die Gestalt des Prometheus auch im 20. Jahrhundert von Malern wie Bildhauern häufig behandelt und im jeweiligen zeithistorischen Zusammenhang neu interpretiert worden. Im Bereich der Skulptur sind hier besonders die Arbeiten von Jacques Lipchitz, Gerhard Marcks und Ossip Zadkine zu nennen, die dem Mythos jeweils neue Aspekte abgewannen[15].

Jacques Lipchitz hat sich zwischen 1931 und 1944 immer wieder mit dem Prometheus-Thema beschäftigt. In der 1943–44 entstandenen Gruppe „Prometheus überwindet den Adler" gelingt ihm eine Formulierung des Mythos, die sich direkt auf die politische Situation der Zeit beziehen lässt[16]. Lipchitz hält sich nicht an die überlieferte Geschichte, derzufolge Herakles den Prometheus befreit, vielmehr ringt hier der Titan selbst mit dem Adler, um ihn schließlich zu besiegen. Der Künstler verstand sein Werk erklärtermaßen als politische Skulptur, als Protest gegen den

Faschismus. Er benutzt den Typus des rebellischen Helden und erhebt ihn zum Symbol für den Widerstand gegen die Gewaltherrschaft der Nationalsozialisten.

Ganz anders ist die Interpretation von Gerhard Marcks. Sein 1948 entstandener „Gefesselter Prometheus II" zeigt den ohnmächtig leidenden, gebeugten Helden[17]. Auch Marcks deutet die Gestalt des Prometheus aus dem zeitgeschichtlichen Kontext heraus. Für ihn wird die Figur jedoch zur Metapher für das im Zweiten Weltkrieg erlebte Leid.

Ossip Zadkine schließlich wählt in seiner 1955–56 entstandenen Skulptur den Moment, in dem Prometheus das gestohlene göttliche Feuer den Menschen bringt, einen Aspekt, der in der bildenden Kunst seltener dargestellt wurde[18]. Wie Christa Lichtenstern bemerkt, sucht Zadkine, die Gestalt ohne alles erzählende Beiwerk als Kunst- und Kulturstifter zu erfassen. Er setzt damit die seit dem Sturm und Drang verbreitete Deutung des Mythos als Gleichnis für den genialen, vom göttlichen Geist entflammten Künstler fort. „Zadkine läßt Prometheus mit dem Feuersymbol des Schöpfertums auf die Menschen zueilen und gibt in ihm für alle das Beispiel eines durch die Kunst und zur Kunst befreiten Menschen."[19].

Lüpertz eröffnet mit seinem 1989 entstandenen „Prometheus", einem Bruder des namenlosen Titanen aus dem Jahr 1986, mehrere Bedeutungsebenen gleichzeitig. Anders als bei „Ganymed" und dem „Titanen" spielt er hier nur durch das Thema, nicht aber durch das Zitat klassischer Vorbilder auf die Antike an.

Auf nach innen gerichteten, unsicher auf dem Boden ruhenden Füßen steht die Gestalt dem Betrachter frontal gegenüber. Der linke Unterarm ist in einer Geste, die Schutz, Scham und Schmerz gleichermaßen ausdrückt, vor den Unterleib gelegt, während der rechte eigenwillig proportionierte Arm aus Schulter und Hals wächst und mit geballter Faust nach oben gestreckt ist. Der rundliche Kopf ist nach hinten und zur Seite des erhobenen Arms geneigt. In den brettartig flach gestalteten Oberkörper eingetieft erscheint eine große organoide Form, die die Leber des Titanen symbolisiert. Im Unterschied zu „Ganymed" ist die Figur in der Oberflächengestaltung und Körperauffassung durch abrupte Wechsel gekennzeichnet. Volumen unterstreichende, gerundete Partien gehen in solche über, die kantig und anorganisch formuliert sind und reliefartigen Charakter haben. Geglättete Zonen stoßen auf Partien, die mit starken Furchungen und Kerben durchsetzt sind. Der laut Mythos an den Felsen geschmiedete Prometheus nimmt so zum Teil selbst die Form von zerklüftetem Gestein an. Neben diesen ausdruckssteigernden Mitteln setzt Lüpertz auch hier wieder die Farbe ein, um die Gestalt zu akzentuieren.

Durch die Fußstellung, die leicht eingeknickten Beine und die Betonung der rechten Körperachse erhält die Gestalt einen schwankenden, taumelnden, ja fast schwebenden Charakter. Unterstützt durch den im Schmerz zurückgeneigten Kopf und die Geste des linken Arms drückt die Figur die Qual, das Leiden und die Hilflosigkeit des für seine Hybris bestraften Prometheus aus. Er erscheint hier, entfernt auch an Ecce-Homo-Darstellungen oder an den gekreuzigten Jesus erinnernd, als Märtyrer. Als Zeichen seines Opfers, das er um der Menschen willen litt, ist die abstrahierte Leber vergrößert in das Zentrum gesetzt. Die Gestalt steht also deutlich in der Tradition des bestraften, leidenden Prometheus. Dass aus der Figur dennoch auch ein letzter Rest von Auflehnung und Trotz spricht, zeigt die Haltung des rechten Armes, der in einer drohenden, anklagenden Geste emporgereckt ist. Auch der nach oben gerichtete Blick scheint auf ein zorniges Zwiegespräch mit dem höchsten der Götter hinzuweisen. Hier steht die Figur ganz in der Tradition des Goethe'schen Prometheus-Gedichtes, in dem die rebellische Absage des Titanen an einen Herrschergott und seine stolze Selbstbehauptung artikuliert ist. Doch wird diese Aussage letztlich durch die restliche Körperhaltung relativiert und zurückgenommen, sodass die Figur insgesamt etwas Ambivalentes, Mehrdeutiges hat.

Diese Mehrdeutigkeit bestätigt sich, wenn man, gerade im Hinblick auf die Armhaltung, die malerischen Arbeiten mit in die Betrachtung einbezieht, die in Zusammenhang mit der Skulptur entstanden sind. Ein 1989 entstandenes Pastell zeigt eine stehende Gestalt, bei der Spiel- und Standbein deutlich unterschieden sind, wodurch sich ein gelöstes Standmotiv ausbildet[20]. Auch hier liegt der linke Arm vor dem Unterkörper, während der rechte Arm emporgereckt ist und in der Hand eine Art Fackel hält, sodass sich entfernt die Assoziation an die amerikanische Freiheitsstatue einstellt. Die Gestalt des Prometheus ist hier als Wohltäter gesehen, der den Menschen das entwendete Feuer bringt. Sie schließt somit an Zadkines Interpretation des Kunst- und Kulturstifters an. Die drohende Strafe ist allerdings durch den heranfliegenden Adler bereits angedeutet. Betrachtet man nun mit der Kenntnis dieses Blattes wieder die Skulptur, so ist es nahe liegend, auch in der Hand des dreidimensionalen Prometheus eine Fackel zu ergänzen. Somit wären seine rebellische, aber verdienstvolle Tat, seine Strafe und seine Qual gleichzeitig in ein Bild gebracht.

Die Gestalt des Titanen erfährt eine weitere Interpretation in einem Pastell, auf dem an der Seite des nun deutlich als leidend gekennzeichneten Prometheus eine Skulptur erscheint[21]. Diese Skulptur, die an ein Totem erinnert, setzt sich aus abstrakten, geometrisierenden Formen zusammen. In dem oberen Teil zeigt sie einen verwandten Aufbau wie die Gestalt des Prometheus, jedoch ist ihr „Kopf" in Form einer Lyra gebildet. Während Prometheus nicht als lebendige Gestalt aufgefasst ist, sondern wie ein Kunstwerk auf einem Sockel steht, erhebt sich die Skulptur direkt vom Boden und überragt ihren vermeintlichen Schöpfer. Diese Arbeit knüpft an die Vorstellung von Prometheus als Bildhauer an, die zurückzuführen ist auf seine schöpferische Tat der Menschenschaffung. Dass er aber als Personifikation für den Künstler im Allgemeinen und damit auch für den Maler steht, zeigen die an abstrakte Bildtafeln erinnernden Felder im Hintergrund sowie die dem Titanen zeichenhaft einbeschriebene „Leber", die in ihrer Form der Palette eines Malers ähnelt. Prometheus wird hier von Lüpertz also als Künstler verstanden, der gleich einem Gott schöpfungsmächtig ist.

Doch bleibt er letztlich auch nur ein Geschöpf, was durch seine Aufsockelung deutlich angesprochen ist. Als der eigentliche Schöpfer ist vielmehr Lüpertz selbst anzusehen. Er identifiziert sich mit Prometheus und betrachtet sein künstlerisches Schaffen als prometheische Lebensaufgabe, als gottähnliches Wirken. Vor dem Hintergrund von Lüpertz´ Selbstverständnis lässt sich diese Vorstellung, aus der seine Faszination und Beschäftigung mit der Gestalt des Titanen resultiert, leicht begreifen. Gleichzeitig kommt in den Arbeiten aber auch das tragische Moment des Künstlertums zum Ausdruck, das durch Hybris und Vermessenheit sowie durch den Konflikt zwischen Können und Versagen gekennzeichnet ist.

Auf dem Umweg über den antiken Mythos gibt Lüpertz mit der komprimierten Form der skulpturalen Fassung und den dazugehörigen Papierarbeiten ein Bild seines künstlerischen Selbstverständnisses. Sein komplexes Rollenrepertoire wird damit um den Aspekt des gottgleichen, gleichzeitig tragischen Schöpfers erweitert.

Clitunno

Ganz anders ist der Charakter des ungeschlachten, jedoch heiter lächelnden Wassergottes „Clitunno" (Farbtaf. 3,e), von Lüpertz geschaffen anlässlich einer 1990 stattfindenden Ausstellung in der italienischen Stadt Spoleto, in deren Nähe sich die Quellen des Flusses Clitunno befinden. Gerühmt für ihr klares Wasser, besungen von antiken Dichtern wie Properz, Vergil oder Plinius, blieb die Bedeutung dieses Ortes und der Personifikation des Flusses allerdings lokal begrenzt.

Frei von formalen Vorbildern nahm sich Lüpertz also dieser Gestalt an und schuf eine vitale, voluminös robuste Skulptur, die im Begriff ist, aus dem Wasser emporzusteigen. Mit freundlichem Lächeln präsentiert sie dem Betrachter einen Gegenstand, vielleicht ein architektonisches Fragment des antiken Tempels, der vermutlich im 4. Jahrhundert v. Chr. an der Quelle errichtet worden war. Gerade an dieser Figur lassen sich Lüpertz´ Ablehnung von Inhalten und Deutungen und sein gleichzeitiges Spielen damit nachvollziehen. „Die mythische Gestalt bietet den Vorwand, um die künstlerische hervorzubringen. In gewisser Weise ... ist der Lüpertzsche ‚Clitunno' als Kunstfigur im Begriff, aus seiner eigenen Legende auszusteigen, schält sich, unter Mühen, aber mit sichtbarem Erfolg aus der vorgegebenen dinglichen Welt, um in den Olymp der Kunst aufzusteigen, sich über alle physischen Dimensionen und jede akademisch erklärbare Proportion hinwegsetzend, und tut dies mit größter Freude. So bleibt die figürliche, mit einem historischen Namen belegte Skulptur letztlich dennoch unerklärbar, was für Lüpertz gerade deren Kunstwürdigkeit ausmacht: Ihr Geheimnis wird erfahren, nicht aber durch Deutung gelüftet."[22].

Anmerkungen / Literatur:

[1] Zit. nach: Rudloff, Martina (1995): Die mythischen Sieben. In: Markus Lüpertz. Skulpturen in Bronze. Ausstellungskatalog Städtische Kunsthalle Mannheim, Städtische Kunstsammlungen Augsburg, Gerhard Marcks-Haus Bremen: 21 f. Heidelberg.

[2] Schieder, Martin (1995): Markus Lüpertz, ein „Maler-Bildhauer". In: Markus Lüpertz. Skulpturen. Ausstellungskatalog Mittelrhein-Museum Koblenz. Koblenz.

[3] Zweite, Armin (1986): Vorwort. In: Markus Lüpertz. Belebte Formen und kalte Malerei. Ausstellungskatalog Städtische Galerie im Lenbachhaus: 7. München.

[4] Lüpertz, Markus (1989). In: Markus Lüpertz im Gespräch mit Heinz Peter Schwerfel. (Kunst heute Nr. 4): 55 f. Köln.

[5] Vgl. den Ausstellungskatalog Lüpertz: Skulpturen in Bronze a.a.O. (Anm. 1).

[6] Sichtermann, Hellmut (1948): Ganymed. Mythos und Gestalt in der antiken Kunst: 32–66. Berlin.

– Kempter, Gerda (1980): Ganymed. Studien zur Typologie, Ikonographie und Ikonologie. Köln, Wien. – Schefold, Karl (1981): Die Göttersage in der klassischen und hellenistischen Kunst: 213–218. München. – Davidson Reid, Jane (Hrsg.) (1993): The Oxford Guide to Classical Mythology in the Arts. 1300–1990s. Vol. I: 452–457. New York. – Herold, Inge (1995): Tradition und künstlerische Freiheit. Markus Lüpertz' Beitrag zur Ganymed- und Prometheus-Ikonographie. In: Lüpertz: Skulpturen in Bronze a.a.O. (Anm. 1): 33–36.

[7] Vgl. Abb. in Herold a.a.O. (Anm. 6): 34.

[8] Vgl. Abb. in Herold a.a.O. (Anm. 6): 35.

[9] Vgl. Abb. ebd.

[10] Elsen, Thomas (1995): Hirte. In: Lüpertz: Skulpturen in Bronze a.a.O. (Anm. 1): 67. Abb. des „Hirten": 98–103.

[11] Kronjäger, Jochen (1995): Gespannte Abwehr eines Attackierten. „St. Sebastian" aus neuer Sicht. In: Lüpertz: Skulpturen in Bronze a.a.O. (Anm. 1): 73–77. Abb. des „St. Sebastian": 106–111.

[12] Kersten, Wolfgang (1995): Gegenästhetik. Markus Lüpertz' dionysischer Apoll in der Alten Oper Frankfurt. In: Lüpertz: Skulpturen in Bronze a.a.O. (Anm. 1): 47–53.

[13] Schieder a.a.O. (Anm. 2).

[14] Davidson Reid a.a.O. (Anm. 6): Vol. II: 923–937. – Herold a.a.O. (Anm. 6): 36–42.

[15] Vgl. Hammacher, A. M. (1960): Lipchitz. Köln. – Busch, Günter (Hrsg.) (1977): Gerhard Marcks. Das plastische Werk. Frankfurt, Berlin, Wien. – Lichtenstern, Christa (1980): Ossip Zadkine. Berlin.

[16] Vgl. Abb. in Herold a.a.O. (Anm. 6): 38.

[17] Vgl. Abb. ebd.

[18] Vgl. Abb. ebd.

[19] Lichtenstern a.a.O. (Anm. 15): 122.

[20] Vgl. Abb. in Herold a.a.O. (Anm. 6): 40.

[21] Vgl. Abb. ebd.

[22] Elsen, Thomas (1995): Clitunno. In: Lüpertz: Skulpturen in Bronze a.a.O. (Anm. 1): 60.

Zu Themen antiker Mythen in der Karikatur der Gegenwart

Udo Reinhardt

Zusammenfassung

Nach einem Abriss zur historischen Entwicklung der Mythenkarikierung (seit der Antike) und mythologischer Karikaturen (seit dem 18. Jahrhundert) folgt eine Bestandsaufnahme von etwa 300 Belegen zum Thema, auch im Blick auf die stofflichen Hauptquellen der antiken Mythentradition und im Vergleich zur Bedeutung mythischer Themen in der Kunst der Moderne allgemein (inkl. Werbung); zugleich werden exemplarische Einzelbelege in Wort und Bild vorgestellt.

Die antiken (überwiegend griechischen) Mythen zeigen im Verlauf ihrer über zweieinhalb Jahrtausende umfassenden Tradition und Rezeption schon früh durchaus unernste Tendenzen, zunächst in Form der *Mythenburleske* (als lustiges Thema des Mythos selbst, etwa bei anthropomorphen Göttersagen: z. B. der Ehebruch von Aphrodite mit Ares), dann in der *Mythentravestie* (als literarische Umgestaltung einer ernsthaften Grundform zu einer amüsanten neuen Version, speziell im Drama: z. B. Plautus *Amphitruo*), schließlich durch *Mythenkarikierung* (als komisches Zerrbild eines geläufigen Mythenthemas, vorwiegend in der Bildenden Kunst). So versetzt schon ein pompejanisches Relief[1] das bekannte Parisurteil ins Tierreich, indem es, den zwangsläufigen Ausgang der „Misswahl" vorwegnehmend, den trojanischen Prinzen als Hahn mit Venus als Henne verbindet, während Minerva-Ente und Juno-Gans nur als Randfiguren posieren. Ein pompejanisches Wandgemälde[2] präsentiert gar ohne jede Spur nationalrömischer Gesinnung den mythischen Ahnherrn Aeneas mit Vater Anchises auf dem Rücken und dem kleinen Ascanius an der Hand – als *dog family*. Die übermäßige Verehrung der wieder entdeckten Laokoongruppe in der Renaissance reizte Tizian, in karikierender Umformung des Meisterwerks den unglücklichen Vater mit seinen Söhnen unter dem Titel „Affenlaokoon" als Primatenfamilie darzustellen (Holzschnitt Niccolò Boldrini, ca. 1545/50)[3].

Aus dieser in der älteren Kunsttradition eher marginalen Form der Karikierung (ital. *caricarsi* – sich überladen) entwickelte sich seit dem 18. Jahrhundert als eigenständige Kunstgattung die *Karikatur*, eine komische, bald spöttische, bald satirische Verbindung von Bildgrafik und Wortpointe. Ein rechteckiges Einzelbildfeld (selten eine Bildsequenz) enthält eine durchweg übertreibend zuspitzende Zeichnung mit mehr oder weniger zerrbildhafter Darstellung von meist realen, seltener auch fiktiven Personen und Ereignissen, die aktuell im Mittelpunkt öffentlichen Interesses stehen; das Bildelement wird in der Regel kommentierend ergänzt durch eine kurze, meist witzige Bildunterschrift. Diese neue Gattung, Ausdruck eines kritisch aufgeklärten, überkommene feudalistische Autoritätsstrukturen zunehmend in Frage stellenden bürgerlichen Bewusstseins, entstand dank der besonderen politisch-sozialen Voraussetzungen in England und griff schon im Vorfeld der großen Revolution auf Frankreich über, dann auf die übrigen kontinentalen Staaten, soweit sie von Aufklärung und Revolution berührt wurden.

Medien der Gattung wurden (neben Flugblättern u. Ä.) die Zeitungen, im weiteren Verlauf auch eigene satirische Zeitschriften wie *Charivari* (Frankreich), *Fliegende Blätter*, *Kladderadatsch*, *Der wahre Jakob* und *Simplizissimus* (Deutschland). Zielgruppe war zunächst das aufgeklärte Bildungsbürgertum, später eine zunehmend breitere bürgerlich-intellektuelle Leserschaft.

Wenn dabei auch der antike Mythos teils zum Medium der Karikatur, teils selbst zu ihrem Objekt wurde, dann eindeutig mit der Tendenz, seine einstmals unbestrittene Bedeutung als konstitutives Element der Barockkultur (speziell in repräsentativer Plastik/Skulptur und „Historienmalerei", mit Vergils *Aeneis* und Ovids *Metamorphosen* als Hauptquellen) im Sinne neuer bürgerlicher Aufgeklärtheit zu relativieren. So karikierte James Gillray unter dem Titel „The Nuptial-Bower (1797)"[4] die bekannt gewordene Liaison zwischen dem britischen Premierminister Pitt und Miss Eleanor Eden durch das fatale *tête-à-tête* von Dido und Aeneas (*Aeneis* 4, 160 ff.), unter dem Titel „Dido in Despair" (1801)[5] die Ausfahrt des englischen Seehelden Nelson mit seiner Flotte unter den Augen seiner zurückbleibenden Konkubine Emma Hamilton durch den tragischen Abschied desselben Paars (*Aeneis* 4, 584 ff.) – zum Amüsement von ganz London.

Mythologische Karikaturen gestaltete auch Honoré Daumier[6], wobei er die traditionellen Stoffe, vor allem aus *Metamorphosen* und *Aeneis* sowie Fénélons „Télémaque", um die neuen klassizistischen Themen aus Homers *Ilias* und *Odyssee* bzw. der attischen Tragödie erweiterte. Dabei zog er den Mythos meist als Medium, in seiner beliebten Serie „Histoire Ancienne" (*Charivari* 1841/42) ausschließ-

Abb. 1. Links: Luff, Drohende Wirtschaftssanktionen (1997). – Rechts: Horst Haitzinger, Europa-Stiere (1999).

lich als Objekt der Karikatur heran; in beidem fand er zahlreiche Nachfolger, vor allem in Frankreich[7], England und Deutschland[8]. Bei der Vertrautheit des Bildungsbürgertums mit derartigen Stoffen (auch wegen der Bedeutung der antiken Hauptquellen im Lektürekanon des Humanistischen Gymnasiums) war das Themenspektrum solcher Karikaturen im 19. Jahrhundert recht breit, zumal in fast jedem Bücherschrank ergänzende populäre Mythographien (meist mit Illustrationen) das Verständnis erleichterten[9].

Aus der Kultur des *Fin de Siècle*, im Rahmen des europäischen Symbolismus, ergaben sich für die Mythentradition zwei wesentliche Veränderungen: Die Reduzierung des jeweiligen narrativen Kontextes auf den mythischen Kern („Symbol") und eine zunehmende Konkurrenz durch andere literarische Stoffe (inkl. Synkretismen, Exotismen). Die große Krise der Kulturtradition am Beginn unseres Jahrhunderts führte sogar zu einer merklichen Diskreditierung mythischer Stoffe seitens der neuen revolutionären Strömungen in Literatur und Bildender Kunst (z. B. Futurismus, Expressionismus, Dadaismus) als überkommenes Erbe des alten Bildungsbürgertums. Allerdings waren die Auswirkungen auf mythologische Karikaturen gering: Als Gattung primär auf ein breites,

sich eher am konventionellen Geschmack orientierendes Publikum gerichtet, bot die Karikatur ohnehin wenig Raum für avantgardistische Experimente. Daher blieben Häufigkeit der Verwendung und Breite des Themenspektrums z. B. in der deutschen Karikatur zwischen Kaiserreich, Weimarer Republik, „Drittem Reich" und auch noch in der Nachkriegsphase fast unverändert – ganz im Gegensatz zur neuesten Entwicklung.

Dank allgemein schwindendem historischem Bewusstsein in Politik und Gesellschaft, Medien und Wissenschaft hat die Antikentradition im Verlauf der letzten Jahrzehnte ihre früher unbestrittene Bedeutung als Bildungsfaktor weitgehend verloren. Noch bis vor kurzem waren fast jedem Studenten mythische *Evergreens* wie Leda mit dem Schwan oder Parisurteil geläufig; neuerdings beschränken sich seine Kenntnisse in antiker Mythologie gerade mal auf das Thema Europa. Das ehemals breite Spektrum bekannter Themen aus der Antike allgemein (wie aus der biblischen Tradition) ist innerhalb einer Generation fast völlig zusammengeschmolzen. Ein führender Karikaturist, Horst Haitzinger, sagte mir unlängst, er würde gern viel mehr dieser reizvollen mythischen Themen als Karikaturmedien heranziehen; doch ihre schwindende Verständlich-

keit bei der Leserschaft setze der Verwendbarkeit ganz praktische Grenzen.

Als knappe Bestandsaufnahme eines immer noch bemerkenswert lebendigen Teilbereichs der Gattung Karikatur (inkl. Cartoons) am *fin de millénaire* beschränkt sich mein Beitrag im Rahmen dieser Sammelpublikation auf das Grundsätzliche. Das begrenzte Material basiert auf einer in den letzten zehn Jahren aufgebauten privaten Forschungsdiathek zur Gesamttradition mythischer Themen in der abendländischen Kunst und Kultur (z. Zt. ca. 70 000 Dias), deren ergänzende Computerlisten derzeit (1999) insgesamt etwa 300 Einträge zu mythologischen Karikaturen (und Cartoons) des Inlandes (BRD/DDR) und begrenzt auch des Auslandes umfassen[10].

Unter den vielen, täglich neu für Tages-, Sonntags-, Wochenzeitungen sowie Zeitschriften u. Ä. herausgebrachten Entwürfen nehmen mythologische Karikaturen/Cartoons nur einen ganz geringen Raum ein. So finden sich unter den pro Jahr etwa 300 Entwürfen von Horst Haitzinger in den Jahren 1991–1998 durchschnittlich zwei bis vier Entwürfe (ca. 1 %) mit mythischer Thematik, wobei Haitzingers Affinität zu solchen Themen (1994/1997: Je sieben Entwürfe) unter den Karikaturisten der Gegenwart (neben Romulus Candea und Walter Hanel) wohl noch am ausgeprägtesten ist.

Der mit Abstand häufigste Einzelstoff ist das Thema *Europa* (105 Belege = 35 % des Materials), das sich allerdings weitgehend von der ursprünglichen Bedeutung des Mythos, der traditionellen Erzählung vom Raub der Heroine durch den zum Stier verwandelten Göttervater Jupiter (nach Ovids *Metamorphosen* 2, 846 ff.), gelöst hat. Unabhängig von der nach wie vor großen Beliebtheit des Themas in der Bildenden Kunst der Moderne allgemein, die sich in z. T. sehr gehaltvollen Bildentwürfen dokumentiert (z. B. Beckmanns Aquarell von 1933): Dieses durchweg als Medium verwendete, ausgesprochen kesse Karikatur-*girl*, meist als Nackedei auf dem Rücken eines in vielerlei Erscheinungsformen auftretenden, oft unendlich geduldig glotzenden Stiers (als Personifikation der EG allgemein oder einzelner Europa-Politiker) ist nur noch eine säkularisierte Symbolfigur für unterschiedliche Teilaspekte der im Rahmen des europäischen Einigungsprozesses in den letzten Jahren zunehmend wichtigen Europapolitik, speziell der Ressorts Äußeres, Wirtschaft, Technologie und Soziales.

Aus einer im Rahmen dieses Beitrags kaum erfassbaren Fülle trivialer, heiterer, bissiger, witziger, ingeniöser Belege seien zwei ebenso typische wie reizvolle Beispiele[11] aufgeführt: Luffs Entwurf „Drohende Wirtschaftssaktionen" (1997) (Abb. 1, links)[12] bezieht sich auf die nach wie vor ungelösten Probleme zwischen EG und Serbien; Europa, auf dem Hinterteil ihres Stiers kauernd, ist unschlüssig, ob sie dessen Schwanz mit einem Messer abschneiden soll (einerseits ein schmerzlicher „Eingriff" für den sich besorgt zu ihr umwendenden EG-Stier, andererseits der sichere Absturz in den Abgrund für den mit rauchender Maschinenpistole sich am Schwanzende festklammernden Diktator Milošević).

Haitzingers Entwurf „Europa-Stiere" (1999) (Abb. 1, rechts)[13] kommentiert den Ausgang der letzten Europa-Wahl: Die nackte Europa erhebt triumphierend den linken Arm, lässig gelagert auf dem Rücken eines mit erhobenem Schwanz davonstrebenden Stieres, der einen Siegeskranz am rechten Horn trägt und die Physiognomie des CSU-Politikers Edmund Stoiber hat; rechts im Hintergrund liegt ein zweiter Stier mit der Physiognomie von SPD-Kanzler Gerhard Schröder am Boden, niedergestreckt von der Axt des katastrophalen 31 %-Wahlergebnisses.

Mit Abstand (je 21 Belege = 7 %) folgen zwei Episoden aus der Endphase der Trojasagen. Das Thema *Laokoon*, ähnlich beliebt auch in der Bildenden Kunst der Moderne allgemein (und in der Werbung), wird immer konkretisiert als (meist karikierendes) Zitat der berühmten Marmorgruppe im Vatikan; entgegen der ursprünglichen Bedeutung des Mythos erscheint es durchweg als Symbol der vielfachen Verwicklungen und Komplikationen in der modernen Welt, z. B. als bissiger Kommentar zur deutschen Haushalts- und Sozialpolitik in Haitzingers Entwurf „Wozu braucht ihr denn da auch noch unsere Beutekunst?" (1997) (Abb. 2, links)[14] – als Frage des russischen Präsidenten Boris Jelzin (rechts) an eine groteske Figuration (Mittelgrund), gebildet von Kanzler Helmut Kohl (kompakt, im Zentrum) und seinen „Söhnen" Finanzminister Theo Waigel (mittelgroß, links) sowie Sozialminister Norbert Blüm (klein, rechts) im Kampf mit den riesigen Schlangenwindungen von Steuerreform, Renten, Haushalt und Milliardenlöchern.

Das Thema *Trojanisches Pferd*, häufiger als allgemein in der Bildenden Kunst der Moderne Gegenstand von bzw. Medium in Karikaturen, wird in seiner ursprünglichen Mythenbedeutung als Symbol einer handstreichartigen List oft auf den politischen-ökonomischen Bereich bezogen, z. B. bei Haitzinger mit dem witzigen Titel „Trojanisches Pony" (1991) (Abb. 2, rechts)[15] als kritischer Kommentar zu der von Graf Lambsdorff/FDP (links) in Rheinland-Pfalz geförderten SPD/FDP-Koalition (mit der Möglichkeit einer „sprengenden" Wirkung auf die Bonner Koalition mit der CDU/CSU)

Abb. 2. Links: Horst Haitzinger, Wozu braucht ihr denn da auch noch unsere Beutekunst? (1997). – Rechts: Horst Haitzinger, Trojanisches Pony (1991).

unter den Augen des skeptisch dreinblickenden Kanzlers Kohl (rechts).

Ebenso häufig erscheint ein in der Bildenden Kunst der Moderne allgemein gleichermaßen beliebtes Thema: Der alte Unterweltbüßer *Sisyphus*, in Karikaturen nicht Thematisierung der Sinnlosigkeit moderner Existenz (i. S. von Camus' Existenzialismus), eher schon der Fragwürdigkeit einer Werktätigen-Existenz im real existierendem Sozialismus (DDR-Karikatur, analog zu den Sisyphus-Bildern von Wolfgang Mattheuer 1971–1974), häufiger jedoch – und wiederum in Abschwächung der ursprünglichen Mythenbedeutung – als sprichwörtliches Symbol („Sisyphusarbeit") einer beschwerlichen, die Kräfte eines Einzelnen fast übersteigenden Aufgabe, z. B. in einer Karikatur von Dieter Hanitzsch mit Blick auf Gorbatschows Perestroika (1988), in Haitzingers Entwurf „Sisyphus' Erben" (1994) (Abb. 3, oben)[16] mit Blick auf die Nahost-Friedensbemühungen von Rabin und Arafat, die angesichts positiver Ergebnisse vergleichbarer Bemühungen um Lösung des Apartheidproblems in Südafrika (Hintergrund, rechts) doch nicht so aussichtslos scheinen wie Sisyphus' Mühe mit seinem Stein.

Es folgt (18 Belege = 6 %) der *Pegasus*, altes Symbol geistiger Freiheit von Dichtung und Literatur, in Karikaturen ebenso vielfältig und differenziert verwendet wie in der übrigen Bildenden Kunst der Moderne, z. B. von Haitzinger mit dem bissigen Kommentar „Nicht ganz dichter Dichter" im Blick auf eine umstrittene Rede von Günter Grass zu Asyl- und Kurdenpolitik der Bundesregierung in der Frankfurter Paulskirche (1997) (Abb. 3, unten)[17].

Weitere Einzelthemen bieten zwölf Belege (4 %), unter ihnen ein zweiter Ovid-Stoff, der auch in der modernen Kunst allgemein noch sehr beliebt und qualitätvoll behandelt ist, der unglückliche *Ikarus*, zwar in moderner Unterhaltungsmusik eher verklärt (z. B. Reinhard Mey, „Über den Wolken muss die Freiheit wohl grenzenlos sein"), hingegen in Karikaturen (wie auch sonst in der Kunst der Moderne) in ursprünglicher Mythenbedeutung (*Metamorphosen* 8, 184 ff.; vgl. *Ars Amatoria* 2,

Abb. 3. Oben: Horst Haitzinger, Sisyphus' Erben (1994). – Unten: Horst Haitzinger, Nicht ganz dichter Dichter (1997).

21 ff.) als Symbol von Ausbruch, Wagnis und Gefährdung gesehen, z. B. in Walter Hanels Entwurf „Der polnische Ikarus" (1981)[18] im Zusammenhang mit der Befreiung aus den Zwängen von real existierendem Sozialismus und Warschauer Pakt (was den zahlreichen gehaltvollen Ikarus-Entwürfen in der zunehmend systemkritischen DDR-Kunst entspricht, z. B. von Wolfgang Mattheuer zwischen 1979 und 1989).

Ebenso oft findet sich ein rein römischer Stoff, die *Lupa Capitolina* mit den Zwillingen Romulus und Remus, immer konkretisiert als (z. T. verzerrendes) Zitat der berühmten, in der Frührenaissance um die Zwillinge ergänzten etruskischen Bronze des 5. Jahrhunderts v. Chr. (heute Rom, Musei Capitolini), verwendet durchweg als Symbol spezifisch italienischer Verhältnisse in Politik und Gesellschaft (so übrigens nur mit wenigen Entsprechungen in der Bildenden Kunst der Moderne allgemein), z. B. in Haitzingers Entwurf „Romulus und Remus – Variation '94" (1994) (Abb. 4, oben)[19] zur Problematik neofaschistischer Tendenzen: Unter den Augen der finster blickenden Wölfin saugt ein nackter „Wonneproppen" (Aufschrift: Rechte, Physiognomie Mussolinis?) mit in die Seite gestemmten Armen kräftig an der hintersten Zitze, während unter seinen Füßen der Zwillingsbruder (Aufschrift: Linke) ein ausgesprochenes *Underdog*-Dasein fristet.

Nicht ganz so häufig (etwa zehn Belege = 3–4 %) kommt, wohl als Erbe einer speziellen Karikatur-Tradition, der *Kentaur* vor, als mythisches Mischwesen ohne spezifische Symbolbedeutung und präzisen mythologischen Kontext in sehr unterschiedlichen Zusammenhängen verwendet, z. B. in dem Haitzinger-Entwurf „Die Kandidaten halten sich im Zaum" (1997) (Abb. 4, unten)[20] bezogen auf Gerhard Schröder und Oskar Lafontaine als SPD-Kanzlerkandidaten, die sich bei aller scheinbaren Einmütigkeit ihres rechten Händedrucks mit der Linken jeweils gegenseitig am Zaumzeug nehmen.

Ein späterer Haitzinger-Entwurf (1998)[21] im Vorfeld der Bundestagswahl zeigt die beiden in menschlicher Gestalt gewappnet mit Hellebarde, Schwert und Schild im Vordergrund links; ihnen gegenüber präsentiert sich der seinerzeit fast totgesagte CDU-Kanzlerkandidat Kohl als Kentaur mit nackter breiter Brust, die fleischigen Arme in die Seiten gestemmt, als stabiler Träger der personifizierten Union (auf seinem breiten Rücken, mit Lanze und Schild) – in Verbindung mit dem ab-

Abb. 4. Oben: Horst Haitzinger, Romulus und Remus – Variation '94 (1994). – Unten: Horst Haitzinger, Die Kandidaten halten sich im Zaum (1997).

surden Bildtitel „Da ist er ja, total zusammengebrochen und in den letzten Zügen liegend!" witziges Kontrastprogramm mindestens zur aktuellen politischen Wirklichkeit, für den Kenner vielleicht auch zu Antoine Bourdelles berühmter Bronzestatue „Tod des letzten Kentaur" (1914; Paris, Petit Palais).

Etwa gleich viele Belege (jeweils neun = 3 %) bieten drei Themenkomplexe um wichtige mythische Einzelhelden. Der in Antike und späterer Kunsttradition überragende Heros *Herkules* ist zwar in der Kunst der Moderne sonst kaum mehr von Bedeutung (die Helden der Gegenwart wie Tarzan etc. sind durchweg in die Filmbranche sowie ins Sport- und Showgeschäft abgewandert), doch in Karikaturen spielt er noch eine gewisse Rolle (was auch in der Stoffauswahl die insgesamt eher konservative Grundtendenz der Gattung unterstreicht). Dabei erscheint der Held teils einfach nur als antiker Kraftprotz mit Keule, z.B. wenn sich Klaus Pielert mit dem Untertitel „Der Herkules von Bonn" (1983) auf den in antikisch-statuarischer Nacktheit dargestellten früheren CDU-Finanzminister Gerhard Stoltenberg bezieht, teils erheblich differenzierter (und maliziöser), wenn z. B. eine Karikatur von Walter Hanel auf den seinerzeitigen CSU-Vorsitzenden Franz Josef Strauß zielt, der – von Haus aus Altphilologe und mit wahrhaft „barockem" Selbstgefühl – Herkules gern als politische Identifikationsfigur für sich selbst beanspruchte; allerdings weist der Untertitel „Himmi Sakrament – des soi unser Franz Josef sei!" (als Ausruf von zwei bajuwarischen Landsleuten beim Betrachten einer Reihe von Bildern aus einer FJS-„Ahnengalerie") auf die damals der Öffentlichkeit schwer verständliche Divergenz zwischen dem „Kalten Krieger" (Bild in der Mitte, mit Morgenstern-Keule) und dem mildtätig-jovialen Engel (Bild links), der aus seinem Füllhorn eine Subventionskredit-Milliarde auf den DDR-Staatsratsvorsitzenden Erich Honecker niederregnen lässt (1983)[22].

Weitere Entwürfe beziehen sich auf zwei Einzelabenteuer im traditionellen Zwölf-Taten-Kanon, einerseits auf den sprichwörtlichen Augiasstall als Symbol der Notwendigkeit eines politischen „Ausmistens" (Originalton FJS), wenn sich z. B. in einer Karikatur von Fritz Behrendt mit dem Titel „Herkules-Arbeit wartet" der deutsche Bundeskanzler Helmut Schmidt und der französische Staatspräsident Valéry Giscard d'Estaing auf Herkules' Spuren im Euro-Stall betätigen (ca. 1978/80)[23], andererseits auf den Kampf des Helden mit der lernäischen Hydra, der statt eines abgeschlagenen Kopfes gleich zwei neue nachwachsen, in Haitzingers Cartoon „Ein Fall für Herkules?" (1985) auf das leidige Problem der Parteienfinanzierung, in der Karikatur „Der Hydra den Kampf angesagt" (1985) von Luis Murschetz auf das Krebsgeschwür des Terrorismus[24] bezogen.

Zu dem in der Mythentradition nicht ganz so wichtigen Stoffkomplex um den athenischen Helden *Theseus* beschränken sich die Belege fast ganz auf den Teilbereich „Theseus in Kreta", speziell in bizarren, mit skurriler Phantasie den Mythos selbst karikierenden Cartoons von Bernd Pfarr[25]; sie gelten dem sprichwörtlichen *Faden der Ariadne* (sonst kaum Thema in der modernen Kunst), dem Mischwesen *Minotaurus* (sehr wichtig bei Picasso sowie im Umfeld des Surrealismus) und dessen Heimstatt, dem *Labyrinth* (als modernes Symbol einer Welt mit zunehmend undurchsichtigen Verhältnissen sehr beliebt in der Kunst der Moderne allgemein). Als Karikaturmedium erscheint nur das Thema Labyrinth (was den grundsätzlich geringeren Bekanntheitsgrad der Theseussagen insgesamt unterstreicht), z. B. in Haitzingers Entwurf „Gerettet!" (1998)[26], der mit launiger Bissigkeit das Labyrinth der alten, von Union und FDP bestimmten Steuerpolitik dem Labyrinth der neuen, rot-grünen „Steuerreform" gegenüberstellt.

Zahlenmäßig entsprechend, doch inhaltlich wesentlicher sind die Rückgriffe auf Abenteuer des Helden und Irrfahrers *Odysseus* aus jenem frühgriechischen Epos, das sich auch in Literatur und Bildender Kunst der Moderne allgemein noch einer bemerkenswert vitalen Nachwirkung erfreut: Homers *Odyssee*. Von den zahlreichen Irrfahrtepisoden sind immerhin noch drei bekannte Einzelstoffe in Karikaturen belegt, wobei das einäugige Kyklopen-Ungeheuer *Polyphem* (nach *Odyssee* 9), beliebtestes Thema der früheren Bildtradition und auch noch in der „klassischen" italienischen *Odyssee*-Verfilmung mit Kirk Douglas, Silvana Mangano und Anthony Quinn (1954) dominierend, in der Kunst der Moderne allgemein jedoch ganz selten geworden, nur noch drei matte Karikaturbelege aufweist – wohl weil der nicht sprichwörtliche Stoff immer weniger bekannt wird[27]. Weitaus attraktiver (wie auch das Parallelmaterial in der Kunst der Moderne allgemein zeigt, z. B. Beckmanns Aquarell von 1933) ist da schon das Thema der nach wie vor sprichwörtlichen *Sirenen* (nach *Odyssee* 12), wenn z. B. Haitzinger mit dem Titel „Odysseus & Co. widerstehen den Sirenenklängen" (1997) (Abb. 5, oben) links auf der Kante einer Steilküste den PDS-Politiker Gregor Gysi als Sirene (mit Leier) beim vergeblichen Versuch darstellt, die in ihrem Boot vorbeirudernden Vertreter von SPD und Grünen, Oskar Lafontaine und Joschka Fischer, zur Landung (sprich: Koalition) zu verleiten (beide halten sich in freier Variation der epischen Mythenerzählung die Ohren zu)[28].

Singulär ist der Rückverweis auf die im Zusammenhang mit *Charybdis* ebenfalls sprichwörtliche *Skylla* (gleichfalls nach *Odyssee* 12) in einer intelligenten Karikatur, mit der Klaus Böhle im August 1991 die Gefährdung der russischen Perestroika-Entwicklung kommentiert: Michail Gorbatschow befindet sich als hilfloses Opfer in den Klauen der putschenden kommunistischen Reformgegner, während Boris Jelzin – gleich Odysseus – mit seinem Schiff das Weite sucht[29].

Keine Belege mehr gibt es – im Gegensatz zur früheren Karikaturtradition – zu Stoffen aus Homers *Ilias* und Vergils *Aeneis* (was der begrenzten rezeptionsgeschichtlichen Bedeutung beider Werke in moderner Literatur und Kunst allgemein entspricht). Auch zu Ovids *Metamorphosen* fehlen (von Europa und Ikarus abgesehen) weitere Karikaturen fast völlig – ganz im Gegensatz zur ungebrochenen Bedeutung dieses faszinierenden Werkes in Literatur und Kunst der Moderne insgesamt; überraschend ist dies nicht nur bei ausgesprochen „modernen" Stoffen wie Daphne und Narziss[30], sondern auch bei Gestalten wie Orpheus (und Eurydike) sowie Pygmalion (und Galathea). Zwar steht die narrative Komplexität dieser vier Standardthemen der grundsätzlich verkürzenden Tendenz in Karikaturen entgegen, doch mindestens bei Narziss und Orpheus wäre eine Übernahme des relativ einfachen ikonographischen Grundschemas denkbar. Auch der Haitzinger-Entwurf „Polnischer Drachentöter mit geretteter Jungfrau" (1995)[31], in dem Lech Walesa nach seinem Sieg über das kommunistische System die Personifikation der Demokratie einigermaßen lieblos an den Haaren hinter sich herschleift, dürfte weniger auf den Perseus-Andromeda-Mythos (*Metamorphosen* 4) als auf das christliche Parallelthema der Georgslegende anspielen.

Überraschend ist auch die begrenzte Bedeutung von zwei weiteren mythischen *Evergreens*. Der Stoff *Leda mit dem Schwan* wird in Karikaturen/Cartoons nicht nur relativ selten (sieben Belege), sondern auch entschieden belangloser als in vielen gehaltvollen Entwürfen der modernen Kunst allgemein herangezogen, ohne einheitliche Tendenz, eher als beiläufiges Randthema, dessen Bekanntheit in der Öffentlichkeit offenbar ebenfalls nicht mehr ohne weiteres vorauszusetzen ist[32]. – Noch seltener findet sich einer der beliebtesten Stoffe in der Bildenden Kunst der Moderne insgesamt (inkl. Werbung), das *Parisurteil*. Dass dieses Standardthema – abgesehen von seiner ebenfalls schwindenden Bekanntheit – dank seiner Komplexität nur begrenzt als Karikaturmedium verwendbar wäre, widerlegt Haitzingers brillanter Cartoon-Entwurf „Das Urteil des FDP-Paris" (1988)[33] mit einer köstlichen, nach jüngsten Dauerschwierigkeiten der FDP geradezu prophetischen Themenvariante im Blick auf deutsche Parteipolitik. Bei der offenbar unbefriedigenden Alternative zwischen Frau Adam-Schwätzer und Graf Lambsdorff gerät die Phantasie des FDP-Delegierten Paris auf mythische Abwege, sodass er den Apfel (wohl Siegespreis für Parteivorsitz) am liebsten „Übervater" Genscher überreichen würde ... .

Daneben finden sich vereinzelte Rückgriffe auf markante Gestalten der mythischen Urzeit, die auch sonst in der Bildenden Kunst der Moderne noch ganz geläufig sind, wie der Titan und Leidensmann *Prometheus*, in der Haitzinger-Karikatur „Prometheus 1974" identifiziert mit dem amerikanischen Außenminister Henry

Abb. 5. Oben: Horst Haitzinger, Odysseus & Co. widerstehen den Sirenenklängen (1997). – Unten: Horst Haitzinger, Prometheus 1974 (1974).

Kissinger, der nach vergeblichen diplomatischen Bemühungen um Ausgleich zwischen den NATO-Partnern Griechenland /Türkei (Zypernkrise) hilflos dem zustoßenden griechischen Adler ausgesetzt ist (Abb. 5, unten)[34]; oder sein titanischer Bruder, der Himmelsträger *Atlas*, in Haitzingers Bildsequenz „Atlas geht" (1992)

Abb. 6: Horst Haitzinger, Atlas geht (1992).

Abb. 7: Handelsmann, I'm afraid I have to recuse myself, ladies. ... (1996).

(Abb. 6)[35] Identifikationsfigur für Außenminister Genscher, nach dessen Abgang die Erde an ihrer Stelle bleibt – trotz all seiner verdienstvollen, bis an die Grenzen der Kraft gehenden Aktivitäten[36].

Der Rest der Belege verteilt sich auf einige olympische oder sonstige Götter, die wohl noch halbwegs bekannt sind: In erster Linie der agile Gott des Handels *Merkur* mit Attribut Heroldsstab[37]; der Kriegsgott *Mars* und sein weibliches Pendant, die Kriegsgöttin *Minerva* (z. T. als eher geschlechtsloses Symbol der NATO)[38]; daneben – auffallend seltener als in der Kunst der Moderne insgesamt oder auch in der Werbung – die Liebesgöttin *Venus* und ihr mutwilliger kleiner Sohn, der geflügelte Liebesgott *Amor*[39]; schließlich der Gott der Medizin *Aesculap* mit Attribut Stab[40] und die Göttin der Gerechtigkeit *Justitia* mit Attribut Waage[41], von diversen halbgöttlichen Mischwesen wie Satyrn, Nymphen u. Ä. einmal abgesehen.

Aus der Tendenz, bei mythologischen Karikaturen u. Ä. auf Stoffe und Objekte zurückzugreifen, die entweder bekannt sind oder als bekannt suggeriert werden, verstehen sich die Zitate antiker oder späterer Kunstwerke, in denen mythische Stoffe realisiert werden. Neben der Laokoongruppe und der Kapitolinischen Wölfin (s. o.) finden sich vereinzelte Verweise auf den *Apoll vom Belvedere*, römische Marmorkopie im Vatikan nach dem Original des Leochares aus dem 4. Jahrhundert v. Chr. (mit einigen Entsprechungen in der modernen Kunst allgemein, speziell der italienischen *arte povera*), auf die *Venus von Milo*, hellenistisches Marmororiginal des 2. Jahrhunderts v. Chr. im Pariser Louvre (ein ausgesprochenes Lieblingsthema der modernen Kunst, geradezu *idée fixe* bei Salvador Dalí; sehr häufig zitiert auch in der Werbung), schließlich – als Kuriosität – auf die hellenistische Marmorgruppe *Aphrodite-Eros-Pan* aus Delos, datiert ca. 100 v. Chr. (Athen, Nationalmuseum)[42].

Was Zitate aus neuerer Kunsttradition betrifft, so erscheint neben Rembrandts „Ganymed" (Gemälde, Dresden, Kunstsammlungen)[43] das „Kultbild" der Liebesgöttin in der Moderne schlechthin, die auch aus der Werbung hinreichend bekannte Zentralfigur in Sandro Botticellis Gemälde „Nascita di Venere" (Florenz, Ufficien), in einer deutschen Karikatur (1991)[44], wo anstelle der Liebesgöttin der SPD-Kanzlerkandidat Björn Engholm mit entsprechend „g'schamiger" Geste in der Muschel steht, von rechts zuvorkommend bemäntelt vom SPD-Fraktionsvorsitzenden Hans-Jochen Vogel, von links mit zephyrischen Winden umschmeichelt vom stellvertretenden SPD-Vorsitzenden Johannes Rau und vom Juso-Vorsitzenden Karsten Voigt. Das Botticelli-Zitat erscheint auch im Rahmen eines Parisurteils des amerikanischen Karikaturisten Handelsman mit dem Untertitel „I'm afraid I have to recuse myself, ladies. I don't want to be responsible for the Trojan War", einer Weigerung des knollennasigen Paris (halb rechts, neben der nackten gewappneten Minerva); ihm gegenüber steht ganz links eine eher füllige Juno, im Zentrum ihrer Muschel eine etwas irritiert reagierende Venus (Abb. 7)[45].

Die letzten Belege verdeutlichten noch einmal die beiden Spielarten mythologischer Karikaturen: Mythos (und Zitat) als Medium einer aktuellen Karikatur bzw. als Objekt einer mythologischen Karikierung. Dabei ist es sicher kein Zufall, dass in BRD-Karikaturen die erste, in DDR-Karikaturen die unpolitischere zweite Spielart überwiegt[46]. Bei den herangezogenen Einzelthemen wurde mehrfach die Diskrepanz zwischen ursprünglicher Mythenbedeutung und rein funktionaler Verwendung in modernen Karikaturen betont. Besonders ausgeprägt ist die (im europäischen Symbolismus begründete) Tendenz zur Reduzierung nicht nur des narrativen Kontextes, sondern auch des mythischen Sinngehalts bis hin zur extrem verkürzenden Verwendung als rein säkularisiertes Symbol (so z. B. bei Europa, aber auch bei den meisten Göttergestalten).

Verglichen mit dem Reichtum der antiken und späteren Mythentradition ergibt sich aus der Reduzierung auf Zitat, Symbol und Funktion manchmal (ohne dass man mit Frings gleich von „Mythenentwendung" sprechen sollte) eine gewisse Verarmung des Sinngehalts – ein Phänomen, das allerdings bei Karikaturen weniger ausgeprägt ist als bei mythologischen Zitaten aus antiker und späterer Tradition in der Kunst der Moderne allgemein[47] oder auch im Bereich der Werbung[48]. Angesichts der oft mehr als nur vordergründig witzigen Pointierung und Karikierung haben Themen antiker Mythen in der Karikatur der Gegenwart weiter ihre Wirkung und wohl auch ihre Chance; es fragt sich nur (mit Blick auf die tief greifenden Zeitveränderungen, speziell bei der neuen Generation), wie lange noch.

Anmerkungen / Literatur:

[1] Napoli, Museo Archeologico Nazionale (Pompeji): Clairmont, Christoph (1951): Das Parisurteil in der antiken Kunst: 84 (K 269). Diss. Zürich.

[2] Napoli, Museo Archeologico Nazionale 9089 (Pompeji, 4. Stil?): Martin, Jochen (1994): Das alte Rom: 428. München.

[3] Walther, Angelo (1978): Tizian: Abb. 18. Leipzig. – Würtenberger, Franzsepp (1962): Der Manierismus: 54. Wien, München. – Hale, John (1994): Die Kultur der Renaissance in Europa: 241. München.

[4] Kolorierte Radierung (25 x 36) 13.2.1797. Stuttgart, Staatsgalerie, Graphische Sammlung (1986): James Gillray 1757–1815. Meisterwerke der Karikatur. AK Wilhelm-Busch-Gesellschaft Hannover: 117* (no. 94). Stuttgart.

[5] Kolorierte Radierung (25 x 36) 6.2.1801. Vgl. Stuttgart, Staatsgalerie a.a.O. (Anm. 4): 144* (no. 125). – AK 1998: 88*.

[6] Schrenk, Klaus (Hrsg.) (ca. 1980): Honoré Daumier. Das lithographische Werk. Mit einem Essay von Charles Baudelaire. Bd. 1.2. Herrsching. – Becker, Werner & Kretzschmar, Harald (Hrsg. u. Komm.) (1986): Honoré Daumier. Das Lächeln der Auguren. Bilder zur Antike. Hanau. – AK 1998: 121; 124–125.

[7] Dazu u. a. Rütten, Raimund u. a. (Hrsg.) (1991): Die Karikatur zwischen Republik und Zensur. Bildsatire in Frankreich 1830 bis 1880 – eine Sprache des Widerstands? Marburg.

[8] Dazu u. a. Herding, Klaus (1980): „Inversionen". Antikenkritik in der Karikatur des 19. Jahrhunderts. In: Herding, Klaus & Otto, Gunter (Hrsg.), „Nervöse Auffangsorgane des inneren und äusseren Lebens". Karikaturen. Kunstwissenschaftliche Untersuchungen des Ulmer Vereins 10: 131–171. Giessen.

[9] Z. B. in Deutschland: Schwab, Gustav (1837; mit Nachdrucken): Die schönsten Sagen des Klassischen Altertums. Stuttgart; in England: Kingsley, Charles (1868): The Heroes. London.

[10] Auskünfte zum Gesamtmaterial: Dr. Udo Reinhardt, Weyerstraße 4, 55543 Bad Kreuznach, Fon: 0671-28241.

[11] Die Abbildungen dieses Beitrags bevorzugen bewusst bisher kaum veröffentlichtes Material; für großzügige Publikationserlaubnis danke ich besonders Horst Haitzinger.

[12] *Mainzer Allgemeine Zeitung* Nr. 64, 17.3.1997: Archiv Reinhardt (wie stets im Folgenden bei fehlender Angabe).

[13] *Rhein-Zeitung* (Koblenz) Nr. 135, 15.6.1999: 2. Weitere Belege bei Frings (1980): 125–126; – Keulen (1986): 1–17; – Hotze (1986): – Hort (1992); – Maier (1992): 10–11; – Haitzinger (1994): 12–25; – Maier (1998): 27–25; – Reinhardt (1998): 14–22 (mit Beschreibungen); – AK 1998: 89; – Reinhardt (2001c): Kap. 3c.

[14] *Rhein-Zeitung* (Koblenz) Nr. 89, 17.4.1997: 2. Weitere Belege: AK 1975: 31; – *Der Spiegel* Nr. 43, 8.10.1976 (Verwaltung); – Frings (1980): 130–131; – Folkes (1981): 31; – Keulen (1986): 35–41; – AK 1989: 15; – *Der Spiegel* Nr. 35, 28.8.1995, Cover (Laokoongruppe/Fernsehen); – AK 1998: 102–105; – *Focus* Nr. 50, 1998: 210 (Rot-Grüne Laokoon-Gruppe); – Reinhardt (2001a): Teil 3 mit Abb. 5–7.

[15] *Rhein-Zeitung* (Koblenz) Nr. 113, 17.5.1991: 2. Weitere Belege: Frings (1980): 127–128; – Folkes (1981): 30; 70/1 (Trojanisches Huhn); – Keulen (1986): 46–50; – Hotze (1986): 113; – Horst Haitzinger, Cartoon, *Bunte* 1986 (Wiederaufbereitungsanlage Wackersdorf); – AK 1989: 26–31; – Maier (1992): 22; – Niels Reinhardt, Das Hölzerne Wildschwein, ComicBook Rhabanus-Maurus-Gymnasium Mainz 1994. – Bernd Pfarr, Trojanisches Stinktier, Cartoon *Zeitmagazin* 1995; – AK 1998: 97.

[16] *Rhein-Zeitung* (Koblenz) Nr. 104, 5.5.1994: 2. Zur Karikatur von Hanitzsch: Maier (1992): 33. – Weiteres Material: Frings (1980): Abb. 15; – Folkes (1981): 35; – Keulen (1986): 20–23; – Haitzinger, *Rhein-Zeitung* (Koblenz) Nr. 272,

25.11.1991, 2 (EG/Jugoslawien); – D. Wiesmüller, *Der Spiegel* Nr. 33/1995: 41 (Friedensprozess Bosnien); – AK 1998: 86. – Beliebtes Thema der DDR-Karikatur: AK 1989: 16–21. – Zu den Mattheuer-Bildern: Reinhardt (1997): 213.

[17] *Rhein-Zeitung* (Koblenz) Nr. 244, 21.10.1997: 2. Weitere Belege: Keulen (1986): 56–63; – AK 1989: 36–37; – Szabo (1993): 152/3; – AK 1998: 85. – Vgl. allgemein: Brink, Claudia & Hornbostel, Wilhelm (Hrsg.) (1993): Pegasus und die Künste. AK Museum für Kunst und Gewerbe Hamburg. München; Decker, Elisabeth (1997): Pegasus in nachantiker Zeit. Frankfurt am Main.

[18] *FAZ*: Maier (1998): 55; Ovid, Metamorphosen. Schulausgabe Bamberg, Buchner (1987): 87. Weitere Belege: Folkes (1981): 77; – Hanel (1988): 52 (Zeichnung Ikarus II); – AK 1989: 22–24; – Maier (1998): 52; – AK 1998: 77; 85; 90.

[19] *Rhein-Zeitung* (Koblenz) Nr. 75, 30.3.1994: 2. Weitere Belege: Frings (1980): 128; – Keulen (1986): 42–45; – Haitzinger (1994): 42. – Vgl. auch Haitzinger, *Rhein-Zeitung* (Koblenz) Nr. 303, 31.12.1996: 1 (Prosit Neujahr). – Zu den Mattheuer-Bildern: Reinhardt (2001c): Kap. 5d.

[20] *Rheinpfalz Ludwigshafen* Nr. 281, 4.12.1997: 2. Weitere Belege: Frings (1980): Abb. 12; – Folkes (1981): 45; 88; – Keulen (1986): 51–52; – AK 1989: 32–33; – AK 1998: 116.

[21] *Rhein-Zeitung* (Koblenz) Nr. 187, 14.8.1998: 2.

[22] Hanel: Keulen (1986): 30. – Pielert: *Handelsblatt* Nr. 237, 9./10.12.1983; – Keulen (1986): 34.

[23] *Generalanzeiger Wuppertal*: Frings (1980): Abb. 7; Folkes (1981): 79; Keulen (1986): 31; Maier (1992): 46.

[24] Haitzinger: *Bunte* 4.7.1985*. – Murschetz: *Die Zeit* Nr. 43, 18.10.1985; – Keulen (1986): 32.

[25] Minotaurus als Alkoholiker im Labyrinth: *Zeitmagazin* 1995; – Theseus, im Faden der Ariadne verstrickt, mit Minotaurus im Labyrinth: *Zeitmagazin* 1995; – Was Theseus im Labyrinth von Kreta wirklich mit dem Faden der Ariadne trieb: *Stern* Nr. 49, 1995: 127; – Pfarr (1998): 12; – Der Minotaurus war hocherfreut über den Wollfaden, den er in seinem Labyrinth fand: Entwurf nach 1995: Pfarr (1998): 21; – Faden der Ariadne als Mittel des alternden Theseus, zur Toilette zu finden: *Zeitmagazin* 1998; – Pfarr (1998): 38. – Cartoon zu Theseus-Minotaurus: Folkes (1981): 62; zum (sprichwörtlichen) Thema Prokrustesbett: Folkes (1981): 27 = Maier (1992): 50.

[26] *Rhein-Zeitung* (Koblenz) Nr. 246, 23.10.1998: 2.

[27] Karikierung des Mythos: Manfred Bofinger (1986): AK 1989: 38. – Cartoons: Folkes (1981): 58–59; – Bernd Pfarr, Odysseus hilft dem geblendeten Zyklopen über die Straße: *Zeitmagazin* Nr. 4, 20.1.1995: 4.

[28] *Rhein-Zeitung* (Koblenz) Nr. 15, 18./19.1.1997: 2. Vgl. auch Haitzinger, Odysseus widersteht den Sirenen (an der Kante der Steilküste die CDU/CSU-Politiker Strauß und Kohl, im vorbeifahrenden Boot die FDP-Politiker Genscher am Mast und Friedrichs mit zugehaltenen Ohren): *FAZ* 1978; – Maier (1992): 17; – Erfolglose Sirene (die nackte Europa auf Stier als Sirene mit Leier an der Kante der Steilküste, im vorbeifahrenden Boot als Gallionsfigur ein Wikinger, der sich die Ohren zuhält: Ablehnung des EG-Beitritts durch Norwegen 1994): *Rhein-Zeitung* (Koblenz) Nr. 3, 4.1.1995: 7; – Reinhardt (1997): 20.

[29] Karikatur *Die Welt* 1991: Maier (1992): 28.

[30] Cartoons: Folkes (1981): 23 (Daphne) bzw. 49 (Narziss).

[31] *Rhein-Zeitung* (Koblenz) Nr. 34, 9.2.1995: 2.

[32] Bildbelege: AK 1989: 39; – AK 1998: 84; 89; 91; 116. – Cartoon-Thema: Folkes (1981): 36; 78; – Pfarr, Bernd, *Zeitmagazin* Nr. 20, 7.5.1998: 33.

[33] *Bunte* 1988. – Weitere Belege: Folkes (1981): 53; – AK 1989: 39; – Reinhardt (2001b): Belege A.10.12; s. auch Abb. 7 dieses Beitrags.

[34] *Rhein-Zeitung* (Koblenz) 1974. – Karikierung des Mythos selbst (Motto: Schon wieder Leber): F. W. Bernstein, Prometheus '98 (Privatbesitz Künstler): AK 1998: 91. – Cartoon: Folkes (1981): 40.

[35] *Rhein-Zeitung* (Koblenz) Nr. 115, 17.5.1992: 2. In ähnlich „tragender Rolle" für das gemeinsame Haus Europa sieht Haitzinger 1971 Kanzler Willy Brandt, während der französische Staatspräsident Georges Pompidou, lässig danebensitzend und nur mit einem Stockschirm nach oben unterstützend, meint: „etwas mehr Engagement, Monsieur Brandt!": Hotze (1986): 76. Weitere Belege: AK 1975: 31; – Folkes (1981): 75; – Hort (1992): 87; – BAS, *FAZ* Nr. 119, 25.5.1993: 12 (Bevölkerungsexplosion).

[36] Ähnlich markante Unterweltwesen sind nur noch in Cartoons belegt, der finstere Fährmann Charon [Folkes (1981): 8; – Traxler, Zeitschriften-Cartoon 1999] und der sprichwörtliche Höllenhund Zerberus [Folkes (1981): 80].

[37] Folkes (1981): 25; 63; – Keulen (1986): 53–55; Haitzinger, Draußen vor der Tür. Cartoon *Bunte* 1984; – Bewegung im Standort Deutschland. Karikatur *Rhein-Zeitung* (Koblenz) Nr. 210, 10.9.1997: 2 (Missverhältnis Exportüberschuss – Stagnation Arbeitsmarkt).

[38] Haitzinger, Draußen vor der Tür. Cartoon *Bunte* 1984 (Mars mit Merkur); – *Rhein-Zeitung* (Koblenz) Nr. 155, 8.7.1997: 2; – Nr. 286, 9.12.1998: 2; – Nr. 67, 20.3.1999: 2; – Nr. 94, 23.4.1999: 2 (alle NATO).

[39] AK 1989: 34 (Venus-Amor); – Haitzinger, Frühlingserwachen. Cartoon *Bunte* 1984 (Norbert Blüm als Amor); – „Ach, muß Kompromiß schön sein!" *Rhein-Zeitung* (Koblenz) Nr. 55, 7.3.1994: 2 (Amor-ÖTV-Arbeitgeber); – S'Engerl auf Urlaub in Wien. *Rhein-Zeitung* (Koblenz) Nr. 165, 18.7.1996: 2 (Kanzler Kohl als Engel/Amor beim Österreichbesuch); – Andere Länder, andere Sitten. *Rhein-Zeitung* (Koblenz) Nr. 28, 3.2. 1998: 2 (Amor am Galgen im Iran).

[40] Horst Haitzinger, Aesculap und seine Schlangen. Cartoon *Bunte* 1987.

[41] Horst Haitzinger, *Rhein-Zeitung* (Koblenz) Nr. 262, 12.11.1997: 2 (EG-Gericht zur Frauenquote).

[42] AK 1998: 100; zu Apoll vom Belvedere/Venus von Milo: AK 1998: 107.

[43] Hannes H. Wagner, Raub des Ganymed (sehr frei nach Rembrandt): OffsetLithographie (43 x 40) 1984. Sammlung Lammel: AK 1989: 25; – AK 1998: 99.

[44] *Die Zeit* 1991: Castelli (1997): Taf. 36a.

[45] *The New Yorker* 19.2.1996: 69.

[46] Man vergleiche z. B. das Material bei Keulen (1986) mit dem Material in AK 1989.

[47] Dazu: Verf. (Manuskript 1995): Mythologische Zitate aus der antiken Kunst in Kunst, Karikatur und Werbung des 20. Jahrhunderts (Manuskript zum Kongress der „International Society for the Classical Tradition" in Boston 1995; überarbeitet).

[48] Dazu: Bohne, Anke (1999): Antike und Mythos in den Klauen der Reklame – Werbung mit antiken Motiven in deutschen Zeitungen und Zeitschriften 1975–1995. First European Competition for Students of Secondary and Higher Education. The Survival of the Greco-Roman Antiquity in the European Culture of the Second Half of the Twentieth Century (Literature, Art, Political Thought). Thessaloniki. – Nach dem mir vorliegenden Material (etwa 150 Belege, inkl. Zeitschriften-Illustrationen, speziell Cover) dominiert hier das Gesamtthema Venus (mit allen Teilaspekten ca. 15 %) vor Europa (12 %; dazu Reinhardt [1998]: 22–29), dem Teilaspekt Venere Botticelli (8 %), Pegasus und Parisurteil (je 7 %), Merkur (5 %); es folgen (4–2 %) Venus von Milo, Laokoongruppe, Zeus von Artemision, Trojanisches Pferd und Herakles. Noch ausgeprägter als bei den Karikaturen ist die Vorliebe für das Zitieren von Kunstwerken (wohl mit der Intention, einen Touch von Exklusivität und Kultiviertheit zu evozieren); neben den zuvor genannten Objekten erscheinen aus der antiken Kunst z. B. „Agamemnon" aus Mykene, Aphrodite von Capua, Zeus Otricoli, Atlas Farnese, Lupa Capitolina, aber auch ganz spezielle griechische Vasenbilder (attisch-schwarzfigurig/attisch-rotfigurig, apulisch-rotfigurig); aus Plastik/Skulptur der neueren Kunsttradition z. B. der Perseus von Cellini, Grazien und Venere Italica von Canova, Vénus aux tiroirs von Dalí; aus der Malerei z. B. die Grazien aus Botticellis Primavera (Firenze, Galleria degli Uffizi); Tizian, Amore sacro e profano (Roma, Galleria Borghese) und Trionfo di Bacco (London National Gallery); der Bacco von Caravaggio (Firenze, Galleria degli Uffici), die Leda von Rubens (Dresden, Grünes Gewölbe), die Nackte Maja von Goya (Madrid, Museo del Prado), das Parisurteil von Feuerbach (Hamburg, Hamburger Kunsthalle), schließlich Orpheus-Eurydike (Tapisserie Les Amants) von Cocteau.

Abgekürzt zitierte Literatur (alphabetisch):

AK 1975: Kunstgewerbeschule Basel (Hrsg.) (1975): Das triviale Nachleben der Antike. AK Antikenmuseum Basel 13.8.–31.10.1974. Basel.

AK 1989: Arlt, Peter (Hrsg.) (1989): ANTIKwandel. Mythos und Antike in der DDR-Karikatur. AK Schlossmuseum Gotha.

AK 1998: Kunze, Max (Hrsg.) (1998): Antiken auf die Schippe genommen. Bilder und Motive aus der Alten Welt in der Karikatur. AK Winckelmann-Museum Stendal 25.7.–13.9.1998. Mainz.

Castelli, Patrizia (1997): La qualità degli dei. In: Cappelletti, Francesca & Huber-Rebenich, Gerlinde (Hrsg.), Der antike Mythos und Europa. Texte und Bilder von der Antike bis ins 20. Jahrhundert. Ikonographische Repertorien zur Rezeption des antiken Mythos in Europa. Beiheft 2: 144–161. Berlin.

Folkes, Michel (1981): Wenn Zeus das wüßte. Ein heiterer Führer durch die griechische Sagenwelt. Oldenburg, Hamburg, München. (engl. Originalausgabe: ffolkes Cartoon Companion to Classical Mythology, 1978).

Frings, Udo (1980): Rezeptionsspielarten – Zur Mythenentwendung in Antike und Moderne. Der Altsprachliche Unterricht 23: 96–131.

Haitzinger, Horst (1994): Neurosen. Mit einem Vorwort von Ottfried Fischer. München.

Hanel, Walter (1986): Hanels Kabinett-Stückchen '85 mit Anmerkungen von Friedrich Nowottny. Bonn.

Hanel, Walter (1988): Commedia dell'Arte. Der virtuose Strich des Karikaturisten Walter Hanel. AK Ministerium für Bundesangelegenheiten NRW Bonn 9.3.–9.4.1987. Hildesheim.

Hort, Peter (1992): Europa startet durch. Karikaturisten kommentieren. Wirtschafts-Karikaturen Bd.16. Königstein/Taunus.

Hotze, Harald (1986): Europa unterm Strich. Die europäische Gemeinschaft in der Bilanz der Karikaturisten. Königstein/Taunus.

Keulen, Hermann (1986): Die Antike in der Karikatur. Neues aus der Alten Welt 2. Langenfeld.

Maier, Friedrich (Bearb.) (1992): Stichwörter europäischer Kultur. Antike und Gegenwart. Bamberg.

Maier, Friedrich (Bearb.) (1998): Europa – Ikarus – Orpheus. Abendländische Symbolfiguren in Ovids Metamorphosen. Antike und Gegenwart. Bamberg.

Pfarr, Bernd (1998): Eines Tages war Zeus das Blitzeschleudern leid. Frankfurt am Main.

Reinhardt, Udo (1997): Griechische Mythen in der Bildenden Kunst des 20. Jahrhunderts (Materialien – Typologie – Dokumentation). In: Cappelletti, Francesca & Huber-Rebenich, Gerlinde (Hrsg.), Der antike Mythos und Europa. Texte und Bilder von der Antike bis ins 20. Jahrhundert. Ikonographische Repertorien zur Rezeption des antiken Mythos in Europa. Beiheft 2: 190–228. Berlin.

Reinhardt, Udo (1998): De Europa moderna plus minusve iocose delineata (Europa in der modernen Kunst, Karikatur und Werbung). In: Vox Latina 34: 2–30.

Reinhardt, Udo (2001a): Das Letzte von Laokoon. Die neueste Rezeption in Kunst, Karikatur und Werbung. In: Festschrift zum 60. Geburtstag von Robert Fleischer (CD-Rom Universität Mainz, Seminar für Klassische Archäologie, Januar 2001).

Reinhardt, Udo (2001b): Rezeptionsformen des griechischen Mythos in der Bildenden Kunst der Moderne: Fallbeispiel Parisurteil (Studium Generale der Universität Mainz Ende 2002; im Druck).

Reinhardt, Udo (2001c): Ovids Metamorphosen in der modernen Kunst. Eine visuelle Ergänzung für die Schullektüre. Auxilia 48. Bamberg.

Szabo, Joe (Hrsg.) (1993): Weltpolitik in Karikaturen. Band 1: Ein internationaler Querschnitt 1993. Königstein/Taunus.

Germanische Motive

Vom germanischen Ursprungsmythos bis zum Nationalsozialismus
Anselm Kiefers malerische Auseinandersetzung mit der deutschen Identität

Angeli C. F. Sachs

Zusammenfassung

Kiefers malerische Erinnerungsarbeit ist wie ein archäologisches Verfahren. Einerseits ist dies durch die Überlagerung der Material- und Farbschichten in vielen seiner Gemälde begründet, die auf diese Weise zu Materiallandschaften werden. Gleichzeitig handelt es sich um eine Archäologie der Erinnerung, in der der von ihm ausgelotete Kosmos der deutschen Geistesgeschichte oder Ereignisse, die meist der Nachtseite der deutschen Geschichte zugehörig sind, in Räume wie den hölzernen Dachboden seines Ateliers, meist zerstörte Kulturlandschaften wie Wald und Acker oder in nationalsozialistische Architekturen eingeschrieben werden. Der Ansatz des 1945 geborenen Künstlers zielt vor allem in seinen Arbeiten bis zur Mitte der 1980er Jahre auf die Tabuisierung der deutschen Geschichte nach dem Zweiten Weltkrieg, die er in seinen Bildern in schmerzhafter und teilweise provokativer Monumentalität evoziert.

Ein deutscher Bühnenraum

Es ist neben der Frage nach der kollektiven auch eine Frage nach der eigenen Identität, die sich Anselm Kiefer wie viele andere seiner Generation in den späten 1960er Jahren zu stellen beginnt. Die Aufarbeitung der Geschichte des Nationalsozialismus und der Elemente der Nationalgeschichte, die seinen Weg ebneten oder von den Nationalsozialisten in ihre eigene Mythenbildung und Geschichtsschreibung integriert wurden, ist in der Bundesrepublik Deutschland nach Kriegsende nicht geleistet worden. Die junge Republik konzentriert sich auf Wiederaufbau und Wirtschaftswunder und ist ansonsten scheinbar von einer kollektiven Amnesie gekennzeichnet. Kiefer beginnt mit seiner provokativen Arbeit am Tabu, indem er sich in den „Besetzungen" von 1969 in nationalsozialistischer Grußpose in verschiedenen Zusammenhängen fotografiert, eine Strategie, die beim Betrachter spontan Befremden und Abwehr auslöst, vom Künstler intendiert als Öffnen und Offenhalten der Wunde mit künstlerischen Mitteln.

Zu Beginn der 1970er Jahre wird der Dachboden seines Ateliers in einem umgebauten Schulhaus im Odenwald zum Mittelpunkt seiner historischen Investigationen. Das monumentalste und wichtigste Gemälde dieser Serie „Deutschlands Geisteshelden" aus dem Jahr 1973 lotet das geistige Panorama aus, in dem sich der Künstler bewegt und erschließt so auch den Zugang zu den anderen Bildern dieses Zyklus und folgender Werkgruppen. Der Dachboden ist als perspektivisch zulaufender, tiefer Bühnenraum konzipiert, in den die virtuelle Heldenversammlung projiziert wird. In den Fensternischen zwischen den hölzernen Pfosten lodern, der nationalsozialistischen Ästhetik entlehnt, Feuer in angedeuteten Opferschalen. Auf dem Boden, jeweils einem Pfosten zugeordnet, stehen die Namen dieser disparaten Versammlung deutscher Kultur, vor allem Künstler und Schriftsteller des 19. und 20. Jahrhunderts: Richard Wagner, dessen Opern, vor allem „Der Ring des Nibelungen", von Kiefer in seinem Werk intensiv bearbeitet wurden, Kiefers Lehrer Joseph Beuys, Caspar David Friedrich, auf den Kiefer am Ende der „Besetzungen" schon explizit Bezug nahm, Friedrich II., Robert Musil, Hans Thoma (linke Seite von vorne nach hinten), Richard Dehmel (und) Josef Weinheber (gemeinsam), Adalbert Stifter, Arnold Böcklin, Mechthild von Magdeburg, Nikolaus Lenau und Theodor Storm (rechte Seite von vorne nach hinten). In der Mitte läuft eine kleine, nur mit Bleistiftstrichen angedeutete Figur, *alter ego* des Künstlers oder Rezipienten, der mit ihm in diese Welt eintreten kann. Mark Rosenthal, der sicher einen der grundlegendsten Texte zu Anselm Kiefers Arbeit geschrieben hat, beschreibt die Gefährdung dieses Bühnenraums der Erinnerung, in dem Kiefer sein Panorama deutscher Kultur durch Namensnennung ausgewählter Exponenten bildet, durch das Feuer und verweist auf die Ähnlichkeit der Situation zu der Walhalls in Wagners 1876 uraufgeführter Nibelungen-Tetralogie[1]. Dort legt Brünhilde am Ende der „Götterdämmerung" Feuer an den Holzstoß, auf dem Siegfrieds Leichnam liegt, und stürzt sich dann selbst mit ihrem Pferd in dieses Feuer. Dabei verbrennt auch das Schloss der Gibichungen und als alle Elemente auf der untergehenden Welt außer Kontrolle geraten sind, verbrennt auch Walhall. „Himmel und Erde stürzen ein, das Ende der Götterwelt ist da, in einem wogenden Meer von Klang geht alles Geschaffene unter. Aber es ist nicht nur ein Ende. Es ist in höchstem Sinne auch eine Erlösung". So viel zur Oper.

Anselm Kiefer hat sich in seiner Nibelungen-Rezeption zum Teil an Richard Wagner orientiert, der seinerseits das Material für seine Textfassung des „Ring des Nibelungen" zum grossen Teil aus den frühen nordischen Überlieferungen der

Edda und der Voelsungasaga (oder Wölsungensaga), der verschiedenen, ab dem ca. 6. Jahrhundert n. Chr. über tausend Jahre entstandenen unterschiedlichen Quellen zu Nibelungensage und Nibelungenlied, geschöpft hat[2]. Aber der Verweis auf Wagners „Ring des Nibelungen" erscheint auch aus zwei weiteren Gründen stichhaltig. Erstens die prominente Einschreibung „Richard Wagner" als ersten Namen links vorne und zweitens, dass Kiefer den Nibelungen-Zyklus auch in zwei weiteren Bildern dieser Werkgruppe und später auch in anderen Bildern aufgreift.

„Notung", eigentlich Nothung, aus dem Jahr 1973[3] zeigt in einem kleiner als zuvor angelegten hölzernen Dachraum ein im Boden steckendes, blutbeflecktes Schwert, darüber geschrieben „Notung" und im Hintergrund die Inschrift: „Ein Schwert verhieß mir der Vater". In Wagners „Ring" verweist dies auf die Situation in „Die Walküre", als Siegmund in höchster Not im Haus seiner Zwillingsschwester Sieglinde, mit der er eine Liebesbeziehung eingeht, die in direkter Folge zu seinem Untergang führen wird, das einst versprochene Schwert aus dem Stamm der Esche, um die das Haus seines Widersachers Hunding gebaut ist, ziehen kann. Später wird dieses Schwert Siegfried gehören. In „Der Nibelungen Leid" aus dem gleichen Jahr (Farbtaf. 4,a), hier als Inschrift auf der linken Seitenwand des Dachraums, sind auf dem Boden die Namen einiger Protagonisten des Dramas eingeschrieben und hier weicht Anselm Kiefer von Wagners Personal aus dem „Ring des Nibelungen" ab und rezipiert das deutsche Nibelungenlied: Günther, Giselher, Gernot, Hagen, Rüdiger, Kriemhild, die alle in einem durch Kriemhilds Racheplan für den Tod Siegfrieds ausgelösten Kampf sterben.

Auch hier gibt es kein Feuer wie bei „Deutschlands Geisteshelden" oder den Drei- und Vierfaltigkeitsbildern (mit Schlange) dieser Serie, sondern die Evozierung der Gewalt geschieht durch die Blutspuren. Wenn man diese Bilder gemeinsam betrachtet, so werden deutsche Ursprungsmythen mit ihrer scheinbar unausweichlichen Geschichte von Zerstörung und Leid in einem Raum der Imagination entfaltet, von dem wir jetzt wissen, dass er das Atelier des Künstlers ist, den der nicht vorinformierte Betrachter aber durch seine Vertrautheit mit solchen Räumen erst einmal als einen heimatlichen Speicher betrachten würde. Dieser „Kopf des Hauses" wird zu einem Speicher der Erinnerung und der Reflexion über die nationale Identität und die Rolle der Kunst bei der Konstituierung dieser Identität.

Landschaften der Zerstörung
Vom Bühnenraum des Ateliers wechselt Anselm Kiefer in der Folge auf den Boden deutscher Geschichte und bearbeitet hier weitere Themen aus der germanischen Mythologie bis zu militärischen Operationen im Zweiten Weltkrieg. Darunter sind auch wieder Motive aus dem „Ring des Nibelungen" wie „Siegfried vergisst Brünhilde" aus dem Jahr 1975, aber an dieser Stelle soll ein anderer germanischer Ursprungsmythos, die Hermannsschlacht, behandelt werden. Das erste Bild dieser Serie, „Varus" aus dem Jahr 1976 (Farbtaf. 4,b), spielt im Wald, genauer dem Teutoburger Wald, dessen dichtstehende Baumstämme einen mit schmutzigem Schnee bedeckten Weg flankieren, auf dem zahlreiche Blutspuren, in schwarzer Schrift der Name Varus und in weißer Schrift die Namen Hermann und Thusnelda zu finden sind.

Wie in „Deutschlands Geisteshelden" handelt es sich um einen geschlossenen Raum für die Geschichte, die sich hinter den Namen verbirgt, denn in der Tiefe des Bildes ist der Weg durch Baumstämme verstellt, er ist ein „Holzweg", eine Sackgasse[4]. In mythologischen Nachschlagewerken wird das zugrunde liegende Ereignis unter dem Stichwort Arminius, dem mit Thusnelda verheirateten Cheruskerfürsten, beschrieben, der zuerst Romfreundlich gesinnt, in der Folge einen Aufstand der Germanen anführte, in dem er im Jahre 9 n. Chr. ein großes römisches Heer unter Varus im Teutoburger Wald schlug. Tacitus feierte ihn in seinen „Annalen" als „Befreier Germaniens"[5] und auch später wurde die Hermannsschlacht zum Beispiel von Friedrich Gottlieb Klopstock und Christian Dietrich Grabbe im Kampf um die deutsche Souveränität zur Zeit Napoleons, aber auch von Heinrich von Kleist und anderen literarisch bearbeitet. Diese Namen tauchen neben anderen weiß geschrieben in der Höhe der Baumstämme auf, sodass das Bild nicht nur das Ereignis und seine historischen Folgen, sondern auch deren Rezeption evoziert – und deren Missbrauch im Nationalsozialismus, wie die auffallend groß und abgesetzt von den anderen geschriebenen Namen Stefan (George) und Martin (Heidegger) aufzeigen.

Auf diesem Weg geht Anselm Kiefer in dem folgenden Gemälde „Wege der Weltweisheit", 1976–1977, noch einen Schritt weiter[6]. Das Ereignis der Hermannsschlacht tritt in der Mitte des Bildes in den Mittel- und Hintergrund zurück und ist reduziert auf eine Art brennenden Scheiterhaufen vor kahlen Baumstämmen, wie immer durch die Inschrift benannt. Von dort geht ein System von Linien, dem Blutkreislauf nicht unähnlich, aus, das die nun als Porträts gemalten Erben dieser germanischen Ursprungssage miteinander verbindet. Den einzelnen Figuren nachzugehen würde hier zu weit führen; festzuhalten bleibt, dass es sich um ein Panorama aus deutscher Philosophie, Literatur, Geschichte und Politik, deutschem Patriotismus und Militarismus handelt. In der Folge gibt es noch etliche weitere Bearbeitungen dieses Themas, so den monumentalen Holzschnitt „Wege der Weltweisheit – die Hermanns-Schlacht" von 1978–1980, in der die frontal gezeigten Porträts der begleitenden Persönlichkeiten an Zahl noch zunehmen und, wenn man die Spannbreite zwischen Friedrich Hölderlin und Immanuel Kant einerseits und Alfred Krupp und Horst Wessel andererseits bedenkt, zu einem noch ambivalenteren deutschen Tableau werden. In der dagegen sehr reduzierten Version der „Hermannsschlacht" von 1977 wird nur ein Ausschnitt sowohl der Geschichte wie des Waldes wie der Rezeption gezeigt[7].

In den beiden Bildern „Wege der Weltweisheit" spielt wie schon in „Deutschlands Geisteshelden" das Feuer mit seiner Ambivalenz von Zerstörung und Reinigung eine wichtige Rolle. Es steht sowohl für die Schaffung wie die Zerstörung des Lebens und wird von vielen Gesellschaften als „wesenhaft göttlich verehrt". Im

Zusammenhang mit dem Aspekt der Reinigung wird es als Mittel der Sühne oder des Opfers eingesetzt. In der germanischen Mythologie ist der Weltuntergang nach dem Tod der Götter von einem Weltbrand begleitet[8,] der ja auch am Ende der „Götterdämmerung" in Wagners „Ring des Nibelungen" Walhall verschlingt. Ein Motiv, das hier nach der Verwendung des Feuers durch Kiefer in „Deutschlands Geisteshelden" wieder anklingt. Während es in dem früheren Bild neben dem bedrohlichen Aspekt der Zerstörung des Pantheons an ein ewiges Licht an einer Grab- oder Gedenkstätte erinnerte, verweist es hier durch die Form des Scheiterhaufens neben dem Aspekt der Zerstörung wohl eher auf einen Sühneaspekt. Durch die Hinführung des Panoramas der „Weltweisheit" bis zum Nationalsozialismus wird zusätzlich die gegen das Judentum eingesetzte Vernichtungsmaschinerie mit ihren Verbrennungsöfen evoziert, ausgelöst durch einen rassistischen Fanatismus, der Ideen einer „Reinheit der Rasse" anhing, Ideen, die in den „ethnischen Säuberungen" im ehemaligen Jugoslawien wieder aufschienen. So schließt sich der symbolische Kreis. Damit einher geht der Untergang einer deutschen Geschichte und Kultur, deren auch im Bild sichtbaren Wege zu dieser Epoche deutscher Geschichte führten oder sie nicht verhindern konnten.

Konsequent entstehen parallel zu diesen Bildern monumentale Landschaften der Zerstörung, deren bestimmende Farbe meist schwarz ist. Die Farbe ist so dick aufgetragen, dass ihre verkrusteten Schichten Assoziationen an erstarrte Lava hervorrufen. Es ist das, was nach dem Weltbrand bleibt. Eines der frühesten Beispiele ist „Maikäfer flieg" aus dem Jahr 1974, im gleichen Jahr bringt sich der Künstler durch eine blutrote Palette im Gemälde „Nero malt" selbst ein und liefert die Erklärung in einem weiteren Bild dieses Jahres „Malen = Verbrennen" gleich selbst. Es scheint wie ein Ritual, wo deutsche Geschichte der Zerstörung durch das Ritual des Malens = Verbrennens wiedergewonnen und dadurch gereinigt werden soll. Aber kann dies funktionieren[9]? In späteren Bildern dieser Werkgruppe taucht der Ikarusflügel als Symbol der Hybris und des Scheiterns auf, so in „Ikarus – märkischer Sand" aus dem Jahr 1981. Auch hier dient die Weltlandschaft als Raum der Imagination. Die Landschaft Brandenburgs, man denke an Theodor Fontanes Beschreibungen, ist von der Geschichte verwüstet, helle Flammen züngeln aus dem Boden in einen unheilvoll gelb-schwarzen Himmel, der hinter dem sich weit ausdehnenden Acker sehr entfernt scheint. Von links oben bis zur Bildmitte erstreckt sich ein mit der Palette des Malers verbundener, verkohlter Ikarusflügel, antiker Mythos und deutsche Geschichte werden hier verbunden zu einer Aussage über die Möglichkeiten der Kunst.

In zwei weiteren Gemälden dieser Werkgruppe werden die Darstellungen der Zerstörung noch einmal verdichtet und greifen dabei auf die germanische Mythologie zurück, auf Ursprung und Ende. Gleichzeitig werden neben der Farbe und dem Malgrund weitere Materialien in die Bilder eingearbeitet, in „Balders Träume" aus dem Jahr 1982 (Farbtaf. 4,c) sind dies Stroh und ein Mistelzweig, in „The World-Ash"[10] aus dem gleichen Jahr Sand und Stroh.

Die Geschichte von Balder oder Baldur weist einige Parallelen mit der Siegfried-Geschichte auf und auch mit ihr rückt die „Götterdämmerung", hier altnordisch „Ragnarök", näher. Balder, der Sohn Odins und Friggs, selbst Gott der Sonne und des Lichts, wurde von Albträumen gequält, in denen sein Leben bedroht war. Seine Mutter ließ alle Geschöpfe schwören, ihm kein Leid zuzufügen, nur die Mistel ließ sie aus. Loki, der zwiespältige Gott des Feuers in der nordischen Mythologie, stiftete Balders blinden Bruder Hödur an, mit einem Mistelzweig auf Balder zu zielen, der diesen tödlich traf. „Mit der lichten Gestalt des Balder entschwanden Glück und Schönheit aus der Welt". Seine „Ermordung" wurde „zum Symbol des allgemeinen moralischen Niedergangs", auf den das Weltende, „Ragnarök", folgte: „Die Erde versank ins Meer, das Weltall ging in Feuer auf, alles Leben erlosch, und es herrschte eine Leere wie am Beginn der Tage. Dennoch bedeutete Ragnarök nicht ein Ende auf ewig. Nach germanischer Vorstellung würde nach einer langen Zeit das Weltall als neue Schöpfung erstehen, geknüpft an die Rückkehr Balders. Die Bewohner von Himmel und Erde würden in Harmonie und Frieden miteinander leben, so daß der Mythos vom Weltende mit dem Glauben an ein goldenes Zeitalter verbunden war."[11].

Das Gemälde Anselm Kiefers bezieht sich durch die Inschrift am oberen Bildrand im gerade noch angedeuteten Himmel auf „Balders Träume" und integriert bereits das Ereignis der Ermordung durch den in der rechten oberen Bildhälfte angebrachten Mistelzweig und die das vergossene Blut symbolisierenden roten Farbflecken. Der unwissentlich verführte Täter Hödur ist durch seinen eingeschriebenen Namen neben dem Mistelzweig präsent. Nervöse schwarze Farbflecken, die sich in der linken unteren Bildecke verdichten, überziehen auch hier die Kulturlandschaft, einen Acker, der durch das zuoberst aufgeklebte Stroh ein weiteres Mal vergegenwärtigt wird. In „The World-Ash" haben Schwarz, Grau- und Weißtöne sowie aufgeklebtes Stroh die darunter liegende Landschaft fast unkenntlich gemacht, nur am Horizont ahnt man sie noch. In der rechten unteren Bildhälfte ist die verkohlte Spitze eines Speeres angebracht. In Wagners „Ring des Nibelungen" zerschlägt Siegfried mit dem Schwert Nothung den heiligen Speer Wotans, der nicht nur seine Macht, sondern auch Recht und Gesetz symbolisiert, um sich den von einem Feuerkranz geschützten Weg zu Brünhilde, die von Wotan in einen Schlaf versenkt wurde, frei zu machen. Er tut es, ohne die Konsequenzen zu ahnen, doch mit dieser Tat kündigt sich die „Götterdämmerung" an. Das Symbol des nahenden Untergangs ist in Kiefers Bild mit dem Untergang der Welt selbst verknüpft, übrig bleibt nur die Asche der Welt.

„Dein aschenes Haar Sulamith"

Eine weitere Werkgruppe Anselm Kiefers ab Beginn der 1980er Jahre beschäftigt sich durch die Bearbeitung von Motiven aus der 1945 in einem Konzentrationslager geschriebenen „Todesfuge" von Paul Celan intensiv mit dem Holocaust und fügt in diese Gruppe das deutsche Thema

"Die Meistersinger von Nürnberg" ein. Ausgangsbasis für Kiefers Bearbeitung des immer wieder rezipierten Celan-Gedichts ist das Gegensatzpaar Margarete und Sulamith, mit dem die letzte Strophe auch endet:

„dein goldenes Haar Margarete
dein aschenes Haar Sulamith"[12].

Die beiden Frauengestalten symbolisieren die Seiten der Täter und Opfer. Margarete, der Name verweist auch auf Goethes „Faust" und damit auf ein deutsches Frauenideal, ist die ersehnte Geliebte des todbringenden Täters, „der Tod ist ein Meister aus Deutschland sein Auge ist blau". Sulamith verkörpert die Opfer, ihr Leiden und ihren Tod, der in dem Leitmotiv des Gedichts „Schwarze Milch der Frühe wir trinken dich" sowie in dem Bild „aschenes Haar" ausgedrückt ist.

Das Gemälde „Dein goldenes Haar, Margarete" aus dem Jahr 1981 verbindet die Motive aus der „Todesfuge" mit einer von Kiefers zerstörten Landschaften. Das schon vorher eingesetzte Material Stroh in seiner Fragilität und Brennbarkeit wird hier zum Bedeutungsträger für das goldene Haar Margaretes, das wie üblich durch die Inschrift benannt ist. Sulamith taucht in schwarzen Malspuren als ihre Begleiterin, ihr Echo auf. Rosenthal verweist unter Bezug auf Donald Kuspit und ein Interview mit Anselm Kiefer darauf, dass die Figuren von Margarete und Sulamith nicht trennbar sind und Deutschland sich selbst und seine Zivilisation verstümmelt hat, indem es seine jüdischen Mitbürger tötete. Kiefer fügt beide Elemente wieder zusammen[13], aber verweist durch die Lösung, Sulamith als Schatten Margaretes darzustellen, auf die Vernichtung der Juden und damit eines Teils der deutschen Zivilisation.

Die folgenden Bilder wie „Margarethe", ebenfalls 1981[14], werden einerseits abstrakter, was den Bildunter- oder -hintergrund betrifft, andererseits erscheint das vermehrt eingesetzte Stroh wie eine üppige Haarfülle, hat aber auch vegetabilen Charakter. Das, was man als Leben oder Wachstum deuten könnte, ist aber durch kleine, züngelnde Flammen an den Spitzen der Strohbündel bedroht, rechts erscheinen wieder die schwarzen Schatten. Die Fortsetzung dieses Prozesses endet in einem umfassenden Schwarz, wie es das ebenfalls 1981 entstandene Gemälde „Dein goldenes Haar, Margarethe – Johannis-Nacht" bestimmt. Das für Margarete stehende Stroh erscheint reduzierter und ist förmlich umfangen von weißen Flammen, deren graue Anteile auf die Asche vorausweisen. Sulamith erscheint nicht mehr als Echo Margaretes, sondern die mit ihr verbundene Schwärze hat das ganze Bild ergriffen und in die Nacht gestürzt. Diese Nacht ist als Johannis-Nacht benannt, die eigentlich als kürzeste und hellste Nacht des Jahres mit Feuern gefeiert wird, aber Anselm Kiefer verwandelt sie in eine Nacht des Todes wie es Paul Celan in der „Todesfuge" mit dem Oxymoron „Schwarze Milch" gemacht hat.

Parallel malt Kiefer von 1981 bis 1982 mehrere Versionen der „Meistersinger" und damit verbunden Nürnbergs, ein Verweis auf die von Adolf Hitler besonders geschätzte, 1868 uraufgeführte Wagner-Oper „Die Meistersinger von Nürnberg" und gleichzeitig auf die Rolle Nürnbergs im Nationalsozialismus. Aber sich mit einer assoziativen Verbindung ausschließlich auf dieser Ebene zufrieden zu geben, erscheint zu simpel. Zwei Versionen der „Meistersinger" aus dem Jahr 1981 weisen formal große Übereinstimmungen mit den zuletzt besprochenen „Margarethe"-Bildern auf: Die Verwendung des Strohs, die weiß-grauen Flammen, die zunehmende Schwärze, die bedrohliche Atmosphäre, bei der vor allem in der schwärzeren Version die Flammen vom Himmel herab zu brennen scheinen und die Strohhalme wie Blitze geformt sind, die in einen Kreis einschlagen[15].

Dies führt wieder zu Kiefers zuvor besprochenen Bildern des Weltendes. Wagners Oper befasst sich neben der Darstellung deutscher Folklore vor allem mit der Rolle der Kunst, die durch die Liebe inspiriert wird, und hier mit dem Gegensatz von inspirierter Erneuerung und dem Festhalten und Erstarren in Traditionen. Durch die integrierende Rolle des Hans Sachs wird das Neue allerdings mit dem Alten verbunden und so bildet sich „eine unendliche Kette aus längst entschwundener Vergangenheit in ferne Zukunft"[16] – eine Parallele zu Kiefers Versuch, mit den Mitteln der Malerei die Verwendung deutscher Mythen und deutscher Geschichte in der besonderen Geschichte des Nationalsozialismus zu untersuchen und durch Geschichtsbewusstsein statt Tabuisierung dieser Ereignisse vielleicht eine Bewusstwerdung und Erneuerung zu bewirken. Theo Buck schreibt in seiner Untersuchung über die Celan-Motive bei László Lakner und Anselm Kiefer dazu: „Im Vordergrund stehen dabei Wiederentdeckungen, Erinnerungen. Deshalb ist dafür die historische und mythische Dimension so wichtig. Aus beiden kann organisch Erkenntnis erwachsen – und zwar konkrete Erkenntnis. Infolgedessen werden Sulamith und Margarete nicht herbeizitiert als feste Namen mit klarem Profil. Eher bilden sie ein personales Kraftfeld, in dem verschiedene historische Linien zusammenlaufen. Die Erschließung des daran geknüpften Bedeutungsfazits ist Aufgabe eines individuellen Erkenntnisvorgangs, zunächst beim Künstler, hernach beim Rezipienten."[17].

Das monumentalste Bild in der Beschäftigung Kiefers mit Celans „Todesfuge" gehört einer ab 1980 entstandenen Werkgruppe an, in der Kiefer die Landschaften durch nationalsozialistische Architekturen ersetzt. Der architektonische Raum im Gemälde „Sulamith" aus dem Jahr 1983[18] ist der „für die Gräber deutscher ‚Kriegshelden'" bestimmten Krypta der von Wilhelm Kreis zwischen 1938 und 1941 projektierten Soldatenhalle am „Oberkommando des Heeres" innerhalb der Planungen der Berliner Nord-Süd-Achse[19] nachempfunden.

Das geschwärzte Gewölbe wird wie in zuvor erwähnten Beispielen zu einem geschlossenen Raum, in dem hier die Öffnungen durch schwarze Holzschnittfragmente verschlossen werden. Dies erweckt Assoziationen an die hermetisch geschlossenen Räume, in denen die Juden in den deutschen Vernichtungslagern getötet und verbrannt wurden. Im Gegensatz zum zuletzt besprochenen „Margarethe"-Bild „Dein goldenes Haar, Margarethe – Johannis-Nacht" hat sich die Situation insofern umgekehrt, dass nun die Täterseite die Architektur, den Raum bereitstellt, in den durch Benennung und Symbolisierung der Opfer das Geschehen des Holocaust projiziert wird. Expliziter Verweis auf Sulamith und damit auf die Opfer des Nationalsozialismus ist die weiße Inschrift am linken oberen Bildrand und das aus sieben Flammen bestehende Feuer im Fluchtpunkt der Perspektive[20]. Es liegt nahe, an den siebenarmigen Leuchter, die Menorah, zu denken, das wohl wichtigste Symbol des Judentums. Die Flamme der Zerstörung, des Weltbrandes wird in diesem Bild zur Flamme der Erinnerung. Täter und Opfer bleiben wie das Paar Margarete und Sulamith kontrapunktisch verbunden, die nationalsozialistische Architektur wird zu einer Gedenkstätte der mit dem Nationalsozialismus verbundenen Taten und ihrer Opfer.

Anmerkungen / Literatur:

[1] Vgl. in diesem Zusammenhang: Schama, Simon (1995): Landscape and Memory: 122. London. – Vgl. Rosenthal, Mark (1987): Anselm Kiefer. Ausstellungskatalog. The Art Institute of Chicago, Philadelphia Museum of Art: 26. Chicago, Philadelphia.

[2] Vgl. hier und für die folgenden Beschreibungen: Pahlen Opern Lexikon (2. durchgesehene Aufl. 1995). München. Entstehungsgeschichte, Handlung der verschiedenen Teile des „Rings" und Anmerkungen zu den Quellen: Ebd. 798–800; 836-853. – Außerdem: Leyen, Friedrich von der (2. neubearb. Aufl. 1923): Die deutschen Heldensagen: 253–315. München. Wenn man das problematische Fazit des Autors zur erwünschten Wirkung des germanischen Heldenepos auf die Identität seiner Zeitgenossen auf sich wirken lässt, ist es nicht schwer nachzuvollziehen, warum der Nationalsozialismus diesen Teil der deutschen Identität so wirksam integrieren konnte.

[3] Anselm Kiefer: Notung, 1973. Öl und Kohle auf Sackleinen, mit Öl und Kohle auf Karton 300 x 432 cm. Museum Boymans-van Beuningen, Rotterdam. In: Rosenthal a.a.O. (Anm. 1): 25 plate 8.

[4] Vgl. zu dieser Interpretation: Schama a.a.O. (Anm. 1): 127–129.

[5] Vgl.: Holzapfel, Otto (1993): Lexikon der abendländischen Mythologie: 58, s. v. „Arminius". Freiburg i. Br.

[6] Anselm Kiefer: Wege der Weltweisheit. Öl, Acryl und Schellack auf Sackleinen, montiert auf Leinwand, 305 x 500 cm. Collection Sanders, Amsterdam. In: Rosenthal a.a.O. (Anm. 1) 52 plate 18.

[7] Für die Beschreibung der Details, vor allem der Porträts, vgl.: Rosenthal a.a.O. (Anm. 1): 49–55; 157 Anm. 21 und 30.

[8] Vgl.: Lurker, Manfred (4. durchgesehene u. erw. Aufl. 1988): Wörterbuch der Symbolik: 201–202 s. v. „Feuer"; 803–804 s. v. „Weltende". Stuttgart.

[9] Vgl. dazu auch Massimo Cacciari: „Painting = burning. Representing is transforming and dissolving.": Cacciari, Massimo (1997): A Tribute to Anselm Kiefer. In: Kiefer, Anselm (1997): Himmel-Erde. Ausstellungskatalog. Museo Correr, Venedig: 11. Mailand.

[10] Anselm Kiefer: The World-Ash, 1982. Acryl, Schellack, Sand, Stroh und Gluten auf Sackleinen, 280 x 280 cm. Staatsgalerie, Stuttgart. Foto: Horst Bernhard, Hardheim. In: Kiefer a.a.O. (Anm. 9): 218–219.10.

[11] Holzapfel a.a.O. (Anm. 5): 71 s. v. „Balder"; 169 s. v. „Götterdämmerung"; 201 s. v. „Hödur"; 257 s. v. „Loki".

[12] Zitiert nach: Buck, Theo (1993): Bildersprache. Celan-Motive bei László Lakner und Anselm Kiefer. Celan-Studien II: 6–7. Aachen.

[13] Vgl. zu dieser Interpretation: Rosenthal a.a.O. (Anm. 1): Besonders 96; auch 95–104.

[14] Anselm Kiefer: Margarethe, 1981. Öl und Stroh auf Leinwand, 280 x 380 cm. Saatchi Collection, London. In: Rosenthal a.a.O. (Anm. 1): 98 plate 47.

[15] Anselm Kiefer: Die Meistersinger, 1981. Öl, Acryl und Stroh auf Leinwand, 185 x 330 cm. Saatchi Collection, London. In: Rosenthal a.a.O. (Anm. 1): 102 plate 50.

[16] Vgl. dazu Pahlen Opern Lexikon a.a.O. (Anm. 2): 826–835, hier: 833.

[17] Buck a.a.O. (Anm. 12): 29.

[18] Anselm Kiefer: Sulamith, 1983. Öl, Acryl, Emulsionsfarbe, Schellack und Stroh auf Leinwand, mit Holzschnitt, 290 x 370 cm. Saatchi Collection, London. In: Rosenthal a.a.O. (Anm. 1): 118 plate 63.

[19] Vgl. hierzu: Hinz, Berthold (1974): Das Denkmal und sein „Prinzip". In: Kunst im 3. Reich. Dokumente der Unterwerfung. Ausstellungskatalog Frankfurter Kunstverein: 104–108. Frankfurt am Main.

[20] Vgl. die Interpretationen von: Buck a.a.O. (Anm. 12): 38; Rosenthal a.a.O. (Anm. 1): 115–119.

C Archäologie und zeitgenössischer Film

Weltwunder und Wunderwelten
Schliemanns Erbschaft an Indiana Jones

Tom Stern

Zusammenfassung

Der Beitrag bietet einen skizzierten, mit Filmzitaten gespickten Überblick zum inzwischen hundertvierjährigen Zusammenspiel von Archäologie und Film.

Archäologie – nie Gesehenem und Erlebtem auf der Spur – bedarf der Bilder und Gefühle. Film – immer Trugbild und Traum – benötigt Wahrheiten und Visionen.

Vorgeschichte

Noch den Anfängen verhaftet, beginnen Archäologie und Film schon 1897 ihre Partnerschaft: Etwa gleichzeitig entstehen in Frankreich, Großbritannien und den USA drei Passionsfilme[1]. Bis in die 1920er Jahre hinein behandeln die Spielfilmproduktionen Themen der Bibel, zeigen das alte Ägypten und das antike Rom, visualisieren die paläolithische Menschheitsdämmerung[2]. Die ersten deutschen Archäologiefilme, Ufa-Produktionen von 1918[3], reihen sich in diesen Kanon ein.

Die deutsche Archäologie der 1920er Jahre zeichnet sich durch Besinnung auf die „nationale"[4] Ur- und Frühgeschichte aus. In Methodik und Technik werden neue Maßstäbe gesetzt[5]. Im Film spiegelt sich die Experimentierfreude in der Wahl der Genres wider. Erste Ausgrabungsdokumentationen[6] und Rekonstruktionsfilme[7] entstehen, in denen die Wissenschaftler selbst die Ausgrabungsergebnisse umsetzen und filmen lassen. Archäologische Rekonstruktionen in Ufa-Kulturfilmen[8] sorgen für die Zensur-geeignete Portion Sex (Abb. 1). In den Wochenschauberichten wird die Archäologie zur Nachricht und der erste Lehrfilm wird produziert[9].

Der perfiden Logik des Faschismus folgend wird der „wissenschaftliche Lehrfilm" tonangebend in den Archäologiefilmen von 1933–1945. Allein die Titel dieser Produktionen wie „Flammen der Vorzeit"[10] oder „Wir wandern mit den Ostgermanen"[11] verweisen auf die Ideologisierung der Archäologie[12]. Dementsprechend wertfrei – und „wissenschaftlich geläutert" – präsentiert sich die Archäologie im Film der Nachkriegszeit mit Ausgrabungsberichten[13] und Ausblicken in die unbelastete Ferne[14]. So fördert dieser mit Schätzen und Exotik beladene Zeitsprung in die Vergangenheit einerseits das Vergessen der gerade erlebten Geschichte – verständlich, aber problematisch für ein kollektives Geschichtsbewusstsein –, dient andererseits aber auch als Hoffnungsträger für bessere Zeiten. Der filmische Rückblick in die Geschichte fungiert, ähnlich wie im Dritten Reich, nur mit anderen

Abb. 1: Zwei Einstellungen aus dem Film „Natur und Liebe – Vom Urtier zum Menschen", Deutschland 1927/28. (Foto: Tom Stern. Nachweis: Bundesarchiv-Filmarchiv Berlin).

Abb. 2: Aus dem Film „One Million B.C.", USA 1960er Jahre. (Foto: Tom Stern).

Zielen, zur Schaffung einer neuen Zukunft.

Weltarchäologische Themen (Ägypten, Italien, Japan, Yemen etc.) dominieren auch in den 1950er Jahren in den Wochenschauen. Erst ab 1956 wird in einzelnen Beiträgen einheimische Archäologie behandelt[15]. Mit der Gründung des Institutes für den wissenschaftlichen Film (IWF) in Göttingen und einer eigens eingerichteten Sektion „Geschichte" werden neue Maßstäbe in der Verfilmung archäologischer Sachverhalte gesetzt[16]. Aber auch das aufkommende „Pantoffelkino" sendet die ersten archäologisch-historischen Reportagen[17]. Mit immer aufwendigeren Kostümfilmen reagiert das große Kino, Hollywood (Abb. 2) und Cinecittà allen voran, auf die Konkurrenz des Fernsehens[18].

Dieses liefert in den 1960er Jahren seiner ständig wachsenden Zuschauerschar hauptsächlich Reportagen im Stil einer Kulturreise[19], zeigt die Geschichte der Fremde, in die immer mehr Bundesbürger reisen, und des Fremden, des Gastarbeiters in der Nachbarschaft. Weltwunder und Wunderwelten beleben die Geschichte der Menschheit[20]. Erwachsene und Heranwachsende bilden das Zielpublikum im Sessel und am Katheder. Für Kinder aber passiert die Geschichte im Kino[21].

Die Archäologie im Film der 1970er Jahre spiegelt, neben einer gesteigerten Präsenz, eine Thematisierung der Steinzeiten, aber auch eine Mystifikation ihrer selbst. Der Lehrfilm – mit Nachkriegspremieren zum paläo- und neolithischen Forschungsstand[22] – zeigt den frühen Menschen, ob Jäger, Handwerker oder Bauer, als Mitglied eines sozialen Gefüges, einer Gesellschaft[23]. Die Reportagen und Reihen des öffentlich-rechtlichen Fernsehens versprechen dagegen Träume und Geheimnisse, Schätze, Götter und Unsterblichkeit[24]. Die archäologischen Kinothemen der 1960er Jahre werden jetzt, in anderer Erscheinungsform, im Wohnzimmer präsentiert. Das Kino nutzt derweil archäologisch-historische Motive für Sexfilme[25]. Die Mythologisierung der Archäologie im Alltag hat begonnen.

Trends der 1980er und 1990er Jahre

Seit den späten 1970ern finden archäologisch-historische Themen ihren festen Sendeplatz zur prime time. „Länder, Menschen, Abenteuer"[26], noch auf Dritte Programme verwiesen, bildet den Vorläufer der „Terra X"-Reihe[27], die seit 1982 in unregelmäßigen Abständen sonntags im ZDF zu sehen ist. Dieser Mix aus Exotik, Technik und Abenteuer – häufig aufgelockert durch nachgestellte Spielszenen – erreicht das Interesse des breiten Publikums. In 45 Minuten wird der kultur- und abenteuerinteressierte Zuschauer über weltarchäologische Themen informiert, spannende Unterhaltung und Product-Placement inclusive.

Mit „C–14"[28] findet das ZDF zehn Jahre später ein neues Konzept für prime time-Archäologie. In Zusammenarbeit mit den Landesarchäologen thematisiert die Initiatorin Gisela Graichen[29] nationale Archäologie. Magazinartig, in Beiträgen von 3–10 Minuten, werden Grabungen und Ausgräber, Forschungsfragen und -zweige, Methoden, Techniken und Sponsoren[30] der alten und neuen Bundesländer gezeigt. „Sphinx – Geheimnisse der Geschichte"[31], 1995 und 1996 vom ZDF gesendet, lockt mit Altbekanntem in neuer Aufmachung[32].

Innovativ dagegen ist die neue Reihe Gisela Graichens aus dem gleichen Jahr: In Zusammenarbeit mit dem Deutschen Archäologischen Institut wird die Arbeit deutscher Archäologen auf internationaler Ebene erläutert. Die drei Folgen von „Schliemanns Erben" erreichen im Januar 1996 16 Millionen Zuschauer[33]. Pro Folge verbindet eine gemeinsame Fragestellung („Auf der Spur versunkener Königreiche", „Legenden auf der Spur", „Auf der Spur großer Kriegszüge") die unterschiedlichen archäologischen Projekte.

Neben Reihen thematisiert das Fernsehen nationale wie internationale Archäologie in Reportagen und Dokumentarfilmen. Häufig kokettieren reißerische Titel mit den Standardmythen des Alltags[34], aber ebenso findet mit Hilfe technischer Bezeichnungen eine sachliche Titelgebung statt[35]. So zeigt sich als Trend der 1980er und 1990er Jahre eine besondere Berücksichtigung archäologischer Methoden sowie Betonung der Technik im geschichtlichen Erkenntnisprozess. Besonders deutlich ist dies an den Lehrfilmen zu sehen[36]. Anscheinend kann in einer entsolidarisierten aber hoch technisierten Gesellschaft der Bezug zur archäologischen Geschichte mit Hilfe technischer Analogien leichter aufgebaut werden. Als weitere Tendenz archäologischer Filmbeiträge erweist sich der Bezug zur unmittelbaren Region bzw. Landschaft[37], bedeutet doch der Verlust derselben den zu zahlenden Preis einer mobilen Gesellschaft. So entsteht durch Archäologie die Identität im Koordinatenkreuz von Zeit und Raum. Berücksichtigt man in diesem Zusammenhang die Verfilmung der Zukunft, dann visualisiert das Sciencefiction-Genre (Abb. 3) deren Archäologie, verwendet es doch häufig archäologisch-historische Motive zur Schaffung futuristisch-archaischer Welten[38]. Und umgekehrt: Auch die archäologische Vergangenheit ist nur filmische Utopie!

Bildeten bis Anfang der 1980er Jahre die öffentlich-rechtlichen Fernsehprogramme, Kinos und Lehrfilme die Schauplätze, so etablierten sich danach eine Reihe von privaten Fernsehkanälen – eine Vielfalt, die sich schnell im Kampf um Einschaltquoten und um Werbeeinnahmen als Monokultur entblößt. Warum sollte Kommerzialisierung also vor Archäologie oder Geschichte Halt machen?

Eingebunden in dieses System nutzt Werbung seit Anfang der 1990er Jahre archäologisch-historische Motive für ihre Filmspots und bedient sich der Werte und Klischees, geschaffen durch Filme vorangegangener Jahre, zur Absatzsteigerung der jeweiligen Produkte. Die Kosmetika „Axe" und „Jade" beschwören die geheimnisumwitterten Ausgrabungen der Maya mit ihren Duftnoten, der Autohersteller „Audi" sieht sein Fahrzeug in der Tradition marmorner Skulpturen („Rom, 1. Jahrhundert nach Christus ..."), die Fluglinie „Lufthansa" beruft sich auf die Reiselust der Wikinger und „Punica" erweckt durch sein Saftgemisch Mumien in Pyramiden zum Leben. Eine katzengleiche Münzdiebin opfert derweil das antike Beutestück ihrer Lust auf ein „Magnum". Der Tradition opulenter römischer Völlerei verpflichtet sieht sich der Fettaufstrich „Brunch". Ein Autohersteller, eine Hi-Fi-Marke sowie ein Geldinstitut führen dagegen altsteinzeitliches Brauchtum vor Augen: Die „Sparkasse" verweist auf ihre paläolithische Zahlungstradition („Früher zahlte man so!") und „Citroën" (Abb. 4) zeigt eine archaische Form der Besitzstandswahrung unter Autofreunden („...ugga agga!").

Die vielseitige Verwendung von Geschichte sowie die Ironisierung bestimmter Geschichtsmetaphern (Keule + Fellkleidung = Altsteinzeit) (Abb. 4) zur Verkaufsförderung spiegeln die Verankerung im Alltagsbewusstsein der Fernsehzuschauer, aber auch den austauschbaren, fast beliebigen Wert der Archäologie wider. Doch dieser ist messbar im Wettbewerb um Einschaltquoten und Marktanteile. Ein Blick auf das Osterprogramm 1997 mag dies verdeutlichen: Von Samstag bis Montag liefen, einschließlich der

Abb. 3: Aus dem Fim „Cavegirl", USA 1985. (Foto: Tom Stern).

Werbeblöcke, in über 39 Stunden Filme zu archäologisch-historischen Themen[39]. Lichtblicke dieses televisionären Nieselregens sind sicherlich Reihen wie „C–14" oder „Schliemanns Erben". Dieses Gemisch aus Professionalität, Zeitgeist und Quotendruck zeigt zwar dem Zuschauer Geschichte, gewährt jedoch keine Gelegenheit zu einem persönlichen Verstehen. Ohne diesen subjektiven Bezug bleibt Ge-

Abb. 4: TV-Werbung für Citroën, Deutschland 1996. (Foto Tom Stern).

Abb. 5: Aus der Fernseh-Serie „Sketch up", Deutschland 1997. (Foto: Tom Stern).

schichte Objekt: Unterhaltsam, austauschbar und beliebig (Abb. 5).

Andere Wege
Ist aber nicht ein Wesenszug der Geschichte ihre Unverwechselbarkeit, ihr individueller Hauch in Zeit und Raum? Und ist der Zuschauer nicht letztes und mittelndes Glied der eigenen, persönlichen Geschichtskette?

Gerade in den 1980er und 1990er Jahren werden Filme gedreht, die jenseits der Quoten die persönliche Auseinandersetzung des Zuschauers suchen, individuelles Verstehen und Lernen ermöglichen. „Aha!" zeigt mittels Steinbeil und Tagesschau, dass „das Heute bereits morgen Vergangenheit ist"[40]. „Capreolus"[41] bezieht die Spannung aus der Konfrontation von Text- und Bildebene: Einerseits durch Zerlegung eines Rehs mit Silexwerkzeugen, andererseits durch lexikalische Texte archäologischer Stichwörter. Mit der historischen Bedeutung Troias und der Troas befasst sich „Laokoons Rückkehr", eine experimentelle Annäherung zur „Archäologie des unsichtbaren Monuments"[42]. Liebevoll, ironisch und gegenwartsbezogen vermittelt „Unter römischer Herrschaft"[43] das Leben mit der Besatzungsmacht am hessischen Limes. Der Dokumentarfilm „Arkona, Rethra, Vineta"[44] dagegen macht den Archäologen als Individuum zum Mittelpunkt, durch dessen Gefühlswelt und Lebensziele, eingebunden in den politisch-historischen Kontext, archäologische Geschichte greifbar wird. Aus dem Angebot für Kinder und Jugendliche[45] heben sich besonders die „Sendung mit der Maus"[46] und „Löwenzahn"[47] hervor. Die Verleihung des Publikumspreises für die „Geld-Maus" auf der CINARCHEA '96 (Internationales Archäologie-Film-Festival Kiel 24.–28. April 1996) spiegelt ihren kultartigen Charakter. „Celtic memory"[48], eine Installation Nam June Paiks aus Monitoren, Schaltplatinen und Videospots, übersetzt Stonehenge ins Zeitalter der Chips und Clips.

Der Verfilmung von Archäologie liegen, soweit der Überblick, immer zeitspezifische Interessen zugrunde. Ob Ideologie oder Quotendruck, Geschichte wird gemacht. Auch jetzt in Zeiten konservativer Strömungen und rezessiver Wirtschaft bietet sich die ferne Vergangenheit zur Schaffung einer Identität an – scheinbar unbelastet von der Gegenwart, die nicht einmal als Geschichte Hoffnung weckt. Durch Etatkürzungen und Sponsorensuche mit einer neuen Öffentlichkeitsarbeit konfrontiert, gewinnt der Film als Medium für die Archäologie einen besonderen Stellenwert. Naturwissenschaftliche Methoden und High Tech-Einsatz liefern reizvolle Bilder, lösen die Wissenschaft aus dem Klischee der verstaubten Antiquiertheit, öffnen die Pforten des Elfenbeinturmes und schaffen Verständnis für Arbeit und Finanzierung. Die stete Wiederholung stereotyper Geschichtsbilder, Bildsprache und Vertonung errichtet jedoch neue Schranken im Kopf der Zuschauer. Diese Übernahme von Klischees weckt und befriedigt Erwartungen zugleich. Was den Zuschauern bleibt, ist der Geschmack von Abenteuer und Ferne, nicht archäologischer Alltag oder Erkenntnisprozess. Der Archäologe, the missing link, das eigentlich verbindende Element zwischen Vergangenheit und Heute, darf sich diesen Erwartungen nicht unterordnen in der Hoffnung, durch den Film ein größeres Geschichtsverständnis zu erreichen. Er vermittelt lediglich größeren Unterhaltungswert. Auf diesem Sektor übertreffen ihn seine filmischen Kollegen wie „Indiana Jones"[49], „Jean-Luc Picard"[50] oder „Tom Baxter"[51] seit Jahren[52].

Anmerkungen / Literatur:

[1] Bamberger, Stefan (1968): Christentum und Film. Der Christ in der Welt. Eine Enzyklopädie. Reihe 13, Bd. 9: 8. Pattloch. – Vgl. auch: Cuenta, C. F. (1960): Cine religioso, Filmografia critica 1896–1959. Valladolid.

[2] Siehe: Stern, Tom (1994): Das Verhältnis von Archäologie und Film. In: Archäologische Informationen 17: 9–13.

[3] „Der Sohn des Hannibal" von Viggo Larsen; „Die Augen der Mumie Ma" von Ernst Lubitsch; „Die Vase der Semiramis" von Willy Grunewald; „Veritas Vincit" von Joe May. Siehe: Bock, Hans-Michael & Töteberg, Michael (Hrsg.) (1992): Das Ufa-Buch: 32; 40; 42. Frankfurt am Main.

[4] Kossinna, Gustaf (7. Aufl. 1936): Die deutsche Vorgeschichte eine hervorragend nationale Wissenschaft. Mannus-Bücherei Bd. 9.

[5] Stern, Tom (1992): „Zu neuen Ufern ...". In: Keefer, Erwin (Hrsg.), Die Suche nach der Vergangenheit. 120 Jahre Archäologie am Federsee: 49–53. Stuttgart.

[6] „Ausgrabungen auf der Wasserburg Buchau" (1927), Landesmuseum Stuttgart, Erwin Keefer; „Das erwachende Ägypten" (1928), Bundesarchiv-Filmarchiv Berlin.

[7] „Haus im Wilden Ried" (1921), Landesmuseum Stuttgart, Erwin Keefer; „Pfahlbauten in Unteruhldingen" (1927/28), Bundesarchiv-Filmarchiv Berlin.

[8] „Wege zu Kraft und Schönheit" (1925), Bundesarchiv-Filmarchiv Berlin; „Natur und Liebe – Vom Urtier zum Menschen" (1927/28), Bundesarchiv-Filmarchiv Berlin. Siehe auch: Kracauer, Siegfried (1979): Von Caligari bis Hitler. In: Schriften 2: 161; 398–399. Frankfurt am Main.

[9] „Schöpfungsgeschichte" (1923, verschollen) von Otto Hauser. Siehe: Drößler, Rudolf (1988): Flucht aus dem Paradies – Leben, Ausgrabungen und Entdeckungen Otto Hausers. Halle-Leipzig.

[10] Wahrscheinlich 1934 produziert; Bundesarchiv-Filmarchiv Berlin.

[11] Ein Filmbericht über Ausgrabungen in Schlesien 1932. Hergestellt zwischen 1934 und 1939. Dazu: Zotz, Thomas (1986): Wir wandern mit den Ostgermanen. In: Publikationen zu wissenschaftlichen Filmen. Serie 6, Nr.2, Film G 167. Institut für den wissenschaftlichen Film, Göttingen.

[12] Stern, Tom (1993): Archäologie im Film. In: Sommer, Ulrike & Wolfram, Sabine (Hrsg.), Macht der Vergangenheit – Wer macht Vergangenheit. Archäologie und Politik: 66–74. Wilkau-Haßlau. – Weitere Titel von Lehrfilmen bis 1945 lauten: „Vom Dampfpflug bedroht" (1934), „Bronzeguß" (1935), „Zeugen deutscher Vorzeit" (1935), „Reichsburg Kyffhausen" (1937), „Germanen gegen Pharaonen" (1939); alle Bundesarchiv-Filmarchiv Berlin. Siehe auch: Stern, Tom (2001): Le „marketing" de la propagande en préhistoire – Le film archéologique sous le 3ième Reich. In: Schnitzler, Bernadette (Hrsg.) (2001), L´archéologie en Alsace et en Moselle au temps de l´annexion (1940–1944). Ausstellungskatalog Strasbourg: 145–157. Metz.

[13] „Archäologische Funde – Der Moorboden wird untersucht" (1947), Welt im Film 84/1; „Prähistorische Ausgrabungen in Schwaben" (1948), Bundesarchiv-Filmarchiv, Blick in die Welt 29/1948.

[14] „Schätze der Pharaonen" (1949), Welt im Film 208/6; „Wiederaufbau nach 4000 Jahren – Die Tempelruinen von Karnak am Nil" (1949), Welt im Film 200/5.

[15] „Ausgrabungen auf der Hammaburg" (1956), Staatliche Landesbildstelle Hamburg; „Ausgrabungen aus der Römerzeit unter dem Rathaus in Köln" (1956), UFA-Wochenschau 17.3.1956.

[16] „Ein fränkisches Fürstengrab" (1957), Institut für den wissenschaftlichen Film Göttingen. Die Reichsanstalt für Film und Bild in Wissenschaft und Unterricht, die in den 1930er Jahren die Lehrfilme produzierte, findet ihren Nachfolger im Institut für Film und Bild in Wissenschaft und Unterricht in Grünwald bei München.

[17] „Das Grabtuch von Turin" (3.4.1958), Süddeutscher Rundfunk.

[18] An dieser Stelle sollen nur beispielhaft die unterschiedlichen Qualitätsextreme ausgeleuchtet werden: „Spartacus" (1961) von Stanley Kubrick, „Vampire gegen Herakles" (1961) von Mario Bava, „Cleopatra" (1962) von Joseph L. Mankiewicz, „Maciste contro i mongoli" (1964) von Domenico Paolella. Ein ausführlicher Überblick in: Smith, Gary A. (1990): Epic films – Casts, credits and commentary on over 250 historical spectacle movies. Jefferson, North Carolina, and London.

[19] „Cypern – Insel der Aphrodite" (14.4.1968), „Im Lande Kanaan" (31.8.1969); neben diesen Filmen drehte die Regisseurin Irene Zander bis Mitte der 1970er Jahre Reportagen mit archäologischem Inhalt für den Bayerischen Rundfunk.

[20] „Die sieben Weltwunder" (September–November 1966), sechsteilige Reihe im Süddeutschen Rundfunk von Arthur Müller; „Tauchfahrten in die Vergangenheit – Auf den Spuren der Antike" (21.10.1967), Süddeutscher Rundfunk; „Aus der Geschichte der Menschheit" (1965), dreiteilige Lehrfilmreihe, Institut für Film und Bild in Wissenschaft und Unterricht in Grünwald bei München.

[21] „Asterix der Gallier" (1967), „Asterix und Cleopatra" (1968), Frankreich/Belgien, Zeichentrickfilm. „The Flintstones" (deutsch „Familie Feuerstein"), TV-Zeichentrickserie mit 166 Folgen, 1960–1966 in den USA von den Hanna-Barbera Studios produziert, erfreut sich nicht nur bei Kindern größter Beliebtheit.

[22] „Die Jungsteinzeit – Der Mensch wird Bauer" (1970), „Kunst und Magie auf Höhlenwänden" (1970), beide Landesbildstelle Rheinland, Düsseldorf.

[23] „Neandertaler und Höhlenbär – Frühe Gesellschaftsformen der Jägergruppe" (1972), Institut für Weltkunde in Bildung und Forschung, Hamburg; „Handwerker der Steinzeit – Späte Jungsteinzeit in Mitteleuropa, Tl. 1 u. 2" (1972), Landesbildstelle Rheinland, Düsseldorf; „Mensch und Gesellschaft der Bronzezeit" (1973), Landesbildstelle Rheinland, Düsseldorf.

[24] „Träume, die keine blieben – Heinrich Schliemann" (31.5.1977), Südwestfunk, Stuttgart; „Geheimnisse des Meeres: Atlantis Teil 1 u. 2" (16.4./14.5.1978), Westdeutscher Rundfunk, Köln; „Das Geheimnis der Etrusker" (2.11.1979), Bayerischer Rundfunk, München; „Ärger mit der Schatzsuche" (1977), Bayerischer Rundfunk, München; „Länder, Menschen, Abenteuer: Schatzgräber" (12.9.1978), Westdeutscher Rundfunk, Köln; „Wege zu den Göttern? Das Geheimnis der Nazca-Linien" (8.7.1979), Bayerischer Rundfunk, München; „Das Haus der Unsterblichkeit" (14.2.1978), Bayerischer Rundfunk, München.

[25] „Creatures the world forgot" (1970), Großbritannien; der von Don Chaffey gedrehte Film lief in der BRD als „Sex vor sechs Millionen Jahren". Ferner: „Messalina, Messalina" (1977), Italien, aber auch „Caligula" (1979), Italien.

[26] „Die Tempel des Schweigens" (28.1.1978), „Schatzgräber" (12.9.1978), „Eine Brücke ins Morgenland" (10.10.1978), „Spuren im Fels (7.3.1981), „Das Rätsel von Lubaantum" (22.9.1982), „Djebel Chemtou" (24.4.1983), „Neptuns Hexenküche (27.9.1983), „Expedition Mauretanien" (7.9.1984), „Die Nacht der Grabräuber" (21.9.1984), „Hattussa brennt" (18.1.1985), „Piraten am Meeresgrund" (11.12.1985), „Das Geheimnis des Ararat" (13.12.1985), „Die Ahnen der Inkas" (7./14.11.1988), „Die hängenden Gräber der Huaylas" (8.2.1990), „Zeitreise durch Ecuador" (14.5.1990), „Das Rätsel von Nevalı Çori" (15.4.1992), „Die letzten Tasmanier" (10./17.3. 1993).

[27] „Südseeinseln aus Götterhand" (17.1./14.2.1982), „Sie brauchen keine weißen Götter" (28.2.1982), „Die gefiederte Schlange" (20.2.1983), „Auf der Fährte des Jaguars" (29.1.1984), „Die Spur des Giganten" (30.9.1984), „Der Fluch des Pharao" (19.10.1986), „Audienz bei der Königin von Saba" (20.10.1986), „Mumien im Goldland" (25.10.1986), „Im Schatten der Inkasonne" (27.10.1986), „Vorstoß nach Eldorado (17./19.1.1988), „Wo lag Atlantis?" (23./30.10.1988), „Im Kielwasser Sindbads" (25.12.1988), „Canyon der heiligen Vulkane" (27.12.1988), „Die Inseln des Drachenbaums" (21.10.1990), „Die Sternstadt im Chaco Canyon" (4.11.1990), „Als die Götter stürzten" (11.11.1990), „Kreuzfahrt mit Odysseus" (23./30.12.1990), „Die Reiter der Goldenen Horde" (3./10.11.1991), „Safari in die Steinzeit" (29.12.1991), „Vergeßt Kolumbus" (12.4.1992), „Das Blut der Azteken" (26.4.1992), „Die Geister vom Fluß der Gräber" (6.1.1994), „Tod im Schilfmeer" (28.1.1994), „Das Schloß der vergessenen Mumien" (13.2.1994), „Der Fluch des Pharaonen" (19.6.1994), „Karawane nach Petra" (2.6.1995), „Die Abenteuernacht – 15 Jahre Terra X" (24.10.1997), „Der Fluch von Oak Island" (7.12.1997).

[28] Die Reihe besteht aus zwei Staffeln („Vorstoß in die Vergangenheit", März/April 1992, „Archäologische Entdeckungen in Deutschland", No-

[29] Graichen, Gisela (1996): "Raus aus der Mottenkiste". In: Film Club Kiel e. V. (1996): CINARCHEA '96 – Internationales Archäologie-Film-Festival Kiel 24.–28. April 1996. Katalog: 118–121. Kiel.

[30] „Sponsor für die Abfallgrube", ein siebenminütiger Beitrag zur Stadtarchäologie in Dresden. Sponsor ist der später verhaftete Immobilienspekulant Jürgen Schneider. Kultursponsoring oder Imagepflege durch Archäologie? Bei einer Wiederholung der Reihe wird das ZDF diesen Beitrag nicht mehr senden.

[31] „Hannibal – der Schrecken Roms", „Kleopatra – Das letzte Lächeln der Pharaonen", „Der Tod kam übers Meer – Kreta, das verlorene Paradies", „Die Jagd nach dem Bernsteinzimmer", „Alexander der Große erobert die Welt", „Hammer der Welt – Ein Kaiser zwischen Himmel und Hölle", „Todesreiter aus der Steppe".

[32] Dazu: Sphinx – Geheimnisse der Geschichte. In: ZDF Monatsjournal (1994), Heft 12: 10–11. Mainz.

[33] Siehe ebd.

[34] „Mord und Gold – Grabgeheimnisse aus Mazedonien" (3.5.1981), ZDF; „Der Fluch des Sonnengottes" (18.4.1984), SWF; „Engel, Teufel und Dämonen – Die Masken der Sphinx" (5.7.1987), ZDF; „Höhlen – Hexen – Heiligtümer" (10.6.1990), ZDF; „Das Feuer der Menhire" (23.2.1995), BR.

[35] „Geophysiker auf den Spuren der Wikinger" (1980), „Sonde 4/82" (20.6.1982), „Kupferchlorid-Krebs – eine archäologische Katastrophe?" (3.12.1989), „Der hölzerne Kalender – Dendrochronologie in Haithabu" (1994).

[36] „Keramik der Jungsteinzeit" (1983), „Rekonstruktion römischer Reliefkeramik" (1984), „Die Römerschiffe von Mainz – Ausgrabung und Bergung" (1986), „Rekonstruktion eines bronzezeitlichen Langhauses" (1988), „Geräte aus Stein" (1990), „Rentierjäger am Petersfels – ein Beitrag zur experimentellen Archäologie des Paläolithikums in Südwestdeutschland" (1992), „Pretec: Steinbearbeitung" (1994), „Pretec: Speerschleuder" (1994), „Pretec: Pfeil und Bogen" (1994).

[37] „Archäologie am Rhein" (1./29.3.1981), WDR; „Landesarchäologie in Bayern" (28.3.1983), BR; „Die Römer in Westfalen" (1989), Landesbildstelle Westfalen; „Steinzeit in Westfalen" (1990), Landesbildstelle Rheinland; „Von Rom zum Rhein – Die Römer Teile 1–4" (März 1994), BR.

[38] Siehe z. B. „2001 – Odyssee im Weltraum" (GB 1968) von Stanley Kubrick, „Stargate" (USA 1994) von Roland Emmerich. Zum Verhältnis von Sciencefiction und Prähistorie siehe: Kempen, Bernhard (1994): Abenteuer in Gondwanaland und Neandertal – Prähistorische Motive in der Literatur und anderen Medien. Studien zur Phantastischen Literatur 11. Meitingen.

[39] Filmtitel und Aufschlüsselung der Marktanteile siehe: Stern, Tom (1997): Zwischen Glotze und Lehrfilm. Eine Bestandsaufnahme archäologischer Filme für Kinder und Jugendliche. In: Archäologische Informationen 20: 1–7.

[40] „Aha!" von Bernd Fiedler (BRD 1983). Siehe Filmbeschreibung in: Film Club Kiel e. V. (1996): CINARCHEA '96 – Internationales Archäologie-Film-Festival Kiel 24.–28. April 1996. Katalog: 22. Kiel.

[41] „Capreolus" von Dorothee Brill, Dagmar Cee, Barbara Filser (BRD 1995).

[42] „Laokoons Rückkehr – Die Landschaft Troas als Mahnmal des Krieges" von Martin Emele (BRD 1993/94). Siehe Filmbeschreibung in: Film Club Kiel e.V. (1994): CINARCHEA '94 – Internationales Archäologie-Film-Festival Kiel 20.–23. April 1994. Katalog: 42. Kiel.

[43] „Unter römischer Herrschaft" von Enzio Edschmid u. Sabine Wolfram (BRD 1992). Großer Preis der internationalen Jury, CINARCHEA '94 in Kiel.

[44] „Arkona, Rethra, Vineta" von Volker Koepp (DDR/BRD 1990).

[45] Letzte Produktionen u. a.: „Herkules" (USA 1997, Zeichentrickfilm) in den Kinos, „Herkules" (USA 1996/97) und „Xena" (USA 1996/97) in RTL, sowie „Conan" (USA/BRD 1997) im ZDF.

[46] „Die Geld-Maus" (BRD 1995), „Die Rom-Maus" (BRD 1995), „Die Steinzeithaus-Maus" (BRD 1997) von Armin Maiwald, WDR.

[47] „Peters Reise in die Steinzeit" (BRD 1993), ZDF.

[48] Museum Folkwang Essen (1992).

[49] „Raiders of the Lost Ark" (USA 1980), „Indiana Jones and the Temple of Doom" (USA 1983), „Indiana Jones and the Last Crusade" (USA 1988) von Steven Spielberg.

[50] Der Captain der NCC-1701-D Enterprise („Star Trek – The next generation"), Jean-Luc Picard, ist ausgebildeter Archäologe, gewissermaßen ein Raumschiffkommandant auf dem zweiten Bildungsweg.

[51] „The Purple Rose of Kairo" (USA 1984) von Woody Allen.

[52] Im Jahre 1998 als „Nachlese" zur hundertjährigen Symbiose von Archäologie und Film geschrieben, entbehrt diese bei Drucklegung im Jahre 2003 leider der Aktualität. Inzwischen hat Humboldt Schliemann beerbt, „Ötzi" erschien uns im Kino und reinkarnierte später im Fernsehen. „Gladiator" zog nicht nur Massen, sondern auch Seitenblicke (Antike Welt Heft 4, 2000: 427–430) auf sich. Der Werbeboom dagegen entpuppt sich als Flaute. Oder spiegelt dieser Eindruck nur meine Unlust am Verweilen bestimmter Sender? Per aspera ad astra! So haben die CINARCHEA 1998 und 2000 erneut nicht nur das Spektrum archäologischer Filme vorgeführt und honoriert, sondern auch im begleitenden Symposium das Verhältnis von Archäologie und Film thematisiert. Siehe website: http://www.unikiel.de/cinarchea/index.htm.

Weitere Literatur:

Archaeological Institute of America (Hrsg.) (1995): Archaeology on Film. Compiled and edited by Downs, Mary, Allen, Peter S., Meister, Mark J. & Lazio, Carole. Kendall/Hunt Publishing Company. Boston, Massachusetts.

Day, David Howard (1997): A treasure hard to Attain – Images of Archaeology in Popular Film, with a filmography. London.

Film Club Kiel e. V. (Hrsg.): CINARCHEA '94. Internationales Archäologie-Film-Festival Kiel 20.–23. April 1994. Katalog. Kiel.

Film Club Kiel e. V. (Hrsg.): CINARCHEA '96. Internationales Archäologie-Film-Festival Kiel 24.–28. April 1996. Katalog. Kiel.

Film Club Kiel e. V. (Hrsg.): CINARCHEA '98. Internationales Archäologie-Film-Festival Kiel 22.–25. April 1998. Katalog. Kiel.

Film Club Kiel e. V. (Hrsg.): CINARCHEA '00. Internationales Archäologie-Film-Festival Kiel 26.–29. April 2000. Katalog. Kiel.

Koch, Gertrud (1992): Die Einstellung ist die Einstellung. Frankfurt am Main.

Rother, Rainer (1991): Bilder schreiben Geschichte: Der Historiker im Kino. Berlin.

Smith, Paul (Hrsg.) (1976): The Historian and Film. Cambridge.

Antikenrezeption in der Filmarchitektur

Anna Meseure

Zusammenfassung

Monumentalbauten und Massenszenen, Produktionsaufwand und Prunkentfaltung sowie Mythologisierung von Geschichte kennzeichnen den Historienfilm. Der historische Ausstattungsfilm mit antiker Thematik entstand nicht zufällig etwa 1905 in Italien vor dem Hintergrund des griechisch-römischen Erbes, das sich am augenfälligsten in den Überresten antiker Bauten erhalten hat. Nach dem Zweiten Weltkrieg wurden viele der antikisierenden frühen italienischen Ausstattungsfilme als Remakes neu verfilmt. Während in Europa der historische Ausstattungsfilm eher schlecht als recht durch preisgünstige, verkitschte, oft italienische Produktionen überlebte, war der Ausstattungsstil Hollywoods in den USA in erster Linie durch technisches Spezialistentum geprägt. In den 1980er und 1990er Jahren wurde in Hollywood eine neue Gattung von Ausstattungsfilmen produziert, die historische, oft antikisierende Verweise mit Sciencefiction-Szenarien verbindet.

Kein anderes Medium kommt der Mythologisierung der Historie so entgegen wie der Film. Die Möglichkeit, narrative Erzählstrukturen, also volkstümlich tradierte Überlieferungsformen, mit realen Menschen, das heißt mit Schauspielern und mit realen Räumen – seien es szenographische Ausstattungen im Studio oder Aufnahmen im Freien, also perspektivisch weite und tiefe Räume – zu verlebendigen, ist ebenso der Theaterinszenierung wie auch dem historischen Roman überlegen. Denn „im Unterschied zum Roman, wo die Zeit nur begrifflich erfaßbar wird, hat die Zeit im Film volle Gegenwärtigkeit ... Der Film gestaltet im Material des auf dem Filmband aufgezeichneten und zur optischen Wahrnehmbarkeit vorgestellten Bildes, das anschaulich ist und alle Beziehungen, die es herstellt, in der Unmittelbarkeit und Erlebnisnähe diese Anschaulichkeit vollzieht. Das Wort hingegen, das Material also, in welchem der Roman gestaltet, gründet in der Idee und gelangt von der Idee erst zum Bild, weshalb alle Beziehungen, die es untereinander verknüpft, vorerst auf Überlegungen beruhen. Durch das Wort empfängt die Zeit den Charakter eines Begriffs, die Zeit im Roman ist stets vergangen und rational überblickbar ... Im Film erleben wir die Zeit indessen irrational, indem sie nicht als etwas in der Vergangenheit sich Vollziehendes erscheint, sondern als ein in der Gegenwart sich Ereignendes unmittelbar anschaulich wird."[1]. Gleichwohl hat der historische Roman anregend und inspirierend auf die Themenwahl und Publikumsakzeptanz von Historienfilmen gewirkt. Romane wie Edward George Earl Lytton-Bulwers „The Last Days of Pompei" (1835), Felix Dahns „Ein Kampf um Rom" (1876) oder Henryk Sienkiewiczs „Quo vadis?" (1896) waren über Jahrzehnte hinweg jeweils Welterfolge mit ungewöhnlich hohen Auflagen.

Neben dieser volkstümlichen Verankerung rezeptiver Gewohnheiten sind die Historienfilme, die filmtheoretisch zur Gattung Ausstattungsfilm gehören, und dabei vor allem jene, die sich mit der Antike befassen, regradierende Abwehrmechanismen gegen den Beschleunigungs- und Innovationsdruck der Moderne und der Industrialisierung auf den psychischen Haushalt der Menschen. Ihr wichtigster gemeinsamer Nenner ist jedoch zweifelsohne ein produktionstechnisches Element: „Sie alle zeichnet ein außerordentlicher Produktionsaufwand aus und sie sind in der Regel um der größeren Möglichkeiten für die Ausstattung willen in historischem Rahmen angesiedelt, da die Gegenwart vergleichsweise wenig Möglichkeiten zur Prunkentfaltung bietet"[2].

Ebenso kommen gerade im frühen Film vor dem Ersten Weltkrieg die statische Kameraführung und die Abwesenheit von Ton einer luxurierenden Ausstattungsmentalität entgegen. Noch agieren die Schauspieler lediglich theatralisch-gestisch und die filmischen Überzeugungsmittel der psychologischen Differenzierung der Protagonisten durch ihre Sprache (und auch durch Filmmusik) ebenso wie durch rasante Kamerafahrten sind noch nicht gegeben. Und so waren sich Filmemacher aller Länder „schon sehr früh der Tatsache bewußt, daß die seit jeher bestehende Vorliebe breiter Publikumsschichten für großes Gedränge und aufwendige Darbietungen auch für den Film nutzbar gemacht werden könnte."[3].

Nicht zufällig entsteht etwa ab 1905 der historische Ausstattungsfilm in Italien, weil hier einerseits die griechisch-römische Tradition unmittelbar in den Städten, einzelnen Bauten, aber auch den Ausgrabungsorten jedermann vor Augen stand, und weil andererseits bereits ab 1906 die beiden ersten italienischen Filmstudios in Rom von Filoteo Alberini und seinem Kollegen Santoni zur Filmgesellschaft „Cinès" vereinigt wurden. Schon 1907 gab es ca. 500 Kinos in Italien. Eine weitere wichtige Produktionsgesellschaft, die „Itala", wurde 1908 in Turin gegründet.

Verfilmt wurden neben den antikisierenden Themen wie dem Fall von Troja, der Odyssee oder der Zerstörung Pompejis auch literarische Klassiker wie Shakespeare, Dante, Tasso oder Manzoni. Die Beliebtheit des historischen Ausstattungsfilms gerade in Italien lag sicher auch an einer ungebrochenen Theater- und Operntradition. Von den frühen relativ kurzen, gleichwohl schon episch angelegten Stummfilmen wird Luigi Maggis „Die letzten Tage von Pompeji" (1908) erstmalig ein Welterfolg. Zum ersten Mal werden hier die filmischen Ausdrucksmittel und der Handlungsablauf auf eine spektakuläre Kulmination hin parallelisiert: Szenen im „Circus Maximus" und der Ausbruch des Vesuvs werden collageartig verschränkt gegeneinander geschnitten. Bis heute kennzeichnet eine solche Erzählstruktur die meisten Historienfilme.

Die Spezifik dieser Ausstattungsfilme wird vielleicht am deutlichsten durch den 1912 von Enrico Guazzoni für Cinès produzierten Film „Quo Vadis?" repräsentiert, dessen Drehbuch der Regisseur nach dem Roman von Henryk Sienkiewicz gestaltete. Er war zu seiner Zeit der aufwendigste Film der Welt und sowohl in finanzieller als auch künstlerischer Hinsicht ein ungeheurer Erfolg. So erklärte der Bildhauer Auguste Rodin diesen Film zu einem Meisterwerk. Hier wurde dem Publikum ein bis dahin unübertroffenes Spektakel mit Menschenmassen, wirklichen Löwen und Monumentalbauten geboten. Der quantitative Aufwand, die Vorlieben für kolossale Massenszenen und Räume steigern sich kontinuierlich. Immer mehr bestimmt die Architektur die Wirkung und fungiert neben den Kostümen als psychologisches Passepartout für die Charakterisierung der Personen und Handlungsabläufe.

Zeitgenössische Kritiken beschreiben die „extreme Faszination, die dieses italienische Filmgenre ab 1908 ... ausübt. Sie liegt neben der Neuerung der episch-visuellen Breite der Erzählung nicht zuletzt in deren realistischer Erscheinung, vorzugsweise in den Außenaufnahmen. Darin nämlich scheint mir die Wirkung der Größe und Großartigkeit von Dekoration und Personal begründet: Das neue Massenmedium bildet massenhaft ‚wirkliche' Menschen in ‚wirklichen' Räumen und Dekorationen ab. Diese Wirklichkeitsreferenz bestimmt vorrangig nicht nur die Reizattraktion, sondern die Sinnkonstitution beim Zuschauer einschließlich ihrer ideologischen Implikationen. Sie verstärkt und formt vorhandene Geschichts-Bilder, trägt folglich strukturell, doch direkter als die meisten anderen Genres, bei zum allgemeinen Bewußtsein von Geschichte und Gesellschaft."[4].

An den weltweiten Erfolg des ersten Pompeji-Films von 1908 knüpfte ein Jahr später Giovanni Pastrones „Der Untergang Trojas" an, in dem die epische Vorlage in eine lose Folge einzelner Stationen umgesetzt wird. In einigen Szenen erreicht die Filmarchitektur monumentale Ausmaße, etwa bei dem Palast des Menelaos. Auch in diesem Streifen wird die historische Vorlage gefühl- und phantasievoll durch „realistische" Kinobilder vergegenwärtigt. Enrico Guazzoni verfilmt 1910 mit bereits 2000 Statisten ebenso erfolgreich „Agrippina", Roberto Omegna 1909 die in ihrer Dialektik von Macht und Wahnsinn besonders faszinierende Figur des römischen Kaisers Nero, dem in der Folge zahlreiche weitere Verfilmungen gewidmet werden sollten. Die sicherlich bekannteste Verkörperung Neros lieferte Peter Ustinov in der dritten „Quo Vadis"-Verfilmung von 1951. Aber gerade jener erste „Quo Vadis?"-Film von Guazzoni zeigte bereits, dass die vorgeblich so weit von der Gegenwart der Zuschauer entfernten Sujets immer auch politische und soziale Parameter ihrer Entstehungszeit spiegeln.

In diesem Zusammenhang bemerkt Imbert Schenk: „Ab 1911/12 lassen sich die immer weiter gesteigerte Monumentalität und die Massenbewegungen der Historienfilme mit ihren Thematiken des (antiken) römischen Imperialismus eng mit dem wachsenden italienischen Nationalismus und Imperialismus verbinden. Letztere drücken sich im Lybien-Krieg (gegen die Türkei) ebenso aus wie im chauvinistischen Irredentismus bzw. Interventionismus unmittelbar vor dem Ersten Weltkrieg, indem sich die unterschiedlichsten politischen und sozialen Fraktionen zusammenfinden. Trotzdem ist das ideologische Band, das die Historienfilme mit der italienischen Ideologiegeschichte verbindet, nur selten Ausdruck manifester, vielmehr meist struktureller und diffuser Ideologie ... damit aber psychisch tiefenwirksamer. Es ist die eindrucksvolle Visualisierung von (militärischer) Stärke und kollektiver und individueller Kraft, von Größe und Macht der vorgeblichen Vorfahren, die sich mit dem beim Publikum vorhandenen Ideologemen zu Geschichte und Gesellschaft verzahnen, um darüber die Wirkung der unmittelbaren politischen Propaganda des Nationalismus aufzuladen."[5].

Obwohl die zeitgenössische Kritik sowohl „Bezauberung wie Erschrecken" empfindet, feiert der Film nicht nur in Italien, sondern auch in Paris, London und New York triumphale Erfolge. Abwechselnd werden Szenen mit kleinen Gruppen und Menschenmassen montiert, aber schon auch mit den „modernen" Kameraeinstellungen von Totale und Halbtotale miteinander verschränkt. Damit wird die bis dahin dominante theatralisch-illusionäre Perspektive durch eine genuin filmische Tiefenschichtung ersetzt. „Manche Filmtheoretiker meinen, dass Guazzoni den Raum nicht nur benutzt, sondern erobert. Was man spüre, sei nicht der Raum, sondern die Ausdehnung."[6]. Gladiatorenkämpfe, Wagenrennen, Christenopfer sind als Massenszenen gleichzeitig mit der Hervorhebung einzelner, handlungstragender Protagonisten zu sehen: Eine Psychologisierung, die Siegfried Kracauers „Ornament und Masse"-Theorem vorwegzunehmen scheint[7].

Massive, zum Teil begehbare klassische Gebäude großen Ausmaßes waren nötig, um Guazzonis Anspruch einer gesteigerten Raumperspektive zu genügen, deren Wahrnehmung sich durch eine Kameraführung in Augenhöhe der Darsteller noch intensiviert. Auch staffelt der Regisseur hier ebenso wie in seinem 1914 gedrehten Film „Gajus Julius Caesar" vertikal und diagonal die Bewegung der Massen und Gruppen im Raum. Im Caesar-Film wird in einer Mischung von Politischem und Privatem Caesars Lebensweg geschildert, die Kriege, die Verbannung, die unglückliche Liebe zu Servilia, die Rückkehr nach Rom und seine Ermordung. Auch hier gibt es den Einstellungswechsel von Totale und Halbtotale, obwohl die Kamera weiterhin statisch bleibt. Guazzonis Prinzip, Tiefenräumlichkeit durch Staffelung der Massen zu erreichen, wird besonders deutlich am Beispiel eines riesigen Trauerzuges, der nach der Ermordung Caesars vertikal durch das gesamte Bild auf einen klassischen Säulenbau zumarschiert, der der Tiefenräumlichkeit Halt gibt, sie gleichzeitig begrenzt und fokussiert.

Schon aber auch macht sich innerhalb der Filmwirtschaft Konkurrenz bemerkbar. Mario Caserini verfilmt erneut „Die letzten Tage von Pompeji" als Antwort seiner Produktionsfirma Ambrosio auf den erfolgreichen „Quo Vadis?"-Film der Firma Cinès. Beide Filme kommen im Jahr 1912 in die Kinos. Bei der New Yorker Uraufführung des Pompeji-Films von Caserini im Dezember 1913 im umgebauten „Regent Theatre" wird der Film mit Orgel und Orchester zelebriert und zusätzlich tritt sogar ein togabekleideter Ansager auf.

Der Höhepunkt dieser Entwicklung des italienischen Ausstattungsfilms ist zweifellos der 1914 von Piero Fosco und Giovanni Pastrone gedrehte Film „Cabiria" (Abb. 1).

Er schildert die Abenteuer des Sklavenmädchens Cabiria während des Zweiten Punischen Krieges und beruht auf dem Roman „Karthago in Flammen" von Emilio Salgari. Ursprünglich betrug die Laufzeit mehr als vier Stunden. Dieses Monumentalwerk, welches in erstaunlichem Maße von Giovanni Pastrone alleine gestaltet wurde, wird als der erste Film betrachtet, der von einer eigentlichen Filmregie zeugt. Die Dreharbeiten in Studios und an sorgfältig ausgewählten Schauplätzen, in Sizilien, Tunesien und den Alpen, dauerten sechs Monate. Die Dekore und Kostüme waren kunstvoll stilisiert, die Ausstattungsbauten massiv konstruiert und hatten zum Teil gigantische Ausmaße. Neben der historischen Genauigkeit der filmischen Rekonstruktion – Pastrone soll u. a. Vorlagen im Pariser Louvre studiert haben – sind vor allem einige technische Neuerungen der Kameraführung ungewöhnlich. So wurde die Kamera auf einem Kamerawagen und einem primitiven Kran bewegt und fuhr an

Abb. 1: Cabiria, 1914, Standfoto. (Foto: Deutsches Filmmuseum Frankfurt am Main).

den Mauern entlang oder durch die Innenräume. Auch in der Beleuchtung gab es Neuerungen. So verwendete Pastrone Kunstlicht, um gezielt bestimmte Lichtwirkungen zu erreichen.

Als literarischer Berater fungierte der proto-faschistische Dichter und Erzähler Gabriele d'Annunzio, dem man zunächst aus Prestigegründen in der Werbung den gesamten Film zuschrieb. Erst als er 1931 als Tonfilm erneut in die Kinos kam, wurde die bestimmende Rolle Giovanni Pastrones deutlich. D'Annunzios Funktion beschränkte sich lediglich auf die hoch bezahlte Abfassung der Zwischentitel und die Wahl der Namen für einige der Personen. Am Anfang des historischen Einführungstextes formulierte d'Annunzio: „Das dritte Jahrhundert vor Christus ... bildet den Hintergrund für die nachstehende abenteuerliche Handlung und bietet vielleicht die erschütterndste aller Tragödien im Kampf der Völker und Rassen ... Die Flamme des Kriegs wandelt die Völker in eine einzige glühende Masse, die dann Rom nach seinem Ebenbilde zu schmieden sucht. Das Unglück selbst – so der Einfall Hannibals in Italien – scheint die Glut nur anzufachen. ... Rom atmet nichts als Willen zum Widerstand und Todesverachtung. Nichts gleicht in ihrem unwiderstehlichen Rhythmus der Schlagkraft und Ausdauer dieser Stadt, der Stadt des rauhen Helden, in dem sich der wilde Geist des italischen Mars mit der geheimnisvollen Seele der orientalischen Vesta vereint."[8].

In dem Film werden die historischen Handlungselemente in parallelen Erzählsträngen und mit wechselnden Montagen präsentiert, mit riesigem Aufwand an Material und Menschen. Die Kosten des Filmes übertrafen sogar noch jene des ersten „Quo Vadis?"-Films. Vielleicht durch die historische Genauigkeit bedingt, hatte der Film auch großen Erfolg gerade bei einem kultivierten Publikum: So wurde er in einem der elegantesten New Yorker Filmtheater – dem Astor – aufgeführt. Der Erfolg dieses Films und des Pompeji-Streifens in den USA ermöglichten es dann David Wark Griffith, seinen epischen Film „Die Geburt einer Nation" über den amerikanischen Bürgerkrieg (1915), dessen Dreharbeiten Mitte 1914 begannen, zu einem Zeitpunkt, als die italienischen Filme bereits in den USA zu sehen waren, zu finanzieren. „Cabiria" und „The Birth of a Nation" beherrschten 1915 weltweit die

Spielpläne der Kinos. Beide Regisseure – Pastrone und Griffith – mythisieren die Historie im Sinne der Roland Barthes'schen Theorie, nach der der Mythos eine Sprache ist, in der man von einer anderen spricht, Geschichte also enthistorisiert wird[9].

Die Filmarchitektur in „Cabiria" ist nun vollends ins Phantastisch-Mythische gewendet, etwa der Hof von Karthago oder der Tempel des flammenspeienden, menschenverschlingenden Molochs, dem Cabiria geopfert werden soll. Die oft märchenhafte Anmutung einzelner Szenen bestätigt volkstümliche Bildungsklischees der römischen Geschichte: Prunk und Intrigen, Sklaven und Prinzessinnen, Flotten und Kriege; ein Kaleidoskop von Irrungen und Wirrungen, welches den Zweiten Punischen Krieg im 3. Jahrhundert v. Chr. lediglich als Hintergrund abenteuergesättigter Lebenswege begreift: „Die Eroberung von Raum und Geschichte durch den Blick von ebenso realistischen wie märchenhaften Bildern, das Phantasieren von Stärke, Macht und Güte, bilden ein zugkräftiges Kinoversprechen für den Gefühlshaushalt der Zuschauer. Ein Versprechen des monumentalen Historienfilms, das fast konkurrenzlos ist, weil es vorgibt, die infantile Dimension des Ich zugunsten einer realitätstüchtigen erwachsenen abzulösen – in einem kinogebunden-regredienten Vorgang"[10]. Insgesamt aber ist sich die Filmkritik einig, dass in Cabiria eine „künstlerische" Vollendung vorliegt, die innerhalb der Filmgattung der historischen Ausstattungsfilme später nie mehr erreicht wurde.

Nach dem Ersten Weltkrieg wurde im expressionistischen Film vor allem eine spezifische Mittelalternostalgie gepflegt mit Querverweisen auf die „schwarze" Tradition der deutschen Romantik mit ihrer Attraktivität dämonischer Wesen und psychischer Deformierungen. Die äußere Welt, also auch die Filmszenografie, sollte die innerpsychischen Zustände der Menschen abbilden und spiegeln. Der Kampf des Einzelnen gegen die Masse, das kleine Glück gegen die anonym bedrohliche Großstadt sind Topoi, die hier oft wiederkehren – vielleicht am bekanntesten in Fritz Langs „Metropolis" –, aber durchaus in der unmittelbaren Gegenwart der Entstehungszeit der Filme angesiedelt werden. Historische Rückblicke, wenn überhaupt, thematisieren germanische, nicht antike Zusammenhänge, etwa in Fritz Langs „Die Nibelungen" (1921)[11].

Der erste bedeutende historische Ausstattungsfilm der USA war „Intolerance" von David Wark Griffith (1916), der das Thema als zeitüberdauernde Erscheinung darstellt. Die historischen Geschichten werden der kapitalistischen Intoleranz der Gegenwart kontrastiert: Der Weg Christi zur Kreuzigung, die mittelalterliche Bartholomäusnacht und die Auslieferung Belsazars an die Perser durch Verrat. Besonders der Teil über Babylonien trug wegen der immensen Kostspieligkeit der Ausstattung zum finanziellen Fiasko des Gesamtfilmes bei: Trotzdem gilt dieser Film, der 1919 auch in die Sowjetunion gelangte und dort großen Einfluss ausübte – wegen seiner extrem beweglichen Kameraführung und seiner kühnen Gesamtkonzeption – als beste Arbeit von Griffith.

1925 drehte Fred Niblo „Ben Hur" nach dem Bestsellerroman von General Lew Wallace, der 1880 erschienen war und vor allem als Bühnenversion überwältigenden Erfolg hatte. Die Dreharbeiten waren von Skandalen begleitet, so wechselten die Regisseure mehrmals ebenso wie der Hauptdarsteller. Die bei Livorno gedrehten Aufnahmen der Seeschlacht mit Berichten über angebliche Unfälle und Todesfälle trugen zur Legendenbildung um den Film bereits vor seiner Fertigstellung bei. Insbesondere das hervorragend inszenierte Wagenrennen, welches durch Kameraaufnahmen von fahrenden Autos herab gefilmt wurde, war in seiner Dynamik eine völlig neue Filmerfahrung. Schon allein deswegen hat der Film seinen festen Platz in der Filmgeschichte.

Nach dem Zweiten Weltkrieg wurden viele der antikisierenden frühen italienischen Ausstattungsfilme als Remakes neu verfilmt. Die Rezeptionsgewohnheiten des Publikums allerdings hatten sich verändert. Die Betonung der Stars, vor allem der weiblichen Diven, und die Möglichkeiten des Tonfilms verstärkten die Konzentration auf die Darsteller. Es kam hinzu, dass der Ausstattungsstil Hollywoods in erster Linie durch technisches Spezialistentum geprägt war und ist: „Gipsgießer und Verputzer, Schreiner, Maler, Polsterer und Dekorateure verwirklichen die Entwürfe der Filmarchitekten mit großer Geschwindigkeit und handwerklicher Perfektion. Geringere Beachtung erfuhren demgegenüber die spezifischen Erfordernisse des jeweiligen Films, so daß die Ausstattungen relativ uniform ausfielen und der Name des Architekten wenig sagte."[12].

Im Jahr 1949 wurden „Die letzten Tage von Pompeji" erneut verfilmt, ein Streifen, in dem die Filmarchitektur eine wilde Mischung aus korinthischen Säulen, römischer Bossenquaderung, ägyptisierenden Hieroglyphen an den Wänden, ravennatischen Mosaiken, eine Phalanx von Pharao-Figuren und ägyptisierende Kostüme und Haartrachten aufwies. 1951 drehte Mervyn LeRoy in Italien das Remake von „Quo Vadis?", einen Film, der die für die damalige Zeit phantastische Summe von acht Millionen Dollar verschlang und die Ateliers von Cinecittà zwei Jahre lang belegte. Die Bauten waren enorm aufwendig, die Wagenrennen so halsbrecherisch wie im ersten „Ben Hur"-Film, die Zirkuskämpfe deutlich blutig und Rom brannte ganz prächtig. Florale und mäandrierende Bodenmuster waren scherenschnitthaft übermäßig verdeutlicht und unter filmkünstlerischen Gesichtspunkten konnte nur die Darstellung des verweichlichten Nero durch Peter Ustinov überzeugen.

Eine ähnlich holzschnitthafte Vereinfachung der Historie zeigte William Wylers 1959 gedrehtes Remake von „Ben Hur", ein dreieinhalbstündiges Werk, in dem Charlton Heston den Titelhelden gab. Trotz Verwendung modernster Techniken, etwa dem Stereoton, erhob sich der Film nicht aus der Masse der routinierten Geschichtsstreifen der 1950er Jahre. Die Dialoge allerdings hatten mehr Qualität: Sie stammten u. a. von dem englischen Dramatiker Christopher Fry. Das offizielle Pressematerial der Standfotos dieses MGM-Films zierten überdeutliche Mäander, um auch dem letzten, eher unbedarften Betrachter die Historizität des Streifens deutlich zu machen. Die historischen Verweise der Ausstattung waren ein Sammelsurium antikisierender Anspielungen von assyrischen Greifen bis zu überdimensionierten Kolossalsäulen, die weder Rom noch Athen so monumental jemals aufgewiesen hatten. Die tempelfassadenartige Begrenzung des Wagenrennenareals war analog dem Hatschepsut-Tempel im Tal der Könige in Felsformationen eingebettet. Der englische Filmkritiker Kevin Brownlow bezeichnete den Film als „heroic fiasco"[13]. Wenn sich dies auch eher auf die Verfilmung von 1925 bezog, so beschreibt diese Formulierung durchaus auch das Remake.

1960 verfilmte Stanley Kubrick die Geschichte des rebellischen Sklaven „Spartacus" als den Widerstand eines Einzelnen gegen eine repressive soziale Umwelt. Das Drehbuch stammte von Dalton Trumbo, der in den 1940er Jahren einer der höchst bezahlten Autoren Hollywoods gewesen war, dann aber ab 1947 auf die schwarze Liste des Senators McCarthy geriet. Unter dem Pseudonym Robert Rich erhielt er für sein Drehbuch für den Film „The Brave One" (1957) einen Oscar. Erst mit dem „Spartacus"-Film und gleichzeitig mit dem Film „Exodus" wurde sein Name wieder genannt und Trumbo wurde erneut zu einem der gefragtesten Autoren der Branche.

Mit beachtlicher Intelligenz wurde die Titelrolle in diesem Spartacus-Streifen von Kirk Douglas verkörpert. Neben ihm spielten Laurence Olivier und Jean Simmons sowie Peter Ustinov und Charles Laughton. Die gezeichneten Pressebilder, etwa von Laurence Olivier als „Crassus" oder Charles Laughton als „Gracchus", setzen ganz auf die Physiognomie der Darsteller, während die Ausstattung im Hintergrund nur angedeutet wird. Diese war den 1950er Jahren entsprechend verkitscht: Mit heutiger Seherfahrung rückwirkend betrachtet fast Pop-Art-mäßig selbstironisch, wenn etwa römische Soldaten großzügig geschwungene, eher an Oberbayern erinnernde Alpenhörner blasen oder der Fußboden im Senatsrund mit martialischen, in Gelb und Blau abwechselnden Streifen daherkommt.

Im Jahr 1962 verfilmte Joseph L. Mankiewicz in einer ebenso opulenten wie spektakulären Darstellung das Leben Kleopatras mit Elizabeth Taylor in der Titelrolle, Richard Burton als Marc Anton und Rex Harrison als Julius Caesar. Nach vierjährigen Aufnahmearbeiten waren etwa 40 Millionen Dollar verbraucht. Bis zum Ende der 1970er Jahre war dieser Film damit das teuerste Werk in der Filmgeschichte überhaupt. Obwohl nach sechs Jahren 26 Millionen Dollar eingespielt waren, führten die Kosten fast zum Ruin der Produktionsgesellschaft Twentieth Century-Fox. Der Film, der in Rom gedreht wurde und durch das Bekanntwerden des Verhältnisses von Elizabeth Taylor mit Richard Burton Skandalgeschichte schrieb, zeigt in seinen Bauten die nämliche Geschichtsmixtur aus ägyptisierenden und römischen Motiven, die hier allerdings durch die Thematik einigermaßen gerechtfertigt erscheinen.

In Europa schuf der polnische Regisseur und Drehbuchautor Jerzy Kawalerowicz 1965 das epische Werk „Faraon", das als Ausstattungsfilm eher zurückhaltend war und die Ausstattung eher als Mittel einer psychologischen Sicht der Protagonisten auffasste. Mit der Betonung der psychologischen Motive des Geschehens ist dieser historische Ausstattungsfilm eher eine Ausnahme, der sich auch um Geschichtsverständnis und Realismus bemüht. Ansonsten aber dominierte in Europa der italienische „Neo-Realismus" der Kriegs- und Nachkriegszeit (Roberto Rosselini, Vittorio de Sica) mit dem ungeschminkten Realismus seiner Thematiken und der Abkehr von der Künstlichkeit der Studiodekorationen die Filmproduktion der 1950er Jahre ebenso wie die französische „Nouvelle Vague" mit Jean-Luc Godard und Louis Malle die 1960er Jahre. In diesem Zeitraum der 1960er, auch noch der 1970er Jahre überlebte der historische Ausstattungsfilm eher schlecht als recht nur durch preisgünstige, verkitschte, oft italienische Produktionen, die im Volksmund als „Sandalenfilme" bezeichnet werden.

Erst in den 1980er und 1990er Jahren reüssierte – wiederum in Hollywood – eine völlig andere Gattung von Ausstattungsfilmen, die historische, oft antikisierende Verweise mit Sciencefiction-Szenarien verbindet. So zeigt etwa Ridley Scotts Film „Blade Runner" (1982) – vom Gros der Filmkritik übereinstimmend als wichtigster Film der 1980er Jahre bezeichnet – ein düsteres Großstadtszenario, welches tricktechnisch mit großformatigen, so genannten Matte-Paintings des Szenographen Syd Mead visualisiert wird[14].

Die Geschichte der Selbstfindung eines so genannten „Replikanten", also ei-

Abb. 2: Stargate, 1994, Standfoto. (Foto: Deutsches Filmmuseum Frankfurt am Main).

Abb. 3: Stargate, 1994, Standfoto. (Foto: Deutsches Filmmuseum Frankfurt am Main).

nes künstlich erzeugten Menschen, thematisiert das prinzipielle Misstrauen gegenüber Wahrheit und Wirklichkeit, welches spätestens durch die Verdoppelungsmöglichkeit über elektronische Bildwelten inzwischen im Bewusstsein der Allgemeinheit Allgemeingut geworden ist. Vor allem ägyptisierende Motive – Sarkophage oder pyramidal aufsteigende, gigantische, uneinnehmbar erscheinende Trutzburgen der neuen, „faschistoiden" Herrscher – werden mit albtraumhaften, bedrohlichen Großstadtszenarien gemischt, die die Technizität des Metropolis-Sujets biomorph verrottet erscheinen lassen. Insofern ist die Ausstattungs-Ästhetik des „Alien"-Films von H. R. Giger (1979) hier noch spürbar. Auch dieser Film wurde von Ridley Scott gedreht, der mit ihm und „Blade Runner" das filmische Genre der Sciencefiction revolutionierte.

Roland Emmerichs „Stargate" (1994) mit Kurt Russell und James Spader in den Hauptrollen überblendet eine futurologische mit einer antiken Thematik. Das Ergebnis einer antiken Ausgrabung, ein großer Steinring, wird erst nach Jahrzehnten als Relikt einer außerirdischen Zivilisation entschlüsselt und dient nach seiner Reaktivierung als multidimensionales Tor zu einem Planeten einer anderen Galaxis. Hier fristen die Nachkommen ehemaliger Erdlinge, die die kosmischen Besucher vor Äonen als Sklaven auf ihren Planeten verbrachten, ein kümmerliches, primitives Dasein, kontrolliert von einem Hightech-Szenario fliegender Überwachungsmaschinen, die vom pharaohaft gegebenen Anführer der Herrscherelite kontrolliert werden (Abb. 2 und 3). Dieser selbst wiederum ist nur die in einer menschlichen Hülle überlebensfähige, nicht alternde Inkarnation einer rein energetischen Lebensform, der es nun aber offenbar gefällt, ihre Macht in einem ägyptisierenden Ambiente auszuüben. Der gesamte Film argumentiert mit einer hybriden Logik der Mischung von Antike und Zukunft, in der energetische Laserwaffen und Ritualspeere, karnakartige Tempelräume und steinerne Wiederbelebungssarkophage eine Phantasiemischung erzeugen, die der in der zweiten Hälfte der 1990er Jahre kurz vor dem Ende des Jahrtausends grassierenden Mysteryeuphorie Vorschub leistet und zugleich diese Erwartungshaltung in Rechnung stellt. Schon Stanley Kubricks Film „2001: A Space Odyssey" hatte ja in den 1970er Jahren mit dem Vorstellungsbild extra-terrestrischer, quasi-archäologischer Artefakte fremder Intelligenzen gespielt. Der Ausstattungsfilm hat sich also in jüngster Zeit neues Terrain erobert, in dem er die Historizität in die Zukunft transzendiert.

Anmerkungen / Literatur:

[1] Schlappner, Martin (1960): Filmkunst – eine Bildkunst. In: Der Film. Geschichte, Technik, Gestaltungsmittel, Bedeutung: 13–25; 19 f. Zürich.

[2] Zitat nach: Buchers Enzyklopädie des Films (1977): 55 s. v. „Ausstattungsfilm". Luzern, Frankfurt am Main.

[3] a.a.O. (Anm. 2).

[4] Schenk, Imbert (1991): Der italienische Historienfilm von 1905–1914: 17. Bremen. Vgl. die ausführlichen Darstellungen der Handlungsstränge in diesem Beitrag ebenso wie die Schilderung der internationalen Erfolge dieser Filme, vor allem in den USA und England ab etwa 1910.

[5] Schenk a.a.O. (Anm. 4): 23 f.

[6] Zitat nach: Schenk a.a.O. (Anm. 4): 25, der sich auf Mitry bezieht.

[7] Vgl.: Kracauer, Siegfried (1977): Ornament und Masse. Frankfurt am Main.

[8] Zitat nach der Übersetzung von Karl Gustav Vollmoeller. Vgl.: Pastrone, Giovanni (1977): Cabiria: 211 f. Torino.

[9] Barthes, Roland (1981): Mythen des Alltags: 85 ff. Frankfurt am Main.

[10] Schenk a.a.O. (Anm. 4): 48.

[11] Zur expressionistischen Filmarchitektur vgl.: Fischer, Volker (1984): Le Décor, Elément de Psychogramme. Sur l'architecture dans le film expressioniste. In: Images et imaginaires d'architecture, Centre Pompidou, Paris; sowie die Zusammenstellung zeitgenössischer Diskussionen über die Rolle der Filmarchitektur im Expressionismus in: Neumann, Dietrich (Hrsg.) (1996): Filmarchitektur. Von Metropolis bis Blade Runner: 13–38. München, New York.

[12] Zitat nach s. v. „Ausstattungsfilm" a.a.O. (Anm. 2): 54.

[13] Vgl.: Brownlow, Kevin (1968): The Heroic Fiasco: Ben Hur. In: The Parade's Gone By. London.

[14] Vgl.: Webb, Michael (1996): „So wie heute, nur übersteigert": Die glaubhafte Anti-Utopie von Blade Runner. In: Neumann a.a.O. (Anm. 11): 44–47.

Rezension: „Ein Traum von Rom"
Ridley Scotts Film „Gladiator" und die Wiedergeburt des Sandalengenres

Marcus Junkelmann

Zusammenfassung

Mit Ridley Scotts Oscar-gekröntem „Gladiator" ist seit 36-jähriger Pause erstmals wieder ein neuer römischer Monumentalfilm auf die Leinwand gekommen. Das Genre war vor allem wegen seiner enormen Kostspieligkeit und der unkalkulierbaren Risiken ins Abseits geraten. Computergenerierte Massenszenen und Bauten haben jetzt eine Renaissance ermöglicht. Ridley Scott arbeitet den traditionellen Gegensatz zwischen republikanisch-tugendhaftem und kaiserlich-korruptem Rom mit Konsequenz heraus und legt den Schwerpunkt auf die spektakuläre Massenmanipulation im Amphitheater. Entstanden ist ein streckenweise mitreißender, atmosphärisch und schauspielerisch starker, in historischer und archäologischer Hinsicht aber vielfach irreführender Film über den Gebrauch und Missbrauch der Medien damals und heute.

„Rom, das war einmal ein Traum. Man durfte nur flüsternd davon sprechen. Nur ein wenig lauter, und er würde verschwinden, so zerbrechlich war er, und ich befürchte, dass er diesen Winter nicht überleben wird. Maximus, lass uns gemeinsam flüstern …"
  Richard Harris als Marcus Aurelius in „Gladiator", Sequenz V[1].
„Marcus Aurelius hatte einen Traum von Rom, Proximo, doch das ist er nicht, das ist er nicht!"
  Russell Crowe als Maximus in „Gladiator", Sequenz XVIII[2].

Nach 36-jähriger Pause ist pünktlich zum Jahrtausendwechsel der „römische" Monumentalfilm wiedergekehrt, und das mit Eklat. Über 100 Millionen Dollar hat Ridley Scotts Epos „Gladiator" gekostet, 35 Millionen hat es schon am ersten Wochenende in den USA wieder eingespielt und bei den Oscar-Verleihungen für das Jahr 2000 avancierte Scotts „Gladiator" mit fünf „Academy Awards", darunter die begehrtesten Oscars als „bester Film" und für den „besten Hauptdarsteller" (ferner „bester Ton", „beste Kostüme" und „beste Spezialeffekte") zum meistausgezeichneten Film.

Dass der Erfolg eine Flut von Nachfolgefilmen provozieren und eine neue Ära des „Sandalenfilms" einleiten wird, wie das 1951 mit dem MGM-Hit „Quo vadis" der Fall war, scheint sich schon abzuzeichnen: In Polen ist soeben (2002) eine Neuverfilmung von „Quo vadis" herausgekommen, in den USA sind Filme über die Thermopylenschlacht und über Alexander den Großen in der Produktion.

Für jemanden wie mich, der – Jahrgang 1949 – in der Glanzzeit des monumentalen Historienfilms großgeworden ist, die 1964 mit Anthony Manns und Samuel Bronstons ominös betiteltem „Der Untergang des römischen Reiches" ihr Ende fand, ist die glanzvolle Renaissance des totgeglaubten Genres ein Erlebnis, das unvermeidlich eine gewisse Nostalgie auslöst. Und natürlich drängen sich Fragen auf. Warum wurden so lange keine Filme dieser Art gedreht, warum gerade jetzt? Wie setzt sich „Gladiator" mit seinen großen Vorbildern auseinander, was hat er mit ihnen gemeinsam, worin unterscheidet er sich? Wie kommt er bei Publikum und Kritik an? Und was ist vom Standpunkt des Historikers und Archäologen zu diesem Film zu sagen[3]?

An der Breitenwirkung und am finanziellen Erfolg von „Gladiator" ist nicht zu zweifeln, es war der Kassenschlager des Jahres 2000, und der Boom ist noch nicht zu Ende. Die Kritik reagierte sehr kontrovers, wobei zu berücksichtigen ist, dass viele Cineasten diesem bombastischen Genre mit großen Vorurteilen gegenüberstehen, obwohl es gerade in den letzten Jahren nicht an filmhistorischen Arbeiten gefehlt hat, die den lange vernachlässigten historischen Monumentalfilm mit dem Interesse und mit dem Verständnis, die er verdient, unter die Lupe nahmen[4].

Neben dem Zauberwerk des digital inszenierten Rom waren es vor allem die Brutalität der zahlreichen Kampfszenen, die deutlich herausgearbeiteten Parallelen zwischen antiker und moderner Massenunterhaltung sowie die schlicht-direkte Handlungs- und Personenstruktur, welche zur Kommentierung herausforderten[5]. „Totschläger-Kino" im Rahmen eines „blutgetränkten Lehrstücks über Demokratie für Zurückgebliebene" nennt Robert Buchschwerter den Film und charakterisiert das Plot mit der simplen Formel: „Am Anfang war das Massaker, und das Massaker gebar einen Helden, und dieser Held sollte das Schicksal des römischen Reiches bestimmen."[6]. Stefan Grissemann spricht von „einem überproduzierten, mit Überlänge und Ödnis ausgestatteten Monumentalfilm, der die Gewalt der Männer mit dazu passender Blut- und Boden-Ideologie vermengt."[7]. David Salomon fasst sein Urteil schon in der Überschrift zusammen: „Schinken im Römertopf. Guter Kaiser, böser Kaiser, schlechter Film."[8].

Für Helmut Krausser dagegen ist „Gladiator" „ein schlichter, bisweilen grobschlächtiger Film", doch ist seiner Ansicht nach gegen die „Ästhetisierung der Gewalt" nichts zu sagen, „wo sie ästhetisierte Gewalt zum Thema hat", und er bescheinigt Ridley Scott „eine neue, weil gründlich vergessene Archaik der Bilder, die manche reaktionär nennen werden, andere wahrhaftig. Aber vielleicht gibt es Zeiten, in denen reaktionär gleichbedeutend mit wahrhaftig sein kann."[9]. Milan Pavlovič reagiert vollkommen hingerissen auf das Kinoerlebnis: „Scotts wundervoll geradliniger und selbstbewusster Film hat den Gestus eines Epos, doch ist er schneller als die meisten modernen Filme. Es ist eine Wonne, sich diesem Film hinzugeben – wenn auch eine derart schonungslose und blutige Erfahrung, vor der man zarte Gemüter warnen muss."[10]. Leslie Felperin hält „Gladiator" für Scotts besten Film und meint, er habe damit „die Quintessenz eines mit großem Budget ausgestatteten Studioprodukts geschaffen, gerissener, als es aussieht."[11].

Viele Kritiker kommen zu einem „durchwachsenen" Ergebnis. So Philip Howard: „... ‚Gladiator' ist nicht Geschichte. Aber es ist Fiktion als Pop-Geschichte, gut gemacht."[12]. Christoph Schneider meint: „Die Grossartigkeit eines computergenerierten alten Rom, die spektakuläre Brutalität von Schlachtenchoreographie und individueller Zerstückelung wird nicht bestritten. Man möchte bloss wieder einmal an den Unterschied zwischen Grandiosität und der Aufgeblasenheit erinnern, die die Kulisse zum Inhalt macht."[13]. Zu einem ganz ähnlichen, hierin jedoch eine bewusste Thematisierung von aktuellem Charakter sehenden Schluss gelangt Hans Beck: „Wenn es Scott gelungen ist, den definitiven Antikenfilm für die Gegenwart zu drehen, dann vielleicht auch deshalb, weil er die heute vorherrschende Gewohnheit widerspiegelt, die Inszenierung für die Realität zu halten." Denn: „Der Held von ‚Gladiator' ist vor allem ein Held des Medienzeitalters."[14]. Expliziter noch gerät die Aktualisierung der „Arena" bei Bert Rebhandl: „In diesem blutrünstigen Kampf um die Faszination der Massen wird ‚Gladiator' interessant, denn hier thematisiert der Film sich selbst und seine historische Rolle ... Das ist ein Triumph jener Spektakelkultur, die Hollywood längst an die Sport-Arenen und Computerspiele verloren glaubte."[15].

Das schwierigste Filmgenre

„Der epische Film ist sicherlich derjenige, den man am schwersten gut hinkriegt."

Charlton Heston, Hauptdarsteller in „Ben Hur" (1959)[16].

„... William Wyler studierte nicht römische Geschichte, als er ‚Ben Hur' vorbereitete, sondern andere Römerfilme ..."

Gore Vidal, Mitarbeiter am Drehbuch von „Ben Hur" über den Regisseur des Films[17].

Von ihren frühesten Anfängen an hatte sich die „zehnte Muse" des Antikengenres angenommen[18]. Sie knüpfte damit an spektakuläre und illusionistische Formen der Geschichtsdarstellung des späten 19. Jahrhunderts an und versuchte sie zu übertreffen[19]. Dazu zählte einmal der historische Roman mit seiner auch für den historischen Spielfilm charakteristischen Mischung von Fakten und Fiktionen, wissenschaftlich Verbürgtem und suggestiv Erfundenem. Bezeichnenderweise gehen die Drehbücher der meisten Filmepen auf derartige Romane zurück[20]. Einen großen Einfluss übte auch die historistische Malerei aus, die in Reaktion auf die Fotografie einen den Rahmen konventioneller Bildkompositionen sprengenden Realismus anstrebte. Die prägenden Nachwirkungen dieser gemalten Visionen sind in Ridley Scotts Film stärker denn je zu spüren. Ferner stellte der spektakuläre Inszenierungsstil im Theater, im Opernhaus und auf der Freilichtbühne, der um die Jahrhundertwende in Mode war, in vieler Hinsicht eine Vorwegnahme des Films, ein Kino mit unzureichenden Mitteln dar.

Römische Themen boten sich für all diese Medien förmlich an. Sie waren dem Publikum wenigstens in den Grundzügen vertraut, atmeten den Hauch von weltgeschichtlicher Bedeutung und bildungsbürgerlicher Achtbarkeit, verlangten nach monumentalen Szenarien und aufwendigem Spektakel, setzten Macht und Pomp des heidnischen Kaiserreiches gegen die Märtyrertugenden der frühen Christen, ließen alle Register von Dekadenz und Grausamkeit, Heroismus und sendungsbewusster Größe ziehen. Und immer wieder wurde und wird deutlich, dass unter allen vergangenen Kulturen die römische der modernen am nächsten zu stehen scheint, sich als Vorbild, als Spiegel und als mahnendes Beispiel eignet.

Die großen Massen- und „Action"-Szenen, von denen der Reiz der Römerspektakel ganz wesentlich abhing, waren stets eine Herausforderung, die technischen Möglichkeiten der Filmkunst auszuweiten, ihre Überlegenheit gegenüber anderen Medien unter Beweis zu stellen. Mobile Kameraführung, Außenaufnahme, Kamerafahrt gehörten zu den Errungenschaften der frühen italienischen Römerfilme, „The Robe" (1953) war der erste Breitwandfilm und mit der digitalen Inszenierung des Colosseums hat nun Ridley Scott filmisches Neuland betreten. „... wenn das Kino neue Grenzen überschreiten wollte, griff man auf ein antikes Sujet zurück."[21].

Die enorme Beliebtheit, die römische Themen in Italien vor dem Ersten Weltkrieg genossen, hatte auch politische Gründe. „Rom" war für den jungen italienischen Nationalstaat eine historische Legitimation und ein zukunftsgewandter Auftrag, die imperiale Größe wieder herzustellen. Giovanni Pastrones „Cabiria" (1914), das den Sieg über Karthago feierte, kam heraus, als Italien nach Nordafrika auszugreifen begann.

Im gleichen Zusammenhang stand auch Carmine Gallones „Scipione l'africano" (1937), der erste Film, der in Cinecittà gedreht wurde. Es war ein faschistischer Propagandafilm reinsten Wassers, blieb aber erstaunlicherweise der Einzige seiner Art. Die italienische Filmindustrie hatte in den 1920er Jahren einen schweren, wirtschaftlich bedingten Niedergang erlebt, zu dessen prominentesten Opfern das aufwendige Römerepos gehörte. Ab 1915 übernahm Hollywood die Führung auch auf diesem Gebiet. Die amerikanische Produktion der Stummfilmzeit erreichte ihren spektakulären Höhepunkt mit Fred Niblos „Ben Hur"-Verfilmung von 1925, die wegen zu geringer Römerfreundlichkeit in Italien prompt verboten wurde.

Nach „Ben Hur" setzte auch in den USA der Niedergang des Genres ein. Zum Teil hing dieser mit der Einführung des Tonfilms zusammen – bis heute stellt die Art und Weise, in der Personen lange vergangener Zeiten auf der Leinwand einigermaßen glaubhaft sprechen sollen, ein ungelöstes Problem dar –, zum Teil mit den ökonomischen Schwierigkeiten der Depressionsära, mit dem Studiosystem, das die für „Epics" erforderlichen Außenaufnahmen unwirtschaftlich machte, und mit dem Starkult, der das große Spektakel in den Hintergrund treten ließ. Ausnahmen gab es freilich noch, dafür sorgte schon Cecil B. DeMille, der mit „The Sign of the Cross" (1932) und „Cleopatra" (1934) große Erfolge erzielte. DeMilles Filme waren gestalterisch stark dem Erbe des 19. Jahrhunderts und dem Vorbild der italienischen Stummfilme verpflichtet und sollten ihrerseits die „Remakes" der 1950er und 1960er Jahre prägend beeinflussen. Eine Spezialität DeMilles war die publikumswirksame, die Tugendwächter jedoch alarmierende schwüle Mischung aus religiösem Erbauungsdrama und eben diese Thematik als Alibi gebrauchenden sensationslüsternen, lasziven und sadomasochistischen Elementen.

DeMille war es auch, der 1949 mit „Samson and Delilah" die Renaissance des Monumentalfilms einleitete. Das Römergenre feierte nach Präliminarien in Italien („Fabiola", 1949) 1951 mit Mervyn LeRoys „Quo vadis" (wegen der historischen Korrektheit jetzt ohne Fragezeichen geschrieben!) triumphale Rückkehr, dicht gefolgt von Henry Kosters Breitwandverfilmung von Lloyd C. Douglas' gleichnamigem Roman (1942) „The Robe" („Das Gewand", 1953) und dessen Fortsetzungsfilm, Delmer Daves' „Demetrius and the Gladiators" („Die Gladiatoren", 1954). Mit William Wylers immens erfolgreichem Remake von „Ben Hur" (1959), das sensationelle elf Oscars gewann, erreichte das Genre wieder seinen Höhepunkt.

Diese Filme zählten alle zur römisch-christlichen Variante des Monumentalfilms, die dem stark religiös gefärbten Ethos der Nachkriegszeit entsprach und zugleich die Rolle der USA als Bannerträger von Toleranz und Christentum im Kampf gegen atheistische Regimes betonte. Nero und andere größenwahnsinnige Caesaren boten sich an, mit den faschistischen, nationalsozialistischen und kommunistischen Diktatoren in Parallele gesetzt zu werden, während Christen und römische „Widerstandskämpfer" zur Identifizierung mit den Idealen der amerikanischen Demokratie einluden. Zugleich aber erkannte die junge Supermacht mit Faszination, aber auch mit Irritation am römischen Imperium verwandte Züge, imponierende wie bedenkliche. Diese gerade der Römerthematik schon immer latent anhaftenden aktuellen Aspekte lassen es wenig sinnvoll erscheinen, von „Eskapismus" zu sprechen, wie das immer wieder geschieht, wenn Historienfilme in Mode kommen. Geschichte war zu allen Zeiten ein Hauptthema für Dichtung und Kunst, warum sollte das nicht auch und gerade für den Film mit seiner einzigartigen Fähigkeit zur illusionistischen Vergangenheitsbeschwörung gelten? Eher wäre es begründungsbedürftig, wenn Geschichte *nicht* thematisiert würde. Zudem sind viele in der Gegenwart handelnde Filme „eskapistischer" als die „Historienschinken".

Wichtiger noch als das politische und religiöse Klima der Zeit war für die Prominenz des Monumentalfilmgenres während der 1950er und frühen 1960er Jahre ein medienstrategischer Sachzwang: Die immer bedrohlichere Konkurrenz des Fernsehens. Farbe und Breitwand waren Mittel, mit denen Hollywood das Publikum in den Kinos zu halten versuchte. Und um diese Mittel besonders wirksam zur Geltung zu bringen, brauchte man wieder die altbewährten monumentalen Stoffe. „Rom ist das perfekte Sujet für epische Filme, mega-groß, das Imperium eines Imperiums: wenn du in Rom bist, mach' es wie die Römer, aber mach' es besser, mach' es mehr ..."[22]. An dieses Rezept hielt man sich auch bei der Konzeption von Ridley Scotts „Gladiator". „Du weißt: Es ist phantastisch, aber es ist nicht phantastisch genug", erläuterte Arthur Max, der Production-Designer des Films, „es ist groß, aber es ist nicht groß genug. Wie weit kannst du gehen, bevor es falsch aussieht? Du kannst es fast nie zu weit treiben. Letztendlich versuchten wir, Rom so groß und reich zu bauen, wie wir konnten. Nach allem – Größe zählt."[23].

Mit diesem Streben nach „Better and Bigger", nach ostentativer Verschwendung sind Monumentalfilme natürlich auch „hoffnungslos amerikanisch."[24]. „Nur ‚Epics', denke ich, bestehen darauf, dass wir so viel an Geld denken, während wir im Kino sitzen ... selbst wenn wir vom Spektakel aufgewühlt werden (und es *ist* aufwühlend!) sehen wir in ihm einen Triumph verschwenderischer Ausgaben und menschlicher Technik ... Die antike Welt der ‚Epics' war eine riesige facettenreiche Metapher für Hollywood selbst, denn auch wenn sie im Gelände oder in italienischen und spanischen Studios aufgenommen wurden, so ist das Thema dieser Filme die Schöpfung einer solchen Welt in einem Film, die Fähigkeit Hollywoods, eine Doublette alten Glanzes zu schaffen, Ägypten und Rom auf die Leinwand zu bringen ..."[25].

Diese Faszination mit technischem und finanziellem Aufwand teilt der große Historienfilm nur mit dem Sciencefiction-Genre, das ihn Ende der 1960er Jahre weitgehend verdrängen sollte[26]. Bis dahin löste ein „Epic" das andere als „teuerster Film aller Zeiten" ab: 1912 „Quo vadis?", 1914 „Cabiria", 1916 „Intolerance", 1951 „Quo vadis", 1956 „The Ten Commandments", 1959 „Ben Hur", 1963 „Cleopatra". Mit zwei Ausnahmen handelt es sich durchweg um „Römerfilme". Eine unvermeidliche Folge der Kostspieligkeit dieser Filme bestand darin, dass sie konventionell bleiben mussten, um ein möglichst breites Publikum anzusprechen, denn ein Misserfolg an den Kinokassen konnte ein Studio buchstäblich ruinieren.

Diesem Sachzwang unterlag natürlich auch Ridley Scott, als er „Gladiator" realisierte: „Das war eine der großen Herausforderungen – man konnte diesen Film nicht billig machen, aber konnte man ihn so machen, dass er das Durchschnittspublikum anspricht [‚mainstream']? Wegen seines Budgets musste er ‚mainstream' sein."[27]. Dies bedingt eine gewisse künstlerische Sterilität, die das Genre vielen Kritikern stets suspekt gemacht hat.

Eine weitere Konsequenz, die sich aus der Notwendigkeit zu immer imposanterem Aufwand ergab, war ein allmählich gefährlich werdender Wettbewerb zwischen den Studios, der die wichtigste Ursache für den Niedergang des Genres gegen Mitte der 1960er Jahre bildete. Vor allem war es Joseph L. Mankiewiczs skandalumwitterter „Cleopatra"-Film (1963), dessen Kosten von ursprünglich vorgesehenen zwei Millionen auf schließlich vierzig Millionen Dollar kletterten, der dem Monumentalfilm das Genick brach. Der vom Verleih konfus zusammengeschnittene Film war weder bei der Kritik noch beim Publikum ein Erfolg und ruinierte 20th Century-Fox.

Als im folgenden Jahr Anthony Manns „The Fall of the Roman Empire" („Der Untergang des römischen Reiches") trotz achtbarem Publikumserfolg gleichfalls die Investition von 20 Millionen Dollar nicht einzuspielen vermochte und das Filmimperium des Produzenten Samuel Bronston zum Einsturz brachte, begann man, das Genre wegen seiner abschreckenden Risiken abzuschreiben, und dies umso mehr, als die Kosten für die unvermeidlichen Massenheere von Komparsen, für Anfertigung von Kulissen, Kostümen und Requisiten ganz unproportional anstiegen.

Natürlich widersprach auch die oft schwülstige religiöse Komponente vieler Römerfilme in den 1960er Jahren dem sich wandelnden Zeitgeist, doch musste das noch keineswegs bedeuten, dass das ganze Antikengenre obsolet wurde. Eine Tendenz zur Säkularisierung war bei den Filmen der 1960er Jahre durchaus zu beobachten. „Spartacus" (1960) und „Cleopatra" (1963) handelten in vorchristlicher Zeit[28], „The Fall of the Roman Empire" (1964) spielte zwar Ende des 2. Jahrhunderts n. Chr., verzichtete aber bis auf eine einzige winzige Anspielung[29] gleichfalls auf das christliche Element, wie das jetzt auch bei „Gladiator" der Fall ist[30].

Das Genre war in Form und Inhalt gewiss reformfähig, doch wäre das mit hohen Unsicherheitsfaktoren verbunden gewesen, die man wegen des unvermeidlichen hohen finanziellen Einsatzes scheute[31]. Zwar lief die Produktion der billigen italienischen Muskelmann-Epen noch einige Jahre weiter, doch der große Hollywood-Römerfilm war nach 1964 tot. Ob es sich um einen endgültigen Tod oder nur einen Scheintod handeln würde, darüber war man sich unter Cineasten uneinig. „Es ist unwahrscheinlich, daß es eine Rückkehr zum hohen 50er Jahre-‚Epic' geben wird ...", schrieb 1978 Foster Hirsch[32], Jon Solomon dagegen sah im selben Jahr zuversichtlicher in die Zukunft: „Die alten Streitrösser des Theaters sterben nicht, sie warten nur auf die nächste Generation."[33] Und Mike Munn verkündete 1982: „... es braucht nur jemanden, der ein erfolgreiches superkolossales Kostümspektakel produziert und dann wird wieder jedermann eines produzieren."[34]

Seit diesen Prognosen sind schon wieder zwei Jahrzehnte vergangen, und in dieser Zeit haben sich technische Veränderungen ergeben, die die optimistischeren Erwartungen in den Bereich der Möglichkeiten rückten. Diese bestanden in der stürmischen Entwicklung auf dem Gebiet der Computertechnik, wodurch die nicht mehr finanzierbaren Menschenmassen und Kolossalbauten digital ergänzt und ersetzt werden konnten. Und Ridley Scott hat mit „Gladiator" nun gewagt und gewonnen.

**Kampf, Tod, Erlösung:
Die Handlung im Überblick**
„Auf dem Höhepunkt seiner Macht erstreckte sich das römische Reich[35] von den Wüsten Afrikas bis zur Grenze Nord-Englands.

Mehr als ein Viertel der Weltbevölkerung lebte und starb unter der Herrschaft der Caesaren.

Im Winter des Jahres 180 A.D. stand der zwölfjährige Feldzug des Kaisers Marcus Aurelius gegen die barbarischen Stämme in Germanien kurz vor seinem Ende.

Nur ein letztes Bollwerk steht einem römischen Sieg und dem versprochenen Frieden im gesamten Kaiserreich noch im Weg."
Prolog von Ridley Scotts „Gladiator" (2000)[36].

Dieser Text wird in nacheinander aufscheinenden Schriftblöcken vor dem Hintergrund im Dunkel treibender goldbrauner Wolken gezeigt. Dazu ertönt geheimnisvoll-melancholische Musik (Singstimme, von einem Zupfinstrument begleitet). Die Informationen sind einfach und direkt, Wertungen werden keine vorgenommen, aber wir finden zwei Hauptthemen des Films angesprochen: Die Größe und Weite des Römischen Reiches und der Krieg. Das Dritte, nämlich die Gladiatur, kennen wir ja schon vom Titel her.

Die erste Einstellung, die auf diesen schriftlichen Prolog folgt, ist ausgesprochen überraschend. Wir sehen in Großaufnahme eine Hand, die geradezu liebkosend über die Ähren eines reifen Getreidefeldes streicht. Man könnte an die optische Einlösung des am Ende des Prologs „versprochenen Friedens im gesamten Kaiserreich" denken. An dem Unterarm, zu dem die streichende Hand gehört, befindet sich eine lederne, metallverzierte Manschette, die dem Sandalenfilmkenner sofort signalisiert, dass wir hier einen Römer, wahrscheinlich einen Soldaten, vor uns haben[37]. Dies bestätigt sich sogleich, wenn uns die Kamera als Nächstes das Gesicht und den Oberkörper des Kornstreichlers zeigt. Wir sehen einen vorzeitig gealtert wirkenden bärtigen Mann (Russell Crowe), der einen Muskelpanzer[38] und darüber einen pelzbesetzten Mantel trägt, ganz offensichtlich ein Offizier. Das kalte blaugraue Licht macht aber deutlich, dass wir nicht mehr in derselben Landschaft sind wie in der Kornfeldeinstellung mit ihren goldenen sommerlichen Tönen. Auch haben sich in die geheimnisvoll-schwermütige Musik, die den Prolog begleitet hat und die diese Szene gleichfalls untermalt, pfeifende Windgeräusche gemischt, sobald das Gesicht ins Bild kam.

Dieses Gesicht wirkt ermüdet und gedankenversunken, kein Zweifel, der Mann träumt in einer kalten, winterlichen Welt von sonnenüberfluteten Kornfeldern, von der Heimat, vom Frieden. Der abgehärtete Krieger ist im Innersten seines Herzens ein erdverwurzelter Bauer, der sich nach seinen Feldern zurücksehnt. Zugleich ist es aber auch eine Szene, die uns später im Film wiederbegegnen wird, und zwar als Teil der Todesvisionen des Helden. Aus der irdischen Sehnsucht nach den heimatlichen Feldern wird das Traumbild vom Jenseits, Elysium. Damit klingt ein weiteres Leitmotiv des Films an: Der Tod.

Und noch eines ist sofort klar: Dies wird ein Film um einen Mann, um einen Helden. Russell Crowe dominiert mit seinem unaufdringlich ausdrucksvollen Gesicht, mit seiner bei sparsamster Mimik übermittelten Ausstrahlung vom ersten Augenblick an, ein stoischer Held des Leidens und Duldens.

Nach wenigen Sekunden wendet sich der Offizier ab, um fortzugehen, doch hält er mitten in der Bewegung inne, denn sein Blick fällt auf ein Rotkehlchen, das auf einem kahlen, tropfenden Ast sitzt und dann davonflattert. Lächelnd sieht der Mann dem Vogel nach, ihn zweifellos um seine Freiheit und Ungebundenheit beneidend. Dann aber richtet sich sein Auge auf eine uns noch unsichtbare Szene in der Ferne und seine Miene verhärtet sich. Die Wirklichkeit hat ihn wieder eingeholt.

Die nächste Einstellung zeigt uns diese Wirklichkeit. Hatten wir bis jetzt nur Großaufnahmen gesehen, weitet sich die Perspektive nun zu einem gewaltigen Panorama. In bläulichem Winterlicht liegt eine dunkle Waldlandschaft vor uns. Es ist eine verwüstete, zerwühlte Landschaft, eine Kriegslandschaft. Weitflächig sind die Bäume umgehackt worden, lange Linien von Erdbefestigungen und Palisaden sind sichtbar. Von links vorne reitet eine Kavallerieeinheit mit Feldzeichen und dunkelroten Mänteln ins Bild und strebt einem Ziel in der Ferne zu, auf das rechts im Bild auch lange Kolonnen von Infanteristen losmarschieren. Die Armee ist in Bewegung, ein Kampf steht bevor. Als Untertitel erscheint kurz der Name des Schauplatzes: „Germania"[39]. Während des Bildwechsels wird die Gitarrenbegleitung der Singstimme schneller und heftiger, Hörner fallen ein und das Leitmotiv des Films braust auf[40]. Die Prologsequenz ist beendet, die Handlung kann beginnen.

Ridley Scott und sein Team wollen sich lange die Köpfe darüber zerbrochen und „Experten in römischer Kulturgeschichte"[41] herangezogen haben, um herauszufinden, für welche Periode man sich entscheiden sollte. Die Recherchen führten schließlich dorthin, wo sie bei der Konzeption von Historienfilmen meistens landen, nämlich bei einem älteren Film. In diesem Falle war es gerade das große Samuel Bronston/Anthony Mann-Epos, mit dem 1964 die Ära der monumentalen Römerfilme zu Ende gegangen war, „The Fall of the Roman Empire"[42]. Dieser Film war von Edward Gibbons klassischem Werk „The History of the Decline and Fall of the Roman Empire" (1776–1788) bis zum Titel hin inspiriert worden, also nicht, wie die meisten anderen Römerfilme, von einem Historienroman des 19. oder 20. Jahrhunderts. Gibbon hielt die Zeit der römischen Adoptivkaiser für die glücklichste Epoche der ganzen Menschheitsgeschichte. Sie ging nach über 80 Jahren zu Ende, als 180 n. Chr. auf Marcus Aurelius, den letzten der fünf „guten Kaiser", sein missratener leiblicher Sohn Commodus folgte. Mann und sein Produzent Bronston entschieden sich daher, diesen verhängnisvollen Regierungswechsel als Anfang vom Ende des Imperiums zum Thema zu machen. So auch Ridley Scott. Ebenso wie der ältere Film lässt er die Handlung an der winterlichen Donaufront kurz vor dem Tode des Marcus Aurelius einsetzen. Drei der vier Hauptfiguren sind in beiden Filmen dieselben historischen Persönlichkeiten, nämlich Marcus Aurelius, Commodus und Lucilla, wobei vor allem mit dem Schicksal der Kaisertochter sehr phantasievoll umgegangen wird[43]. Die vierte Hauptfigur, der Held, der bei Mann Livius hieß und bei Scott nun Maximus, ist fiktiv.

Marcus Aurelius erkennt, dass sein Sohn Commodus ungeeignet ist für den Thron und möchte den bewährten General Livius/Maximus zum Nachfolger ernennen, doch wird er ermordet, bevor er diese Lösung realisieren kann[44]. Während es in „The Fall of the Roman Empire" nur allmählich zum Bruch zwischen Commodus und dem zum Oberkommandeur ernannten Livius kommt, befiehlt der neue Kaiser in „Gladiator" noch in der Mordnacht die Liquidierung von Maximus und seiner Familie[45]. Dieser kann sich aber befreien und nach seiner Heimat Spanien durchschlagen[46], wo er Frau und Kind ermordet vorfindet, von Sklavenjägern gefangen und nach Mauretanien in Nordafrika verschleppt wird[47]. Dort wird er Angehöriger einer Gladiatorentruppe und gelangt schließlich als Held der Arena nach Rom, wo er im Colosseum Furore macht und den über die Wiederkehr des Totgeglaubten entsetzten Commodus in der Gunst der Massen aussticht. Dieser gladiatorische Handlungsstrang ist es, der neu ist an Ridley Scotts Film. Das Showdown am Schluss ist dann aber wieder identisch mit dem in „The Fall of the Roman Empire" – Commodus wird in öffentlichem Zweikampf vom Helden getötet[48].

Während aber bei Anthony Mann Livius überlebt und seine Lucilla bekommt, lässt Ridley Scott Maximus den Heldentod sterben, betrauert von Lucilla, seinen Kameraden und vom Publikum. Auf politischer Ebene aber wird im einen Fall das Happy End ins Pessimistische gekehrt, im anderen die Tragödie ins Optimistische. Livius und Lucilla finden zwar ihr persönliches Glück, politisch sind sie aber gescheitert. Angewidert vom Intrigenspiel, von der Käuflichkeit der Armee, von der blinden Vergnügungssucht des auf den Straßen tanzenden Pöbels schlägt der Held den Thron aus und zieht sich in die Anonymität zurück, während im Hintergrund die Versteigerung der Kaiserwürde an den Meistbietenden beginnt – schließlich thematisiert der Film ja den „Untergang des römischen Reiches". Maximus stirbt dagegen einen sinnvollen Opfertod, durch den er Rom von dem Tyrannen und seine Kameraden aus der Gladiatorenknechtschaft befreit, die Zukunft erscheint fürs Erste gesichert, und auch für ihn ist es so am besten, denn im Jenseits warten schon Frau und Kind auf ihn, um den leidgeprüften Rächer mit offenen Armen zu empfangen.

Die Darstellung der außen- und innenpolitischen Situation erfolgt vor allem im Gespräch zwischen Marcus Aurelius und Maximus (Sequenz V). Was da der senile und larmoyante Kaiser (Richard Harris), der rein gar nichts mit dem einst von Alec Guinness physiognomisch und mimisch so überzeugend verkörperten großen Stoiker zu tun hat, von sich gibt, ist purer Unfug. In modischer Weise stellt er seine in verzweifelter Notwehr geführten Feldzüge als willkürliche und sinnlose Eroberungskriege hin. Und im Inneren sei Rom

Abb. 1: Im Inferno der Schlacht: Kopfüber attackiert Maximus (Russell Crowe) an der Spitze seiner Kavallerie durch den brennenden Wald das Barbarenheer von hinten und entscheidet den Kampf. Den auf dem Bild deutlich zu erkennenden Steigbügel gab es allerdings noch nicht, die stählerne Ross-Stirn ist dem 16. Jahrhundert zuzuordnen. (© UIP/CINETEXT Bildarchiv).

korrupt bis ins Mark, und daran sei einzig und allein die Monarchie schuld, weshalb Maximus schleunigst die Wiedereinführung der Republik zu betreiben habe. Und das nach einer einzigartigen Reihe von fünf tüchtigen und integeren Herrschern! Mit Recht spricht Hans Beck hier von „Dallas-Niveau" und führt aus: „Die Alternativen sind – mehr noch als in den berühmten Vorgängern – Versatzstücke stereotyper Geschichtsbilder: Roms Senat wird wie der amerikanische vom Volk gewählt[49]. Als Partner des Monarchen ist er undenkbar, er kann diesen nur ersetzen oder selbst aufgelöst werden. Die von Mark Aurel angeblich geplante Rückkehr zur Republik setzt das gute Volk voraus, das seine Freiheit verdient und zu ihr fähig ist. Im Film tritt das Volk aber nur als Pöbel in Erscheinung, der Commodus vergöttert, solange der ihm Brot und Spiele schenkt. Die Arena wird damit zum virtuellen Polititop simpler Optionen. Am Ende erblickt das Kolosseum den Kampf zwischen Republik und Monarchie als Duell des Gladiators mit dem Kaiser."[50].

Auf die Idee, „Gladiator" den intelligentesten Römerfilm zu nennen, wie das bei „The Fall of the Roman Empire" der Fall war[51], wird schwerlich jemand verfallen, aber das war gewiss auch nicht Ridley Scotts Ehrgeiz. Wo er gegenüber Anthony Mann die Schwerpunkte setzt, zeigt schon die Verlagerung der Hauptschauplätze: An der Nordgrenze vom kaiserlichen Hauptquartier auf das Schlachtfeld, in Rom vom Forum Romanum ins Colosseum. Wenden wir uns zuerst dem Schlachtfeld zu, an dessen Rand uns die Prologsequenz schon geführt hat.

„Lasst die Hölle los!": Die Schlachtensequenz

„Die Leute sind es überdrüssig, mittelalterliche Schlachten oder irgendwelche Schlachtenszenen zu sehen, die trocken und ausgelaugt wirken. Ich denke, Steven Spielberg schuf unglaubliche 12 Minuten in seinem ‚Saving Private Ryan'; diese Sequenz wirkte absolut real und dokumentarisch. Er hat für die filmische Interpretation dessen, was das Kampferlebnis wirklich sein mag, die Maßstäbe höher gesetzt. So müssen wir jetzt hingehen und die Messlatte höher legen."

Ridley Scott im Gespräch mit Douglas Bankston[52].

„Am Anfang steht eine 20-minütige Schlacht, vergleichbar nur mit dem Einstieg von Steven Spielbergs ‚Der Soldat James Ryan'. Ein scheinbar endloses Hauen und Stechen, in das der Zuschauer ohne Vorwarnung geworfen wird. Er soll sofort spüren: Das ist nicht deine Welt mit der gesicherten Altersversorgung. Du sitzt vielleicht bequem in deinem Kinosessel. Hier aber überleben nur die Stärksten."

Ralph Geisenhanslüke in „Tagesspiegel"[53].

Dass sich Ridley Scott die Landung am Omaha Beach am Anfang von Spielbergs Zweiter Weltkriegs-Film „Saving Private

Ryan" (1998) zum Vorbild genommen hat, ist vielen Kritikern aufgefallen. Spielbergs Sequenz zeichnet sich durch ein Höchstmaß an Authentizität und durch die kompromisslose Präsentation des Kampfgeschehens aus. Er hat damit eindringlich bewiesen, dass die ständigen Behauptungen der Filmemacher nicht stimmen, Geschichte müsse, um beim Publikum anzukommen, mit Phantasie und Kreativität verbessert werden – was in aller Regel dann auf das Gegenteil hinausläuft, nämlich auf den Rückgriff auf abgedroschene filmische Konventionen. Vielmehr wirkt ungeschnörkelte Authentizität nicht nur überzeugender, sondern auch dramatischer[54].

Was blutigen Realismus, beklemmende Dynamik und apokalyptische Atmosphäre anbetrifft, bleibt Scott hinter diesem Vorbild nicht zurück. Allerdings wirkt seine Germanenschlacht trotz Schlamm, Schnee und Blut malerischer, opulenter, opernhafter, was teilweise damit zusammenhängt, dass Pferde, Feldzeichen und Rüstungen eine andere optische Wirkung erzielen als Maschinengewehre und Landungsboote, teilweise mit dem bei Scott ungebremsten Einsatz einer dunklen, aber intensiven Farbigkeit, während Spielberg seinen Bildern das körnige, fahle Aussehen originaler Farbfilme aus dem Zweiten Weltkrieg geben wollte, teilweise mit der Untermalung durch Musik – Spielberg hatte sich ganz auf den O-Ton des Schlachtenlärms verlassen.

Was schließlich die Authentizität des Gezeigten anbetrifft, bleibt Scott geradezu hoffnungslos hinter Spielberg zurück. Natürlich ist unser Wissen über die Realität einer antiken Schlacht sehr viel lückenhafter als das über einen wohldokumentierten Vorgang aus dem Zweiten Weltkrieg. Unweigerlich muss daher eine Szene wie Scotts Germanenschlacht sehr viel mehr hypothetische Elemente enthalten, doch rechtfertigt dies – den Anspruch auf Realismus vorausgesetzt – nicht, das tatsächlich vorhandene, durchaus nicht unerhebliche Wissen über die römische Kriegspraxis nur sehr rudimentär zu nutzen und in vielen wichtigen und vollkommen klaren Fakten vom Kenntnisstand abzuweichen, sei es aus Ignoranz, also Mangel an Recherche oder Beratung, sei es aus „Stilwollen". Aus räumlichen Gründen kann ich hier nicht systematisch den Film auf seine „Fehler" untersuchen – deren Zahl in die Hunderte geht[55] – sondern muss mich auf gelegentliche Beispiele beschränken (Abb. 1).

Abb. 2: Lasst die Hölle los: Orientalische Bogenschützen in römischen Diensten bereiten sich darauf vor, den barbarischen Gegner mit einem Brandpfeilhagel zu überschütten. Abgesehen von den zu „grobmaschigen" Kettenpanzern und den Wimpeln sind Bewaffnung und Rüstung korrekt dargestellt. (© UIP/CINETEXT Bildarchiv).

Ridley Scott ging es in den Sequenzen II (Schlacht) und III (Walstatt) nicht nur um ein realistisches, unter die Haut gehendes Schlachtengemälde à la „Saving Private Ryan", sondern auch darum, die Effizienz und Überlegenheit der römischen Kriegsmaschine gegenüber den Barbaren zu betonen, insbesondere den hohen Stand der Kriegstechnik. Der Gegensatz zu den unorganisierten, schlecht gerüsteten, irrational wilden Germanen wird daher überbetont. Diese machen – wie in den meisten dieser Filme – den Eindruck besserer Steinzeitmenschen. Es ist eine Tradition, die auf die Römer zurückgeht, die sich selbst in der Rolle „kultivierter" Sieger gefielen, die riesige Horden grobschlächtiger Barbaren unter Einsatz überlegener Intelligenz, Organisation, Disziplin und Technik niederwarfen und aus diesem Grunde die Barbarenhaftigkeit der „Barbaren" in Kunst und Literatur sehr klischeehaft übertrieben.

Um die Effizienz der römischen Armee filmisch herauszustellen, muss man sie in geordneten und disziplinierten Formationen manövrieren lassen, was Ridley Scott leichter fiel als seinen Vorgängern, d. h. er seine 500 Komparsen digital vervielfältigen konnte. Ein zweites Mittel, die Leistungsfähigkeit vorzuführen, besteht im spektakulären Einsatz der Kriegsmaschinen. Nachdem die Germanen die Aufforderung zur Kapitulation abgelehnt haben, lässt Maximus „die Hölle" los[56]. Dieser etwas anachronistische Ausdruck ist durchaus gerechtfertigt, denn die römische Artillerie arbeitet hier fast ausschließlich mit Brandgeschossen, unterstützt von Wolken von Brandpfeilen, die von orientalischen Bogenschützen abgeschossen werden (Abb. 2). Wie Bomben schlagen große, mit irgendeinem hochbrennbaren Stoff gefüllte Tonkrüge in dem Wald ein. Sie funktionieren nach Art von Molotow-Cocktails und lösen sofort zahlreiche Brände aus.

So eindrucksvoll und apokalyptisch das aussieht, es wäre mit den damaligen Mitteln nie zu bewerkstelligen gewesen, einen winterlichen Wald in Mitteleuropa in Brand zu schießen. In antiken Feldschlachten spielte das Feuer so gut wie gar keine Rolle. Da sich der moderne Mensch aber eine Schlacht ohne Feuer und Rauch kaum vorstellen kann, entwickeln die Filmemacher große Phantasie, um diesem Bedürfnis entgegenzukommen. Im Übrigen wäre es in der taktischen Situation, in der sich Maximus' Truppen befinden, wenig sinnvoll, den Wald in Brand zu stecken, den man gleich darauf selbst anzugreifen beabsichtigt. Aber taktische Vernunft sucht man in Filmschlachten meist vergebens.

Natürlich tragen die Flammenpilze der im dunklen Wald detonierenden Brandgeschosse ebenso wie die verwüstete und durchwühlte Erste Weltkriegs-Landschaft dazu bei, dass sich Assoziationen mit moderner Kriegführung einstellen. Unwillkürlich denkt man hier an Aufnahmen von Napalm-Angriffen in Vietnam. Nachdem sich die Schlacht in ein Chaos von Einzelkämpfen aufgelöst hat, beschwören die in dämonischer Wut aufeinander eindringenden Schemen und Silhouetten vor der Kulisse der lodernden Brände ein optisches Inferno herauf, das man als eine Art Quintessenz des Kriegsfilms bezeichnen könnte, des antiken wie des modernen. „An keiner Stelle des Films rücken die Schauwerte für ein einschlägig konditioniertes Publikum und die historische Wahrhaftigkeit näher aneinander."[57].

Bewusst oder unbewusst erzielt Ridley Scott mit dem am Schluss ins Albtraumhaft-Surreale gesteigerten Realismus seiner Schlachtensequenz eine filmische Umsetzung der römischen Kunst des späten 2. Jahrhunderts n. Chr., die dem Krieg größere Aufmerksamkeit schenkte denn je, ihn aber nicht mehr in klarer, klassischer Überschaubarkeit als selbstverständlichen Sieg der souverän agierenden Römer darstellte, sondern als unübersichtliches, erschreckendes Chaos ineinander geschlungener, zusammengepferchter Menschenmassen.

Bernard Andreae spricht „von einem tiefgreifenden Stilwandel", den die römische Kunst damals durchgemacht habe. „Auf den Gesichtern der Römer von der Marcussäule lastet ein schwerer und unglücklicher Zug auch da, wo sie siegen."[58]. Ließe sich Russell Crowes Gesicht bei seinem Gang über die leichenbedeckte Wal-statt am Morgen nach der Schlacht besser beschreiben?

**Die Welt der Arena:
Das perfekte Guckloch in die römische Welt**

„Als wir begannen die Epoche zu studieren, realisierten wir, dass die Arena das perfekte Guckloch in diese Welt war ... Es war alles über Theater, über Ablenkung – ein Weg, die Bevölkerung zu kontrollieren."

Douglas Wick, Produzent von „Gladiator"[59].

„Bisher war ich gegen die Wiedereinführung von Gladiatorenkämpfen auf Leben und Tod. Aber es hätte schon was. Was genau? Das erfährt man in diesem Film."

Helmut Krausser in „Der Spiegel"[60].

Ridley Scott hat mehrfach berichtet, wie er die Inspiration erhielt, einen Film über die römische Welt zu drehen. Der Anstoß ging nicht von einem Roman oder einem Drehbuch aus, auch nicht von einem älteren Römerfilm, sondern von einem Gemälde, Jean-Léon Gérômes „Pollice verso" von 1872[61]. Douglas Wick und Walter Parkes, beide am Script und der Produktion beteiligt, benutzten das Bild als Köder, um den Regisseur für das Thema zu begeistern, noch bevor sie ihm den Drehbuchentwurf zeigten. „Ich erhielt diesen Anruf von Produzent William Parkes aus blauem Himmel. Er kam herein, statt mir das Script zu zeigen, hatte er ein zusammengerolltes Stück Papier dabei. Er sagte: ‚Well, bevor ich loslege, das ist es wirklich, worum es geht.' Er klatschte das Bild auf den Tisch, und es war eine Reproduktion von Jean-Leon Geromes [sic] Gemälde mit dem Titel *Pollice Verso*. Es zeigte einen Gladiator, der über einem anderen, besiegten Gladiator stand ... Alles ist da, die ganze Architektur und die ganze Schönheit der Arena. Das ist es, was mich packte. Es war ganz und gar eine Reaktion von innen heraus auf das Bild. Ich starrte einfach auf die Reproduktion und dachte, was für eine große Idee, und das war's."[62]. „Dieses Bild sprach für mich vom römischen Reich in all seiner Größe und Verruchtheit."[63].

Gérômes viel publiziertes Gemälde hatte schon vor Ridley Scott das populäre Bild von der Welt des Amphitheaters geprägt wie kein zweites Werk. Dies gilt schon für den namengebenden nach unten gedrehten Daumen, die wohl berühmteste, ins allgemeine Bildungsgut übergegangene Geste aus der Antike. In jüngster Zeit ist bezweifelt worden, ob der Daumen tatsächlich nach unten gerichtet war, doch legen es sprachliche und sachliche Gründe nahe, dass die traditionelle Vorstellung die richtige ist. „Daumen nach oben" als Zeichen zur Begnadigung ist dagegen vermutlich unzutreffend, der Daumen scheint in diesem Fall angepresst („gedrückt") worden zu sein.

Was den Regisseur an „Pollice verso" so beeindruckte, das war neben dem blutigen Geschehen in der Arena und der prächtigen Architektur vor allem die schwüle, fast mystische Atmosphäre des im Halbschatten des Sonnensegels liegenden riesigen Innenraums. Sein Team gab sich alle Mühe, diesen Effekt auf digitalem Weg zu kopieren, und es hat großartigen Erfolg damit gehabt[64]. Der im Halbdunkel liegende Zuschauerraum (cavea) bildet einen wirkungsvollen Kontrast zu der im Rampenlicht stehenden Arena, wodurch der theatralische Charakter der Kämpfe betont wird, manchmal entstehen regelrechte Lichtdome.

Ein weiteres Element, das es – verständlicherweise – Ridley Scott sehr angetan hat, ist die „Unterwelt" des Amphitheaters, die dunklen und halbdunklen Gänge, Verliese und Arsenale neben und unter der Arena, die Warteräume des Todes[65]. Ihnen schenkt der Regisseur schon in den Nordafrikasequenzen besondere Aufmerksamkeit[66]. Was dort noch improvisierte hölzerne Verschläge und Käfige waren, wandelt sich in den Hypogäen des Colosseums in monströse unheimliche Gewölbe, die an die Albtraumwelt von Piranesis „Carceri" erinnern. Aus dem Schoss dieser düsteren, statischen Unterwelt, erfüllt von sinistren Vorbereitungen und bangender Erwartung, werden die Gladiatoren dann mit einem Schlag in das grelle Sonnenlicht der Arena geworfen, überwältigt und in Bann geschlagen von der Größe und Pracht des Zuschauerraums, aus dem ein vieltausendstimmiges Raunen und Schreien wie aus einer anderen Sphäre zu ihnen herabdringt. Der Gegensatz zwischen den bewunderten und verachteten, von der Gesellschaft ausgeschlossenen Helden der Arena und dem Mikrokosmos des kaiserlichen Rom, der die Zuschauerränge füllt und über den der Imperator höchstpersönlich von seiner prunkvollen Loge aus den Vorsitz führt, könnte nicht sinnfälliger auf die Leinwand gebracht werden (Abb. 3).

Bevor wir uns kurz den Kämpfen selbst zuwenden, wollen wir noch einen Blick in den ludus[67], die Gladiatorenschule, werfen. Wir betreten filmisch wohlvertrauten Boden: „Ein Gebiet, das die Filme als ihr eigenes spezielles Terrain mit Anspruch belegen, ist die Gladiatorenschule, dieser erschreckende Mikrokosmos einer Gesellschaft, die den Wettbewerb zum Äußersten trieb. In *Demetrius*, *Spartacus* und *Barabbas* besteht ein Teil des Spektakels in den Techniken des Brutalisierungsprozesses, der Menschen in effiziente Killer verwandelt."[68]. Hier erfährt der Neuling (tiro) – wie auch der Zuschauer –, was es bedeutet, Gladiator zu sein. Vermittelt wird diese Erfahrung durch den Trainer (magister, doctor), gewöhnlich eine Figur von stupid-professioneller Brutalität. Dieser pflegt seinen Zöglingen zu Anfang eine Rede zu halten, in der er ihnen schildert, was sie erwartet und worauf es ankommt. Die differenzierteste, der historischen Realität am nächsten kommende Ansprache hält der Trainer in „Demetrius and the Gladiators" (1954, Ernest Borgnine), der vor allem die Professionalität dieses Kampfsports herausstellt und auf die Chancen hinweist, die einen erfolgreichen Gladiator erwarten.

In „Gladiator" übernimmt der Besitzer und Manager der Gladiatorentruppe (lanista) Proximo (Oliver Reed) zugleich die traditionelle Rolle des Trainers. Seine Reden entwerfen ein pathetisches, doch wenig hoffnungsvolles Bild von Berufsehre und stolzer Todesbereitschaft: „Ich bin Proximo. Ich werde euch in den nächsten Tagen, die die Letzten eures erbärmlichen Lebens sein werden, näher sein als die Schlampe von einer Mutter, die euch schreiend auf die Welt gebracht hat. Ich habe nicht dafür bezahlt, damit ihr mir Gesellschaft leistet, sondern ich habe dafür bezahlt, damit ich an eurem Tod ver-

Abb. 3: Den Voyeuren über die Schulter geschaut: Die unvermeidlichen Silberbecher vor sich, betrachten zwei Senatoren von ihrer Loge aus das Geschehen in der Arena des Colosseums. Die Tiger (Löwen oder Leoparden wären wesentlich wahrscheinlicher) sind durch die rechteckigen Bodenöffnungen überraschend aus den Hypogäen in der Arena erschienen, konnten aber den Sieg des Maximus (Russell Crowe) über den Gladiator Tigris (Sven-Ole Thorsen) nicht verhindern. Gegenüber liegt die deutlich nach dem Vorbild der Gemälde Gérômes gestaltete Kaiserloge. Die einige Meter vor dem Podium stehenden kegelförmigen Säulen (metae) haben in der Arena eines Amphitheaters nichts verloren, sie gehören in Dreiergruppen an die Wendemarken der die Rennbahnen trennenden Schranke im Circus. (© UIP/CINETEXT Bildarchiv).

diene. Und so wie eure Mutter bei eurer Geburt dabei war, werde ich bei eurem Ende dabei sein. Und wenn ihr sterbt, was außer Frage steht, dann geht ihr mit diesem Geräusch ins Jenseits [er klatscht in die Hände]. Gladiatoren, ich grüße euch!" – „Stoßt dieses [Schwert] in das Fleisch eines anderen Mannes – sie werden euch dafür lieben und euch zujubeln und ihr werdet vielleicht Gefallen daran finden und sie auch lieben. Doch letztlich werden wir alle sterben. Leider können wir uns nicht aussuchen wie, aber wir können entscheiden, wie wir dem Tod entgegentreten, denn nur so bleiben wir in Erinnerung als Männer."[69].

Die Gladiatur war ein reglementierter, konservativ betriebener Kampfsport. Seit den vereinheitlichenden Reformen in der spätaugusteischen Zeit scheint es keine größeren Umbrüche mehr gegeben zu haben. Die Gladiatoren waren in genau definierte Waffengattungen (armaturae) eingeteilt, ebenso war es festgelegt, welche dieser armaturae untereinander bzw. gegen andere Gattungen kämpften, wobei mög-

lichste Chancengleichheit angestrebt wurde. Es wurden fast nur Duelle ausgefochten, Massenkämpfe trugen nur minderwertige Fechterklassen, gewöhnlich zum Tode Verurteilte, aus, mit den eigentlichen Gladiatoren hatte das nichts zu tun, ebenso wenig wie die Tierkämpfe – die waren Sache eigener Spezialisten, der venatores. Über die Einhaltung der Spielregeln wachten mit Stöcken bewaffnete Schiedsrichter (summa und secunda rudis). Die Mehrzahl der Duelle (wohl 80–90%) endete mit der Entlassung (missio) des Besiegten, nicht mit seinem Tod[70].

Diese allgemeine Kennzeichnung der kaiserzeitlichen Gladiatur dürfte schon deutlich machen, dass die von Ridley Scott gezeigten Kämpfe herzlich wenig mit der historischen Realität zu tun haben. Bei drei von fünf der von ihm vorgeführten Arenaeinsätze handelt es sich um Massengefechte. Kein einziger Schiedsrichter ist zu sehen, Regeln scheinen nicht zu existieren. Von festgelegten Fechterpaarungen kann keine Rede sein. Meistens wissen die Gladiatoren beim Betreten der Arena überhaupt noch nicht, welche Gegner unter welchen Bedingungen auf sie warten. Chancengleichheit gibt es bei der Mehrzahl der Kämpfe nicht einmal ansatzweise. Es handelt sich um wilde, gnadenlose Gemetzel, die meisten der Unterlegenen werden bereits im Kampf selbst getötet. Die Verluststatistik der fünf Gladiatorengefechte in Ridley Scotts Film ist in der Tat verheerend und stellt die Tatsachen einigermaßen auf den Kopf: Von insgesamt 58 Gladiatoren finden mindestens 33 den Tod, ein einziger Unterlegener erlangt die Entlassung, und auch das nur gegen den Willen des Veranstalters[71].

Die Rüstungen und Waffen der Filmgladiatoren waren noch nie richtig, so falsch wie in Ridley Scotts Film waren sie aber noch nie. Gewöhnlich baute man, mal besser, mal schlechter, einige der in der Gladiatorenkaserne von Pompeji gefundenen Rüstungsteile nach und kombinierte sie nach Lust und Laune. Ebenso willkürlich wurde die Zusammenstellung der Paarungen gehandhabt. Ähnlich war auch schon Gérôme verfahren, wobei er sich aber, wie auch die anderen historischen Maler, ernsthaft bemühte, den Forschungsstand seiner Zeit zu berücksichtigen. Davon kann nun bei Ridley Scott nicht mehr die Rede sein. Bis auf ganz wenige Ausnahmen tragen seine Gladiatoren Ausrüstungsstücke, deren Vorbilder Jahrhunderte vor oder nach dem 2. Jahrhundert n. Chr. entstanden sind oder reine Phantasieprodukte darstellen[72]. Der Helm, den sich Maximus für seinen ersten Auftritt im Colosseum aussucht – es ist überhaupt das einzige Mal, dass er nicht barhäuptig in die Arena geht –, ist mit dem besten Willen keiner historischen Epoche zuzuordnen, sondern könnte dem Arsenal eines „Krieg der Sterne"-Films entnommen sein. Ich denke, diese Anspielung auf das Sciencefiction-Genre ist durchaus nicht unbeabsichtigt, wurde doch umgekehrt das Römische Reich auch oft genug in Filmen dieser Art zitiert[73].

Nicht besser steht es mit dem Verlauf der Kämpfe. Keine einzige der bekannten Gladiatorengattungen wird gezeigt, es entsteht der Eindruck eines willkürlichen Gemetzels in Kung-Fu-Manier, durchgeführt mit viel zu langen und schweren Schwertern, wenn nicht gar Morgensternen(!) und Beilen. Trotz der Menge der abgehauenen Gliedmaßen und des vergossenen Bluts wirken die Kämpfe in der Arena dermaßen überzogen schnell und virtuos, fast balletthaft, dass sich der finstere Realismus der Schlachtensequenz nicht recht einstellen will.

Ridley Scott möchte auf diese Weise wohl den Show-Charakter der Arenaspektakel und damit ihre Ähnlichkeit mit modernen Formen der Massenunterhaltung betonen. Solche Analogien herauszustellen, war ganz offensichtlich ein Hauptanliegen des Films[74]. Ridley Scott legt selbst dar: „Diese Zeit war der Beginn vom Ende des römischen Reichs, und das spiegelte sich in den Vorgängen in den Arenen. Da sah man die Krankheit Roms, wie Rom korpulent geworden war, wie Rom aufgehört hatte, sich um die fernen Bezirke des Reiches zu kümmern ... Unterhaltung ist von Führern häufig als ein Mittel eingesetzt worden, um eine missbrauchte Bürgerschaft abzulenken. Der tyrannischste Herrscher muss immer noch sein Volk einlullen, selbst dann, wenn er es brutalisiert[75]. Die Gladiatorenspiele waren solch eine Ablenkung. Unsere Geschichte behauptet: sollte ein Held aus dem Gemetzel der Arena aufsteigen, dann würde ihm seine Popularität ungeheure Macht geben ... und sollte er ein echter Vorkämpfer des Volkes sein, dann könnte er selbst den absolutesten Tyrannen bedrohen."[76].

Mit anderen Worten, die „Panem et circenses"-Politik des Commodus wirkt sich kontraproduktiv aus, sobald ihm ein charismatischer Held der Arena entgegentritt, der die Möglichkeiten des Mediums auszunutzen weiß oder sich von oppositionellen Politikern in dieser Richtung instrumentalisieren lässt. Am Ende bleibt dem in die Enge getriebenen Kaiser nichts anderes mehr übrig, als selbst in die Arena zu gehen, um durch einen Sieg über seinen gladiatorischen Konkurrenten dessen Ruhm zu übertrumpfen und ihn in der Gunst der Massen zu ersetzen[77]. Der Slogan des Films hat somit den „politischen" Kern der Handlung recht gut getroffen: „Der General, der zum Sklaven wurde, der Sklave, der zum Gladiator wurde, der Gladiator, der ein Weltreich herausforderte."[78].

Rom als Traum und Rom als Albtraum
„Im Kern des römischen Mythos stehen sich zwei diametral entgegengesetzte Modelle politischen und ethischen Verhaltens gegenüber: eine tugendhafte römische Republik, verteidigt von wackeren Bürgersoldaten und stets wachsamen Hütern der öffentlichen Freiheit auf der einen Seite, ein korruptes Kaiserreich auf der anderen, dessen Bürger von ungezügelter Lust an der Macht, Lust am Reichtum und reiner, simpler Lust beherrscht sind. Dieser schroffe Gegensatz liegt im Herzen des Mythos von Rom und beeinflusst mit diesem die westliche Kultur ..."
Peter Bondanella, The Eternal City, 1987[79].

Der Schnitt von den Ereignissen am Rand des Römischen Reiches auf die monumentale Pracht der Hauptstadt wird in „The Fall of the Roman Empire" wie in „Gladiator" effektvoll inszeniert. Die Unterschiede sind jedoch höchst bezeichnend. In Anthony Manns Film schließt nach 65 Minuten der erste, an der Donaufront handelnde Teil mit der Verbrennung des Marcus Aurelius und der Akklamation des Commodus als neuer Kaiser. Es ist eine düstere, melancholische Szene von Tod, Abschied und Verlängnis. Die flackernden Flammen und der rieselnde Schnee verstärken noch diese Endzeitstimmung. Die Kamera schwenkt dann nach oben, in den Rauch des Scheiterhaufens, und dann erfolgt der Schnitt in einen gleißenden mediterranen Himmel, während gellende Fanfaren an Stelle des dumpfen, refrainartigen „Hail, Caesar" der Soldaten ertönen. Im Bild erscheint die monumentale Bronzeskulptur einer Victoria in der Quadriga, die einen Triumphbogen krönt. Die Kamera schwenkt nach unten, und wir sehen in brillanten Farben den geradezu barocken Prunk, mit dem der heimkehrende Commodus seinen Triumphzug auf einem mit gigantischem Aufwand rekonstruierten Forum abhält[80].

Bei Ridley Scott geht der nach 54 Minuten kommenden Romsequenz (Sequenz XII) das erste Gladiatorengemetzel in einem nordafrikanischen Provinzamphitheater voraus. Im fernen Mauretanien beginnt ein neuer Stern der Arena aufzustei-

Abb. 4: Römischer Reichsparteitag: Die digitale Leni Riefenstahl-Szene mit 27 000 Praetorianern. (© UIP/CINETEXT Bildarchiv).

gen und er wird schließlich Commodus an den Wurzeln seiner Macht bedrohen. Maximus steht mit seinen siegreichen Kameraden auf dem leichenbedeckten Kampfplatz, die Kamera umkreist ihn und das jubelnde Publikum immer schneller, die Stimmen werden leiser, traumhafte Musik setzt ein. Der Blick steigt in den Himmel empor, wir sehen Wolken, weihevolle wagnerianische Klänge ertönen[81], in fast auf Schwarz-Weiß abgesenkter Farbigkeit erblicken wir durch die Wolken in Vogelschau die Stadt Rom, noch nicht computergeneriert, sondern nach alter Väter Sitte als abgefilmtes Holzmodell. Dass dieses Modell aus Mussolinis „Mostra Augustea della Romanità" von 1937 stammt, passt bestens zum ganz bewusst angestrebten Stil der folgenden Szenen[82]. Es folgen in Untersicht ein riesiger, irgendein Bauwerk krönender Adler von ausgesprochen „faschistischem" Zuschnitt und dann ein Blick entlang einer von Menschenmassen gesäumten Straße auf das Colosseum. Auf der Straße bewegen sich die von Gardereitern gefolgten Wagen des Commodus und seiner Begleitung auf uns zu, Rosen rieseln vom Himmel. Scott zeigt uns nicht, wie so viele andere Filme, einen Triumphzug oder, besser gesagt, Pseudotriumphzug[83], sondern eine Art adventus, den Einzug des neuen Herrschers. Das gibt ihm die Möglichkeit, die Masse der Truppen nicht in Bewegung vorzuführen, sondern angetreten auf einem riesigen Platz. So kann die Szene in einem gewaltigen, rigid symmetrisch komponierten Blick über 27 000 Mann in großen Blöcken stehender, schwarz uniformierter Praetorianer kulminieren (Abb. 4).

Das Bild, das mit Ausnahme der im Vordergrund stehenden Senatoren und Feldzeichenträger gänzlich im Computer entstanden ist (und auch so aussieht)[84], wurde auf Scotts Wunsch nach einer berühmten Aufnahme von dem Nürnberger Reichsparteitag in Leni Riefenstahls NS-Propagandafilm „Triumph des Willens" (1934) gestaltet. Der Effekt ist, historisch wie topographisch betrachtet, mit vollkommener Absurdität erkauft. Das Colosseum, das mit seiner wimpelgekrönten[85] Silhouette als zentraler Blickpunkt über den Truppenmassen dräut, steht realiter in einem engen Tal zwischen drei Hügeln und dem Forum Romanum – Platz, um 27 000 Mann aufmarschieren zu lassen, ist da weit und breit nicht vorhanden, abgesehen davon, dass die Praetorianergarde maximal 6000 Mann stark war.

Natürlich möchte Scott mit seiner „faschistischen" Sequenz auf die Kontinuität römischer Geschichte hinweisen, auf die zeitübergreifende Vorbildfunktion von Imperialismus und Militarismus, Caesarenwahn und Gigantomanie. Die Anspielungen beschränken sich nicht auf das 20. Jahrhundert. Gleich nach der Leni Riefenstahl-Szene sehen wir Commodus auf einem Thron sitzen, dem nur das große „N" fehlt, um ihn als Krönungsthron Napoleons auszuweisen. „Wir mischten ... absichtlich die Perioden", äußerte sich Production Designer Arthur Max, „zum Beispiel gründete die Periode des französischen Empire, als Napoleon Kaiser war, auf dem alten Rom. So benutzten wir ein Gemälde, das Napoleon als inthronisier-

Abb. 5: Kaisertum und Dekadenz: Commodus (Joaquin Phoenix) im Muskelpanzer und auf einem napoleonischen Thron sitzend, bei einem seiner inzestuösen Annäherungsversuche an seine Schwester Lucilla (Connie Nielsen). Die Kleidung der Prinzessin ist im ganzen Film mehr der Verpackung einer luxuriösen Bonbonschachtel als der Garderobe einer vornehmen Römerin angeglichen. (© UIP/CINETEXT Bildarchiv).

ten römischen Kaiser zeigt[86], als Modell für den kaiserlichen Thron in unserem Film. Ridley hatte auch diese ungeheure Idee, Nazi-Propagandafilme wie ‚Triumph des Willens' zu studieren [als wären Anspielungen auf den Nationalsozialismus originell! M. J.], da sie die Römer kopierten. Wir kopierten sie, wie sie die Römer kopierten, was eine zusätzliche Schicht und eine weitere kulturgeschichtliche Interpretation hinzufügte."[87].

Der uneingeweihte Zuschauer möge sich also hüten, dem Film irgendein architektonisches oder sonstiges antiquarisches Detail zu glauben und sein Rombild daran zu formen – was aber gewiss viele Millionen tun werden –, denn Ridley Scott und seinen Mitarbeitern war nicht an archäologischer oder historischer Exaktheit gelegen, sondern an einem eklektischen Pasticcio, an einer Synthese, zusammengerührt aus dem alten Rom und seinen Interpretationen und Nachwirkungen in verschiedenen Jahrhunderten. Vor allem aber führt Ridley Scotts Zeitmaschine ins

19. Jahrhundert, zu Gérôme, Alma-Tadema und anderen historistischen Künstlern. Sein Rom ist nicht das des Forum Romanum, nicht einmal das des Colosseum, sondern das des „Monumento", des riesigen Vittorio Emanuele-Denkmals, mit dem sich das 19. Jahrhundert im Stadtbild Roms verewigt hat. Production Designer Arthur Max hat dies auch ganz unumwunden zugegeben: „Wir versuchten, in ‚Gladiator' ein Gefühl einzubringen, daß das römische Reich im Niedergang war – seine Größe und zugleich seine Korruption und sein Verfall. Und um das zu leisten, fanden wir uns bald in der Lage, daß wir nicht so sehr das Feld der wissenschaftlichen Forschung beachteten, sondern die Interpretationen, die Rom durch gewisse Künstler des 19. Jahrhunderts erhalten hatte – klassische Romantiker, die eine exotische Sicht von Rom darstellten, so wie sie wünschten, daß es sein sollte, nicht wie es wirklich war. Wir versuchten, relativ geschichtsgetreu zu arbeiten, aber wir wollten unser Sujet visuell dramatisie-

ren, es so aufregend, so reich und barock wie nur möglich machen. Und so ist es eine sehr eklektische Interpretation des römischen Reichs."[88].

Sich an den historistischen Malern und ganz besonders an Sir Lawrence Alma-Tadema zu orientieren, ist nun der denkbar unoriginellste Ansatz, ein antikes Thema optisch zu behandeln. Von frühesten Stummfilmzeiten an ist das wieder und wieder gemacht worden. Man hätte vielmehr gehofft, die Römerzeit endlich einmal *nicht* durch die Brille des 19. Jahrhunderts zu sehen, einen möglichst direkten, nicht durch Klischees gefilterten Blick auf die römische Welt werfen zu dürfen. Zu neuzeitlichen Themen gibt es mittlerweile eine ganze Reihe von Filmen, in denen das geleistet worden ist, für Altertum und Mittelalter bleibt es vorerst noch ein Desiderat.

Arthur Max hat es als ein vorrangiges Ziel bezeichnet, das ihm und Scott vorgeschwebt sei, den Eindruck von verfallender Größe und Korruption zu vermitteln, auch dies ein Stereotyp des Monumentalfilms, für den antike Hochkulturen per Definition dekadent zu sein pflegen[89]. Der Vorstellung vom korrupten, untergangsgeweihten Rom steht freilich die Vision vom ursprünglichen Rom entgegen, des Roms der altväterlichen *virtus*, der republikanischen Tugenden. Diese Ambivalenz des Rombildes geht auf die Antike zurück und wurde schon von römischen Moralisten wieder und wieder der „verderbten" Gegenwart als Spiegel vorgehalten. Es ist ein Verdienst von „Gladiator", diesen klassischen grundlegenden Gegensatz in den beiden Kontrahenten des Films, Commodus und Maximus, wirkungsvoll zu personifizieren[90]. Commodus (Joaquin Phoenix) bleibt als eher banaler Neurotiker zwar weit hinter der bizarren Individualität des „Originals" zurück[91], aber er verkörpert letztlich doch alles, was das dekadente Rom ausmacht: Egoismus, Größenwahn, Verweichlichung, Genuss-Sucht, Machtgier, Hinterhältigkeit, Grausamkeit, sexuelle Perversion (Abb. 5).

Derart charakterisierte Imperatoren gehören freilich fest zum Repertoire des Römerfilms, Profil gewinnt der Gegensatz erst durch die sehr viel bemerkenswertere Herausarbeitung des republikanisch-soldatischen Gegenpols durch Russell Crowe in der Figur des Maximus. Der schlichte Bauern-Soldat vertritt überzeugend und unaufdringlich die Tugenden, die Rom groß gemacht haben: Tapferkeit, Härte, Disziplin, Pflichtgefühl, Familiensinn, Geradlinigkeit, Bescheidenheit, Treue, Selbstbeherrschung, eiserner Wille, Effizienz und – im Film anerkennenswerterweise nicht vergessen – Frömmigkeit. Aber diese Frömmigkeit ist – im Gegensatz zum herkömmlichen „Sandalenfilm" – keine christliche, sondern eine römische, heidnische. „Rom ist das Licht" für Maximus, der Rest der Welt ist „brutal, finster und grässlich"[92] (Abb. 6).

Marcus Aurelius versucht dem General seinen naiven Glauben auszureden – Maximus ist noch nie persönlich in Rom gewesen[93]. Es habe durch die Kaiserherrschaft seine wahre Identität verloren und müsse durch Maximus sich selbst zurückgegeben werden. Damit wird der Konflikt zwischen Tugend und Verdorbenheit ein Teil des „Traums von Rom" und nicht von außen in Form einer neuen Religion herangetragen. So ist es auch schon in Anthony Manns Film von 1964 gewesen, doch wurde hier dieser Konflikt über Fragen der großen Reichspolitik ausgetragen, um friedliche Koexistenz und Integration der Barbaren, Probleme, die der Abrüstungs- und „Civil Rights"-Politik der Kennedy- und Johnson-Ära nahe standen. Bei Ridley Scott ist nun das Colosseum zur politischen Arena geworden, und hier geht es um die Schnittzone von Unterhaltung, Unterdrückung und Befreiung, um die Manipulierbarkeit der Massen, um wahre und um falsche Träume. Und so ist Maximus, dieser römischste aller Filmhelden, in der Tat zugleich „ein Held des Medienzeitalters"[94].

Abb. 6: Stoiker des Blutbades: Der aufrecht-republikanische Maximus (Russell Crowe), Vertreter der altrömischen Ideale, reibt sich vor jedem Kampf die Hände mit Erde oder Sand ein und demonstriert so die Schollenverbundenheit des zum Gladiator degradierten Bauern-Soldaten. Die Gürtelschnallen sind im Kaufhaus um die Ecke erworben. (© UIP/CINETEXT Bildarchiv).

Anmerkungen / Literatur:

[1] Die Sequenzennummerierung folgt der Einteilung in 28 Sequenzen in der DVD-Videofassung (DreamWorks and Universal Studios). Der folgende Aufsatz stellt die Kurzfassung einer ausführlichen Studie dar, die unter dem Titel „Hollywoods Traum von Rom. ‚Gladiator' und die Tradition des Monumentalfilms" im Frühjahr 2003 bei Philipp von Zabern in Mainz erscheinen wird.

[2] „Marcus Aurelius had a dream that was Rome, Proximo. This is not it, this is not it!"

[3] Zu dem gerade in den letzten zwei Jahrzehnten sehr eifrig diskutierten Thema verfilmte Geschichte siehe:
Bertelli, Sergio (1995): Corsari del tempo. Quando il cinema inventa la storia (Guida pratica per registri distratti). Florenz. – Bourget, Jean-Loup (1992): L'histoire au Cinéma. Le passé retrouvé. Gallimard. – Carnes, Mark C. (Hrsg.) (1996): Past Imperfect. History according to the Movies. New York. – Fraser, George Macdonald (1988): The Hollywood History of the World. London. – O'Connor, John E. (Hrsg.) (1990): Image as Artifact. The Historical Analysis of Film and Television. Malabar, Florida. – Reed, Joseph W. (1989): American Scenarios. The Uses of Film Genre. Middletown, Connecticut. – Rosenstone, Robert A. (1995): Visions of the Past. The Challenge of Film to Our Idea of History. Cambridge u. a. – Rother, Rainer (Hrsg.) (1998): Mythen der Nationen: Völker im Film. Berlin. – Sorlin, Pierre (1980): The Film in History. Restaging the Past. Totowa, New Jersey. – Sorlin, Pierre (1990): Historical Films as Tools for Historians. In: O'Connor (siehe oben): 43–68. – Vidal, Gore (1992): Screening History. Cambridge, Massachusetts. – Wood, Michael (1975): America in the Movies or „Santa Maria, it Had Slipped My Mind". London.

[4] Der Ausdruck „Monumentalfilm", der nur in Deutschland gebräuchlich ist, bezieht auch Filme mit nichtantiker Thematik ein. Das gilt gleichfalls für die im Englischen übliche Bezeichnung „Epic". Einige Benennungen, die sich von Kleidungsstücken herleiten, sind spezieller und meinen entweder das ganze „antike" Genre einschließlich Filmen, die im Alten Orient und in Griechenland handeln, oder ausschließlich „Römerfilme". Die verbreitetsten sind „Peplum" nach einem griechisch-römischen Mädchen- und Frauengewand (der Ausdruck ist in Frankreich entstanden und wurde in Italien übernommen), „Toga Film" (mit Varianten wie „Toga and Sandal Film", „Toga and Javelin Film" etc., englischer Sprachraum) und der deutsche „Sandalenfilm". „Peplum" und „Sandalenfilm" werden häufig auf das ganze Antikengenre bezogen, manchmal aber auch mit abschätzigem Beigeschmack speziell auf die italienischen Billigproduktionen der 1950er und 1960er Jahre. Zum „epischen" Film und besonders zum Römerfilm siehe vor allem:
Babington, Bruce & Evans, Peter William (1993): Biblical Epics. Sacred Narrative in the Hollywood Cinema. Manchester, New York. – Barthes, Roland (1957): Les Romains au cinéma. In: Ders.: Mythologies: 27–30. Paris. – Bondanella, Peter (1987): The Eternal City. Roman Images in the Modern World. Chapel Hill, London. – Cammarota, Domenico (1987): Il cinema Peplum. La prima guida critica ai film di Conan, Ercole, Goliath, Maciste, Sansone, Spartaco, Thaur, Ursus. Rom. – Cary, John (1974): Spectacular!. London u. a. – Elley, Derek (1984): The Epic Film. Myth and History. London u. a. – Eloy, Michel (1990): Les gladiateurs au cinéma. In: Domergue, Claude, Landes, Christian & Pailler, Jean-Marie (Hrsg.) (1990), Spectacula I: Gladiateurs et amphithéatres. Actes du colloque tenue à Toulouse et à Lattes 1987: 277–294. Lattes. – Fitzgerald, William (2001): Oppositions, Anxieties, and Ambiguities in the Toga Movie. In: Joshel, Sandra R. u. a. (Hrsg.), Imperial Projections. Ancient Rome in Modern Popular Culture: 23–49. Baltimore and London. – Hirsch, Foster (1978): The Hollywood Epic. South Brunswick, New York, London. – Junkelmann, Marcus (2000 a): Mit Ben Hur am Start. Wagenrennen im Circus Maximus. In: Köhne, Eckart & Ewigleben, Cornelia (Hrsg.), Gladiatoren und Caesaren. Die Macht der Unterhaltung im antiken Rom: 91–108. Mainz. – Lindner, Ruth (1999): „Sandalenfilme" und der archäologische Blick. Protokoll eines Versuchs. In: Thetis 5/6: 519–536. – Loacker, Armin & Steiner, Ines (Hrsg.) (2002): Imaginierte Antike. Österreichische Monumental-Stummfilme. Wien. – Mann, Anthony (1964/1977): Empire Demolition. In: Koszarski, Richard (Hrsg.) (1977), Hollywood Directors 1941–1976: 332–338. New York (ursprünglich: Films and Filming 1964). – Mayer, David (1994): Playing out the Empire. *Ben-Hur* and Other Toga Plays and Films, 1883–1908. A Critical Anthology. Oxford. – Munn, Mike (1982): The Stories Behind the Scenes of the Great Film Epics. London. – Searles, Baird (1990): Epic! History on the Big Screen. New York. – Smith, Gary A. (1991): Epic Films. Casts, Credits and Commentary on Over 250 Historical Spectacle Movies. – Solomon, Jon (2. Aufl. 2001a): The Ancient World in the Cinema. New Haven und London (1. Aufl. 1978). – Solomon, Jon (2001 b): The Sounds of Cinematic Antiquity. In: Winkler, Martin M. (Hrsg.), Classical Myth and Culture in the Cinema: 319–337. Oxford u. a. – Wieber, Anja (2002): Auf Sandalen durch die Jahrtausende – eine Einführung in den Themenkreis „Antike und Film". In: Eigler, Ulrich (Hrsg.), Bewegte Antike. Antike Themen in modernen Filmen = Drama, Beiheft 17: 4–40. – Wieber-Scariof, Anja (1999): Film. In: Der Neue Pauly 13: 1133–1141. – Williams, Douglas (1997): The Eagle or the Cross: Rome, the Bible, and Cold War America. Diss. San Diego. – Winkler, Martin M. (1995): Cinema and the Fall of Rome. In: Transactions of the American Philological Association 125: 135–154. – Winkler, Martin M. (1998): The Roman Empire in American Cinema after 1945. In: The Classical Journal 93: 167–196. – Winkler, Martin M. (2001): Star Wars and the Roman Empire. In: Ders. (Hrsg.), Classical Myth and Culture in the Cinema: 272–290. Oxford u. a. – Wyke, Maria (1997): Projecting the Past. Ancient Rome, Cinema, and History. New York, London.

[5] Verleihinformationen, Literatur und die wichtigsten mir zugänglichen Kritiken zu Ridley Scotts „Gladiator":
Informationsheft von Universal und United International Pictures (2000): All about Gladiator. – Bankston, Douglas (2000 a): Death or Glory. Director Ridley Scott and cinematographer John Mathieson forge an epic vision of ancient Rome with *Gladiator*. In: American Cinematographer, May: 34–45. – Bankston, Douglas (2000 b): Veni, Vidi, Vici. Director Ridley Scott Conquers Logistical Challenges to Create a Sweeping Vision of Ancient Rome in *Gladiator*. Interview by Douglas Bankston. In: American Cinematographer, May: 46–53. – Beck, Hans (2000): Commodus in der Talkshow. Hollywood schlägt zurück: Das römische Imperium im Jahr 2000. In: *Frankfurter Allgemeine Zeitung* 6. Juni. – Boldhaus, Michael (2000): Gladiator special. Gladiator-Filmmusik, Gladiator-Buch. In: Cinemusic 1999–2001. – Davidson, James (2000): What happened to the Giraffes. In: *Times* Literary Supplement May 12: 11 f. – DreamWorks L.L.C. and Universal Studios (2000): VHS- und DVD-Videofassungen von Ridley Scotts „Gladiator". Die DVD-Fassung enthält auf Disc 2 auch Beiträge über die Herstellung und den historischen Hintergrund des Films sowie eine Zusammenstellung von geschnittenen Szenen. – Gram, Dewey (2000): Gladiator. Based on a Screenplay by David Franzoni, John Logan, William Nicholson. DreamWorks L.L.C. and Universal Studios (gleichnamige deutsche Ausgabe [2000], Nürnberg). – Felperin, Leslie (2000): Decline and Brawl. Ridley Scott's „Gladiator" gives the Sword-and-Sandal Genre a CGI makeover, mixing bloody spectacle with sly political satire. In: Sight and Sound 6 (June): 34 f. – Howard, Philip (2000): Blood and Circuses. The violent legacy of the Roman arena, embodied – if not always accurately – in *Gladiator*, lives on in modern man. In: *The Times* 17. Mai. – Jung, Patrick (2001): „Gladiator". In: „PORTA MOGONTIACA" – Das Mainzer Internet-Portal der Altertumswissenschaften, Filme. – Junkelmann, Marcus (2000 b): Das Spiel mit dem Tod. So kämpften Roms Gladiatoren. Mainz. – Junkelmann, Marcus (2003) a.a.O. (Anm. 1). – Krausser, Helmut (2000): Zombie im Circus Maximus. Das Sandalen-Genre erweckt Regisseur Ridley Scott im US-Film „Gladiator" zu neuem Leben – und erzählt hinreißend vom grausamen Arenakampf Mann gegen Mann. In: *Der Spiegel* 21: 260–263. – Landau, Diana (2000): Gladiator. The Making of the Ridley Scott-Epic. New York (deutsche Ausgabe 2001: Gladiator. Die Entstehung des Epos von Ridley Scott. Nürnberg). – Magid, Ron (2000): Rebuilding Ancient Rome. Production Designer Arthur Max uses modern methods to

resurrect a fabled realm in *Gladiator*. In: American Cinematographer, May: 54–59. – Salles, Catherine (2000): Au-delà d'un simple péplum. Le film, vu par une historienne. In: Historia, juillet: 66–68. – Sandys, Jon (2001): „Gladiator". In: movie-mistakes.com. 1996–2001 (Internet). – Schneider, Christoph (2000): Staub und Schatten. „Gladiator" von Ridley Scott – ein Wiederbelebungsversuch. In: *Neue Züricher Zeitung* 2. Juni. – Schulze-Berndt, Hermann (2001): Wenn Rom und die USA eins werden. Der Film „Gladiator" ist als Doppel-DVD und Video erschienen. In: Forum Classicum 1/2001: 79 f. – Turnbridge, Nat (Hrsg.) (2000): „Gladiator" (= In: Film 25. Souvenir Film Programme).

[6] In: *Die Presse* 27. Mai 2000.
[7] In: *Die Presse* 25. Mai 2000.
[8] In: *Junge Welt* 29. März 2000.
[9] In: *Der Spiegel* 21, 2000.
[10] In: *Kölner Stadtanzeiger* 26. Mai 2000.
[11] In: Sight and Sound 6, 2000 (June).
[12] In: *The Times* 17. Mai 2000.
[13] In: *Neue Züricher Zeitung* 2. Juni 2000.
[14] In: *Frankfurter Allgemeine Zeitung* 6. Juni 2000.
[15] In: *Berliner Zeitung* 25. Mai 2000.
[16] Heston, Charlton (1995): In the Arena. An Autobiography: 180. New York u. a.
[17] Vidal a.a.O. (Anm. 3): 84.
[18] Georges Méliès in Paris drehte 1888 den ersten Film mit antiker Thematik („La Sibylle de Cumes") und verfilmte 1899 erstmals den Kleopatra-Stoff, in England brachte man 1897 erstmals „The Sign of the Cross" und 1898 „The Last Days of Pompeii" auf die Leinwand, „Quo vadis?" folgte mit zwei französischen Verfilmungen im Jahre 1901, 1907 erschien in den USA die erste Filmversion von „Ben Hur" (sie wurde nach kurzer Zeit wegen Copyright-Verletzung aus dem Verkehr gezogen), 1913 nahm sich ein italienischer Regisseur erstmals des Spartacus-Stoffs an. Die meisten berühmten „Sandalenfilme" der 1950er und 1960er Jahre stellen also nur (vorläufig?) letzte Bearbeitungen schon mehrfach verfilmter Stoffe dar. Die vor 1913 gedrehten Filme beschränkten sich bei gewöhnlich 10-20 Minuten Spieldauer auf die Inszenierung einzelner Passagen.
[19] Siehe hierzu auch meinen Beitrag in diesem Buch „Das Phänomen der zeitgenössischen Römergruppen", S. 73 ff.
[20] Lord Bulwer Lyttons „The Last Days of Pompeii" aus dem Jahre 1834, der bahnbrechende Roman dieses Genres, wurde 1898, 1908 (zweimal), 1913 (zweimal), 1926, 1935, 1937 und 1959 verfilmt, Cardinal Wisemans „Fabiola" (1854) 1917 und 1948, Lew Wallaces „Ben Hur" (1880) 1907, 1925 und 1959, Henryk Sienkiewiczs „Quo vadis" (1894–1896) 1901 (zweimal), 1908, 1912, 1913, 1924, 1951 und 2002.
[21] Solomon (1978) a.a.O. (Anm. 4): 19.
[22] Reed a.a.O. (Anm. 3): 248.
[23] Arthur Max im Gespräch mit Ron Magid. In: Magid a.a.O. (Anm. 5): 55.
[24] Reed a.a.O. (Anm. 3): 250. – Das gilt nicht notwendigerweise für jeden Film mit römischer Thematik. In Italien drehte man während der späten 1950er und des größeren Teils der 1960er Jahre eine Unmenge von serienmäßig und billig hergestellten „B-Epics", die zumeist dem volkstümlichen „Muskelmann-Genre" angehörten. Ferner entstanden in Europa anspruchsvolle, bewusst unrealistisch ausgestattete Filme wie „Fellini Satyricon" (1969), die sich aber von vornherein an ein kleineres Publikum wandten und sich das leisten konnten, da sie nicht die riesigen Investitionen der amerikanischen Monumentalfilme wieder einspielen mussten. Für Hollywood blieben „Antike" und Gigantomanie immer untrennbar miteinander verbunden.
[25] Wood a.a.O. (Anm. 3): 169–173 und Winkler, Martin M. a.a.O. (Anm. 5).
[26] Zu in manchen Sciencefiction-Filmen zu bemerkenden Anspielungen auf das Römische Reich siehe Bondanella a.a.O. (Anm. 4): 229–237.
[27] Ridley Scott im Gespräch mit John Millar. In: Turnbridge a.a.O. (Anm. 5): XV f. Hier: XVI.
[28] Die Interpretation des Spartacus durch Kirk Douglas weist allerdings stark messianische Züge auf, die durch seine geschichtswidrige Kreuzigung am Ende des Films noch verstärkt werden. Der Versuch, seine Sklavenarmee aus Italien zu führen, wird ganz bewusst in Parallele gesetzt zum Exodus der Israeliten im Alten Testament und zur Gründung des Staates Israel nach dem Zweiten Weltkrieg. Wyke a.a.O. (Anm. 4): 68–71.
[29] Am Hals des Timonides, des ermordeten Vertrauten des Kaisers Marcus Aurelius, der nach dessen Tod die Reformpolitik hatte fortsetzen wollen, findet der Held einen Chi-Rho-Anhänger.
[30] Ridley Scott hatte ursprünglich zwei kurze Szenen vorgesehen, in denen zum Tod in der Arena verurteilte Christen gezeigt werden. Er hat sie beim endgültigen Schnitt unberücksichtigt gelassen, da das Thema ihm zu abgedroschen erschien. Sie sind auf Disc 2 der DVD-Videofassung zu sehen, a.a.O. (Anm. 5).
[31] Der einzige größere Versuch, der in dieser Richtung unternommen wurde, Tinto Brass' 17 Millionen Dollar-Produktion „Caligula" (1979), missriet zum teuersten Pornofilm aller Zeiten und setzte sich zwischen sämtliche Stühle – „too lurid for the average film goer and too highbrow for the porno circuit crowd." (Smith a.a.O. [Anm. 4]: 35).
[32] Hirsch a.a.O. (Anm. 4): 28.
[33] Solomon (1978) a.a O. (Anm. 4): 20.
[34] Munn a.a.O. (Anm. 4): 184.
[35] Ich folge der deutschen Synchronfassung. Es müsste hier eigentlich heißen: „... war das Römische Reich riesig und erstreckte ..."
[36] Zu den Videoausgaben a.a.O. Anm. 5.
[37] An beiden Unterarmen getragene breite Manschetten sind in sämtlichen Monumentalfilmen obligatorischer Bestandteil der römischen Männertracht, vor allem, aber keineswegs ausschließlich, der militärischen. Sie kommen in Metall- wie in Lederausführung, verziert wie unverziert vor. Es handelt sich um eine reine Erfindung, derartige Manschetten gibt es weder auf antiken Abbildungen noch im Fundgut.
[38] Muskelpanzer erfreuen sich bei den Filmemachern wegen ihres dekorativen Aussehens und ihrer klassischen Ästhetik großer Beliebtheit. Das hat auch schon für die Römer selbst gegolten, die diesen Panzertyp zweifellos sehr viel häufiger abgebildet haben als er tatsächlich getragen worden sein dürfte. Wie alle Rüstungsteile griechisch-hellenistischer Provenienz besaß er hohen Repräsentationswert. Die zahlreichen Panzerstatuen römischer Feldherren und Kaiser entsprachen einer archaisierend-heroisierenden Konvention, die den Dargestellten in die Nähe des Kriegsgottes Mars rücken sollte. Der Panzer ist wohl nur bei seltenen offiziellen Gelegenheiten von Kaisern und höchsten Offizieren wirklich angelegt worden, im Feld ersetzte ihn nach Auskunft der Traianssäule normalerweise der bequemere Klappenpanzer, der keine anatomisch durchgeformten Brust- und Rückenplatten besaß. In „Gladiator" wird der Muskelpanzer exzessiv eingesetzt und auch unter den unwahrscheinlichsten Umständen getragen. Die für Russell Crowe gefertigten Exemplare weisen in ihrem Dekor sogar persönliche Motive auf. In der Schlachtensequenz ziert ein Hunde- oder Wolfskopf die Brust des Generals, der sich von einem Deutschen Schäferhund mit Nahkampfausbildung ins Gefecht begleiten lässt, als Gladiator(!) besitzt er einen Panzer, auf dem zwei seiner Pferde sowie seine ermordete Familie abgebildet sind. Keine einzige Gladiatorengattung hat tatsächlich den Muskelpanzer benutzt, der angesichts seines hohen staatlich-militärischen Prestiges auch ein höchst unangemessenes Rüstungsteil für einen Arenakämpfer gewesen wäre. Commodus ist schon ein legitimerer Kandidat, aber bei Auftritten innerhalb der Stadtgrenzen von Rom wäre der Panzer, wie jede kriegsmäßige Rüstung, als unschicklich empfunden worden. Der übliche Kaiserornat bei öffentlichen Auftritten in der Hauptstadt – auch im Amphitheater und im Circus – waren die ornamenta triumphalia, das Triumphatorenkostüm, das aus purpurner, goldbestickter Tunica und ebensolcher Toga, purpurnen weichen Stiefeln, Lorbeerkranz und adlerbekröntem Elfenbeinzepter bestand. Wären die Filmpanzer aus Metall und nicht aus Leder und Kunststoff, käme der Kaiser schon aus praktischen Gründen schnell davon ab, sich selbst im Inneren seines Palastes ständig dieses Requisits zu bedienen – er wälzt sich muskelpanzerbepackt sogar inzestuös mit seiner Schwester auf dem Bett herum!
[39] Der Begriff „Germania" ist irreführend. Die Markomannenfeldzüge des Marcus Aurelius waren auf die pannonischen Provinzen (Niederösterreich, Ungarn) basiert, der Kaiser starb in einem der pannonischen Lager an der Donau, Vindobona oder – wahrscheinlicher – Bononia bei Sirmium, also 700–1000 km östlich der germanischen Provinzen. Die Front verlief damals weit nördlich der Donau im böhmisch-mährischen Raum. Marcus Aurelius kann also schwerlich in unmittelbarer Nähe eines Schlachtfeldes gestorben sein.
[40] An der Musik von „Gladiator" haben außer Hans Zimmer noch Lisa Gerrard und zwei Hilfskomponisten mitgewirkt. Sie stellt einen manchmal

wirkungsvollen, meist aber für das epische Niveau des Films unterkalibrierten Mischmasch aus Elementen von Pop-, Rock-, Ethno-, klassischer und neoromantischer Musik dar. Ein Versuch, spezifisch auf die dargestellte Zeit einzugehen, wird nicht einmal ansatzweise gemacht. Zur Musik in antiken Monumentalfilmen generell siehe Solomon (1991) a.a.O. (Anm. 4), zu der von „Gladiator" speziell Boldhaus a.a.O. (Anm. 5).

[41] Landau a.a.O. (Anm. 5): 31.

[42] Es ist unschön, dass in keiner der zahlreichen Verlautbarungen, die Ridley Scott und seine Mitarbeiter von sich gegeben haben, erwähnt wird, wie stark ihr Opus dem Anthony Mann-Film verpflichtet ist.

[43] Lucilla war zu diesem Zeitpunkt keine ledige Witwe, sondern zum zweiten Mal verheiratet, sie hatte keinen Sohn namens Verus und sie kam zehn Jahre vor ihrem Bruder Commodus ums Leben, statt ihn, wie in beiden Filmen, zu überleben.

[44] Gerüchte, der schon lange kränkelnde Marcus Aurelius sei von seinen Ärzten ermordet worden, gab es schon im Altertum (Birley, Anthony [1987]: Marcus Aurelius. A Biography: 209 f. New Haven, London). In „The Fall of the Roman Empire" wird der Kaiser von Anhängern des Commodus – und ohne dessen Wissen – vergiftet, was sich im Bereich des Möglichen bewegt, in „Gladiator" von Commodus im Affekt eigenhändig erstickt, was als ausgeschlossen gelten darf. Beide Filme verschweigen, dass Commodus seit 177 n. Chr. den Titel Augustus trug und offizieller Mitkaiser war. Seine Erbfolge stand also schon längst fest und es gab keinen rechten Grund für einen Mord.

[45] Die Art und Weise, in der der gerade erst an der Front angekommene, über keine Kontakte in der Armeespitze verfügende Commodus nach der improvisierten Ermordung seines Vaters die Eliminierung des ranghöchsten Generals der Armee durch dessen eigene Unterführer verfügen kann, schlägt jeder Wahrscheinlichkeit ins Gesicht. Ebenso undenkbar ist die bestialische Ermordung der Familie des Maximus und die Verwüstung seines Landguts durch uniformierte Praetorianer ohne jedes juristische Verfahren.

[46] Wie der schwer verwundete Maximus im Winter von der heutigen Slowakei bis nach Spanien gekommen sein soll, und zwar kaum langsamer als das praetorianische Mordkommando, bleibt der Phantasie des Zuschauers überlassen. Glaubhaft ist es jedenfalls nicht.

[47] Auch hier wird der Gutgläubigkeit des Betrachters, der wieder keine Einzelheiten erfährt, ziemlich viel zugemutet. Der Kontrast zwischen dem winterlichen „Germanien" und der afrikanischen Wüstenlandschaft ist freilich schlagend und vermittelt ein Gefühl von der Weite des Imperiums. Das Bild, das von den Zuständen in der nordafrikanischen Provinz gezeichnet wird, ist völlig falsch. Es entspricht dem, was Sergio Bertelli „Basic Biblical" genannt hat, der Vorstellung, der Nahe Osten und Nordafrika hätten sich über Jahrtausende hinweg nicht verändert und seien schon vor der islamischen Eroberung im 7. Jahrhundert n. Chr. von arabischen Kameltreibern, Burnus- und Turbanträgern bevölkert gewesen (Bertelli a.a.O. [Anm. 3]: 90 ff.). Tatsächlich waren diese Länder zur Römerzeit nicht minder hellenisiert und romanisiert als etwa Spanien oder Gallien.

[48] Das ist unhistorisch. Commodus war zwar begeisterter Gladiator und Tierkämpfer und trat unzählige Male öffentlich auf – eine Tatsache, die in beiden Filmen erstaunlicherweise übergangen wird –, er fand aber hierbei nicht den Tod, sondern wurde im Palast erdrosselt.

[49] So Senator Gracchus (Derek Jacobi) vorwurfsvoll zu Commodus: „But the senate is the people, Sire, chosen from among the people to speak for the people." (Sequenz XII).

[50] Beck a.a.O. (Anm. 5). - Ähnlich der Rezensent der *Times*: „Its account of Roman politics is nonsense. Marcus Aurelius never dreamt of restoring power to the people. Perhaps he thought Commodus was the best way to ensure stability. The heroic general Maximus with republican dreams in the film is John Wayne fantasy. The Senate gave up any republican inclinations long before, and the Army would never have surrendered its paymasters and donatives." (Howard a.a.O. [Anm. 5]).

[51] Winkler a.a.O. (Anm. 4): 139. – Der einzige andere römische Monumentalfilm, dem man „Intelligenz" zu bescheinigen pflegt, nämlich Stanley Kubricks „Spartacus" (1960), litt, wie „The Fall of the Roman Empire", unter einem dramaturgisch schwachen Drehbuch.

[52] Bankston (2000 b) a.a.O. (Anm. 5): 51.

[53] Geisenhanslüke, Ralph (2000): Stich oder stirb! Zurück zum Sandalenfilm. In: *Tagesspiegel* 24. Mai.

[54] Das zeigt besonders schlagend ein Vergleich der mittlerweile berühmten Anfangssequenz mit dem Showdown am Ende von Spielbergs eigenem Film. Der letztere ist althergebrachtes Weltkriegs-Kintopp nach Rambo-Manier und wird allgemein ignoriert, wenn nicht verrissen. Siehe: An Internet Discussion of Saving Private Ryan (1998). In: Film & History 28: 3–4; 72–81.

[55] Sandys a.a.O. (Anm. 5) bietet per Internet eine Zusammenstellung von 122 Fehlern in „Gladiator" an. Die Liste ist durch E-Mail-Anschreiben von Zuschauern entstanden, denen Jon Sandys und sein Team manchmal Erklärungen und Modifikationen hinzugefügt haben. Die Mehrzahl der kritisierten Punkte ist nicht dem historisch-archäologischen Bereich zuzuordnen, sondern betreffen Ungereimtheiten des Plots und rein technisch-inszenatorische Fehler. Viele der letzteren würden bei normalem Betrachten des Filmes nie auffallen und wurden nur bemerkt, weil der Zuschauer Gelegenheit hatte, sich die Szenen wieder und wieder in verschiedenen Geschwindigkeiten per Video auf dem Bildschirm anzuschauen. Etliche Kritiken sind unberechtigt, einige werden mehrfach vorgetragen. Auf der anderen Seite fehlen viele, teilweise gravierende Fehler auf der Liste. Das Echo, das Sandys mit seiner Tätigkeit findet, zeigt aber, dass sehr viele Zuschauer möglichst große Genauigkeit von den Filmemachern erwarten. Siehe hierzu meine in Vorbereitung befindliche ausführliche Untersuchung (Anm. 1).

[56] „At my command, unleash hell!"

[57] Beck a.a.O. (Anm. 5).

[58] Andreae, Bernard (1973): Römische Kunst: 248 und 218. Freiburg i. Br. u.a.

[59] In: Landau a.a.O. (Anm. 5): 16.

[60] Krausser a.a.O. (Anm. 5): 262.

[61] Das Original von „Pollice verso" („Daumen nach unten") hängt im Phoenix Art Museum (Arizona). Analyse des Bildes in: Junkelmann, Marcus (2000 c): Familia Gladiatoria. Die Helden des Amphitheaters. In: Köhne, Eckart & Ewigleben, Cornelia (Hrsg.), Gladiatoren und Caesaren: 39–80. Hier: 39. Mainz. – Ders. (2000 b) a.a.O. (Anm. 5): 8, 17 und 105. Abb. u. a. ebda.: 3, Abb. 1. – Landau a.a.O. (Anm. 5): 24-25. Zum Einfluss Gérômes und anderer historistischer Maler des späten 19. Jahrhunderts auf den Monumentalfilm und besonders auf „Gladiator" siehe Junkelmann a.a.O. (Anm. 1).

[62] Millar, John (2000): The Talented Mr. Ridley. In: Turnbridge a.a.O. (Anm. 5): XVI.

[63] Scott, Ridley (2000): Creating Worlds. In: Landau a.a.O. (Anm. 5): 26.

[64] Zur Architektur siehe Junkelmann a.a.O. (Anm. 1).

[65] Eine Lazarettszene und eine Szene, in der Maximus aus der Perspektive seines Verlieses Augenzeuge einer Christenhinrichtung wird, hat Ridley Scott als „zu deprimierend" geschnitten (Zusammenstellung geschnittener Szenen auf Platte 2 der DVD-Fassung).

[66] Ridley Scott hat sich in vielen Einzelheiten dieser Szenen stark von dem Spartacus-Roman von Maurice Ghnassia inspirieren lassen, dem er auch die Angewohnheit des Maximus, vor dem Kampf Erde oder Sand zwischen den Händen zu zerreiben, entnommen hat (Ghnassia, Maurice [1969]: Arena. New York). Diesen Hinweis verdanke ich einer persönlichen Mitteilung von John Maddox Roberts.

[67] Sachlich korrekt, doch in merkwürdigem Latein in „Gladiator" als „Ludus Magnus Gladiatores" bezeichnet.

[68] Babington & Evans a.a.O. (Anm. 4): 219.

[69] Sequenz X, Empfang in der Gladiatorenschule; Sequenz XI, Ansprache vor dem ersten Kampf in der nordafrikanischen Arena.

[70] Junkelmann (2000 b) a.a.O. (Anm. 5): 142–145.

[71] Im ersten Kampf in der nordafrikanischen Arena sterben mindestens 4 von ca. 8 Mann der siegreichen Partei und alle 6 Verlierer, im zweiten alle 6 Mann, gegen die Maximus allein (!) antritt, im ersten Kampf im Colosseum 5 Mann von 21 bei den Siegern, von den 12 Verlierern wenigstens 10 (die restlichen 2 sehen wir mit ihren Wagen verunglücken, und sie sind wahrscheinlich auch tot), im Duell mit Tigris gibt es wegen eigenmächtiger missio keinen Toten, im Duell mit Commodus sterben beide Kontrahenten.

[72] Zur typologischen Entwicklung und Einteilung der Gladiatorenwaffen siehe ausführlich Junkelmann (2000 b) a.a.O. (Anm. 5): 43–95; 161–187.

[73] Vgl. Anm. 26. Die Entwurfszeichnungen, die Sylvian Despretz für die Gladiatorenrüstungen ge-

fertigt hat, lassen den Einfluss von Sciencefiction und Fantasy à la Conan der Barbar besonders deutlich erkennen (Beispiele in: Landau a.a.O. [Anm. 5]: 44 f. und 102 f.).

[74] Inwieweit der „Blutsport" anderer Kulturen und Epochen wirklich mit der Gladiatur vergleichbar ist, habe ich mit im Wesentlichen negativen Ergebnis diskutiert in: Junkelmann (2000 b) a.a.O. (Anm. 5): 12–18.

[75] Da Ridley Scott einige Male in seinem Film sehr deutlich auf faschistische und nationalsozialistische Regimes anspielt, wird er auch diese Äußerung auf sie gemünzt haben. Man kann aber kaum behaupten, dass demokratische Regierungen in diesem Punkt hinter den totalitären zurückgeblieben seien. Zweifellos hat Scott in seinem Film auch immer wieder amerikanische Verhältnisse im Auge.

[76] Ridley Scott in: Landau a.a.O. (Anm. 5): 32.

[77] Natürlich ist das sehr übertrieben. Bei allen Aufstiegschancen, die ein Gladiator hatte, und bei aller Popularität, die ein Gladiator gewinnen konnte, hat es doch keiner je geschafft, eine bedeutende politische Rolle zu spielen oder gar die Position des Kaisers zu gefährden. In Anbetracht der gesellschaftlichen und staatlichen Verhältnisse in Rom wäre eine solche Rolle auch ganz undenkbar gewesen.

[78] „The general who became a slave, the slave who became a gladiator, the gladiator who defied an Empire." Commodus spricht diesen Satz vor dem Schlussduell im Colosseum (Sequenz XXVI).

[79] Bondanella a.a.O. (Anm. 4): 4.

[80] Das nördlich von Madrid aufgebaute Forum galt als die aufwendigste Filmkulisse aller Zeiten und war der Stolz des Films: „27 full-scale three-dimensional structures, 350 individual statues, 8 victory columns, 1000 hand-sculpted relief panels, 12 tons of nails, 320 miles of tubular steel, 1100 workmen, 7 months to assemble ..." (Wyke a.a.O. [Anm. 4]: 186).

[81] „... geht es mit Volldampf ab zu Richard Wagners Oper ‚Das Rheingold' ..." (Boldhaus a.a.O. [Anm. 5]: 3).

[82] Das riesige Modell, das sich heute im Museo della Civiltà Romana befindet, stellt zwar die Stadt zur Zeit Constantins des Großen dar, doch hat das schon 1951 Mervyn LeRoy nicht daran gehindert, es in „Quo vadis" einzusetzen, wo es – bezeichnenderweise – Neros größenwahnsinnige Planung für sein neues Rom präsentieren soll. „While the scale model of the imperial city was first placed on display in a Fascist exhibition that sought to associate the city of the duce with the grandeur of Augustan Rome, *Quo vadis* restitutes the model within the narrative of a madman's idea of urban planning." (Wyke a.a.O. [Anm. 4]: 140).

[83] Die Hollywood-Triumphzüge, etwa in „Quo vadis" (1951) und „Ben Hur" (1959), haben mehr mit den 1. Mai-Paraden auf dem Roten Platz zu tun als mit dem tatsächlichen Verlauf der römischen pompa triumphalis – gerade dass man den Stechschritt weggelassen hat (Bertelli a.a.O. [Anm. 3]: 62 f.).

[84] Tim Burke, der für die „Visual Effects" zuständig war, in: Turnbridge a.a.O. (Anm. 5): XXII.

[85] Lange, flatternde Wimpel scheinen für Ridley Scott so etwas wie ein untrügliches Signal für „Geschichte" zu sein. Auch die römische Armee verwendet sie bei ihm zusätzlich zu den überlieferten Feldzeichen. Ähnlich schon in Scotts Kolumbus-Film „1492 – Conquest of Paradise" (1992).

[86] Max meint damit vermutlich das Gemälde von Jean Auguste Dominique Ingres im Musée de l'Armée, Paris (1806).

[87] Arthur Max in: Magid, Ron (2000) a.a.O. (Anm. 5): 55. – Ob auch die Barockkuppeln und mittelalterlichen Glockentürme, die in einer anderen Szene (Sequenz XXV) das Panorama Roms bereichern, als Träger solcher Botschaften gesehen werden sollen oder eher zufällig ins Stadtbild geraten sind, lässt Max leider unerörtert.

[88] Arthur Max in: Landau a.a.O. (Anm. 5): 66. – Ganz ähnlich Ridley Scott selbst: „The greatest photographers [?!, M. J.] were the painters who represented those historic times, particularly from the 19th century. Alma-Tedema [sic] ... was a big reference; he created ... beautiful representations of an ideal world." (Bankston [2000 b] a.a.O. [Anm. 5]: 47 f).

[89] Bertelli a.a.O. (Anm. 3): 44.

[90] Wir finden den Kontrast auch in Nebenszenen: „Rom ist Ort höfischer Intrige und politischer Korruption. Der anständige und volksnahe Senator Gracchus hingegen füttert auf einem beschaulichen Anwesen Gänse. Ein antiker Moralist hätte das genauso ausgedrückt." (Beck a.a.O. [Anm. 5]).

[91] Obwohl Christopher Plummers Interpretation der Rolle in „The Fall of the Roman Empire" dem von Cassius Dio und anderen Historikern gezeichneten Bild näher kam, schrieb Jon Solomon schon über diese: „Believe it or not, *The Fall of the Roman Empire* displays the insane emperor Commodus (Christopher Plummer) too temperately." (Solomon [1978] a.a.O. [Anm. 4]: 26). Joaquin Phoenix' „flüchtig skizzierte ödipale bzw. inszestiöse Neurosen im Film" sind dann schon gar nichts „gegen die Dramatik der geschichtlichen Überlieferung." (Schneider a.a.O. [Anm. 5]).

[92] Sequenz V.

[93] Für einen Mann seiner Stellung, der zudem von Jugend an in enger Beziehung zur kaiserlichen Familie und vor allem zu Lucilla gestanden hat, eine arge Unwahrscheinlichkeit.

[94] Beck a.a.O. (Anm. 5).

D Archäologie und zeitgenössische Literatur

Archäologische Motive im Kriminalroman

Hans Günther Rein

Zusammenfassung

Auf geistesgeschichtliche Bezüge zwischen der Entstehung der wissenschaftlichen Archäologie und des englischen Detektivromans im 19. Jahrhundert hat erstmals Dietrich Schwanitz aufmerksam gemacht[1]. Archäologische Motive im Kriminalroman gibt es bereits seit Agatha Christie, doch neu in der Gegenwart ist die Beliebtheit fiktiver Gestalten aus dem Altertum als Detektive. Die wichtigsten unter ihnen sollen vorgestellt werden, dabei soll die Freude an unterhaltsamer Lektüre im Vordergrund stehen, eine vergleichend-kritische Wertung der einzelnen Autoren wird nicht angestrebt. Auch die Frage der historischen Authentizität wurde nicht behandelt – wer sich hierfür interessiert, findet für einzelne Romane ausführliches Material in den Rezensionen von Stefan Cramme (siehe Anhang). In zwei Exkursen werden Archäologen als Autoren und archäologische Grabungen als Schauplätze von Kriminalromanen vorgestellt.

Einleitung

Zur Geschichte des Kriminalromans, seiner Definition und Terminologie verweisen wir auf die Einführung von Paul G. Buchloh und Jens P. Becker[2]. Häufig wird versucht, die Anfänge des Kriminalromans bis ins Altertum zurückzudatieren, wohl der Respektabilität halber. Der neueste Versuch dieser Art findet sich in einer Internet-Publikation[3], in der Cicero als Ahnherr des Kriminalromans gefeiert wird.

Einige Vorbemerkungen mögen genügen. Die klassische literarische Form ist der Detektivroman, in dessen Mittelpunkt die überraschende Lösung eines Mordfalls durch einen Detektiv steht. Bald entstehen zahlreiche Spielarten wie der Thriller, der Polizeiroman oder der Spionageroman. Die Suche der Autoren nach attraktiven Helden erschafft die unterschiedlichsten Detektive, die beim Leser erfolgreichen werden häufig zu „Serienhelden", von Sherlock Holmes bis James Bond. Ungewöhnliche Schauplätze sind ein beliebtes Mittel, um Leser zu gewinnen; vielleicht ist es mit ein Grund für die Beliebtheit des Krimis, dass man in den wechselnden Schauplätzen auf amüsante Weise Belehrung und Information findet[4], sei es über die englischen Universitäten, über die Navajo im Südwesten der USA – oder über die klassische Antike.

Der historische Kriminalroman

Auf der Suche nach neuen Helden und Schauplätzen werden schon früh Kriminalromane in historische Zeiten verlegt. Doch erst im letzten Jahrzehnt kommt es zu einer explosionsartigen Vermehrung dieses Genres. Spezial-Buchhandlungen für Krimis haben bereits eigene Abteilungen für das historische Genre reserviert und in den USA gibt eine Historical Mystery Appreciation Society eine eigene Zeitschrift heraus[5]. Hin und wieder treten historische Gestalten – von Sokrates bis zu Edward VII. – als Detektive auf, meist jedoch agieren fiktive Detektive in einer historischen Umgebung.

Auffallend ist dabei die Tendenz, an traditionellen Formen des Detektivromans festzuhalten, getreu der von Ellery Queen stammenden Formel „a detective story must contain a detective who detects …"[6], doch werden auch Elemente des Thrillers oder des Spionageromans eingebaut. Die Tatsache, dass das heutige Berufsbild des Detektivs im Altertum noch nicht existierte, bietet gewisse Schwierigkeiten für den Autor, die oft mit recht gewagten Hilfskonstruktionen überwunden werden. Gerne übernommen wird der Typus des Serienhelden, der von einer Gruppe immer wiederkehrender Personen umgeben ist (die Familie, der Freund und Berater, der Gerichtsmediziner …). Das erleichtert dem Leser die Identifikation mit den handelnden Personen – und sichert dem Autor die Treue des Publikums. Nur die traditionelle Figur des Polizeioffiziers fehlt meist, sie ist schwer ins Altertum zu transponieren.

Randbemerkungen zur Bibliographie

Der Nachweis historischer Kriminalromane wird erleichtert durch einige in neuester Zeit im Internet erschienene Bibliographien, die vor allem die römische Zeit abdecken. Sie sind am Schluss des Textes zusammengefasst.

Trotz schöner Einzelleistungen anderer Nationen ist der Kriminalroman eine Domäne der Angelsachsen geblieben. Im Vergleich zu früheren Jahren sind die Übersetzungen besser geworden, vor allem sind sie nicht mehr unerträglich gekürzt. Dennoch ist das Original stets vorzuziehen, es werden daher nach Möglichkeit beide Titel genannt. Vorsicht bei den deutschen Titeln ist angeraten, die Ähnlichkeit mit dem Originaltitel ist häufig nur zufällig.

Erster Exkurs:
Archäologen als Krimi-Schriftsteller und Detektive

Der Amateur als Krimi-Schreiber hat in den angelsächsischen Ländern eine lange und ehrenvolle Tradition, auch Archäologen haben sich in diesem Metier betätigt.

Der bekannteste unter ihnen ist wohl Glyn Daniel[7], er schrieb (zunächst unter dem Pseudonym Dilwyn Rees) u. a. *The Cambridge Murders* (London, 1945), einen typischen „Oxbridge-Krimi", der im (fiktiven) Fisher College in Cambridge spielt. Sein Amateurdetektiv ist Sir Richard Cherrington, Professor für Vorgeschichte, er vereinigt – nach eigenen Angaben Daniels – Charakterzüge des Autors mit denen von Sir Mortimer Wheeler. Auch der Archäologe Peter Levi ist zu nennen, bei dem ebenfalls ein Archäologe, diesmal aus Oxford, als Amateurdetektiv auftritt, z. B. in *Grave Witness* (London). Dort geht es um den Fund von Bruchstücken einer griechischen Vase des „Dolphin Painter" aus Naukratis in einem Grab des 6. Jahrhunderts v. Chr. in Oxfordshire. Viele Autoren historischer Kriminalromane sind auch als Verfasser archäologischer Sachbücher hervorgetreten, Beispiele hierfür werden später noch genannt. Zahlreiche Kriminalromane mit Archäologen und archäologischen Themen findet man in der Bibliographie von Anita G. Cohen-Williams (siehe Anhang).

**Zweiter Exkurs:
Die Grabung als Schauplatz**
Hier ist an erster Stelle Agatha Christie zu nennen[8]. Sie ist 1929/30 als Gast im Ausgrabungsteam von Sir Leonard Woolley in Ur und lernt dort ihren (zweiten) Ehemann kennen, Max Mallowan, bekannt durch seine Veröffentlichungen über Nimrud. Sie begleitet ihn auf seinen Grabungen, sie schreibt Krimis, die bei Ausgrabungen im Nahen Osten spielen, und als Erste einen im Altertum spielenden Kriminalroman. (Am Rande bemerkt: Von Agatha Christie gibt es auch ein – nie aufgeführtes – Theaterstück über Echnaton). Seitdem ist die Grabung ein häufiges Sujet vieler Autoren. Ich kann hier nur auf ein paar besonders reizvolle Bücher hinweisen:

Hillerman, Tony: *A Thief of Time* (New York, 1988) = *Wer die Vergangenheit stiehlt* (Reinbek, 1990).
Schauplatz ist, wie immer bei Hillerman, die Welt der modernen Navajos im Südwesten der USA. Im Mittelpunkt der Handlung stehen hier ein Archäologenteam und Ausgrabungen der Anasazi-Kultur.

Peters, Elizabeth: *The Curse of the Pharaohs* (New York, 1981) = *Der Fluch des Pharaonengrabs* (Düsseldorf, 1984).
Elizabeth Peters ist ein Pseudonym für Barbara G. Mertz, Ägyptologin und Autorin populärer Bücher zur Ägyptologie[9;10]. Viele ihrer Romane spielen Ende des 19. Jahrhunderts bei Ausgrabungen in Ägypten, Hauptpersonen sind das Ehepaar Amelia Peabody und Radcliffe Emerson, Archäologen und Detektive – als Randfiguren treten auch bekannte Ägyptologen der damaligen Zeit auf (z. B. Brugsch, Maspero, Petrie). Hier klären sie den Mord an Lord Baskerville, dem Entdecker einer Grabkammer. Recht witzig geschrieben, spannender fast als die Kriminologie ist das Ende der Grabung mit einer gekonnten Überraschung am Schluss. Leider ist es schludrig übersetzt, z. B. „ein Haus im gregorianischen Stil", „einige keilförmige Schrifttafeln".

Ellis, Kate: *The Merchant's House* (London, 1998) und *The Armada Boy* (London, 1999).
Detective Sergeant Peterson hat vor seiner Polizeilaufbahn Archäologie studiert, nun stößt er auf merkwürdige Parallelen zwischen Mordfällen und Ausgrabungen seines früheren Kollegen Neil Watson. Eine bemerkenswerte neue Serie einer jungen Autorin.

Anthologien von Kurzgeschichten
In den letzten Jahren sind eigene Sammlungen von Kurzgeschichten über historische Detektive erschienen, ein Beweis für den Erfolg des Genres, einige widmen sich sogar speziell dem Altertum. Ein paar Titel mögen genügen:

Ashley, Mike (Hrsg.): *The Mammoth Book of Historical Whodunnits* (London, 1993) = *Von Rittern, Hexen und anderem Gelichter* (Bergisch Gladbach, 1996) mit einer Einleitung von Ellis Peters zum Genre des historischen Detektivromans und aufschlussreichen Vorworten zu den einzelnen Storys.

Ashley, Mike (Hrsg.): *The Mammoth Book of Historical Detectives* (London, 1995) = *Räuber, Schurken, Lumpenpack* (Bergisch Gladbach, 1998).

Ashley, Mike (Hrsg.): *Classical Whodunnits. Murder and Mystery from Ancient Greece and Rome* (London, 1996) mit einem Vorwort von Steven Saylor zur Gattung der „antiken Detektive".

Mendlewitsch, Doris (Hrsg.): *Götter, Sklaven und Orakel* (Düsseldorf, 1996) mit einem ungewöhnlich hohen Anteil an deutschen Autoren.

Detektive von der Urgeschichte bis zum Beginn des Frühmittelalters
Historische Gestalten als Detektive kommen fast nur in Kurzgeschichten vor – verständlich, da es sich bei ihrer detektivischen Arbeit stets nur um eine „Nebenbeschäftigung" handeln kann. Aristoteles, Sokrates und Cicero sind hier zu nennen, auch die Heiligen Drei Könige Kaspar, Melchior und Balthasar (legendäre oder historische Gestalten?) sind als Detektive verzeichnet (R. L. Stevens: *The Three Travellers*, in: Ashley, Mike [Hrsg.]: *The Mammoth Book of Historical Detectives*, London, 1995). Bei den Romanen lieben es die Krimiautoren, ein historisches Umfeld auszubreiten und die großen historischen Gestalten darin agieren zu lassen, die Detektivhelden erschaffen sie sich jedoch selbst. In chronologischer Ordnung sollen jetzt die wichtigsten Detektive präsentiert werden.

Detektive in der Urgeschichte
Ein anonymer Detektiv aus dem Paläolithikum – Australien, um 35 000 v. Chr. – tritt in einer Kurzgeschichte von F. Gwynplaine MacIntyre auf: *Death in the Dawntime* (in: Ashley, Mike [Hrsg.]: *The Mammoth Book of Historical Detectives*, London, 1995). Dies bleibt jedoch ein Einzelfall.

Detektive im alten Ägypten
Dagegen erfreuen sich Detektivgestalten aus dem alten Ägypten bereits einer gewissen Beliebtheit. Schon der erste historische Kriminalroman spielte in Ägypten um 2000 v. Chr., Agatha Christie's: *Death Comes at the End* (London, 1945) = *Rächende Geister* (Bern, München, 1947), ein Eifersuchtsdrama um Imhotep und den Mord an seiner Konkubine Nofret. Leider verteilen sich die Romane sehr ungleichmäßig auf die lange Geschichte Ägyptens,

die Regierungszeit des Tutanchamun spielt die Hauptrolle. Sicher vermuten die Autoren in diesem eher unbedeutenden Herrscher ein wirksames Lockmittel für die Leser, doch sind auch die Wirren der Zeit nach Echnaton ein recht attraktiver Hintergrund. Kurz erwähnt seien daher zwei Neuerscheinungen, die in der Zeit der Hatschepsut spielen: Paul Doherty: *The Mask of Ra* (London, 1999) = *Die Maske des Ra* (München, 2000) und Ders.: *The Horus Killings* (London, 1999).

HUY DER SCHREIBER (Zeit des Tutanchamun, um die Mitte des 14. Jahrhunderts v. Chr.)
Huy der Schreiber ist der erste altägyptische Serienheld, bekannt durch die Romane von Anton Gill.

City of the Horizon (London, 1991) = *Vermächtnis des Pharao* (Frankfurt, 1992). Nach dem Tod Echnatons aus dem Hofdienst entlassen, fristet Huy jetzt sein Dasein als Privatdetektiv. Sein erster Auftrag ist die Aufklärung von Grabräubereien im Auftrag des Schiffsreeders Amotju, eines alten Freundes.

City of Dreams (London, 1993) = *Tod am Nil* (Frankfurt, 1993). Huy soll bei einer Serie mysteriöser Mordfälle ermitteln, die Opfer sind Mädchen der höheren Gesellschaft, ihre Väter waren alle frühere Echnaton-Anhänger, die jetzt die Seite gewechselt haben.

City of the Dead (London, 1994) = *Tutenchamun. Der Kampf um den Thron* (Frankfurt, 1995). Pharao Tutanchamun unternimmt einen Jagdausflug in die Wüste und findet dort ein gewaltsames Ende. Huy soll diesen Fall für die Witwe des Königs, Anchesenamun, aufklären, in die Ereignisse verwickelt sind der Hofbeamte Ay und der General Haremhab.

City of Lies (London, 1995) = *Die Rache der Pharaonin* (Frankfurt, 1996). Huy wird von Anchesenamun, der Witwe des Tutanchamun, beauftragt, die auf sie gerichteten Mordanschläge aufzuklären. Huy folgt diesem Ruf und gerät dabei mit Senseneb, seiner Frau, in die politischen Intrigen der Oberägypter, die Ay, den regierenden Pharao, stürzen wollen. Dies ist eher ein Polit-Thriller als ein Detektivroman, doch mit einigen gut gezeichneten Figuren der Schreiber und der Kaufleute. Wie schon in den vorigen Romanen versucht Gill, historische Ereignisse in die Kriminalstory zu integrieren; dies werden wir bei vielen der folgenden Autoren wieder finden.

MEREN (Regierungszeit des Tutanchamun, um die Mitte des 14. Jahrhunderts v. Chr.)
Meren, ein Hofbeamter Tutanchamuns, ist die Hauptfigur der Romane von Lynda S. Robinson.

Murder in the Place of Anubis (New York, 1994) = *Der Falke des Pharao* (Berlin, 1996). Der Mord an einem Schreiber in den heiligen Hallen des Gottes Anubis wird von Fürst Meren („die Augen und Ohren des Pharao") und dessen Sohn Kysen aufgeklärt. Der private Mordfall wird verknüpft mit den Intrigen am Hof des jungen Königs; auch hier treten wieder die historischen Gestalten Ay und Haremhab auf.

Murder at the God's Gate (New York, 1995) = *Der Spion des Pharao* (Berlin, 1997). Es beginnt mit dem Mord an einem unbedeutenden Priester im Amun-Tempel; als Meren dem Fall nachgeht, führen die Spuren bis in des Königs Hofstaat. Der Streit zwischen Königshof und Priesterschaft und die Vorbereitungen für einen Feldzug gegen die Hethiter bilden den Hintergrund der Handlung.

Weitere Romane aus dieser Reihe sind: *Murder at the Feast of Rejoicing* (New York, 1996), *Eater of Souls* (New York, 1997) und *Drinker of Blood* (New York, 1998).

Detektive im alten Griechenland
Nur wenige fiktive Detektive aus dem alten Griechenland traten bisher auf:

SOKRATES (um 470–399 v. Chr.)
Frühe Versuche, Detektivgeschichten im klassischen Athen anzusiedeln und die sokratische Methode zur Tätersuche zu verwenden, sind zwei Kurzgeschichten von James Bréni:

Socrates Solves a Murder (in: The Mammoth Book of Historical Detectives, London, 1995) = *Die göttliche Alecto* (in: Von Rittern, Hexen und anderem Gelichter, 1997) und *The Gateway to Death* (in: Classical Whodunnits, London, 1996).

ARISTOTELES (384–322 v. Chr.)
Aristoteles ist Hauptfigur eines frühen „Antiken-Krimis" von Margaret Doody:

Aristotle Detective (London, 1978) = *Sherlock Aristoteles* (München, 1981). Der Roman spielt in Athen, 332 v. Chr. Ein reicher Bürger wird ermordet; Stephanos, Schüler des Aristoteles, verteidigt vor Gericht den Angeklagten Philemon. Aristoteles gelingt es, den wahren Täter zu entdecken.

ALEXANDER DER GROSSE (Regierungszeit 336–323 v. Chr.)
Am Hofe Alexanders des Großen spielen zwei Romane von Anna Apostolou (Pseudonym des Vielschreibers Paul Doherty):

A Murder in Macedon (London, 1997) und *A Murder in Thebes* (London, 1998). Neben Alexander selbst treten zwei Juden, Miriam und Simon, als Detektive auf.

Detektive in Karthago
BOMILKAR (230 v. Chr.)
Bomilkar, Chef der Stadtwache in Karthago, ist zwar kein „Seriendetektiv", darf aber wegen der ungewöhnlichen Schauplätze und der hohen Qualität des Romans hier nicht fehlen.

Hamilkars Garten (München, 1999) von Gisbert Haefs spielt im Jahre 230 v. Chr., d. h. zehn Jahre nach dem Ende des Ersten Punischen Krieges. Bomilkar soll den Mord an einem römischen Kaufmann aufklären und findet sich bald verstrickt in die politischen und ökonomischen Machenschaften der karthagischen Parteien, geführt von Hanno dem Großen in Karthago und von Hamilkar in Iberien. Der Schauplatz verlagert sich nach Iberien und zum Heer des Hamilkar und seines Sohnes Hannibal, doch erst bei Bomilkars Rückkehr nach Karthago wird die Aufklärung auf höchst überraschende Weise abgeschlossen. Ungewöhnlich und besonders reizvoll sind die Bezüge zur antiken Bank- und Geldwirtschaft dieses „Wirtschaftskrimis".

Detektive im Römischen Reich
Das Römische Reich ist in den letzten Jahren zu einem Tummelplatz von Detektiven aller Art geworden. Bezieht man auch die Kurzgeschichten mit ein, so ist fast die

ganze römische Geschichte vertreten. Durch die hervorragende Bibliographie von Rick Heli, *The Detective and the Toga* (siehe Anhang), ist die „römische Detektivgeschichte" gut erschlossen; ich beschränke mich daher auf die bekanntesten Romane mit Serienhelden.

Auffällig ist auch hier die Konzentration auf eine bestimmte Epoche, nämlich das Ende der Republik. Der Bekanntheitsgrad beim Leser mag eine gewisse Rolle spielen, vor allem aber eignet sich die Umsturzperiode mit den historischen Figuren von Catilina bis Pompeius gut als Hintergrund, nicht zu vergessen die für den Krimiautor besonders faszinierende Gestalt Ciceros.

Merkwürdig ist, wie manche Autoren durch ihre Helden eine starke eigene politische Anteilnahme durchblicken lassen: Bei Roberts und seinem Detektiv Decius Caecilius Metellus die Ablehnung des Augustus, bei Saylor und seinem Gordianus die Antipathie gegen Cicero.

CICERO (106–43 v. Chr.)

Cicero hat in vielen Kriminalromanen wichtige Rollen zu spielen, als Detektiv tritt er jedoch nur zweimal auf:

In einer Kurzgeschichte von Miriam Allen De Ford, *De Crimine* (in: Ellery Queens Mystery Magazin, 107, 1952), und bei Joan O'Hagan in: *A Roman Death* (London, 1988). Helvia, Schwester des Gaius Helvius Cinna, steht unter Mordverdacht und wird von Cicero verteidigt. Der Roman bezieht geschickt den Tod des Cinna nach der Ermordung Caesars ein (frei nach Shakespeare) und glänzt mit einer fiktiven Rede des Cicero „Pro Helvia".

GAIUS VOLCATIUS TULLUS (Mitte 1. Jahrhundert v. Chr.)

Hans Dieter Stöver ist der einzige deutsche Autor einer im Altertum spielenden Krimiserie, bekannt auch durch Sachbücher über römische Geschichte[11]. Dem Beispiel angelsächsischer Autoren folgend baut er ein umfangreiches Personal auf, das seine Krimiwelt in vielen Romanen bevölkert. Neben dem Detektiv Gaius Volcatius Tullus (C.V.T.) als Hauptfigur treten u. a. auf: Sein Sklave Alexander, der griechische Arzt Athenodorus, der Schuhmacher Loco, einst Centurio in der X. Legion, der Wirt Asconius und der Gladiator Birria, ein Mitglied der Bande Milos.

Mord auf der Via Appia (München, 1982). Rom, 53 v. Chr. C.V.T. ist verwundet aus dem Gallischen Krieg heimgekehrt, war dort Militärtribun und Kommandant der Rheinbrücke Caesars. Sein erster Kriminalfall ist die Entführung des Sohnes eines Senators und ein Mordfall, begleitet von den Bandenkriegen des Publius Clodius Pulcher mit Milo und der Ermordung des Clodius.

Ich klage an (München, 1982). Rom, 51 v. Chr. C.V.T. beginnt seine politische Karriere als Anwalt mit der Verteidigung des Bauern Sextus Considius aus Caere. Cicero fungiert als Beobachter und Ratgeber während des Prozesses.

An weiteren Romanen um C.V.T. sind zu nennen: *Die Frau des Senators* (München, 1982), *Skandal um Nausikaa* (München, 1983), *Alexander und die Gladiatoren* (München, 1983), *Der Verrat des Ambiorix* (München, 1984), *Attentat in Pompeji* (München, 1984), *Rebellion im Circus Maximus* (München, 1985), *Tod auf dem Forum* (München, 1985) und *Tödliche Dosis* (München, 1986).

GORDIANUS (80–49 v. Chr.)

Die Detektivfigur der Romane von Steven Saylor ist Gordianus „der Finder", ein römischer Bürger. Saylor bemüht sich um historische Genauigkeit und verwendet Originalfälle und Gerichtsreden des Cicero als Grundlage[12]. Dabei werden recht überraschende Effekte dadurch erzielt, dass die gängige Auslegung der Texte stets in Frage gestellt wird.

Roman Blood (New York, 1991) = *Das Lächeln des Cicero* (München, 1991). Rom zur Zeit Sullas, 80 v. Chr. Grundlage des Mordfalls ist die Rede Ciceros „Für Sextus Roscius aus Ameria" mit vielen Originalzitaten. Sehr gut geschildert wird der Personenkreis um Cicero (sein Sekretär Tiro spielt eine Hauptrolle) und um den Angeklagten Roscius; das Werk hat ein sehr gescheites Nachwort und vor allem eine fulminante, völlig überraschende Auflösung.

Arms of Nemesis (New York, 1992) = *Die Pforten des Hades* (München, 1995). 72 v. Chr. zur Zeit des Spartakusaufstands. Mord im Landhaus des Marcus Crassus am Golf von Puteoli. Gordianus hat nur wenig Zeit, den Fall zu klären, doch es gelingt ihm – unter Mithilfe der Sibylle von Cumae. Die typische und gut ausgefeilte Detektivstory wird überwuchert vom politischen Geschehen um Crassus, der in den schwärzesten Farben geschildet wird, und um den Spartakusaufstand.

Catilina's Riddle (New York, 1993) = *Das Rätsel des Catilina* (München, 1996). Rom, 63 v. Chr., im Jahre des Konsulats Ciceros. Gordianus hat sich auf ein Landgut zurückgezogen und versucht, Catos Lehren über den Ackerbau in die Tat umzusetzen. Störenfriede sind die Besitzer der angrenzenden Höfe, vor allem aber Catilina, der Gordianus in seinen Streit mit Cicero verwickelt. Dann geschehen zwei Morde, Gordianus kehrt nach Rom zurück, Catilinas Bürgerkrieg beginnt. Am Ende findet man Gordianus im Kampf an der Seite Catilinas, erst nach dessen Niederlage und Tod folgen die Rückkehr nach Rom und die Aufklärung der Morde.

The Venus Throw (New York, 1995) = *Römischer Lorbeer* (München, 1997). Rom, 56 v. Chr. Der Mord an einem ägyptischen Gesandten, dem Philosophen Dio, soll im Auftrag der schönen Clodia untersucht werden. Inmitten der gewohnten politischen Intrigen ermittelt Gordianus – der Roman endet mit der Rede Ciceros als Verteidiger des Marcus Caelius.

A Murder on the Appian Way (New York, 1996) = *Mord auf der Via Appia* (München, 1998). Rom, 52 v. Chr. Der „Fall Milo": Mord an Publius Clodius. Die Rede Ciceros „Pro Milone" dient als Basis und erfährt wieder eine recht geschickte Umdeutung. Pompeius, aber auch Mark Anton und Caesar treten auf. Wie immer bei Saylor macht auch hier Cicero eine auffallend schlechte Figur. Das Werk enthält ein interessantes Nachwort des Autors über den historischen Hintergrund.

Rubicon (New York, 1999) und *Last Seen in Massilia* (New York, 2000) führen die Reihe der Gordianus-Geschichten weiter in die Zeit des Bürgerkriegs im Jahre 49 v. Chr.

Eine Sammlung der Kurzgeschichten um Gordianus ist unter dem Titel *House of Vestals* (New York, 1997) erschienen.

DECIUS CAECILIUS METELLUS (70 v. Chr. bis um 10 n. Chr.)

Decius Caecilius Metellus (D.C.M.), die Detektivfigur der Romane von John Maddox Roberts, ist ein Römer der Oberschicht, der im Laufe seiner fiktiven Biographie die ganze Karriere des *cursus honorum* durchläuft.

SPQR (New York, 1990) = *SPQR* (München, 1990). Rom, 70 v. Chr. Es ist das Jahr des Konsulats von Pompeius und Crassus. Der erste Kriminalfall des D.C.M., ein Mord an dem reichen Freigelassenen Sergius Paulus, gibt Gelegenheit, viele historische Personen einzuführen: Caesar, Pompeius, Catilina, Claudia und andere, die in Zukunft Decius Caecilius auf seinem Weg begleiten werden (sehr hübsch geschildert wird das Zusammentreffen mit Milo). Eingeführt werden auch die Nebenfiguren, die den Weg des D.C.M begleiten werden, z. B. der Legionär Burrus und der griechische Arzt Asklepiodes. Die Aufklärung des Mordes gelingt; die Anstifter im Hintergrund bleiben zwar unbestraft, doch der Roman schließt sehr schön mit einem „Triumphzug" der freigelassenen Sklaven.

The Catiline Conspiracy (New York, 1991) = *Die Catilina-Verschwörung* (München, 1992). 63 v. Chr. Die Schilderung der historischen Ereignisse überwuchert fast den kriminalistischen Teil. D.C.M. spielt häufig nur eine Nebenrolle neben Catilina und Cicero.

The Sacrilege (New York, 1992) = *Der Frevel des Clodius* (München, 1993). 61 v. Chr. Zu Beginn des Romans wird D.C.M in den Senat aufgenommen. Einer der Bösewichte ist der historische Publius Clodius. Gute Detektivarbeit und spannende Kampfszenen wechseln mit dem Geschehen im historischen Hintergrund, der Störung des Ritus der Bona Dea.

The Temple of the Muses (New York, 1992) = *Der Musentempel* (München, 1992). 60 v. Chr. D.C.M. reist von Rom nach Alexandria als Mitglied einer römischen Gesandtschaft zu König Ptolemaios Auletes: Köstliche Schilderungen der alexandrinischen Gesellschaft, darunter Philosophen, Bibliothekare und Naturwissenschaftler, und eine spionagehafte Handlung mit Decius als frühem James-Bond-Typ. Das Geheimnis der Verschwörung gegen Rom wird entdeckt und Decius von dem erzürnten Gesandschaftsleiter nach Rhodos verbannt, dies allerdings in Gesellschaft von Julia, der schönen Nichte Julius Caesars. Im Hintergrund werden die ersten Anzeichen der politischen Aktivitäten Julius Caesars erkennbar.

Tödliche Saturnalien (München, 1994). 59 v. Chr. D.C.M., aus Alexandria zurück, soll im Auftrag des Familienclans der Meteller einen Giftmord an seinem Verwandten Celer, dem Mann Clodias, aufklären. Es folgen politische Verwicklungen und ein recht gut inszenierter Ausflug in die Hexenkulte. Auch Caesar tritt auf, u. a. um Decius als Militärtribun für die Kämpfe in Gallien anzuheuern.

Tod eines Centurio (München, 1995). 58 v. Chr. in der Anfangsphase des Gallischen Krieges. D.C.M. dient in Genava am See Lemannus unter Caesar als Militärtribun. Die X. Legion hat Lager bezogen und die Kämpfe mit den Helvetiern und mit den Germanen unter Ariovist stehen bevor. Der Primus Pilus der Legion wird ermordet und D.C.M. mit der Untersuchung des Falles beauftragt. Das Werk enthält glaubhaft skizzierte Szenen aus dem Lagerleben der Legionäre und der gallischen Hilfstruppen und glänzt mit spitzen Bemerkungen des D.C.M. über Römer, Gallier, Griechen etc. Die Lösung des Falles erscheint zunächst simpel, es folgt aber eine höchst raffinierte Schlusswendung.

Der Fluch des Volkstribun (München, 1996). 55 v. Chr. D.C.M. kandidiert für das Amt des Ädilen, ist frisch verheiratet mit Julia, der Nichte Caesars, und gerät in die politischen Wirren um den Auszug des Crassus zum Feldzug gegen die Parther – alle drei Ereignisse geben Anlass zu hübschen kleinen Episoden und Betrachtungen am Rande des eigentlichen Kriminalfalles. Ein Volkstribun verflucht Crassus und das Heer und wird bald darauf ermordet aufgefunden. Decius soll die Vorgänge untersuchen und findet sich im Irrgarten der hohen Politik. Pompeius tritt auf, Cicero darf nicht fehlen, Ptolemaios Auletes spielt aus der Ferne mit und sogar der Historiker Sallust erhält einen kleinen Auftritt. (Der „erste Bürger", Augustus, bekommt wieder mal in einem Nebensatz eine schlechte Note). Ein kleiner Makel der Übersetzung auf S. 7: „Jubelperser" (sic!).

Die Rache der Flussgötter (München, 1997). 54 v. Chr. D.C.M., als plebejischer Ädil gewählt, steckt bereits voll in Schwierigkeiten. Abgesehen von Finanzierung und Organisation der Spiele hat er die Aufsicht über die Gebäude der Stadt, und als er Zeuge des Einsturzes einer fünfstöckigen insula wird, gerät er in ein Netz von Intrigen, Korruption und Mord. Die Aufklärung endet mit einer denkwürdigen Schluss-Szene beim Zusammenbruch des Aemilius-Theaters bei einer Tiberüberschwemmung und einer großen Anklage der korrupten Senatoren durch Cato. Begleitet wird er von Hermes, seinem Sklaven, auch Asklepiodes, der griechische Arzt, taucht wieder auf. Daneben agiert natürlich das historische Stammpersonal von Caesar bis Milo mit hübschen Charakterskizzen, z. B. von Pompeius und Mark Anton. Merkwürdige Übersetzung, z. B. auf S. 41: „Bürokrone" (sic!).

Die Schiffe der Kleopatra (München, 2000). 51 v. Chr. D.C.M. geht nach Zypern, um seine Karriere zu fördern. Als Kommodore einer Flottille soll er dort die Piraten bekämpfen, gerät in ein Nest politischer Intrigen um den General Gabinius und trifft die Prinzessin Kleopatra wieder, die er in Alexandria kennen gelernt hatte. Faszinierende Szenen um D.C.M. im Kleinkrieg zur See werden begleitet vom Geschehen um den Mord am römischen Statthalter, der an einer Überdosis Weihrauch erstickte. Als Detektivroman ist dies vielleicht nicht der beste der Reihe (der Täter ist recht offensichtlich), aber besonders amüsant und von hohem Unterhaltungswert.

Von den Kurzgeschichten, in denen D.C.M. auftritt, sei wenigstens eine erwähnt:

The King of Sacrifices (In: The Mammoth Book of Historical Detectives, London, 1995). Sie ist bemerkenswert, weil sie seinen letzten Kriminalfall schildert: 20 v. Chr., unter der Diktatur des – von Decius ungeliebten – Augustus. Die Story nimmt einen überraschenden Ausgang, der die Karriere des Helden voll abrundet.

MARCUS DIDIUS FALCO (Regierungszeit des Vespasian, 69–79 n. Chr.)
Lindsey Davis, die Autorin der Romane um Marcus Didius Falco, ist wohl die bekannteste und auch von der Literaturkritik besonders beachtete Autorin historischer Detektivgeschichten aus dem Altertum.

Ihr Held, Marcus Didius Falco, wird oft mit Raymond Chandler's Philip Marlowe verglichen, ist aber eine durchaus eigenständige Persönlichkeit mit besonderem Charme. Die Anschaulichkeit ihrer Schilderungen der römischen Welt ist zu rühmen; sie selbst erzählt eine hübsche Geschichte, wie sie die Episode des großen Steinbutt-Essens in *Venus in Copper* mit einem Probekochen nach Apicius vorbereitet hat. Besonders reizvoll ist es, dass die Schauplätze der Falco-Romane die ganze Vielfalt des römischen Weltreichs widerspiegeln.

The Silver Pigs (London, 1989) = *Silberschweine* (Frankfurt, 1991). 70–71 n. Chr. Marcus Didius Falco wird von Vespasian ins ferne Britannien entsandt, um den Schmuggel von Silberbarren aus den Minen aufzuklären. Daneben beginnt seine Liebesaffäre mit der Senatorentochter Helena Justina, die ihn in allen folgenden Romanen begleitet, ebenso wie die politischen Verwicklungen mit Vespasian, Titus und Domitian. Die Familie Falcos, sein Freund Petronius und sein Widersacher Anacritos werden eingeführt.

Shadows in Bronze (London, 1990) = *Bronzeschatten* (Frankfurt, 1992). Falco sucht nach dem Verbleib der britannischen silberhaltigen Bleibarren. Ein Großteil der Handlung spielt in Herculaneum, der Villa in Oplontis und anderen Orten südlich Roms. Die Schilderung einer römischen Familie in der Sommerfrische ist so umwerfend komisch, dass der Leser kaum noch die Frage nach historischer Authentizität stellen mag.

Venus in Copper (London, 1991) = *Kupfervenus* (Frankfurt, 1993). Der Roman spielt in Rom im Milieu der freigelassenen Sklaven und neureichen Unternehmer, insbesondere der Baubranche, und erlaubt neue Einblicke in die Geschäftsmethoden des alten Roms. Ein literarisches Glanzstück ist die Beschreibung des großen Steinbutt-Essens, bei dem Titus Caesar persönlich erscheint.

The Iron Hand of Mars (London, 1992) = *Eisenhand* (Frankfurt, 1994). September bis November 71 n. Chr. Marcus Didius und Helena werden nach Germanien entsandt; Mogontiacum mit der XIV. Legion ist einer der Hauptschauplätze. Die Akteure erleben Abenteuer unter den wilden Germanen und Kelten, zu Fuß, zu Pferd und nicht zuletzt auf dem Schiff auf Rhein und Lippe.

Poseidon's Gold (London, 1993) = *Poseidons Gold* (Frankfurt, 1995). Rom, März bis April 72 n. Chr. Falco ist jetzt wieder im gewohnten Familien-Clan, erweitert durch das Auftreten des Vaters Marcus Didius Favonius „Geminus" und die Bauern-Verwandtschaft in der Campagna. Kriminalistische Verwicklungen um die Machenschaften des verstorbenen Bruders Festus im Kunsthandel bestimmen den Ablauf des Geschehens, daneben lustiges Leben und Treiben in einer römischen Kneipe.

Last Act in Palmyra (London, 1994) = *Letzter Akt in Palmyra* (Frankfurt, 1996). Rom, Nabatea, die Decapolis und Palmyra 72 n. Chr. Falco hat den Auftrag, einen vermissten Wasserorgelspieler in Syrien zu suchen und gerät in die Gesellschaft einer wandernden Theater-Gruppe. Als deren Stückeschreiber ermordet wird, nimmt er dessen Platz ein; die Klärung des Mordfalls endet mit einem furiosen Finale in Palmyra.

Time to Depart (London, 1995) = *Gnadenfrist* (Frankfurt, 1997). Rom, Oktober 72 n. Chr. Marcus Didius Falco ist mit Helena Justina, die jetzt ein Kind erwartet, aus Palmyra zurückgekehrt. Hier findet er neue Verwicklungen um den Gangster Balbinus Pius und die IV. Kohorte der Vigiles mit seinem alten Freund L. Petronius. Die Geschichte ist wie immer glänzend geschrieben und unterhaltsam, auch abseits der kriminalistischen Handlung, z. B. die Audienz bei Vespasian, der Geburtstagsempfang beim Senator und ein köstlicher Dialog über Wein-Snobismus.

A Dying Light in Corduba (London, 1996) = *Zwielicht in Cordoba* (Frankfurt, 1999). Rom, Baetica, Corduba, Hispalis (Sevilla) und Barcino (Barcelona), März bis Mai 73 n. Chr. Falco hält sich mit Helena Justina, der werdenden Mutter, in der Provinz Baetica auf. Es geht um ein Olivenölkartell der römisch-spanischen Gutsbesitzer und einen Mordversuch am Chef des vespasianischen Geheimdienstes. Bukolische Schilderungen des spanischen Landlebens unterbrechen das kriminalistische Geschehen, gegen Ende folgt eine spannende Verfolgungsjagd von Hispalis (Sevilla) bis Barcino (Barcelona). Ein uralter, aber hier gut in die Antike übertragener kriminalistischer Einfall sei hervorgehoben: Die Manipulation des von Archimedes erfundenen Odometers an Falcos Reisewagen.

Three Hands in the Fountain (London, 1997). August bis Oktober 73 n. Chr. Rom und die römische Campagna sind Orte der Handlung. Lucius Petronius Longus ist vom Dienst in der IV. Kohorte der Vigiles suspendiert und versucht sich als Kompagnon in der Detektei des aus Baetica zurückgekehrten Falco. Ihr erster gemeinsamer Fall ist die Suche nach einem Mörder, der – im Stile von „Jack the Ripper" – die Spiele im Circus Maximus unsicher macht. Es gibt ausgedehnte Diskussionen um die römische Wasserversorgung und deren Aquädukte, die vom Täter benutzt werden, so dass der Konsul S. Julius Frontinus persönlich auftritt und hier erstmals mit den Problemen der Wasserversorgung konfrontiert wird. Frontinus ist dann auch ein Hauptakteur bei den letzten aufregenden Schluss-Szenen. Ein neues Moment: Falco versucht sich als Dichter.

The Course of Honour (London, 1997). Dies ist kein Falco-Roman und auch kein Krimi, das Werk sei aber hier erwähnt wegen der für den Leser höchst unerwarteten Schlusswendung, an der man den geübten Krimiautor erkennt (und wegen meiner Vorliebe für Lindsey Davis). Die Lebens- und Liebesgeschichte des Kaisers Vespasian und der Antonia Caenis, seiner Geliebten, ist vorzüglich geschrieben und voller Leben; sie ist auch dadurch fesselnd, dass man ein ganzes Stück der Kaiserzeit von Tiberius an miterlebt. Ein Kabinettstück ist die Schilderung des britannischen Kriegsschauplatzes.

Two for the Lions (London, 1998). Rom, Cyrenaica, Tripolitania, Dezember 73 bis

Mai 74 n. Chr. Ein neuer Schauplatz für Falco (und seine Leser): Die Welt der Arena mit Gladiatoren, Trainern und Tierhändlern. Im Auftrag Vespasians arbeitet Falco mit am Steuerzensus des Jahres 73, stößt auf Mord und Verbrechen und folgt den Spuren bis nach Nordafrika. Dort ergibt sich eine reizvolle Nebenhandlung mit der Suche nach Silphion, der kostbaren Gewürz- und Heilpflanze, doch endet die Handlung recht blutrünstig in der Arena von Leptis Magna.

One Virgin Too Many (London, 1999). Rom, 74 n. Chr. Falco wird zum „Prokurator der Heiligen Gänse der Juno und der Heiligen Hühner der Auguren" ernannt und erhält die Erlaubnis, den goldenen Ring der Equites zu tragen. Bald wird er in einen Mordfall bei den *Fratres Arvales* verwickelt. Vor der Wahl einer Vestalin verschwindet die aussichtsreichste Kandidatin: Sie stammt aus einer Familie, die mehrere *Flamines* stellt. So entsteht ein reizvoller Kontrast zwischen der Welt Falcos und der Welt der römischen Kulte, die ausführlich (doch nie ermüdend) geschildert wird.

Ode to a Banker (London, 2000). 74 n. Chr. Hintergrund des Romans sind Schriftsteller, Buchhandel und Bankwesen im alten Rom. Aurelius Chrysippus, ein reicher Bankier und Inhaber eines Scriptoriums, bietet an, die Gedichte Falcos zu veröffentlichen. Bald darauf wird Chrysippus in seiner Bibliothek ermordet, und alle seine Autoren geraten unter Verdacht. Anklänge an Agatha Christie's *Murder in the Library* sind nicht zufällig, handelt es sich doch um einen Detektivroman der alten Schule, vor allem in der Schlussszene, wenn Falco alle Verdächtigen am Tatort zusammenruft, um den Täter zu finden.

MARCUS VALERIUS MESSALA CORVINUS (Regierungszeit des Tiberius, 14–37 n. Chr.)

Aus der stetig wachsenden Zahl neuer „römischer" Detektive sei wenigstens dieser noch kurz erwähnt. David Wisharts *Sejanus* (London, 1998) ist eher Polit-Thriller als Detektivgeschichte und stark am historischen Ablauf orientiert, wie er selbst im Nachwort schreibt. Die Person des Corvinus ist ansprechend dargestellt, wenn auch manches recht modern anmutet, und auch einige Nebenfiguren bleiben im Gedächtnis. *Ovid* (London, 1997) und *Germanicus* (London, 1995) erzählen in ähnlicher Weise das historische Geschehen. Eine reine Detektivgeschichte ist dagegen der in Athen spielende Roman *The Lydian Baker* (London, 1998).

Detektive in Gallien
MARCUS APER (74–79 n. Chr.)
Der aus Gallien stammende berühmte Redner und Anwalt M. Aper, der Lehrer des Tacitus[12], wird von der französischen Archäologin Anne de Leseleuc als Detektiv vorgestellt. In seinem ersten Auftritt in *Les vacances de Marcus Aper* (Paris, 1992) reist er 74 n. Chr. zu einem Ferienaufenthalt in seine alte Heimatstadt Lugdunum, besucht unterwegs in Augustodunum den Jugendfreund Quintus Sollem, jetzt einer der Duumvirn der Stadt, und begegnet in dessen Haus einem Doppelmord, den es aufzuklären gilt. 76 und 77 n. Chr. ist er erneut auf Reisen und löst rätselhafte Mordfälle in einer südgallischen Töpferwerkstatt (*Marcus Aper chez les Ruthènes*. Paris, 1993) und im Theater in Arausio (*Marcus Aper et Laureolus*. Paris, 1994). Weitere Romane um M. Aper spielen 79 n. Chr. in Rom (*Les calendes de septembre*. Paris, 1995) und in Britannien (*Le trésor de Boadicca*. Paris, 1996).

Detektive in Byzanz
JOHANNES DER EUNUCH (Regierungszeit des Justinianus I., 527–565 n. Chr.)
In der byzantinischen Epoche spielen (leider) nur einige Kurzgeschichten von Mary Reed und Eric Mayer, z. B.: *A Mithraic Mystery* (in: The Mammoth Book of Historical Detectives, London, 1995) und *A Byzantine Mystery = Ein byzantinisches Rätsel* (in: Von Rittern, Hexen und anderem Gelichter, Bergisch Gladbach, 1997). Johannes der Eunuch ist Haushofmeister des Justinian; in der erstgenannten Story erhält er von Theodora den Auftrag zur Aufklärung eines Mordes in einem Mithras-Tempel. Inzwischen sind auch zwei Romane erschienen: *One for Sorrow* und *Two for Joy* (beide New York, 1999).

Detektive im Frühmittelalter
FIDELMA (664–666 n. Chr.)
Peter Tremayne ist das Pseudonym von Peter Berresford Ellis, der auch als Verfasser von Büchern zur keltischen Geschichte bekannt ist[14]. Die Hauptfigur seiner Detektivromane, die in der Zeit von 664 bis 666 n. Chr. spielen, ist die Nonne Fidelma. Schwester Fidelma ist, vielleicht etwas ungewohnt, nicht nur Nonne, sondern auch „Daleigh", Advokatin am alt-irischen Gericht der „Brehone". Neben der Detektivhandlung ist der Gegensatz der irisch-keltischen und der römischen Welt ein Hauptthema.

Absolution by Murder (London, 1994) = *Nur der Tod bringt Vergebung* (Reinbek, 1998). 664 n. Chr. Synode von Whitby. Mitten in den Debatten zwischen irisch-katholischen und römisch-katholischen Geistlichen wird die irische Äbtissin Étain ermordet. Schwester Fidelma wird zusammen mit dem englischen Mönch Eadulf mit der Aufklärung beauftragt. Zwei weitere Morde folgen, bevor der Täter entlarvt wird. Viel politisches und soziologisches Rankenwerk – unter Betonung der Überlegenheit der Iren gegenüber den Angelsachsen – wird verarbeitet, bis die Synode schließlich mit der Entscheidung für Rom endet. Dennoch bleibt genug Zeit für eine ausführliche und gut gebaute kriminalistische Handlung mit vielen Verdächtigungen und falschen Fährten; sie endet mit der Entsendung Fidelmas, gemeinsam mit Eadulf, nach Rom.

Shroud for the Archbishop (London, 1994) = *Ein Totenhemd für den Erzbischof* (Reinbek, 1998). Rom, 664 n. Chr. Wighart, designierter Erzbischof von Canterbury, wird im Lateranpalast ermordet, ein irischer Mönch flieht aus dem Mordzimmer und wird verhaftet. Bischof Gelasius hat eine schnelle Lösung, doch Schwester Fidelma und Bruder Eadulf geben sich nicht so leicht zufrieden. Weitere Morde folgen bis zur unerwarteten Auflösung des Falles. Dies ist ein typischer Detektivroman der alten englischen Schule, unter Verwendung der üblichen Versatzstücke (z. B. der Überfall auf Fidelma in den Katakomben). Das Beiwerk, vor allem die Diskussionen um römisches und irisches Christentum, ist unterhaltend und lehrreich.

(Bruder Eadulf wird übrigens am Schluss Tutor des neu ernannten Erzbischofs von Canterbury, Theodor von Tarsus).

The Poisoned Chalice (in: Classical Whodunnits, London, 1996). Rom, 664 n. Chr. Der kleine Fall für Fidelma und Eadulf bietet trotz der Kürze interessante historische Streiflichter auf den Pelagianismus und das Verhältnis der irischen zur römischen Kirche, dazu die Transsubstantationslehre als integraler Bestandteil der kriminalistischen Handlung.

The Subtle Serpent (London, 1996). 666 n. Chr. Schwester Fidelma in einem Nonnenkloster an der Küste Irlands. Mordfälle (darunter eine kopflose weibliche Leiche im Brunnen des Klosters), politische Wirren und Uneinigkeit unter den Nonnen bestimmen das Bild. Auch Bruder Eadulf taucht auf und erweist sich als guter „Watson" bei der Auflösung des Falles. Historisch vielleicht etwas überraschend: Die mit römischen Katapulten und Ballistae bewaffneten Franken als Söldnertruppe.

Weitere Romane um Fidelma: *Suffer Little Children* (London, 1997), *The Spider's Web* (London, 1997), *Valley of the Shadows* (London, 1998), *The Monk Who Vanished* (London, 1999), *Hemlock at Vespers* (London, 2000).

ERWIN UND CHILDEBRAND, ODO UND LUPUS (Regierungszeit Karls des Großen, 768–814 n. Chr.)

Erstaunliche Parallelität: Etwa zur gleichen Zeit kommen ein deutscher und ein französischer Autor auf die gleiche Idee. Die historisch belegte Entsendung von Königsboten (missi dominici) durch Karl den Großen dient als geschickter Aufhänger für die Konstruktion eines Detektivpaares. Sind es bei dem Franzosen der angelsächsische Abt Erwin und der fränkische Graf Childebrand, so sind es bei dem Deutschen der Mönch Lupus aus dem Kloster Fulda und der junge Adlige Odo.

Marc Paillet:
Le poignard et le poison (Paris, 1995) = *Mit Dolch und Gift* (Frankfurt, 1998). Abt Erwin und Graf Childebrand werden 796 von Karl dem Großen nach Autun in Burgund entsandt, um dort in des Königs Namen Gericht zu halten. Am Hofe des Grafen von Autun finden sie Streit zwischen dem Grafen und dem Bischof und Unruhe in der Bevölkerung, die durch den Stellvertreter des Grafen Vicomte Aldrich drangsaliert wird. Am Abend, beim Empfangsbankett, wird Vicomte Aldrich ermordet und der Kriminalroman kann seinen Lauf nehmen.

La salamandre (Paris, 1995) = *Der Salamander* (Frankfurt, 1999). Im Jahre 800 stoßen Abt Erwin und Graf Childebrand in der alten Handelsstadt Lyon auf eine Verschwörung gegen die geplante Kaiserkrönung in Rom.

Le sabre du calife (Paris, 1996) = *Der Säbel des Kalifen* (Frankfurt, 1999). Die Sendung Karls des Großen führt die missi dominici und ihre Helfer im Jahr 802 bis nach Bagdad zu Harun ar-Raschid.

Vier folgende Romane führen Erwin und Childebrand durch das weite Frankreich und über seine Grenzen hinaus bis nach Haithabu und zu den Wikingern in *Les victimes de Vikings aux bracelets d'or* (Paris, 1999).

Robert Gordian:
Demetrias Rache (Gerlingen, 1995; Frankfurt, 1998). Odo und Lupus werden 788 von der Pfalz Ingelheim aus entsandt, um in den neuen sächsischen Gebieten für Recht und Ordnung zu sorgen. Bereits auf dem Wege dorthin geraten sie in einen Mordfall: Der Dichtersänger Siegram wird verdächtigt, auf dem Hofe des Zentgrafen Mommo dessen Tochter Chrodelind getötet zu haben. Verwickelt in den Fall sind Mommo, der auf einem Kriegszug unterwegs ist, seine Frau Begga und sein Bruder Hauk, der in seiner Abwesenheit das Gut verwaltet. Während Paillet das Gewicht auf die politischen Streitigkeiten legt, zeichnet Gordian eine krimitypische Familienstory auf. Leider fallen einige Anachronismen auf (wie auch schon bei Paillet, wo Blätterteigpasteten gereicht werden und man im Himmelbett schläft), vor allem wenn eine Diamant(!)-Nadel im Besitz der Chrodelind eine Hauptrolle bei der Aufklärung des Falles spielt. Odo und Lupus sind ein recht angenehmes Detektivpaar, wenn auch nicht im alten Holmes-Watson-Stil – und vier weitere Folgen warten auf den Krimi-Fan:

Saxnot stirbt nie (Gerlingen, 1965), *Pater Diabolus* (Gerlingen, 1966), *Die Witwe* (Gerlingen, 1966) und *Pilger und Mörder* (Gerlingen, 1992)

Unsere Zeitreise im Kriminalroman geht zu Ende. Wir haben uns amüsiert und auch einiges gelernt. Wer diese Romane liest, erhält gewiss nur ein sehr lückenhaftes Bild des Altertums – er mag aber Anregung genug finden, sich ernsthafter mit den historischen Hintergründen zu befassen. Wer aber keine historischen Krimis liest, dem entgeht eine Menge an Lesevergnügen.

Nachtrag

Aus der Zeit zwischen Niederschrift und Drucklegung sollte wenigstens ein neuerer Roman genannt werden, der sich durch besondere Originalität auszeichnet. Es ist Birgit Brandaus Roman *Der Sieger von Kadesch* (München, 2001) mit einem Detektiv aus dem Land der Hethiter. Walwaziti, der Oberste Schreiber am Hofe des Großkönigs Hattusil III. klärt eine Reihe von Morden während des großen Torfestes in Hattusa um 1265 v. Chr. Hervorzuheben ist eine besonders gelungene Mischung aus historischem Roman, archäologischen Fakten und sauberer Detektivarbeit.

Dank

Frau Dr. Claudia Braun, Reiss-Engelhorn-Museen Mannheim, danke ich für die kritische Durchsicht des Manuskripts, Frau Dr. Ursula Koch, Reiss-Engelhorn-Museen Mannheim, für wertvolle Hinweise zu den Anachronismen in den Romanen der Karolingerzeit.

Anhang: Internet-Bibliographien (Auswahl):

Cohen-Williams, Anita G.: Archaeology in Fiction Bibliography.
URL: http://www.tamu.edu/anthropology/fiction.html
Umfangreiche Bibliographie, leider nur bis 1994, mit kurzen Inhaltsangaben. Enthält zahlreiche Kriminalromane.

Cramme, Stefan: Historische Romane über das alte Rom.
URL: http://home.t-online.de/home/Stefan.Cramme/hr-title.html
Bibliographie von etwa 3000 Titeln. Für ausgewählte Romane sind Inhaltsangaben und Rezensionen verfügbar. Die Rezensionen gehen sehr kritisch auf Details der historischen Authentizität ein, jedoch sei eine Warnung für Krimi-Leser erlaubt: Die Inhaltsangaben sind so ausführlich, dass man sie besser nicht vorher lesen sollte!

Doyle, Noreen: Ancient Egypt in Mysteries & Thrillers.
URL: http://members.aol.com/wenamun/Egyptmyst.html
Annotierte Bibliographie von Kriminalromanen, die im alten Ägypten spielen oder Bezüge zur Ägyptologie aufweisen.

Heli, Rick: The Detective and the Toga.
URL: http://spotlightongames.com/roman
Umfassende annotierte Bibliographie der Kriminalromane aus römischer Zeit. Romane und Kurzgeschichten (aus Anthologien und aus Magazinen) in sechs Weltsprachen. Chronologische Liste und Kurzbiographien der Autoren.

Mench, Fred: Fictional Rome. Historical Novels set in Ancient Roman Times.
URL: http://www.stockton.edv/~roman/fiction bzw. http:/loki.stockton.edu/~roman/fiction
Enthält viele Kriminalromane mit Inhaltsangaben und Rezensionen.

Anmerkungen / Literatur:

[1] Schwanitz, Dietrich (1996): Englische Kulturgeschichte: 414; 424. Frankfurt.

[2] Buchloh, Paul G. & Becker, Jens P. (2. Aufl. 1978): Der Detektivroman. Darmstadt.

[3] History of the Mystery. URL: http://www.mysterynet.com/timeline

[4] Buchloh & Becker a.a.O. (Anm. 2): 17.

[5] Murder: Past Tense. Informationen hierüber im Internet. URL: http://www.themysterybox.com/hmas/index.html

[6] Zitiert nach: Stewart, R. F. (1980): ... And Always a Detective: 12. Newton Abbot.

[7] Reilly, John M. (Hrsg.) (1980): Twentieth-Century Crime and Mystery Writers: 427–429. London.

[8] Trümpler, Charlotte (Hrsg.) (1999): Agatha Christie und der Orient: Kriminalistik und Archäologie. Essen, Bern, München, Wien.

[9] Reilly a.a.O. (Anm. 7): 1170–1172.

[10] Mertz, Barbara G. (revised ed. 1967): Temples, Tombs, and Hieroglyphs. New York.

[11] Stöver, Hans Dieter (1976): Die Römer. Taktiker der Macht. Düsseldorf.

[12] Beard, Mary (1998): Cicero the Bad Guy. In: Times Literary Supplement, 8. Mai 1998: 23.

[13] Tacitus. Dialogus de oratoribus.

[14] Ellis, Peter Berresford (1990): The Celtic Empire. London.

Griechisch-römische Motive

„Denn da ist keine Stelle, die dich nicht sieht"
Archäologische Motive in der modernen Lyrik

Bernd Seidensticker

Zusammenfassung

Auch in der Gegenwart lassen sich viele Dichter nicht nur von Mythos und Literatur, Geschichte und Philosophie der Antike inspirieren, sondern auch von ihrer materiellen Hinterlassenschaft: von Ruinen und Sarkophagen, von Statuen und Vasen, von Inschriften und Dachziegeln. Die Beispiele, die sich leicht vermehren ließen, sollen einen Eindruck vermitteln von der Fülle und Vielfalt dieser lebendigen Form der modernen Antikenrezeption.

Rainer Maria Rilke, Archaischer Torso Apollos (1908)

Wir kannten nicht sein unerhörtes Haupt,
darin die Augenäpfel reiften. Aber
sein Torso glüht noch wie ein Kandelaber,
in dem sein Schauen, nur zurückgeschraubt,

sich hält und glänzt. Sonst könnte nicht der Bug
der Brust dich blenden, und im leisen Drehen
der Lenden könnte nicht ein Lächeln gehen
zu jener Mitte, die die Zeugung trug.

Sonst stünde dieser Stein entstellt und kurz
unter der Schultern durchsichtigem Sturz
und flimmerte nicht so wie Raubtierfelle;

und bräche nicht aus allen seinen Rändern
aus wie ein Stern: denn da ist keine Stelle,
die dich nicht sieht. Du mußt dein Leben ändern.

Abb. 1: Torso von Milet, um 480 v.Chr. Paris, Louvre MA 2792. (© M. et P. Chuzeville, Paris).

Wer darüber nachdenkt, auf welch vielfältige Weise archäologische Zeugnisse jeder Art moderne Dichter inspiriert haben, dem wird gewiss zunächst Rilkes „Archaischer Torso Apollos" (Abb. 1) einfallen oder auch seine „Römische(n) Sarkophage"; er mag sich auch an Gottfried Benns nachdenkliche Beschreibung der spendenden „Nike" auf einem Grabgefäß oder an seine leidenschaftliche Anrufung einer „Karyatide" erinnern (Abb. 2):

Gottfried Benn, Karyatide (1916)

Entrücke dich dem Stein! Zerbirst
Die Höhle, die dich knechtet! Rausche
Doch in die Flur, verhöhne die Gesimse --:
Sieh: durch den Bart des trunkenen Silen
Aus seinem ewig überrauschten
Lauten einmaligen durchdröhnten Blut
Träuft Wein in seine Scham.

Bespei die Säulensucht: toderschlagene
Greisige Hände bebten sie
Verhangnen Himmeln zu. Stürze
Die Tempel vor die Sehnsucht deines Knies,
In dem der Tanz begehrt.

Breite dich hin. Zerblühe dich. O, blute
Dein weiches Beet aus großen Wunden hin:
Sieh, Venus mit den Tauben gürtet
Sich Rosen um der Hüften Liebestor –
Sieh' dieses Sommers letzten blauen Hauch
Auf Astermeeren an die fernen
Baumbraunen Ufer treiben, tagen
Sieh' diese letzte Glück-Lügenstunde
Unserer Südlichkeit,
Hochgewölbt.

Abb. 2: Karyatide. Erechtheion, Athen. (© Deutsches Archäologisches Institut Athen, Neg. Hege 1521).

Und schließlich mögen sich auch Bilder aus „Reisegedichten" wieder einstellen, Gedichten, mit denen moderne Dichterinnen und Dichter auf die Ansprache antiker Ruinen reagiert haben.

Marie Luise Kaschnitz, Ostia antica (1957)

Durch die Tore: niemand
Treppen: fort ins Blau
Auf dem Estrich: Thymian
Auf den Tischen: Tau.
Zwiegespräch aus Stille
Tod aus Käferzug
Abendrot im Teller
Asche im Krug.
Asphodeloswiese
Fledermäusekreis
Diesseits oder drüben
Wer das weiß -

Die folgende kleine Anthologie, deren einzelne Blüten nur durch kurze Hinweise und Erläuterungen miteinander verbunden sind, soll zweierlei zeigen: Die reiche Tradition, in der archäologische Zeugnisse poetisch rezipiert werden, reicht bis in unsere Tage (die Gedichte stammen alle aus den letzten zwanzig Jahren), und wie im 18. und 19. und in der ersten Hälfte des 20. Jahrhunderts gibt es auch heute vor allem zwei Quellen der Inspiration: Landschaften und Orte, in denen antike Vergangenheit sichtbar und spürbar ist sowie einzelne Stücke oder Bruchstücke antiker Kunst und antiken Alltags.

Uwe Grüning, Verlassene Ortschaft (1984)

Durch verlassene Ortschaft:
Wir gehn mit dem Schattentag.

Pompeji –
die kleinen Gräber inmitten des großen.
Die Füße
sind geschwollen vom Totenlicht,
wo an die Steine
ein Schatten gefroren ist
wie in der Grabstadt Hiroshimas.

Asche – zu seltsamen Zeichen gehäufelt:
Niemandes Spur
oder die des Tiberius.

Eine Sonnenuhr mit zerbrochenem Stab:
noch senken die Stunden
sich in die Krater hinab.

Als ein Wimpernzug wölbt sich die Inschrift
auf einem Teller,
dessen Ränder zerschmolzen sind.

In Kapitellen
erwacht die Becherschwermut
gesunkener Reiche.

Die Staubspur
zerträufelt ein Nebeltag.
Mein Leben –
ein kleines Grab inmitten der großen.

Parallele und Kontrast zu Marie Luise Kaschnitz' „Ostia antica" liegen auf der Hand. In beiden Gedichten wird der touristische Spaziergang aus dem pulsierenden Leben der Großstadt Rom bzw. Neapel in die antike Vergangenheit zur Begegnung mit dem Tod. Doch während sich in Kaschnitz' Katabasis die Ruinenstadt Ostia mit ihren dächerlosen Häusern, deren Treppen, Böden und Tische verwaist sind, in ein Bild des Jenseits verwandelt, in dem sie die eigene Sterblichkeit erfährt, evoziert der lange und ermüdende Weg durch das von Feuer zerstörte und mit Asche bedeckte Pompeji für Uwe Grüning nicht nur die Vergänglichkeit „gesunkener Reiche" und die Nähe des eigenen kleinen Grabes „inmitten der großen", sondern auch und zuerst die „Grabstadt Hiroshimas".

Günter Kunert, Pompeji:
Garten des Fauns (1987)

Ein Bronzebildnis. Und es spricht
von einem Menschsein, das man längst vergaß:
Graziös und sinnlich. Kein Verzicht
auf Leben: Sand im Stundenglas.

Dem Faun im Garten am Vesuv
bringst du verstohlen eine Gabe dar:
Maschinenmensch, der selbst sich schuf,
der Tugend wie der Laster bar.

Unüberwindlich bleibt die Zeit:
Zum Brückenschlag fehlt dir das Wort.
Nur leere Trümmer geben dir Bescheid
und weisen dich geduldig fort.

Abb. 3: Tanzender Satyr, Mitte 2. Jahrhundert v. Chr. Neapel, Museo Archeologico Nazionale 814. (Foto: Seminar für Klassische Archäologie, Freie Universität Berlin).

Günter Kunert hat schon Mitte der 1970er Jahre zwei lyrische Spaziergänge durch Pompeji gemacht, auf denen die Zeugnisse der Vernichtung, aber auch die Hinweise auf die Lebensfreuden der einstigen Bewohner der Stadt ihn an moderne Zerstörung („Pompeji I", 1974) und an die Vergänglichkeit des eigenen Fleisches („Pompeji II", 1975) erinnerten. Ein gutes Jahrzehnt später aber gelingt die bei früheren Spaziergängen noch mögliche unmittelbare Zwiesprache mit der Antike nicht mehr (Abb. 3). „De(r) Faun im Garten am Vesuv" (d. h. die im Atrium der Casa del Fauno aufgestellte Kopie; das Original befindet sich im Museum von Neapel) „spricht" zwar noch zu dem ihn betrachtenden Dichter; aber die harmonische Verbindung von Schönheit und Sinnlichkeit stellt keine gebieterische Forderung mehr wie der Rilkesche Torso. Das Naturgeschöpf erinnert nur noch an einen seit langem vergessenen Reichtum des „Menschsein(s)"; und als der Dichter ihm verstohlen opfert, zeigt sich, dass der „Brückenschlag" nicht mehr gelingt: „Unüberwindlich bleibt die Zeit:" Die Antike ist zu „leere(n) Trümmer(n)" geworden, die den heutigen Betrachter abweisen.

Weit spielerischer und distanzierter als Kunert auf den Faun (oder gar Rilke auf den Torso) reagiert Yaak Karsunke auf eine andere berühmte antike Statue im Museum von Neapel: Den „Ercole Farnese". Die Marmor-Kopie eines Spätwerks des Lysipp stammt aus der Wende vom 2. zum 3. Jahrhundert n. Chr.; sie war wohl für die Thermen des Caracalla bestimmt, in deren Ruinen sie auch gefunden wurde. Eine Kopie des Hercules Farnese aus der Zeit um 1810, eine recht genaue Wiederholung der Statue aus Neapel, steht im Schloss Wilhelmshöhe in Kassel (Abb. 4).

Yaak Karsunke, auf den Ercole Farnese
(1992)

        im nationalmuseum neapel

weil diese welt so schandbar eingerichtet
war Herakles zum heldentum verpflichtet

nun steht der sieger da
von muskeln schwer
so viel erkämpft
doch hand & auge leer

nur tage noch die ihn vom ende trennen
:sein letzter Sieg:
er läßt sich selbst verbrennen

Abb. 4: Herkules Farnese, Kopie um 1810. Verwaltung der Staatlichen Schlösser und Gärten in Hessen, Bad Homburg v. d. H., Inv. Nr. GK 3409. (Foto: Staatliche Museen Kassel).

Karsunkes Deutung des massigen, sich müde auf seine Keule stützenden Herakles nimmt dem Zeussohn und größten der mythischen Heroen mit dem leichten Spott der ersten beiden Verse zunächst ein gutes Stück seiner übermenschlichen Größe, fragt im Mittelteil – kaum weniger ironisch – nach dem Ergebnis der vielen Mühen des muskelbepackten Kraftprotzes und lässt am Ende gerade einmal seinen „letzte(n) Sieg" gelten: Die Verbrennung auf dem Oita-Gebirge, allerdings ohne damit, wie der antike Mythos, die Aufnahme des Zeussohnes in den Olymp zu verbinden. Einen drängenden Imperativ (Rilke) oder auch nur eine melancholische Erinnerung (Kunert) verspürt Karsunke nicht. Allein gelassen von den Göttern wie von den Menschen „steht der sieger da" – ein musealer Dinosaurier aus einer Welt, die längst untergegangen ist.

Ein spielerisch leichter Kontrapunkt zu einem berühmten Text – nicht zu Rilkes „Torso", sondern zu Benns „Karyatide" – ist auch Wolf Biermanns Zwiesprache mit einer der steinernen Frauen, die das Erechtheion tragen (Abb. 5):

Abb. 5: Aus: Wolf Biermann (1978): Preußischer Ikarus: 187-188. Köln. (© 1978 by Verlag Kiepenheuer & Witsch Köln).

Wolf Biermann, Die Karyatiden (1978)

Sieh an, mein Freund, die Leichtigkeit
Mit der die Fraun es tragen
Das Tempeldach auf ihrem Kopf
Sie stehn da, schön geschlagen
Von schwerer Männerhand
In Stein

Die eine, außen links, als ich
Da oben ihr zu Füßen saß
Und aß auf der Akropolis paar Kirschen, sprach:
Ach Kleiner, du! auf dich wart ich schon
Seit sie dich gejagt haben in das Exil
Mein Lieber, laß man! ich hab viel
Mehr Unrecht hier mit angesehn
Zweieinhalbtausend Jahre stehn
Wir hier. Die Menschen unten dumm!
Und stumm die Götter oben

Ich sagte: Komm mit mir! ach komm, wir wolln
Was trinken! was singen! was selig sein!
Sie sagte: Mein Lieber, ich will ja, ich kann nicht
Sonst stürzt meine Ecke hier auch noch ein

Sieh an, mein Freund, die Leichtigkeit
Mit der die Fraun es tragen
Das Tempeldach auf ihrem Kopf
Sie stehn da, schön geschlagen
Von schwerer Männerhand
In Stein

Das kleine Duett zwischen der Karyatide „außen links" und dem kirschenessenden Liedermacher liest – bzw. hört sich an – wie eine ironische Antwort Biermanns auf den dionysischen Schrei, mit dem Benn eine der Karyatiden aufruft, sich dem apollinischen Maß zu entreißen und ganz den Sinnen und dem Rausch zu leben: „Entrücke dich dem Stein! Zerbirst | Die Höhle, die dich knechtet!" (siehe oben).

Einen bescheidenen Ausbruch schlägt auch der nicht so trunkene Liedermacher vor: „Ach komm, wir wolln | Was trinken! was singen! was selig sein!". Und seine „linke" Karyatide möchte ihm auch folgen, kann aber nicht: „Sonst stürzt meine Ecke hier auch noch ein". So bleibt ihm nur der historische Trost, den sie ihm auf den Weg in den Norden mitgibt: „Mein Lieber, laß man! ich hab viel | Mehr Unrecht hier mit angesehn".

Spielerisch – aber nur auf den ersten Blick unernst – ist auch die vielfältige Arbeit Arnfrid Astels mit archäologischen Zeugnissen der Antike. Manche seiner aphoristisch pointierten kleinen Texte wirken schon dadurch wie Kontrafakturen klassischer und klassizistischer Antikenrezeption, dass sie sich nicht durch große Kunstwerke inspirieren lassen, sondern von Alltäglichem: von römischen Ziegeln z. B. (a) (Abb. 6 a) oder von einem Sargdeckel (b) (Abb. 6 b), von einer kleinen griechischen Inschrift (c) (Abb. 6 c) oder von einer langsam leerer werdenden Schnapsflasche, die ihm zu einem antiken Grabgefäß wird (d) (Abb. 6 d).

Arnfrid Astel

a) DER Zyniker schätzt aus der Antike
vor allem die Hundespur
auf dem römischen Ziegel.
(1978)

Abb. 6 a: Ziegel mit Eindruck von zwei Hundepfoten aus Rheinzabern, Mitte 1. Jahrhundert n.Chr. (Aus: Ludowici, Wilhelm [1912]: Römische Ziegel-Gräber. Katalog IV meiner Ausgrabungen in Rheinzabern 1908-1912. Stempel-Namen, Stempel-Bilder, Urnen-Gräber: 122, Abb. unten. Jockgrim).

b) RÖMISCHES BIEDERMEIER

Auf dem Deckel ihres Sarkophags
frühstücken Mann und Frau im Bett
(1982)

Abb. 6 b: Amazonensarkophag. Paris, Louvre MA 2119. (© M. et P. Chuzeville, Paris).

c) GRIECHISCHE INSCHRIFT

Mittags, wenn das Licht
auf die Tafel trifft,
liegen die Buchstaben
noch im Schatten.
Das ist die Stunde
der Entzifferung.
(1982)

Abb. 6 c: Inschrift aus Samos, Heraion, M 120. (Foto: Inscriptiones Graecae, Berlin-Brandenburgische Akademie der Wissenschaften).

d) LEKYTHOS

Bläst mir der Wind
übern Flaschenhals,
laufend denk ich an dich
in immer tieferen Tönen.
(1990)

Abb. 6 d: Lekythos, 450-440 v.Chr., aus Athen; dem Saburoff-Maler zugewiesen: Hermes der Seelengeleiter bringt den Verstorbenen an den Unterweltsfluss, im Schiff wartet der Fährmann Charon. (Antikensammlung, Staatliche Museen zu Berlin, F 2455. Foto: Seminar für Klassische Archäologie, Freie Universität Berlin).

Andere Texte Arnfrid Astels lassen in aphoristischer Kürze und Prägnanz die brutale antike Realität hinter einer heutigen Touristenattraktion aufleuchten (e und f) (Abb. 6 e):

e) SCHULklassen in der Arena.
   Keine Löwen.
   Lehrer zeigen die Antike.
   (1982)

f) AMPHItheater.
   Das blutunterlaufene
   Auge des Tyrannen.
   (1982)

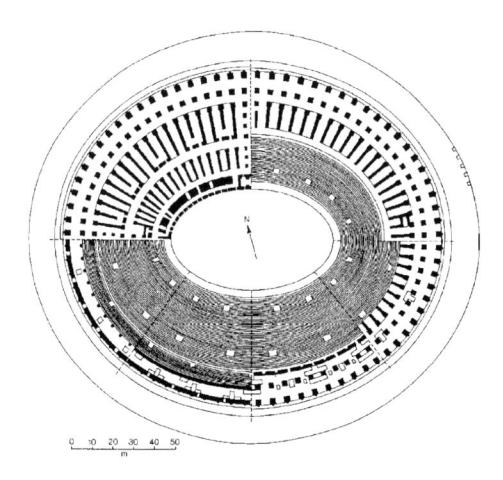

Abb. 6 e: Grundriss des Colosseums in Rom. (Aus: Coarelli, Filippo [1975]: Rom. Ein archäologischer Führer: 167, Abb. unten. Freiburg, Basel, Wien. © der Originalausgabe: Arnoldo Mondadori Editore 1974).

Und Arnfrid Astels Beitrag zu dem Thema Pompeji konstatiert nonchalant die von Günter Kunert am selben Ort beklagte Unmöglichkeit, sich mit unserer antiken Vergangenheit auseinander zu setzen (g):

g) VILLA DEI MISTERI (Pompeji)

Du kannst das ruhig anglotzen
oder die Erklärung
aus dem Führer vorlesen
in Deutsch oder Hindi.
Es besteht die Gefahr nicht,
daß du irgendetwas begreifst.
(1982)

Die letzte Blüte der kleinen Anthologie ist ein vor wenigen Jahren publiziertes Gedicht des Büchnerpreisträgers Durs Grünbein, der sich von einer Schale des Töpfers und Malers Duris hat inspirieren lassen. Auf den beiden Seiten der Schale sind der Streit zwischen Aias und Odysseus um die Waffen des Achilleus (a) und die Entscheidung des Streits durch eine Abstimmung unter der Ägide der Göttin Athene (b) dargestellt. Das Innenbild zeigt Odysseus, wie er die ihm zugesprochenen Waffen anlegt. Die Annahme, dass Grünbein sich von dem Bild (in einem Buch oder im Wiener Museum?) auch deswegen hat anregen lassen, weil ihn der Name des Künstlers Duris an seinen Vornamen erinnerte, liegt nahe; warum er allerdings aus der Schale des Duris (Abb. 7) einen Krater gemacht hat, bleibt (mir) rätselhaft.

Durs Grünbein, Krater des Duris (1994)

Dieser da der Kerl
mit dem spitzen Bart der
listig Grinsende mit der Ferse
im Hinterhalt hellstirnig und beinah ein wenig
zu elegant war also Odysseus: ein Tonsprung scheint's
aus trojanischer Zeit. (D.h. kurz bevor dieser Ruinenflüchtling
eifrig das Rad des nächsten Jahrtausends Geschichte in Gang schob:
Aeneas). Ausgerechnet mit Aias um eine Rüstung viel zu schwer
für ihn will er sich balgen. Nicht genug daß er der Sohn
eines Schurken ist: Sisyphos der ihm die Mutter aus
Rache beschlief muß er zu alldem noch zeigen wie
man den dümmsten Krieger im Handumdrehn zum
Platzen bringt. Als hätte er immer nur Streit
gesucht süchtig nach Schwierigkeiten
stößt er den Kopf vor: Schicksal
Ihr Lieben ist wie ein Rauschgift das lange vorhält. Im Grunde
genügt schon ein einziger Schuß.

Abb. 7: Schale des Duris. Antikensammlung des Kunsthistorischen Museums Wien, AS IV 3694. (Aus: Corpus Vasorum Antiquorum, Österreich, Kunsthistorisches Museum Wien III, Bd. 1 [1951]: Tafel 12. Wien).

Grünbein hat zwar – nach Art hellenistischer Figurengedichte – die Form einer Vase in der Anordnung seiner poetischen Prosazeilen nachgebildet, ist aber nicht an dem antiken Kunstwerk als Kunstwerk, sondern an der von Duris dargestellten Geschichte interessiert, genauer: an einem Teil dieser Geschichte. Sein Blick konzentriert sich – neugierig und fasziniert – ganz auf Odysseus: „Dieser da .... war also Odysseus: ...".

Grünbein sieht Odysseus nicht mit den Augen Homers und wohl auch nicht mit den Augen des Duris, sondern so, wie das 5. Jahrhundert v. Chr., in dem Duris ihn malte, den Helden der Odyssee zu sehen begann, als die Auswüchse der Demokratie, Sophistik und Rhetorik einen Schatten auf vielgewandte und listensinnende Klugheit warfen. Sein Odysseus ist denn auch nicht der Sohn des Laertes; Grünbein erinnert sich daran, dass Sisyphos, der verschlagenste aller mythischen Gauner, die Tochter des Autolykos und spätere Frau des Laertes „beschlief", um sich an ihrem Vater zu rächen, als dieser ihm, dem Meisterdieb, auf die Schliche gekommen war. Dieser Odysseus sucht den Streit mit Aias, nicht nur, um Aias zu ärgern und seine intellektuelle Überlegenheit zu demonstrieren, sondern weil er „süchtig nach Streitigkeiten" ist und weil er Schicksal spielen will vor Troja.

Und er spielt auch Schicksal. Aus dem durch Odysseus' List eroberten und zerstörten Troja flieht Aeneas, der „Ruinenflüchtling", nach Italien und setzt damit „das Rad des nächsten Jahrtausends Geschichte" in Bewegung, das römische, das auf das griechische folgt. Keine Bildbeschreibung also, sondern geschichtsphilosophische Gedanken: Odysseus als Prototyp des Schicksal spielenden und Geschichte machenden Intellektuellen? Schicksal nicht als Verhängnis, sondern als Ergebnis menschlicher Lust am Streit, als „Rauschgift, das lange vorhält".

„Denn da ist keine Stelle,
die dich nicht sieht. Du mußt dein
Leben ändern."

Lyrik und Archäologie? Die kleine Blütenlese, die sich leicht vermehren ließe, zeigt, dass sich auch heute Dichter nicht nur von Mythos und Literatur, von Geschichte und Philosophie der Antike inspirieren lassen, sondern ebenso auch von deren materiellen Überresten: von Ruinen und Sarkophagen, Statuen und Vasen, Inschriften und Dachziegeln. Die Imperative Rilkes und Benns sind verklungen. Aber auch in der größeren Distanz und spielerischen Ironie der zeitgenössischen Lyriker ist die Antike gegenwärtig.

Die Texte:

1 Rainer Maria RILKE, Archaischer Torso Apollos (1908).
2 Gottfried BENN, Karyatide (1916).
3 Marie Luise KASCHNITZ, Ostia (1957).
4 Uwe GRÜNING, Verlassene Ortschaft (1984). In: Grüning, Uwe (1984): Im Umkreis der Feuer: 49. Berlin.
5 Günter KUNERT, Pompeji: Garten des Fauns (1987). In: Kunert, Günter (1987): Berlin beizeiten: 89. München-Wien.
6 Yaak KARSUNKE, auf den Ercole Farnese (1992). In: Karsunke, Yaak (1992): Gespräch mit dem Stein. Gedichte: 40. Berlin.
7 Wolf BIERMANN, Die Karyatiden. In: Biermann, Wolf (1978): Preußischer Ikarus: 189. Köln.
8 Arnfrid ASTEL
a) DER Zyniker schätzt aus der Antike. In: Astel, Arnfrid (1978): Neues (& Altes) vom Rechtsstaat & von mir. Alle Epigramme: 234. Frankfurt am Main.
b) RÖMISCHES BIEDERMEIER. In: Astel, Arnfrid (ebd.): 207.
c) GRIECHISCHE INSCHRIFT. In: Astel, Arnfrid (1982): Die Amsel fliegt auf. Der Zweig winkt ihr nach. Gedichte: 69. Heidelberg.
d) LEKYTHOS. In: Astel, Arnfrid (o. J., 1990): Wohin der Hase läuft. Epigramme und ein Vortrag: 77. Leipzig.
e) SCHULklassen in der Arena. In: Astel, Arnfrid (1982): Die Amsel fliegt auf. Der Zweig winkt ihr nach. Gedichte: 9. Heidelberg.
f) AMPHItheater. In: Astel, Arnfrid (ebd.): 10.
g) VILLA DEI MISTERI (Pompeji). In: Astel, Arnfrid (ebd.): 68.
9 Durs GRÜNBEIN, Krater des Duris (1994). In: Grünbein, Durs (1994): Falten und Fallen. Gedichte: 124. Frankfurt am Main.

Antikenrezeption im Comic: Das Bild Caesars

Martina Müller

Zusammenfassung

Caesar-Darstellungen finden sich im Historiencomic seit fast 50 Jahren und greifen bei der Figurenzeichnung auf schon bei antiken Schriftstellern bekannte Szenen und Themen zurück. Als Vorlage für die Gestaltung des äußeren Erscheinungsbildes wird die Caesar-Statue im Senatorenpalast in Rom rezipiert. Als Beispiele für die 1980er und 1990er Jahre werden hier der Band „Vercingétorix" der „Alix"-Serie[1] und als Vergleich der erste Band der Serie „Vae Victis!"[2] angeführt. Während „Vae Victis!" ein Comic für Erwachsene ist, wendet sich „Vercingétorix" an Jugendliche.

Caesars äußere Erscheinung

Die Vorlage für die äußere Erscheinung Caesars im Comic ist die Caesar-Statue im Senatorenpalast in Rom (Abb. 1).

Obwohl zu Caesars Lebzeiten errichtete Statuen inschriftlich genannt sind, es bei antiken Schriftstellern Hinweise auf zu Lebzeiten und posthum gestiftete Statuen gibt[3] und zahlreiche Caesar-Porträts sowohl auf Münzen als auch in der Rundplastik erhalten sind, ist nur eine erhaltene Statue, die Panzerstatue im Senatorenpalast, bekannt. Dieser Umstand führt fast zwangsläufig zur Rezeption der Statue im Comic sowie bei der Illustration von Schulbüchern und historischen Romanen.

Die Statue ist 3,10 m hoch und aus weißem Marmor gearbeitet. Beide Arme ab Lederstreifen, die Beine ab Knie, die Plinthe sowie die Nasenspitze und Flicken an rechter Wange und Stirn sind moderne Ergänzungen. Der Kopf ist zwar gebrochen, aber in einem Stück mit dem Körper gearbeitet[4]. Bekleidet ist die Statue mit einem Brustpanzer, der mit zwei Greifen verziert ist, die eine neben zwei Rankenzweigen aus einem Akanthusblatt wachsende Blütenstaude halten. Um die Taille ist die Feldherrnbinde geschlungen. Das Paludamentum, der Feldherrnmantel, bildet vor der linken Schulter einen Bogen, fällt frei auf den Rücken herab und wird auf der rechten Schulter von einer Agraffe gehalten. Die Statue wird in trajanische Zeit (98–117 n.Chr.) datiert[5;6].

Die Physiognomie der Caesar-Statue ist dem Porträt Trajans als optimus princeps (bester Herrscher) angeglichen und zeigt Caesar als pater patriae, Vater des Vaterlandes[7], ein Titel, der durch konstante Demonstration von Großzügigkeit (liberalitas) und durch Wohltaten (beneficium) gegenüber dem römischen Volk gewonnen werden konnte.

Trajans Wertschätzung für Caesar zeigte sich nicht nur in der Angleichung der Bildnisse Trajans an das Caesar-Porträt[8], sondern auch in der Prägung von Gedächtnismünzen, in denen er das Andenken an Caesar aufleben ließ[9]. Nach seiner Adoption durch Nerva hatte sich Trajan zunächst den unter den Flaviern wiedererwachten Verhaltensnormen für Herrscher wie Mäßigung, Freundlichkeit, Großzügigkeit, Gerechtigkeit und Milde angepasst. Doch nach den Eroberungszügen gegen die Daker (101–102 n. Chr. und 105–106 n. Chr.) und Parther (113–117 n. Chr.) bezog sich Trajan zunehmend auf Caesar als Eroberer[10]. Auch bei den antiken Schriftstellern lässt sich im 2. Jahrhundert n. Chr. eine veränderte Einschätzung Caesars feststellen. Caesar wird jetzt noch vor Augustus als erster princeps angesehen[11]. So verkörpert die Caesar-Statue im Senatorenpalast zugleich den Feldherrn, den pater patriae und den princeps – einen vollkommenen Herrscher.

Die Statue wird besonders detailliert in dem Comic „Vercingétorix"[12] rezipiert.

Abb. 1: Caesar-Statue im Senatorenpalast in Rom, trajanisch, das Vorbild für die äußere Gestalt des Comic-Caesars. (Foto: Deutsches Archäologisches Institut Rom. Inst.Neg. 32.409).

Hier fällt zunächst die Verzierung des Panzers auf (Abb. 2a): Greifen, Akanthus und Blütenstaude sind deutlich zu erkennen, außerdem die Feldherrnbinde. Auch die Gesichtszüge sowie die Haartracht sind nach der Caesar-Statue gestaltet. In „Vae Victis!"[13] ist der mit einer Paraderüstung gekleidete Caesar der allgemeinen Ikonographie von Panzerstatuen[14] angelehnt, wobei die dem Original entlehnte Agraffe erhalten bleibt (Abb. 2b).

In beiden Comics zeigt Caesar die von den antiken Caesar-Porträts bekannten physiognomischen Züge[15]. Die ausführlichste Beschreibung der äußeren Erscheinung des historischen Caesars findet sich in der Caesar-Biographie Suetons:

„Er soll von hohem Wuchs und heller Hautfarbe gewesen sein, schlanke Glieder, ein etwas zu volles Gesicht, schwarze, lebhafte Augen sowie eine gute Gesundheit gehabt haben. (...) In der Körperpflege war er mehr als kleinlich, dergestalt, daß er sich nicht nur Haare und Bart sorgfältig schneiden ließ und seine hässliche Kahlköpfigkeit ganz und gar nicht gleichmütig trug; hatte er es doch oft erlebt, daß sie Zielscheibe der Witze seiner Schmäher war. Deshalb pflegte er auch das lichter werdende Haar vom Wirbel her nach vorn zu kämmen, (...)."[16].

In beiden Comics wird im äußeren Erscheinungsbild Caesars Halbglatze hervorgehoben. In „Vercingétorix" (Abb. 2a) dem antiken Vorbild entsprechend in dezenter Ausgestaltung, in „Vae Victis!" dagegen prononciert (Abb. 2b; 5), wobei der Kopf durch die Stirnglatze mit den stilisierten Haarsträhnen verlängert wirkt. Außerdem sind hier die Gesichtszüge durch das markante Kinn der bekannten Physiognomie von Comichelden angeglichen. Stirnglatze und Brustpanzer sind im Comic zu den charakteristischen äußeren Merkmalen Caesars geworden, so sehr, dass er in „Vae Victis!" sogar im Panzer an einer Orgie teilnimmt.

Die Person Caesars

Neben der Gestaltung der äußeren Erscheinung steht im Comic, wie in jeder Erzählung, die Charakterisierung der handelnden Personen durch Aufzeigen von Qualifikationen, Vorzügen und Defiziten anhand ihrer Worte und Taten. Die Figurenzeichnung Caesars in „Vercingétorix" und „Vae Victis!" greift auf bei antiken Schriftstellern zum historischen Caesar überlieferte Szenen und Themen wie Milde und Güte, Ehrgeiz, Machtgier und Herrschaftswillen zurück.

„Vercingétorix"

Der Comic „Vercingétorix" wurde 1985 als 18. Band der Comicserie „Alix" veröffentlicht, die seit 1948 in Französisch erscheint.

Alix, der namengebende Protagonist der Serie, ist ein junger Patrizier gallischer Herkunft, Anhänger und Protegé Caesars, in dessen Auftrag er gemeinsam mit seinem jüngeren Freund Enak den überwiegenden Teil der Abenteuer besteht. Text und Zeichnungen der Comicserie stammen von Jacques Martin, der als Erfinder des Historiencomics angesehen wird[17]. Jacques Martins Quellen für „Alix" sind nach eigenen Aussagen archäologische Bildbände[18], antike Schriftsteller[19] und die 1935 erschienene Caesar-Monographie des französischen Historikers Jérôme Carcopino[20].

Im Band „Vercingétorix" wurde das schon in einem früheren Comic, „Les Légions perdues"[21], behandelte Thema der Konkurrenz zwischen Caesar und Pompeius erneut aufgegriffen. Um Caesars Triumph nach der Unterwerfung Galliens zu verhindern, befreit Pompeius heimlich den gallischen Feldherrn Vercingétorix aus dem römischen Kerker und befiehlt Alix, diesem bei der Flucht nach Gallien zu helfen.

In der Exposition erläutert Pompeius Alix, der zu diesem Zeitpunkt noch nichts von dem prekären Auftrag ahnt, seine Einschätzung Caesars. Da dies in Form eines kurzen geschichtlichen Exkurses geschieht, werden hierdurch auch die Leser in die Vorgeschichte eingeführt.

Pompeius sieht in Caesar einen guten General und einen fähigen Politiker, dem auch gewisse Sympathien entgegengebracht werden. Allerdings machen ihn sein übertriebener Eroberungswille und seine grenzenlose Bewunderung für Alexander den Großen zu einem störenden Element in der Republik. Caesar sei außerordent-

Abb. 2a: Caesar im verzierten Panzer, mit Feldherrnbinde sowie Schwert und Dolch. Sowohl Panzer als auch Gesichtszüge und Haartracht gleichen der Caesar-Statue im Senatorenpalast. (Aus: „Vercingétorix" [1985], S. 24, Panel 4. © Martin – Casterman).
2b: Caesar im Schuppenpanzer mit dem auf der rechten Schulter von einer Agraffe gehaltenen Paludamentum. Deutlich ist hier die Anlehnung an die bei Sueton beschriebene Stirnglatze Caesars mit den nach vorn gekämmten Haarsträhnen zu erkennen. (Aus: „Vae Victis!" [1995], S. 14, Panel 2. © MC Productions/Soleil, F-8300 Toulon + © Splitter-Verlag GmbH, München).

lich glücklich gewesen, als er endlich den Gallischen Krieg gewonnen hatte, aber noch mehr, weil er dachte, dass ihm jetzt niemand mehr den Triumph in Rom verweigern könne. Deshalb ließ er seinen berühmten Gefangenen, ohne den er seinen Triumph nicht vom Senat verlangen könne, schnellstens in den Kerker bringen. Doch seit gestern sei Vercingétorix aus dem Gefängnis verschwunden[22].

Diese eher sachliche Einschätzung von Caesar als begierig auf Macht, Ruhm und Ehre sowie als störender Faktor in der Republik spiegelt, mit Ausnahme des letzten Elements, Jacques Martins Anlehnung an die Caesar-Monographie Jérôme Carcopinos wider. Carcopino bezeichnet Caesar als den wendigsten und kraftvollsten unter den politischen Schöpfern[23], dem der Instinkt des großen Herrschers innewohnte[24]. Caesars Genie bestand in dem Verstehen und Zusammenfügen der unterschiedlichen Bestrebungen seiner Zeit[25], sodass er, als ihm die degenerierte politische und moralische Lage der Republik die Unvermeidbarkeit einer Revolution zeigte, die Grundlagen der späteren Monarchie schaffen konnte[26]. Carcopino erwähnt aber auch Caesars totalen Ehrgeiz[27] und sein großes Vergnügen am Gallischen Kriege[28].

Die bis zu diesem Zeitpunkt auf der politischen Ebene begründete Handlungsmotivation des Pompeius wird allerdings durch seine Worte: „Ha! Ha! Ha! Wenn Caesar dies erführe, würde er davon krank werden. Er bekäme sicherlich einen seiner Anfälle, die, wenn sie auftreten, ihn zu Boden werfen, den Schaum vor dem Mund."[29], deutlich auf eine persönliche Ebene gehoben. Hier wird die in Suetons Kaiserbiographien im Zusammenhang mit der Beschreibung des Äußeren Caesars und seiner persönlichen Eigenheiten erwähnte Epilepsie[30] eingesetzt, um Pompeius durch seine boshafte Vorfreude als einen erbitterten, vor nichts zurückschreckenden Gegner Caesars zu schildern.

Auch in der Charakterisierung Pompeius' lehnt sich Jacques Martin an Carcopino an, dessen negative Einschätzung in der Interpretation des Pompeius-Porträts in der Ny Carlsberg Glyptothek, Kopenhagen, einen Höhepunkt findet: „scharf-

Abb. 3: Caesar erfährt von der Flucht Vercingétorix'. Er reagiert mit ausgeprägter Wut, da er ohne Vercingétorix nicht seinen Triumph vom Senat bewilligt bekommt. (Aus: „Vercingétorix" [1985], S. 13, Panel 1–4. © Martin – Casterman).

sinnig bis zur Spitzfindigkeit, gerissen bis zur Heimtücke, aber ohne Tiefe, gutmütig und selbstgefällig, mit mehr Eitelkeit als Ehrgeiz"[31].

Durch die geschilderte Episode werden beide Kontrahenten charakterisiert: Pompeius direkt durch Handeln und Worte als neidvoll und im Geheimen Ränke schmiedend, Caesar indirekt durch Pompeius' Worte als begierig auf Macht, Ruhm und Ehre.

Machtstreben, Wut und Loyalität
Die anfangs eher sachliche Darstellung Caesars verändert sich durch dessen wütende Reaktion auf die Flucht Vercingétorix' deutlich in die negative Charakterisierung als Machtmensch (Abb. 3). Caesar bezieht die Flucht sofort auf Pompeius' Machenschaften: „Pompeius ist zu allem fähig, um mir zu schaden, da gibt es nichts zu wundern. Indessen ist das Manöver dieses Mal besonders niederträchtig, denn prinzipiell weiß niemand in Rom von dieser Flucht. Überdies bin ich zum Schweigen verdammt, denn der Senat würde es mir nie verzeihen, ein Geheimnis zu verraten, von dem er vor allen anderen wissen sollte, auch wenn viele Senatoren diesen schlechten Coup kennen."[32].

Dass Caesar sich zum Schweigen verdammt sieht, um die Interessen des Senats zu wahren, verdeutlicht zum einen, dass Pompeius im Geheimen, aber mit Unterstützung seiner Anhänger gehandelt hat, zum anderen den Respekt des Comic-Caesars vor der Verfassung. Durch die Flucht Vercingétorix' nach Gallien sind die außenpolitischen Beziehungen Roms betroffen, die in der Römischen Republik in die Kompetenz des Senats fielen[33]. Der historische Caesar allerdings missachtete durchaus die außenpolitische Zuständigkeit des Senats. So hob er z. B. nach Sueton auf eigene Kosten ohne Senatsgenehmigung zusätzliche Legionen aus[34].

Im folgenden Panel[35] artikuliert der Comic-Caesar deutlich sein Machtstreben: „Dies alles sicherlich, um mich um den Triumph zu bringen, um den ich den Senat schon mehrfach gebeten habe und den er mir nicht mehr verweigern kann! ... Aaah! Diese Runde ist gut gespielt, ohne Vercingétorix keinen Triumph auf dem Forum und folglich keine Macht in Sicht!"

Durch das „Aaah!", die Mimik und die erhobene Faust, die einen Dolch hält, wird Caesars Wut dargestellt, die im nächsten Panel mittels des mit aller Kraft niedergestoßenen und zersplitternden Dolches noch gesteigert wird. Der Text zeigt, dass Caesar hier nicht von der berühmten Clementia Caesaris, der Milde Caesars, geleitet wird. Er verspricht seinen Gegnern Mitleidslosigkeit: „Meine Feinde täuschen sich, wenn sie glauben, mich in die Schranken verweisen zu können. Ich werde ihnen die Mitleidslosigkeit Caius Julius Caesars zeigen, wenn man ihn mit feigen Machenschaften reizt."[36].

Caesars Jähzorn und seine Gewaltanwendung gegen Gegner in Rom sind durch antike Schriftsteller dokumentiert[37]. So berichten Lucan[38], Cicero[39] und Plutarch[40], dass Caesar den Volkstribunen L. Caecilius Metellus mit dem Tod bedrohte, als dieser sich dem Versuch Caesars, sich des Staatsschatzes zu bemächtigen, entgegensetzte. Auch ließ Caesar es zu, dass seine Anhänger seinen Mitkonsul Bibulus beim Versuch, Caesars Siedlungsgesetz zu verhindern, so sehr bedrohten, dass sich dieser für den Rest der Amtszeit in sein Haus zurückzog[41].

Auch im nächsten Panel zeigt Caesar keine Milde: „Ich bedaure, dass Alix sich in dieses Abenteuer hat hineinziehen lassen, denn wenn ein Mann ein Bürger Roms ist, dann kann er nichts anderes mehr sein. Er wird für diesen Fehler zahlen, wie er es verdient. … Du, Galva, du hast den Fehler begangen, dich von der Freundschaft leiten zu lassen: Ein Soldat hat dieses Recht nicht. Also mußt du den Fehler wieder gutmachen. Ich befehle dir, die Flüchtlinge zu finden und gefangen zu nehmen. Du wirst die nötigen Mittel haben und ich werde alle Militärposten in Gallien heimlich benachrichtigen, sie werden dir helfen … Ich will sie lebend, koste was es wolle!"[42].

Hier wird das Jacques Martin wichtige und die gesamte Alix-Serie prägende Thema der Loyalität behandelt[43]. Sowohl Alix als auch der Offizier Galva befinden sich in einem Loyalitätskonflikt. Alix, der römische Patrizier gallischer Herkunft, hat durch die Vercingétorix gewährte Hilfe zum einen gegen seine Pflichten als römischer Bürger verstoßen, zum anderen hat er sich als Anhänger und Protegé Caesars diesem gegenüber illoyal verhalten. Caesars Worte: „Er wird für diesen Preis zahlen, wie er es verdient." zeigen, dass er Alix als einen Verräter sieht. Dem Offizier Galva macht Caesar deutlich, dass für einen Soldaten die Loyalität gegenüber seinem Feldherrn vor allen anderen Dingen Vorrang hat.

Interessant ist Caesars unterschiedliche Reaktion auf Illoyalität. Dem Offizier gibt er eine Chance, seine Loyalität erneut unter Beweis zu stellen, den Freund betrachtet er als Verräter, der für seine Tat bezahlen wird. Letzteres passt nicht zu der in Suetons Caesar-Biographie überlieferten Umgänglichkeit und dem Entgegenkommen Caesars im Umgang mit seinen Mitmenschen[44], Eigenschaften, die auch Carcopino preist[45], sondern ist eher an Cicero angelehnt, der in Briefen sowohl Caesars geringes Entgegenkommen[46] als auch seine Wut auf Anhänger[47] erwähnt.

Abb. 4: Caesar begnadigt den vermeintlichen Sohn Vercingétorix', der durch seinen wirklichen Vater römischer Bürger ist (Panel 1–3). In Panel 4 schickt Caesar Alix und Enak unter Bewachung nach Rom, damit sie Pompeius seine ultimativen Forderungen überbringen. Erfüllt Pompeius die Forderungen nicht, bedeutet dies Krieg. Auf der Heimreise (Panel 5) äußert Alix seine Ansicht, dass Caesar nur Milde hat walten lassen, weil er ihn braucht. Alix ist Teil eines Kuhhandels. (Aus: „Vercingétorix" [1985], S. 48. © Martin – Casterman).

Milde, Gnade und Rache

Als Caesars Armee die Flüchtenden, Alix, Enak, Vercingétorix, dessen Frau Ollovia und seinen Sohn Edorix, in ihrem Zufluchtsort Alesia eingeschlossen hat, verzichtet Caesar auf die Selbstauslieferung Vercingétorix', da dieser in Gallien inzwischen unbedeutend geworden ist[48]. Stattdessen verlangt Caesar Vercingétorix' Sohn Edorix und dessen Mutter, weil er sie dem Gallier Serovax, inzwischen römischer Offizier, versprochen hat[49]. Bei der Forderung nach der Auslieferung des Sohnes zieht Caesar die Parallele zu Astyanax, dem Sohn Hektors, den die siegreichen Griechen von der Stadtmauer Trojas in den Tod trieben[50]. Er will exakt diese Todesstrafe für Edorix vor den Augen der Familie und seiner Soldaten vollziehen, um eine mögliche Rache zu verhindern[51] und um mit dieser Tat in die Geschichte einzugehen[52].

Für diese Episode wurden Florus' Aussage, dass Caesar die Tochter des Pompeius und ihre Kinder töten ließ, um seine Nachkommen zu schützen[53], und der nur bei Lucan überlieferte Trojabesuch Caesars[54] verarbeitet.

Da auch von Alexander dem Großen ein Besuch Trojas überliefert ist, ließe sich aus dem Lucan-Text eine indirekte Anspielung auf Caesars Vergleich mit diesem herauslesen[55]. Dies belegen auch Lucans Worte: „Caesar, laß dich nicht von Neid an heiligem Heldenruhm erfassen! Denn wenn Latiums Musen ein Versprechen geben dürfen, werden auf so lange Dauer, wie man Smyrnas Dichter ehrt, künftige Geschlechter meine Verse und so deine Taten lesen: ..."[56]. Da Lucans Caesar-Bild eindeutig negativ gezeichnet ist, könnte dieses Versprechen der literarischen Unsterblichkeit durchaus als Drohung aufgefasst werden. Im Comic wird durch die Szene nicht nur Caesars Wunsch, den großen Helden der Geschichte ebenbürtig zu sein, gezeigt, sondern auch, aus heutiger Sicht, seine Grausamkeit, da er dies durch den Mord an einem Kind verwirklichen will.

Nach dem Tod Vercingétorix', der während eines Amoklaufs versucht hat, Caesar zu töten, will Caesar wie geplant Edorix vor den Augen der Mutter und der Soldaten hinrichten lassen. Caesar erhört das Flehen der Mutter und begnadigt das Kind (Abb. 4).

Durch seine Worte: „Serovax, hier, deine Frau und dein Sohn. Du bist Offizier meiner Armee geworden, nun wirst du in die Provinz Cisalpina gehen, wo man dir eine Stellung geben wird. Dort wirst du ein Bürger Roms werden und folglich dein Sohn ein Römer. Er wird niemals wieder etwas anderes sein und du wirst ihn Edorus nennen."[57] wird allerdings deutlich, dass er seine Gnade nicht dem Sohn des Feindes, sondern einem zukünftigen Römer gewährt hat.

Als Alix und Enak unter Bewachung nach Rom aufgebrochen sind, um Pompeius Caesars ultimative Forderungen zu übermitteln und Enak sich auf Rom freut, sagt Galva: „Das wird dank der Milde Caesars sein. Ihr habt viel Glück; er hätte euch als Verräter ansehen können"[58]. Alix erwidert darauf: „Weniger als Pompeius! Aber Caesar hat uns nur vergeben, weil er uns braucht und er will seinen Triumph, egal wie hoch der Preis. Von jetzt an sind wir Teil eines Kuhhandels."[59].

In diesen Szenen werden verschiedene Aspekte der clementia (Gnade) Caesars angesprochen: Der bei Sueton[60] überlieferte Verzicht auf Rache gegenüber persönlichen Feinden[61], gekoppelt mit Nützlichkeitserwägungen[62], um sich Verbündete zu schaffen[63] oder um Gegner zum Aufgeben zu bewegen[64].

Im Gegensatz zu dem Caesar-Bild bei Jérôme Carcopino wird in „Vercingétorix" Caesar als ein jähzorniger und machtbesessener Mensch geschildert, der zwar aus Nützlichkeitserwägungen heraus auch Milde gewähren kann, dafür aber unbedingte Loyalität erwartet.

„Vae Victis!"

An die Figurenzeichnung von Caesar als Machtmensch schließt sich auch der Erwachsenencomic „Vae Victis!"[65] an, der den Gallischen Krieg abwechselnd aus der Sicht der Sieger und der Sicht der Verlierer erzählt. In diesem Comic spielen bei der Charakterisierung Caesars dessen Ausschweifungen eine wichtige Rolle, die in der an ein jugendliches Publikum gerichteten Alix-Serie aufgrund des Jugendschutzgesetzes wegfallen müssen[66].

Beide Aspekte, Machtstreben und Ausschweifungen, werden schon in der Exposition von „Vae Victis!" dargestellt. Zur Feier des ersten Triumvirats (60 v. Chr.) lädt Crassus zur Orgie (Abb. 5).

Abb. 5: Crassus hat Caesar und Pompeius zur Feier des ersten Triumvirats zur Orgie geladen. Caesar erklärt seine Absicht, Gallien zu erobern. (Aus: „Vae Victis!" [1995], S. 8, Panel 1-4. © MC Productions/Soleil, F-8300 Toulon + © Splitter-Verlag GmbH, München).

Obwohl Crassus vermutet, dass Caesar mehr Geschmack an reifen Frauen findet, bietet er ihm Jungfrauen an und gelobt, dass diese Caesars Sinne befriedigen werden – sofern das möglich ist[67]. Dies spielt auf die bei Sueton ausführlich erwähnten sexuellen Ausschweifungen Caesars an[68]. Pompeius dagegen weiß, dass Caesar geträumt hat, seine Mutter zu besitzen, und will wissen, ob Caesar von Venus oder Roma abstamme[69]. Caesars Antwort, dass er tatsächlich von Venus abstamme und dass sich Rom ihm eines Tages hingeben würde[70], sagt deutlich, dass er die Weltherrschaft anstrebt und das Triumvirat eines Tages nicht mehr nötig haben wird. Caesar drückt hier nicht nur seine Überlegenheit aus, sondern auch sein Streben nach Alleinherrschaft.

Pompeius' und Caesars Worte im Comic basieren auf zwei Sueton-Stellen. In der Leichenrede auf seine Tante Julia erhebt Caesar mit folgender Aussage Anspruch auf göttliche Abstammung und auf die höchste Macht: „Mütterlicherseits stammt meine Tante Julia von Königen ab, väterlicherseits ist sie den unsterblichen Göttern verwandt; denn von Ancus Marcius stammen die Marcius Reges, deren Namen ihre Mutter getragen hat, und von Venus die Julier, zu deren Geschlecht unsere Familie gehört. So vereinen sich in unserem Geschlecht die Ehrwürdigkeit der Könige, die bei den Menschen die höchste Macht haben, und die Heiligkeit der Götter, in deren Gewalt wiederum die Könige stehen."[71]. Letzteres wurde ihm von Traumdeutern prophezeit, nachdem er geträumt hatte, seiner Mutter Gewalt angetan zu haben[72].

Auf Crassus' Frage, was ihn denn in die Provinz ziehe, antwortet Caesar: „GALLIEN!"[73]. Seine Erklärung lautet, dass er davon träume, den Barbaren die beim Keltensturm und beim Brand Roms (387 v. Chr.) entstandenen Verwüstungen heimzuzahlen. Caesar gibt zwar als Motiv für seinen Wunsch, Gallien zu unterwerfen, Rache für Rom an, aber das Bild, auf dem sein Kopf von zwei vollbusigen Schönheiten umrahmt ist, suggeriert eher, dass Caesar an Eroberungen im weitesten Sinne des Wortes denkt und zeigt gleichzeitig, dass er auch bei einer Orgie mit den Gedanken bei Politik und Krieg ist. Caesar wird hier ganz von seinem Machtstreben und Eroberungswillen beherrscht.

Sowohl in „Vercingétorix" als auch in „Vae Victis!" liegt das Hauptgewicht bei der Figurenzeichnung Caesars auf dem Machtmenschen und dem Feldherrn, die durch die bildliche Darstellung Caesars als Imperator verfestigt wird. Die hierfür rezipierte Caesar-Statue im Senatorenpalast in Rom zeigt Caesar zwar durch Attribute wie Panzer, Feldherrnmantel und Feldherrnbinde eindeutig als Imperator, aber sie verwies zur Zeit ihrer Entstehung auch auf den pater patriae und den princeps, hat also positive Bedeutung. Diese Statue, die in der älteren wissenschaftlichen Literatur mit Worten wie: „wie mild, wie weich, wie gütig"[74] und „gut bürgerlich"[75] beschrieben wird, ist in den Comics, losgelöst von ihrer antiken Bedeutung und der wissenschaftlichen Interpretation, verwendet worden, um einem machtbesessenen Feldherrn Gestalt zu verleihen.

Anmerkungen / Literatur:

Zur Einführung: Oppermann, Hans (16. Aufl. 1997): Caesar. Reinbek bei Hamburg.
Comics: Anm.-Nrn. 1. und 2.
Antike Quellen: Anm.-Nrn. 16., 38., 39., 40., 53., 54. und 63.
Sekundärliteratur: Alle übrigen Anm.-Nrn.

[1] Martin, Jacques (1985): Vercingétorix. Alix Bd. 18. Tournai.
[2] Rocca, Simon & Mitton, Jean-Yves (1995): Vae Victis! Bd. 1. München.
[3] Toynbee, J. M. C. (1978): Roman Historical Portraits: 30. London.
[4] Stemmer, Klaus (1978): Untersuchungen zur Typologie, Chronologie und Ikonographie der Panzerstatuen: 74. Berlin.
[5] Herbig, Reinhard (1959): Neue Studien zur Ikonographie des Gaius Julius Caesar. In: Kölner Jahrbuch für Vor- und Frühgeschichte 4: 7–17; Taf. 1–6; hier: 8.
[6] Johansen, Fleming S. (1967): Antichi ritratti di Caio Giulio Cesare nella scultura. In: Analecta Romana. Instituti Danici. IV: 7–68; Taf. I–XXVII; hier: 38.
[7] Herbig a.a.O. (Anm. 5): 8.
[8] Herbig a.a.O. (Anm. 5): 10.
[9] Grant, Michael (1954): Roman Imperial Money: 199. Edinburgh.
[10] Christ, Karl (1994): Caesar: Annäherungen an einen Diktator: 98. München.
[11] Donié, Peter (1996): Untersuchungen zum Caesarbild in der römischen Kaiserzeit: 158. Hamburg.
[12] Martin a.a.O. (Anm. 1).
[13] Rocca & Mitton a.a.O. (Anm. 2).
[14] Stemmer a.a.O. (Anm. 4).
[15] Johansen, Fleming S. (1987): The Portraits in Marble of Gaius Julius Caesar: A Review. In: Ancient Portraits in the J. Paul Getty Museum. Vol. 1. Occasional Papers on Antiquities 4. Malibu.
[16] Suetonius: Divus Iulius 45, 1–2. In: Sueton: Kaiserbiographien. Lateinisch-Deutsch von: Wittstock, Otto (1993). Berlin.
[17] Groensteen, Thierry & Martin, Jacques (1984): Avec Alix: 7. Tournai.
[18] Ebd.: 63.
[19] Ebd.: 70.
[20] Ebd.: 64.
[21] Martin, Jacques (1965): Les Légions perdues. Tournai.
[22] Martin a.a.O. (Anm. 1): 4, P 7–9.
[23] Carcopino, Jérôme (6. Aufl. 1990): Jules César: 566. Paris.
[24] Ebd.: 126.
[25] Ebd.: 126.
[26] Ebd.: 117.
[27] Ebd.: 126.
[28] Ebd.: 278.
[29] Martin a.a.O. (Anm. 1): 5, P 1.
[30] Suetonius a.a.O. (Anm. 16): 45, 1.
[31] Carcopino a.a.O. (Anm. 23): 116.
[32] Martin a.a.O. (Anm. 1): 13, P 1.
[33] Bleicken, Jochen (3. Aufl. 1982): Die Verfassung der Römischen Republik: 232 f. Paderborn u. a.
[34] Suetonius a.a.O. (Anm. 16): 24, 1.

[35] Martin a.a.O. (Anm. 1): 13, P 2.
[36] Ebd.: 13, P 3.
[37] Rochlitz, Sabine (1993): Das Bild Caesars in Ciceros „Orationes Caesarianae". Untersuchungen zur „clementia" und „sapientia Caesaris". (Studien zur klassischen Philologie Bd. 78): 53. Frankfurt am Main u. a.
[38] Lucanus: Bellum civile – Der Bürgerkrieg. Hrsg. und übersetzt von: Ehlers, Wilhelm (1974): 3, 118 ff. München.
[39] Cicero: Atticus-Briefe. Lateinisch-Deutsch. Hrsg. von: Kasten, Helmut (1990): 10, 4, 8. Zürich und Düsseldorf.
[40] Plutarch: Große Griechen und Römer. Band V: Caesar. Übersetzt von: Wuhrmann, Walter (1960): 35. Zürich.
[41] Ebd.: 14.
[42] Martin a.a.O. (Anm. 1): 13, P 4.
[43] Groensteen & Martin a.a.O. (Anm. 17): 103.
[44] Suetonius a.a.O. (Anm. 16): 71–72.
[45] Carcopino a.a.O. (Anm. 23): 128.
[46] Cicero a.a.O. (Anm. 39): 9, 18, 1.
[47] Ebd. 2, 19, 3; 10, 4, 8; 10, 9A, 1.
[48] Martin a.a.O. (Anm. 1): 39, P 5.
[49] Ebd.
[50] Ebd.: 42, P 5–7.
[51] Ebd.: 39, P 6.
[52] Ebd.: 42, P 7.
[53] Florus: Epitome of Roman History. Lateinisch-Englisch. Translation by: Seymour Forster, Edward (1962): 4, 2, 90 f. London u. Cambridge.
[54] Lucanus a.a.O. (Anm. 38): 9, 964–999.
[55] Donié a.a.O. (Anm. 11): 130; Suetonius a.a.O. (Anm. 16): 7, 1.
[56] Lucanus a.a.O. (Anm. 38): 9, 982–985.
[57] Martin a.a.O. (Anm. 1): 48, P 3.
[58] Ebd.: 48, P 5.
[59] Ebd.
[60] Suetonius a.a.O. (Anm. 16): 73.
[61] Lossau, Manfred (1975): „Suetons Clementia Caesaris". In: Hermes 103: 496–502; hier: 499.
[62] Rochlitz a.a.O. (Anm. 37): 44.
[63] Caesar: Bellum Gallicum – Der Gallische Krieg. Lateinisch-Deutsch. Hrsg. von: Dorminger, Georg (1981): 7, 89. München.
[64] Ebd.: 2, 31, 4 ff.
[65] Rocca & Mitton a.a.O. (Anm. 2).
[66] Groensteen & Martin a.a.O. (Anm. 17): 68.
[67] Rocca & Mitton a.a.O. (Anm. 2): 8, P 2.
[68] Suetonius a.a.O. (Anm. 16): 50–52.
[69] S. Anm. 67.
[70] Ebd.: 8, P 3.
[71] Suetonius a.a.O. (Anm. 16): 6, 1.
[72] Ebd.: 7, 2.
[73] Rocca & Mitton a.a.O. (Anm. 2): 8, P 4.
[74] Curtius, Ludwig (1932): C. Julius Caesar. In: Mitteilungen des Deutschen Archäologischen Instituts, Römische Abteilung, 47: 212–241; hier: 235.
[75] Boehringer, Erich (1933): Der Caesar von Acireale: 14. Stuttgart.

Antikenreminiszenz in Politik und politischer Berichterstattung

Jörg-Dieter Gauger

Zusammenfassung

Eine besondere Facette des Verhältnisses zu und des Abschieds von traditionellen Bildungsbeständen stellt der Umgang mit Antike und Antikenreminiszenz in der Politik und der politischen Kommentierung und Berichterstattung dar. Über einen Zeitraum von 1993 bis 2000 lassen sich verschiedene Formen des Umgangs beobachten, Vergleich, Zitat, Lebensmotto, Signalwörter, Chiffren usf., die immer wiederkehren, deren Variationsbreite freilich sehr beschränkt und nur mehr floskel- und formelhaft geworden ist. Ein lebendiges Verhältnis zu Antikem lässt sich heute kaum mehr feststellen, in der Politik noch deutlich weniger als in der politischen Publizistik. Das mag mit den Bildungsreformen der 1960er Jahre ebenso zusammenhängen wie mit den Erwartungen, die heute vermeintlich an die politische Sprache gestellt werden.

Von der Selbstverständlichkeit der Antike

Es ist unübersehbar, dass Antikes – Motive, Zitate, Museales, Paradigmen – in der deutschen Gegenwartszivilisation in vielfältiger Weise präsent ist. Diese Präsenz spiegelt sicherlich keine tieferen Lebenskontexte mehr (die Antike als Maßstab für Geschmack, als magistra vitae usf.); und schon gar nicht ist sie idealisiertem, „klassischem Bildungsgut" verpflichtet, wie sie Athen und Rom im geistigen Haushalt des vom humanistischen Gymnasium geprägten und am Primat seiner neuhumanistischen Weltanschauung orientierten Bildungsbürgertums des ausgehenden 19. und beginnenden 20. Jahrhunderts hatten. Das gilt auch für Politik, Politiker und Journalisten. Bismarck wusste nicht nur, was sein Publikum verstand, sondern auch erwartete: Der „Eiserne Kanzler" operierte mühelos, geradezu spielerisch und sicher ohne Hilfestellung heute so beliebter Lexika („Dein tägliches Latein") mit Zitaten aus Plautus, Cicero, Horaz und Juvenal; er konnte aktiv mit der lateinischen Sprache umgehen (zum Griechischen hatte er offenbar nicht diese Affinität), aber auch Namen wie Alexander, der ältere Cato, Catilina, Jugurtha waren ihm ohne weiteres geläufig. Noch eine so antiklassische Figur wie Adolf Hitler, der bekanntlich die Mittelschule ohne Abschluss verließ, hat sich diesem bildungsbürgerlichen Reiz nicht entziehen können: Die Antike war ihm Exemplum, wenn nicht sogar Faszinosum; sein Biograph Joachim Fest bescheinigt jedenfalls, dass die „Antike seine ideale Welt" gewesen sei, und bei zahlreichen „Tischgesprächen" wird deutlich, dass Antikes bis zur Skurrilität als Argumentationsstütze diente: So beweise das angeblich hervorragende Gebiss der römischen Soldaten den Erfolg vegetarischer Lebensweise[1].

Abbau der Rahmenbedingungen seit Ende der 1960er Jahre

Diese zumindest äußerlich intensive Verbindung zur antiken Kultur als einer „Lebensmacht" ist heute nicht mehr existent, soweit man dies „öffentlich" nachvollziehen kann – d. h. konkret: Durch Auswertung der Printmedien (auf die wir uns hier konzentrieren). Das ist zweifellos kein Resultat des „Unbehagens" (Uvo Hölscher), sondern schlicht Folge einer auf Steigerung der Formalabschlüsse angelegten Bildungsreform nach 1968, des damit verbundenen ökonomischen Kalküls der Eltern und Schüler und des zwar sporadisch noch öffentlich beklagten, aber kaum aufhaltbaren Rückgangs des altsprachlichen Unterrichts.

Von Zeit zu Zeit finden in den Feuilletons und Leserbriefspalten durchaus noch emotional geprägte Auseinandersetzungen statt über den Wert und den Sinn des Umgangs mit Grammatik und den Bildungsinhalten, die Latein und Griechisch immer noch repräsentieren oder wieder sollten, bis hin zu der Frage, ob man eine Promovierte mit „Doctrix" anreden müsse; und bei passendem Anlass (Altphilologenkongressen o. Ä.) äußern sogar Wirtschaftsvertreter Bekenntnishaftes zur Leistung der Alten Sprachen[2]. Aber die Zahl der Schüler, die sich für Latein entscheiden, nimmt stetig ab; Alte Geschichte wird im Lehrplan der Schulen immer weiter verdrängt (eine drohende Konsequenz: „Die von Niedersachsens Kultusminister Rolf Wernstedt [SPD] befürworteten Rahmenrichtlinien für den Geschichtsunterricht verbannen Caesar und Kleopatra aus dem Unterrichtsstoff der Klassen sieben bis zehn. Sein Amtsvorgänger Horst Horrmann [CDU] runzelt die Stirn: ‚Wie soll der Schüler dann eigentlich noch Asterix verstehen?'"). Griechisch ist Randphänomen (auch wenn *Der Stern* den Witz kolportierte: „‚Waigel lernt jetzt Griechisch?' Warum? ‚Weil er mit seinem Latein am Ende ist.'"); der Lateinlehrer hat in der Presse immer noch buddenbrooksches Format, der Griechischlehrer ohnehin[3], und wer Stilblüten liebt, sollte regelmäßig *Konkret* („Gremlizas express") goutieren. Wenn man heute „Bildung" sagt, meint man alles Mögliche, nur nicht die humanistische. Hinzu kommt, dass Antikes keine notwendige Legitimation für irgendetwas abgibt: Der Streit zwischen Griechenland und der Republik Makedonien um das Vergina-Grab macht deutlich, was Geschichtspolitik bedeuten kann, aber Detmold („Hermann der Cherusker") ist eben nicht Masada.

Aber: Fortbestehendes Interesse an der Antike
Dennoch: Antikes ragt heute in vielfältiger Form in die Gegenwart hinein und findet offenbar das Interesse breiter Bevölkerungskreise[4]. Dabei nimmt die Archäologie eine prominente Stellung ein, nicht nur deswegen, weil sie die Neugier am Exotischen und Mysteriösen („Terra X") befriedigt – von Troja über die „wilden Amazonen" („Es gab sie doch", bekräftigt der Bonner *Express*), von „Ötzi" bis hin zu „Dinos" und Dino-Accessoires, die sogar McDonalds als umsatzfördernd einsetzte – sondern auch Nachrichten wie „Zuviel Fleisch – Tyrannosaurus litt unter Gicht" finden ein offenbar betroffenes Publikum. Antikes Ambiente, Relikt, Antikenreminiszenz verheißen in der Werbung sogar dem Schokoladenriegel Seriosität. Auch über Bildende Kunst, Oper, Schauspiel, Film („Star Wars 1" ist augenscheinlich von Institutionen des antiken Rom beeinflusst), Fernsehen (die Krimiserie „Balko" veranlasste die *FAZ* sogar zu der Betrachtung: „Metaphysiker ohne Latein"), Rundfunk, Roman und Gedicht wird Antike transportiert.

Dazu kommen: Ausstellungen, Comics („Ottmarix und seine Unbesiegbaren. Reichlich Haue für die Römer" berichtet die *Bild*-Zeitung über den ehemaligen Borussia-Trainer Ottmar Hitzfeld), Sachbücher, die in den überregionalen Tageszeitungen rezensiert werden, oder Übersetzungen, Lernsoftware, Leserbriefe, die falsche Zitate oder Angaben korrigieren, Gedenktage für antike Personen, die das Feuilleton anregen, Rezepte, Mode (Kleopatra-Look, die „Cäsarenfrisur" Tony Blairs), Tourismus, Seuchen („Ebola – unheimliche Seuche schon im antiken Griechenland.") und jüngst sogar Terroranschläge. Die Rechtschreibreform wird ebenso wenig verschont („Die griechisch-lateinischen Sprachwurzeln bilden den gemeinsamen Bildungsfundus der westlichen Zivilisation.") wie der Fußball („Egidius [Vorname von Ex-DFB-Chef Braun] stammt aus dem Altgriechischen und bedeutet ‚Schildhalter'"), der Schluckauf („Bei den alten Römern hieß er Singultus ...") oder der „Ballermann 6", der „Olymp der Trash-Kultur", und schließlich wie Vergleiche (die bekannte Drombusch-Serie als „Die Atriden von Darmstadt" mit „Schicksalssätzen, als habe Aischylos das hessische Abitur nachgeholt"; der Fernsehdepp Al Bundy als „moderner Sisyphus"; in diesem Kontext sind Sisyphus, Herkules, aber auch Kassandra häufig am Werke; und was da alles einer „Odyssee" unterliegt, ist kaum mehr zu übersehen), Zitate, Geburtstage oder Nachrufe auf bekannte Altertumswissenschaftler und historische Aitiologien. Das Boulevard-Blatt *Express* schreibt schon den Römern „ketchup-ähnliche Gewürzsaucen" zu, und sogar die *Bild*-Zeitung beeindruckt durch historischen Rückbezug: „Wer waren die ersten Raucher? Die alten Ägypter (ca.1500 v. Chr.). Sie glaubten an die Heilkraft des Tabaks."

Besonders beliebt ist dieser historische Rückgriff im Zusammenhang mit Sex-Geschichten, für die die Antike Vergleichsmaterial liefert. Dass radikale Feministinnen in den 1970er Jahren gerne das „Skythenbeil" der Amazonen als Kastrationssymbol am Pullover trugen, daran erinnert Klaus Rainer Röhl in der *WamS* 17.12.2000. Und *Bild*-Klatschkolumnistin Katja Kessler versteigt sich sogar zum Lateinischen „Tempora mutant et nos mutantur in illis" (*Bild* 12.10.2000). Da sei Kölns Oberbürgermeister und Lateinlehrer Fritz Schramma vor, bei dem *Bild* schon näher kommt: Tempora mutantur et mutamur in illis (*Bild* 13.12.2000).

Formen des Umgangs mit Antike in der Politik
Diese Begegnungsvielfalt hinterlässt natürlich auch ihre Spuren im politischen Geschäft und in der politischen Kommentierung. Dabei können wir hier nicht vollständig sein, es geht um Exemplarisches und den Versuch, damit eine kleine systematisierende Typologie des Einsatzes solcher Reminiszenzen zu entwickeln, wobei zu unterscheiden wäre: 1. Politisches allgemein, 2. Der Politiker, 3. Der politische Kommentar.

1. Politisches allgemein
In einem ersten allgemeinen Eindruck[5] tritt uns Antikes in *Abkürzungen* entgegen, die antike Figuren assoziieren (z. B. die Bonner Forschungszentren CAESAR und CICERO), bei Regierungsprogrammen („Die Sozialdemokraten verspotten die Förder- und Beratungsinstrumente der Regierung mit den antiken Namen Atlas, Herkules oder Zeus als ‚Götterliste' und fordern ein gezieltes Vorgehen.") oder bei dem Programm „Xenos" des Bundesarbeitsministeriums gegen Fremdenfeindlichkeit, in Programmen der EU, die offenbar die Wurzeln des christlichen Abendlandes imaginieren sollen (ERASMUS, SOKRATES) oder bei negativen Assoziationen wie beim Kälber‚keulungs'programm „Herodes", in der Zukunftsforschung wie dem deutschen „Delphi-Bericht" („Delphi war das größte Orakel [Weissagungsort] der Antike", erklärt *Bild*) und überall dort, wo die geistige Herkunft (im Gegensatz zu den ökonomischen Zielen) der europäischen Einigung beschworen werden soll, wird die Quadriga Griechentum, Römertum, Judentum, Christentum rhetorische Routine; man darf nur nicht genauer nachfragen.

2. Der Politiker
Gewandelter Bildungshorizont
Zum Komplex „Politiker"[6] ist in der Öffentlichkeit notabene wenig zu registrieren, darunter freilich durchaus Lustiges, wenn der Bonner *Generalanzeiger* dem damaligen Staatssekretär Gustav Wabro die Formulierung „per asperagus ad astra" unterstellt, oder wenn Ex-Verteidigungsminister Volker Rühe „das Primat der Politik durchsetzen" will (obwohl er natürlich, wie in einem Interview bewiesen, auch anders kann).

Diese Zurückhaltung mag auf den ersten Blick damit zusammenhängen, dass unter den Politikern der Nachkriegsgeneration letztlich nur Franz Josef Strauß („pacta sunt servanda")[7] eine innigere Beziehung zum Altertum nachgewiesen werden kann, die noch heute sprichwörtlich ist, sonst könnte die *Frankfurter Rundschau* bezogen auf Edmund Stoiber, dem die *Süddeutsche Zeitung* keine „ausgeprägte Neigung zu den alten Sprachen" unterstellt, nicht formulieren: „Vielleicht hätte sich Edmund Stoiber einen der lateinischen Sinnsprüche seines Ziehvaters Franz Josef Strauß zu Herzen nehmen sollen, ehe er auf dem CSU-Parteitag die Forderung nach Regionalisierung der Sozialbeiträge als neueste Bombe aus seinem Arsenal präsentierte. Der lautete: ,respice finem' – ,Bedenke das Ende'." Franz Josef Strauß' Lateinkenntnisse sind heute noch berühmt; die Glosse in der *FAZ* 21.12.2000 erinnert noch daran: „Beati pauperes spiritu".

Allerdings war der Bildungshorizont der Politiker der Vorkriegs- und Kriegsgeneration noch ein anderer als der der jüngeren Politikergeneration: In einer 1964 durchgeführten Umfrage[8] bekannten sich immerhin Politiker wie Konrad Adenauer, Carlo Schmid, Paul Mikat zu dem Wert der humanistischen Bildung (Originalton Adenauer: „Ich jedenfalls stehe zu meinem oft bekundeten Bekenntnis, daß gerade die Ausbildung und Erziehung, wie wir sie auf dem humanistischen Gymnasium genossen haben, auch im Zeitalter der fortgeschrittenen Technik eine absolute Notwendigkeit ist und bleiben wird."). Karl Carstens betonte: „Wichtiger (als das Latein) war mir das Griechische", und von ihm stammt (1978) eine Rede über „Die Bedeutung der humanistischen Bildung in unserer Zeit"[9]; Alfred Dregger sieht noch in Homer seinen Lieblingsdichter, sein Motto stammt aus der Leichenrede des Perikles bei Thukydides; und führende Politiker der Nachkriegszeit sind durch das humanistische Gymnasium gegangen: Richard von Weizsäcker, 1998 „Humanismus"-Preisträger des Deutschen Altphilologenverbandes (Begründung: die „Kluft zwischen Politik und Geist [sei] überwindbar", das habe er bewiesen), Franz Josef Strauß und Eugen Gerstenmaier; von Hans Dietrich Genscher wird immerhin kolportiert, er habe in Latein „geglänzt"; Heiner Geißler betont seine humanistische Schulbildung[10]; von der jüngeren aktiven Generation haben Norbert Blüm („Ich bin schön blöd gewesen, ich hätte den neusprachlichen Zweig wählen sollen.")[11] und Oskar Lafontaine diesen Bildungstyp durchlaufen (er gehörte in Latein „zu den guten Schülern" und habe sich „für griechische Geschichte und griechisches Denken" „begeistert")[12]. Ex-Bundespräsident Roman Herzog („Quod dixi, dixi") hat seine Seneca-Kenntnisse noch als Kultusminister öffentlich unter Beweis gestellt[13], und Wolfgang Schäuble attestierte sich selbst ein „Interesse ... an Latein". Er ist auch jemand, der mit antiker Parallele wirklich argumentiert[14]: „Im zweiten Jahrhundert n. Chr. kam das Bevölkerungswachstum in der besonders entwickelten Westhälfte Roms zum Stillstand, daran vermochte auch die immer großzügigere Gewährung von Bürgerrechten nichts mehr zu ändern. Trotz massiver Zuwanderung sanken die Geburtenzahlen weiter. Die multikulturelle Gesellschaft hat also schon Rom nicht aus der Patsche geholfen. In den Stürmen der Völkerwanderung erlosch Rom schließlich, ähnlich wie vorher Griechenland."

Sogar Altphilologen tummeln sich noch in der Politik[15]: Der bayerische Kultusminister Hans Zehetmair ist ein gelernter Altphilologe; für den langjährigen Botschafter in Italien Konrad Seitz wird dies positiv vermerkt; dass der Hamburger Fraktionsvorsitzende der Grünen ein Altphilologe namens Martin Schmidt war, wird – hier wohl eher als Kuriosum? – ausdrücklich gewürdigt; dass Kölns Oberbürgermeister Fritz Schramma gelernter Lateinlehrer, aber (trotzdem?) kein „Sauertopf" ist, wird in der Presse gerne betont.

Bei einer Gewichtung der Antikenreminiszenz ist überdies einzurechnen, dass die wenigsten Spitzenpolitiker ihre Reden selber schreiben, sondern auf Entwürfe zurückgreifen, daher sehr viel am Bildungshorizont des Redenschreibers hängt, und dazu gilt das eingangs Gesagte. Seltenheitswert hat daher, wenn Heiner Geißler[16] den Philosophen Straton bemüht, um den Zustand der Union zu charakterisieren: „Wenn sich die CDU inhaltlich und personell nicht anstrengt, wird es ihr ergehen wie dem Philosophen Straton. Er war so abgezehrt, daß er starb, ohne es zu merken."

Ansonsten ist nur wenig Antikes zu hören, und wenn, dann ist es in den ersten zwei verbreiteten Formen noch nicht „politisch" im engeren Sinne, sondern kennzeichnet höchstens die Person und ihre Vorlieben (a–e).

a) Die erste Form besteht im Bekenntnis zu einer „*Lieblingsgestalt*"[17] in der Dichtung oder real, nach der Magazine regelmäßig zu fragen pflegen; die Gestalten und Namen, die hier üblicherweise auftauchen, sind sicher nicht Ausdruck besonderer Antikenkenntnis, sondern Ausdruck eines noch mit Allgemeinbildung zu umschreibenden Fundus; dabei stürzen sich Politikerinnen eher auf Lysistrata (so die frühere bayerische SPD-Vorsitzende Renate Schmidt oder die Verfassungsrichterin Jutta Limbach, die diese freilich um „Antigone und Iphigenie" erweitert, aber auch Ex-Gewerkschaftschef Herbert Mai) – das verheißt Emanzipation (nur der Ex-Bundesgesundheitsminister Horst Seehofer hält es mit Antigone, die auch Polens Außenminister Wladyslaw Bartoszewski schätzt); daneben tauchen Kassandra (Ex-Bundesministerin Claudia Nolte) und Iphigenie (Barbara Genscher), Klytaimnestra (Krista Sager) und Pallas Athene (Monika Hohlmeier) auf. Bei den Politikern ist Sokrates beliebt (Sachsen-Anhalts Ex-Ministerpräsident Reinhard Höppner, sein ehemaliger Kollege Berndt Seite und Erhard Eppler) – das verheißt Nachdenklichkeit. Und Ex-Bundeswehr-Generalinspekteur Hartmut Bagger verbindet sogar das Weibliche mit dem Männlichen, Antigone mit Sokrates.

Daneben existieren eher vereinzelte Neigungen, die Tatkraft, Durchhaltevermögen, aber auch List verraten: Roman Herzog mag Julius Cäsar; der ehemalige DFG-Präsident Wolfgang Frühwald schätzt an militärischen Leistungen „am meisten" „Xenophons Anabasis und ähnliche Rückzüge"; Horst Seehofer bewundert „Hannibals Zug über die Alpen"; der Politikwissenschaftler Hans Peter Schwarz nennt den „göttlichen Dulder Odysseus", den auch Thyssen-AG Chef Dieter Vogel mag und dessen „Pferd" Focus-Chef Helmut Markwort besonders reizt. Ex-Generalinspekteur Peter von Kirchbach bewundert „Hannibal, Schlacht von Cannae"; der Hessische Ministerpräsident Roland Koch nennt „Hannibal, Kolumbus und

Kohl" als seine Vorbilder und bevorzugt ansonsten noch Perikles; auf Cicero beruft sich der ehemalige SPD-Fraktionsvorsitzende Peter Struck.

b) Die zweite Form drückt sich in dem gewählten *Lebensmotto*[18] aus, aber auch da findet sich nicht viel, kaum etwas jedenfalls, das über den „normalen" Zitatenschatz hinausginge; freilich treten verschiedene Auffassungen vom Politikerleben zutage: Nicht verbiegen lassen („Non degenerabo") will sich Ex-Bundesfinanzminister Theo Waigel; in diese Richtung geht auch die ehemalige Justizministerin Leutheusser-Schnarrenberger mit Seneca: „Den Schlechten mißfallen, heißt gelobt zu werden." Hingegen kennzeichnet ihr „leiser", aber klarer Politikstil „fortiter in re, suaviter in modo" so unterschiedliche Persönlichkeiten wie Bayerns Kultusminister Hans Zehetmair, Herbert Hupka, Ex-Verkehrsminister Matthias Wissmann, den Politologen Joseph Rovan und den HRK-Präsidenten Klaus Landfried; Norbert Blüm bekennt sich zu Anstrengung und christlichem Menschenbild („ora et labora"), während die FDP-Spitze eher zum Hedonismus neigt: Mit „carpe diem" halten es sowohl ihr Vorsitzender Wolfgang Gerhardt als auch sein Nachfolger Guido Westerwelle.

c) Die dritte Form ist die zum Zitat geronnene *historische Anspielung*[19], die durch ein Schlagwort den Stand einer politischen Debatte kennzeichnet. Dabei steht der „gordische Knoten", den irgendjemand durchhauen will, deutlich an erster Stelle: CSU-Landeschef Michael Glos hält diese Tat für die am meisten zu bewundernde militärische Leistung; Björn Engholm war im Zusammenhang mit den Solidarpaktverhandlungen sogar einmal bereit, „ihn zusammen mit dem Kanzler durchzuschlagen"; und Ex-Bundesbildungsminister Jürgen Rüttgers verrät spielerischen Witz: „Der Solidarpakt ist weder das gordische Ei noch der Knoten des Kolumbus." Daneben taucht dann noch jenes „Philippi" auf, das irgendjemand erleiden wird, z. B. die SPD durch Finanzminister Theo Waigel 1993. Beide – Gordion wie Philippi – signalisieren Durchsetzungsvermögen und natürlich den Sieg der eigenen Sache.

d) Daneben steht – als vierte Form – der ebenfalls knappe *historische Vergleich*. Der Vergleich hat es so an sich, dass er daneben gerät: Sparta war sicher keine multikulturelle Gesellschaft, wie Heiner Geißler einmal wollte, und das klassische Athen nicht das El Dorado „praktisch angewandter Philosophie", wie Roman Herzog sich wünschte[20]. Aber wenn Norbert Blüm Bundeskanzler Helmut Kohl als „Staatsmann ohne Toga" bezeichnete, dann signalisiert das schon eine zutreffende historische Statur.

e) Die fünfte Form[21] ist die des Bezugs auf eine *antike Einsicht oder ein antikes Vorbild*, die als Argumentationsstütze dienen, vielleicht auch nur, um das Argument seriös fundiert erscheinen zu lassen: Norbert Blüm z. B. beruft sich einmal auf Aristoteles: „Das Ganze ist mehr als die Summe seiner Teile – eine alte aristotelische Weisheit", meint er zur „Gemeinwohlbezogenheit". Ebenfalls mit Aristoteles eröffnet Peter Gauweiler eine Betrachtung über die Verwahrlosung unserer Städte: „Der Mensch ist ein städtisches Wesen, heißt es bei Aristoteles", und er fährt anschließend fort: „Die uralte Stadt, Korinth oder Athen, war ja nicht gedacht als wahllose Häuseransammlung, sondern verstand sich als sichtbar gewordene öffentliche Aufgabe ..." und fordert mit Verweis auf Cicero und die römischen Verhältnisse in der *WamS* 21.01.2001 statt des gängigen Jugendkultes die Rückkehr des Alters in die Politik.

f) Die sechste Form ist schließlich die des *lateinischen Zitats*: „Naumann ante portas" befürchtet Uwe Lehmann-Brauns, Kulturpolitischer Sprecher der Berliner CDU-Fraktion (*Die Welt* 7.2.2000). Allerdings lauern hier die üblichen Tücken, so beim „ad persona" von Grünen-Geschäftsführer Reinhard Bütikofer (*Die Welt* 17.3.2000).

3. Der politische Kommentar
Die 13 Formen des Umgangs mit Antike in der politischen Berichterstattung

Diesen insgesamt wenigen Selbstzeugnissen in der veröffentlichten Meinung notabene steht eine sehr viel umfangreichere Journaille gegenüber, die mit antiken Motiven und Anspielungen arbeitet. Dabei gibt es natürlich Solitäre, die Entlegenes heranziehen, z. B. wenn *Der Spiegel* mit „Kant, Lenz und Äsop" eine Geschichte über Björn Engholms Affäre titelt[22]. Nicht minder untypisch ist die Anspielung auf die Batrachomyomachia, wie sie die *WamS* bietet: „der Frosch-Mäuse-Krieg, den die Juso-Vorsitzende gegen Gerhard Schröder betreibt ..."; oder die *SZ*: „Froschmäusekrieg in der Baracke"; oder O. E. Czempiel in einer Betrachtung über die künftigen militärischen Herausforderungen mit einem Verweis auf den Autor Flavius Vegetius: „si vis pacem, para bellum".

Für den Hausgebrauch lassen sich auch hier verschiedene Ebenen unterscheiden, allerdings erheblich mehr als in der Politik, nämlich insgesamt dreizehn (a–m):

a) Den ersten unmittelbar optischen Zugang verschafft die *Karikatur*, und hier führte neben „Europa mit oder auf dem Stier" (einmal auch Bayerns Ministerpräsident Stoiber auf dem „Stier Kohl") eindeutig Alt-Bundeskanzler Helmut Kohl: Er figuriert als „Pax" mit Füllhorn, als trojanisches Wahlkampfpferd, als „Achilles" mit Achillesferse FDP, als „Kobelix" oder als „Sphinx"[23].

b) Im *sprachlichen Bereich* existiert zunächst auch hier wieder eine Fülle von Reminiszenzen[24], die so allgemeines Gut sind, dass sie zum deutschen metaphorischen Sprachschatz gehören: „Sirenengesänge" (über den Gewaltverzicht der RAF), „Katharsis" (zum Nachleben von Prinzessin Diana); dazu gehört aber auch die Anspielung auf literarische Werke, ohne dass man die Urheber zu kennen braucht: Hier figuriert die „Philippika".

Damit ist schon angedeutet, dass sich die Antikenreminiszenz weithin auf bestimmte, beliebig variable Begriffe beschränkt, die Signalwirkung haben und festgelegte Assoziationen auslösen. Dazu gehören die folgenden Punkte (c–g):

c) Der knappe, auf eine *Chiffre konzentrierte historische Vergleich*[25]: Bei dieser Form des Vergleiches spielen Patterns eine Rolle wie die „Phalanx" (a)[25], die Geschlossenheit oder Widerstand signalisiert (z. B. gegen den damaligen Präsidentschaftskandidaten Steffen Heitmann), die „Diadochen" (b)[25], sobald es um die Pöstchenfrage geht (etwa bei der Nachfolge Ludwig Erhards oder in der CSU nach Streibl), oder ein „Satrap" (c)[25], wenn Buckeln assoziiert werden soll (dagegen wehrt sich z. B. Günther Jauch im Zusammenhang mit einem Kohl-Interview);

d) *der Bezug auf einige wenige, zum Sprichwort gewordene, daher universell anwendbare konkrete Personen*[26]: Spitzenreiter ist eindeutig Pyrrhos und sein „Pyrrhus-Sieg" (sic! [a])[26]; etwas aus der Reihe („Ein Pyrrhussieg für die Kohle") fällt dabei die Formulierung: „Pyrrhischer Rekord" über den japanischen Handelsüberschuss (*Die Welt* 6.2.1993). Die *FAZ* 16.3.1995 lässt angesichts des Koalitionsstreits über die Kohle-Subventionen Kanzler Kohl „an den Molosser-König Pyrrhus" erinnern: „Weitere Veranstaltungen dieser Art können wir uns nicht erlauben". Es folgen: Dionys und sein „Damoklesschwert" (b)[26], das überall hängen kann, sowohl als Gewerbekapitalsteuer über den Unternehmen als auch über den Goethe-Instituten, Drakon und seine „drakonischen Maßnahmen" (c)[26], Cato, der für sententiöse Kürze steht (d)[26], z. B. für eine Rede Bill Clintons in Berlin, Demosthenes und Cicero als Beispiel für rhetorisches Feuerwerk (e)[26], deren „ciceronianische Kraft" etwa der Berliner Rede des Bundespräsidenten abgehe, Catilina für die immer noch berühmten „catilinarischen Existenzen" (f)[26], – etwas aus dem Rahmen fallen hier nur die „catilinarischen Fragen" (quousque tandem ... ?), die die *FAZ* mit dem „Soldaten sind Mörder"-Motto assoziieren will –, Cäsar und Brutus, um Verrat zu kennzeichnen ([g] „Ich würde Lafontaine nicht einen Brutus nennen, denn Brutus hat Cäsar umgebracht, und zwischen Scharping und Cäsar ist doch ein gewisser Unterschied.")[26], oder jene römischen Kaiser, bei denen bereits der Name genügt, um eine positive wie bei Augustus ([h] besonders hübsch: „So entsteht eine Laudatio [Wolfgang Schäubles] auf den neben ihm am Präsidiumstisch sitzenden Parteivorsitzenden, den er zum Augustus des neuen Europa stilisiert...")[26] oder eine negative Assoziation zu kreieren, wie bei Caligula (i)[26], Nero mit Leier und Brandstiftung (j)[26], mit dem Heinrich Lummer die SED-Politik parallelisiert, und dem „Cäsarenwahn" (die *FAZ* über den Weißrussischen Präsidenten Lukaschenko). In diesen Kontext kann man noch literarische Figuren einordnen, die ebenfalls diese Signalwirkung haben wie Lysistrata (k)[26]; besonders bemerkenswert ist hier folgender Kommentar (*Die Zeit* 13.11. 1992): „Die Athenerin Lysistrate beendete den Peloponnesischen Krieg, indem sie die Frauen der Stadt zum Liebesstreik aufrief, bis die Männer Frieden schlossen. Hat ein vergleichbarer Sex-Streik geholfen, die Präsidentschaftswahlen in den Vereinigten Staaten zu entscheiden? Auf der Wahlparty des Verlierers George Bush jedenfalls raunte man sich zu: Jane Fonda, die Frau des CNN-Chefs Ted Turner, habe sich ihrem Mann so lange verweigert, bis sein News-Kanal mit fliegenden Fahnen zu Clinton überlief. Eine amerikanische Lysistrate sozusagen.";

e) *antike Orte*[27], die ebenfalls sprichwörtlich geworden sind: Der Rubikon (a)[27], den irgendjemand überschreitet, in Jugoslawien etwa; Troja, der „Kampf" um dieses ([b]: „Bei Homer durften die Griechen den trojanischen Krieg gewinnen. Aber sie wurden überhaupt nicht glücklich mit ihren Siegern. Vielleicht war es das, was sich die Deutschen von der Geschichte gemerkt hatten" [in einer Betrachtung über Helmut Schmidt])[27] und die damit unmittelbar verbundenen Assoziationen zu Pferd ([c]: „Ein trojanisches Pferd schreckte die NRW-SPD auf.")[27], zu „Danaergeschenk" ([d]: Theo Waigel als „Danaergeschenk für die Regierungskoalition")[27] und zu dem Dichter Homer (e)[27], mit dem sich wiederum Ringen und Gelächter verbinden, Sparta, das kollektive Härte evoziert ([f]: „Die Sparta GmbH" über Japan)[27], Philippi, da gibt's ein Wiedersehn ([g]: „Im Herbst sehen wir uns bei Philippi wieder. Oder in Oggersheim.", meinte Rudolf Augstein über die Wahlen 1994)[27], schließlich Gordion, wo man einen Knoten welcher Art auch immer zerschlägt (h)[27], und Babel und sein Turm (i)[27];

f) bestimmte *historische Eigenheiten der Antike*[28], z. B. die „Gladiatorenkämpfe" als rohes Kraftspektakel („ob die Wirtschaft tatsächlich der rechte Ort für Gladiatorenkämpfe ist ..."), „Latifundien" („Sozialistische Latifundien" nach der Zerstörung des Mittelstandes in der ehemaligen DDR) oder – schon anspruchsvoller – der „punische Friede", der Deutschland erspart geblieben ist;

g) der *Vergleich mit Figuren der Mythologie oder griechischen Vorzeit*[29], die Mühe, Arbeit, Sorge, Kampf suggerieren: An erster Stelle steht Sisyphos (a)[29], für den verschiedene Namensvarianten in Umlauf sind und der etwa für den koreanischen Präsidenten Kim Dae-Jung bemüht wurde („Vom Sieger zum Sisyphus"), oder es ist „Sisyphusarbeit", wenn britische Museen nach Beutekunst fahnden; den Vogel schießt dabei der Union-Kurier 1/93 ab, der zu den Aktivitäten der Treuhand nicht nur Camus bemüht, sondern noch steigert: „Erst Sisyphos-, jetzt Kärrnerarbeit" – als ob man sinnlose Tätigkeit noch durch Kärrnerarbeit verbessern könnte.

Es folgt Herkules (Herakles) in Form der „Herkules-Arbeit" (b)[29] bis hin zu „Atom-Entsorger gesucht. Wo bleibt der neue Herakles?"; daneben signalisiert Atlas Anstrengung (c)[29] z. B. bei Bill Clinton, Helmut Kohl („Ein Kanzler, der vielleicht als politischer Sumo-Ringer durchgeht, aber bestimmt kein Atlas ist.") oder Joschka Fischer („Auf seinen Schultern ruhten wenn nicht die Säulen, die Himmel und Erde auseinanderhalten, so doch diejenigen, die Regierungsbänke von denen der Opposition trennen."). Unheilvolles oder doch nur fruchtloses Jammern signalisiert Kassandra in Form des „Kassandra-Rufes", eindeutig die beliebteste Frau ([d]: „Kusch, Kassandra, laß uns arbeiten!")[29], für Irrwege oder hin und her geschobene Probleme oder Ungewissheit in der Politik steht die Figur des Odysseus in Gestalt der „Odyssee" (e)[29], für Schwachstellen Achilles und seine „Ferse" (f)[29]. Alle anderen Vergleiche sind eher solitär: Skylla und Charybdis (g)[29], Hydra (h)[29]; Pandora und ihre „Büchse" (i)[29], die Sphinx (j)[29], Zeus (k)[29], Hermes (l)[29] und Janus und sein „Januskopf" (m)[29]. Etwas aus dem üblichen Rahmen fallen Kommentator Günther Nenning bei der Frage „Wieviel Mensch ist ein Politiker?", der auf den „altgriechischen Kentaur", „vorne Mensch und hinten Pferd", verweist, und „Der Londoner Laokoon" John Major (*FAZ* 17.5.1993).

Sogar der Zypern-Konflikt wird mythologisch gedeutet: „Vertreibt Ares Aphrodite?" Schließlich mag man hier noch die Übertragung von Comic-Figuren („der bayerische Majestix" Edmund Stoiber) und den religiösen Vergleich zuordnen: Die Warnung Bundeskanzler Helmut Kohls vor „Augurengerede" im Zusammenhang mit dem Umzug nach Berlin; „Auf Pythias Spuren" sieht die SZ 1994 die wirtschaftswissenschaftlichen Experten, die „Sprüche von Delphi" vergleicht *Die Zeit* mit dem Spruch des BVerfG zum AWACS-Einsatz; schließlich noch: „Der greise Manichäer" Erich Mielke zum 90. Geburtstag.

h) Etwas ausführlicher als das Signalwort ist das *Zitat*[30], wobei zunächst die Möglichkeit besteht, auf Deutsch zu zitieren, was weniger vornehm ist, aber auch keine besonderen Kenntnisse der Sprache voraussetzt; fast alle Zitate, die in diesem Zusammenhang auftauchen, gehören zu den weithin geläufigen und daher ebenfalls universal anwendbaren wie „Geld stinkt nicht", das sowohl Cicero als auch Caligula zugeschrieben wird, „Eulen nach Athen tragen", „Wehret den Anfängen", „Das Ende bedenken", usf. Dass „der Berg eine Maus geboren hat", ist schon ebenso selten wie eine Anspielung auf das „si tacuisses": „Durch Schweigen kann man Philosoph bleiben, aber nicht Kanzleranwärter werden."

i) Ergänzt wird das universelle durch das *einmalige Zitat*[31], das jeweils auf eine bestimmte Aussage-Situation bezogen ist. Claus Jacobi zitiert Menander in *Bild* bei einer Betrachtung der „Reformen" des Deutschen Bildungswesens nach 1968: „Nicht ohne Plage wird der Mensch erzogen." Weitere Zitate sind: „'Dünkel ist der Rückschritt des Fortschritts', wußte schon Heraklit."; „Wen die Götter vernichten wollen, den blenden sie, wußten die alten Griechen. So erging es 1989 den DDR-Oberen."; 'Die Ehre ist der Tugend Lohn' erkannte Cicero."; „Der römische Philosoph Seneca schrieb: 'Jede Rohheit hat ihren Ursprung in einer Schwäche'. Von diesem Staat – die Radikalen von rechts wie links frohlocken – geht offenbar viel Schwäche aus."; „'Nicht mitzuhassen, mitzulieben bin ich da,' Niedersachsens Ministerpräsident Gerhard Schröder? Sophokles um 450 v. Chr. ...". In Abwandlung des berühmten „Wanderer, kommst du nach Sparta ..." schreibt die *SZ* 8./9. 10.1994: „Wanderer, nähere Dich Suhl nicht vom Westen". Schließlich heißt es über das Wahlprogramm der Grünen: „In weiten Teilen wurde der Programm-Erstling einer semantischen Weichspülung unterzogen, die einem den griechischen Philosophen Plutarch in den Sinn ruft. Dieser wußte: 'Die meisten Sophisten brauchen die Worte als dichten Schleier für die Gedanken.'"

j) Einen besonderen bildungsbürgerlichen Touch verleiht immer noch der *Gebrauch des Lateins* (Griechisch ist de facto verschwunden[32]; aufgefallen ist mir nur „paradeisos" für die ehemalige DDR; „Thallata-thalatta" im Zusammenhang mit Björn Engholm; die positive Vorbedeutung der Vorsilbe „eu" für die EU; Heiner Geißler will lieber ein „Zetetiker" sein denn ein „Skeptiker". Und ein W. Sauer behauptet in *Die Welt* 17.10.2000, 'Holokautoma' leite sich von griech. ‚karein' ab). Für diesen immer noch vorhandenen respektheischenden Anstrich steht nicht nur der bewundernde Hinweis (*GA* 26.6. 1987), Roman Herzog habe seine Ehrendoktor-Urkunde in Oxford „in lateinischer Sprache" erhalten, sondern auch folgende Geschichte (Bundesratssitzung 655 vom 16.4.1993): „Dem großen Auftritt vor dem Bundesrat angemessen, würzte Baden-Württembergs Finanzminister Gerhard Mayer-Vorfelder seine Rede zum Solidarpakt mit lateinischen Spruchweisheiten. Bundesratspräsident Oskar Lafontaine oblag die Würdigung: 'Wir danken Minister Mayer-Vorfelder für den deutschsprachigen Teil seiner Rede.'"

Man sollte die lateinische Sprache freilich grammatikalisch beherrschen: „Bonn hieß einmal castrum bonnensis."[33].

Latein kommt zunächst ganz global vor[34], wird daher dann assoziiert, wenn jemand „mit seinem Latein am Ende" ist, so Norbert Blüm bei der Pflegeversicherung, die Politiker und Gewerkschaften angesichts der Stahlkrise, oder es ist Helmut Kohl, der „mit seinem Latein am Ende zu sein scheint", dann wieder die Bundesregierung („Die Regierung Kohl ist mit ihrem Latein am Ende", Oskar Lafontaine) oder ad personam Theo Waigel (so Rudolf Scharping). Oder noch übergreifender: „Die nationalen Regierungen sind mit ihrem Latein am Ende." Eine besondere Variante ist das „Jägerlatein": „Jäger sind out. Politiker sind in, wenn es heute um abgehobene Tatsachenschilderungen geht, für die sich die Bezeichnung Jägerlatein eingebürgert hat. Politiker sind heute die wahren Jäger, wenn es ums Latein geht."

Im engeren Sinne zu unterscheiden sind *lateinische Floskeln*[35] („Ein Aliud, würde Klaus Kinkel sagen."), die zur deutschen Umgangssprache gehören, daher auch die häufige Großschreibung. Das gilt für die „captatio benevolentiae", die Rudolf Augstein seinen Lesern abringen will, das „procedere", „alter ego", „nolens volens", „Mores lehren", „hic et nunc", „rebus sic stantibus", „spiritus rector", „pax americana" bzw. „sovietica", „pax sovietica" und „pax russica", die „terra incognita", die „ultima ratio", „pro forma", „de facto" (mit „Franz Josef Strauß hatte de facto einen eigenen Staat sui generis" verbindet Rudolf Augstein gleich zwei lateinische Floskeln), „Laudatio", „Primus inter pares", „Finis Germaniae" oder „Finis libertatis", die „invocatio dei" in der Präambel des GG, „Pater familias Johannes Rau", „cui bono?"; „Die Krux (sic!) der Quote", „Vale Wehrkunde", „post mortem", „ante portas" („Clinton ante portas" oder „Arafat ante portas"); „Circus Maximus' der Deutschen Politik" (über das Regierungszentrum Berlin) oder auch für dem Kirchenlatein entstammende Ausrufe wie „Sancta Simplicitas".

Auch Floskel-Zitate werden verwendet wie „do ut des"; „quod erat demonstrandum" (in der Form „quot erat demonstrandum", *WamS* 1.8.1993); „nomen est omen"; „cuius regio, eius religio" (besonders hübsch folgende Szene um Gerhard Schröder: „ZDF-Moderator Kienzle: ‚Cuius regio, eius Auto.' Co-Moderator Hauser: ‚Doris Köpf, Schröders nicht mehr ganz neue, kann offenbar auch Latein – sie sattelt um auf VW.' Hauser: ‚Cui bono – wem nützt das?'"); „in dubio pro reo"; „Das Mare nostrum wird zum Problem der anderen" (über die Probleme der südlichen Mittelmeerstaaten); „quo vadis?" (die britische Königsfamilie oder Bill Clinton oder Deutschland bei seinen Bundeswehreinsätzen; aber auch: „Quo vadis CDU? Das wollen nicht nur die Wähler wissen."); „citius, altius, fortius" (bezogen z. B. auf die internationalen Konzerne); „hic Rhodos" (sic!); „quod lizet (sic!) Iovi, non lizet bovi" (über Rita Süssmuth); „mundus vult decipi" (über die Jansen-Affäre); „non olet" („Als Kaiser Vespasian aus Finanznot in Rom die Pisse [oder besser: den Urin] besteuern ließ, machte er keinen Unterschied zwischen hoch und niedrig und groß und klein, er sagte nur: Non olet! Geld stinkt nicht."); „panem et circenses" und – last but not least – „ceterum censeo" und „Non multa, sed multum" gehören in diesen Kontext. Und was „pacta sunt servanda" bedeutet, das weiß jeder spätestens seit Franz Josef Strauß.

Etwas anspruchsvoller, weil spielerisch, sind da schon[36]: „Tu felix Australia", die „lex mercatoria", der „rex redivivus" Oskar Lafontaine, auch wenn „Vietnam redivivus" etwas komisch klingt. Daneben fallen auf: „videant consules", „otium cum dignitate", „alea jacta (sic!) est".

Aber schon bei diesen einfachen Floskeln kommen Fehler vor[37]: Ein Dr. W. entdeckt bei Thomas Hobbes „protestas indirecta" und „protestas directa"; ums „Arkanum" weiß *Die Zeit*; „Vergessenes Primat der Politik" überschreibt die *FAZ* einen Leserbrief zur Diskussion um die Bundeswehr; dass es bei der Einwanderungsdebatte nicht um das „ius solis", also ein Recht auf Sonne, sondern um das „ius soli" geht, bemerkt Johannes Gross völlig richtig; das „vademecum fiscalis" sollte nicht vorkommen, ebenso wenig „in dubio contra reo", was immerhin zu Protesten führte, „Papa locuta, causa finita" (J. Willms, *SZ* 2.6.2000), der „Atlatus" Hans Terlinden (*FR* 5.2.2000) oder bezogen auf Jürgen Möllemann, dessen Werbung im NRW-Wahlkampf die *SZ* (22.1.2000) mit der „provocatio" vergleicht: „Im alten Rom bedeutete die provocatio übrigens das Recht des Bürgers, gegen Maßnahmen der Magistrate die Volksversammlung anzurufen – provocare ad populos.". Auch Königin Elisabeths Charakterisierung von 1992 als „annus horribilis" führt zu grammatischer Unsicherheit: „anno horribilis" oder auch „annus horribile" oder ins Positive gewendet „das annus mirabilis", bezogen auf 1968, wobei, was so horribile sei an dem annus horribilis, assoziiert wird mit Maastricht, der Trennung zwischen Prinz Charles und Diana oder auch überhaupt mit den Großereignissen von 1992 oder anlässlich der Wahlniederlagen 1999 mit der SPD. Am besten, man erläutert der Leserschaft: „Und nichts läuft ohne ‚Kredit', von lateinisch credere, vertrauen, also nichts ohne Glaubwürdigkeit ..." (*FAZ* 23.2.2000).

Bemerkenswerter ist dagegen schon das etwas *ausführlichere lateinische Zitat*, das eine gewisse Literaturkenntnis erkennen lässt wie etwa „suaviter in modo, fortiter in re" (*Die Welt* 28.10.2000 bezogen auf CDU-Generalsekretär Laurenz Meyer)[38]. Besonderes Highlight: Die Horaz-Anspielung auf Oskar Lafontaine als „porculus ex grege Epicuri" (*SZ* 25.5.1993) und die Livius-Anspielung von Peter Scholl-Latour, der es wirklich noch kann, bezogen auf die Irak-Politik der USA: „Vincere scis, Hannibal, sed victoria uti nescis" (*WamS* 28.1.2001).

k) Noch anspruchsvoller ist zweifellos die *historische Aitiologie*[39], die sich zum einen *an Personen* orientieren kann („Dauer, das wußte schon Heraklit, ist nur im Wechsel."). Hier führt eindeutig Aristoteles, z. B.: „‚Trau keinem unter 25', hatte Aristoteles gelehrt." Michael Stürmer führt eine üblicherweise Ernst Wolfgang Böckenförde zugeschriebene Einsicht auf Aristoteles zurück: „Noch immer gilt die Warnung des Aristoteles, daß der Bürgerstaat auf Institutionen und Tugenden älterer Art beruht, die er selbst zu schaffen nicht vermag." Genaueres verrät dazu Patrick Bahners (über „Liebling Kreuzberg"): „Ein schönes Bild dafür, daß die Zivilisation auf Grundlagen beruht, die sie nicht garantieren kann, wie schon Aristoteles bei einem Symposion zu Ehren von Philipp von Makedonien anführte." „Bislang konnte die These des altgriechischen Philosophen Aristoteles nicht widerlegt werden, daß es keinen moralischen Fortschritt gebe", schreibt die *FR* (2.1.1998) in einer Betrachtung über „Die (unsere) kranke Gesellschaft". Daneben tauchen die Odysseus-Polyphem-Geschichte (beim Namensrecht z. B.) oder Marc Aurel (für Tagebücher welcher Art auch immer) als „πρωτοι ευρεται" („Erfinder") auf. Und schließlich schlägt die *FAZ* 10.1.1998, bezogen auf die Mord-Bilanz des Kommunismus, folgenden Bogen: „Augustinus hat recht behalten ... Es ist, als hätten die Menschen schon immer gewußt, was Augustinus ... vor 1600 Jahren nach der Einnahme Roms durch die Vandalen schrieb: ‚Was anderes sind also Staaten, wenn ihnen Gerechtigkeit fehlt, als große Räuberbanden?'... Es sind auch Mörderbanden."

Sie kann sich zum Zweiten *an Begriffen* orientieren[40]. Johannes Gross setzt sich mit Muße und Nicht-Muße auseinander: „Die Alten verstanden Arbeit als Nicht-Muße, neg-otium. Die Neueren definieren ihre Muße als Freizeit von der Arbeit. Vom Altertum bis zum industriellen Zeitalter war ein Herr derjenige, der nicht zu arbeiten brauchte." Oder: „Der Antike", weiß *Die Woche*, „galt Ökumene als das Wort für die Welt. Der Begriff, heute ein Synonym für die Einheit der Konfessionen, zielte damals auf das Vielvölkergemisch des Mittelmeerraums ...".

Schließlich kann sich die Aitiologie *an Vorgängen* orientieren[41], wie ein besonders prägnantes Beispiel über Beutekunst zeigt: „Die Geschichte unsres Kontinents begann mit einem Raub. Göttervater Zeus entführte, verwandelt als Stier, die Jungfrau Europa aus Phönizien nach Kreta. Der Mythos ist Symbol für eine böse Tradition: Was schön ist, reizt zum Klauen." Zum Lottofieber heißt es: „Brechen am Ende alte germanische Leidenschaften durch wie sie schon Tacitus beschrieb? Nach seiner Schilderung setzten die alten Germanen beim Würfeln alles auf Spiel." Der Tierschützer Pilgrim bemüht hingegen in einer eigenwilligen Deutung die Brennus-Episode, um die Gans zu preisen: „Das fliegende Tier ist in der Mythe ganz früh den Menschen nah. Es gibt zum Beispiel die Gänse, die das Rom-Kapitol gerettet haben vor einem Angriff der Germanen. Da kam also Herr Brunus, der hatte schon ganz Italien kassiert und das Kapitol noch nicht. Und da sagten die, was machen wir? Die Gans war das heilige Tier der Hera, oder in Griechenland der Persephone. Und warum? Weil die Gans so klug ist."

l) Sehr viel seltener ist der *durchgezogene historische Vergleich*[42], bei dem keine Systematik erkennbar ist; er ist durchgängig assoziativ-locker. Und man kann natürlich alles Mögliche vergleichen, etwa „Asylrecht und Asylpraxis in der Antike" („Der brennende Hain") oder das antike Steuerwesen mit dem modernen. Ein besonders herausragendes Beispiel ist der *SZ*-Kommentar vom 18./19.10.1997 über die Nachfolge von Helmut Kohl: „Caesars Nachfolger. Vor langer Zeit herrschte Marc Aurel als Kaiser im Römischen Reich. Er war ein blitzgescheiter Caesar, der das Imperium zusammenhielt, die unruhigen Germanen das Fürchten lehrte und auch noch philosophische Traktate schrieb. Allerdings machte er einen gewaltigen Fehler: Knapp vier Jahre vor dem Ende seiner Herrschaft ernannte er seinen nichtsnutzigen, gleichwohl leiblichen Sohn Commodus zum Mitregenten und designierten Nachfolger. Durch diesen Schritt hoffte der Vater, das Regnum zu stabilisieren. Pustekuchen: der früh gesalbte Commodus gilt als jener Kaiser, der den quälenden Untergang des Reiches einläutete. So ist das mit designierten Nachfolgern. Benennt man sie nicht, heißt es, man sorge nicht für die Zukunft. Erwählt man aber einen, gar Jahre vor dem Ende der eigenen Amtszeit, gilt man als Caesar auf Abruf. Im schlimmsten Falle ist es dann auch wirklich ein Commodus, der nicht auf die erprobten Centurionen, sondern auf Gladiatoren und fremde Götter setzt. Helmut Kohl, unter dem die Germanen zunehmend unruhiger geworden sind, kann ein Lied davon singen. Im Hochgefühl des Imperators hat er, eher beiläufig, seinen blitzgescheiten Ziehsohn Schäuble zum Nachfolger ausgerufen ...".

Dieser Vergleich ist freilich noch halbwegs seriös (obwohl Marc Aurel auch nicht wissen konnte, wie lange er zu leben hatte). Das kann man von Folgendem nicht sagen: „Brot und Spiele" titelt die *SZ* 24./25.5.1997 bezogen auf den Fußball und den Geisteszustand des Ruhrgebietes und schreibt „Allerdings gilt, und da kann Seehofer sich wenden wie er mag: diese Droge muß verteilt werden. Wären die antiken Gladiatorenspiele lediglich im Bezahlfernsehen zu betrachten gewesen, hätte sich Roms Kaiserreich keine drei Monate gehalten."

Als besonderes Vergleichselement – neben Byzanz („Byzantinismus"), vor allem wenn man interne Parteistrukturen charakterisieren will[43] – figuriert Rom[44] als Folie für Macht (über Amerika: „Wie bei den Römern, sie kannten keine Diplomatie. Man braucht keine Diplomatie, wenn man so mächtig ist.") oder für den Verfall von Sitte und Moral wie auch als Menetekel des Multikulturalismus. Dass die EU so „dekadent wie das alte Rom" sei, unterstellt etwa FPÖ-Chef Jörg Haider laut *SZ* 28.4.2000: „In der Provinz läßt man arbeiten, um dann die entrichteten Gelder zu verprassen". Hierher gehört auch der freilich schiefe Vergleich mit der Green-Card-Initiative Kanzler Schröders, den Brandenburgs Innenminister Jörg Schönbohm zieht: „Die CDU kann dieser Maßnahme nur zustimmen, wenn sie zeitlich befristet ist, wenn zugleich das Asylrecht eingeengt wird und wenn unsere Bildungslandschaft verändert wird. Denn sonst werden wir ein Legionärsstaat – ähnlich wie beim alten Rom, und Rom ist bekanntlich untergegangen." (*Die Welt* 8.3.2000).

Besonders intensiv wird letzterer Vergleich in Jean-Christoph Rufins „Das Reich und die neuen Barbaren" (1993) durchgezogen, das die Aufmerksamkeit des politischen Feuilletons fand: „Zu entscheiden haben wir, ob es moralisch erträglich ist, wenn wir jenseits dieses Limes Gerechtigkeit und Demokratie abschreiben, um diesseits Wohlstand, Ruhe und Sicherheit zu erkaufen. Unentscheidbar bleibt, ob der Limes überhaupt halten kann. Den Römern gelang es mühevoll über 600 Jahre ..." (*Die Zeit*). In die gleiche Kerbe haut *Der Spiegel*: „Rufins These ist einfach: Nach dem Ende des Kommunismus sucht der Westen seine neue Position in der Welt wie einst die Römer nach der Zerstörung Karthagos ...". Der Untergang Roms wird dem des Ostblocks verglichen. „Exemplarisch ist der Fall Rom." Neben diesen klassischen Hochformen des Vergleichs steht dann der kleinräumliche. Moralische Erosion von heute assoziiert *Die Welt* 23.6.1994 mit dem so genannten „Zwergewerfen": „Aber unsere Vorfahren waren beileibe nicht besser. Schon die alten Römer veranstalteten mit Zwergen allerhand grausame Spiele."

m) Schließlich ganz außergewöhnlich ist die *historische Legitimation*[45], die moderne Einstellungen oder aktuelles Handeln durch Rückgriff auf antike Einsichten zu begründen bzw. zu lösen versucht. Ein Leser-Brief fordert z. B. in der *FAZ* 23.12.1993 die Deutschen auf, die Mazedonien-Frage auch unter griechischen Geschichtspunkten zu sehen: „Hätten die Griechen 490 vor Christus den Persern unter Darius und 481 unter Xerxes nicht standgehalten und diese ein Jahr später endgültig vertrieben, würde es das heutige Europa nicht geben." Herbert Kremp leitet Einsichten für die NATO aus dem Attischen Seebund ab (*Die Welt* 4.4.2000): „Wer die NATO erhalten will, sollte das Schicksal des Attischen Seebundes kennen", um die „Entfremdung" zwischen den USA und Europa zu verdeutlichen. Schließlich erklärt der amerikanische Philosoph Richard Rorty, ohne Kant und Platon seien die Gegenwartsprobleme nicht zu lösen (*Die Welt* 1.10.2001).

Bilanz und Perspektiven

Der politische Bereich steht nicht hinter den anderen, eingangs kurz skizzierten Lebensbereichen zurück: Es gibt immer noch eine Fülle von Antikenreminiszenzen; es bedarf nur eines Blickes auf die Situation der CDU im Jahr 2000, für die der ganze Fundus bemüht wurde[46]: In einem Interview mit Altbundeskanzler Helmut Kohl, der der *SZ* als „legibus absolutus" (sic!) gilt, erinnert *Die Welt* an die „Antigone". Einen „Herkules, der den Augiasstall säubern" soll, sah Rudolf Augstein in *Der Spiegel* 5/2000 dann in Wolfgang Schäuble, der wiederum gegenüber Helmut Kohl den Brutus nicht spielen konnte. Die Unionsfraktion starrte derweil „auf den gordischen Knoten" und den „Phönix": Angela Merkel, die schon vorher da und dort eine „Philippika" zu halten pflegte, die „Achillesferse" der Union offen benennen und mit Fraktionschef Merz, der sich in „Diadochenkämpfen" befindet, und Generalsekretär Meyer ein „Triumvirat" bildet, also ein „Drei-Männer-Kollegium", für die jedoch „Armageddon in Oggersheim" liegt. Ministerpräsident Roland Koch galt hingegen als „persona non grata". Aber vor allem sei es Karlheinz Schreiber, zu dem die Journalisten pilgern, „als wäre er kein Gauner, sondern das Orakel von Delphi". Daher herrschen „merowingische Zustände": So wie sich einst das fränkische Königsgeschlecht mit Gift und Dolch dezimierte, bestimmen derzeit Leidenschaft, Hass und Enttäuschung das Handeln. Und Helmut Kohls Memoiren helfen da auch nicht weiter; sie erinnern die *SZ* nicht nur an Bismarck, sondern auch an den Faustkämpfer Eurydamas: „Der siegte im Faustkampf. Zwar hatte ihm sein Gegner die Zähne eingeschlagen, doch er hatte sie runtergeschluckt, damit sein Gegner es nicht bemerke. Kohl ist anders, auch wenn er sich selbst gern so sähe."

Auch in jüngster Zeit schreiben sich die behandelten Formen fort: Der *Vergleich, auf Personen, Tatbestände, Mythologie bezogen*: Innenminister Otto Schilys Ähnlichkeit zu den Senatorenporträts der Münchener Antikensammlung, Kurt Biedenkopfs „heller Cäsarenwahn", Sokrates und SPD-Fraktionschef Franz Müntefering haben gemeinsam, dass sie nichts wissen; der Untergang Roms parallelisiert zu deutschen Korruptionsskandalen („Das römische Reich versank im Schmieren und Geschmiertwerden"); während sich die USA als das „neue Rom" präsentieren, bei dem deutsche Offiziere als „Heloten der Amerikaner" fungieren und Polen als „Trojanisches Pferd Washingtons", was Oskar Lafontaine wiederum für die SPD sei, stellt uns *Die Welt* vor die Alternative „Modell Sparta oder Modell Athen" bei der Kindererziehung: öffentliche Aufgabe versus Elternerziehung, und erringt Kanzler Schröder bei der Zuwanderung seinen „Pyrrhus-Sieg". – Das *Zitat*: das bekannte „Mäuslein" bezieht *Die Welt* auf die rot-grünen Koalitionsvereinbarungen, das „respice finem" führt die *SZ* auf Herodot zurück, jetzt bezogen auf die Irak-Krise. – Die *Erklärung beim Latein*: von „monere" leitet sich „Monstrum" ab, erklärt die *SZ* anlässlich der Kölner Parteispendenaffäre richtig, haut dann allerdings beim Papst voll daneben: denn es gibt sehr wohl die „paupera (heteroklitisch!) lingua Latina". Schließlich die *Karikatur*: z. B. Europa mit zwei Stierköpfen nach der US-Einteilung in „altes" und „neues" Europa. Als besonderer Freund humanistischer Bildung hat sich unter den amtierenden Politikern nach 1998 allerdings nur noch der Bayer Ludwig Stiegler geoutet, dessen „ejaculatio praecox" für die Rürup-Kommission ebenso Aufsehen erregte wie sein Bush-Vergleich mit „Caesar Augustus" und dessen „provincia Germania"[47].

Und sogar für „Internet" und „Zeitenwende" wird die antike Parallele bemüht („Ein neues athenisches Zeitalter? Das globale Datennetz als Allheilmittel gegen Politikverdrossenheit." „Die Zahl verliert schnell ihre Magie. Vor 3000 Jahren König David, vor 2000 Jahren Jesus Christus, im Jahre 1000 Otto III. – und im Jahr 2000 ... Helmut Kohl?")[48]. Dabei beschränken sich *Politik und Politiker* im Wesentlichen auf Variationen mit wenigen Chiffren, Gestalten, Vergleichen etc., die ein „demokratisches" Verständnis von Politik repräsentieren: Mühe, zähes Ringen, Sachlichkeit, Rationalität, Kompromisse, Zivilcourage; dem politischen Gegner wird höchstens das Scheitern angedroht. Was über Jahrhunderte primär die politische Antikenrezeption prägte – Monumentalität, Größe, Mythos der Person, Eroberung, Weltreich, aber auch Maß und Schönheit – ist unzeitgemäß. Dabei ist das alles oberflächlich, formel- und floskelhaft, kaum tiefergehend, „Lebensmacht" ist die Antike sicher nicht mehr, auch kein Reservoir für Gegenwartsdiagnose. Was dabei auffällt, ist freilich die Diskrepanz zwischen der Politik selbst und *politischer Kommentierung*, was die Zahl der Ebenen des Umgangs angeht: Die Antikenrezeption des politischen Kommentars ist sehr viel umfänglicher und freizügiger.

Dabei kann Politik von ihrem Geltungsbereich her natürlich nicht das liefern, was unsere Zeit an der Antike immer noch und wieder interessiert: Das Skurrile, das Abartige, das Sensationelle, insgesamt das A-Klassische. Ihr bleiben aber Bildung und Zeitdiagnose, also die klassische Rezeption. Aber genau das liefert sie auch nicht mehr, und das mag am geringen Erwartungshorizont der Politik selbst liegen: Ihre „öffentliche" Sprache will heute offenbar durchgängig verständlich sein; sie zielt nicht darauf ab, Unterschiede zu signalisieren, sondern Identität zu schaffen.

Es scheint aber, dass die Politik im Umgang mit Antikem durchaus noch einen Resonanzboden in der Öffentlichkeit voraussetzen darf, dem sie sich nicht zu verschließen braucht. Denn sonst müsste man unterstellen, dass dafür notwendige Bildungsmuster fehlen. Aber warum sollte der Bildungshorizont unserer Politiker besser oder schlechter sein als jener, den die Berichterstattung durchaus noch erkennen lässt? Also wird man bewusste Zurückhaltung unterstellen. Daher mag es sein, dass in einer auf Egalität eingestellten gesellschaftlichen Atmosphäre der Geruch des Elitären abschreckt, dass der Politiker – im Unterschied zu früher – Bildung heute nicht mehr so deutlich zeigen darf, dass unterschiedliche Bildungsniveaus sich zumindest äußerlich nach unten angleichen müssen: Vorausgesetzt wird ein Publikum, das weder versteht noch erwartet.

Dazu besteht aber nach dem hier vorliegenden Material kein Anlass. Sicher: Das Bildungsbürgertum ist klein geworden, aber es wird durchaus immer noch goutiert, wenn die sprachliche Alltäglichkeit einmal überschritten wird. Man muss es – dies sei noch einmal festgehalten – natürlich können: Antike-Kenntnisse gelten in der Öffentlichkeit immer noch als Ausdruck gehobener Allgemeinbildung und werden auch entsprechend gewürdigt; das zeigt sich schon daran, dass Fehler bei Grammatik oder Vergleich durch das Publikum genüsslich korrigiert werden. Insofern ist unser Thema durchaus ein Beitrag zur Zeitdiagnose; es spiegelt nämlich eine besondere Facette des Abschieds von der Tradition, der auch in vielen anderen Lebensbereichen zu beobachten ist.

Aber gleichwohl, die Antike wird uns nicht loslassen, und Politik ist nur ein Teilaspekt, daher mag man sich – damit schließt sich der Bogen – durch eine Politik, Ökonomie und Sinnstiftung verbindende Kolumne aus der *Bild*-Zeitung 8.12.1997 ermuntert fühlen: „Ein Tip von Kleopatra. Was beschäftigte die Menschen zu Kleopatras Zeiten, was beschäftigt sie heute? Antwort: Nicht nur Kriege, Katastrophen, Tod. Forscher haben jetzt herausgefunden, was damals der Renner war – ein neues Mittel, das Haare wieder sprießen läßt. Damit ließ sich damals eine Menge Geld verdienen, heute ebenso. Damals hat es nichts genützt, heute auch nicht, genausowenig wie in 2000 Jahren. Insofern könnten wir aus der Geschichte lernen ...".

Anmerkungen / Literatur:

[1] Fest, J. (1973): Hitler. Eine Biographie: 732 ff. Frankfurt am Main; vgl. auch Maser, W. (1989; 16. Aufl. 1997): Adolf Hitler. Legende, Mythos, Wirklichkeit: 106 ff. München.

[2] Vgl. etwa Siegers, J. (1997): Die Anforderungen der modernen Arbeitswelt an die gymnasiale Bildung. In: Gymnasium 104: 73 ff. Heidelberg.

[3] „Moderator Thommy Orner fragt ungefähr so lustig wie ein magenkranker Lateinlehrer bei der mündlichen Prüfung. Ätzend. Absetzen!", *Bild* 12.2.1993; und die *SZ* 4.5.1993 wagt folgenden Vergleich mit den Fünfkämpfern: „Mit den Modernen Fünfkämpfern verhält es sich ungefähr so wie mit den Lateinlehrern. Vornehmste Aufgabe der Existenz beider ist es, immerzu dafür zu sorgen, daß es auch in Zukunft Moderne Fünfkämpfer und Lateinlehrer gibt. Zwar will niemand den Modernen Fünfkämpfern zusehen außer Moderne Fünfkämpfer. Und niemand will Lateinlehrern zuhören als angehende Lateinlehrer, dennoch fahren sie trotzig fort mit ihrem unpopulären Treiben."; Lateinlehrer sind nun einmal Beckmesser (vgl.: Jürgen Flimm, *Der Spiegel* 28/2000) und Griechischlehrer Ausbund strenger Leistungsorientierung (so CDU-Generalsekretär Laurenz Meyer, *Bonner Express* 3.11.2000).

[4] Belege: *WamS* 1.6.1997; – *FAZ* 30.3.1995; – *Bild* 20.3.1993; – *Der Spiegel* 47/1997; – *Bild* 22.1.1997; – *Die Welt* 8.9.1997; – *Bild* 1.7.1994; – *Die Zeit* 24.9.1993; – *Der Spiegel* 1/1994; – *Bild* 6.1.1993; – *Der Spiegel* 45/1997; – *Bonner Express* 7.2.1997; – vgl. U. Walter, Darth Vader trifft Tacitus, *FAZ* 22.1.2000.

[5] Belege: *FAZ* 7.9.1994; – *Bild* 1.10.1993; – *Die Welt* 17.10.2000; – *Die Welt* 3.2.2001.

[6] Belege: *GA* 1.2.1993; – *FR* 29.11.1997; – *SZ* 27.5.1997; – *Der Stern* 52/1997 (Volker Rühe: „Ich habe den absoluten Primat der Politik in der Armee durchgesetzt."); – *Die Zeit* 27.9.1997; *Bonner Express* 24.1.1994; – vgl. *FAZ* 14.1.1994; – *FAZ* 22.3.1995; – *Die Welt* 8.5.1993.

[7] Zu F. J. Strauß vgl. auch Maier, H. (1980): Strauß als Rhetor. Redekunst und Parlamentarismus heute. In: F. Zimmermann (Hrsg.), Anpruch und Leistung. Widmungen für Franz Josef Strauß: bes. 267. Stuttgart.

[8] In: Wort und Wahrheit 19 (1964) 9 ff.: „Abschied von der Antike? Eine Enquete über die Rolle des griechisch-lateinischen Geisteserbes in der Welt von morgen". Freiburg i. Br.; zu Konrad Adenauer vgl. allerdings die Einschätzung von Schwarz, H. P. (1986): Adenauer. Der Aufstieg 1876–1952: 81. Stuttgart.

[9] In: Carstens, K. (1979): Reden und Schriften, mit einem bio-bibliographischen Anhang, hrsg. von R. Vogel. Bonn; vgl. auch: Ders. (1993): Erinnerungen und Erfahrungen, hrsg. von K. von Jena & R. Schmoeckel: 36 ff. Boppard.

[10] Filmer, W. & Schwan, H. (1988): Hans-Dietrich Genscher: 32. Düsseldorf.
Heiner Geißler im Gespräch mit G. Hoffmann und W. A. Perger (1993): 403. Frankfurt am Main.

[11] Filmer, W. & Schwan, H. (1990): Norbert Blüm: 34. Düsseldorf.

[12] Filmer, W. & Schwan, H. (1990): Oskar Lafontaine: 81 f. Düsseldorf.

[13] *SZ* 27.9.1997.

[14] Zitate: Filmer, W. & Schwan, H. (1992): Wolfgang Schäuble. Politik als Lebensaufgabe: 45. München; W. Schäuble (1994): Und der Zukunft zugewandt: 21. Berlin.

[15] Belege: *FAZ* 14.1.1994; – *FAZ* 22.3.1995; – *Die Welt* 8.5.1993.

[16] *WamS* 5.2.1995.

[17] Belege: *FAZmag* 677 (1993); – *FAZmag* 680 (1993); – *FAZmag* 972 (1999); – *FAZmag* 728 (1994); – *FAZmag* 891 (1997); – *FAZmag* 844 (1996), *FAZmag* 910 (1997); – *FAZmag* 959 (1998); – *FAZmag* 933 (1998); – *FAZmag* 814 (1995); – *FAZmag* 914 (1997); – *FAZmag* 724 (1994); – *FAZmag* 814 (1997); – *FAZmag* 445 (1988); – *FAZmag* 756 (1995), – *FAZmag* 905 (1997); – *FAZmag* 752 (1994); – *FAZmag* 895 (1997); – *Bonner Express* 7.1.1993; – *FAZmag* 997 (1999); – *FAZmag* 994 (1999); – *WamS* 10.9.2000.

[18] *FAZmag* 908 (1997); – *FAZmag* 935 (1998); – *FAZ* 7.4.1993; – *Bonner Express* 24.1.1993; – *Bild* 13.3.1993; – *FAZ* 3.3.2000.

[19] *FAZmag* 908 (1997); – *FAZ* 7.4.1993; – *Bonner Express* 24.1.1993; – *Bild* 13.3.1993; – *FAZ* 3.3.2000; – *WamS* 10.9.2000.

[20] Vgl. Sterzl, A. (1993): Falsche Rosen aus Athen. In: Die Politische Meinung 284: 9 ff. Osnabrück.

[21] *WamS* 4.4.1993; – *Focus* 17/1993.

[22] Belege: *Der Spiegel* 24/1993; – *WamS* 26.10.1997; – *SZ* 15./16.5.1993; – *FAZ* 26.10.1996.

[23] Belege: *FAZ* 5.12.1992; – *Bonner Express* 23.2.1992 (im Zusammenhang mit den GATT-Verhandlungen; Stoiber auf dem Stier Kohl: „So mach' ma des!", *GA* 12.12.1993); – *Die Welt* 1.3.1993; – *Focus* 48/1993; – *WamS* 28.8.1994; – *Der Spiegel* 11/1994; – *Die Zeit* 1.7.1994; – *SZ* Silvester 1996. – Leutheusser-Schnarrenberger, Kinkel und Genscher als Laokoon-Gruppe stilisiert im *Focus* 14/1993.

[24] Belege: *FAZ* 17.8.1993; – *SZ* 3./4.1.1997; – *Die Welt* 6.11.1997 (Herzog-Bildungsrede); – Philippika (der Intellektuellen gegen die „Love Parade" in Berlin, *FAZ* 7.6.1997).

[25] Belege: (a) *Die Woche* 14.10.1993. – (b) *FAZ* 13.2.1993. – An die „Diadochen" „mit Engholm in der Mitte" erinnert der *RhM* 7.5.1993 im Zusammenhang mit der „Petersberger Wende" der SPD; – „Diadochenkämpfe" (um Glück, Stoiber und Waigel) *FAZ* 22.3.1993; – „Duell der Diadochen" (in Bayern) *Die Zeit* 21.5.1997. – (um den Irak) *FR* 16.11.2002 u. v. a. m. – (c) *SZ* 15.1.1993.

[26] Belege: (a) *GA* 16./17.1.1993; – *FAZ* 20.1.1994; – *Die Welt* 25.10.1997; – *SZ* 8./9.3.1997; – der „Pyrrhussieg" der FDP in der Rentenreform, *WamS* 16.11.1997; – *SZ* 14.3.1997; – Ex-ÖTV-Vorsitzender Mai erleidet einen solchen in der Tarifrunde 2000, *FAZ* 26.5.2000, aber auch die Grünen auf ihrem Parteitag im März 2000: „Das (gemeint: Der Ausstieg der Wähler aus dem grünen Projekt) merkt auch die Parteilinke und posiert nach dem Pyrrhussieg als Sammetkätzchen mit Dienstwagen.", *Die Welt* 20.3.2000, oder Tony Blair anlässlich der Londoner Oberbürgermeisterwahl, *FAZ* 22.2.2000, oder Bertelsmann bei der Übernahme von Napster, *SZ* 2.11.2000, oder schließlich Kurt Biedenkopf bei der Regelung seiner Nachfolge, *FAZ* 26.1.2001, u. v. a. m.
(b) „Roms Damoklesschwert", *SZ* 23./24.7.1994; – das „Damoklesschwert der Arbeitslosigkeit", *Die Woche* 29.12.1993; – *Salzburger Nachrichten* 25.4.1997, bezogen auf die Maastricht-Kriterien und die deutsche Haushaltslage; – „Gewerbekapitalsteuer: Damoklesschwert über Unternehmen", *Potsdamer Neueste Nachrichten* 19.4.1997; – „Damoklesschwert über Rentenfonds", *WamS* 9.3.1997; – oder das „Damokles-Schwert", das über den Goethe-Instituten hängt, die deswegen vor einer „Exodus" stehen, *SZ* 20.1.1993.
(c) „Drakonische Maßnahmen" (gegen Drogen in Amerika), *SZ* 16./17.12.1997.
(d) *FAZ* 14.7.1994.
(e) *Die Welt* 17./18.4.1993 über den Solidarpakt: „Wer Geld für sich sprechen läßt, hat eben einen

Demosthenes engagiert."; – *SZ* 25.10.1997.
(f) An Catilina erinnert die *FAZ* 4.11.1997 in einer Betrachtung zum 100. „Scheibenwischer" („catilinarische Neuheitssucht": „In Wahrheit ist das Publikum konservativer als der jüngere und der ältere Cato zusammen"); – *FAZ* 22.9.1994.
(g) *Die Zeit* 30.10.1992; – 9.10.1992 (über Oppositionsbestrebungen gegen Björn Engholm); – J. Gross, *WamS* 26.11.1995; – als „Brutus" erscheint dann noch Italiens vormaliger Premier d'Alema gegenüber EU-Kommissionspräsident Romano Prodi (*SZ* 19.4.2000), und eben diesen Vergleich zieht auch die *SZ* (1.2.2001) im „Machtkampf" zwischen Kurt Biedenkopf und seinem entlassenen Finanzminister Georg Milbradt.
(h) *FAZ* 15.10.1997.
(i) „Ein Hauch von Caligula" (über Russland), *Die Zeit* 20.1.1995.
(j) Heinrich Lummer: „Wahrscheinlich hat Nero Rom abgebrannt, um sein neues Rom entstehen zu lassen. Die Kommunisten sind so ähnlich verfahren", *Die Woche* 15.4.1993.
(k) *Die Zeit* 13.11.1992.

[27] Belege: (a) „Flug über den Rubikon" nennt die *SZ* 30.3.1993 den ersten AWACS-Einsatz über Jugoslawien; – in *Die Woche* 15.4.1993 gibt es dafür ein „Vorwärts, über den Rubikon".
(b) *Die Wochenpost* 13.5.1997 (bezogen auf die Produktivitätsdiskussion); – *SZ* 27.4.1993.
(c) *Die Welt* 10.6.1995 (bezogen auf Ernst-Ulrich von Weizsäcker und die Grünen).
(d) *FR* 10.9.1997; „'Ich fürchte die Danaer, wenn sie Geschenke bringen', warnte Laokoon die belagerten Trojaner vor der Annahme eines riesigen hölzernen Gauls als Gabe des Gegners. Die aber zogen das ... 'Trojanische Pferd' ins Innere der Festung. So fiel Troja ... Daran hätte der Berliner Senat gegenüber Theo Waigel denken sollen ...", *FR* 20.11.1996.
(e) Mit „homerisches Ringen" beschreibt *Der Spiegel* 1/1994 den Kampf um den OB-Stuhl in München. – „Homerisches Gelächter erschallt im Lager der Linken" (über Ludwig Erhards Formierte Gesellschaft), *FR* 8.4.1997.
(f) *FAZ* 5.10.1993; Sparta auch im Wirtschaftsleben, jedenfalls preist eine Beteiligungs-/Aktionsgesellschaft mit „Sparta" eben ihr „spartanisches Prinzip": „Getreu dem seit über 2500 Jahren bewährten Grundsatz der legendären spartanischen Heerführer, daß weniger richtig eingesetzt meistens zu mehr führt.", *Der Spiegel* 38/2000.
(g) *Der Spiegel* 50/1993.
(h) Mit Roman Herzog als Bundespräsidentenkandidaten hat die „CDU am Samstag einen gordischen Knoten durchgeschlagen", *WamS* 16.1.1994; – als den „gordischen Knoten der deutschen Politik" bezeichnet die *SZ* 8./9.4.1993 den AWACS-Einsatz über Jugoslawien, und an den „gordischen Knoten der Durchhaltebefehle" erinnert *Die Zeit* 21.1.1984 beim Gedenken an die Belagerung von La Rochelle 1944. – *Das Parlament* 28.1.1994 über die Regierungsdebatte zum Berlin-Umzug: „Gordischer Knoten gelöst."; – die *SZ* 23.11.2000 will ihn mit den Enteignungen in der vormaligen DDR verbinden.

(i) Mit dem „Turm zu Babel" assoziiert Rudolf Augstein den Vertrag von Maastricht, *Der Spiegel* 45/1992.

[28] *Die Woche* 27.5.1993; – *FAZ* 28.4.1997; – *Die Zeit* 3.6.1994.

[29] Belege: (a) *Die Zeit* 20.11.1991 (UNO); – mit Sysiphus (sic!) vergleichen sich der damalige VW-Vorstandsvorsitzende Daniel Goeudevert, *WamS* 25.10.1992, und Václav Havel, *FAZ* 26.4.1993; – Björn Engholm hält „Sisyphos für einen glücklichen Menschen", *FAZ* 4.3.1993; – „fiskalische Sisyphos-Arbeit" nennt die *FAZ* 20.3.1993 das „Stopfen von Steuerschlupflöchern", und schließlich bezeichnet *Die Welt* 22.1.1994 den japanischen Premierminister als „Sisyphus Hosokawa"; – „Sisyphus in Rumänien", *FR* 20.12.1996. – „Sisyphos war auch glücklich" über den Berliner Politologen Claus Leggewie, *Die Welt* 22.3.1997; – „Sisyphos di Pietro", *FAZ* 16.11.1997; – *FAZ* 20.12.1997; – Beutekunst, *FAZ* 27.10.2000; – Ministerpräsident Viktor Juschtschenko ist der „ukrainische Sisyphos", *Die Welt* 24.3.2000.
(b) „Herkules Clinton" titelt der *GA* 21.1.1993. – Auf Koschnik wartet eine „Herkules-Aufgabe", *FAZ* 21.7.1994, wie auch auf Albaniens Ministerpräsident Fino, *FAZ* 15.3.1997; – *Die Welt* 1.3.1997; – „Berlusconi ist nicht der Herakles der griechischen Sage.", *FAZ* 14.10.1997; – der Wahlkampf 1997 als „Hercules-Aufgabe", R. Köcher, *Union-Kurier* 4/1997; – „Es sind keine herkulischen Proben zu bestehen. Aber Widerstände müssen die Unionsparteien und die FDP schon überwinden, um der Steuerreform im Vermittlungsausschuß ihren Stempel aufzudrücken", *FAZ* 10.7.2000. – „Herkulesaufgaben" sieht *Die Welt* 21.3.2000 auch für CDU-Chefin Angela Merkel und Fraktionschef Friedrich Merz, ebenso die *WamS* 27.2.2000 („Eine Herkulesaufgabe ist es, die auf Schäubles Nachfolgern lastet"); – in diesem Kontext ebenso die *SZ* 26.2.2000, aber auch China ist schließlich ein „Land für 1000 Herkulesse", *SZ* 6.3.2000, und FDP-Visionär Möllemann traut mit Blick auf die von ihm angepeilten 18% Wählerstimmen seinem Kollegen Gerhardt diese „Herkules"-Aufgabe offenbar nicht zu, *Die Welt* 12.12.2000.
(c) „Atlas trägt auf beiden Schultern", meint *Die Zeit* 22.1.1993 über Bill Clinton; – Atlas bemüht aber auch der Grünen-Abgeordnete Werner Schulz für Helmut Kohl: „Ein Kanzler, der vielleicht als politischer Sumo-Ringer durchgeht, aber bestimmt kein Atlas ist.", *Bonner Express* 12.6.1997; – zu Außenminister Fischer: *FAZ* 26.11.2000.
(d) „Kassandra arbeitslos", so *Die Zeit* 8.1.1993 über den SPD-Austritt von Günter Grass; – dass der damalige Bundeswehrinspekteur Klaus Naumann in die „Rolle der Kassandra" schlüpfte, behauptet *Die Zeit* 19.3.1993; – weitere Belege: *FAZ* 27.4.1993; – *SZ* 24.12.1993; – *FAZmag* 727 (1994); – *SZ* 31.10.1997; – K. von Dohnanyi, *Der Spiegel* 47/1997; – *Die Woche* 22.7.1993.
(e) Als „juristische Odyssee" gelten der *SZ* 15.11.1992 die Ermittlungen gegen Erich Honecker; – „Odysseus am Mast der Ökonomie" titelt

die *FAZ* 19.4.1997 über einen Artikel Horst Sieberts: „Odysseus ließ sich vorsorglich an den Mast seines Schiffes binden, um den Verlockungen der Sirenen nicht zu erliegen. Elemente der Selbst- und Regelbindung brauchte wohl auch die Politik in den modernen Demokratien." Schließlich wird das Jahr 2001 „eine Odyssee für die Union, die FDP und die Grünen", *Die Welt* 22.12.2000.
(f) „Dauerangriffe auf die Achillesferse Ägyptens" nennt die *SZ* 27./28.3.1993 die Angriffe arabischer Fundamentalisten auf ausländische Touristen; – weitere Belege: *Die Welt* 3.11.1997; – *FAZ* 10.11.1997.
(g) Die aus Israel abgeschobenen Palästinenser bewegen sich „zwischen Scylla und Charybdis"; – „Die Hochschulpolitik ist gefangen zwischen der Skylla der offenen Hochschulen für alle und der Charybdis von wenigen Mitteln für die Ressorts" (die hochschulpolitische Sprecherin der CDU-Hessen Traudl Herrhausen, *SZ* 22./23.11.1997).
(h) Mit „Pandora" übertitelt die *WamS* 27.9.1997 einen Bericht über das bekannte Waigel-Interview („Damit öffnet er selbst die Büchse der Pandora"); – „Die Pandora-Büchse des IWF", *SZ* 1./2./3.10.1994.
(i) Bezogen auf den Rechtsradikalismus: „Das ist eine Hydra, der immer neue Häupter wachsen.", *Bild* 26.8.1993.
(j) „Wolf und Sphinx" titelt die *FR* 24.5.1997 über den Ex-DDR-Spionagechef Markus Wolf; – „Die Herrschaft der Sphinx" über Koreas Kim Jong Il, *Die Welt* 9.10.1997.
(k) Die Hoffnung wurde leider widerlegt: „So Zeus will, wird Berlin im Jahr 2000 Olympische Spiele veranstalten.", *Die Zeit* 23.4.1993; – „Wie Zeus, der Blitzeschwinger", *FAZ* 13.3.1995 über Konstantinos Karamanlis.
(l) „Ob es je zu einer Union der europäischen Währungen kommt, weiß vielleicht Hermes, der Gott des sicheren Geleits, der Kaufleute und der Schelme.", *WamS* 31.10.1993.
(m) „der janusköpfige Schwabe", *WamS* 13.6.1997 über Klaus Kinkel; – *SZ* 10./11.1.1997; – *Bild* 5.3.1993; – *FAZ* 17.5.1993; – *FAZ* 27.1.1997; – *FAZ* 3.1.1993; – *SZ* 2.1.1994; – *Die Zeit* 16.4.1993; – *SZ* 27./28.12.1997.
(n) Das „strotzende Prometheus-Gefühl Amerikas" setzt *Die Welt* 2.1.2001 gegen die „Selbstzweifel Europas".
(o) Eine „sibyllinische Einlassung" nennt die *SZ* 3.4.2000 Wolfgang Schäubles im Fernsehen geäußerte Vermutungen über sinistre Kräfte, die an seinem Rücktritt gearbeitet hätten.
(p) An „Pollux Trittin" denkt *Die Welt* 18.1.2001 im Zusammenhang mit den Castor-Transporten.

[30] „Geld stinkt nicht, sagte Cicero. Geld stinkt nicht, sagte der Kaiser Vespasian.", bezogen auf den Fall Franz Steinkühler, *SZ* 19./20.5.1993. – Dass „Eulen und Athen" zusammengehören, weiß die *FAZ* 23.2.1993. – Das horazische „Der Berg kreißte – und gebar eine Maus", hat dann die *SZ* 6.3.1993 aufgenommen; – mit „ ... der Berg hat eine Maus geboren" beurteilt Roland Glaser den bildungspolitischen Aufbruch von

1968, *FAZ* 12.1.1993; – mit „Wehret den Anfängen" überschreibt der Bonner *GA* 17./18.4.1993 einen zeitkritischen Leserbrief; – dass das geflügelte Wort „Wo es einem gut geht, da ist das Vaterland" kaum auf Pacuvius zurückgeht, wie Hans-Josef Joest in der *WamS* 14.3.1993 behauptet, sondern eine Ellipse von Cic. Tusc. 5,37,108 darstellt, dazu hätte ein Blick in den „Büchmann" genügt. – „Das Ende bedenken", mit dieser Anknüpfung an Horazens „respice finem" kommentiert die *FAZ* 13.12.1993 den Streit um das Pflegegesetz. – „,Über Tote soll man nur Gutes sagen' forderten schon die alten Römer", meint die *WamS* 23.1.1994; – an das „si tacuisses" erinnern die *FAZ* 24.12.1993, jetzt *Die Welt* 8.3. 2000 anlässlich der öffentlichen Unterstützung für Angela Merkel durch DGB-Vize Ursula Engelen-Keefer.

[31] *Bild* 20.1.1996; – *WamS* 5.9.1993; – *FR* 20.11. 1997; – *Bild* 23.7.1994; – *WamS* 15.5.1994; – *Bild* 30.3.1996; – *WamS* 21.12.1997.

[32] *FAZ* 28.4.1993; – *SZ* 8./9.5.1993; – *SZ* 13./ 14.11.1993; – *FAZ* 10.9.1993.

[33] *Bonner Express* 3.12.1997.

[34] *Bonner Rundschau* 12.11.1992; – *SZ* 18.2.1993; *SZ* 26.2.1993; – *Bild* 4.6.1997; – ebd. 5.6.1997; – *SZ* 22./23.3.1997; – siehe weiter *SZ* 22./23.3.1997; – *Bild* 4.1.1995; – *Die Welt* 25.3.1995; – *Die Welt* 25.3.1995.

[35] *Die Zeit* 23.12.1994; – *Der Spiegel* 3/1993; das „procedere" („Ungewöhnliches Procedere" bescheinigt z. B. die *SZ* 14.1.1993 den Vorgängen um den Leibwächter Totila des saarländischen Ministerpräsidenten Lafontaine.); – „alter ego" (*WamS* 7.3.1993; – SPD-Geschäftsführer Blessing als „Alter ego Engholms", *Die Woche* 13.5. 1993); – nolens volens, *FAZ* 31.3.1993; – „Mores (sic!) lehren", was Rudolf Scharping Helmut Kohl antun soll, *Die Zeit* 25.6.1993; – „Wird Schirinowskij die Nato-Länder Mores lehren?" fragt die *FAZ* 6.1.1993. – „spiritus rector" („Egon Bahr, dem spiritus rector der Entspannungspolitik", *Die Zeit* 11.3.1994); – „pax americana" bzw. „sovietica", *WamS* 16.11.1997; – „pax sovietica" und „pax russica" unterscheidet die *FAZ* 23.3.1993; – die „terra incognita" erwähnen *Die Wochenpost* 7.4.1993 bzw. *Die Zeit* 9.4.1993; – die „ultima ratio" hat *Die Woche* 18.3.1993, „pro forma" die *FAZ* 6.1.1994; – *Der Spiegel* 10/1993. – „Laudatio", *SZ* 14.1.1993; – „Primus inter pares", *Die Woche* 6.5.1997 über Björn Engholm; – „Finis Germaniae", *SZ* 9./10.10.1993; – „Finis libertatis" meint *Die Woche* 29.4.1993 zum Entwurf eines Geldwäschegesetzes; – „invocatio dei", Leserbrief *FAZ* 20.12.1993; – „Paterfamilias" Johannes Rau, *Der Spiegel* 20/1994; – „cui bono?", *FAZ* 26.1.1994; – „Die Krux (sic!) der Quote", *FR* 12.11.1997 zur Frauenpolitik; – „Vale Wehrkunde", *SZ* 9./10.11.1996; „post mortem" in einer Kolumne über Herbert Wehner, *SZ* 22.1.1994; – „ante portas" („Clinton ante portas", *FAZ* 17.10.1992, während für die *SZ* 20./21.2.1993 die Zulus in Südafrika „ante portas" stehen oder *Die Welt* 28.9.1993 „Arafat ante portas" sieht); Haider „ante portas", *FAZ* 16.12.2000; – „,Circus Maximus' der Deutschen Politik", *Die Welt* 26.6.1993; – „cum grano salis", *Die Welt* 24.1.2000; – „Sancta Simplicitas", *WamS* 23.11.1997. – „do ut des", *SZ* 1./2./3.10.1994 über Kohl und Berlusconi; – „quod erat demonstrandum", *WamS* 25.9.1994; – „nomen est omen", *FAZ* 7.5.1995 über Trude Unruh; – „cuius regio, eius religio", *WamS* 20.4.1997; – „in dubio pro reo", *SZ* 21./22.12.1996 über die so genannten Kinderschänderprozesse in Mainz; – „Das Mare nostrum wird zum Problem der anderen", *SZ* 28./29.12. 1997; – „quo vadis?" („Quo vadis" fragt die *SZ* 27./28.2.1993 die britische Königsfamilie; *Die Welt* 9.2.1993 richtet diese Frage an Bill Clinton: „Quo vadis, Clinton?" und die *WamS* 7.2.1993 an Deutschland im Rahmen der Diskussion um Bundeswehreinsätze; „Man konnte die Unzufriedenheit mit der Dauerdiskussion auch bei einigen ausländischen Gästen heraushören: Quo vadis Deutschland?" Aber auch „Öko-Institut-quo vadis?", *FR* Silvester 1996); Quo vadis CDU? *SZ* 3.2.2001; – „citius, altius, fortius", bezogen auf die internationalen Konzerne, *FR* 17.12.1996; – „hic Rhodos (sic!)", *WamS* 13.6.1997 über Klaus Kinkel; „hic Rhodus, hic salta", *Die Welt* 29.5.2000 an die Kritiker der Expo 2000; – „quod lizet (sic!) Iovi, non lizet bovi", *Die Welt* 11.1.1997; – „mundus vult decipi", *FAZ* 16.1.1995 über die Jansen-Affäre; – „non olet", *Der Spiegel* 20/1994; – „Der altrömische Satz 'pecunia non olet' – 'Geld stinkt nicht' – kann angesichts dieser Geschichte nicht gelten. Dieses Geld (gemeint: auf Schweizer Konten liegendes jüdisches Vermögen) schreit zum Himmel."; „Im Rom Caligulas (sic!) stank selbst die Steuer auf Bedürfnisanstalten nicht ('non olet')", *WamS* 15.12.1996 und *SZ* 22./23.3.1997. – An das „ceterum censeo" erinnert die *SZ* 6.11.1997 („Faß, Cato, faß!"); – die *SZ* 14./15.11.1992 kommentiert: „Vielleicht sollte sich der Deutsche Bundestag eine Art Cato leisten, auf daß die Regierung gewisse Grundanliegen der Nation nicht aus den Augen verliert.", und als „alter Cato" gilt Edmund Stoiber der *SZ* 18.11.2000; ein „finanzpolitisches ceterum censeo" bezogen auf die Kosten des Berlinumzugs, *Die Zeit* 25.6.1993. – „Pacta sunt servanda" mahnt die *SZ* 22.2.1993 über die Einhaltung von Tarifverträgen; „Pacta sunt servanda, sagte sich auch Polizeieinsatzleiter Deckert in der Pogromnacht zu Rostock", so *Die Zeit* 5.2.1993; „pacta sunt servanda" meinte freilich auch *Die Welt* 3.4.1993 zur beabsichtigten Kündigung des Luftverkehrsabkommens von 1955.

[36] *SZ* 2./3.11.1996; – *SZ* 24./25.12.1997; – *Die Zeit* 12.9.1994; – *Die Zeit* 8.10.1993. – „Otium cum dignitate" empfiehlt die *FAZ* 23.12.1993 Gerhard Stoltenberg und erinnert an Ciceros unfreiwilligen Ruhestand. – „,Videant consules', sagten die alten Römer ..." schreibt *Die Welt* 8.5.1993 bezogen auf die aktuelle Politikverdrossenheit. – „Der Würfel ist gefallen – alea jacta est – sagte Gajus Julius Cäsar, als er den Rubikon überschritt. Weniger knapp, aber ebenso unmißverständlich sind die Texte der gegenseitigen Anerkennungsschreiben, die Premierminister Jitzhak Rabin für den Staat Israel und Jassir Arafat für die Palästinensische Befreiungs-Organisation (PLO) unterzeichnet haben.", *WamS* 12.9. 1993.

[37] *WamS* 28.2.1993; – *FAZ* 3.1.1994; – *FAZmag* 684 (1993); – *FAZ* 18.1.1993; – *SZ* 24.12.1992; 2./ 3.1.1993: „anno horribilis", *SZ* 14.12.1992, „anni horribili", *FAZ* 10.4.2001, oder ins Positive gewendet „das annus mirabilis", *Die Zeit* 17.12. 1993 oder *FAZ* 27.12.2002.

[38] Mit der Caesar-Reminiszenz „Italia omnis non est divisa in partes tres" und dem Hinweis „1994 war nicht das Jahr des Bellum Italicum" leitet die *SZ* 31.12.1993 eine aktuelle Betrachtung über die italienische Politik ein. – An den Spruch „qui tacet consentire videtur" erinnert ein Leserbrief in der *FAZ* 13.12.1993 im Zusammenhang mit „Ersatzpräsident" (Roman) Herzog. – Auch Rudolf Augstein spielt: „Sic transit gloria memoriae", bezogen auf Oskar Lafontaine, *Der Spiegel* 14/1993.

[39] *FAZ* 19.8.1994; – *Die Welt* 12.3.1994; – *FAZ* 27.12.1993 (M. Stürmer); – *FAZ* 6.1.1994 (Patrick Bahners); – „Aristoteles gab der Ökonomie ihren Namen" (W. Dettling unter der Überschrift: „Wie modern ist die Antike?", *Die Zeit* 11.6.1993); – „In der bürgerlichen Gesellschaft ist kein Platz für die Vorstellung des großen Aristoteles, der meinte, Erwerbsarbeit für Güterproduktion sei des wahrhaft Gebildeten unwürdig.", *Die Zeit* 4.2.1994; – „Das Schulbeispiel des Aristoteles", *WamS* 16.2.1997 zu den Erfolgen Le Pens. – „Wortkunst als Fluchthilfe", M. Stürmer über Odysseus und Polyphem, *FAZ* 21.8. 1993, während dieselbe Geschichte die *FAZ* 6.4. 1993 zu einer Betrachtung über das neue Namensrecht veranlasste. – Die Parallele zwischen Marc Aurel und Leonid Breschnew zieht die *FAZ* 6.5.1994: „Nun hat Marc Aurel überraschend doch noch einen würdigen Nachfolger gefunden: Leonid Breschnew. Derzeit ... werden in Rußland die Tagebücher des letzten großen sowjetischen Imperators veröffentlicht ...".

[40] *FAZmag* 716 (1993); – *Die Woche* 9.9.1993.

[41] *FR* 16.4.1997; – *FAZ* 13.9.1994; – *WamS* 10.4. 1994.

[42] *FAZ* 1.8.1993; – *WamS* 26.2.1995 (Steuerwesen); K. Lenk: *SZ* 15.2.2000. – Weitere Vergleiche: Die *FAZ* 13.5.1997 bezieht die Nomoi-Rede in Platons Kriton auf „Kurt Biedenkopf und die Informationspolitik". – *Die Welt* 26.6.1993 vergleicht die Situation nach dem Tod Kennedys mit der Alexanders des Großen: „Und wie bei Alexander dem Großen zerfiel sein Reich mit seinem Tode, nur schneller noch." – Oder zum Rücktritt Jürgen Möllemanns: „Am Morgen nach der Tat fand es ein Rundfunkkommentator passend, in Anspielung auf den erzwungenen Rücktritt Jürgen Möllemanns von einer griechischen Tragödie zu sprechen", *FAZ* 26.10.1994. – „Das Orakel von Delphi zeichnete sich dadurch aus, daß seine Sprüche in mehrere Richtungen gedeutet werden konnten. Das Finanzmarktförderungsgesetz hat eine neue Klasse von Sehern geschaffen.", *FAZ* 16.9.1994. – Die antiken „Kinderkaiser" vergleicht die *SZ* 26.3.1993 mit dem „jugendlichen" Oberbürgermeister Andreas von

Schöler und kommt zu dem Schluss: „Die Zeit der Kinderkaiser war keine gute Zeit für das Reich." – Mit der Geschichte über Dionys den Älteren, der auf die Frage, warum er einen schlechten Menschen fördere, gesagt haben soll, er wolle einen haben, der mehr gehasst werde als er, erinnert Jürgen Busche in der *SZ* 7.5.1993 an das Verhältnis Bundeskanzler Kohls zum damaligen Verkehrsminister Günther Krause. – Der damals noch zuzugestehende „Tatbestandsirrtum" beim Abholzen der Wälder in der Antike wird verglichen mit der modernen Umweltpolitik, *SZ* 14./15.8.1993. – Der Vergleich mit Brennus ist ebenfalls beliebt; Rudolf Augstein verwendet ihn z. B. um das Verhältnis des Westens zu Russland zu vergleichen: „Wie Brennus in Rom", *Der Spiegel* 11/1996. – „Dem redlichen Boten schlechter Nachrichten ist im Altertum oft Böses widerfahren, unsere Politiker, sich als schlechte Boten guter Nachrichten darstellend, hoffen auf Belohnung." (1994, Zitiert nach J. Gross [1996]: Tacheles gesprochen. Notizbücher: 275. Stuttgart). – „Hannibal hatte am Brenner noch freie Fahrt", damit stellt M. Roeser in der *FAZ* 28.9.2000 den Vergleich zu den aktuellen Lastwagenblockaden her.

[43] „Das Ende von Byzanz" sieht *Die Wochenpost* 18.2.1993 bei den Auswirkungen der bayerischen Amigo-Affaire und schließt auf „byzantinische Machtausübung" der Strauß-CSU.

[44] *SZ* 2.12.1996; – *Die Zeit* 28.1.1994; – *Der Spiegel* 43/1993; – *RhM* 20.6.1997; – s. weiter: Ein Leserbrief in der *SZ* 18./19.12. 1993 zieht folgende Parallele zu unserer Gegenwart: „Auch dort (gemeint ist das Römische Reich) begann der Zerfall des Imperiums und des Staates mit dem Verfall der öffentlichen Sitten der Politiker und anschließend der Bürger Roms. Solange Bürger- und Gemeinsinn vor Eigen-Sinn und -Nutz galten, ist Rom gewachsen. Die Umkehrung läutete den Niedergang ein. Laut *Ilias* haben die Bürger Trojas die von der Königstochter Kassandra prognostizierte Zerstörung ihrer Stadt verlacht. Kassandra hat recht behalten." – Zur Zukunft Brasiliens assoziiert Separatistenführer Marx: „Es wird zerfallen wie das Römische Reich.", *Der Spiegel* 11/1993. – An „Klientel-Verhältnisse" wie im alten Rom erinnert ein Leserbrief in der *FAZ* 5.4.1993 unter Berufung auf M. I. Finley angesichts der aktuellen italienischen Situation, und Heinz-Joachim Fischer weist in der *FAZ* 24.3.1993 unter der Überschrift „Eine Chance für Italien" darauf hin: „Aber gerade jetzt darf in Europa nicht vergessen werden, daß die Italiener auch Nachfahren jener Leute sind, die das römische Recht ebenso wie den Kapitalismus erfunden haben, die zu geschicktem, vertrauenswürdigem Umgang mit Geld ebenso fähig waren wie zu straffer Verwaltung und geordnetem Gemeinwesen. Lateinische und italienische Schriftsteller der Antike oder der Renaissance geben dafür Beispiele und Rat." „Europa und Amerika vergleicht er (gemeint der britische „Querdenker" William Rees-Mogg) mit dem römischen Imperium vor dem Untergang. Er propagiert die Tugend der Monogamie ..."; – „Denn die gewaltigen Trümmer und Ruinen der Antike .... stammen ausnahmslos aus deren letzter, von gewaltigen Krisen angekränkelter Blütezeit. Die römische Kaiserzeit war eine Zeit des unaufhaltsamen Verfalls eines Reiches und einer Reichsidee, dem man auch durch das Aufeinandertürmen gewalt'ger Steinmassen nicht Einhalt gebieten konnt . Vielleicht wird dermaleinst auch ein Betrachter angesichts des Münchner Flughafens ... etwas wie Größe aus dem Verfall der späten Kohl-Zeit herauslesen.", *SZ* 19./20.5.1993.

[45] *FAZ* 23.12.1993; – Jürgen Busche in der *SZ* 24.6. 1993: „Hier liegt der Verdacht nahe, daß die neue Beschwörung des Gegensatzes Rom – Byzanz nichts anderes ist als eine kulturhistorisch verbrämte Strategie zur Sicherung des Wirtschaftsraumes." (Westeuropa). – An die Bedeutung eines Geheimdienstes, dessen Fehlen in Rom den Spartacus-Aufstand begünstigte, erinnert die *FAZ* 5.1.1994.

[46] Belege: *SZ* 24.1.2000; – *Die Welt* 14.3.2000 („Ihre Tragödie erinnert an Antigone. Diese nahm ebenfalls den bewußten Rechtsbruch in Kauf. Doch sie legitimierte sich durch Berufung auf ein höheres Gut ...". – Kohl: „Ich halte es für wichtig, die Maßstäbe zu sehen ..."); – *Der Spiegel* 5/2000 („Schäuble, seit vierzig Jahren in der CDU, mußte an der Rolle eines Brutus scheitern, und selbst wenn er sie zu Ende gespielt hätte, wäre er schließlich wie der historische Brutus gescheitert."; – *FAZ* 16.2.2000; – *Die Welt* 9.3. 2000 („Daß Angela Merkel wie ein mecklenburgischer oder brandenburgischer Phönix zur Lichtgestalt werden konnte ..."); – *FAZ* 29.12. 1999; – *SZ* 2.2.2001; – *SZ* 26.1.2000; – *SZ* 3.1. 2001; – *Die Welt* 16.2.2000; – *Die Welt* 7.2.2001; – *SZ* 11.2.2000; *FAZ* 8.2.2000; – *SZ* 25.11. 2000.

[47] Belege: *SZ* 19.10.2001; – *FAZ* 22.1.2002; – *SZ* 22.3.2002; – *BamS* 10.3.2002; – *Die Welt* 1.1. 2003; – *FAZ* 19.1.2003; – *FAZ* 25.1.2003; *Bonner Express* 26.1.2003; – *FR* und *Die Welt* 23.3.2002; – *Die Welt* 15.10.2002; – *SZ* 17.10.2001; – *SZ* 14. 3.2002; – *SZ* 27.2.2002; – *Der Tagesspiegel* 25.1. 2003.

[48] *RhM* 7.3.1997; – *SZ* Silvester 1997.

E Archäologie und zeitgenössisches Theater / zeitgenössische Musik

Ägyptische Motive

Oper „Akhnaten" von Philip Glass, Stuttgart 1984

Mechthild Schade-Busch

Zusammenfassung

Die zeitgenössische Oper „Akhnaten" von Philip Glass hat das historische Geschehen um den Pharao Echnaton zum Thema, der im 14. Jahrhundert v. Chr. 17 Jahre lang die Geschicke Ägyptens lenkte. Dieser Pharao ist durch seine religiösen Reformen, speziell bezüglich seiner Bemühungen um einen Monotheismus, eine der schillerndsten Figuren der ägyptischen Geschichte, weil er für seine Zeitgenossen die Welt verändert hat. Aus diesem Grund hat sich Glass diesen historischen Stoff ausgewählt und lässt die Geschichte mit Hilfe von ägyptischen, hebräischen und akkadischen Originaltexten überaus lebendig und für die Zuschauer erfahrbar werden. Dazu setzt er Akzente in den Stimmbesetzungen und bedient sich einer bestimmten Musikrichtung, der so genannten minimal music. Im Staatstheater Stuttgart wurde diese Oper uraufgeführt und atmosphärisch interessant und mit Liebe zum Detail inszeniert.

Nofretete, weltberühmt durch ihre Büste im Ägyptischen Museum Berlin, diente in Vergangenheit und Gegenwart in der Ägyptenrezeption als Sympathieträgerin und Sinnbild für exklusive Schönheit, z. B. innerhalb der Kosmetikindustrie, im Rahmen der Schmuckherstellung und auch für die Kunst. Ihr Ehemann Echnaton dagegen (so die im deutschsprachigen Raum übliche Namensform des englischen „Akhnaten") erlangte in keiner Weise eine vergleichbare Beliebtheit. Demgegenüber ist seine historische Gestalt mit seinen Reformen im theologischen und künstlerischen Bereich so faszinierend, dass sich sowohl Fachleute als auch Nicht-Ägyptologen immer wieder ausführlich mit ihm beschäftigen[1]. Ein Mann, der Echnaton mit Hilfe eines besonderen Mediums in der Gegenwart hat lebendig werden lassen, ist der amerikanische Komponist Philip Glass.

Der Komponist

Der 1937 in Baltimore geborene Philip Glass hat nach seinem Studium in Baltimore (am Peabody Institute), New York (an der Juillard School) und Paris (u. a. bei Nadja Boulanger) zahlreiche Opern, Sinfonien, Bühnen-, Tanz- und Filmmusiken geschaffen. Er gilt als ein Grenzgänger zwischen U- und E-Musik und vor allem seit Ende der 1960er Jahre als ein Hauptvertreter der „minimal music" (s. u.). Als seine Spezialität dürfen Porträtopern angesehen werden, bei denen er nicht nur für die Musik verantwortlich zeichnet, sondern auch, gemeinsam mit einem Team, als sein eigener Librettist tätig ist.

Beispiele für solche Porträtopern sind „Einstein on the Beach", in der ein Mann der Wissenschaft im Zentrum steht[2], und „Satyagraha", wo mit Gandhi ein Mann der Politik fokussiert wird und der Chor Texte aus Gandhis Werk in Sanskrit vorträgt[3].

Die Idee, Echnaton zur Hauptfigur seiner neuen Oper auszuwählen, begründet Glass damit, dass Echnaton (ebenso wie Einstein und Gandhi) die Welt, in die er hineingeboren wurde, für immer verändert hat, und das nicht mit der Gewalt von Waffen, sondern allein durch die Macht eigener Ideen und Vorstellungen[4].

Die Oper

Zu den beiden genannten Opern tritt als zeitlich zuletzt entstandenes Trilogie-Element „Akhnaten" hinzu. Es handelt sich hierbei um ein Auftragswerk des Württembergischen Staatstheaters Stuttgart, das nach einer Kompositionszeit von 1½ Jahren am 24. März 1984 ebendort uraufgeführt wurde[5]. Dem Auftrag, „ein auf Religion basierendes Musikwerk mit philosophischer Aussage" zu schaffen, kam Glass als Librettist zusammen mit einem Team[6] nach.

Die historischen Vorbilder

Amenophis IV., der sich später zu Ehren seines Gottes Aton Echnaton nannte, wird als zehnter König der 18. Dynastie gezählt[7]. Er war der Sohn von Amenophis III. und dessen Hauptgemahlin Teje. Aus seiner Ehe mit Nofretete sind sechs Töchter hervorgegangen, von denen eine den durch seinen Grabschatz so berühmt gewordenen Tutanchamun heiratete.

Echnaton[8] hat sowohl in religiöser wie künstlerischer Hinsicht die jahrhundertealten Traditionen Ägyptens aufgebrochen, den ägyptischen Polytheismus und die Priester des Gottes Amun-Re weggewischt und eine Art Monotheismus mit dem Sonnengott Aton eingeführt. In enorm kurzer Zeit sind ihm diese Reformen geglückt, was eine ungeheure Leistung darstellt. Ägypten und der Alte Orient sind über viele Jahrhunderte geprägt von der Verehrung zahlreicher Götter; selbst die Entwicklung der alttestamentlichen Religion zu einer monotheistischen beanspruchte mehrere Jahrhunderte. Der moderne Mensch ist geprägt durch die Existenz verschiedener monotheistischer Großreligionen (Christentum, Judentum, Islam), sodass die Verehrung mehrerer Götter ihm eher fremd erscheint. Erst auf

```
Amenophis III. ∞ Teje
              ↓
Amenophis IV. / Echnaton ∞ Nofretete
```

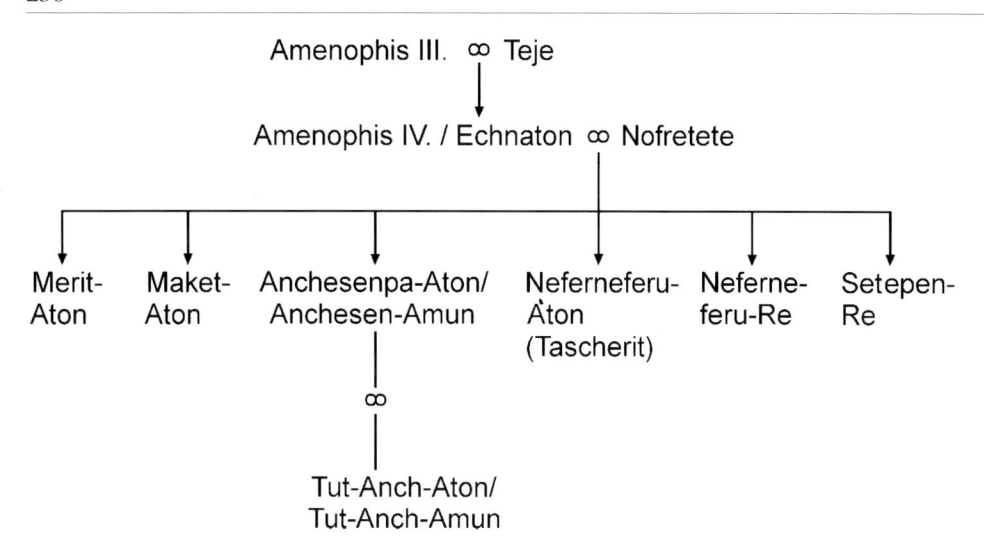

| Merit-Aton | Maket-Aton | Anchesenpa-Aton/ Anchesen-Amun | Neferneferu-Aton (Tascherit) | Neferneferu-Re | Setepen-Re |

```
                            ∞
                    Tut-Anch-Aton/
                    Tut-Anch-Amun
```

diesem Hintergrund lässt sich das Reformwerk Echnatons würdigen. Allerdings ist Ägypten nach seinem Tod mit einigen Veränderungen zu den alten Traditionen zurückgekehrt.

Außer Teje treten als historische Gestalten Eje (der 13. König der 18. Dynastie) und Haremhab (dessen Nachfolger) auf, die in der Oper den Part der Gegenspieler Echnatons übernehmen. Auch der höchste Beamte unter Echnatons Vater Amenophis III., Amenophis, Sohn des Hapu, übernimmt eine entscheidende Rolle in der Oper:

Er tritt als Vermittler zwischen dem Geschehen und dem Zuschauer auf, indem er als reine Sprechrolle die in Originalsprache gesungenen Texte in der Sprache des Publikums vorliest.

Die Tatsache, dass dieser Beamte die Regierung Echnatons nicht mehr erlebt hat, spielt für das Libretto keine Rolle und wird dichterisch ebenso frei gehandhabt wie das Auftreten Ejes schon in Theben.

Abb. 1: Pharao Echnaton und die Amunpriester in Theben (Stuttgarter Staatstheater, 1984, 2. Akt, 1. Szene). (Foto: Horst Huber, lichtbildwerkstatt, Stuttgart).

Der Inhalt

Die Oper ist in drei Akte gegliedert; der erste Akt beginnt mit der Beisetzung Amenophis' III., des Vaters und Vorgängers von Echnaton auf dem Pharaonenthron. Diese Beisetzung wird in Anwesenheit der königlichen Familie, der Würdenträger und des Volkes auf die traditionelle, sehr aufwendige Weise durchgeführt; Trommler und Amunpriester begleiten den Sarg zum Grab. Kaum ist der Sarg im Grab angelangt, beginnt die Krönung des neuen Pharaos Amenophis IV./Echnaton. Auch in Ägypten folgte erst auf das Begräbnis des Vorgängers die Krönung des neuen Pharaos. In der Oper begrüßt das Volk Ägyptens als großer Chor jubelnd seinen neuen Pharao, dessen Titel und Namen laut verkündet werden. Erst dann wendet sich Echnaton in einer Hymne an das Volk, mit der er die allumfassende Schöpfertätigkeit des obersten Gottes preist.

Im zweiten Akt wird Echnatons Bruch mit den Priestern des bisherigen höchsten Gottes Amun in Theben dargestellt, denen nun klar wird, dass ihre Macht endet, weil Echnaton nur noch die Verehrung seines Gottes Aton gestattet. In der Stuttgarter Inszenierung wurde durch die Kostüme der Gegensatz zwischen den traditionell eingestellten Amunpriestern (schwarz gekleidet) und dem Reformer Echnaton in einem silbrig glänzenden strahlenden Gewand und ebensolcher Krone greifbar (Abb. 1).

Das nun folgende überaus lyrische Liebesduett zwischen Echnaton und Nofretete (s. unter Quellentexte) unterbricht Echnatons innenpolitisches Handeln. Ihm genügt die Abwendung von Amun nicht; auf jungfräulichem Boden errichtet er eine neue Hauptstadt, die er Achet-Aton („Horizont des Aton") nennt. Während dieses Geschehens auf der Bühne werden in Übersetzung Grenzstelen vorgelesen, die Echnaton seinerzeit um seine neue Hauptstadt errichten ließ (Abb. 2). In dieser neuen Stadt ist Echnaton umgeben von Anhängern, hier singt er seinen großen und ausführlichen Hymnus zu Ehren seines Sonnengottes Aton (s. unter Quellentexte) als zentrales Stück in der Oper.

Der dritte Akt zeigt zunächst die Diskrepanz zwischen der Situation Ägyptens

Abb. 2: Grenzstele des Pharaos Echnaton bei Achet-Aton (Tell el-Amarna, Stele A). (Foto: Mechthild Schade-Busch).

„minimal music"

Grundsätzlich zeichnet sich die Minimalmusik durch gleichmäßig arpeggierte Dreiklänge (die Töne erklingen harfenartig nacheinander) und repetierte gebrochene Akkorde aus; auch gegenläufige Tonleitern gehören zu ihren Charakteristika. Glass setzt bei der Komposition Akzente: So erreicht er auch bei lang anhaltender Repetition Akzentverschiebungen und Klangänderungen z. B. durch eine wechselnde Orchesterbesetzung. Klangfarbenwechsel werden durch Wechsel der Soloinstrumente hörbar, Dreiklänge werden zu Septakkorden erweitert, Modulationen von Dur nach Moll und umgekehrt bringen mitunter überraschende Abwechslung. Akzentwechsel werden hörbar durch Betonungsverschiebungen; Synkopen und synkopierte Bässe unterbrechen langatmige Passagen[9].

Die Stimmenbesetzung

Ein ganz besonders gelungener Coup des Komponisten bei der Besetzung der Singstimmen besteht darin, die Partie des Echnaton mit einem Countertenor zu besetzen; es handelt sich dabei um einen männlichen Sänger, der durch Stimmschulung und bestimmte Stimmtechnik in Alt-Lage singt. Echnaton ließ sich in der Plastik und im Relief im alten Ägypten häufig als Mann mit weiblichen Körpermerkmalen darstellen, sodass man weibliche Hüften, schwellende Oberschenkel und selbst Brustansätze erkennen kann (siehe Abb. 2). Zu diesem Phänomen ist eine Reihe von Theorien aufgestellt worden; so wurde Echnaton in der Neuzeit auch schon als Hermaphrodit bezeichnet, was er sicher nicht war. Diese neue Art der Eigenpräsentation eines Pharao hat propagandistische und religiöse Tendenzen: So wie Echnatons einziger Gott Aton Vater und Mutter zugleich für seine Schöpfung darstellt, so verkörpert auch Echnaton das männliche wie das weibliche Element. Die Alt-Lage in der Oper macht den androgynen Charakter des Pharaos in der Amarnakunst nun auch hörbar. Dazu schreibt Glass[10]: „I thought a long while about how to present our titlecharacter ... More and more it seemed to me that the problem was best solved musically, and my solution was to make Akhnaten a countertenor." und „It was a way of musically and dramatically indicating in the simplest possible way that there was a man unlike any who had come before." Die Titelpartie war in Stuttgart mit Paul Esswood besetzt, in den anderen Inszenierungen mit Christopher Robson.

und dem isolierten Geschehen im Palast: Innen singen Echnaton, Nofretete und ihre sechs Töchter ein wortloses, liebliches Lied zu Ehren des Aton (Abb. 3), draußen werden Hilfsgesuche und Depeschen verlesen und somit die prekäre politische Lage des Ägypten umgebenden Auslandes charakterisiert (s. unter Quellentexte).

Angeführt von Haremhab und Eje stürzt daraufhin das Volk Echnaton und seine Familie, in Stuttgart dramatisch in Szene gesetzt, z. B. auch durch bestimmte Lichteffekte. Durch vorgetragene Texte erfährt der Zuschauer von der Situation in Ägypten nach dem Sturz: Man kehrt zu den alten Traditionen und den alten Göttern zurück. In einem Zeitsprung wird der Theaterbesucher nun in die Gegenwart geführt, Touristengruppen werden staunend und fotografierend durch die spärlichen Überreste der einst blühenden Stadt geführt, während Echnaton und Nofretete sich im Hintergrund schemenhaft dem Weg Amenophis' III. in das Jenseits anschließen.

Abb. 3: Pharao Echnaton und seine Familie im Palast in Achet-Aton (Stuttgarter Staatstheater, 1984, 3. Akt, 1. Szene). (Foto: Horst Huber, lichtbildwerkstatt, Stuttgart).

Die Quellentexte

Die verwendeten Texte, die in den jeweiligen Originalsprachen gesungen werden, d. h. Altägyptisch, Akkadisch und Hebräisch (Psalm 104), können hier nur exemplarisch dargestellt werden. Dass diese Art der Präsentation von Texten den Solisten und dem Chor eine enorme Leistung abverlangt, sei besonders hervorgehoben.

Gleich zu Beginn der Oper wird der Zuhörer während der Beisetzung Amenophis' III. mit Auszügen aus den so genannten Pyramidentexten konfrontiert. Diese stammen vom Ende des Alten Reiches; die Könige der späten 5. und 6. Dynastie (ca. 24./23. Jahrhundert v. Chr.) haben sie in den Räumen und Gängen ihrer Pyramiden anbringen lassen. Es handelt sich dabei um dramatische Texte, um Verklärungen und Zauberformeln, die den Himmelsaufstieg des toten Pharaos garantieren sollen. Den Librettisten ist bewusst, dass sie hiermit singulär nicht zeitgenössische, sondern viel ältere Texte verwenden. Auszüge aus den Pyramidentexten werden von der Sprechrolle in der Sprache des jeweiligen Publikums vorgetragen. Hierbei bildet ein dreifach gesprochener Refrain eine entscheidende Zentralaussage: „Geöffnet ist die doppelte Pforte des Horizonts, ihre Riegel sind aufgetan."[11].

Das Auditorium wird auf diese Weise durch sehr eingängige und bildhafte Sätze in die Dramatik des Geschehens, nämlich des Himmelsaufstiegs des verstorbenen Pharaos, eingeführt. Dieser Auszug aus den Pyramidentexten dient dazu, den Zuschauer in Parallele zur Öffnung des Bühnenvorhangs durch die Öffnung der doppelten Pforte des Horizonts über die Bühne hinaus suggestiv in die Weite des Kosmos zu transponieren und ihn an dem welterschütternden Geschehen teilhaben zu lassen.

Im Anschluss daran singt ein Männerchor auf altägyptisch den Ewigkeitswunsch für den verstorbenen Pharao, der sich im Libretto folgendermaßen vokalisiert findet: „Ankh, ankh, en mitak. Yuk er heh en heh, ahau en heh." Das heißt übersetzt: „Leben, Leben, du sollst nicht sterben. Du sollst bestehen Millionen von Millionen (Jahren), einen Zeitraum von Millionen (von Jahren)."

Im zweiten Akt tragen Echnaton und Nofretete ein Duett als Liebesgesang vor (Abb. 4); die große Harmonie zwischen den Ehepartnern macht Glass nicht nur durch die Auswahl seiner Texte deutlich, sondern auch dadurch, dass er Nofretete nicht mit einem Sopran, der gewohnten Stimmlage für die weibliche Protagonistin, besetzt, sondern ihren Part in Alt/Mezzosopran-Lage legt und den Sopran ihrer Schwiegermutter Teje vorbehält.

Beide Ehepartner singen also in der gleichen Stimmlage, was sonst bei einem Mann-Frau-Duett nicht möglich ist. Der ausgewählte Text stammt von einem Sarg aus einem Grab im Königsgräbertal in Theben-West (KV 55).

Originaltext des Librettos:

Sesenet neftu nedjem
Per em rek
Peteri nefruk em menet
Ta-i nehet sedj emi
Kheruk nedjem en mehit
Renpu ha-i em ankh
En mertuk
Di-ek eni awik kher ka-ek
Shesepi su ankhi yemef …

Übersetzung:

Ich atme den süßen Hauch,
der aus deinem Munde kommt.
Ich sehe deine Vollkommenheit täglich.
Es ist mein Wunsch, daß ich höre
deine süße Stimme des (kühlenden) Nordwindes.
Meine Glieder werden verjüngt mit Leben
durch deine Liebe.
Du gibst mir deine beiden Hände, die deine Seele halten,
damit ich sie empfange und durch sie leben möge …

Besondere Betonung erfährt die Einmaligkeit der Beziehung Echnatons zu seinem Gott Aton durch die Präsentation von Teilen des großen Aton-Hymnus. Dieser Hymnus ist der wohl berühmteste Text aus der Amarnazeit; er wird Echnaton selbst zugeschrieben und beinhaltet komprimiert in sehr lyrischer Sprache Echnatons Gottesvorstellung. Bei dieser Auswahl ist es vor allem die Schöpfertätigkeit Atons, die in den Mittelpunkt gestellt wird[12]:

Oper „Akhnaten" von Philip Glass, Stuttgart 1984

Abb. 4: Liebesduett von Pharao Echnaton und seiner Frau Nofretete (Stuttgarter Staatstheater, 1984, 2. Akt, 2. Szene). (Foto: Horst Huber, lichtbildwerkstatt, Stuttgart).

Schön erscheinst du im Horizonte des Himmels,
du lebendige Sonne, die das Leben bestimmt!
Du bist aufgegangen im Osthorizont
und hast jedes Land mit deiner Schönheit erfüllt.
Schön bist du, groß und strahlend, hoch über allem Land ...
Wie zahlreich sind deine Werke, die dem Angesicht verborgen sind,
du einziger Gott, dessengleichen nicht ist!
Du hast die Erde geschaffen nach deinem Wunsch, ganz allein,
mit Menschen, Vieh und allem Getier,
mit allem, was auf der Erde ist, was auf den Füßen umherläuft
und allem, was in der Höhe ist und mit seinen Flügeln fliegt ...

Abb. 5: Pharao Echnatons Hymne an den Sonnengott Aton in Achet-Aton (Stuttgarter Staatstheater, 1984, 2. Akt, 4. Szene). (Foto: Horst Huber, lichtbildwerkstatt, Stuttgart).

Um den Hymnus besonders herauszuheben, lässt ihn der Komponist als einziges Stück der Oper in der jeweiligen Landessprache singen, das bedeutet, dass der Lobgesang dem Zuhörer direkt vom „Verfasser" vorgetragen wird, sodass der Umweg über den Übersetzer (= Sprechrolle) entfällt. Auf diese Weise wird der Eindruck erweckt, dass Echnaton das Publikum unmittelbar an seinen Gedanken und seinem Kult teilhaben lässt. Durch weißleuchtende Bänder, die von seinem Halskragen ausgingen, wurde Echnaton in Stuttgart, umgeben von Nofretete und seinen weiß gekleideten Anhängern, selbst zur Strahlensonne (Abb. 5).

Zu der Dramatik um das Tagesgeschehen und den Sturz Echnatons im folgenden Akt bilden die Amarnabriefe eindrückliche Quellen, aus denen Auszüge vorgelesen und Teile in akkadischer Sprache gesungen werden. Diese Briefe sind in Keilschrift auf Tontafeln notiert (ca. 380 sind erhalten) und wurden in Achet-Aton, dem heutigen Tell el-Amarna, gefunden. Inhalt dieser Briefe sind z. B. Hilfsgesuche vorderasiatischer Städte, die zu dieser Zeit unter ägyptischer Oberhoheit standen und von den Hethitern angegriffen wurden. Selbstverständlich hofften sie auf die militärische Unterstützung Echnatons, die aber, so wie auch in der Oper dargestellt, unterblieb.

Resümee

Für den dritten Teil seiner Trilogie hat sich Philip Glass einen historischen Stoff gewählt, der ihm die Grundlage dafür liefert, Echnaton als religiösen Erneuerer darzustellen und diesen Aspekt sowie sein Scheitern in den Mittelpunkt zu rücken.

Es ist die Darstellung einer Umbruchzeit, die von vornherein zum Scheitern verurteilt ist, weil Echnaton den Glauben an nur einen Gott zu schnell und zu gewaltsam durchsetzen wollte, was musikalisch und szenisch durch ein beständiges memento mori Hervorhebung erfährt.

Das historische Geschehen wird mit einem Abstand von über drei Jahrtausenden betrachtet, wobei Glass sich nicht als Historiker, Philologe oder Ägyptologe des Stoffes annimmt, sondern als Künstler. Seine Ausdrucksmittel sind Musik, Text und szenische Darstellung, wobei letztere vornehmlich Aufgabe der Inszenierung ist; in Stuttgart wurde diese Oper furios und reißerisch, aber mit unendlicher Liebe zum Detail und mit gekonntem Einsatz von Ausdrucksmitteln verschiedener Art durch Achim Freyer in Szene gesetzt, der u. a. auch 1997 für die Inszenierung der „Zauberflöte" bei den Salzburger Festspielen verantwortlich zeichnete.

Die Minimalmusik eignet sich geradezu ideal für die von Glass ausgewählte Thematik: Sie durchbricht Hörmuster, an die man gewöhnt ist, dennoch kann man sie als ausgesprochen harmonisch bezeichnen. Aus den Repetitionen resultiert ein anderes Zeitgefühl, ein „Sich-in-eine-andere-Zeit-versetzt-fühlen". In dieser Musik begegnet eine meditative Dimension, die ein Sich-Einlassen voraussetzt. Das Gesamtkonzept des Fortbestehens von Traditionen und deren Durchbrechung wird durch Redundanzen und Klangveränderungen verwirklicht, wobei die Repetitionen oft oratorienhaften Charakter haben und sich ausgesprochen gut für Litaneien und die hymnische Verehrung einer Gottheit eignen.

Das Medium der Sprache gewinnt in diesem Werk eine spezifische Bedeutung, weil die Librettisten sich originaler Quellen aus Altägypten und dem Alten Orient sowie deren wörtlicher Übersetzung bedienen. Auf der primären Ebene des Textvortrags findet durch diese Verwendung von Originalquellen, die von einem großen Perfektionswillen gekennzeichnet ist, keinerlei Verfremdung statt. Das Auditorium wird unmittelbar mit der Sprache Echnatons und wörtlichen Übersetzungen von Quellen dieser Zeit konfrontiert. Die Brücke zwischen Text und Musik schlägt Glass durch das Einfühlungsvermögen seiner Musik in den Sprachrhythmus und die Textaussagen der Quellen.

Unter diesem Aspekt wird auch deutlich, dass Glass seine Oper durch die Verwendung von Text und Sprache, hier besonders von gesungener Sprache, strukturiert: Das Geschehen im ersten Akt (Begräbnis Amenophis' III.) ist relevant für ganz Ägypten; folgerichtig wird hier in altägyptischer Sprache gesungen. Im zweiten Akt entfernt sich das Geschehen immer mehr vom gesamten ägyptischen Volk, und der Zuhörer erlebt am Ende dieses Aktes eine Konzentration auf Echnaton und seinen Gott beim Vortrag des Aton-Hymnus, in die der Rezipient durch Verwendung seiner eigenen Sprache unmittelbar eingebunden wird. Hier ist ein inhaltliches Verstehen ohne Mittler nötig und möglich, sodass einmalig eine direkte Beziehung des Pharaos zum Publikum entsteht. Parallel zur stufenweisen Verengung des Gesichtskreises vom Beginn der Oper bis zum Sonnengesang setzt nun eine stufenweise Erweiterung ein: Zunächst wird die Familie Echnatons eingebunden, dann das ägyptische Volk und schließlich sogar das Ägypten umgebende Ausland, textuell verdeutlicht durch die Verwendung der akkadischen Sprache.

Die Transponierung toter Sprachen in eine zeitgenössische Oper mag vielleicht gewagt erscheinen: Die Sprachen sind den Zuhörern in der Regel völlig fremd, andererseits dienen gerade sie als Medium der Vermittlung einer anders kaum enger erfahrbaren, aber dennoch reellen Vergangenheit. Durch die gesprochenen bzw. gesungenen Originaltexte soll der Zuschauer unmittelbar Augen- und Ohrenzeuge des historischen Geschehens werden. Außerdem ist durch die in der Publikumssprache gesprochenen Texte der Sprechrolle vermutlich eine größere Chance des Verstehens gegeben als bei einer in schlecht verständlichem Italienisch gesungenen Oper.

Anmerkungen / Literatur:

[1] Als Beispiele aus der Belletristik seien angeführt: Gedge, Pauline (1985): Pharao. Hamburg; Wood, Barbara (1995): Die sieben Dämonen. Frankfurt am Main. – Zu weiteren literarischen Verarbeitungen und wissenschaftlicher Literatur zu Echnaton vgl.: Schneider, Thomas (1994): Lexikon der Pharaonen: 66–71, bes. S. 70–71 s. v. Amenhotep IV. Zürich.

[2] Uraufführung 1976, Inszenierungen an mehreren Bühnen in den USA und Europa.

[3] Uraufführung in Rotterdam, in Deutschland 1980 exklusiv in Stuttgart.

[4] Jones, Robert T. (Hrsg.) (1988): Glass, Philip. Opera on the Beach. On His New World of Music Theatre: 138. London.

[5] Musikalische Leitung: GMD Dennis Russel Davies; Inszenierung: Achim Freyer; Bühnenbild und Kostüme: Achim und Ilona Freyer; weitere Aufführungen, allerdings in der Produktion von David Freemann: Houston Grand Opera, New York City Opera, English National Opera London.
Eine Neuinszenierung in Europa hat 2001 in den Niederlanden stattgefunden. Das Muziektheater Hollands Diep wird die niederländische Premiere dieser Oper herausbringen, und im Oktober 2001 werden Aufführungen der Oper „Akhnaten" in Dordrecht stattfinden. Musikalische Leitung: Neal Stuhlberg, Regie: Cilia Hogerzeil.

[6] Shalom Goldman, Robert Israel, Richard Ridell.

[7] 1351–1334 v. Chr., nach Beckerath, Jürgen von (1997): Chronologie des pharaonischen Ägypten. Münchner Ägyptologische Studien Band 46: 111–114.

[8] Zur historischen Gestalt des Echnaton siehe: Hornung, Erik (1995): Echnaton – Die Religion des Lichtes. Zürich.

[9] Vgl. hierzu: Fransen, Paul John (1993): Philip Glass's Akhnaten. In: The Musical Quartely Vol. 77, 2: 241–267, mit Notenbeispielen und Schaubildern. Oxford.

[10] Glass a.a.O. (Anm. 4): 155; 156.

[11] Pyramidenspruch 194a.

[12] Aus: Hornung a.a.O. (Anm. 8): 88–93.

Griechisch-römische Motive

Der Bühnenbildner Dionysis Fotopoulos

C. Bernd Sucher

Zusammenfassung

Dionysis Fotopoulos, Bühnen-, Kostüm- und Maskenbildner, Mitarbeiter von Peter Hall und Peter Stein, versucht wie kein anderer zeitgenössischer Theatermacher, das antike Theater in seinen Arbeiten zu reflektieren. Sowohl bei der Gestaltung der Räume als auch bei seinen Stoff- und Maskenkreationen, ja selbst bei seiner Art, Schauspieler oder Sänger zu schminken, greift er auf Vorbilder des griechischen Theaters zurück. Seine Kunst behauptet das Theater als kultischen Raum, und das bedeutet, dass er die Bühne nutzt als Agora, als Marktplatz, oder aber die kreisrunde Orchestra mit Skene und Parodostor wieder herzustellen versucht. Bei seinen Masken- und Kostümerfindungen lässt er sich inspirieren von den Schauspielerdarstellungen auf griechischen und römischen Vasen und Schalen.

„In Epidauros weiß man, daß Theatermachen und Theaterleben einer Liebesbeziehung gleichen. Man spürt, daß mehr da ist, als man gerade wahrnimmt. Und wenn das Spiel, das die Seele erfaßt, vorüber ist, dann ist es wie mit einer Liebe, die endet: Der Verlust schmerzt."

Dionysis Fotopoulos, Bühnen- und Kostümbildner, 1943 in Kalamata geboren, kann nicht lassen von diesem Ort. Er lebt nicht bloß in der Nähe dieses antiken Theaters, er organisiert in Epidauros ein jährliches Theaterfest – und er entwirft für diesen Raum seit Jahren Bilder, erfindet für die Akteure in dem Rund Kostüme und Masken. Was er vom Theaterspiel behauptet, dass nämlich mehr da ist, als der Zuschauer zunächst wahrnimmt – genau dies zeichnet die Kunst von Fotopoulos aus. Mögen seine Räume, seine Kleider, Tuniken, Anzüge und Rüstungen, seine Halb- und Ganzmasken noch so opulent sein, so reich und bunt gemustert und garniert, niemand täusche sich: Dionysis Fotopoulos ist ein Meister des Minimalismus. Was er offenbart, was er versteckt, ist genau geplant und gründet in seiner Verehrung für das antike Theater und beweist Kenntnis.

Sucht man nach den Quellen seiner Raumerfindungen, so ist es gewiss richtig, bei der Rückschau nicht Halt zu machen beim Theater von Epidauros, das im 3. Jahrhundert v. Chr. gebaut worden war und den klassischen Grundriss hat: Kreisrunde Orchestra, Skene und (wieder errichtetes) Parodostor. Viel früher schon spielte man Theater. Wenngleich nicht nachzuweisen, geht die Theatergeschichte davon aus, dass bereits in den dreißiger Jahren des 6. Jahrhunderts v. Chr. der Schauspieler Thespis die ersten Tragödien auf der Agora, dem städtischen Marktplatz, aufgeführt habe. Dieser Hinweis erscheint mir bedeutungsvoll. Denn wenn Fotopoulos Räume gestaltet in festen, also geschlossenen Theatergebäuden, dann ist eines seiner wichtigsten Gestaltungsmittel, den rechteckigen leeren Raum entweder umzugestalten zur kreisrunden Orchestra – beziehungsweise den ältesten Theaterbau in Griechenland zu zitieren, jenen von Thorikos, in dem ein rechtwinklig angelegter Platz mit einer elliptisch gerundeten Orchestra versehen wird – oder auf dem Bühnenboden einen neuen erhöhten Platz zu errichten, eine Agora. Nur ganz selten ist Fotopoulos von diesen beiden Raumidealen abgewichen und hat realistische Wohnzimmer, Palastsäle im Stile des 19. und 20. Jahrhunderts gebaut.

Das beste Beispiel für die antike Platz-Lösung, die Bühne zum rechteckigen öffentlichen Versammlungsort umzugestalten, ist Fotopoulos' Lichtgitter-Podest für J. Houvardas' Inszenierung der euripideischen „Alcestis" (1984, Nationaltheater Nordgriechenland). Selbst mit den leeren, aber nach drei Seiten mit Wänden begrenzten Räumen, die Fotopoulos für Elias Canettis „Die Befristeten" (1974/75, Nationaltheater Nordgriechenland) oder für Horvaths „Glaube, Liebe, Hoffnung" (1989, Poreia Theater) schuf, assoziiert der Künstler in der Geschlossenheit den öffentlichen Raum.

Weit häufiger als eine Wiederherstellung der Agora versucht Fotopoulos jedoch, im rechteckigen Raum Orchestra und Skene zu etablieren – gegen alle architektonischen Widrigkeiten (Abb. 1).

Er fügt also dem runden Auftritts- und Spielplatz rückwärtig, am Rande der Orchestra, ein Bühnenhaus hinzu. Die Skene, zunächst wohl wirklich ein Zelt wie der Name sagt, später eine Bretterbude, diente in den Anfängen des attischen Theaters als Umkleideraum für Schauspieler und Choristen sowie als Requisitenkammer und wurde erstmals bei der Uraufführung der „Orestie" des Aischylos 458 v. Chr. ins Spiel einbezogen. Die Skene war Palast und Tempel.

Diese Lösung wählte der Bühnenbildner 1979 im Art Theatre für Aristophanes' „Die Ritter". Die Orchestra wird in der Tiefe abgeschlossen durch eine Hütte aus Strohballen. Für die „Orestie" (1980–1982 am selben Theater) baute er hinten mehrere Tore; und für Euripides' „Eleni" (1982, Nationaltheater Nordgriechenland)

Abb. 1: Das antike Theaterrund in einem geschlossenen Raum. Fotopoulos' Bühne für die „Medeia" von Euripides. Szenenbild (Bühnenebenen dem Diskos von Phaistos nachempfunden) aus einer Aufführung des Cyprus Theatre, Nicosia, 1984. (© Dionysis Fotopoulos).

schuf Fotopoulos anstelle der Skene einen Wohnturm, der ein wenig an eine Pyramide erinnerte, daneben aber durchaus die Assoziation eines florentinischen Geschlechterturms zuließ.

Die beiden wohl bedeutendsten Beispiele für jene Mischform aus Agora und Orchestra in einem herkömmlichen Theater mit Parkett und Rang sind Fotopoulos' eindrucksvolle Gestaltungen der Salzburger Felsenreitschule. 1992 baute er für Peter Steins Inszenierung von Shakespeares „Julius Caesar" vor die Galerienwand einen rechteckigen Platz, zu dem in die Tiefe und an den beiden Seiten jeweils mehrere Stufen hinabführen zu einem kleinen Platz (Abb. 2).

Wiewohl der Verhandlungsort nicht kreisrund ist, sondern ein ziemlich schmales Rechteck – jedermann erkannte, dass aus der Felsenreitschule ein griechisches Theater geworden war: Ein Ort des Gerichts, eine demokratische Stätte.

Zwei Jahre später gelang Fotopoulos ein ähnliches Meisterwerk für Steins Inszenierung von Shakespeares „Antonius und Cleopatra". Diesmal engte er den weiten Raum durch zwei rostbraune Wände ein, die die Form der Galerien wieder aufnahmen und mit den Fensteröffnungen Soldatenaufmärsche zu allen drei Seiten möglich machten. Dieser neu geschaffene Raum erwies sich noch aus einem anderen Grunde als vortrefflich: Die Einbauten verbesserten die Akustik (Abb. 3).

Alle architektonischen Erfindungen Fotopoulos' zitieren die griechischen Theaterräume. Selbst wenn der Künstler einen Zirkus nachbaut, erahnt der Zuschauer als Vorbild das Dionysos-Theater Athen. Selbst wenn auf der leeren Bühne nur rechts und links in einem großen nachtblauen Schlafsaal Betten stehen wie 1992, als Fotopoulos für das „La Mamma" Euripides' „Iphigenie in Tauris" ausstattete, erinnert sich der Zuschauer daran, dass hier im Verschlossenen etwas verhandelt wird, was die Stadt, den Staat interessiert. Und dieselbe Assoziation stellt sich ein, sieht man die düstere leere Fläche, umstanden nur von kahlen Baumstämmen, die Fotopoulos 1988 für Tschechows „Möwe" schuf (Nationaltheater, Athen). Gewiss gilt Fotopoulos Regisseuren als einer der einfallsreichsten Bühnenbildner, aber einzigartig – und dieser Superlativ sei gewagt: unvergleichlich – ist Fotopoulos als *der* Masken- und Kostümbildner. Wer das Rokokopaar mit den Vogelmasken sah, die miteinander Schach spielten (Tirso de Molina: „Don Juan", 1989, Nationaltheater, Athen), wer den blutroten stierköpfigen Dionysos wüten erlebte (Euripides: „Die Bacchen", 1991, Epidauros), wer den schönen Engel mit den Riesenflügeln in Wildes „Salome" bewundert hat oder Fotopoulos' Installationen betrachten durfte – nackte Frauen in den verrücktesten Posen mit den aberwitzigsten Masken, Hüten, Federn –, der erkennt in Fotopoulos' Kunst jene Theaterfiguren wieder, die von antiken Keramiken, Mosaiken und Plastiken überliefert sind.

Die gefiederten Vogelmenschen zum Beispiel gab es bereits im 5. Jahrhundert v. Chr. im griechischen Theater. Eine Vase, die etwa 70 Jahre älter ist als das 414 v. Chr. uraufgeführte Stück „Die Vögel" von Aristophanes, zeigt Schauspieler mit Flügeln an Armen, Köpfen und Beinen (British Museum, London). Fotopoulos' Dionysos finden wir abgewandelt auf einer anderen Vase (Staatliche Museen, Berlin), auf der eine Szene aus Aristophanes' „Die Ritter" abgebildet ist. Die Vorbilder zu Fotopoulos' komischen Kerlen, jene Komödienfiguren, deren Masken lächerlich liebenswert sind, finden wir vielfach auf antiken Friesen, Scherben, Töpfen. Als eine der schönsten gilt mir die lachende Maske eines feisten Mannes mit buschigen Augenbrauen und einer klobigen Nase, sie ruht in der Hand einer als Ceres gedeuteten Marmorstatue (Louvre, Paris).

Keine Frage: Fotopoulos ist ein Kenner der griechischen und römischen Masken (Abb. 4). Manchmal genügt es ihm, sie nachzubilden, weit häufiger aber – und darüber ist die Freude besonders groß – entwickelt er das Vorgefundene weiter, zitiert moderne oder zeitgenössische Künstler. Aus dem Chor des sophokleischen „Oedipus Rex" (1987, Nationaltheater, Epidauros) macht er eine erschreckende Gruppe Rodinscher Sklaven und Gefangener. Aus den Männern in Gogols „Tagebuch eines Wahnsinnigen" (1988, Poreia Theater) gestaltet er Gespenster, die jenen Mumien ähneln, die im Convento

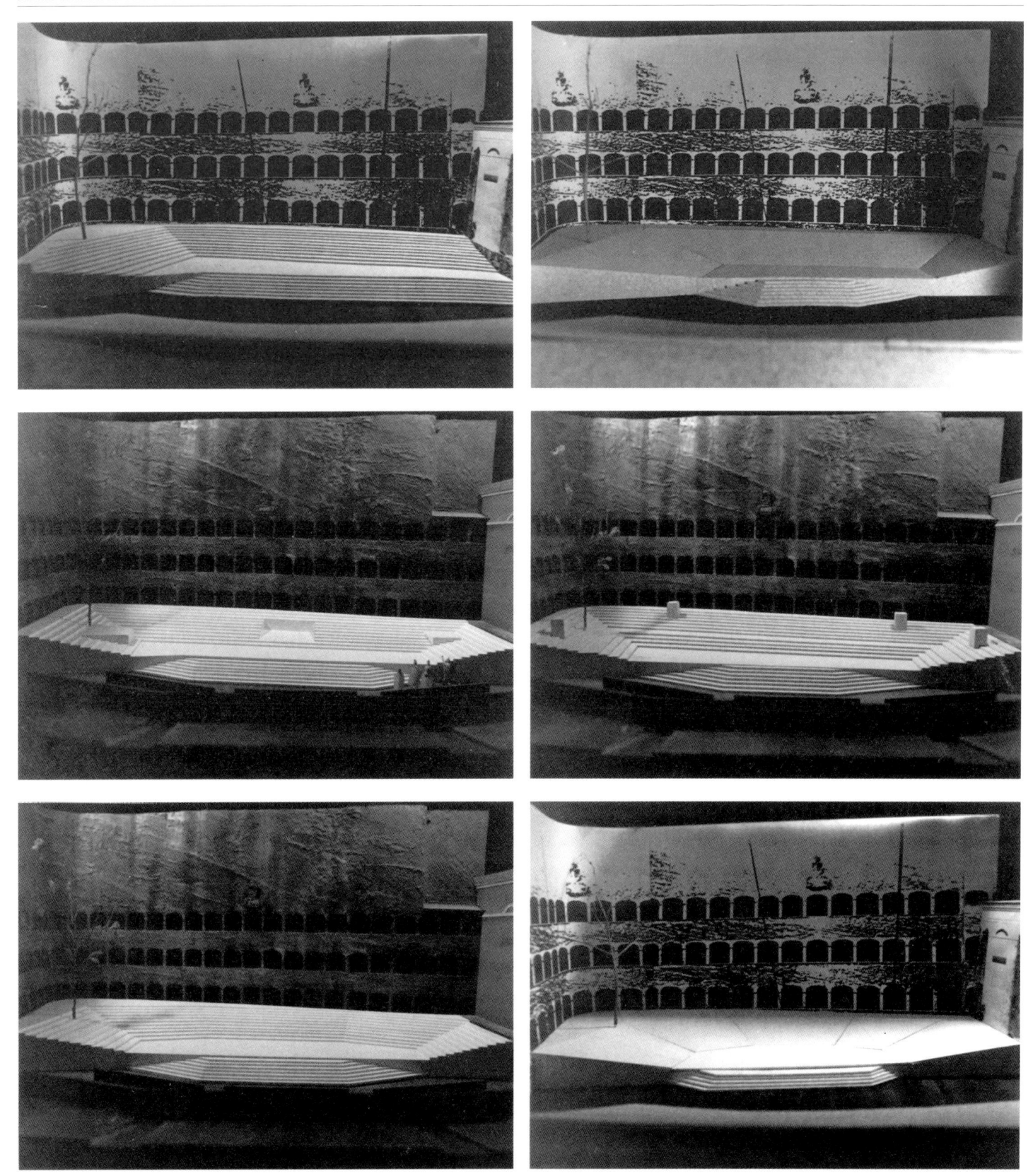

Abb. 2: Bühnenbildentwürfe von Dionysis Fotopoulos für Peter Steins Inszenierung des „Julius Caesar" von William Shakespeare. Die letzte Version wurde 1992 in der Salzburger Felsenreitschule realisiert. (© Dionysis Fotopoulos).

Abb. 3: Den Raum verkleinert: Für Peter Steins Inszenierung von Shakespeares „Antonius und Cleopatra" zog Fotopoulos in der Salzburger Felsenreitschule 1994 Seitenwände ein. Szenenbild. (© Dionysis Fotopoulos).

dei Cappuccini in Palermo zu sehen sind (Abb. 5).

Für die Uraufführung von vier Kurzopern griechischer Komponisten (1988, Kreta) schuf er Papier- und Pappmasken, die an die Werke Mirós und Picassos erinnern. Für Peter Halls Inszenierung der Aristophanes-Komödie „Lysistrata" (1993, Old Vic, London) nahm er Anleihen bei den Masken des antiken Theaters und zugleich bei der Commedia dell'Arte.

Manchmal verzichtet Fotopoulos auf Masken, manchmal genügen ihm – wie zu Beginn der darstellenden Kunst in Griechenland – Anmalungen, Schminke z. B. bei Brechts „Dreigroschenoper" (1980/81, Nationaltheater Nordgriechenland), aber selbst dann künden Frisuren oder Weinlaub im Haar ganz deutlich von den griechischen Ursprüngen. Die Maskenkunst des Dionysis Fotopoulos vereint das griechisch-römische Vorbild mit ganz modernen Elementen. Fotopoulos spielt mit seinem Material, bricht es ironisch – und zuweilen macht er sich darüber auch lustig.

Und manchmal erschrecken seine Kreationen, weil sie dem Original so gespenstisch nahe sind: In einer Terenz-Handschrift des 9. Jahrhunderts n. Chr. (Codex Vaticanus latinus 3868) finden wir die Abbildung eines Maskenregals (Scrinium) zur Komödie „Phormio". Auf drei Böden übereinander stehen dreizehn Vollmasken, darunter liegt ein Schwert. Wir sehen schöne Frauenköpfe und abscheuliche Männergrimassen. Kleine hölzerne Gliederpuppen, Masken hat auch Fotopoulos in einer Installation in leere Regale gesetzt, gelegt, gestellt. Es ist unwahrscheinlich, dass er sich mit dieser Todesmetapher nicht auf dieses Maskenregal bezieht, das gleichfalls nicht allein vom (vergangenen, immer wieder neu zu erweckenden) Theater kündet, sondern von Vergänglichkeit.

Was Fotopoulos mit seinen Masken gelingt, erreicht er auch mit seinen Kostümen. Indem er versteckt und verkleidet, erklärt und verklärt er zur selben Zeit. Er schafft Distanz und zugleich Nähe. Und er erreicht etwas, was das griechische und römische Theater vom Zuschauer forderte und was den heutigen Theatergängern, die gewöhnt sind an Naturalismus und Realismus, an die Deckungsgleichheit von Gezeigtem und Gemeintem, immer mehr verloren geht – zum einen die Phantasie, zum anderen das Vermögen, die Zeichen, die ausgehen von Schminke, Maske, Kostüm und Raum, zu dechiffrieren. Fotopoulos' Kunst ist eine Herausforderung besonderer Art, weil sie – gerade in den Zitaten der antiken Kunst, aber auch in der Verwendung moderner Verweise, auf das Bauhaus zum Beispiel, auf Tadeusz Kantor und Christo – den gebildeten Zuschauer verlangt, der weit mehr Vergnügen an Fotopoulos' Verschlüsselungen haben wird als der naive.

Das weiß der Künstler. Das will er: „Ich mag Masken, weil ich glaube, daß bei der Realisierung vieler Texte Masken helfen. Sie geben den Zuschauern Phantasie. Und sie geben den Schauspielern Freiheit, weil sie sich mit ihnen ganz anders bewegen müssen. Durch die Maske wird vieles alt, was eigentlich neu ist – und umgekehrt. Eine Aufführung, in der die Schauspieler maskiert sind, wird tiefer, wird intellektueller und zugleich naiver." Fotopoulos möchte zurück zu den Zeiten, da die Aufführung eine kultische Handlung war, sich, wie Ortega y Gasset formulierte, „nicht so sehr auf dem Theater wie im Geist der Zuschauer abspielte".

Kostüme, das verwundert wenig, sind für Fotopoulos gleichfalls Maskeraden. Schon in den griechischen Tragödien und Komödien wechselten die Schauspieler während einer Aufführung mehrfach Maske und Gewand, nicht zuletzt, um in einem Stück mehrere Rollen übernehmen

Abb. 4: Totenkopf und Vogelmaske und nackter Frauenkörper. Eine Menschen-Installation von Fotopoulos, die auf antike Masken zurückgeht. Tod und Eros: Ein Körper mit zwei Mündern und sechs Gliedern. (© Dionysis Fotopoulos).

zu können, was heute nur noch höchst selten vorkommt. Fotopoulos – und diese Bemerkung ist keineswegs als negative Kritik gedacht, sondern drückt, im Gegenteil, meine größte Bewunderung für den Kostümbildner aus – wäre gewiss, wenn er nicht zum Theater gefunden hätte, ein höchst erfolgreicher Couturier geworden (Abb. 6): Ein Ungaro, ein Joshi Yamamoto, ein (mutigerer) Lagerfeld. Irrwitzig sind seine Kreationen, wenn er nicht, was zuweilen vorkommt, die Mode des antiken Griechenlands oder des 19. Jahrhunderts (in Russland) nur schlicht nachschneidern lässt.

Für manche Aufführungen der Dramen von Aristophanes, Euripides, Sophokles genügte es ihm, auf die antiken Vorbilder zurückzugreifen: Bodenlange Kleider zum Beispiel, in safrangelb (krokotos) für Frauen und für die Dionysos-Auftritte. Bei den Festgewändern, die im ausgehenden 5. Jahrhundert v. Chr. für Heroen und Götter üblich wurden, übertreibt Fotopoulos gern, verfeinert auf die dekadenteste Weise, schwelgt in Stoffen und benutzt für Bekleidung ziemlich ungewöhnliche Materialien wie Papier und Metall. Eine besonders elegante Version der griechischen Mode des 4. und 3. Jahrhunderts v. Chr. lieferte der Kostümbildner 1979 (Art Theatre) für die Inszenierung von Sophokles' „Oedipus Rex".

Doch meistens strebt Fotopoulos danach, Moden zu erfinden, die Gefühle, Stimmungen ausdrücken, Emotionen signalisieren – ohne dabei den Ursprung zu leugnen: Die Toga und der Mantel werden verfremdet. Manchmal verschmelzen Kleidung und Körper, dann schlägt Fotopoulos Schauspieler in Leichentücher oder er spinnt sie wieder ein zu Kokons wie zum Beispiel in der Inszenierung von Canettis „Die Befristeten" (1974/75). Er hüllt sie in Schleier, versteckt sie unter Kapuzen oder maskiert sie zu Skeletten.

Nacktheit scheut er keineswegs – so wenig wie die Szenographen im antiken Athen und Rom nackte Haut fürchteten. Es gibt nur eine Grenze, die die griechisch-römische Komödie gern und lustvoll überschritt, denn sie feierte geradezu sexistische Feste, und die Fotopoulos für seine Arbeit stets respektiert: Fotopoulos

Abb. 5: Ein Mumienchor. Szene aus M. Volanakis' Inszenierung von Elias Canettis „The Numbered", gezeigt 1974 am Nationaltheater Nordgriechenland. (© Dionysis Fotopoulos).

wird nie obszön. Nackte Männer gibt es bei ihm nie, Phallussymbole, wie sie im 5. Jahrhundert v. Chr. überall (vor)gezeigt wurden, sucht man bei Fotopoulos vergebens. Er verwendet sie weder in den griechischen Komödien noch bei Inszenierungen von Brecht oder Jean Genet. Deshalb war seine Ausstattung für dessen „Balkon" eher eine mythische Orgie und ganz gewiss keine pornographische Show, die andere Bühnen- und Kostümbildner so gern illustrieren. Grobheit ist Fotopoulos so zuwider wie jede Vulgarität.

Fotopoulos interessieren nur zwei Dinge und ihnen schenkt er seine Phantasie. Er ist fasziniert von Eros und Thanatos. Davon zeugen seine Räume, seine Kostüme, seine Masken, seine Worte: „Wenn man keine erotische Beziehung hat zu Musik, zu Körpern, zu Texten – dann passiert nichts. Sicher kann man sich einem Text auch ohne Erotik nähern, aber das merkt der Zuschauer sofort."

Dionysis Fotopoulos sucht im Theater das Fest, die Feier, den Kult. Und deshalb bemüht er sich, die alten Formen zu erneuern. Wenn es das antike Theater im ausgehenden 20. Jahrhundert gibt, dann spiegelt es sich am ehesten in seinen Räumen, seinen Kostümen, seinen Masken. Dass er am liebsten in Griechenland arbeitet, und dort bevorzugt in Epidauros, gründet in der Verehrung einer Vergangenheit, die ihm lebendig scheint und die er – selbst in dramatischen und musikalischen Werken der Amerikaner, der Russen, der Engländer, der Franzosen – lebendig hält. Selbstbewusst behaupten seine Kunstwerke: Das Theater ist eine antike Kunst – und der Theatergott mag überall zu Hause sein, allein: Er thront in Epidauros!

Abb. 6: Fotopoulos: Der Coutourier, der Hutmacher. Die Gesichter sind Masken, die Hüte Inszenierungen – und die Frauen: Sein Kunstwerk. (© Dionysis Fotopoulos).

Anmerkungen / Literatur:

Zu Fotopoulos:

Dionysis Fotopoulos: Stage Design Costumes. Kastaniotis Editions. Athen 1986.

Dionissis Fotopoulos: Revelations. Adam Editions. Athen 1989.

Dionyssis Fotoüpilos: Stage Design Costumes. 1985–1995. Kastaniotis Editions. Athen 1995.

Die verschiedenen Schreibweisen des Vornamens finden sich so in der zitierten Literatur.

Weitere Literatur zum Bühnenbild:

Pochat, Götz (1990): Theater und bildende Kunst im Mittelalter und in der Renaissance in Italien. Graz.

Bablet, Denis & Billeter, Erika (1986): Der Maler und das Theater im 20. Jahrhundert. Ausstellungskatalog Schirn Kunsthalle. Frankfurt am Main.

Schweeger, Elisabeth (Hrsg.) (1986): Erich Wonder Raum-Szenen/Szenen-Raum. Graz.

Jan Novák: Moderner Komponist antiker Texte*

Wilfried Stroh

Zusammenfassung

Der tschechische Komponist und Humanist Jan Novák (1921–1984) hat gezeigt, wie sich mit Hilfe der modernen Musik der in den Dichtungen der Römer enthaltene Rhythmus entbinden und damit wenigstens ein Stück antiker Musik wiedergewinnen lässt: So ist er zugleich Gesinnungsgenosse und Antipode zu dem um Metrik wenig bekümmerten Carl Orff. Sein widriges Lebensschicksal, das ihn nach dem Verlassen seiner Heimat beim Ende des Prager Frühlings 1968 durch Europa irren ließ, hinderte ihn nicht am geradezu systematischen Ausbau eines Lebenswerkes, das neben vielen Instrumentalkompositionen in der Vertonung fast aller bedeutenden römischen Dichter und sogar mancher Prosaiker besteht. Wie von den Autoren Horaz, Vergil und Catull im Vordergrund stehen, so dominiert unter den Themen die Liebe, der bis zum Exil sämtliche Werke gelten. Später weitete sich das Interesse; der zu frühe Tod ließ Nováks Zuwendung auch zu den Griechen nicht mehr völlig fruchtbar werden. So ist nicht nur die Pflege, sondern vor allem auch die Fortführung seines bedeutenden Werkes eine Zukunftsaufgabe der europäischen Humanisten.

Wer über antike Musik schreibt, pflegt zu beklagen, dass diese unwiederbringlich verloren sei[1]. Nur wenige, kostbare Dokumente griechischer Notenschrift – und diese aus später Zeit – geben uns ja einen dürftigen Eindruck davon, wie die als so wirkungs- und lebensmächtig beschriebene Musik der Griechen – man denke nur auch an den Mythos vom bestienzähmenden, furienrührenden Sänger Orpheus – dereinst geklungen haben könnte. Und was erst die Römer[2] angeht, von denen im Folgenden vor allem die Rede sein wird, so ist auch nicht eine einzige Note erhalten. Gerade wie zufällig erfahren wir einmal den Namen eines Komponisten wie den des Marcipor Oppii, der die Musik zu einer Komödie des Plautus (um 200 v. Chr.) geschrieben haben soll; auch etwa von der großen Festkantate, die Horaz zu der Jahrhundertfeier, *Ludi saeculares*, des Kaisers Augustus im Jahr 17 v. Chr. verfasst und einem Kinderchor einstudiert hat, ist uns nur der Text, nicht die Musik überliefert. Und doch zeigen ja schon die erwähnten Beispiele, wie sehr gerade den Römern (auch wenn der Musiker als Person bei ihnen meist in geringerem Ansehen stand) die Musik am Herzen lag, eine Feststellung, die durch vieles andere bestätigt wird. Als etwa der erwähnte Plautus die Komödien der Griechen für die römische Bühne bearbeitete, machte er, ganz offenbar dem Bedürfnis seines musikhungrigen Publikums folgend, aus Dramen, die vorwiegend Sprechstücke gewesen waren, lateinische „Operetten": Mehr als die Hälfte des Textes seiner Stücke ist von Musik begleitet, z. T. sogar regelrecht gesungen worden. Auch die populärste Literatur- bzw. Bühnengattung der römischen Kaiserzeit, der gewöhnlich zum Chorgesang von Solisten getanzte *Pantomimus*, ist ein echtes Stück Musiktheater. Und weit über den Bereich der Bühne hinaus zeigen zahlreiche Zeugnisse, dass das öffentliche wie private Leben der Römer nicht minder als das der Griechen, in Arbeit und Freizeit, Militär und Religion, von Musik durchdrungen war.

Poetischer und musikalischer Rhythmus

Ist dies wirklich alles verloren? Immerhin kennen wir die Tonarten der Griechen, die auch für einen Teil der römischen Musik bedeutsam waren. Wir kennen aus Bildern und Beschreibungen, besonders auch aus Ausgrabungen, römische Musikinstrumente und können uns anhand von Originalen und Rekonstruktionen eine Vorstellung von ihrem Klang verschaffen. Vor allem aber ist es die römische Dichtung, in der, sofern sie zum Gesang bestimmt war, der Rhythmus der Musik gewissermaßen mitenthalten ist. Dies liegt an der Eigenart der lateinischen wie der griechischen Phonetik bzw. Prosodie, nach der – anders als in den meisten modernen Sprachen – jede Silbe unweigerlich als entweder lang (–) oder kurz (v) ausgewiesen ist, wobei sich die Länge zur Kürze zumindest tendenziell wie 2:1 verhält. So konnte es durchaus nicht im Belieben des antiken Komponisten stehen, wie er einen gegebenen Text rhythmisieren wollte, vielmehr hatte er sich ohne Rücksicht auf einen auszufüllenden Takt (der erst für die Musik der Neuzeit charakteristisch scheint) nach dem in der Silbenstruktur des Textes selber liegenden Rhythmus zu richten[3]. Während ein deutscher Liedtext wie, sagen wir, Mozarts Tamino-Arie:

> Dies Bildnis ist bezaubernd schön,
> wie noch kein Auge je gesehn …

trotz jambischem Tonfall (d. h. regelmäßigem Wechsel von unbetonter und betonter Silbe) neben dem von Mozart gewählten Rhythmus ♪ | ♪. ♪♪♪♪ | ♪ eine Vielzahl weiterer Rhythmisierungen zulässt (bei denen als Regel nur gilt, dass betonte Silben auf starke Taktteile fallen sollten), ist dies bei einem lateinischen Lied nicht ebenso. Um ein besonders einfaches Beispiel zu geben: Ein auf dem Metrum des *Creticus* (– v –, d. h. lang-kurz-lang) basierendes Lied des Plautus (Curc. 147–154):

Pessul(i), heus, pessuli, vos saluto lubens,
– v – – v – – v – v –
vos amo, vos volo, vos pet(o) atqu(e) obsecro ...
– v – – v – – v – – v – ...

müsste folgenden Rhythmus gehabt haben: ♩ ♩ ♩ ♩ ♩ ♩ ♩ ♩ usw. Oder ein sapphischer Vers wie der des Horaz (carm. 1, 22, 1):

Integer vitae scelerisque purus
– v – – v v – v – –

konnte schwerlich im Rhythmus von Flemmings berühmter choralartiger Vertonung (1811)[4] gesungen worden sein:

Denn in diesem Satz wird jeweils die dritte und die achte Silbe eines Verses, obwohl sie prosodisch kurz ist, musikalisch lang gemessen. Und auch die als Musterbeispiel dieses Rhythmus geltende (freilich auf deutschen Text komponierte) „Sapphische Ode" von Johannes Brahms[5] ♩♩♩♩ | ♩ ♫ ♩ ♩ | ♩♩ ♩ verletzt an zwei Stellen, diesmal in der zweiten und neunten Silbe, das antike Quantitätsschema. Dies müsste an sich keineswegs so sein: Ist ein Komponist willens, sich dem Rhythmus des antiken lateinischen oder griechischen Textes zu überlassen, so kann er ohne weiteres eine sapphische Ode, wie etwa Catulls Hochzeitskantate (Carmen 61) oder sogar ein höchst kompliziertes Chorlied von Pindar oder Sophokles, weit exakter, als dies bei neusprachlichen Übersetzungen der Fall ist, „im Versmaß der Urschrift" (wie man einst sagte) vertonen.

Das Experiment der Humanistenode
Die Neuzeit hat von diesem Angebot der Antike insgesamt erstaunlich wenig Gebrauch gemacht. Eigentlich waren es nur gebildete Komponisten des 16. Jahrhunderts, die in der heute so genannten Humanistenode versucht haben, wenigstens die lyrische Verskunst des Horaz in ihrer Originalgestalt wieder erklingen zu lassen[6]. Angeregt vom deutschen „Erzhumanisten" Conrad Celtis, der als Lateinprofessor seine Studenten zum Odengesang anhielt, komponierte zunächst Petrus Tritonius für jedes der von Horaz verwendeten Vers- bzw. Strophenmaße vierstimmige Chorsätze (herausgegeben als *Melopoiae*, 1507), in denen die 2:1-Relation streng beachtet war. Der erste Vers von *Integer vitae* (siehe oben) klang dann (die Melodie ist im Tenor)[7] folgendermaßen:

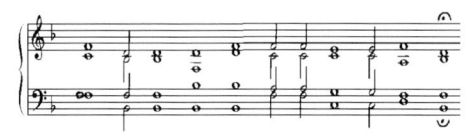

Da alle Strophen sämtlicher Oden auf dieselben Töne zu singen waren, konnte diese Musik natürlich nicht expressiv im Sinne einer üblichen Vertonung sein: Die Komponisten der Humanistenode – auf Tritonius folgten Ludwig Senfl und Isaak Hofhaimer – stellten gewissermaßen nur ein klangliches Substrat zur Verfügung, auf dem dann die Sänger den Text erst eigentlich interpretatorisch zu gestalten hatten.

So lag es wohl nicht an der Eintönigkeit dieser Kompositionsweise, auch wohl nicht so sehr am Nachlassen der Begeisterung für die Antike, wenn die Humanistenode schon mit dem 16. Jahrhundert abstarb und lange in Vergessenheit geriet, als vielmehr daran, dass sie sich mit dem von 1600 an machtvoll aufkommenden modernen Taktsystem nicht vereinen ließ[8]: Horaz-Oden, im Schema von 2:1 vertont, widersetzten sich fast durchweg der Aufteilung in Zeiteinheiten gleicher Größe (etwa bei dem oben erwähnten Sapphiker ♩ ♩ ♩ ♩ ♩ ♩ ♩ ♩ ♩ ♩ ♩), sie waren notwendigerweise taktfrei.

Es müsste in einer eigenen Abhandlung dargestellt werden, wie einzelne Lied-, Chor- und sogar Oratoriumskomponisten des 18. und 19. Jahrhunderts versucht haben, bei der Komposition antik-lateinischer Texte ihre Kenntnis der klassischen Metrik (und natürlich auch ihre jeweilige, nach Nationen z. T. differierende Aussprachegewohnheit) mit den Erfordernissen des Taktsystems auszugleichen[9]. Generell lässt sich sagen: Entweder versuchte man, den normalen prosaischen Wortakzent (*ínteger vítae scèlerísque púrus*) mit dem starken Taktteil in Übereinstimmung zu bringen – so etwa Flemming in dem oben angeführten Beispiel –, oder man rückte an diese Stelle den erst neuzeitlichen[10] Versakzent bzw. Iktus (*íntegér vítae scelerísque púrus*), wodurch zwar dem ursprünglichen Rhythmus meist etwas weniger, der natürlichen Deklamation dafür aber – denn die Betonung der Schluss-Silbe eines Wortes ist sprachwidrig – umso mehr Gewalt angetan wurde. Grundsätzlich lösbar wurde das Problem erst wieder in der Musik unseres Jahrhunderts, indem es ja nun zumindest dem so genannten E-Musiker freigestellt ist, das früher fast ausnahmslos geltende Zweier- und Dreiertaktschema zugunsten „schräger" Taktarten aufzugeben oder auch zwischen verschiedenen Takten frei zu wechseln.

Verschiedene Wege zur Antike: Orff und Novák
Freilich wie selten wurde diese Möglichkeit genutzt! Carl Orff jedenfalls, der 1943 mit seinen *Catulli Carmina* die weitaus berühmteste Vertonung eines antiken Textes auf die Bühne und in die Konzertsäle brachte, fegte, trotz klassisch humanistischer Bildung, mit expressiv motorischen Rhythmen alle Rücksichten auf Metrik und Aussprache genialisch und fast gewalttätig beiseite. Und es war erst ein anderer, jüngerer, der es fertig brachte, mit den Mitteln der modernen Musik die eigentlich antike Verskunst wieder zu beleben und dabei ohne Pedanterie das metrische Prinzip mit einfühlender Interpretation des Textes zu vereinen: Der tschechische Komponist und Humanist Jan Novák (1921–1984)[11], der, hierzulande

noch immer wenig bekannt, vor 18 Jahren in Neu-Ulm gestorben ist.

Wohl nie seit dem Altertum hat sich ein Komponist so intensiv und kundig mit dem literarischen Erbe der römischen Antike beschäftigt; kein anderer hat jedenfalls in solcher Fülle und Vielfalt Werke aus allen Epochen der bis in die Gegenwart reichenden lateinischen Literaturgeschichte musikalisch gestaltet.

Bevor wir Person und Werk näher betrachten, sollen wenigstens zwei kleine, besonders einfache Beispiele vorab Nováks rhythmische Technik, was speziell die antike Metrik angeht, illustrieren[11a]. In seinen postum (1985) veröffentlichten *Cantica latina* für Singstimme und Klavier (= Nr. 6 im unten beigegebenen Werkverzeichnis) klingt der Anfang des oben zitierten Couplets von Plautus – ein von seiner Herzensdame ausgeschlossener Liebhaber versucht, mit musikalischer Gewalt deren Tür zu öffnen – nach einleitendem ironischem Zitat aus dem Anfang von Beethovens Fünfter („So knocks the fate") folgendermaßen:

Wie man sieht, gibt der Fünfachteltakt hier exakt den aus dem Wort *pessuli* (Türriegel) – v – entwickelten kretischen Rhythmus des Originals (– v – – v – – v – usw.) wieder; die im zweiten Teil des (nach 3 + 2 Achteln eingeteilten) Taktes gewissermaßen verkürzte Figur (2 statt der erwarteten 3) scheint dabei sehr ausdrucksvoll dem ungeduldigen Drängen des Ausgesperrten zu entsprechen; besonders malend sind natürlich die pochenden Zwischenspiele der von Novák mit *Quasi fores tundas* („als schlüge man an die Tür") überschriebenen Komposition. Anders als hier ist dagegen bei *Integer vitae*, unserem zweiten Beispiel, eine Art Taktwechsel nötig, um eine Vertonung nach dem 2:1-Schema zu ermöglichen:

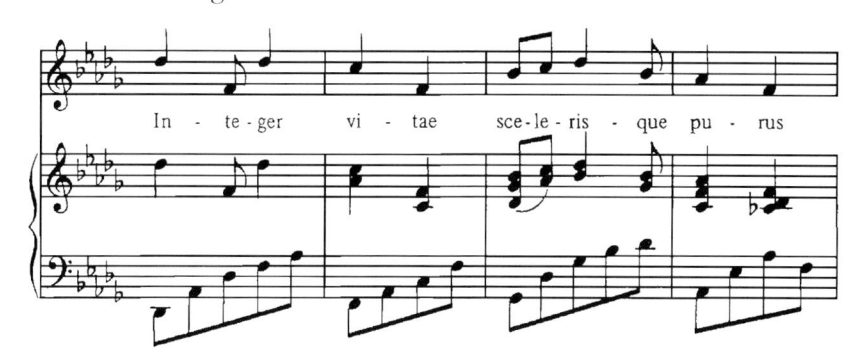

Die Abwechslung von 5/8 und 4/8, die aber gar nicht genau als solche gehört wird (da die Taktaufteilung äußerlich bleibt), ergibt hier einen graziös wiegenden und zugleich spannungsreichen Rhythmus, der sich bis zum dritten Vers der Strophe durchhält, um dann erst, in der vierten, in einen reinen 4/4 Takt aufgelöst zu werden. Schwerlich dürfte je eine nachantike Komposition den Zauber der sapphischen Strophe authentischer und musikalisch reizvoller vermittelt haben.

Erste Lateinbegeisterung:
Der Lyriker Horaz

Es war Jan Novák (Abb. 1), der am 8. April 1921 in Nová Říše, einem mährischen Bauerndorf, als Sohn eines Kleinkaufmanns geboren wurde, nicht unbedingt an der Wiege gesungen, dass er einmal der Lateinkomponist seines Jahrhunderts werden sollte. Immerhin lernt er auf dem strengen von Jesuitenpatres geleiteten Internat von Velehrad, wenn auch zunächst ohne sonderliche Neigung, Latein und Griechisch – bis ihm, zum ersten Mal, seine Freiheitsliebe zum Verhängnis wird. Im offenen Widerstand gegen die Disziplin der Anstalt zieht er mit zwei Mädchen am Arm durch die Stadt und provoziert so absichtlich seine Relegation. Zunächst ohne die Unterstützung der verstimmten Eltern schafft er 1939 doch in Brünn sein Abitur und nimmt währenddessen schon den ersten Unterricht in Theorie und Komposition. Es folgt ein ordentliches Studium an dem dortigen Konservatorium vor allem bei V. Petrželka, unterbrochen durch Zwangsarbeit in Deutschland, später auch in Prag bei P. Bořkovec; nach dem Zweiten Weltkrieg werden seine ersten Orchesterwerke öffentlich aufgeführt. Eine frühe lateinische Komposition entsteht schon 1947 mit den *Carmina Sulamitis* (= Nr. 7 im beigegebenen Werkverzeichnis), einer Vertonung von Texten aus dem biblischen Hohen Lied in der kirchlichen Normalfassung, der auf Hieronymus zurückgehenden so genannten Vulgata; das klangschöne Werk für Mezzosopran und Orchester bzw. Klavier zeigt aber mit seinen freien Melismen noch nicht Nováks spätere Passion für den lateinischen Sprachrhythmus.

Die entscheidenden musikalischen Impulse gibt Amerika. Ein Stipendium setzt Novák in die Lage, 1947/48 in der Tanglewood Summer School bei Aaron Copland und vor allem in New York bei seinem Landsmann Bohuslav Martinů zu studieren: Von ihm, dem hochgebildeten Menschen und Erben der großen mährischen Musiktradition, lernt er die Kunst, wie er selber sagt, aus wenigen Motiven viel zu machen; ihn verehrt er zeitlebens als *divinus musicus*. Entgegen der allgemeinen Erwartung bleibt er dann aber nicht in den USA, sondern kehrt in die gerade kommunistisch werdende Heimat zurück, vor

Abb. 1: Jan Novák in den letzten Lebensjahren. (Foto: privat).

allem auch um 1949 Eliška Novák – später nach Vergils Dido „Elissa" genannt – zu heiraten. Mit ihr bildet er ein erfolgreiches Klavierduo; im Übrigen lässt sich mit Musik für Rundfunk, Film und Theater in der Tschechoslowakei so viel Geld verdienen, dass Nováks mit ihren zwei Töchtern trotz politischem Ärger des *pater familias* – ein anzügliches Motiv in einer staatlich angeforderten Polka wird einmal als Beleidigung der Partei interpretiert und mit Entzug von Kompositionsaufträgen auf ein Jahr bestraft – sich Ende der 1950er Jahre die schönste Villa in Brünn kaufen und mit vielen Gästen ein beschwingtes Leben führen können.

Die eigentliche Wendung zum Latein, der Sprache des Klassenfeinds, vollzieht sich im dezidierten Gegensatz zur offiziellen Kulturpolitik. Wie es genau dazu kam, wäre im Einzelnen noch aufzuklären. Auslösend scheint ein lateinisches Zitat gewesen zu sein, das Novák etwa Mitte der 1950er Jahre von einem Freund auf der Straße zugeworfen wurde und das er zu seinem Ärger nicht recht verstand. Er konsultiert die Bibliotheken, vom einen kommt er aufs andere – und unversehens hat er sich, wie es scheint, verliebt in die ihm an sich ja schon bekannte Sprache von Cicero und Vergil. Dabei war es nunmehr vor allem der Rhythmus der Poesie, der, von so wenigen erfüllt, auch von den Philologen meist überhört, ihn, den Musiker, faszinierte und schon bald zu Kompositionen anregte. 1959 entstanden die „Zehn Horazoden", *X Horati carmina*, strophisch vertont für Gesang und Klavier (= Nr. 15 im Werkverz.), ein Werk, das, leider bis heute ungedruckt – zwei Stücke sind immerhin in die *Cantica latina* (1985) übernommen worden –, *in nuce* schon Nováks ganze Kunst im Umgang mit dem Metrum und seinen Sinn für Horaz zeigt – den die heutige Latinistik meist nicht einmal als Gesangsdichter gelten lassen möchte[12].

Vom ersten, zur Einstimmung präludierenden Lied (carm. 1, 32) an die Lyra, das Instrument des „Lyrikers", abgesehen, gelten alle vertonten Gedichte der Liebe, dem Thema, das auch sonst Nováks lateinisches Werk durchzieht; und sie zeigen den als Erotiker meist abgewerteten Dichter Horaz als Meister einer vielgestaltigen, freilich oft ironischen Liebesrhetorik, von der zart sinnlichen Werbung (carm. 1, 23) über die physischen Qualen der Eifersucht (carm. 1, 13) und hilflosen Empörung (carm. 2, 8) bis zur vergeblichen Entsagung (carm. 3, 26) und Kapitulation (carm.1, 19): Konsequent mündet das Werk in einen Hymnus auf die von Horaz so oft apostrophierte Liebesgöttin: *O Venus regina* ... (carm. 1, 30).

Metrisch ist der vom Komponisten in jeder Hinsicht durchdachte Zyklus so angelegt, dass am Anfang und Ende – Musik und Liebe, verkörpert in Lyra und Venus – jeweils eine sapphische Strophe, das Metrum, das Novák immer am liebsten vertont hat, zu stehen kommt. Im Übrigen bringen die ersten sechs Lieder je ein neues Versmaß; in den verbleibenden vier werden zwei schon vorgestellte Maße (die sapphische und die vierte asklepiadeische Strophe) je noch zweimal variiert. (Das Grundprinzip einer solchen metrischen Anordnung hat Novák von Horaz selbst, wenn auch in sehr veränderter Form, übernommen)[13]. Dabei zeigt Novák gerade durch solche Variationen, wie es möglich ist, auch bei Bewahrung einer strengen 2 : 1-Relation bezüglich langer und kurzer Silben – von ihr weicht er nur selten (in carm. 1, 32; 1, 13; geringfügig auch in 1, 4) ab –, demselben Versmaß je nach dem Inhalt des jeweiligen Gedichts ein völlig verschiedenes Ethos zu geben. Dies bewirkt nicht nur die verschiedenartige Figurierung der Klavierbegleitung (die vom strengen 4/4 Takt in carm. 1,4 und 3/4 Takt in carm. 3, 12 bis etwa zum geordneten Wechsel von 4/8, 9/8, 11/8, 10/8 in carm. 1, 19 geht), sondern vor allem auch die Möglichkeit, am Ende und gelegentlich auch in der Zäsur des Verses eine (verschieden lange) Pause zu machen. Noch beim Abschluss der *Cantica latina* kurz vor seinem Tod stellt Novák mit Stolz fest, dass er, bei aller metrischen Genauigkeit, nie eine sapphische Ode in genau gleicher Gestalt wie eine andere komponiert habe.

Erotisches von Catull, Sulpicia und Vergil

Von seinem nächsten lateinischen Werk, den für Sopran und Cello geschriebenen *Dulces Cantilenae* (1961), die wiederum dem Hohen Lied der Bibel, diesmal aber in der metrischen Version eines tschechischen Renaissancedichters, gewidmet sind, müssen wir, da hier speziell von der Antike die Rede sein soll, absehen. Notiert sei immerhin, dass für Novák, der die lateinische Sprache als eine überzeitliche, nicht an das Altertum gebundene ansieht, neulateinische Texte, ihre literarische Qualität vorausgesetzt, immer fast gleichberechtigt neben den antiken stehen[14]. Seit den frühen 1960er Jahren beginnt er ja auch, selbst als lateinischer Dichter aufzutreten und dabei die Poesie sogar um neu erfundene metrische Formen zu bereichern[15].

Der nächste klassische Dichter, dem er sich widmet, ist der nach Horaz mit Abstand wichtigste Lyriker Roms: Catull. In größtem Gegensatz zum erwähnten, populär leidenschaftlichen Werk Orffs schreibt er 1962, in esoterischer Zwölftontechnik der Mode des Westens huldigend, die verspielte kleine Kantate über den „Catullischen Spatzen", *Passer Catulli*, für Bass, Streichquartett (mit Kontrabass) und Bläserquintett (= Nr. 25 im Werkverz.), ein Werk wieder mit erotischer Thematik, aber diesmal voller Schalkhaftigkeit: Der lässig urbane Rhythmus des römischen Phalaeceus – auch er war einmal (in den 50er-Jahren v. Chr.) eine kurze Modeerscheinung – wird dabei bravourös abgewandelt (in Catull 3 freier als in 2). Richard Novák, Jans Cousin, der berühmte tschechische Bassist, dem er das Werk widmet, war bei der Uraufführung der stilsichere Interpret; die Begleitmusik machte das von Novák gegründete Ensemble „Schöpferische Gruppe A" bzw. *Parasiti Apollinis* (Schmarotzer Apolls). Im Übrigen hat Novák von der seiner Umwelt ohnehin suspekten Dodekaphonie selbst bald wieder zurückgefunden zur, wie er schreibt, „alten guten und schönen Musik" (1974) – nicht weil er am Sozialistischen Realismus Gefallen gefunden hätte, sondern, wie er mündlich bekannte: *quia libertatem amo* („weil ich die Freiheit liebe"), ein Lebensmotto.

Ähnlich wie der *Passer Catulli* könnte man auch die mittellateinische Kantate *Ioci vernales* (Späße zum Frühling) für Bass und neun Instrumente (1964) als eine Art Konkurrenzunternehmen zu Orff, diesmal den weltberühmten *Carmina Burana*, ansehen: Hier hat Novák auch die seinerzeit grassierende Aleatorik einbezogen, und sogar ein Tonband mit diversen Vogelstimmen durfte bei seiner Neutönerei mitzwitschern. Dann entstehen, nach einigem Neulateinischen (darunter einem süffigen Rockschlager auf einen Text von Josef Eberle, dem gekrönten Lateindichter und Chefredakteur der Stuttgarter Zeitung), zwei dezidert tonale Werke, die wiederum deutlich aufeinander bezogen scheinen: Die *Amores Sulpiciae* (1965) für vierstimmigen Frauenchor (= Nr. 3 im Werkverz.) stellen Roms einzige Dichterin, die heute wenigen bekannte, nie zuvor vertonte Sulpicia mit einem Reigen von sechs heißblütigen erotischen Kurzelegien vor. Das nicht eigentlich zum Gesang bestimmte, musikalisch eher spröde Distichon (aus Hexameter und Pentameter) wird dabei unter Wahrung der Quantität, nicht der 2 : 1-Relation, jeweils verschieden aufbereitet, besonders einfach in der sechsten, letzten Nummer (wo das 6 : 1 : 1 der Daktylen, – v v , die Leidenschaftlichkeit gegenüber dem „regelrechten" 2 : 1 : 1 fühlbar verstärkt) – ein apartes Werk, das

seiner Entdeckung nicht nur durch die Feministen harrt:

In dem Gegenstück für Männerchor, *Catulli Lesbia* (1968) (= Nr. 8 im Werkverz.), einer ebenfalls aus sechs Nummern bestehenden Darstellung männlicher Liebesleidenschaft, sind schon nach Ausweis des Titels die Texte wieder aus Catull genommen, wobei diesmal die Rhythmen abwechseln. Eingerahmt von Phalaeceen (Catull 5 und 58) folgt (in verschiedenen Taktarten) ein zum ersten Mal durchkomponiertes Gedicht in sapphischen Strophen (Catull 51) und schließlich, in direkter Konkurrenz zu Orff, das berühmte elegische *Odi et amo* (Catull 85) sowie das hinkjambische Meisterstück *Miser Catulle* (Catull 8) – wann hätte die Muse je graziöser den Schleppfuß nachgezogen! Der tieftraurige Schluss von Catull 76 (wieder elegisch) beendet den Zyklus, der diesmal, ähnlich wie Orffs Werk, eine quasibiographische Summa der Liebe Catulls, vom anfänglichen Überschwang bis zur endgültigen Verzweiflung, gibt. Er sollte zusammen mit den fast durchweg hoffnungsfrohen *Amores Sulpiciae* aufgeführt werden.

Ganz dem Liebesempfinden der Frau widmet Novák seine größte und vielleicht wirkungsvollste Klassikerkomposition, die noch in Brünn entstandene Kantate *Dido* (1967) für Mezzosopran, Sprecher, Männerchor und Orchester (= Nr. 10 im Werkverz.); dank einer Platteneinspielung des vor einigen Jahren verstorbenen Rafael Kubelik, eines Novák tief verbundenen Landsmanns, ist sie ja auch bei uns relativ bekannt geworden[16]. Zum ersten Mal wagt er sich hier an einen Text von Roms Nationaldichter Vergil, der, obwohl sein Hexameter nicht gerade nach Musik zu rufen scheint, schon in der Renaissance öfter

wegen seiner einzigartigen Expressivität vertont wurde; Dido, die unglückliche, geliebte und verlassene Heldin des vierten Buchs der „Aeneis" (das übrigens auch Friedrich Schiller übersetzt hat), war ja auch eine von Purcell bis zu Berlioz beliebte Opernfigur.

Anders aber als etwa diese großen Vorgänger konzentriert sich Novák völlig auf die Hauptgestalt, die Karthagerkönigin Dido (klammert also den tragischen Konflikt ihres Liebes- und vermeintlichen Ehepartners, des aus Troia flüchtigen Aeneas, ganz aus). Der Zuhörer erlebt die Geschichte ihrer Leidenschaft von deren erstem Bewusstwerden bis zum im Selbstmord endenden Wahnsinnsfinale. Nur Dido allein singt neben dem für die erzählenden Partien zuständigen (sprechenden) Rezitator und dem Männerchor, der quasi als idealer Zuhörer die Sympathie für die Heldin auszudrücken und auch zu erregen hat.

Novák musste hier fast nichts zufügen: Schon Vergil hatte öfter, die epische Objektivität verlassend, sein persönliches Mitgefühl für die leidende Fürstin ausgesprochen und sich sozusagen hinreißen lassen zu Ausrufen wie dem berühmten: *Improbe Amor, quid non mortalia pectora cogis!* („Schlimmer Amor, wozu zwingst du nicht die Herzen der Sterblichen!"). Gerade in solchen a-cappella-Chören des Männerchors erreicht Novák die höchste musikalische Intensität; und unvergleichlich rührend und melodisch sind die Verse – oft auch vor Novák komponiert, aber nie schöner –, in denen Dido Abschied von einem Leben nimmt, das nicht nur in einer unglücklichen Liebe, sondern auch in großer staatsmännischer Leistung bestanden hat. Wenn es vor allem Witz, Ironie und Ingeniosität waren, die man dem Werk des jungen Novák nachrühmte[17] – das *génie latin* passt wahrlich gut dazu –, so hat er spätestens in dieser Vergilkantate ebenso zum großen, bezwingenden Ausdruck des Gefühls gefunden, freilich ohne auch hier den Humor ganz fehlen zu lassen: Man höre etwa, wie bei der Jagd, die Dido und Aeneas zuerst in der Liebesgrotte vereint, die swingenden Rhythmen des lärmenden Orchesters echt afrikanisches – wir sind ja in Libyen – Colorit beisteuern.

Der Lateiner im Exil

Mit Dido und Aeneas, die sich beide als Flüchtlinge (aus Tyros bzw. Troia) eine neue Heimat suchen müssen, hatte Novák wie vorausahnend eigenes Schicksal gestaltet: Das Jahr der Erstaufführung, 1968, wurde auch das seines Exils. Schon 1961 hatte es die erste große Auseinandersetzung mit der Partei gegeben: Novák weigerte sich damals, als guter und freier Demokrat, wie er immer sagte, zu einer „Wahl" zu gehen; man trug ihm – war er doch der einzige Brünner Prominente, der so etwas wagte – die Urne sogar ins Haus nach: Vergeblich. Dröhnend folgte die Drohung: „Die Folgen für Sie und Ihre Familie werden Sie sich selbst zuzuschreiben haben!"

Es wurde zunächst noch nicht so schlimm: Dem Ausschluss aus dem Komponistenverband folgte zwar wieder einmal der Entzug staatlicher Aufträge, aber Freunde und geheime Gesinnungsgenossen halfen aus mit Geld und hier und da mit einer Radio- oder Filmmusik – schon nach einem Jahr war der kaum Entbehrliche still und leise wieder aufgenommen.

Anders kam es nun 1968, im Jahr des Prager Frühlings. Zwar glaubte der leidenschaftliche Antikommunist Novák nie an die Möglichkeit des von Dubček erträumten „Sozialismus mit menschlichem Antlitz", aber er unterschrieb – wie sollte er anders? – die „Zweitausend Worte", ein Manifest fortschrittlicher Künstler und Intellektueller, das ihren Verfassern verhängnisvoll wurde. Als die russischen Panzer am 21. August alle tschechischen Hoffnungen in Prag niederwalzten, war Novák gerade mit einem Chor Pavel Kühns bei einem Festival im italienischen Arezzo. Rasch entschließt er sich, nicht mehr in die Heimat zurückzukehren und, besonders auch zum Schutz vor Repressalien, seine Familie nachzuholen. Zwei Wochen später trifft man sich nach abenteuerlicher Flucht in Wien; nachdem eine Zusammenkunft mit Freunden in Deutschland enttäuschend verlaufen ist, ergibt sich für beide Nováks die Möglichkeit einer Beschäftigung an Theater und Konservatorium im dänischen Århus, der ersten Fluchtstation des *musicus exul*.

Zwei lateinische Werke dokumentieren die Wut des Verbannten: In seinem großen, auch preisgekrönten Gedicht *Furens tympanotriba* (Der rasende Paukenschläger) versucht Novák, in catullisch stilisierten, hämmernden Phalaeceen das Gewissen Europas wachzutrommeln. Die kurze Kantate für Chor und Orchester *Ignis pro Ioanne Palach* (1969) feiert wiederum in Nováks eigenen phalaeceischen Versen – es ist offenbar das erste Mal, dass er sich selbst vertont – die Erinnerung an den jungen Helden, der sich als Protestfackel auf dem Prager Wenzelsplatz verbrannt hat: Das Werk kann in der Heimat gerade noch uraufgeführt werden, dann sorgt bei uns Kubelík für sein Bekanntwerden (nach der „Wende" ist, 1990, der *Ignis* die erste Komposition Nováks, die im Smetanasaal von Prag erklingt).

Aber auch die römische Antike gibt Stoff zu musikalischer Trauerarbeit. Novák vertont die ergreifende Klage über den Untergang Trojas im Eingang von Senecas Tragödie „Troas" (bzw. „Troades"): Der *Planctus Troadum* (1969) für Alt, Frauenchor, Celli, Kontrabässe und Schlagzeug (= Nr. 26 im Werkverz.), bestehend aus dem Monolog der Hecuba in – von Novák zum ersten Mal vertonten – jambischen Trimetern und einer quasi rituellen Totenklage in Anapästen – auch dieses Metrum war neu für ihn –, ist ein Werk von einer für den Komponisten geradezu einzigartig düsteren Majestät. Bildungsgeschichtlich ist es darum bedeutsam, weil hier im Chorlied wohl zum ersten Mal ein genuin musikalisches Stück des römischen Theaters – wie die neuere Forschung plausibel gemacht hat, schrieb der Philosoph Seneca seine Tragödien in der Tat für die Bühne[18] – wieder auch für eine szenische Aufführung verfügbar gemacht wurde. Der von der zünftigen Latinistik zu Unrecht meist verachtete Theaterdichter Seneca faszinierte Novák so sehr, dass er sich bis in sein letztes Lebensjahr mit dem Gedanken an eine Bühnenmusik – d. h. eine Vertonung der Gesangspartien – zu Senecas Meisterwerk „Medea" trug. Hier bleibt ein Schatz, den die Komponisten der Zukunft noch werden heben müssen.

Im Übrigen scheint das Exil nicht die innere Kontinuität von Nováks Schaffen zu unterbrechen. Und dies heißt: Lieblingsautor bleibt zunächst Vergil. Kein Werk dieses Meisters spricht mehr von Musik, ist selber musikalischer als seine „Bucolica" (Hirtengedichte) bzw. „Eklogen". In einer noch von Brünn aus übernommenen, dann im Herbst 1969 in Eile ausgeführten Auftragsarbeit für die norditalienische Stadt Rovereto – die bald auch seine neue Wahlheimat wird – vertont Novák, mit genialem Griff auswählend, als *Mimus magicus* für Sopran, Klarinette und Klavier (= Nr. 18 im Werkverz.) den zweiten Teil des achten Gedichtes, in dem eine verliebte italische Bäuerin ihren entlaufenen Liebhaber Daphnis mit allerlei schwarzem Hokuspokus und einem veritablen Zauberlied zurückholen will:

ducite ab urbe domum, mea carmina, ducite Daphnim...

Schafft von der Stadt mir nach Haus, meine Lieder, verschafft mir den Daphnis...

heißt der daktylisch schnurrende, auf nur einen Ton streng metrisch gesungene Vers, der, wie ein Kehrreim wiederkehrend, musikalisch eine Art Rondoform hervorbringt. Lange ist alle Liebeshexerei und Müh vergebens, die Opferglut auf dem Zauberherd scheint schon erloschen – da lassen Vergil und Novák plötzlich Feuer und Lebensmut hell aufschießen: Er kommt!

parcite, ab urbe venit, mea carmina, parcite, Daphnis.

Schweiget, – es kommt von der Stadt – meine Lieder! – nach Hause der Daphnis.

Das ebenso dramatische wie humorvolle Werk ist, wie ein Münchener Experiment 1994 gezeigt hat[19], auch für eine szenische Aufführung geeignet (Abb. 2).

Wie einst der Männerchor *Lesbia Catulli* auf den Frauenchor *Amores Sulpiciae* folgte, so antwortet nun dem weiblich-italischen Liebeszauber des *Mimus magicus* die Liebesklage des griechischen Sängers Orpheus: In Nováks nächster Vergilkantate, *Orpheus et Eurydice* (1970), diesmal für Sopran, Klavier und Viola d'amore (= Nr. 24 im Werkverz.), ist die Poesie der Liebe vor allem ein zweckloses Sichverströmen im Schmerz, wie es Vergil (im letzten Buch seines Lehrgedichts von der Landwirtschaft, den „Georgica") mit herber Süßigkeit beschrieben hat. Leider ist, während der *Mimus* schon zweimal für die Schallplatte eingespielt wurde, dieses reizvolle Werk noch nicht einmal uraufgeführt worden: Keiner der auf Barock erpichten Viola-d'amore-Spieler konnte bisher für die Einstudierung der anspruchsvollen Partie erwärmt werden. Auch die *Fugae Vergilianae* (1974) für gemischten Chor (= Nr. 13 im Werkverz.), Nováks originellste Vergil-Komposition, sind jedenfalls als ganzes noch nicht in den Konzertsaal gekommen. Dem Doppelsinn von *fuga* entsprechend, sind sie vertont in „Fugen"-Form und bestehen aus vier Vergil-Versen bzw. -Partien, die je das Thema „Flucht" behandeln – von der Flucht aus der Heimat bis zur Flucht der verrinnenden Zeit –, so dass also Nováks Lebensschicksal überraschend mit seiner kontrapunktischen Leidenschaft verschmilzt.

Auf italischem Boden

Seinem Lebenslauf sind wir damit schon vorausgeeilt. Die nächsten Fluchtstationen waren, von 1970 an, wie schon angedeutet, Rovereto mit seiner Musikschule und Riva am Gardasee, wo man eine Wohnung fand: Ausschlaggebend bei der Wahl seines Exilortes waren für Novák nicht die dortigen, eher bescheidenen beruflichen Möglichkeiten, sondern vor allem, dass er, besonders in der Academia Lentorum, Menschen fand, die mit ihm in der Sprache des Terenz – auch wenn Italienisch bald gelernt ist – Konversation machen konnten. Hier gewinnt er einen lateinbe-

Abb. 2: Veneris, dic, vincula necto – „Sprich: Ich knüpf Bande der Venus." *Liebeszauber aus dem alten Rom, nach einem Text von Vergil, aus „Mimus magicus" von Jan Novák. Szenische Uraufführung München 1994. Makiko Kurokouchi, Sopran, Bernadette Schnyder, Tanz. (Foto: privat).*

geisterten Verleger, Zanibon, der nun seine Werke betreut; hier veranstaltet er 1972 zum ersten Mal „Feriae Latinae", Musikfestspiele mit Konzerten und Theater, aber auch Vorträgen und Dichterlesungen in lateinischer Sprache (hieraus geht auch sein größtes Werk, die erst 1990 in Brünn uraufgeführte Oper *Dulcitius,* nach einem Text der Rosvitha von Gandersheim, hervor); hier gründet er vor allem mit jungen Enthusiasten den ersten und einzigen Lateinchor der Welt, „Voces Latinae", mit dem er sogar nach Rom reist und beim Papst eine Audienz erwirkt (aber Paul VI. ist nicht so recht entzückt, wenn man ihn auf lateinisch anredet ...).

Angeregt vom Musik-, insbesondere vom Klavierunterricht, den er in Rovereto zu geben hat, entdeckt er an sich auch eine pädagogische Ader und schreibt eine Reihe von Werken für die Jugend, neben viel Instrumentalem auch wieder Lateinisches[20]: *Dicteria* nach eigenen Texten für Kinderchor, zwei *Florilegia* mit mittelalterlichen Versen zum einfacheren Singen, vor allem aber die köstliche *Schola cantans* (1973) aus „ernsten" (*graves*) römischen Autoren für Gesang und Klavier (= Nr. 29 im Werkverz.), eine geniale Adaptierung metrisch lateinischer Texte an heutige Poprhythmik. Meist sind nur minimale Retuschen nötig, damit sich die Quantitäten des antiken Textes den Anforderungen der U-Musik bequemen – wie in dieser Phaedrus-Fabel vom Fuchs und Raben, deren jambischer Senar ungezwungen – auch die Schluss-Synkope ist völlig „klassisch" – einen dem Inhalt entsprechenden „Foxtrott" (Novák: *passus vulpinus*) ergibt:

Abb. 3: Inops potentem dum vult imitari perit – „*Schlecht geht's dem Kleinen der's dem Mächt'gen gleichtun will.*" *Fabel vom Ochs und dem geplatzten Frosch, aus „Aesopia" von Jan Novák. Szenische Uraufführung Brünn 1990. (Foto: R. Sedláček).*

Zum Glück hat Novák diese alle Lateinschüler begeisternden Songs mit seinem Chor und kleiner Jazzband auf Schallplatte (mittlerweile: CD) eingespielt und dabei auch die eigene vitale Stimme als in Liebesnöten grollender Horaz verewigt.

Das schönste dieser Werke für die Jugend sind aber die, freilich erst später (1981) in Deutschland, entstandenen *Aesopia* (= Nr. 1 im Werkverz., vgl. Nr. 2) (Abb. 3) für Chor, Orchester (bzw. zwei Klaviere) und, wenn möglich, Tanz bzw. Ballett: Aesopus, phrygischer Sklave und buckliger Meister der Tierfabel, treibt hier, wieder zu den Senaren des Phaedrus, seine Menagerie auf die Bühne und veranstaltet die amüsanteste zoologische Gartenschau, die es seit dem „Carnaval des animaux" von Saint-Saëns gegeben hat. Wenn sich ein mit dem Kindergemüt Jan Nováks ausgestatteter Choreograph oder besser noch Solotänzer – denn die Aesopia rufen nach einem antiken *pantomimus*[21] – und ein entsprechender Dirigent einmal zusammentun sollten, dann müssten sich mit diesem zündenden Werk die Bühnen erobern lassen (Abb. 4 und 5).

Fröhliche Armut

Wie glücklich insgesamt, trotz äußerer Armut, für den einst verwöhnten Novák die Zeit in Rovereto war, zeigt die vor allem auch in seinen Prosakompositionen kräftig durchschlagende gute Laune. In der *Schola cantans* wagt er es, den leibhaftigen Caesar mit dem berühmten Anfang seines „Bellum Gallicum" als schmetterndem Militärmarsch oder eher beschwingtem soldatischem Wanderlied – unseren Gleichschritt jedenfalls kannten die Römer noch nicht – in Töne zu setzen[22]; denselben parodistischen Geist atmet das für Männerchor gesetzte, nicht minder bekannte, ja geradezu sprichwörtliche Prooemium von Ciceros erster Rede gegen Catilina: *Quo usque tandem ...?* Sie ist erster Teil eines mit „Politicon" überschriebenen Werkes (1977) (= Nr. 27 im Werkverz.), das im Übrigen satirische Texte von Seneca (Anapäste aus der „Verkürbissung" des toten Kaisers Claudius) und dem Novák geistesverwandten amerikanischen Dichterphilologen Harry C. Schnur (C. Arrius Nurus) enthält[22a]; schon die Überschrift zeigt, dass sich Novák von der sein lateinisches Jugendwerk beherrschenden erotischen Thematik gelöst hat – nicht dagegen von der Begeisterung für lateinischen Sprachrhythmus, dem auch die Prosawerke nachspüren.

Dies gilt vor allem für das Meisterwerk seines Humors, den *Apicius modulatus* (1971) für hohe Stimme und Gitarre (= Nr. 4 im Werkverz.), einer (um einige Martial-Epigramme erweiterten) höchst vergnüglichen Sammlung original antiker Kochrezepte, die z. T. geradezu expressionistisch, als handle es sich um gefühlvoll lyrische Texte, musikalisch ausgestaltet werden: Bei der deutschen Erstaufführung (1986) durch die kochlöffelbewehrte Roveretanerin Anna Baldo – ihr und ihrem Mann ist das Werk auch gewidmet – gelang es, beides, die Kompositionen wie die einschlägigen Apicius-Gerichte, zugleich auf die Bühne bzw. unter das Publikum zu bringen. Hier, wenn je, wurde das erreicht, was sich Novák nach eigener, nur halb scherzhafter Aussage von all seinen Konzerten wünschte: dass sich das Publikum vor Vergnügen gelegentlich auch einmal auf die Schenkel schlägt.

Gewichtiger sind die Kompositionen von Horaz, zu dem Novák nun nach weit über einem Jahrzehnt zurückkehrt. Die aus neun Oden bestehende Motette *Servato pede et pollicis ictu* (1972) für gemischten Chor (= Nr. 30 im Werkverz.) gibt schon durch den Titel („Nach Versfuß und Daumenschlag" – gemeint ist der

Abb. 4: Calvus et musca – *Der Glatzkopf und die Mücke. Aus „Aesopia" von Jan Novák. Szenische Uraufführung Brünn 1990. (Foto: R. Sedláček).*

Abb. 5: Bestiarum sub personis / demonstrantur cantu, sonis / hominum stulta vitia / magna, parva media – *„Homo sapiens entfaltet / mit Musik sich tiergestaltet / zu diversen Viecherein / – groß und klein und mittelklein." Aesop präsentiert seine Herde von Fabeltieren, aus „Aesopia" von Jan Novák. Szenische Uraufführung Brünn 1990. Regie und Choreographie: Lubos Ogoun. (Foto: R. Sedláček).*

Abb. 6: Amor docet musicam – *Liebe lehrt die Musik: Motto des Internationalen Musikfestivals LVDI LATINI 1983–1993 in Ellwangen, Augsburg, Freising und München (Emblem: links). Dreistimmige Vertonung von Jan Novák (mit Zusatz:* Qui hoc credit non est sanus; qui hoc credit stultus est *– Wer das glaubt, ist nicht normal; wer das glaubt ist blöd). (Original der Noten in Brief an W. Stroh, 1993: rechts).*

Schlag des Daumens auf die Lyra bei der Einstudierung des Chores) zu verstehen, dass Novák hier in Konkurrenz zu den alten, der Nachbildung des Metrums dienenden Humanistenoden tritt: Von den neun Oden gehören fünf zu denjenigen, in denen Horaz selbst am Anfang seines Werkes (in den neun so genannten Paradeoden, carm. 1, 1–9) diverse Versmaße vorgestellt hatte. Auf der Buntheit, nicht (wie in den *X Horati carmina*) auf einem thematischen Zusammenhang, liegt der Akzent des melodisch und harmonisch höchst aparten Werkes, das demnächst in der Interpretation von Rupert Huber auch auf einer CD vorgestellt werden soll.

Noch frappanter ist die musikalische Wirkung der horazischen Rhythmen in zwei rein instrumentalen Werken: Sowohl in dem *Odarum concentus* (1973) für Streicher (= Nr. 23 im Werkverz.) als auch in der *Cithara poetica* (1977) für Gitarre solo, als der Entsprechung zur antiken Lyra bzw. Cithara (= Nr. 9 im Werkverz., vgl. die Klavierbearbeitung Nr. 22), werden wohl erstmals in der Musikgeschichte antike Metren ohne ihre Texte vorgeführt. Nichts könnte die zeitlose Überlebenskraft der antiken Musik sinnfälliger dokumentieren als diese schier musikalisch faszinierenden Experimente. Sie sind bei Novák nicht einmal ganz auf den *numerosus Horatius* (den „rhythmenreichen Horaz", wie Ovid ihn nennt) beschränkt: In *Bucolicon* (1979) (= Nr. 5 im Werkverz.) unterlegt er den einzelnen Sätzen, freilich nur an bestimmten Stellen, ausgewählte Verse aus Vergils Eklogen. Auch die *Hymni christiani* (1983) (= Nr. 16 im Werkverz.) sind ähnlich angelegt.

Letzte Lebenszeit im Lande des Erlkönigs

Wieder haben wir, der inneren, von den Lebensumständen nur wenig beeinflussten Einheit von Nováks Werk folgend, einen Einschnitt seines Lebens übersprungen. Nach mehrjährigem Hin und Her entschloss er sich 1977, dem wirtschaftlichen Druck und dem dringenden Wunsch seiner Angehörigen folgend, endgültig Italien zu verlassen und nach Deutschland, ins Land von „Nebel und Erlkönig", wie er klagt, zu übersiedeln, er, der mediterrane Lateiner und inzwischen sogar italienische Staatsbürger, *civis paene Romanus!* Die Musikschule von Neu-Ulm verschafft vor allem Frau Novák, die ihrem Mann fürs Komponieren Muße schaffen will, ein angemessenes Salär; und hier endlich in dem Spannungsraum der Universitätsstädte Heidelberg, Tübingen und München findet Novák, wenn auch nur recht mühsam und zögerlich – denn wie den Musikern zu sehr Lateiner, ist er den Lateinern entschieden zu sehr Musiker – Freunde unter den deutschen Altphilologen, die sich von seinem, dem Wissenschaftler oft etwas suspekten, humanistischen Elan mitreißen lassen.

Wie schon 1969 ein Auftritt beim Lateinkongress in Avignon[23] gibt nun 1981 die umjubelte Uraufführung der *Aesopia* bei einer Tagung des Deutschen Altphilologenverbandes in Trier neuen Schaffensmut und Hoffnung auf Unterstützung von denen, die ihn verstehen können; und im Herbst 1983 – hier durfte ich selbst mitwirken – finden als Fortsetzung der früheren „Feriae Latinae" auf Schloss Ellwangen unter dem Motto *Amor docet musicam* (Liebe lehrt die Musenkunst) zum ersten Mal die internationalen Lateinfestspiele LVDI LATINI statt (Abb. 6), deren Name inzwischen fast zum Markenzeichen eines modernen, musisch belebten Lateinunterrichts geworden ist[24].

Vielen scheint Novák nun wie ein gottgesandter Bote einer neuen frühlingshaften Renaissance, einer Wiedergeburt der *studia Latina* aus dem Geiste der Musik ... . In meiner Vorrede zu seinen für die und aus den LVDI LATINI entstandenen, schon eingangs erwähnten, *Cantica latina* (1985), die mit ihren fünfzig aus allen Zeiten genommenen lateinischen Liedtexten eine Werbung für diese Sprache darstellen, wie es sie noch nie gegeben hat[25], habe ich mich bemüht, etwas von dieser Aufbruchstimmung am Ende von Nováks Leben zu vermitteln.

Er selbst war in diesen letzten Jahren zum ersten Mal vor allem auch mit Griechischem beschäftigt: So schrieb er an einer Abhandlung über die von oben nach unten verlaufenden – das schien ihm wichtig – griechischen Tonskalen; und er vertonte, nun endlich auch einmal, griechische Texte: die homerischen Hymnen auf die Musen (1979) und auf Aphrodite (1980), beide für Chor (= Nr. 19 und 11 im Werkverz.). Ein größerer Erfolg wurde die *Sonata super Hoson zes* (1981) für Violine bzw. Flöte und Klavier (= Nr. 31 im Werkverz.), ein Werk, in dem die Themen aller drei Sätze aus dem so genannten Seikilos-Lied, der berühmtesten (inschriftlich erhaltenen) altgriechischen Melodie, entwickelt sind. Vor allem der zweite Satz der eigenartigen Sonate schien zunächst zu lang und schmerzlich, bis man, spät genug, wahrnahm, dass ihn Novák in Ahnung des eigenen Todes, von dem er in den letzten Jahren öfter sprach, geschrieben hatte. Ähnliches gilt für manches in seiner späten Klaviersonate, für das „Stabat mater dolorosa" in den *Hymni christiani* (1983) (= Nr. 16 im Werkverz.), vor allem aber für das Stück, das man wohl zu Recht schon als Nováks Meisterwerk bezeichnet hat, den langsamen Satz, „Corona spinea" (Dornenkrone), der *Sonata da chiesa II* (1981) für Flöte und Orgel. Hier hat der 1984 an einem Gehirntumor Operierte im Titel wie in der schmerzlich dissonanten Harmonik eigenes Leiden visionär geahnt und gestaltet – vielleicht auch eigene Tröstung: Wundersam eingeflochten ist den stechenden Klängen, ähnlich wie in Alban Bergs Violinkonzert, eine Choralmelodie.

Es bleibt uns ein großes Werk, vor allem aber ein großer Auftrag. Wenige Tage vor Nováks Tod am 17. November 1984 gründeten seine Münchener Freunde einen Lateinverein, der satzungsgemäß vor allem auch der Pflege seiner Werke gewidmet ist[26]. Wir veranstalten Konzerte und versuchen mit Schriften, Noten und Schallplatten, Lateiner wie Musiker[27] für Novák zu interessieren; ein Archiv von Noten und Tonaufnahmen steht zu Studienzwecken bereit, über Aktuelles informiert unsere Homepage[28]. Noch wichtiger als die Pflege[29] ist aber die Fortführung seines Werkes. Jan Novák hat als Humanist und lateinischer Autor, besonders aber als schöpferischer Musiker gezeigt, wie die zu Unrecht immer wieder totgesagte Antike neu und beglückend belebt werden kann: ohne akademischen Staub und doch mit wissenschaftlichem Ernst. Durch die Musik hat er den heutigen Menschen einen Königsweg zur erhaltenen römischen Literatur wie zur verlorenen antiken Musik eröffnet. Auf ihm müssen wir weitergehen.

Anmerkungen / Literatur:

* Eine erste Fassung dieses Beitrags ist erschienen in: Atti dell'Accademia Roveretana degli Agiati a. 249 (1999), ser. VII, vol. IX A, 33-62.
[1] Vgl. etwa: Wegner, M. (1949): Das Musikleben der Griechen: 5. Berlin. – Wichtigste moderne Einführung: West, M. L. (1992): Ancient Greek Music. Oxford. – Vgl.: Neubecker, A. J. (1977; 2. Aufl. 1994): Altgriechische Musik. Darmstadt. – Pöhlmann, E. (1970): Denkmäler altgriechischer Musik. Nürnberg.
[2] Grundlegend: Wille, G. (1967): Musica Romana: Die Bedeutung der Musik im Leben der Römer. Amsterdam.
[3] Vgl. hierzu bes.: Georgiades, Thr. (1949): Der griechische Rhythmus. Hamburg. – West a.a.O. (Anm. 1): 128 ff., bes. 130–133. – Sicking, C. M. J. (1993): Griechische Verslehre: 27 f. München. – Immerhin gibt es ausnahmsweise auch die Möglichkeit von Überlängen, sodass dann ein Verhältnis von 3:1 oder 4:1 entsteht.
[4] Nach: Draheim, J. & Wille, G. (1985): Horaz-Vertonungen vom Mittelalter bis zur Gegenwart: eine Anthologie: 102. Amsterdam.
[5] Vgl. bes.: Draheim, J. (1987): Sappho in der Musik. In: Albrecht, M. v. & Schubert, W. (Hrsg.), Musik in Antike und Neuzeit: 147–182, hier: 147–151. Frankfurt am Main.
[6] Vgl. zuletzt: Schmid, M. H. (1996): Musica, theorica, practica und poetica: zu Horazvertonungen des deutschen Humanismus. In: Krasser, H. (Hrsg.), Zeitgenosse Horaz [...]: 52–67 (mit älterer Literatur). Tübingen. – Benz, L. (2000): Celtis, Horaz und die Musik. In: Auhagen, U. u. a. (Hrsg.), Horaz und Celtis: 13–24. Tübingen. – Bergquist, P. & Keyl, St. (2. Aufl. 2001): „Petrus Tritonius". In: The New Grove Dictionary of Music and Musicians Bd. 25: 749–750.
[7] Nach: Stemplinger, E. (1906, Nachdr. 1976): Das Fortleben der horazischen Lyrik seit der Renaissance: 73. Leipzig.
[8] Vgl.: Stroh, W. (1979): Der deutsche Vers und die Lateinschule. Antike und Abendland 25: 1–19, hier bes. 16.
[9] Einige wenige Hinweise bei J. Draheim, Vertonungen antiker Texte (siehe unten: Jan Novák, Werkverz.) und Draheim & Wille a.a.O. (Anm. 4).
[10] Vgl.: Stroh, W. (1990): Arsis und Thesis – oder: wie hat man lateinische Verse gesprochen? In: Albrecht, M. v. & Schubert, W. (Hrsg.), Musik und Dichtung: 87–119 (mit älterer Literatur). Frankfurt am Main u. a. – Die im Titel gestellte Frage ist nicht unumstritten.
[11] Vgl. zu ihm schon: Stroh, W. (1987): Jan Novák: Musiker und Lateiner. In: Albrecht & Schubert a.a.O. (Anm. 5): 249–253: Dieser (neben verschiedenen anderen) erste Versuch wird hier fortgeführt und ergänzt. Zu Nováks Leben stütze ich mich neben persönlichen Erinnerungen (1981–1984) vor allem auf meine Aufzeichnungen von ausführlichen Gesprächen mit Elissa Novák, der Witwe des Komponisten. Verglichen ist ferner außer älteren Lexikonartikeln (wie: Tonetti, O. [1979] in: Die Musik in Geschichte und Gegenwart 16. [Suppl.]: 1415–1416. – Ngmcová, A. [2. Aufl. 2001]: The New Grove Dictionary of Music and Musicians Bd. 18: 208–210, mit älterer Literatur zu Novák) eine maschinenschriftliche Skizze von Jan Novák selbst („Lebenslauf", 1974) und: Pandula, D. (1985): Zum Tode des großen mährischen Komponisten Jan Novák. Ethologie 49: 803–814. Ein annährend vollständiges Verzeichnis der Schriften über Novák findet man unter http://www. klassphil.uni-muenchen.de/~stroh/schriften _ nov.htm
Im Erscheinen: Stroh, W. (2003): De Iano Novák musico et poeta. In: Akten des Kongresses „Germania latina – Latinitas teutonica" (Sept. 2001): 195–216. München. – Vgl. auch das Werkverzeichnis im Anhang und weitere Literatur in den folgenden Anmerkungen, außerdem jetzt: http://www.musica.cz/novakj/index.html.
[11a] Seine Prinzipien bei der Vertonung lateinischer Texte hat Jan Novák selbst erläutert in seiner (vor allem für Kollegen bestimmten) Schrift: Musica poetica Latina: De versibus Latinis modulandis (c. 1973), mit deutscher Übersetzung und lateinischem Kommentar hrsg. von Stroh, W. (2001). München. (Erhältlich über R. Spann, siehe Werkverzeichnis unter Nr. 1).
[12] Seit Anfang des 19. Jahrhunderts gelten die Horaz-*Carmina* meist als Buch- bzw. Leselyrik; vgl. dagegen (m. E. zu Recht): Wille, G. (1961): Singen und Sagen in der Dichtung des Horaz. In: Eranion (Festschr. H. Hommel): 169–184. Tübingen (vgl. auch die in Anm. 2 zitierte Arbeit); die übliche Ansicht versucht zu begründen: Syndikus, H. P. (1973): Die Lyrik des Horaz 2: 244–249. Darmstadt. (Der einschlägige Abschnitt ist jetzt allerdings getilgt in der 3. Auflage 2001).
[13] Horaz eröffnet sein Epodenbuch mit zehn Gedichten im selben Versmaß, denen sieben Gedichte in je verschiedenem Maß folgen; umgekehrt beginnt das Odenbuch mit verschiedenen Strophenformen in den ersten neun Liedern (den so genannten Paradeoden).

[14] Die einschlägigen Werke sind erfasst bei Draheim, Conspectus (s. das Werkverzeichnis).

[15] Nováks Dichtungen sind kurz gewürdigt von: Sacré, Theodoricus (Dirk) (Jan. 1985): De Iani Novák carminibus Latinis in memoriam suavissimi poetae: 5–7 (mit Auflistung einiger von Nováks lateinischen Schriften). Melissa [Brüssel]. Vgl. jetzt von demselben (2001): Musa superstes. De poesi saeculi XX^i schediasma: 37–39. Rom.

[16] Vgl. neben dem Beiheft zur Platte bzw. CD auch das Programmheft der New Yorker Philharmoniker (mit Beitrag von B. Folkman) zur Aufführung der *Dido* im April 1986 (unter M. Turnovsky). – Gelegentlich wurde das Werk auch schon Gegenstand lateinischer Facharbeiten an bayerischen Gymnasien.

[17] Vgl. bes. die Vorrede von E. Herzog zur Partitur von Nováks Martinů-Variationen (1959), Panton (Prag), S. IV (vorhanden im: Institut für Klassische Philologie der Universität München).

[18] Vgl.: Braun, L. (1982): Sind Senecas Tragödien Bühnenstücke oder Rezitationsdramen? Res publica litterarum 5: 43–52 (mit älterer Literatur); bezüglich der Troas habe ich die Bühnenwirksamkeit selbst erprobt (Stroh, W. & Breitenberger, B. [1994]: Inszenierung Senecas. In: Orchestra [...] [Festschr. H. Flashar]: 248–269. Stuttgart, Leipzig), dabei allerdings nicht Nováks Musik, sondern vor allem aus Kostengründen eine neue Gesamtkomposition (von Martin Keeser) verwendet.

[19] Von dem Konzert zum 10. Todestag am 17.11. 1994 (Programmheft: In memoriam Jan Novák) mit Makiko Kurokouchi als Sängerin und Bernadette Schnyder als tanzender Amaryllis (den Klavierpart spielte Nováks Tochter Dora) existiert auch eine Videoaufzeichnung (s. Werkverz.).

[20] Vgl.: Draheim, J. (1980): Vertonungen antiker Dichtung und ihre Behandlung im Unterricht. Der altsprachliche Unterricht 23, H. 5: 6–27.

[21] Ein erster Versuch in dieser Richtung wurde 1996 bei einer Tagung des Deutschen Altphilologenverbandes in Jena gemacht; bei der szenischen Erstaufführung in Brünn 1990 tanzte ein (mit Elementen des modernen Pantomimus choreographiertes) Ballett.

[22] Mit diesem Werk, im Arrangement für Chor und Jazzband (vgl. die CD unter Werkverz. Nr. 29), wurde im Mai 2000 die große Römer-Ausstellung des Freistaats Bayern in Rosenheim eröffnet.

[22a] Schnurs Gedichte, verfasst zur Errichtung der Berliner Mauer, enthielten den leidenschaftlichen Appell, gegenüber den Feinden der Freiheit auf der Hut zu sein. So war es eine sonderbare Ironie der Musikgeschichte, dass die Uraufführung dieses Werkes durch die Münchner „Singphoniker" am 11. September 2001 in München zur selben Stunde stattfand wie die welterschütternde Attacke auf das World Trade Center in New York.

[23] Novák sprach dort „De linguae latinae in musicis nostri temporis operibus usu", abgedruckt in: 4ème Congrès international pour le Latin vivant, Avignon 1969.

[24] Die nach Nováks Tod fortgesetzten LVDI LATINI wurden gefördert vor allem von Rhoda Schnur, der Witwe des von Novák oft vertonten Dichters, mit ihrer Stiftung „Pegasus limited" (St. Gallen).

[25] Vgl.: Rietmann, J. (1990): Amor docet musicam – Jan Nováks Cantica Latina. Der altsprachliche Unterricht 33, H. 4: 5–24. Dass sich diese Lieder auch von Kindern tanzen lassen, zeigte Dora Novák bei szenischen Aufführungen in der Münchner Glyptothek und andernorts (Mai/Oktober 2000).

[26] Zur Entstehung und Tätigkeit dieser Sodalitas LVDIS LATINIS faciundis e. V. (Adresse im Werkverz.) vgl. Stroh, W. (1997): O Latinitas! Erfahrungen mit lebendigem Latein und ein Rückblick auf zehn Jahre Sodalitas. Gymnasium 104: 271–290 (dort auch zur persönlichen Begegnung mit Jan Novák).

[27] Für das nichtlateinische Werk sei jetzt vor allem hingewiesen auf die Einspielungen des Kammerensembles de Paris (unter Mitwirkung von Nováks Tochter Clara, Querflöte): Gallo CD-906 und CD-938.

[28] http://www.klassphil.uni-muenchen.de/~stroh/jan_novak.htm (auch die dort gegebenen Werkverzeichnisse werden ständig überarbeitet).

[29] Eine kritische Ausgabe des Gesamtwerks plant der Musikverlag editio Bärenreiter Praha.

Jan Novák: Vertonungen antiker Texte
Werkverzeichnis

Benutzt wurden die folgenden bibliographischen Hilfsmittel:

J. Draheim: Vertonungen antiker Texte vom Barock bis zur Gegenwart (mit einer Bibliographie der Vertonungen für den Zeitraum von 1700 bis 1798). Amsterdam 1981 (grundlegende Bestandsaufnahme, geordnet nach antiken Autoren).

Ders.: Conspectus rerum omnium quae Ianus Novacus lingua Latina concinenda fecit. In: Vox Latina [Universität Saarbrücken] 17, 1981, 99–101 (erschließt auch Nováks Werke zu mittel- und neulateinischen Texten).

Jan Novák – Operum musicorum conspectus. München (Filmkunst Musikverlag) o. J. [1984], Neudruck (nicht ganz vollständiges Gesamtverzeichnis, das auch die Instrumentalwerke erfasst).

Alle Angaben wurden, soweit wie möglich, überprüft. Soweit Noten bzw. Tonaufnahmen der Werke in der Bibliothek des Instituts für Klassische Philologie der Universität München (IKPhM) vorhanden sind – dort sind im Übrigen nicht nur Vertonungen antiker Texte gesammelt –, sind diese mit Signatur (nov. ...) verzeichnet. Auskünfte und Kopien zu Studienzwecken sind erhältlich über:

Sodalitas LVDIS LATINIS faciundis e. V., c/o Institut für Klassische Philologie der Universität München, Geschwister-Scholl-Platz 1, D-80539 München (Fon: 089/2180-3421 oder -2354; Fax: 089/2180-2355; e-mail: stroh@klassphil.uni-muenchen.de; Homepage: http://sodalitas.de). Viele Werke Nováks sind auch vorhanden in der Musikabteilung der Bayerischen Staatsbibliothek München und in der Bibliothek des Seminars für Klassische Philologie der Universität Heidelberg.

Die ungedruckten Werke sind in der Regel im Besitz von Elissa Novák, Goerdelerweg 7, 89075 Ulm (Fon: 0731/9267746); alle Rechte jetzt bei editio Bärenreiter Praha: http://www.sheetmusic.cz/en/05.htm; lochar@ebpraha.com

Die früher bei Zanibon (Padua) gedruckten Werke sind nicht mehr lieferbar.

Abkürzungen:
CD = Compact Disc
LP = Langspielplatte
IKPhM = Institut für Klassische Philologie der Universität München
MC = Musikcassette
SodLL = Sodalitas LVDIS LATINIS faciundis e.V.
VC = Videocassette

Für Hilfe danke ich meinen Mitarbeiterinnen Frau Daniela Griesmayr, Katharina Kagerer, Dr. Veronika Lukas, Sabine Sans und Michiko Weinmann, für freundliche Hinweise Herrn Dr. Joachim Draheim, Karlsruhe.

1 „Aesopia: VI Phaedri fabellae cantatae et saltatae: versio cum binis clavibus accinentibus", 1981 [Aesopia: Sechs Phaedrusfabeln für Gesang und Tanz: Fassung mit Begleitung von zwei Klavieren], 45 Min.
Kantate für vierstimmigen gemischten Chor (außer den Fabeltexten: Introitus, Praeconia, 5 Ritornelle für die Klaviere, Exitus);
in dieser Fassung ungedruckt; zweisprachiges illustriertes Textheft erhältlich über SodLL.
Fassung mit nur einem Klavier:
editio Bärenreiter Praha, 2002 (H 7882).
erhältlich über
www.editio-baerenreiter.cz/inshop
Text: Phaedrus 1, 1; 1, 3; 3, 16; 1, 24; 5, 3; 1, 11 (mit ergänzenden Texten von Jan Novák).
CD: Iani Novák Aesopia. Jenaer Madrigalkreis, Weimarer Klavierduo, Dirigent: Jürgen Puschbeck (auch als MC). Erhältlich über R. Spann, Verlag und Versand, Panoramastr. 23, 82211 Herrsching, Tel.: 08152/8376, Fax: 08152/40485; http://www.antike-latein-spann.de; verlag @antike-latein-spann.de
IKPhM: Noten: nov. 204 (Chorpartitur); nov. 206 (Fassung mit nur einem Klavier), Aufnahmen: nov. 405 (MC); nov. 406 (MC).

2 „Aesopia minora: VI Phaedri fabulae ad cantum vocum instrumentorumque (ad usum delfini)", 1981 [Kleinere Aesopia: Sechs Phaedrusfabeln für Chor und Orchester (für den Dauphin)], 33 Min.
Orchesterfassung von Nr. 1 „Aesopia" (s. oben), aber ohne zusätzliche Teile wie Introitus usw.;
ungedruckt.
Text: Phaedrus, wie oben Nr. 1 (ohne die ergänzenden Texte).
IKPhM: Noten: nov. 205. Aufnahme: nov. 1035 (VC): Fernsehmitschnitt der szenischen Uraufführung, Brünn 1990 (enthält auch die zusätzlichen Teile von Nr. 1 „Aesopia": Introitus usw.). Chorpartitur vorhanden bei SodLL.

3 „Amores Sulpiciae: VI carmina chorica vocibus quattuor puellarum concinenda", 1965 [Liebeslieder der Sulpicia: Sechs Lieder für vierstimmigen Frauenchor], 10 Min.
Zanibon, Padua, 5144/5145.
Text: Corpus Tibullianum 3, 13–18.
IKPhM: Noten: nov. 207. Aufnahme: nov. 432 (MC).

4 „Apicius modulatus: artis coquinariae praecepta modis numerisque instructa ad cantum cum cithara", 1971 [Apicius vertont: Kochrezepte mit Melodie und Rhythmus für Gesang <hohe Stimme> und Gitarre], 18 Min.
Zanibon, Padua, (Il Bucranio) 5146.
Text: Apicius 1, 1; 2, 4; 7, 14, 1; 8, 7, 3; Martial 13, 5. 18. 29.
CD (mit anderen Werken für Gesang und Gitarre, u. a. von Beethoven, Schubert und Britten): „If Music be the Food of Love. Songs and Recipes prepared by Neil Jenkins & Jan Zácek", Supraphon, Prag (SU 3084–2231).
IKPhM: Noten: nov. 208. Aufnahme: nov. 408 (CD), wie oben; nov. 408b (MC).

5 „Bucolicon: VII cantiones super Vergilii versus clavili binis manibus", 1979 [Bucolicon: Sieben Stücke über Verse Vergils für Klavier zu zwei Händen]; enthält nur sechs Stücke, davon das sechste irrtümlich mit IV bezeichnet.
ungedruckt.
Textgrundlage: Vergil, Ekloge 1, 1–2; 6, 27–28; 2, 13; 5, 20–21; 2, 31; 3, 26–27; 10, 76.
IKPhM: Noten: nov. 212.

6 „Cantica Latina: poetarum veterum novorumque carmina ad cantum cum clavibus modis instruxit I. N.", 1984 [Lateinische Lieder: Gedichte alter und neuer Dichter für Gesang und Klavier].
Artemis, München – Zürich (später übernommen vom Bärenreiterverlag) 1985.
Kopien des z. Zt. vergriffenen Werkes erhältlich über SodLL.
Texte (neben Mittel- u. Neulateinischem): Anthologia Latina 271 Sh.B.; Varro, Saturae Menippeae 349–350, 218 Buech.; Valerius Aedituus (FPL Morel/Blaensdorf); Plautus, Curculio 147–154; Sappho, Fragment 13 L./P.; Catull, Carmina 51, 1–12; 2; Horaz, Carmina 1, 32; 3, 12; 4, 7, 1–12; 3, 18; 1, 21; 1, 9; 1, 22; Anthologia Latina 10 Sh. B.; Carmina Latina Epigraphica 44; 947 Buech.; Claudian, Carmina 12, 1–15. 41–45 (p. 121 sq. Birt); Ausonius, Ephemeris I (p. 5 Peiper); De Bissula 4 (p. 116 Peiper); Boethius, Consolatio 3 carm. 2, 17–26. 34–38; Marcellus Empiricus, De medicamentis 8, 191.
IKPhM: Noten: nov. 215. Aufnahme: nov. 420 (MC): Auswahl.

7 „Carmina Sulamitis", 1947 [Lieder der Schulamit].
Mezzosopran, Klavier (auch mit kleinem Orchester), 19 Min.
Supraphon, Prag.
Text: Vulgata, Canticum canticorum 1, 1–2; 2, 6; 5, 2–3. 5–6. 8; 2, 17; 8, 6.
IKPhM: Noten: nov. 223. Aufnahme: nov. 422 (MC).

8 „Catulli Lesbia choro virorum concinenda", 1968 [Catulls Lesbia für Männerchor], 13 Min.
Zanibon, Padua, 5233.
Text: Catull 5; 51, 1–12; 58; 85; 8; 76, 17–26.
IKPhM: Noten: nov. 224.

9 „Cithara poetica", 1977 [Die poetische Gitarre].
Gitarre solo (vgl. unten Nr. 22).
Moeck (Das Gitarren-Repertoire), Celle 1988.
Text: Horaz, Carmina 1, 31; 3, 18; 1, 24; 4, 3; 3, 11.
CD (mit Werken anderer Komponisten wie Fiala, Eben usw.): „Czech Guitar Music of the 70's and 80's, Martin Myslivecek – Gitarre; Studio principium 2000 (erhältlich über: http://www.musicabona.com/catalog1/PS004-2.html).
LP, in: Jan Novák, Inedita & Mimus magicus (3 LP, Album mit sonst instrumentalen Werken). PM Classic 03-8779 (Associazione Filarmonica di Rovereto), 1987: Renato Samuelli, Gitarre.
IKPhM: Noten: nov. 226. Aufnahme: nov. 528 (MC).

10 „Dido: Narratio, cantica, lamenta ex Vergilii versibus composita vocum sonis instrumentorumque discripta", 1967 [Dido: Erzählung, Gesänge und Klagegesänge aus Versen Vergils zusammengestellt für Stimmen und Instrumente], 35 Min.
Mezzosopran, Sprecher, Männerchor, Orchester;
ungedruckt.
Text: Vergil, Aeneis 4, 1–5. 9–29. 129–142. 151–155. 160–172. 279. 282. 281. 288–291. 296–298. 304–308. 314–330. 393–394. 396. 408–412. 584–591. 607–621. 642–655. 657–668.
CD: Jan Novák, Dido – Mimus magicus. audite 97.457 (1999 „audite" Schallplatten Friedrich Mauermann, Behringweg 6, D-73760 Ostfildern): Rafael Kubelik, Ltg.; Marilyn Schmiege, Mezzo; Hans H. Fiedler, Rezitator; Männerchor und Symphonieorchester des Bayerischen Rundfunks; erhältlich über R. Spann, s. oben Nr. 1.
IKPhM: Noten: nov. 230 (Klavierauszug); nov. 230/1 (Partitur). Aufnahmen: nov. 432 (MC), nov. 665 (CD).

11 „Εἰς Ἀφροδίτην" 1980 [An Aphrodite], 6 Min.
Sechsstimmiger gemischter Chor (altgriech.);
ungedruckt.
Text: Homerischer Hymnus 6.
IKPhM: Noten: nov. 209.

12 „Florilegium cantionum Latinarum: melodiae veteres ad cantum cum clavibus, fasc. I. Hymni et cantica natalicia", 1972 [Blütenlese lateinischer Gesänge: Alte Melo-

dien für Gesang und Klavier, Heft I: Hymnen und Weihnachtslieder].
Zanibon, Padua, 5260.
Text (neben sonst Mittellateinischem): Ambrosius, Hymnus ad galli cantum (Analecta Hymnica 50 [1907], Nr.4).
IKPhM: Noten: nov. 244/1.

13 „IV fugae Vergilianae choro mixto quattuor vocum concinendae", 1974 [Vier Vergilfugen für vierstimmigen gemischten Chor], 19 Min.
Text: Vergil, Ekloge 1, 1–5; Georgica 3, 284–285; Aeneis 9, 717–719; Ekloge 10, 75–77.
IKPhM: Noten: nov. 200/24. Teilaufnahme: cass. 730/1 (MC).

14 „Gratulatio ad sollemnia natalicia a. MCMLXVIII familiae Wille quadrivocae animo grato dicata", 1968 [Glückwunsch zum Geburtstagsfest im Jahr 1968, der vierstimmigen Familie Wille dankbar zugeeignet];
ungedruckt.
Text: Vergil, Ekloge 4, 4–7.
IKPhM: Noten: nov. 200/27.

15 „X Horati carmina ad claves modulata (monodice aut chorice ad claves canenda)", 1959 [Zehn Oden des Horaz mit Klavierbegleitung (für Einzelstimme oder Chor mit Klavier)];
ungedruckt.
Text: Horaz, Carmina 1, 32; 1, 4; 1, 23; 3, 26; 3, 12; 1, 13; 2, 8; 3, 28; 1, 19; 1, 30.
IKPhM: Noten: nov. 264. Aufnahme: nov. 422 (MC).

16 „IV hymni christiani clavibus adiuncto si libet vocis cantu", 1983 [Vier christliche Hymnen für Klavier und Gesang ad libitum]; 16 Min.
ungedruckt.
Text (neben anderem): Alleluia perenne (Analecta Hymnica 2 [1888], 33); Ambrosius, Hymnus „Iesu corona virginum" (Analecta Hymnica 2 [1888], 104).
IKPhM: Noten: nov. 270.

17 „In tumulum Paridis tibia obliqua et canentium choro", 1983 [Grabschrift für Paris für Querflöte und Chor];
ungedruckt.
Text: Martial 11, 14.
IKPhM: Noten: nov. 384.

18 „Mimus magicus: ecloga Virgiliana per soprano, clarinetto Si b, pianoforte", 1969 [Der Zaubermimus: Ekloge Vergils für Sopran, Klarinette in b <oder Querflöte> und Klavier], 16 Min.
Zanibon, Padua, (Il Bucranio) 5183.
Text: Vergil, Ekloge 8, 65–109.
LP: 1. audite 63.413, wie oben unter Nr. 10 „Dido": Makiko Kurokouchi, Sopran; Clara Nováková, Flöte; Dora Novak, Klavier.
2. PM Classic 03-8779, s. oben unter Nr. 9 „Cithara poetica": Anna Baldo, Sopran; Mauro Pedron, Klarinette; Andrea Bambace, Klavier.
IKPhM: Noten: nov. 301. Aufnahmen: nov. 466 (MC); nov. 528 (MC); nov. 408b (MC); nov. 1001/1–2 (VC): Konzertmitschnitt München 17.11.1994.

19 „Musarum invocatio", 1979 [Anrufung der Musen], 3 Min.
Vierstimmiger gemischter Chor (altgriech.); ungedruckt.
Text: Homerischer Hymnus 25.
IKPhM: Noten: nov. 308.

20 „Musis amicus", 1976 [Den Musen lieb].
Gesang (hohe Stimme), Klavier.
J. Draheim/G. Wille, Horaz-Vertonungen vom Mittelalter bis zur Gegenwart. Eine Anthologie, Amsterdam 1985 (= Heuremata 70), S. 198–202.
Text: Horaz, Carmen 1, 26.
IKPhM: Noten: mus. 74.

21 „O crudelis Alexi", 1968 [O grausamer Alexis].
Gesang (hohe Stimme), Klavier;
ungedruckt.
Text: Vergil, Ekloge 2, 6–13.
IKPhM: Noten: nov. 200/58.

22 „Odae: V exercitationes in Horatium clavili binis manibus", 1978 [Oden: Fünf Etüden über Horaz für Klavier zu zwei Händen], 15 Min.
Klavierfassung der „Cithara poetica" (= Nr. 9);
ungedruckt.
MC: Concerto dedicato a Jan Novák, Rovereto, 25 febbraio 1995 (Konzertmitschnitt, enthält Teilaufnahme: „Ad Apollinem", Francesca Bellini, Piano); erhältlich über: Civica Scuola Musicale „R. Zandonai", Rovereto;
LP: PM Classic 03-8779, s. oben unter Nr. 9 „Cithara poetica": Dora Novak (Teilaufnahme).
IKPhM: Noten: nov. 315. Aufnahme: nov. 552 (MC: D. Novak); nov. 443 (MC: F. Bellini).

23 „Odarum concentus choro fidium", 1973 [Oden, gesetzt für Streichorchester]; 13 Min.
Zanibon, Padua, (Il Bucranio) 5329, 5330.
Text: Horaz, Carmina 1, 2; 1, 4; 1, 8; 1, 21; 1, 37.
IKPhM: Noten: nov. 316. Aufnahmen: nov. 492; nov. 538 (MC).

24 „Orpheus et Eurydice voce (soprano), fidibus amoris, clavibus", 1970 [Orpheus und Eurydice für Sopran, Viola d'amore und Klavier], 24 Min.
Zanibon, Padua, 5187.
Text: Vergil, Georgica 4, 458–527.
IKPhM: Noten: nov. 318.

25 „Passer Catulli: parvus ludus musicus de vita et morte passeris super carmina duo Catulli celeberrima novem instrumentis et voce gravi modulandus", 1962 [Catulls Sperling: Ein kleines Spiel mit Musik vom Leben und Tod eines Sperlings über zwei hochberühmte Gedichte Catulls für neun Instrumente und tiefe Stimme], 9 Min.
Státní Hudební Vydavatelství, Prag.
Text: Catull, Carmina 2; 3.
IKPhM: Noten: nov. 323. Aufnahme: nov. 422.

26 „Planctus Troadum: concentus monodiaria vocis alterius, choro femineo, fidibus maioribus octonis, fidibus maximis binis et instrumentis percussionis duobus tympanotribis modulandus", 1969 [Klage der Troerinnen: Kantate für Alt-Solo, Frauenchor, 8 Violoncelli, 2 Kontrabässe und Schlagzeug (2 Spieler)], 21 Min.
Text: Seneca, Troas (Troades) 1–7; 14–21; 41–48; 56–58; 63–132; 136–146; 149–163.

27 „Politicon", 1977 [Politisches].
Vierstimmiger Männerchor.
Heinz Haubrich, Mühlheim (Ruhr) (1978–1980).
Text (neben anderem): Cicero, In Catilinam 1, 1. 2; Seneca, Apocolocyntosis 12, 3 V. 1–5. 19–21. 27–31.
IKPhM: Noten: nov. 200/62, 1–4. Aufnahme: nov. 690 (CD): Mitschnitt der Uraufführung durch die „Singphoniker", München 11.9.2001.

28 „Rana rupta Phaedri fabulae Aesopiae quinque vocum", 1970 [Der geplatzte Frosch aus der Fabel des Phaedrus für fünfstimmigen Chor].
Zanibon, Padua, (Chorica Zaniboniana) 5133.
Text: Phaedrus 1, 24.
IKPhM: Noten: nov. 326.

29 „Schola cantans: graves auctores Latini leviter decantandi. Cantus ad claves", 1973 [Singende Schule: Ernste lateinische Autoren, flott zu singen. Gesang und Klavier].
Zanibon, Padua, 5413.
Text: Catull 34; 61; Horaz, Carmen 1, 2; Phaedrus 1, 13; Anthologia Latina 388a; Martial 10, 62; Horaz, Carmen 1, 22; Epode 15; Catull 5; Caesar, Bellum Gallicum 1, 1–3.
Dasselbe (erweitert um „Tempus adest floridum" und „Veris dulcis in tempore", aus: Florilegium, oben Nr. 12) im Arrangement des Komponisten für vierstimmigen Chor, Klavier, Gitarre, Bass, Schlagzeug; ungedruckt. (Noten in Reinschrift erhält-

lich über SodLL).
LP: Canzoni e Chitarre latine. Aves (Verona) VA 4853 (Aufnahme ca. 1980): Jan Novák, Ltg.; Chor ‚Voces Latinae' (enthält auch Horaz, carm. 1, 7 aus „Servato pede", s. unten Nr. 30; außerdem Lateinkompositionen der Renaissance).
MC: Jan Novák, Schola cantans, München 1988 (mit deutsch-lateinischem Beiheft), früher, 1980, veröffentlicht unter dem Titel „Voces Latinae": Jan Novák, Ltg.; Chor ‚Voces Latinae'.
CD: Schola cantans, hrsg. von SodLL und Pegasus limited, München/St. Gallen 2001 (erhältlich über R. Spann, s. oben unter Nr. 1); technisch verbesserte Neuausgabe der vergriffenen MC von 1988, mit deutsch-lateinischem Beiheft.
CD: „La città per Jan Novák" 1999 (Teile des Werks in älteren Aufnahmen), s. unten Nr. 31.
Alle Tonaufnahmen enthalten die vom Komponisten arrangierte Version.
IKPhM: nov. 344 (Klavierfassung), nov. 344/1–10 (arrangierte Fassung mit Zusätzen: nov. 244/2,1–2,2). Aufnahmen: nov. 520 (MC), cass. 706/1.2 (MC), cass. 735 (MC), nov. 659 (CD von 1999); nov. 700 (CD von 2001).

30 „Servato pede et pollicis ictu: 9 ode oraziane messe in musica", 1972 [Nach Versfuß und Daumenschlag. Neun Oden des Horaz vertont], 13 Min.
Vierstimmiger gemischter Chor.
Zanibon, Padua, 5591–5594.
Text: Horaz, Carmina 1, 7; 1, 5; 1, 9; 1, 11; 1, 22; 3, 21; 1, 4; 1, 8; 1, 17.
LP: 1. Aves (Verona) 4853, wie oben unter Nr. 29 „Schola cantans" (Teilaufnahme: carm. 1, 7). 2. Horaz in der Musik, audite FSM 53400, Ostfildern 1982: Gerhard Kegelmann, Ltg.: Heidelberger Madrigalchor (Teilaufnahme: carm. 1, 9; 1, 17; 1, 8).
IKPhM: Noten: nov. 200/72,1–4. Aufnahmen: nov. 518 (MC); nov. 1001/1 (VC): Konzertmitschnitt, München 17.11.1994.

31 „Sonata super Ὅσον ζῇς fidibus acutis aut tibia obliqua atque clavibus", 1981 [Sonate über das Seikilos-Lied für Violine oder Querflöte und Klavier], 20 Min. ungedruckt.
Text: Seikilos-Lied (z. B. bei Annemarie J. Neubecker: Altgriechische Musik, 2. Aufl. 1994, Tafel VIII).
CD: „La città per Jan Novák" (Mitschnitt eines Konzerts vom 19. April 1999, Teatro Zandonai di Rovereto; enthält sonst Instrumentalwerke und ältere Aufnahmen aus Schola cantans; vgl. oben Nr. 29); Clara Nováková, Querflöte, und Jean-Bernard Marie, Klavier (erhältlich über Rotary Club Rovereto).
IKPhM: Noten: nov. 365. Aufnahmen: nov. 420 (MC); nov. 466 (MC); nov. 528 (MC); nov. 659 (CD).

32 „Sub galli cantum", 1977 [Beim Hahnenschrei];
drei gleiche Stimmen.
Zanibon.
Text: Ambrosius, vgl. oben unter Nr. 12 (Angaben nach J. N., Operum musicorum conspectus, s. oben).

Index der vertonten antiken Schriftsteller
(Nummern sind die des Werkverzeichnisses):

Ambrosius	12, 16, 32	Carmina Epigraphica	6	Sappho	6
Anthologia Latina	6, 29	Corpus Tibullianum	3	Seikilos-Lied	31
Apicius	4	Ps.-Homer	11, 19	Sulpicia s. Corpus Tibullianum	
Ausonius	6	Horaz	6, 9, 15, 20, 22, 23, 29, 30	Seneca	26, 27
Boethius	6			Valerius Aedituus	6
Caesar	29	Marcellus Empiricus	6	Varro	6
Catull	6, 8, 25, 29	Martial	4, 17, 29	Vergil	5, 10, 13, 14, 18, 21, 24
Cicero	27	Phaedrus	1, 2, 28, 29		
Claudian	6	Plautus	6	Vulgata	7

III Beiträge zur zeitgenössischen Rezeption der archäologischen Motivgruppen in Werbung und Alltag mit Beispielen aus europäischen Nachbarstaaten

Dinosaurier-Motive

Die Dinos sind unter uns: Paläontologie für alle

P. Martin Sander

Zusammenfassung

Dinosaurier als Forschungsgegenstand der Paläontologie finden eine breite Rezeption in der zeitgenössischen populären Kultur, aber nur eine geringe in der akademischen Kunst. Die Dinosaurier-Welle der 1990er Jahre hat diesen Trend aus Nordamerika zu uns gebracht, der seinen unmittelbarsten Ausdruck in Ausstellungen, Filmen, Büchern und Gegenständen des täglichen Gebrauchs findet.

Einführung

Ein Beitrag über Dinosaurier in einem Buch über Archäologie und ihre Rezeption im Alltag – ist das richtig? Wenn man es genau nimmt, nicht, da Dinosaurier kein Forschungsgegenstand der Archäologie sind, sondern der Paläontologie. Andererseits werden die Dinos und ihre Erforschung im Alltag und von Laien oft der Archäologie zugeschlagen, sodass ihnen einige Seiten gewidmet werden sollen. Weil aber die Dinosaurier nur am Rande zum Thema gehören und eigentlich wegen ihrer Bedeutung in der populären Kultur einer eigenen Ausstellung bedürften, wird dieser Beitrag sehr allgemein ausfallen und Grundlegendes erklären müssen, auf Kosten der erschöpfenden Darstellung von Einzelaspekten. Eine Ausstellung zur materiellen Rezeption der Dinosaurier wurde z. B. im Kreismuseum Blankenheim mit großem Erfolg gezeigt und der Katalog[1] sei dem interessierten Leser zur Vertiefung des hier Gebotenen empfohlen.

Paläontologen untersuchen nicht nur Dinosaurier, im Gegenteil, die meisten meiner Fachgenossen interessieren sich für ganz andere Tier- und Pflanzengruppen, ähnlich wie nur eine Minderheit der Archäologen die klassische Periode Griechenlands erforscht. Vieles im folgenden Gesagte gilt auch für die Rezeption anderer Fossilgruppen, z. B. Ammoniten aus dem Jura oder Schuppenbäume aus dem Karbon und für die Rezeption des Faches insgesamt. Allerdings beanspruchen die Dinos einen weit überproportionalen Anteil des öffentlichen Interesses an der Paläontologie. So war die erste Hälfte der 1990er Jahre im deutschsprachigen Raum von einer veritablen Dinosaurier-Welle gekennzeichnet, die ihren (vorläufigen) Höhepunkt in Massenereignissen wie der Kinovorführung des Filmes „Jurassic Park" und mehreren großen Wanderausstellungen („Dinosaurier aus China" in Basel und Darmstadt, „Dinos in Bonn", „Dinosaurier im Zoo Köln", „Dinosaurier – Faszination und Wissenschaft" im Reiss-Museum Mannheim etc.) in den Jahren 1993 und 1994 fand. Eine vergleichbare Welle mit archäologischem Thema (z. B. eine „Römer-Welle") ist bis jetzt noch nicht aufgetreten. Ich will hier nicht weiter auf die Gründe für die Faszination eingehen, die offensichtlich von den Dinosauriern ausgeht, und verweise auf Veröffentlichungen von Norman[2], Ring[3], Gould[4] und insbesondere Mitchell[5].

Fakten zu den Dinosauriern und ihrer Erforschung

Da die Erforschung des Lebens in der erdgeschichtlichen Vergangenheit im Allgemeinen und der Dinosaurier im Besonderen nicht Aufgabe der Archäologie, sondern der Paläontologie ist, sind an dieser Stelle vielleicht ein paar Hintergrundinformationen angebracht. Es gibt keine lebenden Dinosaurier mehr, die letzten sind vor 65 Millionen Jahren ausgestorben. Deshalb gründet sich, was wir über sie wissen, auf Fossilien. Bei den Fossilien kann es sich um versteinerte Knochen handeln, aber auch um Fährten, Eier oder die Abdrücke von Haut.

Der Mensch kann durchaus ein Objekt paläontologischer Forschung sein, aber wenn seine Kultur materielle Hinterlassenschaften erzeugt, werden diese von der Archäologie gedeutet, weswegen letztere in Deutschland bei den Geistes- und Kulturwissenschaften angesiedelt ist. Im angelsächsischen Raum wird die Archäologie als Naturwissenschaft gesehen und steht der Paläontologie deutlich näher.

Wie kommt der Paläontologe zu seinen Vorstellungen über Aussehen und Biologie von z. B. Dinosauriern? Vorausschickend muss gesagt werden, dass dieses Bild notgedrungen sehr nüchtern und lückenhaft ist, da nur Hartteile eines Tieres, also Knochen und Zähne, fossilisieren können, nicht aber Muskeln, Sehnen oder die Haut. Von vielen, aber nicht allen Dinosaurier-Arten ist das Skelett genau bekannt und beschrieben. Nun sind unsere Assoziationen und diese Ausstellung aber nicht bevorzugt von Gerippen bevölkert, sondern von lebendigen, oft bunten Tieren. Hierbei handelt es sich also immer um (mehr oder weniger wissenschaftliche) Rekonstruktionen und nicht, wie etwa bei einer gut erhaltenen griechischen Vase, um das eigentliche Objekt nahezu im Urzustand. Ausführlichere Informationen zur Rekonstruktion von Dinosauriern finden sich bei Norman[6], Probst und Windolf[7] und Sander[8].

Als Ausgangspunkt für die Rekonstruktion des lebenden Tieres dienen die

Abb. 1: Schon vor „Jurassic Park" hatten die Dinosaurier einen Platz in der Pop-Kultur gefunden, wie diese Zuckerskulptur (ca. 70 cm hoch) aus dem berühmten Wiener Cafe Demel belegt. Zu sehen sind Triceratops *mit Nachwuchs und* Apatosaurus *zwischen Palmen und Riesenschachtelhalmen. (Foto: Gee, September 1991).*

wie aus der Art des Gesteins, in dem die Knochen gefunden wurden. Die Situation des Paläontologen ähnelt in dieser Hinsicht stark der des Archäologen, der dem Fundgut nur im Kontext seinen vollen Informationsgehalt entziehen kann.

Gerade die biologischen Aspekte der Dinosaurier beflügeln die Phantasie des Laien und bestimmen die Rezeption im Alltag. Ihr Ausgangspunkt sind einerseits die wissenschaftlichen, meist bildlichen Rekonstruktionen, und andererseits die Originalveröffentlichungen in wissenschaftlichen Zeitschriften. Letztere erreichen über mehrere Stufen der Verallgemeinerung (und einhergehend damit leider auch Entstellung) den Leser von Zeitungen und Zeitschriften als „Endverbraucher". Die dürftige biologische Datenbasis setzt so der Phantasie der Rezeptoren, seien es Kinder, Werbegrafiker oder Drehbuchautoren, wenig Grenzen – sicher mit ein Grund für die Faszination an den Dinosauriern.

Wichtig erscheint mir im Vergleich zur Archäologie das sehr starke Überwiegen der Rekonstruktionen und der Theorien über die tatsächlichen Objekte, also Fossilien, in der Rezeption der Dinosaurier.

Gegenstände des täglichen Gebrauchs
Die Anfang der 1990er Jahre vollends nach Deutschland übergeschwappte Dinosaurier-Welle machte auf ihrem Höhepunkt vor praktisch keinem Gegenstand des täglichen Gebrauches halt (Farbtaf. 5,a).

Das Thema Dinosaurier war positiv besetzt und „in", sodass kein Marketingexperte der Versuchung widerstehen konnte (oder wollte?), seiner Firma ein Dino-Produkt zu verordnen. Unter dem Titel „Es gibt nichts, was es nicht als Dinosaurier gibt" hatten wir 1993 ein kleines Kuriositätenkabinett eingerichtet, dessen Höhe- (oder Tief-?)punkte hier nicht verschwiegen werden sollen. Dinosaurier als Motiv auf Windeln und Papiertaschentüchern gehören dazu, die Einlegegurken der Sorte „Dicke Dinos", unterschiedlichste Süßigkeiten (Abb. 1), aber auch Nudeln im Dino-Format, Kartenspiele, Wasserspritzpistolen, Batterieleuchten und dergleichen mehr. Das Thema braucht nicht weiter

fossilen Knochen. An ihnen lassen sich Muskelansatzstellen erkennen, die eine zeichnerische oder plastische Rekonstruktion der Lage und Größe der Muskeln erlauben. Über das mit Muskeln bepackte Skelett wird dann die Haut rekonstruiert. Weitere „Zutaten" sind etwas Körperfett, Augen und Krallen oder Hufe. So entsteht ein Modell eines Dinosauriers, dem allerdings noch die Farbe fehlt. Obwohl die Struktur der Haut vieler Dinosaurier-Arten bekannt ist, trifft dies in keiner Weise auf ihre Farbe zu. Der Phantasie des Zeichners oder Bildhauers sind wenig Grenzen gesetzt, lediglich allgemeine Beobachtungen an heutigen Tieren bieten Anhaltspunkte.

Die Lebensweise von Dinosauriern lässt sich noch schwieriger dokumentieren als ihr Aussehen und ist meist nur in Einzelaspekten bekannt. Hinweise ergeben sich aus dem Bau des Skelettes, der Art der Zähne, aber auch aus den schon erwähnten fossilen Spuren und Eiern so-

vertieft zu werden, da die geplante Ausstellung „Dino, Zeus und Asterix ..." in den Reiss-Engelhorn-Museen Mannheim hinreichend Anschauungsmaterial bieten wird. Ebensolches findet sich im Katalog der Blankenheimer Ausstellung[9], und das Thema Vermarktung wird ausführlich von Thieme[10] besprochen.

Gedruckte Materialien

Heutzutage begegnen uns Dinosaurier recht häufig in den „Vermischtes"-Seiten der Tageszeitungen, meist kurze Artikel, die auf Agenturmeldungen beruhen. Den vorgestellten Neufunden oder neuen Theorien wird von den Zeitungsredaktionen und Nachrichtenagenturen offensichtlich allgemeiner Neuigkeitswert zugeschrieben. Naturwissenschaftlich aufgeschlossenere Redaktionen platzieren solche Meldungen auf der Wissenschaftsseite – wo sie auch hingehören, da die Agenturmeldungen meist seriös recherchiert sind bzw. auf der wissenschaftlichen Fachliteratur beruhen.

Umfangreicher wird das Thema in den populärwissenschaftlichen Zeitschriften wie *Bild der Wissenschaft, Geo, Spektrum der Wissenschaft* und *PM* abgehandelt, wobei auch hier eine Häufung der Berichterstattung in den frühen 1990er Jahren zu beobachten war. Verschiedentlich wurde sogar versucht, Magazine für Kinder und Jugendliche nur zum Thema Dinosaurier zu lancieren, allerdings ohne bleibenden Erfolg.

Der Buchmarkt, vor allem der Sach- und Kinderbuchmarkt, zeigt eine besonders starke Rezeption der Dinosaurier, und hier hat die Dinosaurier-Welle aus wissenschaftlicher Sicht auch am positivsten gewirkt. Es gibt inzwischen zahlreiche wissenschaftlich fundierte und hervorragend illustrierte Sachbücher für Kinder, Jugendliche und Erwachsene, unter denen Übersetzungen aus dem Englischen dominieren[11]. Aber auch Werke deutscher Autoren sind gut vertreten. Für Erwachsene sind die beiden Bücher von Norman[12] sowie Cox u. a.[13] und Gould[14] zu empfehlen. Aufgrund der hohen Auflagen waren oder sind diese Werke sehr preisgünstig. Für Kinder und Jugendliche ist die Augenzeugen-Serie des englischen Verlages Dorling Kindersley besonders anschaulich, die inzwischen zu einem ganz neuen Stil von Sachbüchern geführt hat, in denen sich der informative Text um unregelmäßig geformte, erstklassige Fotografien und Grafiken rankt, die mehrere Seiten übergreifen können. So läuft das Skelett von *Diplodocus* bei Norman und Milner[15] über nicht weniger als acht Seiten! Auch vor der Dino-Welle hatte der Sachbuchmarkt vor allem für Jugendliche gute Produkte zu bieten, so die schon klassische Reihe „Was ist was?" aus dem Tessloff-Verlag.

Bei den Bilderbüchern ist inzwischen eine Vielzahl von oft amüsanten Titeln verfügbar[16]. Auch hier finden sich sehr viele Übersetzungen aus dem Englischen. Beispielhaft soll „Die Rückkehr der Dinosaurier"[17] besprochen werden, die schon 1972 verfasst wurde, aber erst 1982 auf den deutschen Markt kam. In diesem Buch spiegelt sich die frühe Umweltbewegung wieder, indem die Umweltverschmutzung durch Profitmaximierung und Selbstverwirklichung des Menschen die Dinos aus ihrem tiefen Schlaf im Inneren der Erde weckt. Sie zerstören die Errungenschaften der Zivilisation und veranlassen den Menschen, wieder im Einklang mit der Natur zu leben. In anderen Büchern ersetzen Dinosaurier die üblichen Tiercharaktere, wobei wie bei diesen auf die Eigenschaften von bestimmten Dinosauriern abgehoben wird (*Tyrannosaurus* ist der Böse, die Pflanzenfresser sind die Guten etc.).

In der Belletristik sind die Dinosaurier heutzutage weitgehend auf die Sciencefiction beschränkt, was nicht immer so war, kommentierten doch deutsche und englische Dichter des 19. Jahrhunderts durchaus die Forschungsergebnisse der Paläontologie, z. B. Josef Viktor von Scheffel (1826–1886) in seinem Gedicht „Der Ichthyosaurus". In der Sciencefiction haben Dinosaurier eine große Tradition. Kein anderer als der Schöpfer von Sherlock Holmes, Sir Arthur Conan Doyle, veröffentlichte im Jahre 1912 den Roman „The Lost World", in dem ein Professor Challenger zu einem Tafelberg mit von der Evolution „vergessenen" Dinos reist. Der in diesem Klassiker ausgesponnene Gedanke der überlebenden Dinosaurier bleibt bis heute ein wichtiges Thema. Andere, mehr von Fiction als von Science geprägte Autoren, konfrontieren Dinosaurier mit Urzeitmenschen oder Wesen von anderen Sternen.

Sicherlich einen Höhepunkt der Sciencefiction über Dinosaurier, wenn nicht des Genres überhaupt, stellt „Jurassic Park" von Michael Crichton dar[18]. Der naturwissenschaftlich vorbelastete Autor spinnt dabei den Gedanken aus, dass Dinosaurier mittels Gentechnik wieder zum Leben erweckt werden und zwar als Hauptattraktion eines Vergnügungsparks. Diese geniale Grundidee wird kenntnisreich und teilweise tiefgründig ausgesponnen bis zum katastrophalen Ende. Das Grundthema sind dabei weniger die Dinosaurier, sondern die Beherrschbarkeit komplexer Technologien durch den Menschen, also die faustische Problematik. Die Verfilmung des Buches im Jahre 1993 war der vorläufige Höhepunkt der Dinosaurier-Welle in Deutschland, was an entsprechender Stelle gewürdigt werden soll.

Wenden wir uns nun der Grafik zu, in deren Teilgebieten sich Dinosaurier ebenfalls in ansehnlicher Zahl umhertreiben. Interessanterweise ist die Werbegrafik eine der wenigen Sparten, in denen häufig auch echte Fossilien abgebildet werden und nicht nur Lebendrekonstruktionen. Die Werbegrafiker haben offensichtlich erkannt, dass das Fossil, z. B. der versteinerte Schädel eines *Tyrannosaurus rex*, durchaus für sich selbst spricht und einen hohen optischen Reiz ausübt. Sowohl Rekonstruktionen als auch Fossilien werden dabei oft mit den vermeintlichen Eigenschaften der Dinosaurier in Verbindung gebracht, wie evolutive Erfolglosigkeit und Aussterben. Thematisiert wird dann, dass man sich nicht wie ein Dinosaurier verhalten solle, sondern mit der Zeit gehen und das beworbene neue Produkt kaufen solle. Es gibt aber auch viele wesentlich pfiffigere Anzeigen, die sich die Ästhethik der Dinosaurier zunutze machen oder besonders auf die „Jurassic Park"-Thematik, also das Klonen von Dinosauriern, abheben.

Die ebenfalls zur Gebrauchsgrafik zählenden Briefmarken werden erst seit kurzer Zeit von Dinosauriern geziert (Abb. 2). Die erste Dino-Briefmarke (*Lufengo-*

Abb. 2: Dieser kleine Ausschnitt aus einer Sammlung von Dinosaurier-Briefmarken zeigt sowohl Exemplare, die häufig im Umlauf waren oder sind (DDR, USA), als auch für den Sammlermarkt bestimmte Exoten. (Foto: Oleschinski).

saurus aus China) ist gut 40 Jahre alt, und seriöse Postverwaltungen der westlichen Welt haben in den 1980er Jahren Dinosaurier-Marken herausgegeben (USA, England) bzw. überhaupt nicht (BRD). Die vor allem Sammlermarken produzierenden Länder haben schon etwas früher die Qualitäten von Dino-Motiven erkannt und so überwiegt ihre grafisch teils sehr ansprechende Produktion im Angebot[19].

Die Gestaltung der Marken ist, bedingt durch die Grenzen des Formats, relativ einheitlich: Ein Individuum einer Art wird in einer bildfüllenden grafischen Rekonstruktion dargestellt. Etwas Vielfalt wird durch die unterschiedlichen Arten eines Satzes oder durch die Gestaltung des Blockes erzeugt. Die Rekonstruktionen können entweder für die Marken in Auftrag gegeben worden sein oder auf Vorlagen bekannter Zeichner beruhen. Abbildungen und Zeichnungen von Skeletten oder Schädeln als Motiv kommen untergeordnet vor.

Cartoons und Karikaturen sind nicht gegen Verwendung von Dinosaurier-Themen immun. Im Gegenteil, der Amerikaner Gary Larson, der mit seiner Serie „Die Andere Seite" (engl. „The Far Side") auch in Deutschland Kultstatus genießt, hat eine beachtliche Reihe Dinosaurier-Cartoons gezeichnet. Sein wohl bekanntester zeigt heimlich rauchende Dinos mit der Unterschrift „Der wahre Grund für ihr Aussterben". In der politischen Karikatur, in der der Witz notgedrungen im Plakativen liegt, müssen Dinos dagegen oft in ihrer traditionellen Paraderolle als Verkörperung des Überdimensionalen, Monströsen und nicht Anpassungsfähigen herhalten.

Film

Der Film nahm sich schon früh des Themas Dinosaurier an[20], allerdings wiederum in amerikanischen Werken, und die Regisseure der eher leichten, publikumswirksamen Produkte der Hollywood-Studios sind dem Thema treu geblieben. Erste Höhepunkte waren die Verfilmung von „The Lost World" (1925) sowie „King Kong" (1933), bei dem die Dinos allerdings nicht im Zentrum des Geschehens stehen. Seither hat es aus amerikanischer Produktion eine ganze Reihe von Dinosaurier-Filmen gegeben, die vor allem von tricktechnischem Interesse waren. In Japan konnte sich seit dem Zweiten Weltkrieg die „Godzilla"-Serie fest etablieren, mit inzwischen fast 20 Folgen.

All diese Filme waren in die Begeisterung für Dinosaurier und Sciencefiction eingebunden, setzten selbst aber keine Trends. Dies sollte sich mit dem schon legendären „Jurassic Park" (1993) von Steven Spielberg nach dem Roman von Michael Crichton ändern. Zumindest im deutschsprachigen Raum war dieser Film der Vorreiter wenn nicht die Triebfeder der in den frühen 1990er Jahren grassierenden Dinomanie. Der 65 Millionen Dollar teure Film hat durch zahlreiche Superlative Geschichte gemacht: So hatte er den erfolgreichsten Kinostart eines Filmes in den USA (300 Millionen Dollar in den ersten sechs Wochen), spielte aber auch ein Rekordergebnis ein (über 600 Millionen Dollar), und markierte den Durchbruch der Tricktechnik aus dem Computer, selbst wenn die Computergrafik (verantwortlich: George Lucas) nur ganze sechs Minuten ausmacht. Die Handlung des Filmes ist, da auf dem Buch basierend, sehr spannend und schlüssig. Gegen sie und die Trick-Dinosaurier fielen die schauspielerischen Leistungen stark ab.

Weitere Belege für die Priorität des Interesses an Dinosauriern vor der Marketing-Kampagne in der amerikanischen Gesellschaft sind einige andere erfolgreiche Film- und Fernsehproduktionen, die vor „Jurassic Park" datieren. Bei den Fernsehproduktionen ist die von der ARD seinerzeit mit ausgestrahlte Familienserie „Die Dinos" (USA 1991) vom Macher der Muppets, Jim Henson, zu nennen. In ihr wird der Normalfamilie ein Spiegel vorgehalten, indem eine vermenschlichte Dino-Familie sich durch das moderne Leben schlägt – die Nähe zu den Fabeln des Aesop ist unverkennbar.

Einige Zeichentrickfilmserien für Kinder haben ebenfalls vermenschlichte Dinos als Hauptfiguren, allerdings ohne die feine Ironie von „Die Dinos". Am Anfang dieses Trends steht vielleicht die „Familie Feuerstein" (USA, seit 1960), wo die Dinos noch zu Haustieren degradiert sind. Ein modernes Produkt (1988) ist „Ein Land vor unserer Zeit", ein weiterer Film von Steven Spielberg und George Lucas. Auch in der Fernsehwerbung der Kinderkanäle finden sich vermenschlichte Trickfilm-Dinos. Die deutsche Film- und Fernsehindustrie hat dieses Thema kaum aufgegriffen, einzige Ausnahme bildet die TV-Verfilmung von „Urmel aus dem Eis" von Max Kruse mit der Augsburger Puppenkiste Anfang der 1970er Jahre.

Computerspiele
Hand in Hand mit der Computeranimation von Dinosauriern für das Kino geht natürlich die Verwertung dieser Technologie und des Zuschauerinteresses in Computerspielen. Dies war schon mehrfach seit „Jurassic Park" zu beobachten und wird natürlich durch die weiterhin rasante Entwicklung der Mikrocomputertechnologie gefördert. Wozu 1993 noch die teuersten Work Stations gerade gut genug waren, kann heute problemlos auf einem durchschnittlichen Heimcomputer dargestellt werden. Leider geht mit der Verbesserung der qualitativen Möglichkeiten keine Verbesserung der Qualität aus wissenschaftlicher oder ethischer Sicht einher, sondern diese Sujets der meisten Spiele sind eher den frühen Dinosaurier-Filmen verpflichtet, in denen allzu oft Menschen Dinosauriern gegenübergestellt werden (z. B. Turok: Dinosaur Hunter, das an eine alte Comicserie anknüpft). Von da ist dann der Übergang in die Fantasywelt fließend mit Dinosauriern, die in einer fernen Zeit und womöglich auf einem fernen Planeten von „den Bösen" speziell als Kampfmaschinen gezüchtet werden, um für „die Guten", also den Spieler, den Vorwand für oft sehr gewalttätige Spielaktionen zu liefern.

Auch auf dem Sektor der Spiele für Kinder ist das Spektrum ähnlich breit gestreut, von Lernspielen aus der Serie „Was ist Was Lern-Quiz" (Tivola Verlag, Berlin) auf der einen Seite, die verschiedene Wissensfragen mit reinen Spielsequenzen kombinieren, bis zu typischen Konsolenspielen, in denen es dann ähnlich „phantasievoll" zugeht wie in den Spielen für Erwachsene. Im Spiel „Planet Dinosaur" von Rareware muss z. B. der Spieler, der ein künstliches Mischwesen à la Pokémon ist, mit seinem Begleiter, einem Cyber-Dinosaurier, verschiedene Abenteuer bestehen.

Mit dem Stichwort Pokémon soll zuletzt noch auf einen besonders interessanten Grenzfall der Dinosaurier-Rezeption in den Computerspielen eingegangen werden. Die Erfinder dieses Spieles (für Nintendo Gameboy) haben sich nämlich ganz gezielt bestimmte Faktoren der kindlichen Dinosaurier-Faszination zunutze gemacht und sie auf ein weites Spektrum von Lebewesen übertragen, die von menschlichen „Trainern" gesammelt werden. Pokémon ist die Abkürzung für „pocket monster", meist eher kleinen aber bizarren Kreaturen, die komplexe Namen haben (deren Aussprache, ähnlich wie die der Dinosaurier, nur dem Eingeweihten korrekt möglich ist) und von denen nicht wenige von bekannten Dinosaurier-Arten und anderen Fossilien inspiriert sind (z. B. Aerodactyl, Ammonitas), andere aber von allen möglichen heutigen Lebensformen und unbelebten Objekten. Weitere Anknüpfungen an die Welt der Dinosaurier, wie sie von Kindern rezipiert wird, bestehen in der Kampfbereitschaft und der Evolutionsfähigkeit der Pokémon und – aus wirtschaftlicher Sicht – in der wichtigsten Ähnlichkeit zwischen Dinosauriern und Pokémon: Man kann und soll sie sammeln, zumindest als Pappkärtchen und Plastikpuppen.

Im Fall der kleinen „Taschenmonster" schließt sich der Kreis zu „Jurassic Park", da hier durch geschickte Vermarktung der Weg vom Computerspiel zu Filmen und Fernsehserien begangen wurde, die sich bei der entsprechenden Altersklasse, Vorschul- und Grundschulkindern, enormer Beliebtheit erfreuen.

Internet
Obwohl die Geschichte des Internets noch jung ist, wird es doch rasant zu einem Teil des Alltags. Auch hier findet eine Rezeption der Dinosaurier statt, vor allem im visuell orientierten World Wide Web (www). Im www verlieren Kultur- und Sprachgrenzen an Bedeutung, sodass eine Beschränkung auf den deutschsprachigen Raum nicht sinnvoll erscheint. Das Angebot an Dinophile kommt vor allem von zwei Seiten: Den großen Naturkundemuseen wie dem American Museum of Natural History in New York oder dem Natural History Museum in London und dem einschlägigen Handel. Zusätzlich zu Text und Bildern lassen sich im www sogar auf wissenschaftlichen Computersimulationen beruhende Lautäußerungen von *Parasaurolophus* abrufen!

Bildende Kunst
Dinosaurier haben in der zeitgenössischen bildenden Kunst nur einen sehr geringen Widerhall gefunden, insbesondere was den akademischen Bereich betrifft. So ist mir aus dem deutschen Sprachraum kein Beispiel bekannt, lediglich in den USA gibt es wenige namhafte Künstler, die Dinosaurier thematisieren. Nach der Pop-Art der 1970er Jahre tut dies zum Beispiel Jim Gary, der Dinosaurier-Skulpturen aus alten Autoteilen zusammenschweißt und so auf die Entsorgungsproblematik aufmerksam machen will. Auch von der West-

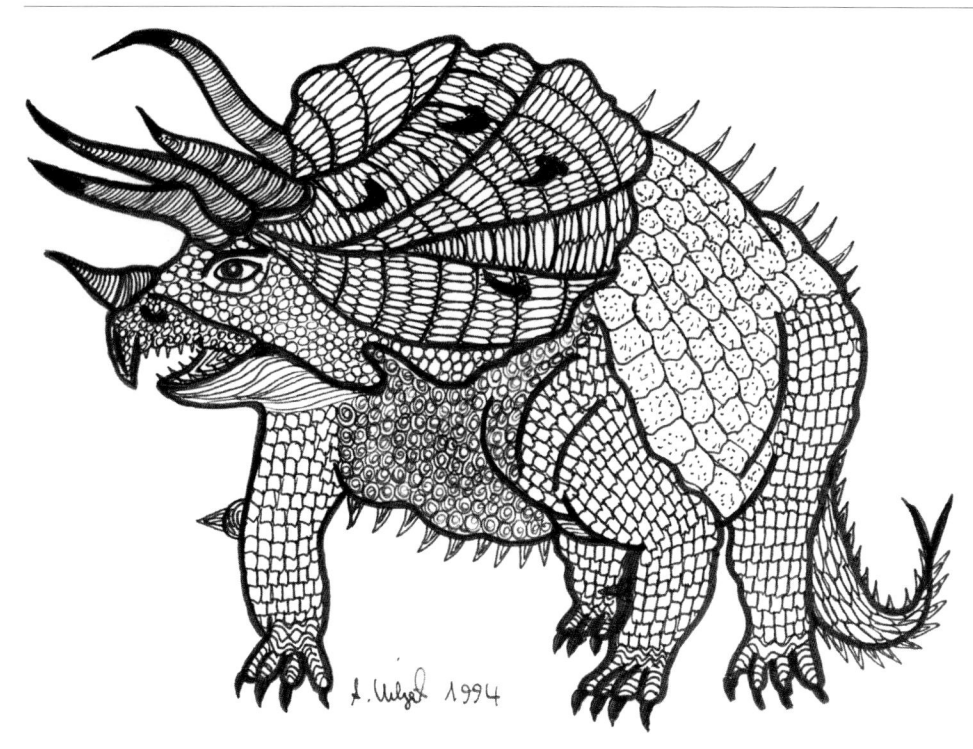

Abb. 3: Dinosaurier-Zeichnung des Bonner Künstlers Albert Hilgert. Sie stellt einen nicht näher identifizierbaren Horn-Dinosaurier dar, der durch die Vielfalt seiner Oberflächenmuster wirkt. Viele Arbeiten von Hilgert beruhen auf fotografischen oder bildlichen Vorlagen. (Sammlung Sander).

ern Art im Stil von Remington inspirierte Bronzeskulpturen mit dramatischen Szenen werden von verschiedenen Künstlern geschaffen.

Für die nichtakademische, „naive" Kunst sind Dinosaurier auch hierzulande ein Thema. Ein hervorragendes Beispiel sind die Skulpturenparks von Franz Gruß im sächsischen Kleinwelka, in denen er schon zu Zeiten der DDR aber auch nach der Wende in jahrelanger Arbeit über 140 lebensgroße Skulpturen der verschiedensten Dinosaurier aus Zement formte. Ein weiteres Beispiel findet sich auf dem Gelände der ehemaligen Basler Gartenbauausstellung GRÜN 80, auf der ein überlebensgroßer *Apatosaurus* als Werbegag installiert wurde, der eine Betonhaut über einem Stahlskelett trägt[20]. Der Bonner Versicherungsangestellte Albert Hilgert thematisiert in seinen Zeichnungen und Gemälden geologische Objekte, u. a. Dinosaurier (Abb. 3). Ihn scheint vor allem die formale Ästhetik der Fossilien und Mineralien zu faszinieren, die durchaus auch den Wissenschaftler ansprechen kann.

Ebenso unter das Thema naive Skulpturen lassen sich die verschiedentlich auf Umzugswagen in Fastnachtsveranstaltungen auftauchenden Dinosaurier subsumieren (Abb. 4). Bei ihnen stehen natürlich nicht die wissenschaftliche Genauigkeit, sondern die Symbolik und der Unterhaltungswert im Vordergrund.

Auf den Grenzpfaden zwischen Wissenschaft und Gebrauchskunst befinden sich die Anfang der 1990er Jahre so populären Ausstellungen mit „Wackel-Dinos", also mechanischen Dinosaurier-Modellen, denen eine bunte Gummihaut und pneumatisch erzeugte Bewegung verschiedener Körperteile, untermalt mit hypothetischen Lautäußerungen, ein lebensechtes Erscheinungsbild verleihen sollen. Immerhin zogen die seriöseren dieser Ausstellungen in Naturkundemuseen und Zoos mit Modellen der amerikanischen Firma Dinamation oder der konkurrierenden Kokoro aus Japan jeweils Hunderttausende von Besuchern an.

Irgendwo zwischen Naturkundemuseum, Wackel-Dinos und naiver Kunst ist das Dinosaurier-Freilichtmuseum im niedersächsischen Münchehagen einzuordnen, in dem eher phantasievolle Skulpturen von ausgestorbenen Wirbeltieren mit einem paläontologischen Bodendenkmal ersten Ranges, einer unterkreidezeitlichen Platte mit Fährten von sauropoden Dinosauriern, kombiniert wurden.

Architektur

Es überrascht nur wenig zu hören, dass die Dinosaurier praktisch keine Rezeption in der Architektur gefunden haben, dies trifft schließlich für andere organische Gebilde auch zu. Eine Ausnahme bildet lediglich die amerikanische so genannte „Vernacular Architecture" (etwa Volksarchitektur), die sich aber in Deutschland wegen der Bindung an Architekturtraditionen und der starken Regulierung der Bautätigkeit nicht herausgebildet hat. Beispielhaft sei nur der östlich von Los Angeles am Interstate 10 in der Wüste gelegene überlebensgroße Beton-Dinosaurier („Cabazon Monster") aufgeführt, der begangen und sogar bewohnt werden kann (fertig gestellt 1976). Die amerikanische Vergnügungsarchitektur bietet weitere Beispiele.

Dinosaurier in der Architektur sind im deutschsprachigen Raum tatsächlich nur ganz am Rande und im Übergang zur Skulptur zu finden, so der schon erwähnte Basler Apatosaurus oder die Drachenhöhle mit Zementdrachen unterhalb des Drachenfelses im Siebengebirge bei Bonn, die allerdings schon zu Anfang des 20. Jahrhunderts errichtet wurde.

Gesamtbild der Rezeption

Aus der Übersicht über Dinosaurier als Thema der verschiedensten Felder der zeitgenössischen Kultur lassen sich mehrere Quintessenzen ziehen. Zuerst einmal sind die Dinos kaum ein Thema der „hohen" Kultur, im Gegensatz zu archäologischen Einflüssen. Hier sei nur noch auf das völlige Fehlen von Dinosauriern im zeitgenössischen Theater verwiesen. Und auch wissenschaftlich waren Dinosaurier in der Paläontologie lange nicht salonfähig, da sie einerseits als fehlgeschlagene und deshalb uninteressante Experimente der Natur angesehen wurden und ihnen andererseits der Ruch des Sensationalistischen anhaftete.

Dinosaurier sind dagegen besonders Bestandteil der Kinderwelt[22; 23; 24] und auch in der populären Kultur zunehmend verankert[25]. Dies geht einher mit einem starken US-amerikanischen Einfluss, weil die meisten Bücher und Filme von dort her zu uns kommen. Das ist weniger auf einen Kulturimperialismus oder gezielte Marketingstrategien zurückzuführen, sondern spiegelt das wesentlich größere und nun schon seit fast 30 Jahren ungebrochen zunehmende Interesse an den Dinosauriern in den USA wider. Auch in England und vor allem in Japan haben Dinosaurier einen viel größeren Stellenwert in der Popkultur als bei uns.

Doch nun zur inhaltlichen Rezeption der Dinosaurier, soweit sie über Dinos als Stellvertreter für menschliche Charaktere hinausgeht: Da gibt es nach wie vor die traditionelle Version, in der die armen Tiere als Paradebeispiel für ein misslungenes Experiment der Evolution in Sachen Größenwahn stehen. Sie müssen als warnendes Beispiel oder Symbol für einzelne Zeitgenossen und ganze Organisationen herhalten, die wie die Dinosaurier zu groß, zu unflexibel und zu dumm seien, um auf die Dauer zu überleben. Diese Ansichten über Dinosaurier sind allerdings von der Forschung der letzten Jahrzehnte in die Mottenkiste verwiesen worden.

Die moderneren Trends in der Rezeption nehmen die Parallelen in der Dominanz des Lebens auf der Erde durch die Dinosaurier und durch den Menschen auf und thematisieren das Aussterben der Di-

Abb. 4: Wagen des Fasnachtsumzuges der Gemeinde Herznach in der Nordschweiz. Das Schild um den Hals des Papp-Dinos spielt auf die Schwierigkeiten der Nachbargemeinde Frick an, den auf ihrer Gemarkung gefundenen Plateosaurus-*Skeletten ein adäquates museales Heim zu bieten. Der Papp-Dino hat übrigens keinerlei Ähnlichkeit mit* Plateosaurus. *(Foto: Oberli, Februar 1990).*

nosaurier als Warnung für die menschliche Gesellschaft. Natürlich spielt in dieser Rezeptionsrichtung auch die Projektion der heute weit verbreiteten Endzeitängste eine Rolle. Diese Verbindung wurde in den frühen 1980er Jahren besonders deutlich, als die Theorie des Aussterbens der Dinosaurier durch einen Meteoriteneinschlag zur Entwicklung des Modells des nuklearen Winters führte.

Von wissenschaftlicher Seite bleibt zu hoffen, dass sich die Rezeption der Dinosaurier weiter dem Forschungsstand annähert, der diese Tiergruppe als eine der erfolgreichsten und am höchsten entwickelten der Erdgeschichte charakterisiert.

Anmerkungen / Literatur:

[1] Ring, Klaus (Red.) (1994): Ein Dino kommt selten allein. Dinosaurier als Spielzeug, Werbeträger und Medienstars. Blankenheim (Kreismuseum Blankenheim).

[2] Norman, David B. (1991): Dinosaurier. München.

[3] Ring a.a.O. (Anm. 1).

[4] Gould, Stephen Jay (1994): Bravo, Brontosaurus: Die verschlungenen Wege der Naturgeschichte. Hamburg.

[5] Mitchell, W. J. Thomas (1998): The Last Dinosaur Book. Chicago.

[6] Norman a.a.O. (Anm. 2).

[7] Probst, E. & Windolf, R. (1993): Dinosaurier in Deutschland. München.

[8] Sander, Martin (1994): Von der Paläontologie zur Dinowelle. In: Ring a.a.O. (Anm. 1): 10–15.

[9] Ring a.a.O. (Anm. 1).

[10] Thieme, Rainer (1994): Die Vermarktung der Dinosaurier. In: Ring a.a.O. (Anm. 1): 22–25.

[11] Siehe auch: Nagar, Bärbel (1994): Dinosaurier im Bücherregal. In: Ring a.a.O. (Anm. 1): 31–34.

[12] Norman, David B. (1985): The Illustrated Encyclopedia of Dinosaurs. London; Norman a.a.O. (Anm. 2).

[13] Cox, Barry, Dixon, Dougal, Gardiner, Brian & Savage, Robert J.G. (1992): Dinosaurier und andere Tiere der Vorzeit. München.

[14] Gould, Stephen Jay (Hrsg.) (1993): Das Buch des Lebens. Köln.

[15] Norman, David B. & Milner, Angela (1989): Dinosaur. Eyewitness Guides Vol. 13. London.

[16] Nagar a.a.O. (Anm. 11).

[17] Foreman, Michael (1982): Die Rückkehr der Dinosaurier. Frankfurt am Main.

[18] Crichton, Michael (1991): Jurassic Park. London.

[19] Ritterbach, Lars (1994): Dinos auf Briefmarken und in der Philatelie. In: Ring a.a.O. (Anm. 1): 40–42.

[20] Siehe auch: Pesch, Klaus (1994): Urmonster lassen Kinokassen klingeln. In: Ring a.a.O. (Anm. 1): 26–30.

[21] Hottinger, Lukas (1980): Ich heisse Apatosaurus; was bin ich? St. Gallen.

[22] Creamer, Klaus Peter (1994): Die Faszination der Dinosaurier. In: Ring a.a.O. (Anm. 1): 2–5.

[23] Spanier, Rolf (1994): Was Schüler von Dinos halten. In: Ring a.a.O. (Anm. 1): 43–47.

[24] Feldgen, Willi (1994): Dinos als Brett-, Karten- und Puzzlespiele. In: Ring a.a.O. (Anm. 1): 35–38.

[25] Schwall, Irene (1994): Denkanstöße aus psychologischer Sicht. In: Ring a.a.O. (Anm. 1): 20–21.

Prähistorisch-vorgeschichtliche Motive

Ich bin ein Neandertaler und die Steinzeit hat Zukunft

Wilfried Rosendahl & Gaëlle Rosendahl

Zusammenfassung:
Der in diesem Artikel behandelte Zeitraum deckt die letzten vier Millionen Jahre ab. Die Motive stammen sowohl aus der biologischen als auch aus der kulturellen Evolution des Menschen sowie aus der Tierwelt dieser Zeit. Ebenso vielfältig wie die verwendeten Motive, z. B. Namen, Schädelfunde, Steinwerkzeuge, Höhlenmalereien und Rekonstruktionen, sind auch die Verwendungen. Diese können Produkt- und Kulturwerbung sein, industrielle und kulturelle Markenzeichen, Spielzeug und Schmuck für Jung und Alt, Philatelistisches, Ernstes und Karikatives, Mahnendes und Befürwortendes, Positives und Negatives. Zumeist behalten die verwendeten Motive ihre Bedeutung, oft werden sie verfremdet, und manchmal wird ihnen gar ein völlig neuer Sinn gegeben.

1 Einleitung

Auch wenn es so scheinen könnte: Der Titel dieses Artikels ist nicht dem Flugblatt einer sehr reaktionären Gruppierung entnommen, die glaubt, dass die einzige Lösung für Gegenwartsprobleme in der vollkommenen Rückkehr in die Frühzeit unserer kulturellen Entwicklung liegt. Ganz im Gegenteil. Der Titel ist aus zwei modernen Werbeslogans zusammengesetzt, welche beide, wenn auch für zwei völlig verschiedene Werbeobjekte, der Imageverbesserung dienen sollen. Der erste Teil „Ich bin ein Neandertaler" zierte vom Ende der 1980er bis Mitte der 1990er Jahre zusammen mit der Gesichtszeichnung eines Neandertalers vom Neanderthal-Museum bei Düsseldorf herausgegebene Aufkleber, Eintrittskarten und Buttons (Abb. 1).

Ziel war es, mit diesen Werbemitteln, in Kombination mit der musealen Präsentation, das Bild vom klassischen Neandertaler (ca. 120 000–28 000 Jahre v. h.) in der Öffentlichkeit in Richtung einer gleichberechtigteren Akzeptanz zu verändern. Eine solche Kampagne machte wirklich Sinn, denn durch die lange Forschungsgeschichte, verbunden mit Fehlinterpretationen, wurde der Neandertaler – übrigens das Synonym für den Urmenschen schlechthin – allgemein immer noch mit Attributen wie äffisch, dumm, primitiv und verhaltensgestört versehen.

Mittlerweile hat sich dieses Bild glücklicherweise geändert. Der zweite Teil des Titels, „Steinzeit hat Zukunft", war u. a. ebenfalls Schriftzug von Aufklebern, diente aber einer Imagewerbung mit ganz anderem Anspruch. Die Zement- bzw. Betonindustrie wollte mit diesem Slogan positive Stimmung für einen Baustoff und seine Verwendung machen. Während die Wörter im ersten Slogan noch ihre ursprüngliche Bedeutung haben, ist im zweiten dem Wort Steinzeit eine neue, metaphorische Bedeutung gegeben worden. So weit diese zwei einleitenden Beispiele.

Von allen Kulturphasen der Menschheit ist die der älteren Urgeschichte, hier ist der Zeitraum zwischen sieben Millionen und 11 500 Jahren vor heute gemeint, eine derjenigen, welche die größte Faszination auf uns ausübt. Dies hat mehrere Gründe. Zum einen liegt es sicherlich daran, dass sie den Ursprung des Menschen beinhaltet. Ein weiterer Grund dürfte in dem zur heutigen Zeit vollständig konträren Tagesablauf liegen. Damals war der Mensch noch fester Bestandteil der Natur und als Jäger und Sammler von Tages- und Jahreszeiten abhängig.

Für die meisten urbanen Menschen von heute gehören längere Aufenthalte in der Natur, z. B. Wandern, Angeln usw., zur Rubrik Freizeit–Urlaub–Erholung. Auch die Suche nach urgeschichtlichen Zeitzeugen, wird sie doch von vielen als abenteuerlich und exotisch angesehen, kann als Faszinationsgrund angeführt werden. Der Begeisterung förderlich ist aber auch die – gezwungenermaßen lückenhafte – Überlieferung für diese Zeit. Mögen auch noch so viele spektakuläre Neufunde gelingen, es wird immer ungelöste Rätsel geben, Rätsel, die viel Raum für die eigene Phantasie übrig lassen.

Abb. 1: Zeitweilige Eintrittskarte des alten Neanderthal-Museums im Neandertal bei Düsseldorf. (Foto: Rosendahl).

Daraus eröffnet sich die Möglichkeit für einen ganz persönlichen Zeitteil. Sobald schriftliche Überlieferungen mehr und mehr die Rolle der wichtigsten Zeitzeugen übernehmen, bilden feste Daten, Geschichten und Personen das Bild der entsprechenden Epoche, was den Raum für die eigenen Vorstellungen bzw. den persönlichen Zeitteil mehr und mehr einengt. So unglaublich es klingt, die zeitlich ferne Phase unseres Ursprungs liegt uns im Innern näher als so manche jüngere. Die Faszination an dieser Urzeit spiegelt sich auch deutlich in der Verwendung von Motiven aus dieser Epoche im zeitgenössischen Alltag wider (Farbtaf. 5,b). Es handelt sich sowohl um Motive aus der biologischen wie aus der kulturellen Evolution des Menschen, aber auch um Elemente aus der Tierwelt. Einen Einblick in die vielfältigen Verwendungsmöglichkeiten soll der folgende Abschnitt geben.

2 Hinweise auf die „alltägliche Urgeschichte"

Die in den folgenden Themenbereichen angeführten Beispiele erheben keinen Anspruch auf Vollständigkeit, was bei der schon angesprochenen Fülle von Motiven selbstverständlich erscheint. Auch sind die Motive nicht immer eindeutig einzelnen Themenbereichen zuzuordnen, weshalb Überschneidungen möglich sind.

2.1 Schmuck und Kunstgewerbe

Die Motive treten auf als Kettenanhänger, z. B. kleine Faustkeile und Mammutfiguren aus Sterlingsilber oder Abgüsse der magdalénienzeitlichen Venusfiguren (ca. 14 000 Jahre v. h.) aus der Petersfelshöhle bei Engen, Baden-Württemberg, als Anstecknadeln, z. B. mit einer einpfenniggroßen Schädeldecke aus Silber, nachempfunden der des Neandertalerfundes von 1856 aus dem Neandertal, als Anstecker, z. B. die Silhouette eines Mammuts in der Größe eines Einmarkstückes aus Stahlblech gestanzt, als Haarspange, z. B. in der vergrößerten Version des zuletzt genannten Beispiels, und bei Armbanduhren, wo sich z. B. im Zifferblatt eines Herstellers die Miniaturversionen eines steinzeitlichen Speeres und eines Faustkeiles als Minuten- und Stundenzeiger wieder finden.

2.2 Vorlagen für Gebrauchs- oder Ziergegenstände

Hier sind Objekte gemeint, bei denen sich die Motive als Vorlagen und Dekoration wieder finden. Dies können Gläser und Tassen sein mit entsprechenden Aufdrucken, z. B. von Urmenschen-Silhouetten, die ausgefallene Essbesteckkreation eines Herstellers, der Messer und Gabel nach den Umrissen eines Faustkeils gestaltete, ein Teeservice, das als Dekoration die Darstellungen aus der eiszeitlichen Bilderhöhle von Altamira (ca. 16 000 Jahre v. h.) in Spanien trägt, oder die diversen T-Shirt-Kreationen, die mit Bildern von Mammuten oder deren Skeletten, Höhlenmalereien oder Neandertalern bedruckt sind.

3 Ausstellungs- und Unterrichtsobjekte in der Wissenschaft

Originalfunde, Abgüsse und Rekonstruktionen sind längst nicht mehr nur Objekte der Wissenschaft. Ein immer stärker werdendes öffentliches Interesse hat dazu geführt, dass gerade in den 1980er und 1990er Jahren viele Dauerausstellungen publikumsfreundlicher gestaltet wurden, dass es regelmäßig Sonder- und Wanderausstellungen zum Themenfeld gab (z. B. die Ausstellung „Mammuts aus Sibirien" im Hessischen Landesmuseum Darmstadt, welche in fünf Monaten mehr als 100 000 Besucher anzog) und dass auch ganz neue Möglichkeiten populärer Präsentationen, z. B. in der Form von urgeschichtlichen Freilichtmuseen oder beschilderten Wanderpfaden, erschlossen wurden.

4 Medien und Kunst

Beide Themen werden zusammen behandelt, da es gerade hier zu zahlreichen Überschneidungen kommt, was zu unnötigen Wiederholungen führen würde. Zur besseren Übersicht wird der Themenbereich in folgende Rubriken untergliedert:

4.1 Tagespresse

Mit dem gestiegenen öffentlichen Interesse ist auch in der Tagespresse eine Zunahme von Berichten zum Themenkreis dieses Artikels zu beobachten. In kurzer und allgemeiner Form werden einem breiten Publikum regelmäßig lokale, nationale und internationale Funde oder Forschungsergebnisse präsentiert. Beispiele sind „Neue Bilderhöhle in Frankreich" (weltweite Meldung zur Entdeckung der Grotte Chauvet [ca. 31 000 Jahre v. h.] an der Ardèche im Dezember 1994) oder „Neandertaler in der Eifel" (bundesweite Meldung zum Schädelfund eines Neandertalers aus der Osteifel im September 1997).

4.2 Monatszeitschrift

Zahlreiche internationale und nationale Magazine und naturwissenschaftliche Monatszeitschriften (*National Geographic*, *Discover*, *New Scientist*, *Geo*, *Bild der Wissenschaft*, *Fossilien* oder *Archäologie in Deutschland*) widmen Teile oder ganze Hefte dem Themengebiet, wobei vor allem Aspekte rund um die Stammesgeschichte des Menschen dominieren.

4.3 Sachbuch

Das Angebot an populärwissenschaftlichen Büchern zum Thema ist groß. Jährlich kommen zahlreiche Neuerscheinungen dazu, und mittlerweile ist es schwierig, einen Überblick zu behalten. Dies ist sehr bedauerlich, verschwinden doch viele Bücher ebenso schnell vom Markt wie sie gekommen sind. Auch in dieser Rubrik dominieren Publikationen zu Themen rund um unsere Stammesgeschichte. Als Beispiele können die zahlreichen, in den letzten 15 Jahren unter der Autorenschaft des afrikanischen Paläoanthropologen Richard Leakey herausgekommenen Bücher angeführt werden[1].

4.4 Historischer Roman

Auch wenn diese Rubrik schon eine lange Tradition hat, so gibt es in den 1980er und 1990er Jahren dennoch deutliche Veränderungen. Zahlreiche neue Funde und Forschungsergebnisse rund um die Urzeit des Menschen lassen diese Zeit immer lebendiger werden. Diese Lebendigkeit findet sich auch in einer neuen Sparte dieser Literatur, in den Romanen über die Frühzeit des Menschen, wieder. Wegbereiterder und wohl bekanntester Vertreter dieser Sparte dürfte die in viele Sprachen übersetzte „Ayla"-Reihe der amerikanischen Autorin J. M. Auel sein[2]. Mittlerweile ist Auel auch Organisatorin und Sponsorin von wissenschaftlichen Tagungen.

4.5 Bilderbücher

Neue Funde und Forschungsergebnisse bedingen neue Rekonstruktionen und somit neue Bilder. Verbunden mit neuen Druck- und Bildverarbeitungstechniken führte dies zu einer bisher nicht gekannten Form, den fotorealistischen Bilderbüchern. Es handelt sich nicht mehr um die „Kinderbücher" von gestern, vielmehr sind es Bücher, die vor allem wegen ihrer Bilder, Menschen im Alter von acht bis 80 begeistern. Stellvertretend sei hier die sehr treffend bezeichnete Reihe „Sehen–Staunen–Wissen" aus dem Gerstenberg Verlag genannt[3]. Das Original ist übrigens eine englische Produktion.

4.6 Film, Video, Fernsehen

Auch hier gilt vieles von dem, was bisher unter den anderen Rubriken schon gesagt wurde. Neue Funde und Forschungsergebnisse in Kombination mit neuen Techniken (Special effects) haben unsere Urzeit auch fernseh- und kinofähig gemacht, sei es als Dokumentationsfilm oder als Unterhaltungsfilm auf großer Leinwand. Beispiele für Dokumentationsfilme sind die Filme der National Geographic Society oder die dreiteilige Serie „Auf Evas und Adams Spuren" des Bayerischen Rundfunks. An Kinofilmen müssen „Caveman", „Am Anfang war das Feuer" und „Ayla und der Clan des Bären" genannt werden.

4.7 Computer

Spätestens seitdem ein CD-ROM-Laufwerk zur Standardausrüstung eines Homecomputers gehört, kann sich jeder Interessierte zahlreiche bewegte und kommentierte Bilder zum Thema nach Hause holen – als Computerspiel, als Lexikon oder als reine Bildersammlung.

4.8 Plakate und Postkarten

Plakate dienen in der Regel zur Ankündigung von Veranstaltungen jeglicher Art. Im hier vorliegenden speziellen Themenrahmen handelt es sich um solche, die für Dauer- und Sonderausstellungen werben oder die Vorträge, Filme oder Buchneuerscheinungen ankündigen. Postkarten unterliegen zwar nicht dem gleichen Zweck, können aber in diese Rubrik gestellt werden, sprechen ihre Motive doch auch von Museen, Sammlungen, Ausstellungen und dergleichen.

4.9 Cartoons und Karikaturen

Gerade der Neandertaler, das Sinnbild für den Urmenschen schlechthin, ist unter dieser Rubrik häufig „misshandelt" worden. Grafisch mit den Attributen dumm, äffisch und primitiv belegt, hat er häufig keulenschwingend für Witze, Späße und Gesellschaftsironie herhalten müssen. Angeführt wird diese Sparte sicherlich von Gary Larson, einem Cartoonist, der sich die „Urzeit" auf diesem Gebiet zu Eigen gemacht hat.

4.10 Musikszene

Das Vorkommen urgeschichtlicher Motive in dieser Rubrik beschränkt sich auf die Betitelung von Songs oder CD-Alben. Aktuelles Beispiel lieferte die österreichische Gruppe „Schürzenjäger", die ihr CD-Album und den Titelsong *Homo erectus* nannte.

4.11 Bildende Kunst

In dieser Rubrik verzahnen sich Objekte, die ohne wissenschaftlichen Anspruch zumeist als Skulpturen oder Denkmäler gestaltet wurden sowie Objekte, die als wissenschaftlich gesicherte Habitusrekonstruktionen und Lebensbilder dienen. Erstere beinhalten meist das gesamte Repertoire der künstlerischen Freiheit und befinden sich an regional und überregional bekannten Fundplätzen wie im Neandertal bei Düsseldorf oder in Les Eyzies in der Dordogne. In beiden Fällen werden sie als Neandertaler bezeichnet. Lebensbilder sind fast immer Bestandteil einer wissenschaftlichen Dauer- oder Sonderausstellung. Bei ihnen lassen sich, einhergehend mit Erkenntniszuwachs und der Entwicklung neuer Materialien, deutliche Unterschiede erkennen. Die Unterschiede bezüglich Können und wissenschaftlicher Genauigkeit seien hier ausgeklammert. Beispiele für solche Werke der Bildenden Kunst aus der Hand des Wild Life Art Teams aus Breitenau (Abb. 2) stehen z. B. im Hessischen Landesmuseum Darmstadt (Neandertaler) oder im Staatlichen Museum für Naturkunde Stuttgart, Schloss Rosenstein (*Australopithecus afarensis*, Alter ca. 3,5 Mio. Jahre)[4].

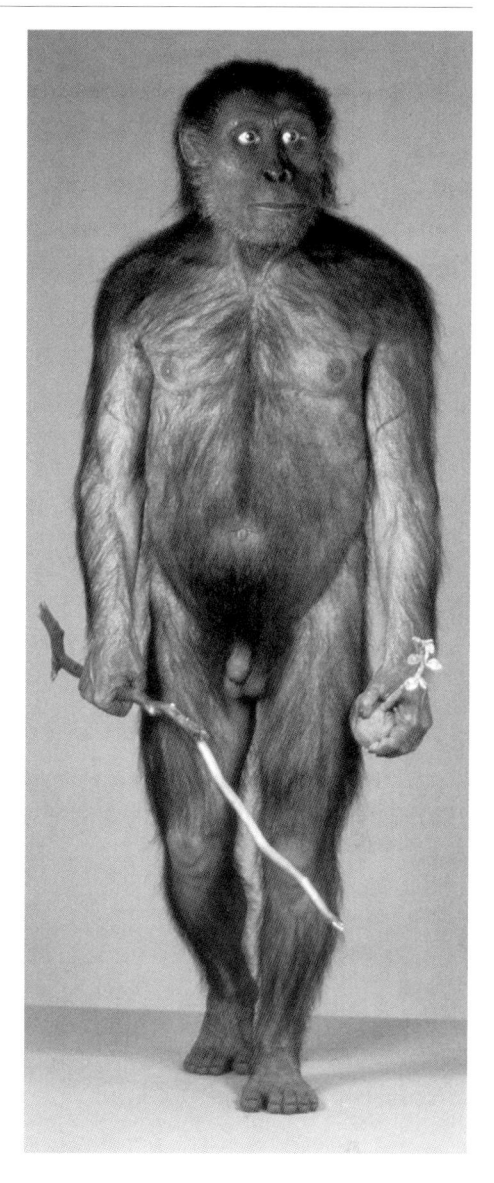

Abb. 2: Eine vom Wild Life Team aus Breitenau, Westerwald, für das Staatliche Museum für Naturkunde Stuttgart gefertigte Rekonstruktion eines 3,5 Millionen Jahre alten Vormenschen (Lucys Mann, Australopithecus afarensis). (Foto: Rosendahl).

5 Philatelie

Unter dieser Rubrik verbergen sich nicht nur Briefmarken mit entsprechenden Motiven, sondern auch Stempel und Telefonkarten. Das Spektrum der Abbildungen ist gigantisch und deckt alle Sparten ab, angefangen bei Knochenfunden über Rekonstruktionen von Mensch und Tier bis hin zu Höhlenmalereien, Artefakten und Fundstellen. So vielfältig wie die Motive sind auch die Ursprungsländer der philate-

Abb. 3: Fünf kubanische Briefmarken mit Darstellungen zu verschiedenen Abschnitten der Humanevulotion. Die farbigen Lebensbilder sind aus den 1960er Jahren und stammen aus der Hand des berühmten tschechischen Vorzeitmalers BURIAN. Nr. 1 = Homo habilis (Alter ca. 2,5–1,9 Mio. Jahre), Nr. 2 = Australopithecus (Alter ca. 3,5 Mio. Jahre), Nr. 3 = Homo erectus aus Java (Alter ca. 1,8 Mio. Jahre), Nr. 4 = Homo erectus (Pekingmensch) (Alter ca. 400 000 Jahre) und Nr. 5 = klassischer Neandertaler (ca. 120 000–28 000 Jahre v. h.). (Foto: Rosendahl).

listischen Objekte. Aus Äthiopien kommt eine Briefmarke, welche die Skelettreste von „Lucy" (*Australopithecus afarensis*), eingefügt in den Staatenumriss, zeigt, aus Kuba kommt eine fünfteilige Briefmarkenserie mit Rekonstruktionszeichnungen verschiedener Hominiden (Abb. 3), aus Polen eine Marke mit einem Mammut und aus der Gemeinde Mauer bei Heidelberg ein Poststempel, welcher den dort 1907 gefundenen Unterkiefer des *Homo (erectus) heidelbergensis* (Alter ca. 690 000 Jahre) zeigt.

6 Münzen und Medaillen

Im Gegensatz zur vorherigen Rubrik finden sich auf Münzen und Medaillen nur sehr selten urzeitliche Motive. Einziges den Autoren bekanntes Beispiel für ein ehemals gültiges Zahlungsmittel ist eine Notgeldmünze aus dem Sauerland, welche das Skelett eines Höhlenbären zeigt. Häufiger, aber auch noch selten, finden sich z. B. anlässlich eines Fundjubiläums herausgegebene Sonderprägungen, so geschehen zum 125-jährigen Fundjubiläum des Neandertalers aus dem Neandertal. Die Silbermünze in der Größe eines Fünfmarkstückes trägt auf einer Seite einen Schriftzug „125 Jahre Neandertaler", auf der anderen eine erhabene Gesichtsrekonstruktion eines Neandertalers nach G. Wandel von 1960 sowie das Wort Neandertaler. Interessant ist hier die Doppeldeutigkeit von „Neandertaler", kann es sich dabei doch sowohl um den abgebildeten Menschen als auch den Namen der Münze handeln.

7 Embleme und Logos

Embleme und Logos im weitesten Sinne sind Kennzeichen, Sinnbilder bzw. bildliche Bezeichnungen, die von Firmen, Museen, Vereinen, Gesellschaften oder anderen Organisationen verwendet werden. Man findet sie auf Briefköpfen, Stempeln, Werbematerialien und dgl. mehr. Erwartungsgemäß trifft man die meisten Motive im Bereich von entsprechenden Museen oder wissenschaftlichen Vereinigungen und Gesellschaften. Das Logo des Museums für die Archäologie des Eiszeitalters in Neuwied ist eine Mammutritzzeichnung (ca. 12 400–12 100 v. h.) von der Fundstelle Gönnersdorf, das der Gesellschaft für Urgeschichte e. V. Blaubeuren die Zeichnung des 32 000 Jahre alten Adoranten aus der Geißenklösterle-Höhle bei Blaubeuren, um nur zwei Beispiele zu nennen. Firmen mit entsprechenden Logos sind seltener. Die Silhouette eines Mammuts ist gleichzeitig Logo der französischen Supermarktkette „Mammouth", eines Outdoor-Ausrüsters und eines Speditionsunternehmens. Selbstverständlich scheint es, dass die Touristikgesellschaft der Dordogne in Frankreich eine Darstellung aus der Bilderhöhle von Lascaux (17 000 Jahre v. h.) als Logo verwendet.

8 Spielzeug

Auch die Spielzeugindustrie trägt der Begeisterung vor allem junger Konsumenten über „Mammut und Neandertaler" Rechnung. Das Spektrum reicht von unterschiedlich großen Hartgummifiguren (z. B. von *Australopithecus*, Neandertaler und Mammut) über Kinderstempel und Figurenserien zur Evolution des Menschen aus Überraschungseiern bis hin zu einem „Neanderthal"-Memory für die ganze Familie. Hinzu kommen Malbücher, Puzzles, Kartenspiele und Hörspielkassetten.

9 Genussmittel

Hier sind nicht Speisen und Getränke gemeint, die auch schon in unserer Vorzeit den Hunger stillten. Gemeint sind vielmehr Genussmittel, die in ihrer Benennung urgeschichtliche Motive tragen (Abb. 4). Da gibt es z. B. das Mammut-Ur-Pils aus Sangerhausen oder den Neandertaler-Sekt aus einem Feinkostgeschäft in der Nähe des Neandertals. Auch Neandertaler-Rosé ist dort erhältlich. Hochprozentigeres in Form eines Neandertaler-Korns gibt es im Museumsshop des Neanderthal-Museums.

10 Sprache

Auch in dem alltäglichen Sprachgebrauch kommen urgeschichtliche Begriffe vor, diese erhalten jedoch eine neue, metaphorische Bedeutung. So gibt es eine Mammutsitzung und ein Mammutprojekt (hier steht Mammut als Sinnbild für Größe und Dauer) oder den Vorwurf, dass immer noch mit steinzeitlichen Methoden, z. B. bei der Fabrikation, gearbeitet wird (Steinzeit steht hier für rückschrittlich oder primitiv).

11 Schluss

So weit die Urzeit auch von uns entfernt sein mag – sei es zeitlich oder vom Lebensstil her –, sie wirkt faszinierend weil mysteriös, unbekannt, anders. Die „Entdeckung" dieser Zeit ist relativ jung (19. Jahrhundert) und ihre Akzeptanz beim Publikum ist noch jünger. Das steigende allgemeine Interesse an dieser Zeit wird immer häufiger auch für kommerzielle Zwecke ausgenutzt mit dem Effekt, dass das, was uns einst als „fremd" erschien, heute vertraut, ja fast alltäglich wirkt. Das Leben der Steinzeit gräbt sich langsam aber sicher einen Platz in unsere Imagination. Es wird zum Symbol für Naturverbundenheit, Freiheit, Authentizität und glückliche, unbesorgte „Primitivität".

Abb. 4: Ein ausgefallenes Bierlabel der Firma Hamburger Bier Import. Dumm und roh steht hier ein keulenschwingendes, affenähnliches Wesen als Markenzeichen für ein Bier namens Neandertaler Gesöff, eines der vielen Beispiele, bei dem der Neandertaler, Synonym für Urmensch schlechthin, zur Belustigung herhalten muss. Zu bemerken gilt aber, dass der moderne Mensch nach übermäßigem Genuss dieses „Gesöffes" mehr der Figur auf dem Label ähneln dürfte als ein nüchterner Neandertaler es je getan hat. (Foto: Rosendahl).

Anmerkungen / Literatur:

[1] Leakey, R. (1981): Die Suche nach dem Menschen. Wie wir wurden, was wir sind. Frankfurt am Main. – Ders. (1997): Die ersten Spuren. Über den Ursprung des Menschen. München.
[2] Auel, J. M. (1981): Ayla und der Clan des Bären. Frankfurt am Main. – Dies. (1984): Das Tal der Pferde. München. – Dies. (1986): Die Mammutjäger. Berlin, Frankfurt am Main. – Dies. (1991): Ayla und das Tal der großen Mutter. Hamburg.
[3] Caruso, L. (Red.) (1998): Das Visuelle Lexikon. Sehen – Staunen – Wissen. Hildesheim.
[4] Rosendahl, W. (1998): Vom Knochenfund zum Lebensbild. Über die Rekonstruktion von Lucys Mann. In: Fossilien Nr. 3: 166–168. Korb.

Das Bild der Vorgeschichte in der heutigen Gesellschaft

Michel Toussaint

Zusammenfassung

Zahlreiche Bilder, die uns täglich begegnen, befassen sich mit der Vorgeschichte, der Morphologie des fossilen Menschen aber auch mit seiner Kultur: Fernsehsendungen, Filme, Zeichentrickfilme, Schul- oder Sachbücher, Zeitschriften, Comics, politische Karikaturen, Postkarten, Briefmarken, Münzen, Flaschenetiketten, Werbeträger, Kleidungsstücke, Anstecknadeln und schließlich Freilichtmuseen, Rekonstruktionen oder Ausstellungen treten an, uns unsere weit entrückte Vergangenheit näher zu bringen.

Die Bilder sind oft widersprüchlich und selten neutral. Ihre Aussage hängt von vielen Faktoren, die sich in ständigem Umbruch befinden, ab. Da sind einerseits selbstverständlich die wissenschaftlichen Befunde, aber auch die geistigen und gesellschaftlichen Strömungen, die einen jeden von uns und die Wissenschaft selbst beeinflussen, und anderseits Erziehung und Bildung, philosophische und politische Weltanschauungen und nicht zuletzt die Funktion der Bilder, die unsere Vorstellungskraft beflügeln.

1 Einleitung

Seit langem ist der Mensch vom Geheimnis seines Ursprungs fasziniert. Ist es nicht eben diese fast metaphysische Faszination, die ihn von allen anderen Säugern unterscheidet, und sind nicht zahlreiche Lösungsversuche der fundamentalen Frage nach dem Ursprung des Lebens, besonders des menschlichen Lebens, nachgegangen? Religionen haben Dogmen geschaffen und heilige Schriften hervorgebracht; Gründungsmythen entstanden in den unterschiedlichsten Kulturen und Philosophen wie auch andere Denker haben zu allen Zeiten ganze Bibliotheken zu diesem Thema gefüllt. Aber auch die moderne Wissenschaft ist auf der Suche nach den Anfängen lebender Materie bis indirekt hin zum Sinn des Daseins. Im Modell werden Bedingungen geschaffen, unter denen sich lebende Moleküle entwickeln können, immer neue Evolutionstheorien entstehen und das Erbgut der Neandertaler wird entschlüsselt. Jeder wissenschaftliche Durchbruch wird umgehend von den Medien aufgegriffen und bedient das steigende Interesse, besonders an Knochenfunden fossiler Menschen, einer breiten Öffentlichkeit.

Das tiefe Bedürfnis des Menschen, seine Wurzeln zu kennen, erklärt zweifellos sein Interesse an Geschichte, Archäologie und Anthropologie. Fernsehsendungen oder Filme, die sich diesen Themen widmen, erzielen hohe Einschaltquoten bzw. Besucherzahlen. Sachbücher oder Sachzeitschriften haben große Auflagen, historische Romane werden oft Bestseller und Freilichtmuseen oder Austellungen wie „4 Millionen Jahre Mensch" 1996 im Kölner Zoo, die die Lebensweisen ehemaliger Bevölkerungen rekonstruieren, finden immer mehr Zuspruch.

Zahlreiche Bilder auf Briefmarken, Münzen, Werbeträgern, Kleidungsstücken und Anstecknadeln oder in Comics und Zeichentrickfilmen beziehen sich in noch spezifischerer Weise auf die Vorgeschichte und befassen sich sowohl mit der morphologischen Beschaffenheit des fossilen Menschen als auch mit seiner Kultur.

2 Faktoren, welche die Darstellung der Vorgeschichte beeinflussen

Die Vorstellungen, die wir bewusst oder nicht von den prähistorischen Zeiten haben und die sich in den erwähnten Bildträgern widerspiegeln, sind gelegentlich widersprüchlich und selten neutral. Sie ändern sich und werden von unterschiedlichen Faktoren geprägt, die im Laufe der Zeit selbst Entwicklungen durchmachen.

Da sind einerseits die wissenschaftlichen Befunde und andererseits die Methoden der Wissenschaften selbst. Letztere sind aber wiederum ein Produkt der Gesellschaft und werden folglich genau wie diese vom Zeitgeist und diversen Strömungen beeinflusst. Dabei spielen Erziehung und Bildung, philosophische und politische Anschauungen, Funktion und Wirkung von Bildern und schließlich Kreativität und Vorstellungskraft eine bedeutende Rolle.

Nimmt man die prähistorische Wissenschaft als Beispiel, dann stellt man fest, dass die Methoden seit den ersten archäologischen Funden zu Beginn des 19. Jahrhunderts erhebliche Fortschritte gemacht haben. Die Geologie des Quartärs, die Palynologie, die radiometrische Datierung, physikalische und chemische Methoden und die Molekularforschung gehen den Geheimnissen vergangener Bevölkerungen und ihrer Lebensweisen auf den Grund. Sie alle zusammen bilden ein wissenschaftliches Gerüst, auf das sich jede Darstellung stützen sollte, an dem ständig weitergebaut werden muss. So hat sich beispielsweise das wissenschaftliche Bild des Neandertalers seit Ende des letzten Jahrhunderts beträchtlich verändert.

Kurz nachdem Julien Fraipont und Max Lohest im Jahre 1886 die Menschenknochen von Spy bei Namur in Belgien entdeckt hatten, zeichneten sie ein Bild des

Neandertalers mit ziemlich stark gebeugten Knien und in einer fast äffischen Haltung, das von dem berühmten französischen Paläontologen Marcellin Boule umgehend plagiiert wurde. Offensichtlich waren die drei Forscher zu stark von ihrer Zeit beeinflusst, um ein im Voraus als tierisch abgestempeltes Wesen in die Abstammungslinie des Menschen aufzunehmen. Gegen 1939 zögerte Carleton S. Coon hingegen nicht, den Neandertaler mit einem Hut auszustaffieren. Damit wollte er darauf hinweisen, dass sich seine Morphologie, abgesehen von vergleichsweise kleinen Merkmalen, kaum von der unseren unterscheidet. So entstand ein neues, heute hoch wissenschaftlich abgesichertes Bild des Neandertalers.

Aber auch Modeerscheinungen und soziale Entwicklungen haben sich auf die prähistorische Bildkunst ausgewirkt: Man erinnere sich nur an den Einfluss ökologischer Ideen, die den Mythos des guten Wilden wiedererstehen ließen. Die Frauenbewegung trieb die Erforschung matriarchalischer Gesellschaften voran, und der sexuelle Befreiungsprozess der 1960er Jahre veränderte die Art und Weise, unsere Vorfahren zu bekleiden: Anfangs noch keusch gewandet, enthüllten sie nun zunehmend ihre Muskeln.

Da die Vorgeschichte zu den Humanwissenschaften zählt, wäre es naiv zu glauben, sie hätte sich abgeschirmt vom Einfluss der gesellschaftlichen Diskussionen entwickeln können. Daher ist es nicht verwunderlich, dass Regime und politische Ideologien, philosophische Theorien und Hüter religiöser Strenggläubigkeit immer wieder versucht haben, das Bild von der Vorgeschichte zu beeinflussen oder gar zu unterwandern, um ihrer Anschauung von Macht und Gesellschaft Nachdruck zu verleihen. Die Vereinnahmung von Geschichte, Archäologie und Anthropologie zu politischen Zwecken ist somit keine Seltenheit. Wenn nötig werden Funde und Befunde manipuliert, meist um ein bestimmtes gemeinschaftliches Bewusstsein zu fördern.

So werden unter anderem vergangene Zeiten zum Nährboden für nationale Gefühle, territoriale Eroberungen und koloniale Besetzungen gerechtfertigt oder die Unumgänglichkeit bestimmter gesellschaftspolitischer Theorien bewiesen. Es ist beispielsweise nicht lange her, dass das Apartheidsregime Südafrikas zu beweisen versuchte, dass bestimmte Provinzen erstmals von weißen Siedlern – den Buren nämlich – erschlossen wurden. Marxistische Theoretiker missbrauchten die Archäologie zum Beweis für die entwicklungsbedingte Überlegenheit ihrer Vision des Sozialismus. Religiöse Einmischungen in die Deutung der Vergangenheit und in erster Linie des Bestattungswesens waren und sind noch üblich, sowohl in der islamischen als auch in der christlichen Welt. Wie weit so etwas geht, zeigt die Überspanntheit der nordamerikanischen Kreationistenlobby, die die Texte der Bibel wörtlich auslegt und Front macht gegen eine hundert Jahre andauernde Fundserie von fossilen Menschen.

Technisch gesehen sind die Bildträger selbst und der Grad ihrer Beweglichkeit auch nicht ohne Einfluss auf die Darstellungen der Vorgeschichte. Unbewegliche Bilder (Gemälde, Plakate, Briefmarken, Anstecknadeln) erfordern andere Ausdrucksmöglichkeiten als halb-bewegliche (Comics) oder bewegliche Bilder (Zeichentrickfilme oder Spielfilme).

Diese Bildträger werden zu ganz unterschiedlichen Zwecken gebraucht. Einige dienen als Werbemittel, andere sollen unterhalten oder gar bilden und wieder andere rühmen die Reize eines Landes. Dabei sind die angesprochenen Zielgruppen nach Alter (Kinder, Jugendliche, Erwachsene) und nach Wissensstand (breite Öffentlichkeit, versiertes Publikum, Spezialisten) sehr verschieden.

Zu zahlreichen Aspekten im Leben und Verhalten der prähistorischen Menschen findet man über die traditionellen Wissenschaften bekanntlich kaum Zugang; so z. B. wissen wir wenig über die Sprache, das religiöse Empfinden oder die Bräuche und Mythen des fossilen Menschen. Hier ist unsere Vorstellungskraft gefragt, um die Lücken in unserem Wissen zu schließen. Dieser notwendige Beitrag des Imaginären, der nur manchmal den ethnologischen Vergleich zurate zieht, kann ganz unterschiedliche Züge annehmen. Einige Comiczeichner beispielsweise zaudern nicht und gesellen den prähistorischen Menschen zu den Dinosauriern, obwohl 60 Millionen Jahre beide voneinander trennen. Andere holen sich wissenschaftlichen Rat; auf Glaubwürdigkeit bedacht, spielen ihre Figuren vor der richtigen Kulisse vergangener Zeiten.

3 Grundgedanken der modernen Darstellung von Vorgeschichte

Die Kombination aller dieser Faktoren hat in unserer modernen Gesellschaft ganz unterschiedliche Vorstellungen von der Vorgeschichte bewirkt. Betrachten wir einmal näher, wie widersprüchlich die Darstellungen zu den drei folgenden Themen sind: Verhältnis zwischen Evolution und Fortschritt, Macht und Gesellschaft oder Mann und Frau.

Zu Beginn der Auseinandersetzung mit der Evolution wird der Mensch als sich langsam von der Tierwelt lösendes Wesen verstanden. Dies entspricht der humanistischen und positivistischen Anschauung des 19. Jahrhunderts, widerspricht aber dem jüdisch-christlichen Konzept der Schöpfung. Die Darstellungen der Hominiden und deren Entwicklung vom Affen zum modernen Menschen werden neu überdacht und illustrieren nun den langen Weg zum aufrechten Gehen, die Zunahme des Gehirnvolumens, den Übergang vom so genannten Schnauzengesicht zu einem verkleinerten Gesicht, die abnehmende Körperbehaarung usw. Die Veränderung dieser physischen Merkmale und der technologische Fortschritt gehören zusammen. Eines der schönsten Beispiele dafür findet man auf dem Plattencover von „Brother where you bound" der Rockgruppe Supertramp.

Eine ganz andere Vorstellung, nämlich die vom guten Wilden, wie Jean-Jacques Rousseau ihn sah, förderte eher das Bild von einem primitiven Menschen, der wunderbar gebaut war und gutmütig im Einklang mit der Natur lebte, ungefähr so wie Rahan und Tounga, die beiden französischen Comichelden der Zivilisation.

Die sozialen Beziehungen in vorgeschichtlichen Zeiten, so wie wir sie uns oft ausmalen, sind oft nur eine Projektion unserer modernen Erwartungen und Ängste. Ein wichtiges Thema spielt der Begriff von Kraft. Der vorgeschichtliche Mensch wirkt darin oft brutal, und die Stämme bekämpfen sich grausam und ohne Unterlass. Der Film „Am Anfang war das Feuer" und die Darstellung der Bösen in vielen Comics haben diese Vorurteile populär gemacht. Andere Themen befassen sich mit der prähistorischen Gesellschaft. Diese nimmt entweder demokratische oder kommunistische Züge an oder wird streng theokratisch verwaltet.

Die Beziehungen zwischen Mann und Frau werden meist auf recht stupide Weise dargestellt und reflektieren die einfachsten Grundmuster des Machismo. Wer erinnert sich beispielsweise nicht an die eine oder andere Darstellung des mit einer Keule ausstaffierten prähistorischen Jägers, der seine Frau an den Haaren hinter sich herzieht. Arbeitsteilung wird nach dem gleichen Schema abgehandelt: Die Frau hütet das Feuer, sammelt Beeren und töpfert eifrig, während der Mann dem Wild nachstellt oder seinen Feinden unerschrocken entgegentritt. So sieht auch die Rollenteilung aus zwischen Tounga, dem berühmten Comicjäger, und Ohama, seiner einfühlsamen Frau.

4 Darstellung der Vorgeschichte auf Bildträgern und in den Medien

4.1 Briefmarken

Immer öfter geben Länder Briefmarken mit Motiven aus dem kulturellen Erbe der Menschheit heraus. Briefmarken und Stempel haben einen riesigen Verbreitungsraum und sind daher wirkungsvolle Visitenkarten, oft mit politischen, wirtschaftlichen und gesellschaftlichen Botschaften, die etwas über die ökonomischen, technischen, wissenschaftlichen oder sportlichen Erfolge aussagen oder die die touristischen und kulturellen Reize eines Landes anpreisen. Die erste Briefmarke mit einem prähistorischen Motiv, ein Großstein- oder Megalithgrab im Hintergrund, ist in Deutschland im Jahre 1920 anlässlich des Volksentscheids in Schleswig herausgegeben worden.

Die vorgeschichtlichen Themen auf Postwertzeichen sind sehr vielfältig und meistens wissenschaftlich richtig. Mit über hundert Briefmarken und etwa genauso vielen Stempeln sind Felswandbilder am besten vertreten. Die europäischen Exemplare illustrieren die Höhlenkunst des Paläolithikums. Dabei gibt es – selbst in nicht europäischen Ländern – eine Vorliebe für die Höhlenmalereien von Lascaux (Kuba 1967; Frankreich 1968; Monaco 1970; Mali 1994; San Marino 1996) und für die nacheiszeitliche Kunst, beispielsweise aus Ostspanien. Auch Felsbilder, die nicht aus Europa stammen, sind sehr gut vertreten, vor allem in Algerien und Mali, aber auch im südlichen Teil Afrikas, in Australien und in einigen südamerikanischen Ländern (Abb. 1, erste und zweite Reihe).

Knochen der fossilen Menschen, besonders Schädelknochen, sind das zweite große Thema der Philatelie (Abb. 1, dritte Reihe). Der erste *Australopithecus*, das Kind von Taung, wurde 1925 in Südafrika ent-

Abb. 1. Erste Reihe, von links: Paläolithische Malerei aus der Höhle von Lascaux, Monaco 1970; paläolithische Malerei aus der Höhle von Lascaux, Frankreich 1968; Felsbild mit Bison im Altamira-Stil, Kuba 1967; Felsbild der Aborigines, Australien 1988. – Zweite Reihe, von links: Felsbild aus der Tassili-Wüste, Algerien 1983; Elen-Antilope aus der Sebaaieni-Höhle, Ndedema-Schlucht, Drakensberg, Republik Südafrika 1987; Felsbild aus den Tsodilo-Bergen, Botswana 1991; schematische Darstellung eines Boviden, Südwestafrika 1974. – Dritte Reihe, von links: Lucy, Australopithecus afarensis, Äthiopien 1986; Australopithecus boisei, Zinjanthropus von Olduvai, Tanzania 1965; Homo habilis (Homo rudolfensis) KNM-ER 1470, Kenia 1982; Neandertaler von Krapina, Jugoslawien 1985. – Vierte Reihe, von links: Steinkreis von Stonehenge, Malediven 1986; Megalithgrab, Guernsey 1977; Megalithgrab, Irland 1992; Megalith-Anlage von Cashtal-Yn-Ard, Isle of Man 1980. – Fünfte Reihe, von links: Paläolithische Harpunen, Schweiz 1972; Faustkeil, Mozambik 1981; neolithische Silex-Minen von Spiennes, Belgien 1968; Abbé Breuil, ein bekannter Prähistoriker, Frankreich 1977. (Foto: G. Focant, Ministère de la Région wallonne).

Abb. 2: Experimentelle Rekonstruktion eines Galeriegrabs; im Freilichtmuseum von Ramioul, Belgien, versuchen die Besucher, das Monument mit einer Steinplatte abzudecken. (Foto: Michel Toussaint).

deckt und erschien 1967 auf der Briefmarke einer kubanischen Serie. Ein anderer bekannter Fund, *Australopithecus africanus*, „Mrs. Ples", wurde zusammen mit seinem Entdecker Robert Broom 1991 auf einer südafrikanischen Briefmarke abgebildet, und die berühmte „Lucy", ein *Australopithecus afarensis*, schmückt eine äthiopische Marke von 1986. Die robuste Form des ostafrikanischen *Australopithecus*, der *Australopithecus boisei*, ist durch den *Zinjanthropus* von Olduvai auf einer tanzanischen Marke von 1965 und mit einem Schädel vom Ufer des Turkana-Sees auf einer kenianischen Marke aus dem Jahre 1982 vertreten.

Der *Homo rudolfensis* (vorm. *Homo habilis*) KNM-ER 1470 von Koobi Fora, oder vielmehr sein Schädel, erscheint 1967 auf einer kubanischen Marke und 1982 in einer kenianischen Serie. Sein Nachfolger in der Evolution, *Homo erectus*, befindet sich als *Sinanthropus* und *Pithecanthropus* in der kubanischen Serie von 1967. Er dominiert bei den Schädelmotiven in einer indonesischen Serie (1989). Im Jahre 1991 findet man ihn auf einer chinesischen Briefmarke; 1982 erscheint sein Schädel (KNM-ER 3733) auf einer kenianischen Marke oder er ziert 1966 als *Tchadanthropus uxoris* eine Briefmarke aus dem Tschad.

Die ersten Europäer findet man 1992 auf einer französischen Briefmarke, die an Tautavel erinnert. Griechenland widmet 1982 dem Schädel von Petralona und Ungarn 1993 dem Hinterhaupt von Vértesszöllös eine Marke. Der klassische Neandertaler ist auf Briefmarken von Gibraltar 1973 oder der von Krapina im ehemaligen Jugoslawien 1985 abgebildet, und „Broken Hill" aus Sambia 1973 bezieht sich auf einen afrikanischen Urmenschen.

In zahlreichen europäischen Ländern, aber auch in Afrika und Asien, beschäftigen Megalithen die Philatelie (Abb. 1, vierte Reihe): Frankreich (1965 mit den aufgereihten Großsteinen von Carnac), Dänemark, Jersey, Isle of Man, Malta, Tunesien, Senegal und Korea. Zu weiteren vorgeschichtlichen Themen gehören die Herstellung von Steinwerkzeugen und Töpferwaren oder prähistorische Tiere, vor allem das Mammut, oder auch berühmte Entdecker wie Abbé Breuil aus Frankreich (Abb. 1, fünfte Reihe) und die Familie Leakey aus Kenia.

4.2 Freilichtmuseen und archäologische Rekonstruktionen

Freilichtmuseen und archäologische Rekonstruktionen vermitteln zurzeit auf sehr attraktive Weise das wissenschaftlich am besten fundierte Bild der Vorgeschichte und sprechen somit in zunehmendem Maße Schulklassen und Familien an. In der Regel erarbeiten Wissenschaftler das Konzept, und oft vermitteln Fachleute mit pädagogischer Ausbildung und viel Enthusiasmus ihr Wissen. Besonders gut gelungene Projekte dieser Art sind Lejre in Dänemark, die archäologischen Parks von Beynac im Périgord und Samara an der Somme, das CAIRN in der Vendée, das Archéodrome in der Bourgogne, der Préhistosite von Ramioul (Abb. 2) bei Lüttich, der Archéosite von Aubechies im Hennegau, Asparn in Österreich, Biskupin in Polen und nicht zuletzt das neue „Neanderthaler Museum" in Mettmann.

Freilichtmuseen inszenieren archäologische Entdeckungen mit Nachbauten von Behausungen, Grabstätten, Töpferöfen usw. Aufgrund von Kenntnissen aus der experimentellen Archäologie werden prähistorische Techniken vorgeführt, wobei der Besucher nicht selten aufgefordert wird, selbst Hand anzulegen, um beispielsweise ein Steinwerkzeug zu schlagen, ein Beil zu polieren, Feuer zu entzünden, Töpfe zu formen und zu brennen, einen Speer mit einer Speerschleuder zu werfen oder ein Megalithgrab abzudecken. Jeder, der einmal an einer solchen Veranstaltung teilgenommen hat, hat einen konkreten Einblick in die Lebensweisen des vorgeschichtlichen Menschen gewonnen. Er ist meist tief beeindruckt von dessen Scharfsinn und Anpassungsfähigkeit und wird sich nicht mehr mit geläufigen, oft billigen Klischees zufrieden geben.

4.3 Fundplätze und Ausstellungen

Heute sind auch die traditionellen Museen zur Verbreitung eines qualitativen Bildes der Vorgeschichte unabdingbar. Hier ist genau so viel Dynamik am Werk wie in den Freilichtmuseen. Ausstellungen, die sich einem bestimmten Thema widmen, haben starken Zulauf und zeigen, dass sich das Interesse an der Vorgeschichte ständig vergrößert.

Auch Fundplätze werden dem Besucher häufig zugänglich gemacht. Der Reiz des Authentischen zieht so z. B. die Besucher in Massen zu den paläolithischen Höhlen von Les Eyzies in Frankreich, zu den Megalithen von Carnac und Stonehenge oder zu einfachen Fundstätten in ihrer nahen Umgebung. Der „Tag des offenen Denkmals", der 1984 in Frankreich initiiert wurde und der seit 1989 in der Wallonie und seit einigen Jahren auch in Deutschland wie in den meisten europäischen Ländern stattfindet, fördert mit Fundplatzbesichtigungen ebenfalls ein sehr konkretes Bild der Vorgeschichte.

4.4 Schulbücher

Unsere ersten Bilder von der Vorgeschichte stammen in vielen Fällen aus unseren Schulbüchern. Diese hinken leider manchmal dem aktuellen Wissensstand hinterher, wenn sie dann noch allzu pädagogisch und langweilig daherkommen oder wenn durch Hausaufgaben eingetrichtert

Abb. 3: Titelbilder von Comics, die von der Vorgeschichte handeln. (Foto: G. Focant, Ministère de la Région wallonne).

wird, was spielerisch gelernt werden kann, ist das Ziel meist verfehlt.

4.5 Tageszeitungen und Zeitschriften
Die Presse informiert in zahlreichen Artikeln oder Berichten über die neuesten archäologischen Entdeckungen von einfachen Rettungsbergungen in der Nachbarschaft bis hin zur Höhlenmalerei oder Ausgrabung fossiler Menschenreste, die jeweils Anlass geben, das Bild unserer Entwicklung zu verfeinern oder gar neu zu überdenken. Selbst große Politmagazine wie *Der Spiegel* bringen hervorragende Beiträge über die Anfänge des Menschen, und Fachzeitschriften wie *Scientific American*, *La Recherche* oder *Archäologie in Deutschland* widmen sich ganz dem Ziel populärwissenschaftlicher Präsentation.

4.6 Comics
Comics verbreiten mit Abstand das falscheste und einfältigste Bild der Vorgeschichte (Abb. 3). Die ältesten von ihnen erschienen vor einem Dreivierteljahrhundert auf dem Markt. Der bekannteste, „Alley Oop", ein zänkischer Höhlenmensch, der einen Dinosaurier dressiert hat, wurde 1933 von dem Amerikaner Vincent T. Hamlin geschaffen, aber erst seit 1950 sind prähistorische Themen fester Bestandteil der Comicbranche wie z. B. „Timour" von Sirius (1953), „B. C. – Before Christ –" (dt.: Neander aus dem Tal) von John Hart (1958), „Tounga" von Edouard Aidans (1961) oder „Rahan" von Cheret und Lécureux (1969).

Die meisten Autoren fühlen sich, im Gegensatz zu den großen Meistern des Comics wie Jacques Martin, der wissenschaftlichen Realität keineswegs verpflichtet. Im Namen einer unangebrachten künstlerischen Freiheit wird der prähistorische Mensch zum Zeitgenossen der Dinosaurier; Zeit und Raum werden vermischt und eine nicht mögliche Situation in Szene gesetzt. Abweichungen von den wissenschaftlichen Kenntnissen sind nur dann zu rechtfertigen, wenn klar herausgestellt wird, dass es sich um reine Fiktion handelt, die auch vom Leser, besonders von Kindern, als solche erkannt wird, z. B. die Geschichte von einem Menschen aus der Gegenwart, der mit einer Zeitmaschine in die Vergangenheit reist. Schaden jedoch entsteht dann, wenn – meist aus kommerziellen Günden – Comicreihen im pseudo-realistischen Stil, wie „Rahan" und „Tounga", Halbwahrheiten verbreiten und das junge Publikum irreführen.

Einige große prähistorische Themen, die manchmal kombiniert werden, beherrschen das Genre. Selten sind jedoch die Helden so wissenschaftlich kohärent und erleben dennoch so packende Abenteur wie in den vier Bänden „Chroniques de la nuit des temps" von André Houot (1987). Meistens ist die Vorgeschichte ein raues und gewalttätiges Unterfangen mit zahllosen Anachronismen oder eine morallose Zeit, gegen die ein Held fast missionarisch mit Wertvorstellungen und gesellschaftlichem Fortschritt ankämpft. Gégé und Louran (1987) parodieren mit viel Humor solche Comicgeschichten in „Attention, Mââr-Rhan veut faire évoluer l'humanité", was übersetzt soviel heißt wie „Achtung! Mââr-Rhan will die Menschheit retten", wobei der Name phonetisch mit „marre-Rhan" (die Nase voll von Rhan) oder mit „marrant" (Witzbold) spielt.

Humor ist das Anliegen in „Saki et Zunie" von René Hausmann (1958), und „Primus et Musette" von François Craenhals oder „Archibald" von Jean Ache (1981) sind als Satiren auf unsere Epoche bzw. unsere Institutionen zu verstehen.

In vielen Geschichten bewegen sich auch moderne Helden vor vorgeschichtlicher Kulisse, allerdings ohne prähistorische Mitspieler. Beispiele dafür sind die Abenteuer des „Wastl", den Willy Vandersteen (1953) erfand, oder Szenen aus „La Belette" von Dieter Comès (1983), die sich, chronologisch völlig falsch, in einem neolithischen Steinkreis um eine riesige paläolithische Venus abspielen. „La clavicule du dinosaure" von Vandersteen (1971) oder Micky Maus bei den Höhlenmenschen gehören zu den Geschichten,

Abb. 4: Wein- und Bierflaschen, von links: Weinflasche aus Tautavel, französische Pyrenäen; Weinflasche aus dem Neandertal; Weinflasche mit dem Portrait von Philippe-Charles Schmerling, dem Pionier der Erforschung des fossilen Menschen, Freilichtmuseum von Ramioul, Belgien; Weinflasche in Form des Menschen von Tautavel; Spyroux-Bierflasche mit Mammut aus Spy, Belgien; Dolmenius-Bierflasche aus Wéris, Belgien. (Foto: G. Focant, Ministère de la Région wallonne).

in denen eine Zeitmaschine, von verrückten Wissenschaftlern erfunden, den Weg in die Vergangenheit findet.

Das Überleben prähistorischer Menschen hat ab und an auch die Phantasie der Comicmacher angeregt. In „Lombock", von Berck (1969) gezeichnet, wird ein Urmensch aus dem Eis befreit und von einem schrulligen Gelehrten wieder zum Leben erweckt. Verborgene Welten auf Inseln oder in tiefen Wäldern, wo noch Urmenschen leben, tun sich auf in „Der Käpt'n und die Rangen" von Rudolf Dirks (1957). Ein Blick in die Zukunft lässt eine Art Urmensch nach einem Atomkrieg entstehen und die Welt neu bevölkern, wie in „Last Chance" von Frank Frazetta (1950).

4.7 Witzzeichnungen und Karikaturen

Zahlreiche Witzzeichnungen verleihen dem Thema Vorgeschichte eine heitere Note wie z. B. der Witzband „Heureuse Préhistoire" von Pierre Laurent (1965), der gewöhnlich archäologische Funde zeichnet, oder die Skizzen von Sonia Souvenir, die meist wissenschaftliche Artikel der Zeitschrift „Archéo-Situla" humorvoll untermalen.

Karikaturen, selbst in bedeutenden Tageszeitungen, verwandeln oft Politiker in vorgeschichtliche Jäger: Der ehemalige Präsident Frankreichs verliert seine Keule in einer Steinlawine von Problemen, und der Ministerpräsident der wallonischen Regierung steht wie ein Neandertaler vor den Höhlen von Spy, wenn es darum geht, den Denkmalschutz zu verteidigen.

4.8 Literatur

Schon früh hat sich der Roman von der Vorgeschichte inspirieren lassen. Bereits im Jahre 1909 schreibt der belgische Schriftsteller Joseph-Henri Rosny der Ältere „Guerre du feu", die spätere Romanvorlage für den Film „Am Anfang war das Feuer"; 1914 folgt „Daâh le premier homme" von dem Franzosen Edouard Haraucourt und in den letzten Jahren wurde der Roman „Kinder der Erde" von Jean Auel in einer amerikanischen Erfolgsserie verfilmt.

Auch Wissenschaftler haben sich als Autoren versucht: Der Anthropologe Ives Coppens wird 1990 zum Mitverfasser von „Rêve de Lucy", der Genter Paläontologe Achilles Gautier schreibt „Het jaar van de Eland" (1986) und der französische Paläontologe Jean Chaline, unter dem Pseudonym Ivan Petrovitch C., erzählt in „Opération Adam" (1997), wie die Knochenreste der fossilen Menschen, die zu einem internationalen Kolloquium zusammengetragen worden waren, von Kreationisten entwendet werden.

4.9 Filme und Zeichentricks

Eine ganze Reihe von Filmen wie „Ayla und der Clan der Bären" (1980) nach dem Roman von Jean Auel, „Lucy" nach der Entdeckung des gleichnamigen *Australopithecus afarensis* oder „Am Anfang war das Feuer" (1981) von Jean-Jacques Annaud spielen in der Vorgeschichte. Letzterer führt über Romantik und Gewalt zum Aufkeimen humanistischer und positivistischer Weltanschauungen ganz im Sinne des 19. Jahrhunderts und seinen Vorstellungen von einer Zivilisation, die sich von den Schatten der Vergangenheit löst.

Zeichentrickfilme machen in Sachen Vorgeschichte oft die gleichen Fehler wie Comics, so „The first bad Man" (1955) von Tex Avery oder die „Familie Feuerstein" (1959) von William Hanna und Joseph Barbera.

4.10 Malerei

Das Lebenswerk des tschechischen Malers Zdenek Burian (1905–1981) und die Zeichnungen von Benoît Claris aus Belgien bemühen sich um realistische und wissenschaftliche Darstellungen. Mit ihren Bildern aus dem vorgeschichtlichen Alltag oder von längst vergangenen Tieren und Landschaften sind sie nicht nur rein künstlerisch tätig, sondern entwickeln auch gemeinsam mit Forschungsinstituten Szenarien, die sich abgespielt haben oder die zumindest plausibel sind.

4.11 Werbung, Plakate und Leuchtreklamen

Eine große französische Supermarktkette wirbt mit dem Mammut und ein Hotel in Les Eyzies-de-Tayac in der Dordogne lässt den Cro-Magnon-Menschen für sich Reklame machen. Kneipen in der Nähe der belgischen Megalithgräber von Wéris nennen sich „Megalitre", auf Deutsch „Mega-Liter", oder „La Pierre levée", übersetzt „der aufgerichtete Stein", in Abweichung von „le coude levé", was soviel heißt wie „zünftig bechern". In Zeitungen und auf Plakatwänden rührt der belgische Comicheld „Rahan" die Werbetrommel für ein Pflanzenpräparat, im englischen „Lego-Land" kann man Stonehenge besichtigen und „Volkswagen" (VW) lässt einen grimmigen Urgenossen die Keule schwingen.

4.12 Postkarten

Postkarten stellen seit Ende des 19. Jahrhunderts eine wichtige Gruppe von Dokumenten dar. Meist beschränken sie sich auf die Abbildung von prähistorischen Denkmälern oder Gegenständen. Die Dolmen und die Menhire der Bretagne oder die Höhlenmalereien der Dordogne, der Pyrenäen oder Spaniens werden in die ganze Welt verschickt. Für viele Museen und archäologische Sehenswürdigkeiten ist der Verkauf von Postkarten eine nicht unbedeutende Einnahmequelle.

Abb. 5: T-Shirts, deren Aufdrucke an die Vorgeschichte erinnern. (Foto: G. Focant, Ministère de la Région wallonne).

4.13 Bier- und Weinflaschen

Verschiedene Weinanbaugebiete werben für ihre Jahrgänge hin und wieder mit Abbildungen prähistorischer Fundplätze oder fossiler Menschen aus der näheren Umgebung (Abb. 4); das zum Flaschenetikett passende Weinglas ist gleich mit im Angebot.

So ziert der Neandertaler einen deutschen Weinverschnitt und der Mensch von Tautavel einen Côte du Roussillon. Ein Hopfengebräu mit der Namenskombination „Dolmenius" erinnert außer an Dolmen auch an Gambrinus, den Herrscher über alle studentischen Saufgelage in Belgien, und ist die bukolische Attraktion des Megalith-Museums von Wéris, wo Kulturtourismus und dörflicher Geschäftssinn bestens zusammengehen. „Spyroux", ein rotblondes Bier, verkauft sich gut mit einem lustigen Mammut, das die berühmten Neandertaler von Spy in heftigen Schrecken versetzt, und ruft Kindheitserinnerungen wach an die Spi-

roux-Comics, die in Belgien Kultstatus haben.

4.14 Spielereien, T-Shirts und andere Bekleidungsstücke

Verschiedene Kleidungsstücke sind mit prähistorischen Motiven bedruckt. Das geht von Socken mit der Comicfamilie Feuerstein bis zu T-Shirts (Abb. 5) mit Höhlenbildern aus dem Périgord.

Bei besonderen Anlässen wie Kolloquien oder archäologischen Wettkämpfen im Bogenschießen und Speerschleudern werden meist auch solche Andenken verkauft.

Vor einigen Jahren hat sich die Mode der Pins zunehmend mit prähistorischen Motiven beschäftigt. Museen, Ausstellungen und die verschiedensten Fundstätten haben Dutzende dieser Anstecknadeln herausgegeben. Auf Schlüsselanhängern, Kappen, Regenschirmen, Feuerzeugen, Kugelschreibern, Aufklebern wie auf den verschiedenen Ausführungen des alten Neandertal-Museums erscheinen schon seit langem unsere entfernten Vorfahren.

5 Schlussbemerkung

Die Untersuchung hat gezeigt, dass das Bild der Vorgeschichte in der heutigen Gesellschaft ganz unterschiedlich ausfällt. Der prähistorische Mensch war alles andere als ein primitives Wesen. Er war gut an seine Umgebung angepasst, besaß erstaunliche technische und künstlerische Fähigkeiten und soziale Bindungen. Statt der Verbreitung von Klischees sollte in der Öffentlichkeit die Kenntnis wissenschaftlich fundierter Tatsachen gefördert werden.

Dank

Vielen Dank an Eckart Schoot (Salek Publication), der uns bei der Suche nach den deutschen Comictiteln behilflich war.

Übersetzung des Beitrags vom Französischen ins Deutsche: Angelika Becker.

Die Rezeption vorgeschichtlicher Objekte im zeitgenössischen Alltag: Zum Beispiel Stonehenge

Cornelius J. Holtorf

Zusammenfassung

In diesem Aufsatz wird anhand der verschiedenen Rezeptionsweisen der jungsteinzeitlichen Anlage von Stonehenge in England gezeigt, wie vielfältig vorgeschichtliche Objekte im zeitgenössischen Alltag rezipiert werden können und welche gesellschaftliche Bedeutung diese Rezeptionen haben. Daraus ergibt sich für Archäolog(inn)en nicht nur die Chance, die Bedeutungen vorgeschichtlicher Objekte empirisch zu studieren, sondern auch eine Verantwortung, die vorhandenen Rezeptionen kritisch zu analysieren und zugleich in ihrer Vielfalt zu erhalten.

Vorgeschichtsrezeption: Ein neues Forschungsfeld

Die Literaturwissenschaft hat die Rezeptionen von Literatur seit einigen Jahrzehnten als einen wesentlichen Forschungsgegenstand angesehen und auch intensiv erforscht. In der vorgeschichtlichen Archäologie (und der Ur- und Frühgeschichtswissenschaft insgesamt) sind die späteren Rezeptionen von Monumenten und Artefakten hingegen stets als ein Thema angesehen worden, das mit der Archäologie „als solche" nichts zu tun habe. Die Rezeptionsgeschichten archäologischer Objekte sind nie systematisch aufgearbeitet und lediglich hier und dort als Kuriosa kurz beschrieben worden.

Es bedarf keiner großen Forschungen, um sich rasch vor Augen zu führen, dass vorgeschichtliche Objekte schon allein in der Gegenwart vielfältige kulturelle Rezeptionen erfahren: Sie werden abgebildet in Urlaubsbroschüren, Ausstellungskatalogen, auf Gemälden und Briefmarken; sie ziehen Tourist(inn)en, Journalist(inn)en, Politiker(innen) und Wissenschaftler(innen) an; sie werden eingehend beschrieben in Zeitungsberichten, Fernsehdokumentationen, Sachbüchern, archäologischen Fachbüchern und -zeitschriften sowie in nicht-orthodoxen Forschungsprojekten; sie werden ferner herangezogen in Schulbüchern, Kunstprojekten und in der Werbung[1]. Alle diese Beispiele verdeutlichen die wichtigen Rollen, die der Vorgeschichte in Äußerungen dessen zukommen, was Jörn Rüsen als unsere gegenwärtige „Geschichtskultur" bezeichnet hat[2]. Entsprechend liessen sich Beispiele für Geschichtskulturen und Rezeptionen vorgeschichtlicher Objekte in früheren Epochen anführen[3].

Dieser Beitrag soll dazu dienen, anhand des konkreten Beispiels von Stonehenge aufzuzeigen, welche vielfältigen Rezeptionen ein einzelnes – zugegebenermaßen außergewöhnliches – vorgeschichtliches Monument in der Gegenwart erfahren kann. Die vorgeschichtliche Archäologie muss sich m. E. mit diesen Rezeptionen im Einzelnen auseinandersetzen, wenn sie die Gesamtbedeutung eines solchen Monuments verstehen will. Derartige Rezeptionsforschung ist daneben auch zu sehen im Zusammenhang mit Diskussionen über den Stellenwert akademischen Wissens und der Rolle der Archäologie als wissenschaftlicher Disziplin in der heutigen Gesellschaft[4].

Zum Beispiel Stonehenge

Stonehenge in der englischen Landschaft Wiltshire ist eines der bekanntesten archäologischen Denkmale weltweit. Daneben ist Stonehenge vielleicht diejenige vorgeschichtliche Anlage mit der vielfältigsten und am besten erforschten Rezeptionsgeschichte[5]. Das Beispiel Stonehenge ist deshalb nicht ohne weiteres zu verallgemeinern. Dennoch scheinen sich mir hier aber viele Rezeptionsweisen zu manifestieren, die durchaus typisch für die Rezeptionen auch anderer archäologischer Objekte sind. Mit Blick auf das Thema der geplanten Mannheimer Ausstellung beschränke ich mich im Folgenden vor allem auf die Rezeptionen von Stonehenge im zeitgenössischen Alltag der 1980er und 1990er Jahre[6].

Eine besondere Bedeutung hat Stonehenge heute für die so genannte „alternative Szene" (Farbtaf. 5,c). Dazu rechne ich hier so unterschiedliche Gruppierungen wie Wünschelrutengänger(innen) und Erforscher(innen) von Erdmysterien (einschließlich „ley lines"), die an Plätzen wie Stonehenge bestimmte Kräfte und Energien wahrnehmen, Esoterik- und New Age-Anhänger(innen), die hier spirituelle Erfahrungen machen, sowie Druiden, die in dem Tempel ihre „uralte" heidnische Religion praktizieren wollen[7]. Sie alle stimmen darin überein, dass es sich bei Stonehenge ursprünglich um ein vorgeschichtliches Heiligtum gehandelt haben muss.

In den späten 1970er und 1980er Jahren haben diverse Gruppen rund um das prähistorische Denkmal alljährlich ein sehr beliebtes und immer größer werdendes freies Festival gefeiert. „Hippies", „junkies", „punks", nichtsesshafte „travellers", „bikers", Philosoph(inn)en, Musiker(innen), Mystiker(innen), Schwertschlucker(innen), Sozialhilfeerschleicher(innen), Clowns, Jongleure, Ökofreaks,

Abb. 1: Obere Hälfte der Titelseite der archäologischen Fachzeitschrift Antiquity *(No. 208, Juli 1979).*

Anhänger(innen) der Friedensbewegung und Hare Krishnas stellten Zelte auf, hörten laute Musik, nahmen Drogen, praktizierten Promiskuität in den Wiesen und feierten zusammen ein wochenlanges Fest, das in den traditionellen Sommersonnenwendzeremonien der Druiden zwischen den Steinen von Stonehenge seinen alljährlichen Höhepunkt fand. Dieses Treiben war der damaligen Regierung von Margaret Thatcher ein Dorn im Auge, und 1985 schritt die Polizei mit 2000 Mann und viel Gewalt gegen die Festivalgänger(innen) ein. Es entwickelte sich die inzwischen legendäre „Schlacht im Bohnenfeld" mit zahlreichen Verhaftungen und langem gerichtlichem Nachspiel, in dem die Polizei zwar grundsätzlich Recht bekam, aber an einige der Betroffenen Kompensationen zahlen musste. Die Kosten der Polizei beliefen sich insgesamt auf £1 200 000, etwa 3,6 Millionen DM[8]. 1986 wurde mit Blick auf Stonehenge im Unterhaus ein eigenes Gesetz beschlossen, das der Polizei zur Sommersonnenwende umfassende Rechte gibt. Bis vor kurzem wurde Stonehenge auf dieser Grundlage alljährlich zur Sommersonnenwende zum Sperrbezirk erklärt und weiträumig von der Polizei abgesperrt, worüber Zeitungen wie *The Guardian* und *The Independent* die Nation stets verlässlich informiert haben. Den Druiden ist dabei die Ausübung ihrer Religion nie explizit verboten worden, obwohl sie natürlich de facto sehr erheblich in ihren Aktivitäten behindert wurden. Diese neo-heidnischen Gruppierungen haben mit dem Festival an sich nichts zu tun: Sie lassen sich historisch mindestens bis ins 18. Jahrhundert zurückverfolgen, als William Stukeley und andere dem Druidentum seine moderne Form gaben.

Die offizielle Rechtfertigung für das harte Durchgreifen der Polizei ist der Schutz des archäologischen Denkmales Stonehenge und seiner unmittelbaren Umgebung im Auftrag von *English Heritage* und dem *National Trust* als den Landbesitzern. Doch ist der alljährliche Konflikt um den Zugang zu Stonehenge auch als ein Konflikt zwischen unterschiedlichen Wertesystemen gesehen worden. Auf der einen Seite stehen die bürgerlichen Werte der nationalen Kultur, die einen Schutz des historischen Erbes verlangen, damit es auch in der Zukunft englische Geschichte symbolisieren, von Wissenschaftler(inne)n genau untersucht und von Urlauberfamilien für ein nicht unerhebliches Eintrittsgeld besucht und fotografiert werden kann. Symptomatisch dafür ist, dass selbst die Polizisten vor Stonehenge posierten und sich zur Erinnerung an ihren Einsatz ablichten liessen[9]. Auf der anderen Seite stehen die relativistischen und humanitären Werte derjenigen, die in der gegenwärtigen Gesellschaft marginalisiert und benachteiligt sind. An diesem Ort der Vorzeit möchten sie während ihres allsommerlichen freien Festivals ihr Leben so ausleben, wie es ihnen gefällt, und nehmen dafür zentrale freiheitliche Grundrechte in Anspruch[10]. Sie werden darin von einer Reihe von Archäolog(innen) nach Kräften unterstützt[11].

Antiquare und Archäolog(inn)en haben sich natürlich seit Jahrhunderten ebenfalls sehr für Stonehenge interessiert und die Anlage vielfach beschrieben, interpretiert und abgebildet sowie an verschiedenen Stellen Ausgrabungen durchgeführt[12]. Die Anlage ist so zentral in der britischen Archäologie, dass sie frühzeitig als Emblem der angesehenen Fachzeitschrift Antiquity gewählt wurde (Abb. 1). Für Archäolog(inn)en ist Stonehenge in erster Linie der wichtigste Vertreter des Typs der „Henge-Monumente", denen Stonehenge den Namen gegeben hat. Dabei handelt es sich um einen in etwa kreisförmigen Bereich unterschiedlichen Durchmessers, der Pfosten- oder Steinsetzungen sowie Gruben und einzelne Bestattungen enthalten kann und von einem Graben und einem Wall mit einem oder zwei Durchgängen nach außen abgegrenzt ist, wobei sich Stonehenge freilich dadurch von den allermeisten anderen Henges unterscheidet, dass hier der Graben außerhalb des Walles liegt. Die jungsteinzeitlichen und frühbronzezeitlichen Henge-Monumente werden nach gängiger Archäolog(inn)enmeinung nicht als Siedlungsplätze oder vornehmliche Bestattungsplätze angesehen, sondern fallen in die ebenso vage wie breite Kategorie der Ritual- oder Kultplätze. Viele Archäolog(inn)en sind vor allem an immer genaueren Datierungen und Analysen der Funde und Befunde, aber auch an den komplexen Zusammenhängen zwischen einer Fülle von Fundplätzen in der einzigartigen „rituellen Landschaft" rund um Stonehenge interessiert. Daneben ist ihnen an der Erhaltung der Anlage als Forschungsgegenstand künftiger Forschergenerationen und als Zeugnis nationaler Geschichte bzw. Weltkulturerbe der gesamten Menschheit gelegen[13].

Seit den 1960er Jahren haben sich neben professionellen Archäolog(inn)en eine Reihe von unabhängigen Archäoastronom(inn)en als vornehmlichem Forschungsgegenstand ihres Fachgebietes mit Stonehenge beschäftigt (Abb. 2). Sie haben versucht, durch bisweilen sehr aufwendige Vermessungen und Analysen die in der Anlage enthaltenen geometrischen und astronomischen Kenntnisse und Praktiken ihrer vorgeschichtlichen Erbauer(innen) offen zu legen[14]. Für Archäoastronom(inn)en, bei denen es sich oft um archäologisch interessierte Astronom(inn)en und Ingenieure handelt, wurde Stonehenge zu einer Sternwarte, einem Kalender und einem steinzeitlichen Computer. Andere haben die Bilder dann übernommen. Obwohl eine Reihe archäoastronomischer Ergebnisse ein hohes Maß an Plausibilität haben und nach jahrelangen kontroversen Debatten inzwischen weithin anerkannt sind, werden die entsprechenden Theorien und Modelle noch immer oft mit Spinnereien über Außerirdische oder Atlantis in einen Topf geworfen, wie es sie über Stonehenge natürlich auch gibt.

Zeitgenössische Archäolog(inn)en und Archäoastronom(inn)en haben miteinander gemeinsam, dass sie durch wissenschaftliche Analysen der Anlage und ihrer Beziehungen zu anderen Orten und Objekten die ursprüngliche Bedeutung und Funktion von Stonehenge zu verstehen suchen. Anderen Rezipienten geht es stattdessen um die jeweils zeitgenössische Bedeutung der geheimnisvollen vorgeschichtlichen Stätte. Reisende und Tourist(inn)en aus London und anderswo zieht es schon seit über anderthalb Jahrhunderten zu der kuriosen Anlage der Vorzeit[15]. Heute wird Stonehenge von *English Heritage* verwaltet und ist eine offiziell erklärte „Stätte des Weltkulturerbes", die jährlich eine drei viertel Million Besucher(innen) aus aller Welt anzieht. Als eine der touristischen Topattraktionen Großbritanniens wird Stonehenge täglich von zahlreichen Bussen und Privatwagen angesteuert, obwohl der Zugang zu den Steinen selbst fast allen Tourist(inn)en verwehrt bleibt und die derzeitigen Besucher(innen)einrichtungen – auch nach eigener Ansicht von *English Heritage* – einen Schandfleck darstellen. Schon seit Jahren werden drastische Veränderungen der Gesamtanlage geplant, die zwar teuer sind und zu kontroversen Debatten zwischen Archäolog(inn)en und Politiker(inne)n geführt haben, aber hoffentlich das Erlebnis eines Besuches von Stonehenge eines Tages erheblich verbessern werden.

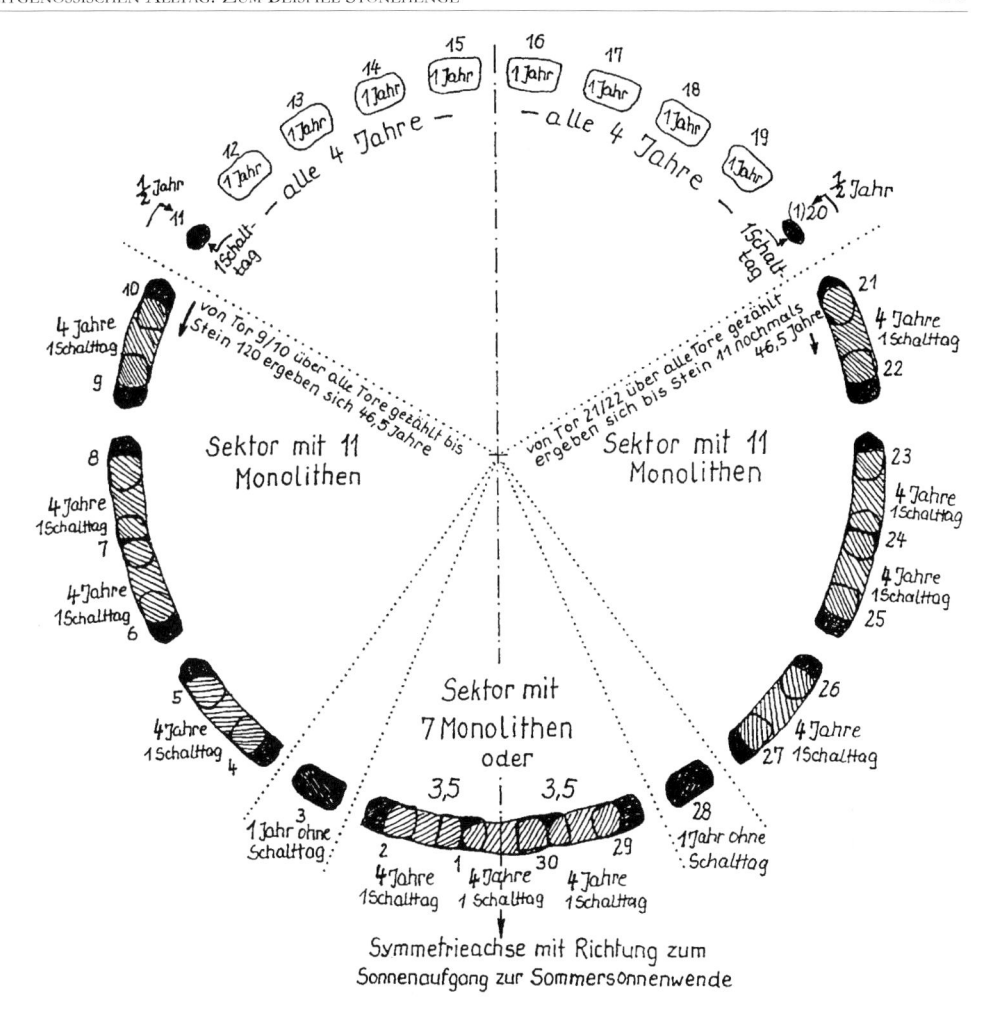

Abb. 2: Stonehenge als Schaltkalender. (© Ingo Marzahn 1997).

Die Tourist(inn)enwerbung für Großbritannien im Allgemeinen und Wiltshire im Besonderen reizt freilich den Standortfaktor Stonehenge jetzt schon maximal aus: Die charakteristische Silhouette ist ein „Muss" in allen Katalogen und gehört wie selbstverständlich zum Logo der Wiltshirewerbung (Abb. 3). Einem Faltblatt von *English Heritage*[16] kann man entnehmen, worauf potenzielle Besucher(innen) offenbar ansprechen: „One piece of magic that never fails to cast a spell over the traveller is the awe-inspiring sight of Stonehenge. ... There is nothing quite like this famous prehistoric monument anywhere else in the world. Started 5000 years ago and remodelled several times in the following centuries, we can only really apply supposition and guess-work to interpret the reasons for Stonehenge's existence. ... The mystery surrounding Stonehenge still seems as perpetual as the stones themselves." Auch in Pembrokeshire in Westwales, woher die in Stonehenge verwendeten Blausteine ursprünglich kamen („Bluestone Country"), werden eine Reihe historischer Attraktionen mit einer Ansicht von Stonehenge und dem Titel „Bluestone Heritage Trail" angepriesen. Selbst jenseits des Atlantiks bezeichnet sich eine Tourist(inn)enattraktion als „America's Stonehenge" und hofft auf einen Strom von Besucher(innen).

Bezüge auf Stonehenge finden sich aber nicht nur in der Tourist(inn)enwerbung, sondern auch an vielen anderen Stellen im zeitgenössischen Alltag. So ist Stonehenge etwa im „Guinness Buch der

Abb. 3: Emblem für „Wiltshire, the Heart of Wessex". (Aus einer Broschüre, hergestellt im Auftrag des Wiltshire County Council 1996).

Rekorde"[17] mit dem Rekord für „Die größten Trilithen" aufgeführt. Ein anderes Beispiel ist das 1995 auf den Markt gekommene Strategiespiel „Stonehenge": „Wer den Steinkreis beherrscht, wird Meister sein"[18].

Die charakteristische Form der großen Steintore ist ferner vielfach karikiert und imitiert worden, und das nicht nur in Zeichnungen. In Maryhill, Washington (USA), steht seit den 1920er Jahren ein maßstabsgetreues Betonmodell des rekonstruierten Stonehenge als Denkmal für 13 gefallene Soldaten. Ein kleineres und weniger exaktes Abbild wurde 1984 im Auftrag des archäoastronomisch interessierten Präsidenten der University of Missouri auf dem Universitätscampus errichtet. Es gibt (oder gab) ferner verschiedene Modelle aus Schrottautos, darunter das berühmte „Autohenge" in Kanada (1986) und zwei „Carhenges" in Nebraska (1987) sowie in Stratford-upon-Avon (1996)[19]. In Neuseeland wurde 1994 ein „Fridgehenge" aus 41 Kühlschränken gebaut, die von der örtlichen Müllhalde stammten. Es sollte damit gezeigt werden, wie Konsumrausch und Haushaltsgeräte heute Spiritualität ersetzt haben; man hoffte, mit der Aktion „Druiden mit angeklebten Bärten, Hippies, japanische Tourist(inn)en und Spinner" anzuziehen[20].

Vielleicht die reichsten Felder zeitgenössischer Stonehengerezeptionen sind der Buchmarkt und die Produktwerbung. Stonehenge hat nicht nur zahlreiche Autor(inn)en dazu verleitet, ihre eigenen Interpretationen der Anlage zu veröffentlichen, sondern wird auch oft herangezogen, wenn es darum geht, auf dem Titel etwas Mystisch-Geheimnisvolles abzubilden, um den Absatz zu steigern. Vor einigen Jahren wurde zum Beispiel eine neue Buchreihe von Time-Life mit einem Bild von Druiden beim Sonnenaufgang in Stonehenge und mit dem Aufruf „Folgen Sie uns zu mystischen Stätten. Erkunden Sie die Geheimnisse des Unbekannten!" vorgestellt. Stonehenge erscheint auf dem Titel von Dutzenden von Bildbänden und Geschichtsbüchern, selbst wenn die Anlage im Inneren dann nur wenige Zeilen Text wert ist. In ähnlicher Manier zeigt auch Jay Orears Physiklehrbuch von 1979 eine Ansicht von Stonehenge auf der Außenseite. Nicht wenige der unmittelbar vor und nach der Jahrtausendwende erschienenen Rückblicke auf die Geschichte der Menschheit trugen eine markante Ansicht von Stonehenge auf dem Titel.

Die Produktwerbung verwendet schon seit mindestens 1920 Abbildungen von Stonehenge bei der Vermarktung bestimmter Waren (Abb. 4). In Beispielen, die ich kenne[21], soll die vorgeschichtliche Anlage, sofern sie nicht einfach gewählt wurde, um Aufmerksamkeit und Interesse zu erregen, offensichtlich oder ausdrücklich Assoziationen von Spiritualität, Qualität, Dauerhaftigkeit, Belastbarkeit, Größe, solider Handarbeit, Fortschritt und Innovation hervorrufen. Bei den umworbenen Produkten handelt es sich um Zigaretten, Kartoffelchips, Videorekorder, Schallplatten, Autos, Kameras, Reifen, Benzin, festverzinsliche Wertpapiere, Sammlermünzen, ein Telefonnetz, Sherry, einen Bauunternehmer und Computer. Das bereits erwähnte amerikanische „Autohenge" von 1986 wurde für eine Werbekampagne von Chrysler gebaut. Die Botschaft des dort gedrehten Fernsehspots lautete: Chryslers neue Autos „sind ein gigantischer Schritt nach vorne und alles andere ist Geschichte"[22]. Ohne allzu große Forschungen angestellt zu haben weiß ich von Stonehenge-Werbungen aus den Ländern Großbritannien, USA, den Niederlanden, Frankreich, Deutschland und Japan. Diese Internationalität sowie die Verschiedenheit der Produkte, für die mit Stonehenge geworben wird, und die anhaltende Beliebtheit dieses Motivs können nur bedeuten, dass es sich hier um ein besonders starkes Werbemittel handelt, das so gut wie immer und überall Wirkung zeigt – zumindest bei denjenigen, die die Werbeagenturen bezahlen.

Diese unterschiedlichen Rezeptionen reflektieren die weite Palette unterschiedlicher Bedeutungen, die vorgeschichtlichen Objekten wie Stonehenge in verschiedenen gegenwärtigen Kontexten zugesprochen werden können. Der Stellenwert als Zeugnis der Vergangenheit, den ein vorgeschichtliches Objekt traditionell für Archäolog(inn)en hat, ist dabei anderen Bedeutungen nicht von sich aus überlegen und grundsätzlich vorzuziehen[23]. Im Gegenteil: Wenn Archäolog(inn)en verstehen wollen, was vorgeschichtliche Objekte den Menschen bedeuten und wie sie diese Bedeutungen kommunizieren (und welche Frage könnte zentraler sein für eine historische Wissenschaft, deren zentraler Forschungsgegenstand die materielle Kultur ist?), dann gibt es dazu wohl keinen besseren empirischen Zugang, als die tatsächlichen Rezeptionen dieser Objekte im Einzelnen zu studieren, und keine bessere Ausdrucksform als diejenige dieser Rezeptionen selbst.

Vorgeschichte in der gegenwärtigen Gesellschaft

Vorgeschichtliche Objekte werden, wie das Beispiel Stonehenge in vielleicht untypisch zugespitzter Form zeigt, in ganz verschiedenen Bereichen zur Identitätsbestimmung von Personen oder Gegenständen herangezogen. Von der Rolle, die Stonehenge im Bewusstsein moderner Druiden und „Hippies" spielt, über die Bedeutungen, die es für das englische Bürgertum, vor Ort eingesetzte Polizisten, Archäoastronom(inn)en und professionelle Archäolog(inn)en hat, bis hin zur Verwendung der leicht wieder zu erkennenden Silhouette in Urlaubsbroschüren, auf Buchtiteln und bei der Produktwerbung, zieht sich ein Kontinuum an befriedigtem Identitätsbedarf. Kaum ein anderer Gegenstand in der modernen Welt wird zur Abgrenzung derartig unterschiedlicher und mitunter sehr gegensätzlicher Personengruppen und Objekte gewählt wie das vorgeschichtliche Denkmal Stonehenge.

Das Beispiel Stonehenge und insbesondere die jährlichen Konflikte zur Sommersonnenwende zeigen ferner, dass die Rezeptionen vorgeschichtlicher Objekte wegen ihrer impliziten oder expliziten politischen Kontexte und möglichen gesellschaftlichen Folgewirkungen unbedingt einer kritischen Betrachtung durch kompetente Fachleute bedürfen. Wer aber wäre dazu besser berufen als die Archäolog(inn)en selbst, die sich professionell mit archäologischen Objekten befassen und deren Arbeit oft mit diversen zeitgenössischen Rezeptionen unmittelbar in Berührung kommt? In Einzelfällen können sich an vorgeschichtlichen Objekten konkrete politische Interessen und nationaler Chauvinismus festmachen, im Extremfall sogar Rassismus[24]. Viel alltäglicher sind heute bedenkliche Tendenzen zur Kommerzialisierung der Kultur und eine neue Politi-

Abb. 4: Umschlag einer Broschüre der IBM Gallery of Science and Art in New York von 1989.

sierung von Geschichte (neuer Nationalismus, Europa-Ideologie), die sich auch auf die Präsentation vorgeschichtlicher Objekte auswirken.

Die oft konträren heutigen Rezeptionen werfen die Frage auf, wem die vorgeschichtliche Vergangenheit eigentlich „gehört". Rein rechtlich gehört Stonehenge *English Heritage*, doch im Lichte der verschiedenen Rezeptionen, wie ich sie in diesem Beitrag kurz beleuchtet habe, muss man wohl zu dem Schluss kommen, dass die Vorgeschichte und ihre Überreste im Grunde uns allen gehören. Keine Rezeption sollte deshalb aus Prinzip von offizieller Seite be- oder verhindert werden[25], wobei freilich in manchen Fällen kritische Stellungnahmen sehr wohl angemessen und pragmatische Kompromisslösungen unumgänglich sein werden. Eine wichtige gesellschaftliche Aufgabe der Archäolog(inn)en besteht darin, zu bedenklichen Rezeptionen kritisch Stellung zu beziehen und bei Konflikten gegensätzlicher Rezeptionsweisen gegebenfalls pragmatische Lösungen mit herbeizuführen.

Interpretationen der fernen menschlichen Vergangenheit, wie sie sich in den Rezeptionen vorgeschichtlicher Objekte manifestieren, sind nicht nur wesentlicher Bestandteil der Geschichtskultur in unserer Gesellschaft. Sie sind auch ein wichtiger Aspekt unserer alltäglichen Lebenswelt insgesamt und mitunter Teil unserer Identität und Weltanschauung. Das macht sie in ihrer Vielfalt mindestens ebenso erhaltenswert wie die rezipierten Objekte selbst.

Anmerkungen / Literatur:

[1] Holtorf, Cornelius (1994): Die heutigen Bedeutungen des Gollensteins von Blieskastel. Für eine empirische Rezeptionsforschung der Archäologie. In: Saarpfalz, Heft 4: 11–21. – Holtorf, Cornelius (1995): Vergangenheit, die nicht vergeht: Das Langbett von Waabs-Karlsminde, Kreis Rendsburg-Eckernförde, und seine heutigen Bedeutungen. In: Archäologische Nachrichten aus Schleswig-Holstein 6: 135–149.

[2] Rüsen, Jörn (1994): Was ist Geschichtskultur? Überlegungen zu einer neuen Art, über Geschichte nachzudenken. In: Füßmann, Klaus, Grütter, Heinrich Theodor & Rüsen, Jörn (Hrsg.), Historische Faszination. Geschichtskultur heute: 3–26. Köln.

[3] Holtorf, Cornelius (im Druck): Constructed meanings: the receptions of megaliths after the Neolithic. In: Nielsen, Poul-Otto (Hrsg.), Megalithic Tombs – their Context and Construction. Kopenhagen.

[4] Holtorf, Cornelius (1993): Tatort Stonehenge – ein archäologisches Denkmal als moderner Bedeutungsträger. In: Wolfram, Sabine & Sommer, Ulrike (Hrsg.), Macht der Vergangenheit – Wer macht Vergangenheit. Beiträge zur Ur- und Frühgeschichte Mitteleuropas 3: 53–65. Wilkau-Hasslau. – Holtorf, Cornelius (1995): »Object-orientated« and »problem-orientated« approaches of archaeological research – reconsidered. In: Hephaistos 13: 7–18.

[5] Chippindale, Christopher (1987): Stonehenge Observed. An illustrated essay published for the exhibition 'Visions of Stonehenge 1350–1987'. City Art Gallery. Southampton. – Chippindale, Christopher (2. überarb. Aufl. 1994): Stonehenge Complete. London. – Chippindale, Christopher, Devereux, Paul, Fowler, Peter, Jones, Rhys & Sebastian, Tim (1990): Who Owns Stonehenge? London. – Bender, Barbara (1998): Stonehenge. Making Space. Oxford.

[6] Siehe auch: Holtorf (1993) a.a.O. (Anm. 4).

[7] Siehe die Beiträge von P. Devereux und T. Sebastian in: Chippindale et al. (1990) a.a.O. (Anm. 5).

[8] Siehe dazu den zweiten Beitrag von P. Fowler in: Chippindale et al. (1990) a.a.O. (Anm. 5); die Zahlenangabe findet sich auf S. 147.

[9] Siehe: *Frankfurter Allgemeine Zeitung*, 24.6.1991 (mit Abbildung).

[10] Rosenberger, Alex (1991): Stones that cry out. In: The Guardian 19.6.: 21. – Creswell, Tim (1996): In Place/Out of Place. Geography, Ideology, and Transgression: Kap. 4. Minneapolis, London.

[11] Z. B. Bender a.a.O. (Anm. 5).

[12] Cleal, Rosamund M. J., Walker, K. E. & Montague, R. (1995): Stonehenge in its landscape. Twentieth-century excavation. English Heritage Archaeological Report 10. London. – Cunliffe, Barry & Renfrew, Colin (Hrsg.) (1997): Science and Stonehenge. London, Oxford.

[13] Siehe den ersten Beitrag von P. Fowler in: Chippindale et al. (1990) a.a.O. (Anm. 5).

[14] Marzahn, Ingo & Holtorf, Cornelius (1998): Archäoastronomie in Stonehenge und der Charakter der Archäologie. Stonehenge-Forscher Ingo Marzahn im Gespräch mit Cornelius Holtorf. Archäologische Informationen 21: 109–129.

[15] Chippindale, Christopher (2. überarb. Aufl. 1994): Stonehenge Complete: Kapitel 9–11. London.

[16] „5000 years of History are Yours to Discover".

[17] Ausgabe für 1993.

[18] Holtorf, Cornelius (1998): Playing Prehistory. A review of the game 'Stonehenge'. European Journal of Archaeology 1: 269–273.

[19] Chippindale (1987) a.a.O. (Anm. 5): 22 f.

[20] *The Guardian* ca. 21.12.1994.

[21] Vgl. Chippindale (1987) a.a.O. (Anm. 5): 28 f.

[22] Zitiert nach Chippindale (1987) a.a.O. (Anm. 5): 23.

[23] Holtorf (1995) a.a.O. (Anm. 1); – ders. (1995) a.a.O. (Anm. 4).

[24] Vgl. Theorien über „arische" Indogermanen während des Dritten Reichs.

[25] Vgl. Holtorf, Cornelius (2000): Paul Feyerabend: Towards a Democratic Relativism in Archaeology (with comments by Kathryn Denning and Per Cornell). In: Holtorf, Cornelius & Karlsson, Håkan (Hrsg.), Philosophy and Archaeological Practice. Perspectives for the 21st century: 241–259. Göteborg.

Griechisch-römische Motive

Von der Stütze zum Hohlkörper: Die facettenreiche Rezeptionsgeschichte der griechischen Säule

Tomas Lochman

Zusammenfassung

Im Vordergrund der vorliegenden Abhandlung steht das (triviale) Nachleben der antiken Säule in der modernen Alltagskultur. Die Untersuchung holt jedoch weit aus und stellt zunächst kurz die Rezeptionsgeschichte dieser überragenden Architekturform von der griechischen Antike bis zum 20. Jahrhundert voran.

Im antiken Griechenland und Rom nahm die Säule ihren präzis bestimmten und tektonisch notwendigen Platz innerhalb einer Kolonnade ein – sieht man von vereinzelten frei stehenden Säulenmonumenten ab. Mit dem Mittelalter wird der tektonische Aspekt immer weniger sichtbar und wird auch bedeutungssymbolisch überlagert. Mit dem Zitieren antiker Skulptur und Architektur seit der Renaissance und insbesondere im Klassizismus löst sich die Säule immer mehr aus ihrem architektonischen Kontext und wird zum formalen Versatzstück, was dann letztlich im 20. Jahrhundert zum ironischen Spiel ihrer Applikation geführt hat, die in der Aushöhlung der Säule zum Behälter für Parfums oder Schnaps oder gar zum Toilettenhäuschen(!) ihren Höhepunkt erreicht hat.

Architektur

Die griechische Säule, ob dorisch, ionisch, korinthisch oder äolisch, dieses geniale Bindeglied zwischen Architektur und Plastik ist von allen antiken Kunstformen sicherlich diejenige, die heute am meisten präsent ist – und dies nicht nur in ihrer angestammten Gattung, der Architektur. Wie kaum ein anderes Motiv kann sie als Chiffre für die gesamte klassische Antike schlechthin stehen und auch außerhalb ihres ursprünglichen architektonischen Zusammenhanges in unendlich vielen Sparten Verwendung finden: Als Kunstmotiv, Symbol oder gar als Gebrauchsgegenstand.

Die vertikal aufragende Stütze gibt es, seit mit Holzstämmen gebaut wird; aus dieser naturbedingt schlanken und rundlichen Form leitet sich auch die Grundform der Säule her. Diese haben die Griechen zwar nicht erfunden, sie haben ihr aber mit der Struktur, die sich am organischen Aufbau des Menschen orientiert – von der Basis über einen in der Mitte leicht verdickten Schaft bis zum Kapitell –, eine Form verliehen, die bis in unsere Zeit ihre Mustergültigkeit behalten hat. Im Bereich der sakralen Architektur gegen Ende des 7. Jahrhunderts v. Chr. zum ersten Mal in Stein umgesetzt, im 6. Jahrhundert v. Chr. mit Entasis und Kanneluren vervollkommnet, ist sie seit der archaischen Zeit aus der Tempelarchitektur nicht mehr wegzudenken.

Von hier aus dringt sie im Laufe der klassischen Jahrhunderte auch in andere Sparten der öffentlichen, aber auch der privaten Architektur ein. Bald einmal der Wand als ganze oder halbe Säule vorgeblendet, fand sie zusätzlich Verwendung im Innenraum. Die hellenistischen und römischen Architekten diversifizierten die Säulenreihen variantenreich, u. a. indem sie auf den Säulen auch bogenförmiges Gebälk aufruhen ließen. Auch wenn die Säule in der Antike als allein stehender Körper bekannt war, etwa im Funeralbereich (Grabsäule) oder – in verkleinerter Form – im häuslichen Ambiente (Zierobjekt oder Möbelstück), so blieb sie vor allem das in einem präzis bestimmten Zusammenhang einer Kolonnade stehende Stützmotiv aus massivem Stein.

Der griechische Tempel verdankt den Säulen seine Erscheinungsform, weil die vertikalen Kräfte optisch bei weitem die statischen horizontalen Linien des Gebälkes und des Stylobats überwogen. Doch die Säulen tragen nicht nur die Last des Daches; mit dem rhythmischen Wechsel von Säule und Joch lockern sie gleichzeitig auch den Baukörper räumlich auf. Der griechische Peripteraltempel ist ganz als Außenbau konzipiert. Dies unterscheidet ihn vom christlichen Sakralbau, denn die Kirche ist ein Versammlungsraum und lehnt sich nicht am heidnischen Tempel an, sondern an der profanen Basilika. Sie ist architektonisch von außen nach innen bezogen. Die Säulen treten dementsprechend nur im Innenbereich in Erscheinung.

In der Kirchenarchitektur büßt die Säule erheblich an Exklusivität, die sie im heidnischen Tempelaufbau als raumbestimmendes Architekturglied hatte, ein. Diese Schwächung der Säule spiegelt sich in der spätantiken und frühmittelalterlichen Spolienverwendung wider. Säulen, welche bis dahin für einen exklusiven Standort geschaffen wurden, können am Ende der Antike in einen neuen Kontext einverleibt werden. Mit dieser neuen Austauschbarkeit des Stützglieds geht die Überlagerung der tektonischen durch symbolische Aufgaben einher. Oft symbolisieren die Säulen, je nach Anzahl und Position, biblische Figuren wie die Apostel oder Evangelisten. Diese latent vorhan-

Abb. 1: Die gebrochene Säule, Wohnhaus, um 1780 von François Barbier für François Nicolas Henri Racine de Monville (1734–1797) erbaut. Désert de Retz im Wald von Marly bei Chambourcy (Les Yvelines, Frankreich). (Aus: Ketcham, Diana [1994]: Le Désert de Retz: Abb. 58. Cambridge, Massachusetts. The MIT Press. Foto: Michael Kenna).

dene Enttektonisierung nimmt im Verlauf des Mittelalters auch optisch Gestalt an, indem Stützpfeiler gegen die Blütezeit der Gotik hin immer filigraner werden[1].

Seit in der Renaissance antike Formen wieder entdeckt und zitiert wurden, tritt die Säule in ihren alten Formen und verstärkt im Verbund von Kolonnaden, Portiken, Loggien oder dergleichen auch wieder am Außenbau in Erscheinung. In ihrer formalen Abhängigkeit von den antiken Vorbildern und in ihrem neuen, nichtantiken Architekturumfeld sind die Säulen als regelrechte Zitate sichtbar. Besonders deutlich wird dies in klassizistischen und kolonialen Architekturstilen. In repräsentativen Prunkbauten des Klassizismus wie auch des fortgeschrittenen 19. und frühen 20. Jahrhunderts (und hier vor allem an Bankgebäuden) werden ganze Tempelfassaden ohne optische und funktionale Verbindung zum restlichen Baukörper diesem vorgeblendet. Die Säule wird zu einem beweglichen Versatzstück, ein Phänomen, das in der klassizistischen Epoche auch von der Entdeckung des Torsos und der Ruine in romantischen Ruinenlandschaften – etwa in Zeichnungen Giambattista Piranesis (1720–1778) und vor allem den Gemälden Hubert Roberts (1733–1808) greifbar – begleitet wird. Denn mit der Aufwertung der Ruine und des Fragmentes können auch die Einzelsäule oder nur ein bloßer Stumpf an Eigenwert gewinnen, den sie bis dahin nicht besessen haben. Aus diesem Blickwinkel erscheint die Säule nicht nur als ein Stützelement, sondern auch als eigenständiger Körper. Ein eindrucksvolles Beispiel aus dieser Zeit stellt das erste architektonische Monument dar, das die Form einer Säule allein zum vollständigen Architekturkörper erhebt: Es handelt sich um das von François Barbier 1780 erbaute Wohnhaus im Park von Désert de Retz in Chambourcy in der Nähe von St.-Germain-en-Laye westlich von Paris, das die Form eines abgebrochenen Säulenstumpfes aufweist (Abb. 1)[2].

Damit widerfährt der antiken Säule in dreifacher Hinsicht eine verfremdende Neuerung: Sie mutiert vom Stützmotiv zur selbstständigen Form, sie nimmt monumentale Ausmaße an und ein Fragment von ihr wird zur vollständigen Form erhoben.

Im Jahre 1922 monumentalisiert der Architekt Adolf Loos die gleiche Idee in seinem Wettbewerbsentwurf für den projektierten Neubau der *Chicago Tribune*. Eine dorische Säule, diesmal in vollständiger Form (inklusive Kapitell) und gar mit einer Entasis versehen, gibt einem Wolkenkratzer Gestalt[3]. Der Sinn dieser nicht realisierten Monumentalarchitektur erschöpft sich ganz in der Bedeutung der Säule als Symbol für Größe und kulturelle Autorität. Dieser Symbolgehalt für eine Qualität einer unumstrittenen Kultur war maßgebend für die Beliebtheit des Zitierens antiker Tempelfassaden bei öffentlichen Prunkbauten – vor allem in Amerika. Besonders passend empfand man Säulen und andere Tempelversatzstücke vor Bankgebäuden. Mit Säulen und Tempeln assoziierte man (und assoziiert auch weiterhin) stabile Werte, die man mit dem Tempel verbindet, zumal in Griechenland der Tempel nicht ausschließlich religiöses Zentrum ist, sondern wie im Parthenon Aufbewahrungsort für Schätze, deren Sicherheit sich in der Bedeutung des Tempels als eines „religiös-tabuisierten Ortes" begründete[4]. Diese Assoziation ist stark ausgeprägt und spiegelt sich auch heute noch in der Terminologie im Zusammen-

Abb. 2: Erechtheionsäulen vom Modell in der Basler Skulpturhalle auf einem Werbeprospekt der Basler Kantonalbank aus dem Jahre 1996.

hang mit dem Sparkapital („Zweite Säule", siehe Abb. 2) wider.

Seit der Mitte der 1970er Jahre entlädt sich die gesteigerte Zitierweise antiker Säulen in der postmodernen Architektur in einem ironischen Spiel, in dem die alten Ordnungen mit ihren guten Proportionen und ihrem exakten tektonischen Sinn in Frage gestellt werden. Entweder verlieren die Säulen, zu zeichenhaften Gliederelementen reduziert, ihre Proportionen oder aber sie werden als eklektisch eingefügte Zitate in ihrem Funktionalitätsverlust bloßgestellt. In beiden Prozessen tritt die Säule immer mehr als dekoratives Element hervor, das die Fassade im günstigen Fall strukturiert, jedoch nicht tektonisch zusammenhält. Die imposanten neuen Stadtbauten Ricardo Bofills werden in dieser Publikation vorgestellt (siehe auch den Beitrag von V. Fischer über die Antikenrezeption in der postmodernen Architektur in diesem Buch) und sollen hier nicht weiter erwähnt werden. Wir wollen hier stattdessen als Beispiel für das eklektische Einfügen von Säulenzitaten in ein fremdes Architekturumfeld ein Einkaufsgebäude der Schweizer Lebensmittelkette „Waro", von dem es in der französischsprachigen Schweiz, wie etwa in Bulle im Kanton Freiburg (Abb. 3), mehrere Exemplare gibt, vorstellen.

Die vier Ecken des Glas- und Metallkubus werden jeweils von einer detailgetreuen Nachbildung einer ionischen Säule markiert. Auf ihnen ruhen zwar Eisenträger, doch die glatten Glaswände, die das Eisengerüst umkleiden, bilden einen krassen Kontrast dazu. Da zudem eine geschlossene Wand mit frei stehenden Säulen unvereinbar ist, hören die Wände in einem künstlichen Bruch kurz vor den Säulen auf. Trotz scheinbar bedeutungsvoller Platzanweisung sind die Waro-Säulen letztlich nichts anderes als isolierte, selbstständige Zitate ohne Verbindung zu den übrigen Bauelementen und Materialien. Während in der klassizistischen Architektur die vorgeblendeten Zitate die fehlende funktionale Integrität mit dem übrigen Baukörper noch verdeckten, wird hier deutlich, dass diese Säule in der sie umgebenden Architektur ein Fremdkörper ist.

Skulptur und Malerei

Dass in der Architektur des 20. Jahrhunderts die Säule auf der Grundlage ihrer langen Rezeptionsgeschichte zu einem enttektonisierten Zitat wird, spiegelt sich auch in der Malerei und der Skulptur wider, in der sich die Säule des Status eines autonomen Motivs erfreut. Die Säule beschäftigte und beschäftigt noch viele Bildhauer des 20. Jahrhunderts und zwar stets als einzelner, außerhalb eines architektonischen Kontextes aufragender Körper. Sie genießt nahezu die gleiche Adaptations- und Verfremdungsfreiheit wie das skulpturale Dauerthema des menschlichen Körpers. Nur erwähnt seien hier die zahlreichen „Colonnes sans fin" und andere Säulengebilde Constantin Brancusis. Und in jüngerer Zeit sind die französischen Geschwister Anne und Patrick Poirier mit ihren neo-archäologischen Säulenstätten aufgefallen ... (siehe auch den Beitrag von R. Krüger zu Anne und Patrick Poirier in diesem Buch).

Vorgestellt sei hier eine andere Säuleninstallation eines französischen Künstlers: Die berühmten, 1985 entstandenen „Colonnes de Buren" im Ehrenhof des Pariser Palais Royal. Sie bilden nämlich ein herausragendes aber dennoch bezeichnendes Beispiel für die isolierende Verwendung der Säulen (Abb. 4) in der Skulptur des 20. Jahrhunderts.

Der Künstler Daniel Buren überzog mit mehreren, in fest bestimmten Abstän-

Abb. 3: Kaufhaus der Schweizer Lebensmittelkette Waro in Bulle (Kanton Freiburg). 1979 vom Architekten Alain Bonnevaux (Atelier 75) erbaut. (Foto: T. Lochman).

Abb. 4: „Colonnes de Buren". Installation im Ehrenhof des Pariser Palais Royal (17. Jahrhundert), von Daniel Buren, 1985. (Foto: T. Lochman).

den zu Reihen angeordneten, schwarzweißen Kunststeinsäulen den ganzen Hof. Nur die Höhen der Säulen schwanken in gewissem rhythmischem Duktus auf und ab. Die regelmäßige Anordnung der Säulenzylinder suggeriert wohl einen Kontext, der über den Einzelkörper der jeweiligen Säulen hinausgeht, es ist jedoch kein architektonischer. Im Gegenteil, die ganze Installation sprengt einen bereits bestehenden Architekturraum, den Kolonnadenhof aus dem 17. Jahrhundert, was ihr die zahlreichen Kritiker dieser in ihren Augen sehr fragwürdigen Installation auch immer vorgeworfen haben[5].

Auch in der Malerei des 20. Jahrhunderts tritt die Säule als Einzel- oder Gruppenmotiv häufig und vielfach auf. Dominierend ist die in der Architektur zuvor entwickelte funktionsentstellte Sicht, eine Entfremdung, die in den Gemälden seit dem Surrealismus weiterentwickelt wird. Vielfach anzutreffen sind Säulenelemente in Zeichnungen und Gemälden Giorgio de Chiricos (1888–1978), wo sie zusammen mit anderen Antikentrümmern zu surrealen Kompositionen zusammengetürmt sind. Die wie ausgehöhlt scheinenden Säulentrommeln überziehen – Innereien gleich – die Leiber von puppenartigen Gestalten (oft als Archäologen bezeichnet)[6] und transformieren so die Säule zu fremdartiger Materie.

Der Pop-Art, einem anderen Kunststil, gehört eine Serie von Gemälden aus Roy Lichtensteins (1923–1997) „Tempelphase" an, in denen das Motiv, zum plakativen Einzelmonument plattgedrückt, ohne weiteren Umraum isoliert ist[7].

Ob zu schemenhaftem Motiv reduziert oder zum Fremdkörper mutiert, die Säule wird im Kontext der Kunst des fortschreitenden 20. Jahrhunderts von ihren ursprünglichen Inhalten und Funktionen „befreit", sie wird zum Hohlkörper verfremdet, den man fortan mit neuen Inhalten füllen kann. Ein bezeichnendes Beispiel bildet das Œuvre der in der Basler Skulpturhalle unlängst vorgestellten Walliser Künstlerin Floriane Tissières (geb. 1951), die das Motiv der Säule zu ihrem Hauptrepertoire wählt, um sie mit unzähligen Bildfragmenten aus der gesamten abendländischen Kulturgeschichte zu füllen und das lückenhafte Bild der kollektiven Erinnerung und den modernen oberflächlichen Blick auf Vergangenheit aufs Korn zu nehmen (Abb. 5)[8]. Bei ihr sind Säulen entgegen der scheinbaren Einbindung in noch bestehende Tempelkomplexe keine Gebälkstützen mehr, sondern sie sind vielmehr symbolische Träger von Mythen der auf der Vergangenheit basierenden Gegenwart.

Trivialkultur

Das endlose Zitieren der Säule, deren Umwandlung zum autonomen Körper und deren damit einhergehende Verfremdung und Isolierung in der neueren Architektur und Kunst bilden m. E. die Grundlage für die in unserer Zeit vielfache, von gefälliger Beliebigkeit stark geprägte Vereinnahmung, die die Säule zum Gebrauchsgegenstand, Zierstück oder Werbesymbol degradiert.

Sprechendes Beispiel für diesen zeitgenössischen Brauch und Missbrauch bildet, als Grenzfall zwischen Architektur und Gebrauchsprodukt, ein Toilettenkabinentyp in Form eines Säulenstumpfes, der bis vor kurzem das Straßenbild von Paris prägte, der aber auch nach wie vor in anderen Städten Frankreichs oder auch Deutschlands anzutreffen ist (Abb. 6). Maßgebend für die Toilettenkabine ist der rundum geschlossene frei stehende Körper der Säule. Die Kanneluren machen die Patenschaft für diese ungewöhnliche Umwandlung deutlich. Hier hat der Prozess der immer freieren Rezeptionsgeschichte der Säule seinen ironischen Höhepunkt erreicht.

Abb. 5: Floriane Tissières (geb. 1951), ohne Titel, 1990. Acryl auf Collage, Besitz der Künstlerin. (Foto: Hans Stieger).

Überraschende Umfunktionierungen erfuhr die Säule in mannigfaltiger Art aber auch im Mobiliardesign. Die Form der Säule oder auch nur des Kapitells lässt sich nämlich beliebig als Möbelstütze adaptieren. Als Pionierleistung darf das „Capitello" des italienischen Designerstudios „65" aus dem Jahre 1971 gelten, ein Lehnsessel aus Kunststoff in Form eines Kapitells mit dem obersten Teil des Säulenschafts[9].

Dieses Säulenstück steht schräg da, um – zusammen mit den schwungvollen Umrissen der Voluten – seiner Aufgabe als Lehnstuhl gerecht zu werden. Diese funktionsbedingte Entfremdung des Kapitells schlägt sich auch in der Entstofflichung des Materials nieder, besteht doch der Lehnsessel „Capitello" aus weichem Kunststoff, auch wenn dies auf den ersten Blick wegen der der Marmorpatina ähnelnden Stoff-Farbe nicht manifest wird. Das „Capitello" ist ein Avantgardeerzeugnis zu Beginn der 1970er Jahre und steht in dieser Zeit noch vereinzelt da. Doch in den nachfolgenden Jahrzehnten setzt in der Möbelindustrie eine massenhafte Verwendung antiker Säulenformen ein. Vielfach stützen Kapitelle Tischplatten oder ganze Säulen dienen als Konsolen oder finden in Büchergestellen und sonstigen Regalmöbeln Eingang. Eine ins Extreme gesteigerte Version für ein „Kapitell-Möbelstück" findet sich im Cocktailtischmodell „Périclès" der französischen Möbelfirma Atlas aus dem Jahre 1993 (Abb. 7).

Wie im Falle des Lehnstuhls „Capitello" liegt ein ionisches Kapitell, quasi in einer Ruinenlage, schräg da, und dies trotz des Umstands, dass es, wie bei vielen anderen zeitgenössischen Cocktailtisch-Variationen, eine Glasplatte tragen soll, wo das Kapitell, in üblicher aufrechter Lage stehend, ja auch eine ideale Auflagefläche bietet. Am Modell der Firma Atlas ist darum eine fremde Stütze (aus durchsichtigem Plexiglas) erforderlich, um den benötigten zusätzlichen Auflagepunkt zu bieten. Während bei den normalen „Säulenregalen" oder „-tischen" das Kapitell bzw. die Säule noch real etwas stützen (Platten und Regale), wird die Stützfunktion im Atlas-Tisch optisch gänzlich in Frage gestellt. Dieses Möbel stellt wohl die radikalste Stufe der Enttektonisierung der griechischen Säule dar.

Es ist bezeichnend, dass die klassische Säule – genuin ein fest fixiertes Architekturglied – in ihrem trivialen Nachleben gar keine oder nur noch scheinbare Stützfunktionen übernimmt. Sie ist, aus ihrem ursprünglichen Architekturkontext isoliert, keine standfeste Stütze mehr, sondern nunmehr eine Chiffre davon und somit ein beliebig einsetzbares Versatzmotiv.

Abb. 6. Links: Öffentliche Toilettenkabine in Form eines kannelierten Säulenstumpfes. Dieser 1989 geschaffene Toilettentyp ist in französischen Städten zahlreich anzutreffen. Hier ein Beispiel aus Angoulême (Charente, Frankreich). (Foto: T. Lochman). – Rechts: Humoristischer Prototyp in einer Zeichnung von Jules Stauber aus dem Jahr 1973. (Foto: Antikenmuseum Basel und Sammlung Ludwig).

Abb. 7: Tischmodell „Périclès" der französischen Möbelfirma Atlas, 1993. (Nach Verkaufsprospekt).

Diese (meist missbräuchliche) Freiheit ihrer Verwendung hinterlässt Spuren in den Produkten des modernen Marketings.

Zwei Schweizer Ausstellungen aus den Jahren 1974 (Basel) und 1996 (Lausanne und Zürich) haben bereits eine Auswahl an beredten Zeugnissen zusammengestellt[10] und eine eindrucksvolle Menge ist für die Mannheimer Ausstellung vorgesehen. Die „Einsätze" der Säule und des Kapitells sind vielfältig und praktisch unbeschränkt: Ob Display, Schachtel, Lampenfuß, Parfümfläschchen – alles ist möglich. Es ist festzustellen, dass die Säule als feste Form immer noch Stützfunktionen ausüben kann, dass sie aber auch als leere Hülle ihrer selbst neue Inhalte aufnehmen kann. Zahlreich sind Kitschsäulen oder Zierkapitelle, die sowohl als Podest als auch als Behälter fungieren können[11].

Auch in der Werbung kommt diese paradoxe Bi-Funktionalität zum Vorschein. In Analogie zu den Zier- und Kitschsäulen ist zu beobachten, dass das Kapitell einerseits als Sockel benutzt werden kann, der dazu dient, Produkte wie Alkohol und Kosmetika emporzuheben, dass aber andererseits auch die Säule selbst zur Produkthülle werden kann, die eben diese Luxusinhalte aufnimmt. Was in die Nähe der Säulen bzw. der Kapitelle gerückt wird, profitiert von ihrer Symbolbedeutung für zeitlose Qualitätswerte; denn sie sind als Überreste einer glanzvollen, vergangenen Kultur hinlänglich vertraute Formen, die jedermann mit einer kulturellen Autorität assoziiert, selbst dann, wenn die primäre Bedeutung und ihr antiker Ursprung gänzlich entschwinden sollten. Sie sind Chiffren für Solidität und unvergängliche Klasse.

Zusammenfassend könnte man sagen, dass die griechische Säule, als befreites Rudiment einer genialen antiken Architekturform, zu einer autonomen, beliebig einsetzbaren und mit neuen Inhalten wiederbefüllbaren Form geworden ist.

Dass die antiken Säulen heute ganz fern liegende Aufgaben übernehmen können, spricht letztlich für die Dauerhaftigkeit der ihr von den Griechen verliehenen perfekten Form. Für sie trifft zu, was der Anglist Hartwig Isernhagen im Generellen für beliebig zitierte antike Formen (sowohl in der Kunst wie auch in der Literatur) treffend resümiert hat: „Sie haben ihre Fähigkeit behalten, als Entwürfe einer längst bekannten Kreativität, eines aus vielen vorangehenden Erfahrungen erinnerten Formwillens an Betrachter (...) zu appellieren. Sie sind diejenigen Elemente, an denen immer wieder das Thema von kollektiver Erinnerung und kollektivem Vergessen, von Kontinuität und Diskontinuität der Kultur angepeilt oder entwickelt wird"[12].

Anmerkungen / Literatur:

[1] Winnekes, Katharina (1984): Studien zur Kolonnade: 6–12. Köln.

[2] Schmidt, Hartwig (1993): Wiederaufbau: 47 Abb. 30. Stuttgart. – Ketcham, Diana (1994): Le Désert de Retz: A Late Eighteen-Century French Folly Garden. The Artful Landscape of Monsieur de Monville. Cambridge, Massachusetts.

[3] Adolf Loos 1870–1933 (1983): Katalog zur Ausstellung des Institut Français d'Architecture Paris: 32 Abb. 27 (Wolkenkratzer in Form einer dorischen Säule mit Kanneluren und Entasis. Wettbewerbsentwurf von Adolf Loos aus dem Jahre 1922 für den projektierten Neubau der „*Chicago Tribune*"). Liège/Bruxelles. – Pehnt, Wolfgang (1986): Die bewohnte Säule. Brauch und Missbrauch einer Architekturform. In: *Frankfurter Allgemeine Zeitung*, Nr. 39, 15. Februar 1986. Beilage.

[4] Krampen, Martin (1971): Semiotik der Architektur. In: In Werk, Heft 4: 247.

[5] Réau, Louis (1994): Histoire du vandalisme. Les monuments détruits de l'art français: 1008–1009, Abb. 89. Paris.

[6] Rubin, William, Schmied, Wieland & Clair, Jean (Hrsg.) (1982): Giorgio de Chirico – der Metaphysiker. Ausstellungskatalog Haus der Kunst München: 205 Kat.-Nr. 80 (Der Archäologe [L'archeologo], 1927, Öl auf Leinwand, Privatsammlung USA). München.

[7] Beispiele: Roy Lichtenstein (1989): Pop-Paintings 1961–1969: Taf. 33. München. – Eissenhauer, Michael (Hrsg.) (1993): LudwigsLust – Die Sammlung Irene und Peter Ludwig. Ausstellungskatalog Germanisches Nationalmuseum Nürnberg: 368 Kat.-Nr. 335. Nürnberg.

[8] Lochman, Tomas (Hrsg.) (1996): A la recherche du temple perdu. Floriane Tissières. Werke 1990–1996. Katalog zur Sonderausstellung der Skulpturhalle Basel. Basel.

[9] Fiell, Charlotte & Fiell, Peter (1997): 1000 Chairs: 491. Köln.

[10] Kunstgewerbeschule Basel (Hrsg.) (1975): Das triviale Nachleben der Antike. Begleitbuch einer Ausstellung in Basel. Basel. – Pichard Sardet, Nathalie (Red.) (1996): Recycling der Vergangenheit. Die Antike und das heutige Marketing. Begleitbuch einer Ausstellung des Musée Romain in Lausanne-Vidy und des Schweizerischen Landesmuseums Zürich. Erscheinungsort o. A. (Diese Ausstellung war vom 18.11.1997 bis zum 25.1.1998 in modifizierter Form auch in der Basler Skulpturhalle zu sehen).

[11] Ein beredtes Beispiel ist in dem oben genannten Ausstellungskatalog von Lausanne und Zürich (Anm. 10) auf S. 62 unter Nr. 54 abgebildet.

[12] Isernhagen, Hartwig (1994): Tempelbauten an der Main Street. Warum in der amerikanischen Architektur so oft antike Baukultur zitiert wird. In: Surbeck, Rolf (Hrsg.), Fernsehen in die Antike. Die Welt von gestern mit den Augen von heute: 116. Basel. – Zu diesem Thema zuletzt: Schneider, Lambert (1998): Antike ohne Archäologie. Ein Blick auf griechisch inspirierte Architektur des 19. Jahrhunderts in den USA. In: Rolle, Renate & Schmidt, Karin (Hrsg.), Archäologische Studien in Kontaktzonen der antiken Welt (= Veröffentlichungen der Joachim Jungius-Gesellschaft der Wissenschaften Hamburg Nr. 87): 859–868. Göttingen.

Werbung mit Antiken in der Bekleidungsbranche

Markus Vock

Zusammenfassung

Der Künstlerzunft und der Schneiderzunft ist eine in Epochen und Stile einteilbare Stellung in der Kulturgeschichte des Schönen und Repräsentativen gemeinsam. Dabei orientiert sich das mit vergleichsweise weniger Prestige gesegnete Kunsthandwerk der Schneider regelmäßig an der großen Schwester Kunst, um der ephemeren Bekleidung hochkulturelles Prestige zu verleihen. Der Akzent im Zitat von Antiken liegt hierbei beim Klassischen als Ausweis zeitloser Eleganz. Antike und nachantike Skulpturen werden zu Models zeitgenössischer Kleidermarken. Einen nachhaltigeren Einfluss hat die Antike jedoch in der Geschichte bürgerlicher Bekleidung ausgeübt: Nach dem Abschied von der verspielten Üppigkeit des Rokoko wurde das klassizistische Ideal der nüchtern farblosen, athletische Körperformen betonenden antiken Skulptur zum Vorbild für die „klassische" Herrenbekleidung.

Dass die Antike etwas mit Mode zu tun hat, mag auf den ersten Blick befremden, gehören offensichtliche Reminiszenzen an die Antike – von Launen extravaganter Modeschöpfer abgesehen – doch mehr auf ausgefallene Togaparties als auf die Modeschau. Und die alten Griechen zogen hoffärtigem Kleiderprunk bekanntlich die Nacktheit der Athleten im Stadion vor.

Deutlicher treten Berührungspunkte zutage, wenn wir uns die Affinität der Kleiderbranche zu Stil, Geschmack, ja generell zu Kunst aus späteren Jahrhunderten vor Augen halten, in der die Antike seit Beginn der Neuzeit ein Weiterleben gefunden hat. Die ephemere Mode orientiert sich an Werten, die scheinbar „sub specie aeternitate" geschaffen sind, wohl um das Manko eigener Kurzlebigkeit zu kaschieren.

Auf einer rudimentären Stufe wird mit einem Vokabular aus der Architektursprache zitiert, die zum Satz von Elementbausteinen werbegrafischer Gestaltung geworden ist. Geradezu Kultstatus haben Säulen, Friese, Kapitelle und Podeste erreicht. Nicht nur in der Kleiderwerbung werden sie als Chiffren für das Altbewährte, Dauerhafte und geschmacklich Zuverlässige funktionalisiert. Der Inbegriff des Klassischen mutiert in der vertrauten Sprache der Kleiderwerbung zum Prädikat „Zeitlos elegant".

Neben diesen Grundformeln, mit denen beliebige Produkte auf den sprichwörtlichen Sockel gehoben werden, spielen in den Inszenierungen der Werbefotografie antike und antikisierende Baudenkmäler als Hintergründe eine Rolle. Schon an der Basler Ausstellung „Werben mit Antike" sind „zur pittoresken Kulisse hinter Frühjahrs- und Sommerkollektionen"[1] degenerierte antike Tempelruinen in Modejournalen aufgefallen. So liegen Stoffbahnen der Textilmarke Lorenzo Rubelli auf den Stufen zum Tempel von Selinunt, von einem martialischen Löwen bewacht. Und eine Anzeige des Münchener Pelzhauses Rieger markiert das Image von nobler Klassizität mit einer Frau auf den Treppenstufen zu den Propyläen, die Leo von Klenze unter dem Eindruck des griechischen Tempelbaus bekanntlich als ein Wahrzeichen Münchens entworfen hat[2].

Bekannte antike Bauwerke gehören als effektvoller Hintergrund – öfter als architektursprachliche Grundformeln – in den Rahmen einer Inszenierung von Mythen. Hier beschränkt sich die Botschaft nicht auf das Anpreisen eines Produktes, sondern es wird stattdessen versucht, ein meist unerreichbares Ideal und ein attraktives Lebensgefühl zu vermitteln. Dieser Typus ist keineswegs auf die Bekleidungsbranche beschränkt.

Generell bei Luxusprodukten, vor allem jedoch bei Kosmetika und Parfüms, werden mit der Kleiderwerbung vergleichbare idealisierte und prototypische Situationen vorgeführt, in denen Sonnen hinter Klippen untergehen und sich attraktive Menschen in göttergleicher Pose einsam räkeln, während ihnen der Wind durchs wallende Haar weht. In dieser Umgebung gedeihen das explizite Zitat und die stilistische Anleihe bei Antiken. Vermittelt werden dabei vor allem die Ideale sexueller Attraktivität, zeitloser Schönheit als ästhetischer Überlegenheit sowie der Heroismus athletischer Körperlichkeit.

Im Körperkult, den uns Marken wie Calvin Klein oder das Parfüm Joop parallel zu einer Massenbewegung bis hinein in die Krafträume von Fitnesszentren vorführen, blitzen je nach interpretatorischer Perspektive Reminiszenzen nationalsozialistischer, klassizistischer oder antiker Skulptur und entsprechender Mythen auf. Ein Repertoire von Sehnsuchtsmotiven wird dabei ausgereizt, das vor allem im Blick auf das Meer an die Geschichte und Darstellung der Sappho, an Szenen aus der Odyssee oder an die Sage vom Goldenen Vlies erinnert. Das Klassische als universaler Qualitätsmaßstab erhält die atmosphärische Dimension des Mediterranen, mit dem der Zauber der Urlaubsstimmung vermittelt wird.

Zur Meisterschaft bei der Inszenierung von Antike und Kunstgeschichte hat es die Werbung des ermordeten Modekönigs

Abb. 1: Unbekleideter Mann mit Belmondo-Schuhen in der Pose des Diskuswerfers des Myron. (Aus: Art Directors Club Verlag GmbH [Hrsg.] [1987]: Art Directors Club für Deutschland. Jahrbuch 1987: 151. Düsseldorf).

Gianni Versace gebracht. Im Stoffdesign und in seinen Katalogen, die von prominenten Fotografen wie Helmut Newton oder Bruce Weber gestaltet werden, sind Kunstreproduktion und Modefotografie einander gegenübergestellt und gleichzeitig miteinander verwoben. Antiken und ein üppig aufgebauschter Klassizismus spielen im modischen Schönheitskult eine zentrale Rolle.

Bei den eingangs erwähnten Skulpturen jedoch, denen die Modeindustrie zu allerlei Kleidung verhilft, liegt der Fall anders. Sie sind nicht nur Kulisse oder distinguiertes Requisit. Als zeitenthobene Models aus der Kulturgeschichte steigen sie zu Protagonisten auf. Kunstwerke, vor allem Akte, sind geeignet, für die Werbung in die verschiedensten Hüllen zu steigen. Sie stellen eine Alternative zu den lebendigen Models dar, weniger sexy als die aus dem Katalog entgegenlächelnden Schönheiten, dafür umso mehr Langlebigkeit und Qualität demonstrierend. Dem Steinernen und Leinenen von Kunst wird Leben eingehaucht. Durch Kostümierung werden kunsthistorische Gestalten, unter ihnen Antiken, zu virtuellen Akteuren der

Gegenwart. Zeitlich fern und doch als eine Art Ahnengeister heutiger Kultur stets irgendwie präsent, werden sie im Scheinwerferlicht der Werbung schlagartig aktuell. Andererseits wird den Produkten ein in die Vergangenheit reichendes Vorleben angedichtet.

Wird mit weniger bekannten Werken zumindest ein prominenter Kontext als Bürgschaft mobilisiert, schaffen berühmte Werke die Vertrautheit mit dem Erkannten. In einer vielbeachteten Kampagne hat die Jeans-Marke Levi's eine Serie von Kunstwerken aus der Kulturgeschichte des Abendlandes kostümiert, neben dem David von Michelangelo auch eine Odaliske von Ingres und das Denkmal Wilhelm Tells. Kulturhistorische Prominenzen werden zu zeitenthobenen Testimonials. Mit dem Kombinieren von Kunst und Produkt suggeriert die Werbung den Transfer von Qualität und Prestige. Neben, hinter oder über dem Produkt und auch als metaphysische Kleiderpuppen fungieren Kunstwerke als Garanten für verschiedene Eigenschaften.

Dabei zeigen sich werbende Firmen nicht gerade großzügig. Statt dem ganzen, bloßen Körper antiker Heroen eine Kleiderspende angedeihen zu lassen, rücken sie ihre eigenen Angebote in den Vordergrund: Großherzigkeit erscheint als Selbstdarstellung. Der Schuhfabrikant Belmondo hat es z. B. bei Lederschuhen aus seinem Sortiment belassen (Abb. 1).

In der Pose des Diskuswerfers des Myron holt ein nackter Mann mit unklassisch behaarter Brust zum Wurf aus. Die Haare des zum „Athleticus Belmondus" erklärten Sportlers sind als Nachahmung einer Marmorstatue weiß bestrichen. Die Anzeige fokussiert das einzige Bekleidungsstück des sonst hüllenlosen Athleten. Die ideale Nacktheit wird in der Umsetzung zur Attraktion. Als „eine tiefe Gemeinheit" hat Himmelmann einst die Tatsache bezeichnet, dass der Poseidon von Kap Artemision ein Hemd der Marke Libero trägt[3] (Abb. 2).

Die Kombination antiker Skulptur und jener Herrenbekleidung, die in der Geschäftswelt zur Arbeitsuniform geworden ist, hat jedoch modegeschichtlich mehr für sich, als den Gestaltern bewusst gewesen

sein dürfte. Der Herrenanzug nämlich wurde in einer Zeit entwickelt, als sich in den Jahrzehnten vor und nach 1800 mit der politischen Revolution in Frankreich und der von England ausgehenden industriellen Revolution eine neue Gesellschaft zu formieren begann. Damals erlangte die Antike ihren wohl direktesten Einfluss auf die Kleidung, als während der kurzen Revolutionszeit Männer phrygische Mützen trugen und Frauen sich chitonähnliche Gewänder mit antikisierenden Mustern überwarfen.

Es liegt entsprechend nahe, im Übergang von der feudalen Kleidung des Adels zum Anzug des liberalen Bürgertums den gesellschaftlichen Wandel, den Übergang von einer Mußekultur zur Arbeitsgesellschaft und ihrem bürgerlichen Arbeits- und Leistungsethos zu erkennen. Statt durch Korsette und Schnüre des Rokoko zusammengepresst, durch den Reifrock zur faktischen Bewegungslosigkeit verur-

Abb. 2: Werbung der Hemdenmarke Libero mit dem Poseidon von Kap Artemision. (Aus: Brigitte 24, 1980. Slg. Inken Jensen).

teilt und mit Quasten und Troddeln ausstaffiert zu werden, wird durch bürgerliche Bekleidung mehr physische Individualität sichtbar gemacht. Pate stand die im Klassizismus verherrlichte Antike und ihr Körperkult. In dem straff über die Gliedmaßen gespannten Herrenhemd und im maßgeschneiderten Anzug treten die Formen des Mannes klarer zutage oder sie werden durch entsprechende Schnitte fingiert. Dabei sind die Muskeln des Athleten keine rein körperliche Qualität. In der antrainierten Körperkraft wird charakterliche Qualität sichtbar. Die nackte Physis als Visitenkarte und Ausweis von Leistungsfähigkeit kommt im Anzug zu ostentativer Geltung. Im Körper gibt sich der Mensch zu erkennen: Dem heroischen Charakter entspricht der athletische Körper.

Im Herrenanzug sind demnach zwei Postulate an den heutigen Businessman synthetisiert: Zum einen kann er sich analog zum antiken Helden im Arbeitsleben behaupten, zum anderen – so Anne Hollander[4] – kommt seine Figur zu erotischer Ausstrahlung. Dass an der Wiege der Bekleidung jenes heute als prüde und puritanisch verschrieenen Bürgertums ein Quäntchen Erotik eine Rolle gespielt hat, mag wie anderes in der Entwicklung dieses ehemals revolutionären Standes erstaunen: Es mündet in ein längst vertrautes Ideal des wirtschaftlich und sozial Erfolgreichen. Zugrunde liegt dem ein antikes Philosophem, die von Platon propagierte Kalokagathie (körperliche und geistige Vollkommenheit), die mit der Diskriminierung des Hässlichen zum faschistischen Ideal verkommen ist. Parallel zu der strengen klassizistischen Ästhetik marmorbleicher Skulptur wird, ohne die Kenntnis der ursprünglichen Bemalung, der Kontur, das mehr florentinische Disegno im Unterschied zum eher venezianischen Colore im berühmten Renaissancestreit zwischen den Malerschulen der beiden Städte, betont und auf grelle optische Reize verzichtet. Relikte dieser reduktiven bürgerlichen Ästhetik sind selbst in der postmodernen Everything-goes-Gesellschaft, sichtbar etwa im schmucklosen Hightech und im Grau von Computergarnituren. Und mit mausgrauer Kleidung wird noch immer die Seriosität profunder Kompetenz markiert.

Kongenial verbildlicht wird die Geburt des Herrenanzugs aus dem Geist der Plastik in einer Anzeige der Marke Oxford Clothes[5], in der ein Geschäftsmann oder Businessman, wie er korrekt neudeutsch heißt, auf einem Bürostuhl posiert in Analogie zu einer wohl barocken Gartenplastik in der Achse einer französischen Gartenanlage, deren Strenge mit den Konzepten des Klassizismus austauschbar ist. „Business is war" verkündet die Anzeige programmatisch und stilisiert den Einzelkämpfer im Arbeitsleben zum Helden.

Anders liegt der Fall beim schwachen Geschlecht. Erst im 3. Jahrhundert v. Chr. wurde dessen Nacktheit zum Thema idealisierender Darstellung, während die klassische Periode griechischer Plastik den Männerkörper ins Zentrum gestellt hatte. Eine umso größere Bedeutung hat deshalb die Venus von Milo erlangt, seit sie 1821 auf der Kykladeninsel Melos gefunden und in den Pariser Louvre überbracht wurde. Die überlebensgroße Skulptur ist zwar nicht die einzige, aber die prominenteste antike Schönheit, bei der zumindest der Oberkörper hüllenlos wiedergegeben wird. Obwohl die Oberarme bei diesem spektakulären Fund fehlten, erreichte sie bald Kultstatus. In ihr verbanden sich in den Augen ihrer Bewunderer Anmut und Eleganz mit einer kühlen, distanzierten Erotik. Die Göttin der Liebe wurde zum universalen Maßstab weiblicher Schönheit und zum Orientierungspunkt für Modewerbung.

Die 1972 in Brüssel gezeigte Ausstellung „La Vénus de Milo ou le danger de la célébrité"[6] illustriert mit zahlreichen Beispielen – manche mit grafisch ergänzten Armen – die Bedeutung der Liebesgöttin für die Schönheitsindustrie der Couturiers (Abb. 3) und Kosmetikafabrikanten. So zogen Büstenhalterfabrikanten der barbusigen Schönheit ihre Textilien an. Im deutschsprachigen Raum warb der Unter-

Abb. 3: Werbung für Bekleidung mit der Venus von Milo. (Aus: Rhein-Neckar-Zeitung 20.5.1990. Slg. Inken Jensen).

Abb. 4: Werbetafel der Firma Jean-Paul Gaultier, 1995: Frau in der Pose der Kapitolinischen Wölfin beim Säugen von Männern in Latexkleidung. (Foto: Fotostudio 13).

wäschehersteller Triumph mit der Venus von Milo als virtueller Kundin[7]. Zum Nimbus dieses klassischen Sexsymbols trägt zweifellos ihr Standort in der Stadt Paris, der Metropole der Mode und der Liebe, bei.

Dabei birgt die Einkleidung von Skulpturen aus jener Antike, die nicht nur einstmaliges Bildungsprivileg, sondern ebenso kulturelles Identifikationsmuster eines apolitischen Bürgertums ist, kulturpolitischen Zündstoff. In der Anzeigenserie von Levi's aus den frühen 1970er Jahren traten die Stars aus der Vergangenheit nicht nur als Zeugen auf, sie wurden durch die Kostümierung gleichzeitig verfremdet. Der Umgang mit Tradition wurde zum flapsigen Scherz, zur demonstrativen Respektlosigkeit, die mit der antibürgerlichen Haltung der Protestgeneration von 1968 kokettierte. David oder Tell in Jeans mutierten zu karnevalesken Gestalten, bildungsbürgerliches und vaterländisches Bewusstsein wurde auf die Schippe genommen. Die Anzeige oszilliert in der Polarität von Entweihung und Stilisierung berühmter Kunst. So spricht Harald Kimpel von einer „trotz aller Manipulation noch wirksamen historischen Traditionsbelastetheit"[8]. Gleichzeitig zum provokativen „Épatez le bourgeois" birgt dieser Umgang die Botschaft genuiner Klassizität.

Weiter in der Aussage ging eine Werbung der trendigen Modemarke Jean-Paul Gaultier (Abb. 4). Durch Imitation einer Pose wurde die römische Wölfin auf dem Kapitol zum gewagten Zitat, das durch Umdeutung des römischen Wappentiers ins Laszive gewendet war: Nackt und nur mit einer modisch schwarzen Sonnenbrille angetan säugt eine Frau auf dem Podest eine Schar von in Latex gehüllten Sadomaso-Zöglingen.

Zusammenfassend lässt sich sagen, dass das Zitat von Antiken in der Werbung der Bekleidungsindustrie vor allem als Metapher für zeitlose Schönheit und Eleganz Bedeutung erlangt hat. Diese wirkt zudem im Zitat des für das Selbstverständnis der Bekleidungsbranche bedeutend gewordenen Klassizismus nach. Tradiert werden antike Konzepte idealisierter Körperdarstellungen mit mehr oder minder explizitem Bezug in den Arrangements der Modefotografie. Dabei wird Architektur zum bedeutungsgeladenen Requisit oder zur pathetisch inszenierten Kulisse, anders als die antike, vor allem die ideale nackte Skulptur: Statt zum Argument gegen Bekleidung werden leichtbekleidete Statuen zur Laufstegattraktion. Den wohl größten und längst sublimierten Einfluss macht die Antike jedoch nicht in der Werbung, sondern im Schneiderhandwerk geltend: Als Geburtshelferin einer Herrenbekleidung, die als Anzug zum Inbegriff des Klassischen geworden ist.

Anmerkungen / Literatur:

[1] Kunstgewerbeschule Basel (Hrsg.) (1975): Das triviale Nachleben der Antike. Katalog zur Ausstellung „Werben mit Antike" (Urs Berger, André Bless u. a.) im Antikenmuseum Basel 1974: 14. Basel.

[2] Anzeige des Münchener Pelzhauses Rieger: Mit einem Pelz bekleidete Frau auf den Stufen der von Leo von Klenze erbauten, der Antike nachempfundenen Propyläen in München. In: Jahrbuch der Werbung 28 (1991): 630. Düsseldorf.

[3] Himmelmann, Nikolaus (1976): Utopische Vergangenheit. Archäologie und moderne Kultur: 115. Berlin.

[4] Hollander, Anne (1995): Anzug und Eros: 136 ff. Berlin.

[5] Werbung für Bekleidung der Marke Oxford Clothes. In: Lürzers Archiv 2, 1994: 48. Frankfurt am Main.

[6] Lambrichs, Colette & Hannoset, Corneille (Hrsg.) (1972): La Vénus de Milo ou les dangers de la célébrité. Katalog zur Ausstellung im Readymuseum Bruxelles. Bruxelles.

[7] Werbung der Marke Triumph mit der Venus von Milo. In: Geese, Uwe & Kimpel, Harald (Hrsg.) (1982): Kunst im Rahmen der Werbung. Begleitbuch einer Ausstellung in Kassel: 9 Abb. 10. Marburg.

[8] Geese & Kimpel a.a.O. (Anm. 7): 55.

Antiken in der Pharmawerbung

Markus Vock

Zusammenfassung

Werbung für Arzneimittel jeglicher Art operiert vergleichsweise häufig mit Kunstwerken. Eine besondere Bedeutung kommt hierbei der Antike zu. Deren Zitat ist nicht nur Mittel, um Sicherheit, Bewährung und entsprechend hohe Heilchancen zu unterstreichen, mit Kunstwerken aus der griechisch-römischen Antike wird zudem bildungsbürgerliches Prestige mobilisiert, das eine über die bloß mechanistische Wirkung von Heilmitteln hinausreichende Seriosität und eine den Ärzten und Apothekern eigene, spezifisch altphilologische kulturelle Kompetenz markiert. Mit Statuen und Skulpturenfragmenten lässt sich die menschliche Physis, Objekt pharmazeutischen Bemühens, zudem auf einer prototypischen Ebene, ohne obszöne oder makabre Note, idealtypisch illustrieren.

Der Name Novartis tauchte im Frühjahr 1996 wie ein Komet am Horizont der Weltwirtschaft als Fusionsprodukt der Chemiemultis Ciba-Geigy und Sandoz auf, die sich zu einem Konzerngiganten vereinigt hatten. Er löste unter Börsianern Euphorie und bei Arbeitnehmern Angst und Unsicherheit aus, kam aber nicht zuletzt seiner selbst wegen ins Gerede. Das „Neue" oder gar „Neueste der Kunst" versprach der seltsam exotisch klingende, von einer Londoner Agentur kreierte Name, der aus urheberrechtlichen Gründen zuerst als Galerie im Firmenregister eingetragen worden war. Das teuer bezahlte Namensdesign löste wenig Begeisterung aus, wurde weithin als esoterische und ästhetisierende Verbrämung, kurz als eines Weltkonzerns kaum für würdig befunden.

Dabei sind Namensbildungen wie Merkur für eine aus Bern stammende Kaffeerösterei, die zum Genusswarenkonzern wurde, Ajax für ein Putzmittel, Hermes für einen Schreibmaschinenhersteller, Turicum für ein längst verschwundenes Auto oder Prometheus für einen Backofen als kommerzielle Antikenrezeption vertraut, die seit 1870/71 bis in die ersten Jahrzehnte des 20. Jahrhunderts mit ihren allegorischen Darstellungen weit verbreitet war und mit erstarkendem Nationalbewusstsein schließlich um Gestalten der nordischen Mythologie ergänzt wurde. Das Anknüpfen des Begriffes „Novartis" an eine altväterische Tradition mag dem halbwegs Lateinkundigen, der hinter dem exotischen Klang dreier Silben eine Bedeutung erkennt, antiquiert, beinahe nostalgisch erscheinen. Doch der Wortsinn markiert Zukunftsorientierung und verspricht Meilensteine in der Pharmaforschung des 21. Jahrhunderts. Exemplarisch für die Antikenwerbung in der Medizin behauptet er die Allianz zeitgenössischer Innovation und traditioneller Kulturmuster.

Die Namensbildung ist signifikant für eine Branche, die regelmäßig im Rekurs auf Kunst beworben wird und in der Antiken ihre Spuren hinterlassen haben. Pharmazeutika, sowohl die im freien Handel erhältlichen so genannten OTC (= over-the-counter, deutsch: über den Ladentisch)-Produkte wie rezeptpflichtige Medikamente, medizinische Geräte, kurzum Angebote, die im weitesten Sinne Heilung oder Linderung körperlicher Leiden versprechen, sind zum beliebten Schaufenster für Antiken geworden. Die Tendenz einschlägiger Werbung zur Instrumentalisierung von Kunst und Kultur, vielleicht um den schmerzhaften Gedanken an Krankheit zu mildern, schlägt sich auch in einer Vorliebe für die Kunst des 20. Jahrhunderts nieder. Schon 1953 hielt die Zeitschrift Graphis fest: „Es gibt pharmazeutische Unternehmen, die in ihren grafischen Arbeiten deutlich den Einfluss einiger avantgardistischer Maler erkennen lassen; Mondrian und Miró wurden auf den Anzeigenseiten oft paraphrasiert."[1]. Das Repertoire zitierter Künstler ist längst um Roy Lichtenstein, Keith Haring und die serielle Kunst Andy Warhols erweitert worden. Auch auf Buchcovers einschlägiger Fachliteratur ist die ansonsten eher gemiedene abstrakte Kunst präsent. Vor allem bei Psychologie und Psychiatrie übernehmen Werke von Rothko, Pollock und vergleichbarer ungegenständlicher Maler die Visualisierung von seelischen Stimmungen.

Zitiert werden Kunstwerke zudem im Rahmen von Werbung, die Geschichtlichkeit und deren Darstellung instrumentalisiert. Dieser Typus hat im Pharmabereich besondere Bedeutung erlangt. Dass die chemische Industrie Kunst einspannt, „um zu zeigen, mit welchen Problemen unsere Vorfahren zu kämpfen hatten"[2], ist schon Heinz Kähne aufgefallen. Dabei führt sie Stationen einer Medizinalgeschichte vor, die in die Gegenwart heutiger Therapieformen und damit quasi in ein Stadium der Forschungsgeschichte „sub gratia" reicht. Auf Bilddokumenten wie Stichen oder Einblattholzschnitten werden archaische Darstellungen aus dem Themenkomplex Krankheit und deren Heilung – häufig in Serie – präsentiert. Dabei werden Kunstwerke zu historischen Dokumenten. In einer Anzeige von Hoechst wird Hans Bocks Gemälde des

Abb. 1: Werbung für das Schmerzmittel Spasmo-Cibalgin. (Aus: Schweizerische Apothekerzeitung 13, 1993: 385. © Novartis AG).

Kurbads Leuk als Ansteckungsherd für Syphilis gedeutet.

Zeugnisse der Vergangenheit belegen erstens die Geschichtlichkeit der Medizinalbranche und zweitens die Qualität heutigen Pharmahightechs im Kontrast zu archaischen Behandlungsformen. Die mit der Chiptechnologie vergleichbare, durch die Pille zur Unanschaulichkeit verkleinerte Heilwirkung wird durch Zeugnisse aus der Geschichte publikumswirksam visualisiert. Die Einbindung in eine organisch gewachsene Tradition gibt ihr jene Sinnlichkeit zurück, derer sie in der Sterilität von Laborproduktion und der Langatmigkeit von Gebrauchsanweisungen verlustig gegangen ist. Zudem legitimiert sich die Werbung als Information, als belehrender Exkurs in Medizingeschichte. Und vermutlich wird in der Synthese überlieferter Heilkonzepte mit aktuellem Know-how nostalgischen Wünschen nach ganzheitlicher Populärmedizin und einem Esoterismus die Reverenz erwiesen, die zuweilen als Alternativmedizin deklariert werden.

Zeugnisse der Antike, einer längst vergangenen Epoche, nehmen im Spektrum zitierter Vergangenheit einen besonderen Platz ein. Der Bedeutungshorizont geht über die Illustration von Medizingeschichte hinaus. Die akademische Medizinalkultur knüpft nicht allein in der Werbung auf vielfältige Weise an die Antike sowie ihrem Weiterleben in Renaissance und Klassizismus an, woraus ein Nährboden für die Werbung entsteht. Vordergründiges Merkmal einer weitergehenden Affinität dürfte altphilologische Bildung als Zulassungsbedingung für Medizin und Pharmaziestudiengänge sein sowie lateinische Bezeichnungen und deren Kenntnisse als Ausweis schulmedizinischer und naturwissenschaftlicher Kompetenz.

Mit dem Eid des Hippokrates am Beginn von Medizinerkarrieren ist der Bezug auf eine Antike ritualisiert, die über zwei Jahrtausende hinweg ihre Vorbildlichkeit erhielt. Die abgehobene Kultur ist als Prototyp okzidentaler Gesellschaft so präsent wie manche spätere Epoche. Zwar ist weder dieser Schwur noch Latein für heutige Mediziner obligatorisch, als kulturelles Muster trotz vermutlichen Bedeutungsschwundes jedoch noch im Bewusstsein. Mit dem schlangenumwundenen Stab des Äskulap haben sich auch die Apotheker ein international konventionalisiertes Zeichen mit Bezug auf antike Heilkunst geschaffen.

Mit antikem Symbolismus wurde der christliche Caritas-Gedanke auf eine Metaebene gehoben, auf der sich humanistische Ethik und schulmedizinische Kompetenz begegnen. Der Rekurs auf das hehre Bildungsideal Antike versprach die scheinbare Objektivität akademischer Qualifizierung. Nachdem die Ärzte des Mittelalters durch die Moral der Kirche als Quacksalber stigmatisiert, als Bader in die Vergnügungszentren und auf den Jahrmarkt in die Nähe des Schaustellermilieus getrieben worden waren, erfuhren Medizin und Pharmazie in den akademischen Kompetenzzuweisungen des 19. Jahrhunderts ihre gesellschaftliche Sanktionierung in Bildungsanstalten, die von einem bei Nietzsche gegeißelten Neuhumanismus geprägt waren. Als „Herren über Leben und Tod" sind Ärzte im weißen Kittel selbst zu einer Art Priesterschaft geworden.

Sogar zu einer Art Goldenem Zeitalter, als das Heilen Kunst war, wird die Antike in einer aus Mosaiksteinen zusammengesetzen Anzeige für das Heilmittel Regeneresen stilisiert[3]. Sie kommentiert auf ihre Weise die Wortschöpfung Novartis und stellt dem kritischen Verhältnis der mittelalterlichen und frühneuzeitlichen Gesellschaft, die Ärzte den Vagabundierenden und Artisten zugesellte, eine positive Bedeutung des Künstlermenschen entgegen, dessen gesellschaftlicher Status bis heute nicht mit bürgerlicher Solidität assoziiert wird. Nachdem der christliche Moralkodex die Ärzteschaft für Jahrhunderte zu Außenseitern gestempelt hatte, erwarb sich diese nun das Prädikat der Seriosität und einen Ruf, den es gegen alternative Therapieformen abzugrenzen galt.

Akademisch konnotierte Antiken bieten die Möglichkeit, durch Bildungskompetenz generelle Sachkompetenz zu markieren. Darin liegt ein Teil ihrer Bedeutung in der Werbung. Sie werden zu Requisiten einer Inszenierung von Wissenschaftlichkeit. Und nicht zuletzt sind Ärzte und Apotheker selbst Adressaten zielgruppenorientierter Werbung für rezeptpflichtige Pharmazeutika. Zum „graphischen Gesicht der pharmazeutischen Werbung in Frankreich" meinte ein Werbefachmann in den 1950er Jahren: „Man kann ohne jede Übertreibung sagen, daß es hier einen Begriff der Elite gibt, an dem nicht gerüttelt wird und zu dem man sich offen bekennt."[4]. Mit Antiken kann ein potenziell elitäres Bewusstsein angesprochen werden. Komplex gestaltete Anspielungen dienen als Vehikel standesbewusster Distinktion, eine Funktion, die die auch in den Nachkriegsjahren stets präsenten Antiken jedoch wohl immer weniger erfüllen.

Auf einer Elementarstufe wird mit Säulen, Kapitellen und Friesen fleißig geworben. Sie stellen eine Art Grundformel für das Herausheben und Nobilitieren von Angeboten dar, die namentlich in der Werbung für Luxusprodukte verbreitet ist. So werden Medikamente neben, auf oder unter Säulen gestellt und von Friesen umrankt. Über die Bedeutung darf spekuliert werden. Die von schwerem Gebälk und alten Ruinen vermittelte Botschaft der Ewigkeit mag im Hinblick auf das Sicherheitsbedürfnis von Gesundheitskonsumenten eine Rolle spielen – so in einer Anzeige für das Schmerzmittel Spasmo-Cibalgin mit dem Parthenon auf der Akropolis im Hintergrund (Abb. 1).

Eine besondere Funktion übernehmen Antiken jedoch mit der Visualisierung von Körperlichkeit. Schon die Skepsis der Kirche gegenüber Ärzten beruhte auf moraltheologischer Leibfeindlichkeit. Rechtliche Schranken, so das auf Gesetzesebene stets verschieden formulierte Verbot suggestiver Werbung, engen die Heilmittelwerbung zusätzlich ein. Umso größer ist die Sorge um ein Image, das zur Pflege keimfreier Sterilität führt. Mit dem Zitat antiker Skulptur werden sowohl die Erotik wie das Makabre des menschlichen Körpers in eine ideale Sphäre transponiert. Die „Ideale Nacktheit in der griechischen Kunst" (Nikolaus Himmelmann), die sich von der klassischen Periode durch Kopien bis in die Renaissance und den Klassizismus erhalten konnte, garantiert die Dezenz einer entindividualisierten Darstellung. Sie stellt Anschauungsobjekte zur Disposition, um mit einer idealen und entpersonalisierten Anatomie des Menschen Krankheitsaspekte in distinguierter, ja gar stilvoller Form zu veranschaulichen.

Ein männlicher und ein weiblicher Porträtkopf erlauben bei einer von der Fachpresse als qualitativ „weit über dem Durchschnitt" taxierten Anzeige von Hoffmann-La Roche (Abb. 2) gar den Blick auf eine Schädeldecke, unter der die beiden Hirnhälften sichtbar werden. Nahtlos fügt sich die fotografische Fiktion einer skulpturalen Darstellung innerer Organe ein. Und auf den marmorbleichen Wangen der Venus von Milo lassen sich rote Äderchen, die die Crème Salvial „verblassen lassen" will, darstellen (Abb. 3). Mit dem Körperschema des Diskuswerfers von Myron wird die Druckverteilung im Körper für entsprechende Messgeräte demonstriert (Abb. 4). Auf diskrete Weise wird Kopfweh mit dem Kopf einer antiken Amazone für Zeller-Dragées illustriert [5].

Drastischer führt ein Beispiel aus dem Mittelalter jene Funktion vor, die Kunstwerke als thematischer Aufhänger in der Arzneimittelwerbung einnehmen können: Eine groteske Sakralskulptur steht für Verdauungsprobleme und daraus resultieren-

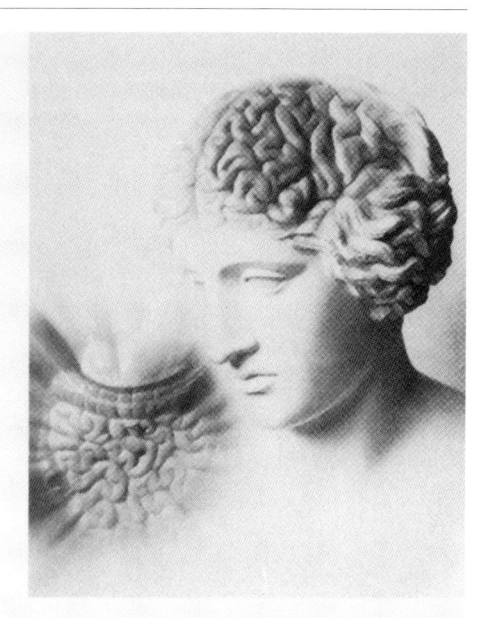

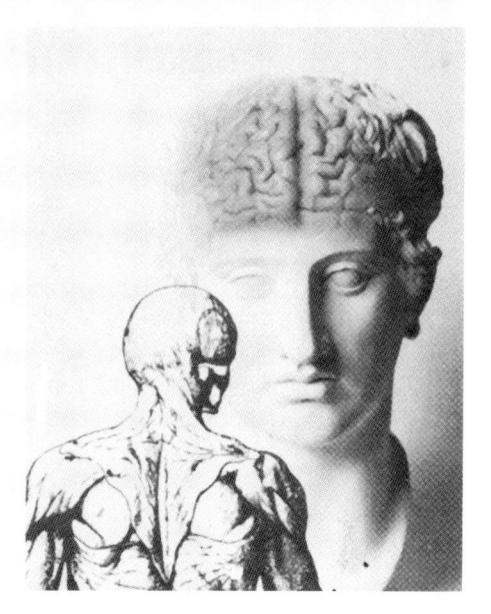

Abb. 2: Prospektwerbung der Firma Hoffmann-La Roche. (Aus: Werbung/Publicité 7/8, 1980: 29).

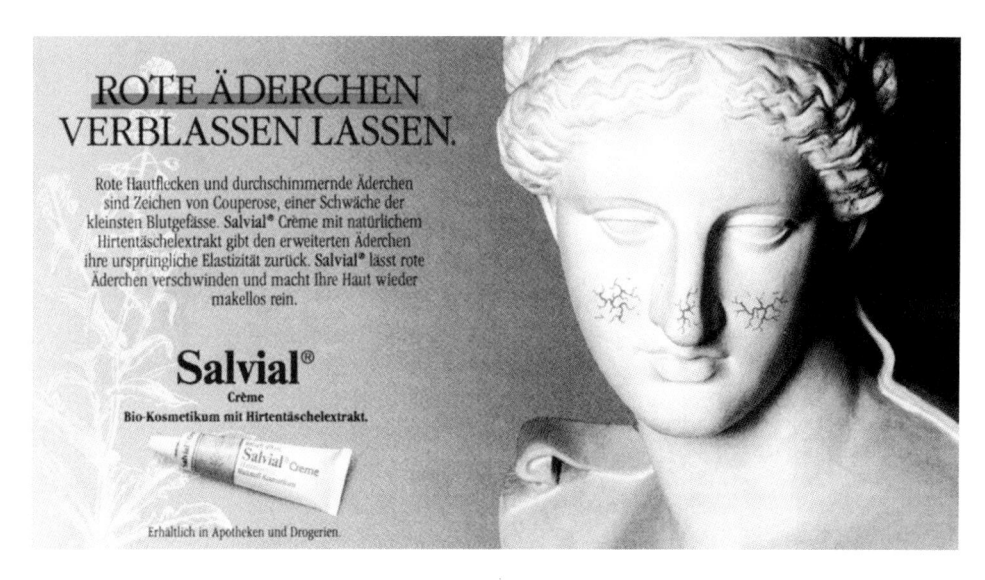

Abb. 3: Werbung für Hautcreme mit Kopf der Venus von Milo. (Aus: Orella 11, 1992: 99).

Abb. 4: Werbung für Druckverteilungsmessgeräte mit Diskuswerfer des Myron. (Aus: Zeitschrift für Orthopädie und ihre Grenzgebiete 4, 1997: Titel-Rückseite, Abb.).

den Brechreiz in einer Anzeige für das Medikament Vergentan[6]. Und die Amor-Statue des Brüsseler Manneken-Pis aus der Renaissance hebt die Bekämpfung von Harnwegsinfektionen für das Produkt Quinodis in eine dezente, ja gar humoristische Sphäre[7]. Die Pharmawerbung vermeidet aber tendenziell den gröberen Scherz, da es doch um eine so ernste Sache wie die eigene Gesundheit geht.

Die Reize nackter Haut werden zur Bildungslektion, Erotik durch das Weiß des Marmors abgekühlt. Deutlich wird das an einem schon in Basel gezeigten Beispiel, bei dem ein kopfloser Torso Probleme mit dem Klimakterium vorführt[8]. Auch der Blick auf den Unterleib einer klassizistischen Skulptur in der Werbung für das Mittel Bactroban[9] erweist sich als wenig erotisch. Die Statuen der Antike werden zu anonymisierten Models kommerzieller Kommunikation. Als Syntagma einer Metasprache ist das Bildpersonal aus der Kunst unverdächtig und deshalb geeignet für eine Werbung, die partout nicht aufreizend sein will. Sie beruft sich stattdessen auf ein diffuses Konzept des Allgemeinmenschlichen und seit jeher Gültigen, das in der Rohform von Statuen und Mythen idealtypisch repräsentiert ist. Die Bedeutung des Sports im alten Griechenland, die in einer breiten Rezeption von der Wiederaufnahme der olympischen Idee bis zur Werbung für Fitnesscenter gespiegelt wird, trägt das Ihre dazu bei, im nackten und jungen Menschen, dem Gymnasiasten, das Urbild von Gesundheit und Vitalität zu erkennen.

Neben einer quasi anonymen Masse von skulpturalen Menschendarstellungen spielen auch Prominenzen aus der Antike eine Rolle. Populäre Werke wie die Laokoon-Gruppe oder der Diskuswerfer des Myron sind auch in der Pharmazeutikawerbung anzutreffen. Ein ebenfalls beliebtes Sujet wurde Leonardos Skizze vom Menschen im Goldenen Schnitt.

Zur wohl populärsten Skulptur wurde jedoch das Werk eines anderen Renaissancemeisters. Nicht der vom Bildungsbürgertum gefeierte Apoll vom Belvedere, sondern Michelangelos David nimmt heute die Position des bekanntesten Männerstandbildes in antiker Tradition und der wohl bekanntesten Skulptur überhaupt ein. In der Werbung für medizinische Produkte ist er zum Teil in sonderbaren Varianten präsent. So ist er in der Werbung für das Aktivierungsmittel Puamin[10] Symbol für die Leistung des Mannes, andernorts verspricht sein Bild die Lösung von Potenzproblemen[11], und schließlich illustriert er – als denkbar extremster Kontrast – Prostataleiden für die Marke Prostaflor. Ausgerechnet bei jenem Werk Michelangelos, dessen Gemächt aufgrund kirchlicher Bedenken gegen die solchermaßen in Szene gesetzte Nuditas nachträglich mit einem Ahornblatt verhüllt worden war, dient heute einer Werbung mit dezentem Blick unter die Gürtellinie.

Zusammenfassend lässt sich sagen, dass Antiken nicht nur in ihrer geläufigen Bedeutung als Metapher für das Althergebrachte und damit Verlässliche, Solide und Beständige, schlicht für das Klassische instrumentalisiert werden, sondern dass vor allem die skulpturale Repräsentation des Menschen besondere Bedeutung erlangt: Als prototypische Physis zur Illustration medizinischer Thematik. Besonders attraktiv erwies sich hierbei die Nacktheit, die erlaubt, anatomische Verweise mit Kultiviertheit zu verbinden und damit eine zur Diskretion verpflichtete Werbung zu gestalten. Pharmawerbung gibt somit eine weitere, zuerst überraschende, aber durchaus geläufige Deutung von Kunst: Als Garten Eden der Freikörperkultur. Nicht das Neue der Kunst, sondern das Nackte der Kunst dominiert: „Nudartis" statt „Novartis".

Anmerkungen / Literatur:

[1] Anonym: Pharmazeutische Werbegraphik (1953): Graphis 47: 208–213; 247.
[2] Kähne, Heinz (1984): Das Kunstwerk in der Werbung. Zeitschrift für Kunstpädagogik 3: 48–51.
[3] Erfahrungsheilkunde 4, 1997: 244. Heidelberg/Ulm.
[4] Sailer, Anton (1962): Das graphische Gesicht der Werbung in Frankreich. Graphik 1: 11–18.
[5] Der schweizerische Beobachter 19, 1983: 121. Zürich.
[6] Onkologie 1, 1997: 5. Freiburg im Breisgau.
[7] Schweizerische medizinische Wochenschrift 41, 1995: 526. Basel.
[8] Kunstgewerbeschule Basel (Hrsg.) (1975): Das triviale Nachleben der Antike. Katalog zur Ausstellung „Werben mit Antike" (Urs Berger, André Bless u. a.): 27 Abb. mitten, rechts. Basel.
[9] Schweizerische medizinische Wochenschrift 47, 1995: Zwischen 2260 und 2261. Basel.
[10] Geese, Uwe & Kimpel, Harald (Hrsg.) (1982): Kunst im Rahmen der Werbung. Begleitbuch einer Ausstellung in Kassel: 11. Marburg.
[11] *Neue Zürcher Zeitung* 25.4.1995: 49.

Zeitschriften:
Graphik (Werbung und Formgebung) 1948/49–1982. München.
Graphis 1944 ff. Zürich.
Zeitschrift für Kunstpädagogik 1972–1984. Kastellaun.

Die Antike in der Brieftasche: Archäologische Motive auf Geldscheinen

Heinz-Joachim Schulzki

Zusammenfassung

Europas geldgeschichtliche Wurzeln liegen in der griechisch-römischen Antike. Eine Sammlung von Banknoten der Länder rund um das Mittelmeer ermöglicht eine Reise zu den Denkmälern und Kunstwerken der antiken Welt vom bequemen Sessel im Wohnzimmer. Von Südeuropa über den Nahen Osten bis nach Nordafrika bilden die einzelnen Staaten ihre bedeutendsten Bauten auf Geldscheinen der letzten 50 Jahre bis in die unmittelbare Gegenwart ab. Monumentale Überreste des klassischen Griechenlands und des römischen Weltreichs können ebenso wie Skulpturen, Reliefs, Mosaiken und Münzen auf Scheinen des täglichen Gebrauchs besichtigt werden.

Das vereinte Europa besinnt sich im Zusammenhang mit der Einführung der Europäischen Währungsunion auf seine historischen Wurzeln. Architektonische Motive aus kunstgeschichtlichen Epochen der vergangenen 2000 Jahre zieren die Euro-Banknoten, wobei der griechisch-römischen Antike auf dem 5-Euro-Schein Tribut gezollt wird (Abb. 1). Ein stilisierter Torbogen mit ionischen Säulen auf der Vorderseite und der Pont du Gard bei Nîmes auf der Rückseite verweisen nach Ansicht ihrer Schöpfer „auf die historischen Wurzeln Europas" und sind „zugleich ein aktuelles Symbol für den Geist der Offenheit, der die Zusammenarbeit in der heutigen Europäischen Union prägen soll"[1]. Damit wird – bewusst oder unbewusst – auf eine Bildersprache zurückgegriffen, die eine lange Tradition besitzt.

Die Münze ist seit dem Altertum aufgrund ihrer hohen Auflagenzahl und massenhaften Verbreitung das klassische Medium zur Verbreitung von Nachrichten und Propaganda, Ideen und Maximen, Ideologien und Weltanschauungen. Besonders die Prägungen der römischen Kaiserzeit zeigen in der Vielfalt ihrer Darstellungen das reiche Spektrum von Möglichkeiten, das dem jeweiligen Herrscher zur Verbreitung seiner politischen und dynastischen Gedanken zur Verfügung stand, wobei die Bildersprache in der Regel einem über Jahrhunderte mehr oder minder unveränderten Kanon bestimmter Motive folgt.

Die auf den Münzen der römischen Kaiser zur Perfektion gebrachte Komprimierung und Verdichtung von Informationen auf kleinstem Raum ist einer der entscheidenden Gründe für das Fortleben der antiken Ikonographie auf Münzen und Medaillen der Neuzeit. Während sich die Ikonographie der Herrscherporträts in beinahe ungebrochener Kontinuität bereits im frühen und hohen Mittelalter der antiken Formen bedient, stehen auch zahlreiche Darstellungen der Münzrückseiten seit dem späten 15. Jahrhundert in der Tradition der griechisch-römischen Antike.

Auch eine der frühesten Formen der Papierwährung, die im Gefolge der Revolution von 1789 in Frankreich ausgegebenen Geldscheine – so genannte Assignaten –, bedienen sich in ihren bildlichen Darstellungen der antiken Ikonographie. Ganz im Sinne der neu erlangten bürgerlichen Rechte erscheinen diejenigen Darstellungen, die bereits in der Antike mit freiheitlichen Bestrebungen in Verbindung gebracht wurden: Aequitas mit Waage, die Personifikation der gerechten Ver-

Abb. 1: 5 Euro (Muster aus Prospekt Volksbank 1997). Rückseite, mit römischem Aquädukt Pont du Gard bei Nîmes, Frankreich. (Foto: REM Mannheim, Jean Christen).

Abb. 2: 1000 Drachmen, Griechenland 1987. Oben: Vorderseite mit dem Kopf des Apollon vom Westgiebel des Zeustempels in Olympia, um 460 v. Chr., und mit einer Tetradrachme mit Zeuskopf und Adler von Olympia (5. Jahrhundert v. Chr.). – Unten: Rückseite mit den Ruinen des Heratempels von Olympia und mit dem Diskuswerfer (so genannter Diskobol Lancelotti in Rom), einer antiken Marmorkopie nach dem griechischen Bronzeoriginal des Myron um 450 v. Chr. (Slg. Inken Jensen. Foto: REM Mannheim, Jean Christen).

teilung (5, 50, 200 Livres 1792), Fortuna, das personifizierte Glück, mit Steuerruder und Kranz (50 Livres 1792) oder mit Füllhorn (2000 Francs 1795) sowie Libertas, die Personifikation der Freiheit des Einzelnen mit der Jakobinermütze, dem antiken „pileus", der bereits die Gold- und Silbermünzen des Caesarmörders Brutus zierte.

Die Geldscheine des 19. Jahrhunderts sind vergleichsweise selten mit Bildmotiven versehen, die der griechisch-römischen Antike entnommen wurden. Von eher symbolischem Charakter und ohne benennbares konkretes Vorbild sind die Darstellungen der um die Jahrhundertmitte von der Österreichischen Nationalbank ausgegebenen Noten, die eine Minervabüste mit korinthischem Helm (5, 10, 100, 1000 Gulden 1847; 2, 10 Gulden 1848) sowie einen romantisch personifizierten Flussgott Danubius mit Lorbeerkranz, Rauschebart und Ruder (100 Gulden 1858) zeigen. Gleiches gilt für eine Serie von Scheinen, auf denen ein dem Jugendstil entsprungener Merkur mit Flügelhut und Heroldsstab zu finden ist (10 Schilling 1927).

Das gehäufte Auftreten antiker Motive auf Papiergeld ist erst ein Phänomen des 20. Jahrhunderts. Abgesehen von antiken Personen und Personifikationen mit symbolischer Prägnanz bilden vornehmlich die Länder rund um das Mittelmeer auf ihren Banknoten die antiken Bauten und Kunstwerke ihres Territoriums ab.

Während sich in Portugal und Spanien keine antiken Motive auf Banknoten finden, dominieren in Frankreich die Personen und Personifikationen der antiken Mythologie. Neben die als Symbole für prosperierenden Handel und prosperierende Wirtschaft beanspruchten Gottheiten Merkur mit Flügelhelm und Heroldsstab (50 Francs 1930–1937), Ceres mit Ährenkranz (50 Francs 1934–1937) und Fortuna mit Ruder und Füllhorn (100 Francs 1923–1939) treten während des Zweiten Weltkriegs ideologisch bewusst gewählte Figuren wie Pax mit Kranz und Ölzweig (100 Francs 1939–1941; 500 Francs 1940–1945) und die von römischen Siegesprägungen bekannte Victoria, die auf einen Schild schreibt (100 Francs 1942–1944).

In Italien gehören Personifikationen von Italia (50 Lire 1915–1920, 1944, 1951; 100 Lire 1944, 1951; 500 Lire 1947–1961) und Roma (100 Lire 1931–1942) sowie die Kapitolinische Wölfin mit den Zwillingen Romulus und Remus (50 Lire 1942–1944; 100 Lire 1931–1942) zu den gängigen Motiven, daneben findet sich ein der Münzprägung der sizilischen Stadt Syrakus im 5.–3. Jahrhundert v. Chr. entlehnter Arethusakopf (500 Lire 1966–1970), während die monumentalen Überreste des antiken Roms auf Banknoten nicht verewigt wurden. Lediglich Sonderserien aus der Zeit des Zweiten Weltkriegs zeigen auf einer Reihe von Banknoten für das besetzte Ägypten (Cassa Mediterranea di Credito per l'Egitto) den Augustus von Primaporta (50 Piaster, 1, 5, 10 Lire 1942), auf Scheinen für das besetzte Griechenland (Cassa Mediterranea di Credito per la Grecia) einen der antiken Münzprägung entnommenen Alexander- (5, 10 Drachmen 1941) und Augustuskopf (5000 Drachmen 1941) sowie den Apollon vom Belvedere (1000 Drachmen 1941).

Während im Bereich Jugoslawiens und seiner Nachfolgestaaten sowie in den Ländern des Balkans antike Motive nicht nachzuweisen sind, werden in Griechenland gehäuft Bau- und Kunstwerke der klassischen Zeit abgebildet. Das Spektrum umfasst sämtliche bedeutenden archäologischen Stätten: Die Akropolis in Athen (100 Drachmen 1922) mit Parthenon (100 Drachmen 1917–1918; 1000 Drachmen 1926; 20 Drachmen 1940) und Niketempel (25 Drachmen 1923), den Zeustempel von Kap Sunion (1 Mio. Drachmen 1944), den Aphaiatempel auf Ägina (10 0000 Drachmen 1944), den Zeustempel (25 000 Drachmen 1943) sowie den Heratempel (1000 Drachmen 1987) (Abb. 2, unten) von Olympia, den Apollontempel von Bassai (1000 Drachmen 1921–1922) und das Schatzhaus der Athener in Delphi (10 000 Drachmen 1942).

Von den Kunstwerken des antiken Griechenlands finden sich auf Geldscheinen gleichfalls die bedeutendsten Werke wie der Parthenonfries (50 Drachmen 1921–1922; 200 Mio., 500 Mio. Drachmen 1944; 2 Mrd. Drachmen 1944), das Mysterienrelief von Eleusis (100 Drachmen 1923; 500 Drachmen 1968), der Wagenlenker von Delphi (10 000 Drachmen 1947), der Gott aus dem Meer von Kap Sunion (1000 Drachmen 1970), der Apollon vom Zeustempel in Olympia (1000 Drachmen 1987) (Abb. 2, oben) oder der Diskuswerfer des Myron (1000 Drachmen 1987) (Abb. 2, unten), aber auch außerhalb von Griechenland gefundene oder befindliche Kunstwerke wie das aus Pompeji stammende Alexandermosaik (100 Drachmen 1956), der Kolossalkopf Kaiser Konstantins in Rom (100 Drachmen 1950–1952) oder die im Pariser Louvre aufgestellte Nike von Samothrake (1000 Drachmen 1942; 5000 Drachmen 1942; 50 Drachmen 1944), welche im Übrigen auch auf französischem Münzgeld (500 Francs 1993) als Symbolträger in Erscheinung tritt.

Des Weiteren existiert eine Reihe antikisierender Köpfe und Büsten, die nach Vorbildern der klassischen oder hellenistischen Zeit gestaltet wurden: Athena (500 Drachmen 1901, 1914–1918; 100 Drachmen 1905–1917; 5000 Drachmen 1942; 100 Drachmen 1978), Poseidon (50 Drachmen 1978), Perikles (50 Drachmen 1955), Sokrates (500 Drachmen 1955), Themistokles (100 Drachmen 1954–1955). Auf Geldscheinen von Zypern tauchen eine Ansicht des Amphitheaters von Salamis (5 Pfund 1979) sowie der Kopf eines archaischen Kouros (10 Pfund 1979) auf.

In den Staaten des Nahen und Mittleren Ostens finden sich auf Geldscheinen neben Bauten und Reliefs der alten Hochkulturen vorzugsweise die archäologischen Überreste aus der Zeit des römischen Weltreichs. Aus dem Iran stammt eine Abbildung des Grabmals des persischen Großkönigs Kyros in Persepolis (50 Rials 1974–1979), Banknoten aus Jordanien zeigen die nabatäische Fassadenarchitektur in Petra (5 Dinar 1959, 1975–1982, 1992) sowie das römische Forum (1/2, 1, 5 Dinar 1959) und das Amphitheater (10 Dinar 1975–1982) von Jerash. Aus dem Libanon kommen die gleichfalls aus römischer Zeit stammenden Tempelanlagen (1 Pfund 1952–1980; 10 Pfund 1956–1985) und das Forum (10 Pfund 1964–1986; 250 Pfund 1978–1988) von Baalbek und aus Syrien die große Kolonnade von Palmyra (100 Pfund 1977–1982).

Ägypten zeigt bereits seit dem Beginn der Papiergeldwährung im späten 19. Jahrhundert die Denkmäler seiner alten Hochkultur. Unter den Monumentalbauten finden sich die große Sphinx von Gizeh (50 Piaster 1899, 1914–1920; 25 Piaster 1967–1975, 1976–1978; 100 Pfund 1994) (Abb. 3, rechts unten), die Pyramiden von Gizeh (5 Pfund 1899) sowie die Tempelanlagen von Abu Simbel (1 Pfund 1969–1987) (Abb. 3, rechts oben) und Philae (10, 50, 100 Pfund 1899). Von den Statuen und Kunstwerken Altägyptens werden die Goldmaske aus dem Grab des Tutanchamun (25, 50 Piaster 1952–1957; 1, 5, 10, 20, 100 Pfund ab 1952) (Abb. 3, links), eine Statue Ramses II. aus Theben (50 Piaster 1981–1983, 1985) sowie Wandfresken aus dem Tal der Könige (20 Pfund 1976–1978) abgebildet.

In den Staaten Nordafrikas dominieren wie im Nahen Osten die Abbildungen von Bauten aus der Zeit des römischen Weltreichs. Aus Tunesien stammen Banknoten mit dem Kapitol (1000 Francs 1950–1957; 1/2 Dinar 1962; 5 Dinar 1965) von Dougga sowie dem Amphitheater (5 Dinar 1972) und verschiedenen Bodenmosaiken (100 Francs 1946–1948; 500 Francs 1950–1954; 1000 Francs 1950–1957; 1 Dinar 1965) aus El-Djem, die sich heute im Bardo-Museum in Tunis befinden. In Algerien werden das Amphitheater von Tipasa (50 Francs 1938–1945), eine Apollonstatue aus Timgad (5000 Francs 1946–1955) sowie Bodenmosaiken aus Bône (5 Francs 1956–1959) auf den Geldscheinen gezeigt.

Während im Gebrauch bestimmter antiker Personen und Personifikationen – etwa im Fall der französischen Banknoten – eine konkrete Botschaft hinter der Auswahl bestimmter Bildthemen festzustellen ist, kann bei der Verwendung bildlicher Darstellungen von Kunst- und Bauwerken generell kein ideologischer Hintergrund beobachtet werden. Auch ein Zu-

Abb. 3: Links: 100 Pfund, Ägypten 1978/1992. Mit Goldmaske des Tutanchamun, 1345–1335 v. Chr. – Rechts oben: 1 Pfund, Ägypten 1969–1987. Mit Tempel von Abu Simbel aus der Zeit Ramses II., 1290–1224 v. Chr., Fassade mit vier Kolossalstatuen des Königs. – Rechts unten: 100 Pfund, Ägypten 1994. Mit Sphinx von Gizeh, erbaut um 2500 v. Chr. (Slg. Inken Jensen. Foto: REM Mannheim, Jean Christen).

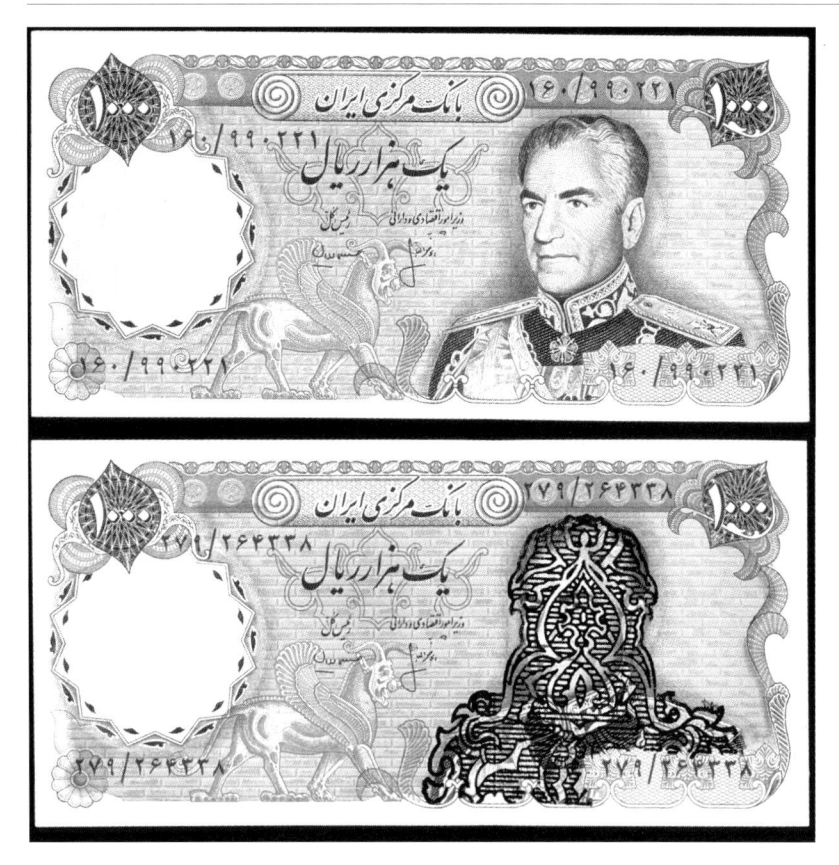

Abb. 4: 1000 Rials, Iran. Oben: Bild des Schahs von Persien, 1974–1978. – Unten: Nach dem Sturz des Schahs Tilgung seines Bildes bei sonst unverändert umlaufenden Geldscheinen, 1979–1981. (Foto: Deutsche Bundesbank, Geldgeschichtliche Sammlungen im Geldmuseum, Frankfurt am Main).

sammenhang mit der jeweiligen Staats- und Herrschaftsform ist nicht zu erkennen, da die Motive in Zeiten von Monarchien ebenso Verwendung finden wie unter demokratischen Regierungen. Freilich ist generell bei Motiven von Banknoten der 1980er und 1990er Jahre eine verstärkte Abkehr von den Relikten der Vergangenheit hin zu eigenstaatlicher Individualität und der Dokumentation moderner Strukturen und technischen Fortschritts zu beobachten. Auch ist unter dem wachsenden Einfluss des Islams in einzelnen Staaten des Nahen Ostens ein Verschwinden der Bilder antiker Bauten und Kunstwerke auf den Banknoten festzustellen. Als Kuriosum sei in diesem Zusammenhang erwähnt, dass die nach dem Sturz des Schahs von Persien im Iran erfolgte Tilgung seines Bildes auf den in den Jahren 1979–1981 sonst unverändert umlaufenden Geldscheinen (20–5000 Rials, seit 1974) (Abb. 4, oben) nichts anderes darstellt als die aus der römischen Kaiserzeit bereits bekannte „damnatio memoriae"

(Auslöschen aus der Erinnerung) (Abb. 4, unten).

Eine weitere Besonderheit mit möglicherweise ideologischem Hintergrund ist die Abbildung von antiken Münzen auf Banknoten. Hauptsächlich in den Jahren der deutsch-italienischen Besetzung Griechenlands während des Zweiten Weltkrieges wurden Serien von Inflationsscheinen mit Darstellungen von Silbermünzen aus Magna Graecia und dem griechischen Mutterland versehen. Man mag dies als einen Versuch sehen, das in Zeiten von Inflationen geschwundene Vertrauen in die Stabilität der eigenen Währung mit den Abbildungen dieser mehr als 2000 Jahre alten Meisterwerke aus der griechischen Münzkunst wieder zu wecken. Dabei wurden im Einzelnen abgebildet: Didrachme aus Metapont (5 Drachmen 1923), Tetradrachme aus Leontinoi (2 Drachmen 1941), Tetradrachme aus Naxos in Sizilien (20 Drachmen 1944), Dekadrachme aus Syrakus (5 Mio., 10 Mio., 10 Mrd. Drachmen 1944), Tetradrachme Hierons II. von Syrakus (1000 Drachmen 1950–1953), 16 Litren Philistis von Syrakus (10 Drachmen 1940), Tetradrachme Alexanders des Großen (5 Drachmen 1923; 1000 Drachmen 1941), Drachme aus Chalkis (1 Drachme 1941), Stater aus Epirus (25 Mio., 100 Mrd. Drachmen 1940; 50 Drachmen 1944), Tetradrachme aus Athen (50 000, 100 000 Drachmen 1944), Solidus Justinians I. (500 Drachmen 1950–1953).

Wie stark das Vertrauen von Notenbanken und Kreditinstituten in die symbolische Kraft der antiken Mythologie ist, zeigen die Kreditkarten eines großen amerikanischen Finanzunternehmens, das mit einem behelmten männlichen Kopf, der der Göttin Minerva nachempfunden ist, als Logo auf seinen Karten wirbt (Abb. 5).

Bezahlen Sie mit Ihrem guten Namen.

Abb. 5: Werbeabbildung einer Kreditkarte der American Express International, Inc., 1997, mit Darstellung eines männlichen behelmten Kopfes, der der Göttin Minerva nachempfunden ist. (Slg. Inken Jensen. Foto: REM Mannheim, Jean Christen).

Anmerkungen / Literatur:

[1] Aktionsgemeinschaft Euro der Bundesregierung, der Europäischen Kommission und des Europäischen Parlaments (Hrsg.) (1997): Ratgeber Euro: 11. Köln.

Weitere Literatur

Pick, Albert (6. Aufl. 1990): Standard Catalog of World Paper Money. Iola.

Politik und Archäologie auf europäischen Briefmarken im späten 20. Jahrhundert

Reinhard Stupperich

Zusammenfassung

Die Betrachtung der Ikonographie archäologischer Motive auf europäischen Briefmarken im letzten Viertel des 20. Jahrhunderts konzentriert sich auf die spezielle Situation, in der sie jeweils im Kontext der Politik des ausgebenden Landes auftauchen. Es ist zu hoffen, dass diese Motive in zahlreichen Fällen ausgewählt wurden, um den Einsatz der Bürger für die Bewahrung der historischen Monumente und archäologischen Stätten zu stärken. In einigen Ländern sind archäologische Motive für Tourismus-Werbung eingesetzt worden, in anderen für politische Zwecke und Propaganda, beides etwa in Italien. In Griechenland ist die Archäologie als zuverlässige Komponente im offiziellen Selbstverständnis des Landes nahezu durchgehend in den Briefmarken präsent. In diesen beiden Ländern konnten archäologische Motive für fast jeden Anlass genutzt werden. Manche Länder wie etwa Spanien legten den Akzent auf eine andere, jüngere Phase ihrer Geschichte. Andere Länder versuchen, ihre kulturelle Identität mit dem Hinweis auf archäologische Funde zu beweisen, insbesondere kleinere Länder, die sich unter irgendeinem Druck größerer Nachbarn empfinden, etwa Malta, Zypern oder einige Inseln bei England. Bei Rumänien mag der Fall ähnlich gelegen haben. Hinter dem „Eisernen Vorhang" gab es einerseits auch eine Art von Wettstreit zwischen kommunistischen Bruderländern, andererseits aber auch zwischen Ost und West, z. B. zwischen der DDR und der Bundesrepublik Deutschland. Die Nutzung der Archäologie auf Briefmarken als politisches Mittel ist unbestritten, wenn auch die Wege unterschiedlich waren. Trotz dieser Unterschiede gab es zeitliche Entsprechungen mit einem Höhepunkt in den 1970er und 1980er Jahren.

Für Briefmarken interessieren sich viele Sammler, Archäologie fasziniert ebenfalls ein großes Publikum. Aber Archäologie auf Briefmarken – das scheint nicht gerade ein Thema zu sein, mit dem man bei vielen Leuten großes Interesse wecken könnte; und mit Politik scheint es ohnehin nicht viel zu tun zu haben, zumal Archäologie ein Fach ist, das selbst bei manchen im Geruch der „Briefmarkenkunde" steht. Trotzdem ist das Thema „Archäologie auf Briefmarken" in jüngerer Zeit sogar mehrfach in kleinen Ausstellungen gewürdigt worden. Tatsächlich ist in den letzten Jahrzehnten in den verschiedensten Ländern eine erstaunlich große Anzahl von Briefmarken mit archäologischen Motiven erschienen. Ein solcher „Boom" muss Gründe haben, und es liegt nahe, danach zu suchen. Diese Suche sollte von zwei Seiten ansetzen, von den dargestellten Motiven aus und von den einzelnen Ländern. Manche Motive wie der Diskobol des Myron (Abb. 1) haben offensichtlich seit langem weltweit Symbolwert, der sich vor allem für Marken anlässlich der Olympischen Spiele eignet (einen „Boom" er-

Abb. 1: Der Diskobol (antike Kopie nach einem Bronzeoriginal des Myron, um 460 v. Chr.) und Abwandlung auf Briefmarken anlässlich von Olympischen Spielen und anderen sportlichen Ereignissen. Oben, von links: Rumänien (1953), Italien (1960), Ungarn (1960), Monaco (1948), USA (1962). – Mitte, von links: Belgien (1920), San Marino (1959), DDR (1971), Rumänien (1974). – Unten, von links: Spanien (1984), Slowenien (1996), Litauen (1996), Griechenland (1996). (Unten: Slg. Inken Jensen. Foto: REM Mannheim, Jean Christen).

Abb. 2. Oben, von links, auf Briefmarken: Vordersteven eines Wikingerschiffes, Zeichnung von Anna Styrbæk, 11 Jahre, Malwettbewerb für Kinder, Dänemark (1993); 500. Jahrestag der Entdeckung von Amerika, Segelschiff von Leif Eriksson, isländischer Seefahrer, um 975 – um 1020 n. Chr., Färöer-Inseln (1992); Vorderteil eines Wikingerschiffes, Großbritannien – Isle of Man (1986); 1000. Jahrestag der Besiedlung Grönlands durch die Europäer: Entdeckung Grönlands durch Erik den Roten, Segelschiff Eriks des Roten (950–1007 n. Chr.) vor Grönland, Grönland (1982); Entdeckung Nordamerikas, 1000 n. Chr., Leif Eriksson, Segelschiff, Island (1982). – Unten: Markenheft, Mittelteil aus vier Briefmarken mit Schiffen im Hafen einer Wikingerstadt, links und rechts je zwei Briefmarken mit wikingerzeitlichen Motiven, Schweden (1990). (Slg. Inken Jensen. Foto: REM Mannheim, Jean Christen).

lebte dieses Motiv anlässlich des Jubiläumsjahres 1996 „100 Jahre Olympische Spiele der Neuzeit – Olympische Sommerspiele, Atlanta"), aber der Zeichencharakter lässt sich auch für andere Zwecke nutzbar machen.

So ist nach der Bedeutung und Rolle der Archäologie in der Öffentlichkeit, nach den Möglichkeiten und Chancen ihrer Verwertbarkeit zu fragen. Steht ein öffentliches Interesse hinter der Motivwahl? Äußert sich hier eine offizielle „Fürsorge" für Denkmalpflege und Archäologie, eine Werbung um Unterstützung ihrer Ziele durch die Bürger? Inwieweit gibt es gar eine konkrete Bedeutung der Archäologie in der modernen politischen Umwelt? Ist sie eventuell sogar für die Politik instrumentalisierbar? Solche Fragen sind einfacher zu beantworten, wenn man jeweils im einzelnen Land nach dem konkreten Anlass für die jeweiligen Markeneditionen fragt.

Als kombinierte Wort-Bild-Medien übermitteln Briefmarken dem Betrachter ähnlich wie Münzen – verdeckt oder offen – politische Absichten, deutliche öffentliche Aussagen oder werben für bestimmte Dinge, vergleichbar der Numismatik, die durch methodisches Vorgehen Ergebnisse erzielt, die weit über das Münzsortieren des Sammlers hinausgehen und politische Interpretationen erlauben. So ist es sicherlich auch durchaus für die Zeitgeschichte lohnend, die Briefmarken näher unter die Lupe zu nehmen, und das gerade bei den steigenden Markenzahlen der letzten Jahrzehnte, in denen die Marken immer zahlreicher, bunter und vielfältiger im künstlerischen Anspruch, in Motivik und Aussagen geworden sind.

Gerade einen begrenzten, aber öffentlich relevanten Themenbereich wie die Archäologie zu betrachten, ist dabei sinnvoll, zumal er im Bewusstsein der „Markenmacher" vermutlich nicht unbedingt als ein geschlossener Bereich vorgegeben ist. Um die Sache nicht zu weit ausufern zu lassen, beschränke ich mich hier auf Briefmarken europäischer Länder.

Die Attraktivität der Archäologie wird einerseits – ähnlich wie die anderer kunsthistorischer Monumente oder von Naturschönheiten – zur Werbung für Tourismus im Lande genutzt, andererseits aber auch zu politischen Aussagen. Vor allem diese Aspekte bestimmen eindeutig auch die Auswahl der Motive aus dem Gesamtspektrum der archäologischen Wissenschaft. Dabei lassen sich aus der Auswahl und dem Schwerpunkt der Motive auch auf die Gründe und Tendenzen zur Motivauswahl Rückschlüsse ziehen.

Nord- und Mitteleuropa

Beginnen wir den Rundgang im Norden Europas. Es erstaunt, dass die archäologischen Motive in Skandinavien und Großbritannien, wo man maßgeblich zur Entwicklung der Archäologie beigetragen und sie traditionell gefördert hat, nur gelegentlich auf Marken vertreten sind. Man knüpft an die eigene Frühgeschichte an (Abb. 2), allerdings in den verschiedenen Zeiten und Ländern sehr unterschiedlich.

Voran stehen in Skandinavien Wikingermotive, vor allem die optisch eingängigen Wikingerschiffe, die sogar andernorts gern als Markenmotive aufgegriffen werden, so 1974 in der Sowjetunion, 1974, 1979, 1986 auf der Isle of Man, 1982 in Monaco und selbst in Übersee bei Großproduzenten von Briefmarken wie Äquatorialguinea. Im klassischen Wikingerland Norwegen erschien eine Wikingerflotte auf Marken bezeichnenderweise nur 1943, und zwar unter der Quisling-Regierung zur Zeit der deutschen Besetzung, und eine Serie archäologischer Wikingermotive gab es danach nur noch 1972 zur 1100-Jahrfeier der Gründung des norwegischen Königreiches. Da die Wikingerzeit bruchlos ins christliche Mittelalter übergeht, zog man Motive aus der Zeit der Christianisierung im Hochmittelalter vor. Als erstes Land hatte Island, das von norwegischen Wikingern besiedelt worden war, 1930 und wieder 1982 zu historischen Gedenkjahren Marken mit Wikingerschiffen herausgegeben – eine berechtigte Erinnerung an die Ursprünge des Landes. Eine größere Rolle für das Selbstverständnis spielt die Archäologie in Dänemark und Schweden; Wikingermotive finden sich dort immer wieder auf Briefmarken (Dänemark: 1953, 1970, 1976, 1993; Schweden: 1973, 1990, 1994). Zur Erinnerung an die Wikingerfahrten nach Grönland und Amerika erscheinen sie 1982 auch im dänisch verwalteten Grönland und 1992 auf den dänischen Färöer-Inseln (Abb. 2). Daneben bezeugen in den 1970er und wieder in den 1990er Jahren Marken mit Motiven von der Steinzeit bis ins Frühmittelalter das grundlegende Interesse an der Archäologie in beiden Ländern.

Trotz der intensiven Pflege der Archäologie brachte Großbritannien, abgesehen von einer Serie im Jahre 1966 zum Teppich von Bayeux zur Erinnerung an die Schlacht von Hastings im Jahre 1066 (Sieg Wilhelms des Eroberers, Herzog der Normandie, über den angelsächsischen König Harald II.), nur 1993 Marken mit Funden aus dem römischen Britannien heraus. Ganz anders sieht es auf einigen der kleineren britischen Inseln aus. So gaben die Kanalinseln Jersey und Guernsey nicht nur 1987 zum Tode Wilhelms des Eroberers ebenfalls Motive des Teppichs von Bayeux, sondern zuvor schon mehrere Serien mit archäologischen Funden heraus; die Isle of Man edierte vor allem in den 1970er und 1980er Jahren Motive aus der Bronzezeit und besonders von Kelten und Wikingern. Bei diesen Marken ist die Bezugnahme auf die eigene Geschichte ganz deutlich. Offenbar will man eigenständige Tradition und Identität der Inseln gegenüber dem „Mutterland" herausstellen; das schließt nicht aus, dass man zugleich damit auch ihre Attraktivität vorführen und für den Tourismus werben will.

Noch deutlicher zeigen aber die Marken Irlands in den letzten drei Jahrzehnten die Tendenz zur Wiederfindung in den frühchristlichen und keltischen Ursprüngen des Landes. Das beginnt 1968 mit einer ganzen Freimarken-Serie mit Motiven aus der frühen irischen Kunst des 7. und 8. Jahrhunderts n. Chr., gefolgt 1990 von einer Zweiten, die den Bogen noch weiter von der Bronzezeit bis ins Hochmittelalter spannt, dazu von einigen Einzelmarken. Hierin ist ein deutliches Programm zur Herausstellung der historischen Identität der Insel in Abgrenzung von der britischen Domination zu sehen. Die Herausgabe von Sondermarken zielt weniger darauf ab, Touristen auf den Reiz der altirischen Kultur aufmerksam zu machen. Sie wendet sich vielmehr an die eigene Bevölkerung, um deren Wahrnehmung der eigenen Identität zu fördern.

In Deutschland wie auch in Nachbarländern im Süden und Westen spielte die Archäologie nur eine verhältnismäßig geringe Rolle auf den Marken. Erstaunlicherweise ist dieses Medium von der nationalsozialistischen Propaganda nicht entdeckt worden, es erschien kein Motiv aus der Vor- und Frühgeschichte oder auch der germanischen Volkskunde, die damals doch aus ideologischen Gründen besonders gefördert wurden; erst 1940 tauchte das erste archäologische Motiv auf, dazu auch noch ein römisches, die Porta Nigra in Trier – aber als Stadtwahrzeichen. Nach dem Krieg gehörten archäologische Themen in der DDR bedeutend früher und häufiger zu den Briefmarkenmotiven als in der Bundesrepublik Deutschland. In der Regel waren es Stücke aus den eigenen Museen, vor allem aus den verschiedenen Abteilungen der Berliner Staatlichen Museen (so 1958, 1959, 1966, 1970, 1972, 1973, 1976, 1978, 1983, 1990), oft Funde aus den Mittelmeerländern und dem Vorderen Orient, die im Zeitalter des „wissenschaftlichen Kolonialismus" im 19. Jahrhundert erworben worden waren, dazu eigene Bodenfunde (Abb. 3, oben), unter denen die römischen Importstücke herausragten.

Die Absicht war offensichtlich – wie Beischriften gelegentlich verraten –, die Bedeutung der wissenschaftlichen For-

Abb. 3. Oben: Archäologische Funde und Fossilien auf Briefmarken der Deutschen Demokratischen Republik (1970–1976). – Unten: Archäologische Funde und Fossilien auf Briefmarken der Bundesrepublik Deutschland (1976–1984). (Foto: REM Mannheim, Jean Christen).

schung in der DDR und damit deren Stellung innerhalb des Ostblocks wie auch gegenüber der Bundesrepublik Deutschland herauszustellen. Unter den zahlreichen Porträtmarken aus der DDR kommen auch Winckelmann (1967), Virchow (1971) und Schliemann (1972, 1990) vor. In der Bundesrepublik wurden – in später Aufnahme einer Art von innerdeutschem Wettbewerb – archäologische Bodenfunde vor allem in den Wohlfahrtsserien von 1976, 1977 (Abb. 3, unten) und 1987 sowie für Berlin 1986 und 1987 vorgestellt. Hier überwiegen römische und frühmittelalterliche Edelmetallobjekte in werbewirksamer Gestaltung, darunter solche aus Westberliner Museen. Deutlicher noch ist die Konkurrenz bei Berlin, das weitere Objekte aus seinen Museen auf Sondermarken brachte, etwa das Porträt der Kleopatra (1984). Immerhin werden sogar in Standardserien die keltische Kanne von Reinheim und der Kopf der Nofretete abgebildet.

In den Nachbarländern tauchen, abgesehen von einzelnen symbolischen Figuren wie dem geflügelten Kopf des Gottes Hermes/Merkur (der schon seit 1867 für mehr als ein halbes Jahrhundert die Marken des kaiserlichen Österreich für das Postmetier passend geschmückt hatte), vor allem in den 1970er Jahren mehrfach in Wohlfahrtsserien archäologische Motive auf, etwa aus Anlass von Olympischen Spielen, so in den Benelux-Staaten wie auch in der Schweiz, dort zudem in den Serien Pro Patria 1972–1975. Es sind auch hier meist lokale Bodenfunde abgebildet. Sie sollen bei Touristen für das Land, vor allem aber bei der eigenen Bevölkerung für die Archäologie werben.

Zusammenfassend lässt sich in Nord- und Mitteleuropa eine gewisse Zurückhaltung gegenüber archäologischen Motiven feststellen. In den 1970er Jahren ist ein verstärktes Aufkommen der Thematik zu beobachten, besonders was Bodenfunde anbelangt, danach nimmt diese Tendenz wieder ab, wird aber fortgesetzt.

Romanische Mittelmeerküste
Auf Spaniens Briefmarken spielt die Archäologie, verglichen mit der Hervorhebung des kulturellen Erbes aus Mittelalter und Neuzeit, keine Rolle. In der letzten republikanischen Sondermarkenserie, die aufgrund des Sieges der Faschisten im Bürgerkrieg nicht mehr zur Ausgabe kam, tauchte 1939 eine Douglas DC 2 über dem Aquädukt von Tarragona auf – dem ersten archäologischen Motiv auf Spaniens Briefmarken. Dagegen wurde erstaunlicherweise auf den zahlreichen Sondermarken unter Franco die antike Vergangenheit des Landes in keiner Weise propagandistisch ausgewertet. Der spanische Faschismus rechnete offensichtlich auf mehr Erfolg im Lande, wenn er sich ganz auf die christliche Tradition berief. Erst als Francos Herrschaft ihrem Ende entgegenging, ließ man archäologische Objekte auf Marken zu, insgesamt aber nur wenige römische Motive. Im Jahr 1974 feierte eine umfangreiche Serie die antiken Beziehungen zwischen Rom und Spanien. Eher wurden dagegen prähistorische Monumente gewürdigt, so 1967 die altsteinzeitliche Höhlenmalerei in einer großen Serie und 1995/96 bedeutende bronzezeitliche Bauwerke. Dahinter steht offenbar eine Besinnung auf die eigenständigen Anfänge auf der iberischen Halbinsel. Dass die phönizische, griechische oder selbst die davon beeinflusste iberische Vergangenheit Spaniens überhaupt keine Rolle spielen, mag daher rühren.

Unter den Marken der britischen Kolonie Gibraltar ist aus dem Jahr 1981 als Motiv Herakles mit den beiden Säulen bemerkenswert, dem antiken Sinnbild der Meerengen, das unter Karl V. mit der Devise *plus ultra* zum Symbol spanischer Weltherrschaft wurde, nun aber immer noch deren Ablösung durch das inzwischen selbst längst zerfallene British Empire verdeutlicht. In Portugal war man noch zurückhaltender mit dem archäologischen Erbe des Landes. Zwar setzte man bereits 1935 den römischen Tempel von Evora auf eine Marke; aber erst 1974 sowie 1978 und 1988 wurde er wieder abgebildet, ansonsten gab es kaum andere archäologische Motive.

Frankreich weist die älteste Tradition und die früheste politische Instrumentalisierung, aber auch den ausgewogensten Umgang mit antiken Markenmotiven auf. Bereits seit 1849 erscheint der Kopf der Göttin Ceres immer wieder auf Frankreichs Briefmarken; programmatisch stellte Napoleon III. seit 1862 sein Porträt mit Lorbeerkranz in die Tradition der römischen Kaiser; seit der Jahrhundertwende erscheinen verschiedenste symbolische und mythische Gestalten in antikisierendem Stil, allen voran bis in die jüngsten Freimarkenserien die aus der Französischen Revolution übernommene Symbolfigur der Marianne mit der Freiheitsmütze. Eine lockere Tradition von Sondermarken mit antiken Motiven, die alle kulturellen Traditionen des Landes berücksichtigt und keine politische Akzentuierung erkennen lässt, hat sich seit 1924 bis heute fortgesetzt. Für die UNESCO erscheinen seit 1985 mehrfach auf Briefmarken schützenswerte antike Bauwerke aus aller Welt. Monaco passt sich mit nur wenigen antiken Motiven (Abb. 1, oben: das abgewandelte Diskobol-Motiv Myrons, in neuzeitlicher Umsetzung mit Turnhose) ein, von denen nur das nahe gelegene Tropaeum Alpium des Augustus (La Turbie) auf Marken von 1971 und wieder von 1995 einen Lokalbezug hat.

Italien gehört zu den Ländern mit der größten Anzahl archäologischer Motive. Im Gegensatz etwa zu Griechenland, wo das antike Erbe von Anfang an vor Augen gestellt wurde, verdrängte die antike Ikonographie erst nach dem 1. Weltkrieg im Zusammenhang mit der politischen Entwicklung andere Motive. Auf die Machtergreifung des Faschismus 1922 folgte eine immer dichtere Reihe antiker Motive auf Marken und bald in zahlreichen Serien. Hier beobachtet man deutlich die langsame Indienstnahme der antiken Motive durch die Politik, die ja durch die Namens- und Emblemwahl dieser „Bewegung" aus dem Fundus der Antike schon vorherbestimmt war. Selbst die Freimarken sind ganz programmatisch von antiken Motiven bestimmt: Römische Wölfin, Caesar, Augustus, Italia mit Mauerkrone. Wie die Archäologie als Propagandamittel Mussolinis herhalten muss, so dienen 2000-Jahrjubiläen für augusteische Dichter ebenso zur Inszenierung imperialer römischer Tradition wie insbesondere die Feiern für Augustus und den Beginn des Kaisertums 1937/38.

Diese faschistische Instrumentalisierung konnte die antiken Motive aber keinesfalls desavouieren, wie die Weiterbenutzung und Wiederaufnahme solcher Motive, vor allem der römischen Wölfin, über die Verfassungsänderungen hinweg zeigt. Die antike Motivik ist in der neuen Republik kaum funktionslos oder abgenutzt, denn seit Beginn der 1950er Jahre tritt die Archäologie auf den Marken der Nachkriegs-Republik – abgesehen von einer „Flaute" in dem Jahrzehnt 1963/73 – noch kompakter auf, selbst auf Eilmarken und Freimarken. Auffällig ist allerdings, dass prähistorische Motive so gut wie ganz fehlen. Vermutlich hielt man sie angesichts der Menge klassischer Monumente in Italien für weniger werbewirksam. Man könnte versucht sein, das mit der Attraktivität antiker Motive für den Tourismus zu erklären, der für Italien seit den 1950er Jahren eine ständig wachsende Rolle spielte.

Aber erstaunlicherweise kommen die antiken Bauten Roms und Italiens nur selten in den „touristischen" Serien vor (Abb. 4, zweite und dritte von oben). Aufgrund ihres Bekanntheitsgrades werden diese eingängigen Bildmotive vielmehr zu bestimmten konkreten Anlässen als „Aufhänger" selbst dort herangezogen, wo sie an sich kaum passen. Damit ist klar, dass die antiken Motive in erster Linie auf die italienischen Verbraucher selbst abzielen, weniger auf Ausländer. Die antiken Bauten Roms überwiegen deutlich gegenüber den antiken Bauten des übrigen Italien. Die Verwendung der Antiken als Werbeobjekte wandelt sich um 1973 mehr und mehr, sie werden auch um ihrer selbst willen gezeigt, wichtige Neufunde werden präsentiert wie 1981 die Kriegerstatuen von Riace (Abb. 4, unten).

Weiterhin werden auch 2000-Jahrjubiläen berühmter antiker Schriftsteller gefeiert. All das weist zusammen darauf hin, dass in Italien das klassische Erbe auf Dauer eine konstituierende Rolle für das nationale Selbstverständnis spielt und sich dieses ganz selbstverständlich auch in der Motivwahl der Marken spiegelt. Damit hängt sicherlich auch die Häufigkeit von neuzeitlichen Kunstwerken auf den Marken, deren Motive aus der Antike rezipiert sind, zusammen; sie sind besonders im Bereich der Plastik und Malerei auffällig oft vertreten (in den 1950er und besonders seit den 1980er Jahren).

Auf den Marken des Vatikanstaates spielt die christliche Archäologie seit 1938, schwerpunktmäßig aber erst in den 1960er und 1970er Jahren und wieder seit Ende der 1980er Jahre, eine große Rolle. Motive sind etwa frühchristliche Katakomben (1938, 1975, 1984), Basiliken (1949, 1953), Sarkophage (1962, 1977, 1993) und andere Kunstwerke (1962, 1967, 1975) in Rom. Hiermit werden bewusst Pilger wie auch Rom-Touristen angesprochen, ihr Interesse soll auf die christliche Vergangenheit gelenkt werden, mit der uralten Tradition der katholischen Kirche die Legitimation der päpstlichen Suprematie untermauert werden. Kommen einmal auswärtige frühchristliche Monumente vor, dann aus konkretem politischem Anlass wie 1964 dem Papstbesuch in Israel. Die Marken dienen also nicht nur zur Touristenwerbung mit zum Reisezweck passenden Markenmotiven, sondern auch zur Selbstdarstellung der Instanz der katholischen Kirche, des Vatikanstaates und seiner Kulturpolitik. Erst in den 1980er Jahren wurde auch heidnische antike Kunst der Vatikanischen Museen auf Briefmarken als Werbung für den Besuch der Museen gezeigt, beginnend 1983 mit drei Sechserblöcken mit dem Apoll vom Belvedere als Hauptmotiv.

Der italienische Zwergstaat San Marino brachte in seiner beachtlichen Markenfülle seit 1959, besonders aber in den 1970er und 1980er Jahren, antike Motive aus ganz Italien. Ganz anders dagegen das erst seit 1975 von Großbritannien unabhängige Malta: Es edierte erst seit den 1980er Jahren archäologische Briefmarken mit Bildern seiner bei Touristen beliebten prähistorischen Großsteinheiligtümer und Steinzeitfunde (1983, 1991, 1996) (Abb. 4, oben), wie das auch schon unter britischer Herrschaft (1926, 1938, 1956) gewesen war. Eine phönizisch-griechische Bilingue von 1994 ist eine Ausnahme, jüngere Objekte fehlen. In diesen Marken kann man im Hinblick auf die Publizität der von einer geheimnisvollen Aura umwitterten Heiligtümer eine ganz spezifisch auf Maltas Eigentümlichkeiten gemünzte

Abb. 4. Oben: Megalithischer Tempel, Ggantija, um 3000 v. Chr., Malta (1983). – Zweite Marke von oben: Via Appia bei Rom, Internationale Briefmarkenausstellung ITALIA '85 in Rom, Italien (1984). – Dritte Marke von oben: Tempel von Agrigent, frühes 5. Jahrhundert v. Chr., Italien (1982). – Unten: Bronzefiguren von Riace, um 450 v. Chr., Italien (1981). (Slg. Inken Jensen. Foto: REM Mannheim, Jean Christen).

Tourismuswerbung sehen, die sich deutlich vom italienischen Archäologiespektrum absetzen und damit zugleich Maltas Eigenständigkeit „seit Urzeiten" demonstrieren soll.

Ostblock und Osteuropa

Einer erstaunlichen Beliebtheit erfreute sich die Archäologie zeitweise im Ostblock, insbesondere in der Spätphase des Kommunismus, den 1970er und 1980er Jahren, allerdings nicht überall. Beginnen wir mit der Sowjetunion selbst, die kaum archäologische Motive herausgebracht hat. Selbst bei historischen Gedenkmarken, Olympiamarken oder Denkmälern des sozialistischen Realismus gibt es wenig an antiker Motivik. Ausnahmen sind Marken als Zeichen der Solidarität mit dem als Kommunist verfolgten Manolis Glesos 1959 mit der Akropolis im Hintergrund und mit dem von den Obristen unterjochten Griechenland 1968 mit der Laokoon-Gruppe. Seit Ende der 1960er Jahre erscheinen vereinzelt archäologische Objekte, in der Regel Bodenfunde aus den Museen des Landes. Daneben kommen antike Motive in neuzeitlicher Umsetzung auf den Gemälden berühmter Meister vor, die gern abgebildet werden. Entsprechendes gilt auch für die Tschechoslowakei und Polen.

Nach dem Zerfall der Sowjetunion 1992 haben auch deren Nachfolgestaaten kaum archäologische Motive auf Briefmarken herausgebracht. Erste Anfänge hinsichtlich der nationalen Selbstidentifikation und Absetzung von den umgebenden Staaten zeigen sich in Estland 1995 in einer Serie über die finno-ugrische Sprachfamilie mit Abbildungen einiger Bronzeartefakte. Einzig das ursprünglich rumänische Moldawien schließt mit spezifischeren archäologischen Motiven – 1992 die römische Wölfin und 1995 eine erste archäologische Serie – offenbar bewusst an die Tradition des südlichen Nachbarlandes an, dem eine politische Fraktion im Lande sich auch anschließen wollte.

In Ungarn finden sich nach vereinzelten Vorläufern seit den 1960er Jahren archäologische Motive. 1970 gab es sogar eine Serie zur Wissenschaftgeschichte, angefangen bei dem humanistischen König Matthias, 1980 eine mit den sieben Weltwundern in neuzeitlichen Rekonstruktionen. Erst 1978 brachte eine Serie mit römischen Mosaiken aus Pannonien landeseigene Bodenfunde und 1987 eine andere Serie weitere archäologische Funde. Entsprechend diesem „normalisierten" Umgang mit den Motiven und ganz im Gegensatz zu anderen Ländern des Ostblocks setzte sich diese lockere Reihe auch nach dem Ende der kommunistischen Herrschaft fort mit Serien 1993 und 1996 zur frühmittelalterlichen ungarischen Kunst aus der Zeit der Landnahme, außerdem 1993 mit Skythenschmuck.

Aufgrund der besonderen Situation Rumäniens als romanisches Land zwischen slawischen Staaten sowie der stärkeren Isolation seit der Einbindung in den Machtbereich der Sowjetunion spielte die römische Vergangenheit des Landes eine große Rolle für die historische Selbstwahrnehmung der Nation. Der starke Anteil von eindeutig römischen Motiven gegenüber einem einzigen griechisch wirkenden von 1960 (einer ionischen Säule in Mangalia) und der Akzent auf den Dakerkriegen und der Romanisierung Dakiens sind bezeichnend. Das wird bestätigt durch die römische Wölfin 1975 und 1978 und durch die Wiederholung eines Triumphbogens für den Zusammenschluss Rumäniens, der so bereits 1940 auf einer Marke verwendet wurde. An die römische Vergangenheit des Landes wurde schon seit 1927/28 auf Marken mit Trajans nach der Eroberung Dakiens errichtetem Tropaeum von Adamklissi und anderen Monumenten Trajans wie insbesondere der Trajanssäule in Rom erinnert und auch – wie in Italien – mit 2000-Jahrgedenken für römische Dichter, darunter Ovid, der hier in Verbannung lebte. Nachdem Bodenfunde erstmals 1960 mit dem berühmten Schatzfund von Pietroasa erschienen waren, eröffnete dieser 1973 dann plötzlich mit einer weiteren Serie eine ganz Abfolge von archäologischen Serien, bezeichnenderweise von römischen Ausgrabungen und Funden. Wenn seit 1975 immer wieder auch der Kampf des dakischen Königtums gegen Rom verherrlicht wurde, deutet das auf Bemühungen Rumäniens um Abnabelung von der Bevormundung durch den „großen Bruder". Die sechs Jahre 1973–1978 besonders intensiver archäologischer „Dokumentation" Rumäniens auf Briefmarken müssen politisch bedingt gesehen werden.

Nach einer längeren Pause wurde Archäologie erst 1988 wieder in einer Serie zur rumänischen Geschichte auf Marken gezeigt. Nach dem Sturz des kommunistischen Regimes tauchten 1991 erstmals religiöse Motive der orthodoxen Kunst in Briefmarkenserien auf, schließlich 1993 und 1994 das beliebte Thema der Dinosaurier. Die klassische Antike ist dagegen offenbar noch weitgehend durch die Assoziation mit dem Regime Ceaucescus belastet, das sie so gern in seinen Dienst gestellt hatte.

Mit etwas anderem Akzent verlief die Entwicklung in Bulgarien. Eine große Rolle spielten hier neben den Serien mit Antiken auch zahlreiche mit religiösen Ikonen, die ansonsten im Ostblock weitgehend vermieden wurden. Griechische und kaiserzeitliche Kunst spielte ebenso eine Rolle zur Selbstdefinition wie die einheimische thrakische und die christlich-orthodoxe Kunst. Archäologische Markenmotive begannen zwar erst 1963, aber dann gleich mit einem Boom von Serien, der bis in das Ende der 1980er Jahre, ans Ende der kommunistischen Herrschaft anhielt. Die Archäologie wurde offensichtlich von der Regierung gefördert. Gelegentlich waren es sogar mehrere Serien pro Jahr, oft mit sechs oder acht Marken, mehrfach Gold- und Silberschätze, von der Bronzezeit bis ins Frühmittelalter, so griechische und thrakische Toreutik. Thrakische und frühmittelalterliche Funde waren als Erzeugnisse von Vorläufern der Bulgaren für das kulturelle Selbstverständnis relevant. Außerdem wurden Motive archäologischer Funde aus aller Welt aufgenommen (Abb. 5). Bezeichnenderweise kamen – wie in Rumänien – erstmals 1990 und wieder 1994 Serien mit prähistorischen Tieren heraus, während klassische antike Motive fehlen.

In Albanien beginnen archäologische Motive mit der italienischen Okkupation des Landes 1939/40: Bilder der Ruinen von Butrint sollten offenbar die gemeinsamen römischen Wurzeln beschwören. Danach griff man die Archäologie erst 1959 mit dem Theater von Butrint und einem Apollon-Kopf wieder auf. Auf die Idee, die Archäologie in Serien von meist drei bis sechs Marken politisch auszubeuten, kam man dann seit 1965, vor allem in den 1970er und 1980er Jahren. Dabei wurden die Funde weitgehend als illyrisch angesprochen. Dahinter stand die Ansicht, dass die Skipetaren die einzigen direkten Nachkommen der Illyrer seien, die seit der Klassik mehr und mehr von der griechischen Kultur beeinflusst wurden, sodass alle antiken Zeugnisse Albaniens Belege seiner illyrischen Vergangenheit seien. Neben eisenzeitlicher Keramik handelte es sich vor allem um kaiserzeitliche Plastik, aber auch um antike Bauten und Mosaiken, zudem um eine große Michelangelo-Serie mit Werken auch antiker Motive. Seit dem Ende der kommunistischen Herrschaft kam in Albanien keine Archäologie mehr auf die Marken, die Archäologie als Briefmarkenmotivik galt ähnlich wie in Rumänien und Bulgarien als „belastet".

In Jugoslawien entdeckte man die Archäologie erst spät als Markenmotiv. Seit 1962 wurden ihr immer wieder Serien mit vorwiegend römischen Funden gewidmet, 1974 wurde eine der bedeutsamen steinzeitlichen Skulpturen von Lepenski Vir abgebildet. Nach dem Zerfall Jugoslawiens hat der serbische Reststaat keine archäologischen Motive mehr ediert, die neu gegründeten Balkanstaaten Kroatien und Slowenien verwenden sie in der üblichen Weise zu Sportanlässen und zur Entdeckung von Bodenfunden. Wichtig war für Kroatien vor allem 1994 die Edition einer großen Serie zum 1700-Jahrjubiläum der Gründung von Diokletians Kaiserpalast in Split.

In der ebenfalls unabhängig gewordenen ehemaligen jugoslawischen Teilrepublik Makedonien erscheinen häufig frühchristliche und byzantinische Motive auf den Marken. Damit zeigt sich deutlich, wie sehr man sich um den Anschluss an eine kulturelle Vergangenheit bemüht, um zu einer eigenen historischen Identität zu finden. Wenn 1993 und 1995 das Motiv des „makedonischen Sterns" erscheint (Farbtaf. 6,a, rechts), dann geht das auf Entwicklungen in den vorhergehenden Jahren zurück, als dieses Emblem, das als Motiv auf goldenen Aschenkisten aus dem Grab Philipps II. aus Makedonien bekannt geworden war (Farbtaf. 6,a, links), auch in Griechenland beansprucht wurde (Farbtaf. 6,a, mitten). Dieses Motiv und die Beanspruchung des Makedonennamens für den souveränen Staat, der zuvor ja nur eine jugoslawische Teilrepublik gewesen

Abb. 5. Oben: Marke mit anhängendem Zierfeld (Kolosseum, Rom, und Ausstellungsemblem): Internationale Briefmarkenausstellung ITALIA '85 in Rom, Bulgarien (1985). – Unten: Kleinbogen zu drei Marken (Kirchturm in Stockholm, Ausstellungsemblem) und drei verschiedenen Zierfeldern (Bildsteine der Wikingerzeit aus Skandinavien): Internationale Briefmarkenausstellung STOCKHOLMIA '86 in Stockholm, Bulgarien (1986). (Slg. Inken Jensen. Foto: REM Mannheim, Jean Christen).

war, stellten einen entscheidenden Auslöser für den Streit mit Griechenland dar, der zeitweise Kriegsgefahr in sich trug.

Denn hinter der Beanspruchung des altmakedonischen Namens und der Tradition sowie des kulturellen Erbes des antiken Makedonien war für jeden, der die Geschichte des südlichen Balkans in der ersten Hälfte des 20. Jahrhunderts kannte, der Anspruch auf ganz Makedonien und insbesondere auf den Ägäiszugang und die Hauptstadt Thessaloniki zu argwöhnen. Die griechische Gegenreaktion war ebenfalls im Medium der Briefmarken zu verspüren.

Südbalkan und Kleinasien

Die größte Zahl archäologischer Motive auf Briefmarken findet man in Griechenland. Schon auf den ersten Marken ab 1861 bis ins frühere 20. Jahrhundert verkörpert der geflügelte (also kaiserzeitliche)

Götterbote Hermes die Post. Seit den ersten Sondermarkenserien zur Wiedereinführung der Olympischen Spiele in Athen im Jahre 1896 mit klassischen Kunstwerken und Ansichten Athens waren die Motive fast aller griechischen Briefmarken mehr oder weniger eng mit dem klassischen Erbe des Landes verbunden. Erst in den 1920er Jahren tauchten auch Marken auf, die sich – im Sinne griechischer Identität – auf das byzantinische Erbe bezogen. Auf Dauer war, was die Instrumentalisierung der antiken Tradition angeht, kein grundsätzlicher Unterschied zwischen den wechselnden Verfassungsformen von Monarchie, Diktatur und Demokratie festzustellen. Die Folge von antiken Motiven auf Nachkriegsmarken ist ähnlich dicht wie in Italien. Seit der Zeit der Obristenjunta (1968–1974) kann man eine weitere Zunahme der archäologischen Motive beobachten. Eine Anzahl von Marken widmen sich natürlich dem Sport (z. B. 1994: Teilnahme der griechischen Nationalmannschaft an der Fußball-Weltmeisterschaft, USA, moderner Fußballspieler und antikes Relief eines Ballspielers), viele werben für den Tourismus, insbesondere mit Architekturmotiven, aber auch mit Werken der Plastik.

Die Motive der Marken wenden sich außer an die Touristen auch bewusst an die eigenen Bürger. Viele Motive wurden assoziativ gewählt; häufig wurden antike Motive für patriotische Zwecke und politische Propaganda instrumentalisiert. 1952 feierten z. B. die „Bürgerlichen" den Sieg im Bürgerkrieg von 1949 mit dem Bild der antiken Siegesgöttin Nike, zur Zeit der Junta demonstrierten 1968 berühmte Werke antiker Plastik (Alexander-Sarkophag und Pergamon-Altar, Athena vom Piräus und Nike von Samothrake) in einer ideologisch-programmatischen Serie „Kämpfe der Hellenen für die Zivilisation". Assoziative Verwendung gibt es zudem in vielen anderen Bereichen, so erschienen z. B. 1968 ein Asklepios-Weihrelief für einen Kardiologiekongress und das Grabrelief eines Arztes zu internationalen Medizinerkongressen 1992 und 1998.

Dafür, dass äußerlich vor und nach der Zeit des Obristenregimes kaum Unterschiede zu erkennen sind, ist typisch, dass die 1972 begonnene Mythologieserie, die sich vor allem attischer Vasenbilder bediente, 1973 und 1974 fortgesetzt wurde; zwei weitere folgten 1983 (Farbtaf. 6,b, oben), und das setzte sich fort bis zur Argonauten-Serie 1995 (Farbtaf. 6,b, unten).

1985 und nochmals 1991 erschien das Demokratia-Urkundenrelief von 337/36 v. Chr., das an die 2500-jährige Tradition der Demokratie erinnerte. 1991 symbolisierte Europa auf dem Stier passend die EU. Ein Politikum war auch 1992 eine Serie mit Grabungsfunden aus Makedonien mit dem Ausgräber M. Andronikos, insbesondere mit Funden aus dem Grab Philipps II. von Makedonien (359–336 v. Chr.) in Vergina (Farbtaf. 6,a, links und mitten). Die Marken sollten die griechische Identität Makedoniens und den rechtmäßigen Anspruch Griechenlands auf Makedonien und auch auf das makedonische Erbe gegen die jugoslawischen Ansprüche bekräftigen. Sie waren eine Antwort auf die Propaganda der ehemaligen jugoslawischen Teilrepublik Makedonien, die sich nicht nur diesen Namen, sondern mit der Inanspruchnahme des Sternmotivs von der Aschenkiste Philipps II. von Makedonien auch das kulturelle Erbe der antiken Makedonen anzueignen suchte, was vor dem historischen Hintergrund der Balkankriege als konkrete Bedrohung durch die nördlichen Nachbarn wirken musste.

Auch Zypern nutzte das archäologische Erbe der Insel für Briefmarken. Hierin war schon die britische Kolonialmacht vorausgegangen, die seit 1928 einheimische zyprische antike Markenmotive in Serien herausgegeben hatte. Die junge Republik brachte Serien mit Motiven, die für die Fremdenverkehrs-Werbung günstig sein sollten. Neben jüngeren Sehenswürdigkeiten vor allem aus der Zeit der Kreuzfahrer- und Osmanenherrschaft zeigt die Hälfte der Marken archäologische Fundstücke (so 1962, 1966, 1971). Bilder von Naturschönheit und Stränden belegen, dass diese Serien vor allem auf Tourismuswerbung abzielen. Es gibt aber auch umfangreiche Serien, die vollständig der Archäologie gewidmet sind (1980, 1982) oder auch Münzen (1972, 1974, 1977) oder Mosaiken (1989) zeigen. Sehr zahlreich sind daneben auch Marken mit byzantinischen Ikonen und Mosaiken. Hierin zeigt sich das griechische Selbstverständnis der Mehrheit der Inselbewohner. 1991 präsentierte eine Serie einige Details der von Kunsträubern nach der türkischen Invasion entwendeten und im Kunsthandel verschobenen frühchristlichen Mosaiken aus einer Kirche von Kanakaria.

Der seit der türkischen Invasion 1974 abgespaltene türkisch-zypriotische Staat im Norden setzte dementsprechend eher osmanische, aber auch kreuzfahrerzeitliche Bauten auf seine Briefmarken, zumal die meisten der bedeutenden Bauten dieser Zeit im besetzten Norden liegen. Griechische Objekte und Bauten fehlen dagegen so gut wie ganz. Erst 1986 nutzte man archäologische Motive und bevorzugte dabei bronzezeitliche Objekte und eine Statue der Artemis von Ephesos – vermutlich weil man den Statuentypus irrtümlich für ungriechisch-anatolisch hielt. Nach 1990 tauchen dann vereinzelt auch antike Denkmäler auf, die aber vor allem der römischen Zeit angehören. Selbst auf den Briefmarken ist die unterschwellige politische Werbung klar zu spüren.

In der Türkei kommt bereits in der Spätzeit Atatürks 1937 zum 2. türkischen Historikerkongress erstmals ein vereinzeltes archäologisches Motiv auf eine Briefmarke: Ein frühhethitischer Bronzehirsch. Seit 1952 gab es immer wieder archäologische Motive, sowohl in eigenen Serien als auch in solchen mit Ansichten des Landes, z. B. mit Serien von historischen Baudenkmälern. Die Motive reichen von der griechischen und vor allem römischen Architektur über wenig Byzantinisches zu osmanischer Architektur bis zu Naturschönheiten. Diese Serien zielen ganz offensichtlich schwerpunktmäßig auf Touristen ab. In den 1950er und 1960er Jahren wurden vor allem antike Ruinen berühmter Orte der Türkei wie Pergamon, Ephesos (eigene Serie 1953, 1962, 1967), Troja (eigene Serie 1956) u. a. herausgegeben, außerdem 1966 eine Serie mit hethitischen Fundstücken des Museums Ankara, 1974 und schwerpunktmäßig dann 1990, 1991, 1992, 1994 Serien mit zahlreichen antiken Kunstwerken; meist begann man in der Steinzeit, häufig vertreten war die Bronzezeit, das Ende der Serien wurde durch frühwiseisenzeitliche Funde der Phryger und Lyder dokumentiert. Die frühere anatolische Tradition wurde also bewusst in den Vordergrund gestellt, während man die griechischen Ursprünge möglichst weitgehend zu ignorieren suchte. Auffällig ist, dass neben Vor- und Frühgeschichte der kaiserzeitlichen Kunst vermutlich deshalb wieder mehr Platz eingeräumt wurde, weil sie nicht als griechisch bezeichnet wurde.

Schlusswort

Zahlenmäßig und zeitlich ist das Vorkommen archäologischer Motive auf den Briefmarken der verschiedenen Länder unterschiedlich. Manche Länder haben schon lange eine Vorliebe für die Archäologie, dagegen ist sie bei anderen nur sporadisch vertreten. Es zeichnen sich jedoch Ländergruppen ab, innerhalb derer die Entwicklung ähnlich verläuft. Die historische Entwicklung der Herausgabe von Marken mit archäologischen Motiven in einem Land kann man einerseits mit dem Bild vergleichen, das sich in anderen Ländern gleicher politischer Struktur und Konstellation ergibt, andererseits auch mit der Entwicklung in Staaten, die mit diesem Land in politischer Auseinandersetzung oder Konkurrenz stehen.

Fast überall ist ein Aufkommen oder eine deutliche Zunahme archäologischer Motive auf Briefmarken in den 1970er Jahren und danach eine Abnahme zu beobachten. Im ehemaligen Ostblock endet die Phase der archäologischen Marken in der Regel mit dem Ende der kommunistischen Regime um 1990. Zuvor wurden sie besonders im Süden zu spezifischen politischen Aussagen genutzt, um über die historische Eigenwahrnehmung der Bürger des Landes für den Aufbau einer Selbstdefinition, eines kulturellen Selbstverständnisses zu sorgen, etwa in Bulgarien und Rumänien. Bei den Kernländern der klassischen antiken Kulturen wie etwa Griechenland und Italien liegen die Gründe der Auswahl aus den Motivreservoirs sehr nahe. Trotzdem gibt es auch hier deutliche Unterschiede in der Behandlung der Motive, die in der unterschiedlichen Geschichte der Länder liegen.

Die Anlässe sind gerade in solchen Fällen, wo die Motive „auf der Straße liegen", sicher vielschichtig, das Spektrum entsprechend groß. Bei anderen Ländern muss man genauer hinsehen, um überhaupt die Gründe für die Aufnahme archäologischer Motive auf den Marken zu finden. Auch bei vielen europäischen Ländern gilt, dass die Herausgeber sich offensichtlich Absatz und hohen Umsatz durch die Beliebtheit der Motive erhoffen. Hier ist die Wahl von Themen aus der Archäologie nicht unklug, denn die Archäologie trifft oft auf ein breites Interesse, wenn auch je nach lokalem Umfeld von sehr verschiedener Intensität. Schließlich ist aber auch bei archäologischen Motiven – wie schon angesprochen – die Übermittlung einer bestimmten Botschaft oder einer bestimmten Reaktion beim Betrachter intendiert, die im Einzelfall jeweils auszuloten ist. Über die Evokation von Identifikation oder davon ausgehend können unterschiedliche politische Beeinflussung, ideologische oder auch touristische Werbeabsicht o. Ä. intendiert sein. Dies kann bis zur gezielten Nichtauswahl von Motiven gehen, die zum gewählten Thema eigentlich gehörten.

Anmerkungen / Literatur:

Capelle, T. (1986): Briefmarken und Archäologie. Studioausstellung im Westfälischen Museum für Archäologie. Münster.

Busch, R. (1977): Archäologie im Spiegel der Briefmarke. Braunschweigisches Landesmuseum. Wolfenbüttel.

Holmberg, F. (1979): Vikingatiden i filatelien. In: Svensk filatelistisk tidskrift 1979 H. 7.

Ders. (1980): Vikingatiden i filatelien. In: Ebd. 1980 H. 2.

Jacobi, G. (1977/78): Sonderpostwertzeichen-Serien „Archäologisches Kulturgut". In: Fundberichte aus Hessen 17/18: 423-431.

Wyss, R. & Degen, R. (1974): Bundesfeiermarken 1974: Archäologische Funde. In: Helvetia archaeologica 5/18: 52-61.

Dies. (1975): Bundesfeiermarken 1975: In: Ebd. 6/24: 115-124.

Kitsch in Griechenland

Heinz A. Richter

Zusammenfassung.

Das antike Erbe wird im modernen Griechenland und in der griechischen Diaspora auf der ganzen Welt vermarktet. Es gibt kein Motiv aus der antiken noch aus der byzantinischen Kunst, das Tabu wäre. Häufig wird dabei die Grenze zum Kitsch überschritten, wie anhand von Beispielen aus allen Lebensbereichen, die sich vom Touristen- bis zum Politkitsch erstrecken, sichtbar wird. Die Spirituosenindustrie entwickelt dabei die größte Phantasie, klassische Vasen oder Bauwerke u. Ä. zu Behältnissen für Hochprozentiges umzufunktionieren. Beim Kitsch für Touristen ist dies ein bekanntes Phänomen und findet sich in ganz Europa an Stellen mit touristischen Highlights. Die Instrumentalisierung der antiken Motive für politische Zwecke in Griechenland ähnelt stark jener, wie sie in Hitler-Deutschland praktiziert wurde.

Am Ende des Beitrages wird die griechische Praxis mit der italienischen verglichen und festgestellt, dass die Italiener – sieht man vom Kitsch für Touristen einmal ab – mit ihrer antiken Vergangenheit respektvoller umgehen. Eine Hypothese über die Gründe für das abweichende Verhalten der Griechen lädt zur weiteren Diskussion ein.

Wer einmal griechische Lokale im europäischen Ausland besucht hat, war zumeist von der schmackhaften Küche sehr angetan, aber über die Austattung mehr oder weniger entsetzt. Die Lokale hießen „Parthenon", „Akropolis", „Delphi", „Sokrates", „Poseidon" seltener „Skorpios" oder, wie ein berühmtes traditionsreiches Lokal in Neckargemünd, „Zur Stadt Athen". Dort waren in der Vergangenheit griechische Studenten eingekehrt, die in ihrem Heimatland später sehr bekannt wurden wie z. B. Panagiotis Kanellopoulos oder die Brüder Konstantinos und Themistoklis Tsatsos. Doch dieses Lokal gehört zur älteren Generation der griechischen Lokale, die in der Zeit zwischen den Weltkriegen entstanden sind, und wurde bei seiner Innenausstattung noch nicht ein Opfer der gnadenlosen Vermarktung antiker Motive, wie dies bei fast allen jüngeren Lokalen festzustellen ist. In den meisten dieser Lokale findet man eine Sammlung von Nachahmungen antiker griechischer Keramik oder Statuen. Proportional zur Prosperität des Lokals sind diese Kopien aus billigen oder teuren Materialien; oft findet sich auch an den Wänden das Werk eines modernen Künstlers, der versucht, seine Sicht der antiken Götter oder Heroen dem Publikum nahe zu bringen. Mit wenigen Ausnahmen, z. B. das „Parthenon" in Frankfurt, wirken alle diese Lokale entsetzlich kitschig und nur das gute Essen und die angenehme gastfreundliche Atmosphäre veranlassen den Gast wiederzukehren.

Man könnte annehmen, dass diese Ansammlung von heimatlichem Kitsch in griechischen Lokalen aus ähnlich nostalgischen Motiven und Sehnsüchten heraus geschieht, wie z. B. Amerikaner deutscher Abstammung ihre Wohnungen mit bayerischen Bierseideln oder Schwarzwälder Kuckucksuhren dekorieren. Die große Distanz vom Heimatland führt zur Geschmacksunsicherheit. Doch dies ist keineswegs der Fall, denn auch in Griechenland selbst ist der gleiche Kitsch in so manchem Lokal zu finden, das nicht gerade versucht, eine originale griechische Bauern- oder Fischertaverne zu imitieren. Dies in einem Land vorzufinden, in dem vor über 2500 Jahren ästhetische Maßstäbe gesetzt worden sind, die noch heute ihre Gültigkeit haben, ist einigermaßen erstaunlich.

Noch vor 20 Jahren war der Begriff „Kitsch" in der griechischen Sprache unbekannt. Natürlich gab es damals Kitsch, und auch in der Antike hatte es Kitsch gegeben. Menschen mit einem Sinn für Ästhetik haben sich schon immer mit Schaudern davon abgewandt. Bei Gesprächen Ende der 1970er Jahre mit dem Herausgeber des Kultur- und Politmagazins ANTI, Christos Papoutsakis, der von Haus aus Architekt war und einen hoch entwickelten Sinn für Ästhetik besaß, diskutierten wir dieses Phänomen. Anfangs hatte Papoutsakis Schwierigkeiten, den Begriff Kitsch präzise zu erfassen, doch nach einigem Anschauungsunterricht an besonders herausragenden Kitschobjekten begann er zu begreifen, was mit dem Begriff Kitsch gemeint war; sofort machte er sich an die Arbeit, griechischen Kitsch zu sammeln, indem er ihn in allen seinen Erscheinungsformen fotografisch festhielt und dokumentierte. Kitsch wurde dabei primär als Pseudokunst begriffen, die die Grenze zum schlechten Geschmack überschritten hat.

1984 veröffentlichte die „Gesellschaft der Freunde des Magazins ANTI" eine großformatige reich bebilderte Monographie, die den bezeichnenden Titel trug: Κάτι το Ωραίον. Μία περιήγηση στη νεοελληνική κακογουστία (Etwas Schönes. Eine Rundreise durch den schlechten

Geschmack Neugriechenlands)¹. Der Band ist eine Enzyklopädie des griechischen Kitsches geworden. Die damalige Ministerin für Kultur und Wissenschaft, Melina Merkouri, steuerte ein Grußwort bei. Die Herausgeber verfolgten ein didaktisches Konzept: In einem einleitenden Kapitel wurde den eigenen Landsleuten anhand von Reproduktionen „importierten" europäischen Kitsches gezeigt, was unter Kitsch zu verstehen ist, wie z. B. da Vincis Mona Lisa auf einer Praliné-Packung oder der wetterfeste Seemann mit Südwester auf einer Stickvorlage für einen Gobelinwandbehang. Über die Breker'sche Antikenrezeption wird der Bogen zu ideologischem Kitsch geschlagen. Ein weiteres Kapitel ist dem süßlichen Kitsch gewidmet, der bis zu Nachbildungen antiker Kunstwerke mit Hilfe von Muscheln reicht.

Im ersten „griechischen" Kapitel wird der den Touristen offerierte Kitsch gezeigt und analysiert. Postkarten mit süßlichen Motiven (tanzendes Paar in griechischer Tracht vor dem Zeustempel) (Abb. 1), Plastikwandteller aus Holzimitat mit einem Foto der Akropolis, vor der zwei junge Männer im traditionellen weißen Foustanella-Kostüm stehen oder ein Kupferaschenbecher mit Mäanderrand, in dessen Mitte eine Abbildung des Parthenon die Asche und Kippen aufnimmt, gehören ebenso dazu wie dunkelblaue Mokkatassen-Sets für sechs Personen mit goldenen Reproduktionen antiker Vasenmalereien oder die in Massen produzierten verkleinerten Nachahmungen von Köpfen antiker Philosophen. Es gibt kaum ein antikes Motiv, das nicht, ins Kitschige gewendet, den Touristen angeboten wird. Die griechischen Spirituosenfabrikanten gehören mit zu den eifrigsten Vermarktern antiker Kunst (Farbtaf. 6,c).

Der „Turm der Winde" wird zum Behälter für Cognac, die Koren des Erechtheion dekorieren eine Brandyflasche. Ein antikes Grabmal erschien dem Hersteller als Vorderfront einer anderen Flasche geeignet. Andere füllten ihre Weinbrände in direkte Nachbildungen antiker Lekythoi oder Loutrophoroi. Der Ausstellungsraum einer Spirituosenfirma wird einer antiken Grablage nachempfunden, an der Stelle der Statuen stehen allerdings die „hochgeistigen" Produkte der Firma (Farbtaf. 6,d).

Auch die Ouzohersteller halten bei der Vermarktung historischer Vorbilder mit. Der Weiße Turm von Thessaloniki eignet sich als Ouzobehältnis genauso wie ein zu dem Bauch einer Loutrophore umfunktionierter römischer Porträtkopf. Tsoliades, aus deren Hals Ouzo fließt, wenn man den Kopfkorken abzieht, sind weitere bizarre Exempel aus der Spirituosenbranche. All dies ist nicht spezifisch griechisch. Auf der Piazza Trevi in Rom oder vor dem Louvre in Paris oder dem Heidelberger Schloss finden sich ähnliche Produkte schlechten Geschmacks. Die Kitschproduzenten scheinen international ähnliche Vermarktungsstrategien zu verfolgen.

Interessanter als der Kitsch für Touristen und Liebhaber von Hochprozentigem, der überall auf der Welt ähnliche Züge hat, ist der politisch motivierte Kitsch, da dieser stark landesspezifische Züge trägt und einiges über die jeweilige Instrumentalisierung der Geschichte bzw. Kunst zeigt. In Hitler-Deutschland gab es die Germanomanie und im Italien Mussolinis wurden die Kunst der „alten Römer" und der Renaissance als geeignete Vehikel betrachtet, um in verkitschter Form eigene politische Botschaften unter das Volk zu bringen. In Griechenland tauchte das gleiche Phänomen gleich zweimal in diesem Jahrhundert

Abb. 1: Tanzendes Paar in griechischer Tracht vor dem Zeustempel in Athen. (Aus: ANTI [Hrsg.] [1984]: Kati to Oraion [s. Anm. 1]: 53 Abb. 103).

auf: Von 1936 bis 1941 unter der Diktatur von Metaxas und von 1967 bis 1974 unter der Diktatur der Obristen.

Die faschistische Diktatur von 1936 bis 1941 bezeichnete sich selbst als Tritos Ellinikos Politismos, was, ohne die Übersetzung zu strapazieren, als „Drittes Griechisches Reich" bezeichnet werden kann. Das „Erste Reich" war die griechische Antike, insbesondere die der Makedonen, das „Zweite Reich" war das tausendjährige Reich von Byzanz und den dritten Höhepunkt der griechischen Geschichte bildete das Regime vom 4. August 1936, wie es sich selbst sah. Die Verherrlichung und Verkitschung der Vergangenheit geschah primär durch Texte (Gedichte), da die wenigen vorhandenen Produktionsgrundlagen einen massenhaften Ausstoß von visuellem Propagandamaterial noch nicht zuließen. Bei Feiern des Regimes wurden aber immer wieder antike Ruinen als geschichtsträchtiger Hintergrund in die Veranstaltung einbezogen, um der Bevölkerung die Kontinuität der griechischen Geschichte vorzuführen.

Als 1938 im Zappeion im Rahmen der Ausstellung „Kraft durch Freude" den Athenern die Nazi-Ideologie nahe gebracht wurde, gab es auch eine Abteilung, die sich mit den Griechen beschäftigte: Auf einer Doppelseite des Ausstellungskatalogs wurde verherrlichend festgestellt, dass die Griechen schon immer tapfere Soldaten gewesen seien. Mehrere Fotografien mit Evzonen in Paradeuniform, unter anderem vor dem Hephaistos-Tempel in der Agora, sollten dies belegen. Die Embleme des Regimes waren einerseits eine stilisierte antike Doppelstreitaxt, die wegen der weiter bestehenden Monarchie gekrönt war, und andererseits ein rundes weißes Kreuz auf blauen Grund mit einer olympischen Flamme im Vordergrund. An anderer Stelle wurde festgestellt, dass der griechische Faschismus eine Arme-Leute-Version des westeuropäischen Faschismus war[2]; diese Aussage galt in vermehrtem Maße für die Propaganda. Die Armut des Landes verhinderte größere propagandistische Aktionen.

Die nun folgende Periode der griechischen Geschichte, die Zeit vom italienischen Angriff auf Griechenland im Oktober 1940 bis zum Ende der Okkupation im Oktober 1944, ist in der Kitschenzyklopädie so gut wie ausgespart. Über die Gründe kann spekuliert werden. Wahrscheinlich wollte man die patriotischen Empfindungen seiner Landsleute schonen und war selbst auch nicht ganz sicher, was von den künstlerischen Qualitäten eines bestimmten Genres jener Zeit zu halten war. Und in der Tat ist ein Urteil sehr schwierig.

Als im Oktober 1940 der Krieg gegen Italien begann, tauchte wieder ein Genre von patriotischen Kunstwerken auf, das es schon während der Balkankriege und im Ersten Weltkrieg gegeben hatte. Es gab zwar eine große Zahl von künstlerischen Reflexionen über die Kriegsereignisse, die auch heute noch ihren hohen künstlerischen Wert behalten haben, daneben gab es aber auch Produkte, bei denen zumindest aus späterer Sicht die Grenze des guten Geschmacks überschritten wurde. Unter den vielen Beispielen seien nur zwei hervorgehoben. Das eine ist eine stilisierte Panagia (Gottesmutter), die einen zur Front marschierenden griechischen Soldaten mit ihrem Schleier schützt. Hier gehen tiefe Volksfrömmigkeit und überschwängliche nationale Begeisterung eine etwas unheilige Ehe ein mit dem Ergebnis, dass das Flugblatt einen kitschigen Eindruck macht.

Das zweite Beispiel ist eine Serie naiver Kunst[3], bei der auf Bilderbögen die Ereignisse an oder hinter der Front dargestellt werden. Wie in Bilderbögen des 19. Jahrhunderts werden historische Ereignisse, die während einer bestimmten Periode nacheinander abliefen, synchron in einem Bild zusammengezogen und somit extrem verdichtet. Das jeweilige Blatt ist dadurch höchst informativ, aber die Art und Weise der Darstellung wirkt wiederum kitschig: Die griechischen Helden verbringen großartige Heldentaten, die tumben italienischen Feinde werden eine leichte Beute der griechischen Heroen, und über all dem wacht, oben auf dem Bild schwebend, die Panagia.

Auch die antiken Vorbilder wurden wieder mobilisiert. Auf Werbeanzeigen für die Kriegslotterie hält ein angreifender Tsoliade ein Gewehr mit aufgepflanztem Bajonett stoßbereit in den Händen und hinter ihm steht Pallas Athene mit Helm, Schild und Schwert. Auf einem Öldruck der Zeit gehen drei Bewaffnete zum Angriff über: Einer der Teilnehmer der Schlacht von Marathon mit goldenem Schild, Helm und Speer, ein Armatole der Kämpfe gegen die Osmanen und ein Infanterist von 1940 mit aufgepflanztem Bajonett; Bildunterschrift: Die Befreier. Diese Drucke hingen in vielen Kaffeehäusern. Damals erfüllten sie einen wichtigen Zweck, sie informierten und motivierten die Bevölkerung in einer Zeit, als die Athener Zeitungen die Dörfer mit großer zeitlicher Verzögerung – wenn überhaupt – erreichten. Die Bilderbögen waren hier etwa dasselbe, was im Vorfernsehzeitalter die Illustrierten und die Wochenschauen waren: Informationsträger. Und wie die Illustrierten mussten sie den breiten Publikumsgeschmack treffen.

In der Zeit des „Albanischen Epos", wie die Griechen den Krieg gegen die Italiener in Albanien nennen, und während der Okkupation hatten die in der politischen Propaganda verwendeten antiken Motive Vorbildcharakter und sollten die Bevölkerung zum Durchhalten motivieren. Als nach dem Ende des Zweiten Weltkriegs der Bürgerkrieg begann, gewann die Antike eine neue Qualität. Sie wurde ebenso wie die orthodoxe Kirche im Kampf gegen den Kommunismus instrumentalisiert. In den Augen der griechischen Rechten war der Kommunismus eine Art Geisteskrankheit, eine Entfernung vom richtigen Denken[4]. Um die von diesem „Virus" Befallenen zu heilen, mussten sie auf den Weg des richtigen Denkens zurückgeführt werden. Religiöse Zwangsunterweisung der gefangenen Kommunisten war ein Weg.

Ein anderer Weg zur Erreichung dieses Zieles war die Beschäftigung mit der Antike, die insbesondere auf der KZ-Insel Makronissos praktiziert wurde. Die Häftlinge bauten dort nicht nur Modelle des Parthenon oder der Hagia Sophia, sondern errichteten auch ein antiken Vorbildern nachempfundenes Theater, dessen Kulisse der Poseidon-Tempel von Sounion bildete. Wer es schaffte, den Weg zurück zu den konstituierenden Bestandteilen des

Abb. 2: Kirche bei Tripolis/Peloponnes mit Architekturelementen antiker Tempel und orthodoxer Kathedralen, 1970er Jahre. (Aus: ANTI [Hrsg.] [1984]: Kati to Oraion [s. Anm. 1]: 113 Abb. 301).

Griechentums, zu seiner Geschichte und seiner Religion, zurück in die griechisch-christliche Gesellschaft zu finden, würde sich wie der Phönix aus der Asche erheben, so versprach zumindest eine stilisierte Phönixfigur an einer Hauswand im 2. Strafbataillon (V.E.T.O.) auf Makronissos.

Das Phönix-Symbol wurde schließlich zum Symbol der Militärdiktatur vom 21. April 1967[5]. Wer damals Griechenland bereiste, wurde überall mit diesem Vogel konfrontiert; sogar auf Streichholzschachteln fand man ihn. Die Militärs fanden offenbar wieder Gefallen an den propagandistischen Möglichkeiten der Bezüge auf die klassische Antike wie auch auf das christliche Byzanz und ließen bei jeder öffentlichen Selbstdarstellung des Regimes darauf Bezug nehmen. Entsprechend nahm der Kitsch zu: Im Sommer 1968 wurde im Athener Olympiastadion eine Art Fiesta veranstaltet. Um das Volk auf seine kriegerische Vergangenheit hinzuweisen, traten kostümierte Krieger aus allen Perioden der dreitausendjährigen griechischen Geschichte auf. Schwerterkämpfe wurden aufgeführt; Ehrenjungfrauen tanzten einen Reigen; die Luftwaffe präsentierte den Nachbau ihres ersten Flugzeugs (einen bizarren Doppeldecker); die Marine hatte einen LKW zu einem Schiff umfunktioniert und die Gebirgsjäger präsentierten stolz die hart umkämpfte Höhe 252 in der Form eines Erdhaufens auf dem Rasen des Stadions.

Selten hatte es in der griechischen Geschichte eine solche Orgie des Kitsches gegeben. Die Darbietungen erinnerten fatal an die ähnlich geschmacklosen Aufführungen während der Nürnberger Reichsparteitage im Dritten Reich. Im Gegensatz dazu hatte Metaxas, der über eine gewisse Bildung verfügte – ähnlich wie Hitler –, seinerzeit verboten, die Embleme und Symbole des Regimes für „profane" Zwecke zu verwenden. Die Obristen von 1967 kannten solche Skrupel nicht: Der Phönix und das Porträt von Diktator Papadopoulos, aber auch von König Konstantin, zierten Schlüsselanhänger, Saftgläser, Kaffeeservices, Wandteller, Ansteckbuttons u. ä. m., was den Athenern ermöglichte, durch zweideutige Gesten das Regime lächerlich zu machen.

Auch die griechische Kirche beteiligte sich in jenen Jahren an der Produktion von Kitsch. Als der Neubau der Athener Erlöserkirche anstand, schrieb man einen Architektenwettbewerb aus. Die dabei eingereichten Modelle erinnerten an Hutkreationen der 1950er Jahre, an einen preußischen Pickelhelm, an ein futuristisches Bahnhofsgebäude der japanischen Eisenbahn und an eine im Stil von Disneyland umgestaltete orthodoxe Kathedrale. Zu Griechenlands Glück wurde keines der Modelle realisiert. In den 1970er Jahren schuf ein anderer Architekt in der Nähe von Tripolis auf der Peloponnes eine Kirche, bei der Elemente antiker Tempelarchitektur und orthodoxer Kathedralen eine Symbiose eingingen (Abb. 2).

Das Resultat war ein schauerlicher Zwitter, der an seinen eigenen Stilwidersprüchen zu zerbrechen drohte. Den Altarraum füllte ein Christus-Mosaik, das von einem Mäanderband umrahmt war (Abb. 3). Religiösen Kitsch süßlicher und bigotter Art hatte es, wie überall in Europa, auch schon zuvor gegeben, sodass sich eine nähere Beschreibung erübrigt.

In der „Kitsch-Enzyklopädie" folgen seitenlang weitere Bereiche des griechischen Kitsches aus allen Lebensbereichen. Das meiste zeugt von schlechtem Geschmack, ist jedoch nicht weiter aufregend, weil es ähnliche Erscheinungen in ganz Europa gibt. Einiges ist jedoch trotz oder vielleicht wegen seines kitschigen Charakters amüsant: Auf einem Rummelplatz bei Kalamaki findet sich ein Karussel, dessen Gondeln an illuminierten Armen eines sich drehenden Riesenoktopus hängen. Der antike zweispännige Streitwagen eines Vasenbildes ziert die Tür eines Volvo-LKW-Fahrerhauses. Eine weitere Serie von Abbildungen zeigt das Interieur einer Villa in Karditsa. Korinthische und dorische Säulen, aber auch realistisch nachgebildete Baumstämme tragen Decken im Stile des Rokkoko; die Wände sind mit Genrebildern aus den bayerischen oder österreichischen Alpen dekoriert. Ein weiteres Kapitel der Enzyklopädie ist griechischen Diskotheken gewidmet, wo sich die Kunststile aller Epochen in bunter Mischung ein Stelldichein geben. Ein Lokal in Alexandroupolis gibt vor, ein Museum zu sein: Nachbildungen antiker Statuen, u. a. der Löwe von Chaironea, bilden die Trennelemente zwischen den Tischgruppen. In Baumärkten und Läden mit Gartenzubehör finden sich Kopien von Aphrodite, Artemis, Apollon, Poseidon und Flussgöttern aller Art in jeder Größe und in solch riesiger Zahl, dass man den Blick mit Grausen wendet.

In einem kleinen Ort in Messenien erfüllte sich ein nach langen Jahren aus den USA zurückgekehrter Arzt einen Kindheitstraum: Er baute sich ein Märchenschloss[6]. Das in Beton errichtete Schloss vereinigt in sich Elemente der Loire-Schlösser, Neuschwansteins und einer mittelalterlichen Burg. Bei der Dekoration der Wände wurde jedes romantische Burgen- und Ritterstereotyp in naiver Malerei angebracht. Im Innern der Burg finden sich wertvoll ausgestattete Räume im pompejanischen Stil, die Wandbilder sind Reproduktionen bekannter Gemälde aus den Stilepochen der Neuzeit; die wenigen antikisierenden Bilder verraten völlige Unkenntnis des Malers über die antike Wandmalerei. Im Vergleich mit dieser Burganlage schneidet die Abteilung „Mittelalter" im Disneyland geradezu hervorragend ab.

Am Ende dieser knappen Tour d'Horizon des neugriechischen Kitsches erhebt sich die Frage, ob der griechische Kitsch sich vom Kitsch in den übrigen europäischen Ländern unterscheidet. Die Antwort auf diese Frage ist zunächst sehr einfach: Grundsätzlich nicht. Genau wie in Westeuropa ist der Kitsch omnipräsent; er erfüllt die Bedürfnisse des Massengeschmacks und dieser hat wenig ästhetische Schulung. Dennoch lässt sich zumindest in Bezug auf die Antike ein Unterschied beobachten. In Italien, wo man ja ebenfalls mit Selbstverständlichkeit über ein reiches antikes Erbe verfügt, geht man mit diesem zurückhaltender, adäquater um. Die Andenkenindustrie produziert auch dort entsetzlichen Kitsch, doch im sonstigen Leben findet man kaum eine derart unbefangene Vermarktung der eigenen Geschichte. Ein italienisches Restaurant in Westeuropa wird allenfalls durch Poster oder Wandgemälde auf touristische Highlights hinweisen, aber die Vorstellung, dort neben Kopien einer Cicero-Büste oder einer Augustus-Statue zu speisen, erscheint absurd. Warum dies in Griechenland so

Abb. 3: Altarraum der Kirche bei Tripolis/Peloponnes mit Christus-Mosaik, umrahmt von einem Mäanderband, 1970er Jahre. (Aus: ANTI [Hrsg.] [1984]: Kati to Oraion [s. Anm. 1]: 112 Abb. 298).

anders ist, bedarf der wissenschaftlichen Untersuchung. Hypothetisch könnte man Folgendes vermuten:

Die Italiener und Westeuropäer lernten in der Renaissance, die Antike neu zu sehen und zu schätzen; sie billigten ihr eine gewisse Erhabenheit zu, die sie über das Alltägliche hinaushob. Folglich bemächtigte sich ihrer auch nicht der breite Geschmack. Die neue Sichtweise der Antike erfuhr im Barock nochmals eine Veränderung. An dieser Entwicklung hatten die Griechen keinen Anteil, denn während der ganzen Zeit des Wiederaufstiegs Westeuropas bis ins frühe 19. Jahrhundert standen die Griechen unter osmanischer Herrschaft. Als die Griechen im 19. Jahrhundert mit ihrer eigenen Geschichte und im Speziellen mit der Antike konfrontiert wurden, geschah dies durch die Übernahme der Rezeption der Europäer. Diese Art der Antikenrezeption wurde von den Griechen kritiklos akzeptiert. Dies wiederum führte dazu, dass viele Griechen es genau genommen bis heute noch nicht geschafft haben, die Antike mit eigenen, griechischen Augen zu betrachten und eine eigene innere Beziehung dazu aufzubauen. Die ästhetischen Kategorien der antiken Klassik werden in Griechenland zwar vermittelt, aber es sind doch irgendwie fremde Kategorien, die dem griechischen Fühlen im Grunde fremd bleiben, obwohl man weiß, dass sie spezifisch griechisch sein müssen. Vielleicht ist die bunte Verfremdung der Antike durch den naiven Kitsch der Griechen näher am bunten Original als wir uns vorstellen können. Die Vorstellung einer bunt bemalten Apollo-Statue des Phidias lässt uns ähnlich schaudern wie der Anblick modernen griechischen Kitsches, aber ist das nicht nur eine Frage der Definition?

Als kluge Geschäftsleute haben die Griechen begriffen, dass die Europäer bestimmte eigene Vorstellungen vom antiken Griechenland auf das moderne Griechenland projizieren und im Land danach suchen; also liefert man den Fremden diese Vorstellungen.

Besucht man heute ein griechisches Volkskundemuseum wie z. B. jenes in Kozani, so stellt man fest, dass in der traditionellen griechischen Volkskunst, die es auch während der 400 Jahre währenden Osmanen-Herrschaft gab, eine Ästhetik herrscht, die selbst hohen Ansprüchen genügte. Und diese traditionelle Kunst lebt auch heute noch recht ungebrochen fort. In diesem Bereich hat der Kitsch kaum Einzug gehalten. Es steht zu vermuten, dass in dem Augenblick, wo in Griechenland und in Europa die antike Kunst so begriffen wird, wie sie tatsächlich war, sie nicht länger als Kitschobjekt zur Verfügung steht.

Anmerkungen / Literatur:

[1] Gesellschaft der Freunde des Magazins ANTI (Hrsg.) (1984): Kati to Oraion. Mia perigisi sti neoellinike Kakogoustia (Etwas Schönes. Eine Rundreise durch den schlechten Geschmack Neugriechenlands). Athen.
[2] Richter, Heinz A. (1990): Griechenland im 20. Jahrhundert. Band 1: Megali Idea – Republik – Diktatur 1900–1940: 205 f. Köln.
[3] Istoriki kai Ethnologiki Etairia tis Ellados (Hrsg.) (1987): To Epos tou '40. Laiki Eikonografia 8. Athen.
[4] Ein typisches Beispiel für diese Sichtweise findet sich im Einleitungskapitel von Vasilis Vasilikos' Roman „Z", wo der Kommunismus mit der Pernospora verglichen wird.
[5] Gesellschaft der Freunde des Magazins ANTI (Hrsg.) a.a.O. (Anm. 1): 89 Abb. 226.
[6] Gesellschaft der Freunde des Magazins ANTI (Hrsg.) a.a.O. (Anm. 1): 316 Abb. 990.

Alte und neue Mythen
Einige Beispiele aus der Werbung Italiens

Letizia Vuono

Zusammenfassung

Anhand von Beispielen aus der italienischen Werbung haben wir versucht, die unterschiedlichen Blickwinkel zu erkennen, unter denen die Werbung die Welt der Antike betrachtet. Hervorzuheben sind besonders zwei davon: Erstens wird diese mit den Begriffen Eleganz, Feinheit, Prestige verbunden und deswegen auf dem Markt für Luxusartikel verwendet. Zweitens bilden die antiken Autoren sowie die Mythologie ein weites Feld von immer erkennbarer Geschichte, die als Erzählstruktur dienen kann. Da die Werbung verständlich für das Publikum sein muss, versucht man zu erkennen, welche Themen am erfolgreichsten sind und wie sie das Publikum am besten erreichen.

Im Jahr 1998 strahlte das italienische Fernsehen eine neue Werbekampagne der Firma Berni für eine Würzmischung für Reissalate aus. Die Werbekampagne war aus zwei sich ergänzenden Spots aufgebaut, die mit einer typischen familiengerechten Innenaufnahme begann: Die Hausfrau und die Kinder erwarten den Ehemann bzw. den Vater zum Mittagessen. Eine solche Situation ist vom Publikum leicht zu erkennen, zumal sie seit Jahrzehnten in den Massenmedien so dargestellt wird.

Allerdings widersprechen in diesem Spot die Einrichtung der Wohnung und die Kleidung der Personen dem herkömmlichen Muster. Säulen, Marmorarchitrave und drapierte Gewänder zeigen ohne jeden Zweifel, dass sich diese Situation in einem antiken Umfeld abspielt. Dagegen begann die eigentliche Situation ganz nach dem herkömmlichen Muster. Die Hausfrau zeigte, neben dem gedeckten Tische stehend, die Vorzüge der Reissalat-Würzmischung, der Lösung ihrer häuslichen Probleme: Es wird bestätigt, dass sie binnen kürzester Zeit ein phantastisches Mittagessen bereiten kann, denn es wurde ein Produkt entdeckt, das wie für sie geschaffen ist, da sie einen Ehemann hat, der immer in Eile ist. Der Geschäftsmann kommt auch schließlich nach Hause, es ist Merkur. Er betritt das Geschehen, ausgestattet mit all seinen Attributen, in der rasenden Geschwindigkeit eines Superhelden aus den Comics und – nachdem er in rasender Geschwindigkeit sein Essen zu sich genommen hat – verabschiedet sich; zurück bleibt nur ein Geschwindigkeitsstreifen. Dieselbe Situation wird auch im zweiten Spot dargestellt, nur spielt sie diesmal im Freien, auf der Terrasse. Diesmal werden die Vorzüge der Leichtigkeit des Produktes hervorgehoben, welche unabdingbar sind für einen Ehemann, der fliegt. Einige Sekunden später landet Ikarus auf der Terrasse, um am Familienessen teilzunehmen.

Die Mythologie oder Themen und auch bildliche Darstellungen der Antike erscheinen häufig in Werbespots oder auf Etiketten verschiedenster Produkte, vom Parfüm bis zum Hundefutter. Der Grund dieses Erfolges liegt in einem eher unerwarteten Bereich und ist nicht sofort klar zu erkennen, denn die Vertrautheit eines durchschnittlichen Publikums mit Themen und Darstellungen aus der Vergangenheit ist – in der Tat – in den letzten Jahrzehnten eher zurückgegangen. Latein ist beispielsweise kein Pflichtfach mehr, und humanistische Fächer werden als unzeitgemäß eingestuft. Was also drängt die Werbung zu solchen Themen? Welche Anziehung üben diese Themen aus und welches Verständnis erreichen sie bei dem Publikum?

Bevor wir zum Kern unserer Ausführungen, der Beantwortung dieser Fragen, kommen, ist es notwendig, die Besonderheiten und Problemstellungen des Bereiches „Antikenrezeption in der Werbung" aufzuzeigen. Die Werbung ist offensichtlich kein Mittel, das dazu bestimmt ist, traditionelles Wissen zu übermitteln, sondern vielmehr ein Teil der Massenmedien, der für eine präzise Ideologie eingesetzt wird, nämlich für den Konsum. Das funktioniert alles nach festgelegten Regeln und Abläufen. Nachdem die Werbebotschaft lange Zeit unter semiotischen Gesichtspunkten untersucht wurde, enthüllte man sie neuerlich als komplexes rhetorisches Gebilde[1].

Die höchst symbolische Sprache der Werbung korrespondiert mit der Beschaffenheit der Nachricht selbst, die sich ausnahmslos auf einer nicht materiellen Ebene bewegt. Die hauptsächliche Aufgabe der Werbung besteht darin, ein Produkt mit nicht materiellen Attributen zu versehen, die das eine Produkt von zahlreichen vergleichbaren unterscheidet, um damit die Wahl des Verbrauchers im Dschungel der Angebote des Marktes auf genau dieses eine Produkt zu lenken[2]. Die Nachricht wird also praktisch in eine Serie von verschlüsselten Botschaften übersetzt, die nur denen verständlich sind, die mittels anderer Erfahrungen die Möglichkeit erhalten haben, diese zu entschlüsseln. Oder anders gesagt: Die Werbung spricht die Sprache des Publikums, sie teilt mit diesem den selben Geschmack und entspricht der Erwartungshaltung des Publikums und seinem kulturellen Umfeld[3]. An diesen Grundgedanken zur Antikenrezeption in der Werbung werden wir unsere Untersuchungen orientieren.

Einige weitere Werbeagenturen können wie die, die für die oben genannte Werbung zeichnet, den Maßstab für das Vorhandensein der Kenntnis gewisser Themen bei einem breiten Publikum in einem bestimmten kulturellen Umfeld bilden. In diese Untersuchung über Antike und Werbung haben wir nicht unmittelbar auch die Wirkung anderer Bereiche der Massenmedien mit einbezogen; wir sind jedoch davon überzeugt, die notwendigen Informationen auf indirektem Wege herauszuarbeiten und ein generelles Bild der Situation zu erstellen, indem wir auch andere Ausdrucksformen der Massenmedien als die Werbung berücksichtigen. Die „Kultur der Massenmedien" ist ein System, in dem die verschiedenen Medien in enger Zusammenarbeit durch reziproke Erinnerungen und fortwährende Zitate wirken[4].

Abschließend kann man sagen: Unsere Untersuchung wird in Italien durchgeführt, aber der Gebrauch antiker Themen oder Darstellungen in der Werbung ist keine italienische Eigenart, sondern tritt auch andernorts auf. Die Globalisierung des Weltmarktes hat zu einer weiten Verbreitung einer großen Produktpalette geführt; die Firmen tendieren dazu, ihre Produkte aufgrund ökonomischer Gegebenheiten mit einheitlichen Werbekampagnen sowohl im TV- als auch im Printbereich anzupreisen. Die Themen und Darstellungen, die in dieser Art der Nachricht übermittelt werden, werden so gefiltert, dass sie einem Publikum von „übernationalem" Charakter verständlich sind.

Die Eigenheiten einer unterschiedlichen Präsentation der Antikenrezeption hängen, wie auch in unserem obigen Beispiel, mit kulturellen Unterschieden zusammen. Die Werbebranche eines Landes verwendet Motive, die speziell für einen nationalen, also landesbezogenen Markt konzipiert sind: Motive, die einem durchschnittlichen italienischen Publikum bekannt und verständlich sind, hätten nicht denselben Erfolg in einem anderen Land, z. B. Deutschland, mit einer anderen Geschichte. Mit einer Reihe von Beispielen aus diesen beiden Ländern versuchen wir, Inhalte und Bedeutung von Werbespots im Umkreis einer von der Werbung generalisierten Kultur und vor dem Hintergrund einer allgemeinen Rezeptionsgeschichte herauszuarbeiten.

1 Der Gebrauch antiker Themen

Die Werbung bedient sich antiker Themen auf zwei unterschiedliche Arten: Erstens im Bereich der Inhalte und zweitens im Bereich der Gestaltung. Im ersten Fall wird die Antike mit Konnotationen belegt wie Prestige, Tradition, Qualität, Feinheit, Kultur oder mit einer hohen sozialen Stellung. Im zweiten Fall – wie in den beschriebenen Spots mit Merkur und Ikarus – entsprechen Antike und Mythologie einem leeren Behältnis, das nur seine äußere Form dem darin liegenden Inhalt leiht: Antike und Mythologie bilden sozusagen das Gerüst für eine Bühne, auf der Szenen unterschiedlichster Inhalte dargestellt werden können.

1.1 Antike und Prestige
a) Markennamen und Etiketten
Die Regale der italienischen Supermärkte laufen über von Produkten mit antikisierenden Markennamen oder Etiketten. Der Name eines Produkts spielt eine wichtige Rolle für seine kommerzielle Bestimmung. Er haucht dem Produkt Leben ein, verleiht ihm eine Identität; er ist sozusagen eine Eintrittskarte für ein Leben in einer immateriellen Konsumwelt. Ein mythologischer Name oder auch nur ein antiker Klang hat, aufgrund seiner offensichtlichen Irrealität, die Möglichkeit, diese unbestimmte Atmosphäre zu erzeugen, die sich aus dem Bereich des Alltäglichen erhebt und aufsteigt zum Universum der Mythen. Namen wie Kastor (für Haushaltsgeräte), Klio (für Autos), Nike (für Turnschuhe), Chloé, Kouros und Amazone (für Parfüme) lassen ihre Objekte jeglicher Materialität entbehren, indem sie diese in das Universum der Träume projektieren[5].

Der mythologische Name hat außerdem den Vorteil, dass er knapp und auch überlagernd dem Produkt eine ganze Reihe von qualitativen und funktionalen Eigenschaften zuschreibt. Namen wie Ajax oder Vim (für Reinigungsmittel) belegen ein Produkt mit dem Attribut Kraft, die in diesem Fall der Beseitigung des Schmutzes dient[6]. Die gleiche Funktion und Gültigkeit erfüllen auch Namen mit antikisierendem Klang wie etwa Plasmon (Abb. 1), ein Markenname für Kindernahrung, auf dessen Etikett ein kräftiger Junge in einem kurzen Gewand den Produktnamen in griechischen Buchstaben auf einen Abakus, die Deckplatte einer griechischen Säule, schreibt. Der Terminus jedenfalls wird – aufgrund der Assonanz (Einklangs) mit dem Verb „plasmare" (formen) – in der gewünschten Weise rezipiert, nämlich als Produkt, welches das Wachstum unterstützt.

In der kommerziellen Welt gibt es nur wenige wesentliche wertneutrale Verwendungen von antiken oder klassischen Themen. Ein einfaches Beispiel hierfür wäre etwa die Verwendung der Antike, um eine topographische Konnotation zu evozieren. Griechische Produkte, die im Ausland verkauft werden, zeigen ihre Herkunft aus Griechenland über Bilder von der Athener Akropolis, genauso wie die Abbildung des Colosseums auf Verpackungen von Milchprodukten aus römischer Herstellung deren lokale Herkunft anzeigen soll. Die archäologischen Monumente sind in diesen Fällen keine Attribute für ein Produkt, sondern stehen für dessen Herkunftsort.

Aber auch in diesem Umfeld bilden sich, denkbar schnell, komplexe Zusammenhänge heraus, die weitere Konnotationen den rein topographischen zur Seite stellen. Um dies genauer zu betrachten, stellen wir ein Teilgebiet, den Sektor Wein, mit einem Produkt durchschnittlicher Qualität und mit einem exemplarischen Namen vor. Es ist der sizilianische Wein mit dem Namen Eolo, der in vielen Teilen Italiens erhältlich ist. Auf dem Etikett erscheint die Figur des Gottes der Winde, darüber der Name Eolo in großen Buchstaben; in der zweiten Zeile etwas tiefer steht in kleineren Buchstaben die Herkunftsangabe, die genauer erläutert, dass es sich um ein Produkt aus Sizilien handelt. Die Assoziation Eolo – Äolische Inseln – Sizilien mit ihrer mythologisch-literarischen Implikation[7] wird allerdings nur dem Spezialisten klar ersichtlich sein; der Mehrheit dagegen wird der Gleichklang des Namens dieses Gottes mit den Eoliden (Sizilien) einen genügenden Hinweis liefern, um die Herkunft des Weines zu erkennen.

Bei diesem Beispiel übermitteln Name und Etikett einen wichtigen Hinweis: Es handelt sich um ein Qualitätsprodukt. Das antikisierende Etikett ist tatsächlich Ausdruck eines genau festgelegten Codes, der dem Publikum über zahlreiche analoge Beispiele bekannt ist. Das Etikett steht für eine lange Produktionsgeschichte, mit allem, was zu einer solchen Produktion dazugehört. Ein Wein mit Tradition ist ein Produkt, das unter Beachtung sämtlicher Vorschriften in Handarbeit hergestellt wird, ein Qualitätsprodukt also. Dieselben Konnotationen rufen die zahlreichen Etiketten hervor, auf denen Satyrn und Gefolgsleute aus dem Umkreis des Bacchus das Produkt Wein symbolisieren. In diesen Fällen vermittelt ein antikisierendes Etikett die Attribute Qualität und Ansehen.

b) Printwerbung und TV-Werbung
Antike Motive wie Säulen, Architrave oder heroisch gewandete Figuren tauchen in zahlreichen Werbungen auf, beispielsweise für Automobile, Kosmetikartikel, Parfüme und Luxusartikel. Diese gehören nicht zu den Grundbedarfsartikeln, sondern liefern Hinweise auf einen gehobeneren sozialen Status mit Assoziationen zu den Bereichen Prestige, Feinheit, Kultur.

Wir versuchen nun, die Strukturen herauszuarbeiten, die mit dem Konzept der „klassischen Antike" in einer Werbebotschaft dieser Art zusammenhängen. Aus den vielen Beispielen haben wir eine Printwerbung für ein Männerparfüm ausgesucht, das in Italien Ende der 1980er Jahre auf den Markt kam. Die schwarz-weiße Fotografie zeigt eine Gruppe von Männern in drei Reihen sitzend, die lediglich mit einem Handtuch bekleidet sind, welches ihre Unterkörper bedeckt. Sie befin-

Abb. 1: Packung „Biscotti Plasmon", Kekse für Kinder, Italien 1996. (Slg. Inken Jensen. Foto: REM Mannheim, Jean Christen).

den sich in einem Gespräch, das interessant und lustig erscheint. Der Ort dieser Zusammenkunft könnte eine Sauna sein, was wir auf die Kleidung der Personen und auf die Gebäudestruktur mit kleinen Stufen zurückführen. Allerdings sind sowohl die Wand im Hintergrund als auch der Boden mit Mosaiken belegt, die geometrische Muster zeigen. Außerdem führt uns auch die Beschaffenheit des Fotos selbst – mit seinem antikisierendem Effekt – zu einer weniger prosaischen Identifizierung des Ortes: Es handelt sich vermutlich um eine antike Therme oder um eine Thermenanlage nach antikem Vorbild. Das interessante Thema, über das hier debattiert wird, legt der Text auf dem Foto offen: „Männerduft – Frauengeschichten". Es handelt sich also um Männer, die sich über Frauen unterhalten.

In welcher Beziehung steht die Darstellung auf dem Foto zum Inhalt? Die Beziehung erscheint zunächst gegensätzlich: Die Personen sind realistisch und absolut modern, ihr Körperbau ist unterschiedlich, entspricht aber im Großen und Ganzen einem Typus, der aus den Massenmedien bekannt ist, nämlich dem Typus „Erfolgsmann". Die Umgebung erinnert jedoch eher an eine antike römische Therme, wie sie aus vielen Hollywood-Filmen bekannt geworden sind. Eine solch unwirkliche Umgebung stellt in diese Szene alle ihre zufälligen Inhalte und bildet eine gewisse Unbestimmtheit wie in einem Traum. Die Darsteller sind auf diese Weise mit dem Licht (Glanz) des Mythos verbunden. Sie erweisen sich als Erfolgsmänner, die anspruchsvoll und kultiviert und von gehobener wirtschaftlicher Stellung sind (denn sie befinden sich in einem exklusiven Ambiente, bei dem es sich immer auch um eine heutige teuere Thermalanlage handeln könnte).

Eine Szene mit Geschäftsleuten oder eine konkrete Verwaltungsratssitzung etwa – beides echte Topoi der italienischen Werbung der 1980er Jahre – hätten nicht dieselbe Wirkung. Diese Szenen wären lediglich in einer Richtung lesbar, nämlich als Schlüssel zur Darstellung wirtschaftlichen Erfolges und materieller Macht. Die Umgebung „Thermen" dagegen, die dem Prestige des Geldes auch noch die Qualität einer gesellschaftlichen Klasse zur Seite stellt, lenkt die Lesbarkeit gezielt in die beabsichtigte Richtung. Zielgruppe der Nachricht scheint ein weibliches Publikum zu sein: Es sind ausschließlich Männer dargestellt, und diese sind nackt. Somit beinhaltet die Szene gewisse situationsbedingte erotische Aspekte. Der Gegenstand ihrer Unterhaltung stellt sich als ein Appell an ein weibliches Publikum heraus. In einer anderen Situation könnte das „Erzählen über Frauen" leicht zu Übertreibungen führen, hier aber, in dieser abstrakten und prestigevollen Umgebung der Thermen, scheint es jedoch weit über den Erzählungen schlechter Witze zu stehen.

Aber es ist nicht nur die italienische Werbung, die die Antike mit solchen Assoziationen belegt. Der größte Teil der Luxusartikel, die durch die Werbung mittels solcher Symbolhaftigkeit auf den Markt gebracht werden, wird in ganz Europa gehandelt. Die wenigen multinationalen Konzerne, die eine Vormachtstellung auf diesen Produktionssektoren innehaben, entscheiden sich immer häufiger für Werbekampagnen auf kontinentaler Ebene. Die Experten dieses Berufszweiges arbeiten schon seit Jahren an dem Versuch, die Unterschiede zu verringern, die von den verschiedenen kulturellen Filtern hervorgerufen werden.

Die praktische Ausführung sieht so aus, dass man versucht, ein künstliches Medium zu schaffen, das von allen aufgenommen werden kann und bei dem versucht wird, eine Homogenität der neuen Konsumentengruppe über ein ständiges Vorhalten der Inhalte zu erreichen. In vielen Bereichen kann das Unverständnis des Publikums gegenüber der Art des Inhaltes ein Hindernis für den Erfolg der Kommunikation darstellen. Dies ist allerdings weniger der Fall bei der Symbolik aus antiker Zeit, die überall auf ein weit verbreitetes Verständnis trifft, weil sie in kulturellen Traditionen wurzelt, nämlich in Antike, Renaissance und Klassizismus, die der westlichen Welt gemein sind.

1.2 Die Antike als Erzählstruktur

Die Werbung bedient sich häufig der Mythologie als technisches Vehikel für eine Realisierung von TV-Drehbüchern oder von Werbeanzeigen im Printbereich. Dadurch kann die Mythologie in einer wechselseitigen, exemplarischen, kodifizierten, allzeit gültigen und gut wieder-erkennbaren Art so konstruiert werden, dass sie als Bühne für Präsentationen verschiedensten Inhalts dienen kann[8]. So sind etwa das trojanische Pferd, Rotkäppchen oder Ben Hur stereotype Themen, die als mögliche Grundlage für jede Art von Werbenachricht eingesetzt werden können, sei es für Grappaflaschen, Nylonstrümpfe oder Versicherungsgesellschaften. Nachweise hierfür finden sich in den zahlreichen Varianten derselben Szene, die in der Werbung für die verschiedensten Produkte und bei unterschiedlichen Situationen eine untergeordnete Rolle spielt. Ein solcher Gebrauch der Antike belustigt uns, weil dadurch ein Widerspruch zwischen der bekannten Geschichte, die von sich aus metazeitlich ist, und dem eigentlichen Kommunikationsobjekt entsteht[9]: Merkur und Ikarus aus unserem ersten Beispiel verkörpern Qualitäten eines modernen Produkts, welches schnell („Merkur") zubereitet wird und „leicht" („Ikarus") ist.

Mythologische oder antike Szenarien sind in der modernen Werbung sehr zahlreich geworden, aber dieses Stilmittel ist den Werbefachleuten schon immer bekannt gewesen: Auf einem Plakat aus dem Jahre 1903 für die Kaufhauskette „Mele aus Neapel" (Äpfel aus Neapel)[10], auf dem die neue Kollektion von Sommerkleidern für die Dame vorgestellt wird, sieht man drei zeitgenössische, gut gekleidete Damen vor einem kleinen Cupido-Paris, der sich darüber unsicher ist, welcher der drei Damen er den Apfel reichen soll. Der Ersteller dieses Plakates bediente sich nicht nur des Schemas der allseits bekannten Szene des Paris-Urteils, sondern darüber hinaus geht das Ganze noch zusätzlich in eine andere Richtung, indem nämlich vorgegeben wird, dass Damen, die mit der Mele-Kollektion bekleidet sind, Göttinnen sind. Der Mythos ist auf diese Weise nicht nur der Rahmen für eine Inszenierung, sondern ein Mittel, das Produkt mit Assoziationen zu belegen. Der Mythos mystifiziert in diesem Fall das Produkt selbst.

1.3 Die „heilig sprechende" Macht der Antike

Das zuletzt behandelte Beispiel gehört zu der typischen Konvention der Werbesprache, die auf dem rhetorischen Fortgang der Gleichzeitigkeit basiert. Die Kunst in all ihren Aspekten, ebenso wie der Mythos, die Geschichte oder ein Monument, ja fast alles, was durch die Tradition als Beispiel erkannt wird, können ihren Inhalt auf das ihnen zur Seite gestellte Objekt übertragen. Ein altes Werbeplakat vom Anfang des 20. Jahrhunderts für Borsalino-Hüte verdeutlicht anschaulich diesen Prozess. Im Vordergrund erscheint ein Hut und im Hintergrund der David des Michelangelo. Der Text verbindet beide mit dem Plural: „Meisterwerke". Somit hat der Hut durch das Kunstwerk eine mythische Bedeutung erhalten. Diese dritte Möglichkeit der Verwendung von Antike führt dazu, eine Symbiose aus den beiden oben erwähnten Fällen zu bewirken. Die Antike hat hier sowohl eine grundlegende Funktion – indem sie sich ihre Einzigartigkeit zunutze macht – als auch eine assoziative, indem das ihr zur Seite gestellte Objekt mit dem Attribut „wertvoll" behaftet wird. Zu dieser mythischen Aussage können außerdem noch komplexere rhetorische Mittel hinzukommen. Wir möchten hierfür im Folgenden einige Beispiele zeigen.

Im Dezember 1996 wurde Rom von Werbeplakaten für Mandel-Weihnachtskuchen überflutet. Einzelne Stücke von Weihnachtskuchen waren auf dem Plakat parallel angeordnet, sodass diese ein Bild ergaben, das aber nicht sofort erkennbar war. Nachdem man den Werbetext gelesen hatte, wurde klar, dass die Stücke ein Gebäude mit Säulen darstellen. Der Plakattext lautet: „Das Forum Romanum und Mandelkuchen Pernigotti. In Rom ein Klassiker". Das Produkt zeigt, dass es ein Klassiker, also mit Tradition und Qualität behaftet ist, und zwar mittels seiner Identifizierung mit einem „topographischen Klassiker", einer typischen römischen Lokalität, die ihrerseits selbst ein Monument der Antike ist.

Die Bezeichnungen „klassisch" oder „mythisch" werden im italienischen Sprachgebrauch häufig benutzt, allerdings werden sie oft missbraucht und nicht im Sinne ihrer ursprünglichen Bedeutung verwendet. Die Werbung hat in den letzten Jahren die Verwendungsmöglichkeiten durch diese linguistische Mode *in extenso* ausgenutzt. In einem Beispiel werden diese beiden Termini daraufhin untersucht, was die Vertrautheit des Publikums mit diesen bewirkt und welche beabsichtigte Leserichtung sie hervorrufen.

Es handelt sich um eine Marke von Nylonstrümpfen mit dem Namen „Omero" (Homer), die durch eine kannelierte Säule mit einem dorischen Kapitell und einem eingeschriebenen „O" (von Omero) symbolisiert wird (Abb. 2). Homer ist ein Klassiker der Literatur, er ist eine mythische und weithin bekannte Persönlichkeit – die Nylonstrümpfe „Omero" sind Klassiker (zeitlos und keinem Modetrend unterliegend), außerdem sind sie auch noch mythisch. Eine „Mystifizierung durch den Kontakt" und durch die „mythische Aussage" findet gerade bei Objekten, die einen Status ausdrücken sollen, ein beliebtes Umfeld. Dieses Mittel hat in der Werbung eine feste Tradition und ist darüber hinaus auch noch interessant in Bezug auf seine sozialen Anspielungen.

Versuchen wir also, dieses Mittel herauszuarbeiten, indem wir einige Etappen seiner Entwicklung in einem kleinen Teilbereich, der Automobilwerbung, zeigen. Das Auto wird in der Werbung als mythisches Objekt geboren. In Italien halten Ikarus und Merkur es zur Taufe, wie eine ganze Serie von Plakaten aus den ersten Jahren unseres Jahrhunderts belegt: Ikarus als Symbol für die Kraft des Fortschrittes und Merkur als Symbol für Geschwindigkeit und Transport. Ikarus und Merkur übertragen ihre eigene mythische Aura auf das dargestellte Objekt, aber durch diese gegenseitige Entsprechung werden sie ihrerseits in einer Art Rückkopplung auch vom Glanz des neuen Mythos angestrahlt.

Die Aufgabe Merkurs und Ikarus' besteht – außer, dass sie die Objekte in das Universum der bekannten Zeichen versetzen – vor allem in der Vermittlung des Neuen, der allesbrechenden Kraft. In den 1930er Jahren geben die olympischen Götter das Automobil auf und überlassen es mondänen Bestimmungen: Es wird zu einem Statussymbol und mittels eleganter Damen am Lenkrad beworben. Die mythischen Gestalten tauchen dann erst Ende der 1950er Jahre wieder auf, zu einem

Abb. 2: Werbeständer für Damenstrümpfe „Omero", Italien 1997. (Slg. Inken Jensen. Foto: REM Mannheim, Jean Christen).

Zeitpunkt, als die Werbung sich neuen Bedürfnissen der Verbraucher zuwendet. Das Auto wird wieder ein Mythos, den man anstrebt. Pegasos begleitet die Erstvorstellung des Fiat 600 (1960er Jahre), der Alfa Sud erscheint neben einem Tempel von Paestum (1970er Jahre) als eine vage Anspielung auf den Vergleich Auto – Tempel, den bereits Le Corbusier[11] angestellt hatte.

Die beiden letzten Jahrzehnte der ausgefeilten Konsumsteuerung und der Gewöhnung an die Werbebotschaft haben zu neuen Arten der Präsentation geführt. Das wirklich Neue ist, dass das Automobil nunmehr selbst bereits eine mythische Stellung einnimmt[12]. Beispielhaft für diese neue Situation ist die Werbung für einen bestimmten Volvo-Typ, die in den frühen 1990er Jahren ausgestrahlt wurde. Die Szene zeigt eine junge Frau, die mit weißen Gewändern bekleidet ist und versucht, ein gewaltiges Portal zu öffnen. Dies ist der Eingang zu einer neuen Welt. Die Frau spaziert in einem unwirklichen Szenarium umher und läuft zu einem Tabernakel, in dem sich hinter einem dichten Vorhang das Objekt verbirgt. Im Zentrum des neuen Universums steht der neue Volvo auf einem Postament. So kommen wir von Ikarus zum Kultobjekt: Das Automobil selbst bedarf nun keiner mythischen Väter mehr.

2 Weitere Rezeptionen

Die vielfältigen Formen der Vergangenheit treten in den nachfolgenden Epochen als Ergebnis jener Ausführungen auf, die – in der Zeitspanne zwischen ihrer Existenz und ihrer jeweils neuen Nutzung – diese jedes Mal neuen sozialen Kontexten angepasst haben, die also dem Geist und der Notwendigkeit der Zeit entsprechen.

Die Rezeptionsprozesse sind jedoch von einer ganzen Reihe von Faktoren und Umständen abhängig, die jeder Kultur eigen sind und die aufgrund wechselseitiger Beziehungen verschiedene Ergebnisse erzielen. Selbst in einer extrem vereinfachten Darstellungsweise, die die Werbung im Gegensatz zur Kunst oder Kultur bietet, ist es möglich, Unterschiede festzustellen, die einer verschiedenartigen Geschichtsrezeption zuzuschreiben sind. So hat z. B. in Deutschland die Statuengruppe des Laokoon einen großen Erfolg, in Italien dagegen wird sie niemals verwendet, da die Laokoon-Gruppe einem breiten Publikum unbekannt ist. Der Ursprung des Bekanntheitsgrades dieses Themas liegt im ersten Fall, Deutschland, vor allem am Einfluss Winckelmanns und Goethes, die der Antike zugewandt waren; in Italien ist es nicht diese, sondern die Renaissance, die den wichtigsten Platz bei den antikisierenden Zitaten in den Massenmedien einnimmt.

Neben „Stars" der internationalen Werbung wie Mona Lisa oder die Erschaffung Adams aus der Sixtinischen Kapelle tauchen verschiedene Werke Michelangelos auf, darunter vor allem der David, aber auch Werke von Botticelli und Raffael sowie vereinzelte Zitate, die auf Werke anderer großer Meister dieser Zeit anspielen. Die italienische Werbung ist überhäuft von Figuren, die zwar ihren Ursprung in der antiken Welt haben, die aber gleichzeitig auch über ihre Wiederaufnahme in der Renaissance in ein heutiges Gesamtbild eingefügt worden sind. Putten mit Pfeil und Bogen, drapierte Genien oder Venusfiguren, die aus dem Wasser aufsteigen, haben in der nationalen bildlichen Erinnerung Italiens und in der heutigen Werbung ihren Platz neben den eher geringen Spuren der echten Antike eingenommen. Die Venus von Milo kann daher mit gutem Grund das grafische Symbol eines Nachtclubs mit dem Namen Michelangelo werden, wie dies in Rom der Fall ist. Renaissance und Antike mit Neoklassizismus, die maßgeblichen Momente der Rezeptionsgeschichte der beiden genannten Länder, haben als Basis einen unterschiedlichen Umgang mit der Antike.

Die italienische Renaissance geht von einem direkten Kontakt mit ihrem antiken Vorbild aus. Dieser erwirkt eine aktive Haltung – eine Haltung der Änderung: Das Bedürfnis der Gegenwart und die Spuren der Vergangenheit werden in diesem Fall auf dialektische Weise durch innovative neue Ausdrucksformen gelöst. Aufgrund der speziellen italienischen „kommerziellen Rezeption" von Antike scheint jedes allzu direkte Zitat des Modells ausgeschlossen.

Ganz anders dagegen ist die Situation im Neoklassizismus, in einem kulturellen Umfeld, das nicht dauerhaft auf dem direkten Kontakt mit seinem Vorbild beruht; da dort die Notwendigkeit fehlt, die Vergangenheit zu aktualisieren (weil man nicht ständig von ihr umgeben ist), führt dies dazu, dass die Vergangenheit in idealistischen und nostalgischen Ausdrucksformen dargestellt wird. So würde bei der Wahl eines Markennamens oder von Bildern für Werbespots gewissen Themen und Figuren, die in Deutschland Erfolg haben, in Italien nicht dieselbe Gunst widerfahren.

So könnte beispielsweise eine italienische Versicherungsgesellschaft den Namen Agrippina nur schwerlich tragen, wenngleich Agrippina auch hochverdiente Patronin einiger italienischer Städte ist. Ein solcher Name in Verbindung mit einer Versicherungsgesellschaft würde die Italiener eher bestürzen. Wie eine Umfrage ergab, zeigen diejenigen, die mit dem Thema vertraut sind, eher Verwunderung, wenn eine Frau von geringer Moral mit einer Versicherungsgesellschaft in Verbindung gebracht wird[13].

Aber auch in Italien gibt es direkte Anspielungen auf mythische Episoden oder Personen wie die genannte. Aber die Anspielung verliert ihre „Nebensächlichkeit", wenn sich diese Anspielung z. B. auf eine Kurzware bezieht, die „der Faden der Ariadne" heißt, oder auf einen Pub mit dem Namen „Gärten des Adonis", die als mythischer Ort nicht besser beschrieben werden könnten.

Eine gewisse Zurückhaltung findet sich auch bei Anspielungen auf die lateinische Sprache. Die Verwandtschaft der beiden Sprachen – Lateinisch und Italienisch – bringt es mit sich, dass lateinische Wörter, die im Ausland als exotisch angesehen werden, in Italien als naiv oder sogar als falsch betrachtet werden. Ein Schaumbad mit dem Namen Aqua, das in Deutschland verkauft wird, würde mit einem solchen Namen auf dem italienischen Markt kaum akzeptiert werden. Die Verwandtschaft mit dem italienischen Wort Wasser (acqua) ließe viele Personen diesen Unterschied als Schreibfehler ansehen. Die Art der Darstellung antiker Themen, die Italien eigen ist, hängt also zum Teil von den speziellen Rezeptionsumständen ab, besonders vom Einfluss der Renaissance sowie von den kritischen Begleitumständen in diesem Land. Allerdings sind dies nicht die alleinigen Faktoren.

Der Erfolg dessen, was wir mit „Antike als Erzählstruktur" bezeichnet haben, ist vorwiegend ein Phänomen unserer Zeit. Themen und Ausdrucksweisen der Vergangenheit werden ihres Kontextes beraubt und in Erzählungen umfunktioniert, die wir, je nach Beschaffenheit, als Abwandlungen der Postmoderne erklären können.

Ein Kennzeichen dieser zeitgenössischen künstlerischen Strömung, die sozusagen die Interpretin der Konsumgesellschaft der Massenkultur darstellt, ist der konstante Bezug auf Formen der Vergangenheit, die in einem fortwährenden Kreislauf von Anspielungen immer wieder auftauchen. Die Beziehung zwischen der klassischen Antike und der postmodernen Kultur wurde von L. Schneider in einem Beitrag behandelt[14]. Nach dessen Meinung hat die „Klassik" in Bezug auf ihre Rezeption in den letzten zwei Jahrhunderten unserer Geschichte starke Einbußen erlitten. Als Ausdruck der Tradition habe die „Klassik" jene Attribute begleitet, mit denen sich diejenigen schmückten, die sich nur deshalb in eine Traditionsreihe einreihten, um ihre aktuelle Position zu legitimieren. Diese Attribute repräsentierten nämlich Vorzüge wie Beständigkeit, Kontinuität, Ansehen und Dauerhaftigkeit. Da aber die Untermauerung dieser „antiken" Werte de facto fehlte, sei in Folge die Art dieser Rezeption abgelehnt worden; aber paradoxerweise sei die schon fast verschwundene antike Rezeption in der postmodernen Kultur wieder entdeckt worden. In ihr wird sie in einer – eher snobistischen – Art wieder aufgenommen, und das gerade, weil sie „out" sei[15].

Wenn auch der Artikel von L. Schneider die europäische Gesamtsituation gut umreißt, so beachtet er jedoch unserer Meinung nach nicht die Besonderheiten jenseits der Alpen. In Italien nämlich wird die Antike immer noch als allen gemeiner formaler Wert angesehen, da sie einen Teil der eigenen kulturellen Tradition darstellt. Neben der „postmodernen" Werbung, zu der auch die oben genannten Beispiele mit Ikarus und Merkur gezählt werden können, hält sich in Italien der Erfolg der „klassizistischen Linie", die weder untergegangen ist noch nur „für ein veraltetes Publikum bestimmt ist"[16]. Wie wir festgestellt haben, ist die „Werbung mit Antike" vielmehr in perfekter Weise den Erwartungshaltungen angepasst, die das Publikum an eine bestimmte Produktskala hat. Das durchschnittliche italienische Publikum scheint im Großen und Ganzen von der postmodernen Kultur recht entfernt zu sein, so wie es auch von der zeitgenössischen Kunst entfernt ist. Die Werbung wird in diesem Fall zum Vehikel innovativer Ideen und bedient sich einer neuen Dimension, nämlich der künstlerischen Sprache. Die Postmoderne führt diesen Prozess der geänderten Ausdrucksweise, die von der Avantgarde begonnen wurde, zur letzten Konsequenz: Es werden Klänge von neuen Instrumenten eingesetzt, um an der Ausführung eines Kunstwerks beteiligt zu sein, in dem – nach der Logik – jedes einzelne Zeichen dekodifiziert und auch über den Prozess eines entgegengesetzten Kontextes rekodifiziert werden kann. Die künstlerischen Strömungen dieses Jahrhunderts haben der Postmoderne, die wir als „Bricolage-Kultur" bezeichnen können, den Weg bereitet.

3 Der Kreislauf der Massenmedien

Vor dem Aufkommen des Massenkonsums und der damit verbundenen Massenkultur war der Empfang der Werbebotschaft vor allem für einen engen Kreis von Konsumenten bestimmt. Themen und Darstellungen trugen der kulturellen Ausprägung eines bürgerlichen Publikums Rechnung, das in der Lage war, die Botschaften der Werbung durch die traditionellen Mittel ihres eigenen kulturellen Umfeldes zu entschlüsseln.

Aber antike Themen überfluten die Werbung heute mehr noch als früher, auch wenn heute eine Unterstützung durch kulturelle Einrichtungen wie etwa durch die Schule, die bei der Verbreitung und Entschlüsselung solcher Themen maßgeblich beteiligt waren, entfallen ist. Was sind also die neuen Wege, die die Werbung beschreitet, um antike Themen und Darstellungen einem durchschnittlichen Publikum als Teil einer Information nahe zu bringen?

Im Bereich der vornehmen Zitate, Anspielungen auf oder Aufnahmen von bekannten Kunstwerken, die sich hauptsächlich in der Printwerbung finden, werden gängige Wege beschritten; man stützt sich auf allgemein Bekanntes, das vor allem durch die Schulbildung vermittelt wird. In Italien werden, wie wir gesehen haben, Zitate aus der Kunst der Renaissance bevorzugt. Es fehlen jedoch auch nicht Anspielungen auf die Kunst unseres Jahrhunderts, allerdings macht man sich dabei eher die Idee des Werbefachmanns als den Wiedererkennungswert eines Typus zunutze wie etwa bei den phantastischen Welten von Magritte oder bei den Verfremdungen der Mona Lisa: Nach Duchamp, Dalí und Warhol wird die „Lächelnde" mit drei verschiedenen Frisuren dargestellt, die für drei verschiedene Mineralwässer stehen – für solche mit viel, mit dem rechten Maß an oder ohne Kohlensäure.

In der TV-Werbung kommen weitere solche Themen ins Spiel. In diesen Fällen, bei denen bestimmte Handlungen dargestellt werden sollen, sucht man nach bereits fertigen Erzählsequenzen, die schon von anderen Medien – vor allem Kino und TV-Sendungen – ausgearbeitet wurden. Die von den Medien vorgestellten Lösungen haben die Freiräume unserer Vorstellungskraft vollständig ausgefüllt. So hat sicherlich jeder Betrachter, der die Ruinen eines antiken Zirkus (oder Amphitheaters) anschaut, jene Bilder vor Augen, die ihm die Vorstellung eines ganz erhaltenen Zirkus liefern, und mit ziemlicher Sicherheit stellt er sich dabei die berühmte Szene aus dem Film „Ben Hur" vor.

Die Phantasie braucht Anregungen, und diese wurden von Hollywood in den letzten Jahrzehnten als industrielle Massenware auf den Markt gebracht: So haben wir Gladiatorenkämpfe gesehen, von Raubtieren verfolgte Christen im Zirkus, Nero, der seine Lyra über dem lodernden Rom spielt, Kleopatra und Antonius, zahlreiche Bankette, Innenräume von Thermen und badende Nymphen. Auch das Fernsehen hat zur Verbreitung solcher Motive beigetragen.

So kann etwa der Erfolg der Odyssee in der italienischen Werbung und die daraus resultierende Sachkompetenz zu diesem Thema seitens eines breiten Publikums zum größten Teil auf eine TV-Serie zurückgeführt werden, die in den staatlichen Sendern Ende der 1970er Jahre ausgestrahlt wurde. Unter allen Werbespots, die vom Thema der Odyssee beeinflusst wurden, war der interessanteste jener der Firma Opel mit seiner Preisnachlass-Kampagne, der etwa Mitte der 1980er Jahre gesendet wurde. Die Suche nach dem Kauf eines neuen Autos wird mit der Odyssee verglichen. In einem Meer von Angeboten, in dem man sich leicht verirren kann, erscheint endlich das neue Ziel des Helden, das neue Ithaka, die Insel der Sonderangebote von Opel.

Ferner fand sich das Thema „Odyssee" auch in dem Markennamen „Argos" für ein Hundefutter. Weil wir überrascht waren über die Selbstverständlichkeit, mit der ein Laienpublikum beide Begriffe miteinander in Verbindung brachte, haben wir einen kleinen Test ausgearbeitet, in dem wir Kollegen aus Fachkreisen die Frage nach der Beziehung zwischen Argos und einem Hundefutter stellten. Die Möglichkeit, im Rückschluss auf die „Odyssee" zu kommen, war bei einem Publikum mit fundierten Fachkenntnissen über die Antike wesentlich geringer als beim Laienpublikum, denn den Fachleuten („Experten") eröffnet sich eine größere Auswahlmöglichkeit. Sie dachten dabei etwa an das Schiff „Argo" oder die Stadt „Argos" in Griechenland; die Laien dagegen, die einzig auf die Bilder aus dem Film über die Odyssee zurückgreifen konnten, erkannten in diesem Produktnamen sofort den Namen von Odysseus' treuem Hund[17]. Nach dem großen Erfolg dieser TV-Serie war die Odyssee ein Bestandteil der Massenkultur in Italien geworden[18].

Übersetzung des Beitrags vom Italienischen ins Deutsche: Federico Utili.

Anmerkungen / Literatur:

[1] Vgl.: Eco, Umberto (1988): Einführung in die Semiotik: 267 ff. München (mit weiteren Literaturhinweisen).

[2] Vgl.: Fabris, Gianpaolo (1995): La pubblicità. Teoria e prassi: 25. Milano. – Séguéla, Jacques (1982): Hollywood lave plus blanc. Paris.

[3] Vgl.: Eco a.a.O. (Anm. 1): 287–292.

[4] Vgl.: Eco, Umberto (1. Aufl. 1964): Apocalittici e integrati. Milano.

[5] Vgl.: Barthes, Roland (1957): Mythologies. Paris.

[6] Zur Mystifizierung von Putz- und Reinigungsmitteln in der Werbung siehe: Barthes a.a.O. (Anm. 5) die Kapitel „Saponides et détergents" sowie „Publicité de la profondeur."

[7] Das Abenteuer von Odysseus auf der Insel von Aiolos, dem Gott der Winde, wird im X. Buch der Odyssee erzählt. Die Insel selbst wurde im Archipel der Eoliden identifiziert, deren Name vom Gott Aiolos herrührt.

[8] Vgl.: Abruzzese, Alberto (1994): Mito. In: Abruzzese, Alberto & Colombo, Fausto (Hrsg.), Dizionario della Pubblicità. Bologna.

[9] Vgl.: Eco a.a.O. (Anm. 1): 267–268. „Die Technik der Reklame scheint bei ihren besten Vertretern auf der informationstheoretischen Ausnahme zu basieren, daß eine Anzeige umso mehr die Aufmerksamkeit des Betrachters erregt, je mehr sie die erworbenen Kommunikationsnormen verletzt ...".

[10] Die Kaufhauskette „Mele" in Neapel, eine der frühesten Kaufhausketten in Italien, wurde am Anfang des 20. Jahrhunderts mit einer berühmten Serie von Plakaten beworben, die von den bedeutendsten italienischen Plakatmalern jener Zeit erstellt wurden. Siehe: Picone Petrusa, Mariantonietta (Hrsg.) (1988): I manifesti Mele: Immagini Aristocratiche della Belle Époque per un pubblico di grandi Magazzini. Die Plakate von Paris-Cupido, Werk von A. Villa, Katalog Nr. 70. Milano.

[11] Le Corbusier (1923, 2. Aufl. 1925): Vers une architecture. Paris.

[12] Vgl.: Barthes a.a.O. (Anm. 5): „La nouvelle Citroen".

[13] Die Beziehungen zwischen Agrippina Minor und Köln (Colonia Agrippinensis) sind den meisten Italienern unbekannt.

[14] Schneider, Lambert (1996): Il classico nella cultura postmoderna. In: Settis, Salvatore (Hrsg.), I Greci, I: 707–741. Torino.

[15] Ebd.: 720.

[16] Ebd.: 719.

[17] Odyssee XVII, 290–327.

Keltisch-Gallische Motive

Asterix und Obelix – typisch keltische Motive in einem modernen Comic

René van Royen & Sunnyva van der Vegt

Zusammenfassung

Die Abenteuer von Asterix, dem Gallier, sind die bekanntesten Beispiele von Rezeption keltischer Kultur in heutiger Zeit. Durch die große Beliebtheit dieser Comics haben sich Millionen von Kindern und Erwachsenen mit zahlreichen keltischen Kulturelementen vertraut gemacht. In diesem Essay wird eine kleine Zahl bekannter keltischer Motive behandelt.

Wildschweine, auch für Asterix

Asterix ist wie sein Freund Obelix und seine anderen Stammesverwandten versessen auf Wildschweinbraten (Farbtaf. 7,a). Auf dieser Abbildung kommt der kleine Gallier gerade mit einer fetten Beute auf der Schulter aus dem Wald zurück. Asterix isst gerne ein Stück Schweinefleisch, aber vor allem Obelix verkörpert die Beziehung zwischen Kelten und Wildschweinen. Wo immer er auch hinkommt, hat er ständig das Wildschwein im Gedächtnis, und sogar dann, wenn er fliegen will, möchte er am liebsten eine Fuhre Wildschweinbraten mitnehmen[1].

Diese ständige Besessenheit der Gallier vom Jagen und Essen der Wildschweine scheint zunächst eine komische Erfindung der Comicmacher zu sein. Aus Quellenmaterial über die Kelten weiß man, dass sie zwar gern Schweinefleisch aßen, dass aber dieses Fleisch von Hausschweinen stammte, die frei in ihren Dörfern herumspazierten. Der griechische Geschichtsschreiber Strabon sagt darüber: „Sie haben viel zu trinken und zu essen: Milch und allerhand Fleischsorten, vor allem Schweinefleisch, frisches und gesalzenes. Ihre Schweine laufen frei herum und sind besonders groß, stark und schnell. Sie sind gefährlich, sogar für einen Wolf."[2].

Die Beziehung zwischen Kelten und Wildschweinen war also nicht notwendigerweise eine von „essen" und „gegessen werden". Aber dass sie etwas miteinander zu tun haben, ist durch archäologische Funde erwiesen, die bezeugen, dass das Wildschwein oft als Motiv in der keltischen Kultur erscheint. So wurde die Statue eines keltischen Reiters gefunden, der ein Wildschwein jagt[3]. Auch finden wir Abbildungen dieses Tieres auf Darstellungen mit einer vielleicht religiösen Bedeutung, aber auch auf Schilden und Helmen. Der wohl schönste Fund ist eine Münze, auf der Dumnorix, der Stammeshäuptling der Haedui, abgebildet ist, in einer Hand einen abgeschlagenen Kopf und in der anderen ein Wildschwein[4].

Es muss einen bedeutsamen Grund gegeben haben, dieses Tier so oft und an so vielen verschiedenen Stellen darzustellen. War das Wildschwein vielleicht das Symbol männlicher Kraft und männlichen Mutes? Das könnte in Anbetracht der Abbildungen dieses Tieres auf Helmen, Schilden und in Beziehung zu einem berühmten Stammeshäuptling wie Dumnorix zutreffen. Doch sicher ist dies alles nicht. Die Kelten haben leider keine für uns verständliche Quelle – geschrieben oder materiell – hinterlassen, die uns helfen könnte, die symbolische Bedeutung des Wildschweins zu erkennen.

Obelix und seine geliebten Steine

Wenn Obelix nicht mit Asterix auf Abenteuer ist, sehen wir ihn dann und wann bei der Arbeit. Er stellt Menhire oder Hinkelsteine her, große Steinblöcke, die er auch selbst bei den Kunden abliefert (s. Farbtaf. 7,a). Offenbar hatten die Gallier ein lebhaftes Interesse an diesen Steinblöcken, aber der Comicleser versteht nicht genau, wozu diese eigentlich dienten. Das Einzige, was der heutige Leser auf diesem Gebiet aus den Asterix-Geschichten lernt und sich einprägt, ist, dass Gallier und Menhire augenscheinlich zusammengehören.

Goscinny und Uderzo, die „Väter" von Asterix und Obelix, ziehen hier zwischen zwei Dingen eine Verbindung, die nicht der historischen Realität entspricht, aber damit stehen sie nicht allein. Menhire, die zu den Megalithen (megas = groß, lithos = Stein) gehören, und megalithische Bauten findet man z. B. im französischen Carnac und im englischen Stonehenge. Im 16. und 17. Jahrhundert assoziierten Wissenschaftler aus beiden Ländern diese Phantasie anregenden alten Steine mit den Galliern („Ur-Franzosen") bzw. mit den alten Briten („Ur-Engländer"), mit Völkern also, die beide auch zum keltischen Kulturbereich gehört haben.

Die Forscher argumentierten ganz einfach: alt (Menhir) + alt (Gallier/Kelte) = alt (Gallier/Kelte schafft Menhir). An sich ist dies eine romantische Ansicht, aber man kann sie keineswegs wissenschaftlich nennen, weil jeder Beweis fehlt. Und dennoch dauerte es bis in unsere Zeit, bis die meisten Leute die Idee verwarfen, dass Megalithen mit den Kelten zu tun haben. Denn man weiß seit langem, dass die großen Steine aus einer Periode weit vor dem Anfang der keltischen Kultur (ab ca. 500 v. Chr.) stammen: Sie wurden vom 5. bis zum 2. Jahrtausend v. Chr. hergestellt und gehören somit ganz anderen prähistorischen Kulturen an.

Mit dieser Feststellung wurde zumindest ein Rätsel bezüglich der „Steine von Obelix" gelöst, aber über die Funktion der Megalithen weiß auch die Wissenschaft noch immer wenig. Aus der Position der Steine, aus ihrer Form und aus vielen anderen Einzelheiten hat man versucht, Schlussfolgerungen über deren Bedeutung zu ziehen, bis jetzt aber ohne gesicherten Erfolg in allen Fällen. Den Comicmachern von Asterix gereicht dieses archäologische Problem zum Vorteil: Sie können aus dem Menhir von Obelix nahezu beliebig machen, was sie wollen – ein Geschenk, einen Modeartikel usw. – und zu gleicher Zeit die Helden der Comics Witze machen lassen über die Probleme, die „ihre" Steine künftigen Asterix-Forschern machen werden.

Miraculix, ein sonderbarer Zauberer?
Miraculix, der Druide, ist ein nachgewiesen keltisches Element im Stamm des Asterix (Farbtaf. 7,b); er spielt gleichsam eine Doppelrolle: Einerseits ist er eine Art Magier – er braut ja den unbesiegbar machenden Zaubertrank, durch den seine Stammesverwandten imstande sind, jedes römische Heer zu besiegen –, anderseits macht Miraculix den Eindruck eines alten weisen Mannes mit vielerlei Kenntnissen. Er ist eine Autorität bei den Galliern, aber zugleich sind diese mit ihm sehr vertraut: Wenn Probleme auftauchen, fragen sie den Druiden augenblicklich um Rat.

Diese Sachdarstellung stimmt in vielen Punkten mit dem überein, was die lateinischen und griechischen Schriftsteller über keltische Druiden berichten. Nach Julius Caesar wurden sie tatsächlich in schwierigen Fragen zu Rate gezogen, ob es nun Kriegs- oder Privatangelegenheiten betraf. Überdies war ein Druide nicht nur ein Kenner des Gesetzes, sondern durch seine Person wurden auch die Geschichten und Traditionen des Stammes überliefert. Indem die Druiden die jungen Männer unterrichteten, gaben sie ihre Kenntnisse weiter. Dazu gebrauchten sie keine geschriebenen Texte, sondern sie ließen die Schüler, wie Caesar sagt, riesige Verse auswendig lernen. So kann man sich gut vorstellen, dass eine Ausbildung zum Druiden zwanzig Jahre dauern konnte[5].

Jedoch gehören Wissensvermittlung und Rechtsprechung nicht zu den ersten Begriffen, die wir mit dem Wort „Druide" verbinden. Vielmehr assoziieren wir ihn mit Mistelzweigen, heiligen Hainen und geheimnisvollen Ritualen. Der Römer Plinius ist einer der Schriftsteller, der für dieses Bild verantwortlich ist. Er schreibt unter anderem:

„Nachdem sie die Vorbereitungen zur Opfergabe und zum Festmahl unter den Bäumen getroffen haben, bringen sie weiße Stiere dahin. Weiß gekleidet klettert ein Priester auf einen Baum und schneidet einen Mistelzweig mit einem Goldmesser ab, und dieser wird dann von den anderen in einem weißen Tuch aufgefangen ..."[6].

Diese Beschreibung scheint auf ewig das Druidenbild bestimmt zu haben. Der Text regte in jedem Fall sehr stark die Phantasie der Wissenschaftler an, die sich zum ersten Mal in die Geschichte der Kelten vertieften. Aufgrund ihrer Phantasie und ihrer romantischen Einstellung in Bezug auf die Kelten machten sie aus dem Druiden eine mysteriöse Figur, die sich im Wald mit religiösen Ritualen, der Zukunftsverheißung und dem Studium des Universums beschäftigte. Fehlende archäologische und schriftliche Beweise dafür kümmerten sie dabei nicht.

Diese Tradition ist so stark und so lebendig, dass sie noch immer besteht. In England werden alljährlich Druidentreffen in Stonehenge veranstaltet, einem Ort, den man dadurch im Laufe der Zeit mit Druiden assoziierte. Aber nicht nur in England besteht heutzutage noch Interesse an den Druiden. Auch in der niederländischen New Age-Bewegung ist die Rede von einem erneuten Interesse an diesem Aspekt keltischer Kultur. So gibt es mittlerweile sogar Kurse zum Erlernen des „Druidenfachs", und es kommen verschiedene Gruppen von Menschen zusammen, um sich in die „keltische Religion" zu vertiefen. (Siehe auch den Beitrag von C. Holtorf in diesem Buch).

Aus all dem können wir schließen, dass sich der Druide eines umfangreichen „Nachlebens" erfreut. Mag er auch keine archäologischen Spuren hinterlassen haben und mögen die geschriebenen Quellen über ihn außerordentlich vage sein, so lebt er dennoch in unserer Zeit weiter. Goscinny und Uderzo haben in besonderem Maße dafür gesorgt, denn sie schufen Miraculix, der ohne weiteres der berühmteste Druide des 20. Jahrhunderts genannt werden kann.

Majestix und sein Schild
Auf dieser Abbildung sehen wir Majestix, den stolzen Stammeshäuptling, in vollem Ornat auf seinem Schild stehen (Farbtaf. 7,c). Er erwartet den Besuch eines anderen gallischen Stammeshäuptlings, und also muss das Protokoll gewahrt werden: Majestix wird wie immer, wenn er das Haus verlässt, von zwei Mitgliedern des Stammes auf seinem Schild getragen.

Durch den Asterix-Comic sind wir mit der Sitte der Gallier vertraut geworden, ihre Häuptlinge auf den Schild zu heben. Aber diese gallische Gewohnheit ist nicht der Phantasie Goszinnys und Uderzos entsprungen, im Gegenteil: Zwei römische Schriftsteller erzählen über das Erheben auf den Schild. Der älteste, Tacitus, berichtet Folgendes: „Unter den Cannenefaten war ein stolzer und mutiger Mann, Brinno, der guter Herkunft war, ... und gemäß ihrer Gewohnheit stellten die Cannenefaten ihn auf einen Schild und hoben ihn hoch auf die Schultern. Während Brinno hin und her balancierte, wählten sie ihn zum Häuptling."[7].

Der andere Schriftsteller, Ammianus Marcellinus, beschreibt, wie Kaiser Julianus viele Jahrhunderte später von seinen Truppen bei Paris auf den Schild gehoben und zum Kaiser gekrönt wurde[8].

Zwei verschiedene Quellen berichten hier über Häuptlinge, die auf den Schild gehoben wurden. Wir wissen nur nicht, ob diese Gewohnheit spezifisch keltisch ist oder von den Germanen stammt. Fest steht jedoch, dass Schildhebung und Macht zusammenhängen. Damit wissen wir nun, dass Goscinny und Uderzo sehr stark übertreiben, wenn sie Majestix sogar auf den Schild heben lassen, wenn er Einkäufe machen will. Auf der anderen Seite ist die Mühe des Majestix, die Balance auf dem Schild stehend zu halten, unmittelbar aus dem Leben gegriffen, denn nach den Schriftquellen hatte auch Brinno die gleichen Schwierigkeiten.

Troubadix und sein Aussehen

Wer wissen möchte, wie keltische Männer frisiert und gekleidet waren, kann dies am besten am Barden des Dorfes studieren (Farbtaf. 7,d). Troubadix zeigt deutlicher als jede andere Person des Comics die Kleidung und die Frisur des freien Kelten.

Die Abbildung zeigt Troubadix im Gespräch mit dem Pariser Neffen des Majestix. Er lehnt sich gegen ein Podest und versucht, mit dem Jungen ein Gespräch über seine Zukunft als Sänger anzuknüpfen. Um seine Schultern hängt ein hellroter Mantel, der mit einer Nadel unter dem Kinn befestigt ist. Darunter trägt der Barde ein weißblaukariertes Hemd mit langen Ärmeln, und eine stramme weiße Hose bedeckt den Unterkörper und die Beine. Ein Gürtel um die Taille vervollständigt die Kleidung. Sein untrennbares Attribut, die Leier, trägt Troubadix locker an der Hüfte.

Dieses Aussehen ist archäologisch gesehen größtenteils einwandfrei. Wenn wir den klassischen Schriftstellern, Strabon und Poseidonios – zitiert von Diodoros Siculus –, Glauben schenken dürfen, ist der Dorfsänger in den authentischen Kleidern eines keltischen Mannes gezeichnet:

„Die Gallier haben lange Mäntel, tragen stramme Hosen und sind dazu gekleidet in Hemden mit langen Ärmeln, die bis zum Kreuz und Hintern reichen"[9]. „Ihre Mäntel stecken sie fest mit einer Nadel"[10] und „sie tragen einen Gürtel."[11].

Alle diese typischen Kleidungsstücke trägt Troubadix. Aber nicht nur die Kleidung selbst, sondern auch die Farbe und der Schmuck entsprechen dem, was die antiken Schriftsteller über die keltische Mode erzählen:

„Sie tragen wirklich auffallende Kleidung. Hemden und Hosen haben allerlei Farben und Prachtmotive. Ihre Mäntel stecken sie mit einer Nadel fest. Die Mäntel – dick im Winter und dünn im Sommer – sind gestreift und versehen mit vielfarbigen eng bedruckten Karomotiven."[12].

Wie aus dem Text von Poseidonios hervorgeht, ist der hellrote Mantel von Troubadix gut gewählt. Die Kelten liebten offensichtlich helle Farben und Muster. Das Karomotiv von Troubadix' Hemd verrät auch die Kenntnisse, die Goscinny und Uderzo von der keltischen Kultur hatten. Denn außer der Beschreibung von Poseidonios bezeugt die Archäologie keltische Vorliebe für Block- und Karomotive. So wurde ein gut erhaltenes kariertes Frauenkleid aus der Zeit lange vor den Asterix-Comics gefunden; eine römische Darstellung eines schottischen Kriegsgefangenen zeigt uns eindeutig eine karierte Hose[13]. Es bestehen also Gründe zur Annahme, dass in der keltischen Mode in großem Umfang Karomotive üblich waren, und aus diesem Grund dürften Troubadix' kariertes Hemd und seine stramme Hose korrekt übernommen worden sein.

Auch die Haare des Barden sind auf Farbtaf. 7,d zu sehen. Troubadix trägt seine langen blonden Haare nach hinten gekämmt, zudem hat er einen kräftigen Schnurrbart. Auch diese Details erweisen sich als historisch und archäologisch gerechtfertigt. Die langen Haare sind ebenso kennzeichnend für die Gallier wie die Hose. Nicht ohne Grund haben die Römer Gallien als „Gallia bracata" oder „Gallia comata" bezeichnet: Das „Gallien der Hosen" oder das „Gallien der langen Haare", wie wir es übersetzen würden.

Die blonde Farbe der Haare des Troubadix ist ebenfalls historisch belegt; denn Poseidonios, der griechische Reisende, berichtet über die Haarmode der Gallier: „Die Gallier waren lang von Gestalt, mit geschmeidigen Muskeln und einer hellen Hautfarbe. Ihr Haar war von Natur aus blond ..."[14]. Er informiert uns auch über die gallische Vorliebe für Schnurrbärte: „Manche rasieren sich, manche lassen den Bart mit Maßen wachsen. Die vornehmen Leute rasieren sich die Wangen glatt, aber ihre Schnurrbärte lassen sie unbehindert wachsen ..."[15].

Die langen Haare von Troubadix und sein Schnurrbart haben also nichts mit seinen Künstlerambitionen zu tun. Dass Kelten gerne lange Haare trugen und einen Schnurrbart kultivierten, wird durch die bekannten Statuen der sterbenden gallischen Krieger bestätigt; diese aus Pergamon stammenden Skulpturen tragen Schnurrbärte, und ihre langen Haarlocken fallen nach hinten wie bei Troubadix. In seiner Person lassen sich die typische keltische Kleidung und Frisur wieder finden.

Trotz seines „normal" keltischen Aussehens ist Troubadix kein gewöhnlicher Mann, sondern ein Barde. Über die besondere Stellung des Sängers in der keltischen Gesellschaft berichtet Poseidonios: „Es gibt bei den Kelten Liederdichter, die sie Barden nennen. Während sie sich selber auf einem Instrument begleiten, das einer Leier gleicht, besingen sie den Ruhm eines Mannes und bringen Schmählieder gegen andere zu Gehör."[16].

Die Aufgabe, die Troubadix, historisch gesehen, hat, ist genau das, was er immer wieder aufs Neue versucht: Das Singen von Liedern zu den Klängen seiner Leier. Warum es ihm nicht gelingt, die Dorfbewohner für seine Kunst zu gewinnen, wird nicht deutlich. Die Schuld daran liegt nicht an seinem Instrument; denn die Leier, die Troubadix auf Farbtaf. 7,d so entspannt an seinen Hüften ruhen lässt, ist archäologisch korrekt dargestellt: Bekannt ist die Skulptur einer keltischen Gottheit mit einer Leier, der das Instrument von Troubadix täuschend ähnlich sieht. Auch Münzen aus Aremorica, der Landschaft, in der Troubadix der Comics lebt, zeigen Abbildungen des Bardeninstruments[17; 18].

Mit seiner Kleidung, seiner Frisur und seinem Instrument verkörpert Troubadix wahrscheinlich den historischen keltischen Barden. Durch die große Beliebtheit der Asterix-Comics sind Millionen Erwachsene und Kinder heute mit der Ikonographie des typischen keltischen Barden des freien Galliens vertraut. Mit der Besetzung Galliens durch Julius Caesar und seine Legionen ging diese Zeit zu Ende.

Augenblix – Römer oder Kelte?

Nach dem antiken Schriftsteller und Geographen Strabon vollzog sich der Wandlungsprozess rasch. In sehr kurzer Zeit verschwand die keltische Kultur und ging in der römischen auf. Strabons Formulierung dieser Wahrheit ist unmissverständlich: „(Heutzutage) sind sie eigentlich keine Barbaren mehr, sondern sie haben sich äußerlich zum größten Teil in Römer verwandelt. Sie sprechen Lateinisch, ihre Lebensweise ist römisch und manche haben sogar die römische Verwaltungsform."[19].

Nach Strabon waren die Gallier zu Beginn unserer Zeitrechnung also nicht länger von Römern zu unterscheiden; ihre eigene Sprache, Kultur und Gewohnheiten hatten sie gegen römische eingetauscht.

Goscinny und Uderzo, die dieses Phänomen der Romanisierung auch kennen, folgen Strabon hier nicht. Nach ihnen wurden die Gallier zwar durch die Kultur des römischen Siegers beeinflusst, doch blieb viel keltisches Kulturgut bewahrt. Wie sie sich die Verhältnisse zwischen römischer und keltischer Kultur vorstellen, zeigt sich in dem Comic: Asterix, Der Kampf der Häuptlinge. Darin erscheint das Dorf mit dem Namen Sérum, das nach den Schilderungen Strabons in kurzer Zeit romanisiert werden würde. Augenblix, der Häuptling des Dorfes, ist ein Freund der Römer und verhält sich entsprechend: Er will Sérum im Eiltempo in eine römische Stadt umwandeln (Farbtaf. 7,e).

Auf Farbtaf. 7,e sind die Ergebnisse zu sehen. Die Häuser zeigen unverkennbar römische Züge, die Einwohner tragen anstelle ihrer traditionellen keltischen Tracht eine römische Toga. Auch sollen sie ihre Haare nach römischer Art kurz schneiden lassen. Die Kinder, so zeigt sich an anderer Stelle des Comics, müssen zur Schule, um Lateinisch zu lernen. So erhält Sérum das Aussehen einer rein römischen Stadt.

Wer die Farbtaf. 7,e aber genau betrachtet, sieht, dass der römische Charakter nur Schein ist. Die Häuser sind zwar mit typisch römischen Säulen und Dreiecksgiebeln versehen, aber ihre Dachdeckung aus Stroh und die Holzstämme sind noch recht keltisch. Für die Einwohner selber gilt, dass sie wohl römische Togen tragen, aber auch noch „keltische" Helme auf dem Kopf haben. Die Romanisierung, so machen Goscinny und Uderzo uns hier deutlich, war nicht so vollständig wie Strabon es erscheinen lässt. Ihre Zeichnung zeigt, dass unter der Oberfläche römisch anmutender Elemente deutlich keltische Relikte zu sehen sind.

Eine kleine Erkundungsfahrt durch das Gebiet der gallo-römischen Architektur gibt den Schöpfern von Asterix Recht. Archäologen haben in der Umgebung von Trier die Reste eines gallo-römischen Tempels gefunden. Dieses Heiligtum besteht aus einer quadratischen Cella, umgeben von einem quadratischen Säulengang[20]. Die Materialien, mit denen dieser Tempel gebaut wurde, entsprechen den von den Römern üblicherweise benutzten: Mauern und Säulen sind aus Naturstein gebaut, das Dach ist mit für die römische Architektur charakteristischen roten Ziegeln gedeckt. Der Grundriss des Heiligtums ist jedoch nicht römisch, denn römische Tempel hatten im Allgemeinen einen länglichen Grundriss.

Der gallo-römische Tempel bei Trier wurde wohl von einem Architekten gebaut, der über Kenntnisse römischer Baumaterialien und Techniken verfügte, aber keinen römischen Bauplan zur Verfügung hatte. Heiligtümer mit viereckiger Cella, die von einem quadratischen Säulengang umgeben waren, sind von den Kelten schon lange vor der Römerzeit gebaut worden. Im englischen Heathrow wurde ein derartiger, aus Holz gebauter Tempel gefunden[21]. Nachdem die Römer ganz Gallien (ganz Gallien?) unterworfen hatten, wurde in dieser Provinz zwar die römische Bauart eingeführt, aber der traditionelle Grundriss des Heiligtums beibehalten. Für diese Art von Tempeln, wie sie bei Trier, in England und in den Niederlanden gefunden wurden, gilt also genau das, was Goscinny und Uderzo in ihrem Comic suggerieren: Unter römischer Oberfläche zeigen sich keltische Elemente.

Schlussbemerkung

Die Asterix-Comics sind nicht nur beliebt, sondern auch lehrreich. Sie machen die Leser vertraut mit vielen keltischen Motiven und Gebräuchen. Auch machen sie den Lesern das komplizierte Phänomen der Kulturvermischung verständlich.

Anmerkungen / Literatur:

[1] Goscinny, R. & Uderzo, A. (1987): Asterix im Morgenland. Asterix Bd. 28: 11. Stuttgart.

[2] Strabon IV, 1.2; 4.3.

[3] Vgl.: Moreau, J. (1958): Die Welt der Kelten: Taf. 46. Stuttgart.

[4] Vgl.: Haffner, A. (Hrsg.) (1995): Heiligtümer und Opferkulte der Kelten: 19. Stuttgart.

[5] Caesar, Commentarii de bello Gallico VI, 13–14.

[6] Plinius, Naturalis Historiae XVI, 249.

[7] Tacitus, Historiae IV, 15.

[8] Ammianus Marcellinus, Res Gestae XX, 4.17.

[9] Strabon IV, 4.3.

[10] Diodoros Siculus V, 30.1.

[11] Strabon IV, 4.6.

[12] Siehe Anm. 10.

[13] James, S. (1993): Exploring the world of the Celts: 66; 133. London.

[14] Diodoros Siculus V, 28.1.

[15] Diodoros Siculus V, 28.3.

[16] Diodoros Siculus V, 31.2.

[17] Haffner a.a.O. (Anm. 4): 17.

[18] Lengyel, L. (1954): L'art gaulois dans les medailles: Nrn. 76 und 148. Montrouge Seine.

[19] Strabon IV, 1.12.

[20] Boethius, A. & Ward-Perkins, J.B. (1970): Roman and Etruscan architecture: 132. Harmondsworth.

[21] Piggott, S. (1970): The druids: 59,8. London.

Weitere Literatur:

Bittel, K., Kimmig, W. & Schiek, S. (Hrsg.) (1985): Die Kelten in Baden-Württemberg. Stuttgart.

Cunliffe, B. & Bührer, E. M. (Hrsg.) (1996): Die Kelten und ihre Geschichte. Bergisch Gladbach.

Royen, R. van & Vegt, S. van der (1998): Asterix – die ganze Wahrheit. München.

Schussmann, M. (1993): Die Kelten in Bayern. Treuchtlingen.

Spindler, K. (1996): Die frühen Kelten. Stuttgart.

Vercingétorix und die Kelten in der französischen Werbung

Bernadette Schnitzler

Zusammenfassung:

Die seit der Mitte des 19. Jahrhunderts benutzten Motive des Vercingétorix und der Gallier stellen in Frankreich sehr einflussreiche nationale Symbole dar. Abwechselnd von der republikanischen Linken und von der nationalistischen Rechten verwendet, ist das Bild des gallischen Anführers auch in der Werbung sehr präsent. In seiner Heimatregion Auvergne hergestellte Produkte, aber auch Zigaretten, Biersorten, Wein, Liköre und zahlreiche Nahrungsmittel benutzen sein Bild und das der „Gallier, unserer Vorfahren", um das gute Essen und die Freuden des Lebens anzupreisen.

In Frankreich sind die Gallier im Aufwind! Auf wissenschaftlicher und ästhetischer Ebene sind dafür die sichtbarsten Anzeichen der Erfolg der 1983 und danach 1987 in Paris[1] den Galliern gewidmeten Ausstellungen sowie der Erfolg der eigens die Person des Vercingétorix behandelnden Ausstellung 1994 in Saint-Germain-en-Laye[2].

Diesem Interesse für „unsere Vorfahren, die Gallier", die der republikanischen Schule vom Ende des 19. Jahrhunderts so teuer gewesen sind, schließen sich auch zahllose Sendungen, Presseartikel und Schriften an, die die wichtigsten archäologischen Entdeckungen der breiten Öffentlichkeit vorstellen und es dadurch erlauben, bis zu den fernen Ursprüngen der Geschichte Galliens zurückzugehen. Was finden wir davon im Bereich der kommerziellen Werbung und seit wann sind Vercingétorix und die Kelten in unserer Kulturlandschaft und in der Geschichte der Werbung unseres Jahrhunderts präsent?

Vercingétorix – ein mythischer Held der Geschichte Frankreichs

Die Geschichte des Vercingétorix, des Anführers der Arverner, bildet eine wichtige Episode in der Eroberung Galliens durch Julius Caesar[3]. Nachdem Vercingétorix eine gewisse Zahl von gallischen Stämmen vereinigt hatte, um dem römischen Eindringling entgegenzutreten, errang er einen wichtigen Sieg bei Gergovia, wo Caesar die Belagerung aufgeben musste. Vercingétorix wurde 52 v. Chr. durch den römischen Feldherrn vor Alesia besiegt. Nachdem er sich Caesar ergeben hatte, brachte man ihn als Gefangenen nach Rom, wo er am Triumphzug seines Bezwingers teilnahm, bevor er 46 v. Chr. im Gefängnis den Tod fand.

In der zweiten Hälfte des 19. Jahrhunderts erlangen die Gallier dann allmählich ihren Platz in der nationalen Geschichte, auf Kosten Chlodwigs und der Franken, die bis dahin die einzigen Vertreter der nationalen Einheit waren. Während des Zweiten Kaiserreichs beginnen durch das überaus große Interesse, das Kaiser Napoleon III. für Caesar und seinen unglücklichen Gegner zeigt, die Verherrlichung des Vercingétorix und die Ausgrabungen von Alesia, Gergovia und Bibracte. Dieses neue Bild der Gallier bildete lange einen ideologischen Spielball, der sich, vor allem in den Schulbüchern und Kinderbüchern[4], durch eine besondere Inszenierung des gallischen Mythos ausdrückt, durch den Gegensatz zwischen einem monarchischen und katholischen, Chlodwig treuen Frankreich, und einem republikanischen und weltlichen Frankreich, für das Vercingétorix der erste Held der Geschichte und der nationalen Identität wird.

Am Ende des 19. Jahrhunderts erlebt man eine neue politische Verschiebung des Themas, mit einem Anstrich von rachsüchtigem Patriotismus, die von der republikanischen Linken in den Kreis der extremen Rechten führen wird. Als Vorbild eines starken und mächtigen Anführers, den Frankreich nötig hätte, um den nationalen Zusammenhalt wiederherzustellen, wird Vercingétorix ausgiebig und erfolgreich in der Propaganda des Generals Boulanger benutzt, aber auch während des Ersten Weltkrieges (unter dem Thema: Die Gallier sind die Vorfahren der „Landser", die das bedrohte Vaterland und die Freiheit verteidigen), danach auch von der Regierung von Vichy[5]. Die zwischen Oktober und Dezember 1942 in den Schulen durchgeführte Plakataktion bietet eine ganze Reihe von Vorlagen von Alain Saint-Ogan zum Thema „Das Frankreich, das wir lieben". Unter den in Anspruch genommenen Persönlichkeiten, welche die Fortdauer des ewigen Frankreichs illustrieren sollen, steht Vercingétorix neben Chlodwig, der Heiligen Genoveva, Bayard, Heinrich IV., Napoleon, Pasteur und natürlich Marschall Pétain. Ein 1941 von Eric für die Jugendlager gestaltetes Plakat nimmt dasselbe Motiv des berühmten Vorfahren wieder auf – mit Schnurrbart, Helm und einer Tunika aus Tierfell und eine schwere zweischneidige Axt haltend, zeigt er dem jungen Franzosen, der dem Aufruf der Vichy-Regierung folgt, den Weg!

Abb. 1: Delahaye übernimmt das Bild des Galliers, um die Vorzüge seiner Luxusautos anzupreisen. („L'Illustration", doc. Musée Archéologique de Strasbourg).

Die Ereignisse des Mythos werden außerdem durch die Sammelbildchen, die von zahlreichen Herstellern von Grundnahrungsmitteln (Chicorée La Bergère, Chicorée L. Pilloy, Liebig-Fleischbrühe) oder von Arzneien (Qualitätssirup Pivot) angeboten wurden, weit verbreitet. Zum sehr bunten Bild auf der Vorderseite gehört ein ausführlicher Text auf der Rückseite, der die dargestellte Episode aus dem Leben des gallischen Anführers erläutert. Außerdem zeigt eine prächtige, in einer der Ausgaben der Zeitschrift „L'Illustration" in den 1930er Jahren erschienene Schwarzweiß-Reklame für die Delahaye-Autos (Abb. 1) die Vorstellung von Qualität und Stärke dieses Luxuswagens: Dieser erscheint im Vordergrund, während der Schatten eines angreifenden gallischen Reiters, das Schwert nach vorn gehalten, die ganze obere Hälfte der Anzeige beherrscht. Dadurch wird dieses Spitzenauto mit dem Begriff von Epos und Abenteuer und mit den „Qualitäten der gallischen Rasse" verbunden.

Vercingétorix stellt somit seit der Entstehung des Motivs ein einflussreiches, aber für die nationale Identität ambivalentes Symbol dar. Sein Bild ist gleichzeitig auch sehr eng an das der Region Auvergne geknüpft, des Gebietes, über das der König der Arverner nur kurze Zeit regierte.

Vercingétorix, Symbol einer Region: Die Auvergne

Es gibt zahlreiche Produkte der Auvergne, die ihrerseits das Bild des gallischen Anführers oder Episoden seines heldenhaften Lebens wieder aufnehmen. Sie profitieren dabei von der Aura, welche die zum Mythos gewordene Person des Vercingétorix umgibt. Beim Blättern in der Zeitschrift „L'Illustration" kann man einige schöne Anzeigen zu diesem Thema sammeln:

- Der von F. Genestine in Clermont-Ferrand kreierte Apéritif LE GAULOIS trägt eine Darstellung des Vercingétorix-Denkmals, das auf dem Place Jaude in der Stadtmitte steht und dem Bildhauer Bartholdi verdankt wird.
- Die Zündkerzen GERGOVIA, die in Clermont-Ferrand kurz vor dem Krieg hergestellt wurden, haben ihren Namen von Gergovia, das durch den Sieg des Vercingétorix über die Legionen Caesars berühmt wurde.
- Dasselbe gilt für den Wagenheber „Furet GERGOVIA" der Firma Pingeot in Clermont-Ferrand in einer 1933 erschienenen Anzeige.
- Die Fahrräder GERGOVIA haben ein ovales Markenzeichen, das auf purpurfarbenem Grund einen vergoldeten Gallierkopf im Profil zeigt.
- Die Möbel VERCINGÉTORIX tragen den Namen des gallischen Helden.
- Der Waschkessel LA GAULOISE setzt den Gallierinnen ein Denkmal.
- Das aus der Auvergne stammende obergärige Bier KORMA, das noch heute hergestellt wird, schmückt seine Etiketten mit einer Büste eines Galliers, der den unvermeidlichen geflügelten Helm trägt.

Vercingétorix ist also auch der sinnbildliche Vertreter einer ganzen Region geworden, und sein Name ist beharrlich in den Dienst der kommerziellen Verkaufsförderung der Produkte aus seiner Heimatregion gestellt worden.

Von den antiken „Klischees" zur Realität: Der Gallier als Trinker und Schlemmer

Die Lektüre der antiken griechischen und lateinischen Autoren liefert lehrreiche Hinweise zur Art und Weise, wie die griechisch-römische Kultur die barbarischen Völker sah, und insbesondere die Gallier, die man außerdem von den Errungenschaften der römischen Zivilisation profitieren lässt, um besser für den Sieg und die Eingliederung in das Imperium zu sorgen.

Diodoros Siculus unterstreicht ihren Hang zum Wein und zu guter Kost: „Da sie bis zum Exzess den Wein lieben, den die Händler ihnen unvermischt bringen, trinken sie so gierig davon, dass sie betrunken in einen tiefen Schlaf fallen oder in wütende Anfälle geraten. Auch versäumen es viele italische Händler, die durch ihre gewohnte Geldgier getrieben werden, nicht, aus der Liebe der Gallier zum Wein Profit zu ziehen. Sie bringen den Wein sowohl mit Schiffen auf den befahrbaren Flüssen als auch auf Wagen, die sie über das flache Land führen"[6]. Und etwas später: „Man ehrt die Tapferen, indem man ihnen die besten Fleischstücke anbietet"[7].

Es erstaunt daher nicht, die Gallier in Verbindung mit einem männlichen Bild und vor allem der guten Küche und den Freuden des Lebens wieder zu finden: Alkoholika, Liköre, Produkte des Landes und Zigaretten benutzen mehr oder weniger geglückt diese klischeehafte Vorstellung von unseren fernen Vorfahren[8].

Nach einer Grafik von Léo Dupin wandeln die von der staatlichen Tabakmanufaktur hergestellten Zigaretten CELTIQUES, später GAULOISES, das Motiv des sitzenden gallischen Anführers ab, der ein Päckchen CELTIQUES in der Hand hält und schwelgerisch an einer Zigarette zieht. Später entwickelt sich das eigentliche Motiv des „gallischen" Helms (Abb. 2).

Er leitet sich von einem Helm ab, der tatsächlich einem bronzezeitlichen Vorbild entspricht und dessen Form sich somit in unserer heutigen Zeit verewigt hat. Die Streichhölzer CASQUE D'OR nehmen dasselbe Wahrzeichen auf, indem sie die Plakate und Streichholzschachteln mit einem rot-goldenen Helm auf grünem Grund schmücken, der in den Vorkriegsjahren allgegenwärtig war.

Abb. 2: Zigaretten CELTIQUES, GAULOISES, GALLIA, ebenso Streichhölzer CASQUE D'OR, die sich alle von keltischen Dekormotiven herleiten. (Slg. Musée Archéologique de Strasbourg).

Abb. 3: Zahlreiche Getränke verwenden das Bild des Galliers: Es handelt sich im Wesentlichen um Biersorten, seltener um Wein und, ganz ungewöhnlich, um ein elsässisches Mineralwasser, das CELTIC. (Slg. Musée Archéologique de Strasbourg).

Unter den Getränken (Abb. 3) ist nur das Mineralwasser CELTIC, das an der antiken Quelle von Niederbronn-les-Bains (Elsass) abgefüllt wird, alkoholfrei, im Gegensatz zu allen anderen Getränken, die unter dem Werbezeichen „gallisch" geführt werden.

Die Biersorten überwiegen, unter Bezugnahme auf die Cervisia, ein von den Galliern sehr geschätztes vergorenes Ge-

Abb. 4: Emailwerbetafel für das lothringische Bier LA MAXÉVILLE. (Aus: Wlassikoff, Michel [1985]: Le livre de la plaque émaillée publicitaire: 67 Abb. 113. Paris).

tränk. Man kann auch noch LA GAULOISE, LA BIÈRE DES DRUIDES, das Whisky-Bier CELTIC oder noch älter, das in Paris zu Beginn des Jahrhunderts gebraute Bier GALLIA anführen. Die in Lothringen hergestellten BIÈRES DE LA MAXÉVILLE (Abb. 4) zeigen dasselbe Motiv mit der Darstellung einer Gallierbüste, die einen mit schaumigem Bier gefüllten Seidel an die Lippen führt. Nicht zu vergessen der Absinth LA GAULOISE, der in Pontarlier (Doubs) vor dem Ersten Weltkrieg hergestellt wurde.

Der Wein bleibt im Allgemeinen eher das Erbe der Römer, welche die Weinkultur und die mit dem Weingenuss verbundenen Sitten in Gallien eingeführt haben sollen. Man begegnet jedoch einigen Ausnahmen, wo Wein und Gallier eine gute Mischung ergeben: LA TREILLE DES GAULES, der „französische Tafelwein" LE GAULOIS, LA CUVÉE DES HELVÈTES bilden dafür einige Beispiele. Was das L'ELIXIR GAULOIS anbelangt, das von der Firma Fillion in Lyon hergestellt wird, zeigt sein Etikett einen gallischen Häuptling und eine Druidin mit der goldenen Sichel in der Hand, in einer an Carnac und die Megalithen erinnernden Landschaft.

Einige Landkäsesorten berufen sich gerne auf die gallische Mythologie, wie der in Ille-et-Vilaine hergestellte Camembert LE VIEUX DRUIDE oder der Bauernkäse L'ARVERNE oder auch der Käse CELTES, der in der Haute-Saône hergestellt wird und dessen Verpackung einen bewaffneten Krieger mit Helm zeigt. Wir weisen außerdem auf ein ziemlich seltenes Beispiel von „Kabeljaufilets extra Vercingétorix" hin, die in Bègles in der Gironde zu Konserven verarbeitet werden!

Die Verwendung der Gallier in der Werbung ist keine neue Erfindung. Bereits Ende des 19. Jahrhunderts und an der Wende zum 20. Jahrhundert beherrscht ihr Bild die Plakate, die Wurstwaren, Alkoholika und Tabak anpreisen. Indem sich die Werbefachleute von archäologischen Publikationen inspirieren ließen, schufen sie aufs Neue eine pittoreske und stereotype Vorstellung vom Gallier mit Helm und Rüstung, mit markigem Gesicht, das von langen Haaren eingerahmt wird und einen breiten herabhängenden Schnurrbart wie einen Riegel trägt (Abb. 5). Die Forney-Bibliothek bewahrt mehrere Plakate mit einer packenden grafischen Darstellung für den Kakao André's Le Gaulois oder auch l'Elixir gaulois auf[9].

Zwei weitere Motive am Rande der eigentlichen Darstellung des Galliers knüpfen ebenfalls an diese Beschwörung des antiken Galliens im Verlauf der Romanisierung an und finden sich häufig auf Plakaten und Emailtafeln der ersten Jahrzehnte des 20. Jahrhunderts[10]:

Der lateinische Name für Gallien, Gallia, ist für eine Zigarettenmarke aufgegriffen worden, für das Qualitätspetroleum GALLIA, aber auch für das in Paris gebraute Bier gleichen Namens, dessen Werbung einen prächtigen sitzenden Gallier zeigt, der seine Arme in der klassischen Pose des sich ausruhenden Kriegers neben sich legt.

Der Hahn, das Symboltier par excellence der gallischen Legionen, erscheint auf verschiedenen Reklametafeln für Bier: Ovale Emailtafeln, die das krähende, stolz aufgerichtete Tier zeigen, um die BIÈRES DU COQ HARDI anzupreisen oder das BIÈRE MARX oder auch das BIÈRE DE SAINT-NICOLAS DE PORT. Man begegnet ferner der „gallischen Feder", hergestellt von A. Sommerville u. Co. in Birmingham in Großbritannien: Der Deckel dieser Schachteln für Federn trägt ein Medaillon, auf dem der unvermeidliche gallische Hahn inmitten eines reichen Flechtwerkdekors thront.

Die heutigen Umwandlungen des Motivs: Von Vercingétorix bis Asterix und Antar

Der Erfolg des kleinen gallischen Comichelden Asterix hat dem Motiv der Gallier in der Werbung ein neues Leben gegeben.

Die Veröffentlichung der ersten Abenteuer von Asterix und seinem treuen Freund Obelix 1959 in der Zeitschrift „Pilote" und später die regelmäßige Publikation der Bände von Uderzo und Goscinny

Abb. 5: Das Plakat des Comptoir alsacien et lorrain zeigt einen bewaffneten Gallier mit Helm, der hinter seinem Schild geschützt ist, ganz wie es der Kunde dieser Versicherungsgesellschaft sein wird. (Doc. Musée Archéologique de Strasbourg).

fanden einen unerwartet durchschlagenden Erfolg und trieben unseren kleinen Mann und seine Freunde aus dem Dorf der „unbeugsamen Gallier" an die Spitze des Ruhms. Asterix wird daher sehr häufig herangezogen, um zahllose Produkte zu verkaufen[11]. Die Hauptzielgruppe sind die Kinder, für die mehrere mit den Personen aus der Welt des Asterix geschmückte Kleidungsstücke und Unterwäsche geschaffen wurden, dazu eine Reihe von Süßwaren, Keksen und Milchprodukten, von Schreibwaren und von Schularikeln aller Art.

Der „Antar-Mann" stellt in den 1960er Jahren eine andere Umwandlung des Motivs dar (Farbtaf. 8,a). Die Benzinmarke hat tatsächlich als Markenzeichen einen kleinen Mann mit geflügeltem Helm und mit breitem herabhängendem Schnurrbart gewählt. Er hält Schwert und Schild, der durch eine stilisierte Lilie gekennzeichnet ist. Es ist unmöglich, hierin keinen dieser kämpferischen Gallier, von denen die Geschichtsschreiber sprechen, wieder zu erkennen!

Eine Restaurantkette LE GAULOIS besitzt ihrerseits über ganz Frankreich verteilt verschiedene Einrichtungen, deren gemeinsames Logo einen kleinen witzigen Mann darstellt: Er ist bewaffnet, trägt einen Helm und hält eine Lanze und einen Schild. Ebenfalls nicht zu vergessen ist eine berühmte „Gallierin", die 70 n. Chr. am Aufstand gegen die Römer in Germanien teilnahm: Die von Chateaubriand besungene Priesterin Velleda. Sie wird überwiegend für eine Reihe von Naturprodukten herangezogen, die mit der Gesundheit und dem Wohlergehen zusammenhängen. Unter der Marke WELEDA S. A., die seit 1924 in Huningen (Elsass) ihren Sitz hat, werden Salben, Badesalze und verschiedene Pflegeprodukte vertrieben, denen die geheimnisvolle gallische Druidin – deren Name sich hier ein wenig entstellt findet – das Qualitätszeichen eines Naturproduktes verleiht. Sie hat ihren Namen außerdem einer Federmarke gegeben, die von Baignol-et-Farjon in Nordfrankreich hergestellt werden.

Übersetzung des Beitrags vom Französischen ins Deutsche: Claudia Braun.

Anmerkungen / Literatur:

[1] Direction des Musées de France (1983–1984): L'art celtique en Gaule, collections des musées de province. Ausstellungskatalog. Ed. Réunion des Musées Nationaux. Paris. (Marseille, Paris, Bordeaux, Dijon). – Musée des Antiquités Nationales (1987): Trésors des princes celtes. Ausstellungskatalog. Ed. Réunion des Musées Nationaux. Paris. – Gran-Aymerich, Eveline & Jean (1988): Visions de la Gaule indépendante au XIXᵉ siècle. Mythe historique et réalité archéologique. In: Le Monde des images en Gaule et dans les provinces voisines. Caesarodunum XXIII, Kolloquium Sèvres 16.–17. Mai 1987: 109–119. Paris.

[2] Vercingétorix et Alésia (1994): Ausstellungskatalog, Musée des Antiquités Nationales, Saint-Germain-en-Laye. Ed. Réunion des Musées nationaux, Paris.

[3] Markale, Jean (1995): Vercingétorix. Paris.

[4] Amalvi, Christian (1988): De l'art et de la manière d'accomoder les héros de l'histoire de France. De Vercingétorix à la Révolution: 53–87. Paris. – Simon, André (1989): Vercingétorix et l'idéologie française. Paris.

[5] Amalvi a.a.O. (Anm. 4): 83.

[6] Diodoros Siculus XXVI.

[7] Diodoros Siculus XXVIII.

[8] Flutsch, Laurent (1996): Préhistoire et Gaulois sauce marketing. In: Le passé recyclé. L'antiquité dans le marketing d'aujourd'hui. Ausstellungskatalog Schweizerisches Landesmuseum Zürich und Museum von Lausanne-Vidy: 14–21; 30–39.

[9] Vercingétorix et Alésia a.a.O. (Anm. 2): 372–374 (Abbildung von drei Anzeigen).

[10] Wlassikow, Michel (1985): Le livre de la plaque émaillée publicitaire: 23; 66–67; 71; 74–75; 91. Paris. – Courault, Pascal & Bertin, François (1993): „Email et pub. 100 ans de plaques émaillées françaises: 49–51; 94–95. Rennes.

[11] Jallon, Marc (1994): Toutastérix. Paris.

Germanische Motive

Der Wikingermythos in Schweden

Gustaf Trotzig

Zusammenfassung

Der Verfasser ist der Meinung, dass der Wikingermythos unserer Tage sich seit dem Mittelalter herausgebildet hat. In den verschiedenen Zeiten haben sich unterschiedliche Züge in Übereinstimmung mit den Vorstellungen und dem Geschmack der Zeit entwickelt. Der Wikingermythos hat also zu unterschiedlichen Zeiten unterschiedlichen Zwecken gedient. Es gibt dafür sowohl positive als auch negative Beispiele.

Die Zeit von 800–1050 n. Chr. wird in den nordischen Ländern die Wikingerzeit genannt. Zu dieser Zeit wurden die Nordländer auf dem Kontinent und auf den Britischen Inseln zuerst als Seeräuber und später als Eroberer bekannt. Aber sie unternahmen auch gewagte Fahrten zu entfernten Inseln des Atlantischen Ozeans und nach Grönland, um diese friedlich zu kolonisieren. Andere sind als Handelsleute auf den russischen Flüssen ostwärts gefahren oder haben sich in Konstantinopel als Söldner verdingt. Sie haben auch eine Rolle bei der Gründung des ältesten russischen Reiches gespielt.

Weil man diese geschichtliche Periode die Wikingerzeit genannt hat, wird das Wort „Wikinger" im modernen Sprachgebrauch als Synonym für das Wort „Nordländer" gebraucht und gilt als Bezeichnung für die Bewohner Skandinaviens während dieser Zeit. Dies ist nicht korrekt, da sich immer nur ein Teil der Bevölkerung auf Fahrten begeben hatte.

Die Mythenbildung der Wikingerzeit begann schon während des Mittelalters in den nordischen Ländern; will man die heutige Situation verstehen, ist es nötig, auch die geschichtliche Entwicklung zu betrachten.

Schweden als der „Mutterleib aller Völker"

In Schweden ist das Jahr 1554 bedeutungsvoll. In jenem Jahr erschien in Rom das Werk „Die Geschichte aller Göta- und Sveakönige" von Johannes Magnus, dem letzten katholischen Erzbischof Schwedens, der zur Zeit der Reformation gezwungen war zu fliehen. Seine Schrift ist auf einem mittelalterlichen Mythos Schwedens als dem „Mutterleib aller Völker" begründet. Diese Idee hat er aus den Werken des oströmischen Verfassers Jordanes aus dem 6. Jahrhundert n. Chr. über die „Geten", d. h. die Goten, übernommen. Alles beginnt mit Noah, der nach der Sintflut in Skythien gelebt habe, worin der Verfasser auch Schweden einbezieht. Durch die Enkel Noahs sei Schweden die Urheimat der Goten geworden. Allmählich seien diese unter der Leitung ihres Königs Berik in die Welt ausgewandert und hätten mit Klugheit, Tapferkeit und Edelmut unvergleichliche Eroberungen durchgeführt.

In der Form der Heldensagas erzählt Johannes Magnus, ohne sich auf historische Tatsachen zu stützen, von 90 ausländischen und nicht weniger als 130 einheimischen Königen gotischen Ursprungs.

Der auch in Deutschland wohl bekannte schwedische König des 17. Jahrhunderts, Gustaf II. Adolf, war ein gebildeter Mann. Er wurde sehr von dem Gedanken stimuliert, dass er selbst einer aus der langen Reihe edler Könige wäre, und hat sich im Schloss von Stockholm mit Bilderteppichen mit historischen Motiven umgeben. Die großen Erfolge Schwedens auf den Schlachtfeldern des Dreißigjährigen Krieges wurden als Wiederholungen früherer Großtaten der Goten betrachtet. Im 17. Jahrhundert wurde die Förderung der historischen Forschung zur bedeutenden Staatsangelegenheit. Von großer Bedeutung für die Entwicklung im 17. Jahrhundert waren im Norden die Übersetzungen der Schriften des isländischen Verfassers Snorre Sturlasson und deren Veröffentlichungen. Diese Arbeiten wurden später fortgesetzt, auch wenn die Zeit Schwedens als Großmacht am Anfang des 18. Jahrhunderts zu Ende gegangen war.

Die isländischen Sagas inspirierten die Schweden in großem Ausmaß. Aber auch fremdes Gedankengut hat die Situation in Schweden stark beeinflusst. Der französische Philosoph Montesquieu vertrat die Meinung, dass die menschliche Kultur von äußeren Faktoren wie Klima und geographischen Verhältnissen beeinflusst werde. Jean-Jacques Rousseau behauptete in einigen stark beachteten Schriften, dass das Stadtleben schädlich sei und hielt ein Leben „zurück zur Natur" für ideal. Die Völker in der kargen Natur mit den großen Wäldern des Nordens wurden daher als eine Art edler Wilder betrachtet.

Die gotische Welle

In Schweden wurde der Verlust Finnlands im Kriege gegen Russland 1809 zu einem Signal des Nachdenkens und des kritischen Rückblicks auf die Idealisierung der Vorzeit während des 17. Jahrhunderts. Eine Gruppe intellektueller Männer hat im Jahre 1811 die Vereinigung „Der gotische Verband" gegründet, welche eine außerordentliche Bedeutung für die Romantisierung der Wikingerzeit hatte. Der Verei-

Abb. 1: Der schwarze Wikinger links wurde 1916 anlässlich des Jubiläums eines schwedischen Großunternehmens gefertigt. Zu jener Zeit war es noch möglich, Wikinger für ernste Zwecke zu verwenden. Der Wikinger in der Mitte ist modern. Man kann eine Flasche in seinem Inneren verstecken, und die Hörner am Helm kann man abnehmen und als Trinkgefäße benutzen. Der kleinste Wikinger wurde in den letzten Jahren in Taiwan hergestellt. Die Wikinger haben inzwischen offenbar ihren tiefsinnigen Symbolwert verloren. (Foto: Gustaf Trotzig).

nigung haben sich einige der bedeutendsten Schriftsteller des Landes angeschlossen, die idealisierende, von den isländischen Sagas inspirierte Gedichte geschrieben haben. Einer der bekanntesten war der Bischof Esaias Tegnér, der 1825 eine epische Dichtung „Die Saga des Frithiofs" herausgegeben hat, in der die Wikingerzeit verherrlicht wird und die meisten Schandtaten der Wikinger stillschweigend übergegangen werden. Der Held Frithiof wird als edler Ritter beschrieben. „Die Saga des Frithiofs" wurde weit verbreitet und gelesen und gehörte zum obligatorischen Schulunterricht in Schweden bis in die 1960er Jahre. Vielleicht werden noch heute hier und da einige der Gedichte in den Schulen gelesen.

Die gotische Welle von Leidenschaft für die Vorzeit hat am Anfang des 19. Jahrhunderts allmählich abgenommen, aber das geweckte Interesse ist nie ganz verschwunden, und die Historiker haben ihre Arbeiten zur Erforschung der Vorzeit des Landes weitergeführt.

Die neugotische Welle

Während des ausgehenden 19. Jahrhunderts und des beginnenden 20. Jahrhunderts lebte die Wikingerromantik in einer neuen Welle wieder auf. Der Geschmack an der Wikingerzeit kam in Kunst, Kunsthandwerk und Architektur zum Ausdruck. Durch große Kunst- und Industrieausstellungen wurde auch ein großes Publikum erreicht. Gemälde mit Wikingermotiven, Möbel und Porzellan mit wikinger-inspirierten Mustern wurden produziert und die norwegischen Stabkirchen wurden zu Vorbildern sowohl für private als auch für öffentliche Gebäude. Es wurden „Wikingermuster" geschaffen, die die Wikinger vermutlich selbst nicht als solche erkannt hätten.

Zu dieser Zeit wurden neue Stadtteile, Ortschaften und Straßen nach nordischen Göttern und Märchengestalten benannt wie z. B. Baldersgatan, Frejgatan, Odengatan, Torsgatan etc. (gata = Straße): Schlägt man das Straßenverzeichnis eines schwedischen Ortes stichprobenartig auf, stellt man fest, dass fast alle Orte solche Namen haben, welche zum größten Teil aus dieser Zeit stammen.

Nordische Personennamen sind zwar seit alten Zeiten in Gebrauch, aber sie wurden nun Mode. Viele Kinder erhielten Namen wie Ida, Hilda, Ragnar, Einar, Håkan, Torsten, Åke und so weiter. Es ist offenbar, dass einmal verwendete Namen auch von späteren Generationen immer wieder gebraucht werden; das gilt sowohl für Straßennamen wie für Personennamen.

In dieser Zeit wurden mehrere Versicherungsgesellschaften gegründet, und einige von ihnen, die noch existieren, bekamen nordische Namen wie Balder, Freja und Sleipner. Es muss ausdrücklich bemerkt werden, dass die Wikinger noch immer mit Ernst behandelt wurden – die spaßhaftigen Wikinger sind noch weit entfernt. Das Interesse an der Wikingerzeit, auch jetzt eine Modesache, erkaltete aber bald in höheren kulturellen Kreisen; ein volkstümliches Engagement blieb dennoch erhalten und bestand in verschiedenen Formen weiter (Abb. 1). Man kann z. B. in Schweden noch Tischdecken mit Wikingermustern und dergleichen kaufen, und Taschenmesser mit Wikingermotiven werden noch immer produziert.

Die Bedeutung der Archäologie

Als sich während der zweiten Hälfte des 19. Jahrhunderts die archäologische Wissenschaft entwickelte, wurde das Interesse an der Wikingerzeit verstärkt. Einen bedeutenden Beitrag dazu leisteten die Ausgrabungen auf der Insel Björkö im Mälarsee, auf der die älteste Stadt Schwedens entdeckt wurde: Birka. Die schriftlichen Quellen konnten dadurch bestätigt und komplettiert werden. Auch wurden vorher unbekannte Details der Kleidung, der Bewaffnung sowie verschiedene andere Tatsachen entdeckt.

Während der letzten Jahre hat sich unser Wissen von den Menschen und ihren Lebensumständen der Wikingerzeit bedeutend vergrößert. Sowohl neue Untersuchungen mit neuen Methoden als auch moderne naturwissenschaftliche Verfahren haben neue Tatsachen enthüllt, durch die wir ein nuancierteres Bild jener Zeit bekommen haben. Das alles ist von großem allgemeinem Interesse und wird von den Massenmedien aufgegriffen. Fast jährlich findet man in Schweden und insbesondere auch auf Gotland neue Funde aus der Wikingerzeit, was großes Aufsehen erregt.

Die noch existierende Wikingerzeit

Wenn man vom Wikingermythos spricht, ist es notwendig, sich der noch existierenden Denkmäler der Wikingerzeit zu erinnern. In Schweden „lebt" die Wikingerzeit vor allem in der Kulturlandschaft weiter. Dort gibt es mehr als 2000 Runeninschriften und auch Tausende von Grabhügeln und Gräberfeldern, die der jüngeren Eisenzeit angehören. Es hat sich gezeigt, dass die heutige Besiedlung überwiegend in der Vorzeit und besonders während der Wikingerzeit ihre heutige Struktur erhalten hat. In fast ganz Schweden und insbesondere rings um den Mälarsee ist es kaum möglich, sich zu bewegen, ohne dass man auf ein Denkmal der Wikingerzeit stößt.

Es gibt auch „lebendige" Denkmäler. Das sind die Ortsnamen, die noch heute die Namen nordischer Götter enthalten; so kann man bei einer Reise durch Schweden vielerorts auf Wegweisern und Hinweisschildern die Namen der Vorzeit noch lesen: Torsåker (= die Äcker Thors), Odensala (etwa: die Festsäle Odins), Frösslunda (etwa: das heilige Wäldchen des Frös) und so weiter. Manchmal weisen diese Namen auf heilige Plätze aus vorchristlicher Zeit hin. Es ist erstaunlich, dass diese Namen noch erhalten sind, nachdem vor mehr als tausend Jahren das Christentum nach Schweden gekommen ist. Es scheint, als ob diese neue Religion noch nicht alle ursprünglichen Strukturen des Landes überlagert hat. Dasselbe gilt auch für die Namen der Wochentage: Dienstag, Mittwoch, Donnerstag und Freitag haben in Schwedisch ihre Namen von alten nordischen Göttern erhalten.

Der „Standardwikinger"

Für den „heutigen", mythischen Wikinger ist die typische Kleidung bedeutungsvoll. Wir stellen uns den „echten" männlichen Wikinger wie folgt vor: Auf dem Kopf trägt er einen Helm, der mit zwei Hörnern versehen ist. Auf dem Körper trägt er ein kurzes, kittelähnliches Hemd, und die Beine sind gewickelt. Er ist mit Axt, Schwert, Speer und Schild bewaffnet. Von diesem Klischee hat die Wissenschaft nur einige Details bestätigen können, das Übrige gehört in die Welt der Phantasie. Es gibt selten eine direkte Verbindung zwischen dem Idealwikinger und den wissenschaftlichen Ergebnissen sein Äußeres betreffend.

Was den Wikinger von anderen Kriegern unterscheidet, ist der Hörnerhelm. Ein solcher Helm ist jedoch nie von Archäologen gefunden worden, und es ist auffallend, dass Helme aus der Wikingerzeit sehr selten sind, ja sogar so selten, dass die Museen oft ältere Helmtypen ohne Hörner auf den Werbeplakaten für Wikingerausstellungen zeigen. Der typische Hörnerhelm hat seine eigene Geschichte; er ist, auf die Wikinger bezogen, eine Erfindung des 19. Jahrhunderts. Man kann viele verschiedene Elemente an ihm erkennen: Der „Flügelhelm" des römischen Gottes Hermes, die gehörnte Stirn des Teufels, missverstandene archäologische Funde und vielleicht weitere Elemente sind in Illustrationen von Büchern des 19. Jahrhunderts zusammengeschmolzen. Seit diesen Tagen gehört der gehörnte Helm zum populären Bild der Wikinger. In Schweden kann man solche Helme aus Plastik kaufen, und sie werden oft benutzt, wenn man sich bei festlichen und frohen Anlässen als Wikinger fühlen will.

Der Wikingerhumor

Ein wichtiger Zug des Wikingermythos sind der drastische Humor oder auch Galgenhumor und die kernige Weise, in der man sich in der Wikingerzeit ausgedrückt hat. Gute Beispiele dafür findet man in den isländischen Sagas und in den nordischen mittelalterlichen Landschaftsgesetzen. Diese Charakterzüge sind von einem schwedischen Historiker aufgenommen und in sehr persönlicher Weise entwickelt worden. Sein Namen ist Frans G. Bengtsson, und sein Held „Röde Orm" (Rote Schlange) wird in zwei viel gelesenen und beliebten Büchern beschrieben, die in den 40er Jahren des 19. Jahrhunderts erstmals erschienen sind; diese sind m. E. die besten literarischen Schilderungen des Lebens in der Wikingerzeit, die wir in Schweden haben, und die Werke Bengtssons haben in Schweden große Bedeutung für die Entwicklung des rotbärtigen Standardwikingers gehabt. Dort wurde aber auch das Bild des ungeschliffenen, aber humoristischen Wikingers entwickelt; dazu kommt ein auffallend männlicher Chauvinismus, kombiniert mit einer Vorliebe für gutes Essen und Trinken.

Scherze über die Wikinger haben auch eine angelsächsische Tradition, deren bedeutendste Äußerung wohl der egozentrische Comicheld Hägar der Schreckliche mit seiner mannhaften Frau Helga ist, die seit den 1970er Jahren von dem Amerikaner Dick Brownie gezeichnet werden. Diese Comicstrips haben eine überraschend große Verbreitung: Sie kommen in 1300 Tageszeitungen weltweit vor.

Der „öffentlich-kommunale" Wikingermythos

Auch wenn die Wikingermode weitgehend abgeklungen ist, so hat man doch den Wikingermythos während der letzten Jahre für öffentliche Zwecke benutzt. Als Beispiele können einige Gemeinden in der Nähe von Stockholm genannt werden, deren Wappenbilder wikingerzeitliche Motive haben. So führen die Gemeinden Haninge einen Hahn von einem Runenstein, Täby ein Kreuz von einem Runenstein und Lidingö, das nahe an einer alten Handelsstraße liegt, drei Wikingerschiffe in ihren Gemeindewappen.

Abb. 2: In Schweden werden verschiedene Getränke verkauft, die auf die Wikingerzeit anspielen. Sie haben nichts gemeinsam mit den Getränken, die während der Wikingerzeit bekannt waren. (Foto: Gustaf Trotzig).

Sportwikinger

Zum Bild des Wikingers gehört auch die Vorliebe für die freie Natur und für den edlen Wettstreit. Dies hat einige Sportvereine inspiriert, sich Symbole mit wikingerzeitlichen Motiven für ihre Vereinsembleme zu schaffen. Eines der wohl bekanntesten führt der Schwedische Eishockey-Verband, der ein Wikingerschiff als Symbol hat, was etwas überraschend scheint. Dass hingegen der Segler-Verband ein Wikingerschiff hat, ist wohl nicht so erstaunlich.

Die populären Wikinger

Während der letzten Jahrzehnte ist das Interesse an den Wikingern und der Wikingerzeit sehr groß gewesen, und alle Institutionen, die Wikingerausstellungen präsentierten, haben bedeutende Besucherzahlen gehabt. In Schweden waren natürlich die seit Jahren durchgeführten Ausgrabungen auf Birka und deren intensive Beobachtung durch die Medien von großer Bedeutung.

Es sind auch viele populäre Bücher erschienen; das Interesse an den Wikingern scheint aber ein internationaler Trend zu sein. So sei z. B. an das Aufsehen erinnert, das man in York mit seinem Viking Centre durch systematische und professionelle Vermarktung erregt hat.

Auch die große internationale Ausstellung „From Viking to Crusader", die vom Europarat organisiert war, hat offenbar den Appetit des Publikums angeregt. Eine schwedische Wanderausstellung in Südamerika und Japan über die Wikinger hat eine erstaunlich große Resonanz gehabt. Dort waren insbesondere die Kinder gut informiert durch „Hägar den Schrecklichen", dessen Abenteuer sie täglich in den Zeitungen verfolgen konnten.

Unter dem Patronat des Europarats gibt es seit einigen Jahren mit Zentrum in Schweden ein Projekt, das sich „Viking Heritage" nennt. In kurzer Zeit hat es Mitglieder aus verschiedenen Ländern aufgenommen. Besonders bemerkenswert ist die große Anzahl von Mitgliedern aus Australien und den Vereinigten Staaten von Amerika.

Die Wikinger der Reklame

Die Wikinger kommen dann und wann in der Reklame vor, sowohl in Schweden als auch im Ausland. Dabei nutzt man die Wikinger als Werbesignal. Die Eigenschaften, die man in diesem Zusammenhang anführt, sind Mut, Stärke, Unternehmungsgeist, Genuss-Sucht etc.

Produkte, die besonders für Wikingermotive geeignet scheinen, sind Bier und Schnaps. In Schweden gibt es eine staatliche Monopolgesellschaft für den Verkauf von alkoholischen Getränken, und dort kann man auch viele „Wikingergetränke" finden. Es gibt verschiedene „normale" Biere, aber auch solche, die sich für „Met" ausgeben, das legendäre Getränk aus Honig, das bei den Wikingern besonders beliebt gewesen ist. Es handelt sich dabei nicht um die echte Ware – die nicht mehr in Schweden produziert wird –, sondern um ein gesüßtes Bier.

Es kommen auch verschiedene Sorten von Schnaps vor, die wohl an den großen Durst des mythologischen Wikingers anknüpfen sollen, obwohl die Destillation von Alkohol erst eine spitmittelalterliche Erfindung ist. Eine Marke ist z. B. mit dem Heidegagelstrauch gewürzt, der eigentlich in der Wikingerzeit ein Ersatz für Hopfen im Bier war. In anderen Fälle hat man sich damit begnügt, die Flaschenetiketten mit Wikingermotiven zu versehen (Abb. 2).

In der Mitte der 1950er Jahre versuchte man, einen schwedischen Wodka in den Vereinigten Staaten von Amerika auf den Markt zu bringen. Er wurde „Explorer" genannt und trug ein Wikingerschiff auf dem Etikett. Der Name war wohl auch eine wachsame Anspielung auf den ersten amerikanischen Satelliten mit demselben Namen, der zu jener Zeit ins All geschossen wurde. Trotz dieser raffinierten Strategie wurde es ein totaler Misserfolg, aber „Explorer" mit seinem Wikingerschiff ist noch heute eines der beliebtesten Getränke der staatlichen schwedischen Monopolgesellschaft.

Dann und wann werden die Wikinger auch dafür benutzt, um andere Produkte Skandinaviens zu verbreiten. In Zusammenarbeit mit der Industrie werden Wikingerausstellungen organisiert, die oft die Publizität der Produkte fördern. In diesen Fällen sind es positive Eigenschaften wie handwerkliche Geschicklichkeit und Sinn für Qualität, die man mit den Wikingern in Verbindung bringt.

Während der letzten Jahre sind Kopien von wikingerzeitlichen Schmuckstücken und auch neuer Schmuck, der von alten Funden inspiriert ist, begehrte Ware in den schwedischen Juweliergeschäften gewesen. Es handelt sich um Armringe, Spangen und Anhänger. Bei letzteren sind die so genannten „Thors-Hämmer" von besonderem Interesse. Der altnordische Gott Thor, Gott des Krieges und der Fruchtbarkeit, hatte sein eigenes Attribut, einen Hammer, der „Mjölner" genannt wurde. Den Mythen nach konnte Thor diesen Hammer nach seinen Feinden werfen und diese vernichten, dann kehrte der Hammer zu seinem Besitzer zurück.

Im archäologischen Material gibt es viele Miniaturen von Thors-Hämmern aus Eisen oder Silber. Sie wurden sowohl in weiblichen wie in männlichen Gräbern gefunden und kommen auch in Schatzfunden vor. Eine der führenden Persönlichkeiten der schwedischen Altertumsforschung, Professor Oscar Montelius (1843–1921), hat als Amulett stets einen kleinen Thors-Hammer an seiner Uhrkette getragen, auch wenn alle Staatsbeamten sich zur reinen lutherischen Lehre bekennen mussten.

Der Thors-Hammer ist den meisten schwedischen Schulkindern wohl bekannt durch eine spaßige Episode in der isländischen Edda, die auch als gezeichneter Comic vorliegt. Es handelt sich um den sagenhaften Vorgang, bei dem es den Riesen gelungen war, Thor den Hammer zu stehlen. Thor hat sich dann, als Frau verkleidet, seinen Hammer wieder zurückgeholt.

Thors-Hämmer aus Silber werden in Schweden oft von jungen Menschen an einer Kette um den Hals oder als Ohrringe getragen (Abb. 3). Solche Anhänger werden in großen Mengen auch im Laden des Historischen Museums Stockholm verkauft. Jüngst ereignete sich in diesem Laden eine kleine Episode, die besonders

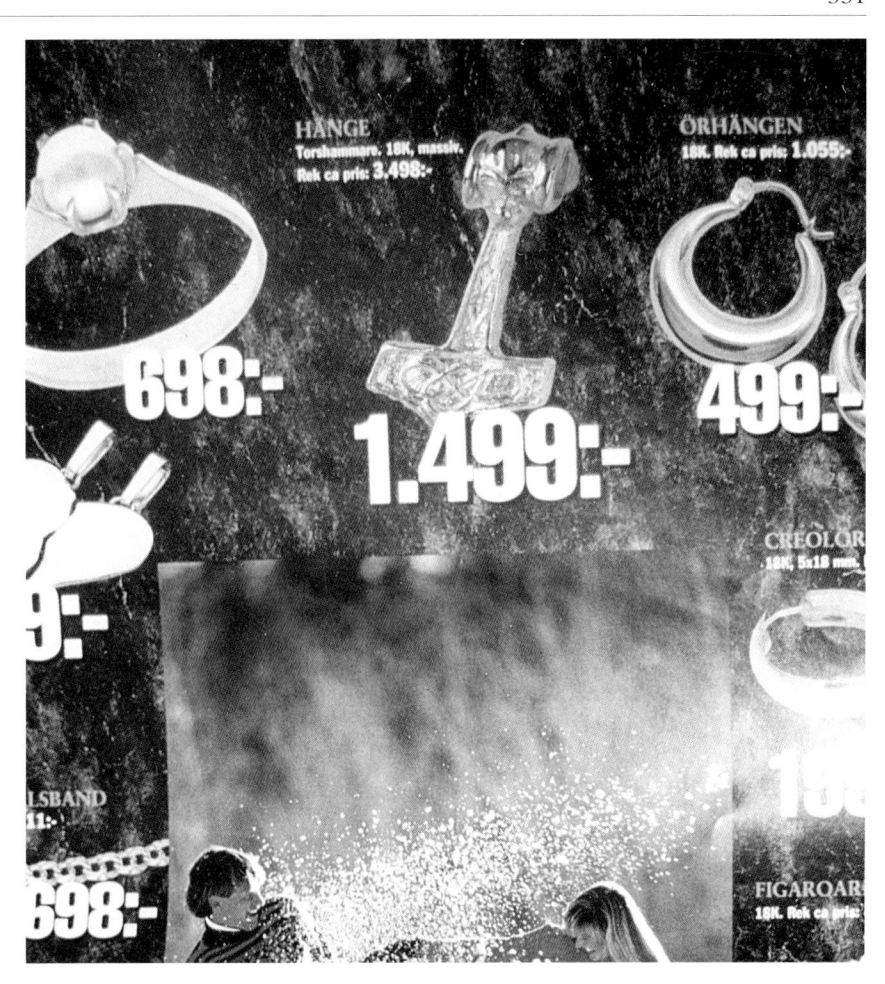

Abb. 3: Der Thors-Hammer (oben mitten) ist ein beliebtes Symbol, das man in jedem schwedischen Juwelierladen kaufen kann. Dies ist ein Werbeblatt, auf dem man den Thors-Hammer oben sehen kann. Während der Wikingerzeit kommen Thors-Hämmer nicht aus Gold vor, aber das spielt heute offenbar keine Rolle mehr. (Foto: Gustaf Trotzig).

gut die Verwirrung dieses Symbol betreffend beleuchtet: Eine alte Dame wollte ein Schmuckstück für ihren Enkel kaufen und zeigte auf einen Thors-Hammer. Im Gespräch mit dem Ladenangestellten ergab sich aber, dass es sich um ein Konfirmationsgeschenk handeln sollte. Mit Vorsicht konnte er die Dame dazu bewegen, statt des Thors-Hammers ein Kruzifix zu kaufen. Vielleicht hatte er damit einen peinlichen Konflikt zwischen dem Geistlichen und der Dame verhindert.

Eine andere Erscheinung des Wikingerinteresses unserer Zeit sind die Wikingersiedlungen, die hier und da entstehen. Ich kenne ungefähr zehn, aber weitere sind geplant. Sie sind hauptsächlich als kombinierte Schul- und Touristenanlagen gedacht und bekommen oft Unterstützung durch die Gemeinden, um unter anderem Arbeitsplätze zu schaffen.

Ein anderer Ausdruck des Interesses ist der Bau von Wikingerschiffen in originaler Größe für verschiedene Zwecke wie Wettsegeln, Touristenfahrten usw. In diesen Fällen handelt es sich oft nicht um professionelle Archäologen, sondern um Personen unterschiedlicher Berufe, die hiermit eine gemeinsame Aufgabe gefunden haben und gemeinsam Wikinger spielen können. Es ist wohl kein Zufall, dass diese Aktivitäten mit anderen Interessen an historischen Rollenspielen zusammenfallen, die auch andere Zeiten als die Wikingerzeit umfassen.

Im Rahmen der New Age-Bewegung, die während der letzten Jahre aufgeblüht ist, gibt es auch Gruppen, die sich für die altnordischen Götter intressieren, offenbar in Kombination mit Schamanismus. Es liegt aber in der Natur der Sache, dass dies ein schwer überschaubares Gebiet ist, aber alles spricht dafür, dass die Wirkung dieser Bewegung sehr begrenzt ist. In gewissen Buchhandlungen, in denen Publikationen über „New Age" und Okkultismus angeboten werden, kann man auch Handbücher über Runenmagie, Karten mit Runen und dergleichen finden, die auf alten Vorstellungen von den Runen innewohnenden Kräften und auf Zahlenmystik anspielen. Auch in diesen Fällen ist es sehr schwer, deren Wirkung festzustellen; vergleicht man jedoch dieses Angebot mit dem der übrigen Waren, stellt man fest, dass es sich um ein sehr begrenztes Produktangebot handelt.

Missbrauch der Wikingerkultur

Schließlich soll auch darauf hingewiesen werden, dass die Symbolwelt der Wikinger auf irgendeine Art für neonazistische und rassistische Gruppen in Schweden anziehend zu sein scheint. Offenbar stecken keine tiefsinnigen Gedanken dahinter, sondern es handelt sich nur um primitive Versuche, alte und wohl bekannte Klischees für eigene Zwecke auszunutzen und damit das eigene Handeln zu legitimieren. Auf dieselbe Weise versucht man, sich die schwedische Fahne zunutze zu machen.

Schlusswort

Wenn wir abschließend ein kurzes Resümee ziehen, so ist es offensichtlich, dass der Wikingermythos unserer Tage von verschiedenen Zügen, vor allem aus dem Mittelalter, geprägt ist. Man hat früh die isländischen Sagas übersetzt, und sie bilden die feste Basis, auf der der Mythos der Wikinger gewachsen ist.

Die verschiedenen Epochen haben das ausgewählt, was ihnen zugesagt hat, dieses dann verstärkt und Neues in Übereinstimmung mit den Vorstellungen und dem Geschmack der Zeit hinzugefügt. Der Wikingermythos hat also viele Zwecke erfüllt, die zu verschiedenen Zeiten variiert haben; dafür gibt es sowohl positive als auch negative Beispiele.

Die ernsthaften idealen Vorstellungen vom Wikingermythos im 19. Jahrhundert haben heute viel von ihrer Zugkraft verloren und es ist kaum möglich, sich im heutigen Schweden bei seriösen Anlässen auf sie zu beziehen. Dagegen gibt es einen großen Bedarf in der breiten Öffentlichkeit, mehr wissenschaftlich begründete Tatsachen über die Menschen der Wikingerzeit, ihre Lebensbedingungen, Mentalität und historische Ereignisse zu erfahren.

Man will auch gern archäologisch-historische Gegenstände und Kunst sehen und das literarische Erbe der Wikinger genießen. Der Wikinger als Person zeigt sich heute vor allem als ein Symbol der skandinavischen Völker, was besonders bei Sportveranstaltungen deutlich wird: So sieht man z. B. nicht selten Schlachtenbummler mit Wikingerhelmen und mit Gesichtern, die in den Farben der schwedischen Fahne geschminkt sind, die eifrig andere, die auch Wikingerhelme tragen, aber deren Gesichter in den Farben der dänischen Fahne geschminkt sind, zu überschreien versuchen.

In jedem Souvenirladen kann man auch kleine freundliche Wikingerfiguren als Erinnerung an einen hoffentlich angenehmen Besuch in Schweden kaufen. Das Erbe der Wikingerzeit wird zweifellos noch eine lange Zeit weiterleben, und jede neue Epoche wird das Ihre hinzufügen und anderes wegnehmen – wie in den Jahrhunderten zuvor.

Anmerkungen / Literatur:

[1] Edberg, Rune (1994): Expedition Holmgård. Vikingabåten Aifurs fård från Sigtuna till Novgorod. Ett arkeologiskt äventyr. Sigtuna Museers skriftserie 5. Sigtuna.

[2] Bengtsson, Frans G. (1993): Röde Orm och Vikingatiden. En föreläsningsserie utgiven av Frans G. Bengtsson sällskapet i samarbete Skissernas museum och Folkuniversitetet i Lund. Red. L. Ploman. Lund.

[3] Grandien, Bo (1987): Rönndruvans glöd. Nygöticistiskt i tanke, konst och miljö under 1800-talet. Nordiska Museets handlingar 107. Stockholm.

[4] Nordisk Vikingaguide (1995). Statens historiska museum. Stockholm.

[5] Trotzig, Gustaf (1995): Vikingar. Statens historiska museum. Stockholm.

[6] Viking Heritage (1997): Newsletter 1–2. Visby.

Karikaturen, Kopien oder ???
Die Wikinger im heutigen Dänemark

Anne Pedersen

Zusammenfassung

In Dänemark kann man heute den Wikingern überall begegnen. Sie tauchen ständig in der Werbung, beim Fußballmatch oder in den satirischen Zeichnungen der Tageszeitungen auf und vermitteln durch die damit verbundenen Assoziationen wohl bekannte und beabsichtigte Signale. Wikingerattraktionen verkaufen das Land an die Touristen, und die Wikingermärkte blühen. Die Faszination garantiert neuen Ausstellungen einen Publikumserfolg. An der Seite der Fachleute studieren Männer, Frauen und Kinder sorgfältig die archäologischen Ergebnisse und versetzen sich in die Vorzeit hinein. Jeder wählt sich seine Version, die der damaligen Wirklichkeit mehr oder weniger getreu ist.

„What a viking!" („So ein Wikinger!"): So lauteten die ersten Worte des damaligen Präsidenten Bill Clinton, USA – laut der Tageszeitung *Politiken* vom Samstag, dem 12. Juli 1997 –, als ihm nach seiner Ankunft in Kopenhagen am 11. Juli 1997 der dänische Umweltminister und Energieminister Svend Auken vorgestellt wurde.

Es bestand kein Zweifel, was der amerikanische Präsident gemeint hatte. Seine Worte bezogen sich auf das Aussehen des Ministers. Minister Svend Auken ist groß, hatte helles Haar, das heute weiß ist, und sieht so aus wie man sich einen Wikinger vorstellt und wie die Wikinger oft auf Gemälden, in Romanen und Novellen oder in Filmen wiedergegeben sind. Bill Clintons Ausbruch hat sicherlich auch weitere Gedanken und Assoziationen hervorgerufen, die den Regierungskollegen des Ministers ganz gut gefallen haben.

Die Wikingerzeit ist eine faszinierende und dramatische Epoche in der nordischen Geschichte. Mit den Wikingern lassen sich Schlüsselwörter wie Initiative, Selbstständigkeit und Entschlossenheit, körperliche Stärke und Tatkraft verknüpfen, und Wikinger nennt man heute oft Menschen, die die persönlichen Eigenschaften besitzen, die man den Wikingern zuschreibt, z. B. Männern und Frauen, die im tiefen Winter trotz des Klimas im eiskalten Wasser baden, oder Exportmanagern, die furchtlos und ohne Zögern ihre Geschäfte weit außerhalb der eigenen Landesgrenzen betreiben.

Derartige Anspielungen und Sinnbilder sind kein neues Phänomen. Schon im 19. Jahrhundert war der große, blonde Wikinger eine wohl bekannte Figur in der Literatur, und die Mythen sind ein fester Bestandteil des dänischen Kulturerbes geworden[1]. Einen „Wikinger" erkennt man leicht, und fast alle möchten wohl heutzutage wissen, wie ein Wikinger aussieht. Man muss sich aber fragen, ob die damaligen Menschen sich in vielen unserer heutigen Vorstellungen überhaupt wieder erkennen würden. Wahrscheinlich nicht!

Quellen zu den Wikingern

Schriftliche Überlieferungen waren viele Jahrhunderte hindurch die einzigen Zeugnisse über die Wikinger, ihre Lebensweise und ihre Eigenart. Die Briefe von Alkuin, dem angelsächsischen Berater Karls des Großen, an seine Kollegen erzählen von dem Schock, der nach dem Angriff im Juni 793 n. Chr. gegen das Kloster auf Lindisfarne in Northumbria ganz Westeuropa durchlief[2]. Kriege und brutale Überfälle waren nicht ungewöhnlich; keiner war aber darauf vorbereitet, dass die Heiden aus dem Norden auf so grausame Weise gegen christliche Institutionen und Gemeinden vorgingen. Es musste ein Zeichen Gottes sein, und Alkuin ermahnte die Mönche, sich gehorsamer nach Gottes Gebot zu richten. Die Angriffe der Nordmänner wurden jedoch fortgesetzt. Die Annalen und Chroniken der Höfe und Kirchen berichten von den Katastrophen, die Städte, Kirchen und Klöster trafen und die christlichen Reiche in Angst und Schrecken versetzten. Als stechende Hornissen, reißende Wölfe, Geißeln der Menschheit erschienen die Angreifer.

Die Nordmänner tauchten in den folgenden 250 Jahren überall auf, und Schriftsteller aus Europa und der arabischen Welt haben ihre Eindrücke und Reaktionen bei der Begegnung mit den Menschen aus dem heutigen Skandinavien niedergelegt. 921 n. Chr. traf Ibn Fadlan, Mitglied einer diplomatischen Delegation des Kalifen in Bagdad an den Fürst der Wolga-Bulgaren, auf seiner Reise an die Wolga die Nordländer („Ar-Rus")[3]. Ibn Fadlan hat uns die detailreichste Beschreibung einer Wikingerbeerdigung überliefert, und obwohl ihm mehrere Sitten der Fremden widerlich erschienen, war er sehr beeindruckt. Nie zuvor hatte er Menschen mit vollkommenerem Körperbau gesehen. Groß wie Dattelpalmen waren sie und rotwangig, jedoch auch die schmutzigsten von allen Geschöpfen Gottes! Mit verirrten Eseln hat er sie verglichen.

Ein ebenfalls weit gereister Mann, At-Tartûschi, Kaufmann aus dem Kalifat von Córdoba in Spanien, besuchte um 965 n. Chr. den Handelsplatz Haithabu an der damaligen dänischen Grenze, um dort Sklaven zu kaufen. Haithabu war eine große Stadt am äußersten Ende des Weltmeeres, jedoch nicht reich an Waren oder Werten. At-Tartûschi fielen die Menschen am Ort auf. Sowohl Männer als auch Frauen trugen Augenschminke, um ihre Schönheit zu vergrößern. Der Gesang der Einwohner hörte sich aber in seinen Ohren wie ein Gebrumm an, gleich dem Gebell von Hunden, nur noch tierischer[4]!

In der Heimat der Wikinger, in Skandinavien, finden wir nur wenige schriftliche Nachrichten aus der Zeit, obwohl die Runenschrift bekannt war. Runensteine wurden zu Ehren von Männern und Frauen, wichtigen Mitgliedern der Gesellschaft, die in der Heimat oder sogar in fernen Ländern gestorben waren, errichtet. Leider wird nicht viel über die Toten gesagt; man wusste damals ja, um wen es sich handelte. Die Heldentaten der Wikinger sind vielmehr durch die Sagas und die Skaldendichtung überliefert, die jedoch erst in den Jahrhunderten nach der Wikingerzeit niedergeschrieben wurden[5].

Spätere Gelehrte, Historiker, Philologen, Religionshistoriker etc. haben die sehr verschiedenen schriftlichen Quellen intensiv studiert und ein Bild der Jahrhunderte, in denen sich die Anwesenheit der Nordmänner überall in der bekannten Welt bemerkbar machte, gezeichnet. Es war eine Zeit voller Bewegung und Reiselust, großer Taten und Entdeckungen, deren Niederschlag in materiellen Überresten zu erwarten war, und die ersten dokumentierten archäologischen Funde des 19. Jahrhunderts schienen denn auch dieses zu bestätigen. In Norwegen, Schweden und Dänemark waren Männer mit Waffen, Pferdegeschirr und sogar Pferden und ihre Frauen mit reichem Schmuck begraben worden. Diese Grabsitten fanden ihre Erklärung in dem damaligen Bild der Wikinger und in den religiösen Mythen, die von Kampf und großen Taten im Leben nach dem Tode, zumindest für die Krieger, erzählten.

Die kraftvollen Bilder dieser Quellen haben den Stoff für viele Vorstellungen und Mythen über die Wikinger geliefert, stimmen aber nicht ganz mit den neuesten Zeugnissen, die die Archäologen und Wissenschaftler entdeckt haben, überein. Wie es oft der Fall ist, hängt das Bild von den Augen des Betrachters ab, und man kann behaupten, dass die Wikinger in manchen Fällen zu Opfern einer schlechten Presse geworden sind!

Andere Rollen
Unser Wissen ist heute viel nuancierter und dank archäologischer Funde, neuer Analysemethoden und Forschungsergebnisse wächst es ständig[6]. Gewiss haben die Männer aus dem Norden geraubt und geplündert; daran gibt es keinen Zweifel. Die Piraten und Mordbrenner waren aber nur eine sehr kleine Minderheit. Es gab viele andere Rollen zu spielen als die des brutalen Kriegers, der auch nach seinem Tode noch Heldentaten vollbringen sollte.

Die dänischen Könige konsolidierten im Laufe der Wikingerzeit ihre Macht, blickten aber gleichzeitig über die Grenzen ihres eigenen Reiches hinaus und engagierten sich stark in der Großmachtpolitik dieser Zeit. Harald Klak, vertriebener königlicher Thronanwärter, suchte im frühen 9. Jahrhundert Unterstützung am Hofe von Ludwig dem Frommen, Kaiser der Franken. Ungefähr 200 Jahre später gelang es Sven Gabelbart (1014 gestorben) und später seinem Sohn Knut dem Großen (1035 gestorben), England zu erobern. In der Heimat errichteten die Baumeister des Königs im 10. Jahrhundert große Anlagen wie die streng geometrischen Burgwälle, mächtige Brücken und Grabhügel, die als wohlgeplante Macht- und Prestigearchitektur der Zeit angesehen werden dürfen[7].

Die frühen Handelsplätze wie Haithabu an der Grenze entwickelten sich, und neue Stadtgründungen kamen dazu. In den modernen Städten von Ribe, Århus und Odense wie an anderen Orten, die nicht in der schriftlichen Überlieferung erwähnt sind, untersuchen die Archäologen Spuren von Siedlungen, die weit zurück in die Wikingerzeit reichen. Hier wohnten und trafen sich Stadtbewohner und Reisende, Kaufleute und Handwerker. Außerhalb der Städte, fern von dem Getümmel lebten die Bauern, deren große Höfe erst in den letzten Jahrzehnten entdeckt worden sind. Ganz unten in der Rangordnung der Gesellschaft standen die Sklaven, die im archäologischen Material nur schwer fassbar sind. Die Sklaven, aber sicherlich auch viele andere Menschen der Zeit, hatten kaum ein beneidenswertes Leben, denn die Knochenfunde aus den Ausgrabungen zeigen uns, dass Männer und Frauen nicht alle das klassische Bild von einem Wikinger hätten erfüllen können[8].

Wikinger heißt nicht nur Seefahrer, Freibeuter und Gewalttäter, sondern viel mehr. Obwohl nicht wissenschaftlich korrekt oder vollständig, bestimmen die älteren Perzeptionen und Mythen von den Wikingern immer noch unsere Vorstellungen, und Künstler, Designer, Werbeleiter und viele andere nützen die Bilder und Klischees für unterschiedliche Zwecke. Die Wikinger und das fast magische Wort „Wiking" vermitteln Assoziationen über Mensch oder Produkt, Ort oder Tätigkeit.

Stereotypen
Eine reiche Welt von Symbolik ist mit den Wikingern verbunden. Die Menge von stilistischen Variationen ist sehr groß; die Grundtypen wiederholen sich jedoch. Abgesehen von Helmen und Waffen (Schwert, Axt und Speer) sieht man in Dänemark ebenso wie im Ausland mythologische Figuren, Menschen, segelnde Schiffe oder Runen.

Die Helme mit Hörnern sind zweifelsohne das am besten bekannte Symbol der modernen Wikinger. Trotz der weiten Verbreitung dieses Motivs sind keine Parallelen aus der Wikingerzeit bekannt, und überhaupt finden wir in Skandinavien nur sehr wenige archäologische Zeugnisse für Helme. Aus Dänemark gibt es nur ein sehr fragmentarisches Beispiel, den Augenbrauenschutz für einen Helm. Er wurde 1850 bei Tjele in Jütland unter Eisenfragmenten in einem Werkzeugkasten, der wahrscheinlich einem Schmied der Wikingerzeit gehört hatte, gefunden[9]. Dass dieses Fragment wirklich Teil eines Helms war, wird von vereinzelten ähnlichen Beispielen aus den Jahrhunderten vor der Wikingerzeit bestätigt. Bisher haben die Archäologen nur einen einzigen Helm in einem wikingerzeitlichen Männergrab aus Norwegen gefunden. Gjermundbu Grab I gehört ins 10. Jahrhundert, und der halbrunde Eisenhelm der Bestattung trägt keine Hörner, Flügel oder ähnlichen Schmuck, ebenso wenig wie die runden oder spitzen Helme der kleinen Kriegerfiguren aus dieser Zeit[10] (Farbtaf. 8,b).

Die Helme mit Hörnern sind eine Fiktion, die erst Jahrhunderte nach der Wikingerzeit entstanden ist, und jedes Schulkind lernt heute im Geschichtsunterricht, dass diese Vorstellung falsch ist. Trotzdem hält sich das Bild der Hörnerhelme hartnäckig und ist untrennbar mit den Wikingern verbunden.

Ein weiteres Klischee, das wie die Helme nur wenig mit der damaligen Wirklichkeit zu tun hat und sehr häufig auftaucht, zeigt den jovialen, gesunden und esslustigen Wikinger, der außerdem ein wenig dumm ist, ein Frauenheld und ein Raufbold, der sich über jeden guten Kampf freut. Dieser Wikinger ist dem Cowboy in den alten Western nicht unähnlich, einem Mann, der sich in alle Schlägereien im Saloon mit großer Freude einmischt, ohne damit zu rechnen, dass er je zu Schaden kommen oder sogar sterben könnte.

Diese Wikinger treten zahlreich in der Werbung oder beim Fußballmatch auf, wo sie eine Stimmung von Zusammenhalt und gemütlichem Beisammensein vermitteln. Die Figur ist sympathisch und hat meistens nur friedliche Absichten trotz der meist vorhandenen Waffenausrüstung (Schwert oder einer schweren Keule, so wie sie von den Steinzeitjägern der Comics auch getragen wird). Der Wikinger hat aber auch eine ernsthafte Seite (Abb. 1), indem er in konfliktgeladenen Situationen auftritt und zum Vorbild erhoben werden kann, wenn die nationale Eigenart bedroht ist und die nationale Identität und das Selbstbewusstsein betont werden sollen. Das Risiko besteht, dass er in dieser Gestalt missbraucht wird, wofür uns die Geschichte des 20. Jahrhunderts sowohl in Dänemark als auch in Deutschland schon Beispiele gegeben hat.

Verkaufserfolg durch die Wikinger
Die Wikinger haben im heutigen Dänemark eine große Aussagekraft in der Werbung, und fast alles lässt sich unter dem Namen „VIKING" lancieren: Ölfelder in der Nordsee, Flugzeuge, Streichhölzer, Bleistifte, Wurstsorten und Lottospiele. Der Name verleiht den Produkten Kraft und Stärke; der Käufer kann der dauerhaften oder starken Leistung sicher sein. Mit zielbewussten Überlegungen wählen dänische Firmen einen Namen, der das Wort „Viking" enthält. Man braucht nur einen Blick in das Telefonbuch zu werfen. Hier findet man Namen wie Viking Café, Viking Enterprises, Viking Life-Saving Equipment A/S, Viking Media ApS etc., Firmen oder Vereine, die mit Handel und Gewerbe, Fremdenverkehr und Gaststätten, Sport und Freizeit zu tun haben.

Die Möglichkeiten erscheinen fast unendlich, und die Namen oder Reklamen sind nicht alle ganz einleuchtend (Abb. 2). Sie lassen sich doch durch die abgeleiteten Assoziationen erklären. Viking Genetics nennt sich z. B. ein dänischer Viehzüchterverein in Südjütland, dessen Anspielung auf die Wikinger unterstreichen soll, dass in jeder Zucht ein starker dänischer Grundbestand enthalten ist und auch künftig in der Zuchtarbeit gestärkt werden soll.

Abb. 1: Die eigene Sprache steht in vielen Ländern unter Druck von außen, besonders drängt die amerikanische Sprache immer mehr ein. Der Zeichner Peder Nyman stellt sich so die Frage, ob wir uns überhaupt dagegen verteidigen können. (Vort modersmål nach: Politiken, *30. November 1997).*

Abb. 2: Long Distance zur Wikingerzeit. Die Wikinger können fast alles illustrieren, so auch die Länge der Zeit. Laut einer Statistik von Tele Danmark haben die Dänen in 1996 insgesamt 569 Millionen Minuten ins Ausland telefoniert. Für eine Person hieße das 1082 Jahre und sechs Monate ununterbrochen telefonieren, also von heute bis zurück in die Wikingerzeit. (Nach: Tele Danmark Magasinet *November 1997).*

Abb. 3: Frauen in Schwierigkeiten in dem Wikingerspiel Udfærd 1987 bei Frederikssund. Die Luren im Hintergrund gehen auf Funde aus der Bronzezeit zurück. Sie sind effektvoll, haben aber nichts mit der Wikingerzeit zu tun. (Polfoto, Foto: Morten Langkilde).

Nicht nur bei dem Verkauf von wirtschaftlichen Produkten oder bei der Förderung von Gesellschaften treten die Wikinger in Dänemark hervor, das ganze Land wird mit Hilfe der Wikinger als Besuchsziel an den Touristen verkauft, und sie stehen oft im Mittelpunkt, wenn ein neuer Vorstoß im Tourismus geplant wird. In den Zeitungen wird schon von einer zweiten Invasion der Wikinger gesprochen, die nach außen und vielleicht noch mehr nach innen gerichtet ist. Museen und Monumente der Wikinger findet man in fast allen Teilen von Dänemark, und Besucher werden zu einer Entdeckungsreise in die Welt der Wikinger eingeladen[11].

Funde der Wikingerzeit werden in vielen kulturhistorischen Museen ausgestellt, das reicht aber nicht. Neue Museen, Veranstaltungen und Märkte, die diese historische Periode als spezielles Thema haben, sind entstanden. Diese Entwicklung fing vor etwa 50 Jahren an, als das erste Wikingerspiel in Frederikssund auf Nordseeland gegründet wurde (Abb. 3). Seitdem wird hier jedes Jahr ein neues Festspiel über ein Thema aus dieser Zeit gegeben, und Wikingerspiele sind an anderen Orten gefolgt. Zu den spektakulären Vorstellungen gehören stürmende Seefahrt, blutige Schlägereien, tatkräftige und wortkarge Helden, die zu ihren starken Mädchen und Frauen heimkehren – im Grunde ein Bild, das seine Wurzeln in den vielen Mythen und Vorstellungen der Wikingerzeit hat.

In der archäologischen Museumswelt haben die Wikinger schon früh eine Sonderstellung eingenommen, indem Museen, Sonderausstellungen oder Veranstaltungen eben dieser Zeit gewidmet wurden. Die Faszination, welche die Wikinger, ihre Taten und Untaten erwecken, garantiert einen Publikumserfolg, und kaum eine andere ur- oder frühgeschichtliche Periode ist so gut wie diese repräsentiert.

Ein bemerkenswerter Fund, ausgegraben in den Jahren 1957–1962, führte zur Gründung des ersten Spezialmuseums über die Wikinger in Dänemark. Die Wikingerschiffshalle in Roskilde wurde 1969 eröffnet; hier werden die Überreste von fünf verschiedenen Schiffen ausgestellt, die im 11. Jahrhundert als Seesperre bei Skuldelev im Roskilde Fjord versenkt wurden[12]. Die Schiffe stellen verschiedene Typen dar, zwei Kriegsschiffe, zwei bauchige Handelsschiffe und ein kleineres Boot, und geben uns somit einen vielseitigen Einblick in die Schiffsbautechnik der Wikinger. Laut den letzten Forschungsergebnissen der Dendrochronologen gehören die Schiffe in das frühe Mittelalter oder jedenfalls in die ausgehende Wikingerzeit. Diese wissenschaftlich begründete Tatsache wird aber weder den Namen noch den Ruhm des Museums ändern.

Die umfassenden archäologischen Untersuchungen der letzten Jahrzehnte haben unser Wissen sowie die Fundmenge aus der Wikingerzeit wesentlich vergrößert[13]. Nicht nur Fachleute, sondern auch eine sehr große Gruppe von Privatpersonen und Enthusiasten tragen zu dem Zuwachs bei. Durch ihr Interesse und ihren Kontakt zu den Fachleuten sichern sie zahlreiche Schatz- und Einzelfunde, die vielleicht sonst verloren gegangen wären, Funde, die genau wie die ausgegrabenen Siedlungen und Handelsplätze oft weniger das Kriegerleben als den Alltag der Wikinger betonen und so unsere Vorstellungen über die Wikinger modifizieren und ein anderes Bild der blutgierigen Piraten zeigen.

Nachleben der Wikinger

Alte und neue Funde werden von den Archäologen genau analysiert, sorgfältig vermessen, gewogen und beschrieben. Neue Forschungsinteressen und Methoden sind entstanden, die auch andere Wissenschaften einbeziehen, z. B. die Dendrochronologie, die in den günstigsten Fällen sowohl Datierung als auch Ursprung eines Holzes bestimmen kann. Andere Forscher treiben es in ihrer Wissbegier noch weiter. Eine Fachgruppe, von den Kollegen experimentelle Archäologen genannt, geht der Herstellungsweise und der Funktion der Gegenstände nach. Theoretische Überlegungen genügen hier nicht. Stattdessen werden Schiffe nachgebaut, Häuser errichtet, Waffen geschmiedet, Schmuckstücke und Glasperlen hergestellt, alles soweit möglich unter ähnlichen Bedingungen und mit Werkzeugen jener Zeit[14]. Die Ergebnisse lassen die Bewunderung für die Wikinger noch steigen.

Nicht nur Fachleute sind bei den Rekonstruktionsversuchen engagiert, sondern auch Laien oder Amateure, die ihrem Interesse oft sehr viel Zeit und umfangreiche Studien widmen. Große Genauigkeit wird angestrebt, wenn Schmuck, Waffen und Kleidung nachgemacht und getragen werden. Diese sollen nicht nur ähnlich sein so wie die Phantasiekleidungen der Kinder zum Karneval, sondern sollen möglichst originalgetreu nachgebildet sein. Hier gibt es keine Helme mit Hörnern, aber Krieger, die mit Schwert, Schild und Helm Kampftechniken üben. Neben den Kriegern stehen Handwerker und Kaufleute, die sich zu den Wikingermärkten treffen, um dort ihre Waren zu verkaufen und ihr handwerkliches Können zu zeigen (Abb. 4).

Die Faszination und Begeisterung für die Wikinger ergreift somit Menschen aus ganz verschiedenen Gesellschaftsschichten und Berufen; eine Schulstunde oder ein Besuch in einer historischen Werkstatt haben vielleicht den ersten Keim für das Interesse eines Kindes gelegt. Erwachsene und Kinder schließen sich in Wikingervereinen zusammen, die nicht selten Namen aus der altnordischen Dichtung wie Urd und Yggdrasil oder Bifrost tragen. Man bildet sich kaum ein, wirklich Wikinger zu sein, und keiner möchte wohl ernsthaft tauschen. Das Leben könnte sehr hart, schmutzig, kümmerlich und arm sein, und wer weiß, wo man selber hingehören würde. Nicht alle Rollen locken, und Sklaven sieht man denn auch nicht unter den Teilnehmern auf den modernen Wikingermärkten!

Schlusswort

Die Wikingerzeit begann in der Zeit um 800 n. Chr. und endete im 11./12. Jahrhundert n. Chr. mit der Eingliederung der nordischen Königreiche in das christliche Europa. Im Laufe dieser etwa 250 Jahre nahmen Menschen aus Skandinavien an der Geschichte Europas teil und sie hinterließen markante Spuren, die sogar heute noch erkennbar sind. Diese dramatische und gewaltsame Entfaltung ist der Ursprung vieler Mythen, die über die Wikinger entstanden sind und die noch heute ihren Ausdruck in unserem Alltag finden[15].

Das Bild der Wikinger im heutigen Dänemark ist ebenso wechselhaft wie die damalige Wirklichkeit. Die Wikinger finden wir überall. Neue archäologische Funde werden schnell von den Medien verbreitet, und die Faszination der Wikinger lässt sich in vielen Bereichen erkennen. Sie spielen eine große kommerzielle Rolle und werden von vielen Gruppen zu ganz verschiedenen Zwecken verwendet, ab und zu auch missbraucht. Ob jede Aussage denn auch wissenschaftlich belegt ist, hat nicht immer entscheidende Bedeutung. Zentral stehen die Signale von Kraft und Stärke, nationaler Identität, Initiative und Tatkraft, die der Umwelt durch den Namen vermittelt werden.

Neben den falschen Vorstellungen und Karikaturen finden wir ein Bild, das durch die archäologische und historische Forschung der letzten 150 Jahren entstanden ist. Hier können wir andere attraktive Vor-

Abb. 4: Wikingermärkte gibt es jedes Jahr an mehreren Orten in Dänemark. Einer der ältesten wird im Juli auf Moesgård in der Nähe von Århus, Jylland, veranstaltet. Viele Leute besuchen den Markt, auf dem Kaufleute ihre Waren anbieten und Krieger ihre Fertigkeiten im Wettstreit und Kampf üben. Hier: Moderne Wikinger vor ihren Zelten. (Foto: Anne Pedersen).

stellungen finden, die sich besonders in den letzten Jahrzehnten als seriöse Konkurrenten zu den Kriegern entwickelt haben. Ein Blick auf die vielen Aktivitäten, die die Wikinger als Thema haben, zeigt sehr deutlich, dass mehr als je zuvor Amateure und private Enthusiasten ihren Platz neben den Fachleuten auf der Suche nach den Wikingern finden.

Der Wikinger und seine Taten passen gut zu den Idealen vieler moderner Menschen, und er ist auf Gedeih und Verderb der absolute „Spitzenreiter" in der Reihe der nationalen Symbole geworden.

Nachtrag:
Dieses Manuskript lag Anfang 1998 vor. Im Dezember 2000 wurde in einem Ausstellungsgebäude in Jelling eine Dauerausstellung über die wikingerzeitlichen Monumente mit dem Titel „Kongernes Jelling" (Jelling der Könige) eröffnet.

In Jelling steht das vielleicht berühmteste Denkmal der Wikingerzeit, der große Runenstein, den König Harald Blauzahn nach seiner Bekehrung zum Christentum um 960 n. Chr. errichten ließ. Der Stein steht noch auf seinem ursprünglichen Platz zwischen zwei großen Grabhügeln vor einer Kirche, die um 1100 n. Chr. gebaut wurde. Im Jahr 1994 wurden diese Monumente als Weltkulturerbe in die Liste der UNESCO aufgenommen. Das Motiv des großen Runensteins ist seit 1997 in allen neuen dänischen Pässen (Personalausweise) zu sehen.

Anmerkungen / Literatur:

[1] Roesdahl, Else (1994): Vikingerne i dansk Kultur [Die Wikinger in der dänischen Kultur]. Fortid og Nutid 9, Heft 2: 158–172 (mit weiteren Hinweisen).

[2] Diplomatarium Danicum (1975): 1. Række 1. Bind [1. Reihe 1. Band]: 789–1052. København (mit weiteren Hinweisen).

[3] Simonsen, Jørgen Bæk (1981): Vikingerne ved Volga. Ibn Fadlans rejsebeskrivelse. Højbjerg.

[4] Z. B. in: Logan, F. Donald (2. Aufl. 1991): The Vikings in History, London/New York, zitiert.

[5] Für einen Überblick z. B.: Page, R. I. (1995): Chronicles of the Vikings. Records, Memorials and Myths. London.

[6] Z. B.: Wikinger, Waräger, Normannen. Die Skandinavier und Europa 800–1200 (1992): Ausstellungskatalog Altes Museum, Berlin, 1. September–15. November 1992. Berlin (mit umfassender Literaturliste).

[7] Spuren von vier Ringwällen sind in Dänemark bekannt, davon sind Aggersborg und Fyrkat in Nordjütland sowie Trelleborg auf Seeland noch zu besuchen. Das königliche Monument in Jelling in Jütland umfasst zwei mächtige Hügel und zwei Runensteine, die von König Gorm und seinem Sohn Harald Blauzahn errichtet worden sind, und nicht unweit von Jelling haben die Archäologen Spuren einer Brücke von fast 1 km Länge bei Ravning Enge untersucht. Die Brücke wurde unter König Harald Blauzahn angelegt. Für Hinweise siehe Anm. 6 sowie: Roesdahl, Else (1989): Prestige, Display and Monuments in Viking Age Scandinavia. In: Henri Galinié (Hrsg.), Les Mondes Normands (VIIIe–XIIᵉs.). Actes du deuxième congrès international d'archéologie médiévale, Caen, 2–4 octobre 1987: 17–25. Caen.

[8] Bennike, Pia (1994): An Anthropological Study of the Skeletal Remains of Vikings from Langeland. In: Grøn, Ole, Hedeager Krag, Anne & Bennike, Pia, Vikingetidsgravpladser på Langeland: 168–194. Rudkøbing.

[9] Munksgaard, Elisabeth (1984): A Viking Age Smith, his Tools and his Stock-in-trade. Offa 41: 85–89.

[10] Grieg, Sigurd (1947): Gjermundbufunnet. En Høvdingegrav fra 900-årene fra Ringerike [Der Fund aus Gjermundbu. Das Grab eines Häuptlings des 10. Jahrhunderts in Ringerike]. Oslo.

[11] Siehe: Spuren der Wikinger in Dänemark. Museen und Monumente, herausgegeben von einer Arbeitsgruppe des Projekts „Spuren der Wikinger in Dänemark"/"Vikingerne i det danske landskab". – Besucher von der Seeseite werden auch nicht im Stich gelassen; für sie gibt es das Buch: Vinner, Max (1996): Mit den Wikingerlotsen an den dänischen Küsten. – Beide Bücher sind mit Unterstützung des dänischen Kulturministeriums und des Wirtschaftsministeriums erschienen. Siehe auch: Viking Heritage (Hrsg.) (1996): Follow the Vikings. Highlights of the Viking World. Visby (Schweden).

[12] Olsen, Olaf & Crumlin-Pedersen, Ole (1990): Fünf Wikingerschiffe aus Roskilde Fjord. Roskilde. – Während der Erdarbeiten zu einer Erweiterung des Museums in Roskilde 1996–1997 haben die Archäologen Reste von neun weiteren Schiffwracks untersucht. Siehe: Roskilde-skibene [Die Schiffe von Roskilde] (1997): Marinarkæologisk Nyhedsbrev fra Roskilde Nr. 9: 10–15.

[13] Hinweise in Anm. 6.

[14] Z. B. Artikel über die Herstellung von Glasperlen in: Glass Beads. Cultural History, Technology, Experiment and Analogy (1995). Lejre. – Schiffe sind beschrieben worden von: Vadstrup, Søren (1991): I vikingernes kølvand. Erfaringer og forsøg med danske, svenske og norske kopier af vikingeskibe 1892–1992 [Im Kühlwasser der Wikinger. Erfahrungen und Versuche mit dänischen, schwedischen und norwegischen Kopien von Wikinger-Schiffen 1892–1992]. Roskilde. – Viele Anweisungen zum Nachmachen gibt z. B.: Theut, Trine (1994): I lære som viking – arbejdsdage i historisk værksted [Wikinger lernen – Arbeitstage in einer historischen Werkstatt]. Vejen.

[15] Jedes Zeitalter bildet seine eigenen Vorstellungen über die Wikinger heraus, und die Geschichte der verschiedenen Vorstellungen in den letzten 400 Jahren, so wie sie von bildenden Künstlern vermittelt worden sind, war das Thema für die Ausstellung: Vikinger og Guder i Europæisk Kunst/Vikings and Gods in European Art, die 1997 in Århus (Dänemark), Nottingham und York (England) gezeigt wurde. Katalog: Wilson, David M. (1997): Vikings and Gods in European Art. Højbjerg. – Siehe auch: Roesdahl, Else & Meulengracht Sørensen, Preben (Hrsg.) (1996): The Waking of Angantyr. The Scandinavian past in European culture. Aarhus.

Das Wikingerschiff in der Rezeption

Ute Drews

Zusammenfassung

Im Norden Europas begegnet uns das Motiv des Wikingerschiffes heute allenthalben in vielfältiger Gestaltung und Verwendung. Das Wikingerschiff entwickelt geradezu zeichenhaften Charakter. Der Beginn der Rezeption dieses Motivs reicht in die national-romantische Ideenwelt der ersten Hälfte des 19. Jahrhunderts zurück. Überall in Europa griff man in dieser Zeit auf Bilder eines idealisierten Mittelalters zurück.

Zeitgeist und Zeitgeschmack, auch sich wandelnde Möglichkeiten der Reproduktion prägten dabei die Rezeption. Kitsch und Kunst, Andenkenindustrie und Werbung verbreiten jeweils auf ihre Art die Motive.

Die Spanne der dabei entwickelten Formenwelt und die Qualität ihrer Umsetzung sollen hier an Beispielen aus einer Sammlung vorgeführt werden, die in den letzten 40 Jahren zusammengetragen wurde. Dabei soll uns allein die Idee des Zeichens interessieren. Widerspruch zur archäologischen Wirklichkeit, wie ihn der Schiffsarchäologe, der am historischen Schiffbau interessierte Modellbauer oder Fachleute experimenteller Archäologie beanstanden würden, spielt in unserem Zusammenhang eine untergeordnete Rolle.

Historischer Rückblick

Die Entdeckung der spektakulären Schiffsfunde von Gokstad (1880) und Oseberg (1904) am westlichen Oslofjord haben die Rezeption des Wikingerschiffes nachweislich stimuliert. Erstmalig präsentierte die archäologische Forschung originale Schiffsfunde aus der Wikingerzeit. Wenn die Stevenbereiche auch starke Zerstörungen aufwiesen, so entwickelten sich unter dem Eindruck des Gesamtfundes dennoch rasch Lösungsmodelle für die Gestaltung. Damit waren Motive geschaffen, deren Reproduktion in vielen Bereichen phantasievoll umgesetzt wurde. So entwickelten Silberschmiede in Norwegen für die anspruchsvolle und zahlungskräftige Kundschaft eines aufblühenden Tourismus vielfältige Formen von Wikingerschiffen, die in abnehmender Qualität des Materials schließlich weite Verbreitung fanden[1].

Die große Akzeptanz dieser Motive in Deutschland scheint nicht zuletzt auf ein spezielles Interesse des Kaiserhauses an Norwegen und nordischer Geschichte zurückzuführen zu sein. Mit seiner Yacht „Hohenzollern" bereiste Wilhelm II. regelmäßig die imposante Fjordlandschaft und brachte von diesen Reisen kunstgewerbliche Kostbarkeiten im so genannten Drachenstil mit nach Berlin[1; 2]. Diese Leidenschaft nahmen die deutschen Fürsten und Vertreter der freien Reichsstädte zum Anlass, für den Kaiser zum 25-jährigen Regierungsjubiläum 1913 ein Wikingerschiff in Auftrag zu geben, das allerdings erst 1927 überreicht werden konnte und seit der Zeit im Huis Doorn, Holland, seinen Platz hat. Das kostbare, aus Gold, Silber und Edelsteinen gefertigte Wikingerschiff stellt eine Allegorie des Deutschen Reiches dar.

Eines der bekanntesten und am weitesten verbreiteten Beispiele früher Rezeption des Wikingerschiffes in der Werbung beschert uns die Cigarettenfabrik B. REEMTSMA & Söhne, damals Erfurt, die sich von dem renommierten Gestalter Professor Deffke 1919 ein Firmensignet entwickeln ließ, das einen stilisierten Steven darstellt. Das Motiv sollte der „friesischen Herkunft der Unternehmer Rechnung tragen" und dabei „Mut, Weltoffenheit, offensives Denken und Handeln" symbolisieren. Bis auf den heutigen Tag hält die Firma an diesem Steven fast unverändert fest[3].

In der schleswig-holsteinischen Industrie fand das Wikingerschiff als dekoratives Element frühzeitig Anwendung. So haben die „Collersche Carlshütte" in Rendsburg und die „Ahlmann Carlshütte" in deren Nachfolge z. B. den „Irischen Ofen" von 1914 mit einem Wikingerschiff geschmückt. Bis in die 1950er Jahre wird dieses Motiv von der Firma kontinuierlich weiterverwendet[4].

In der Ikonographie des Dritten Reiches begegnet uns das Schiffssymbol verstärkt in vielen Bereichen, in denen germanisches Erbe sowie Wagemut und Tapferkeit angesprochen werden. Das Gemälde (Abb. 1) von Wilhelm Petersen „Wikingerschiff im Sturm" (1936) spiegelt diese heroisierte Welt in überzeichneten Proportionen[5].

Das Wikingerschiff als Zeichen

Bei der Betrachtung des Wikingerschiffes als Zeichen gilt es ganz allgemein, den symbolischen Gehalt des Schiffes im Auge zu halten. Dabei sind hier nicht die vielfältigen christlichen Hintergründe zu bedenken, sondern in unserem Zusammenhang gilt es, das Schiff mit Sehnsüchten, Fernweh und Abenteuerlust gleichzuset-

Abb. 1: Wilhelm Petersen, „Wikingerschiff im Sturm" (1936). (Foto: Wikinger Museum Haithabu, Stiftung Schleswig-Holsteinische Landesmuseen Schloss Gottorf, Schleswig).

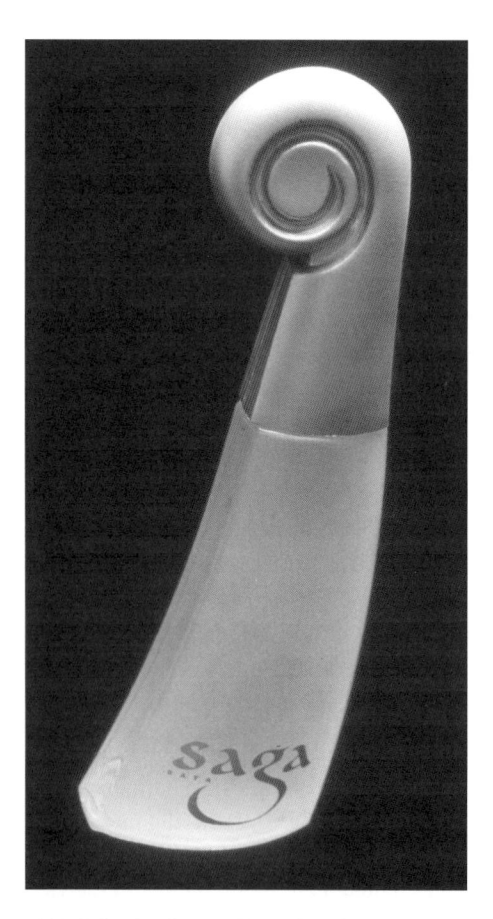

Abb. 2: Parfümflacon in Form des stilisierten Schiffsstevens, Norwegen (1997). (Foto: Wikinger Museum Haithabu, Stiftung Schleswig-Holsteinische Landesmuseen Schloss Gottorf, Schleswig).

zen. Die vielen Träume von der Seefahrt sind fast immer mit dem Wunsch verbunden, sich dem nüchternen Alltag zu entziehen.

Den Wikingerschiffen kommt als Symbolträgern in diesem Zusammenhang die allenthalben bewunderte Schiffbautechnik zugute, die Voraussetzung für wagemutige Seefahrt über die Meere bietet. Dass die Realität eher aus küstennahem Transport bestand, wird bei der Ausformung dieser Ideale gänzlich vernachlässigt. Stets wird der Seefahrt der Wikinger Kühnheit zugrunde gelegt. Wikingerschiffe werden daher überwiegend mit geblähten, weißrot gestreiften Segeln dargestellt.

Beispiele, die einer Sammlung entnommen sind, die Kurt Schietzel parallel zu seiner wissenschaftlichen Arbeit in der wikingerzeitlichen Siedlung Haithabu seit 1963 zusammengetragen hat, mögen hierfür Illustrationen bieten. Das Schiff stellt in dieser Sammlung sicherlich nicht zufällig das am meisten vertretene Motiv dar.

Die Fülle des Materials macht eine Strukturierung notwendig, die sich in diesem Falle an den Anwendungsbereichen orientiert. So werden zuerst Beispiele aus dem facettenreichen Angebot der Andenkenindustrie vorgestellt und sodann das Wikingerschiff als Motiv der Werbung näher betrachtet.

Das Wikingerschiff als Souvenir

Unter dem Begriff „Souvenir" werden hier alle möglichen Spielarten von Geschenken und Erinnerungsstücken subsumiert, die in entsprechenden Geschäften touristischer Zentren und auf den großen Skandinavienfähren den Reisenden nachdrücklich angeboten werden. Der Handel hält dabei Artikel für kleine und große Geldbeutel bereit. Die Grenzen vom kitschig anmutenden Objekt zum anspruchsvollen Kunstgewerbe sind fließend, und hoher Preis steht nicht unbedingt für entsprechende Qualität. Billigartikel können sehr wohl originelle Ideen präsentieren.

Es gibt kaum einen Gegenstand, den nicht ein Wikingerschiff zu zieren vermöchte:

Anstecknadeln, Aschenbecher, Aufkleber, Briefbeschwerer, Buttons, Eierbecher, Feuerzeuge, Fingerhüte, Flaschenöffner, Gläser, Gürtelschnallen, Kugelschreiber, Krawatten, Magnethefter, Mokkatassen, Schlüsselanhänger, T-Shirts, Trinkbecher, Untersetzer, Wandteller ... werden mit farbigem Aufdruck versehen. Als Textilapplikationen auf Topflappen segelt das Schiff in die Küchen. Schiffsmodelle aller Größen aus Holz, Kunststoff, Glas und Zinn dienen als Dekorationsobjekt, können aber auch Salzfass, Senfspender oder Spardose sein. Ihr Gebrauchswert lässt sich durch integrierte Feuerzeuge steigern! Reine Spielobjekte wie z. B. Plastikschiffchen in faustgroßen Schneekugeln können durch kräftiges Schütteln im Schneegestöber verschwinden (Farbtaf. 8,c). Buddelschiffe verschiedener Größe und Qualität scheinen als besonders attraktive Souvenirs zu gelten, wie ihr riesiges Angebot in den Andenkenläden vermuten lässt. Selbst im Stiel einer Zahnbürste lässt sich noch ein winziges Wikingerschiff unterbringen, das in einer Gallertmasse hin- und herzusegeln vermag. Schiffsmotive können auch als Relief die Griffe von Bestecken zieren, die so zum Sammeln anregen – ein besonderes Angebot für regelmäßige Skandinavienreisende.

Auch ein Kosmetikhersteller will bei der Gestaltung seines Flacons nicht auf den stilisierten Steven des Osebergschiffes – in geätztem Glas ausgeformt – verzichten (Abb. 2).

Die aufgezählten Beispiele, beliebig zu vermehren, zeigen, dass dem Schiffsmotiv heute keineswegs eine einheitliche Aussage zugeordnet werden kann. So spielt heroisierendes Pathos nur noch eine sehr untergeordnete Rolle; die der Ausformung von „Hägar" innewohnende Komik drängt sich überall in den Vordergrund. Unübersehbar spiegeln die Souvenirs in starkem Maße den Zeitgeist.

Das Wikingerschiff in der Werbung

In den 1920er Jahren propagierten Wirtschaftsfachleute leicht einprägsame Warenzeichen für Markenartikel. Unter diesem Aspekt fand das Firmensignet von REEMTSMA damals in Fachkreisen höchste Anerkennung[6].

Heute ist der Markt von einer Flut unterschiedlicher Zeichen übersät: Abschleppdienste, Fleischwaren-Produzenten, Gaststätten, Hersteller von Lutschbonbons, Immobilienmakler, Keksfabriken, Museen, Pharmaproduzenten, Reiseveranstalter, Vereine, Verpackungsindustrie, Wachdienste, Zigarettenhersteller ... sie alle werben mit dem Wikingerschiff.

Drei Varianten erfreuen sich besonderer Beliebtheit:

1. Das Schiff als visuelles Zeichen, von klischeehaft-realistischen bis hin zu stark abstrahierten Formen, oftmals kombiniert mit einem festgelegten Schriftzug im Sinne einer Bild-Wortmarke.

Als Beispiel wählen wir hier das Signet des Wikinger Museums Haithabu (Abb. 3). Die Konstanten der Werberichtlinie dieses Museums sind Bildmarke, Wortmarke, Typographie und Farbgebung. Das Schiff als visuelles Zeichen begegnet uns hier in graphisch streng reduzierter Form. Es wurde von der Werbeagentur i.de, Stampe bei Kiel, 1984 entwickelt und meint in strenger Abstraktion das Schiff in der Halle. Es wurde aus der sechseckigen Grundform heraus dadurch entwickelt, dass zwei Segmente herausgelöst zum Bug eines Schiffes zusammengestellt werden. Das Signet wird original in roter Signalfarbe präsentiert. In mancher Verwendung ist es mit dem Schriftzug des Na-

Abb. 3: Signet des Wikinger Museums Haithabu, Werbeagentur i.de, Stampe bei Kiel (1984). (Foto: Wikinger Museum Haithabu, Stiftung Schleswig-Holsteinische Landesmuseen Schloss Gottorf, Schleswig).

mens zu einer typischen Bild-Wortmarke verschmolzen, in anderen Fällen steht es allein nur als Zeichen. Mit diesem Zeichen werden Wegeführungen ebenso gekennzeichnet wie das Porzellan des Museumscafés. Das Signet wurde in einem Wettbewerb ermittelt; die seinerzeit eingereichten Entwürfe boten die ganze Spanne von naturalistischen Ausformungen bis hin zu abstrakten Zeichen.

2. Das visuelle Zeichen in Kombination mit wechselnden schriftlichen Komponenten aus der heidnischen Götterwelt oder mit Begriffen, die allgemein für die Welt der Wikinger stehen. Hier sei ein Beispiel lokaler Adaption des Motivs als Werberichtlinie eines jungen Wirtschaftsbetriebes im Sinne von „Corporate Design" ausgewählt.

Als Braumeister der „Brauerei Schleswig" hat Ronald T. Carius 1994 das Wikingerschiff zu seinem Firmenzeichen gewählt (Farbtaf. 8,d). Er wirbt damit im Trend einer Erlebnisbrauerei auf Flaschen, Fässern, Kisten, Gläsern, Bierdeckeln, Speisekarten, Plakaten, Spinnakern etc. Dabei ist er am Orte bisher sehr erfolgreich, obwohl sein braunes Bier „Asgaard aus dem Olymp der germanischen Götterwelt" kein preiswertes Produkt ist. Befragt, was die Wahl des Firmensignets bestimmt habe, weist der Unternehmer auf einen „alten Brauerspruch" hin, der besagt „Bier braucht Heimat". Das von der Werbeagentur Fröhling, Düsseldorf, gestaltete Konzept zielt auf eine vereinfachte realistische Wiedergabe des Schiffes in leuchtenden Signalfarben. Der Drachenkopf am Vordersteven orientiert sich an einer Rekonstruktion im Wikinger Museum Haithabu. Kleinste Details des Vorbildes wie die Montage des Drachenkopfes am Vordersteven werden dabei beachtet. Dennoch will man auch hier auf außenbords hängende Schilde nicht verzichten, ungeachtet der Tatsache, dass sie während der Fahrt unter vollem Segel stets verstaut werden mussten. Der Dreiklang Schiffsrumpf, Rahsegel und Schild hat sich zu einem festen Topos ausgeformt. Mit diesem Logo gekennzeichnete Gegenstände wie Biergläser, Mützen, T-Shirts und vieles mehr werden inzwischen als eigenständige Souvenirs verkauft. Seit Januar 1998 schwimmt das Bierschiff auch im „Internet".

Für die Rezeption im Bereich der regionalen Produktwerbung mag der 1996 entwickelte Senftopf der Firma „Zwergenwiese" stehen. Das neue Produkt dieses Naturkostherstellers trägt neben dem eindeutigen Namen und dem Hinweis auf ty-

Abb. 4: Leuchtreklame einer Gaststätte in Sonderburg (1993). (Foto: Ute Drews).

pische Zutaten wie Met „aus Heimatverbundenheit" das Wikingerschiff als Logo. Das Schiff soll laut Firmengründerin „für fortschrittlichen Unternehmergeist" stehen. Außerdem hofft die Geschäftsfrau, mit dieser Werbung Kunden anzusprechen, die ihren Urlaub im „Wikingerland" verbringen. Der Grafiker hat den Entwurf gängigen Vorbildern nachempfunden, ohne das Motiv funktional durchdrungen zu haben. Als Krönung dieser Gestaltung wird dem Mast das eigentliche Firmenzeichen, das rote „Zwergenhütchen", aufgesetzt. Um seine wikingische Identität zu unterstreichen, erhält die Zwergenmütze zusätzlich ein Hörnerpaar, das weit verbreitete Klischee für einen Wikingerhelm.

3. Schiff und Schrift, grafisch zu einem visuellen Zeichen zusammengezogen, wobei der Schriftzug zumeist im Schiffsrumpf untergebracht ist.

Zwei sehr unterschiedliche Beispiele für die Verschmelzung der Bild-Wortmarke zu einem einzigen Zeichen seien hier genannt. Zum einen handelt es sich um das Logo einer Zementfabrik in Oslo, zum anderen um die Leuchtreklame einer Gaststätte im dänischen Sonderburg: Im strahlenden Eisblau norwegischer Gletscher steht der streng gestaltete Schriftzug „Viking" weithin sichtbar auf den hohen weißen Silos. Schiff und Schrift sind stark reduziert zu einer Einheit verschmolzen. Aus einer Kombination von Groß- und Kleinbuchstaben, wobei das „V" als Drachenmotiv ausgeprägt ist und das „K" mit seiner Überlänge den Mast assoziieren lässt, wird das Zeichen gebildet. Das Segel ist in dieser puristischen Gestaltung gedanklich zu ergänzen.

Verspielter und bunter präsentiert sich dagegen die Werbung des dänischen Kro (Abb. 4). Der Schriftzug „Viking" bildet das visuelle Zeichen für den Schiffsrumpf, wobei sich der erste und letzte Buchstabe zur Stevenform aufschwingen. Darüber steht das unerlässliche, geblähte, rot-weiß gestreifte Segel. Als Leuchtreklame erstrahlt das Schiff in der Dunkelheit, in farbigem Glas ziert es die Fenster des Lokals.

Das Wikingerschiff in Modellbau und experimenteller Archäologie

Neben den Rezeptionsfeldern von Souvenirs und Werbung bildet das Schiff vielfältige Vorlage für den Modellbau und die experimentelle Archäologie. Wenn die bisher vorgestellten Beispiele der Rezeption das Schiff zumeist in klischeehafter Ausformung darboten, so werden bei den jetzt zu betrachtenden Beispielen häufig große Anstrengungen unternommen, wissenschaftlich gesicherte oder für wahrscheinlich gehaltene Erkenntnisse zu berücksichtigen.

Unter solchem Anspruch stehen z. B. die unter Anleitung des Schiffsarchäologen Ole Crumlin Pedersen in monatelanger Arbeit von der Hand eines spezialisierten Modellbauers geschaffenen Schiffe der Wikinger aus dem Hafen von Haithabu. Auf der Grundlage von Grabungsbefunden und unter Zuhilfenahme vieler verstreut entdeckter Details entstehen im Modell Rekonstruktionen, die versuchen, sich der Realität anzunähern.

Der jeweilige Grad einer Annäherung an die Realität bestimmt die Qualität der Gestaltung. Maßstabsgerecht wird dem Besucher im Wikinger Museum Haithabu z. B. der Stevenbereich eines Langschiffes dargeboten, der Einblick in die kennzeichnenden konstruktiven Elemente eines geklinkerten skandinavischen Schiffstyps bietet.

Einen weiteren Schritt über den Modellbau hinaus stellt die Umsetzung von gewonnenen Erkenntnissen bei der Errichtung funktionsfähiger Seefahrzeuge im Rahmen der experimentellen Archäologie dar – nicht Attrappen und Modelle, nicht Zeichen und Symbole, sondern Seefahrzeuge, die sich in Wind und Wetter zu behaupten haben. Viele Erkenntnisse über die Seefahrt im frühen Mittelalter sind der praktischen Arbeit mit diesen Repliken abgerungen worden.

Ergebnisse

Der an wenigen ausgewählten Beispielen sich orientierende Rundgang durch die Rezeptionen des Wikingerschiffes kann zeigen, in wie starkem Maß die moderne Welt unserer Tage bei der Suche nach Symbolen Zugriff auf eine vergangene, jedoch in unseren Gedanken und Vorstellungen präsent erscheinende Welt nimmt. Dabei wird der Bogen von freier, phantasievoller Gestaltung bis hin zum wissenschaftlich gesicherten Experiment gespannt. In jedem Bereich kann formale Qualität neben banaler Gestaltung stehen, kann hoher Anspruch auf Verlässlichkeit neben sinnentleerter Hülle erscheinen.

Ungewöhnliche Gestaltung mag Freude bereiten und amüsieren. Ein originelles

Souvenir kann aber auch lediglich eine Scheinwelt repräsentieren und Sinnbild für Fehleinschätzung und Vorurteil bilden. Ausgefeiltes Design vermag sich so weit zu verselbstständigen, dass es über die gemeinten Sachverhalte schließlich überhaupt keine adäquaten Aussagen bietet. Rezeption legt Sehnsüchte und Wünsche offen und verrät damit häufig manches über den Menschen. Im Museum sich dem Thema zuzuwenden, bietet die Chance erweiterten Sehens mit spezieller Perspektive: Kulturgut ist immer auch Rezeption der es umgebenden Welt.

Dank

Dem ehemaligen Direktor des Archäologischen Landesmuseums der Christian-Albrechts-Universität, Professor Dr. K. Schietzel, danke ich für die Bereitstellung seiner privaten Sammlung und für mannigfachen Rat.

Anmerkungen / Literatur:

[1] Halén, Widar (1993): Drachen aus dem Norden. Norwegische Goldschmiedekunst um die Jahrhundertwende und ihr Einfluß auf Deutschland. Oslo, Berlin.

[2] Marschall, Birgit (1991): Reisen und Regieren. Die Nordlandfahrten Kaiser Wilhelms II. In: Schriften des deutschen Schiffahrtsmuseums 27. Bremerhaven, Hamburg.

[3] Reemtsma Cigarettenfabriken GmbH. (o. J.): Legende zur Historie des Reemtsma-Signets.

[4] Archiv der Stiftung Schleswig-Holsteinische Landesmuseen Schloß Gottorf.

[5] Manitz, Bärbel (1993): Von der Landschaft zur Scholle. Tendenzen in der schleswig-holsteinischen Kunst zwischen 1933 und 1945. In: Manitz, Bärbel & Greifeld, Thomas A. (Hrsg.), KuNSt ohne Museum. Beiträge zur Kunst in Schleswig-Holstein 1933–1945: 11–48. Heide.

[6] Freese, Gunhild (1978): Im Zeichen der Wikinger. Marken mit Geschichte. *Die Zeit* 15.12.1978.

Weitere Literatur:

Djupræt, Martin (1998): Billeder af vikingen. Kopenhagen.

Henningsen, Bernd u. a. (Hrsg.) (1997): Wahlverwandtschaft – Skandinavien und Deutschland 1800 bis 1914. Katalog zur Ausstellung. Berlin.

Levesque, Jean-Marie u. a. (1996): Musée de Normandie, Ville de Caen avec le concours du: Musée historique national de Stockholm. Dragons et Drakkars. Le Mythe viking de la Scandinavie à la Normandie XVIIIe–XXe siècles. Katalog zur Ausstellung. Conseil Régional de Basse-Normandie. Caen.

Roesdahl, Else & Meulengracht Sørensen, Preben (Hrsg.) (1996): The Walking of Angantyr. The Scandinavian past in European culture. Aarhus.

Farbtafeln 1 – 8

Dino, Zeus und Asterix   Farbtafel 1

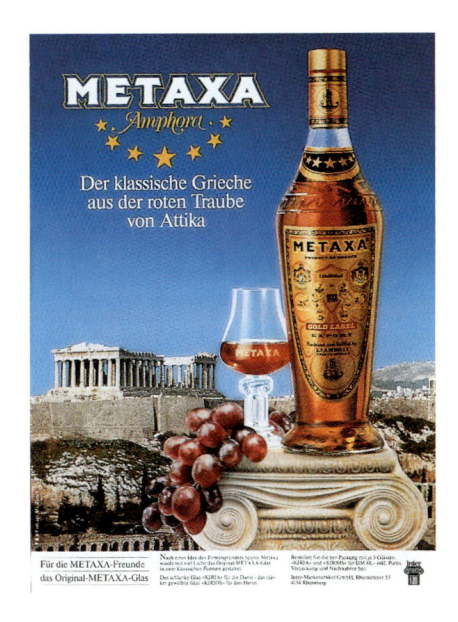

a: M. Seidensticker, Historische Motive ... S. 25: Akropolis von Athen: Weinbrand Metaxa. (Aus: Der Spiegel 50, 1983. Slg. Inken Jensen).

b: K. Spindler; Ötzi ... S. 36: Im Prospekt der Fa. Möldner, Innsbruck: „ZUR FASCHINGSZEIT FÜR GROSS & KLEIN" die „Gummimaske Ötzi 249,–" österreichische Schilling. Zugang Januar 1997. (Foto: Walter Leitner, © Institut für Ur- und Frühgeschichte der Universität Innsbruck).

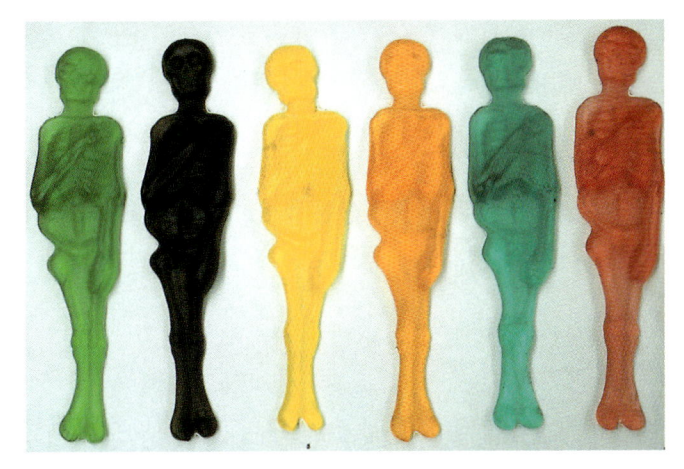

c: K. Spindler; Ötzi ... S. 37: Weingummi in Form des Gletschermannes; 1995 im Süßwarengeschäft Oberrauch in Bozen. Im Hüftbereich der Figuren eingeprägt ® (für registered). – Höhe 16,2 cm. (Foto: Walter Leitner, © Institut für Ur- und Frühgeschichte der Universität Innsbruck).

d: B. Gesemann, Archäologie im ... S. 40: TAL DER KÖNIGE von C. Beierer (1991), Kosmos. (Foto: Kosmos).

e: M. Junkelmann, Das Phänomen ... S. 75: Vor der Kulisse des Westfälischen Römermuseums Haltern machen Legionäre der Gruppe Zimmermann (Legio VIII Augusta) ein leichtes Pfeilgeschütz funktionsbereit. Die Männer stehen unter einem rekonstruierten römischen Kran. (Foto: Ulrich Sauerborn, Limesmuseum Aalen).

f: M. Junkelmann, Das Phänomen ... S. 87: Mit tibia und tympanum: Die Musikgruppe Synaulia an der Spitze des Festzuges zum Auftakt der Gladiatorenkämpfe in der Arena des Trierer Amphitheaters im Juli 1997. (Foto: Ulrich Sauerborn, Limesmuseum Aalen).

Farbtafel 2

a: *V. Fischer, Antikenrezeption ... Architektur S. 100: Ricardo Bofill: Antigone, Stadtteil von Montpellier, Frankreich, 1980er Jahre, Wohnbauten an der Place du Nombre d'Or mit „antiken" Details wie Säule, Triglyphen (dreigeteilte Platten) und ausladenden Attiken (Gesimsen). (Foto: Joachim Langner, 1989).*

b: *V. Fischer, Antikenrezeption ... Architektur S. 100: Ricardo Bofill: Antigone, Stadtteil von Montpellier, Frankreich, 1980er Jahre, Treppenhaus in Form einer ionischen Säulenbasis. (Foto: Joachim Langner, 1989).*

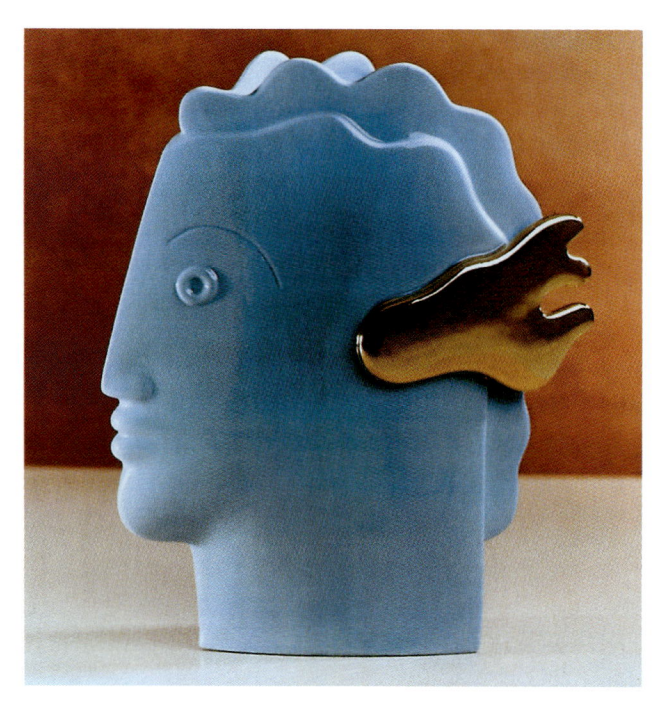

c: *V. Fischer, Antikenrezeption ... Design. S. 115: Heide Warlamis: Kopfvase „Hermes", Porzellan, 1996 (Foto: Vienna Collection, Porzellanmanufaktur, Schrems, Österreich).*

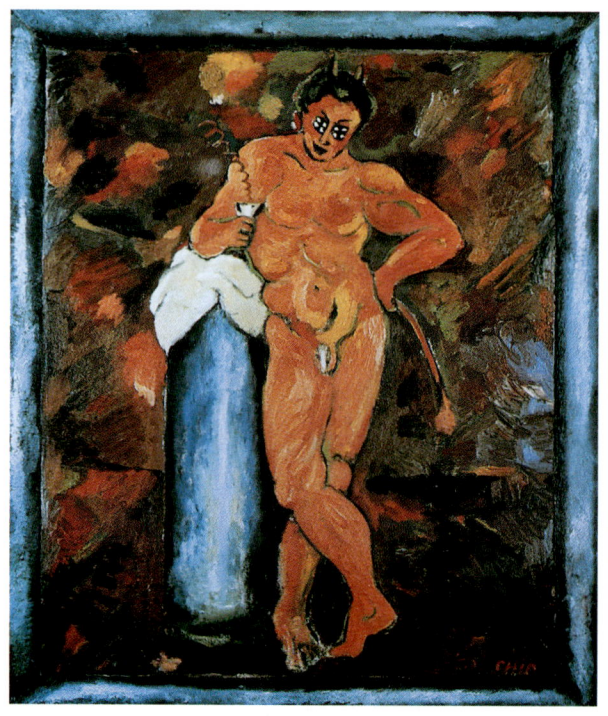

d: *R. Krüger, Von Arkadien ... S. 120: Sandro Chia: Cocktail. 1981/82, Öl/ Lwd., 176 × 166 cm. (Slg. Saatchi, London. © VG Bild-Kunst, Bonn 1998).*

Dino, Zeus und Asterix   Farbtafel 3

a: I. Herold, *Die mythischen Sieben ... S. 138:* Markus Lüpertz, „Ganymed", 1985, Bronze bemalt, Auflage 3+0, 230 × 70 × 75 cm. (© Galerie Michael Werner, Köln und New York. Foto: Jochen Littkemann, Berlin).

b: I. Herold, *Die mythischen Sieben ... S. 138:* Markus Lüpertz, „Titan", 1986, Bronze bemalt, Auflage 6, 253 × 59 × 196 cm. (© Galerie Michael Werner, Köln und New York. Foto: Jochen Littkemann, Berlin).

c: I. Herold, *Die mythischen Sieben ... S. 139:* Markus Lüpertz, „Apoll", 1989, Bronze bemalt, Auflage 1+0, 201,3 × 107,3 × 78,7 cm. (© Galerie Michael Werner, Köln und New York. Foto: Jochen Littkemann, Berlin).

d: I. Herold, *Die mythischen Sieben ... S. 139:* Markus Lüpertz, „Prometheus", 1989, Bronze bemalt, Auflage 6+0, 222 × 72 × 83 cm. (© Galerie Michael Werner, Köln und New York. Foto: Jochen Littkemann, Berlin).

e: I. Herold, *Die mythischen Sieben ... S. 141:* Markus Lüpertz, „Clitunno", 1989/1990, Bronze bemalt, Auflage 6+0, 223 × 120 × 112 cm. (© Galerie Michael Werner, Köln und New York. Foto: Jochen Littkemann, Berlin).

Farbtafel 4

a: A. Sachs, *Vom germanischen ... S. 156: Anselm Kiefer: Der Nibelungen Leid,* 1973. Öl und Kohle auf Sackleinen, 300 x 400 cm. Courtesy Anthony d'Offay Gallery, London. (Aus: Kiefer, Anselm [1997] *Himmel-Erde. Ausstellungskatalog. Museo Correr, Venedig:* 121. Mailand).

b: A. Sachs, *Vom germanischen ... S. 156: Anselm Kiefer: Varus,* 1976. Öl und Acryl auf Sackleinen, 200 x 270 cm. Van Abbemuseum, Eindhoven. (Aus: Rosenthal, Mark [1987]: *Anselm Kiefer. Ausstellungskatalog. The Art Institute of Chicago, Philadelphia Museum of Art:* 50 plate 17. Chicago, Philadelphia).

c: A. Sachs, *Vom germanischen ... S. 157: Anselm Kiefer: Balders Träume,* 1982. Öl, Acryl, Emulsionsfarbe, Stroh und Mistelzweig auf Fotografie auf Leinwand, 274 x 376 cm. Robert Mnuchin Collection, New York. (Aus: Kiefer, Anselm [1997]: *Himmel-Erde. Ausstellungskatalog. Museo Correr, Venedig:* 228–229. Mailand).

a: *P. M. Sander, Die Dinos ... S. 268: Modelle von* Dimetrodon *aus der Sammlung des Autors. Mit Ausnahme des Exemplares vorne rechts, das in China aus fossilhaltigem Gestein geschnitzt wurde, handelt es sich um Spielzeug aus Plastik. Das braune Modell im Mittelgrund ist das älteste (ca. 1982) und auch am wenigsten vorbildgetreue. Ironischerweise ist* Dimetrodon, *das in keiner Dino-Serie fehlen darf, kein Dinosaurier, sondern ein früher Verwandter der Säugetiere aus der Perm-Zeit. Seine bizarre Form weist es offensichtlich dem Laien gegenüber als „Dino" aus. (Foto: Oleschinski).*

b: *W. Rosendahl & G. Rosendahl, Ich bin ein Neandertaler ... S. 276: Werbeplakat einer Initiative „Mehr Zeit für Kinder" aus dem Jahr 1997. (Foto: Rosendahl).*

c: *C. Holtorf, Die Rezeption ... S. 289: David Kettley: „Celtic Princess". (© Planet Prints, P.O. Box 62, Uckfield, E. Sussex, TN22 1ZY, England).*

Farbtafel 6

a: R. Stupperich, Politik und Archäologie ... S. 319: Briefmarken mit dem Motiv des „makedonischen Sterns". Links: Goldene Aschenkiste aus Vergina, Makedonien, aus dem Grab Philipps II., Griechenland (1979). – Mitten: Tetradrachme der ersten makedonischen Münzprägung, Griechenland (1992). – Rechts: Staatsflagge, Makedonien (1993). (Slg. Inken Jensen. Foto: REM Mannheim, Jean Christen).

b: R. Stupperich, Politik und Archäologie ... S. 320: Oben: Die epischen Dichtungen Homers. Achilles und Ajax bei einem Brettspiel (links), Odysseus bei den Sirenen (rechts), Griechenland (1983). – Unten: Die Argonauten-Sage. Abfahrt nach Kolchis (links), Iason ergreift das goldene Vlies (rechts), Griechenland (1995). (Foto: REM Mannheim, Jean Christen).

c: H. Richter, Kitsch ... S. 324: Koren des Erechtheion und Turm der Winde als Dekoration für Spirituosenflaschen, 1980er Jahre. (Aus: ANTI [Hrsg.] [1984]: Kati to Oraion [s. Anm. 1]: 65 Abb. 151).

d: H. Richter, Kitsch ... S. 324: Auswahl von Produkten einer Spirituosenfirma, deren Behälter und Dekoration antike Vorbilder nachahmen, 1980er Jahre. (Aus: ANTI [Hrsg.] [1984]: Kati to Oraion [s. Anm. 1]: 64 Abb. 149).

Farbtafel 7

Für alle Zeichnungen: © 1998 Les Editions Albert René/Goscinny-Uderzo. © *Für die deutschsprachige Ausgabe* EHAPA VERLAG GmbH, Stuttgart.

a: *R. v. Royen & S. v. d. Vegt, Asterix ... S. 337: Aus: „Astérix le Gaulois"/ „Asterix der Gallier" (Band I, Seite 6). („Kommst du zum Wildschweinessen zu mir?" – „Bin gleich soweit. Muß nur noch zwei Hinkelsteine abliefern!").*

b: *R. v. Royen & S. v. d. Vegt, Asterix ... S. 338: Aus: „Astérix le Gaulois"/ „Asterix der Gallier" (Band I, Seite 16). („Ich habe dir doch gesagt, du sollst mich nicht erschrecken, wenn ich mit der Sichel arbeite!!").*

c: *R. v. Royen & S. v. d. Vegt, Asterix ... S. 338: Aus: „Le combat des chefs"/„Asterix der Kampf der Häuptlinge" (Band VII/IV, Seite 17). („Runter mit dir! Sie kommen!").*

d: *R. v. Royen & S. v. d. Vegt, Asterix ... S. 339: Aus: „Astérix et les Normands"/ „Asterix und die Normannen" (Band IX, Seite 15). („Jetzt, wo wir uns mal in aller Ruhe unterhalten können, wollt' ich fragen, wie ist das mit meinem irren Erfolg in Lutetia?").*

e: *R. v. Royen & S. v. d. Vegt, Asterix ... S. 340: Aus: „Le combat des chefs"/„Asterix der Kampf der Häuptlinge" (Band VII/IV, Seite 7). („ ... nach Serum."* – *„Bei Jupiter und Teutates! Wie oft habe ich dir gesagt, daß du deine Haare abschneiden und eine Toga tragen sollst! Wir sind gallische Römer!").*

Farbtafel 8 DINO, ZEUS UND ASTERIX

a: B. Schnitzler, *Vercingétorix ... S. 345: Der Antar-Mann, Symbol der Benzinmarke in den 1960er und 1970er Jahren. (Slg. Musée Archéologique de Strasbourg).*

c: U. Drews, *Das Wikingerschiff ... S. 360: Schneekugel, Spielobjekt mit Wikingerschiff, Dänemark (1992). (Foto: Wikinger Museum Haithabu, Stiftung Schleswig-Holsteinische Landesmuseen Schloß Gottorf, Schleswig).*

b: A. Pedersen, *Karikaturen, ... S. 355: Helme und Hörner sind eng miteinander und eng mit den Wikingern verbunden, trotz der Tatsache, dass keine archäologischen Zeugnisse bekannt sind. (Mit freundlicher Genehmigung von Faxe Bryggeri).*

d: U. Drews, *Das Wikingerschiff ... S. 361: Firmenwerbung der Brauerei Schleswig, Werbeagentur Fröhling, Düsseldorf (1994). (Foto: Wikinger Museum Haithabu, Stiftung Schleswig-Holsteinische Landesmuseen Schloß Gottorf, Schleswig).*

Abkürzungen

Abkürzungen

.com	= kommerzielle Firma	cf.	= confer (vergleiche)	Fa.	= Firma
.de	= Deutschland	CGI	= computer-generated imagery	fasc., Fasc.	= Faszikel
a. a. O.	= am angeführten Ort			FAZ	= Frankfurter Allgemeine Zeitung
a. D.	= außer Dienst	CH	= Schweiz		
A. D., AD	= Anno Domini/nach Christus (abendländische Zeitrechnung)	cm	= Zentimeter	FDP	= Freie Demokratische Partei
		CNN	= Cable News Network	FJS	= Franz Josef Strauß
		Comp.	= Company	FPÖ	= Freiheitliche Partei Österreichs
A/S	= Aktieselskab (Aktiengesellschaft)	coord.	= coordination (Bei-, Zuordnung)		
				FR	= Frankfurter Rundschau
Abb.	= Abbildung	CSU	= Christlich-Soziale Union	GA	= Generalanzeiger
AG	= Aktiengesellschaft	CVA	= Corpus Vasorum Antiquorum	GATT	= General Agreement on Tariffs and Trade (Allgemeines Zoll- und Handelsabkommen)
AK	= Ausstellungskatalog				
Anm.	= Anmerkung(en)	D	= Deutschland		
apl.	= außerplanmäßig	d. h.	= das heißt		
ApS	= Anpartsselskab (Anteilsgesellschaft)	DDR	= Deutsche Demokratische Republik	GB	= Great Britain, Großbritannien
ARD	= Arbeitsgemeinschaft der öffentlich-rechtlichen Rundfunkanstalten der Bundesrepublik Deutschland	ders.	= derselbe	geb.	= geboren
		DFB	= Deutscher Fußball-Bund	Gebr.	= Gebrüder
		DFG	= Deutsche Forschungsgemeinschaft	GG	= Grundgesetz
				gGmbH	= gemeinnützige Gesellschaft mit beschränkter Haftung
		DGB	= Deutscher Gewerkschaftsbund		
Aufl.	= Auflage				
Aufn.	= Aufnahme	dgl.	= dergleichen	GI	= Government Issue (für amerikanischer Soldat)
AUG	= Augusta	dies.	= dieselbe(n)		
AWACS	= Airborne early warning and control system (Frühwarnsystem der NATO)	Dipl.-Chem.	= Diplomchemiker	GMD	= Generalmusikdirektor
		Dipl.-Ing.	= Diplomingenieur	H.	= Heft; Höhe
		Diss.	= Dissertation	ha	= Hektar
B	= Belgien	DK	= Dänemark	HRK	= Hochschulrektorenkonferenz
BASF	= Badische Anilin- und Sodafabrik	DM	= Deutsche Mark		
		Dr.	= Doktor	Hrsg.	= Herausgeber
BAT	= Bundesangestelltentarif	DSchG	= Denkmalschutzgesetz	hrsg.	= herausgegeben
BBC	= British Broadcasting Corporation (britische Rundfunkgesellschaft)	dt.	= deutsch	html	= hyper text markup language (Seitenbeschreibungssprache von Hypertext)
		DVD	= Digital Versatile Disc; Digital Video Disc		
Bd.	= Band	e. G.	= eingetragene Genossenschaft		
bes.	= besonders			http	= hyper text transfer protocol (Internet-Protokoll zur Verwaltung von Hypertext-Informationen quer durchs Internet)
BfG	= Bank für Gemeinwirtschaft	e. V.	= eingetragener Verein		
		ebd.	= ebenda		
BP	= Benzin und Petroleum AG	Ed(s).	= Editor(s)		
BR	= Bayerischer Rundfunk	EG	= Europäische Gemeinschaft		
BRD	= Bundesrepublik Deutschland			i. Br.	= im Breisgau
		e-mail	= electronic-mail	i. S.	= im Sinne
BVerfG	= Bundesverfassungsgericht	E-Musik	= ernste Musik	inkl.	= inklusive (einschließlich, inbegriffen)
bzw.	= beziehungsweise	erw.	= erweitert(e)		
ca.	= circa (etwa)	et al.	= et alii (und andere)	IOC	= International Olympic Committee
CD	= compact disc	etc.	= et cetera (und so weiter)		
CD-ROM	= compact disc read only memory	EU	= Europäische Union	ISDN	= Integrated services digital network (Dienste integrierendes digitales [Nachrichten]netz)
		evtl.	= eventuell		
CDU	= Christlich-Demokratische Union	F	= Frankreich		
		f., ff.	= folgende Seite(n)		

ital.	= italienisch		ists/editors, novelists (Schriftstellervereinigung)	u. a.	= und andere(s), unter anderem
IWF	= Internationaler Währungsfonds; Institut für den wissenschaftlichen Film	P.M.	= Peter Moosleitner (Kürzel für Magazine)	u. ä. m.	= und ähnliche(s) mehr
				u. v. a. m.	= und viele(s) andere mehr
		PC	= Personalcomputer	überarb.	= überarbeitet
jun.	= junior (jünger)	PDS	= Partei des Demokratischen Sozialismus	Ufa	= Universum Film AG
Juso	= Jungsozialist			UIP	= United International Pictures
Kat.	= Katalog				
Komm.	= Kommentar	PLO	= Palestine Liberation Organization (palästinensische Befreiungsbewegung)	U-Musik	= Unterhaltungsmusik
KZ	= Konzentrationslager			UNESCO	= United Nations Educational, Scientific and Cultural Organization
L.L.C.	= Limited Liability Company (Gesellschaft mit beschränkter Haftung)				
		PR	= Public Relations		
		priv.	= privat		
lat.	= lateinisch	Proc.	= Proceeding(s) (Berichte)	UNO	= United Nations Organization
Ldkr.	= Landkreis	Prof.	= Professor		
LEG	= legio (Legion)	Ps.	= Pseudo	URL	= Uniform Resource Locator
LKW	= Lastkraftwagen	Publ.	= Publikation		
Ltg.	= Leitung	RAF	= Rote-Armee-Fraktion	US	= United States
Lwd.	= Leinwand	REM	= Reiss-Engelhorn-Museen	USA	= United States of America
M. A.	= Magister Artium	RhM	= Rheinischer Merkur	usf.	= und so fort
m. E.	= meines Erachtens	RTL	= Radio-Télé-Luxembourg	usw.	= und so weiter
mag	= Magazin	S	= Schweden	v. a.	= vor allem
MGM	= Metro-Goldwyn-Mayer	s.	= siehe	v. Chr.	= vor Christus
Min.	= Minuten	S. A.	= Société Anonyme	v. d. H.	= vor der Höhe
Mio.	= Million(en)	s. o.	= siehe oben	v. h.	= vor heute
Mitt.	= Mitteilung(en)	S. p. a.	= Società per Azioni (Aktiengesellschaft)	v. i. S. d. P.	= verantwortlich im Sinne des Pressegesetzes
Mrd.	= Milliarde(n)				
n. Chr.	= nach Christus	s. u.	= siehe unten	Verf.	= Verfasser
NATO	= North Atlantic Treaty Organization (Verteidigungsbündnis)	s. v.	= sub voce (Stichwort)	VG	= Verwertungsgesellschaft
		SED	= Sozialistische Einheitspartei Deutschlands	vgl.	= vergleiche
				VHS	= Video Home System; Volkshochschule
neubearb.	= neubearbeitet	Slg.	= Sammlung		
NL	= Niederlande	SPD	= Sozialdemokratische Partei Deutschlands	vol.	= volume (Band)
Nr.	= Nummer			VW	= Volkswagen
NRW	= Nordrhein-Westfalen	SR	= Saarländischer Rundfunk	WamS	= Welt am Sonntag
NS	= Nationalsozialismus	St.	= Saint, Sankt	WDR	= Westdeutscher Rundfunk
o. ä.	= oder ähnlich	staatl.	= staatlich	Werkverz.	= Werkverzeichnis
o. A.	= ohne Angabe	Stud.	= Study, Studies, Studie(n)	www	= world wide web
o. g.	= oben genannt	SWF	= Südwestfunk	z. B.	= zum Beispiel
o. J.	= ohne Jahr	SZ	= Süddeutsche Zeitung	z. T.	= zum Teil
OB	= Oberbürgermeister(in)	Tl.	= Teil(e)	z. Z.	= zur Zeit
österr.	= österreichisch	TV	= Television	ZDF	= Zweites Deutsches Fernsehen
O-Ton	= Originalton	u.	= und		
P.E.N., PEN	= poets/playwrights, essay-	u. ä.	= und ähnliche(s)		

Die Autoren
und deren Publikationen (Auswahl)

Die Autoren
und deren Publikationen (Auswahl)

Ute Drews
(Stiftung Schleswig-Holsteinische Landesmuseen Schloß Gottorf, Wikinger Museum Haithabu, Schloß Gottorf, D-24837 Schleswig; e-Mail: Ute.Drews@gmx.de)

wurde 1955 in Heide geboren. Von 1974 bis 1979 studierte sie an der Christian-Albrechts-Universität und an der Pädagogischen Hochschule in Kiel Kunstgeschichte, Volkskunde und Klassische Archäologie, absolvierte 1979/1982 das 1. und 2. Staatsexamen in den Fächern Kunst und Deutsch und war danach bis 1985 als Realschullehrerin tätig. Seit 1980 war sie Mitarbeiterin am Amt für Vor- und Frühgeschichte in Lübeck und von 1985 bis 1987 Redakteurin der Lübecker Schriften zur Archäologie und Kulturgeschichte. Seit 1987 war sie wissenschaftliche Mitarbeiterin am Archäologischen Landesmuseum der Christian-Albrechts-Universität (jetzt: Stiftung Schleswig-Holsteinische Landesmuseen Schloß Gottorf), Schloß Gottorf in Schleswig, mit den Arbeitsbereichen Ausstellungswesen, Presse- und Öffentlichkeitsarbeit. Seit 1992 leitet sie das Wikinger Museum Haithabu.

Prof. Dr. Volker Fischer
(Museum für Angewandte Kunst, Schaumainkai 17, D-60594 Frankfurt am Main; e-Mail: volker.fischer@mak.frankfurt.de)

wurde 1951 in Gotha/Thüringen geboren. Er studierte Kunstpädagogik, Germanistik, Linguistik und Kunstgeschichte in Kassel und Marburg/Lahn und promovierte 1979 in Marburg/Lahn. Er war Richard Hamann-Stipendiat des Landes Hessen und 1980/81 Kulturreferent der Stadt Marburg/Lahn. Von 1981 bis 1994 war er stellvertretender Direktor des Deutschen Architektur Museums Frankfurt am Main, seit 1994 ist er Kurator der Design-Abteilung am Museum für Kunsthandwerk (jetzt: Museum für Angewandte Kunst) in Frankfurt am Main. Er hat Ausstellungen erarbeitet und ist seit 1992 Honorarprofessor an der Hochschule für Gestaltung in Offenbach.
Publikationen:
- 1979: Nostalgie – Zur Struktur eines retrospektiven ästhetischen Verhaltens (Dissertation bei Prof. Martin Warnke, Universität Marburg/Lahn).
- Zahlreiche Publikationen zur zeitgenössischen Architektur, zum Design, zur Bildenden Kunst und zur Medientheorie.

Dr. Georgia Franzius
(Heinrich-Mann-Straße 96, D-49088 Osnabrück; Universität Osnabrück, Fachbereich Kultur- und Geowissenschaften, Alte Geschichte, Schloßstraße 8, D-49096 Osnabrück; Museum und Park Kalkriese, Venner Straße 69, D-49565 Kalkriese; e-Mail: rofranz@uos.de)

wurde 1944 als G. Vlachodimitriou in Lamia, Griechenland, geboren. Sie studierte Klassische Archäologie, Philologie und Geschichte von 1962 bis 1966 in Athen und von 1966 bis 1973 in Göttingen, erwarb dort 1969 den Magister Artium und schloß 1973 in Göttingen mit der Promotion ab. Seit 1974 lebt sie in Osnabrück. Dort war sie von 1975 bis 1987 mit der Aufarbeitung, Präsentation und Veröffentlichung der antiken Bestände im Kulturgeschichtlichen Museum Osnabrück beauftragt. Seit 1987 ist sie für die wissenschaftliche Bearbeitung und Publikation der Funde tätig und war bis 1999 auch für die Präsentationen des Projektes Kalkriese verantwortlich.
Publikationen:
- 1973: Tänzer und Tänze in der archaischen Vasenmalerei (Dissertation bei Prof. Wolfgang Schiering, Universität Göttingen).
- 1991: Die römischen Funde und Die Maske eines Gesichtshelms. In: Schlüter, W., Römer im Osnabrücker Land. Die archäologischen Untersuchungen in der Kalkrieser-Niewedder Senke. Schriftenreihe Kulturregion Osnabrück des Landschaftsverbandes Osnabrück e. V., Bd. 4: 19–52; 53–59. Bramsche.
- 1992: Die Fundgegenstände aus Prospektion und Grabungen in der Kalkrieser-Niewedder Senke bei Osnabrück. In: Schlüter, W., Archäologische Zeugnisse zur Varusschlacht? Die Untersuchungen in der Kalkrieser-Niewedder Senke bei Osnabrück. Germania 70: 349–383.
- 1993, 3. Aufl. 1994: Die römischen Funde aus Kalkriese. In: Schlüter, W. (Hrsg.), Kalkriese – Römer im Osnabrücker Land. Archäologische Forschungen zur Varusschlacht: 107–197. Bramsche.
- 1995: Kalkriese – Ort der Varusschlacht? Römer im Osnabrücker Land: Die römischen Fundgegenstände. In: Kühlborn, J.-S., Germaniam pacavi – Germanien habe ich befriedet. Archäologische Stätten augusteischer Okkupation: 148–162. Münster.
- 1996: Die Römischen Funde aus Kalkriese 1987–1995 und ihre Bedeutung für die Interpretation und Datierung militärischer Fundplätze der augusteischen Zeit im nordwesteuropäischen Raum. In: Driel-Murray, C. van (Ed.), Roman Military Equipment: Experiment and Reality. Proc. IXth International Roman Military Equipment Conference, Leiden 15.09.–17.09.1994. Journal of Roman Military Equipment Studies 6, 1995: 69–88.
- 1995: (Hrsg.): Aspekte römisch-germanischer Beziehungen in der Frühen Kaiserzeit. Vortragsreihe zur Sonderausstellung „Kalkriese – Römer im Osnabrücker Land" 1993 in Osnabrück. Quellen und Schrifttum zur Kulturgeschichte des Wiehengebirgsraumes (QSKW), Reihe B, Bd. 1 (= Schriftenreihe Kulturregion Osnabrück des Landschaftsverbandes Osnabrück e.V., Bd. 6). Espelkamp.
- 1997: Die römischen Funde und Münzen aus Kalkriese, Ldkr. Osnabrück, Deutschland, der Jahre 1987–1996. In: Nørgård Jørgensen, A. & Clausen, Birte L. (Eds.), Military Aspects of Scandina-

vian Society in a European Perspective AD 1–1300. Papers from an International Research Seminar at the Danish National Museum, Copenhagen 2.–4. May 1996. Publ. National Museum, Stud. Arch. & Hist., Vol. 2: 76–91. København (= Sonderdruck für Arch. Museumspark Osnabrücker Land gGmbH: 12–25. København).
- 1999: 1987–1997. Zehn Jahre Kalkriese. Eine Fundchronik mit Variationen. Osnabrücker Online-Beiträge zu den Altertumswissenschaften (OsOBA), Nr. 1. Osnabrück. [http://www.geschichte.uni-osnabrueck.de/projekt/12/12a.html].
- 1999: Maskenhelme. In: Schlüter, W. & Wiegels, R. (Hrsg.): Rom, Germanien und die Ausgrabungen von Kalkriese. Akten des Internationalen Kongresses vom 2. bis 5. September 1996 an der Universität Osnabrück. Osnabrücker Forschungen zu Altertum und Antike-Rezeption, Bd. 1: 117–148. Osnabrück.
- 1999: Beschläge einer Gladiusscheide und Teile eines *cingulum* aus Kalkriese, Landkreis Osnabrück. Mit Beiträgen von Wiegels, R. & Riederer, J. In: Germania 77: 567–608 (= 2000: Sonderdruck für Museum und Park Kalkriese. Mainz).
- Druck in Vorbereitung: Kalkriese 2: Die vorkaiserzeitlichen und kaiserzeitlichen Fundgegenstände aus den Prospektionen 1987–1999 und den Ausgrabungen 1987–1999 auf dem westlichen Oberesch (Arbeitstitel).
- Zahlreiche Publikationen in Fachzeitschriften, Sammelwerken und Ausstellungskatalogen zu den „Antiken im Kulturgeschichtlichen Museum der Stadt Osnabrück" und zahlreiche Beiträge zu den römischen Fundgegenständen aus Prospektion und Grabungen in der Kalkrieser-Niewedder Senke bei Osnabrück.

Prof. Dr. Jörg-Dieter Gauger
(Am Paulusacker 3, D-53117 Bonn; e-Mail: musaios@aol.com)

wurde 1947 in Lüdenscheid geboren. Er studierte Latein, Geschichte und Politische Wissenschaft an der Universität Bonn, wo er 1975 promovierte. Anschließend war er wissenschaftlicher Mitarbeiter für Alte Geschichte an den Universitäten Bonn und München. Im Jahre 1996 erfolgte die Habilitation in Bonn. Danach war er Privatdozent für Alte Geschichte an der Universität Bonn und war dort auch von 1994 bis 1999 Lehrbeauftragter für Politische Wissenschaft. 2002 wurde er zum apl. Professor an der Universität Bonn ernannt.

Publikationen:
- 1977: Beiträge zur jüdischen Apologetik. Untersuchungen zur Authentizität von Urkunden bei Flavius Josephus und im 1. Makkabäerbuch. Bonner Biblische Beiträge 49. Bonn (Dissertation bei Prof. H. H. Schmitt, Universität Bonn).
- 1998: Sibyllinische Weissagungen, auf der Grundlage der Ausgabe von A. Kurfeß (1951) neu hrsg., eingeleitet und kommentiert (Slg. Tusculum). Düsseldorf, Zürich.
- 2000: Authentizität und Methode. Untersuchungen zum historischen Wert des persisch-griechischen Herrscherbriefs in literarischer Tradition. Hamburg.
- ca. 30 Aufsätze, Beiträge und Rezensionen zur Alten Geschichte und ca. 100 Beiträge zur Politischen Bildung/Bildungspolitik.

Dr. Björn Gesemann
(Deutsches Spiele-Archiv, Ketzerbach 21 1/2, D-35037 Marburg an der Lahn; Römisch-Germanisches Zentralmuseum Mainz, Ernst-Ludwig-Platz 2, D-55116 Mainz; e-Mail: rgzm_bibl@hotmail.com)

wurde 1963 in Rotenburg an der Fulda geboren. Nach dem Studium der Klassischen Archäologie, der Alten Geschichte und der Christlichen Archäologie in Marburg/Lahn und in Heidelberg promovierte er 1995 in Marburg/Lahn. Er ist freier Mitarbeiter des Deutschen Spiele-Archivs Marburg/Lahn, seit 1999 ist er Mitarbeiter des Römisch-Germanischen Zentralmuseums in Mainz. Seine Forschungsschwerpunkte sind Wohnarchitektur, Städtebau und Straßengestaltung im antiken Rom sowie antike und moderne Kulturgeschichte.

Publikationen:
- 1996: Die Straßen der antiken Stadt Pompeji. Entwicklung und Gestaltung. Frankfurt (Dissertation bei Prof. Hans Lauter, Marburg/Lahn).
- 1998: Kultmetamorphosen. Drei ungewöhnliche Monumente des Compitalkults. In: Saalburg-Jahrbuch 48: 95–98.
- 1998: Die vici Lucei. Ein Beitrag zur Topographie Roms. In: Römische Mitteilungen 105: 391–401.

Dr. Inge Herold
(Städtische Kunsthalle Mannheim, Moltkestraße 9/Friedrichsplatz, D-68165 Mannheim; e-Mail: inge.herold@mannheim.de)

wurde 1962 in Heidelberg geboren. Von 1983 bis 1991 studierte sie Europäische Kunstgeschichte, Klassische Archäologie und Alte Geschichte in Heidelberg. 1991 erfolgte die Promotion bei Professor Peter Anselm Riedl in Heidelberg über das ölmalerische Werk Georg Meistermanns (1911–1990). Seit 1992 ist sie wissenschaftliche Mitarbeiterin an der Städtischen Kunsthalle Mannheim, zunächst für Ausstellungswesen und Öffentlichkeitsarbeit, seit 2001 für Ausstellungsleitung zuständig. Hauptforschungs- und Arbeitsgebiete sind Plastik und Malerei des 20. Jahrhunderts.

Publikationen:
Zur zeitgenössischen Kunst:
- 1991: Georg Meistermann, Werkverzeichnis der Gemälde und Studie zur künstlerischen Entwicklung. In: Ruhrberg, Karl & Schäfke, Werner (Hrsg.), Georg Meistermann. Köln (zugleich Dissertation, Universität Heidelberg).
- 1993: Zu den neuesten Arbeiten von Robert Schad. In: Robert Schad, Skulpturen. Mannheim, Marl, Braunschweig.
- 1995: Zum Werk von Michael Croissant. In: Michael Croissant, Plastiken und Zeichnungen 1990–1995. Ludwigshafen.
- 1995: Tradition und künstlerische Freiheit – Markus Lüpertz' Beitrag zur Ganymed- und Prometheus-Ikonographie. In: Markus Lüpertz, Skulpturen in Bronze. Mannheim, Augsburg, Bremen.
- 1996: Zu den neuesten Arbeiten von Andrea Zaumseil. In: Andrea Zaumseil,

Plastiken und Zeichnungen. Mannheim.
- 1996: Bildkommentare. In: Paul Klee – Die Zeit der Reife. München.
- 1997: Martin Schmidt – Deplaziert! In: H.W. & J. Hector-Kunstpreis der Kunsthalle Mannheim 1997. Mannheim.
- 1997: Otto Modersohn. Leben und Werk. In: Otto Modersohn – Paula Modersohn-Becker, Ein Künstlerpaar zu Beginn der Moderne. Wiesloch.
- 1998: Peter Guth – Eine Werkbiographie. In: Peter Guth, Holzschnitte, Holzdrucke, Objekte 1992–1997. Mannheim.

Zur Kunst des 16.–19. Jahrhunderts:
- 1997: Turner auf Reisen. München.
- 2002: Pieter Breugel, Die Jahreszeiten. München.

Dr. Cornelius J. Holtorf
(Riksantikvarieämbetet, Kunskapsavdelningen, Box 5405, SE-11484 Stockholm; e-Mail: cornelius.holtorf@raa.se)

wurde 1968 in Sieglar bei Bonn geboren. Er studierte von 1988 bis 1993 Vor- und Frühgeschichte, Völkerkunde und Anthropologie in Tübingen, Reading und Hamburg. Nach dem Magisterabschluß 1993 in Hamburg wechselte er an die University of Wales, Lampeter, wo er 1998 über die Lebensgeschichte von Megalithbauten in Mecklenburg-Vorpommern promovierte. Danach war er Gastwissenschaftler am Archäologischen Institut der Universität Göteborg. Von 1999 bis 2002 unterrichtete und forschte er Archäologie an der Universität von Cambridge. Seit 2002 arbeitet er als Marie Curie-Stipendiat der Europäischen Kommission am schwedischen Landesdenkmalamt in Stockholm. Seine wichtigsten Forschungsinteressen beziehen sich auf die Bedeutungen der fernen Vergangenheit und der Archäologie in der Gegenwart, auf die Lebensgeschichte archäologischer Monumente (Ausgrabungsprojekt in Südportugal) und auf archäologische Theorie.

Publikationen:
- 1995: Vergangenheit, die nicht vergeht: Das Langbett von Waabs-Karlsminde und seine heutigen Bedeutungen. In: Archäologische Nachrichten aus Schleswig-Holstein 6: 135–149.
- 1997: Relativism, objectivity and the politics of the past (mit dem Lampeter Archaeology Workshop). In: Archaeological Dialogues 4: 164–198 (mit Kommentaren und Erwiderung in diesem und dem folgenden Heft).
- 1999: Age as Artefact. On Archaeological Authenticity (mit T. Schadla-Hall). In: European Journal of Archaeology 2: 229–247.
- 1999: Folklore and Archaeology (hrsg. mit A. Gazin-Schwartz). London.
- 2000: Sculptures in captivity and monkeys on megaliths. Observations in Zoo Archaeology. In: Public Archaeology 1: 195-210.
- 2000: Philosophy and Archaeological Practice. Perspectives for the 21st century (hrsg. mit H. Karlsson). Göteborg.
- 2000: Monumental Past: The Life-histories of Megalithic Monuments in Mecklenburg-Vorpommern (Germany). Elektronische Monographie. University of Toronto: Centre for Instructional Technology Development. http://citdpress.utsc.utoronto.ca/Holtorf/.

Dr. Marcus Junkelmann
(Schloß Ratzenhofen, D-84094 Elsendorf; e-Mail: www.junkelmann.de)

wurde 1949 in München geboren. Nach dem Abitur 1969 erfolgte von 1971 bis 1978 das Studium der Neuen, Alten und Mittleren Geschichte sowie der Anglistik an der Ludwig-Maximilians-Universität München. Nach dem Magister-Abschluß 1976 erfolgte 1979 die Promotion. Von 1978 bis1980 war er als Ausstellungssekretär bei der Ausstellung „Wittelsbach und Bayern" in München tätig. 1981 bis 1982 war er wissenschaftlicher Mitarbeiter am Lehrstuhl für Didaktik der Geschichte an der Universität München, von 1983 bis 1984 am Bayerischen Armeemuseum München. 1985 folgte die Alpenüberquerung in rekonstruierter römischer Legionärsausrüstung. Seit 1985 ist er freiberuflich tätiger Historiker und Autor, Lehrbeauftragter an der Universität München und an der Universität der Bundeswehr Neubiberg. Hauptforschungsgebiete sind die Militärgeschichte vom Altertum bis ins 19. Jahrhundert und die experimentelle Archäologie. Zusammenarbeit mit zahlreichen Museen und mit Fernsehanstalten.

Publikationen:
- 1979: Kurfürst Max Emanuel von Bayern als Feldherr (Dissertation bei Prof. Hans Schmidt, Universität München).
- 1985: Napoleon und Bayern. Von den Anfängen des Königreichs. Regensburg.
- 1986: Die Legionen des Augustus. Der römische Soldat im archäologischen Experiment. Mainz.
- 1987 u. 1992: Der Amerikanische Bürgerkrieg, 2 Bde. Zürich.
- 1990–1992: Die Reiter Roms. 3 Bde. Mainz.
- 1993: Gustav Adolf. Schwedens Aufstieg zur Großmacht. Regensburg.
- 1996: Reiter wie Statuen aus Erz. Römische Paraderüstungen. Mainz.
- 1997: Panis militaris. Die Ernährung des römischen Soldaten oder der Grundstoff der Macht. Mainz. (Ausgezeichnet mit dem Ceram-Preis des Rheinischen Landesmuseums Bonn für das archäologische Sachbuch).
- 1997: Römische Kampf- und Turnierrüstungen (= Sammlung Axel Guttmann VI) (mit Hermann Born). Berlin, Mainz.
- 2000: Familia Gladiatoria; Griechische Athleten in Rom; Mit Ben Hur am Start. In: Köhne, Eckart & Ewigleben, Cornelia (Hrsg.), Gladiatoren und Caesaren. Mainz (englische Ausgabe: London).
- 2000: Römische Helme (= Sammlung Guttmann VIII). Berlin, Mainz.
- 2000: Das Spiel mit dem Tod. So kämpften Roms Gladiatoren. Mainz.
- 2001: Theatrum Belli: Die Schlacht von Höchstädt 1704 und die Schlösser von Schleißheim und Blenheim (Bd. 1 von: Arte et Marte. Gedenkschrift des Schülerkreises für Hans Schmidt). Herzfeld.
- 2003: Hollywoods Traum von Rom. „Gladiator" und die Tradition des Monumentalfilms. Mainz.

Dr. Thomas Köllhofer
(Städtische Kunsthalle Mannheim, Moltkestraße 9/Friedrichsplatz, D-68165 Mannheim; e-Mail: thomas.koellhofer@mannheim.de)

wurde 1960 in Freiburg i. Br. geboren. Er studierte von 1983 bis 1995 Kunstgeschichte, Spanisch und Ethnologie in Berlin, Madrid und Freiburg i. Br. Mit einer Promotion über Diego Velázquez schloss er das Studium 1995 in Freiburg i. Br. ab. Im Wintersemester 1995/96 übernahm er die Assistenz am Kunstgeschichtlichen Institut der Albert-Ludwigs-Universität in Freiburg i. Br., absolvierte dann von März 1996 bis März 1998 ein Volontariat an der Städtischen Kunsthalle Mannheim und ist dort seitdem als wissenschaftlicher Mitarbeiter tätig. Seit März 1999 ist er Kustos der Graphischen Sammlung der Kunsthalle Mannheim. Seine Arbeitsgebiete sind Ausstellungswesen, insbesondere der Graphik des 19. und 20. Jahrhunderts, sowie der zeitgenössischen Plastik.

Publikationen:
- 1996: Tanya Leighton. Zeichen unterschiedlicher Zeitdichte. In: Dimensions. Fünf Künstler aus Großbritannien. Ausstellungskatalog Kunsthalle Mannheim.
- 1997: Joachim Fleischer. In: H. W. & J. Hector-Kunstpreis der Kunsthalle Mannheim 1997. Ausstellungskatalog Kunsthalle Mannheim. Mannheim.
- 1998: Text zu Werken von Anja Luithle. In: Der andere Blick. Künstlerinnen des 20. Jahrhunderts. Ausstellungskatalog Trier.
- 1998: Schwarz auf Weiss, Gerd Lind. In: Gerd Lind. Ausstellungskatalog Ettlingen und Schwetzingen.
- 1998/99: Texte zur Plastik. In: Menschenbilder. Ausstellungskatalog Kunsthalle Mannheim.
- 1998/99: Texte zu Werken von Anja Luithle. In: Anja Luithle, Objekte. Ausstellungskatalog Städtische Museen Heilbronn und Limburg.
- 1999: True Stories oder die Unglaublichkeit des Alltäglichen. In: Die Pflege des geistigen Erbes. Martin Schmidt. Ausstellungskatalog Hector-Kunstpreis 1997, Kunsthalle Mannheim.
- 2000: Verdichtungen des Augenblicks. In: Stephan Emmelmann. Klagenfurt.
- 2000: Die Versuchung des Raumes. In: Ausstellungskatalog: Plastische Graphik, Städtische Kunsthalle Mannheim. Mannheim.
- 2000: (Hrsg.): Zwischenorte. In: Werner Haypeter. Orten. Mannheim.
- 2000: Der Umgang des Diego Velázquez mit Stilmodi, Räumen und Bildrändern (Dissertation 1995 bei Prof. Schlink, Universität Freiburg i. Br.).

Dr. Reto Krüger
(Hagsfelder Allee 16, D-76131 Karlsruhe; e-Mail: retokrueger@web.de)

wurde 1966 in Maulbronn geboren. Er studierte Kunstgeschichte, Musikwissenschaft und Geschichte in Freiburg i. Br., Berlin und Wien. Mit der Arbeit „Architektonische Geschichtsbilder" erwarb er 1994 in Freiburg i. Br. den Magister Artium. Von 1996 bis 1999 war er Stipendiat am Graduiertenkolleg „Modernität und Tradition" des Frankreichzentrums Freiburg i. Br. 1999 promovierte er in Essen. Von 1999 bis 2001 absolvierte er ein Volontariat am Museum für neue Kunst/ Zentrum für Kunst- und Medientechnologie Karlsruhe (ZKM). Seine Arbeitsgebiete sind Kunst des 20. und 21. Jahrhunderts und des Spätmittelalters. Er lebt als freier Autor in Karlsruhe.

Publikationen:
- 1999: Refractor Artis. Studien zur Antikenrezeption in der Bildenden Kunst der späten sechziger bis neunziger Jahre (Dissertation bei Prof. Thomas Zaunschirn, Universität Essen, Publikation in Vorbereitung).
- weitere Publikationen zur zeitgenössischen Kunst (Bruce Naumann, Bill Viola, Sigmar Polke u. a.).

Egon Lackner, Dipl.-Ing.
(Jupiterplatz 1, D-68526 Ladenburg)

wurde 1928 in Ladenburg geboren. Nach Wehrdienst und Kriegsgefangenschaft von 1944 bis 1946 absolvierte er das Architekturstudium an der Technischen Hochschule Fridericiana Karlsruhe. Er ist Dipl.-Ing. und seit 1959 selbständig als Freier Architekt in Mannheim und Ladenburg tätig. Von 1975 bis 1984 und von 1987 bis 1999 war er Stadtrat in Ladenburg; er ist Mitglied des Technischen Ausschusses der Stadt Ladenburg seit 1975, Mitglied der Sanierungskommission der Stadt Ladenburg seit Anbeginn 1975, Mitglied der Ladenburgkommission seit Anbeginn 1980, Mitglied der Planungsgruppe 67 Ladenburg seit Anbeginn 1967, Vorstandsmitglied im Heimatbund Ladenburg seit 1966, 1. Vorsitzender des Heimatbundes Ladenburg seit 1990, Bundesverdienstkreuz 2002.

Publikation:
- 1982: Sanierungsplanung in Ladenburg. In: Ladenburg – Die Altstadt als Denkmal. München.

Dr. Tomas Lochman
(Antikenmuseum Basel und Sammlung Ludwig), Skulpturhalle Basel, Mittlere Straße 17, CH-4056 Basel; e-Mail: tlochman@skulpturhalle.ch)

wurde 1959 in Prag, Tschechoslowakei, geboren. Er studierte Klassische Archäologie, Kunstgeschichte und Allgemeine Geschichte an der Universität Basel. Seit 1986 war er wissenschaftlicher Mitarbeiter am Antikenmuseum Basel und Sammlung Ludwig. 1992/93 war er Gastkonservator am Metropolitan Museum of Art in New York (Greek and Roman Department). Seit 1993 ist er Leiter der Skulpturhalle Basel (Abgußsammlung des Antikenmuseums). 1994 promovierte er an der Universität Basel. Seit 2000 ist er Präsident des „Internationalen Verbandes für Bewahrung und Förderung von Abgüssen" (A.I.C.P.M.-I.V.B.F.A.). Er möchte mit seinen Veranstaltungen in der Skulpturhalle die Verbindungen und Beziehungen zwischen Antike und Gegenwart aufzeigen. Er hat verschiedene Veranstaltungen mit zeitgenössischen Künstlern organisiert und thematische, aktualitätsbezogene Ausstellungen realisiert.

Publikationen:
Zahlreiche Publikationen zur antiken Skulptur und zur neueren Antikenrezeption, zuletzt:
- 1999: Antico-mix. Antike in Comics. Ausstellungskatalog Skulpturhalle. Basel.
- 2001: Basilea. Ein Beispiel städtischer Repräsentation in weiblicher Gestalt. Ausstellungskatalog Skulpturhalle. Basel.
- 2002: Studien zu kaiserzeitlichen Grab-

und Votivreliefs aus Phrygien (Dissertation 1994 bei Prof. Ernst Berger und Prof. Rolf A. Stucky, Universität Basel).

Prof. Dr. Hermann Lübbe
(Beustweg 3, CH-8032 Zürich;)

wurde 1926 in Aurich/Ostfriesland geboren. Nach dem Studium der Philosophie und mehrerer sozialwissenschaftlicher Disziplinen in Göttingen, Hannover und Freiburg i. Br. promovierte er 1951 in Freiburg i. Br. Nach Assistententätigkeit an den Universitäten Frankfurt, Erlangen und Köln habilitierte er sich 1956 in Erlangen und lehrte als Dozent und Professor an den Universitäten Erlangen, Hamburg, Münster, Köln, Bochum, Bielefeld und Zürich. Von 1966 bis 1970 war er als Staatssekretär in Nordrhein-Westfalen tätig. Seit 1991 ist er Honorarprofessor für Philosophie und Politische Theorie an der Universität Zürich.

Von 1975 bis 1978 war er Präsident der Allgemeinen Gesellschaft für Philosophie in Deutschland. Er ist Mitglied der Rheinisch-Westfälischen Akademie der Wissenschaften in Düsseldorf, Mitglied der Akademie der Wissenschaften und der Literatur zu Mainz, Mitglied der Akademie der Wissenschaften zu Berlin (1987–1990), Mitglied der Berlin-Brandenburgischen Akademie der Wissenschaften, Mitglied des Deutschen P.E.N. und Mitglied der Academia Scientiarum et Artium Europaea, Salzburg, und außerdem Mitglied und Ehrenmitglied in wissenschaftlichen Gesellschaften des In- und Auslands. Er erhielt den Ernst-Robert-Curtius-Preis für Essayistik (1990), den Paracelsusring der Stadt Villach (1993), den Freiheitspreis der Max-Schmidheiny-Stiftung an der Hochschule St. Gallen (1993), den Hanns Martin Schleyer-Preis der Hanns Martin Schleyer-Stiftung (1995) sowie das Grosse Verdienstkreuz der Bundesrepublik Deutschland (1996) und das Ehrendoktorat der Evangelisch-Theologischen Fakultät der Universität München (2000).

Publikationen:
- 1991: Freiheit statt Emanzipationszwang. Die liberalen Traditionen und das Ende der marxistischen Illusionen. Zürich.
- 1994: Der Lebenssinn der Industriegesellschaft. Über die moralische Verfassung der wissenschaftlich-technischen Zivilisation. 2. Aufl. Berlin, Heidelberg.
- 1994: Im Zug der Zeit. Verkürzter Aufenthalt in der Gegenwart. 2. Aufl. Heidelberg, Berlin.
- 1994: Abschied vom Superstaat. Vereinigte Staaten von Europa wird es nicht geben. Berlin.
- 1996: Zeit-Erfahrungen. Sieben Begriffe zur Beschreibung moderner Zivilisationsdynamik. Akademie der Wissenschaften und der Literatur. Abhandlungen der Geistes- und Sozialwissenschaftlichen Klasse. Jahrgang 1996, Nr. 5. Stuttgart.
- 1997: Modernisierung und Folgelasten. Trends kultureller und politischer Evolution. Heidelberg, Berlin.
- 1997: Hintergrundphilosophie. Über deutsche Denk- und Merkwürdigkeiten, Zürich.
- 1999: Eine europäische Nation gibt es nicht. Unionsbildung und staatliche Pluralisierung. Ermatingen.
- 2001: ‚Ich entschuldige mich'. Das neue politische Bußritual. Berlin.
- 2001: Politik nach der Aufklärung. Philosophische Aufsätze. München.
- Zahlreiche Publikationen zu philosophischen, sozialwissenschaftlichen, politischen und kulturgeschichtlichen Themen.

Dr. Anna Meseure
(Bruchstraße 13, D-60594 Frankfurt am Main)

wurde 1953 in Hamme/Belgien geboren. Sie studierte von 1974 bis 1982 Kunstgeschichte, Geschichte und Germanistik an der Universität Stuttgart und schloss 1982 das Studium mit der Promotion ab. Von 1983 bis 1990 war sie wissenschaftliche Mitarbeiterin des Museums am Ostwall in Dortmund. Von 1990 bis 2002 war sie wissenschaftliche Mitarbeiterin am Deutschen Architektur Museum in Frankfurt am Main; ab 2003 freiberufliche Tätigkeit.

Publikationen:
- 1982: Die Architektur der Antwerpener Börse und der europäische Börsenbau im 19. Jahrhundert (Dissertation bei Prof. Werner Sumosky, Universität Stuttgart).
- Zahlreiche Publikationen zur zeitgenössischen Kunst und Architektur.

Martina Müller M.A.
(Hammer Hof 34 a, D-20535 Hamburg; e-Mail: Mmuelma@aol.com)

wurde 1958 in Nienburg/Weser geboren. Nach dem Studium der Klassischen Archäologie im Hauptfach, der Ethnologie und Sozial- und Wirtschaftsgeschichte an der Universität Hamburg mit dem Magisterabschluß 1987 war sie dort von 1987 bis 1990 wissenschaftliche Mitarbeiterin am Archäologischen Institut. Sie übernahm Lehraufträge zum Themenbereich „Geschichte in Comics". Von 1986 bis 1991 war sie freiberufliche Museumspädagogin am Hamburgischen Museum für Völkerkunde. Sie ist Mitglied der Arbeitsstelle für Graphische Literatur der Universität Hamburg und Dozentin in der Lehrerfortbildung in Hamburg und Schleswig-Holstein sowie seit 1996 Autorin bei der Zeitschrift „G-Geschichte" und bei Rundfunksendungen des Norddeutschen Rundfunks. Seit 2000 arbeitet sie als Non Profit Managerin mit dem Schwerpunkt Museumsmanagement.

Publikationen:
- 1987: Das römische Militär in „Asterix" (Magisterarbeit bei Prof. Burkhard Fehr, Universität Hamburg).
- 1990: Die Hopi. Indianische Landwirtschaft im Südwesten Amerikas. In: Geographie heute, Nr. 85: 32–37.
- 1991: Das Museum. Ein außerschulischer Erfahrungsort. Das Beispiel des Hamburgischen Museums für Völkerkunde. In: Geographie heute, Nr. 88: 33–36 (mit U. Friedrichs).
- 1992: Entdeckungen im Völkerkundemuseum. Das Beispiel Hamburg. In: Geschichte lernen, Nr. 25: 64–69 (mit U. Friedrichs).
- 1994: Sandbilder der Navaho. In: Geographie heute, Nr. 117: 16–19.
- 1994: Jugurtha. Die Metamorphose eines antiken Schurken zum Comic-Helden. In: Geschichte lernen, Nr. 37, Themen-

heft „Geschichte im Comic": 40–45.
- 1996: Jugurtha. Die Metamorphose eines antiken Schurken zum Comic-Helden. In: Geschichte lernen, Sonderheft „Antike": 110–115.
- 1999: Asterix als Legionär – Asterix und die römische Armee. In: Die spinnen, die ... – Mit Asterix durch die Welt der Römer: 32–39. Ausstellung Westfälisches Römermuseum Haltern vom 03.12.1999 bis 02.04.2000.
- 1999: Die Lorbeeren des Caesar – Das Caesarbild in Asterix. In: Die spinnen, die ... – Mit Asterix durch die Welt der Römer: 40–47. Ausstellung Westfälisches Römermuseum Haltern vom 03.12.1999 bis 02.04.2000.

Dr. Anne Pedersen
(Nationalmuseet, Frederiksholms Kanal 12, DK-1220 København K; e-Mail: anne.pedersen @natmus.dk)

wurde 1955 in Nykøbing Sj., Dänemark, geboren. Sie studierte von 1979 bis 1988 frühgeschichtliche und mittelalterliche Archäologie in Århus, erwarb dort 1988 den Magister Artium und promovierte dort 1996. Seit 1989 war sie unter anderem Mitarbeiterin am Aalborg historiske Museum, am Viborg Stiftsmuseum und am Nationalmuseum Kopenhagen. 1996/97 war sie mit der Ausarbeitung eines Konzeptes für eine interaktive Präsentation der Wikinger, einer CD-ROM „Looking for Vikings" sowie eines Ausstellungskonzeptes für ein geplantes Museum in Jelling, „Kongernes Jelling", beauftragt, das im Jahr 2000 eröffnet wurde. Sie arbeitet als Kustos am Nationalmuseum Kopenhagen.

Publikationen:
- 1986: En undersøgelse af de nordiske sceattas og deres europæiske kontekst (Eine Untersuchung der nordischen Sceattas und ihres europäischen Kontextes) (Magisterarbeit bei Lektor Ulf Näsman, Universität Århus, gedruckt 1998 in: Kulturlaget vol. 6).
- 1996: Vikingetidens grave med våben og hesteudstyr i det gammeldanske område – inventar og datering, idé og hensigt (Die Gräber der Wikingerzeit mit Waffen und Pferdegeschirr im altdänischen Gebiet – Inventar und Datierung, Idee und Zweck) (Dissertation bei Prof. Else Roesdahl, Universität Århus).

Mehrere Artikel über Themen zur jüngeren Eisenzeit und Wikingerzeit, darunter:
- 1994: Die Besiedlungen auf Lindholm Høje. In: Johansen, Erik & Trolle, Anette Lerche (Hrsg.), Lindholm Høje. Begräbnisplatz und Siedlung: 39–52. Aalborg.
- 1997: Søllested and Møllemosegård. Burial Customs in 10th-century Denmark. In: Müller-Wille, Michael (Hrsg.), Rom und Byzanz im Norden. Mission und Glaubenswechsel im Ostseeraum während des 8.–14. Jahrhunderts, Bd. 1: 249–278. Mainz, Stuttgart.
- 1997: Søllested – nye oplysninger om et velkendt fund (Søllested – neue Auskünfte über einen bekannten Fund). In: Aarbøger for Nordisk Oldkyndighed og Historie 1996: 37–111.
- 1997: Weapons and riding gear in burials – evidence of military and social rank in 10th century Denmark? In: Nørgård Jørgensen, A. & Clausen, Birte L. (Eds.), Military Aspects of Scandinavian Society in a European Perspective AD 1–1300. Papers from an International Research Seminar at the Danish National Museum, Copenhagen 2.–4. May 1996. Publ. National Museum, Stud. Arch. & Hist., Vol. 2: 123–135. København.
- 1999: Riding gear from late Viking-Age Denmark. In: Journal of Danish Archaeology 13, 1996–1997: 133–160.
- 1999: Jelling-monumenterne på tærsklen til et nyt årtusinde. In: Vejle Amts Årbog: 25–40.

Dr. Hans Günther Rein
(Wöhlerstraße 18, D-67063 Ludwigshafen am Rhein; e-Mail: rein.hans@t-online.de)

wurde 1926 in Saarbrücken geboren. Das Studium der Chemie in Heidelberg schloß er als Dipl.-Chem. ab und promovierte dort im Jahre 1955. Von 1955 bis 1990 war er in der BASF Ludwigshafen, tätig, zuletzt als Leiter einer Dokumentationsgruppe der Bereiche Organische Chemie und Biotechnologie sowie als Leiter der wissenschaftlichen Hauptbibliothek. Seit 1992 ist er ehrenamtlicher Mitarbeiter des Reiss-Museums Mannheim, Archäologische Sammlungen.

Publikationen:
- 1955: Synthese des d-Catechin-3-gallats und Konstitutionsaufklärung einiger Anthocyanidinacetate (Dissertation bei Prof. Karl Freudenberg, Universität Heidelberg).
- 1967: Entwicklung und Organisation einer Literaturabteilung der Großindustrie. In: Nachrichten für Dokumentation 18 (6): 242–244.
- 1984: Online-Literaturversorgung. In: Arbeitshilfen für Spezialbibliotheken 2: 105–111.

Dr. Udo Reinhardt
(Johannes Gutenberg-Universität, Seminar für Klassische Philologie, Fachbereich 1530 [Philologie III], D-55099 Mainz; priv.: Weyersstraße 4, D-55543 Bad Kreuznach, Tel. 0671/28241)

wurde 1942 in Bad Kreuznach geboren. Nach dem Studium der Klassischen Philologie, Archäologie und Alten Geschichte in Mainz und Tübingen promovierte er 1972 in Mainz. Er ist derzeit akademischer Direktor am Seminar für Klassische Philologie der Universität Mainz. Forschungsgebiet: Tradition und Rezeption antiker Mythen, speziell in der Bildenden Kunst, bis zur Gegenwart.

Publikationen:
- 1974: Mythologische Beispiele in der Neuen Komödie (Menander, Plautus, Terenz) (Dissertation, maschinenschriftlich; bei Prof. Andreas Thierfelder, Universität Mainz).
- 1995: Andromeda und Angelica. Zum Motiv 'Königstochter – Held – Ungeheuer' in der literarischen und bildlichen Tradition des Abendlandes. In: Walter, Hermann & Horn, Hans-Jürgen (Hrsg.), Die Rezeption der Metamorphosen des Ovid in der Neuzeit. Der antike Mythos in Text und Bild (Ikonographische Repertorien zur Rezeption des antiken Mythos in Europa 1): 193–213. Berlin.
- 1996: Zu den Anfängen der Mythenburleske. Griechische Mythen in den Komödien Epicharms und bei Stesichoros, auf Caeretaner Hydrien und anderen

westgriechischen Sagenbildern. In: Thetis 3: 21–42.
- 1997: 'Orpheus und Eurydike' – Bilder zum Text. In: Der Altsprachliche Unterricht 3: 80–96.
- 1997: Die Kindermörderin im Bild. Beispiele aus der Kunsttradition als Ergänzung literarischer Texte zum Medea-Mythos. In: Der Altsprachliche Unterricht 4+5: 89–106.
- 1999: Ovidio, Boccaccio e la tradizione della mitologia classica nell'Elegia di Madonna Fiammetta. In: Studi Umanistici Piceni 19: 138–149.
- 2000: Griechische Mythen in der Bildenden Kunst des 20. Jahrhunderts. Highlights zu Homers Odyssee und Ovids Metamorphosen. In: Gymnasium 107: 25–71.
- 2000: Themen griechischer Mythen in Bildwerken der ersten und zweiten Cauer-Generation. In: Freckmann, Klaus & Nestler, Angela (Hrsg.), Die Bildhauerfamilie Cauer. Künstlerische Gestaltungen und gesellschaftliche Vorgaben: 99–142. Bonn.
- 2000: Griechische Mythen in der Bildenden Kunst des Dritten Reiches. Tradition – Faschismus – Widerstand. (Teil 1/2). In: International Scandinavian and Medieval Studies in Memory of Gerd Wolfgang Weber: 391–419. Trieste.
- 2000: Das Neueste von Venus. Bilder der Liebesgöttin als Spiegel der Zeit in der Kunst des 20. Jahrhunderts. In: Mai, Ekkehard (Hrsg.) (unter Mitarbeit von Ursula Weber-Woelk), Faszination Venus. Bilder einer Göttin von Cranach bis Cabanel. Ausstellungskatalog Köln, Wallraf-Richartz-Museum 14.10.–7.1. 2000 (u. a.): 206–221.
- 2000: Angelika Kauffmann und Homer. In: Jahrbuch Vorarlberger Landesmuseumsverein – Freunde der Landeskunde 144: 131–198.
- 2001: Antike Mythen in der Karikatur der Gegenwart. Begleitheft zur Ausstellung der Akademie der Wissenschaften Wien 15.-17.11.2001.

Prof. Dr. Heinz A. Richter
(Universität Mannheim, Historisches Institut, Schloß, D-68131 Mannheim; priv.: Plöck 12, D-69158 Schriesheim; e-Mail: hrichter@rumms.uni-mannheim.de)

wurde 1939 in Heilbronn geboren. Er studierte Geschichte, Politologie und Anglistik in Heidelberg und promovierte dort 1971 über die Geschichte Griechenlands im Zweiten Weltkrieg. Er hielt sich mehrere Jahre zu Forschungsarbeiten in Athen auf. Er lehrt moderne griechische und zypriotische Geschichte an der Universität Mannheim.

Publikationen:
- 1973: Griechenland zwischen Revolution und Konterrevolution 1936–1946 (Dissertation bei Prof. Rudolf von Albertini, Universität Heidelberg).
- 1975–2001: Zahlreiche Aufsätze in deutschen, englischen, griechischen, italienischen und amerikanischen Fachjournalen; Beiträge zu Sammelwerken.
- 1984–1997: Eine Standardbibliographie zur griechischen und zypriotischen Zeitgeschichte, vier umfangreiche Monographien zur griechischen Zeitgeschichte, drei davon ins Griechische und eine ins Englische übersetzt.
- 1994 ff.: Herausgeber der Zeitschrift „Thetis" (mit Reinhard Stupperich).
- 1995 ff.: Herausgeber der Monographienreihe „Peleus" (mit Reinhard Stupperich).

(Die beiden letzteren Publikationsorgane befassen sich interdisziplinär mit der Archäologie und der Geschichte Griechenlands).

Gaëlle Rosendahl M.A.
(Reiss-Engelhorn-Museen Mannheim, Archäologische Sammlungen, C5 – Zeughaus, D-68159 Mannheim; e-Mail: reiss-engelhorn-museen@mannheim.de)

wurde in Stavelot, Belgien, geboren. Von 1992 bis 1997 studierte sie Archäologie, Kunst- und Musikgeschichte mit Schwerpunkt Paläolithikum an der Universität Liège, Belgien, und schloss das Studium mit einer Magisterarbeit über altsteinzeitliche Funde in den Archäologischen Sammlungen des Reiss-Museums Mannheim ab. Seit 1999 ist sie Volontärin am Reiss-Museum Mannheim; sie promoviert über Funde aus La Micoque in Sammlungen mitteleuropäischer Museen. Ihre Hauptforschungsgebiete sind Urgeschichte und Speläologie.

Publikationen:
- 1997: L'industrie lithique de La Micoque dans les collections du Reiss Museum de Mannheim, 2 Bde., Liège/Lüttich (Magisterarbeit unter ihrem Mädchennamen Ottevanger bei Prof. Marcel Otte, Universität Lüttich).
- 1997: Le karst allemand. In: Regards 30: 2 ff. (mit Wilfried Rosendahl).
- 1999: La Micoque und das Micoquien in den altsteinzeitlichen Sammlungen des Reiss-Museums Mannheim. In: Mannheimer Geschichtsblätter Neue Folge 6: 315–351.

Dr. Wilfried Rosendahl
(Institut für Angewandte Geowissenschaften der Technischen Universität, Schnittspahnstraße 9, D-64287 Darmstadt; e-Mail: wilfros@geo.tu-darmstadt.de)

wurde 1966 in Ratingen geboren. Er studierte Geologie, Paläontologie, Zoologie und Urgeschichte an der Universität Köln, wo er 1994 promovierte. Von 1994 bis 1996 war er im Rahmen eines Volontariats wissenschaftlicher Mitarbeiter in der Geologisch-Paläontologisch & Mineralogischen Abteilung des Hessischen Landesmuseums Darmstadt und von 1996 bis 1998 wissenschaftlicher Mitarbeiter am Institut für Paläontologie der Universität Bonn tätig. Heute ist er wissenschaftlicher Mitarbeiter am Institut für Angewandte Geowissenschaften der Technischen Universität Darmstadt. Außerdem war er in den letzten Jahren an der Konzeption und Präsentation mehrerer Sonder- und Dauerausstellungen für verschiedene Museen in Deutschland beteiligt. Seine Hauptforschungsgebiete sind Quartärgeologie und -paläontologie, Urgeschichte und Speläologie im Zusammenhang mit der Rekonstruktion von Paläoklima und Paläoökologie im Mittel- und Oberpleistozän Zentraleuropas.

Publikationen:
- Zahlreiche Veröffentlichungen zu den genannten Forschungsgebieten in natio-

nalen und internationalen Publikationsorganen.

Dr. René van Royen
(Institut für Alte Geschichte der Universität Amsterdam, Spuistraat 134, NL-1012 VB Amsterdam; priv.:Henkenshage 1 B, NL-1083 BX Amsterdam; e-Mail: r.a.van.royen@hum.uva.nl)

studierte Alte Geschichte und Klassische Archäologie an der Universität von Amsterdam. Er ist Direktor des niederländischen Zentrums für Asterix-Studien an der Universität von Amsterdam.

Publikationen:
- 1998: Asterix die ganze Wahrheit (mit Sunnyva van der Vegt). München.
- 2001: Asterix und die Belgier – oder: Eine frühe westeuropäische Demokratie (mit Sunnyva van der Vegt). In: Brodersen, K. (Hrsg.), Asterix und seine Zeit – Die große Welt des kleinen Galliers: 178–195. München.
- 2001: Asterix auf großer Fahrt (mit Sunnyva van der Vegt). München.

Angeli C. F. Sachs M.A.
(Pestalozzistraße 16, D-80469 München; e-Mail: Angeli.Sachs@t-online.de)

wurde 1956 in Hamburg geboren und lebt in München. Das Studium der Kunstgeschichte, Germanistik und Soziologie an den Universitäten Augsburg und Frankfurt am Main schloss sie 1992 in Frankfurt am Main mit dem Magister Artium ab. Seit 1994 arbeitet sie an der Dissertation „Erinnerung: Die Farbe Schwarz" an der Universität Frankfurt am Main bei Prof. Dr. Klaus Herding. Parallel zum Studium absolvierte sie journalistische und redaktionelle Tätigkeiten, sie bearbeitete Projekte in den Bereichen Literatur, Theater, Fernsehen und Bildende Kunst. Von 1990 bis 1993 war sie Pressereferentin des Frankfurter Kunstvereins, von 1994 bis 1995 freiberufliche wissenschaftliche Mitarbeiterin des Deutschen Architektur Museums in Frankfurt am Main und 1995 Kuratorin der Ausstellung „Im Raum der Erinnerung" für den Neuen Kunstverein Aschaffenburg. Von 1995 bis 2000 war sie wissenschaftliche Mitarbeiterin des Instituts für Geschichte und Theorie der Architektur (gta) an der ETH (Eidgenössische Technische Hochschule) Zürich. Dort war sie von 1995 bis 1997 zuständig für wissenschaftliche Koordination und verantwortliche Durchführung des Forschungsprojektes „Das Modell der Stadt. Bausteine zu einer Ideengeschichte des Städtebaus 1750–1990 in Europa und den USA" an der Professur für Geschichte des Städtebaus, Prof. Dr. Vittorio Magnago Lampugnani. 1997 bis 1998 erarbeitete sie die Ausstellung „Urbane Privatheit. Tony Garniers ideale Industriestadt 1899-1917" (mit Vittorio Magnago Lampugnani und Stefan Büchi) und 1998 bis 2000 die Ausstellung „Museen für ein neues Jahrtausend. Ideen, Projekte, Bauten" (mit Vittorio Magnago Lampugnani), die im Februar 2000 in Antwerpen eröffnet wurde und bis 2004 in Europa, Nord- und Südamerika und Japan gezeigt wird. Seit 2001 ist sie Cheflektorin für den Bereich Architektur und Design im Prestel Verlag in München.

Publikationen:
- 1994: Erfindung und Rezeption von Mythen in der Malerei der DDR. Hrsg. von der Stiftung Mitteldeutscher Kulturrat in der Reihe „Analysen". Berlin (Magisterarbeit 1992 in Frankfurt am Main).
- 1995: Im Raum der Erinnerung. Jochen Gerz, Astrid Klein, Lena Liv, Olaf Nicolai, Anne und Patrick Poirier. Ausstellungskatalog. Hrsg. vom Neuen Kunstverein Aschaffenburg e. V. in der Reihe „Forum Aschaffenburg", Bd. 14, Konzeption und Realisierung der Ausstellung sowie Text von Angeli Sachs. Aschaffenburg.
- 1995: Jenny Holzer. „Black Garden". Monumento ai caduti a Nordhorn, Germania. In: domus, Rivista Internazionale di Progetto, Oktober: 92–98.
- 1998: Urbane Privatheit. Tony Garniers ideale Industriestadt 1899–1917. Leporello der Ausstellung, Kunsthalle der Bausparkasse Schwäbisch Hall AG, Schwäbisch Hall 1997. Institut gta (für Geschichte und Theorie der Architektur), ETH (Eidgenössische Technische Hochschule) Hönggerberg, Zürich.
- 1999: Beitrag zu: Daniel Libeskind, Jüdisches Museum, Berlin, 1989–1999. In: Museen für ein neues Jahrtausend. Ideen, Projekte, Bauten (hrsg. mit Vittorio Magnago Lampugnani). Katalogbuch zur gleichnamigen Ausstellung in Antwerpen 2000. München, London, New York.
- 2000: Das traditionelle Mahnmal und seine zeitgenössische Umformulierung: Jenny Holzer's „Black Garden" in Nordhorn. In: Meier, Hans-Rudolf & Wohlleben, Marion (Hrsg.), Bauten und Orte als Träger von Erinnerung. Die Erinnerungsdebatte und die Denkmalpflege. Veröffentlichungen des Instituts für Denkmalpflege an der ETH (Eidgenössische Technische Hochschule) Zürich Bd. 21. Zürich.

Dr. P. Martin Sander
(Institut für Paläontologie der Universität Bonn, Nussallee 8, D-53115 Bonn; e-Mail: martin.sander@uni-bonn.de)

wurde 1960 in Würzburg geboren. Er studierte Paläontologie und Geologie. Nach seinem Diplomstudium an der University of Texas in Austin promovierte er 1988 am Paläontologischen Institut der Universität Zürich. Von dort wechselte er 1990 nach Bonn. Zur Zeit ist er Kustos am Institut für Paläontologie der Universität Bonn. Seine Forschungsschwerpunkte sind die marinen Reptilien des Erdmittelalters, die Paläobiologie der Dinosaurier, die Hartgewebe der fossilen Reptilien und die Entstehung von Wirbeltierlagerstätten.

Publikationen:
- 1989: The pachypleurosaurids (Reptilia: Nothosauria) from the Middle Triassic of Monte San Giorgio (Switzerland) with the description of a new species. Philosophical Transactions of the Royal Society of London B: 325, 562–666 (Dissertation 1988, Universität Zürich).
- 1992: The taphonomy of the Norian *Plateosaurus* bonebeds of central Europe. Palaeography, Palaeoclimatology, Palaeoecology 93: 255–299.
- 1994: Reptilien. Band 3 der Haeckel-Bücherei. Stuttgart.

- 1997: Tooth Enamel Microstructure (hrsg. mit Wighart von Koenigswald). Balkema, Rotterdam.
- 1999: The microstructure of reptilian tooth enamel: terminology, function, and phylogeny. Münchner geowissenschaftliche Abhandlungen, Reihe A 38.
- 2000: Ichthyosauria: their diversity, distribution, and phylogeny. Paläontologische Zeitschrift 74 (1/2): 1–35.
- 2000: Long bone histology of the Tendaguru sauropods: Implications for growth and biology. Paleobiology 26 (3): 466–488.
- Zahlreiche Publikationen zu den genannten Forschungsschwerpunkten.

Ulrich Sauerborn
(Limesmuseum Aalen, St. Johann-Straße 5, D-73430 Aalen; e-Mail: limesmuseum.aalen@t-online.de)

wurde 1956 in Aalen geboren. Nach dem Abitur absolvierte er eine Lehre als Augenoptiker und war bei der Firma Carl Zeiss, Aalen, beschäftigt; anschließend studierte er an der Pädagogischen Hochschule in Schwäbisch Gmünd. Von 1977 bis 1987 leistete er ehrenamtliche Tätigkeit und Honorartätigkeit an verschiedenen Museen. 1982 und 1986 nahm er an paläontologischen Grabungen im Steinheimer Becken teil. Seit 1988 ist er als Museumsleiter bei der Stadt Aalen beschäftigt, zuständig für das Limesmuseum (Museumspädagogik, Organisation, Besucherbetreuung) und für das Urweltmuseum in Aalen.

Publikationen:
- Zahlreiche Vorträge und Veröffentlichungen zur Heimatgeologie und -geschichte, Fachbeiträge in der örtlichen und überörtlichen Presse sowie in Fachzeitschriften. Mitarbeit an verschiedenen Buchprojekten, u. a. in: Weidert, Werner K. (Hrsg.) (1988–2001): Klassische Fundstellen der Paläontologie, Bd. 1–4. Korb.

Dr. Mechthild Schade-Busch
(An der Plantage 79, D-55120 Mainz)

wurde 1957 in Leipzig geboren. Sie absolvierte eine Ausbildung als Organistin und Chorleiterin; sie studierte Ägyptologie, Klassische Archäologie und Alte Geschichte in Heidelberg und Mainz, wo sie 1989 im Fach Ägyptologie bei Prof. Rolf Gundlach promovierte. Von 1989 bis 1997 war sie wissenschaftliche Mitarbeiterin am Institut für Ägyptologie der Universität Mainz. Weitere Tätigkeiten waren und sind die Mitarbeit an Ausgrabungsprojekten in Ägypten und an ägyptologischen Ausstellungen, Führungstätigkeit in Museen in Deutschland und in Ägypten, Vorträge in der Öffentlichkeitsarbeit und Lehrtätigkeit in der Erwachsenenbildung; sie ist Lehrbeauftragte an den Universitäten Köln, Marburg und Mainz.

Publikationen:
- 1992: Zur Königsideologie Amenophis' III. – Analyse der Phraseologie historischer Texte der Voramarnazeit. Hildesheimer Ägyptologische Beiträge 35. Hildesheim.
- 1996: „Hier bin ich", sollst du sagen. In: Schade-Busch, Mechthild (Hrsg.), Wege öffnen. Festschrift für Rolf Gundlach. Ägypten und Altes Testament Bd. 35. Wiesbaden.
- 1997: Bemerkungen zum Königsbild Thutmosis' III. in Nubien. In: Gundlach, Rolf & Raedler, Christine (Hrsg.), Selbstverständnis und Realität – Akten des Symposions zur Ägyptischen Königsideologie, Mainz, vom 15.–17.06.1995. Wiesbaden.
- 1998: Die Aegyptiaca im Städtischen Museum Schloß Rheydt. In: Rheydter Jahrbuch Bd. 24. Mönchengladbach.

Dr. Bernadette Schnitzler
(Musée Archéologique, Palais Rohan, 2, Place du Château, F-67070 Strasbourg; e-Mail: bschnitzler@cus-strasbourg.net)

wurde 1953 in Straßburg geboren. Sie studierte an der Université des Sciences Humaines in Straßburg und schloß das Studium 1975 mit einer Magisterarbeit und 1979 mit der Dissertation in Archäologie über Antiquités Nationales ab. 1989 war sie Preisträgerin im Wettbewerb der Konservatoren der Musées de France und wurde 1981 zur Konservatorin im Musée Archéologique von Straßburg ernannt. Seitdem organisierte sie zahlreiche Ausstellungen und erarbeitete dort von 1988 bis 1992 die museographische Neugestaltung des Museums und der Sammlungen.

Publikationen:
- 1979: La céramique gallo-belge dans l'Est de la France (Dissertation bei Prof. Jean-Jacques Hatt, Universität Straßburg).
- Mehr als zehn Bestandskataloge und Ausstellungskataloge des Musée Archéologique, Straßburg.

Dr. Heinz-Joachim Schulzki
(Alte Reinerzauer Straße 16, D-72275 Alpirsbach; e-Mail: hjschulzki@web.de)

wurde 1953 in Ludwigshafen geboren. Er studierte Geschichtswissenschaft, Klassische Philologie, Klassische und Provinzialrömische Archäologie an den Universitäten Mannheim und Heidelberg. Von 1980 bis 1983 war er wissenschaftlicher Mitarbeiter der Römisch-Germanischen Kommission des Deutschen Archäologischen Instituts in Frankfurt am Main, von 1983 bis 1985 war er im Schuldienst tätig und absolvierte das 2. Staatsexamen. 1986 promovierte er in Mannheim. Von 1985 bis 1996 war er wissenschaftlicher Mitarbeiter am Historischen Institut, Seminar für Alte Geschichte, der Universität Mannheim und in verschiedenen Forschungsvorhaben zur antiken Numismatik und Geldgeschichte sowie zum antiken Maß- und Gewichtswesen tätig. Von 1997 bis 1999 war er wissenschaftlicher Mitarbeiter der Archäologischen Sammlungen des Reiss-Museums Mannheim. Seit 1986 ist er Lehrbeauftrager für Hilfswissenschaften der Altertumskunde am Historischen Institut der Universität Mannheim. Seine Hauptarbeitsgebiete sind antike und neuzeitliche Numismatik, Nachleben der Antike in der Bildenden Kunst der Neuzeit sowie Regional- und Landesgeschichte der Kurpfalz.

Publikationen:
- 1989: Die Fundmünzen der römischen Straßenstation Flerzheim. Untersuchungen zum Münzgeldumlauf in der Pro-

vinz Germania inferior. Bonn (Dissertation 1986 bei Prof. Heinrich Chantraine, Universität Mannheim).
- Zahlreiche Veröffentlichungen und Vorträge zu numismatischen und regionalgeschichtlichen Themen.

Prof. Dr. Bernd Seidensticker
(Institut für Griechische und Lateinische Philologie, Ehrenbergstraße 35, D-14195 Berlin; priv.:Terrassenstraße 17a, D-14129 Berlin; e-Mail: bs1@zedat.fu-berlin.de)

wurde 1939 in Hirschberg geboren. Er studierte Klassische Philologie und Germanistik in Tübingen und Hamburg und promovierte 1968 in Hamburg. Seit 1965 war er Assistent und Privatdozent, seit 1980 Professor an der Universität Hamburg. Er ist seit 1987 Professor für Klassische Philologie (Schwerpunkt Gräzistik) an der Freien Universität Berlin. 1973/74 war er Junior Fellow der Harvard University am „Center for Hellenic Studies" in Washington, 1989 Fellow am Institute for Advanced Study in Princeton. Er hatte Gastprofessuren in Austin, Texas, in Berkeley, Harvard und Ann Arbor. Von 1995 bis 1997 war er Vorsitzender der Mommsengesellschaft. Er ist Mitglied der Berlin-Brandenburgischen Akademie der Wissenschaften, Korrespondierendes Mitglied der Braunschweigischen Wissenschaftlichen Gesellschaft und Mitglied der Internationalen Kommission für den Thesaurus Linguae Latinae. Seit 2000 ist er Senior Fellow am „Center for Hellenic Studies" in Washington. Arbeitsschwerpunkte und Hauptforschungsgebiete sind die archaische und klassische griechische Literatur, Schwerpunkt Drama, sowie die Rezeption der Antike in der deutschen Literatur.

Seit 1990 erfolgt der Aufbau eines computergestützten Archivs für Antikenrezeption der Gegenwart; den Schwerpunkt bildet die kreative Arbeit mit antiken Stoffen und Formen, Gestalten und Motiven in der deutschsprachigen Literatur nach 1945. Für die Zukunft ist geplant, in interdisziplinärer Kooperation auch die Bereiche Musik und Bildende Kunst einzubeziehen.

Publikationen:
- 1969: Die Gesprächsverdichtung in den Tragödien Senecas. Heidelberg.
- 1980: Studien zu komischen Elementen in der griechischen Tragödie. Göttingen.
- Geschäftsführen der Herausgeber des „Philologus" (mit W. W. Ehlers).
- Mitherausgeber der Zeitschrift „Drama".
- Herausgabe verschiedener Sammelbände.
- Zahlreiche Aufsätze und Rezensionen zu den genannten Forschungsgebieten.

Dr. Mike Seidensticker
(Andreasstraße 5, D-40213 Düsseldorf)

wurde 1963 in Essen geboren. Er studierte Geschichte, Geschichtsdidaktik und Publizistik an der Ruhr-Universität Bochum und promovierte dort 1995 über historisierende Werbung. Nach der Leitung des PR-Teams eines international tätigen Dienstleistungsunternehmens im Rhein-Main-Gebiet übernahm er 1999 die Verantwortung für Marketing und Kommunikation der internationalen Spielwarenmesse in Nürnberg. Seit 2003 ist er Pressesprecher der Reed Exhibitions Deutschland, Düsseldorf.

Publikationen:
- 1995: Werbung mit Geschichte. Ästhetik und Rhetorik des Historischen. Köln (Dissertation bei Prof. Jörn Rüsen und Prof. Barbara Baerns, Universität Bochum).
- 1997 (5. überarbeitete Aufl.): Geschichte in der Werbung. In: Bergmann, Klaus, Fröhlich, Klaus, Kuhn, Annette, Rüsen, Jörn & Schneider, Gerhard (Hrsg.), Handbuch der Geschichtsdidaktik: 648–655. Seelze-Velber.

Prof. Dr. Ulrich Sinn
(Archäologisches Seminar der Universität Würzburg, Residenzplatz 2, Tor A, D-97070 Würzburg; e-Mail: i-archaeology@mail.uni-wuerzburg.de)

wurde 1945 in Bevensen, Niedersachsen, geboren. Er studierte Sonderschulpädagogik in Karlsruhe, danach absolvierte er ein Studium der Altertumswissenschaften mit Promotion 1975 in den Fächern Klassische Archäologie, Alte Geschichte und Kunstgeschichte in Freiburg i. Br. Dem Volontariat 1974/75 an den Staatlichen Kunstsammlungen Kassel folgte 1975/76 ein einjähriges Reisestipendium des Deutschen Archäologischen Instituts. Von 1976 bis 1979 und von 1985 bis 1991 war er wissenschaftlicher Referent am Deutschen Archäologischen Institut in Athen sowie von 1979 bis 1984 an den Universitäten in Bonn, dort Habilitation 1989, und von 1992 bis 1994 in Augsburg. Seit 1994 ist er Ordinarius für Klassische Archäologie an der Universität Würzburg und Leiter der Antikenabteilung des Martin von Wagner-Museums ebendort. Er wirkte bei archäologischen Grabungen in Unteritalien, in Thessalien und auf Samos mit. Seit 1985 ist er Leiter eines internationalen Forschungsprojektes bei den deutschen Ausgrabungen in Olympia. Seine Forschungsschwerpunkte sind griechische Architektur und Bauplastik, Keramik der hellenistischen Epoche sowie Funktion, Organisation und Topographie griechischer Heiligtümer.

Publikationen:
- 1979: Die Homerischen Becher. Hellenistische Reliefkeramik aus Makedonien. Berlin (Dissertation 1975 bei Prof. Walter-Herwig Schuchhardt, Universität Freiburg i. Br.).
- 1987: Aphaia und die Aegineten. Zur Rolle des Aphaiaheiligtums im religiösen und gesellschaftlichen Leben der Insel Aigina. In: Mitteilungen des Deutschen Archäologischen Instituts Athen 102: 131–167.
- 1990: Das Heraion von Perachora. Eine sakrale Schutzzone in der korinthischen Peraia. In: Mitteilungen des Deutschen Archäologischen Instituts Athen 105: 53–116.
- 1993: Greek sanctuaries as places of refuge. In: Marinatos, Nanno & Hägg, Robin (Hrsg.), Greek Sanctuaries. New Approaches: 88–109. London, New York.
- 1996: Olympia. Sport, Kult und Fest in der Antike. München. (2. Auflage 2000).

Prof. Dr. Konrad Spindler
(Institut für Ur- und Frühgeschichte sowie Mittelalter- und Neuzeitarchäologie der Leopold-Franzens-Universität Innsbruck, Innrain 52, A-6020 Innsbruck; e-Mail: UR-FRUEHGESCHICHTE@UIBK.AC.AT)

wurde 1939 in Leipzig geboren. Er studierte Vor- und Frühgeschichte in Freiburg i. Br. und schloß dort 1970 das Studium mit der Promotion ab. Von 1971 bis 1974 war er Leiter der „Ausgrabungen Magdalenenberg" und von 1974 bis 1977 Assistent am Lehrstuhl für Vor- und Frühgeschichte der Universität Regensburg. Nach der Habilitation 1977 an der Universität Regensburg war er an der Universität Erlangen-Nürnberg als wissenschaftlicher Rat und ab 1980 als Professor für Vor- und Frühgeschichte tätig. 1988 wurde er als ordentlicher Professor an das Institut für Ur- und Frühgeschichte der Universität Innsbruck berufen, an dem er seit 1990 zusätzlich die Abteilung für Mittelalter- und Neuzeitarchäologie leitet. Seit 1991 koordiniert er die archäologischen und archäologisch-naturwissenschaftlichen Untersuchungen am „Mann im Eis" vom Hauslabjoch in den Ötztaler Alpen.

Publikationen:
- 1970: Zur Herstellung der Zinnbronze in der frühen Metallurgie Europas (Dissertation bei Prof. Edward Sangmeister, Freiburg i. Br.).
- 1977: Die Besiedlung des Atlantischen Küstengebietes Mittelportugals vom Neolithikum bis an das Ende der Bronzezeit (Habilitationsschrift, Universität Regensburg).
- 35 Monographien und mehr als 150 Aufsätze in wissenschaftlichen Zeitschriften und Sammelbänden zu archäologischen Themen von der Jungsteinzeit bis in die Neuzeit Europas.

Tom Stern M.A.
(Ruhrlandmuseum Essen, Goethestraße 41, D-45128 Essen; e-Mail: tom.stern@ruhrlandmuseumessen.de)

wurde 1958 in Eickum geboren. Er studierte Vorderasiatische Archäologie, Altorientalische Philologie und Ur- und Frühgeschichte in Münster, Freiburg, Berlin und Heidelberg; er schloß 1988 in Freiburg i. Br. das Studium mit dem Magister Artium ab. Er war an archäologischen Ausgrabungen in der Türkei, in Syrien und am Bodensee beteiligt. Von 1992 bis 1994 war er wissenschaftlicher Mitarbeiter im Pfahlbau Museum Unteruhldingen, seit 1994 ist er Museumspädagoge der Archäologischen Sammlung am Ruhrlandmuseum Essen. Sein spezielles Forschungsgebiet ist Archäologie im Film.

Publikationen:
- 1988: Kulturbruch oder Kulturwandel zwischen Uruk- und Djemdet-Nasr-Zeit? (Magisterarbeit bei Prof. M. A. Brändes, Universität Freiburg i. Br.).
- 1993: Archäologie im Film. In: Wolfram, Sabine & Sommer, Ulrike (Hrsg.), Macht der Vergangenheit – Wer macht Vergangenheit. Beiträge zur Ur- und Frühgeschichte Mitteleuropas 3: 66–74. Wilkau-Haßlau.
- Archäologie im Film. In: Film Club Kiel e.V. (Hrsg.), CINARCHEA – Internationales Archäologie-Film-Festival Kiel: 75 ff. Kiel.
- 1994: Das Verhältnis von Archäologie und Film. In: Archäologische Informationen 17/1: 9–13.
- 1997: Zwischen Glotze und Lehrfilm – Eine Bestandsaufnahme archäologischer Filme für Kinder und Jugendliche. In: Archäologische Informationen 20/2: 241–247.
- 1998: Das Bild des Archäologen in Film und Fernsehen (mit Thomas Tode). In: Arbeitsgruppe Film der Christian-Albrechts-Universität: Denzer, Kurt, Haacks, Jürgen, Schulzeck, Helmut & Steffen, Margrit (Hrsg.), CINARCHEA 3. Internationales Archäologie-Film-Festival Kiel, Symposium „Archäologie und Neue Medien", 22.–23. April 1998: 1–22.
- 1999: Abendland filmt Morgenland – Agatha Christie, der Film und die Archäologie. In: Trümpler, Charlotte (Hrsg.), Agatha Christie und der Orient – Kriminalistik und Archäologie. Ausstellungskatalog Essen: 434–465. Bern, München, Wien.
- 2001: Le „marketing" de la propagande en préhistoire – le Film archéologique sous le 3ième Reich. In: Schnitzler, Bernadette (Hrsg.), L'archéologie en Alsace et en Moselle au temps de l'annexion (1940–1944). Ausstellungskatalog Strasbourg/Metz: 145–157.
- 2002: Der propagandistische Klang deutscher Vorzeit. In: Kuhnen, Hans-Peter (Hrsg.), Propaganda, Macht, Geschichte: Archäologie an Rhein und Mosel im Dienst des Nationalsozialismus. Sonderausstellung/Schriftenreihe des Rheinischen Landesmuseums Trier Bd. 24: 213–218. Trier.

Prof. Dr. Wilfried Stroh
(Institut für Klassische Philologie der Universität München, Geschwister-Scholl-Platz 1, D-80539 München; http://www.klassphil.uni-muenchen.de/~stroh–; e-Mail: Stroh@klassphil.uni-muenchen.de)

wurde 1939 in Stuttgart geboren. Von 1959 bis 1964 studierte er Klassische Philologie und promovierte 1967 in Heidelberg, wo er sich 1972 auch habilitierte. Seit 1976 ist er Lehrstuhlinhaber für Klassische Philologie an der Universität München. Seine Forschungsschwerpunkte sind neben antiker Rhetorik und Erotik die augusteische Dichtung und Ovid, die lateinische Metrik sowie das Fortleben der Antike in der neulateinischen Literatur. Angeregt von dem tschechischen Komponisten Jan Novák beschäftigt er sich vor allem auch mit Latein als gesprochener und gesungener Sprache. Er veranstaltete seit 1983 mehrfach das lateinische Musikfestival LVDI LATINI und die lateinische Sommerakademie „Scholae Frisingenses". Einen Schwerpunkt seiner Tätigkeit bildet der Einsatz für die Erhaltung und Erneuerung des Lateinunterrichts an den Gymnasien sowie die Präsenz des römischen Erbes im gegenwärtigen Kulturleben.

Publikationen:
- 1968: Ovid im Urteil der Nachwelt. Darmstadt.
- 1971: Die römische Liebeselegie als werbende Dichtung. Amsterdam (Dissertation 1967 bei Prof. Michael von Albrecht, Universität Heidelberg).
- 1975: Taxis und Taktik: die advokatische Dispositionskunst in Ciceros Gerichts-

reden. Stuttgart (Habilitationsschrift, Universität Heidelberg).
- 1981: Proben lateinischer Verskunst, Tonkassette mit Beiheft. München.
- 1985: Erotomachia, lat. Kleinepos. München.
- 1985: (Hrsg.): Jan Novák, Cantica latina. München, Zürich (für Gesangstimme und Klavier).
- 1987: Amor in Monte Docto, lat. Festspiel. Freising.
- 1994: (Hrsg.): Latein Sprechen. Der altsprachliche Unterricht 37, H. 5. Stuttgart.
- 1998: (Hrsg.): Georg Westermayer, Jacobus Balde, sein Leben und seine Werke (mit Bibliographie zu Balde). Amsterdam, Maarssen.
- 1999 ff.: (Hrsg.): Münchner Baldestudien. München.
- 2000: Apocrypha, entlegene Schriften. In: Leonhardt, J. & Ott, G. (Hrsg.). Stuttgart.
- 2001: (Hrsg.): Jan Novák, Musica poetica latina: De versibus Latinis modulandis – Eine musikalische Lateinpoetik: Über die Vertonung lateinischer Verse, edidit, praefatus est, versione Germanica commentarioque instruxit Valahafridus. München.
- Über 100 Aufsätze in Zeitschriften und Sammelwerken; lateinische Gedichte und Lieder; Edition von Noten, Schallplatten und Videokassetten; Übersetzungen (Schriftenverzeichnisse in Apocrypha, siehe oben, und auf der Homepage).

Prof. Dr. Reinhard Stupperich
(Archäologisches Seminar der Universität Mannheim, Historisches Institut, Schloß, D-68131 Mannheim; Archäologisches Institut der Universität Heidelberg, Marstallhof 4, D-69117 Mannheim; privat: Markgrafenstraße 1, D-69412 Eberbach; e-Mail: Reinhard.Stupperich @urz.uni-heidelberg.de)

wurde 1951 in Münster geboren. Seit 1970 studierte er Geschichte, Griechisch, Latein und Klassische Archäologie an den Universitäten Münster und Oxford, 1975 absolvierte er das Staatsexamen in Geschichte, Latein und Archäologie. Er war wissenschaftlicher Mitarbeiter am Institut für Altertumskunde der Universität Köln und promovierte 1977 in Klassischer Archäologie in Münster. Dort war er Assistent am Archäologischen Seminar der Universität Münster, wo er sich 1989 habilitierte. Seit 1990 war er Universitäts-Professor für Klassische Archäologie an der Universität Mannheim und seit 2001 an der Universität Heidelberg. Seit 1995 ist er Korrespondierendes Mitglied des Deutschen Archäologischen Instituts und 1998 bis 2002 Vorsitzender des Deutschen Archäologen-Verbandes.
Publikationen:
- 1977: Staatsbegräbnis und Privatgrabmal im klassischen Athen (Dissertation bei Prof. Werner Fuchs, Universität Münster).
- 1994 ff.: Herausgeber der Zeitschrift „Thetis" (mit Heinz A. Richter).
- 1995 ff.: Herausgeber der Monographienreihe „Peleus" (mit Heinz A. Richter).
(Die beiden letzteren Publikationsorgane befassen sich interdisziplinär mit der Archäologie und der Geschichte Griechenlands).
- Zahlreiche Publikationen zur griechischen und provinzialrömischen Archäologie, insbesondere zur griechischen Plastik, zum römischen Import im freien Germanien, zur römischen Toreutik und zur Antikenrezeption.

Prof. Dr. C. Bernd Sucher
(Grillparzerstraße 51, D-81675 München)

wurde 1953 in Bitterfeld geboren. Nach dem Abitur 1969 in Hamburg studierte er dort von 1969 bis 1971 Germanistik, Romanistik und Kunstgeschichte und von 1971 bis 1976 Germanistik, Theaterwissenschaft und Romanistik in München, wo er 1977 promovierte. Von 1978 bis 1980 war er Kulturredakteur der „Schwäbischen Zeitung" in Ulm, seit 1980 ist er verantwortlicher Redakteur für das Sprechtheater und Theaterkritiker der „Süddeutschen Zeitung" in München. Lehrtätigkeit: Seit 1989 regelmäßig in den Winter- und Sommer-Semestern der Deutschen Journalistenschule, München; seit 1989 an der Universität München (Institut für Theaterwissenschaft); 1992 und 1993 Dozent an der Universität Eichstätt (Lehrstuhl für Didaktik der deutschen Sprache und Literatur); 1995 und 1996 Dozent an der Universität/Theaterwissenschaft, Moskau; seit 1996 Professor an der Bayerischen Theaterakademie (Theater-, Fernseh-, Filmkritik). Seit 1997 ist er Mitglied des PEN-Clubs.
Publikationen:
- 1977: Luthers Stellung zu den Juden. Nieuwkoop (Dissertation, Universität München).
- 1981: Theater in Franken. Würzburg.
- 1988: Theaterzauber 1 – Schauspieler, 40 Porträts. München, Zürich.
- 1990: Theaterzauber 2 – Von Bondy bis Zabek, 10 Regisseure des deutschen Gegenwartstheaters. München.
- 1990: (Hrsg.): Nichts als Theater – Ein Lesebuch. München.
- 1995: Das Theater der achtziger und neunziger Jahre! Frankfurt am Main.
- 1995 u. 1996: (Hrsg.): „Theaterlexikon". 2 Bände. München.
- 1996: Hummer, Handkuß, Höflichkeit – Das Handbuch des guten Benehmens. München.
- 1997: Kleine Philosophie der Passionen: Gäste. München.
- 1999: Paris – 21 Tage mit Anton. München, London, New York.
- 2000: Maria Wimmer. Berlin.
- 2001: Suchers Leidenschaften. München.
- 2002: Luc Bondy. Erfinder, Spieler, Liebhaber. Edit. Burgtheater, Bd.3. Salzburg u. a.
- Publikationen in mehreren Zeitschriften und Anthologien.

Dr. Ralf Terlutter
(Institut für Konsum- und Verhaltensforschung an der Universität des Saarlandes, D-66123 Saarbrücken; e-Mail: r.terlutter@ikv.uni-sb.de)

wurde 1969 in Gütersloh geboren. Er studierte Betriebswirtschaftslehre an der Universität Paderborn und an der Dublin City University. Von 1994 bis 1999 war er wissenschaftlicher Mitarbeiter am Lehrstuhl für Betriebswirtschaftslehre der Universität Paderborn und am Institut für

Konsum- und Verhaltensforschung an der Universität des Saarlandes (Leitung: Prof. Dr. Peter Weinberg) mit den Hauptarbeitsgebieten Absatz-, Konsum- und Verhaltensforschung. Im Jahre 1999 erfolgte die Promotion an der Universität des Saarlandes. Von 2000 bis 2001 war er in der internationalen Unternehmensberatung Droege & Comp. AG in Düsseldorf tätig. Seit 2001 ist er Habilitand am Institut für Konsum- und Verhaltensforschung an der Universität des Saarlandes.

Publikationen:
- 1998: Besucherforschung und Angebotsgestaltung in Kulturinstitutionen. Arbeitspapier Nr. 21 der Forschungsgruppe Konsum und Verhalten. Saarbrücken.
- 1998: Bildungsvermittlung ist nicht alles. In: Zeitrisse 2 Heft 3: 84–87.
- 1999: Kulturinstitutionen: Mit Marketing in die Zukunft – Besucherorientierung als Leitmaxime (mit Peter Weinberg). In: Schmengler, Hans J. & Fleischer, F. Arnulf (Hrsg.), Jahrbuch Marketing Praxis: 126–131. Düsseldorf.
- 2000: Schwächen der Informationskette. In: Internationale Möbel-Messe – Köln Messe 2000 (Hrsg.), Point of Supply – Ideas, Visions and Support: 4–17. Köln.
- 2000: Lebensstilorientiertes Kulturmarketing. Wiesbaden (Dissertation 1999 bei Prof. Peter Weinberg, Universität Saarbrücken).
- 2001: Using lifestyle in Environmental Psychology. In: Gröppel-Klein, Andrea & Esch, Franz-Rudolf, European Advances in Consumer Research, Vol. 5.

Dr. Michel Toussaint
(Paléoanthropologue, Direction de l'Archéologie, Ministère de la Région wallonne, 1 rue des Brigades d'Irlande, B-5100 Jambes; e-Mail: m.toussaint@mrw.wallonie.be)

studierte Archäologie (Licence en Archéologie, Histoire de l'Art et Musicologie, Université de Liège; Licence en Sciences zoologiques, Université catholique de Louvain-La-Neuve) und promovierte 1984 in Louvain-La-Neuve. Er ist Doktor der Naturwissenschaften und Lizentiat der Archäologie. Seine Forschungen befassen sich mit biologischen und kulturellen Aspekten prähistorischer Populationen. Schwerpunktmäßig erforscht er die Gruppe der Neandertaler und mesolithische und neolithische Höhlenbestattungen. Er gehörte zu den Organisatoren der Ausstellung und des Kolloquiums „5 millons d'années, l'aventure humaine", die 1990 in Brüssel stattfand und etwa 200 archäologische und anthropologische Originale aus dem Paläolithikum und Mesolithikum Europas zeigte.

Publikationen:
- 1984: Etude anthropologique de la nécropole du Moyen-Age de Coxyde (Dissertation bei Prof. A. Thomas, Université catholique de Louvain-La-Neuve).
- 1988: La mandibule et le cubitus de la Naulette. Morphologie et morphométrie (zusammen mit André Leguebe). In: Cahiers de Paléoanthropologie, Paris, C.N.R.S.
- 1992: Actes du colloque 5 millions d'années, l'aventure humaine (Co-Autor). In: Etudes et Recherches archéologiques de l'Université de Liège 56. Liège.
- 1993: Paléoanthropologie et philatélie, une vision insolite de l'évolution des Hominidés. In: Bulletin des Chercheurs de la Wallonie 33: 101–121.
- 1996: Clés de détermination des dents humaines isolées, découvertes en contexte archéo-anthropologique. In: Bulletin des Chercheurs de la Wallonie 36: 73–117.
- 1997: Les mégalithes en Wallonie. In: Carnets du Patrimoine 23.
- Zahlreiche weitere Artikel zu den genannten Forschungsgebieten.

Prof. Dr. Gustaf Trotzig
(Vitterhetsakademien, Box 5622, S-11486 Stockholm; e-Mail: gtrotzig@vitterhetsakad.se; Gustaf.Trotzig@arklab.su.se)

wurde 1937 in Kristianstad, Schweden, geboren. Seine akademische Ausbildung zum Archäologen absolvierte er in Lund und in Stockholm: Fil. kand. 1961, Lizentiat 1967, Dr. phil 1991, Dozent 1993. Er war Mitarbeiter bei Gotlands Fornsal von 1961–1968, am Zentralamt für Denkmalpflege in Stockholm von 1968 bis 1993 und am Historischen Museum Stockholm von 1993 bis 1997. 1998 wurde er Akademierat an der Schwedischen Akademie für Literatur, Geschichte und Kulturdenkmäler. Seit 2000 ist er Professor und Direktor des archäologischen Forschungslaboratoriums der Universität Stockholm.

Publikationen:
- 1991: Vikingatida gravkärl av koppar och kopparlegeringar från Birka och Gotland (Dissertation bei Prof. Birgit Arrhenius, Universität Stockholm).
- 1991: Craftsmanship and Function. A Study of Metal Vessels found in Viking Age Tombs on the Island of Gotland. Stockholm.
- 1995: Vikingar. Stockholm.

Dr. Michaela Unterdörfer
(Sammlung Hauser und Wirth in der Lokremise St. Gallen, Grünbergstrasse 7, CH-9000 St. Gallen; e-Mail: m.unterdoerfer@lokremise.ch)

wurde 1966 geboren. Sie studierte Kunstgeschichte, Romanistik und Christliche Archäologie an der Friedrich-Alexander-Universität Erlangen-Nürnberg und promovierte dort 1997 nach mehreren Studienaufenthalten in Italien, Frankreich und Spanien. Von 1997 bis 2000 war sie wissenschaftliche Mitarbeiterin und stellvertretende Leiterin der Kunsthalle Nürnberg. Seit Oktober 2000 ist sie Direktorin der Sammlung Hauser und Wirth in St. Gallen/Schweiz. Ihr Forschungsschwerpunkt ist die Bildende Kunst des 20. Jahrhunderts.

Publikationen:
- 1998: Die Rezeption der Antike in der Postmoderne. Der Gipsabguß in der italienischen Kunst der 70er und 80er Jahre. Weimar (Dissertation 1997 bei Prof. K. Menning-Türr, Universität Erlangen-Nürnberg).
- 2001: The Feeling of First Seeing. Essay zum Werk von Marijke van Warmerdam. In: Guldemond, Jaap & Bloemheuvel, Marente (Hrsg.), Experience NL, Ausstellung im Palazzo Ca'Zenobio, Venedig. Amsterdam.
- 2002: (Hrsg.): Sammlung Hauser und Wirth/Teil 3/The House of Fiction. Ka-

talog zur Ausstellung und Sammlungskatalog. Nürnberg.
- Weitere Publikationen und Ausstellungen zur Kunst seit den 60er Jahren des 20. Jahrhunderts, u. a. zu: Gustav Metzger, Sigurdur Gudmundsson, Roman Signer, Marijke van Warmerdam, Rachel Khedoori, Joshitomo Nara, Andreas Oehlert; Gruppenausstellungen, z. B. „Chroma. Malerei der neunziger Jahre", „Vergiß den Ball und spiel' weiter", „I Believe in Dürer".

Dr. Sunnyva van der Vegt
(Institut für Alte Geschichte der Universität Amsterdam, Spuistraat 134, NL-1012 VB Amsterdam; priv.: Henkenshage 1 B, NL-1083 BX Amsterdam; e-Mail: sunvegt @wxs.nl)

studierte Klassische Philologie und Alte Geschichte an der Universität von Amsterdam. Sie ist Direktorin des niederländischen Zentrums für Asterix-Studien an der Universität Amsterdam.
Publikationen:
- 1998: Asterix die ganze Wahrheit (mit René van Royen). München.
- 2001: Asterix und die Belgier – oder: Eine frühe westeuropäische Demokratie (mit René van Royen). In: Brodersen, K. (Hrsg.), Asterix und seine Zeit – Die große Welt des kleinen Galliers: 178–195. München.
- 2001: Asterix auf großer Fahrt (mit René van Royen). München.

Dr. Markus Vock
(Albertstraße 8, CH-8005 Zürich; e-Mail: markusvock@freesurf.ch)

wurde 1966 in Basel geboren. Er studierte Kunstgeschichte, Europäische Ethnologie und Philosophie an den Universitäten von Basel, Freiburg i. Br., München und Zürich und promovierte im Jahr 2000 in Zürich. Er war im Kunsthandel für Auktionshäuser, im Bereich Denkmalpflege und für Museen tätig, unter anderem für das Schweizerische Landesmuseum in Zürich. Seit 1997 ist er Mitarbeiter des Völkerkundemuseums Zürich, seit 2000 Mitarbeiter des Centre PasquArt in Biel. Recherche/Herausgabe Werkkatalog des italienisch-schweizerischen Realisten Mario Comensoli.
Publikationen:
- 2000: Kunstzitate in der Werbung – zwischen Kult und Karneval (Dissertation bei Prof. Hubertus Günther, Universität Zürich).
- 2000: Traumwelt Tibet. Bern (mit Brauen, Martin und Koller, Renate).
- 2001: Collection Loeb. Centre PasquArt. Biel (mit Meier, Andreas).
- 2002: Ritorno in Italia. In: Bellasi, Pietro u. a.: Mario Comensoli. Mazzotta Editore. Milano.
- Seit 1993 diverse Beiträge zur populären, insbesondere zur kommerziellen Rezeption von Kunst.

Letizia Vuono
(Karpfengasse 8/2, D-69117 Heidelberg; e-Mail: letiziavuono@hotmail.com)

wurde 1969 in Cosenza (Italien) geboren. Sie studierte von 1989 bis 1995 Archäologie an der Universität „La Sapienza" in Rom. In den Jahren 1998 bis 2000 erhielt sie Stipendien der Universität Mannheim und des Deutschen Akademischen Austauschdienstes (DAAD). 2002 promovierte sie in Archäologie an der Universität Mannheim.
Publikationen:
- 1992: Scavo delle pendici nord del Palatino. Relazione preliminare delle campagne di scavo 1990. In: Archeologia Medievale 19: 403 ff.
- 1995: Arbeiten über die Keramik mittelrepublikanischer Zeit aus Rom.

Redaktioneller Nachtrag:

Dr. Inken Jensen
(Reiss-Engelhorn-Museen Mannheim, Archäologische Sammlungen, C 5 – Zeughaus, D-68159 Mannheim)

wurde 1944 in Marburg an der Lahn geboren. Ihre akademische Ausbildung zur Archäologin erfolgte an den Universitäten Marburg an der Lahn, Kiel und Freiburg i. Br. Sie promovierte 1974 bei Prof. Dr. Wolfgang Dehn in Marburg an der Lahn. Sie ist Konservatorin der Archäologischen Sammlungen der Reiss-Engelhorn-Museen Mannheim und hat seit 1980 eine private Sammlung zur zeitgenössischen Rezeption von Archäologie in Werbung, Kunst und Alltag aufgebaut.
Publikationen:
- 1980: Der Marktplatzbrunnen aus dem 17. Jahrhundert – das älteste Baudenkmal der Stadt Mannheim. Mannheimer Hefte: 17–26. (Siehe auch in: Denkmalpflege in Baden-Württemberg 8, 1979: 77–80).
- 1984: Die Reibschale von Mannheim-Wallstadt. Einführung in die „Römische Küche" für Besucher des Reiß-Museums in Mannheim. In: Archäologische Nachrichten aus Baden H. 32, 27–36.
- 1986: Der Schloßberg von Neuenbürg. Eine Siedlung der Frühlatènezeit im Nordschwarzwald. In: Materialhefte zur Vor- und Frühgeschichte in Baden-Württemberg H. 8: 127 S., 45 Taf. Stuttgart. (Dissertation).
- 1986: Archäologie in den Quadraten. Ausgrabungen in der Mannheimer Innenstadt. Ausstellungskatalog Reiß-Museum Mannheim. Mannheim.
- 1986: Gefäße, Geräte und Kleinfunde des römischen Alltags. Bildhefte des Städt. Reiß-Museums Mannheim, Archäologische Sammlungen, Nr. 3: 64 S. Mannheim.
- 1990: Zu den Anfängen der Mannheimer Tonpfeifen-Produktion im 17. Jahrhundert. Mannheimer Hefte: 90–100.
- 1995: Archäologie und Computerwerbung. In: Stupperich, R. (Hrsg.), Lebendige Antike. Rezeptionen der Antike in Politik, Kunst und Wissenschaft der Neuzeit. Kolloquium für Wolfgang Schiering. In: Mannheimer Historische Forschungen Bd. 6: 213–220.
- 1999: Datierte Tonpfeifen des 17. Jahrhunderts aus der Kurpfalz. Erste Ergebnisse. In: Schmaedecke, M. (Hrsg.), Tonpfeifen in der Schweiz. Beiträge zum Kolloquium über Tabakpfeifen aus Ton in Liestal am 26. März 1998. Archäologie und Museum – Berichte aus Archäologie und Kantonsmuseum Baselland: 19–26. Liestal/Schweiz.

Indices:
Namensindex, Ortsindex, Sachwörterindex

Namensindex

Aufgeführt sind: Lebende, historische und fiktive Personen, mythologische Personen und Gestalten, Völker, politische Gruppierungen, Firmen, Produkte, Institutionen, biologische Namen und Einheiten.

A

Abbott, R. 46
Aborigines 283
Abraxas 100, 102
Abruzzese, Alberto 336
Ache, Jean 285
Achill, Achilles, Achilleus 21, 99, 210, 224, 225, Farbtaf. 6
Adam 32, 277, 286, 334
Adams, Scott 33, 37
Adam-Schwätzer 149
Adenauer, Konrad 23, 26, 223, 230
Adler 23, 138, 139, 140, 149, 183, 310
Admiral 23
Adonis 334
Aemilius 195
Aeneas 143, 210, 211, 253, 254
Aequitas 309
Aerodactyl 271
Aesculap (s. auch: Asklepios, Äskulap) 150, 152
Aesop, Aesopus (s. auch: Äsop) 256, 257, 271
Agamemnon 152
Agrippina 168, 334
Agrippina Minor 336
Ägypter 36, 106–108, 110, 112, 222
Ahlmann Carlshütte 359
Aias (s. auch: Ajax) 210, 211
Aida 84
Aidans, Edouard 285
Aifur 352
Aiolos (s. auch: Eolo) 336
Aischylos 222, 243
Ajax (s. auch: Aias) 305, 330, Farbtaf. 6
Åke 348
Akhnaten 6, 235, 237, 241
Al Bundy 222
Alamannen (s. auch: Alemannen) 65, 68, 70, 91
Alberini, Filoteo 167
Albertini, Rudolf von 387
Albert-Ludwig ... 384
Albrecht, Michael von 259, 391
Alcestis 243
Aldrich 198

Alecto 193
Alemannen (s. auch: Alamannen) 67
Alessi 115, 116
Alexander (Sklave) 194
Alexander der Große 115, 166, 173, 193, 214, 217, 221, 232, 310, 312
Alexis 262
Alfa Sud 333
Alföldi-Rosenbaum, Elisabeth 86, 90
Alix 213, 214, 216, 217, 218
Alkuin 353
Allen De Ford, Miriam 194
Allen, Peter S. 166
Allen, Woody 166
Alley Oop 285
Alma-Tadema, Lawrence 73, 184
Almgren 62
Altmann 23
Amalvi, Christian 345
Amaryllis 260
Amazone 70, 139, 222, 307, 330
Ambiorix 194
Ambrosio 169
Ambrosius 262, 263
Amenhotep IV. 240
Amenophis (Sohn des Hapu) 236
Amenophis III. 235–238, 241, 389
Amenophis IV. 235, 236
Amerikaner 79, 80, 85, 114, 115, 229, 247, 270, 285, 323, 349
Ammianus Marcellinus 338, 340
Ammonitas 271
Amor, Amore (s. auch: Cupido, Eros) 150, 152, 253, 255, 258, 260, 261, 308, 392
Amotju 193
Amphitruo 143
Amun 193, 236
Amun-Re 235
Anacritos 196
Anchesenamun, Anchesen-Amun 193, 236
Anchesenpa-Aton 236
Anchises 143
Ancus Marcius 218
André's Le Gaulois 344
Andreae, Bernard 180, 188
Andromeda 149, 386
Andronikos, M. 320
Angantyr 358, 363
Angelica 386
Angelsachsen 191, 197

Annaud, Jean-Jacques 286
Antar 344, 345, Farbtaf. 8
Antigone 223, 228, 233, Farbtaf. 2
Antonia Caenis 196
Antonius 244, 246, 335
Anubis 41, 193
Apatosaurus 268, 272, 273
Aper, Marcus 197
Aphaia 310, 390
Aphrodite (s. auch: Venere, Venus, Vénus) 72, 143, 150, 152, 165, 226, 258, 261, 327
Apicius 86, 87, 90, 196, 256, 261, 262
Apoll, Apollo, Apollon 51, 122, 130, 133, 137, 139, 141, 150, 152, 201, 210, 253, 308, 310, 311, 317, 318, 327, Farbtaf. 3
Apostolou, Anna 193
Apple 24
Aqua 334
Arabella 25
Arafat, Jassir 146, 226, 232
Arché Archeologia e ricerca srl 37
Archibald 285
Archimedes 46, 196
Ares (s. auch: Mars) 143, 226
Arethusa 310
Argonauten 320, Farbtaf. 6
Argos 335
Ariadne 148, 152, 334
Ariovist 195
Aristophanes 243, 244, 246, 247
Aristoteles, Aristotle 21, 46, 105, 128, 192, 193, 224, 227, 232
Arlt, Peter 152
Arminius 53–55, 58, 62, 156, 159
Arrachion 49
Arrhenius, Birgit 393
Arrian 54, 62
Ar-Rus 353
Artemis (s. auch: Diana) 261, 320, 327
Arverner 341, 342
Ascanius 143
Asconius 194
Asgaard 361
Ashley, Mike 192
Asklepiodes 195
Asklepios 320
Äskulap 306
Äsop (s. auch: Aesop, Aesopus) 224
Assman, Aleida 128
Astel, Arnfried 206, 208, 210
Asterix, Astérix 3, 4, 11, 12, 14, 37, 73,

81, 89, 113, 165, 221, 269, 337–340, 344, 345, Farbtaf. 7, 385, 386, 388, 394
Astor 169
Astra 23
Astyanax 217
Atatürk 320
Athena, Athene (s. auch: Minerva, Pallas Athene) 210, 311, 320
Athener 47, 225, 311, 325, 326, 330
Athenodorus 194
Atlas 149, 150, 152, 222, 225, 231, 299
Aton 235–238, 240, 241
Atriden 222
At-Tartûschi 353, 354
Atticus 219
Auel, Jean M. 276, 279, 286
Augenblix 339, 340
Augias 148, 228
Augstein, Rudolf 225, 226, 228, 231–233
Auguren 151, 197, 226
Augusta 85, 91, Farbtaf. 1, 377
Augustiner ... 105
Augustinus 227
Augustus 37, 58, 62, 89, 188, 194, 195, 213, 225, 229, 249, 310, 316, 327, 383
Auhagen, U. 259
Auken, Svend 353
Aulenti, Gae 116
Aurelius Chrysippus 197
Aurelius, Marcus (s. auch: Marc Aurel, Marcus Aurelius, Mark Aurel) 173, 176, 177, 182, 185–188
Ausonius, Decimus Magnus 65, 67, 68, 71, 261, 262
Australopithecus 278, 283, 284
Australopithecus afarensis 277, 278, 283, 284, 286
Australopithecus africanus 284
Australopithecus boisei 283, 284
Autolykos 211
Avery, Tex 286
Ay 193
Ayla 276, 277, 279, 286
Azteken 165

B
Baars, G. 46
Baatz, Dietwulf 65, 71, 87, 89
Babington, Bruce 186, 188
Bablet, Denis 249
Bacchen 244
Bacchus, Bacco (s. auch: Dionys, Dionysos) 118, 120, 152, 331
Bach, Johann Sebastian 21, 80
Bactroban 308

Baerns, Barbara 390
Bagger, Hartmut 223
Bahners, Patrick 227, 232
Bahr, Egon 232
Baignol-et-Farjon 345
Balbinus Pius 196
Balde, Jacobus 392
Balder, Baldur 157, 159, 348, Farbtaf. 4
Baldo, Anna 256, 262
Baldung, H., genannt Grien 32
Balko 222
Balthasar 192
Bambace, Andrea 262
Bamberger, Stefan 165
Bandel, Ernst von 54, 62
Bankston, Douglas 178, 186, 188, 189
Banschbach, Richard 69
Barabbas 181
Barbaren 80, 179, 185, 218, 228, 339
Barbarossa 111
Barbera, Joseph 286
Barberini 118
Barbié, R. 46
Barbier, François 296
Barilli, Renato 118, 122
Barthes, Roland 170, 173, 186, 336
Bartholdi 342
Bartholomäus ... 170
Bartoszewski, Wladyslaw 223
Baskerville 192
Bastian, Heiner 122
Battaglia, Dario 78
Baudelaire, Charles 151
Baumann, Karl 71
Bava, Mario 165
Baxter, Tom 164
Bayard 341
Bayer Werke 23
Beard, Mary 199
Beck, Hans 174, 178, 186, 188, 189
Becker, Angelika 287
Becker, Günter 62
Becker, Jens P. 191, 199
Becker, Werner 151
Beckerath, Jürgen von 241
Beckmann 145, 148
Beckmesser 230
Beethoven, von 251, 261
Begga 198
Behrends, Rolf-Heiner 72
Behrendt, Fritz 148
Beier & Beran 3, 4, 9
Beierer, C. 46, Farbtaf. 1
Beinhauer, Karl W. 4, 5, 9, 14

Belgier 388, 394
Bell, Neil 89
Bellasi, Pietro 394
Bellini, Francesca 262
Bellori, Giovanni Pietro 132
Belmondo 302
Belsazar 170
Ben Hur 42, 46, 73, 87, 90, 170, 173–175, 186, 187, 189, 332, 335, 383
Bender, Barbara 294
Benge, D. 46
Bengtsson, Frans G. 349, 352
Benjamin, Walter 115
Benn, Gottfried 201, 202, 205, 206, 210, 211
Bennike, Pia 358
Benz, Carl 65, 70, 71
Benz, L. 259
Berck 286
Berg, Alban 259
Berger, Ernst 385
Berger, Frank 62, 63
Berger, Urs 304, 308
Berghof, Norbert 99, 102
Bergmann, Klaus 26, 390
Bergquist, P. 259
Berik 347
Berliner 76, 158, 187, 224, 225, 231, 260, 315
Berlioz 253
Berlusconi 231, 232
Bernhard, Horst 159
Berni 329
Bernstein, F.W. 152
Bertelli, Sergio 186, 188, 189
Bertelsmann 230
Bertin, François 345
Beuys, Joseph 155
Bibulus 216
Biedenkopf, Kurt 229–232
Biel, J. 72
Biermann, Wolf 205–207, 210
Bifrost 357
Billeter, Erika 249
Bilz, H. 46
Binsfeld, Hans 92
Birley, Anthony 188
Birria 194
Bishop, M.C. 84, 89
Bismarck 62, 221, 229
Bissula 261
Bittel, K. 340
Blaensdorf 261
Blair, Tony 222, 230

Blaschke, Jochen 20
Blassus 85
Blatz 43, 46
Bleicken, Jochen 218
Bless, André 304, 308
Blessing 232
Blitz 23, 120, 122
Bloemheuvel, Marente 393
Blüm, Norbert 145, 152, 223, 224, 226, 230
Boadicca 197
Boccaccio 387
Bock, Hans 305
Bock, Hans-Michael 165
Böckenförde, Ernst Wolfgang 227
Bockholdt, R. 135
Böcklin, Arnold 155
Boehringer, Erich 219
Boethius (antiker Schriftsteller) 261, 262
Boethius, A. 340
Bofill, Ricardo 100, 102, 297, Farbtaf. 2
Bofinger, Manfred 152
Böhle, Klaus 148
Böhme-Schönberger, Astrid 90
Bohne, Anke 152
Bohnert, Andreas 67
Boldhaus, Michael 186, 188, 189
Boldrini, Niccolò 143
Boltanski 123
Bolten, Jürgen 23, 26
Bolz, Norbert 122, 128
Bomarzo 126, 128
Bomilkar 193
Bona Dea 195
Bond, James 191, 195
Bond, Robin 90
Bondanella, Peter 182, 186, 187, 189
Bondy 392
Bonfante, Larissa 90
Bonnevaux, Alain 297
Borgers, Walter 51
Borges, Jorge Luis 128
Borghese 152
Borgnine, Ernest 181
Bořkovec, P. 251
Born, Hermann 383
Borsalino 332
Borsdorf, Ulrich 63
Borussia 222
Botticelli, Sandro 151, 152, 334
Boulanger (General) 341
Boulanger, Nadja 235
Boule, Marcellin 282
Boulongne, Yves-Pierre 51

Bourdelle, Antoine 147
Bourget, Jean-Loup 186
Boymans-van Beuningen 159
Brahms 250
Bramante 125
Brancusi, Constantin 297
Brändes, M. A. 391
Brandt, Willy 152
Brant 99
Brass, Tinto 187
Braun, Claudia 198, 345
Braun, Egidius 222
Braun, L. 260
Brecht 246, 247
Bredekamp, Horst 128
Breitenberger, B. 260
Breker 324
Bréni, James 193
Brennus 227, 233
Breschnew, Leonid 232
Breuil 283, 284
Brigitte 25, 302
Brill, Dorothee 166
Brink, Claudia 152
Brinno 338
Briten 337
Britten 261
Brodersen, K. 388, 394
Brodwolf, Jürgen 123
Brokemper, Peter 63
Bronston, Samuel 173, 176, 177
Brontosaurus 273
Broodthaers, Marcel 123
Broom, Robert 284
Brownie, Dick 349
Brownlow, Kevin 171, 173
Brugsch 192
Brünhilde 155–157
Brutus 225, 228, 231, 233, 310
Bryggeri, Faxe Farbtaf. 8
Bucher 116, 173
Büchi, Stefan 388
Buchloh, Paul G. 191, 199
Büchmann 232
Büchner 210
Buchschwerter, Robert 173
Buck, Henning 63
Buck, Theo 158, 159
Bührer, E. M. 340
Bulgare 318, 353
Bulwer Lytton (s. auch: Lytton-Bulwer) 187
Buren (Siedler in Südafrika) 282
Buren, Daniel 297, 298

Burian, Zdenek 278, 286
Burke, Tim 189
Burrus 195
Burton, Richard 171
Busch, Günter 141
Busch, Ralf 63, 321
Busche, Jürgen 233
Bush, George 225, 229
Bütehorn 46
Bütikofer, Reinhard 224

C
Cabanel 387
Cabiria 169, 170, 173–175
Cacciari, Massimo 159
Caecilius Metellus, L. 216
Caelius, Marcus 194
Caesar (s. auch: Cäsar, César, Cesare) 41, 42, 44, 46, 81, 89, 98, 168, 169, 171, 194–196, 213–219, 221, 222, 228, 232, 244, 245, 256, 262, 316, 338–342, 386
Caligari 165
Caligula 165, 187, 225, 226, 231, 232
Cammarota, Domenico 186
Cämmerer, Bernhard 72
Campanella 127
Camus 146, 225
Candea, Romulus 145
Canetti, Elias 243, 247
Canova 105, 152
Capelle, T. 321
Cappelletti, Francesca 153
Capreolus 164
Caracalla 42, 46, 205
Caravaggio 152
Carcopino, Jérôme 214–219
Carius, Ronald T. 361
Carnes, Mark C. 186
Carrà, Carlo 121
Carstens, Karl 223, 230
Carter 34
Caruso, L. 279
Cary, John 186
Cäsar (s. auch: Caesar, César, Cesare) 6, 62, 223, 225, 232
Caserini, Mario 169
Casque d'or 343
Cassius Dio 189
Castelli, Patrizia 152, 153
Casterman 214–216
Castiglioni, Achille 114, 116
Castiglioni, Pier Giacomo 114, 116
Castor 231
Catilina, Catiline 194, 195, 221, 225, 231, 256, 262

Cato 194, 195, 221, 225, 231, 232
Catty & Führer 46
Catull 249, 250, 252, 253, 255, 261, 262
Cauer 387
Ceaucescu 318
Cee, Dagmar 166
Celan, Paul 157–159
Celer 195
Cellini, Benvenuto 138, 152
Celtes 344, 345
Celtic 89, 164, 199, 343, 344, Farbtaf. 5
Celtiques 343
Celtis, Conrad 250, 259
Ceram, C.W. 45, 383
Ceres 244, 310, 316
César, Cesare (s. auch: Caesar, Cäsar) 218
Chaffey, Don 165
Chaline, Jean 286
Challenger 269
Chamerernebti 31
Chandler, Raymond 196
Chantraine, Heinrich 390
Charivari 143
Charles 227
Charon 107, 152, 209
Charybdis 148, 225, 231
Chateaubriand 345
Cheops 46
Chephren 105
Cheret 285
Cherrington, Richard 192
Cherusker 61, 63, 222
Chia, Sandro 120–122, Farbtaf. 2
Childebrand 198
Chippindale, Christopher 294
Chirico, Giorgio de 298, 300
Chlodwig 341
Chloé 330
Christ, Karl 71, 218
Christen 174, 175, 187, 335
Christen, Jean 9, 13, 60, 309–315, 317, 319, 331, 333, Farbtaf. 6
Christi, Christus, Christo (s. auch: Jesus) 107, 139, 163, 169, 170, 228, 229, 246, 326, 327, 377, 378
Christian-Albrecht ... 363, 381, 391
Christie, Agatha 191, 192, 197, 199, 391
Chrodelind 198
Chrysler 292
Chuzeville, M. 201, 208
Chuzeville, P. 201, 208
Ciba-Geigy 305
Cicero 90, 191, 192, 194, 195, 199, 216, 219, 221, 222, 224–226, 231, 232, 252, 256, 262, 327, 392
CINARCHEA 164, 166, 391
Cinès 167, 168, 169
Cinna (s. auch: Helvius Cinna, Gaius) 194
Citroën 23, 163
Clair, Jean 300
Clairmont, Christoph 151
Claris, Benoît 286
Claudia 195
Claudian 261, 262
Claudius 256
Clausen, Birte L. 381, 386
Cleal, Rosamund M.J. 294
Cleopatra (s. auch: Kleopatra) 41, 46, 165, 175, 176, 244, 246
Clinton, Bill 225–227, 231, 232, 353
Clitunno 137, 141, Farbtaf. 3
Clodia 194, 195
Clodius Pulcher, Publius 194, 195
Coarelli, Filippo 209
Coates, John F. 89
Cocteau 152
Cohen-Williams, Anita G. 192, 199
Coles, John 89
Collersche Carlshütte 359
Collins, Michael 116
Colombo, Fausto 336
Colonna, Francesco 126
Comès, Dieter 285
Commodus 177, 178, 182–189, 228
Conan 166, 186, 189
Connolly, Peter 83, 84, 90
Considius, Sextus 194
Constantin der Große 82, 189
Constantius II. 62
Consul 23
Coon, Carleton S. 282
Copland, Aaron 251
Coppens, Ives 286
Cornell, Per 294
Correggio 138
Costa, Lucio 123
Coubertin, Pierre de 49–51
Coulson, William 51
Coulston, J. C. N. 84, 89
Courault, Pascal 345
Cox, Barry 269, 273
Craenhals, François 285
Cramme, Stefan 191, 199
Cranach 387
Crassus, Marcus 171, 194, 195, 217, 218
Creamer, Klaus Peter 273
Creswell, Tim 294
Creuzer, F. 71
Crichton, Michael 269, 270, 273
Croissant, Michael 382
Cro-Magnon-Mensch 287
Croom, Alexandra 89
Crowe, Russell 173, 176–178, 180, 181, 185, 187
Crumlin-Pedersen, Ole 358
Cuenta, C. F. 165
Cunliffe, Barry 294, 340
Cupido (s. auch: Amor, Eros) 332, 336
Curculio 261
Curtius, Ludwig 219
Czempiel, O. E. 224

D

d'Alema 231
d'Annunzio, Gabriele 169
d'Offay, Anthony Farbtaf. 4
Daâh le premier homme 286
Dahn, Felix 167
Daker 213
Dalby, Andrew 90
Dalí, Salvador 150, 152, 335
Damminger, F. 72
Damokles 225, 230
Danaer 225, 231
Dänen 355
Daniel, Glyn 192
Dante 168
Danubius 310
Daphne 148, 152
Daphnis 254, 255
Darius 228
Darth Vader 230
Daumier, Honoré 143, 151
Daves, Delmer 175
David 21, 139, 229, 302, 304, 308, 332, 334
David, Jaques Louis 82
Davidson Reid, Jane 141
Davies, Dennis Russel 240
Davis, Lindsey 196
Day, David Howard 166
Decius Caecilius Metellus (D.C.M.) 194, 195
Decker, Elisabeth 152
Decker, Wolfgang 51
Deckert 232
Deffke 359
Degen, R. 321
Dehio, Georg 20
Dehmel, Richard 155
Dehn, Wolfgang 394
dei (Götter) 153, 226, 232
Delahaye 342

Delbrück, Hans 75, 76, 89
Delilah 175
Demel 268
Demetria 198
Demetrius 175, 181
DeMille, Cecil B. 175
Demosthenes 225, 231
Denning, Kathryn 294
Denzer, Kurt 391
Despretz, Sylvian 189
Dettling, W. 232
Deutsche 54, 106, 112, 198, 225, 228
Deutsches Archäologisches Institut 90, 162, 202, 213, 219, 389, 390, 392
Deutsches Spiele-Archiv 39, 42, 45, 382
Devereux, Paul 294
Diabolus 198
Diagoras 49
Diana (s. auch: Artemis) 224, 227
Diderot 132
Didi-Huberman, Georges 128
Didius Falco, Marcus 196, 197
Didius Favonius „Geminus", Marcus 196
Dido 143, 252–254, 260–262
Dieckmann, Ursula 63
Dieterle, Gabriele S. 32
Dilbert 33, 37
Dimetrodon Farbtaf. 5
Dinkeloo, John 101
Dinosaurier 11, 24, 205, 267–273, 282, 285, 318, Farbtaf. 5, 388
Dio 194
Diodoros Siculus 339, 340, 343, 345
Diokletian 319
Dionys, Dionysos (s. auch: Bacchus, Bacco) 119, 120, 122, 225, 233, 244, 247
Dioskuren 120
Diplodocus 269
Dirks, Rudolf 286
Diruf, H. 72
Disney, Walt 36, 37
Dixon, Dougal 273
Djupræt, Martin 363
Dogbert 33, 37
Doherty, Paul 193
Dohnanyi, K. von 231
Dolianitis, Georgios 51
Dollinger, Hans 29, 31
Domergue, Claude 186
Domitian 196
Don Juan 244
Donadoni, M. 46
Donié, Peter 218, 219
Doody, Margaret 193

Dorling Kindersley 269
Dorminger, Georg 219
Dorra, S. 46
Douglas, Kirk 148, 171, 187
Douglas, Lloyd C. 175
Dover, Robert 50
Downs, Mary 166
Doyle, Arthur Conan 269
Draheim, Joachim 259, 260, 262
Drakon 225
Dregger, Alfred 223
Drews, Ute 7, 359, 362, 381
Driel-Murray, Carol van 84, 89, 381
Drombusch 222
Drößler, Rudolf 165
Duany, Andres 100, 102
Dubček 254
Duchamp 335
Dulcitius 255
Dümas, Dieter 9
Dumnorix 337
Duodecim Scripta 39, 45
Dupin, Léo 343
Dürer 394
Duris 210, 211

E
Eadulf 197, 198
Eames, Charles 116
Eben 261
Eberle, Joseph 253
Echnaton 192, 193, 235–241
Eckardt, Karlheinz 75, 76, 89
Eco, Umberto 99, 336
Edberg, Rune 352
Edda 156, 351
Edel, M. 43, 46
Eden, Eleanor 143
Editha 31
Edorix 216, 217
Edorus 217
Edschmid, Enzio 166
Edward VII. 191
Eger, G. 45
Ehlers, W. W. 390
Ehlers, Wilhelm 219
Einar 348
Einstein 235
Eissenhauer, Michael 300
Eje 236, 237
Eleer 48
Eleni 243
Elisabeth 227
Elissa 252
Elley, Derek 186

Elliot-Wright, Philip J. C. 89
Ellis, Kate 192
Ellis, Peter Berresford 197, 199
Eloy, Michel 186
Elsen, Thomas 139, 141
Elsner, H. 45
Eltner, Ralf 92
Emele, Martin 166
Emerson, Radcliffe 192
Emmelmann, Stephan 384
Emmerich, Roland 166, 172
Enak 214, 216, 217
Engelen-Keefer, Ursula 232
Engelking, Gerhard 122
Engholm, Björn 151, 224, 226, 230–232
Engländer 83, 247, 337
Eolo (s. auch: Aiolos) 330, 331
Epaminondas 39, 40, 46
Epicharm 386
Epicur 227
Epona 70, 72
Eppler, Erhard 223
Erasmus 222
Erhard, Ludwig 225, 231
Eric 341
Erik der Rote 314
Eriksson, Leif 314
Ermine Street Guard 74, 82–84, 90
Ernst-Ludwig ... 382
Ernst-Robert-Curtius ... 385
Eros (s. auch: Amor, Cupido) 122, 150, 246, 247, 304
Erwin 198
Esch, Franz Rudolf 28, 30, 32, 393
Esswood, Paul 237
Étain 197
Etrusker 165
Euripides 243, 244, 247
Europa 144, 145, 148, 151–153, 224, 225, 227, 229, 320
Europäer 99, 284, 314, 327
Eurydamas 229
Eurydice 255, 262
Eurydike 148, 152, 387
Eva 32
Evans (Arthur John; Archäologe) 34
Evans, Peter William 186, 188
Ewigleben, Cornelia 89, 186, 188, 383
Explorer 23, 350

F
Fabiola 175, 187
Fabris, Gianpaolo 336
Fackler, T. 46
Fansa, Mamoun 62

Farnese 120, 152, 205, 210
fascisti 84
Faun, Fauno, Faunus 86, 118, 119, 204, 205, 210
Faust 158
Fehr, Burkhard 385
Feldgen, Willi 273
Feldmann, Werner 90
Fellini 187
Felperin, Leslie 174, 186
Fénélon 143
Ferrari, Paolo 116
Fest, Joachim 221, 230
Festus 196
Feuerbach 152
Feuerstein (Comic-Figur) 165, 271, 286, 287
Feuerstein, Valentin 72
Feyerabend, Paul 294
Fiala 261
Fiat 23, 333
Fichte 21
Fickler, C. B. A. 71
Fidelma 197, 198
Fiedler, Bernd 166
Fiedler, Hans H. 261
Fiell, Charlotte 300
Fiell, Peter 300
Fiesta 23
Fillion 344
Filmer, W. 230
Filser, Barbara 166
Filtzinger, Philip 72
Fingerlin, G. 72
Finley, M. I. 233
Fino 231
Fischer, Heinz-Joachim 233
Fischer, Joschka 148, 225, 231
Fischer, Ottfried 153
Fischer, Volker 5, 6, 97, 113, 116, 173, 297, 381
Fisher ... 192
Fitzwilliam 40, 45
Flashar, H. 260
Flavier 213
Flavius Josephus 382
Flavius Vegetius 224
Fleckner, Uwe 128
Fleischer, F. Arnulf 393
Fleischer, Joachim 384
Fleischer, Robert 153
Flemming 250
Flimm, Jürgen 230
Flint 99

Flintstones 165
Flittner, U. 46
Florus 217, 219
Flutsch, Laurent 345
Focant, G. 283, 285–287
Fochessati, M. 135
Folkes, Michel 151–153
Folkman, B. 260
Folkwang 166
Fonda, Jane 225
Fontane, Theodor 157
Foreman, Michael 273
Förster, Uwe 26
Fortuna 125, 310
Fosco, Piero 169
Fotopoulos, Dionissis, Fotopoulos, Dionysis, Fotoüpilos, Dionyssis 6, 243–249
Foucault, Michel 123, 128
Fowler, Peter 294
Fraipont, Julien 281
Franco 316
Franke, Andreas 46
Franke, Käte 9
Franken 59, 65, 198, 341, 354
Frankh Kosmos 46
Fransen, Paul John 241
Franzius, Georgia 5, 53, 57, 59, 61–63, 381
Franzoni, David 186
Franzosen 90, 198, 247, 286, 337, 341
Fraser, George Macdonald 186
Fratres Arvales 197
Frazetta, Frank 286
Freckmann, Klaus 387
Freemann, David 241
Freese, Gunhild 363
Freher, Marquard 65, 71
Freja 348
Freud, Sigmund 123, 126, 128
Freudenberg, Karl 386
Freyer, Achim 240, 241
Freyer, Ilona 241
Friederichs, Axel 61
Friedrich II. 155
Friedrich, Caspar David 155
Friedrich-Alexander ... 393
Friedrichs (Politiker) 152
Friedrichs, U. 385
Frigg 157
Frings, Udo 151–153
Frithiof 348
Fröhlich, Klaus 390
Fröhling 361, Farbtaf. 8
Frontinus, S. Julius 196

Frös 349
Frühwald, Wolfgang 223
Fry, Christopher 170
Fuchs, Werner 392
Füßmann, Klaus 26, 294

G
Gabinius 195
Gabrel, G. 46
Gaia 139
Galathea 148
Galinié, Henri 358
Gallienus, Publius Licinius Egnatius 70, 72
Gallier(in) 165, 195, 217, 337–345, Farbtaf. 7, 388, 394
Gallone, Carmine 174
Galva 216, 217
Gambrinus 287
Gamwell, Lynn 128
Ganahl, Niki 35
Gandhi 235
Gansser-Burckhardt, August 82
Ganymed 137–141, 150, 152, Farbtaf. 3, 382
Garbsch, Jochen 62
Gardiner, Brian 273
Gardiner, Patrick 20
Garnier, Tony 388
Gary, Jim 271
Gatter, Nikolaus 37
Gaubatz-Sattler, A. 72
Gauger, Jörg-Dieter 6, 221, 382
Gaulois, Le 342, 344, 345, Farbtaf. 7
Gauloise, La 342, 344
Gauloises, Les 343
Gaultier, Jean-Paul 304
Gautier, Achilles 286
Gauweiler, Peter 224
Gazin-Schwartz, A. 383
Gedge, Pauline 241
Gee 268
Geese, Uwe 26, 304, 308
Gégé 285
Gehren, Georg von 56
Geisenhanslüke, Ralph 178, 188
Geißler, Heiner 223, 224, 226, 230
Gelasius 197
Genestine, F. 342
Genet, Jean 247
Genien, Genius 97, 105, 334
Genoveva 341
Genscher, Barbara 223
Genscher, Hans Dietrich 149, 150, 152, 223, 230

Georg 149
George, Stefan 156
Georgiades, Thr. 259
Gerdes, Dirk 20
Gerhardt, Wolfgang 224, 231
Germanen 53–56, 58, 156, 165, 179, 195, 196, 227, 228, 338
Germanicus 197
Gernot 156
Gérôme, Jean-Léon 73, 180–182, 184, 188
Gerrard, Lisa 187
Gerstenberg 277
Gerstenmaier, Eugen 223
Gerz, Jochen 388
Gesemann, Björn 5, 39, 382
Geten 347
Gette, Paul-Armand 123
Getty, J. Paul 218
Ghnassia, Maurice 188
Gibbon, Edward 177
Gibichungen 155
Gigant 126, 139, 165
Giger, H. R. 172
Gill, Anton 193
Gillray, James 143, 151
Giscard d'Estaing, Valéry 148
Giselheer 156
Glaser, Roland 232
Glass, Philip 6, 235, 237, 238, 240, 241
Glesos, Manolis 318
Glonnegger, Erwin 45
Glos, Michael 224
Godard, Jean-Luc 171
Godzilla 270
Goethe, Johann Wolfgang von 22, 33, 34, 37, 105, 140, 158, 225, 230, 333
Goette, Hans-Rupprecht 90
Goeudevert, Daniel 231
Gögel, M. 46
Gogol 244
Goldman, Shalom 241
Goldene Horde 165
Golf 23
Goliath 23, 186
Gorbatschow, Michail 146, 148
Gordian, Robert 198
Gordianus 194
Gorgias 49
Gorm 358
Goscinny, René 337–340, 345, Farbtaf. 7
Goten 347
Gott 99, 111, 138, 139, 141, 150, 157, 193, 231, 235–238, 240, 241, 311, 316, 330, 331, 336, 349, 351, 353
Götter 29, 45, 49, 126, 137–140, 150, 157, 162, 164, 192, 205, 207, 218, 226, 228, 235, 237, 247, 323, 333, 348, 349, 351
Göttin 150, 210, 303, 312, 316, 332, 387
Gould, Stephen Jay 267, 269, 273
Goya 152
Grabbe, Christian Dietrich 62, 156
Gracchus 171, 188, 189
Gradiva 126, 128
Graichen, Gisela 63, 162, 166
Grainiger, Sally 90
Gram, Dewey 186
Gran-Aymerich, Eveline 345
Gran-Aymerich, Jean 345
Grandien, Bo 352
Grant, Michael 218
Grass, Günter 146, 231
Graves, Michael 99, 100, 102, 114, 115
Grazien 152
Greifeld, Thomas Al. 363
Griechen 25, 48, 50, 51, 115, 138, 195, 217, 219, 225, 226, 228, 249, 259, 295, 300, 301, 323, 325, 327
Grieg, Sigurd 358
Gries, Rainer 26
Griesmayr, Daniela 260
Grissemann, Stefan 173
Griffith, David Wark 169, 170
Groensteen, Thierry 218, 219
Grøn, Ole 358
Gropengießer, Hermann 65, 68, 71
Gröppel-Klein, Andrea 393
Gross, Johannes 227, 231, 233
Grovermann, Chr. 55
Grünbein, Durs 210, 211
Grünewald, Volker 4, 9
Grunewald, Willy 165
Grüning, Uwe 203, 210
Grupe, Ommo 51
Gruß, Franz 272
Grütter, Heinrich Theodor 26, 63, 294
Guazzoni, Enrico 168, 169
Gudmundsson, Sigurdur 394
Guinness (Rekorde) 291
Guinness, Alec 177
Guldemond, Jaap 393
Gundlach, Rolf 389
Günther 156
Günther, Hubertus 394
Gustaf II. Adolf 347
Gustav Adolf 383
Gutbrod, P. 46
Guth, Peter 383
Guttmann, Axel 90, 383
Guzmán, Antonio 128
Gysi, Gregor 148

H

Haacks, Jürgen 391
Haalebos, Jan Kees 62
Habiger-Tuczay, Christa 37
Hablützel, Alfred 116
Hadrian 72
Haeckel ... 388
Haedui 337
Haefs, Gisbert 193
Haenlein, Carl 122
Haffner, A. 340
Hägar der Schreckliche 349, 350, 361
Hagen 156
Hageneder, Peter 84
Hägg, Robin 390
Hagia Sophia 325
Haider, Jörg 228, 232
Haines, Chris 83
Haitzinger, Horst 144–153
Håkan 348
Hale, John 151
Halén, Widar 363
Hall, Peter 243, 246
Hamann, Richard 381
Hamilkar 193
Hamilton, Emma 143
Hamlin, Vincent T. 285
Hammacher, A. M. 141
Handelsman 150, 151
Hanel, Walter 145–148, 152, 153
Hanitzsch, Dieter 146, 151
Hanna, William 286
Hanna-Barbera 165
Hannibal 21, 165, 166, 169, 193, 223, 224, 227, 233
Hanno der Große 193
Hannoset, Corneille 304
Hanold, Norbert 126
Hans im Glück 46
Hansen 24
Hapu 236
Harald Blauzahn 358
Harald II. 315
Harald Klak 354
Haraucourt, Edouard 286
Hardy, Thomas 78, 89
Hare Krishna 290
Haremhab 193, 236, 237
Haring, Keith 305
Harris (Produkt) 25
Harris, Richard 173, 177

Harrison, Rex 171
Harsch, U. 45
Hart, John 285
Harth, Dietrich 128
Hartmann, D. 46
Harun ar-Raschid 198
Hatschepsut 171, 193
Hatt, Jean-Jacques 389
Haubrich, Heinz 262
Haug, Wolfgang Fritz 22, 26
Hauk 198
Hauser (ZDF-Moderator) 227
Hauser und Wirth 393
Hauser, Otto 165
Hausmann, René 285
Haussmann, Robert 114, 116
Haussmann, Trix 114, 116
Havel, Václav 231
Haypeter, Werner 384
Hebe 132
Hector, H. W. 383, 384
Hector, J. 383, 384
Hecuba 254
Hedeager Krag, Anne 358
Heeb, Christian 103
Hege 202
Heidegger, Martin 156
Heiden 353
Heilmann, Rainer 86
Heim, Michael 37
Heine, Heinrich 54
Heinrich IV. 341
Heitmann, Steffen 225
Heizer, Michael 123
Hektor 217
Helena Justina 196
Helga 349
Heli, Rick 194, 199
Hellenen 320
Helvètes, Helvetier 195, 344
Helvia 194
Helvius Cinna, Gaius (s. auch: Cinna) 194
Henningsen, Bernd 363
Henson, Jim 271
Hephaistos 139, 294, 325
Hera (s. auch: Juno) 228, 310
Herakles (s. auch: Hercules, Herkules) 139, 152, 164, 205, 225, 231, 316
Heraklit 226, 227
Herbig, Reinhard 218
Hercules, Herkules (s. auch: Herakles) 120, 148, 165, 166, 205, 222, 225, 228, 231
Herding, Klaus 151, 388

Hermann (der Cherusker) 57, 61–63, 156, 222
Hermann, V. 46
Hermaphrodit 237
Hermes (s. auch: Merkur) 46, 120, 131, 195, 209, 219, 226, 231, 305, 316, 320, 349, Farbtaf. 2
Herms, Eilert 51
Herodes 222
Herodot 105, 126, 229
Herold, Inge 6, 137, 141, 382
Herrenhäuser 24
Herrhausen, Traudl 231
Herzfeld, Hans 20
Herzog, E. 260
Herzog, Roman 223, 224, 226, 230–232
Herzogenrath, Wulf 122
Heston, Charlton 170, 174, 187
Hethiter 193, 198, 240
Heukemes, Berndmark 65–68, 70–72
Heuse, K. 46
Hexen 166, 192, 193, 197
Hieron II. 312
Hieronymus 251
Hilda 348
Hilgert, Albert 272
Hillerman, Tony 192
Hillrichs, Hans Helmut 63
Himmelmann, Nikolaus, Himmelmann-Wildschütz, Nikolaus 33, 36, 37, 302, 304, 307
Hinz, Berthold 159
Hippokrates 306
Hirhager, Ulrike 37
Hirsch, Foster 176, 186, 187
Hitler, Adolf 158, 165, 221, 230, 323, 324, 326
Hitzfeld, Ottmar 222
Hobbes, Thomas 227
Hobsbawm, Eric 90
Hödur 157, 159
Hoffmann, G. 230
Hoffmann, Hilmar 102
Hoffmann, Karl 72
Hoffmann, R. 46
Hoffmann-La Roche 307
Hofhaimer, Isaak 250
Hogerzeil, Cilia 241
Hohlmeier, Monika 223
Hölderlin, Friedrich 156
Hollander, Anne 303, 304
Hollein, Hans 115, 116
Holliger, Christian 90
Holmberg, F. 321

Holmes, Sherlock 191, 198, 269
Hölscher, Uvo 221
Holtorf, Cornelius J. 7, 289, 294, 338, 383
Holzapfel, Otto 159
Holzer, Jenny 388
Homer (s. auch: Omero) 143, 148, 211, 223, 225, 262, 333, Farbtaf. 6, 387
Hominiden 278, 282, 393
Hommel, H. 259
Homo heidelbergensis, Homo erectus heidelbergensis 277, 278, 284
Homo habilis 278, 283, 284
Homo rudolfensis 283, 284
Honecker, Erich 148, 231
Honnef, Klaus 122
Hopi (Indianer) 385
Höppner, Reinhard 223
Horatius, Horaz 221, 227, 249, 250–252, 256, 258, 259, 261–263
Horn, Hans-Jürgen 386
Hornbostel, Wilhelm 152
Hornung, Erik 241
Horrmann, Horst 221
Hort, Peter 151–153
Horus 193
Horvath 243
Hottinger, Lukas 273
Hotze, Harald 151–153
Houot, André 285
Houvardas, J. 243
Howard, Philip 174, 186, 188
Huaylas 165
Huber, Horst 236, 237, 239, 240
Huber, Rupert 258
Huber-Rebenich, Gerlinde 153
Hugo, Victor 36, 125, 128
Humboldt 166
Hunding 156
Hupka, Herbert 224
Huse, Norbert 20
Huy 193
Hydra 148, 225, 231
Hygieia 135
Hyle 39, 46

I

Iason Farbtaf. 6
Ibn Fadlan 353, 358
Iceman 35, 36
Ichthyosaurus 269
Ida 348
Ikarus 112, 146–148, 152, 153, 157, 206, 210, 329, 330, 332–334
Ilgen, Volker 26
Illyrer 319

Imhotep 192
Indiana Jones 6, 43, 44, 57, 161, 164, 166
Indogermanen 294
Ingres, Jean-Dominique 189, 302
Ingrid 100
Inka 98, 165
Iphigenie 223, 244
Iren 197
Isernhagen, Hartwig 300
Isis 41, 45, 46
Isokrates 49
Israel, Robert 241
Israeliten 187
Itala 167
Italia 310, 316
Italiener 114, 130, 132, 134, 135, 233, 323, 325, 327, 334, 336
Iulius 218
Izenour, Steven 102

J
Jablonka 122
Jack the Ripper 196
Jacobi, Claus 226
Jacobi, Derek 188
Jacobi, G. 321
Jakob 143
Jallon, Marc 345
James, S. 340
James, Warren A. 102
Jansen 227, 232
Januarius 67
Janus 23, 39, 225
Jauch, Günther 225
Jelzin, Boris 145, 148
Jena, K. von 230
Jencks, Charles 98, 100, 102, 115, 116
Jenkins, Neil 261
Jensen (Spiele-Autor) 46
Jensen, Inken 3–5, 9, 11, 21, 25, 70, 87, 302, 303, 310–314, 317, 319, 331, 333, Farbtaf. 1, Farbtaf. 6, 394
Jensen, Wilhelm 126, 128
Jesus (s. auch: Christi, Christo, Christus) 140, 229
Joachim Jungius ... 300
Jocks, Heinz-Norbert 122
Joest, Hans-Josef 232
Johannes (Evangelist) 138
Johannes der Eunuch 197
Johannes Gutenberg ... 386
Johannes Magnus 347
Johannis ... 158
Johansen, Erik 386
Johansen, Fleming S. 218

Johnson (Präsident der USA) 185
Johnson, Philip 97
Jones, Mrs. 43, 46
Jones, Rhys 294
Jones, Robert T. 240
Jordanes 347
Josephus, Flavius 382
Juden 54, 158, 193, 392
Jugurtha 221, 385, 386
Juillard ... 235
Julia 195, 218
Julianus 338
Julier 218
Junerkobler, Walter 36
Jung, C. G. 126
Junkelmann, Marcus 5, 6, 58, 62, 73, 74, 77, 78, 87, 89–93, 113, 173, 186, 188, 189, 383
Junkert & Huber 21
Junko 36
Juno (s. auch: Hera) 143, 151, 197
Jupiter (s. auch: Zeus) 125, 145, Farbtaf. 7
Juschtschenko, Viktor 231
Justinian I., Justinianus I. 197, 312
Justitia 150
Juvenal 221

K
Kadett 23
Kähne, Heinz 305, 308
Kaiser, Hartmut 66, 72
Kämmerer, J. J. 71
Kanellopoulos, Panagiotis 323
Kant, Immanuel 156, 224, 228
Kantor, Tadeusz 246
Kapitän 23
Kapitolinische Wölfin (s. auch: Lupa Capitolina, Römische Wölfin) 150, 304, 310
Karamanlis, Konstantin 231
Karl der Große 198, 353
Karl V. 316
Karl XI. 90
Karlsson, Håkan 294, 383
Karsunke, Yaak 205, 210
Karthager 39, 46
Kaschnitz, Marie Luise 202, 203, 210
Kaspar 192
Kassandra 222, 223, 225, 231, 233
Kasten, Helmut 219
Kastor 330
Kauffmann, Angelika 387
Kawalerowicz, Jerzy 171
Keefer, Erwin 165
Keeser, Martin 260

Kegelmann, Gerhard 263
Kelten 7, 65, 67, 80, 196, 315, 337–341
Kempen, Bernhard 166
Kempter, Gerda 141
Kennedy 185, 232
Kentaur 147, 226
Kersten, Wolfgang 139, 141
Kessler, Katja 222
Kestner ... 122
Ketcham, Diana 296, 300
Kettley, David Farbtaf. 5
Keulen, Hermann 151–153
Keyaerb, P. 46
Khedoori, Rachel 394
Kiechle, Franz 62
Kiefer, Anselm 6, 155–159, Farbtaf. 4
Kienzle 226
Kiepenheuer & Witsch 206
Kiesling, M. 46
Kim Dae-Jung 225
Kim Jong Il 231
Kimmig, W. 340
Kimpel, Harald 26, 304, 308
King Kong 270
Kingsley, Charles 151
Kinkel, Klaus 226, 230–232
Kirchbach, Peter von 224
Kissinger, Henry 149
Klee, Paul 105, 383
Klein, Astrid 388
Klein, Calvin 301
Kleinknecht, Hermann 105
Kleist, Heinrich von 54, 62, 156
Klenze, Leo von 301, 304
Kleomedes 49
Kleopatra (s. auch: Cleopatra) 41, 73, 166, 171, 187, 195, 221, 222, 230, 316, 335
Klio 330
Klöckner & Co. 22
Klopstock, Friedrich Gottlieb 156
Klotz, Heinrich 102, 116
Klytaimnestra 223
Knabl, Heinz 36
Knieriem, Peter 89
Knizia, Reiner 39, 43, 46
Knut der Große 354
Kobelix 224
Koch, Gertrud 166
Koch, Roland 224, 229
Koch, Ursula 198
Köcher, R. 231
Koenigswald, Wighart von 389
Koepp, Volker 166
Kohl, Helmut 145–147, 152, 224–226,

228–233
Köhler 65
Köhne, Eckart 89, 186, 188, 383
Kolbe, Georg 139
Köllhofer, Thomas 5, 105, 383
Kolumbus 23, 165, 189, 224
Kommunist 231, 318, 325
Konstantin 120, 311, 326
Köpf, Doris 227
Korma 342
Koschnik 231
Koselleck, Reinhart 19, 20
Kosmos 41, 42, 46, Farbtaf. 1
Kossinna, Gustaf 165
Koster, Henry 175
Koszarski, Richard 186
Kounellis, Jannis 129, 130, 134
Kracauer, Siegfried 165, 168, 173
Kramer, Wolfgang 39, 42, 43, 46
Krampen, Martin 300
Krasser, H. 259
Krause, Günther 233
Krausser, Helmut 174, 180, 186, 188
Kreis, Wilhelm 158
Kremp, Herbert 228
Kretzschmar, Harald 151
Kriegeskorte, Michael 26
Kriemhild 156
Krier, Leon 100, 101
Kriton 232
Kro 362
Kroeber-Riel, Werner 28, 30, 32
Kronjäger, Jochen 139, 141
Krüger, Reto 6, 117, 123, 297, 384
Krupp, Alfred 156
Kruse, Max 271
Kubelik, Rafael 253, 254, 261
Kubrick, Stanley 165, 166, 171, 172, 188
Kuhl, Hermann 63
Kühlborn, J.-S. 381
Kuhlmann, G.-H. 46
Kuhn, Annette 390
Kuhn, H. & W. 46
Kühn, Pavel 254
Kuhnen, Hans-Peter 89, 391
Kunert, Günter 204, 205, 208, 210
Kunigk, C. 130
Kunze, Max 152
Künzel, Ernst 72
Kurfeß, A. 382
Kurokouchi, Makiko 255, 260, 262
Kurze, Dietrich 20
Kurzinsky, Katharina von 63
Kuspit, Donald 122, 128, 158

Kyrieleis, Helmut 51
Kyros 311
Kysen 193

L
L. Pilloy 342
La Belette 285
Lackner, Egon 5, 65, 72, 384
Laertes 211
Lafontaine, Oskar 147, 148, 223, 225–227, 229, 230, 232
Lagerfeld 247
Lakner, László 158, 159
Lamb, W. 45
Lambrichs, Colette 304
Lambsdorff 145, 149
Lamey, Andreas 71
Lammel 152
Lancelotti 310
Landau, Diana 186, 188, 189
Landes, Christian 186
Landes, Michael 99, 102
Landfried, Klaus 224
Lang, Fritz 170
Langkilde, Morten 356
Langner, Joachim Farbtaf. 2
Laokoon 145, 151, 153, 164, 166, 226, 230, 231, 308, 318, 333
Larsen, Viggo 165
Larson, Gary 270, 277
Laughton, Charles 171
Laurent, Pierre 286
Lauter, Hans 382
Lazio, Carole 166
Le Corbusier 100, 333, 336
Le Pen 232
Leakey (Familie) 284
Leakey, Richard 276, 279
Lécureux 285
Leda 144, 149, 152
Ledoux 127
LeGac, Jean 123
Leggewie, Claus 231
Leguebe, André 393
Lehmann-Brauns, Uwe 224
Leighton, Tanya 384
Leistler, Ernst 72
Leitner, Walter 35–37, Farbtaf. 1
Lenau, Nikolaus 155
Lengyel, L. 340
Lenk, K. 232
Lennartz, Karl 51
Lenz (Schriftsteller) 224
Lenz, A. 46
Leochares 138, 150

Leonardo 308
Leonhardt, J. 392
Leopold-Franzen ... 391
LeRoy, Mervyn 170, 175, 189
Lesbia 253, 255, 261
Leseleuc, Anne de 197
Leutheusser-Schnarrenberger 224, 230
Levesque, Jean-Marie 363
Levi, Peter 192
Leyen, Friedrich von der 159
Lhote, Jean-Marie 45
Libero 302
Libertas 310
Libeskind, Daniel 388
Lichtblau, Karin 37
Lichtenstein, Roy 298, 300, 305
Lichtenstern, Christa 140, 141
Liebig 342
Lienemann, Jörg 63
Limbach, Jutta 223
Lind, Gerd 384
Lindenschmit, Ludwig 82
Lipchitz, Jacques 139, 141
Littkemann, Jochen Farbtaf. 3
Liv, Lena 388
Livius 177, 227
Lochman, Tomas 7, 295, 297–300, 384
Loco 194
Logan, F. Donald 358
Logan, John 186
Lohest, Max 281
Löhnig, Elke 89
Loki 157, 159
Lombock 286
Loos, Adolf 296, 300
Lossau, Manfred 219
Lotophagen 126
Louran 285
Lübbe, Hermann 5, 17, 20, 385
Lubitsch, Ernst 165
Lucan, Lucanus 216, 217, 219
Lucas, George 271
Lucilla 177, 184, 188, 189
Lucrezio 129
Lucy 277–279, 283, 284, 286
Ludowici, Wilhelm 208
Lüdtke, W. 41, 46
Ludwig (Sammlung) 125, 299, 384
Ludwig der Fromme 354
Ludwig XIV. 82, 90
Ludwig, Irene 300
Ludwig, Peter 300
Ludwig-Maximilian ... 383
Lufengosaurus 269

Luff 144, 145
Luithle, Anja 384
Lukas, Veronika 260
Lukaschenko 225
Lummer, Heinrich 225, 231
Lupa Capitolina (s. auch: Kapitolinische Wölfin, Römische Wölfin) 147, 152
Lüpertz, Markus 6, 137–141, Farbtaf. 3, 382
Lupus 198
Lurker, Manfred 159
Luther 22, 392
Lutz, H. 62
Lyder 321
Lysias 49
Lysipp 205
Lysistrata, Lysistrate 223, 225, 246
Lytton-Bulwer (s. auch: Bulwer Lytton) 167

M

Mâàr-Rhan 285
Maas, Jutta 32
Machiavelli 19
MacIntyre, F. Gwynplaine 192
Maciste 165, 186
Maggi, Luigi 168
Magid, Ron 187, 189
Magnago Lampugnani, Vittorio 388
Magritte 335
Mai, Ekkehard 387
Mai, Herbert 223, 230
Maier, Friedrich 151–153
Maier, Hans 20, 230
Maioli, Walter 86, 87
Maiwald, Armin 166
Maja 152
Majestix 226, 338, 339
Major, John 226
Makedonen 320, 325
Maket-Aton 236
Makkabäer 382
Malle, Louis 171
Mallowan, Max 192
Manet, E. 28, 29
Mangano, Silvana 148
Mangold, Guido 106
Manichäer 226
Manitz, Bärbel 363
Mankiewicz, Joseph L. 165, 171, 176
Mann, Anthony 173, 176–178, 182, 185, 186, 188
Manzoni 168
Marc Anton 171
Marc Aurel (s. auch: Aurelius, Marcus, Marcus Aurelius, Mark Aurel) 227, 228, 232
Marcadé, Bernard 128
Marcellus Empiricus 261, 262
Marcipor Oppii 249
Marcks, Gerhard 139–141
Marcus 180
Marcus Aurelius (s. auch: Aurelius, Marcus, Marc Aurel, Mark Aurel) 173, 176, 177, 182, 185–188
Marder, Tod A. 102
Margarete 158, 159
Maria Christina 105
Marianne 316
Marie, Jean-Bernard 263
Marinatos, Nanno 390
Marius 81
Mark Anton 194, 195
Mark Aurel (s. auch: Aurelius, Marcus, Marc Aurel, Marcus Aurelius) 178
Markale, Jean 345
Markomannen 187
Markwort, Helmut 223
Marlowe, Philip 196
Mars (s. auch: Ares) 150, 152, 169, 187, 196
Marschall, Birgit 363
Martial 256, 261, 262
Martin von Wagner … 390
Martin, Jacques 214–216, 218, 219, 285
Martin, Jochen 151
Martin, Michel 90
Martinů, Bohuslav 251, 260
Marx, Karl 21, 23, 233
Marzahn, Ingo 291, 294
Maspero 192
Mathieson, John 186
Matisse, Henri 119
Mattheuer, Wolfgang 146, 147, 152
Matthias 318
Mattick, Ilse 9
Mauermann, Friedrich 261
Max Emanuel von Bayern 383
Max, Arthur 175, 183, 184, 187, 189
Maximus 173, 177–183, 185, 188
Max-Planck … 18
Max-Schmidheiny … 385
May, Joe 165
Maya 98, 163
Mayer, David 186
Mayer, Eric 197
Mayer-Vorfelder, Gerhard 226
McCarthy 171
McDonald 222
McKenna, Stephen 119–122
McLuhan, Marshall 22, 26
Mead, Syd 171
Mechthild von Magdeburg 155
Medea 254, 387
Medici 123, 124, 130, 131
Medusa, Meduse 118, 119, 126
Medusa Rondanini 118
Meier, Hans-Rudolf 388
Meinecke, Friedrich 20
Meister, Mark J. 166
Meistermann, Georg 382
Melchior 192
Mele 332, 336
Méliès, Georges 187
Memnon 41
Menander 226, 386
Mench, Fred 199
Mendelsohn, Kurt 112
Mendini, Allessandro 114
Mendlewitsch, Doris 192
Menelaos 168
Menimane 85
Menking, Edward 63
Menning-Türr, K. 393
Menrad, Werner 70
Mer, B. Ada 46
Mercedes-Benz 46
Meren 193
Merian 71
Merit-Aton 236
Merkel (Villa) 128
Merkel, Angela 228, 231–233
Merkouri, Melina 324
Merkur (s. auch: Hermes) 62, 150, 152, 305, 310, 316, 329, 330, 332–334
Mertz, Barbara G. 192, 199
Merz, Beate 87
Merz, Friedrich 229, 231
Meseure, Anna 6, 167, 385
Mesomedes 90
Messager, Anne 123
Messalina 165
Messing, Manfred 51
Metaxas 325, 326
Meteller 195
Metken, Günter 128
Metzger, Gustav 394
Meulengracht Sørensen, Preben 358, 363
Mey, Reinhard 146
Meyer, Laurenz 227, 229, 230
Meyer, Susanne 63
Michelangelo 21, 100, 139, 302, 308, 319, 332, 334

Micky Maus 285
Mielke, Erich 226
Mies van der Rohe, Ludwig 116
Migros 36
Mikat, Paul 223
Milbradt, Georg 231
Millar, John 187, 188
Milner, Angela 269, 273
Milo (Bandenführer) 194, 195
Milon 49
Milošević 145
Minerva (s. auch: Athena, Athene, Pallas Athene) 143, 150, 151, 312
Minos 40, 46
Minotaurus 148, 152
Miraculix 338
Miriam 193
Miró 246, 305
Mitchell, W.J. Thomas 267, 273
Mithras 67, 70, 197
Mitry 173
Mittig, Hans-Ernst 26
Mitton, Jean-Yves 218, 219
Mnemosyne, Mnémosyne 126, 127, 128
Mnuchin, Robert Farbtaf. 4
Modersohn, Otto 383
Modersohn-Becker, Paula 383
Möldner GesmbH Farbtaf. 1
Molina, Tirso de 244
Molitor, Werner 69
Möllemann, Jürgen 227, 231, 232
Moloch 170
Molosser 225
Mommo 198
Mommsen, Theodor 62
Mona Lisa 324, 334, 335
Mondadori, Arnoldo 209
Mondrian 305
mongoli 164
Montague, R. 294
Montelius, Oskar 351
Monterey 23
Montesquieu 347
Moore, Charles 97–99, 102
Moosmayr, Reinhard 36
Moreau, J. 340
Morgantini, M. 46
Moroni 100
Morrison, John S. 89
Mörsch, Georg 20
Mozart 80, 249
Müller Buchbinderei 4
Müller, Arthur 165
Müller, Karl-Heinz 63

Müller, Martina 6, 213, 385
Müller, Norbert 51
Müller-Vogel, Verena 90
Müller-Wille, Michael 386
Munari, Cleto 114–116
Munksgaard, Elisabeth 358
Munn, Mike 176, 186, 187
Müntefering, Franz 229
Muppets 271
Murschetz, Luis 148, 152
Muse, Muses 133, 174, 195, 217, 253, 259, 262
Musette 285
Musil, Robert 155
Mussolini 82, 84, 147, 183, 316, 324
Mykerinos 31
Myron 302, 307, 308, 310, 311, 313, 316
Myslivecek, Martin 261

N
Nagar, Bärbel 273
Namasonen 126
Napoleon 80, 82, 156, 183, 184, 341, 383
Napoleon III. 75, 89, 316, 341
Napster 230
Nara, Joshitomo 394
Narr, Karl J. 19, 20
Narziss 148, 152
Näsman, Ulf 386
Nationalsozialisten 54, 140, 155
Naumann, Bruce 384
Naumann, Klaus 224, 231
Nausikaa 194
Navaho, Navajo 191, 192, 385
Nazi 184, 325
Neander aus dem Tal 285
Neandertaler, Neanderthaler 7, 165, 275–279, 281–284, 286, 287, 393
Neckarsueben 71
Nedden, Dieter zur 37
Neferneferu-Aton (Tascherit) 236
Neferneferu-Re 236
Nelson 143
Nĕmcová, A. 259
Nemesis 194
Nenning, Günther 226
Neptun 165
Nero 125, 157, 168, 170, 175, 189, 225, 231, 335
Nerva 213
Nestler, Angela 387
Netti 73
Neubauer, Josef 92
Neubecker, Annemarie J. 259, 263
Neu-Design 36

Neumann, Dietrich 173
Neumann, Gerd 97
Neuwahl, N. 46
Nevermann, Hans 112
Newton, Helmut 302
Nibelungen 155–157, 170, Farbtaf. 4
Niblo, Fred 170, 174
Nicholson, William 186
Nicolai, Olaf 388
Nielsen, Connie 184
Nielsen, Poul-Otto 294
Niers, Hans Peter 4, 9
Nietzsche, Friedrich 19, 139, 306
Nike 101, 201, 311, 320, 330
Nintendo 271
Niobiden 133
Nipperdey, Thomas 20
Noah 347
Nochlin, Linda 122, 128
Nofret 112, 192
Nofretete 37, 41, 235–240, 316
Nolte, Claudia 223
Nordländer 347, 353
Nordmänner 353, 354
Nørgård Jørgensen, A. 381, 386
Norman, David B. 267, 269, 273
Normands, Normannen 358, Farbtaf. 7
Nosko, Werner 37
Nothdurfter, Hans 37
Nothung, Notung 156, 157, 159
Novacus, Ianus 260
Novák, Clara, Nováková, Clara 262, 263
Novak, Dora 260, 262
Novák, Eliška 252, 259, 260
Novák, Iani, Novák, Jan 6, 249–263, 391, 392
Novák, Richard 253
Novartis 305, 306, 308
Nowottny, Friedrich 153
Nurus, C. Arrius 256
Nuß, Karl Ulrich 69
Nyman, Peder 355
Nymphen 150, 335

O
O'Connor, John E. 186
O'Hagan, Joan 194
Obelix 7, 113, 337, 338, 345
Oberli 273
Oberrauch 37, Farbtaf. 1
Oden … (= Odin), Odin 157, 348, 349
Odo 198
Odysseus 99, 120, 148, 149, 152, 165, 210, 211, 223, 225, 227, 231, 232, 335, 336, Farbtaf. 6

Oedipus 244, 247
Oehlert, Andreas 394
Oelmüller, Willi 20
Ogoun, Lubos 257
Ohama 283
Oldenburg, Claes 114
Oldenstein, Jürgen 89, 90
Oleschinski 270, Farbtaf. 5
Oliva, Achille Bonito 122
Olivier, Laurence 171
Ollovia 216
Olsen, Olaf 358
Omega 23
Omegna, Roberto 168
Omero (s. auch: Homer) 333
Opel 335
Oppermann, Hans 218
Orears, Jay 292
Orff, Carl 249, 250, 252, 253
Orion 23
Orner, Thommy 230
Orpheus 148, 152, 153, 249, 255, 262, 387
Orsini 128
Ortega y Gasset 246
Ortner, Lorelies 37
Oscar (Filmpreis) 171, 173, 175
Osiris 40, 41, 46
Osmanen 325, 328
Ostgermanen 161, 165
Ott, G. 392
Otte, Marcel 387
Ottevanger 387
Ottmarix 222
Otto Friedrich 114, 116
Otto I. 31
Otto III. 229
Otto, Gunter 151
Ötzi 5, 33–37, 53, 166, 222, Farbtaf. 1
Ötztaler Yeti 34
Ovid, Ovidio 143, 145, 146, 148, 152, 153, 197, 258, 318, 386, 387, 391

P

Pacuvius 232
Page, R. I. 358
Paik, Nam June 164
Pailler, Jean-Marie 186
Paillet, Marc 198
Palach, Ioanne 254
Paletsch, K. 46
Pallas Athene (s. auch: Athena, Athene, Minerva) 223, 325
Pallat, P. 46
Pamler, Roland 77

Pan 150
Pandora 139, 225, 231
Pandula, D. 259
Paolella, Domenico 165
Paolini, Giulio 129, 130–132, 135
Papadakis, Andreas 116
Papadopoulos 326
Pape, Jürgen 63
Papoutsakis, Christos 323
Paracelsus 385
Parasaurolophus 271
Paris 143, 144, 149, 151, 152, 262, 332, 336
Parkes, Walter 180
Parkes, William 180
Parmiggiani, Claudio 129, 132–135
Parther 195, 213
Pasteur 341
Pastrone, Giovanni 168–170, 173, 174
Patzig, Günter 20
Paul VI. 255
Paulick 99, 103
Pausanias 51
Pavlovič, Milan 174
Pax 89, 224, 310
Peabody ... 235
Peabody, Amelia 192
Pedersen, Anne 7, 353, 357, 386
Pedersen, Ole Crumlin 362
Pedron, Mauro 262
Pegasos, Pegasus 88, 146, 152, 260, 263, 333
Pehnt, Wolfgang 300
Pei, Ieoh Ming 101, 102
Peiffer, Lorenz 51
Pekingmensch 278
Pelgen, Zuzana 74
Peleus 387, 392
Perger, W. A. 230
Périclès, Perikles 223, 224, 299, 311
Pernigotti 332
Persephone 228
Perser 170, 228
Perseus 126, 149, 152
Pesch, Klaus 273
Peschke, Hans-Peter 90
Pétain 341
Peter 166
Peters, Elizabeth 192
Peters, Ellis 192
Petersen, Wilhelm 359, 360
Peterson (Detektiv) 192
Peterson, Daniel S. 80, 89, 91, 92
Petrie 192

Petronius Longus, Lucius 196
Petrovitch C., Ivan 286
Petrželka, V. 251
Pfarr, Bernd 148, 151–153
Phaedrus 256, 261, 262
Phidias 327
Philemon 193
Philipp II. 319, 320, Farbtaf. 6
Philistis von Syrakus 312
Phoebus 133
Phoenix, Joaquin 184, 185, 189
Phönix 228, 233, 326
Phormio 246
Phryger 321
Picard, Jean-Luc 164, 166
Picasso 139, 148, 246
Pichard Sardet, Nathalie 300
Pick, Albert 312
Picone Petrusa, Mariantonietta 336
Pielert, Klaus 148, 152
Piggott, S. 340
Pilatus, Pontius 82
Pilgrim 227
Pindar 51, 250
Piranesi, Giambattista 180, 296
Pisani, Vettor 129
Pistoletto, Michelangelo 129, 130, 135
Pitagoras 46
Pithecanthropus 284
Pitt 143
Pivot 342
Planck, Dieter 72
Plasmon 330, 331
Plateosaurus 273, 388
Plater-Zyberk, Elizabeth 100, 102
Platon 50, 105, 127, 228, 232, 303
Plautus 143, 221, 249–251, 261, 262, 386
Ples, Mrs. 284
Plinius 141, 338, 340
Plocek 100, 102
Ploman, L. 352
Plotin 131
Plummer, Christopher 189
Plutarch 216, 219, 226
Pochat, Götz 249
Poël, Jean du 39, 43, 46
Pohlen, A. 135
Pöhlmann, E. 259
Pohlmann, Egert 90
Poinsot, Jean-Marc 128
Poirier, Anne 6, 123–128, 297, 388
Poirier, Patrick 6, 123–128, 297, 388
Pokémon 271
Poli, F. 135

Polke, Sigmar 384
Pollock 305
Pollux 231
Polo 23
Polyphem 148, 227, 232
Pompeius 194, 195, 214–218
Pompidou, Georges 128, 152, 173
Portoghesi, Paolo 114, 116
Poseidon 138, 196, 302, 311, 323, 325, 327
Poseidonios 339
Potente, Dieter D. 63
Powell, Sid 114–116
Poyntner 73
Primus 195, 226, 232, 285
Probst, E. 267, 273
Probst, Hansjörg 66, 72
Prodi, Romano 231
Prokrustes 152
Prometheus 137, 139, 140, 141, 149, 152, 231, 305, Farbtaf. 3, 382
Properz 141
Prostaflor 308
Proximo 173, 181, 186
Ptah 111
Ptolemaios Auletes 195
Puamin 308
Pulydamas 49
Purcell 253
Puschbeck, Jürgen 261
Pygmalion 148
Pyrrhos, Pyrrhus 225, 229, 230
Pythia 226

Q
Quanz, Dietrich 51
Queen, Ellery 191, 194
Quinn, Anthony 148
Quinodis 308
Quisling 314

R
Ra 46, 193
Rabin, Jitzhak 146, 232
Rabold, Britta 66, 72
Racine de Monville, François Nicolas Henri 296
Radice, Barbara 116
Raedler, Christine 389
Raffael 82, 99, 334
Ragnar 348
Rahan 282, 285, 287
Rambo 188
Ramses 41, 45, 46
Ramses II. 311
Randolph, A. 46

Rang, Wolfgang 99, 103
Rangström, Lena 90
Rank Xerox 24
Ranke, Leopold von 54, 62
Rasch GmbH & Co., Gebr. 114, 116
Rasch, G. 71
Rastbichler-Zissernig, Elisabeth 37
Rau, Johannes 151, 226, 232
Raulet, Gérard 122, 128
Réau, Louis 300
Rebhandl, Bert 174
Reble, R. 72
Reed, Joseph W. 186, 187
Reed, Mary 197
Reed, Oliver 181
Reemtsma, Reemtsma, B. & Söhne 25, 359, 361, 363
Rees, Dilwyn 192
Rees-Mogg, William 233
Rehenhardt, Hans-Otto 63
Rehork, Joachim 34, 37
Reiblich, Luisa 4, 9
Reichlin, Bruno 99, 102
Reijen, Willem van 122, 128
Reilly, John M. 199
Rein, Hans Günther 6, 9, 101, 191, 386
Reinert, Jost 122
Reinhardt, Niels 151
Reinhardt, Udo 6, 143, 151–153, 386
Reinhart, Fabio 99, 102
Reiss-Engelhorn ... 1, 3, 4, 9, 13, 37, 61, 87, 198, 269, 378, 387, 394
Rekord 23
Rembrandt 138, 150, 152
Remington 23, 272
Remus 147, 310
Renfrew, Colin 294
Renz, H. A. 40, 45, 46
Reverseau, Jean-Pierre 90
Rhabanus-Maurus ... 151
Rhodius, Theodor 65, 71
Rich, Robert 171
Richter, Heinz A. 7, 323, 328, 387, 392
Richter, Martina 37
Ridell, Richard 241
Riederer, J. 63, 382
Riederer, W. 46
Riedl, Peter Anselm 382
Riefenstahl, Leni 183
Rieger 301, 304
Riegl, Alois 20
Rietmann, J. 260
Rilke, Rainer Maria 201, 205, 210, 211
Ring, Klaus 267, 273

Ringel, Felix 121
Ritterbach, Lars 273
Robert, Hubert 296
Roberts, John Maddox 188, 194, 195
Robinson, Henry Russel 82–84, 90
Robinson, Lynda S. 193
Robson, Christopher 237
Rocca, Simon 218, 219
Roche, Kevin 101
Rochlitz, Sabine 219
Rockefeller 80
Röde Orm (s. auch: Rote Schlange) 349, 352
Rodin, Auguste 168
Roesdahl, Else 358, 363, 386
Roeser, M. 233
Röhl, Klaus Rainer 222
Rohner, S. 43, 46
Rolle, Renate 300
Roloff, Gustav 62
Roma 46, 218, 310
Romain 186
Romanen 54
Romano, Giulio 82
Römer 39, 42, 46, 54–59, 62, 63, 65, 67, 70, 72, 73, 78–83, 85, 87–91, 93, 105, 166, 175, 176, 179, 180, 184, 187, 195, 199, 217, 219, 222, 228, 232, 249, 256, 259, 260, 267, 324, 338–340, 344, 345, Farbtaf. 7, 381, 386
Römische Wölfin (s. auch: Kapitolinische Wölfin, Lupa Capitolina) 304, 316–318
Romulus 144, 147, 310
Ronte, D. 135
Rorty, Richard 228
Roscius, Sextus 194
Rosenberg, Alfred 62
Rosenberger, Alex 294
Rosendahl, Gaëlle 7, 9, 275, 277, 278, Farbtaf. 5, 387
Rosendahl, Wilfried 7, 275, 277–279, Farbtaf. 5, 387
Rosenstone, Robert A. 186
Rosenthal, Mark 155, 158, 159, Farbtaf. 4
Rosny, Joseph-Henri der Ältere 286
Ross, R. 46
Rosselini, Roberto 171
Rossi, Aldo 97
Rost, Achim 63
Rost, Andreas 122
Rosvitha von Gandersheim 255
Rote Schlange (s. auch: Röde Orm) 349
Roth, Theodor 71
Rother, Rainer 166, 186

Rothko 305
Rotkäppchen 332
Rotonda (Villa) 99
Rousseau, Jean-Jacques 282, 347
Rovan, Joseph 224
Roveretanerin 256
Royen, René van 7, 337, 340, 388, 394
Rozsa, Miklos 73
Rubelli, Lorenzo 301
Rubens 138, 152
Rubin, William 300
Ruble, John 102
Rückriem, Ulrich 105
Rüdiger 156
Rudloff, Martina 141
Rufin, Jean-Christoph 228
Rühe, Volker 222, 230
Rühl, Joachim 51
Ruhrberg, Karl 382
Ruperto Carola 71
Rürup 229
Rüsen, Jörn 26, 289, 294, 390
Russell, Kurt 172
Russen 247
Ruthènes 197
Rütten, Raimund 151
Rüttgers, Jürgen 224
Ryan 178, 179, 188

S
Saatchi 159, Farbtaf. 2
Saburoff 209
Sachs, Angeli 6, 155, 388
Sachs, Hans 158
Sachsen 58
Sacré, Theodoricus 260
Sager, Krista 223
Sailer, Anton 308
Saint-Ogan, Alain 341
Saint-Saëns 256
Saki 285
Salgari, Emilio 169
Salles, Catherine 187
Sallust 195
Salome 244
Salomo 43
Salomon, David 173
Salvial 307
Salvo 117, 118, 121, 122
Samaranch, Juan Antonio 51
Samson (s. auch: Sansone) 175
Samuelli, Renato 261
Sander, Martin P. 7, 267, 272, 273, 388
Sanders 159
Sandoz 305

Sandys, Jon 187, 188
Sangmeister, Edward 391
Sans, Sabine 260
Sansone (s. auch: Samson) 186
Santoni 167
Sappho 259, 261, 262, 301
Sass, Ralf-Rainer 63
Satyagraha 235
Satyr 120, 121, 150, 204, 331
Sauer, W. 226
Sauerborn, Ulrich 5, 73, 90, 91, Farbtaf. 1, 389
Savage, Robert J. G. 273
Sawaya 100
Saxnot 198
Saylor, Steven 192, 194
Sborgi, F. 135
Scardigli, B. 72
Scarpa, Carlo 115, 116
Schaab, M. 72
Schad, Robert 382
Schade-Busch, Mechthild 6, 235, 237, 389
Schadla-Hall, T. 383
Schädler, U. 45
Schäfer, H. 72
Schäfke, Werner 382
Schallmayer, Egon 66, 72, 89
Schama, Simon 159
Schannat 71
Schantz, Otto 51
Schapp, Wilhelm 20
Scharping, Rudolf 225, 226, 232
Schaub, Bernhard 117
Schäuble, Wolfgang 223, 225, 228, 230, 231, 233
Scheffel, Josef Viktor von 269
Schefold, Karl 141
Scheibe, Erhard 20
Schenk, Imbert 168, 173
Schieder, Martin 141
Schiek, S. 340
Schiering, Wolfgang 381, 394
Schietzel, Kurt 360, 363
Schiller, David Th. 89
Schiller, Friedrich 253
Schily, Otto 229
Schindelbeck, Dirk 26
Schirinowskij 232
Schirmer, Albrecht 4
Schirner, Michael 26
Schlappner, Martin 173
Schlegel, Friedrich 19
Schleyer, Hans Martin 385

Schliemann, Heinrich 6, 34, 161–163, 165, 166, 316
Schlink 384
Schlüter, Wolfgang 56, 62, 63, 381, 382
Schmaedecke, M. 394
Schmengler, Hans 393
Schmerling, Pilippe-Charles 286
Schmid, Carlo 223
Schmid, F.X. 46
Schmid, M. H. 259
Schmidt, Hans 90, 383
Schmidt, Hartwig 89, 300
Schmidt, Helmut 148, 225
Schmidt, Karin 300
Schmidt, Martin 223, 383, 384
Schmidt, Renate 223
Schmied, Wieland 300
Schmiege, Marilyn 261
Schmitt, Astrid 92
Schmitt, H. H. 382
Schmoeckel, R. 230
Schmoll, Ulrich 71
Schneider, Beate 90
Schneider, Bernard 97
Schneider, Christoph 174, 187, 189
Schneider, Gerhard 25, 26, 390
Schneider, Helmut 110, 112
Schneider, Jürgen 166
Schneider, Lambert 300, 334, 336
Schneider, Thomas 240
Schneider-Abel, Ursula 25, 26
Schnitzler, Bernadette 7, 165, 341, 389, 391
Schnur, Harry C. 256, 260
Schnur, Rhoda 260
Schnurbein, S. von 72
Schnyder, Bernadette 255, 260
Schöler, Andreas von 233
Scholl-Latour, Peter 227
Scholz-Hänsel, M. 135
Schön, Andreas 121, 122
Schönbohm, Jörg 228
Schoot, Eckart 287
Schopenhauer 21
Schöpflin, Johann Daniel 71
Schörken, Rolf 23, 26
Schotten 83
Schramm, Erwin 74, 75, 89
Schramma, Fritz 222, 223
Schreiber, Karlheinz 229
Schrenk, Klaus 151
Schröder, Gerhard 145, 147, 224, 226, 228, 229
Schubert (Komponist) 261

Schubert, W. 259
Schuch, Chr. Theophil 71
Schuchhardt, Walter-Herwig 390
Schulamit (s. auch: Sulamit, Sulamith) 261
Schulz, R. 72
Schulz, Werner 231
Schulzeck, Helmut 391
Schulzki, Heinz-Joachim 7, 309, 389
Schumacher, Karl 65, 71
Schürzenjäger 277
Schüssler, Karlheinz 112
Schussmann, M. 340
Schuster, T. 46
Schützdeller, H. 46
Schwab, Gustav 151
Schwab, Klaus 74, 91, 92
Schwall, Irene 273
Schwan, H. 230
Schwanitz, Dietrich 191, 199
Schwarz, Arturo 133
Schwarz, Hans Peter 223, 230
Schweeger, Elisabeth 249
Schweizer 114, 232, 297, 300
Schwerfel, Heinz Peter 141
Scipio 81
Scipione l'africano 174
Scirocco 23
Scorpio 23, 89
Scott Brown, Denise 102
Scott, Ridley 6, 78, 90, 171–189
Searles, Baird 186
Sebastian, Tim 294
Sebesta, Judith Lynn 90
Sedláček, R. 256, 257
Seeba, C. Hinrich 62
Seehofer, Horst 223, 228
Seel III, Konrad 66, 71
Séguéla, Jacques 336
Seibt, Ferdinand 63
Seidensticker, Bernd 6, 201, 390
Seidensticker, Mike 5, 21, 26, 390
Seite, Berndt 223
Seitz, Konrad 223
Sejanus 197
Semiramis 165
Seneca 223, 224, 226, 254, 256, 260, 262, 390
Senfl, Ludwig 250
Senseneb 193
Sergius Paulus 195
Serovax 217
Serra, Richard 105
Servilia 168

Setepen-Re 236
Settis, Salvatore 336
Seymour Forster, Edward 219
Shakespeare 128, 168, 194, 244, 245, 246
Sharan 23
Sibylle 187, 194
Sica, Vittorio de 171
Sichtermann, Hellmut 141
Sicking, C. M. J. 259
Siebert, Horst 231
Siegers, J. 230
Siegers, R. 46
Siegfried 155–157
Sieglinde 156
Siegmund 156
Siegram 198
Siemens 25
Sienkiewicz, Henryk 167, 168, 187
Sierra 23
Sievert, Albert 65, 71
Signer, Roman 394
Silen 202
Simmonds, George 125, 128
Simmons, Jean 171
Simon (Detektiv) 193
Simon, André 345
Simonini, S. 46
Simonsen, Jørgen Bæk 358
Simplizissimus 143
Sinanthropus 284
Sindbad 165
Sinn, Ulrich 5, 47, 51, 390
Sirenen 148, 152, 231, Farbtaf. 6
Sirius 285
Sisyphos, Sisyphus 146, 210, 211, 222, 225, 231
Skandinavier 358
Skipetaren 319
Skylla 148, 225, 231
Skythen 222, 318
Sleipner 348
Smetana 254
Smith, Gary A. 165, 186, 187
Smith, Paul 166
Smith, Thomas Gordon 99, 102
Smithson, Robert 123
Snorre Sturlasson 347
Sokrates 21, 191–193, 222, 223, 229, 311, 323
Sol 67, 70
Sollem, Quintius 197
Solomon, E. 46
Solomon, Jon 90, 176, 186–189
Sommer, Sebastian C. 66, 72

Sommer, Ulrike 165, 294, 391
Sommerville, A. 344
Sonntag, Susan 113
Sophokles 226, 247, 250
Sorlin, Pierre 186
Sottsass, Ettore 114, 115
Souvenir, Sonia 286
Spader, James 172
Spanier, Rolf 273
Spann, R. 259, 261, 263
Spartaco, Spartacus, Spartakus 73, 165, 171, 176, 181, 186–188, 233
Spartaner 47
Spasmo-Cibalgin 306, 307
Speidel, M. P. 72
Sphinx 41, 46, 105, 162, 166, 224, 225, 231, 311
Spielberg, Steven 166, 178, 179, 188, 270, 271
Spindler, Konrad 5, 33, 37, 340, 391
Spirou 287
Splitter 214, 217
Spring, Marie Luise 122
St. Gallus 65, 68–71
St. Johann ... 389
St. Sebastian 65, 68, 69, 137, 139, 141
St. Simeon 72
Stan, Corneliu 84
Stark, B. 71, 72
Stauber, Jules 299
Steele, James 102
Steffen, Margrit 391
Stein, Peter 243–246
Steiner, M. 46
Steinhorst, Dirk 92
Steinkühler, Franz 231
Stemmer, Klaus 218
Stemplinger, E. 259
Stephanos (Verteidiger) 193
Stephanos-Jüngling 130
Stern, Robert A. 115
Stern, Tom 6, 161–166, 391
Sterzl, A. 230
Stesichoros 386
Stevens, R. L. 192
Stewart, R. F. 199
Stieger, Hans 298
Stiegler, Ludwig 229
Stifter, Adalbert 155
Stirling, James 98, 102
Stoiber, Edmund 145, 223, 224, 226, 230, 232
Stoltenberg, Gerhard 148, 232
Storm, Theodor 155

Stöver, Hans Dieter 194, 199
Strabon 51, 337, 339, 340
Straßer, Josef 116
Straton 223
Strauß, Franz Josef 148, 152, 222, 223, 226, 227, 230, 233, 377
Streibl 225
Strenger 55
Stroh, Wilfried 6, 86, 90, 249, 258–260, 391
Struck, Peter 224
Stucky, Rolf A. 385
Stuhlberg, Neal 241
Stukeley, William 290
Stupperich, Reinhard 7, 63, 313, 387, 392, 394
Stürmer, Michael 227, 232
Styrbæk, Anna 314
Sucher, C. Bernd 6, 243, 392
Sueben 67
Sueton, Suetonius 214–219
Sulamit, Sulamith (s. auch: Schulamit) 157–159, 251, 261
Sulla 194
Sulpicia 252, 253, 255, 261, 262
Sumner, Graham 90
Sumosky, Werner 385
Surbeck, Rolf 300
Surendorff 59
Süssmuth, Rita 227
Suzuki 35
Svebi Nicrenses 67
Sven Gabelbart 354
Synaulia 86, 87, 90, Farbtaf. 1
Syndikus, H. P. 259
Szabo, Joe 152, 153
Szczesny, Stefan 118–122

T

Tacitus 156, 197, 199, 227, 230, 338, 340
Tamara 46
Tamino 249
Tandon 24
Tapert, Annette 116
Target 24
Tarkowski, Andrej 107
Tarzan 148
Tasmanier 165
Tasso 168
Taylor, Elizabeth 171
Tchadanthropus 284
Tegnér, Esaias 348
Teje 235, 236, 238
Télémaque 143
Tell, Wilhelm 302, 304

Tempo 23
Terenz 246, 255, 386
Terlinden, Hans 227
Terlutter, Ralf 5, 27, 32, 392
Tertinia 72
Tessloff 269
Teufel 166, 349
Teutates Farbtaf. 7
Thanatos 247
Thatcher, Margaret 290
Thaur 186
Theagenes 49
Themistokles 311
Theodor von Tarsus 198
Theodora 197
Theseus 148, 152
Thespis 243
Thetis 186, 387, 392
Theut, Trine 358
Thieme, Rainer 269, 273
Thierfelder, Andreas 386
Thole, Bernward 45
Thoma, Hans 155
Thomas ... 21
Thomas, A. 393
Thomsen, Christian W. 106, 108, 112
Thor (s. auch: Tor) 349, 351
Thorsen, Sven-Ole 181
Thorvaldsen, Berthel 130, 132, 138
Thukydides 47, 51, 223
Thüry, Günther E. 90
Thusnelda 156
Thutmosis III. 389
Thyssen-Bornemisza 32
Tiberius 196, 197, 203
Tibull 261, 262
Tigerman, Stanley 114, 116
Tigra 23
Tigris 46, 181, 188
Tilg, Wilfried 35
Timonides 187
Timour 285
Tiro 194
Tissières, Floriane 298, 300
Titan 137–141, 149, Farbtaf. 3
Titus 196
Tizian 105, 143, 151, 152
Tode, Thomas 391
Tolksdorf-Lienemann, Eva 63
Tonetti, O. 259
Tonini 99, 102
Tor (siehe auch: Thor) 348, 349
Torsten 348
Töteberg, Michael 165

Totila 232
Tounga 282, 283, 285
Toussaint, Michel 7, 281, 284, 393
Toutastérix 345
Toyka, Rolf 116
Toynbee, J. M. C. 218
Traian, Trajan 70–72, 82, 84, 213, 318
Traxler 152
Tremayne, Peter 197
Tresham, F. G. 46
Triceratops 268
Tritonius, Petrus 250, 259
Trittin 231
Troades 254, 262
Troadum 254, 262
Troerinnen 262
Trojaner 231
Trolle, Anette Lerche 386
Tros 137
Trotzig, Gustaf 7, 347, 348, 350–352, 393
Troubadix 339
Trowell, Margaret 112
Trumbo, Dalton 171
Trümpler, Charlotte 199, 391
Tsatsos, Konstantinos 323
Tsatsos, Themistoklis 323
Tschechow 244
Turicum 305
Turnbridge, Nat 187–189
Turner (Maler) 383
Turner, Ted 225
Turnovsky, M. 260
Turok 271
Tut, Tut-Anch-Amun, Tutanchamun, Tutenchamun 34, 40, 41, 44–46, 193, 235, 236, 311
Tut-Anch-Aton 236
Tyrannosaurus rex 222, 269

U

Uderzo, Albert 73, 113, 337–340, 345, Farbtaf. 7
Ulbert, Günter 89
Ullmann, F. 46
Ulmer, Renate 116
Ungaro 247
Ungers, Oswald Mathias 97
Unruh, Trude 232
Unterdörfer, Michaela 6, 129, 131, 135, 393
Uranos 139
Urban, Bernd 128
Urd 357
Urmel 271
Ursus 186

Ustinov, Peter 168, 170, 171
Utili, Federico 9, 335

V

Vadstrup, Søren 358
Valens 62
Valentinian I. 68
Valerius Aedituus 261, 262
Valerius Messala Corvinus, Marcus 197
Vampire 165
Vanaise, J. 46
Vandalen 227
Vandersteen, Willy 285
Varro 261, 262
Varus 55–58, 63, 156, Farbtaf. 4
Vasilikos, Vasilis 328
Vegt, Sunnyva van der 7, 337, 340, 388, 394
Velázquez, Diego 384
Velleda (s. auch: Weleda) 345, 414
Venere (s. auch: Aphrodite, Venus, Vénus) 151, 152
Venturi, Robert 97, 99, 102, 114, 116
Venus, Vénus (s. auch: Aphrodite, Venere) 37, 99, 130, 131, 135, 143, 150–152, 194, 196, 202, 218, 252, 255, 285, 303, 304, 307, 334, 387
Vercingétorix 7, 213–218, 341, 342, 344, 345
Vergentan 308
Vergil 141, 143, 148, 249, 252–255, 258, 261, 262
Versace, Gianni 302
Verus 188
Vespasian 196, 197, 227, 231
Vesta 169
Vestalin 197
Vestals 195
Victoria 182, 310
Vidal, Gore 174, 186, 187
Vikelas, Dimitrios 51
Viking (s. auch: Wiking, Wikinger) 46, 198, 350, 353, 355, 358, 362, 363, 386
Vikingar 352, 393
Vikingerne 358
Villa, A. 336
Vim 330
Vincenz, G. 46
Vinci, da 46, 324
Vinner, Max 358
Viola, Bill 384
Virchow 316
Vittorio Emanuele 184
Vlachodimitriou, G. 381
Vock, Markus 7, 301, 305, 394

Voelsunga (s. auch: Wölsungen) 156
Vogel, Dieter 223
Vogel, Hans-Jochen 151
Vogel, R. 230
Voigt, Karsten 151
Volanakis, M. 247
Volcatius Tullus, Gaius (C.V.T.) 194
Vollmoeller, Karl Gustav 173
Voth, Hannsjörg 5, 105–112
Voth-Amslinger, Ingrid 108–112
Volvo 326, 333
Vuono, Letizia 7, 329, 394

W

Wabro, Gustav 222
Wagner, Christiane 61, 63
Wagner, Hannes H. 152
Wagner, Ilse 85
Wagner, Rainer 45
Wagner, Richard 155–158, 189
Wahl, M. 72
Waigel, Theo 145, 221, 224–226, 230, 231
Walesa, Lech 149
Waliser 83
Walker, K. E. 294
Walküre 156
Wallace, Lew 170, 187
Wallraf-Richartz ... 387
Walter, Hermann 386
Walter, Johannes 90
Walter, U. 230
Walther, Angelo 151
Wandel, G. 278
Waräger 358
Warburg, Aby M. 126, 128
Ward-Perkins, J. B. 340
Warhol, Andy 305, 335
Warlamis, Efthymios 115, 116, Farbtaf. 2
Warlamis, Heide 115, 116, Farbtaf. 2
Warmerdam, Marijke van 393, 394
Warnke, Martin 381
Waro 297
Wastl 285
Watson (Detektiv) 198
Watson, Neil 192
Waurick, Götz 90
Wayne, John 188
Webb, Michael 173
Weber, Bruce 302
Weber, Gerd Wolfgang 387
Weber, Gerhard 89
Weber, Jürgen 92
Weber-Woelk, Ursula 387
Wedewer, Rolf 105
Wegner, Günter 61

Wegner, M. 259
Wehner, Herbert 232
Wehnert, Martin 45
Weidert, Werner K. 389
Weiler, Ingomar 51
Weinberg, Peter 32, 393
Weinbrenner 98
Weinheber, Josef 155
Weinmann, Michiko 260
Weis, Kurt 51
Weizsäcker, Ernst-Ulrich von 231
Weizsäcker, Richard von 223
Wele, C. 43, 46
Weleda (s. auch: Velleda) 345
Wells, Richard 128
Wendl, Karl 34, 35
Wenzel 254
Werneck, T. 46
Werner, Michael Farbtaf. 3
Wernstedt, Rolf 221
Wessel, Horst 156
West, M. L. 259
Westermayer, Georg 392
Westerwelle, Guido 224
Westphalen, Jenny von 21
Wewerka, Stefan 97
Wheeler, Mortimer 192
White, Hayden 90
White, Lynn jun. 76, 89
Wick, Douglas 180
Wickum-Höver 90
Widder, Johann Goswin 71
Wieczorek, Alfried 3–5, 9, 14
Wiegels, Rainer 62, 63, 72, 382
Wieland, Wolfgang 20
Wiesmüller, D. 152
Wighart 197
Wiking, Wikinger (s. auch: Viking) 7, 39, 45, 80, 152, 163, 166, 198, 314, 315, 347–358, 360–363, Farbtaf. 8, 381, 386
Wilbers-Rost, Susanne 62, 63
Wild Life Art Team, Wild Life Team 277
Wilde 244
Wildung, Dietrich 105
Wilfing, Harald 37
Wilford, Michael 102
Wilhelm ... 63
Wilhelm der Eroberer 315
Wilhelm II. 34, 73, 359, 363
Wilhelm-Busch ... 151
Wilkins, Alan 75, 89
Wille, Günther 90, 259, 262
Willms, J. 227
Wilson, David M. 358

Wilson, Lillian M. 85, 90
Wimmer, Maria 392
Winckelmann 34, 116, 152, 316, 333
Windisch, W. W. 46
Windolf, R. 267, 273
Winkler, Martin M. 90, 186, 187, 188
Winnekes, Katharina 300
Wirth 393, 394
Wiseman, Cardinal 187
Wishart, David 197
Wissmann, Matthias 224
Witt, H. 46
Wittgenstein 122
Wittig, R. 46
Wittstock, Otto 218
Wlassikoff, Michel 344
Woesler, Winfried 62
Wohlleben, Marion 20, 388
Wolf, C. 43, 46
Wolf, Markus 231
Wolfram, Sabine 165, 166, 294, 391
Wölsungen (s. auch: Voelsunga) 156
Wonder, Erich 249
Wood, Barbara 241
Wood, Michael 186, 187

Woolley, Leonard 34, 192
Wotan 157
Wrigley, Rick 115, 116
Wuhrmann, Walter 219
Wundt, Friedrich Peter 71
Würtenberger, Franzsepp 151
Wyke, Maria 186, 187, 189
Wyler, William 170, 174, 175
Wyss, R. 321

X
Xena 166
Xenophon 223
Xerxes 40, 46, 228

Y
Yamamoto, Joshi 247
Yates, Frances E. 128
Yggdrasil 357
Young, David 51
Yudell, Buzz 102

Z
Zabek 392
Zácek, Jan 261
Zadkine, Ossip 139–141
Zander, Irene 165
Zandonai, R. 262, 263

Zangemeister, K. 72
Zanibon 255, 260–263
Zappas, Evangelis 50, 51
Zaumseil, Andrea 382
Zaunschirn, Thomas 384
Zehetmair, Hans 223, 224
Zehm, Bodo 63
Zeiss, Carl 389
Zeller 307
Zerberus 152
Zeus (s. auch: Jupiter) 3, 4, 11, 37, 46, 48, 51, 137–139, 152, 153, 222, 225, 227, 231, 269
Zimmer, Hans 187
Zimmermann, Alexander 85, 91, 92, Farbtaf. 1
Zimmermann, F. 230
Zinjanthropus 283, 284
Zoe 126
Zotz, Thomas 165
Zulus 232
Zunie 285
Zweite, Armin 137, 141
Zwergenwiese 361
Zyklopen 152

Ortsindex

A

Aachen 32, 125, 159
Aalborg 386
Aalen 73, 75, 84, 86, 88, 90–93, Farbtaf. 1, 389
Aarhus (s. auch: Århus) 358, 363
Abendland 222, 259, 302, 386, 391
Abu Simbel 41, 311
Achet-Aton 236, 237, 240
Acireale 219
Adamklissi 318
Afrika 112, 176, 283, 284
Ägäis 49, 319
Aggersborg 358
Agina (s. auch: Aigina) 310
Agrigent 317
Ägypten (s. auch: Egitto, Egypt) 31, 45, 51, 105–107, 109, 112, 161, 162, 165, 175, 192, 199, 231, 235–237, 240, 241, 310, 311, 389
Aichach 56
Aigina (s. auch: Ägina) 390
Albanien 231, 318, 319, 325
Alesia, Alésia 216, 341, 345
Alexandria 63, 195
Alexandroupolis 326
Algerien 283, 311
Alpen 21, 68, 84, 93, 169, 223, 326, 334
Alpine 36
Alsace 165, 391
Altägypten 241, 311
Altamira 276, 283
Alter Hof 66
Alter Orient 186, 235, 241
Ameria 194
America, Amerika 75, 97, 98, 101, 166, 186, 228, 230, 231, 233, 251, 291, 296, 314, 315, 350, 378, 385
Ampurias 75
Amsterdam 14, 90, 159, 259, 260, 262, 388, 391–394
Angers 58, 63
Angkor Vat 123
Angoulême 299
Ankara 320
Ann Arbor 390
Antwerpen 388
Äolische Inseln (s. auch: Eoliden) 331
Aphaia 310, 390
Äquatorialguinea 314
Ararat 165
Arausio 197
Årbog 386
Archeon 86
Ardèche 276
Aremorica 339
Arezzo 254
Argos 335
Århus (s. auch: Aarhus) 254, 386
Arizona 188
Arkadien 49, 117, 118
Arkona 164, 166
Armageddon 229
Arnheim 112
Aschaffenburg 388
Ascona 23
Asien 284
Asparn 284
Astypalaia 49
Athen 25, 34, 51, 138, 139, 150, 171, 193, 197, 202, 209, 221, 224, 226, 229–231, 244, 247, 249, 310, 312, 320, 323, 324, 328, Farbtaf. 1, 381, 387, 390, 392
Äthiopien 278, 283
Atlanta 51, 314
Atlantik 291
Atlantis 127, 165, 291
Atlantischer Ozean 347
Attica 113
Aubechies 284
Aubigny 72
Aucissa 62
Augsburg 63, 77, 84, 141, 258, 382, 388, 390
Augst 86
Augustodunum 197
Aurich 385
Ausoniusstraße 67
Austin 388, 390
Australia, Australien 84, 91, 192, 227, 283, 350
Autun 198
Auvergne 341, 342
Avalon Hill 46
Avignon 258, 260

B

Baalbek 311
Babel 225, 231
Babylon 46
Babylonien 170
Bad Homburg v. d. H. 73, 85, 89, 93, 205
Bad Kreuznach 151, 386
Baden-Baden 112
Baden-Württemberg 66–68, 70–72, 226, 276, 340, 394
Baetica 196
Bagdad 198, 353
Balkan 310, 319
Balkema 389
Baltimore 90, 186, 235
Bamberg 59, 152, 153
Barcelona 116, 196
Barcino 196
Basel 20, 152, 209, 267, 299, 300, 304, 308, 384, 385, 394
Bassai 310
Basse-Normandie 363
Bath 128
Baumholder 92
Bayern 166, 224, 230, 260, 340, 383
Bayeux 315
Bègles 344
Belgien 84, 165, 281, 283, 284, 286, 287, 313, 377, 385, 387
Belvedere 116, 130, 150, 152, 308, 310, 317
Benelux-Staaten 316
Beni Hassan 41
Benningen 75, 89
Bergamo 78
Bergisch Gladbach 112, 192, 197, 340
Bergstraße 69
Berkeley 390
Berlin 14, 20, 37, 45, 59, 62, 63, 89, 90, 100, 111, 112, 116, 122, 141, 153, 161, 165, 166, 186, 193, 204, 208–210, 218, 225, 226, 230, 231, 235, 244, 259, 271, 279, 304, 316, 358, 359, 363, Farbtaf. 3, 383–386, 388, 390–392
Bern 192, 199, 305, 391, 394
Bevensen 390
Beynac 284
Bibracte 341
Biel 394
Bielefeld 385
Birka (s. auch: Björkö) 349, 350, 393
Birmingham 344
Biskupin 284
Bissendorf 62
Bitburg 92
Bitterfeld 392
Björkö (s. auch: Birka) 349
Blankenheim 267, 269, 273
Blaubeuren 278
Blenheim 90, 383
Blieskastel 294

Bochum 385, 390
Bodensee 391
Bologna 135, 336
Bomarzo 126, 128
Bône 311
Bonn 17, 85, 93, 112, 118, 124, 125, 127, 148, 153, 226, 230, 267, 272, Farbtaf. 2, 382, 383, 387, 388, 390
Bononia 187
Boppard 230
Bordeaux 345
Bosnien 152
Boston 152, 166
Botswana 283
Bourgogne 284
Bozen 37, Farbtaf. 1
Brachttal 114, 116
Bramgau 58
Bramsche 57–63, 93, 114, 116, 381
Brandenburg 157, 228
Brasilien 233
Braunschweig 20, 102, 116, 382
Breitenau 277
Bremen 59, 141, 173, 382
Bremerhaven 363
Brenner 233
Bretagne 12, 287
Britannien 83, 196, 197, 315
Britische Inseln 315, 347
British Empire 316
Broken Hill 284
Brugg 82, 90
Brügge 56, 58, 63
Brünn 251–257, 260, 261
Brüssel, Bruxelles 59, 119, 260, 300, 303, 304, 393
Buchau 165
Büdingen 114, 116
Bulgarien 318, 319, 321
Bulle 297
Bundesrepublik Deutschland 102, 155, 313, 315, 316, 377, 385
Burgäcker 65
Burgund 198
Butrint 318
Byzanz 197, 228, 233, 325, 326, 386

C

Caen 358, 363
Caere 194
Caesarodunum 345
Camargue 74
Cambodunum 93, 398
Cambridge 45, 102, 166, 186, 192, 219, 296, 300, 383

Campagna 196
Cannae 46, 223
Canterbury 197, 198
Capri 23
Capua 152
Carnac 284, 337, 344
Carnuntum 88, 91
Cashtal-Yn-Ard 283
Celle 261
Central Europe 388
Chaco Canyon 165
Chaironea 326
Chalkis 312
Chalon-sur-Saône 72
Chambourcy 296
Chapel Hill 186
Charente 299
Chauvet 276
Chicago 159, 273, 296, 300, Farbtaf. 4
China 36, 231, 267, 270, Farbtaf. 5
Cinecittà 162, 170, 174
Cisalpina 217
CIVITAS VLPIA SVEBORVM NICRENSIVM, CIVITAS VLPIA SVEBORVM NICRETVM 66, 69, 71, 72
Clermont-Ferrand 342
Clitunno 141
Colonia Agrippinensis 336
Colonia Ulpia Traiana 86
Connecticut 186
Copenhagen (s. auch: København, Kopenhagen) 382, 386
Corbridge 83
Córdoba, Corduba 196, 353
Cosenza 394
Cotswold Hills 50
Coxyde 393
Crusinallo 116
Cumae, Cumes 187, 194
Cypern, Cyprus (s. auch: Zypern) 165, 244
Cyrenaica 196

D

Dakien 318
Dallas 178
Dänemark, Danmark 284, 314, 353–358, Farbtaf. 8, 377, 386
Darmstadt 51, 116, 199, 222, 259, 267, 276, 277, 387, 391
Decapolis 196
Deister 56
Delos 150
Delphi 48, 49, 222, 226, 229, 232, 311, 323
Désert de Retz 296, 300

Detmold 63, 222
Deutschen Demokratischen Republik 315, 377
Deutschen Reich 54, 359
Deutschland (s. auch: Germany) 17, 18, 23, 26, 28, 46, 49, 50, 53, 54, 56, 62, 63, 70, 80, 82–84, 88–93, 97, 106, 118, 143, 144, 151, 152, 155–158, 161, 163, 165, 186, 225, 227, 232, 241, 251, 254, 256, 258, 267–270, 272, 273, 276, 283, 284, 292, 298, 302, 315, 323, 324, 330, 333, 334, 347, 355, 359, 363, 377, 378, 381, 385, 387, 389, 390
Dietikon 35
Dijon 345
Disneyland 326, 327
Dissen 62
Djebel Chemtou 165
Djemdet-Nasr 391
Donau 68, 187
Donau-Kanal 37
Doom 166
Dordogne 277, 278, 286, 287
Dordrecht 241
Dortmund 385
Doubs 344
Dougga 311
Dover 121, 122
Drachenfels 272
Drakensberg 283
Dresden 150, 152, 166
Dublin 392
Duisburg 63
Düsseldorf 26, 121, 122, 165, 192, 199, 219, 230, 275, 277, 302, 304, 361, Farbtaf. 8, 382, 385, 390, 393

E

Eberbach 392
Eckernförde 294
Ecuador 165
Edinburgh 218
Egitto, Egypt (s. auch: Ägypten) 199, 310
Eichstätt 86, 93, 392
Eickum 391
Eifel 276
Einbeck 22
Eindhoven Farbtaf. 4
El Dorado, Eldorado 165, 224
El-Djem 311
Eleusis 311
Ellerbeck 62
Ellwangen 258
Elsass 343, 345
Elsendorf 92, 383

Emden 17
Emesa 54
Engen 276
England (s. auch: Great Britain, Großbritannien) 57, 89, 143, 144, 151, 173, 176, 187, 270, 273, 289, 302, 313, 338, 340, 354, 358, Farbtaf. 5
Eoliden (s. auch: Äolische Inseln) 331, 336
Ephesos 33, 320
Epidauros 243, 244, 247
Epirus 312
Erfurt 359
Erlangen 385, 391, 393
Ermatingen 385
Erpen 62
Espelkamp 63, 381
Essen 56, 58, 63, 128, 166, 199, 384, 390, 391
Esslingen 128
Estland 318
Ettlingen 384
Euphrat 46
Europa 11, 20, 33, 34, 54, 57, 80, 81, 89, 90, 93, 97, 99, 106, 108, 113, 123, 144, 145, 151–153, 167, 171, 187, 225, 228, 229, 231, 233, 241, 249, 254, 283, 293, 309, 314, 320, 323, 326, 328, 332, 353, 357–359, 385, 386, 388, 391, 393
Evora 316

F
Fachingen 22
Färöer-Inseln 314, 315
Filderstadt-Bonlanden 37
Finnland 347
Firenze (s. auch: Florenz) 152
Fishbourne Villa 86
Flerzheim 389
Florenz (s. auch: Firenze) 90, 118, 151, 186
Florida 100, 102, 186
France, Francia, Frankreich 49, 50, 57, 74, 84, 100, 131, 143, 144, 151, 161, 165, 186, 198, 276, 278, 283, 284, 286, 292, 296, 298, 299, 302, 306, 308–310, 316, 341, 345, Farbtaf. 2, 377, 389, 393
Franken 392
Frankfurt 20, 26, 102, 135, 139, 141, 193, 196, 198, 199, 323, 382, 385
Frankfurt am Main 20, 63, 80, 99, 102, 112, 116, 122, 128, 152, 153, 159, 165, 166, 169, 171–173, 210, 219, 230, 241, 249, 259, 273, 279, 304, 312, 381, 385, 388, 389, 392
Frederikssund 356

Freiburg (Kanton) 297
Freiburg i. Br. 71, 159, 188, 209, 230, 308, 384, 385, 390, 391, 394
Freising 258, 392
Frick 273
Friedberg 92
Fulda 198, 382
Fyrkat 358

G
Gallia, Gallien (s. auch: Gaule) 188, 195, 197, 214–218, 339, 340, 341, 343, 344
Gallia bracata 339
Gallia comata 339
Gandersheim 255
Ganges 110
Gardasee 255
Gaule (s. auch: Gallia, Gallien) 344, 345
Geißenklösterle-Höhle 278
Genava 195
Gent 286
Georgsmarienhütte 62
Gergovia 341, 342
Gerichshain 4
Gerlingen 198
Germania, Germanien 55, 57, 58, 62, 63, 156, 176, 177, 187, 188, 196, 226, 229, 232, 259, 345, 381, 382, 388, 392
Germania inferior 390
Germany (s. auch: Deutschland) 383
Gettysburg 89
Ggantija 317
Gibraltar 284, 316
Giessen 151
Gizeh 41, 105, 109, 311
Gjermundbu 354, 358
Gloucestershire 50
Gokstad 359
Gondwanaland 166
Gönnersdorf 278
Gordion 224, 225
Göteborg 294, 383
Gotha 152, 381
Gotland 349, 393
Göttingen 20, 162, 165, 300, 381, 385, 390
Gottorf 360, 361, 363, Farbtaf. 8, 381
Graz 20, 248
Great Britain (s. auch: England, Großbritannien) 45, 46, 377
Grecia, Greece, Griechenland 44, 46–48, 51, 75, 116, 117, 121, 149, 186, 192, 193, 222, 223, 228, 243, 246, 247, 267, 284, 295, 296, 308–313, 316, 318–321, 323–328, 330, 335, Farbtaf. 6, 381, 387, 392

Grönland 314, 315, 347
Großbritannien (s. auch: England, Great Britain) 49, 50, 80, 82, 84, 161, 165, 291, 292, 314, 315, 317, 344, 377, 384
Großkrotzenburg 92
Grünwald 165
Guernsey 283, 315
Gütersloh 63, 392

H
Hades 110, 194
Haithabu 42, 45, 46, 166, 198, 353, 354, 360–362, Farbtaf. 8, 381
Hall 35
Halle 165
Haltern 54, 86, 88, 89, 91, Farbtaf. 1, 386
Hamburg 20, 37, 45, 78, 89, 90, 116, 152, 153, 165, 218, 240, 259, 273, 279, 300, 363, 382, 383, 385, 388, 390, 392
Hammaburg 165
Hamme 385
Hanau 151
Haninge 349
Hannover 61, 63, 122, 151, 385
Harburg 58, 63
Hardheim 159
Harmondsworth 340
Harvard 390
Hastings 315
Hattussa 165
Hauslabjoch 35, 391
Haute-Saône 344
Heathrow 340
Heerlen 86
Heide 363, 381
Heidelberg 20, 32, 65, 67, 71, 141, 210, 230, 258, 260, 278, 308, 382, 385–387, 389–392, 394
Heilbronn 384, 387
Helvetia (s. auch: Schweiz, Switzerland) 321
Hennegau 284
Herculaneum 196
Herrsching 151, 261
Hertingen 72
Herzfeld 90, 383
Herznach 273
Hessen 116, 205, 231, 321, 381
Hildesheim 153, 279, 389
Hiroshima 203
Hirschberg 390
Hispalis 196
Höchstädt 90, 383
Hohenzollern 359
Højbjerg 358

Hollage-Pye 62
Holland (s. auch: Niederlande) 37, 86, 241, 359
Hollywood 43, 84, 101, 162, 167, 170, 171, 174–176, 186, 187, 189, 270, 331, 335, 336, 383
Holmgård 352
Holzhausen 62
Homs 54
Hönggerberg 388
Houston 241
Hüfingen 93
Huis Doorn 359
Hunerberg 62
Huningen 345

I
Iberien 193
Iberische Halbinsel 316
Ijsselmeer 108, 109
Ilium 119, 120
Ille-et-Vilaine 344
Illnau 37
Indianapolis 101
Indien 79, 110
Ingelheim 198
Innsbruck 35–37, Farbtaf. 1, 391
Insula Tegeliensis 100
Inzing 36
Iola 312
Irak 227, 229, 230
Iran 152, 311, 312
Irland, Irlande 198, 283, 315, 393
Island 314, 393
Isle of Man 283, 284, 314, 315
Ismaning 37
Israel 187, 231, 232, 317
Italia, Italien 57, 79, 82, 84, 93, 98, 99, 121, 135, 162, 165, 167–170, 174, 175, 186, 187, 211, 223, 227, 231–233, 249, 258, 310, 313, 316–318, 320, 321, 324, 325, 327, 329–331, 333–336, 393, 394
Ithaka 335

J
Jambes 393
Japan 21, 44, 79, 162, 225, 270, 272, 273, 292, 350, 388
Java 278
Jefferson 165
Jelling 358, 386
Jena 260
Jerash 311
Jersey 284, 315
Jerusalem 72
Jockgrim 208

Jordanien 311
Jugoslawien 47, 152, 157, 225, 231, 283, 284, 310, 319
Jütland 354, 355, 358
Jylland 357

K
Kahl 92
Kairo 166
Kalamaki 326
Kalamata 243
Kalifornien 99, 102
Kalkriese 53–63, 93, 381, 382
Kalkrieser-Niewedder Senke 62, 63, 381, 382
Kanaan 165
Kanada 49, 91, 292
Kanakaria 320
Kanzelbach 68
Kap Artemision 138, 302
Kap Sunion 310, 311
Karditsa 326
Karlsruhe 67, 71, 72, 260, 384, 390
Karnak 111, 165
Karthago 169, 170, 174, 193, 228
Kassel 51, 112, 205, 304, 308, 381, 390
Kastellaun 308
Kaukasos 139
Kempten 86, 91, 93
Kenia 283, 284
Ketzerbach 382
Kiel 114, 116, 164, 166, 361, 381, 391, 394
Kirby Hall 89
Klagenfurt 384
kleinasiatisch 33
Kleinasien 51, 319
Kleinwelka 272
Knossos 34
København (s. auch: Copenhagen, Kopenhagen) 358, 382, 386
Koblenz 141, 151, 152
Kolchis Farbtaf. 6
Köln 17, 20, 26, 27, 51, 90, 112, 122, 128, 141, 165, 206, 210, 222, 223, 267, 273, 294, 300, 312, 328, 336, Farbtaf. 3, 382, 385, 387, 389, 390, 392, 393
Königsgräbertal 238
Königstein/Taunus 153
Konstantinopel 347
Konstanz 19, 63, 71
Koobi Fora 284
Kopenhagen (s. auch: Copenhagen, København) 215, 294, 353, 363, 386
Korb 279, 389
Korea 231, 284

Korinth 224
Kozani 328
Krapina 283, 284
Kreta 51, 148, 152, 166, 227, 246
Kreuzberg 227
Kristianstad 393
Kroatien 319
Kroton 49
Kuba 278, 283
Kurpfalz 389, 394
Kyffhausen 165
Kyffhäuser 111
Kykladen 303

L
La Micoque 387
La Rochelle 231
La Turbie 316
Ladenburg 65–72, 384
Lahn 381, 382
Lamia 381
Lampeter 383
Langeland 358
Langenfeld 153
Langenweißbach 3, 4
Langton-Down 62
Las Vegas 98, 101, 102
Lascaux 278, 283
Latium 217
Lattes 186
Lausanne 300
Lausanne-Vidy 300, 345
Le Théâtre 100
Leiden 86, 381
Leipzig 4, 23, 62, 151, 165, 210, 259, 260, 389, 391
Lejre 284, 358
Lemannus 195
Leontinoi 312
Lepenski Vir 319
Leptis Magna 197
Les Arcades du Lac 100
Les Espaces d'Abraxas 100, 102
Les Eyzies, Les Eyzies-de-Tayac 277, 284, 286
Les Yvelines 296
Leuk 306
Leverkusen 23, 91, 92, 112
Libanon 311
Libyen 254
Lichtenstein 4
Lidingö 349
Liège (s. auch: Lüttich) 300, 387, 393
Liestal 394
Lillehammer 47

Limburg 384
Limes 80, 89, 164, 228
Lindholm Høje 386
Lindisfarne 353
Lippe 196
Lippe-Westfalen 46
Litauen 313
Livermore 99, 102
Livorno 170
Lobdengau 67–69, 71, 72
Loire 327
lokvodunon, lopodunon, Lopodunum, LOPODUNUM, Loupodunon 65–72
London 20, 78, 89, 90, 102, 116, 122, 128, 135, 143, 151, 152, 159, 165, 166, 168, 173, 186, 188, 192–199, 218, 219, 241, 244, 246, 271, 273, 291, 294, 340, 358, Farbtaf. 2, Farbtaf. 4, 383, 388, 390, 392
Los Angeles 101, 272
Lothringen 344
Louvain-La-Neuve 393
Louvre 99, 101, 150, 169, 201, 208, 244, 303, 311, 324
Lubaantum 165
Lübeck 381
Lüdenscheid 382
Ludwigshafen 106, 152, 382, 386, 389
Lugano 102
Lugdunum 197
Lund 352, 393
Lutetia Farbtaf. 7
Lüttich (s. auch: Liège) 284, 387
Luxor 41, 46, 101
Luzern 102, 116, 173
Lybien 168
Lyon 198, 344

M

Maarssen 392
Maastricht 227, 230, 231
Macedon, (s. auch: Makedonien, Mazedonien) 193
Madrid 32, 152, 189, 384
Magdalenenberg 391
Magdeburg 31, 155
Magna Graecia 312
Mailand (s. auch: Milano) 116, 122, 128, 133, 135, 159, Farbtaf. 4
Mainburg 93
Mainz 4, 62, 71, 74, 82, 85, 89, 90, 92, 112, 151–153, 166, 186, 188, 232, 382, 383, 385, 386, 389
Makedonien (s. auch Macedon, Mazedonien) 222, 227, 319, 320, Farbtaf. 6, 390
Makronissos 325, 326

Malabar 186
Mälarsee 349
Malediven 283
Mali 283
Malibu 218
Malta 284, 313, 317
Manchester 186
Mangalia 318
Mannheim 3, 4, 9, 13, 37, 60, 61, 65, 67, 71, 87, 141, 198, 267, 269, 309–315, 317, 319, 331, 333, Farbtaf. 6, 382–384, 386, 387, 389, 390, 392, 394
Marathon 131, 325
Marburg 26, 45, 151, 304, 308, 381, 382, 389, 394
Marl 382
Marly 296
Marne-la-Vallée 100, 102
Marokko 111, 112
Marseille 345
Maryhill 292
Masada 222
Massachusetts 102, 166, 186, 296, 300
Massilia 194
Mauer 278
Maulbronn 384
Mauretanien 165, 177, 182
Maxéville 344
Mazedonien (s. auch: Macedon, Makedonien) 166, 228
Mecklenburg-Vorpommern 383
Meitingen 166
Melos (s. auch: Milo 303
Memphis 114
Meran 36
Mesopotamien 51
Messenien 327
Metapont 312
Metauro 46
Metropolis 170, 172, 173
Mettman 284
Metz 165, 391
Mexiko 112
Middletown 186
Milano (s. auch: Mailand) 116, 336, 394
Milet 201
Milo (s. auch: Melos) 37, 99, 130, 150, 152, 303, 304, 307, 334
Minneapolis 294
Missouri 292
Mittelmeer 309, 310
Mittelmeerküste 316
Mittelmeerländer 315
Mittlerer Osten 311

Möckenlohe 86
Moesgård 357
Mogontiacum 196
Moldawien 318
Møllemosegård 386
Monaco 283, 313, 314, 316
Mönchengladbach 389
Monte Docto 392
Monte San Giorgio 388
Montpellier Farbtaf. 2
Montrouge Seine 340
Monza 23
Morgenland 165, 340, 391
Morsbroich 112
Mosella, Moselle 71, 72, 165, 391
Moskau 392
Mozambik 283
Mühlheim 262
Münchehagen 272
München 20, 32, 37, 45, 46, 62, 86, 87, 89, 90, 93, 102, 112, 116, 118, 122, 130, 141, 151–153, 159, 165, 173, 192–195, 198, 199, 210, 214, 217–219, 230, 231, 241, 255, 258, 259–263, 273, 279, 300, 301, 304, 308, 336, 340, 382–385, 388, 390–392, 394
Münster 26, 58, 60, 63, 321, 381, 385, 391, 392
Mykene 152
Mytilene 48

N

Nabatea 196
Naher Osten 188, 192, 309, 311, 312
Namur 281
Naukratis 192
Naulette 393
Naxos 312
Nazca 165
Ndedema-Schlucht 283
Neandertal, Neanderthal 166, 275–278, 286, 287
Neapel 203–205, 332, 336
Nebraska 292
Neckar 69, 72, 75, 89, 303
Neckargemünd 323
Neckarsteinach 72
Neubiberg 383
Neubotzheim 69
Neuenbürg 394
Neumünster 45, 63
Neuschwanstein 327
Neuseeland 90, 292
Neu-Ulm 251, 258
Neuwied 278

Nevalı Çori 165
New Haven 186, 188
New Jersey 100, 102, 186
New Orleans 98
New York 20, 37, 102, 116, 141, 168, 173, 186–188, 192–195, 197, 199, 235, 241, 251, 260, 271, 293, 358, Farbtaf. 3, Farbtaf. 4, 384, 388, 390, 392
Newton Abbot 199
Nicosia 244
Niederbronn-les-Bains 343
Niederelbe 56, 58, 63
Niederlande (s. auch: Holland) 84, 91, 108, 109, 241, 292, 340, 378
Niederösterreich 115, 187
Niedersachsen 221, 226, 390
Nienburg 385
Nieuwkoop 392
Nijmegen 62
Nil 46, 106, 165, 193
Nîmes 309
Nimrud 192
Nord- und Südstaaten (USA) 79
Norden 67, 206, 314, 320, 347, 353, 354, 359, 363, 386
Nordendorf 77
Nordhorn 388
Nördlingen 122
Nordrhein-Westfalen 56, 378, 385
Nordsee 355
nordwesteuropäischer Raum 63, 381
Normandie 315, 363
North Carolina 165
Northumbria 353
Norwegen 152, 314, 354, 359, 360
Nottingham 358
Nová Říše 251
Novgorod 56, 58, 63, 352
Nubien 389
Nürnberg 62, 90, 93, 112, 158, 186, 259, 300, 390, 391, 393, 394
Nykøbing Sj 386

O
Oak Island 165
Oberammergau 82
Oberbayern 171
Oberesch 62, 382
Oberhausen 127
Oberlin 99, 102
Oberrhein 71
Oberschleißheim 86
Odense 354
Odenwald 66, 155
Offenbach 381

Oggersheim 225, 229
Ohio 99, 102
Oita-Gebirge 205
Oldenburg 62, 63, 153
Olduvai 283, 284
Olymp 137, 141, 205, 222, 361
Olympia 46–51, 310, 311, 390
Olynth 121
Omaha Beach 178
Opladen 20, 74, 75, 91, 92
Oplontis 196
Oregon 99, 102
Orient 46, 199, 391
Oseberg 359
Oslo 358, 362, 363
Oslofjord 359
Osnabrück 20, 53, 55–63, 230, 381, 382
Ostblock 228, 316–318, 321
Ostercappeln 58
Österreich 35, 84, 91, 115, 152, 210, 284, 316, Farbtaf. 2
Ostfildern 122, 261, 263
Ostfriesland 385
Ostia 123–126, 202, 203, 210
Otago 90
Otricoli 152
Ötztal 36, 37
Ötztaler Alpen 33, 37, 391
Oxford 45, 46, 89, 90, 141, 186, 192, 226, 241, 259, 294, 392
Oxfordshire 192
Ozeanien 112

P
Paderborn 62, 218, 392
Padua 260–263
Paestum 333
Palermo 246
Palmyra 46, 196, 311
Pannonien 318
Paradies 24, 118, 165, 166
Paris 45, 51, 90, 100–102, 123, 124, 128, 147, 168, 173, 186, 187, 189, 197, 198, 201, 208, 218, 235, 244, 260, 296, 298, 300, 304, 324, 336, 338, 341, 344, 345, 392, 393
Parnassum, ad 105
Pattloch 165
Peloponnes 326, 327
Pembrokeshire 291
Perachora 390
Peraia 390
Pergamon 320, 339
Périgord 284, 287
Persepolis 311

Persien 312
Pesaro 128
Petersberg 230
Petersfels 166
Petersfelshöhle 276
Petra 165, 311
Petralona 284
Pfünz 73, 86, 93
Phigalia 49
Philadelphia 159, Farbtaf. 4
Philae 311
Philippi 224, 225
Phönizien 227
Phrygien 385
Piazza d'Italia 98, 99
Piazza Trevi 324
Piceni 387
Piemont 84
Pietroasa 318
Piräus 320
Pisa 48
Place du Nombre d'Or Farbtaf. 2
Pliezhausen 91, 92
Polen 173, 223, 229, 278, 284, 318
Pompei, Pompeii, Pompeji 40, 44–46, 54, 83, 116, 126, 151, 167–170, 182, 187, 194, 203, 204, 208–210, 311, 382
Pontarlier 344
Portland 99, 100, 102
Portugal 310, 316, 383, 391
Potsdam 230
Praeneste 125
Prag, Praha 251, 254, 260–262, 384
Preußen 49
Princeton 390
Puteoli 194
Pyrenäen 286, 287

R
Ramioul 284, 286
Ratingen 387
Ratzenhofen 92, 93, 383
Ravensburg 45, 46
Ravning Enge 358
Reading 383
Regensburg 383, 391
Reggio Emilia 37, 135
Reinbek 37, 45, 192, 197, 218
Reinheim 316
Remlingen 92
Rendsburg 294, 359
Rennes 128, 345
Republik Südafrika 283
Rethra 164, 166
Retz 296, 300

Rhein 106, 151, 152, 166, 196, 303, 386, 391
Rheinland 71, 72, 165, 166
Rheinland-Pfalz 145
Rhein-Main-Gebiet 390
Rhein-Neckar-Kreis 72
Rheinzabern 208
Rheydt 389
Rhodos 49, 195, 227, 232
Riace 317
Ribe 354
Richmond 99, 102
Ringerike 358
Riva 255
Rivoli 129
Rom 56–58, 62, 63, 78, 84, 89, 90, 99, 116, 120, 123–125, 129, 131, 133, 147, 151, 161, 163, 166–171, 173–175, 177, 178, 181–187, 189, 194–199, 203, 209, 213, 215–218, 221–223, 227–233, 247, 252, 253, 255, 260, 295, 310, 311, 316–319, 324, 332, 334, 335, 341, 347, 382, 383, 386, 394
Roma 152, 218, 310
Rome 56, 63, 83, 89, 90, 98, 186, 189, 192, 199
Rosenheim 260
Rosenstein 277
Roskilde 356, 358
Roskilde Fjord 356, 358
Rostock 232
Rotenburg 382
Roter Platz 189
Rottenburg 93
Rotterdam 106, 112, 159, 240, 389
Roussillon 287
Rovereto 254–256, 261–263
Rubicon 194
Rudkøbing 358
Ruhr 262, 390
Ruhrgebiet 128, 228
Rumänien 84, 231, 313, 318, 319, 321
Rußland, Russland 84, 231, 232, 233, 247, 347

S

Saalburg 72–75, 86, 89, 91, 113, 382
Saarbrücken 32, 260, 386, 392, 393
Saarland 86, 392, 393
Saarpfalz 294
Saba 43, 46, 165
Sachsen-Anhalt 223
Saint-Germain-en-Laye 341, 345
Saint-Nicolas de Port 344
Salamis 311
Salzburg 45, 240, 244, 385, 392
Samara 284
Sambia 284
Samos 208, 390
Samothrake 311, 320
San Franzisco 102
San Marino 283, 313, 317
Sangerhausen 278
Saqqara 41
Sarajewo 47
Sarzana 135
Sauerland 278
Scandinavie (s. auch: Skandinavien) 363
Schleißheim 90, 383
Schlesien 165
Schleswig 283, 360, 361, Farbtaf. 8, 381
Schleswig-Holstein 294, 363, 383, 385
Schölerberg 62
Schorndorf 51
Schrems 115, Farbtaf. 2
Schriesheim 387
Schwaben 165
Schwäbisch Gmünd 389
Schwäbisch Hall 388
Schwalbach 102
Schweden (s. auch: Sverige) 314, 347–352, 354, 358, 378, 383, 393
Schweiz (s. auch: Helvetia, Switzerland) 35, 84, 99, 102, 273, 283, 297, 316, 377, 393, 394
Schwetzingen 384
Sebaaieni-Höhle 283
Sedan 54
Seefeld 36
Seeland 356, 358
Seelze-Velber 390
Selinunt 301
Senales Valley 36
Senegal 284
Serbien 145
Sérum 340
Sevilla 196
Sèvres 345
Sibirien 276
Siebengebirge 272
Sieglar 383
Sigtuna 352
Similaun 36
Sirmium 187
Sizilien 48, 169, 312, 331
Skandinavien (s. auch: Scandinavie) 314, 319, 347, 350, 353, 354, 357, 360, 363
Skotoussa 49
Skuldelev 356
Skythien 347
Slowakei 188
Slowenien 313, 319
Smyrna 217
Sölden 36
Søllested 386
Somme 284
Sonderburg 362
Sounion 325
South Brunswick 186
Southampton 294
Sowjetunion 170, 314, 318
Spanien 75, 177, 188, 276, 283, 287, 310, 313, 316, 353, 393
Sparta 224–226, 229, 231
Speyer 78, 89, 106
Spiennes 283
Split 319
Spoleto 141
Spree 34
Spy 281, 286, 287
St. Gallen 129, 131, 260, 263, 273, 385, 393
St. Germain-en-Laye 296
St. Quentin-en-Yvelines 100, 102
Stampe 361
Stavelot 387
Steinheimer Becken 389
Stendal 152
Stockholm 90, 319, 347, 349, 351, 352, 363, 383, 393
Stonehenge 43, 46, 164, 283, 284, 287, 289–294, 337, 338
Strasbourg, Straßburg 165, 342, 343, 344, Farbtaf. 8, 389, 391
Stratford-upon-Avon 292
Stuttgart 17, 20, 26, 30, 32, 63, 71, 72, 89, 90, 98, 102, 122, 135, 151, 159, 165, 219, 230, 233, 235–237, 239–241, 260, 277, 300, 340, Farbtaf. 7, 385, 386, 388, 391, 392, 394
Styx 107
Südafrika 146, 232, 282, 283
Südwestafrika 283
Südwestdeutschland 166
Suhl 226
Suhr 116
Sunion 25, 310, 311
Sussex Farbtaf. 5
Sverige (s. auch: Schweden) 90
Switzerland (s. auch: Helvetia, Schweiz) 388
Syrakus 310, 312
Syrien 54, 196, 311, 391

T
Täby 349
Taiwan 348
Tal der Könige 40, 44–46, 171, 311, Farbtaf. 1
Tanzania 283
Tarragona 316
Tarsus 198
Tassili-Wüste 283
Taung 283
Taunus 23, 153
Tauris 244
Tautavel 284, 286, 287
Tegea 135
Tegel 100
Tell el-Amarna 237, 240
Teutoburg forest, Teutoburger Wald 53, 57, 60, 156
Texas 388, 390
Thasos 49
Theben, Thebes 46, 193, 236, 238, 311
Thermopylen 173
Thessalien 390
Thessaloniki 152, 319, 324
Thorikos 243
Thüringen 381
Tiber 124
Tigris 46, 188
Tikal 46
Timgad 311
Tipasa 311
Tirol 35, 36
Tjele 354
Toricella 102
Torino (s. auch: Turin) 173, 336
Toronto 383
Toskana 121
Totowa 186
Toulon 214, 217
Toulouse 186
Tournai 218
Trelleborg 358
Treuchtlingen 340
Trier 72, 78, 88–91, 93, 258, 315, 340, Farbtaf. 1, 384, 391
Trieste 387
Tripolis 326, 327
Tripolitania 196
Troas 164, 166
Troia, Troja 34, 45, 46, 120, 164, 167, 168, 211, 217, 222, 225, 231, 233, 253, 254, 320
Tschad 284
Tschechische Republik 57
Tschechoslowakei 252, 318, 384
Tsodilo-Berge 283
Tübingen 91, 258, 259, 383, 386, 390
Tunesien 169, 284, 311
Tunis 311
Turin 135, 165, 167
Turkana-See 284
Türkei 149, 168, 320, 391
Tyros 254

U
Ubstadt-Weiher 72
Uckfield Farbtaf. 5
Ulm 260, 308, 392
Ungarn 84, 187, 284, 313, 318
Unteritalien 48, 390
Unteruhldingen 165, 391
Ur 29, 34, 39, 40, 45, 192
Uruk 391
Utrecht 91

V
Valladolid 165
Vatikan 82, 125, 138, 145, 150
Vatikanstaat 317
Vejen 358
Velehrad 251
Vendée 284
Venedig 105, 128, 135, 159, Farbtaf. 4, 393
Vereinigte Staaten (USA) 49, 225, 350
Vergina 222, 320, Farbtaf. 6
Verona 77, 122, 263
Versailles 100
Vértesszöllös 284
Vesuv 168, 204
Via Appia 78, 194, 317
Viborg 386
Vichy 341
Vienna 115, Farbtaf. 2
Vietnam 180, 227
Villach 385
Villa dei Misteri 209
Villadose 84
Vindobona 187
Vindolanda 86
Vindonissa 82
Vineta 164, 166
Virginia 63, 79
Visby 352, 358
Volga (s. auch: Wolga) 358
Volterra 87
Vorarlberger 387
Vorderer Orient 315

W
Waabs-Karlsminde 294, 383
Wackersdorf 88, 151
Waechtersbach 114–116
Wales 90, 291, 383
Walhall 155, 157
Wallenhorst 63
Wallonie 284, 393
Walstatt 179, 180
Walting 92
Warren 103
Warschau 147
Washington 229, 292, 390
Waterloo 80
Weihergärten 65
Weimar 135, 393
Weisenau 74, 81, 83, 85
Weißbach 3, 4
Wéris 286, 287
Weser 385
Westerwald 277
Westfalen 62, 166
Whitby 197
Wiehengebirge 56
Wiehengebirgsraum 63, 381
Wien 18, 20, 35, 37, 62, 90, 105, 116, 124, 126, 128, 141, 151, 152, 186, 199, 209, 210, 254, 384, 387, 391
Wiesbaden 20, 32, 63, 102, 116, 389, 393
Wiesloch 383
Wilhelmshöhe 205
Wilkau-Hasslau 294, 165, 391
Williamsburg 80
Wiltshire 289, 291, 292
Windisch 86
Wisconsin 90
Wittelsbach 383
Wolfenbüttel 18, 321
Wolga (s. auch: Volga) 353
Worms 128
Wuppertal 152
Würzburg 47, 48, 50, 51, 90, 388, 390, 392

X
Xanten 73, 86

Y
Yemen 162
York 350, 358
Ysenburg 114, 116

Z
Ziegelscheuer 66
Zirndorf 112
Zürich 20, 62, 90, 151, 173, 219, 241, 261, 300, 308, 345, 382, 383, 385, 388, 392, 394
Zypern (s. auch Cypern, Cyprus) 195, 226, 311, 313, 320

Sachwörterindex

1900-jähriges Stadtjubiläum 66, 70
2001: A Space Odyssey (Filmtitel) 172

A

Abenteuer 13, 23, 26, 28, 43, 44, 57, 87, 148, 162, 164, 166, 169, 196, 214, 216, 271, 285, 336, 337, 342, 344, 350
Abenteuerlust 75
Abkürzung 72, 222, 260, 271
Abraxas 100, 102
Adoptivkaiser 177
Adorant 278
adventus 183
Aegineten 390
aemulatio 121
Aeneis 143, 148, 253, 261, 262
afrikanisch 188, 254, 276, 284
afroasiatisch 84
Agora 243, 244, 325
Agrarschriftsteller 87
ägyptisch 11, 35, 39–42, 44, 46, 97–99, 101, 105–109, 111, 112, 114, 194, 235, 240, 241, 389
ägyptisierend 100, 101, 170–172
Aitiologie 222, 227
Akademie 20, 62, 208, 385, 387, 390, 393
Akademiesprache 132
akkadisch 235, 238, 240, 241
Akropolis 25, 29, 46, 100, 101, 207, 310, 318, 323, 324, 330, Farbtaf. 1
Ala II Flavia 74, 76, 84, 88, 93
alamannisch 67
albanisch 325
alexandrinisch 195
Alien-Film 172
allegorisch 305
allemand (s. auch: deutsch) 387
Allgemeinbildung 34, 223, 229
Alltag 12, 13, 26, 33, 44, 49, 80, 87, 162, 164, 173, 202, 267, 268, 271, 276, 286, 289, 291, 357, 360, 394
Alltagsgeschichte 12, 21, 78, 80
Alltagskultur 11, 21, 22, 295
Allusionen 98, 99
Almgren 19 und 22 (Fibeltypen) 62
Alpenfeldzug 84
Alpenmarsch 82, 84, 88
Alphabetisierung 33
alsacien 344
altägyptisch 41, 105, 107–110, 193, 238, 241
Alte Geschichte 57, 221, 381, 382, 386, 388–390, 394

alternative Szene 289
Altertumswissenschaft 12, 75, 186, 222, 382, 390
altorientalisch 391
Altphilologe 86, 148, 223, 258
altsprachlicher Unterricht 153, 221, 260, 387, 392
altsteinzeitliche Höhlenmalerei 316
Amarnabriefe 240
Amarnakunst 237
American, amerikanisch 33, 37, 73, 79, 80, 87, 89, 91, 98, 99, 101, 102, 113, 114, 116, 140, 149, 151, 169, 174, 175, 178, 186, 187, 189, 225, 226, 228, 232, 235, 256, 270–272, 276, 285, 286, 292, 300, 312, 350, 353, 355, 383, 387
Amphitheater 77, 78, 89, 125, 173, 180, 181, 187, 188, 209, 210, 311, 335, Farbtaf. 1
Amphorae, Amphore 43, 44, 46, 115
Analogieschlüsse 76
Anasazi-Kultur 192
anatolisch 320, 321
Andenkenindustrie 327, 359, 360
Andenkenserie 36
angelsächsisch 49, 73, 79, 80, 191, 194, 198, 267, 315, 349, 353
Anhänger 187, 188, 193, 214–216, 236, 240, 289, 290, 351
Anstecker 36, 276
antik 11, 12, 21, 25, 26, 33, 36, 37, 39, 40, 43–45, 47–51, 53, 54, 60, 73–78, 82, 84, 85, 87, 89, 90, 113–116, 118–126, 129–135, 137–139, 141, 143, 144, 148, 150–153, 157, 161, 163, 167, 168, 170, 172–175, 179, 180, 184–189, 192, 193, 202, 203, 205, 206, 208, 211, 213, 214, 216, 218, 221–223, 225, 228, 229, 232, 243, 244, 246, 247, 249–252, 255, 256, 258–262, 295–297, 299–304, 306–313, 316–321, 323–332, 334, 335, 339, 343, 344, Farbtaf. 2, 381, 382, 384–386, 389–391
Antike 11, 25, 26, 29, 33, 34, 36, 39, 44–51, 55, 62, 73, 78, 81, 87, 89, 90, 113–115, 118–121, 126, 127, 129, 130, 134, 135, 137–140, 143, 144, 148, 151–153, 164, 167, 172, 180, 185–187, 191, 196, 201, 204, 206, 208–211, 218, 221, 222, 224, 227–230, 232, 233, 250–252, 254, 259, 295, 300–306, 308–310, 316–318, 323, 325–327, 329–335, 382, 384, 386, 387, 389–391, 393

antike Einsicht 224, 228
antike Grablage 324
antike Küche 73
antike Motive 25, 33, 34, 39–41, 44, 101, 113, 152, 224, 310, 316–320, 323, 325, 331
Antiken 134, 152, 193, 301, 302, 304–308, 317, 318, 382
Antiken-, Archäologie- oder Vorgeschichtsrezeption 33
Antikenbild 25, 34, 130
Antikenergänzung 134
Antikenfilm 84, 174
Antikenreminiszenz 221–224, 228
Antikenrezeption 9, 14, 34, 37, 97, 113, 134, 137, 167, 201, 206, 213, 229, 297, 305, 327, 329, 330, 384, 390, 392
antikes Vorbild 34, 41, 109, 120, 214, 224, 247, 296, 325, 331, 334, Farbtaf. 6
antikisierend 50, 82, 90, 99, 115, 167, 170, 171, 301, 302, 311, 316, 327, 330, 331, 333
Antiquar 290
Antiquity 90, 152, 186, 290
Anzug 302–304
äolisch 295, 331
apollinisch 139, 207
Apollonheiligtum 48
arabisch 188, 231, 353
Archäoastronom(inn)en 291, 293
Archäologe, Archäologin, Archäolog(inn)en 33, 34, 56, 71, 125, 126, 128, 162, 164, 166, 173, 191, 192, 197, 267, 268, 289–293, 298, 300, 340, 349, 351, 354, 357, 358, 391–394
Archäologie 3, 9, 11–13, 37, 39, 43, 44, 46, 53, 54, 57, 58, 60, 62, 63, 72, 73, 76, 78, 82, 84, 86, 88, 89, 91, 93, 118, 121–128, 153, 155, 161–164, 166, 191, 192, 199, 204, 209, 211, 222, 267, 268, 276, 278, 281, 282, 285, 289, 290, 294, 300, 304, 313–321, 339, 348, 381–394
Archäologie, christliche 317, 382, 393
Archäologierezeption 35
archäologisch 9, 11–14, 33, 34, 37, 39, 40, 42–44, 47, 48, 50, 51, 53, 54, 56–58, 60–63, 65, 67–69, 71–74, 76, 78, 82, 85–90, 108, 113, 117–121, 123, 125, 128, 132, 134, 155, 161–164, 166, 172, 173, 184, 186, 188, 191, 192, 198, 201, 202, 206, 209, 213, 214, 219, 267, 272, 281, 284,–287, 289–291, 293, 294, 300,

309–311, 313–321, 330, 337–339, 341, 344, 348, 349, 351–354, 356, 357, 359, 363, Farbtaf. 8, 381, 383, 385–387, 389–393
Archetyp 110, 126, 128
architecture, Architektur 11–13, 39, 74, 90, 97–102, 114–116, 118, 123, 126, 155, 158, 159, 168, 173, 180, 188, 272, 295, 297, 298, 300, 304, 320, 336, 340, 348, 381, 385, 388, 390
Archiv 14, 18, 39, 42, 45, 63, 71, 124–126, 151, 259, 304, 363, 382, 390
Arena 49, 79, 174, 177, 178, 180–183, 185–188, 197, 209, 210, Farbtaf. 1
arisch 294
arkadisch 118, 135
Arkanum 227
Armatole 325
armaturae (s. auch: Waffengattungen) 181
Armee, army 53, 54, 78, 79, 81–83, 87, 89–91, 177, 179, 188, 189, 216, 217, 230, 386
Arte Povera 123, 150
Artillerie 75, 179
asklepiadeisch 252
assyrisch 114, 171
Ästhetisierung 174
athenisch 89, 148, 229
äthiopisch 284
atlantisch 347, 391
Aton-Hymnus 238, 241
attisch 40, 81, 143, 152, 228, 243, 320
attischer Helm 81
Aucissa (Fibeltyp) 62
Auferstehung 82
Aufkleber 36, 63, 70, 275, 287, 360
Augiasstall 148, 228
Augustan, augusteisch 54, 62, 63, 87, 189, 316, 381, 391
Aura 44, 47, 118, 134, 317, 333, 342
Aurei 62
Ausgrabung (s. auch: excavation) 11, 33, 39, 43, 45, 51, 53–58, 60–63, 65, 68, 71, 72, 89, 163, 164, 166, 172, 192, 208, 249, 285, 290, 318, 341, 349, 350, 354, 382, 390, 391
Ausgrabungstechnik 43
Ausstattungsfilm 167–173
Ausstellung (s. auch: exhibition) 12, 27, 37, 51, 53, 56–58, 62, 63, 67, 78, 89, 120, 125, 130, 131, 135, 141, 222, 260, 267, 269, 272, 276, 277, 281, 284, 287, 289, 300, 301, 303, 304, 308, 313, 325,

341, 350, 353, 358, 363, 381, 383, 384, 386–389, 393
Aussterben 269, 270, 273
Authentizität 73, 83, 89, 123, 179, 191, 196, 199, 279, 382
Autohenge 292
Automobilkonzern 35
Auxiliarsoldat 83, 89
Avantgarde 123, 128, 335

B
Backöfen 73
Badewanne 34
badisch 71
bajuwarisch 148
Banknote 309–312
barbarisch 176, 179, 343
Barbotineverzierung 62
Barde 35, 339
Barock, barock 81, 82, 90, 99, 134, 148, 182, 184, 255, 260, 303, 327
Basilika 65, 66, 68–71, 295
Basler 35, 272, 297, 298, 300, 301
Batrachomyomachia 224
Bauer 162, 164, 176, 185, 194, 196, 354
bayerisch 90, 164, 223, 226, 233, 260, 261, 277, 323, 326, 383, 392
Begräbnis 236, 241
Beil 182, 284
belgisch 286, 287
Beliebigkeit 135, 298
beneficium 213
Berufsoffizier 88
Beutekunst 145, 225, 227, 231
Bewaffnung 78, 179, 349
Bier 21, 22, 279, 287, 342, 344, 350, 361
Bierseidel, bayerische 323
Bilddominanz 28
Bilderbögen 325
Bilderbücher 269, 277
Bilderteppich 347
Bildungsbürgertum 34, 143, 144, 221, 229, 308
Bildungsgut 12, 88, 180, 221
Bildungsreform 221
Bildungswesen 226
Bild-Wortmarke 361, 362
Blade Runner (Filmtitel) 171–173
Blut- und Boden-Ideologie 173
Blutsport 189
Board- und Tablegame 39
Bogenschütze 179
böhmisch 187
Boot aus Stein 105, 108–112
brandenburgisch 208, 233, 385, 390

Brave One, The (Filmtitel) 171
Breitwand 175
Breitwandfilm 174
Breker'sche Antikenrezeption 324
Brett- und Tischspiel 39, 42, 44, 45
Briefmarke 269, 270, 273, 277, 278, 281–284, 289, 313–321, Farbtaf. 6
britannisch 196
britisch, British (s. auch: englisch) 75, 80, 81, 83, 87, 89, 90, 143, 225, 227, 232, 233, 244, 290, 315–317, 320, 347
Bronzeschatz 67
Brosche 36, 59
Brücke 49, 164, 241, 354, 358
Brutalität 79, 173, 174, 181
Buchmarkt 269, 292
Buchtitel 34, 293
buddenbrooksches Format 221
Bundesregierung 146, 226, 312
Bundestag, Deutscher 232
Bürgerkrieg (amerikanischer, englischer) 79, 80, 87, 169, 383
Burgus 68, 69, 71
Burgwälle 354
Büste 133, 235, 311, 327, 342
Byzantine, byzantinisch 82, 197, 233, 319, 320, 323

C
Caesaren 78, 82, 89, 175, 176, 186, 188, 383
Caesars Palace 98
Cannenefaten 338
Capitello 113, 116, 299
Carhenge 292
Carousel 82
Cartoon 37, 144, 148, 149, 151–153, 270, 277
catilinarisch 225, 231
cavea 180
Cella 340
celte, celtique (s. auch: gallicum, gallisch, keltisch) 343, 345
Centre 128, 173, 350, 383, 394
Centurio 74, 83, 87, 194, 195, 228
Chancengleichheit 181, 182
cheruskisch 54
chinesisch 101, 284
Christenhinrichtung 188
Christentum 82, 107, 164, 175, 197, 222, 235, 349, 358
christlich 11, 68, 70, 105, 107, 139, 149, 175, 176, 185, 222, 224, 262, 282, 295, 306, 314, 316–318, 326, 353, 357, 359, 382, 393

Christus-Mosaik 326, 327
ciceronianisch 225
Circus 42, 181, 186, 187
Circus Maximus 42, 44, 46, 168, 186, 194, 196, 226, 232
Clementia Caesaris 215, 219
Cocktailtischmodell 299
Collection 115, 116, 128, 133, 159, 345, Farbtaf. 2, Farbtaf. 4, 387, 394
Colonnes de Buren 297, 298
Colosseum 116, 174, 177, 178, 180–185, 188, 189, 209, 330
Comic 23, 73, 113, 151, 213–215, 217, 218, 222, 226, 281–283, 285–287, 329, 337–340, 351, 355, 384–386
Comicheld, Comic-Held 12, 36, 214, 282, 287, 344, 349, 385
Comicstrip 349
Commedia dell'Arte 153, 246
Computer 12, 88, 183, 271, 277, 291, 292
Computersimulation 81, 90, 271
Computerwerbung 394
cornicen 83
Countertenor 237

D
dakisch 318
damnatio memoriae 312
Damoklesschwert, Damokles-Schwert 225, 230
Danaergeschenk 225
Danici, dänisch, Danish, danske 132, 218, 254, 315, 352, 353, 354, 355, 358, 362, 382, 386
dardanisch 137
Daumen 180, 188, 258
Dekadenz 174, 184
Demetrius and the Gladiators (Filmtitel) 175, 181
Demokratie 54, 149, 173, 175, 211, 228, 231, 320, 388, 394
Dendrochronologe 356
Dendrochronologie 166, 357
Denkmalpflege 18, 20, 72, 314, 388, 393, 394
denkmalpflegerisch 18, 69
Denkmalschutz 14, 17, 18, 20, 34, 286
denkmalschützerisch 80
Denkmalsfunktion 18
Detektiv 191–194, 197, 198
Detektivroman 191–193, 195, 197, 199
deutsch (s. auch: allemand) 20, 39, 42, 45, 51, 54, 55, 57, 60, 62, 73, 74, 86, 89, 90, 99, 102, 106, 112–116, 122, 144, 145, 148, 149, 151, 152, 155–159, 161, 162, 164, 169–172, 186, 187, 191, 192, 194, 198, 202, 209, 213, 218, 219, 221–226, 228–232, 249, 250, 256, 258–260, 263, 269, 271, 287, 305, 312, 314, 315, 323, 359, 363, 381, 382, 385, 387–390, 392, 394
Diadochen 224, 230
digital 90, 173, 174, 176, 179, 180, 183
Dinos, Die (Fernsehserie) 271
Dinosaurier-Freilichtmuseum 272
Dinosaurier-Skulpturen 271
Dinosaurier-Welle 11, 267–269
dionysisch 119, 120, 139, 141, 206
Diskobol 310, 313, 316
Diskuswerfer 25, 302, 307, 308, 310, 311
Dokumentation 12, 74, 84, 89, 112, 121, 123–125, 128, 153, 312, 318, 386
Dolch 83, 198, 214, 215, 229
Domus Aurea 125, 126, 128
Doppelkodierung 99
Doppelstreitaxt 325
dorisch 98, 100, 116, 295, 296, 300, 326, 333
Drachenschiff 42
Drachenstil 359
drakonische Maßnahmen 225, 230
Dreißigjähriger Krieg 347
Druide 289, 290, 292, 293, 338, 344
Duodecim Scripta 39, 45
dynamische Zivilisation 19, 20

E
Ecce-Homo 140
Einkaufsgebäude 297
Einschaltquote 163, 281
eklektizistisch 44, 51, 116, 134
emotionale Reize 28
Empire 90, 177, 183, 186, 189, 199, 316
englisch (s. auch: britisch, British) 40, 76, 80, 86, 89–91, 115, 119, 143, 170, 171, 186, 191, 197, 199, 219, 235, 269, 277, 287, 289, 290, 293, 337, 340, 383, 387
English Heritage 80, 89, 290, 291, 293, 294
enthistorisiert 170
Entlassung (s. auch: missio) 181
Entrestaurierung 134
Enzyklopädie 9, 164, 173, 324, 326
Ephebe aus Marathon 131
Epic 164, 175, 176, 186, 187
Epos 73, 148, 173, 174, 177, 186, 325, 342
Erbfolge 188
Erdmysterien 289
Erechtheion 100, 202, 205, 324, Farbtaf. 6

Erfahrungsraum 19, 20
Erinnern 12, 112, 123, 125, 126, 128
Erinnerung 21, 31, 65, 71, 97–99, 105, 108, 113, 115, 118, 120, 123, 125, 126, 128, 134, 139, 155, 156, 158, 159, 181, 205, 230, 254, 259, 290, 298, 300, 312, 314, 315, 330, 334, 352, 388
Erlebnisgesellschaft 11, 12, 23, 28
Ermordung 157, 168, 169, 188, 194
Erotik 28, 31, 119, 247, 303, 307, 308, 391
Erste Weltkriegs-Landschaft 180
Eskapismus 175
Esoterik 289
Essen 87, 90, 196, 323, 329, 337, 341, 349
Etruscan, etruskisch 31, 147, 340
euripideisch 243
Euro-Banknote 309
Europaea, europæiske, europäisch 11, 18, 54, 56, 58, 63, 79, 80, 82, 89, 134, 144, 145, 151–153, 231, 249, 283, 284, 294, 309, 312–314, 321, 323–325, 327, 334, 358, 363, 382, 383, 385, 386, 393, 394
europäische Einigung 20, 222
Europarat 350
Evolution 17, 19, 269, 273, 275, 276, 278, 282, 284, 385
Evolutionsrelikt 17
Evzone 325
excavation (s. auch: Ausgrabung) 294
Exerzierdrill 87
exhibition (s. auch: Ausstellung) 189, 294, 390
Exodus (Filmtitel) 171
Expedition 41, 43, 44, 46, 164, 352
Experiment 58, 62, 74–79, 87–89, 144, 250, 255, 258, 272, 273, 358, 362, 381, 383
experimental, experimentell 79, 89, 90, 164, 284
Experimental- und Reenactment-Gruppen 88
experimentelle Archäologen 357
experimentelle Archäologie 12, 73, 74, 76, 88, 166, 284, 359, 362, 383
Expositionstechnik 18

F
Fall of the Roman Empire, The (Filmtitel) 176–178, 182, 188, 189
Faraon (Filmtitel) 171
Faschismus 113, 139, 161, 316, 325, 387
faschistisch, faschistoid, Fascist 84, 169, 172, 175, 183, 189, 303, 317, 325
faschistischer Propagandafilm 174

Fasnacht 273
Faust 140, 158, 215
faustisch 269
Fechtstil 78, 79
Feldzeichen 56, 82, 83, 177, 179, 189
Fernsehen 11, 12, 28, 55, 57, 88, 91, 151, 162, 166, 175, 222, 231, 277, 300, 329, 335, 388, 391
Fernsehserie 43, 271
Festzüge 75
Feudalismus 76
Feuer 47, 51, 139, 140, 155–159, 166, 179, 180, 203, 210, 254, 277, 283, 284, 286
Feuerkranz 157
Feuerzeug 36, 287, 360
Fibel 62, 85
Film 11, 12, 23, 57, 71, 73, 88, 90, 91, 107, 161–164, 166–189, 222, 252, 267, 270, 271, 273, 277, 281, 283, 286, 331, 335, 353, 391
Filmgesellschaft 167
Filmheld 185
Filmmusik 73, 167, 186, 235, 254
Finanzierung 34, 43, 53, 54, 164, 195
Fingerhüte 36, 360
finno-ugrisch 318
Firmensignet 359, 361
Flammen 106, 157–159, 161, 169, 182
flavisch 74
Florentiner, florentinisch 133, 244, 303
Forschung 9, 18, 22, 33, 43, 51, 56, 57, 60, 62, 63, 68, 74–76, 78, 81, 82, 84, 88, 90, 137, 164, 184, 254, 267, 273, 289, 292, 315, 347, 357, 359, 381, 382, 393
Fortschritt 17, 19, 20, 22–25, 50, 78, 82, 83, 88, 100, 139, 226, 227, 281, 282, 285, 292, 312, 333
Forum 48, 50, 51, 67–71, 182, 187, 189, 194, 215, 311, 388
Forum Romanum 39, 42, 44, 46, 178, 183, 184, 332
Fossilien 267–269, 271, 272, 276, 279, 315
Fotografie 35, 109–112, 123, 124, 127–129, 174, 269, 325, 331, Farbtaf. 4
Fragment 90, 98, 117, 120–122, 126, 129, 134, 141, 261, 296, 354
fränkisch 69, 164, 198, 229
französisch 34, 49, 54, 73, 75, 113, 123, 148, 152, 171, 183, 187, 197, 198, 214, 278, 282, 284, 286, 297, 299, 303, 311, 337, 341, 344, 347
Französische Revolution 80, 82, 316
Frari-Kirche 105

Frauen 23, 30, 47, 72, 85, 205, 218, 225, 244, 247, 248, 302, 331, 332, 353, 354, 356
Freilichtbühne 174
Freilichtmuseum Bischofshof 69
Freizeitangebot Kultur 32
Fremdprodukt 35
Fridgehenge 292
Friedensbewegung 290
Fries 41, 244, 301, 306
friesisch 359
Frömmigkeit 185
frühbronzezeitlich 290
Frühmittelalter 192, 197, 315, 318
Fund 11, 12, 33, 35–37, 43, 44, 53–57, 60–63, 65, 67, 68, 72, 89, 128, 164, 192, 276, 277, 281, 282, 284, 286, 290, 303, 313, 315, 318–321, 337, 349, 351, 354, 356–358, 381, 386, 387
Fundraising 53
Fundschichten 43
Fundstück 40, 43, 120
Funktionalismus 97, 102, 113
Fußball 222, 228, 320
futuristisches Bahnhofsgebäude 326

G

Galeere 75, 89
Galerie, Galleria, Gallery 116, 119, 122, 128, 130, 141, 152, 244, 293, 294, 305, Farbtaf. 3, Farbtaf. 4
gallicum, gallisch (s. auch: celte, celtique, keltisch) 12, 73, 90, 195, 214, 216, 219, 256, 262, 338, 339, 341–345, Farbtaf. 7
Gallischer Krieg 194, 195, 215, 217, 219
gallo-belge 389
gallo-römisch 340
Gans 143, 227, 228
Garde 81
Gärten des Adonis 334
Gasthöfe 86
Gebäude 42, 44, 68, 101, 111, 112, 121, 126, 168, 195, 332, 348
Gebrauchsfunktion 18
Geburt einer Nation, Die (Filmtitel) 169
Gedächtnis 28, 107, 118, 121, 126, 128, 132, 197, 337
Gegenwart 9, 12–14, 19, 20, 24, 25, 47, 50, 71, 80, 97–100, 102, 113, 115, 116, 119, 127, 134, 135, 143, 144, 148, 151, 153, 164, 167, 168, 170, 174, 175, 185, 191, 201, 221, 222, 233, 235, 237, 251, 259, 260, 262, 285, 289, 298, 302, 305, 309, 334, 383–387, 390
Gegenwartsschrumpfung 13, 19

Geld 24, 49, 164, 166, 175, 226–228, 230–233, 252, 254, 331
Geldschein 309–312
Gemeinde 57, 58, 62, 93, 273, 278, 349, 351, 353
Gemme 63
gens 42
Germanenschlacht 179
germanisch 11, 42, 46, 53, 54, 56, 62, 63, 72, 82, 90, 155–157, 159, 170, 187, 227, 300, 315, 359, 361, 381, 382, 389
Germanomanie 324
Gesamtanlagenverordnung 68
Geschichte 9, 11–14, 17–26, 34, 45, 48, 49, 54, 56, 58, 62, 63, 65, 67, 69, 71, 76, 78–81, 86, 88, 89, 98, 99, 105, 106, 116–118, 123, 125–128, 132, 134, 135, 137, 139, 155–158, 161–164, 166–168, 170, 171, 173–175, 179, 182, 183, 186, 189, 191, 192, 194, 196, 197, 201, 210, 211, 217, 222–227, 230, 232, 233, 235, 253, 259, 270, 271, 276, 281, 282, 285, 290, 292–294, 301, 306, 313, 315, 318, 319, 321, 324–327, 329, 330, 332, 334, 337, 338, 340, 341, 347, 349, 353, 355, 357–359, 363, 381–388, 390, 392, 393
Geschichtsbewusstsein 14, 21, 22, 26, 158, 161
Geschichtskultur 14, 21, 26, 289, 293, 294
Geschichtswissenschaft 17, 20, 80, 389
Geschmacklosigkeit 37
Geschütz 74, 75, 83, 89
Gesichtshelm 53–57, 60–62, 381
Gewalt 78, 139, 156, 173, 174, 218, 235, 250, 251, 286, 290
Gewand, Das (Filmtitel) 175
gigantisch 100, 126, 169, 172, 182, 277, 292
Gipsabguss, Gipsabgüsse 37, 129, 130, 132, 134, 135, 393
Gipsformerei 133
Gladiator 77, 78, 89, 176, 178, 180–182, 185–189, 194, 197, 228, 383
Gladiatoren, Die (Filmtitel) 175
Gladiatorenkämpfe 77–79, 168, 180, 225, 335, Farbtaf. 1
Gladiatorenkaserne 182
Gladiatorenrüstung 188
Gladiatorenschule 78, 79, 181, 188
Gladiatorenwaffen 188
Gladiatur 78, 176, 181, 189
Gladiusscheidenbeschläge 61, 63
Gletschermann 33–37, Farbtaf. 1

Gletschermann-Bonbon 33
Gletscherzone 35
Glyptothek 118, 119, 122, 131, 215, 260
Go 44
Gordischer Knoten 224, 228, 231
gotisch 347, 348
gotische Verband, Der 347
Götterdämmerung 155, 157, 159
Gottesfrieden (Ekecheiria) 48
Gottesmutter (s. auch: Panagia) 325
göttingisch 89
Grab, Gräber 34, 40, 41, 45, 105, 111, 112, 158, 164, 192, 203, 208, 222, 236, 238, 311, 319, 320, 351, 354, 358, Farbtaf. 6, 384, 386
Gräberfelder 349
Grabhügel 62, 349, 354, 358
Grabkammer 40, 44, 45, 111, 192
Grabräuber 44, 164
Grabungsschutzgebiet 68, 72
grammatische Unsicherheit 227
griechisch 11, 14, 27, 28, 34, 41, 42, 44–51, 75, 78, 81, 89, 90, 97, 100, 101, 107, 108, 113, 114, 116, 121, 131, 134, 137, 139, 143, 149, 152, 153, 167, 186, 187, 192, 194, 195, 206, 208, 210, 211, 221–223, 225, 226, 228, 230–232, 243, 244, 246, 247, 249–251, 255, 258, 259, 267, 295, 299–301, 303, 305, 307, 309, 310, 312, 316–321, 323–328, 330, 337–339, 343, 382, 383, 386, 387, 390, 392
Gründerjahre 34, 37
Grüne (= politische Partei) 148, 151, 223, 224, 226, 230, 231
Gummibärchenmasse 37

H
Haartracht 85, 170, 214
hadrianisch 90
Hagia Sophia 325
hamburgisch 385
Handelsleute 347
Händler 48, 85, 343
Handwerker 26, 77, 85, 162, 164, 354, 357
Hausschwein 337
hebräisch 235, 238
Hedonismus 28, 224
Heiden aus dem Norden 353
Heimatbund 65–68, 70–72, 384
Held 12, 34, 54, 89, 126, 140, 148, 169, 173, 174, 176, 177, 181, 182, 185, 187, 188, 191, 194–196, 211, 217, 253, 254, 285, 303, 325, 335, 338, 341, 342, 348, 349, 356, 386

Hellenismus 81
hellenistisch 45, 81, 90, 114, 120, 125, 131, 133, 141, 150, 187, 211, 295, 311, 390
Helm 62, 74, 76, 81–83, 90, 182, 310, 325, 337, 340–345, 348, 349, 354, 355, 357, Farbtaf. 8, 383
Henge-Monumente 290
herkulisch 34, 231
Hermannsschlacht 54, 156
Hermen 123, 124
Heroe 151, 205, 247, 302, 323, 325
heroic fiasco 171, 173
Heroismus 174, 301
Herrenanzug 302, 303
Herrschaft 68, 164, 166, 176, 228, 231, 316–319, 327, 328
Herrscher- und Götternamen 41
hessisch 20, 80, 113, 164, 222, 223, 276, 277, 387
hethitisch 320
Hieroglyphen 41, 105, 170
hieroglyphenartig 41
Hieroglyphenfries 41, 42
Himmelstreppe 105, 110–112
Hindi 209
Hinkelstein 337, Farbtaf. 7
Hinrichtung 82
Hippies 289, 292, 293
Hippodamische Stadtplanung 121
Historienfilm 167, 168, 170, 173, 175, 177
Historienroman 177
historisch 9, 11–13, 17, 18, 20–32, 34, 39, 40, 42, 44, 47, 48, 53, 54, 57, 60, 62, 70, 72, 73, 75–77, 79–81, 85–89, 97–99, 101, 102, 105–108, 111, 113, 114, 117, 118, 120–122, 124–127, 132–134, 137, 141, 143, 155, 156, 158, 162–164, 167–171, 173–175, 177, 180–184, 186, 188, 191–199, 206, 213–215, 222, 224, 225, 227, 233, 235, 236, 240, 241, 276, 281, 290–292, 294, 304, 305, 309, 313–315, 318–321, 324, 325, 337, 339, 347, 351, 352, 356–359, 382, 387, 389, 390, 392, 393
historische Anspielung 99, 224
historische Erklärung 18, 20
historische Legitimation 174, 228
historische Malerei 174
historischer Vergleich 224, 228
historisches Bewusstsein 13, 18, 20, 117, 120, 144
historisierend 18, 21, 26, 90, 390
Historismus 17, 18, 20, 80, 81

Hitler-Deutschland 323, 324
Hnefatafl 39, 42, 45
Hobby 85, 88
Höhlenbär 164, 278
holländisch (s. auch: niederländisch) 97
Hollywoodfilm 44
Holzschwert 79
Holzwaffen 79
Homepage 57, 91, 259, 260, 392
homerisch 34, 231, 258, 261, 262, 390
Honorar 87
Hoplitenphalanx 40
horazisch 231, 258, 259
Hörnerhelm 349, 355
humanistisch 39, 221, 258, 282, 286, 306, 318, 329
humanistische Bildung 49, 223, 229, 250
humanistische Schulbildung 223
humanistisches Gymnasium 144, 221, 223
hunnisch 90
Hutanstecker 36
Hygienebewußtsein 34
Hypogäen 180, 181

I
iberisch 316
Identität 14, 20, 54, 65, 98, 102, 120, 137, 155, 156, 159, 163, 164, 185, 229, 293, 313, 315, 319, 320, 330, 341, 342, 355, 357, 362
Ikonographie 107, 138, 141, 214, 218, 309, 313, 316, 339, 359, 382
Ikonographie des Dritten Reiches 359
ikonographisch 82, 134, 137, 149, 153, 386
Ilias 143, 148, 233
Illusionismus 114
illyrisch 318, 319
Imperator 90, 98, 181, 185, 218, 228, 232
Imperialismus 168, 183
Imperialist 85
Imperium 82, 84, 175, 177, 186, 188, 228, 233, 343
indonesisch 284
Industriearchäologie 127
Industriegesellschaft 13, 17, 107, 385
industrielle Revolution 81, 302
Informationsüberlastung 28, 29
innere Bilder 28
Innovationsdynamik 20
Innovationsverdichtung 19
Installation 117, 123, 124–126, 129–131, 135, 164, 244, 246, 298
Institut 12, 14, 20, 35–37, 88, 90, 112, 159, 162, 164, 166, 202, 213, 218, 219,

225, 230, 232, 235, 260, 300, Farbtaf. 1, Farbtaf. 4, 383–385, 387–392, 394
Institut für den wissenschaftlichen Film 162, 164
Instrument 21, 28, 87, 90, 252, 253, 261, 262, 335, 339
Internationales Olympisches Komitee 47
Internet 57, 91, 186–188, 191, 199, 229, 271, 361
Intolerance (Filmtitel) 170, 175
ionisch 295, 297, 299, 309, 318, Farbtaf. 2
irdisches Paradies 118
irisch 197, 198, 315, 359
islamische Eroberung 188
isländisch 314, 347, 351
isländische Sagas 347–349, 352
italiana, italica, italienisch, italisch 36, 56, 82, 89, 98, 99, 114, 117, 121, 122, 129, 130, 135, 141, 147, 148, 150, 152, 167–171, 173–176, 186, 187, 232, 233, 241, 254, 255, 258, 299, 312, 317, 318, 323, 325, 327, 329, 330–332, 334–336, 343, 387, 393, 394

J

Jahrtausendwende 292
japanisch 35, 225, 231, 292, 326
Jenseits 17, 110, 122, 138, 177, 181, 203, 237
Jeux Olympiques Internationaux (s. auch: Olympische Spiele) 51
jüdisch 158, 232, 282, 382, 388
jugoslawisch 319, 320
jungsteinzeitlich 289, 290
Jurassic-Park 11, 267–271, 273

K

Kaiser 31, 66–68, 70, 72, 75, 82, 111, 166, 174, 176–178, 182–184, 187–189, 196, 225, 227, 228, 231, 249, 256, 309, 311, 316, 338, 341, 354, 359, 363
Kaiserreich 54, 144, 174, 176, 182, 228, 341
Kalender 63, 89, 112, 166, 291
kalifornisch 99
Kalokagathie 303
Kampf, Kämpfe 49, 55, 56, 62, 73, 77–79, 126, 145, 148, 156, 163, 167, 169, 170, 174–178, 180–182, 185, 188, 193–195, 225, 231, 318, 320, 325, 340, 354, 355, 357, Farbtaf. 7, 383
kanadisch 22, 57
Kanon klassizistischer Kunst 132
Kapitell 25, 34, 97, 99, 100, 114–116, 203, 295, 296, 299–301, 306, 333
Karikatur 36, 143–148, 151, 152, 224, 229, 270, 277, 281, 286, 353, 357, 387
Karomotive 339
karthagisch 193
Karyatide 34, 201, 202, 205–207, 210
Kastell 66, 67, 71–74, 86, 121
Kastellareal 73
Katapulte 73, 89, 198
Kavallerie 178
keltisch (s. auch celte, celtique, gallicum, gallisch) 11, 42, 46, 65, 71, 72, 81, 85, 197, 315, 316, 337–339, 340, 343
kenianisch 284
Kitsch 12, 323, 324, 326–328, 359
Kitsch-Enzyklopädie 326
Kitschenzyklopädie 325
Klappenpanzer 187
Klassik 23, 25, 26, 39, 44, 99, 115, 132, 319, 327, 334
klassisch 25, 26, 33, 34, 44, 53, 54, 73, 81, 97, 99–101, 115–122, 127, 129–132, 135, 138, 139, 141, 148, 153, 168, 169, 177, 180, 184, 185, 187, 188, 191, 193, 204, 206, 209, 219, 221, 224, 228, 229, 243, 250, 252, 255, 260, 267, 269, 275, 278, 284, 295, 299, 301, 303, 304, 307, 309–311, 314, 317, 318, 320, 321, 323, 330, 332, 339, 344, 354, 381, 382, 384–386, 388–392, 394
klassische Antike 34, 36, 139, 191, 295, 318, 326, 331, 334
Klassizismus 12, 25, 33, 34, 37, 81, 82, 98, 100, 102, 113, 120, 132, 295, 296, 302–304, 306, 307, 332
klassizistisch 81, 84, 90, 118, 130–132, 143, 206, 296, 297, 301, 303, 308, 334
Klassizität 116, 135, 301, 304
Kleider 90, 243, 247, 339
Kleidung 84, 85, 89, 90, 184, 247, 302, 303, 329, 331, 339, 349, 357
Klischee 12, 13, 24, 25, 37, 85, 118, 163, 164, 184, 284, 287, 343, 349, 352, 354, 355, 362
Knabe mit Siegerbinde 131
Kochbuch, Kochbücher 86, 90
kochen 87, 90
Kochkunst 73, 86
kognitiv-überraschende Reize 28, 31
Kolossalordnung 100
Kolossalsäule 100, 171
Kolosseum 115, 178, 319
Kommerzialisierung 13, 163, 293
Kommunismus 227, 228, 318, 325, 328
kommunistisch 148, 149, 175, 251, 283, 313, 318, 319, 321
Kompensation 20, 290
König 45, 69, 90, 137, 171, 192, 193, 195, 198, 218, 225, 229, 235, 236, 238, 311, 315, 318, 326, 342, 347, 354, 358
Königshof 69, 193
Konsul 196
Konsum 32, 98, 329, 392, 393
Konzeptart 105
Konzept-Kunst 132
Kore 324, Farbtaf. 6
koreanisch 225
korinthisch 97, 100, 170, 295, 310, 326, 390
Korruption 184, 189, 195
Kosmetikhersteller 360
Kosten 87, 169, 171, 176, 215, 232, 267, 290, 341
Kostüm 47, 73, 75, 82, 84, 85, 87, 168–170, 173, 176, 236, 240, 243, 246, 247, 324
Kouroi 138
Kraft durch Freude 325
kreativer Anachronismus 80
Kreuzigung 82, 170, 187
Krieg 21, 34, 47–49, 54, 78, 80, 82, 119, 166, 168–170, 176, 180, 182, 193, 194, 215–219, 224, 225, 230, 315, 325, 342, 347, 351, 353
Krieger 42, 99, 148, 176, 210, 326, 339, 344, 349, 354, 357, 358
Kriegsmaschine 179
Kriminalroman 39, 191–194, 198, 199
kubanisch 278, 284
Küche 23, 73, 86, 87, 90, 120, 122, 323, 343, 360
Kult 48, 51, 67, 197, 240, 247, 390, 394
Kultur 11, 13, 17, 21, 26, 29, 30, 32, 37, 39, 42, 44, 51, 53, 57, 78, 80, 102, 105, 107, 110, 113, 116, 118, 126, 134, 144, 151, 153, 155, 157, 174, 182, 189, 192, 221, 222, 267, 268, 271, 272, 281, 290, 293, 296, 300, 302, 304–306, 315, 319, 321, 323, 324, 330, 331, 333, 334, 337–340, 343, 347, 358
Kulturerbe 18, 353
kulturgeschichtlich 19, 57, 61–63, 184, 381, 382, 385
kulturhistorisch 11, 18, 53, 105, 233, 302, 356
kulturhistorische Forschung 18
Kultursponsoring 166
Kung-Fu 182
Kunst 9, 12–14, 26, 28–31, 50, 69, 81, 82, 89, 90, 102, 105, 107, 112, 117–123,

126, 128–130, 132, 134, 135, 137–141, 143–146, 148, 150–153, 156–159, 164, 175, 179, 180, 188, 202, 222, 235, 243, 244, 246, 247, 249, 251, 252, 267, 271, 272, 276, 277, 283, 298, 300–302, 304–308, 311, 315, 317, 318, 321, 323, 324, 328, 332, 333, 335, 339, 348, 352, 358, 359, 363, Farbtaf. 2, 381–386, 388–390, 393, 394
Kunst am Bau 69
Kunst des 20. Jahrhunderts 129, 153, 305, 387, 393
Kunst- und Industrieausstellung 348
Kunstgewerbe 276, 360
Kunsthalle 122, 141, 152, 249, 382–384, 388, 393
Kunsthandel 44, 196, 320, 394
Kunsthandwerk 301, 348, 381
Kunstharzabgüsse 36
Künstler 21, 82, 100, 105–109, 112, 117, 118, 120–124, 126, 127, 129, 130, 132–135, 137, 139, 140, 152, 155, 157, 158, 184, 240, 243, 244, 246, 254, 271, 297, 305, 354, 384
Kunsttheorie 131, 132
Kunstzitat 135, 394

L

Labyrinth 40, 122, 128, 148, 152
Ladenburgkommission 68, 71, 72, 384
Land Art, Landart 105, 123
Landesdenkmalamt Baden-Württemberg 66–68, 70–72
Landschaftsgesetz 349
Langton-Down (Fibeltyp) 62
lanista 181
Laokoongruppe, Laokoon-Gruppe 143, 150–152, 230, 308, 318, 333
Last Days of Pompeii, The (Filmtitel) 187
Latein 86, 188, 221–223, 226, 229, 251, 252, 258, 260, 306, 329, 382, 391, 392
lateinisch 14, 218, 219, 222–224, 226, 227, 230, 233, 249, 250–252, 254–256, 258–263, 306, 334, 338–340, 343, 344, 390, 391, 392
lateinische Floskeln 226
lateinische Sprache 86, 221, 226, 252, 255, 334
Lateinlehrer 221–223, 230
Latifundien 225
laurentianisch 99, 102
Lebensmotto 221, 224, 253
Lebensstil 21, 28, 279
Legio 62, 74, 85, Farbtaf. 1

Legio XIIII Gemina Martia Victrix 80, 91
Legio XXI Rapax 76, 77, 84, 87, 91
Legion 58, 62, 89, 90, 194–196, 215, 339, 342, 344, 383
Legionär 56, 69, 73, 75, 78, 81–83, 87, 195, Farbtaf. 1, 386
Legionslager 54, 86
Leier 71, 148, 152, 225, 339
Lekythoi, Lekythos 209, 324
Lernpsychologie 28
letzten Tage von Pompeji, Die (Filmtitel) 168, 169, 170
Leugensäule 66, 67, 69, 71
ley lines 289
liberalitas 213
Lieblingsgestalt 223
Limesmuseum 75, 84, 88, 90, 93, Farbtaf. 1, 389
Literatur 11, 12, 14, 17, 35, 55, 57, 62, 86, 135, 139, 144, 146, 148, 156, 166, 179, 186, 201, 211, 218, 240, 249, 259, 276, 286, 289, 300, 333, 353, 385, 388, 390–393
Lobdengau-Museum 67–69, 71, 72
Logo 57, 58, 60, 61, 63, 70, 278, 291, 312, 345, 361, 362
Loire-Schlösser 327
Lost World, The (Romantitel) 269, 270
lothringisch, lorrain 344
Loutrophoroi 324
Löwe von Chaironea 326
ludus 181, 262
Ludus Latrunculorum 39, 45
Ludus Magnus Gladiatores 188
lutherisch 351
Luxusprodukt 301, 306
Lydian 197
Lyra 140, 252, 258, 335

M

Mäander 42, 113, 170
Mäanderband 326, 327
Mäandertal 46
magdalénienzeitlich 276
Magier 338
mährisch 187, 251, 259
mainstream 175
makedonisch 319, 320, Farbtaf. 6
Malerei 98, 117–122, 138, 141, 152, 158, 174, 283, 286, 297, 298, 317, 327, 382, 388, 394
Mammut 276, 278, 279, 284, 286, 287
manieristisch 126, 134
Manipulierbarkeit 185

männlicher Chauvinismus 349
Manöver 79, 215
Manschette 176, 187
Märchenschloss 327
Marcussäule 180
Marketing 32, 271, 300, 390, 393
Marktdifferenzierung 28
Märkte 28, 356
Markterfolg 34
Marktplatz 49, 66, 243
Marktsättigung 28
Marktstratege 33–36
Marktstrategie 34
Marmor 100, 205, 213, 308
martialisch 85, 171, 301
Märtyrer 82, 140
marxistisch 282, 385
Maske 53–63, 166, 193, 243, 244, 246–248, 381, 382
Massenarbeitslosigkeit 34
Massengefecht 181
Massengeschmack 327
Massenkämpfe 181
Massenmedien 33, 329–331, 333, 335, 349
Massentourismus 33
Massenunterhaltung 173, 182
mechanischen Dinosaurier-Modelle 272
mecklenburgisch 233
mediceisch 130
Medien 12, 13, 21–23, 26, 30, 53, 56, 70, 88, 91, 123, 129, 143, 144, 166, 173, 174, 276, 281, 283, 314, 330, 335, 350, 357, 391
Medienzeitalter 174, 185
medieval 89, 387, 394
mediterran 84, 119, 121, 133, 182, 258, 301
Mediterraneismus 121
Medium 23, 28, 39, 77, 108, 117, 121, 123, 126, 129, 135, 143, 145, 151, 164, 167, 182, 235, 241, 309, 315, 319, 332
Megalithen 284, 337, 338, 344
Meistersinger 158, 159
melanesischen 107
Memnonskolosse 41
Menhir 166, 287, 337, 338
Menorah 159
merowingisch 229
messianisch 187
Met 350, 362
Metamorphosen 122, 143, 145, 146, 149, 152, 153, 386, 387
Metapher 105, 106, 118, 122, 123, 126,

128, 140, 175, 304, 308
Metropolis (Filmtitel) 170, 173
Mikroarchitektur 114
Militär 67, 73, 78, 79, 82, 84, 249, 326, 385
Militärgeschichte 78, 80, 81, 383
Militaria 62, 89
Militarist 85
Mimesis 130, 131
Minimalmusik 237, 240
Missio (s. auch Entlassung) 181, 188
Mistelzweig 157, 338, Farbtaf. 4
Mithraic 197
Mittelalter 12, 25, 26, 71, 80, 82, 86, 134, 138, 139, 184, 249, 259, 262, 295, 296, 306, 307, 309, 314, 316, 327, 347, 352, 356, 359, 362, 391
mittelalterlich 25, 68, 75, 76, 82, 86, 89, 121, 170, 178, 189, 255, 306, 327, 347, 349, 386
Mittelalter-Märkte 113
mittelmeerisch 118
Mnemotechnik 126, 128
Möbel 114, 299, 342, 348, 393
Mode 36, 75, 85, 88, 174, 175, 222, 247, 252, 287, 301, 304, 332, 339, 348
Modeaccessoire 36
Modell 12, 36, 37, 48, 76, 90, 123–128, 182–184, 189, 229, 268, 272, 273, 281, 291, 292, 297, 299, 325, 326, 334, 362, Farbtaf. 5, 388
Modellbau 362
Moderne 18, 20, 24, 81, 97, 99, 100, 102, 119, 120, 122, 123, 128, 135, 137, 143, 145–151, 153, 167, 383
Modernität 17, 118, 120, 122, 384
Mokkalöffel 36
Monarchie 178, 215, 312, 320, 325
Monotheismus 235
Monumentalarchitektur 34, 296
Monumentalfilm 73, 78, 90, 173, 175, 176, 185–188, 383
Monumento 184, 388
Mord 166, 188, 192–195, 197, 198, 217, 227
Moretum 87
Morgenstern 148, 182
Mosaik 42, 170, 244, 309, 318–320, 331
Mostra Augustea della Romanità 183
Motiv 11, 12, 14, 21, 25, 29, 31, 33, 34, 39–44, 46, 55, 57, 58, 60, 63, 80, 87, 88, 97, 99, 101, 105, 107, 108, 111–115, 117–121, 128, 130, 131, 133, 134, 137–139, 152, 156–159, 162, 163, 166, 171, 172, 187, 191, 218, 221, 224, 251, 252, 268, 270, 275–278, 283, 287, 292, 295, 297, 298, 309, 310, 312–321, 323–325, 330, 331, 335, 337, 340–345, 347, 349, 350, 354, 358–362, Farbtaf. 6, 386, 390
Moulage 123, 124, 126–128
Mumie 34, 36, 37, 105–107, 163, 164, 244
Münchener, Münchner 131, 229, 233, 240, 255, 259, 260, 301, 304, 389, 392
Münzen 53, 62, 213, 278, 281, 309, 312, 314, 320, 339, 381
museal 18, 117, 120, 123, 134, 205, 273, 275
Musealisierung 14, 17, 19, 20
Musealisierungsprozess 18, 19
Musée imaginaire 119
Museen, Musei 11–14, 17–19, 31, 37, 61, 67, 73, 78, 79, 85, 87, 88, 90, 93, 99, 113, 123, 147, 198, 205, 209, 225, 244, 269, 277, 278, 284, 287, 315–318, 349, 356, 358, 361, 383, 384, 387–389, 394
Museum, Musée, Museo 13, 20, 23, 26–28, 31, 32, 40, 45, 57, 58, 61–63, 67, 71, 72, 76, 80, 82, 87, 89, 90, 93, 99, 100–102, 112, 118–120, 123, 124, 128, 129, 135, 151, 152, 159, 166, 188, 189, 204, 205, 210, 218, 235, 244, 267, 271, 275, 277, 278, 284, 287, 300, 311, 320, 321, 326, 342–345, 351, 356, 358, 360–363, Farbtaf. 4, Farbtaf. 8, 381, 382, 384–387, 389, 391
Museumsbau 17
Museumsleute 88
Musik 12, 14, 30, 73, 80, 87, 90, 135, 139, 176, 179, 183, 187, 235, 240, 241, 247, 249, 250, 252–254, 258–260, 262, 263, 290, 390
Musikinstrumente 82, 249
Muskelmann-Epen 176
Muskelmann-Genre 187
Muskelpanzer 176, 184, 187
mystisch 13, 80, 180, 292
Mythen 23, 119, 143, 151, 153, 158, 173, 186, 282, 298, 301, 308, 329, 330, 351, 353, 354, 356, 357, 386–388
Mythenburleske 143, 386
Mythenkarikierung 143
Mythenkreis 133
Mythentravestie 143
Mythologie, mythology 28, 107, 139, 141, 144, 153, 156, 157, 159, 186, 225, 229, 305, 310, 312, 329, 330, 332, 336, 344
mythologisch 11, 108, 126, 133, 143, 144, 147, 150–152, 156, 226, 330–332, 350, 354, 386
Mythos 37, 53, 54, 62, 116, 121, 130, 132, 133, 135, 137–141, 143, 145, 148, 149, 151–153, 157, 170, 182, 201, 205, 211, 227, 229, 230, 249, 282, 331–333, 341, 342, 347, 352, 386

N

nabatäisch 311
Nachleben 152, 224, 295, 299, 300, 304, 308, 338, 357, 389
nackt 145, 147, 151, 152, 244, 246, 247, 302–304, 308, 332
Nacktheit 148, 247, 301–303, 307, 308
naive Kunst 272, 325
naiver Kitsch 272, 327
Namensprägung 35
Napalm-Angriff 180
napoleonisch 49, 184
narzisstisch 131
national 20, 51, 54, 55, 62, 90, 156, 161, 162, 164, 226, 240, 276, 282, 290, 317, 318, 325, 330, 334, 341, 342, 355, 357–359, 363, 382, 386, 387, 389
National Trust 290
nationaler Chauvinismus 293
Nationalfest 51
Nationalismus 54, 89, 168, 293
Nationalsozialismus 20, 113, 155–159, 184
nationalsozialistisch 47, 155, 158, 159, 175, 189, 301, 315
nazarenisch 82
neckarsuebisch 72
neoklassizistisch 134
neonazistisch 352
Neo-Realismus 171
neronisch 74
Neuling (tiro) 181
Neuzeit 394
New Age 289, 338, 351, 352
Nibelungenlied 156
Nibelungensage 156
Nichtidentität 98
niederländisch (s. auch holländisch) 14, 73, 78, 240, 338, 388, 394
niedersächsisch 61, 272
Niobidengruppe 133
Nippesfigurinen 37
nordisch, nordisk 111, 155, 157, 305, 347–349, 352, 353, 357, 359, 386
normannisch 121
norske 358
norwegisch 47, 314, 348, 358, 362, 363

nostalgisch 24, 97, 98, 113, 134, 305, 306, 323, 334
Nouvelle Vague 171
NS-Propagandafilm 183
NS-Zeit 37
Nürnberger Reichsparteitag 183, 326
Ny Carlsberg Glyptothek 215

O
Obelisk 35, 105
Obristenjunta 320
Odaliske 302
ödipal 189
Odyssee 46, 143, 148, 166, 167, 211, 222, 225, 231, 301, 335, 336, 387
Okkultismus 352
Okkupation 381
Olympiasieg 49
Olympien 50, 51
olympisch 48, 49, 51, 72, 126, 139, 150, 308, 325, 333
Olympische Friedensidee 47
Olympische Idee 49, 51
Olympische Spiele (s. auch Jeux Olympiques Internationaux) 47, 49–51, 231, 313, 316, 320
Olympische Spiele der Neuzeit 47, 49, 314
Olympische Spiele des Altertums 48
Olympisches Feuer 47
Oper 28, 84, 139, 141, 155, 158, 159, 189, 222, 235, 236, 237, 238, 240, 241, 255
Opernhaus 174
optimus princeps 213
Orchestra 243, 244, 260
Orient 391
orientalisch 83, 169, 179
Original 12, 37, 59, 67–69, 71, 72, 76, 85, 88, 123, 124, 134, 150, 185, 188, 191, 204, 214, 246, 249, 251, 258, 277, 327, 393
ornamenta triumphalia 187
orthodoxe Kirche 325
Ortsname 67, 349
osmanisch 320, 327
österreichisch 37, 115, 116, 186, 277, 310, 326, Farbtaf. 1
O-Ton 179
Ötzi-Dekor 35
Ötzi-Design 35
Ötzigarantie 35
Ouzohersteller 324
Ovalschild 81

P
Paläoanthropologe 276
Paläolithikum 166, 192, 283, 387, 393
Paläontologie 11, 13, 267, 269, 272, 273, 387–389
palladianisch 99, 232
Paludamentum 213, 214
Panagia (s. auch Gottesmutter) 325
Panegyris 48, 51
panem et circenses 182, 227
pannonisch 187
Panzerstatue 187, 213, 214, 218
Parade 173, 189, 230
Parade- und Turnierrüstungen 82
parisienne 128
Parisurteil, Paris-Urteil 143, 144, 149, 151–153, 332
Park 61, 73, 74, 78, 85, 86, 88, 284, 296, 381, 382
Parodostor 243
Parthenon 119, 296, 307, 310, 323–325
Passionsspiele 82
pater patriae 213, 218
Pazifist 79
Pelagianismus 198
peloponnesisch 47
Peloponnesischer Krieg 47
Peplum 186
persisch 311, 382
Personenname 348
Personifikation 80, 138, 140, 141, 145, 149, 309–311
Perspektivstudie 132
Perzeptionen 354
Pfalzgraf 65
Phalanx 46, 76, 170, 224
Phalerae 62
Pharao 40, 41, 45, 46, 105–107, 165, 166, 170, 192, 193, 235–241
Philosophie 20, 34, 135, 156, 201, 211, 224, 385, 392, 394
phönizisch 316, 317
phrygisch 256, 302
physisch-intensive Reize 28
pilum 83
Plan 41, 47, 54, 65, 66, 68, 71, 124
Plastik 105, 132, 134, 135, 137, 138, 143, 152, 237, 244, 295, 303, 317, 319, 320, 349, Farbtaf. 5, 382–384, 392
plebejisch 195
Pluralismus 135
plus ultra 316
Pöbel 177, 178
Podest 129, 131, 243, 300, 301, 304, 339
Pointe 60
Politik 13, 20, 42, 56, 123, 144, 147, 156, 164, 182, 185, 195, 218, 221–227, 229–232, 235, 313, 314, 316, 385
Politiker(innen) 21, 145, 148, 152, 182, 214, 221–223, 225, 226, 229, 233, 286, 289, 291
politisch 21–23, 26, 32, 34, 48, 51, 54, 79, 82, 84, 88–90, 97, 116, 123, 137, 139, 143, 145, 147, 148, 164, 168, 174, 175, 177, 182, 185, 189, 193–198, 215, 222–225, 228, 229, 231, 237, 252, 270, 281–283, 293, 302, 309, 313, 314, 316–318, 320, 321, 323–325, 341, 385
politische Interessen 293
politische Kommentierung 221, 222, 229
politischer Historismus 18
Polizei 290
Polizist 290, 293
Pollice verso (Gemälde) 180, 188
polnisch 147, 149, 171
Polytheismus 235
pompa 79, 189
pompejanisch 99, 114, 143
pompejanischer Stil 327
Pop-Art 98–100, 113, 114, 171, 271, 298
Popkultur, Pop-Kultur 268, 273
populäre Kultur 11, 267, 272
Popularisierung 13, 33, 34, 83
Popularität 33, 53, 182, 189
populärwissenschaftliche Zeitschriften 269
porno 187
Porta Nigra 72, 315
Porzellan 115, 124, 348, 361, Farbtaf. 2
Positionierung 30
Postkarte 33, 36, 277, 281, 287, 324
postmodern 21, 23, 24, 97–99, 102, 114–116, 130, 134, 135, 303, 334–336
Postmoderne 12, 80, 81, 97, 99, 100–102, 122, 129, 132, 134, 135, 334, 335, 393
Postmoderne Architektur 97–99, 102, 297
Praetorianer 183, 188
praetorianisch 188
Prähistorie 166
prähistorisch 11, 62, 80, 86, 164, 166, 281–285, 287, 289, 316–318, 337, 393
praxitelisch 131
preußisch 34, 62, 206, 210
preußischer Pickelhelm 326
primitiv 90, 169, 172, 275, 277, 279, 282, 287, 352
princeps 213, 218
Produktionsgesellschaft 167, 171
Produktwerbung 35, 292, 293, 361

Profilierungssucht 75
Prolog 176
Prunkrüstung 54
Psyche 126, 128, 133, 135
Publikum 11–13, 17, 44, 57, 73, 76–80, 83, 84, 88, 90, 144, 162, 168–170, 173–177, 179, 180, 183, 187, 191, 217, 221, 222, 229, 231, 236, 238, 240, 241, 249, 256, 276, 279, 282, 285, 313, 323, 325, 329–331, 333–335, 348, 350
Punic, punisch 89, 225
Putten 334
pyramidal 101, 110, 172
Pyramide 21, 40, 41, 45, 46, 101, 105, 107–112, 163, 238, 244, 311
Pyramidenbau 40
Pyramidenmotiv 101
Pyramidentexte 238
Pyrrhussieg, Pyrrhus-Sieg 225, 229, 230

Q
Quellenkritik 76
Quo Vadis (Filmtitel) 73, 90, 168–170, 173, 175, 187, 189

R
Rassismus 293
ravennatisch 170
Rechtschreibreform 222
rechtsrheinisch 66, 68, 70
Rede 33, 44, 146, 181, 182, 194, 223, 225, 226, 230, 232, 249, 252, 256, 338
Reduzierung 12, 144, 151
Reenactment 12, 73, 77, 79–82, 84, 86–90
Reenactor 78–80, 83–85, 87–89
Reformpädagogik 50
Regime vom 4. August 1936 325
Regionalismus 18, 20, 121
Reich 54, 84, 100, 108, 126, 144, 159, 161, 164, 182, 203, 228, 232, 233, 238, 294, 325, 326, 347, 353, 354, 359, 387, 391
Reichsidee 82, 233
Reichsparteitag 183, 326
Reisende 291, 339, 354, 360
Reiterspiele 54, 62, 90
Reklame 26, 35, 152, 287, 336, 342, 350, 355
Reklameeffekt 12, 75
rekonstruieren 43, 78, 85, 87, 88, 281
Rekonstruktion 12, 23, 43, 69, 72–75, 77, 78, 81–83, 85, 88–90, 127, 128, 161, 166, 169, 249, 267, 268–270, 275–277, 279, 281, 284, 318, 361, 362, 387
Relevanz 17, 20, 129, 130
Reliktmenge 19
Remake 167, 170, 171, 175
Reminiszenz 21, 66, 222, 224, 232, 301
Renaissance 24, 37, 80–82, 113, 126, 143, 151, 173, 175, 233, 249, 253, 258, 259, 263, 295, 296, 306–308, 324, 327, 332–335
renaissancistisch 134
Replik 36, 67, 130, 362
Repräsentationsbauten 34
Repräsentationscharakter 81
Reproduktion 123, 124, 128–130, 180, 324, 327, 359
Reproduzierbarkeit 131
Republik 57, 144, 151, 155, 178, 182, 194, 214, 215, 218, 222, 283, 315, 317, 320, 328
republican, republikanisch 173, 185, 188, 316, 341
Revisionen der Moderne 97
Revolutionszeit 302
Rezept 22, 86, 87, 90, 97, 175, 222
Rezeption 11, 12, 14, 33, 36, 39, 40, 53, 61, 81, 113, 121, 130, 135, 137, 143, 153, 155, 156, 213, 229, 267–269, 271–273, 289, 292, 293, 308, 327, 333, 334, 337, 359, 361–363, 382, 386, 388, 390, 393, 394
Rheingold, Das (Operntitel) 189
rheinisch-westfälisch 20, 385
Ring des Nibelungen, Der (Operntitel) 155, 156, 157
Ringergruppe 131
Ritual 47, 51, 157, 338
Ritual- oder Kultplätze 290
Robe, The (Filmtitel) 174, 175
Rokoko 301, 302
Rollenspiel 40, 45, 351
romain, Roman 57, 63, 82, 89, 90, 98, 152, 186, 188, 194, 199, 218, 219, 300, 340, 381, 384
Roman (Literatur) 42, 126, 167–169, 174, 175, 180, 187, 191–199, 213, 222, 269, 270, 276, 281, 286, 328, 353
Roman Military Equipment Conferences 84
romana, romane, romanum 39, 42, 46, 82, 86, 89, 90, 119, 178, 183, 184, 189, 218, 259, 332
romanisch 318, 316
Romanisierung 318, 340, 344
Römerboom 12, 65, 91
Römerdramen 82
Römerfilm 174–178, 180, 185, 186
Römergruppen 73, 76, 78, 84–86, 91, 93, 113, 187
Römeropern 82
Römerstadt 65, 70, 71
Römertage 84, 88, 91, 93
römisch 11, 19, 34, 39, 41, 42, 44, 46, 53–58, 60–63, 65–78, 80, 82, 84–86, 89–91, 93, 97–101, 113, 114, 120, 125, 134, 138, 147, 150, 156, 163, 164, 166, 168, 170, 171, 173–176, 179, 180, 182, 186, 187, 191, 193, 194, 196, 197, 206, 208, 211, 213, 214, 216–218, 224, 233, 243, 244, 246, 249, 251, 253–255, 259, 295, 304, 309–312, 315, 316, 318–320, 324, 330–332, 338–341, 349, Farbtaf. 1, 381–383, 385, 389, 391, 392
römische Armee 53, 54, 78, 82, 83, 90, 179, 189, 386
römische Experimentalgruppen 89, 91, 93
römische Musik 73, 86, 87, 90, 249
römischer Alltag 394
römischer Kaiser 168, 184, 225, 309, 316
römischer Soldat 42, 56, 62, 81–83, 89, 171, 221, 383
römisches Forum 67, 68, 71, 311
Römisches Reich 56, 62, 82, 173, 176, 180, 182, 184, 187, 193, 228, 229, 233
Ross-Stirn 178
Rudertechnik 75
rudis 78, 79, 181
Ruine 18, 29, 65, 68, 117, 118, 121–123, 126, 128, 201, 202, 205, 211, 233, 296, 306, 310, 318, 320, 325, 335
Ruinenmodell 125
Ruinenwert 18
rumänisch 318
Runen 352, 354
Runeninschrift 349
Runenstein 349, 354, 358
russisch 97, 145, 148, 254, 347
Rüstung 56, 75, 78, 80–84, 87, 88, 90, 179, 182, 187, 210, 243, 344

S
saarländisch 30, 232
Sachbücher 11, 192, 194, 222, 269, 281, 289
Sachkritik 75, 76
sachkritisch 76
sächsisch 198, 272
Saga 348, 354
säkularisiert 145
säkularisiertes Symbol 151
Säkularisierung 176

Sammlung 54, 90, 124, 152, 192, 194, 256, 270, 272, 277, 309, 312, 323, 359, 360, 363, Farbtaf. 5, 383, 384, 386, 387, 389, 391, 393
Sandale 61, 83, 186
Sandalenfilm 73, 81, 82, 89, 171, 173, 185–188
sapphisch 250–253
Sarkophag 34, 105, 172, 201, 208, 211, 317, 320
Satrap 225
Sattel 83
Saturae Menippeae 261
Satyricon (Filmtitel) 187
Säule 25, 29, 34, 41, 45, 69, 70, 97, 99, 100, 114, 115, 117, 118, 170, 181, 225, 295–301, 306, 309, 316, 318, 326, 329–333, 340, Farbtaf. 2
Säulenstumpf 296, 298, 299
Saving Private Ryan (Filmtitel) 178, 179, 188
Scandinavian (s. auch: skandinavisch) 358, 363, 381, 386, 387
Schallplattenindustrie 35
Schaltkalender 291
Schamanismus 351
Schatz, Schätze 40, 41, 43–46, 63, 161, 162, 164, 254, 296
Schatzsuche 40, 42, 43, 57, 164
Schauspieltheater 65–67
Schemata 28, 29, 31, 32, 126, 128
Schemavorstellung 28
Schiedsrichter 49, 78, 181
Schießsport 79
Schiff 75, 107, 148, 195, 196, 209, 231, 314, 326, 335, 343, 354, 356–362
Schiffsbautechnik 356
Schild 99, 147, 273, 310, 325, 337, 338, 344, 345, 349, 357, 361
Schlacht 53, 56, 60, 63, 79, 89, 90, 156, 178–180, 223, 290, 315, 325, 383
Schlachtfeld 79, 178, 187, 347
schleswig-holsteinisch 359–361, 363, Farbtaf. 8, 381
Schlüsselanhänger 33, 36, 287, 326, 360
Schlüsselbild 30
Schmiedetechnik 77
Schmuck 59, 85, 90, 115, 275, 276, 339, 351, 354, 355, 357
Schnaps 77, 295, 350
Schneehold 36
Schnurrbart, Schnurrbärte 339, 341, 344, 345
schottisch 339

Schuhfabrikant 302
Schul- und Touristenanlagen 351
Schwarzer Freitag 34
Schwarzpulver 79
Schwarzwälder Kuckucksuhren 323
schwedisch (s. auch: svenske) 90, 347–352, 358, 383, 393
Schwein 86, 337
Schweizergarde 81
schweizerisch 300, 306, 308, 345, 394
Schwert 61, 72, 99, 147, 156, 157, 181, 182, 214, 246, 325, 342, 345, 349, 354, 355, 357
Sciencefiction 11, 127, 163, 166, 171, 172, 175, 182, 187, 189, 269, 270
Scrinium 246
Seeräuber 347
Segmentpanzer 82, 83
Seikilos-Lied 258, 262, 263
Selbstdarstellung 302, 317, 326
Selbsthistorisierung 18
Senat 178, 188, 195, 215, 231
Senator 171, 181, 183, 188, 189, 194–196, 215
Senatorenpalast 213, 214, 218
Senet 39, 45
Seneti 39–41, 45
Sensationshascherei 13, 33
serbisch 319
Seti 39, 40, 46
severisch 89
Sibylle de Cumes, La (Filmtitel) 187
sibyllinisch 231, 382
Siedlung 66, 72, 125, 354, 357, 360, 386
Siegelkapsel 62
Sign of the Cross, The (Filmtitel) 175, 187
Signet 57, 61, 63, 361, 363
signifer 54, 62, 83
Silberschmied 359
Silphion 197
Sintflut 34, 347
Sixtinische Kapelle 334
Sizilianisch, sizilisch 117, 118, 121, 310, 330
skandinavisch (s. auch: Scandinavian) 352, 362
Skene 243, 244
Skulptur 21, 44, 90, 97, 107, 112, 118, 119, 121, 123, 124, 129–132, 134, 138–141, 143, 152, 163, 272, 277, 295, 297, 301–305, 307–309, 319, 339, 382, 384
Skythenschmuck 318

slawisch 318
sokratisch 193
Soldat 56, 74, 78, 81, 85, 86, 176, 182, 185, 216, 217, 225, 292, 325
Soldat James Ryan, Der (Filmtitel) 178
Soldatengrabstein 81
Söldner 347
Solidi 62
Sol-Mithras-Relief 67
Sommersonnenwende 290, 293
Sommersonnenwendzeremonien 290
Sonnengesang 241
Sonnengott 133, 166, 235, 236, 240
sophokleisch 244
Souvenir 59, 60, 187, 360–363
Souvenirindustrie 36
Souvenirpalette 36
sowjetisch 232
spanisch 100, 175, 196, 316, 384
Spartakusaufstand 194
spartanisch 231
Spektakelkultur 174
Spiel des Jahres 39, 45
Spieleforschung 45
Spiele-Klassifikation 45
Spielwelten 44
Spirituosenfabrikant 324
Spolien 13, 295
Sponsoren 60, 162
sportlich 47, 49, 51, 70, 78, 88, 283, 313
Sportpädagogik 47, 51
Sportverein 350
Sprichwort 225
Spülklosett 34
Spurensicherer 117, 120, 122, 123, 128
Stabkirche 348
Stadion 47, 49, 51, 301, 326
Stadtplan 66, 71
Stadtutopie 127
Stadtwappen 59, 63
Stargate (Filmtitel) 166, 171, 172
Statue 25, 42, 44, 62, 89, 98, 126, 128, 132–134, 138, 201, 205, 211, 213, 214, 218, 304, 305, 308, 311, 320, 323, 324, 326, 327, 337, 339, 383
Steigbügel 74, 178
Steigbügelrevolution 76
steinzeitlicher Computer 291
Steinzeitmenschen 179
Steven 359, 361
Stiftung 80, 124, 260, 360–363, Farbtaf. 8, 381, 385, 388
Stilblüte 221
Stockbeschläge 36

Stoiker 177, 185

Straße 35, 66–69, 71, 121, 125, 152, 177, 183, 252, 321, 348, 381, 382, 384, 389

Strategiespiel 292

Streitwagen 326

Studio 65 116

Stummfilm 168, 174, 175, 184, 186

subjektive Archäologie 124

südafrikanisch 284

sumerisch 99

svenske (s. auch: schwedisch) 321, 358

Symbol 12, 14, 41, 45, 54, 60, 107, 110, 111, 140, 144–148, 150, 157, 159, 227, 273, 279, 295, 296, 308–310, 316, 326, 333, 334, 337, 341, 342, 350–352, 354, 358, 362, Farbtaf. 8

Symbolik 107, 159, 272, 332, 354

Symbolismus 144, 306

Synode von Whitby 197

T

Tageszeitung 222, 269, 285, 286, 349, 353

tanzanisch 284

Taschenmesser 348

Tempel 21, 25, 29, 34, 48, 72, 86, 98, 101, 107, 111, 114, 118, 121, 141, 164, 170, 171, 193, 197, 202, 243, 289, 295, 296, 301, 311, 316, 317, 325, 326, 333, 340

Ten Commandments, The (Filmtitel) 175

Teppich von Bayeux 315

Terra sigillata 62

Terra X 43, 162, 164, 222

Theater 12, 28, 168, 174, 176, 180, 195, 197, 243, 244, 246, 247, 249, 252, 254, 255, 272, 318, 325, 388, 392

Thermen 86, 205, 331, 332, 335

Tholoi, Tholos 121

Thors-Hammer 351

thrakisch 318

Thron 111, 177, 183, 184, 193

Tierpark 86

Time-Life 56, 63, 292

Tischdecke 348

titanisch 149

Titanomachie 139

Todesfuge 157, 158

Toga 85, 90, 186, 187, 194, 199, 224, 247, 340, Farbtaf. 7

Toga Film 186

Toilettenkabine 298, 299

Tonfilm 169, 170, 175

Torsionsgeschütz 74

Torso 34, 201, 204, 205, 210, 296, 308

Totem 140

Totenkult 105, 106–108

Tourismus 18, 59, 60, 63, 222, 313–315, 317, 320, 356, 359

Tourismusarchäologie 33

Tourist(inn)en 231, 289, 291, 292, 315–317, 320, 323, 324, 353, 356

Touristenattraktion 33, 45, 209

touristisch 53, 63, 84, 203, 283, 291, 317, 321, 323, 327, 360

Tradition 12, 21, 22, 25, 37, 47, 48, 50, 51, 81, 82, 85, 90, 100, 105, 106, 112, 116, 119, 120, 135, 139–141, 143, 144, 147, 151, 158, 163, 167, 170, 179, 186, 191, 202, 227, 229, 235–237, 241, 269, 276, 304–306, 308, 309, 315–321, 330–334, 338, 349, 382–386, 387

Traianssäule 81, 82, 187

Trainer 181, 197, 222, 271

trajanisch 213

Trans-Avantgarde 120, 122

Traum 89, 90, 118, 126, 161, 173, 182, 185, 186, 331, 383

Tricktechnik 271

Triere 75, 89

Trinken 90, 349

Triumph des Willens (Filmtitel) 183, 184

Triumphatorenkostüm 187

Triumphbogen 100, 182, 318

Triumphzug, Triumphzüge 182, 183, 189, 195, 341

Triumvirat 217, 218, 228

Trojan, trojanisch 99, 143, 145, 151, 210, 224

Trojanischer Krieg 119, 225

Trojanisches Pferd 120, 145, 152, 225, 229, 231, 332

Trophós 133

Trugbild 47, 161

tschechisch 57, 249, 250, 252–254, 278, 391

T-Shirt 33, 36, 58, 89, 276, 287, 360, 361

Tsoliade 324, 325

Tunica 83, 187

türkisch 320

Turm der Winde 324, Farbtaf. 6

Turnier 82

tuskisch 99, 103

Tympanon 99

U

Ufa-Kulturfilm 161

Uffizien 131, 133

ukrainisch 231

Umwelt 14, 17, 77, 80, 112, 116, 171, 253, 314, 357

Unabhängigkeitskrieg 80

ungarisch 78, 93, 318

Ungleichzeitigkeit 19

Unikat 61

Universität 14, 18, 35–37, 47, 48, 50, 57, 58, 62, 63, 71, 153, 191, 204, 209, 260, 363, Farbtaf. 1, 381–394

Untergang des römischen Reiches, Der (Filmtitel) 173, 176, 177

Untergang Trojas, Der (Filmtitel) 168

Ur- und Frühgeschichte 19, 35–37, 57, 71, 161, Farbtaf. 1, 391

Urlaubsbroschüre 289, 293

Urmel aus dem Eis (Filmtitel) 271

Urmensch 275–277, 279, 284, 286

Ur-Spiel 39, 45

Utopie 24, 49, 163

V

Vasen 115, 201, 211, 243, 323

Vasenbild 42, 44, 152, 320, 326

Vasenmalerei 118, 324, 381

venezianisch 99, 102, 303

Veraltensgeschwindigkeit 19

Veraltensrate 13, 19

Vereinte Nationen 49

Verfremdung 12, 98, 99, 113, 116, 121, 241, 298, 327, 335

Verfremdungseffekt 77

Vergangenheitsvergegenwärtigung 17, 19

Vergangenheitszugewandtheit 13, 17, 18

Verkaufspotential 36

Verkaufsstrategien 33

Vermarktung 13, 33, 63, 269, 271, 273, 292, 323, 324, 327, 350

Vermarktungsbemühung 34

Vermarktungsstrategie 36, 324

Versicherungsgesellschaft 332, 334, 344, 348

vespasianisch 196

Videofilm 88

Vietnamkrieg 82, 123

viking (s. auch: wikingisch) 321, 352, 355, 358, 386, 393

Viking Heritage 350, 352, 358

viktorianisch 34, 99

villa rustica, villae rusticae 66, 69, 72

Villen 86, 99, 100

virginisch 80

virtus 185

Vittorio Emanuele-Denkmal 184

Völkerwanderung 44, 223

Volkskundemuseum 328

Volkskunst 328

vorderasiatisch 54, 240, 391

Vorderlader 79

Vorgeschichte 23, 43, 80, 161, 164, 192, 214, 281–287, 289, 293
vorgeschichtlich 11, 34, 42–44, 46, 282–286, 289, 291–293
vorgeschichtliche Objekte 289, 293
Vorgeschichtsrezeption 33, 34, 289
Vorzeit 161, 164, 225, 273, 278, 290, 291, 347–349, 353

W

Waffen 76, 79, 182, 210, 235, 354, 357, 386
Waffengattungen (s. auch: armaturae) 82, 181
Wagen 71, 183, 188, 273, 343
Wagenrennen 42, 46, 77, 168, 170, 171, 186
wagnerianisch 183
Wahlkampf 42, 224, 227, 231
Walküre, Die (Operntitel) 156
wallonne 283, 285–287, 393
Wanderausstellung 11, 56, 57, 61, 267, 276, 350
Wappen 57
Wappenanhänger 36
Wehrdienstverweigerer 88
Weißer Turm von Thessaloniki 324
Weltkulturerbe 290, 291, 358
Weltwirtschaftskrise 34
Werbefeldzüge 33
Werbegrafik, Werbegraphik 269, 308
Werbung 12, 13, 21–33, 35, 36, 53, 57, 58, 60, 61, 98, 143, 145, 149–153, 163, 169, 222, 227, 252, 258, 286, 289, 292, 300–308, 313, 314, 317, 320, 329–336, 341, 344, 353, 355, 359–362, 390, 394
Wertsteigerung 44
westfälisch 56, 58, 63, 88, 89, 321, Farbtaf. 1, 386
wetterfester Seemann 324
Wikingerbeerdigung 353
Wikingermärkte 12, 353, 357
Wikingermotiv 314, 348, 350
Wikingerschach 42, 46
Wikingerschiff 75, 314, 349–351, 358–362, Farbtaf. 8
Wikingerschiffshalle 356
Wikingersiedlung 351
Wikingerspiel 356
Wikingerzeit 314, 319, 347–359, 386
wikingerzeitlich 314, 349–351, 354, 358, 360
wikingisch (s. auch: viking) 362
Wildschwein 337
Wimpel 179, 189
Wissenschaftler(innen) 11, 54, 84, 89, 161, 258, 272, 284, 286, 289, 290, 337, 338, 354
wissenschaftlicher Lehrfilm 161
Wissensvermittlung 44, 338
Wochenschaubericht 161
Wochentag 86, 349
Wormser Bischöfe 65
Wünschelrutengänger 289
württembergisch 84, 235

Z

Zeitenwende 24, 229
Zeitgeist 11, 21, 23, 34, 74, 76, 85, 88, 113, 163, 176, 281, 359, 361
zeitgenössisch 11–14, 34, 39, 44, 50, 73, 76, 81, 82, 91, 97, 105, 106, 113, 114, 116, 124, 134, 135, 168, 173, 187, 211, 235, 238, 241, 243, 244, 267, 271, 272, 276, 289, 291–293, 298, 299, 301, 305, 332, 334, 335, 381, 382, 384, 385, 388
Zeitgeschmack 50, 359
Zeitmaschine 76, 184, 285, 286
Zelte 36, 73, 290, 357
Zeusheiligtum 47, 48
Zitat 12, 45, 62, 89, 98, 101, 113, 116, 120, 133, 135, 139, 140, 145, 147, 150–152, 173, 221, 222, 224, 226, 227, 229, 230, 246, 251, 252, 296, 297, 301, 304, 305, 307, 330, 333–335
zitieren 80, 98, 99, 130, 135, 152, 226, 243, 244, 295, 296, 298
Zitierverfahren 129
Zitierweisen 135
Zivilstädte 86
Zukunftshorizont 19
Zweiter Punischer Krieg 169, 170
Zweiter Weltkrieg 178
zypriotisch, zyprisch 320, 387